Mit Heißluft

braten, grillen, backen

Veronika Müller
Mechthild Piepenbrock
C. P. Fischer

Mit Heißluft

braten, grillen, backen

Technik und 283 Rezepte – auch für Herdkombinationen

BLV Verlagsgesellschaft
München Wien Zürich

Die einzelnen Abschnitte wurden bearbeitet von
Ursula Calis: Einführung, Tabellen und Übersichten
Veronika Müller, Mechthild Piepenbrock: Rezepte, Küchen- und Backlexikon
C. P. Fischer: Rezeptfotos

Wir danken der Siemens-Electrogeräte GmbH für die Unterstützung bei der Herausgabe dieses Buches.

CIP-Kurztitelaufnahme der Deutschen Bibliothek

Müller, Veronika:
Mit Heißluft braten, grillen, backen: Technik u. 283 Rezepte – auch für Herdkombinationen / Veronika Müller; Mechthild Piepenbrock; C. P. Fischer. [Unter Mitarb. von Ursula Calis]. – München; Wien; Zürich: BLV Verlagsgesellschaft, 1985.
ISBN 3-405-13099-9

NE: Piepenbrock, Mechthild:; Fischer, C. P.:

Unter Mitarbeit von
Dipl. oec. troph. Ursula Calis

Alle Rezeptfotos:
C. P. Fischer, Baldham
Foto Seite 105 und Zeichnungen Seite 7–8:
Siemens-Electrogeräte GmbH, München
Zeichnungen:
Anina Westphalen Seite 202–204;
alle anderen Waltraud Berger
Titelfotos:
Herd: Siemens-Electrogeräte GmbH, München;
alle anderen C. P. Fischer, Baldham

Satz + Druck: Appl, Wemding
Bindung: R. Oldenbourg, München

Printed in Germany · ISBN 3-405-13099-9

Einführung

Inhalt

Rezepte

Küchen- und Backlexikon

Register

Tabellen und Übersichten

Zum Gebrauch des Buches

EL	Eßlöffel
TL	Teelöffel
Msp.	Messerspitze
g	Gramm
kg	Kilogramm
l	Liter
cl	Zentiliter
dl	Deziliter

Die Rezepte sind, wenn nicht anders angegeben, für 4 Personen berechnet.

Die vielen Neuerungen in der Küchentechnik haben auch vor dem Herd nicht Halt gemacht. Gerade wegen seiner vielseitigen und überzeugenden Einsatzmöglichkeiten hat sich das Garen mit Umluft – im allgemeinen Sprachgebrauch als »Heißluft« bezeichnet – sehr schnell durchgesetzt. Doch sind in seiner Handhabung immer wieder Probleme aufgetreten, weil zum Teil gravierende Unterschiede im Vergleich zum Arbeiten mit Ober- und Unterhitze berücksichtigt werden müssen. Um diese Unsicherheiten zu beseitigen und jederzeit gute Ergebnisse auf den Tisch bringen zu können, soll dieses Buch eine Hilfe sein. Bei jedem Rezept werden sie die Angaben zu Heißluft sowie Ober- und Unterhitze finden. Dies erfolgte aus folgendem Grund: Wer einen nur mit Heißluft ausgestatteten Backofen besitzt, berücksichtigt nur die Heißluftangaben. Daneben gibt es aber Geräte, bei denen Sie Heißluft sowie Ober- und Unterhitze kombiniert einsetzen können. Wer wahlweise mit dem einen oder anderen System arbeiten möchte, findet hierzu beide Angaben.

Alle Rezepte dieses Buches gelingen zuverlässig. Sie wurden sowohl in ihrer Zusammensetzung als auch in beiden Systemen (Heißluft sowie Ober- und Unterhitze) mehrfach erprobt. Dabei wurde der Grill als eine ganz wesentliche Backofen-Funktion mit einbezogen. Die leicht voneinander abweichenden Temperaturen und Zeiten bei verschiedenen Herdfabrikaten wurden durch Angabe von »Spannen« berücksichtigt. Es wird sich für Sie sehr schnell herausstellen, ob Ihr Herd – gerade bei den Temperaturen – mehr im unteren bzw. oberen Bereich liegt. Diese Feststellung können Sie einheitlich auf jedes Rezept übertragen.

Beim Durchblättern dieses Bild-Kochbuches, das zu fast jedem Rezept ein ganz- oder halbseitiges Farbfoto hat, werden Sie viele Gerichte entdecken, die sie bisher ausschließlich auf der Kochplatte zubereitet haben. Es wird eine neue Erfahrung für Sie sein, wie umfangreich Ihr Backofen Sie bei der Vor- und Zubereitung vieler Gerichte entlasten kann. Nutzen Sie diese Vorteile nicht nur zum Braten, Grillen und Backen, sondern auch zum schnellen Aufbacken, Erwärmen und Auftauen.

Wir wünschen Ihnen ein gutes Gelingen beim Zubereiten der Rezepte und hoffen, daß die umfangreichen Sachinformationen Ihnen Sicherheit im Umgang mit Ihrem Heißluftherd geben.

Der Backofen

Die Backofen-Funktionen

Der Herd als eines der ältesten Elektrogeräte des Haushalts stellt seit über 70 Jahren das »Herz« der Küche dar. Ziele seines Einsatzes damals wie heute sind

- hoher Gebrauchsnutzen,
- höchstmögliche Wirtschaftlichkeit.

Zum Garen von Speisen unterschiedlicher Art und Zusammensetzung ist der Elektroherd das wichtigste Gerät im Haushalt. Unter dem Begriff »Garen« versteht man die Wärmebehandlung von Lebensmitteln mit dem Zweck, den Nährwert und den Geschmack des Lebensmittels zu fördern und bestimmte, unerwünschte Inhaltsstoffe unschädlich zu machen. So werden durch das Garen Aromastoffe frei, die Bekömmlichkeit der Speisen wird gefördert.
Die Frage nach der richtigen Zubereitung von Lebensmitteln ist im Hinblick auf eine vollwertige Ernährung besonders wichtig. Ob auf der Kochplatte oder im Backofen zubereitet, zur Erhaltung hitzeempfindlicher Inhaltsstoffe dürfen Temperaturen und Garzeiten nicht überschritten werden.
Vor einigen Jahren ist neben der bisher bekannten Ober- und Unterhitze die moderne Heißluft eingeführt worden. Seitdem steht der Backofen im Mittelpunkt der Diskussion. Die Heißluft bietet für die Zubereitung eine Vielzahl von zusätzlichen Gebrauchsvorteilen, z. B. neben dem Auftauen auch das Backen auf mehreren Ebenen.
In letzter Zeit haben die sogenannten »Universal- oder Kombinations-Backöfen« das Geräteangebot erweitert. In diesen Backöfen sind

- Heißluft und
- konventionelle Beheizung durch Ober- und Unterhitze

gleichwertig in einem Gerät vereinigt. Fast jeder neue Backofen ist mit einem großflächigen Grill für die Zubereitung saftiger Grilladen ausgestattet. Daneben bieten diese Geräte noch eine weitere Anwendungsmöglichkeit: das Grillen mit Umluft bei geschlossener Tür und ohne aufwendiges Sonderzubehör.

So sind moderne Backöfen heute mit *vier verschiedenen Funktionen* ausgestattet, die gleichwertig genutzt und sinnvoll für die Speisenzubereitung eingesetzt werden können:

Die Heißluft
An der Rückwand des Backofens befindet sich ein Ventilator, der die im Backofen erzeugte Wärme ständig umwälzt. Die Wärme wird entweder von der Ober- und Unterhitze oder von einem Heizkörper, der um den Ventilator geführt ist, erzeugt. Ein sogenanntes »Luftleitblech« schirmt den Ventilator zum Innenraum ab. Durch die Öffnungen des Bleches wird die Luft angesaugt und am Heizkörper vorbei wieder in den Backofen gedrückt. Die Wärme verteilt sich gleichmäßig. So können Speisen auf mehr als einer Ebene gleichzeitig gebacken, aufgetaut oder erhitzt werden. Aufgrund der intensiven Wärmezufuhr liegen die Backofen-Temperaturen um etwa 20–40 °C niedriger als bei der konventionellen Beheizung mit Ober- und Unterhitze.

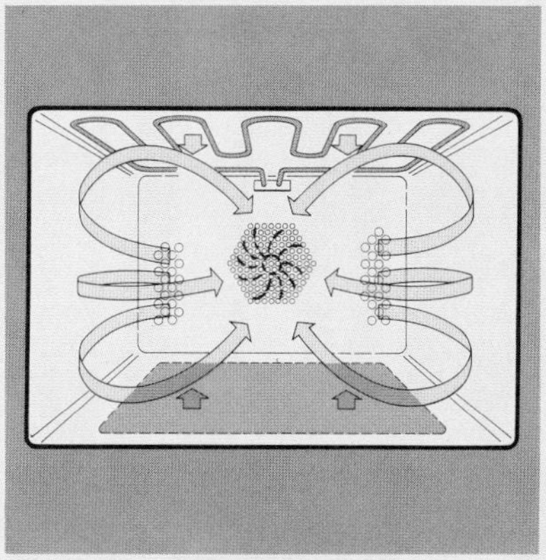

Die konventionelle Beheizung durch Ober- und Unterhitze
Elektrische Rohrheizkörper, die teils innen oder außerhalb des Backofens liegen, erzeugen die Wärme, die durch Strahlung und geringfügige Luftströmung zum Gargut gelangt. Aufgrund der Heizkörper-Anordnung kann nur eine Ebene zum Backen oder Braten genutzt werden. Die Einschubhöhe richtet sich nach der Höhe des Gebäcks oder Bratens o. ä. Sie liegt vorwiegend im unteren Drittel des Backofens.

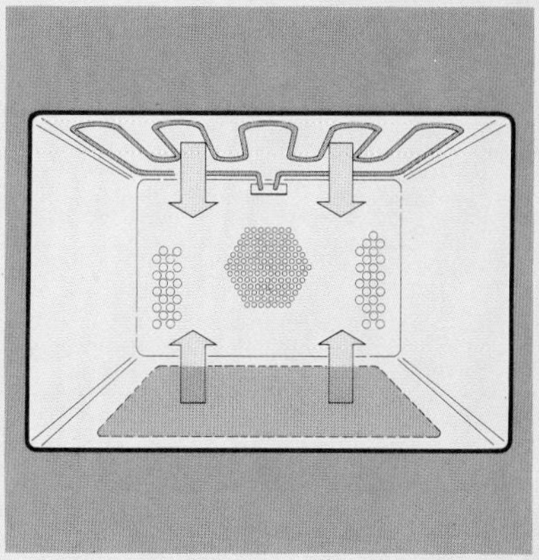

Das Grillen
Die Grilleinrichtung im Backofen besteht aus einem großflächigen Heizkörper, dem Großflächengrill, der entweder fest eingebaut ist oder als Einsteckgrill über eine speziell dafür vorgesehene Steckdose in der Rückwand des Backofens angeschlossen werden kann. Bei älteren Backöfen kann teilweise nur bei geöffneter Tür gegrillt werden. Universal-Backöfen sind so ausgestattet, daß die Tür geschlossen bleiben kann. Gegrillt wird immer ganz nahe am Grillheizkörper, d. h. in der Regel auf der obersten Einschubhöhe.
Die Grillzeiten richten sich nach der Leistung des Grills, die zwischen 2400–2800 Watt liegt. Die in diesem Buch angegebenen Grillzeiten umfassen alle gängigen Geräte.
Als Faustregel gilt:

- Für leistungsschwächere Geräte die längere Grillzeit,
- für leistungsstärkere Geräte die kürzere Grillzeit anwenden.

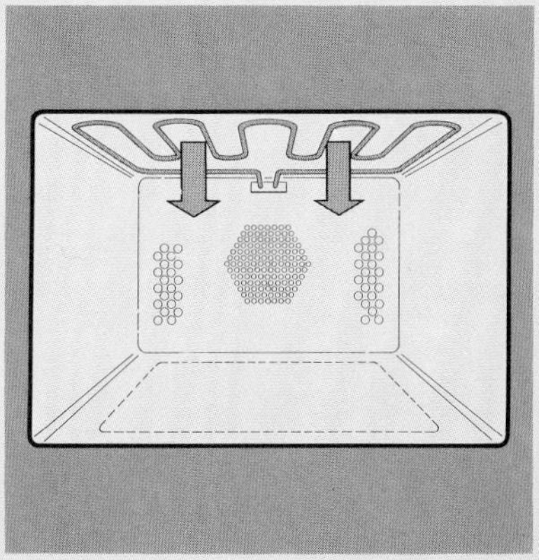

Einführung

Das Grillen mit Umluft

Das Umluft-Grillen – Grillen mit Heißluft – ist eine völlig neue Art der Zubereitung diverser Grillgerichte.
Hierbei werden Großflächengrill und Umluftgebläse abwechselnd automatisch ein- und ausgeschaltet. In den Heizpausen wirbelt der Ventilator die Infrarot-Hitze des Grills um das Gargut. So wird es von allen Seiten gleichmäßig braun und knusprig bei geschlossener Tür und ohne zusätzliches Sonderzubehör. Mehrere Fleischstücke können sogar gleichzeitig zubereitet werden, auch großes Geflügel, wie Enten, Gänse oder Puten. Diese Technik ist dazu sauber und weniger geruchsintensiv. Da der abtropfende Fleischsaft in einer Fettpfanne aufgefangen wird und keine Hitze von unten einwirkt, entfällt auch das lästige »Begießen«. Das Fleisch bleibt trotzdem zart und saftig.

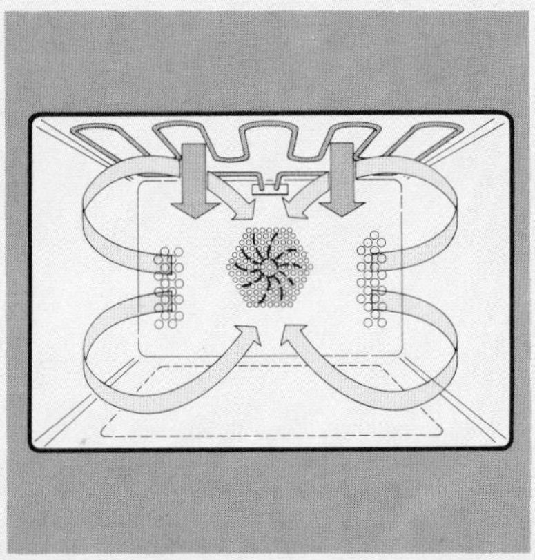

Die Einschubhöhen

Die Einschubhöhen – Einschubleisten im Backofen – werden immer von unten nach oben gezählt. Da die Geräte der verschiedenen Hersteller mit 3–5 Einschubhöhen ausgestattet sind, gilt folgende Einleitung:

Unteres Drittel	Einschubhöhe 1 oder 2
Mitte	Einschubhöhe 2 oder 3
Oberes Drittel	Einschubhöhe 3, 4 oder 5

Unteres und oberes Drittel werden genutzt, wenn auf mehr als einer Ebene gleichzeitig gegart bzw. gebacken wird. Diese Einteilung liegt allen Rezepten dieses Buches zugrunde und ist in dem Informationsfeld unter der jeweiligen Rezeptüberschrift zu finden:

Einstellung	Heißluft	Ober- und Unterhitze
Einschubhöhe Temperatur Zeit		

Hinweis

Für das Grillen mit Umluft eignen sich einige Rezepte besonders. Die notwendigen technischen Angaben sind jeweils am Ende des Rezeptes angegeben (⇨).

Die richtige Backofen-Temperatur

In allen Rezepten sind die Temperaturen als Spanne angegeben. So haben Sie einen Anhaltswert, wie weit Sie herauf- oder herunterschalten können.
Sie sollten jedoch mit dem unteren oder mittleren Wert beginnen, um dann gegen Ende der Backzeit – falls erforderlich – etwas höher einzustellen. So kann nichts passieren, denn eine Vielzahl von »Fehlschlägen« mit der Heißluft entsteht aus zu hoch gewählten Temperaturen. Ungleichmäßige Bräunung oder das schnelle Aufgehen und spätere Zusammenfallen des Kuchens sind die Folge.
Prinzipiell gilt: Eine niedrige Temperatur ergibt stets ein gleichmäßiges Backbild. Möchten Sie auf mehr als einer Ebene backen, z. B. zwei Bleche Streuselkuchen, so beginnen Sie auch hier mit dem niedrigeren Wert. Machen Sie nicht den Fehler vieler Hausfrauen, die meinen, daß eine große Menge Kuchen einer höheren Temperatur bedarf. Es ist genau umgekehrt richtig!
Die Heißluft-Temperaturen liegen in der Regel 20–40 °C niedriger als die für Ober- und Unterhitze, wobei die Backzeiten annähernd gleich sind. Neuere Untersuchungen haben ergeben, daß die Heißluft keineswegs »schneller« bäckt.
Möchten Sie nach eigenen Rezepten backen oder braten, so stellen Sie die in der Tabelle – siehe Vorsatz-Seiten hinten – angegebenen Werte ein.
Für das Gelingen eines Kuchens spielt natürlich auch die Backform eine wesentliche Rolle: Moderne Formen aus Keramik, Steingut oder Ton erfordern eine etwas niedrigere Temperatur; helles Formenmaterial, z. B. Weißblech (nicht Aluminium), dagegen eine etwas höhere Temperatur. Prüfen Sie daher ca. 10 Minuten vor Ende der Garzeit den Garzustand, um z. B. die Backzeit eventuell zu verlängern oder den fertigen Kuchen bereits zu entnehmen.

Vorheizen: Ja oder nein?

Seit der Einführung des Heißluftherdes steht auch das Vorheizen des Backofens wieder zur Diskussion. Für den Heißluftherd gilt, daß aufgrund der technischen Ausstattung und der intensiven Luftumwälzung ein Vorheizen des Backofens nicht erforderlich ist. Das trifft jedoch gleichermaßen auch für den Betrieb mit Ober- und Unterhitze zu. Moderne Elektro-Backöfen erreichen so schnell die eingestellte Temperatur, daß ein Vorheizen im allgemeinen nicht notwendig ist.

> Alle Temperatur- und Zeitangaben dieses Buches – soweit nicht gesondert vermerkt – beinhalten keine Vorheizzeit.

Die Back- oder Bratzeit ist mit oder ohne Vorheizen annähernd gleich. So ist z. B. ein Rührkuchen, kalt eingeschoben, in ca. 50–60 Minuten, ein 1 kg schwerer Schweinebraten in ca. 90 Minuten fertig. Nach den neuesten Untersuchungen sparen Sie sogar bis zu 20% Energie!
Ausnahmen bestätigen die Regel: Für »Kurzzeitgebäcke«, wie z. B. Biskuitrollen, gilt generell das Vorheizen, da hierfür weder eine Zeit- noch eine Energieersparnis erreichbar ist.
Lassen Sie die Speisen im abgeschalteten Backofen ruhen,

- Kuchen (z. B. Rührkuchen, Käsetorten) ca. 5–10 Minuten
- Braten (z. B. Schweine-, Rinder- oder Kalbsbraten, auch Lamm oder Hammelfleisch) ca. 10–15 Minuten.
  So sammelt sich der Fleischsaft und läuft beim Anschneiden nicht heraus. Der Braten bleibt saftiger.

Vorzüge der Heißluft

Technisch richtig eingesetzt, bringt die Heißluft im Backofen eine Reihe beachtlicher Vorzüge:
- Zubereitung auf mehr als einer Ebene gleichzeitig.
- Ob unterschiedliche Gebäcke oder sogar ein komplettes Menü, es gibt keine Aroma- oder Geschmacksübertragung, da die Luft ständig umgewälzt wird.
- Energieausnutzung und Zeitvorteil. Wird der Backofen voll ausgenutzt, so kann beides beachtlich sein. Sinnvoll ist auch das Backen großer Mengen mit anschließendem Einfrieren.
- Einfache Handhabung. Das Gargut wird von allen Seiten gleichmäßig gut gebräunt, so wird ein Wenden von Braten auf dem Rost überflüssig.
- Schnelles und schonendes Auftauen von Tiefkühlkost, auch auf mehreren Ebenen gleichzeitig.

Auftauen und Erwärmen mit Heißluft

Geschirr
Gerichte in flachen Alu-Schalen tauen besonders schnell auf, da Aluminium ein guter Wärmeleiter ist. Verwenden Sie daher zum Einfrieren und späteren Auftauen von Fleisch- oder Gemüsegerichten stets diese flachen Behälter.
Zum Auftauen von rohem und tiefgefrorenem Fleisch oder Obst haben sich geschlossene, feuerfeste Formen aus Glas oder Keramik mit eingelegtem Abtropfrost, auch spezielle »Auftaubehälter« aus Kunststoff, bewährt.
Entfernen Sie zum Auftauen von Geflügel vorher stets die Einschweißfolie. Kurz unter lauwarmes Wasser gehalten, läßt sich die Folie am besten entfernen.

Einschieben
Zu empfehlen ist das »untere Drittel«, d.h. die 1. oder 2. Einschubleiste von unten. Zum Einschieben von Formen oder Alu-Schalen kann die Bratpfanne (Bratblech) oder der Rost benutzt werden.

Temperaturen und Zeiten
Bei einigen Herd-Modellen kann durch eine spezielle Schaltung nur der Ventilator zur Umwälzung der Raumtemperatur eingestellt werden. Das heißt, es wirkt keine Temperatur ein. Diese Stellung ist besonders praktisch für empfindliches Gefriergut, wie z.B. Sahnetorten.
Fertiggerichte werden bei ca. 200 °C aufgetaut und erhitzt in einem. Halbfertige Produkte, z.B. Pizza oder Apfelstrudel, werden bei 170–190 °C aufgetaut und bei gleicher Temperatur gebacken.
Siehe Übersicht Seite 10.

Übersicht über die Anwendung der Heißluft nach Temperaturbereichen

Temperatur	Anwendungsbereiche
50–80 °C	Auftauen (z.B. Geflügel) Dörren von Obst oder Gemüse
80–100 °C	Warmhalten von Speisen
90–100 °C	Trocknen von Eiweißgebäck (z.B. Baiser, das keine Farbe annehmen soll)
140–160 °C	Backen von Gerichten, die keine hohe Temperatur vertragen (z.B. Käsetorten, Quarkaufläufe) Sterilisieren
150–170 °C	Backen von Rühr-, Hefe-, Biskuit- oder Mürbeteiggebäcken Aufläufe aus rohen Zutaten Braten von Fleisch oder Fisch auf dem Rost oder in flachen, offenen Gefäßen Dünsten von Fisch
170–190 °C	Backen von Biskuitrollen, Brandteiggebäck, Blätterteiggebäck Aufläufe aus vorgegarten Zutaten
190–210 °C	Backen von Gebäkken, die eine sehr hohe Hitze vertragen (z.B. Brot, Pizza oder Quiche) Erhitzen von fertigen Speisen in Alu-Schalen
210–230 °C	Braten und Garen in geschlossenen Gefäßen
230–250 °C	Überbacken

Sterilisieren (Einkochen) mit Heißluft

Zum »Selbermachen« gehört auch das Sterilisieren (Einkochen) im Backofen, das in letzter Zeit immer beliebter wird. Nutzen Sie niedrige Saisonpreise und gute Sonderangebote und legen Sie sich einen schmackhaften Vorrat an!
Ob Stein- oder Beerenobst, diverse Gemüsesorten, ja sogar Fleisch: Jedes geeignete und sorgfältig vorbereitete Lebensmittel läßt sich im Backofen mühelos einkochen. Gerade bei Heißluft »perlen« die Gläser noch früher.
Das Einkochen ist problemlos, wenn Sie folgendes beachten:
- Verarbeiten Sie nur erstklassiges Sterilisiergut, d.h., Obst oder Gemüse darf keine »angefaulten« Stellen haben.
- Verwenden Sie nur saubere und fehlerfreie Sterilisiergläser und Gummiringe.
- Verschließen Sie jedes Glas mit einer festsitzenden Klammer oder einem Spezialdeckel.
- *Obst* wird roh oder als Kompott bis ca. 2 cm unter den Rand in die Gläser gefüllt. Darauf gießen Sie heiße, abgeschäumte Zuckerlösung:
  für süße Früchte 250 g Zucker auf 1 l Wasser,
  für saure Früchte 500 g Zucker auf 1 l Wasser.
  Für ein Literglas benötigen Sie durchschnittlich ⅓ l der Zuckerlösung. So bleiben Aroma und Farbe des Obstes besser erhalten.
- *Gemüse* wird gewaschen, geputzt und nach Belieben zerkleinert, 5–10 Minuten in reichlich Wasser blanchiert und dann erst in die Gläser gefüllt.

Achten Sie darauf, daß beim Einfüllen der obere Glasrand sauber bleibt. Wischen Sie den Rand vor dem Auflegen des nassen Gummiringes und Deckels erst mit einem sauberen, feuchten Tuch ab.

- *Wichtig:* Dosen oder festverschraubte Gläser lassen sich auf diese Art nicht sterilisieren. Sie sollen nur mit Wasser bedeckt und anschließend gekocht werden.

Einschieben

Die Bratpfanne (Bratblech) auf die unterste Einschubleiste einsetzen. Nun die vorbereiteten Gläser (½, 1 oder 1½ l Inhalt) so daraufstellen, daß sie sich nicht berühren. Ca. ¾ l heißes Wasser in die Bratpfanne geben, Backofen schließen.

Temperaturen und Zeiten

Schalten Sie ein auf 150-160 °C Heißluft. Wenn es in den Gläsern zu »perlen« beginnt – bei 5–6 1-Liter-Gläsern nach ca. 40–50 Minuten –, schalten Sie

- bei *Obst* den Temperaturwähler auf 0 und lassen die Gläser noch mindestens 30–35 Minuten im ausgeschalteten Backofen (Nachwärme),
- bei *Gemüse* und *Fleisch* auf 130 °C um und lassen die Gläser auf dieser Stellung bis zu 90 Minuten weiterperlen. Danach auf 0 stellen und die Gläser noch 30 Minuten im Backofen belassen (Nachwärme).

Die Zeit, bis es in den Gläsern perlt, kann etwas kürzer oder länger sein. Das hängt von der Zahl der Gläser, der Menge und Temperatur des Füllgutes ab. Nach Ablauf der Sterilisierzeit die Gläser entnehmen, aber die Klammern noch so lange auf den Gläsern lassen, bis diese abgekühlt sind.

Übersicht Auftauen und Erwärmen mit Heißluft

(Die Zeiten sind abhängig von der Art des Lebensmittels und der eingestellten Temperatur.)

Gefriergut Art des Lebensmittels	Temperatur	Auftau- bzw. Garzeit	Zustand
Sahne- und Cremetorten, Torten mit Glasur	0 (Raumtemperatur)	1 Stück 30–40 Min. ½ Torte 60–70 Min. ganze Torte 80–100 Min.	servierbereit
Früchte (Beerenobst)	0	35– 40 Min.	servierbereit
Sülze, Käse, Wurst	0	80– 90 Min.	servierbereit
Kleine Fleischstücke (Steaks, Koteletts)	50– 70 °C	60– 70 Min.	für die weitere Zubereitung aufgetaut
Hähnchen (ca. 800–1000 g)	60– 80 °C	80– 90 Min.	für die weitere Zubereitung aufgetaut
Brötchen	70– 90 °C	10– 15 Min.	servierbereit
	180 °C	5– 10 Min.	aufgebacken
Brot (ca. 1 kg)	70– 90 °C	60– 80 Min.	servierbereit
Kuchen (z. B. Napfkuchen)	70– 90 °C	60– 80 Min.	servierbereit
Halbfertigprodukte (z. B. Pizza, Apfelstrudel, Fisch)	170–190 °C	45– 60 Min.	tischfertig gebacken
Rohes, gefrorenes Bratenfleisch im offenen Geschirr (z. B. 1,5 kg Schweinebraten)	180–200 °C	140–160 Min.	aufgetaut und gleichzeitig gebraten
¼ Blechkuchen in Alufolie	180–200 °C	20– 30 Min.	servierbereit
½ Käse- oder Apfelkuchen in Alufolie	180–200 °C	40– 50 Min. plus 10– 15 Min. ohne Temperatur	servierbereit
Fertigmenüs (1–4 Portionen)			
1 Blech	180–200 °C	30– 40 Min.	aufgetaut und erwärmt auf Eßtemperatur
2 Bleche	170–190 °C	45– 55 Min.	

Übersicht Sterilisieren mit Heißluft

(Richtzeiten für die am häufigsten eingekochten Obst- und Gemüsesorten.)

Einkochgut	Gläser im Backofen	
	vom Perlen an	Nachwärme
Obst		
Äpfel	abschalten	25 Min.
Apfelmus	abschalten	35 Min.
Birnen	abschalten	35 Min.
Pflaumen	abschalten	35 Min.
Kirschen	abschalten	30 Min.
Aprikosen	abschalten	30 Min.
Pfirsiche	abschalten	30 Min.
Stachelbeeren	abschalten	30 Min.
Johannisbeeren	abschalten	25 Min.
Erdbeeren	abschalten	25 Min.
Gemüse		
Bohnen	80 Min.	30 Min.
Erbsen	90 Min.	30 Min.
Gurken	abschalten	25 Min.
Kohlrabi	80 Min.	30 Min.
Rosenkohl	70 Min.	30 Min.
Rotkohl	80 Min.	30 Min.
Fleisch		
Vorgekocht oder gebraten	70 Min.	35 Min.
Fleischbrühe	35 Min.	35 Min.
Wurst oder Pasteten	60 Min.	30 Min.

Hinweis Beim Einsetzen der Gläser in den heißen Backofen verkürzt sich die Dauer um ca. 10 Minuten.

Dörren oder Trocknen mit Heißluft

Das Dörren oder Trocknen von Lebensmitteln wird immer beliebter, vor allem für die biologisch-dynamische Ernährung. Trockenprodukte selbst herzustellen bzw. Frischware auf diese Art haltbar zu machen, ist eine ideale Einsatzmöglichkeit der Heißluft, wobei entweder 1 oder sogar 2 Bleche gleichzeitig eingesetzt werden können.
Die Lebensmittel werden zuvor gut gewaschen und mit Haushaltspapier abgetrocknet. Die Backbleche werden entweder mit Pergament- oder Backtrennpapier ausgelegt und die Produkte gleichmäßig, nicht zu eng aneinanderliegend, ausgebreitet.

Temperaturen und Zeiten
Die Temperatur liegt bei 70–90 °C. Die Dörrzeit richtet sich nach der Beschaffenheit des Lebensmittels,
- sehr feuchte Waren (z. B. Pflaumen) benötigen ca. 10–12 Stunden,
- trockenere Waren (z. B. Apfelringe, Champignons) 8–9 Stunden,
- Küchenkräuter 4–6 Stunden (diese bitte nur gebündelt auf das Blech legen).

Nach dem Trocknen wird das Dörrgut in luftdichten Behältnissen aufbewahrt.

Braten im Backofen

Zum Braten im Backofen sollten Sie Fleischstücke von 800 g und mehr verwenden. Reste können Sie zu einer zweiten Mahlzeit, kalt als Aufschnitt, aber auch zum Einfrieren als Fertiggericht weiterverarbeiten. Kleinere Braten – unter 800 g – schmoren Sie wirtschaftlicher auf der Kochplatte, es sei denn, daß Sie im Backofen ein Menü, z. B. mit Gemüse oder Kartoffeln, zubereiten möchten.

Vorbereitung
Das Fleisch wird von Sehnen und Fett befreit, kurz unter kaltem Wasser abgespült und dann mit Haushaltspapier gut abgetrocknet.
Kurz vor dem Einschieben in den Backofen wird der Braten gewürzt, jedoch nur leicht gesalzen, da zuviel Salz Vitamine und Mineralstoffe auslaugt.
Geflügel wird nur innen gesalzen und erst kurz vor Ende der Garzeit mit Salzwasser eingestrichen. So entsteht eine besonders knusprige Haut.
Fettes Geflügel, wie z. B. Gänse oder Enten, wird evtl. an den Seiten und unterhalb der Keulen eingestochen, damit das Fett ausbrät.

Offen braten in der Bratpfanne (Bratblech), auf dem Rost über der Bratpfanne oder in einem offenen Bratgeschirr

Das Fleisch – frisch oder aufgetaut – würzen, je nach Rezept mit Fett bestreichen oder mit Speck belegen, auf den Rost legen. Diesen direkt über der Bratpfanne einsetzen oder den Braten direkt in die mit Wasser ausgespülte Bratpfanne legen. Das Fleisch kann mit den erforderlichen Zutaten zur Sauce (wie z. B. Suppengrün, Zwiebeln, Flüssigkeit) auch, in ein offenes Bratgefäß gelegt und auf den Rost gestellt, in den Backofen eingesetzt werden. Die Einschubhöhe richtet sich nach der Höhe des Fleisches: flachere Fleischstücke im mittleren, höhere im unteren Drittel des Backofens einschieben.
Bei Bratenstücken mit ca. 1 Stunde Garzeit geben Sie die Zutaten für die Sauce von Anfang an in das Bratgeschirr. Ist das Fleischgewicht höher und die Bratzeit somit länger, geben Sie die Zutaten erst nach ca. 1–1½ Stunden hinzu. Werden sie zu lange mitgebraten, könnten sie dunkel werden und der Sauce einen bitteren Geschmack geben.
Vorheizen des Backofens ist nicht erforderlich. Grundsätzlich können alle Fleischstücke in den kalten Backofen eingesetzt werden.

Braten im Bratbeutel oder in Bratfolie (Bratschlauch)

Von der Bratfolie wird mit der Schere ein Stück, das etwa 25 cm länger als das Bratgut ist, abgeschnitten. Ein Hüllenende umdrehen und mit dem der Packung beigelegten Papierdraht gut verschließen (entfällt bei Bratbeutel). Nun das gewürzte Bratgut und die Beilagen ohne Fettzugabe einlegen. Das noch offene Hüllenende ebenfalls verschließen. Das Bratgut in der Folie auf den Rost in den kalten Backofen schieben. Darunter die Bratpfanne einsetzen.
Zur Saucenzubereitung die Folie an der Oberseite einschneiden, an beiden Enden anfassen, umdrehen und den Saft in eine Saucenpfanne ablaufen lassen. Die Folie wieder umdrehen und in den Backofen zurücklegen, damit das Fleisch nachzieht. Währenddessen können Sie in Ruhe die Sauce fertigstellen.
Bitte beachten Sie:
- Bratfolie bzw. Bratbeutel müssen ausreichend groß gewählt werden, da sie sich während des Bratens leicht zusammenziehen und aufblähen.
- Bratfolien bzw. Bratbeutel müssen stets vor dem Braten mehrmals an der Oberseite mit einer dünnen Nadel eingestochen werden, damit der Dampf entweichen kann, sonst würden sie platzen.
- Beim Einsatz von Bratfolien bzw. Bratbeuteln darf die Backofentemperatur 220 °C nicht überschreiten. Die Folien sind somit auch nicht unter dem Infrarotgrill einsetzbar. Zudem dürfen sie nicht an der Backofenwand oder -decke anstoßen.

Vorteile
Kein lästiger Geruch.
Sauberer Backofen.
Flüssigkeitszugabe ist nicht erforderlich.

Braten im geschlossenen Topf oder in Aluminiumfolie

Das Fleisch – frisch oder gefroren – je nach Rezept würzen, mit Fett bestreichen oder mit Speck belegen. Mit den Zutaten für die Sauce, wie z. B. Suppengrün, Zwiebeln und Flüssigkeit, in einen Topf legen. Diesen mit einem passenden Deckel abdecken und auf den Rost in den kalten Backofen setzen. Flache Töpfe in das mittlere Drittel, höhere Töpfe in das untere Drittel des Backofens einschieben. Die Garzeiten sind, verglichen mit dem offenen Braten, etwas länger, die Temperaturen um ca. 20 °C höher.

Fettes Fleisch wird mit wenig Wasser und den Saucenzutaten in das Geschirr gegeben.
Mageres Fleisch wird mit den Zutaten und Flüssigkeit - ca. ½-1 cm den Boden bedeckend - in das Geschirr gelegt, Rindfleisch mit einigen Speckstreifen belegt.

Vorteile
Kein lästiger Geruch.
Der Backofen verschmutzt nicht.
Begießen und Wenden sind nicht erforderlich.
Die Sauce kann nach Ablauf der Bratzeit direkt im Topf auf der Kochplatte zubereitet werden.
Tiefgefrorenes Fleisch muß vor dem Braten nicht aufgetaut werden.
Das Beaufsichtigen des Bratens entfällt.

Hinweise
- Die Bräunung ist je nach dem verwendeten Geschirr unterschiedlich, ebenso die Menge der verdunsteten Flüssigkeit. In einem Tontopf ist die Bräunung am schwächsten. Prüfen Sie daher nach der Hälfte der Bratzeit, ob weitere Flüssigkeit zugegeben werden muß.
- Ist die Bräunung nicht ausreichend, so nehmen Sie den Deckel ab und schalten den Infrarotgrill für 5-10 Minuten ein.
- Wird Fleisch in Aluminiumfolie gebraten, ist eine entsprechende Bräunung ebenso möglich, wenn 10 Minuten vor Garzeitende die Folie an der Oberseite geöffnet wird.
- Auch pikante Schmorgerichte, wie Gulasch oder Rouladen, können im geschlossenen Geschirr zubereitet werden. Dabei entfällt das sonst übliche Anbraten.
- Sie können auch zwei Braten in zwei Geschirren nebeneinander auf den Rost in den Backofen stellen. Die Temperaturen und Bratzeiten sind gleich. Auf diese Weise sparen Sie Zeit und Energie.

Wann ist der Braten gar?

Eine sichere Methode, um festzustellen, ob ein Braten innen gar ist, bietet das Fleischthermometer. Es ist in Haushaltswarengeschäften oder in den Fachabteilungen der Warenhäuser erhältlich. Das Thermometer wird zum Prüfen des Garzustandes mit der Spitze in die dickste Stelle des Fleisches eingesteckt. Ein Zeiger auf der Temperatur-Skala zeigt die vorhandene Innentemperatur (Kerntemperatur) des Bratens an.

Übersicht über Innentemperaturen (Kerntemperaturen) verschiedener Braten

Fleischart	Innentemperatur (Kerntemperatur)
Schweinefleisch	
Schweinebraten (Schulter, Schinkenstück, Nacken)	80-85 °C
Kasseler	75-80 °C
Hackbraten	75-80 °C
Haxe	85-90 °C
Schweinefilet	75-80 °C
Rindfleisch	
Schmorbraten	90-95 °C
Roastbeef	
innen rosa (medium-rare)	45-50 °C
halb durchgebraten (medium)	60-65 °C
durchgebraten (well-done)	70-75 °C
Kalbfleisch	
Kalbsbraten	75-80 °C
Kalbshaxe	85-90 °C
Lamm- oder Hammelfleisch	
Lammkeule	75-80 °C
Hammelkeule, Hammelrücken	80-85 °C
Wild	
Hasenrücken, Hasenkeulen	70-75 °C
Ganzer Hase	70-75 °C
Reh- oder Hirschrücken	70-75 °C
Reh- oder Hirschkeule	70-75 °C
Geflügel	
Hähnchen	80-85 °C
Ente	80-85 °C
Gans	85-90 °C
Pute	80-85 °C
Fasan	75-80 °C

Werden die genannten Temperaturen erreicht, so ist der Braten gar. Auf der Skala des Fleischthermometers sind die geeigneten Temperaturen für verschiedene Fleischarten genau angegeben.
Wer kein Fleischthermometer hat, prüft folgendermaßen, ob der Braten gar ist: Läßt er sich mit dem Löffel oder Bratenwender nicht eindrücken, so ist er durchgebraten; entsteht jedoch eine Druckstelle, die sofort wieder zurückgeht, so ist er noch nicht gar.
Nach Ablauf der Bratzeit schalten Sie den Backofen aus und lassen den Braten noch 10-15 Minuten ruhen. So verteilt sich der Fleischsaft und läuft beim Anschneiden nicht heraus.

Bratzeit-Automatik und Brat-Electronic

Ist Ihr Herd zusätzlich mit einer Bratzeit-Automatik bzw. Brat-Electronic ausgestattet, können Sie Ihre Braten durch ein schon vorprogrammiertes Bratverfahren problemlos zubereiten. Wie Sie die Automatik einstellen müssen, steht in der Gebrauchsanweisung.

Wichtige Hinweise
- Verwenden Sie immer eine geschlossene Bratform, also ein Bratgeschirr mit passendem Deckel. Denken Sie bei der Wahl des Bratgeschirrs daran, daß das Fleisch während des Bratens aufgeht. Zwischen Fleisch und Deckel sollten daher mindestens 4 cm Abstand sein.
- Geeignete Bratgeschirre sind emaillierte Bratformen, gußeiserne Bratformen, feuerfestes Glas- oder Keramikgeschirr, glasiertes Tongeschirr.
- Ungeeignete Bratgeschirre sind Geschirre aus Aluminium, Edelstahlbräter, Tongeschirre, z.B. auch der Tontopf, Bratbeutel, Bratfolien, Kunsttoffgeschirre.
  In diesen Geschirren werden der Braten und der Fond zuwenig gebräunt.

Vorbereitung
Das Fleisch - frisch oder gefroren - wird mit allen Zutaten in das Bratgeschirr ge-

geben. Eine bestimmte Menge an Flüssigkeit (Wasser, Brühe oder Wein) wird hinzugegossen. Das Bratergebnis können Sie durch die Flüssigkeitszugabe nach eigenem Geschmack bestimmen:

- Dunkle Emailleformen, größere Geschirre und mageres Fleisch (z.B. vom Rind) erfordern eine größere Flüssigkeitszugabe, d.h. ca. ½–1 cm bodenbedeckend (⅛–¼ Liter).
- Kleinere Kasserollen und fettes Fleisch (z.B. vom Schwein) erfordern geringere Flüssigkeitsmengen, z.B. 9–12 Eßlöffel. Die Bräunung von Braten und Bratenfond hängt davon ab.
- Bei gefrorenem Fleisch erhöhen Sie die Flüssigkeitszugabe.
- Möchten Sie Ihrem Braten Wein zusetzen, so sollte der Boden des Bratgeschirrs mit Flüssigkeit bedeckt sein.
- Rinderbraten belegen Sie mit einigen Scheiben Speck.
- Geflügel wird ohne Flüssigkeitszugabe gebraten.

Zubereitung

Das Bratgeschirr wird, mit dem passenden Deckel verschlossen, auf den Rost in das untere Drittel des kalten Backofens eingesetzt. Sie müssen nun nur noch den Fleischzustand - frisch oder gefroren - und das Fleischgewicht einstellen. Ihrem Gerät liegt eine Informationskarte bei, aus der Sie die Einstellwerte ablesen können. Die Bratzeiten sind von der Automatik bzw. Electronic vorgegeben. Praktisch ist, daß gefrorene Braten ohne vorheriges Auftauen zubereitet werden können.

Ist der Braten fertig, so lassen Sie ihn noch ca. 10–15 Minuten auf einer Servierplatte im Backofen ruhen, damit der Bratensaft nicht mehr austritt. In der Zwischenzeit können Sie dann die Sauce zubereiten.

Hinweis

Es können auch zwei Bratgeschirre oder ein Bratgeschirr mit zwei Fleischstücken in den Backofen eingesetzt werden. Das Fleischgewicht und die Fleischart sollten dabei möglichst gleich sein. Es ist dann nur das Gewicht für ein Fleischstück einzustellen. Auf diese Weise sparen Sie Zeit und Energie!

Grillen im Backofen

Das Grillen ist eine Zubereitungsart mit vielen guten Eigenschaften und wird immer beliebter. Ernährungswissenschaftler empfehlen es, zumal Grilladen für eine ganze Reihe von Diät-Gerichten bestens geeignet sind. Natürlich erfährt auch der Speisezettel durch diese gesunde Art der Zubereitung eine Bereicherung, denn

- auf Fettzugabe kann beim Grillen meistens verzichtet werden,
- der Fleischsaft und damit wertvolle Vitamine und Mineralstoffe bleiben weitgehend erhalten,
- Grilladen haben einen typischen Eigengeschmack, daher ist ein zusätzliches Salzen kaum erforderlich,
- beim Grillen entsteht eine angenehme Bräunung, ohne daß sich schwer verdauliche Röststoffe, wie sie zum Beispiel beim Braten in der Pfanne entstehen, bilden.

Küchentechnisch versteht man unter Grillen ein Garverfahren, bei dem Strahlungswärme von einer glühenden Wärmequelle - im Backofen der Infrarot-Glühstab als Grillheizkörper - direkt auf die Oberfläche des Gargutes einwirkt. So bilden sich rasch Röststoffe, die Aroma und Grillgeschmack hervorrufen, während das Innere des Fleisches durch Wärmeleitung gart. Dabei muß die Intensität der Infrarotstrahlung auf Anbräunen und Garen abgestimmt werden. Durch die Veränderung der Entfernung vom Infrarot-Glühstab lassen sich flache Fleischstücke nach Belieben grillen:

- durchgebraten,
- halb durchgebraten,
- innen rosa

(siehe auch Seite 52).

Auch kleinere Geflügelteile, Fisch oder Toastgerichte können so schnell und einfach zubereitet werden.

Grilltechnik

Für das Grillen bieten sich zwei verschiedene Techniken an:

- Flachgrillen direkt unter dem Großflächengrill,
- Grillen großer Fleischstücke mit dem Umluft-Grill.

Größere Fleischstücke - auch Enten, Gänse, Puter und große Fische - konnten bisher im elektrischen Backofen nicht gegrillt werden. Der Grund: Die Entfernung vom Infrarot-Glühstab zum Grillgut reichte nicht aus, um Oberflächenbräune und Innentemperatur (Garzustand) aufeinander abzustimmen. Würde man beispielsweise die gleiche Hitzeeinwirkung, wie sie für die Zubereitung eines 3 cm dicken Steaks gerade richtig ist, einer 4–5 kg schweren Gans zukommen lassen, wären Haut und äußere Fleischschichten längst verkohlt, bevor Brustfleisch und Schenkel die notwendige Gartemperatur von ca. 90 °C erreichen.

Mit dem neuen Umluft-Grillen ist es erstmals möglich, durch Veränderung der Einstellung des Temperaturwählers den Anteil der Infrarotstrahlung so zu dosieren, daß auch größere Braten und Geflügel so gegrillt werden, daß sie außen die gewünschte Bräunung erhalten und innen gar sind. Es ist nicht notwendig, das Grillgut zu wenden, da es in Intervallen durch die rundum bewegte Heißluft von allen Seiten gebräunt wird. Nur bei Geflügel empfiehlt sich das einmalige Wenden nach etwa der Hälfte der Garzeit.

Als Beispiel: Eine Gans von 5 kg benötigt etwa 3 Stunden Grillzeit, nach 90 Minuten wird sie gewendet, so daß sie dann mit der Brust nach oben auf dem Rost liegt.

Durch diese Art zu grillen, bei der die Infrarotstrahlung je nach Grillgut eingestellt wird, verbrennen Fett- und Eiweißsubstanzen nicht mehr. Abtropfendes Fett und Fleischsaft sammeln sich unter dem Spritzschutzblech in der Bratpfanne und werden nicht erhitzt. Sie lassen sich für Saucen oder andere Gerichte weiterverwenden.

Grundregeln und Hinweise zum Grillen mit Umluft

- Das Grillgut wird stets auf den Rost gelegt und dann eingeschoben. Eine Einschubhöhe tiefer wird die Bratpfanne zum Auffangen des Fleischsaftes eingesetzt.
- Geflügel wird nach ca. der Hälfte der Grillzeit einmal gewendet. Um eine schöne Bräunung zu erhalten, sollte

es kurz vor Ende der Grillzeit ein- bis zweimal mit Salzwasser bestrichen werden.
- Bei Schweinebraten mit Schwarte schneidet man vor dem Grillen die Oberseite tief ein, damit eine besonders gute Kruste entsteht.
- Es können auch mehrere Fleischstükke, z.B. zwei Rollbraten, vier Haxen, vier Hähnchen oder zwei Enten, gleichzeitig gegrillt werden. Beachten Sie jedoch die Temperatur-Angaben in der Tabelle.
- Grillstücke sollten prinzipiell 10–15 Minuten im ausgeschalteten Backofen ruhen. So verteilt sich der Fleischsaft und läuft beim Anschneiden nicht heraus.

Grundregeln und Hinweise zum Flachgrillen

- Das Grillgut wird stets auf den Rost gelegt, darunter die Bratpfanne zum Auffangen des abtropfenden Fleischsaftes eingesetzt.
- Der Rost wird ganz nahe unter den Grillheizkörper eingeschoben. Das gilt vor allem für Fleisch (Steaks oder Koteletts). Würstchen werden mit größerem Abstand zubereitet, da sie leicht platzen und Fett an den heißen Grillheizkörper spritzen könnte.
- Verwenden Sie nur gut abgehangenes, von Fett und Sehnen befreites Fleisch. Das Fleisch kurz kalt abspülen und gut abtrocknen.
- Steaks 2–3 cm dick schneiden. Flachere Stücke zusammenschieben, zu einer runden Scheibe formen, außen herum einen Faden legen und binden.
- Wenden Sie das Grillgut stets mit einer Zange. Stechen Sie nicht ein, sonst entsteht Saftverlust, das Fleisch wird trocken.
- Möchten Sie Fisch grillen, so fetten Sie vorher den Rost mit Öl ein.

Richtwerte für das Grillen mit Umluft

Fleischart	Menge – Gewicht	Einschubhöhe für den Rost	Temperaturen	Zeit	Tips
Schweinebraten	1 – 1,0 kg 1 – 1,5 kg 1 – 2,0 kg	unteres Drittel unteres Drittel unteres Drittel	170–190 °C 170–190 °C 170–190 °C	80– 90 Min. 100–120 Min. 120–140 Min.	Bei besonders fetten Braten die niedrige Temperatur einstellen. Angaben gelten auch für Rollbraten.
Schweinshaxe	1 – 1,0 kg 1 – 1,5 kg 2 – à ca. 1,5 kg 4 – à ca. 1,5 kg	unteres Drittel unteres Drittel unteres Drittel unteres Drittel	170–190 °C 170–190 °C 170–190 °C 160–180 °C	90–110 Min. 100–120 Min. 120–150 Min. 130–150 Min.	Schwarte vor dem Grillen kreuzweise einschneiden. Haxen mit der Fleischseite nach unten auf den Rost legen.
Roastbeef	1 – 1,0 kg 1 – 1,5 kg	Mitte Mitte	220–240 °C 200–220 °C	jede Seite 20– 30 Min.	Soll das Roastbeef stärker durchgebraten sein, verlängert sich die Zeit je Seite um ca. 6–8 Minuten.
Lamm-, Hammelkeule	1 – 2,0 kg 1 – 3,0 kg	unteres Drittel unteres Drittel	170–190 °C 160–180 °C	90–110 Min. 140–160 Min.	Fettschichten vor dem Grillen einritzen.
Lamm-, Hammelrücken	1 – 2,0 kg	unteres Drittel	170–190 °C	70– 80 Min.	Fettschichten vor dem Grillen einritzen, magere Stücke nach Belieben mit Speckscheiben belegen.
Hähnchen	1 – ca. 1,2 kg 2 – à ca. 1,2 kg 3 – à ca. 1,0 kg 4 – à ca. 1,0 kg	Mitte Mitte unteres Drittel unteres Drittel	200–220 °C 200–220 °C 190–210 °C 190–210 °C	50– 60 Min. 50– 60 Min. 55– 65 Min. 55– 65 Min.	Nach etwa der Hälfte der Grillzeit einmal wenden, ggf. mit Salzwasser bestreichen.
Ente	1 – ca. 1,0 kg 2 – à ca. 2,0 kg	unteres Drittel unteres Drittel	170–190 °C 160–180 °C	85– 90 Min. 90–110 Min.	Bei Enten mit einem Gewicht von 1,5–1,7 kg die mittlere Einschubhöhe wählen. Nach etwa der Hälfte der Grillzeit einmal wenden.
Gans	1 – ca. 3,0 kg 1 – ca. 5,0 kg	unteres Drittel unteres Drittel	150–170 °C 140–160 °C	150–170 Min. 170–190 Min.	Die Gans kann auch mit Füllung gegrillt werden. Nach etwa der Hälfte der Grillzeit einmal wenden.
Pute	1 – ca. 2,0 kg 1 – ca. 3,0 kg	unteres Drittel unteres Drittel	180–200 °C 160–180 °C	110–130 Min. 150–180 Min.	Baby-Puten eignen sich besonders gut zum Grillen. Nach etwa der Hälfte der Grillzeit einmal wenden.

Richtwerte für das Flachgrillen

Grillgut	Einschubhöhe für den Rost	Grillzeiten	
		1. Seite	2. Seite
Fleisch			
Steaks			
innen rosa (medium-rare)	oberes Drittel	8–10 Min.	4– 6 Min.
halb durchgebraten (medium)	oberes Drittel	10–12 Min.	5– 7 Min.
durchgebraten (well-done)	oberes Drittel	11–13 Min.	7– 9 Min.
Rinderfilet, ca. 800 g	Mitte	12–14 Min.	10–12 Min.
Bratwürste	oberes Drittel	8–10 Min.	6– 8 Min.
Leberscheiben	oberes Drittel	5– 7 Min.	3– 5 Min.
Schweinekotelett	oberes Drittel	10–12 Min.	7– 9 Min.
Schweinefilet	Mitte/oberes Drittel	10–12 Min.	8–10 Min.
Schaschlik	oberes Drittel	9–11 Min.	4– 6 Min.
Frikadellen	oberes Drittel	9–11 Min.	8–10 Min.
Kalbsschnitzel	oberes Drittel	9–11 Min.	8–10 Min.
Kalbssteak	oberes Drittel	8–10 Min.	6– 8 Min.
Lamm-, Hammelkotelett	oberes Drittel	8–10 Min.	7– 9 Min.
2 halbe Hähnchen (je ca. 400–500 g)	unteres Drittel	15–18 Min. (Innenseite)	12–14 Min. (Außenseite)
Fisch			
Fischfilet	oberes Drittel	7– 9 Min.	5– 6 Min.
Forellen (je ca. 200–250 g)	Mitte	6– 9 Min.	6– 8 Min.
Toast			
Vortoasten (nur das Brot)	oberes Drittel	4– 5 Min.	1–1½ Min.
Überbacken (mit Belag)	oberes Drittel	4– 6 Min.	–

Backen

Das Vorbereiten der Backformen / Backbleche

Backformen werden im allgemeinen mit Fett ausgestrichen, das weich, aber nicht flüssig sein soll, da es sonst nicht so gut haftet. Zum Ausfetten verwendet man am besten einen Pinsel oder ein Stück Küchenpapier. Aus geschmacklichen Gründen wird Butter bevorzugt, aber auch Margarine ist geeignet. Für spezielle Teigarten empfiehlt sich Schmalz.
Napfkuchen- oder Ringformen werden besonders sorgfältig gefettet, vor allem in den Rillen und am Boden. Hierbei den »Kamin« nicht vergessen. Werden die Formen zusätzlich noch mit Semmelbröseln, gemahlenen Nüssen oder Grieß ausgestreut, bleibt der Kuchen bestimmt nicht hängen.
Kastenformen werden am besten mit einem passend zur Form ausgeschnittenen Bogen Pergament- oder Backtrennpapier ausgelegt, um so das Stürzen zu erleichtern.
Torten- und Springformen werden nur am Boden gefettet. Den Formenrand löst man nach dem Backen mit einem scharfen Messer. Möchten Sie eine Biskuittorte zubereiten, legen Sie den Boden der Form mit Pergament- oder Backtrennpapier aus. Der glatte Tortenboden bleibt somit erhalten, er dient später als Decke und kann garniert werden. Benutzen Sie zum Zuschneiden des Papiers die Backform als Schablone. Bei sehr feuchten Kuchen, z.B. Obstkuchen mit Rahmguß oder Käsetorten, die länger als 1 Stunde gebacken werden, ist zu einer doppelten Papier-Einlage zu raten. Nach dem Auslegen bestreicht man dann das Papier mit Butter oder Margarine, damit es sich leichter vom Kuchen abziehen läßt. Bestäubt man das Fett zusätzlich mit Mehl, erhält der Kuchen eine leichte Kruste.
Backbleche aus Aluminium oder in emaillierter Ausführung werden im allgemeinen gut mit Butter oder Margarine gefettet, bei einigen Gebäcken zusätzlich mit Mehl bestäubt (z.B. Windbeutel) oder nur mit Wasser benetzt (z.B. Blätterteiggebäcke). Eine große Arbeitserleichterung bietet auch hier das Backtrennpapier, wodurch sich das Fetten und Bemehlen der Bleche erübrigt und die Reinigung erheblich erleichtert wird. Die auf dem Blech aufliegende Papierseite sollte leicht mit Wasser oder Fett bestrichen werden, damit das Papier gut aufliegt und während des Backens nicht zurückrollt.
Für das Backen von Biskuitrollen verwenden Sie prinzipiell Backtrennpapier. Stürzen Sie die Biskuitplatte nach dem Backen auf ein mit Zucker bestreutes Küchentuch oder auf ein zweites Blatt Papier, das an der Unterseite haftende Papier wird dann mit dem Pinsel mit Wasser befeuchtet und vorsichtig abgezogen. Hierzu noch ein Tip: Wenn Sie die Längsseiten der Teigplatte vor dem Aufrollen mit dem Daumen leicht eindrücken, bricht die Rolle nicht so leicht.

Das Backen der Kuchen

Kein Backofen ist wie der andere, und der Thermostat arbeitet nicht immer ganz genau. Voraussetzung ist, daß man sich an die Gebrauchsanweisung des Herstellers hält, aber auch dann muß man Temperatureinstellung und Backzeit gelegentlich nach den eigenen Erfahrungswerten nach oben oder unten korrigieren. Hinzu kommen die Beschaffenheit der Teige und die Wahl des Formenmaterials.

Backen mit Heißluft

Für das Backen mit Heißluft bieten sich folgende Möglichkeiten:

- Backen auf einer Ebene, z.B. Rührkuchen in der Form, Quarktorten, Blechkuchen mit Obstauflage oder Hefezopf auf dem Blech.
  Die Einschubhöhe liegt im unteren Drittel oder in der Mitte des Backofens.

- Backen auf mehreren Ebenen, z. B. Blechkuchen mit Streuseln, Kleingebäcke.
  Die Einschubhöhen liegen meist im unteren und oberen Drittel des Backofens.

Der große Vorteil der Heißluft liegt darin, daß auf mehr als einer Ebene gebacken werden kann. Sie sollten jedoch maximal zwei Kuchen auf dem Blech, z. B. mit Apfel- oder Pflaumenbelag, gleichzeitig abbacken. Es entwickelt sich sonst eine zu große Feuchtigkeit im Backofen, die nicht schnell genug abgeführt werden kann. Der einzelne Kuchen backt nicht gut genug durch! Der Backofen beschlägt oder es tropft sogar Feuchtigkeit - der sogenannte »Wrasen« - ab.
Bei zu langen Backzeiten, wie sie zum Beispiel bei vier Blechen Obstkuchen anfallen, kann die Obstauflage an einzelnen Stellen ausgetrocknete Partien aufweisen. Das gilt bedingt auch für einige Sorten Kleingebäck, das bei trockener Hitze in kurzer Zeit gebacken werden soll. Sie sollten besser folgendermaßen vorgehen: Bereiten Sie die Bleche erst vor und setzen Sie sie dann gleichzeitig ein, um sie nacheinander zu entnehmen. Oder: Während das erste belegte Blech backt, wird das zweite belegt und nachgeschoben. Diese Methode ermöglicht ein schnelles, fortlaufendes Backen.
Mit der Heißluft können auch unterschiedliche Kuchen und Gebäcke gleichzeitig abgebacken werden. Kombinieren Sie zum Beispiel im unteren Drittel einen Kastenkuchen auf dem Rost und im oberen Drittel ein Blech mit Kleingebäck. Die Backzeit für den Kastenkuchen beträgt ca. 1 Stunde, für das Kleingebäck ca. 15-20 Minuten. Sie können dann sogar noch ein zweites Blech nachschieben. So arbeiten Sie zeitsparend und wirtschaftlich.

> Beachten Sie, daß bei unterschiedlichen Gebäcken auf zwei Ebenen die Temperaturen weitgehend übereinstimmen. Die Backzeiten passen Sie beliebig an.

Setzen Sie das Gebäck mit der längsten Backzeit im unteren Drittel des Backofens als erstes ein. Das Gebäck mit der kürzeren Backzeit setzen Sie im oberen Drittel als letztes ein und nehmen es zuerst wieder heraus.

Backen mit Ober- und Unterhitze
Kuchen werden entweder in der Form auf dem Rost oder auf dem Backblech gebacken. Die tiefe Bratpfanne setzen Sie am besten nur dann ein, wenn Sie einen sehr feuchten Kuchen zubereiten möchten.
Das Material der Backform wirkt sich auch auf das Ergebnis aus. Dunkle Formen aus Schwarzblech, dunkle und beschichtete oder die sogenannten »goldbedampften« Formen eignen sich am besten, da sie die Backofenhitze gut aufnehmen und an das Gebäck weitergeben. Reflektierende Weißblechformen stoßen die Hitze ab. Kuchen in solchen Formen müssen länger bei niedriger Temperatur gebacken werden. Sie erhalten auch nicht eine so schöne Bräune, wie Kuchen aus Schwarzblech- oder Goldformen. Benutzen Sie Weißblechformen daher nur mit Heißluft. Backbleche bestehen in der Regel aus Emaille oder Aluminium. Beide Materialien sind gut geeignet, wobei Aluminium-Backbleche eine besonders gute Wärmeleitung zeigen.
Mit Ober- und Unterhitze backen Sie immer nur auf einer Ebene. Hierbei wird meist das untere Drittel des Backofens zum Einschieben genutzt.

Geschirre auf dem Herd und im Backofen

Kochgeschirre auf dem Herd

Für das wirtschaftliche Kochen ist die Wahl eines geeigneten Geschirrs von großer Bedeutung. Es gibt heute bereits ein reichhaltiges Angebot im Handel, das oftmals verwirrend ist. Um Ihnen die Wahl zu erleichtern, wurden die wichtigsten Hinweise zusammengefaßt. Beachten Sie auch die Kurzinformationen in der Tabelle (Seite 19).

Topfboden
Der gute Topfboden hat eine schwache Wölbung nach innen von ca. 1 mm. Bei Erwärmung dehnt sich der Boden aus und liegt dann plan (eben) auf der Kochplatte auf. Er darf keinesfalls im kalten Zustand nach außen gewölbt sein.
Tip: Prüfen Sie die Wölbung des Topfbodens durch Auflegen eines Lineals.

Bodenstärke
Gute Töpfe sollten eine Bodenstärke von 2-4 mm haben, damit ein optimaler Kontakt zwischen Boden und Kochplatte gegeben ist. Bodenstärken unter 1,5 mm sind ungeeignet, da sich die Kochtöpfe unter Hitzeeinwirkung verziehen können.

Topfbodendurchmesser
Der Durchmesser eines Topfbodens sollte mindestens so groß sein wie die Abmessung der Kochplatte. Nur dann wird die Hitze der Kochplatte auch voll genutzt. Bei zu kleinen Töpfen geht unnötig Energie verloren, zudem brennen überkochende Speisen leichter fest.
Bei Pfannen richten Sie sich nicht nach dem oberen Durchmesser, sondern messen Sie stets den Boden.
Ein Beispiel: Hat die Kochplatte/Kochstelle einen Durchmesser von 18 cm, so sollte der Topf/die Pfanne einen Durchmesser von 20 cm haben.

Deckel
Der Topfdeckel muß stets gut schließen, damit möglichst wenig Dampf entweicht. Aufliegende Deckel haben eine glatte

Fläche und sind leicht zu reinigen, schließen jedoch nicht immer dicht genug ab. Bei innenliegenden Deckeln sammelt sich das Kondenswasser in der Rinne des Topfes. Das führt bei stärkerem Kochen zu Klappern, und Wasser spritzt heraus. Einsteckdeckel schließen gut ab.
Bei emaillierten Töpfen sind häufig Dekkel und Topfrand mit einem Edelstahlring versehen. Das hat den Vorteil, daß die Emailränder nicht abstoßen und dadurch rosten können.

Schüttrand

Töpfe sollten einen etwas nach außen gewölbten Schüttrand haben, damit Flüssigkeit ohne Herunterlaufen an der Außenseite ausgeschüttet werden kann.

Griffe

Griffe an Topf/Pfanne und Deckel sollten hitzebeständig, aber nicht wärmeleitend, und spülmaschinenfest sein. Bei Kunststoffgriffen ist auf den Vermerk »backofenfest bis 280 °C« zu achten. Diese Griffe sollten auf jeden Fall auswechselbar sein.

Material

Kochgeschirr muß für die verschiedenen Arten des Garens und Kochens geeignet sein. Da es täglich benutzt wird, ist es wichtig, daß es leicht zu handhaben ist und eine lange Lebensdauer erwarten läßt. Jedes der üblicherweise verwendeten Materialien hat, auch bei noch so guter Verarbeitung, die eine oder andere Schwäche, die man kennen sollte.

Emailliertes Stahlgeschirr

Emaille ist eine glasharte Schutzschicht, die auf Stahlblech aufgebrannt wird. Emailliertes Stahlgeschirr ist preisgünstig, muß aber vorsichtig behandelt werden, denn die Emaille kann Schadstellen bekommen oder abplatzen. An diesen Stellen können Speisen leichter anbrennen oder der Topf kann rosten. Besonders haltbar ist schwarzes Emailgeschirr mit kobaltblauer Innenglasur. Dieses Geschirr ist gut für Brat- und Schmorgerichte geeignet, da die Bräunung besonders gelingt.

Edelstahl

Edelstahl ist hochwertiger Stahl, der durch Zusätze von Chrom, Nickel oder Mangan rostfrei bleibt. Die gebräuchlichste Zusammensetzung für Töpfe besteht aus 72% Eisen, 18% Chrom und 10% Nickel, im Handel »Edelstahl 18/10« genannt. Andere gebräuchliche Legierungen sind auch rostfrei, aber nicht absolut säure- oder korrosionsfest. Edelstahl ist nahezu unbegrenzt haltbar, stoß-, schlag- und säurefest und leicht zu reinigen, auch im Geschirrspüler. Da Edelstahl ein schlechter Wärmeleiter ist, versieht man die Töpfe zur Verbesserung der Wärmeleitfähigkeit mit einem sogenannten »Sandwichboden«. Das ist ein Zwischenboden aus gut leitenden Metallen wie Kupfer oder Aluminium.

Gußeisen

Geschirr aus Gußeisen ist sehr schwer, haltbar, aber nicht schlagfest. Unbehandelt ist es auch rostempfindlich. Mit einer Schutzschicht (z.B. Emaille) versehen, ist es auch im Geschirrspüler leicht zu reinigen. Wegen der guten Wärmeleitung eignet es sich besonders zum Braten und Schmoren.

Aluminium

Aluminium hat eine gute Wärmeleitfähigkeit. Die unbehandelte Oberfläche kann sich durch Einwirkung von Säure verfärben. Das ist zwar nicht gesundheitsschädlich, sieht aber nicht schön aus. Daher werden die meisten Töpfe mit einer Antihaft-Beschichtung angeboten. Die Qualität von Aluminiumgeschirr richtet sich nach der Materialstärke. Leichtes Geschirr ist nicht genormt und für das Kochen auf dem Elektroherd ungeeignet. Geschirre mit einer *Antihaft-Beschichtung* verhindern das Anbrennen und Ankleben von Speisen, da sie bis 300 °C hitzebeständig sind. Die Beschichtung wird auf ein Grundmaterial wie Aluminium oder Stahlblech aufgetragen und ermöglicht Kochen und Braten mit wenig oder gar keinem Fettzusatz. Allerdings läßt der Antihafteffekt nach längerer Zeit nach, wenn das Geschirr falsch behandelt wird, etwa leer auf heißer Kochplatte überhitzt oder die Oberfläche beim Spülen oder Benutzen verkratzt wird. Das Geschirr kann dann zwar weiter benutzt werden, der Antihafteffekt ist allerdings dahin.

Feuerfestes Glas- und Keramikgeschirr

Kochgeschirr aus feuerfesten keramischen Materialien (Porzellan, Steingut, Keramik) und feuerfestem Glas (Klar- und Opalglas) hat den Vorteil, daß es direkt vom Herd auf den Tisch gestellt werden kann, also Koch- und Anrichtegeschirr in einem ist. Es sieht gut aus und hält die Speisen lange warm. Beim Kochen auf dem Elektroherd hat es aber den Nachteil, daß die Speisen leicht anbrennen können.
Jenaer Glas ist feuerfest, aber nicht absolut temperaturbeständig. Anders verhält es sich bei *Pyroflam* und *Ceradur* (ein Material, das bereits durch die Glaskeramik-Kochfelder bekannt ist). Diese Geschirre sind nicht nur feuerfest, sondern auch temperaturbeständig, d.h., daß heißes Geschirr auch in kaltes Wasser gestellt werden kann.
Keramik und Porzellan sind durch besondere Zusätze feuerfest gemacht worden und deshalb auch als Kochgeschirr verwendbar. Sie werden in vielen Farben und Dekors angeboten und eignen sich besonders gut für Backofengerichte. Vorsicht bei eckigen oder ovalen Formen, die für den Backofen bestimmt sind. Sie sollten nicht auf den Kochplatten benutzt werden, da in den unbeheizten Ecken, die über die runden Platten hinausragen, Materialspannungen entstehen können.
Das Material eines *Tontopfes* besteht aus unglasiertem Ton mit einer porösen Oberfläche. Daher muß der Topf vor jedem Gebrauch in Wasser gelegt werden, damit sich die Poren vollsaugen. Er kann nur im Backofen benutzt werden und verträgt keine Temperaturwechsel.

Bratgeschirre für den Backofen

Gebraten bzw. gegrillt wird entweder in einem offenen Bratgeschirr, das auf den Rost gestellt wird, oder auf dem Rost über oder direkt in der Bratpfanne (Bratblech).
Beim Grillen mit Umluft werden die meisten Fleisch- oder Geflügelgerichte direkt auf dem Rost über der Bratpfanne zubereitet.

Emailliertes Geschirr mit/ohne Deckel und hitzebeständigen Griffen

Die dunkle Innenemaillierung ist wenig empfindlich und gut für Brat- oder Schmorgerichte geeignet. Dieses Ge-

schirr nimmt viel Wärme auf und bräunt Braten besonders schön. Geschirre aus Emaille besitzen eine lange Nutzungsdauer und haben folgende Vorteile:
Sie sind säurebeständig,
geruchs- und geschmacksneutral,
temperaturwechselbeständig,
leicht zu reinigen.

Gußeisernes Geschirr
Es speichert Wärme und gibt sie gleichmäßig ab. Gußeisen ist jedoch schwer und nur bedingt schlagfest. Es rostet leicht und sollte daher mit einer Schutzschicht überzogen sein. Braten gelingen in diesem Geschirr besonders gut.

Feuerfestes und temperaturbeständiges Glas- oder Keramikgeschirr
Z. B. Jenaer Glas, Ceradur, Pyroflam, Pyrex, Vision, auch feuerfestes Serviergeschirr aus Porzellan, z. B. Vilbofour. Diese Geschirre können direkt aus dem Backofen auf den Tisch gestellt werden. Sie eignen sich besonders gut für Aufläufe, Grillbraten oder überbackene Gerichte (Gratins).
Pyroflam, Vision und Ceradur, die auch auf Glaskeramik-Kochfeldern einsetzbar sind, sind nicht nur feuerfest, sondern auch feuer-frost-fest, d. h., sie überstehen auch extreme Temperaturwechsel. Keramik und Porzellan sind durch besondere Zusätze in der Herstellung feuerfest gemacht worden und deshalb im Backofen einsetzbar.
Sie haben folgende Vorteile:
Diese Geschirre sind geruchs- und geschmacksneutral,
hitzebeständig, auch unter dem Grill,
temperaturwechselbeständig (Pyroflam, Ceradur),
gut wärmespeichernd,
leicht zu reinigen, auch im Geschirrspüler,
besonders für Backofengerichte aller Art geeignet,
als Serviergeschirr verwendbar.
<u>Der Tontopf</u>
Der Tontopf als Tongeschirr ist von besonderer Art unter den keramischen Geschirren. Er ist ein Bräter, der aus zwei Teilen besteht. Das Material ist unglasierter Ton mit poröser Oberfläche. Daher muß er vor der Benutzung in Wasser gelegt werden, damit sich die Poren vollsaugen. Benutzen Sie ihn im Backofen für Fleisch- und Fischgerichte sowie für Aufläufe oder Eintöpfe, wenn Sie nicht besonderen Wert auf eine knusprige Außenseite legen. Der Tontopf verträgt keine Temperaturunterschiede.

Backformen

Geeignet für den Backofen ist zunächst einmal das dem Gerät beiliegende Zubehör, bestehend aus
- Backblechen,
- einem Rost (zum Einschieben von Formen),
- einer Bratpfanne (Bratblech).

Hierzu ein Hinweis: Sehr feuchte Obstkuchen, z. B. Pflaumen- oder Apfelkuchen backen Sie am besten in der Bratpfanne Ihres Herdes. So kann der anfallende Fruchtsaft nicht überlaufen. Obstsäfte sind säurehaltig. Abtropfender Saft kann einbrennen und Flecken hinterlassen, die nicht mehr zu entfernen sind. Daher: Verwenden Sie besser die tiefe Bratpfanne!
Voraussetzung für ein gutes Backergebnis sind richtige Backformen. Unabhängig vom Material sollten sie
- eine gute Wärmeleitung haben,
- eine gleichmäßige Bräunung erzielen,
- sich leicht vom Gebäck lösen,
- einfach zu reinigen sein.

Backformen werden immer auf die Mitte des Rostes gestellt.

Schwarzblechformen
Das sind dunkle Formen, die besonders wärmeleitend sind. Sie eignen sich daher vor allem für schwere und saftige Torten aus Mürbeteig mit viel Belag, z. B. Apfel- oder Käsetorten. Backformen immer gut einfetten!

Mit Schutzlack überzogene Kupferformen,
Backformen aus Aluminium, antihaftbeschichtet oder mit goldfarbener Oberfläche
Sowohl Kupfer- als auch Aluminiumformen leiten die Backofenwärme ganz besonders gut. Um eine gleichmäßige Bräunung des Kuchens zu erreichen, darf die Backtemperatur nicht zu hoch gewählt werden. Backformen immer gut einfetten! Diese Formen nicht mit kratzenden Reinigungsmitteln säubern, sonst löst sich der Schutzlack.
Für das Backen mit Heißluft eignen sich auch die bisher erwähnten Formen. Besitzen Sie eine Backform aus einem anderen handelsüblichen Material, so bakken Sie Ihren Kuchen hierin vorzugsweise mit Heißluft. Zu diesen Formen gehören:

Keramikformen
eignen sich besonders für Teige, die länger und behutsam gebacken werden müssen, z. B. Rührteige oder schwere Hefeteige. Nach Ablauf der Backzeit den Kuchen noch 5–10 Minuten im ausgeschalteten Backofen nachbacken lassen. Backform immer gut einfetten!

Feuerfeste Glasformen
Bei Verwendung dieser Formen kann der Backprozeß und somit die Bräunung jederzeit kontrolliert werden. Auch hier gilt: 5–10 Minuten den Kuchen im ausgeschalteten Backofen nachbacken lassen. Aus Glasformen lassen sich Kuchen leicht entnehmen. Sie sind zudem leicht zu reinigen. Backform stets gut einfetten!

Weißblechformen
Diese Backformen reflektieren die Hitze sehr stark. Kuchen in Weißblechformen nur mit Heißluft (oder im Gasbackofen) abbacken. Kuchen mit Mürbeteig sollten in diesen Formen ganz unten in den Backofen eingeschoben werden. Dem Boden muß dann viel Wärme zugeführt werden. Falzränder und Schnittkanten gut abtrocknen, da sie leicht rosten. Backform immer gut einfetten!

Kunststofformen
Diese neuartigen Backformen sind hitzebeständig bis 205 °C im Backofen mit Ober- und Unterhitze bzw. bis 180 °C Heißluft. Die Bräunung des Kuchens kann jederzeit kontrolliert werden. Kuchen lösen sich besonders leicht, da das Formenmaterial im heißen Zustand etwas nachgibt. Sie sind sehr leicht zu reinigen, auch im Geschirrspüler, zudem rosten sie nicht. Ein Einfetten der Formen ist nicht erforderlich.

Geschirr-Übersichtstabelle
Was ist für die einzelnen Funktionen geeignet?

Material	Geschirr	Ober- und Unterhitze	Heißluft	Grillen bzw. Grillen mit Umluft	Brat-Automatik bzw. Brat-Electronic
Metall	Schwarzblech-Backformen	●	●	–	–
	Weißblech-Backformen	–	●	–	–
	Aluminium-Backformen (antihaftbeschichtet oder goldfarben)	●	●	–	–
	Kupferformen (blank oder mit Schutzlack überzogen)	●	●	–	–
	Emailletöpfe, -bräter	●	●	●	●
	Edelstahltöpfe, -bräter	–	bedingt	–	–
	Gußeisen	●	●	●	●
Glas, Porzellan, Keramik, Glaskeramik, Ton	Feuerfestes Glas (z. B. Pyrex, Jenaer Glas)	●	●	●	●
	Nicht feuerfestes Glas	–	zum Auftauen ohne Temperatur	–	–
	Feuer- und frostfeste Glaskeramik (z. B. Pyroflam, Vision, Ceradur)	●	●	●	●
	Keramik, Steingut, auch Keramik-Backformen	bedingt	●	–	–
	Glasierter Ton	●	●	–	●
	Römertopf	●	●	–	–
Kunststoff	Hitzebeständige Backformen (z. B. Vitri)*	● bis 200 °C	● bis 180 °C	–	–

* Beachten Sie die vom Hersteller angegebenen Maximaltemperaturen.
● Empfohlenes Geschirr
– Nicht geeignetes Geschirr

Backofenpflege

Es ist wichtig, den Backofen sofort nach Gebrauch zu reinigen, wenn er zwar ausgeschaltet, aber noch etwas warm (nicht heiß!) ist. Der Fettfilm, den Brat- und Kochdünste an den Backofenwänden bilden, ist dann noch leicht mit heißer, neutraler Spülmittellauge (ohne Zitronensäure!) zu entfernen; Fettspritzer sind noch nicht verkrustet.
Zur bequemeren Reinigung hängt man die Tür bzw. den Backwagen aus und schaltet die Backofenbeleuchtung ein. Ist trotzdem einmal etwas eingebrannt, so helfen meistens nur noch handelsübliche Backofensprays. Hier ist jedoch Vorsicht geboten. Diese Mittel sollten nur wie folgt benutzt werden:

- Den kalten Backofen einsprühen (bei den neuen Universal/Multifunktionsbacköfen die Rückwand nicht einsprühen, da sie katalytisch beschichtet ist!),
- auf 50 °C einstellen, 3 Minuten aufheizen, dann abschalten,
- das Spray einwirken lassen und auswischen.

Eine längere Aufheizzeit als 3 Minuten ergibt höhere Temperaturen, vor allem am Backofenboden. Das Reinigungsmittel kann aggressiv werden und grau schimmernde Flecken hinterlassen, die nicht mehr zu entfernen sind. Das Spray darf nur auf emaillierte Flächen aufgetragen werden. Ist es dennoch versehentlich auf lackierte Teile (z. B. die Zubehörablage) oder Kunststoffflächen (z. B. Blende) gelangt, so muß sofort mit Wasser nachgewischt werden, sonst entstehen matte Stellen.
Bekanntlich sind Obstsäfte säurehaltig. Abtropfender Saft (z. B. von einem gut belegten Pflaumenkuchen) kann am Backofenboden Flecken hinterlassen, die, wenn der Backofen ganz abgekühlt ist, auch nicht mit Sonderreinigungsmit-

teln zu entfernen sind. Daher: Zum Backen von sehr feuchten Obstkuchen besser die tiefe Bratpfanne verwenden. Das gilt auch für Herde mit pyrolytischer Selbstreinigung.
Der Grillheizkörper ist bei einigen Geräten fest eingebaut und dient gleichzeitig als Oberhitze. Die Fläche oberhalb des Grillheizkörpers muß nicht gereinigt werden, da sich durch die starke Wärmeentwicklung (ca. 300 °C) die Backofendecke in gewissem Umfang selbst reinigt.
Die katalytisch beschichteten Bleche und Seitenteile reinigen sich selbst. Größere Spritzer verschwinden erst nach einiger Zeit, z. B. nach dem nächsten Backen. Rückstände an der Oberfläche sind am besten mit einem trockenen Tuch oder mit einer weichen Bürste zu entfernen.
Das Zubehör (Backbleche, Spritzschutz, Rost) sollte nach dem Gebrauch mit einem neutralen Spülmittel eingeweicht werden. Rückstände lassen sich mit Hilfe eines Spülschwammes oder einer Bürste leicht entfernen. Backofensprays eignen sich nicht, da sie die Alu-Oberfläche angreifen können. Den Rest pflegt man am besten mit Edelstahl-Reinigungsmitteln.
Gepflegt mit den richtigen Reinigungsmitteln, sieht Ihr Backofen noch nach Jahren fast wie neu aus.

Reinigungsmittel zur Backofenpflege

Geräte bzw. Teile	Chemikalien	Haushaltsreiniger	Hilfsmittel
Backofen innen	Backofen-Spray, Backofen-Schutzspray	neutrales Spülmittel	weicher Schwamm, weiche Bürste
Bratpfannen emailliert	–	neutrales Spülmittel, Essigwasser	weicher Schwamm, weiche Bürste, Geschirrspüler
Backbleche aus Aluminium	–	neutrales Spülmittel, Scheuerpulver	Stahlschwamm, weicher Schwamm, weiche Bürste
Rost (Kombi- oder Grillrost)	Edelstahl-Reinigungsmittel	neutrales Spülmittel, Scheuerpulver	Stahlschwamm, weicher Schwamm, weiche Bürste, Geschirrspüler
Schalterknebel	–	neutrales Spülmittel	weicher Schwamm
Katalytische Teile	–	neutrales Spülmittel	weicher Schwamm, weiche Bürste, Geschirrspüler
Schalterfront, Glastür, Lackflächen, Rahmen, Zubehörablage	–	neutrales Spülmittel, Glas-Reiniger	weicher Schwamm, Wischtuch
Kunststoffblende aus Makrolon	–	neutrales Spülmittel, Glas-Reiniger	weiches Wischtuch

Kleine Pannenhilfe

Beim genauen Befolgen der Rezept- und Einstellangaben dieses Buches können eigentlich keine großen Pannen auftreten. Kleinere Schwierigkeiten gibt es jedoch immer wieder. Um Ihnen die Beseitigung zu erleichtern, wurde eine Vielzahl immer wieder auftretender Fragen (und Antworten) zum Braten und Backen für Sie zusammengestellt.

Braten, Kochen

Warum ist mein Braten noch so zäh?
Übergießen Sie den Braten mit Alkohol und braten Sie ihn noch 10–15 Minuten nach. Verwenden Sie das nächste Mal nur gut abgehangenes Fleisch. Beachten Sie die Bratzeiten und lassen Sie den fertigen Braten nur kurz nachziehen.

Warum ist mein Braten zu dunkel geworden und die Kruste stellenweise verbrannt?
Überprüfen Sie die Einschubhöhe und Temperaturen. Verwenden Sie kein Paprikapulver zum Würzen. Schneiden Sie die zu dunklen Stellen ab, fetten Sie den Braten und übergrillen Sie ihn kurz.

Der Braten sieht gut aus, warum ist die Sauce verbrannt?
Wählen Sie ein kleineres Bratgeschirr oder geben Sie mehr Flüssigkeit von Anfang an hinzu.

Der Braten ist außen gut gebräunt, innen aber noch roh.
Schneiden Sie den Braten ganz auf. Bereiten Sie die Sauce zu und lassen Sie die Fleischscheiben in der Sauce durchziehen. Praktisch zum Kontrollieren des Garzustandes ist ein Fleischthermometer, das Sie in Haushaltswarengeschäften kaufen können. Damit können Sie jederzeit den Garzustand kontrollieren.

Versalzene Speisen (Suppen – Saucen – Gemüse). Wie kann ich das Gericht noch servierfähig machen?
Bei Suppen kochen Sie 1–2 geschälte Kartoffeln mit, diese vor dem Servieren herausnehmen. Geeignet sind auch Brotrinden. Legieren Sie Gemüse mit Dosenmilch oder mit Eigelb, das in Sahne angerührt ist (nicht mehr aufkochen).

Angebrannte Speisen (Suppen - Saucen - Gemüse - Milch - Flammeris)
Speisen sofort aus dem Geschirr vorsichtig in ein anderes Gefäß geben, dabei den angebrannten Belag nicht mit ablösen. Falls der Brandgeschmack doch noch durchschmeckt, durch kräftiges Würzen überdecken:
- bei salzigen Gerichten Pfeffer, Muskat, Senf, Curry, Tomatenmark oder Essig,
- bei süßen Gerichten Obst, Kompott oder Früchte verwenden.

Bei Milchgerichten den Topf vorher mit reichlich kaltem Wasser ausspülen und viel rühren.

Die Sauce hat Klümpchen.
Streichen Sie die Sauce durch ein Sieb und binden Sie sie nach. Hierbei kräftig mit dem Schneebesen rühren. Mehl stets in kalter Flüssigkeit anrühren.

Backen

Wie backe ich mein eigenes Rezept?
Schlagen Sie bitte die hinteren Vorsatz-Seiten auf und richten Sie sich nach den in der Tabelle angegebenen Werten.

Muß ich den Backofen vorheizen?
Ein Vorheizen des Backofens ist im allgemeinen nicht erforderlich. Das kalte Einschieben ist jedoch keine »Muß«-Vorschrift. Es spart eine Menge Energie. Heizen Sie den Backofen ruhig vor, wenn Sie möchten, die angegebenen Garzeiten verkürzen sich dann um 5–10 Minuten. Temperaturen und Einschubhöhen bleiben gleich.

In diesem Kochbuch sind Temperaturbereiche angegeben. Welche Temperatur soll ich wählen?
Prinzipiell gilt: Beginnen Sie erst mit dem niedrigen Temperaturwert, damit Sie Ihr Gerät besser kennenlernen. Gegen Ende der Garzeit können Sie – falls erforderlich – etwas höher einstellen, z. B., um den Kuchen wie gewünscht nachbräunen zu lassen.

Warum verhalten sich Backformen so unterschiedlich?
Kuchen in Schwarzblech-Backformen bräunen wesentlich besser, da diese Backformen die Wärme schneller aufnehmen und weitergeben. Kuchen in Glasformen dagegen müssen bei niedrigeren Temperaturen länger gebacken werden, bis sie eine vergleichbare Bräunung bekommen. Daher sind alle Angaben dieses Kochbuches Richtwerte, die, je nach Rezept und verwendeter Back- bzw. auch Bratform, variieren können.

Warum fällt der Kuchen nach dem Herausnehmen zusammen?
Verwenden Sie beim nächsten Mal weniger Flüssigkeit oder stellen Sie die Backofentemperatur um 10 °C niedriger ein und lassen den Kuchen ca. 15 Minuten länger backen.

Mein Kuchen ist oben richtig braun, unten aber zu dunkel geworden.
Überprüfen Sie die Einschubhöhe (zu weit unten eingeschoben?) und verkürzen Sie beim nächsten Mal die Backzeit. Stellen Sie die Backform immer auf den Rost.

Mein Kuchen ist oben richtig braun, unten aber zu hell geworden.
Überprüfen Sie die Einschubhöhe (zu weit oben eingeschoben?) und verlängern Sie die Backzeit bei etwas niedrigerer Temperatur. Benutzen Sie lieber eine Schwarzblech-Backform. Stellen Sie Kuchen in Formen immer auf den Rost.

Mein Kuchen ist zu trocken geworden.
Stechen Sie mit einem Zahnstocher gleichmäßig Löcher in den Kuchen und träufeln Sie Obstsaft oder ein alkoholhaltiges Getränk tropfenweise darüber. Wählen Sie beim nächsten Mal eine um 10 °C höhere Temperatur und verkürzen Sie die Backzeit.

Wie stelle ich fest, ob mein Kuchen innen durchgebacken ist?
Stechen Sie 10 Minuten vor Ende der Backzeit mit einem Holzstäbchen (z. B. Schaschlikspieß) an der höchsten Stelle in den Kuchen. Ist das Holz beim Herausnehmen trocken und klebt kein Teig mehr daran, kann der Kuchen herausgenommen werden.

Warum ist mein Kuchen am Rand schon hoch, in der Mitte jedoch eingefallen?
Lösen Sie den Kuchen nach dem Backen vorsichtig mit einem spitzen Messer. Schneiden Sie ihn durch und streichen eine Füllung in der Mitte höher auf. Fetten Sie beim nächsten Mal den Rand der Springform nicht ein.

Die Plätzchen lösen sich nicht vom Backblech.
Schieben Sie das Backblech noch einmal kurz in den Backofen und lösen Sie die Plätzchen dann sofort vom Backblech ab.

Ich habe auf zwei Ebenen Plätzchen gebacken. Warum wird das obere Blech dunkler als das untere?
Wählen Sie die Temperatur um 10 °C niedriger, dann wird das Gebäck gleichmäßiger. Je nach Gebäckart schieben Sie das untere Blech 5–10 Minuten früher ein und entnehmen beide Bleche gleichzeitig.

Mir erscheinen die dem Herd beiliegenden Backbleche zu flach. Wie backe ich z. B. einen Apfelkuchen mit Guß?
Sehr saftige Obstkuchen können Sie auch in der Bratpfanne Ihres Gerätes abbacken oder Sie »ummanteln« das Backblech mit einem Streifen Alufolie, so daß Sie ein Überlaufen vermeiden.

Der Kuchen ist an der Oberfläche verbrannt.
Schneiden Sie die verbrannten Stellen ab und bestreuen Sie den Kuchen mit Puderzucker oder überziehen Sie ihn mit Schokoladenglasur. Torten mit Buttercreme oder Sahne bestreichen.

Der Kuchen läßt sich nicht stürzen.
Lösen Sie den Rand nochmals mit einem spitzen Messer. Stürzen Sie den Kuchen erneut und bedecken Sie die Form mehrmals mit einem nassen, kalten Tuch. Das nächste Mal fetten Sie die Form gut und streuen sie mit Semmelbröseln aus.

Das Brot oder der Kuchen sieht sehr schön aus, aber innen ist noch ein »Klitschstreifen« (spindig, Wasserstreifen).
Beachten Sie bitte genau die Rezepturen und Backzeiten. Verwenden Sie beim nächsten Mal weniger Flüssigkeit und backen Sie den Kuchen/das Brot bei niedrigerer Temperatur etwas länger.

Wie wird Eischnee steifer?
Geben Sie während des Schlagens einige Tropfen Zitronensaft oder eine Messerspitze Salz hinzu.

Der Mürbeteig wird beim Kneten brüchig. Was kann ich tun?
Geben Sie etwas Flüssigkeit, z. B. Sahne oder Milch, hinzu und kneten Sie den Teig nochmals gut durch.

Wie vermeide ich das Einsinken von Rosinen oder Früchten?
Rosinen oder Früchte sinken nicht so leicht ein, wenn sie vor dem Backen in etwas Mehl gewendet werden.

Warum verfärbt sich Backpulver rosa?
Eine Verfärbung kann eintreten, wenn Sie Backpulver zusammen mit anderen Backzutaten aufbewahren. Lagern Sie Backpulver stets separat in einer fest schließenden Dose. Die Verfärbung beeinträchtigt nicht das Backergebnis.

Mein Auflauf ist oben viel zu dunkel geworden.
Nehmen Sie die Kruste ab und überbräunen Sie den Auflauf kurz unter dem Grill. Verwenden Sie keinen Parmesankäse, er bräunt stark und schmeckt schnell bitter.

Brotback-Fehlerliste

Das Brot ist nicht hochgegangen.
- Zuviel Mehl oder zuwenig Flüssigkeit.
- Die Flüssigkeit war beim Ankneten zu warm.
- Die Hefe wurde zu warm angerührt.
- Der Sauerteig war nicht mehr gut.

Das Brot ist zu »kompakt« geworden.
- Zuviel Fett, Zucker oder Eier sind verwendet worden.
- Der Teig wurde zuwenig durchgeknetet.
- Der Teig hat beim Aufgehen im Zug gestanden.
- Die Teigflüssigkeit war zu kalt.

Das Brot hat einen »Klitschstreifen«.
- Der Teig ist nicht genügend durchgeknetet worden.
- Der Backofen war zu heiß, so daß sich die Kruste zu schnell gebildet hat. Die Feuchtigkeit im Inneren ist nicht genügend ausgetrieben worden. Beim nächsten Mal stellen Sie die Backofentemperatur um 20 °C niedriger ein und backen das Brot ca. 10–15 Minuten länger.
- Die Backzutaten waren bei der Zubereitung zu kalt.
- Die Flüssigkeitsmenge war zu hoch. Mehle nehmen unterschiedlich viel Flüssigkeit auf. Sind sie lange gelagert, läßt die Quellfähigkeit nach.

Das Brot »bröckelt« zu sehr.
- Zuviel Hefe ist verwendet worden.
- Der Teig wurde zu lange geknetet.
- Der Sauerteig war nicht mehr in Ordnung.

Hinweis: Schrotbrote und solche mit Vollkornmehl sind immer etwas bröckeliger.

Das Brot sieht eingefallen aus.
- Der Teig hat vor dem Backen zu lange gestanden.
- Der Teig hat beim Aufgehen zu warm gestanden.

Hinweis: Den Teig beim nächsten Mal ein- bis zweimal kräftig durchkneten.

Rezepte

Badische Schneckensuppe

Einstellung	Heißluft	Ober- und Unterhitze
Einschubhöhe Temperatur Zeit	Mitte Grill 3–4 Min.	Mitte Grill 3–4 Min.

24 Schnecken aus der Dose,
50 g durchwachsener Speck,
30 g Butter,
1 kleine Zwiebel,
2 Knoblauchzehen,
¼ l Fleischbrühe,
⅛ l trockener Weißwein,
1½ Bund glatte Petersilie,
6 Stengel Dill,
1 Eigelb, ¼ l Sahne,
1 Glas (2 cl) Cognac oder Weinbrand,
Salz,
frisch gemahlener schwarzer Pfeffer

Die Schnecken abtropfen lassen, dabei die Flüssigkeit auffangen. Die Schnekken grob hacken. Den Speck sehr fein würfeln und in der Butter anbraten. Die geschälte, feingehackte Zwiebel und die geschälten, durch die Presse gedrückten Knoblauchzehen zufügen und goldgelb anbraten. Dann erst die Schnecken dazugeben und unter ständigem Rühren 2 Minuten dünsten. Mit Fleischbrühe und Wein auffüllen und alles zugedeckt bei milder Hitze 30 Minuten mehr ziehen als kochen lassen. In der Zwischenzeit die Kräuter abspülen und trockenschwenken. Die Petersilie grob hacken, dann etwa 4 TL beiseite stellen. Die restliche Petersilie fein hacken. Den Dill fein schneiden. Das Eigelb mit etwas Suppe verquirlen und in die nicht mehr kochende Suppe rühren (dazu den Topf am besten vom Herd nehmen). Die Suppe sollte danach niemals mehr kochen, sonst flockt das Ei aus und bildet kleine »Stippen«. Die Sahne steif schlagen und gut die Hälfte unter die Suppe ziehen. Die Schneckensuppe mit Cognac, Salz und Pfeffer pikant abschmecken. In vier Suppentassen verteilen und die restliche Sahne jeweils als Häubchen darauf verteilen, unter dem vorgeheizten Grill überbacken. Mit der zurückbehaltenen Petersilie bestreuen und sofort servieren. Dazu Blätterteigstangen oder geröstetes Stangenweißbrot servieren.

Miesmuschelsuppe

Einstellung	Heißluft	Ober- und Unterhitze
Einschubhöhe Temperatur Zeit	Mitte Grill 4 Min.	Mitte Grill 4 Min.

1,5 kg Miesmuscheln
(mit Schale gewogen),
1 Bund Suppengrün, 1 Zwiebel,
2 Knoblauchzehen, 40 g Butter,
¼ l trockener Weißwein,
1 Lorbeerblatt,
6 Pfefferkörner, 4 Wacholderbeeren,
4 Stangen Bleichsellerie,
2 dünne Lauchstangen,
250 g Tomaten,
Wasser, Instant-Hühnerbrühe,
frisch gemahlener schwarzer Pfeffer,
je ½ Bund glatte Petersilie und Dill,
½ Glas (1 cl) Anisschnaps,
⅛ l süße Sahne

Die Muscheln einzeln unter fließendem Wasser abbürsten. Offene Muscheln, die sich bei Berührung nicht sofort schließen, wegwerfen, ebenso zerbrochene – sie sind verdorben. Die Byssusfäden (dunkle, an den Schalen befindliche Fäden) abreißen oder mit einem flachen Messer entfernen. Das geputzte, gewaschene Suppengrün, die geschälte Zwiebel und die geschälten Knoblauchzehen hacken und in heißer Butter in einem sehr großen Topf anrösten. Mit Weißwein aufgießen. Lorbeerblatt, Pfefferkörner und Wacholderbeeren hineingeben. Zugedeckt bei starker Hitze kochen, bis sich die Muscheln öffnen. Das dauert knapp 10 Minuten. Muscheln, die sich bis jetzt nicht geöffnet haben, müssen ebenfalls weggeworfen werden. Alle geöffneten Muscheln in ein Sieb schütten, den Sud auffangen und das Muschelfleisch aus den Schalen lösen.
Den Bleichsellerie putzen, dabei die kleinen, zarten Blättchen aufheben. Die Stangen waschen und in dünne Scheiben schneiden. Den Lauch ebenfalls putzen, waschen und nach dem Abtropfen in dünne Ringe schneiden. Die Tomaten mit kochendem Wasser übergießen, häuten, vierteln und die Stengelansätze entfernen. Die Tomatenviertel entkernen und würfeln.
Den Muschelsud mit Wasser auf 1 l auffüllen und mit Instant-Hühnerbrühe abschmecken. Das Gemüse darin 10 Minuten kochen. Die Muscheln hineingeben und erhitzen, aber die Suppe nicht mehr kochen lassen. Mit Pfeffer abschmecken, Petersilie und Dill abspülen, trockenschwenken und hacken bzw. fein schneiden. Anisschnaps und Sahne mischen. Die Suppe in Tassen füllen, mit der Anis-Sahne übergießen, unter dem vorgeheizten Grill überbacken und, mit den Kräutern bestreut, servieren. Dazu getoastetes Knoblauchbrot reichen.

Knoblauchbrot

Stangenweißbrotscheiben im Toaster hell rösten, abkühlen lassen und auf beiden Seiten reichlich mit Knoblauch einreiben. Dann in heißer Butter goldgelb rösten. Heiß servieren.
Oder: Ein französisches Stangenweißbrot mehrfach (im Abstand von etwa 1 cm) tief ein-, aber nicht durchschneiden. Weiche Butter mit zerdrücktem Knoblauch, Salz und etwas Zitronensaft verrühren und dick in die Einschnitte streichen. Das Brot wieder zusammendrücken, auf Alufolie neben der Suppe so lange überbacken, bis die Butter völlig eingezogen und das Brot knusprig ist. Ebenfalls sehr heiß servieren.

Oben: Miesmuschelsuppe
Unten: Badische Schneckensuppe

Zwiebelsuppe Pariser Art

Einstellung	Heißluft	Ober- und Unterhitze
Einschubhöhe Temperatur Zeit	oberes Drittel Grill 5 Min.	oberes Drittel Grill 5 Min.

400 g Zwiebeln, 60 g Butter, 2 EL Mehl,
1 l klare Fleischbrühe
(selbst gekocht oder aus Würfeln),
¼ l trockener Weißwein, Salz,
frisch gemahlener schwarzer Pfeffer,
8 dünne Scheiben Stangenweißbrot
(etwa 80 g),
1 Glas (2 cl) Cognac oder Weinbrand,
100 g geriebener Emmentaler

Die Zwiebeln schälen und hacken. 50 g Butter in einem Topf erhitzen und die Zwiebeln darin hellbraun anbraten. Das Mehl darüberstreuen und mitrösten, bis es auch etwas Farbe genommen hat. Dann die Fleischbrühe angießen und alles zugedeckt 20 Minuten leise köcheln lassen. Jetzt erst den Wein in die Suppe geben und diese mit Salz und reichlich Pfeffer würzen. Die restliche Butter erhitzen und die Brotscheiben darin auf beiden Seiten goldbraun rösten. Den angewärmten Weinbrand in einer Kelle anzünden und brennend über das Brot gießen, ausbrennen lassen. Die Suppe in vier feuerfeste Suppentassen füllen, mit den Brotscheiben belegen, mit Emmentaler bestreuen und überbacken, bis der Käse geschmolzen ist.

Variationen

▷ Statt 2 Brotscheiben pro Person 3 verwenden und insgesamt 150 g geriebenen Käse. Die gerösteten Brotscheiben, mit Käse bestreut, sich überlappend in die Suppentassen legen und mit der kochenden Suppe auffüllen.

▷ Die Hälfte der Fleischbrühe durch Milch, den Wein durch Sahne oder saure Sahne ersetzen. Dann keinen Käse und keine Brotscheiben dazugeben. Toastbrot als Beilage dazu reichen. Die Suppe eventuell noch mit etwas Cayennepfeffer würzen.

▷ Die Suppe mit einer Mischung aus 2 Eigelb, 1 Glas (2 cl) Cognac oder Weinbrand und ⅛ l Sahne legieren. Ohne Brot und Käse, jedoch mit gerösteten Weißbrotwürfeln und gehackter Petersilie bestreut servieren.

▷ Die Zwiebeln statt in Würfel in dünne Ringe schneiden. Kein Mehl dazugeben, sondern 50 g Graupen mitkochen lassen. Die Suppe vor dem Servieren mit geriebenem Emmentaler oder Parmesan bestreuen.

▷ Zusammen mit den Zwiebeln ein bis zwei feingehackte oder auch durch die Presse gedrückte Knoblauchzehen in der heißen Butter anschmoren oder – wenn's weniger »anrüchig« sein soll – Knoblauchsalz verwenden.

Polnischer Jägertopf Bigos

Einstellung	Heißluft	Ober- und Unterhitze
Einschubhöhe Temperatur Zeit	unteres Drittel 160–180 °C 90–100 Min.	unteres Drittel 180–200 °C 90–100 Min.

Für 6–8 Personen
20 g getrocknete Pfifferlinge,
125 g durchwachsener Speck,
250 g mageres Schweinefleisch,
250 g Rindfleisch (Bug oder Nuß),
250 g mageres Lammfleisch, 4 Zwiebeln,
½ Wirsing (etwa 500 g), 500 g Sauerkraut,
250 g reife Tomaten, 2 Knoblauchzehen,
Salz, 1 EL Rosenpaprika,
je 1 TL Kümmel und Majoran,
4 Lorbeerblätter,
¼ l Instant-Fleischbrühe,
200 g polnische Räucherwürstchen

Die getrockneten Pilze mit reichlich Wasser 2 Stunden quellen lassen. Den Speck fein würfeln und in einer großen, feuerfesten Form auslassen. Das abgespülte, trockengetupfte Fleisch in mundgerechte Würfel schneiden. Die geschälten Zwiebeln fein hacken. Alles in dem Speckfett kräftig anbraten. Den Wirsing fein hobeln, das Sauerkraut mit zwei Gabeln zerpflücken. Die Tomaten blanchieren, häuten und würfeln. Die geschälten Knoblauchzehen mit Salz zerdrücken. Alles zu dem Fleisch geben, ebenso die abgetropften Pfifferlinge. Mit Salz, Paprika, Kümmel, Majoran und Lorbeer würzen und mischen. Die Fleischbrühe angießen und die in Scheiben geschnittenen Würstchen ebenfalls über dem Eintopf verteilen. Die Form geschlossen in den Backofen stellen.

Irish Stew

Einstellung	Heißluft	Ober- und Unterhitze
Einschubhöhe Temperatur Zeit	unteres Drittel 180–200 °C 70–80 Min.	unteres Drittel 200–220 °C 80–90 Min.

1 kg Kartoffeln, 750 g Zwiebeln,
1 kg mageres Lammfleisch,
Salz, frisch gemahlener schwarzer Pfeffer,
getrockneter Thymian,
Wasser zum Auffüllen

Die geschälten, gewaschenen Kartoffeln und die geschälten Zwiebeln in der Küchenmaschine in etwa 3 mm dicke Scheiben, das abgespülte Lammfleisch in etwa 2 cm große Würfel schneiden. Eine große, feuerfeste Form mit der Hälfte der Kartoffelscheiben auslegen und mit etwas Salz bestreuen. Darüber die Hälfte der Zwiebelscheiben und das Lammfleisch geben, mit Salz, Pfeffer und Thymian würzen. Die restlichen Zwiebelscheiben auf das Fleisch schichten und pfeffern. Darüber die restlichen Kartoffelscheiben legen und leicht salzen. So viel Wasser angießen, daß die erste Kartoffelschicht gerade bedeckt ist. Den geschlossenen Topf in den Backofen stellen. Das fertige Gericht nach Belieben noch mit gehackter Petersilie bestreuen.

Cassoulet

Französischer Bohnentopf

Einstellung	Heißluft	Ober- und Unterhitze
Einschubhöhe Temperatur Zeit	unteres Drittel 180–200 °C 75 Min.	unteres Drittel 190–210 °C 75 Min.

Für 6 Personen

350 g weiße Bohnen, 1 l Wasser,
1 Bund Suppengrün,
1 EL getrocknete Suppenkräuter,
250 g mild geräucherter, durchwachsener Speck,
2 geräucherte Speckschwarten,
400 g nicht zu fetter Schweinehalsgrat,
2 Zwiebeln, 1 Knoblauchzehe, 4 Möhren,
40 g Gänse- oder Schweineschmalz,
2 Bund Petersilie, 2 Lorbeerblätter,
500 g vollreife Tomaten,
200 g luftgetrocknete Knoblauchwurst,
⅛ l trockener französischer Rotwein,
Salz, schwarzer Pfeffer aus der Mühle

Die Bohnen mindestens 6 Stunden, besser jedoch über Nacht einweichen. Dann mit dem Wasser aufsetzen und zum Kochen bringen. Zugedeckt 20 Minuten vorgaren lassen.
Nebenher das Suppengrün putzen, waschen, abtropfen lassen und fein hakken. Die getrockneten Suppenkräuter in ein Mullsäckchen geben oder in eine Kaffeefiltertüte füllen und diese mit Heftklammern zuknipsen. Den Speck und die Schwarten in einem Topf mit kochendem Wasser übergießen und 5 Minuten kochen lassen. Die Speckschwarten abtropfen lassen, den Speck abtrocknen und ebenso wie den Schweinehalsgrat in mundgerechte Würfel schneiden. Zwiebeln und Knoblauchzehe schälen und fein hacken. Die Möhren ebenfalls schälen, dann in dünne Scheiben schneiden.
Schmalz in einem Schmortopf erhitzen, zuerst den Speck und das Fleisch darin rundherum anbraten, dann Zwiebeln, Knoblauch und Möhren zufügen. Kurz andünsten lassen. Die abgespülte Petersilie hacken und die Hälfte zugedeckt beiseite stellen. Die übrige Petersilie zusammen mit den gehäuteten, gehackten Tomaten, den Bohnen und ihrer Kochflüssigkeit und den Lorbeerblättern in den Topf geben. Das Suppengrün untermischen und die getrockneten Suppenkräuter auf den Eintopf legen. Den gut verschlossenen Topf in den Backofen stellen.
Die Wurst in etwa 2 cm dicke Scheiben schneiden und zusammen mit dem Rotwein 15 Minuten vor Ende der Garzeit auf das Cassoulet legen. Das fertige Gericht mit Salz und Pfeffer abschmecken und, mit der zurückbehaltenen Petersilie bestreut, in dem Topf servieren.

Hinweis

Cassoulet ist ein Gericht, das seine Ursprünge bis auf die römische Besatzungszeit in Frankreich zurückführen kann. Seine »moderne« Heimat ist die Languedoc, wo man sich allerdings seit vielen Jahren darüber streitet, ob dieser von Legenden umrankte Eintopf »stilecht« in Toulouse, Carcassonne oder Castelnaudary zubereitet wird. Gut sind alle drei Versionen! Nur befinden sich im einen Gänse- oder Ententeile, im anderen fettes Hammelfleisch und im dritten (wie oben) Schweinefleisch.

Chili con carne

Mexikanischer Hackfleischtopf

Einstellung	Heißluft	Ober- und Unterhitze
Einschubhöhe Temperatur Zeit	unteres Drittel 180–190 °C 90–110 Min.	unteres Drittel 190–200 °C 90–110 Min.

350 g rote oder schwarze Bohnen,
¾ l Wasser, 4 Zwiebeln,
2 Knoblauchzehen,
2 Stangen Lauch (Porree) von ca. 250 g,
2 Möhren, ¼ Sellerieknolle (ca. 150 g),
2 Petersilienwurzeln,
4 EL kaltgepreßtes Olivenöl (Jungfernöl),
500 g Rinderhackfleisch,
1 EL Paprika edelsüß,
2 grüne oder rote Chilischoten,
500 g vollreife Tomaten, Salz,
4 Thymianzweige, 2 Lorbeerblätter, Salz,
Cayennepfeffer

Die Bohnen über Nacht in dem Wasser einweichen. Zwiebeln und Knoblauchzehen schälen und fein hacken. Lauch putzen, längs halbieren, gründlich waschen, abtropfen lassen, dann in dünne Scheiben schneiden. Möhren, Sellerie und Petersilienwurzeln schälen und ganz fein würfeln.
Das Öl in einem Schmortopf erhitzen, Zwiebeln, Knoblauch und Gemüse unter Rühren andünsten, dann das Hackfleisch zugeben und so lange anbraten, bis es krümelig geworden ist. Mit Paprika bestäuben und das Paprika ganz vom Fett aufnehmen lassen. Dann die Bohnen mit ihrem Einweichwasser zugeben. Chilischoten halbieren, von Stengelansätzen und Samensträngen befreien und ganz fein hacken. Die Tomaten mit kochendem Wasser überbrühen, häuten, von den grünen Stengelansätzen befreien, hacken und mit den Chilischoten unter die Bohnen mischen. ¼ l Wasser angießen. Thymianzweige und Lorbeerblätter auf das Gericht legen und den geschlossenen Topf in den Backofen stellen.
Nach dem Garen Lorbeerblätter und Thymian entfernen. Das Gericht pikant mit Salz und Cayennepfeffer abschmekken und mit frischem Stangenweißbrot servieren.
Wegen der Schärfe schmeckt ein kühles Bier besonders gut dazu.

Hinweis

Obwohl Chili con carne aus Mexiko stammt, ist es zu einem Nationalgericht der Südstaaten der USA geworden. Dort gibt man allerdings meist kleingewürfeltes, in Schweineschmalz und Öl angebratenes Rindfleisch in den Eintopf, der oft stundenlang im mäßig heißen Ofen leise vor sich hin simmert und sozusagen stets fertig ist, wenn ein Hungriger das Haus betritt.

Beide Gerichte eignen sich sehr gut für die Zeitschaltautomatik.

Erbsentopf mit Pökelfleisch

Einstellung	Heißluft	Ober- und Unterhitze
Einschubhöhe Temperatur Zeit	Mitte 180–200 °C 45–55 Min.	Mitte 200–220 °C 45–55 Min.

500 g grüne oder gelbe Erbsen,
1 l Wasser,
3 Zwiebeln, 4 Nelken,
1 Lorbeerblatt,
500 g gepökeltes, leicht geräuchertes Schweinefleisch,
30 g Schweineschmalz,
2 Möhren,
½ Knolle Sellerie,
1 Stange Lauch,
Salz,
getrockneter Thymian und Majoran,
1 Bund Petersilie

Die Erbsen in dem Wasser über Nacht einweichen. Am nächsten Tag mit einer geschälten Zwiebel, die mit den Nelken und dem Lorbeerblatt gespickt wurde, zum Kochen bringen und bei nicht zu starker Hitze auf dem Herd 20 Minuten vorkochen lassen. Das Fleisch kurz abspülen und abtrocknen.
Das Schweineschmalz in einem großen Topf erhitzen, das Fleisch darin rundherum anbraten. Die restlichen Zwiebeln schälen, hacken und dazugeben. Goldbraun anbraten. Die Erbsen mit ihrem Kochwasser dazugeben. Möhren und Sellerie schälen, abspülen und würfeln. Lauch putzen, waschen und in Ringe schneiden. Alles in den Topf geben und mit Salz, Thymian und Majoran würzen. Die abgespülte, trockengeschwenkte Petersilie fein hacken und zufügen. Den Topf in den kalten Backofen stellen. Das Fleisch aus dem fertigen Eintopf nehmen, in vier Scheiben schneiden. Die Erbsen mit dem Fleisch belegen und servieren.
Dazu reicht man Salzkartoffeln und einen beliebigen Salat.

Hinweise
▷ Dieses Gericht läßt sich besonders gut im Tontopf zubereiten. Der Topf muß aber gründlich gewässert werden, ehe die vorgekochten Erbsen und die anderen Zutaten hineinkommen.
▷ Man kann übrigens das Pökelfleisch schon gleich in Scheiben oder in Würfel schneiden, dann gibt es seinen Geschmack noch besser ab. Wer mag, nimmt statt des Pökelfleisches ein leicht geräuchertes Stück, zum Beispiel Schäufele oder geräucherten Bauchspeck.

Linsentopf nach französischer Art

Einstellung	Heißluft	Ober- und Unterhitze
Einschubhöhe Temperatur Zeit	Mitte 180–200 °C 45–55 Min.	Mitte 200–220 °C 45–55 Min.

375 g Linsen,
1 l Wasser,
2–3 Speck- oder Schinkenschwarten (eventuell auch ein Schinkenknochen),
350 g geräucherter Bauchspeck,
2 Knoblauchzehen,
1 Zwiebel,
¼ l Rotwein,
2 Bund Suppengrün, Salz,
frisch gemahlener schwarzer Pfeffer

Die Linsen mit dem Wasser zum Kochen bringen und 20 Minuten auf dem Herd vorkochen, dann die abgespülten Schwarten, den Knochen, den Speck im Stück, die geschälten, durch die Presse gedrückten Knoblauchzehen, die geschälte, gehackte Zwiebel und den Rotwein dazugeben. Den Topf in den kalten Backofen stellen. Nach 30 Minuten das geputzte, gewaschene und feingewürfelte Suppengrün zufügen.
Aus dem fertigen Gericht Speck, Schwarten und Knochen entfernen. Den Linsentopf mit Salz und Pfeffer würzen. In eine vorgewärmte Terrine füllen und, mit dem in Scheiben geschnittenen Speck belegt, servieren.

Variation
Ebenso können auch weiße Bohnen oder gelbe Erbsen zubereitet werden. Jedoch sollte man dann den Rotwein durch Weißwein ersetzen.
Es schmeckt übrigens sehr gut, wenn Sie den Topf mit etwas frischem oder getrocknetem Salbei würzen.

Italienischer Fischtopf

Einstellung	Heißluft	Ober- und Unterhitze
Einschubhöhe Temperatur Zeit	Mitte 160–180 °C 30–35 Min.	Mitte 180–200 °C 30–35 Min.

800 g Goldbarschfilet, 2 EL Kräuteressig,
Salz, 500 g große, schnittfeste Tomaten,
2 grüne Paprikaschoten,
6 Stengel Bleichsellerie,
1 Bund Petersilie,
20 g Butter oder Margarine, ⅒ l Milch,
1 Becher dicke saure Sahne oder Crème fraîche (200 g), 2 TL Mehl,
4 Eier, 1 Msp. Safran,
2 TL eingelegte grüne Pfefferkörner

Die Fischfilets kurz unter fließendem kalten Wasser abspülen, mit Haushaltspapier trockentupfen, in etwa 4 cm große Würfel schneiden, mit Essig einreiben und mit wenig Salz bestreuen. Tomaten gründlich waschen und in dicke Scheiben schneiden. Dabei die unterste Scheibe mit dem grünen Stengelansatz entfernen. Paprikaschoten halbieren, waschen, von den Samensträngen befreien und würfeln. Bleichsellerie waschen und in 2 cm breite Stücke schneiden. Die Blätter grob hacken. Petersilie abspülen, trockentupfen und fein hakken. Die Hälfte der Petersilie zugedeckt zur Seite stellen.
Die Butter in einem Topf schmelzen lassen. Fisch, Gemüse und Petersilie hineingeben. 2 Eßlöffel Milch mit dem Mehl verrühren. Nach und nach die restliche Milch, die saure Sahne, die Eier, den Safran und die Pfefferkörner zufügen und alles gründlich verquirlen. Die Mischung mit Salz abschmecken, dann über den Fisch gießen. Den geschlossenen Topf in den kalten Backofen schieben. Das fertige Gericht mit der restlichen Petersilie bestreut servieren.
Dazu mit gedünsteten Zwiebeln vermischten Reis und Kopfsalat in einer leichten Kräuter-Vinaigrette servieren.

Hinweis
Verwenden Sie am besten tiefgekühlten Fisch. Er hat keine Abfälle, wenig Gräten und läßt sich besonders gut schneiden, wenn er noch etwas gefroren ist.

Wirsingeintopf italienische Art

Einstellung	Heißluft	Ober- und Unterhitze
Einschubhöhe Temperatur Zeit	unteres Drittel 160–180 °C 80–90 Min.	unteres Drittel 180–200 °C 80–90 Min.

Für 6 Personen
600 g nicht zu fetter, ungeräucherter Schweinebauch,
4 EL Weißwein, ¼ l Instant-Fleischbrühe,
1 Wirsing (ca. 1000 g), 500 g Möhren,
1 Stengel Bleichsellerie,
3 Stangen Lauch,
2 Knoblauchzehen, Salz,
frisch gemahlener schwarzer Pfeffer,
50 g Rindermark,
3 Knoblauchwürstchen von je 100 g,
6 kleine Schweinskoteletts von je 100 g ohne Knochen, 2 EL Olivenöl

Den abgespülten, trockengetupften Schweinebauch in 6 Scheiben schneiden und in einem großen Topf auf beiden Seiten knusprig braun anbraten. Mit Weißwein und Fleischbrühe begießen und zugedeckt 10 Minuten sanft köcheln lassen.
In der Zwischenzeit den Wirsing vierteln, abspülen, abtropfen lassen und fein hobeln. Die geschälten, abgespülten Möhren in Scheiben, den geputzten, abgespülten Bleichsellerie in Würfel und den geputzten, gewaschenen Lauch in Ringe schneiden. Alles zu dem Schweinebauch geben. Die geschälten Knoblauchzehen durch die Presse drücken und auch daruntermischen. Mit Salz und Pfeffer gut würzen. Das Rindermark in dünne Scheiben schneiden und den Eintopf damit belegen. Den verschlossenen Topf in den Backofen stellen.
Nach 50 Minuten die abgespülten Knoblauchwürstchen auf das Gemüse legen. Die Koteletts mit Haushaltspapier abreiben, mit Salz und Pfeffer würzen und in dem heißen Olivenöl auf beiden Seiten je 5 Minuten braun braten. Würstchen und Schweinebauch aus dem Gemüse nehmen. Das Gemüse mit Weißwein abschmecken und in einer vorgewärmten Terrine anrichten. Mit den Bauchscheiben, den Koteletts und den in Scheiben geschnittenen Würstchen garnieren. Dazu reichlich frische Petersilie servieren, mit der jeder nach Belieben seine Portion bestreuen kann.
Dazu passen Salzkartoffeln oder frisches Bauernbrot und ein frischer, leichter Rotwein oder auch Bier.

Hinweise

▷ In Italien kocht man diesen deftigen Eintopf auch häufig mit Schweinshaxen statt mit Bauchspeck. Auch sie werden rundherum stark angebraten und, wie im Rezept angegeben, weitergekocht. Allerdings muß die Zeit zum Vorkochen etwa 25 Minuten betragen.

▷ Wenn's noch würziger werden soll, bestreut man den fertigen Eintopf mit reichlich Zwiebelringen, die – nach Belieben zusammen mit etwas Knoblauch – im Kotelettfett goldbraun geröstet wurden.

Sauerkrauttopf mit Kabeljau und Schillerlocken

Einstellung	Heißluft	Ober- und Unterhitze
Einschubhöhe Temperatur Zeit	unteres Drittel 180–200 °C 30–35 Min.	unteres Drittel 200–220 °C 30–35 Min.

500 g Kabeljaufilet, Saft von 1 Zitrone,
¼ l Wasser, Salz,
1 TL Pfefferkörner,
½ TL Wacholderbeeren, 1 Lorbeerblatt,
2–3 mittelgroße Zwiebeln,
1 Knoblauchzehe,
100 g Räucherspeck,
2 EL Butter, 500 g Sauerkraut,
5 große Kartoffeln,
¼ l heiße Fleischbrühe
(selbst gekocht oder aus Würfeln),
300 g Schillerlocken,
weißer Pfeffer aus der Mühle,
1 Prise Zucker,
2 EL Crème fraîche oder saure Sahne,
2 EL Schnittlauchröllchen

Kabeljaufilet abspülen und mit Haushaltspapier trockentupfen. In ca. 2 cm große Würfel schneiden und mit Zitronensaft rundherum beträufeln. Wasser mit Salz, Pfefferkörnern, Wacholderbeeren und Lorbeerblatt zugedeckt 10 Minuten kochen lassen. Die Fischwürfel hineinlegen, den Topf sofort vom Herd nehmen und die Fischstücke neben dem Herd 5 Minuten ziehen lassen. Zwiebeln und Knoblauch schälen. Zwiebeln hacken, Knoblauch zerdrücken. Den Räucherspeck ebenfalls in feine Würfel schneiden und in einem breiten Topf unter ständigem Wenden auslassen. Die Butter dazugeben und die Zwiebelwürfel darin goldgelb braten. Während der letzten Sekunden den Knoblauch zufügen. Das zerpflückte Sauerkraut darauf verteilen und kurz mitschmoren lassen. Die Fischstücke aus dem Sud heben, diesen durchsieben und zum Sauerkraut gießen. Kartoffeln schälen und fein würfeln. Zusammen mit der Fleischbrühe in den Topf geben und in den kalten Backofen stellen. Nach etwa 25 Minuten die Kabeljaustücke und die in Ringe geschnittenen Schillerlokken hineingeben und alles noch etwa 5 Minuten ziehen lassen. Den Eintopf mit Salz, Pfeffer und einer Prise Zucker abschmecken, in eine Terrine füllen, Crème fraîche oder saure Sahne in die Mitte verteilen und mit Schnittlauchröllchen bestreuen.
Dazu schmeckt kräftiges Bauernbrot, ein kühles Pils und ein eiskalter Klarer.

Hinweis
Sie können anstelle von Schillerlocken auch Räucherfisch aus dem Sonderangebot verwenden. Recht häufig sind dort Heilbutt oder Goldbarsch zu finden, die aber sehr gründlich entgrätet werden müssen, bevor man sie unter den Eintopf mischt.

Oliven mit Speck

Einstellung	Heißluft	Ober- und Unterhitze
Einschubhöhe Temperatur Zeit	oberes Drittel Grill 10–15 Min.	oberes Drittel Grill 10–15 Min.

2 EL kaltgepreßtes Olivenöl,
je ¼ TL getrockneter Rosmarin und Basilikum,
16 spanische, paprikagefüllte Oliven,
200 g durchwachsener Speck in hauchdünnen Scheiben,
frisch gemahlener schwarzer Pfeffer

Das Öl mit den getrockneten Kräutern verrühren und zugedeckt etwa 15 Minuten durchziehen lassen. Die Oliven abtropfen lassen und abwechselnd mit den leicht zusammengelegten Speckscheiben auf vier Spießchen verteilen. Oliven mit dem gewürzten Öl bestreichen und auf den Bratrost unter den Grill schieben. Während des Grillens die Spießchen sehr häufig drehen, damit sie rundherum garen können und der Speck schön knusprig wird. Wenn nötig, können sie zwischendurch hin und wieder mit etwas Öl bestrichen werden. Die Spießchen auf vorgewärmten Tellern anrichten und mit der Pfeffermühle ein paar Mal darübermahlen.
Dazu schmeckt frisches Stangenweißbrot oder würziges Knoblauchbrot ganz besonders gut.

Sherry-Pflaumen mit Käse

Einstellung	Heißluft	Ober- und Unterhitze
Einschubhöhe Temperatur Zeit	oberes Drittel Grill 6–8 Min.	oberes Drittel Grill 6–8 Min.

250 g entsteinte Backpflaumen,
gut ⅛ l trockener Sherry (Fino),
200 g Käse am Stück (Gouda, Edamer oder Butterkäse),
2 EL Öl,
frisch gemahlener schwarzer Pfeffer

Die Backpflaumen kurz unter heißem Wasser waschen, dann in Haushaltspapier sehr gut abtrocknen. Mit dem Sherry übergießen und zugedeckt quellen lassen, bis der Sherry aufgesogen ist. Den Käse in etwa pflaumengroße Stücke schneiden. Je eine Backpflaume mit einem Käsestückchen füllen und nebeneinander jeweils 6 Pflaumen auf Spieße stecken. Rundherum mit etwas Öl bepinseln und die Spießchen auf dem Rost unter den Grill schieben. So lange überbacken, bis der Käse Fäden zieht oder zu schmelzen beginnt. Die Spieße mit etwas Pfeffer bestreuen und noch sehr heiß servieren.
Sherry-Pflaumen mit Käse reicht man als Vorspeise »solo« oder mit etwas Brot. Sie können aber auch als Beilage zu gegrilltem Fleisch oder zu Innereien serviert werden.

Rouladenspießchen

Einstellung	Heißluft	Ober- und Unterhitze
Einschubhöhe Temperatur Zeit	oberes Drittel Grill 13–15 Min.	oberes Drittel Grill 13–15 Min.

4 Rindsrouladen, 2 TL scharfer Senf,
8 dünne, aber breite Speckscheiben,
12 kleine Zwiebeln,
3 grüne oder rote Paprikaschoten,
2 EL Öl,
1 EL fertiges Würzmittel für Grillfleisch

Die Rouladen auf der Arbeitsfläche ausbreiten, mit Haushaltspapier abtupfen, mit Senf bestreichen und mit dem Speck belegen. Dann aufrollen. Jede Roulade in 6 gleich große Scheiben schneiden. Die geschälten Zwiebeln halbieren. Paprikaschoten putzen, waschen, abtropfen lassen und in große Stücke teilen. 8 Holzspieße jeweils mit 3 Rouladenscheiben, 3 Zwiebelhälften und 6 Paprikastücken bestecken. Öl und Würzmittel zu einer Paste verrühren. Die Spießchen auf den Grillrost legen und rundherum mit der Paste dünn bestreichen. Dann über der Fettpfanne unter den vorgeheizten Grill schieben und rundherum bräunen lassen.
Dazu Nudeln mit Tomatensauce reichen.

Geflügelleber-Spieße

Einstellung	Heißluft	Ober- und Unterhitze
Einschubhöhe Temperatur Zeit	oberes Drittel Grill 11–12 Min.	oberes Drittel Grill 11–12 Min.

600 g frische Geflügelleber,
100 g in dünne Scheiben geschnittener durchwachsener Speck,
16 Champignonköpfe, 8 Schalotten,
frisch gemahlener schwarzer Pfeffer,
60 g Butter
Sauce: ⅛ l Wasser,
⅛ l trockener Portwein, ⅛ l Sahne,
2 EL Tomatenmark, Salz

Die kurz abgespülte, trockengetupfte Geflügelleber in mundgerechte Würfel schneiden und jeden mit etwas Speck umwickeln. Die Champignonköpfe putzen, die geschälten Schalotten halbieren. Alles auf 8 Holzspießchen stecken und kräftig mit Pfeffer würzen. Die Spießchen mit zerlassener Butter bestreichen, auf den Rost legen und über der Fettpfanne unter den vorgeheizten Grill schieben. 7 Minuten grillen, dann wenden und weitere 4 Minuten grillen. Warm stellen.
Sauce: Abgetropftes Bratfett mit Wasser loskochen. In einem Topf mit Portwein, Sahne und Tomatenmark mischen und sämig einkochen. Mit Salz abschmecken und getrennt reichen.
Als Beilage körnig gekochten Reis oder Bandnudeln und Kopfsalat in Sauerrahmsauce servieren.

Tartaren-Toast

Einstellung	Heißluft	Ober- und Unterhitze
Einschubhöhe Temperatur Zeit	oberes Drittel Grill 10 Min.	oberes Drittel Grill 10 Min.

2 Schalotten, 1 Knoblauchzehe,
1 EL kleine Kapern,
1 EL eingelegte grüne Pfefferkörner,
400 g Tatar (Schabefleisch), 2 Eigelb,
Salz, Rosenpaprika,
einige Tropfen Worcestersauce,
1–2 TL Cognac oder Weinbrand,
4 Scheiben Roggenbrot, 40 g Butter,
2 TL Tomatenmark, 4 kleine Tomaten,
1 Gewürzgurke, 4 Sardellenfilets,
2 Scheiben mittelalter Gouda

Schalotten und Knoblauchzehen schälen, Schalotten fein hacken, Knoblauch durch die Presse drücken. Die abgetropften Kapern und Pfefferkörner ebenfalls hacken. Alles zu dem Tatar geben und mit den Eigelb zu einem glatten Teig vermischen. Sehr würzig mit Salz, Paprika, Worcestersauce und Cognac oder Weinbrand abschmecken. Von dem Roggenbrot die Rinde abschneiden. Die Brotscheiben zuerst mit Butter, dann mit Tomatenmark bestreichen. Tomaten waschen, abtrocknen und in Scheiben schneiden, dabei die grünen Stengelansätze entfernen. Tomatenscheiben auf die Brote legen und darüber das Tatar verteilen. Gewürzgurke in Scheiben schneiden und auf das Tatar geben. Die gewässerten, trockengetupften Sardellenfilets längs halbieren und kreuzweise auf jede Scheibe geben. Den Käse in Streifen schneiden und gitterartig auf die Brote legen. Auf den Rost legen und im Backofen übergrillen oder überbacken, bis der Käse zu zerlaufen beginnt. Die Toaste rasch servieren.

Käse-Zwiebel-Brötchen

Einstellung	Heißluft	Ober- und Unterhitze
Einschubhöhe Temperatur Zeit	oberes Drittel Grill 6–8 Min.	oberes Drittel Grill 6–8 Min.

150 g durchwachsener Speck,
20 g Butter, 8 Zwiebeln,
4 EL Weißwein,
1 Bund Petersilie, Salz, weißer Pfeffer,
gemahlener Kümmel,
4 Roggenbrötchen,
1–2 EL mittelscharfer Senf,
8 Scheiben Käse,
125 g geriebener Emmentaler

Den Speck fein würfeln und in einer Pfanne auslassen, die Butter darin schmelzen. Die geschälten, in dünne Ringe geschnittenen Zwiebeln darin glasig braten. Den Wein zufügen und alles kochen, bis alle Flüssigkeit verdunstet ist. Petersilie abspülen, trockentupfen und fein hacken. Unter die Zwiebelmasse heben und diese mit Salz, Pfeffer und Kümmel abschmecken. Die Brötchen aufschneiden, die Krume bis auf ca. 2 cm entfernen, die Brötchen mit Senf bestreichen und auf den Rost setzen. Die Käsescheiben in Streifen schneiden und das Brötcheninnere damit auskleiden. Die Zwiebelmasse einfüllen und, mit geriebenem Käse bestreut, überbacken, bis der Käse geschmolzen ist und zu bräunen beginnt. Die Brötchen sofort heiß servieren.

Hinweis
Das Brötcheninnere einige Tage trocknen lassen, dann im Mixer zerkleinern und als Paniermehl verwenden.

Eier-Käse-Toast

Einstellung	Heißluft	Ober- und Unterhitze
Einschubhöhe Temperatur Zeit	oberes Drittel Grill 6–8 Min.	oberes Drittel Grill 6–8 Min.

150 g Doppelrahmfrischkäse,
2 EL Crème fraîche,
½ Päckchen gemischte, aufgetaute Tiefkühl-Kräuter,
4 Scheiben Roggentoastbrot,
4 dünne Scheiben gekochter Schinken,
8 kleine, hartgekochte Eier,
schwarzer Pfeffer aus der Mühle,
8 große, frische Champignons,
100 g geriebener Gouda,
etwas Paprika edelsüß

Den Käse mit einer Gabel zerdrücken, mit Crème fraîche und Kräutern vermischen. Toastbrotscheiben unter den Grill schieben und auf der ersten Seite 3, auf der zweiten Seite 2 Minuten toasten. Etwas abkühlen lassen und mit der Käsecreme bestreichen. Mit Schinken und den geschälten, in Scheiben geschnittenen Eiern belegen. Kräftig mit Pfeffer übermahlen. Die Champignons putzen, mit dem Eierschneider in Scheiben schneiden und auch auf die Toastbrote legen. Mit Käse bestreuen. Auf den Rost legen und übergrillen bzw. überbacken, bis der Käse ganz geschmolzen ist. Mit etwas Paprika bestäuben und rasch servieren.

Variationen
▷ Sauerkraut mit feingewürfelter Dosenananas vermischen. Gerösteten Roggentoast mit Butter bestreichen, mit gekochten Kasselerscheiben belegen, Sauerkraut daraufschichten, mit geriebenem mittelaltem Gouda überbacken.
▷ Geröstete, entrindete Roggenbrotscheiben mit Schweinebraten belegen. Darauf Apfelringe geben, in die Mitte jeweils 1 in Rum getränkte Backpflaume. Mit dünnen Scheiben Blauschimmelkäse bedecken und kurz überbacken.
▷ Geröstete Toastbrotscheiben dünn mit Butter bestreichen, darauf Preiselbeerkompott aus dem Glas. Mit dachziegelartig angerichteten Birnenschnitzen belegen, darüber dünne Scheiben von Camembert. Nach dem Überbacken mit grobgeschrotetem Pfeffer bestreuen.

Oben links: Italienischer Käsetoast
Oben rechts: Avocado-Krabben-Toast
Unten: Pfirsichtoast mit Käsecreme

Italienischer Käsetoast

Einstellung	Heißluft	Ober- und Unterhitze
Einschubhöhe Temperatur Zeit	oberes Drittel 180-200 °C 8-10 Min.	oberes Drittel 200-220 °C 8-10 Min.

2 Eier,
4 EL saure Sahne,
Salz,
weißer Pfeffer,
8 Scheiben Toastbrot,
300 g Mozzarella

Eier mit saurer Sahne, Salz und Pfeffer leicht schaumig schlagen. Die Brotscheiben darin quellen lassen. Den gründlich abgetropften Mozzarella in etwa 1 cm dicke Scheiben schneiden und 4 Brotscheiben damit belegen. Mit Brot bedecken und andrücken. Auf den Rost über der Fettpfanne legen. In den vorgeheizten Backofen schieben und pro Seite 4-5 Minuten übergrillen oder überbacken.

Pfirsichtoast mit Käsecreme

Einstellung	Heißluft	Ober- und Unterhitze
Einschubhöhe Temperatur Zeit	oberes Drittel Grill 5-6 Min.	oberes Drittel Grill 5-6 Min.

4 Scheiben Toastbrot, 20 g Butter,
200 g Doppelrahmfrischkäse,
100 g magerer gekochter Schinken,
40 g gehackte Mandeln,
4 EL Cognac,
Salz, schwarzer Pfeffer aus der Mühle,
4-5 Pfirsichhälften aus der Dose

Toast auf beiden Seiten buttern und unter dem vorgeheizten Grill pro Seite 2 Minuten rösten. Käse mit feingewürfeltem Schinken, Mandeln und Cognac verrühren, salzen und pfeffern. Einen Teil davon auf die Scheiben streichen. Abgetropfte Pfirsichhälften in dünne Scheiben teilen, darauf anrichten, mit dem restlichen Käse bedecken und unter den Grill schieben.

Avocado-Krabben-Toast

Einstellung	Heißluft	Ober- und Unterhitze
Einschubhöhe Temperatur Zeit	oberes Drittel Grill 2-3 Min.	oberes Drittel Grill 2-3 Min.

5 Scheiben Toastbrot,
20 g Butter,
1 reife Avocado,
1 EL Zitronensaft,
200 g Nordseekrabben,
schwarzer Pfeffer aus der Mühle,
100 g geriebener Emmentaler,
4 EL Crème fraîche,
1 Prise Rosenpaprika

Toast buttern und unter dem Grill rösten. Die geschälte, entkernte Avocado in dünne Scheiben schneiden. Toast damit belegen und mit Zitronensaft beträufeln. Darauf die Krabben verteilen und pfeffern. Käse mit Crème fraîche und Paprika verrühren, über die Toaste verteilen und diese kurz überkrusten.

Kalbsbries in Muscheln

Einstellung	Heißluft	Ober- und Unterhitze
Einschubhöhe Temperatur Zeit	oberes Drittel Grill 8–10 Min.	oberes Drittel Grill 8–10 Min.

2 kleine Kalbsbries von je etwa 250 g,
1 l Fleischbrühe aus Würfeln,
500 g frischer Blattspinat, Salz,
2 Schalotten, 1 Knoblauchzehe,
80 g Butter, weißer Pfeffer aus der Mühle,
geriebene Muskatnuß, 2 Eigelb,
⅛ l Sahne, 50 g möglichst frisch
geriebener Parmesan,
75 g frisch geriebener Emmentaler

Die zuvor kalt gewässerten Brieschen mit kochendem Wasser übergießen, 5 Minuten ziehen lassen, abgießen und abkühlen lassen. Häute und Sehnen entfernen. Brieschen in der eben siedenden Brühe 10 Minuten ziehen lassen. Nach dem Abkühlen in 1 cm dicke Scheiben schneiden.

Blattspinat verlesen, in Salzwasser kurz blanchieren, kalt abschrecken und abtropfen lassen. Schalotten und Knoblauch schälen, hacken, in Butter andünsten, Spinat zufügen, würzen und etwa 6 Minuten dünsten.
Mit einem Teil der restlichen Butter 4 Muschelformen einfetten, den Spinat darin verteilen und mit Briesscheiben belegen. Eigelb mit Sahne und dem Parmesan verquirlen, eventuell noch mit etwas Muskatnuß abschmecken. Über die Briesscheiben gießen und mit Emmentaler bestreuen. Die noch übrige Butter darüber verteilen und die Muscheln unter dem vorgeheizten Grill überbacken, bis der Käse leicht zu bräunen beginnt.

Hirn auf Toast

Einstellung	Heißluft	Ober- und Unterhitze
Einschubhöhe Temperatur Zeit	oberes Drittel Grill 4–5 Min.	oberes Drittel Grill 4–5 Min.

500 g Kalbshirn, 1 l Salzwasser,
1 Lorbeerblatt, 2 Gewürznelken,
1 Zwiebel, 4 Petersilienstengel,
4 Scheiben Toastbrot, 40 g Butter,
4 EL Crème fraîche, 2 EL Sahne,
4 EL beliebiger geriebener Käse, 2 Eier,
2 EL gemischte gehackte Kräuter, Salz,
weißer Pfeffer, Paprika edelsüß

Das zuvor gründlich gewässerte Kalbshirn in dem mit Lorbeerblatt, Nelken, geschälter, halbierter Zwiebel und Petersilie aufgekochten Salzwasser 20 Minuten ziehen – nicht kochen – lassen, dann abtropfen lassen, häuten und in Scheiben schneiden.
Toastbrot unter dem vorgeheizten Grill auf jeder Seite 2 Minuten rösten, dann auf ein Backblech legen und die Oberseiten mit Butter bestreichen. Die Hirnscheiben darauf anrichten. Die übrigen Zutaten mit dem Schneebesen gut verquirlen, mit Salz, Pfeffer und Paprika abschmecken, über die Toastscheiben geben. Unter dem Grill eben Farbe nehmen lassen. Sofort heiß servieren.

Fasan mit Morchelsahne

Einstellung	Heißluft	Ober- und Unterhitze
Einschubhöhe Temperatur Zeit	unteres Drittel 180–200 °C 40–45 Min.	unteres Drittel 190–210 °C 40–45 Min.

20 g getrocknete Morcheln,
1 küchenfertiger, junger Fasan von etwa 900 g, Salz,
frisch gemahlener weißer Pfeffer,
4 große Scheiben frischer, fetter Speck,
100 g Butter, 2 Schalotten,
½ TL Zitronensaft,
1 Glas (2 cl) Cognac oder Weinbrand,
100 g Sahne, ½ Bund Petersilie

Die Morcheln (am besten sind die aus der Schweiz und Frankreich) etwa 2 Stunden in lauwarmem Wasser quellen lassen. Dann einzeln unter kaltem Wasser abspülen. Größere Pilze halbieren oder vierteln bzw. grob hacken. Den Fasan innen und außen abspülen und gut trocknen. Innen mit Salz und Pfeffer einreiben und die Speckscheiben um die zarten Bruststücke wickeln. Mit Rouladengarn umbinden und rundherum salzen und pfeffern. Mit der Brustseite nach oben in ein offenes Bratgeschirr legen, mit 80 g flüssiger Butter übergießen und in den Backofen schieben. Während des Bratens häufig mit Fond begießen, damit das Fleisch nicht trokken wird. Etwa 5 Minuten vor Ende der Garzeit die Speckscheiben entfernen und die Brustseiten leicht bräunen. Dabei drei- bis viermal übergießen.
Den Fasan mit Alufolie abdecken und im abgeschalteten Ofen etwa 10 Minuten ruhen lassen, damit sich die Fleischsäfte im Inneren verteilen können. Den mit Folie abgedeckten Fasan warm stellen. Das Bratgeschirr auf den Herd stellen und den Fond erneut erhitzen. Die geschälten Schalotten darin glasig braten, die vorbereiteten Morcheln zufügen und nach kurzem Schmoren mit Zitronensaft und Cognac ablöschen. Die Flüssigkeit entfetten, die Sahne einrühren und die Pilze zugedeckt (je nach Größe) 6–8 Minuten schmoren. Den Deckel abnehmen und die Sauce cremig einkochen lassen. ⅔ der Petersilie hacken, in die Sauce geben, vom Herd nehmen und die restliche Butter in Flöckchen unterschlagen.
Vom Fasan zuerst die Schenkel, dann die Flügel ablösen, zum Schluß die Bruststücke. Alle Teile auf einer vorgewärmten Platte anrichten und mit der Morchelsahne umgießen. Mit der restlichen Petersilie garnieren.
Dazu in Butter gedünstete helle Lauchteile oder zarten Wirsingkohl und kleine Rösti servieren.

Gefüllter Gänsebraten mit Gemüse

Einstellung	Heißluft	Ober- und Unterhitze
Einschubhöhe Temperatur Zeit	Mitte 160–180 °C 120–135 Min.	Mitte 180–200 °C 120–135 Min.

Für 6–8 Personen
1 küchenfertige Frühmastgans von etwa 3 kg, Salz, weißer Pfeffer aus der Mühle, 1 TL getrockneter Beifuß
Füllung: 500 g säuerliche Äpfel, 1 Zwiebel, 100 g Semmelbrösel, 100 g Sultaninen, 20 g Butter
Zur Sauce: 1 EL getrockneter Salbei, nach Wunsch etwas Sahne

Die Gans innen und außen spülen, das Fett entfernen (zum Auslassen aufheben) und die Gans trocknen. Innen mit Salz, Pfeffer und Beifuß einreiben.
Füllung: Die geschälten Äpfel vierteln und die Kerngehäuse herausschneiden. Die Apfelviertel in etwa 1 cm dicke Stükke schneiden. Mit der geschälten, feingehackten Zwiebel, den Semmelbröseln und den unter heißem Wasser abgespülten, gründlich abgetropften Sultaninen mischen. Die Gans damit füllen. Die Brustöffnung mit Rouladengarn zunähen. Den Vogel rundherum mit Salz einreiben und an mehreren Stellen mit einer Gabel einstechen, damit während des Bratens das Fett ablaufen kann. Vor allem unter Brust und Schenkeln einstechen. Die Brust mit der Butter einreiben. Die Gans mit der Brustseite nach oben auf den Bratrost legen und über der Fettpfanne (mit Spritzschutz) in den Backofen schieben. Je kg etwa 40–45 Minuten Bratzeit (bei nicht vorgeheiztem Backofen) rechnen. Dabei hin und wieder mit dem ausgetretenen Bratfett begießen. 30 Minuten vor Ende der Bratzeit wenden und 20 Minuten lang den Rükken bräunen. Die Gans dann wieder umdrehen, mit starkem Salzwasser bepinseln und knusprig braun werden lassen. Herausnehmen, 10 Minuten ruhen lassen, dann erst tranchieren. Die einzelnen Stücke wieder in Form zusammensetzen und mit der aus dem Inneren genommenen Füllung umlegen.

Sauce: ¼ l kochendes Wasser in die Fettpfanne gießen, den Bratsatz damit lösen und die Sauce soweit wie möglich entfetten. In einen Topf gießen und den Salbei dazugeben. Innerhalb 5 Minuten kräftig einkochen lassen. Dann durch ein Sieb gießen und mit Salz und Pfeffer abschmecken. Nach Wunsch etwas Sahne einrühren. Die Sauce getrennt servieren.
Dazu Kartoffelklöße und eine Gemüseplatte mit Maronen, Rosenkohl und Pfifferlingen servieren. Die Gans selbst kann nach Belieben mit gebratenen Äpfeln und Petersilie garniert werden.

⇨ Für Herde mit Umluftgrill
Einschubhöhe : Mitte
Temperatur : 140–160 °C
Zeit : 120–135 Min.

Maronen

500 g Maronen (Eßkastanien), 40 g Butter, 1 EL Zucker, ⅛ l Fleischbrühe

Maronen über Kreuz einritzen, auf ein Backblech legen und – sofern der Umluft-Grill benutzt wird – unter die Gans schieben. Solange rösten, bis sich die Schalen nach außen biegen. Die Maronen dann schälen, dabei auch die pelzige Innenhaut entfernen. Man kann die Maronen aber auch in Wasser kochen, bis sich die Schale löst. Maronen mit der Butter und dem Zucker in die kochende Brühe geben und im geschlossenen Topf 15 Minuten garen, dann im offenen Topf 5 Minuten weiterkochen, bis sie weich und von einer glänzenden Butter-Zucker-Schicht überzogen sind.

Rosenkohl

500 g Rosenkohl, 1 l Salzwasser, 20 g Butter, geriebene Muskatnuß, schwarzer Pfeffer aus der Mühle

Den Rosenkohl putzen und die Stengelenden über Kreuz leicht einschneiden. In das kochende Salzwasser geben und zugedeckt 10 Minuten kochen lassen. In einem Sieb abschrecken, abtropfen lassen. Die Butter im Kochtopf schmelzen, den Kohl hineingeben, mit Muskat und Pfeffer würzen und gut durchschwenken.

Pfifferlinge

2 Schalotten, 20 g Butter, 400 g Pfifferlinge aus der Dose, Salz, frisch gemahlener schwarzer Pfeffer, 1 EL gehackte Petersilie

Die geschälten, gehackten Schalotten in der heißen Butter glasig braten. Die gründlich abgetropften Pfifferlinge darin unter Rühren braten, bis alle Flüssigkeit verdampft ist. Würzen und mit Petersilie bestreuen.

Variationen für die Füllung
▷ 500 g geschälte Kartoffeln in Salzwasser 10 Minuten kochen, abgießen und in Würfel schneiden. Mit 1 gehackten Zwiebel und 2 EL gehackter Petersilie mischen und mit Majoran und Salbei würzen.
▷ 4 Orangen in Stücke teilen und diese häuten. Mit 300 g in Achtel geschnittenen Äpfeln, 1 altbackenen, vorher eingeweichten und ausgedrückten Brötchen, 50 g vorbereiteten Sultaninen und 50 g gehackten Mandeln mischen.

Variationen für die Beilagen
▷ Rotkohl, mit Äpfeln gekocht und mit Zimt und Ingwer gewürzt.
▷ Sauerkraut, mit Wein oder Sekt gekocht, mit Ananas- oder Orangenstükken gemischt.
▷ Weißkohl, in Schinkenspeck angedünstet, mit Riesling gekocht.

Hinweis
Mit den gleichen Füllungen und Beilagen kann man auch Entenbraten zubereiten. Allerdings benötigt eine Ente von 1800–2000 g Gewicht nur eine Bratzeit von 80–90 Minuten bei gleichen Temperaturen wie für die Gans.

Poularde mit Quarkfüllung

Einstellung	Heißluft	Ober- und Unterhitze
Einschubhöhe Temperatur Zeit	Mitte 150–170 °C 55–60 Min.	Mitte 180–200 °C 60–65 Min.

1 küchenfertige Poularde von 1,2 kg,
2 Knoblauchzehen, 50 g Butter
Füllung:
2 Scheiben Roggen-Knäckebrot,
150 g Magerquark, 1 Eigelb,
10 cl Crème fraîche,
1 Schalotte oder kleine Zwiebel,
je 2 EL gehackte Petersilie und
feingeschnittener Dill,
Salz, weißer Pfeffer aus der Mühle
Zur Sauce: ⅛ l Sahne,
2 EL Tomatenmark, 1 TL Zitronensaft,
1 Glas (2 cl) Cognac oder Weinbrand

Die Poularde innen und außen abspülen und mit Haushaltspapier trockenreiben. Füllung: Das Knäckebrot in eine Plastiktüte geben und mit dem Nudelholz zu ganz feinen Bröseln zerdrücken. Den Quark in einem Tuch gut ausdrücken, dann im Mixer mit Knäckebröseln, Eigelb und Crème fraîche verrühren. Die ganz fein gehackte Schalotte oder Zwiebel und die Kräuter untermischen. Mit Salz und Pfeffer abschmecken. 10 Minuten ruhen lassen.
Die Poularde öffnen. Dann mit einem scharfen Messer entlang des Rückgrats die Haut einschneiden und das Fleisch vorsichtig von den Knochen lösen; es muß aber an der Haut bleiben. Die Füllung in die Öffnung geben und bis unter das Brustfleisch hinunterdrücken. Die Haut über dem Einschnitt zusammenziehen und mit ein paar Stichen zunähen. Die Knoblauchzehen schälen und durch die Presse drücken. Das so entstandene Mus mit Salz und Pfeffer zu einer Paste mischen und die Poularde damit einstreichen. Die Butter schmelzen. Die Poularde mit der Brustseite nach oben über der Fettpfanne (mit Spritzschutz) auf den Bratrost legen, mit etwas zerlassener Butter bestreichen, in den Ofen schieben. Während der Bratzeit hin und wieder einpinseln. Nach 30 Minuten zum erstenmal, nach 40 Minuten zum zweitenmal wenden. Auf einer vorgewärmten Platte warm stellen.
Sauce: Den Bratfond abgießen, leicht entfetten und mit der Sahne verrühren. Bei starker Hitze im offenen Topf um etwa ⅓ einkochen lassen, dann mit Tomatenmark, Zitronensaft und Cognac abschmecken. Die Poularde tranchieren und die Sauce getrennt dazu reichen. Als Beilage passen Bandnudeln und in Butter gedünsteter Spinat.

⇨ Für Herde mit Umluftgrill
Einschubhöhe : Mitte
Temperatur : 190–210 °C
Zeit : 55–65 Min.

Hinweis

Die Quarkmasse eignet sich auch hervorragend als Füllung für Geflügelkeulen: Lösen Sie dazu den Knochen heraus und füllen stattdessen die Quarkmischung hinein.

Gefüllter Puter

Einstellung	Heißluft	Ober- und Unterhitze
Einschubhöhe Temperatur Zeit	Mitte 160-180 °C 100-120 Min.	Mitte 180-200 °C 100-120 Min.

Für 6 Personen
1 junger Puter von etwa 3 kg,
½ Zitrone, Salz,
frisch gemahlener weißer Pfeffer,
100 g fetter Speck in dünnen Scheiben,
75 g Butter

Den Puter innen und außen gründlich abspülen und mit Haushaltspapier trocknen. Innen mit der Zitrone ausreiben. Innen und außen mit Salz und Pfeffer einreiben, dann füllen. Brust und Keulen mit Speckscheiben umwickeln und den Puter dressieren. Mit der Brust nach oben über der Fettpfanne (mit Spritzschutz) auf den Rost legen, mit einem Teil der zerlassenen Butter begießen, in den Ofen schieben. Während des Bratens hin und wieder mit ausgetretenem Bratensaft begießen. 10 Minuten vor Ende der Garzeit den Speck entfernen und den Puter mit der restlichen geschmolzenen und mit etwas Salz vermischten Butter bestreichen. Den Bratfond mit etwas Wasser loskochen, durchsieben und entfetten. Danach nochmal erhitzen und als Sauce zu dem Puter reichen. (Diesen Fond kann man aber auch mit saurer Sahne und Preiselbeerkompott oder Johannisbeergelee sowie etwas Sherry oder Cognac verfeinern.)
Als Beilage zum Puter eignen sich Kartoffelklöße oder Salzkartoffeln mit Gemüse, z. B. Rotkohl mit Maronen, Pfifferlinge, Rosenkohl, grüne Bohnen, Brokkoli, Sauerkraut, mit Wein gekocht und mit Ananaswürfeln und Weintrauben gemischt.

⇨ Für Herde mit Umluftgrill
Einschubhöhe : Mitte
Temperatur : 140-160 °C
Zeit : 100-120 Min.

Füllung 1

150 g Sultaninen in ⅛ l Portwein oder Sherry einlegen. Abtropfen lassen. 375 g Kalbsbratwurstbrät in etwas Butter braten. Die abgetropften Sultaninen gleichmäßig daruntermischen. Die feingehackte Puterleber und 1 Ei dazugeben, alles nochmals gut mischen und mit Salz, Pfeffer und gerebeltem Thymian würzen.

Füllung 2

Magen, Herz und Leber des Puters verwenden, vom Magen zuerst die harte Haut entfernen. Alle Innereien in ganz feine Würfel schneiden und in 30 g Butter bei milder Hitze braten, bis sie eben Farbe genommen haben. 4 Scheiben Toastbrot klein würfeln und in 20 g Butter goldgelb rösten. Zusammen mit 1 EL gehackter Petersilie, 1 TL gehackten Sellerieblättern, 2 gehackten Schalotten und 1 gehackten Knoblauchzehe unter die Innereien mischen. Mit Salz, Pfeffer und Muskatnuß abschmecken. 1 verquirltes Ei macht diese Füllung noch leichter.

Wildschweinkeule auf Weinkraut mit Trauben

Einstellung	Heißluft	Ober- und Unterhitze
Einschubhöhe Temperatur Zeit	unteres Drittel 150–170 °C 110–120 Min.	unteres Drittel 190–200 °C 110–120 Min.

Für 6 Personen
1 kg Wildschweinkeule ohne Knochen
Beize: 2 Zwiebeln, 1 Knoblauchzehe,
2 Möhren, ¼ Bund Petersilie,
je 1 Stengel Selleriegrün,
Thymian und Rosmarin, 1 Lorbeerblatt,
etwa 2 cm unbehandelte Zitronenschale,
½ TL schwarze Pfefferkörner,
4 Wacholderbeeren, 6 Senfkörner,
½ l trockener, kräftiger Rotwein,
2 Glas (2 cl) Cognac oder bester
Weinbrand, 3 EL Rotweinessig, 6 EL Öl
Zum Braten und zur Sauce:
30 g Schweineschmalz, Salz,
frisch gemahlener schwarzer Pfeffer,
½ l heiße Fleischbrühe, ¼ l Sahne,
3-4 EL Sanddornmus (Reformhaus),
10 g Butter

Das Fleisch mit einem feuchten Tuch abreiben. Zwiebeln, Knoblauch und Möhren schälen. Zwiebeln und Möhren würfeln, den Knoblauch sehr fein hacken oder zerdrücken. Petersilie, Sellerie, Thymian und Rosmarin abspülen, trockenschwenken und zusammen mit dem vorbereiteten Gemüse, dem Fleisch, Lorbeerblatt, Zitronenschale, Pfefferkörnern, Wacholderbeeren und Senfkörnern in ein Glas- oder Steingutgefäß geben. Wein, Cognac und Essig darübergießen, das Öl untermischen und das Fleisch darin zugedeckt unter mehrfachem Wenden 24 Stunden beizen. Das Fleisch dann herausnehmen und gut trockentupfen. Das Gemüse mit einem Schaumlöffel aus der Beize nehmen und beiseite stellen. Die Beize anschließend durch ein Sieb gießen.
Schmalz in einem großen Bräter erhitzen und das Fleisch darin rundherum kräftig anbraten. Das Gemüse aus der Beize zufügen und ebenfalls Farbe nehmen lassen. Salzen und pfeffern, die Fleischbrühe und ⅔ der Beize angießen. Die Keule im geschlossenen Topf schmoren lassen. 5 Minuten vor Ende der Garzeit die Sahne in den Bräter geben und diesen nicht wieder schließen. Das Fleisch herausnehmen und neben dem Herd warm stellen.
Sauce: Den Bratfond mit etwas Beize loskochen und durch ein feines Sieb passieren. Wieder erhitzen und das Sanddornmus einrühren. Die Sauce im offenen Topf bei starker Hitze cremig einkochen lassen. Unmittelbar vor dem Servieren neben dem Herd die Butter in kleinen Flöckchen einschlagen und die Sauce mit ein paar Tropfen Essig abschmecken. Das Fleisch quer zur Faser in Scheiben schneiden und auf dem Weinkraut anrichten. Die Sauce getrennt dazu reichen.
Als Beilage schmecken Salzkartoffeln oder Kartoffelklöße aus rohen Kartoffeln ebenso gut wie Kartoffelkroketten oder kleine Rösti. Als Getränk sollten Sie denselben Rotwein servieren, den Sie auch für die Beize verwendet haben.

Weinkraut mit Trauben

Einstellung	Heißluft	Ober- und Unterhitze
Einschubhöhe Temperatur Zeit	unteres Drittel 150–170 °C 55–60 Min.	unteres Drittel 190–200 °C 55–60 Min.

40 g Butter, 1 Zwiebel, 2 EL Honig,
1 kg Sauerkraut,
je ¼ l heiße Fleischbrühe und trockener
Weißwein, Salz,
weißer Pfeffer aus der Mühle,
400 g grüne und blaue Weintrauben

Wenn die Keule halbgar ist, das Weinkraut zubereiten. Dazu die Butter erhitzen und die feingewürfelte Zwiebel darin goldgelb, nicht braun werden lassen. Den Honig darin unter Rühren sekundenlang erhitzen und das zerpflückte Sauerkraut hineinmischen. Der Honig darf nicht bräunlich werden, sonst könnte er bitter schmecken. Fleischbrühe und Wein angießen, das Kraut mit Salz und Pfeffer würzen und zugedeckt in den Backofen stellen (Sauerkraut aus der Dose hat eine kürzere Garzeit, darum bitte die Aufschrift beachten!). Die Weintrauben waschen, abtropfen lassen und die Beeren von den Stielen zupfen. Die Häutchen abziehen, die Beeren halbieren und entkernen. Während der letzten Garminuten den Deckel vom Topf nehmen, damit die Flüssigkeit etwas einkocht. Das Kraut abschmecken und die Trauben ein paar Minuten darin erhitzen.

Hinweis
Wild hat die Eigenschaft, leicht trocken zu werden, besonders wenn es sich um kleine Stücke handelt. Darum bereiten Sie stets ein großes Stück zu, auch wenn Sie nur zwei, drei oder vier Personen damit beköstigen wollen. Denn aus den Bratenresten lassen sich sehr leckere neue Gerichte bereiten. Zum Beispiel ein Salat mit Weinbeeren, Grapefruit, Stangensellerie und Radicchio, der mit einer leichten Sauce aus Crème fraîche angemacht wird. Oder Sie schnetzeln die Bratenreste und erwärmen sie zusammen mit eventuellen Resten vom Sauerkraut in übrig gebliebener Sauce. Das so entstandene Ragout wird mit süßer Sahne und etwas Gin abgeschmeckt und zu Kartoffelpüree serviert.

Variationen
▷ Wenn Sie mal gerade kein Sanddornmus bekommen, ersetzen Sie es durch Brombeer-, Johannisbeer- oder Preiselbeerkonfitüre und schmecken alles mit ein paar Tropfen Zitronensaft oder etwas mehr Essig als gewöhnlich ab. Doch auch ein geriebener säuerlicher Apfel oder etwas Quittenkompott oder Quittenkonfitüre gibt die nötige Würze und eine herbe Note.
▷ Auf die gleiche Weise können Sie auch anderes Wildfleisch, zum Beispiel Wildschweinrücken, Rehrücken oder -keule, Hirschkeule oder auch Kurzgebratenes vom Wild zubereiten. Dabei ist lediglich zu beachten, daß die kleineren Stücke – je nach Größe und Faserart – kürzere Zeit in der Beize liegen müssen.

Rehrücken mit Pfirsichhälften und Kastanienpüree

Einstellung	Heißluft	Ober- und Unterhitze
Einschubhöhe Temperatur Zeit	unteres Drittel 160–180 °C 50–60 Min.	unteres Drittel 180–200 °C 80–90 Min.

Für 6 Personen
1 Rehrücken
von etwa 1,5 kg, frisch gemahlener schwarzer Pfeffer,
Salz,
2 EL Öl, 20 g Butter,
½ l Fleischbrühe,
8 Pfirsichhälften aus der Dose,
1 Glas (2 cl) Cognac oder Weinbrand,
⅛ l Rotwein
Kastanienpüree:
300 g Eßkastanien mit Schale,
20 g Butter, 20 g Zucker,
⅛ l Sahne, 2 EL Madeira,
1 EL Zitronensaft, Salz

Den gehäuteten Rehrücken kurz abspülen, abtrocknen, mit Pfeffer und Salz einreiben und mit Öl und Butter bestreichen. Auf den Bratrost über der Fettpfanne legen und die Fleischbrühe in die Fettpfanne gießen. Den Braten in den Backofen schieben. 2 Pfirsiche abtropfen lassen und im Mixer pürieren. Nach 40 Minuten Cognac oder Weinbrand in einer Kelle erwärmen, anzünden und brennend über den Rehrücken gießen, dann das Pfirsichpüree auf das Fleisch streichen und den Rotwein angießen.
Kastanienpüree: Die Kastanien über Kreuz einschneiden und in reichlich Wasser kochen, bis die Schalen sich geöffnet haben. Kastanien schälen. Butter und Zucker in einem Topf unter Rühren erhitzen, bis sich der Zucker gelöst hat. Die Kastanien darin unter Rühren karamelisieren, etwas Wasser angießen und die Kastanien bei milder Hitze in etwa 30 Minuten weich kochen. Leicht abkühlen lassen, dann im Mixer pürieren. Die Sahne steif schlagen, mit Madeira und Zitronensaft unter das Kastanienpüree ziehen, mit Salz abschmecken und in einen Spritzbeutel füllen.
Den Rehrücken aus dem Bräter nehmen, zugedeckt neben dem Herd warm stellen und ruhen lassen. Das Fleisch dann von den Knochen lösen und, in Scheiben geschnitten, wieder als Rükken zusammensetzen. Auf einer vorgewärmten Platte anrichten und mit den restlichen Pfirsichhälften garnieren. Diese mit Kastanienpüree füllen. Das restliche Püree mit dem Bratenfond verrühren und als Sauce getrennt zum Braten reichen.
Als Beilagen Kartoffelkroketten oder mit brauner Butter übergossene Bandnudeln servieren. Dazu einen Salat aus feingeschnittenem Endivien in einer Marinade aus Mandel- oder Walnußöl und feinem Weinessig, mit gehackten Walnüssen bestreut.

⇨ Für Herde mit Umluftgrill
Einschubhöhe : unteres Drittel
Temperatur : 180–200 °C
Zeit : 65–70 Minuten

Rinderfilet im Speckmantel

Einstellung	Heißluft	Ober- und Unterhitze
Einschubhöhe Temperatur Zeit	Mitte 170-190 °C 70-75 Min.	Mitte 200-220 °C 50-60 Min.

Für 6 Personen
1 kg gut abgehangenes Rinderfilet,
2 Knoblauchzehen, 1 TL Salz,
1 TL schwarzer Pfeffer aus der Mühle oder grob gestoßen,
1 TL Paprika edelsüß,
200 g fetter Speck
Sauce: ⅛ l Wasser, ⅛ l trockener Rotwein, 1 Becher süße Sahne (200 g), 1 TL milder Senf, 1 TL Tomatenmark, 2 EL Preiselbeergelee, Cayennepfeffer, etwas Himbeeressig

Das Filet, wenn nötig, vorsichtig häuten, anschließend mit Haushaltspapier abreiben.
Die geschälten Knoblauchzehen durch die Presse drücken und mit Salz, Pfeffer und Paprika zu einer dicken Paste verarbeiten. Das Fleisch damit rundherum einreiben und die Paste kräftig in das Fleisch einmassieren. Den Speck in hauchdünne Scheiben schneiden und mit Rouladengarn um das Filet wickeln. Das Fleisch auf dem Rost über der Fettpfanne in den Backofen schieben. Je nach Dicke 60-75 Minuten braten. Bei dieser Garzeit ist das Fleisch innen noch rosa. Soll es mehr durch sein, gibt man 5-10 Minuten Bratzeit zu (am besten ein Bratthermometer verwenden). Das fertige Fleisch, in Folie gewickelt, 10 Minuten ruhen lassen, dann das Rouladengarn und den Speckmantel entfernen. Das Filet aufschneiden und auf einer vorgewärmten Platte anrichten.
Sauce: Während das Filet ruht, die Sauce bereiten. Das Bratfett abgießen, den Bratfond mit dem Wasser loskochen. Durch ein Sieb in einen Topf gießen, mit Rotwein und Sahne mischen und bei starker Hitze um ⅓ einkochen lassen. Sauce mit Senf, Tomatenmark und Preiselbeergelee verrühren. Nicht mehr kochen lassen. Mit Salz, Cayennepfeffer und Himbeeressig abschmekken. Getrennt zum Fleisch servieren. Als Beilagen Kartoffelklöße oder Kroketten und Stachelbeer-Chutney reichen.

⇨ Für Herde mit Umluftgrill
Einschubhöhe : Mitte
Temperatur : 200-220 °C
Zeit : 55-65 Minuten

Stachelbeer-Chutney

500 g grüne Stachelbeeren vorbereiten. 500 g mürbe Äpfel achteln und in dünne Scheiben schneiden. 3 Zwiebeln fein hacken. Alles mit ¼ l Weißweinessig, 200 g Zucker, etwas Zimt, Ingwerpulver und Koriander mischen und 2 Stunden stehen lassen. Dann unter Rühren kochen, bis die Äpfel musig, die Stachelbeeren aber noch in Form sind, vom Herd nehmen. Etwas abgeriebene Zitronenschale und 4 cl Rum unterrühren. In Gläser füllen, verschließen, 14 Tage durchziehen lassen.

Fleischgerichte

Schweinshaxe

Einstellung	Heißluft	Ober- und Unterhitze
Einschubhöhe Temperatur Zeit	Mitte 170–190 °C 100–120 Min.	unteres Drittel 180–200 °C 120–130 Min.

1 Hinterhaxe von etwa 1,4 kg,
1 TL Fleischwürzmittel (Würzsalz),
½ TL Salz,
schwarzer Pfeffer aus der Mühle,
20 g Schweineschmalz,
¼ l kochendes Wasser,
1 Zwiebel,
1 Lorbeerblatt, 2 Nelken,
4 Wacholderbeeren,
⅛ l dunkles Bier (kein Malzbier),
1 EL Speisestärke

Die Schwarte der Haxe schon vom Fleischer rautenförmig einschneiden lassen. Die Haxe kurz abspülen und abtrocknen. Mit Fleischwürzmittel, Salz und Pfeffer sehr gründlich einreiben. Schweineschmalz in einem großen Bräter erhitzen und die Haxe darin rundherum 15 Minuten anbraten. ⅛ l Wasser angießen. Die geschälte, geviertelte Zwiebel, Lorbeerblatt, Nelken und Wacholderbeeren dazugeben und die Haxe offen in den Backofen stellen. Hin und wieder mit dem Bier bestreichen, wenn nötig, etwas Wasser nachgießen. Die Haxe auf einer vorgewärmten Platte anrichten und warm stellen.
Den Bratenfond mit dem restlichen Wasser und Bier loskochen und durchsieben. Auf ⅜ l auffüllen. Die in kaltem Wasser verquirlte Speisestärke hineinrühren, die Sauce einmal aufkochen lassen und getrennt zur Haxe reichen.
Als Beilagen Semmelknödel oder Kartoffelklöße und Sauerkraut oder Weißkohlsalat mit geröstetem Speck und Kümmel reichen.
Wenn Sie die Schweinshaxe über Holzkohle garen wollen, sollten Sie sie wie die Kalbshaxe in gut gewürztem Sud vorgaren. Dann auf den Drehspieß stekken und rotieren lassen.

⇨ Für Herde mit Umluftgrill
Einschubhöhe : unteres Drittel
Temperatur : 170–180 °C
Zeit : 120–130 Minuten

Kalbshaxe abgebräunt

Einstellung	Heißluft	Ober- und Unterhitze
Einschubhöhe Temperatur Zeit	unteres Drittel 160–180 °C 80–90 Min.	unteres Drittel 180–200 °C 90–100 Min.

2 l Salzwasser, 1 Bund Suppengrün,
1 Zwiebel, 1 Lorbeerblatt, 4 Nelken,
5 Wacholderbeeren, 10 Pfefferkörner,
2 EL Essig, 1 Kalbshaxe von etwa 1,3 kg,
100 g Butter
Sauce: ¼ l Fleischbrühe,
1/16 l Weißwein,
1 TL Speisestärke, 1 EL Tomatenmark,
1 EL saure Sahne,
weißer Pfeffer aus der Mühle,
1 Prise Zucker

Das Salzwasser mit dem geputzten, grob zerkleinerten Suppengrün, der geschälten, mit Lorbeerblatt und Nelken gespickten Zwiebel, den Gewürzkörnern und dem Essig zum Kochen bringen. Die gut abgespülte Kalbshaxe hineingeben und zugedeckt 45 Minuten kochen lassen. Dann gut abtropfen und etwas abkühlen lassen. Von der Haxe die leicht sehnige Außenhaut abziehen. 40 g Butter in einem Bräter erhitzen, die Haxe hineinlegen, die restliche Butter in Flöckchen darauf verteilen und die Haxe in den Backofen stellen. Häufig mit der Bratbutter übergießen. Das Fleisch dann vom Knochen lösen und auf einer vorgewärmten Platte, mit einem Teil der Bratbutter übergossen, anrichten.
Sauce: Den Bratfond mit Brühe und Wein loskochen und bei starker Hitze um ⅓ reduzieren. Mit kaltem Wasser angerührte Speisestärke hineingeben und einmal aufkochen lassen. Tomatenmark und Sahne hinzufügen, abschmecken und getrennt zum Fleisch servieren.

Schweinebraten mit Kruste

Einstellung	Heißluft	Ober- und Unterhitze
Einschubhöhe Temperatur Zeit	unteres Drittel 170–190 °C 80–100 Min.	unteres Drittel 180–200 °C 100–120 Min.

1 kg Schweinekeule mit Schwarte, Salz,
schwarzer Pfeffer aus der Mühle,
6 Nelken, ¾ l warmes Wasser,
2 Zwiebeln, 1 Knoblauchzehe,
1 Bund Suppengrün, 1 Bund Petersilie,
1 TL Beifuß, etwas helles Bier,
1 EL Speisestärke

In die Schwarte des Bratens schon vom Fleischer Rauten oder Vierecke schneiden lassen. Den Braten kurz abspülen, trockentupfen und mit Salz und Pfeffer einreiben. Die Nelken in die Kreuzungspunkte der Einschnitte stecken. Das Wasser in die Fettpfanne gießen, den Braten mit der Schwarte nach oben auf den Rost legen und über die Fettpfanne in den Ofen schieben (keine Spritzschutzpfanne verwenden). Nach etwa 40 Minuten Bratzeit die geschälten, halbierten Zwiebeln, die geschälte Knoblauchzehe, das geputzte, gewaschene und zerschnittene Suppengrün, die abgespülte, von den Stielen gezupfte Petersilie und den Beifuß in die Fettpfanne geben. 5 Minuten vor Ende der Garzeit den Braten mit etwas Bier bestreichen, damit die Schwarte schön knusprig wird. Den Braten auf einer vorgewärmten Platte warm stellen.
Den Bratfond durch ein Sieb streichen. Aufkochen lassen und die mit kaltem Wasser verquirlte Speisestärke hineinrühren. Die Sauce noch einmal aufkochen lassen, abschmecken und getrennt zum Braten reichen.
Als Beilagen Kartoffelklöße oder Semmelknödel und Krautsalat oder Rotkohl mit Äpfeln servieren.

⇨ Für Herde mit Umluftgrill
Einschubhöhe : unteres Drittel
Temperatur : 170–190 °C
Zeit : 140–150 Minuten

Oben: Kalbshaxe abgebräunt
Unten links: Schweinebraten mit Kruste
Unten rechts: Schweinshaxe

Gefüllter Spießbraten

Einstellung	Heißluft	Ober- und Unterhitze
Einschubhöhe Temperatur Zeit	Mitte 180-200 °C 80-90 Min.	unteres Drittel 180-200 °C 75-85 Min.

Für 6 Personen
1,3 kg Schweinerollbraten, Salz, schwarzer Pfeffer aus der Mühle, 2 Zwiebeln, 1 Knoblauchzehe, 1 grüne Paprikaschote, 250 g roher Schinken, 3 EL gehackte Petersilie, 1 Lorbeerblatt, 2 EL Öl, 1 EL Paprika edelsüß, 1 TL Rosmarinnadeln, 1 Prise Knoblauchsalz

Den Schweinerollbraten auseinanderrollen und auf der Arbeitsfläche ausbreiten. Mit dem Handballen noch ein wenig flacher klopfen. Die Oberfläche mit Salz und Pfeffer einreiben. Die geschälten Zwiebeln und die geschälte Knoblauchzehe fein hacken, ebenso die von Rippen und Kernen befreite Paprikaschote. Den Schinken würfeln. Alles mit der Petersilie und dem fein zerbröselten Lorbeerblatt mischen. Auf das Fleisch streichen, dabei am unteren Ende einen gut 5 cm breiten Rand frei lassen. Das Fleisch wie eine Roulade von oben her aufrollen, mit Zahnstochern zusammenstecken und mit Rouladengarn umbinden. Das Öl mit den übrigen Gewürzen und etwas Salz zu einer dicken Paste verrühren und den Braten damit rundherum einreiben. Fettpfanne auf die unterste Einschubleiste einsetzen. Den Braten auf den Rost darüberschieben. Während des Garens mit abgetropftem Bratfett bestreichen. Den Braten einige Minuten ruhen lassen, dann in etwa 2 cm dicke Scheiben aufschneiden.
Dazu Kartoffelsalat mit vielen frischen Kräutern und Radieschen oder Gurkenscheiben servieren.

⇨ Für Herde mit Umluftgrill
Einschubhöhe : unteres Drittel
Temperatur : 170-190 °C
Zeit : 75-85 Minuten

Variationen für die Füllung

▷ Creme aus Roquefort mit frischen Kräutern.
Kalbsbratwurstfüllung mit Senf und Tomatenmark vermischt.

▷ Kleine Weißbrotwürfel, die in gewürztem, verquirltem Ei eingeweicht wurden, mit gekochtem, gehacktem Schinken und viel Petersilie gemischt.

▷ Reichlich gehackte frische Kräuter mit zerdrücktem grünem Pfeffer, geriebenem Apfel, Senf und durchpassiertem oder feingehacktem Eigelb.

Hinweis

Als Spießbraten mit einer der oben genannten Füllungen eignet sich ebenso Kalbsnierenbraten (er braucht aber nur eine Garzeit von etwa 45 Minuten) oder ausgelöstes Lammkarree (mit einer Garzeit von etwa 40 Minuten).
Gut ist auch Mastochsenfleisch aus der Keule; vorher kräftig mit Öl einreiben und etwa 5 Stunden stehen lassen. Zum Füllen eine besonders saftige Farce wählen.

Rheinischer Sauerbraten

Einstellung	Heißluft	Ober- und Unterhitze
Einschubhöhe Temperatur Zeit	unteres Drittel 180–200 °C 75–85 Min.	unteres Drittel 200–220 °C 75–85 Min.

Für 4–6 Personen
1 kg Rindfleisch aus der Keule,
50 g fetter Speck,
30 g Butter, Salz,
schwarzer Pfeffer, ½ l Fleischbrühe,
30 g Saucenlebkuchen
oder »echter« Pfefferkuchen,
50 g Rosinen,
½ Becher Sahne (100 g), 1 Prise Zucker
Beize: 2 Zwiebeln, 2 Lorbeerblätter,
4 Gewürznelken, ½ TL Senfkörner,
8 Pfefferkörner,
nach Wunsch 2 Pimentkörner und/oder
2 Wacholderbeeren,
¼ l guter Weinessig, ¼ l Wasser

Das Fleisch mit Zwiebelringen und den Gewürzen in eine Schüssel geben, mit Essig und Wasser begießen und zugedeckt 3 Tage an einem kühlen Platz beizen. Das Fleisch danach sehr gut abtrocknen. Den Speck würfeln und in einem Bräter auslassen. Die Butter darin erhitzen und den mit Salz und Pfeffer gewürzten Braten scharf anbraten. Mit der durchgesiebten Beize umgießen, zugedeckt im Backofen schmoren. Dabei nach und nach die Fleischbrühe angießen. 15 Minuten vor Ende der Garzeit den zerbröselten Lebkuchen und die gewaschenen Rosinen zufügen. Fleisch herausnehmen. Den Fond mit Sahne verrühren, etwas einkochen lassen, abschmecken.

Kalbsnierenbraten

Einstellung	Heißluft	Ober- und Unterhitze
Einschubhöhe Temperatur Zeit	unteres Drittel 160–180 °C 75–85 Min.	unteres Drittel 180–200 °C 85–95 Min.

Für 6–8 Personen
1,5 kg fertiger Kalbsnierenbraten, Salz, weißer Pfeffer aus der Mühle, 1 Zwiebel, 2 kleine Möhren, 80 g Butterschmalz, ⅛ l trockener Weißwein, ¼ l Fleischbrühe, je 2 Prisen gerebelter Salbei und Rosmarinnadeln, 3 EL Crème fraîche oder Sahne, 2 EL gehackte Petersilie

Das Fleisch rundherum mit Salz und Pfeffer einreiben und in einen großen Bräter legen. Zwiebeln und Möhren schälen und würfeln, um das Fleisch verteilen. Das Butterschmalz schmelzen, über das Fleisch gießen und den offenen Topf in den Backofen schieben. Während des Bratens hin und wieder etwas Wein und Brühe angießen. Salbei und Rosmarin hinzugeben. Den fertigen Braten etwa 10 Minuten ruhen lassen. Den Bratfond mit dem restlichen Wein und Brühe loskochen und in einen Topf seihen. Mit Crème fraîche oder Sahne verrühren und bei starker Hitze cremig einkochen. Etwas Petersilie hineingeben.

Rinderrouladen deutsche Art

Einstellung	Heißluft	Ober- und Unterhitze
Einschubhöhe Temperatur Zeit	unteres Drittel 200–220 °C 75–85 Min.	unteres Drittel 220–240 °C 80–90 Min.

4 Rinderrouladen von je 200 g (aus Oberschale, Kugel oder Hüfte), scharfer Senf, Salz, schwarzer Pfeffer aus der Mühle, 75 g fetter Speck, 2 Gewürzgurken, 1 Zwiebel, 30 g Kokosfett oder Schweineschmalz, ¾ l Fleischbrühe, 1 Lorbeerblatt, 3 Wacholderbeeren, 1 Becher saure Sahne (200 g)

Die Rouladen auf der Arbeitsfläche ausbreiten, sparsam mit Senf bestreichen, mit Salz und Pfeffer bestreuen. Den Speck, die Gurken und die geschälte Zwiebel in feine Streifen schneiden. Die Rouladen zu etwa ⅔ damit belegen und aufrollen. mit Zahnstochern befestigen. Fett in einem Schmortopf erhitzen. Die Rouladen rundherum in 10 Minuten kräftig braun anbraten, ½ l Fleischbrühe angießen, Lorbeerblatt und Wacholderbeeren dazugeben und die Rouladen zugedeckt in den Backofen stellen. Die fertigen Rouladen warm stellen.
Den Bratfond bei starker Hitze etwa um ½ reduzieren, durch ein Sieb gießen, mit der sauren Sahne verrühren, nochmal erwärmen, aber nicht aufkochen lassen. Mit Salz und Pfeffer abschmecken und getrennt reichen.

Kalbfleischrouladen

Einstellung	Heißluft	Ober- und Unterhitze
Einschubhöhe Temperatur Zeit	unteres Drittel 200–220 °C 55–65 Min.	unteres Drittel 200–220 °C 60–70 Min.

4 dünne Scheiben Kalbfleisch aus der Keule von je 150 g, 1 TL Sardellenpaste, 4 Scheiben Schinkenspeck (100 g), 4 hartgekochte Eier, 30 g Butterschmalz, 1 Zwiebel, ¼ l Fleischbrühe, ⅛ l Weißwein, 2 EL Tomatenmark, ⅛ l saure Sahne oder Crème fraîche, Salz, weißer Pfeffer aus der Mühle

Die Fleischscheiben dünn mit Sardellenpaste bestreichen. Mit den Speckscheiben belegen. Das Fleisch um die geschälten Eier rollen und feststecken. Butterschmalz in einem großen Topf erhitzen und die Kalbsrouladen darin 10 Minuten rundherum anbraten. Die gehackte Zwiebel, Fleischbrühe und Wein zufügen und die Rouladen offen im Backofen garen, dann warm stellen.
Den Bratfond bei starker Hitze etwa um ⅓ reduzieren und mit Tomatenmark und saurer Sahne verrühren. Mit Salz und Pfeffer abschmecken. Die Rouladen quer halbieren und, mit etwas Sauce umgossen, servieren. Die restliche Sauce getrennt reichen.

Leber Berliner Art

Einstellung	Heißluft	Ober- und Unterhitze
Einschubhöhe Temperatur Zeit	oberes Drittel Grill 10 Min.	oberes Drittel Grill 10 Min.

4 Scheiben Kalbsleber von je 150 g,
2 säuerliche Äpfel,
4 mittelgroße Zwiebeln,
80 g Butter oder Margarine,
2 EL Mehl, Salz,
schwarzer Pfeffer aus der Mühle

Kalbsleber schon vom Fleischer häuten lassen, dann von Röhren und Sehnen befreien und mit Haushaltspapier trokkentupfen. Die geschälten Äpfel entkernen und in etwa 5 mm dicke Scheiben, die geschälten Zwiebeln in dünne Ringe schneiden. 20 g Butter in einer Pfanne erhitzen und die Äpfel darin auf beiden Seiten goldbraun braten. Herausnehmen und warm stellen. Weitere 20 g Butter in der Pfanne erhitzen und die Zwiebelringe unter häufigem Wenden darin knusprig braun braten.
Indessen die restliche Butter schmelzen lassen. Die dünn mit Mehl bestäubten Leberscheiben darin kurz wenden, salzen und pfeffern und unter den Grill schieben. Auf der ersten Seite 6, auf der zweiten 4 Minuten grillen. Auf vorgewärmten Tellern anrichten, mit Apfel- und Zwiebelringen belegen und mit dem Bratfett übergießen.
Dazu Kartoffelpüree und einen grünen Salat mit Kräutern servieren.

Putenschnitzel mit Curryfrüchten

Einstellung	Heißluft	Ober- und Unterhitze
Einschubhöhe Temperatur Zeit	Mitte Grill 10–12 Min.	Mitte Grill 10–12 Min.

4 Putenschnitzel von je 200 g, Salz,
weißer Pfeffer aus der Mühle,
80 g Butter oder Margarine,
1 Dose gemischte Früchte (Cocktailfrüchte) von 400 g, Saft von ½ Zitrone,
1 TL Honig, 1–2 EL Curry,
2 Stengel Petersilie

Die Schnitzel mit Haushaltspapier gründlich abtupfen, salzen, pfeffern und in geschmolzener Butter wenden. Auf den Grillrost legen und auf jeder Seite 5–6 Minuten grillen.
Nebenher die abgetropften Früchte in der restlichen Butter bei starker Hitze ganz kurz anbraten. Zitronensaft, Honig und Curry unterrühren, mit einem kräftigen Schuß der Dosenflüssigkeit ablöschen. Die Flüssigkeit 2 Minuten lang einkochen lassen. Diese Mischung mit Salz, Pfeffer und Curry pikant bis scharf abschmecken. Über die Schnitzel gießen und, mit Petersilie garniert, servieren.
Dazu körnig gekochten Reis und einen frischen Salat reichen.

Große Grillstücke vom Rind

Während in Deutschland aus dem Rinderrücken nur Hochrippe, Roastbeef (Rumpsteak) und Filet geschnitten werden, liebt man in den traditionellen Rindfleischländern, wie den USA und Australien, viel dickere Scheiben, die meist auch noch ihren Knochen behalten, weil dadurch das Fleisch saftiger bleibt, allerdings auch eine längere Grillzeit benötigt. Die Hochrippe, die sich hervorragend zum Grillen eignet, wird bei uns vielmehr als Koch- oder Schmorfleisch verwendet. Die typischen amerikanischen T-Bone-, Porterhouse- oder Sirloin-Steaks gibt es aber hier und dort schon tiefgekühlt, oder man kann sie beim Fleischer bestellen.
Das T-Bone-Steak wird etwa in Höhe des Filetbeginns aus dem Rinderrücken mit Knochen und meistens mit Filet geschnitten. Der Knochen (bone) hat eine T-Form, daher der Name. Ein T-Bone-Steak wiegt meistens um 700 g und ist etwa 4 cm dick.
Das Porterhouse-Steak besteht aus Roastbeef mit Knochen und Filet und wiegt zwischen 700–1000 g. Es ist ausreichend für 2–3 Personen.
Das Sirloin-Steak wird aus dem flachen Roastbeef geschnitten, meistens ohne Knochen und immer ohne Filet. Das ganze Stück kann bis zu 2 kg schwer sein und entspricht damit unserem Roastbeef, wenn wir es als ganzen Braten zubereiten. Üblicher ist es aber, es 4–5 cm dick für 2 Personen zuzubereiten.
Die Amerikaner, für die Grillfleisch absolut zum täglichen Leben gehört, beizen oder marinieren alle Stücke vorher, dadurch wird das Fleisch mürber und bekommt eine spezielle Würze.

Beize 1

Je 1 Teil italienischer oder französischer Wermut und Olivenöl werden gemischt und nach Belieben mit Zitronensaft und durchgedrücktem Knoblauch gewürzt. Das Fleisch wird mit der Marinade begossen und häufig darin gewendet. Es kann zwischen 6–24 Stunden darin liegen. Vor der Zubereitung muß es in jedem Fall gut abgetrocknet werden.

Beize 2

½ l Rotwein wird mit ⅛ l Zitronensaft oder Essig, 2 gehackten Zwiebeln, 2 gewürfelten Möhren, einigen Pfefferkörnern, 1 zerstoßenen Lorbeerblatt, 2 EL gehackter Petersilie, 1 Zweig Thymian und ⅛ l Olivenöl gemischt. Diese Marinade ist für große Stücke und auch für Braten geeignet. Große Steaks werden etwa 4–6 Stunden darin mariniert.

Beize 3

Je ⅛ l Tomatensaft, Rotwein und Öl werden gemischt. Dazu kommen 3 gehackte Knoblauchzehen, 2 gehackte Chilischoten, 1 TL Zucker und 2 EL Sojasauce. Bei dünnen Steaks, die für 1–2 Personen berechnet sind, reicht es aus, wenn sie 30–60 Minuten in dieser Marinade liegen. Große Steaks können bis zu 6 Stunden mariniert werden.

Hinweise

▷ Gegrilltes Fleisch sollte möglichst gleich nach der Zubereitung serviert werden. Darum ist es notwendig, alle Saucen und Beilagen schon so vorbereitet zu haben, daß sie mit dem Fleisch gleichzeitig fertig sind.
▷ Gesalzen wird Grillfleisch immer erst vor dem Servieren.
▷ Das Fleisch sollte bis zum Anschneiden stets ein paar Minuten ruhen, damit sich die Fleischsäfte im Inneren verteilen können und beim Aufschneiden nicht herauslaufen.
▷ Grillzeiten werden immer in Minuten gerechnet. Der Grill muß so weit vorgeheizt sein, daß er die höchste Temperatur, nämlich etwa 300 °C, erreicht hat, wenn das Fleisch hineinkommt. Je dünner ein Steak ist, desto näher muß es der Heizquelle sein.
▷ Sehr gut schmeckt Grillfleisch auch vom Holzkohlenfeuer. Obstbaum- und Rebenholz geben das beste Aroma. Man kann aber ebenso Holzkohle oder Holzkohlenbriketts verwenden (letztere haben die größere Heizkraft) und als Aromastoffe Wacholderzweige, Rosmarinzweige oder einige Eßlöffel voll provençalische Kräutermischung in die Glut geben, bevor das Fleisch auf den Rost gelegt wird.

Grillzeiten

Es werden hier unterschieden

medium-rare	- rosa
medium	- halb durchgebraten
well-done	- durchgebraten

Hochrippe, 7,5 cm dick

medium-rare	18–20 Minuten
medium	20–25 Minuten
well-done	25–30 Minuten

Porterhouse-Steak, 5 cm dick

medium-rare	12–15 Minuten
medium	16–18 Minuten
well-done	22–25 Minuten

T-Bone-Steak, 2,5 cm dick

medium-rare	8–10 Minuten
medium	12–13 Minuten
well-done	Ist nicht zu empfehlen, weil das Filetstück zu trocken wird.

Sirloin-Steak, 5 cm dick

medium-rare	7–8 Minuten
medium	9–10 Minuten
well-done	15–17 Minuten

Ist das Fleischstück dicker als hier angegeben, so muß pro cm mehr die Grillzeit um etwa 1 Minute verlängert werden. Die Grillzeit ist die Gesamtgarzeit. Am besten ist es, das Fleisch auf jeder Seite 1–2 Minuten (je nach Dicke) bei starker Hitze zu grillen, dann bei schwächerer Hitze fertig zu garen. Die Zeiten können aber nur ca.-Werte sein, weil sich sowohl Fleischqualität als auch die Art der Beize und die Dauer der Beizzeit auf die Grillzeit auswirken.

Beilagen

Zu gegrilltem Rindfleisch kann man sowohl Sauce Béarnaise als auch Kräuterbutter servieren. Als Beilagen eignen sich fast alle Gemüsesorten, frische Salate und sauer eingelegte Gemüse, Folienkartoffeln, frisch geröstetes Weißbrot, Knoblauchbrot oder kräftiges Holzofenbrot.

Oben: T-Bone-Steak (roh)
Unten: Porterhouse-Steak (gegrillt)

Chateaubriand

Einstellung	Heißluft	Ober- und Unterhitze
Einschubhöhe Temperatur Zeit	oberes Drittel Grill 15–16 Min.	oberes Drittel Grill 15–16 Min.

Für 2 Personen
400 g Rinderfilet, aus der Mitte geschnitten,
3 EL Öl, schwarzer Pfeffer aus der Mühle, Salz
Sauce: 100 g Butter,
1 TL gehackte Petersilie,
1 TL gehackter Kerbel,
1 Msp. zerdrückter Knoblauch,
1 EL Zitronensaft

Das Filet von Fett und Sehnen befreien, das Öl kräftig einmassieren und das Fleisch zugedeckt 1 Stunde bei Zimmertemperatur ruhen lassen. Dann rundherum mit Pfeffer einreiben und auf den Rost unter den vorgeheizten Grill schieben. Die erste Seite 8 Minuten, die zweite 7–8 Minuten grillen. Es soll außen schön knusprig, innen aber noch stark rosa sein. Dann erst salzen und 5 Minuten ruhen lassen. In schräge Scheiben schneiden und auf einer vorgewärmten Platte anrichten.
Sauce: Butter mit dem Handrührgerät schaumig schlagen. Nach und nach Petersilie, Kerbel, Knoblauch, etwas Salz und Pfeffer sowie tropfenweise den Zitronensaft dazugeben. Entweder auf dem Fleisch anrichten oder getrennt reichen.
Dazu zartes, in Butter geschwenktes Sommergemüse und Pommes soufflés servieren.

Entrecôte Bordelaise

Einstellung	Heißluft	Ober- und Unterhitze
Einschubhöhe Temperatur Zeit	oberes Drittel Grill 10–12 Min.	oberes Drittel Grill 10–12 Min.

Für 2 Personen
1 Entrecôte double von 400 g, 4 EL Öl oder 30 g Pflanzenfett, schwarzer Pfeffer
Sauce: 20 g Butter, 2 Schalotten,
½ Knoblauchzehe, 5 Pfefferkörner,
½ Lorbeerblatt, ½ TL Thymian,
¼ l roter Bordeaux,
60 g frisches Ochsenmark, Salz

Sauce: In der heißen Butter die feingehackten Schalotten und den zerdrückten Knoblauch goldgelb dünsten. Die zerstoßenen Pfefferkörner, das zerbröselte Lorbeerblatt und den Thymian dazugeben. Mit Wein auffüllen und im offenen Topf um gut ⅔ reduzieren. Das geputzte Ochsenmark in 6 Scheiben schneiden, blanchieren. 2 Scheiben fein hacken. Die Sauce passieren, salzen und mit dem gehackten Mark vermischen.
Das Entrecôte mit Öl und Pfeffer einreiben. Auf dem Rost unter dem vorgeheizten Grill 6 Minuten grillen, wenden, 4 Minuten grillen. 3 Minuten ruhen lassen, dann in schräge Scheiben schneiden. Mit erhitzten Markscheiben garnieren.

Tournedos mit Tomaten und Schalottensauce

Einstellung	Heißluft	Ober- und Unterhitze
Einschubhöhe Temperatur Zeit	oberes Drittel Grill 13–15 Min.	oberes Drittel Grill 13–15 Min.

8 Tournedos von je 125 g und 3 cm Höhe, 3 EL Öl, 6 Schalotten, 40 g Butter, 1 EL Sherryessig, 6 EL trockener Weißwein, 2 EL Crème fraîche, Salz, frisch gemahlener weißer Pfeffer, 2 Fleischtomaten, ½ Bund Basilikum, frisch gemahlener schwarzer Pfeffer

Die Tournedos abtupfen, mit den Handballen in Form drücken und das Öl in das Fleisch einmassieren.
Die sehr fein gehackten Schalotten in 30 g Butter glasig werden lassen. Mit Sherryessig, Wein und Crème fraîche ablöschen und bei starker Hitze cremig einkochen. Salzen und pfeffern. Tomaten häuten, entkernen und fein hacken. 10 g Butter erhitzen, geschälten und zerdrückten Knoblauch darin mit den Tomaten durchschmoren. Feingeschnittenes Basilikum zufügen und warm stellen. Tournedos unter dem vorgeheizten Grill pro Seite ca. 7 Minuten grillen. Salzen, pfeffern und mit den Tomaten und der Schalottensauce anrichten.

Gefüllte Medaillons

Einstellung	Heißluft	Ober- und Unterhitze
Einschubhöhe Temperatur Zeit	oberes Drittel Grill 12–14 Min.	oberes Drittel Grill 12–14 Min.

8 gleich große Medaillons von je 80 g, 60 g feine Kalbsleberwurst, 1 EL Cognac, 1 EL grüner Pfeffer, 2 Stengel frischer Salbei, 4 dünne, schmale Scheiben fetter Speck, 3 EL Öl, Salz, frisch gemahlener schwarzer Pfeffer

Die Medaillons mit dem Handballen in Form drücken. Kalbsleberwurst mit Cognac cremig rühren, gehackten grünen Pfeffer sowie gehackte Salbeiblättchen untermischen. Diese Masse auf vier Medaillons verteilen, die übrigen drauflegen und nur leicht andrücken. Die Medaillons seitlich mit den Speckscheiben umwickeln, mit Rouladengarn umbinden und mit dem Öl bestreichen. Auf dem Rost unter den vorgeheizten Grill schieben und 8 Minuten grillen. Dann wenden und weitere 6 Minuten grillen. Salzen, pfeffern und sofort anrichten.
Als Beilage passen Feldsalat in einer Essig-Öl-Marinade, zarte, grüne Böhnchen oder Brokkoliröschen und kleine Rösti oder Kartoffelkroketten.

Gegrilltes Kalbskotelett

Einstellung	Heißluft	Ober- und Unterhitze
Einschubhöhe Temperatur Zeit	oberes Drittel Grill 16–20 Min.	oberes Drittel Grill 16–20 Min.

4 Kalbskoteletts von etwa 2,5 cm Dicke, 40 g Butter, Rosenpaprika, Fleischwürzmittel (Würzsalz), 4 Zweige Rosmarin, 4 Zweige Thymian

Die Kalbskoteletts mit Haushaltspapier abtupfen und mit dem Handballen etwas flachdrücken. Die Butter zerlassen und die Koteletts damit dünn einpinseln, dann mit Paprika und Fleischwürzmittel bestreuen. Den mit etwas Butter eingefetteten Grillrost mit Rosmarin und Thymian belegen. Die Koteletts darauflegen, mit Butter bestreichen und unter den vorgeheizten Grill schieben. Nach etwa 6 Minuten das Fleisch wenden und wieder mit Butter bestreichen.
Dazu schmecken Prinzeßböhnchen oder feine Erbsen, Kartoffelkroketten oder Petersilienkartoffeln und eine Sauce Béarnaise oder eine Sauce aus mit etwas Brühe und Wein verkochter Sahne, die mit etwas Butter aufgeschlagen und mit Senf gewürzt wird.

Gebeizte Lammkoteletts

Einstellung	Heißluft	Ober- und Unterhitze
Einschubhöhe Temperatur Zeit	oberes Drittel Grill 16–20 Min.	oberes Drittel Grill 16–20 Min.

12 kleine Lammkoteletts von je 80 g, 2 EL Olivenöl, 3 TL Tomatenmark, 1 TL gerebelter Majoran, je 1 Messerspitze Zimt und Nelkenpulver, Salz
Beize: 4 Knoblauchzehen, 8 Pfefferkörner, 1 Lorbeerblatt, 1 TL Rosmarinnadeln, ¼ l Rotwein, 4 EL kaltgepreßtes Olivenöl

Die Knoblauchzehen schälen und durch die Presse drücken oder fein hacken. Die Pfefferkörner im Mörser zerstoßen, das Lorbeerblatt fein zerreiben. Alles zusammen mit dem Öl mit den Rosmarinnadeln in den Rotwein rühren. Die Koteletts in eine Schüssel legen und mit der Beize begießen. 12 Stunden an einem kühlen Ort zugedeckt beizen. Wenn die Koteletts nicht ganz von der Beize bedeckt sind, müssen sie hin und wieder gewendet werden.
Die Koteletts abtropfen lassen und mit Haushaltspapier gründlich trockentupfen. Olivenöl mit Tomatenmark, Majoran, Zimt und Nelkenpulver verrühren. Die Koteletts damit auf beiden Seiten einstreichen, auf den Rost legen und unter den vorgeheizten Grill schieben, nach 5 Minuten wenden. Erst unmittelbar vor dem Servieren salzen.
Mit Knoblauchbutter bestrichenes, heißes Stangenweißbrot und Tomaten-Gurken-Paprika-Salat in einer frischen Joghurt- oder Zitronenmarinade schmekken als Beilage besonders gut.

Hinweis
Wenn Sie den Duft und Geschmack von Rosmarin, Majoran oder auch Salbei (paßt ausgezeichnet zu Lamm) lieben, sollten Sie den Koteletts eine zusätzliche Kräuterwürze geben. Streuen Sie während des Grillens ein paar getrocknete Rosmarinnadeln, Majoran- oder Salbeizweige auf das Fleisch, es bekommt ein ganz besonderes Aroma.

Knoblauch-Poularden

Einstellung	Heißluft	Ober- und Unterhitze
Einschubhöhe Temperatur Zeit	Mitte 180–200 °C 40–50 Min.	Mitte 200–220 °C 45–50 Min.

2 küchenfertig vorbereitete Poularden von etwa 1,2 kg, 10 Knoblauchzehen, 3 Bund glatte Petersilie, 8 EL kaltgepreßtes Olivenöl, 4 EL Zitronensaft, 1 TL Salz, 40 g sehr kalte Butter

Die Poularden innen und außen unter fließendem Wasser abspülen und mit Haushaltspapier trockentupfen. Die geschälten Knoblauchzehen durch die Presse drücken. 1 Bund Petersilie abspülen, trockenschwenken und sehr fein hacken.
Das Olivenöl mit Zitronensaft, Salz, Knoblauch und gehackter Petersilie verrühren. Die Poularden je auf ein Stück Alufolie legen, mit der Ölmischung einreiben, die Folie gut verschließen. Die Poularden 60 Minuten ziehen lassen. Anschließend diese Mischung sehr sorgfältig mit Haushaltspapier abtupfen. Je 20 g Butter in Flöckchen von der Brustöffnung aus vorsichtig unter die Haut schieben, diese dabei aber nicht verletzen. In jede Poularde 1 Bund abgespülte Petersilie geben. Die Poularden dressieren. Auf den Grillrost legen und unter den vorgeheizten Grill schieben. Die Fettpfanne darungerschieben. Zwischendurch hin und wieder umdrehen und mit dem heruntergelaufenen Bratfett bepinseln. Die fertigen Poularden halbieren und die Petersilie entfernen. Frisches Stangenweißbrot oder mit Dill und gedünsteten Zwiebeln gemischter Reis und gemischter Salat mit Olivenöl und Essig, geriebenem Schafskäse und schwarzen Oliven passen besonders gut dazu.

Hinweis
Manchmal bilden sich beim Grillen von Geflügel Blasen in der Haut – dann nämlich, wenn die Hitze sehr groß ist. Machen Sie niemals den Fehler, sie einzustechen, denn dann würde der Saft herausfließen. Besser bestreichen Sie sie mit etwas Fett!

⇨ Für Herde mit Unluftgrill
Einschubhöhe : Mitte
Temperatur : 180–200 °C
Zeit : 45–50 Minuten

Oben: Gegrilltes Kalbskotelett
Mitte: Gebeizte Lammkoteletts
Unten: Knoblauch-Poularde

Ungarisches Gulasch

Einstellung	Heißluft	Ober- und Unterhitze
Einschubhöhe Temperatur Zeit	unteres Drittel 160–180 °C 85–95 Min.	unteres Drittel 190–210 °C 85–95 Min.

750 g Rindfleisch aus der Keule,
300 g Zwiebeln, 30 g Schweineschmalz,
2 Knoblauchzehen, 1 TL Kümmel, Salz,
1–2 EL ungarischer Rosenpaprika,
2 EL Paprika edelsüß,
½ l warmes Wasser, 400 g Tomaten,
2 grüne Paprikaschoten, 350 g Kartoffeln

Das Fleisch abspülen, abtrocknen und in etwa 2 cm große Würfel schneiden. Die feingehackten Zwiebeln im heißen Schmalz glasig braten, nicht bräunen. Das Fleisch zugeben und etwa 10 Minuten anbraten. Die geschälte Knoblauchzehe mit Kümmel und etwas Salz zerdrücken, mit dem Paprika untermischen und bei nicht zu starker Hitze rühren, bis der Paprika ganz vom Fett aufgesogen ist. Wasser und die gehäuteten, entkernten und gewürfelten Tomaten, die geputzten, in Würfeln geschnittene Paprikaschoten und die geschälten, gewürfelten Kartoffeln dazugeben. Das Gulasch im geschlossenen Topf in den Backofen stellen.
Dazu kleine, runde Eiernudeln (Knöpfli) oder Semmelknödel reichen.

Szegediner Gulasch
Szekely Gjulyas

Einstellung	Heißluft	Ober- und Unterhitze
Einschubhöhe Temperatur Zeit	unteres Drittel 160–180 °C 75–85 Min.	unteres Drittel 180–200 °C 75–85 Min.

Je 250 g Schmorfleisch vom Rind, Kalb und Schwein (ohne Fett), 3 Zwiebeln,
30 g Gänseschmalz,
je 1 grüne und rote Paprikaschote,
1 EL Paprika edelsüß, Salz,
½ TL grob zerstoßener Pfeffer,
2 Lorbeerblätter, 1 TL Kümmel,
¼ l heiße Fleischbrühe,
1 kleine Dose Sauerkraut (ca. 450 g),
1 Becher saure Sahne (200 g)

Das Fleisch in etwa 3 cm lange, 1 cm dicke Streifen schneiden. Die geschälten, gehackten Zwiebeln im heißen Schmalz goldgelb braten. Die gehäuteten, entkernten und gehackten Tomaten und die geputzten, gewürfelten Paprikaschoten dazugeben. 15 Minuten bei schwacher Hitze durchschmoren. Dann das Fleisch zusammen mit dem Paprika zufügen und rühren, bis der Paprika vom Fett aufgenommen ist. Salz, Pfeffer, Lorbeerblätter und Kümmel zufügen. Gulasch mit heißer Brühe aufgießen, mit dem Sauerkraut mischen und zugedeckt in den Ofen stellen. Vor dem Servieren die saure Sahne untermischen.
Dazu Salzkartoffeln oder Kartoffelklöße servieren.

Bœuf à la mode
Rinderschmorbraten
auf französische Art

Einstellung	Heißluft	Ober- und Unterhitze
Einschubhöhe Temperatur Zeit	unteres Drittel 160–180 °C 110–120 Min.	unteres Drittel 180–200 °C 110–120 Min.

Für 8 Personen
1,5 kg Rindfleisch (obere Keule),
150 g fetter Speck,
500 g Schalotten oder kleine Zwiebeln,
Salz, schwarzer Pfeffer aus der Mühle,
1 EL Mehl, 1 halbierter Kalbsfuß,
2 Glas (4 cl) Cognac oder Weinbrand,
1 Kräuterstrauß,
500 g kleine, runde Karotten
Beize: ½ l trockener Rotwein,
2 Zwiebeln, 2 Möhren,
3 Knoblauchzehen, 2 Lorbeerblätter,
2 EL gehackte Petersilie,
1 TL gerebelter Thymian

Das abgespülte Rindfleisch in einer Steingutschüssel mit dem Wein übergießen. Die geschälten, gehackten Zwiebeln, die geputzten, in Scheiben geschnittenen Möhren, die zerdrückten Knoblauchzehen, die zerriebenen Lorbeerblätter sowie die Petersilie und den Thymian dazugeben. Das Fleisch zugedeckt 12 Stunden an einem kühlen Ort beizen, dabei gelegentlich wenden. Den Speck fein würfeln und in einem Schmortopf auslassen, dann die Speckgrieben herausnehmen. Die geschälten Zwiebeln im Speckfett rundherum braun anbraten, herausnehmen und beiseite stellen. Das Fleisch gründlich abtrocknen, mit Salz und Pfeffer einreiben und im heißen Fett rundherum in etwa 15 Minuten braun anbraten. Mit Mehl bestäuben und dieses leicht durchschwitzen lassen. Darauf die abgespülten, getrockneten Kalbsfüße legen. In einer Kelle den erwärmten Cognac oder Weinbrand anzünden und brennend über das Fleisch gießen, ausbrennen lassen. Die durchgesiebte Beize zugießen und mit Wasser bis knapp unter den oberen Fleischrand auffüllen. Den abgespülten Kräuterstrauß zugeben und den geschlossenen Topf in den Ofen stellen. Die Karotten putzen und zusammen mit den angebratenen Zwiebeln nach 60 Minuten in den Topf geben.
Das Fleisch aus dem Topf nehmen, 5 Minuten ruhen lassen, dann in Scheiben schneiden und auf einer vorgewärmten Platte anrichten. Mit Schalotten, Möhren und dem ausgelösten Fleisch der Kalbsfüße umlegen. Sauce durchsieben, wieder erhitzen, mit Salz und Pfeffer abschmecken, einen Teil über das Fleisch gießen, den Rest getrennt reichen.
Dazu schmecken kleine Salzkartoffeln oder Spätzle.

Oben: Szegediner Gulasch
Mitte: Bœuf à la mode
Unten: Ungarisches Gulasch

Kalbspaprikasch

Einstellung	Heißluft	Ober- und Unterhitze
Einschubhöhe Temperatur Zeit	unteres Drittel 160–180 °C 40–50 Min.	unteres Drittel 180–200 °C 40–50 Min.

750 g mageres Kalbfleisch, 3 große Zwiebeln, 1–2 Knoblauchzehen, je 1 rote, grüne und gelbe Paprikaschote, 500 g Fleischtomaten, 40 g Schweineschmalz, 2 EL Paprika edelsüß, 1 TL Rosenpaprika, 1 EL Tomatenmark, je ⅛ l Rotwein und Fleischbrühe, Salz, schwarzer Pfeffer, je 1 Prise gemahlener Kümmel und Zucker, 250 g Kartoffeln, 10 cl saure Sahne

Das Fleisch in ca. 3 cm große Würfel schneiden. Die geschälten Zwiebeln in Ringe schneiden, den geschälten Knoblauch zerdrücken. Paprikaschoten waschen, von den Samensträngen befreien und in nicht zu feine Streifen schneiden. Die Tomaten häuten, entkernen, von den grünen Stengelansätzen befreien und grob würfeln.
Das Schmalz in einem Bräter erhitzen, Fleisch, Zwiebeln, Knoblauch und Paprikaschoten darin anbraten. Die Tomatenwürfel untermischen. Alles mit Paprika edelsüß und Rosenpaprika sowie Tomatenmark ein paar Sekunden durchschmoren. Rotwein und Fleischbrühe angießen und das Gericht würzen. Die geschälten und gewürfelten Kartoffeln hinzufügen und das Paprikasch zugedeckt im Backofen schmoren. Vor dem Servieren die saure Sahne in die Mitte geben und erst bei Tisch untermischen.

Geflügelcurry

Einstellung	Heißluft	Ober- und Unterhitze
Einschubhöhe Temperatur Zeit	unteres Drittel 160–180 °C 40–50 Min.	unteres Drittel 180–200 °C 40–50 Min.

50 g kernlose Rosinen, 2 Glas (4 cl) Reiswein oder trockener Sherry (Fino), 1 Poularde von etwa 1,5 kg, Salz, weißer Pfeffer aus der Mühle, Paprika edelsüß, 60 g Butter, 1 EL Öl, 1 Zwiebel, 1 großer Apfel, 1–2 TL Honig, 1–2 EL Curry, ½ l Hühnerbrühe, ⅛ l trockener Weißwein, 1 große Banane, 2 EL Zitronensaft, 4 EL Sahne, 40 g blättrige Mandeln

Die Rosinen im Wein quellen lassen. Die Poularde, in 8 Stücke geteilt, rundherum mit Salz, Pfeffer und Paprika einreiben. Butter und Öl in einem Bräter erhitzen, die Geflügelteile darin portionsweise anbraten. Die Zwiebeln hacken, den geschälten, entkernten Apfel würfeln und zufügen. Honig und Curry unterrühren, Hühnerbrühe und Wein angießen. Zugedeckt im Backofen schmoren lassen, dann die Flüssigkeit im offenen Topf noch etwa 10 Minuten einkochen. Die zerdrückte, mit Zitronensaft vermischte Banane und die Sahne hineinrühren. Mit gerösteten Mandeln bestreuen.

Osso Buco

Einstellung	Heißluft	Ober- und Unterhitze
Einschubhöhe Temperatur Zeit	unteres Drittel 180–190 °C 60–70 Min.	unteres Drittel 200–220 °C 60–70 Min.

8 gleich große Scheiben Kalbshaxe von insgesamt 1,5 kg, 2 Zwiebeln, 2 Möhren, 5 Stengel Bleichsellerie, 4–5 Knoblauchzehen, 20 g Butter, Salz, schwarzer Pfeffer aus der Mühle, 2 EL Mehl, ¼ l trockener Weißwein, ¼ l kräftige Fleischbrühe, je ¼ TL getrocknetes Basilikum und Thymian, 1 Lorbeerblatt, 5 EL gehackte Petersilie, 1 kleine Dose geschälte Tomaten, abgeriebene Schale von 1 unbehandelten Zitrone

Die Kalbshaxe mit einem feuchten Tuch abreiben. Zwiebeln und Möhren schälen und ebenso wie den geputzten Bleichsellerie fein würfeln. 2–3 Knoblauchzehen schälen und zerdrücken. Die Butter in einem großen Schmortopf erhitzen, das Gemüse 10 Minuten leicht darin bräunen. Die Haxenscheiben mit Garn rund binden, salzen, pfeffern, in Mehl wenden und auf das Gemüse legen. Wein, die Hälfte der Brühe, Kräuter, 2 EL Petersilie und die abgetropften, grobgehackten Tomaten zufügen und alles offen schmoren. Dabei nach und nach die restliche Brühe zufügen. Die restlichen Knoblauchzehen zerdrücken, mit der übrigen Petersilie und Zitronenschale mischen. Über die Fleischscheiben streuen.

Schmorente mit Weißkohl

Einstellung	Heißluft	Ober- und Unterhitze
Einschubhöhe Temperatur Zeit	unteres Drittel 170–190 °C 60–70 Min.	unteres Drittel 180–200 °C 60–70 Min.

1 küchenfertige Ente von etwa 2 kg, 1 kleiner Weißkohl von etwa 750 g, 1 kleine Fenchelknolle, 2 Zwiebeln, 2–3 Knoblauchzehen, 200 g magerer Frühstücksspeck, Salz, schwarzer Pfeffer aus der Mühle, gerebelter Majoran und Thymian, ⅛ l Sauerkrautsaft

Die Ente in 8 gleich große Stücke zerteilen. Kohl und Fenchel fein hobeln und zusammen mit den geschälten Zwiebeln in feine Streifen schneiden. Knoblauchzehen schälen und durchdrücken. Den feingewürfelten Speck in einem großen Schmortopf auslassen. Die Grieben herausnehmen und die Entenstücke in dem heißen Fett rundherum kräftig anbraten. Das Gemüse zufügen, mit Salz, Pfeffer, Majoran und Thymian würzen. Die mit Salz und Pfeffer eingeriebenen Entenstücke darauflegen und, mit Sauerkrautsaft umgossen, im geschlossenen Topf in den Backofen stellen. Während der letzten Minuten den Deckel abnehmen, damit das Fleisch nachbräunen kann. Mit den Grieben bestreut servieren.

Filet-Orangen-Topf

Einstellung	Heißluft	Ober- und Unterhitze
Einschubhöhe Temperatur Zeit	unteres Drittel 160–180 °C 55–65 Min.	unteres Drittel 180–200 °C 55–65 Min.

750 g Schweinefilet,
150 g Schalotten
oder sehr kleine Zwiebeln,
30 g Butter,
abgeriebene Schale von
½ unbehandelten Orange,
⅛ l frisch gepreßter Orangensaft,
⅛ l trockener Sherry (Fino),
⅛ l Sahne,
⅛ l Fleischbrühe,
1 kräftige Prise Salz,
frisch gemahlener weißer Pfeffer,
1 kleine Prise Zucker,
1 Lorbeerblatt,
2 TL Mehl, 2 Orangen

Das Schweinefilet von allen Haut- und Fettresten befreien und in gleichmäßige, mundgerechte Stücke schneiden. Die Schalotten oder Zwiebeln schälen und fein würfeln. Das Fleisch portionsweise in der Butter bräunen und jeweils wieder herausnehmen. Dann die Zwiebeln im heißen Fett ebenfalls Farbe nehmen lassen und das Fleisch mitsamt dem inzwischen ausgetretenen Fleischsaft wieder daruntermischen. Sobald alles wieder kräftig erhitzt ist, die abgeriebene Orangenschale, den Orangensaft, Sherry, die Sahne und Fleischbrühe einrühren, mit Salz, Pfeffer, Zucker und Lorbeerblatt kräftig würzen. Das Gericht zugedeckt in den Backofen stellen. Nach 30 Minuten das mit etwas kaltem Wasser verquirlte Mehl in die Sauce rühren. Das Lorbeerblatt dann entfernen.
Die Orangen sehr gründlich schälen, in Segmente teilen und diese häuten (die Häutchen können durch das Erhitzen sonst bitter schmecken)! die Orangenstücke einmal durchschneiden, im Gericht erwärmen und dieses sofort zu Tisch bringen.
Dazu mit wenig Butter abgebräunte Nudeln oder mit jungen Erbsen gemischten Reis und Kopfsalat in einer leichten Marinade aus Mandelöl und Himbeeressig servieren.

Djuvec nach Fleischerart

Einstellung	Heißluft	Ober- und Unterhitze
Einschubhöhe Temperatur Zeit	unteres Drittel 170–190 °C 90–100 Min.	unteres Drittel 180–200 °C 90–100 Min.

Für 6–8 Personen
Je 250 g mageres Rindfleisch,
Schweinefleisch und Lammfleisch,
350 g Zwiebeln,
2 Knoblauchzehen,
250 g junge Brechbohnen,
je 2 kleine rote und grüne
Paprikaschoten,
je 250 g Auberginen und Zucchini,
6 EL Olivenöl,
100 g gepalte oder tiefgekühlte Erbsen,
600 g Fleischtomaten,
Salz,
frisch gemahlener weißer Pfeffer,
Rosenpaprika

Das Fleisch kurz unter kaltem Wasser abspülen und sehr gründlich trockentupfen. In gleichmäßige, mundgerechte Würfel schneiden. Die Zwiebeln und Knoblauchzehen schälen, die Zwiebeln würfeln, den Knoblauch durch die Presse drücken. Die gewaschenen Bohnen, wenn nötig, fädeln, abtropfen lassen und in etwa 5 cm lange Stücke brechen. Alle Paprikaschoten putzen, von Kernen und Trennwänden befreien und würfeln. Auberginen und Zucchini von Stengel- und Blütenansätzen befreien und ungeschält würfeln.
Eine große, feuerfeste Form (besonders geeignet ist ein lasierter Tontopf) mit knapp der Hälfte des Öls einfetten. Die vorbereiteten Gemüse zusammen mit den Erbsen (tiefgekühlte vorher antauen lassen) und den gehäuteten, entkernten und gewürfelten Fleischtomaten sowie den Fleischwürfeln hineingeben. Alles mit Salz, Pfeffer und Paprika kräftig würzen und das restliche Olivenöl darüber verteilen. Den Djuvec auf den Rost in den Backofen stellen und sanft schmoren lassen. 20 Minuten vor Ende der Garzeit nach Wunsch den Deckel abnehmen, damit die Flüssigkeit etwas verdampfen kann.
Dazu nur frisches Bauernbrot und einen roten Landwein anbieten.

Hinweise

▷ Djuvec soll zwar ursprünglich aus Serbien stammen, doch ist es in Abwandlungen in ganz Jugoslawien bekannt und beliebt. Man kann bei diesem Rezept 150 g Langkornreis mitgaren, muß dann aber etwas Flüssigkeit angießen (entweder ⅛ l Fleischbrühe und ⅛ l Wein oder ⅛ l Wein und ⅛ l Tomatensaft). In manchen Gegenden wird er ausschließlich mit Lamm- oder Hammelfleisch zubereitet, ein wichtiger Bestandteil sind dann frische Okraschoten.

▷ In Rumänien ist dieses Gericht unter dem Namen *Ghiveci* bekannt und wird hauptsächlich mit Kalbfleisch bereitet. Dazu kommen vor allem Tomaten, junge, zarte Erbsen und als besonderes Merkmal kleine, grüne, noch kernlose Weintrauben.

▷ Die Bulgaren nennen das Gericht *Gjuvetsch.* Es wird durch einige Pfefferschoten schärfer als Djuvec oder Ghiveci. Die Bulgaren lieben es, das Gericht nicht im geschlossenen Topf zu garen, sondern es mit einem Deckel aus Brotteig oder mit einem Guß aus Joghurt und Eiern (diesen erst kurz vor Ende der Garzeit) zu verschließen.
Die Namen aller drei Gerichte gehen auf das türkische Wort Güvec (ein besonderes Tongeschirr) zurück.

Oben: Djuvec nach Fleischerart
Unten: Filet-Orangen-Topf

Hasenpfeffer

Einstellung	Heißluft	Ober- und Unterhitze
Einschubhöhe Temperatur Zeit	unteres Drittel 180–200 °C 60–65 Min.	unteres Drittel 200–220 °C 60–65 Min.

Für 6–8 Personen
1 küchenfertiger Hase von etwa 4 kg (ersatzweise 1 Rücken und 4 Keulen),
200 g durchwachsener Speck,
30 g Butter,
500 g Schalotten oder kleine Zwiebeln,
¼ l trockener Rotwein,
¼ l Fleischbrühe,
2 EL Mehl, Salz,
frisch gemahlener schwarzer Pfeffer,
2 Thymianzweige, 1 Prise Zimt
Beize: 1 Zwiebel, 2 Knoblauchzehen,
1 Möhre, 10 Pfefferkörner,
6 Pimentkörner, 2 kleine Lorbeerblätter,
⅛ l Rotweinessig,
¼ l trockener Rotwein

Den Hasen innen und außen gründlich abspülen und trockentupfen. Mit einem scharfen Messer oder der Geflügelschere in handtellergroße Stücke schneiden und in eine Tonschüssel legen.
Zwiebel und Knoblauchzehen schälen, in Scheiben schneiden und das Fleisch damit belegen. Die geschälte, in Scheiben geschnittene Möhre und die Gewürze dazugeben. Rotweinessig und ¼ l Rotwein mischen und über den Hasen gießen. Das Fleisch zugedeckt 24 Stunden an einem kühlen Ort beizen, dabei gelegentlich wenden, damit es gleichmäßig aromatisiert wird. Am nächsten Tag den Speck fein würfeln und in einem Bräter in der Butter auslassen. Die Grieben entfernen und das abgetropfte Fleisch in den Bräter legen. Die zuvor geschälten Schalotten oder Zwiebeln um das Fleisch legen und den Bräter geschlossen in den Backofen stellen. Nach der Hälfte der Schmorzeit den restlichen Rotwein und die Fleischbrühe angießen. Das Mehl mit etwas Beize verrühren und in den Fond geben. Den Fond mit Salz und Pfeffer pikant würzen. Thymianzweige auf das Fleisch legen. Den Hasenpfeffer zum Schluß noch 10 Minuten im offenen Topf schmoren, damit die Flüssigkeit etwas einkocht. Thymian entfernen und die Sauce mit Zimt abschmecken.
Dazu reicht man Kartoffelklöße aus rohen oder gekochten Kartoffeln. Oder Salzkartoffeln, die 10 Minuten nach dem Hasenpfeffer in den Backofen gestellt werden. Dazu die geschälten Kartoffeln in einen zweifingerhoch mit Wasser gefüllten Topf geben und mit einem Stück Pergamentpapier bedecken. Den Topf dann schließen. Als weitere Beilage schmeckt ein Salat der Saison in einer Sauerrahmsauce.

Geschmortes Kaninchen

Einstellung	Heißluft	Ober- und Unterhitze
Einschubhöhe Temperatur Zeit	unteres Drittel 180–200 °C 50–60 Min.	unteres Drittel 200–220 °C 50–60 Min.

1,2 kg Kaninchenteile (Keulen, Rücken und/oder Läufe),
3 EL Öl, 2 Knoblauchzehen, 30 g Butter,
150 g Schalotten oder kleine Zwiebeln,
250 g kleine, frische Champignons,
1 EL Paprika edelsüß,
500 g Fleischtomaten,
⅛ l trockener Weißwein, Salz,
weißer Pfeffer aus der Mühle,
1 TL getrocknetes Basilikum,
1 kleiner Becher Crème fraîche,
1 Bund glatte Petersilie

Kaninchenteile gründlich abspülen und trockentupfen. Das Öl in einem Bräter erhitzen und die zuvor geschälten halbierten Knoblauchzehen darin so lange braten, bis sie eben braun zu werden beginnen. Sofort herausnehmen und wegwerfen. Die Butter in dem Öl erhitzen und die Kaninchenteile darin rundherum anbraten. Die geschälten Schalotten oder Zwiebeln und die geputzten Champignons dazugeben und nur ganz kurz anbraten. Alles mit Paprika edelsüß bestäuben und einmal umrühren. Die Tomaten mit kochendem Wasser überbrühen, häuten, von den grünen Stengelansätzen befreien, entkernen und hacken. Mit dem Wein zu dem Kaninchenfleisch geben und die Flüssigkeit mit Salz, Pfeffer und Basilikum abschmecken. Das Kaninchen im geschlossenen Bräter in den Backofen stellen. 5 Minuten vor Ende der Garzeit Crème fraîche in den Fond rühren und die Sauce etwas einkochen lassen. Mit Salz und Pfeffer abschmecken. Nebenher die Petersilie abspülen, trockenschwenken, hacken und über das fertige Gericht streuen.
Dazu schmecken mit Safran oder Paprika gewürzter Reis oder Schmorkartoffeln aus dem Backofen. Als weitere Beilage nur einen Salat der Saison in einer leichten Kräutervinaigrette servieren.

Schmorkartoffeln

800–1000 g Kartoffeln und 3 Zwiebeln schälen. Die Kartoffeln mit dem Gurkenhobel in dünne Scheiben, die Zwiebeln in dünne Ringe schneiden. Lagenweise in eine Gratinform füllen und jede Schicht Kartoffeln mit etwas Kümmel und getrocknetem Majoran bestreuen. Mit ¼ l kräftiger Fleischbrühe übergießen und mit 50 g Butter oder Margarine in Flöckchen belegen. Neben den Bräter mit in den Backofen stellen und gleichzeitig mit dem Kaninchen garen.

Variationen

▷ Soll die Sauce ein wenig gebunden werden, kann man auch während der letzten Schmorminuten in kleine Stücke zerbröckelten Saucenlebkuchen zufügen und in der Flüssigkeit verkochen lassen. Dadurch wird die Sauce leicht dunkler. In diesem Fall kann man den Weißwein auch durch einen kräftigen, nicht zu süßen Rotwein ersetzen.
▷ Wenn Sie es besonders würzig lieben, können Sie zusätzlich eine in feine Ringe geschnittene Paprikaschote mitschmoren oder auch zum Schluß eine feingewürfelte Gurke und ein paar Kapern untermischen.
▷ Häufig werden auch ein paar tiefgekühlte Erbsen mitgegart. Man gibt sie dazu unaufgetaut etwa 10 Minuten vor Ende der Garzeit hinein. Und auch Maiskörner aus der Dose schmecken gut dazu. Sie werden nur ein paar Minuten darin erwärmt.

Oben: Geschmortes Kaninchen
Unten: Hasenpfeffer

Gefüllte Makrelen

Einstellung	Heißluft	Ober- und Unterhitze
Einschubhöhe Temperatur Zeit	unteres Drittel 180–200 °C 25–30 Min.	unteres Drittel 200–210 °C 25–30 Min.

4 küchenfertige Makrelen von je 250 g,
Saft von 2 Zitronen, Salz,
1 reife Avocado,
100 g roher Schinken ohne Fettrand,
frisch gemahlener schwarzer Pfeffer,
2 EL Mehl, 100 g Butter,
1 kleine Stange Lauch, 2 Möhren,
⅛ l trockener Weißwein, 1⁄16 l trockener Wermutwein, 100 g Crème fraîche,
1 unbehandelte Zitrone

Die Makrelen innen und außen abspülen, trockentupfen, mit etwas Zitronensaft beträufeln und leicht salzen. 10 Minuten ziehen lassen.
Avocado halbieren, entkernen, das Fleisch aus den Schalen lösen und im Mixer pürieren. Dabei tropfenweise den restlichen Zitronensaft unterschlagen. Den Schinken ganz fein würfeln und mit dem Avocadomus mischen. Mit Salz und Pfeffer würzig abschmecken. Die vorbereiteten Makrelen mit dem Mus füllen und die Bauchseiten sorgfältig zustecken oder zunähen. Dabei ist darauf zu achten, daß die Fische nicht zu prall gefüllt werden, sonst quillt die Füllung beim Garen heraus. Hat man sehr kleine Makrelen gewählt, muß notfalls die Menge des Avocadomuses ein wenig reduziert werden. Die Fische nun rundherum mit Mehl bestäuben und in etwa 40 g heißer Butter kurz anbraten.
Den geputzten Lauch und die geschälten Möhren in sehr dünne Streifen (Julienne) schneiden und in eine feuerfeste Form geben. Die Makrelen darauflegen und mit einigen Butterflöckchen bestükken. Weißwein angießen, die Form schließen und in den kalten Backofen stellen. Wenn die Fische gar sind, den Fischsud (er sammelt sich am Boden der Form) vorsichtig abgießen, mit dem Wermut mischen und um etwa die Hälfte einkochen lassen. Crème fraîche unterrühren und zum Schluß die restliche Butter neben dem Herd in kleinen Flöckchen unterschlagen. Die Makrelen auf einer vorgewärmten Platte oder auf vier Tellern anrichten und mit dem Gemüse umlegen. Die Sauce darüber verteilen und das Gericht mit den gewaschenen, abgetropften und in Achtel geschnittenen Zitronen garnieren. Möglichst rasch servieren.
Petersilienreis und Kopfsalat in Zitronen- oder Joghurtmarinade runden dieses Gericht bestens ab.

Hinweis
Wenn die Möhren schon etwas älter sind, haben sie eine längere Garzeit. Dann sollte man sie vorher in wenig Butter und etwas Salzwasser 10 Minuten vordünsten.

Gefüllte Seeteufelschnitzel

Einstellung	Heißluft	Ober- und Unterhitze
Einschubhöhe Temperatur Zeit	unteres Drittel 180–190 °C 20–25 Min.	unteres Drittel 190–200 °C 20–25 Min.

800 g Seeteufelfilet, 4 EL Öl,
4 EL Zitronensaft,
⅛ l trockener Weißwein, ½ TL Salz,
frisch gemahlener weißer Pfeffer,
250 g kleine, frische Champignons,
je 1 Bund Dill und Petersilie,
1 kleine Zwiebel, 50 g Butter, 2 Eigelb,
1 TL guter Weißwein- oder Kräuteressig

Das Fischfilet kurz unter kaltem Wasser abspülen und sehr gut trockentupfen. Dann mit einem sehr scharfen Messer in vier Teile zerlegen und diese jeweils taschenförmig einschneiden. Aus Öl, Zitronensaft, Wein, Salz und Pfeffer eine Marinade rühren. Die Fischstücke hineinlegen und gut 10 Minuten ziehen lassen.
In der Zwischenzeit die Champignons putzen (wenn nötig waschen und abtropfen lassen) und blättrig schneiden. Die Kräuter abspülen, trockenschwenken und hacken. Zusammen mit der geschälten, feingehackten Zwiebel zu den Champignons geben. Die Fischstücke abtropfen lassen und mit einem Teil der Mischung füllen. Die Öffnungen sehr gründlich zudrücken oder noch besser mit Rouladennadeln oder feinen Holzspießchen feststecken. Eine feuerfeste Form mit etwas Butter einfetten, die gefüllten Fischschnitzel hineinlegen und mit der restlichen Füllung bestreuen. Die übrige Butter in kleinen Flöckchen darauf verteilen und die Marinade angießen. Die Form schließen und in den Backofen stellen. Die gegarten Fischschnitzel vorsichtig herausheben, die Spießchen entfernen, die Schnitzel auf einer vorgewärmten Platte anrichten und warm stellen.
Die Eigelb mit Essig im lauwarmen Wasser schaumig schlagen, dann löffelweise den Fischsud dazugeben und mit Salz und Pfeffer abschmecken. Etwas Sauce über den Fisch verteilen, den Rest getrennt reichen.
Geschälte und danach olivenförmig zugeschnittene Kartöffelchen und grüner Salat sind eine ideale Ergänzung für dieses Fischgericht.

Hinweise
▷ Seeteufel – er ist auch unter dem Namen Anglerfisch, Krötenfisch oder Froschfisch bekannt – wird leider nur recht selten frisch angeboten. In gut sortierten Feinkostgeschäften bekommt man ihn am leichtesten. Besonders in guten Restaurants findet man ihn meist unter seinem französischen Namen Lotte auf der Karte.
▷ Wer ein starkes Pilzaroma liebt, sollte die Champignons vorher kurz in wenig Butter andünsten. In diesem Fall empfiehlt es sich, zuerst die Zwiebel (und eventuell noch eine zerdrückte Knoblauchzehe), dann die Pilze leicht zu rösten und mit den übrigen Zutaten zu vermischen.

Oben: Gefüllte Seeteufelschnitzel
Unten: Gefüllte Makrele

Schleie in Riesling

Einstellung	Heißluft	Ober- und Unterhitze
Einschubhöhe Temperatur Zeit	unteres Drittel 180–200 °C 35–40 Min.	unteres Drittel 200–220 °C 35–40 Min.

4 küchenfertige Schleien
von je etwa 250 g, 100 g Butter,
4 Schalotten oder kleine Zwiebeln,
4 EL gehackte Petersilie, Salz,
weißer Pfeffer aus der Mühle,
½ l trockener Riesling,
1 EL Zitronensaft,
6 Scheiben kräftiges
Roggenknäckebrot, 2 EL Crème fraîche,
1 Stengel Estragon, 1 Stengel Dill

Die Schleien innen und außen abspülen und mit Haushaltspapier trockentupfen. Eine große, feuerfeste Form mit Butter einfetten. Die geschälten, feingehackten Schalotten oder Zwiebeln hineingeben und 1 EL Petersilie darüberstreuen. Die Schleien innen und außen mit Salz und Pfeffer mild würzen und nebeneinander in eine feuerfeste Form legen. Mit ¼ l Riesling und dem Zitronensaft umgießen. Das Knäckebrot in einen Plastikbeutel legen und mit dem Nudelholz zu ganz feinen Bröseln zerdrücken. Über die Fische verteilen. 40 g Butter schmelzen lassen und die Fische damit beträufeln. Die Form in den Backofen stellen. Die Bröselschicht soll beim Backen knusprig braun werden. Die Schleien, mit Alufolie bedeckt, auf einer Platte warm stellen.

Den Fischsud durch ein feines Sieb gießen. Die restliche Butter in einem Topf erhitzen und 2 EL Petersilie darin andünsten, aber keine Farbe annehmen lassen. Mit dem Fischsud, dem restlichen Wein und der Hälfte der Crème fraîche ablöschen. Die Sauce bei starker Hitze im offenen Topf um etwa ⅓ einkochen. Dann erst die restliche Sahne, die übrige Petersilie und die Estragonblättchen dazugeben. Nochmals kurz aufkochen. Die Sauce um die Fische gießen und mit Dill garnieren.

Dazu reicht man frisches Stangenweißbrot, in Beurre noisette (goldbraun erhitzte frische Süßrahmbutter) geschwenkte Kartoffelkugeln oder auch körnig gekochten Reis und gemischten Kopf- und Kressesalat in einer milden Marinade aus Mandelöl und Sherryessig.

Hinweise

▷ Auf diese Art können auch Forellen, Felchen, Renken und Zanderfilets zubereitet werden.

▷ Wer das Gericht noch ein wenig herzhafter zubereiten möchte, kann zusätzlich zu den Schalotten ein paar gehackte Champignons oder auch sehr fein zerkleinertes Suppengrün sowie eine kleine Stange Bleichsellerie, in dünne Scheiben geschnitten, mit in die Form geben.

Gefüllter Zander im Gemüsebett

Einstellung	Heißluft	Ober- und Unterhitze
Einschubhöhe Temperatur Zeit	unteres Drittel 180–200 °C 40–50 Min.	unteres Drittel 200–220 °C 40–50 Min.

Für 8 Personen
200 g Filet von Wittling oder Seezunge,
1 Eiweiß, weißer Pfeffer aus der Mühle,
20 cl Sahne oder Crème fraîche, Salz,
1 küchenfertiger Zander von etwa 1,3 kg,
40 g Butter, 1 Kopfsalat, 6 feste Tomaten,
1 Zwiebel, 2 kleine Stangen Lauch,
1 Zitrone, 2 Stengel Bleichsellerie,
100 g Sauerampfer,
knapp ¼ l trockener Weißwein

Die Fischfilets im Mixer pürieren, mit Eiweiß und Pfeffer zu einer glatten Masse verarbeiten und durch ein Haarsieb streichen. Das Püree fest in eine Schüssel drücken, mit Folie gut abdecken und in eine große, mit Eiswürfeln gefüllte Schüssel stellen. Mindestens 50 Minuten im Kühlschrank ruhen lassen. Dann ⅓ der Sahne in das Püree mischen und wieder in der mit Eis gefüllten Schüssel im Kühlschrank kühlen. Diesen Vorgang zweimal wiederholen. Ganz zum Schluß salzen und wieder in den Kühlschrank stellen.
Den Zander innen und außen gründlich abspülen und abtrocknen. Eine längliche, feuerfeste Form einfetten. Die gewaschenen, gut trockengeschleuderten Salatblätter zur Hälfte hineinlegen. Die unteren Blattenden am Rand etwas hochziehen. Drei gehäutete, in Scheiben geschnittene Tomaten, die in Ringe geteilte Zwiebel sowie jeweils die Hälfte des in Ringe geschnittenen Lauchs und die geschälte, in Scheiben zerteilte Zitrone darauf verteilen. Den Zander außen salzen, mit dem Fischpüree füllen und auf das Gemüse in die Form legen. Mit dem geputzten, in Scheiben geschnittenen Bleichsellerie, dem restlichen Lauch und den übrigen Tomaten- und Zitronenscheiben bedecken. Den gründlich gewaschenen Sauerampfer in feine Streifen schneiden und das Gemüse damit bedecken. Die restlichen Salatblätter so in die Form legen, daß die Stengel zum Rand zeigen, leicht nach unten einschlagen. Den Weißwein angießen und die geschlossene Form in den Backofen stellen. Zum Servieren die obere Gemüseschicht vorsichtig öffnen, die oberen Fischfilets von den Mittelgräten lösen. Als Beilage Salzkartoffeln und klare Buttersauce reichen.

Variation
Den Fisch auf eine Mischung aus frischen, in Scheiben geschnittenen Champignons, gehackten Schalotten, Tomatenwürfeln und gehackter Petersilie betten. Mit Salz und Pfeffer würzen und mit der restlichen Gemüsemischung bedecken. ⅛ l Weißwein angießen. Reichlich mit Semmelbröseln bestreuen und mit so viel zerlassener Butter beträufeln, daß die Semmelbrösel ganz vollgesogen sind. Backen wie beschrieben.

Gefüllter Kabeljau im Blättermantel

Einstellung	Heißluft	Ober- und Unterhitze
Einschubhöhe Temperatur Zeit	unteres Drittel 180–200 °C 40–45 Min.	unteres Drittel 200–220 °C 40–45 Min.

1 küchenfertiger Kabeljau von etwa 1,3 kg, Saft einer Zitrone oder Limone, 1 kleine Fenchelknolle, 1 Schalotte oder kleine Zwiebel, 1 Stengel Bleichsellerie, Salz, frisch gemahlener weißer Pfeffer oder Zitronenpfeffer (Fertigprodukt), 1 großer Kopfsalat, 100 g durchwachsener Speck, 2 Schalotten oder 1 Zwiebel, ¼ l trockener Weißwein, 125 g Butter

Den Kabeljau innen und außen unter kaltem Wasser abspülen, trockentupfen und mit Zitronen- oder Limonensaft beträufeln. Die geputzte Fenchelknolle, die geschälte Schalotte oder Zwiebel und den geputzten Bleichsellerie fein hakken. Dabei die Blätter von Fenchel und Bleichsellerie ebenfalls verwenden. Alles mischen, mit Salz und Pfeffer (oder Zitronenpfeffer) würzen und in den Fisch füllen. Die Öffnung vorsichtig mit Holzstäbchen feststecken.
Von dem Salat die großen Blätter ablösen, waschen und in sprudelnd kochendem Salzwasser 1 Minute blanchieren, abschrecken und abtropfen lassen. Den Fisch nun vom Kopf bis zum Schwanz in die auf die Arbeitsfläche ausgebreiteten Blätter wickeln.
Den gewürfelten Speck in einer feuerfesten, länglichen Form auslassen, die Grieben entfernen, die Schalotten- oder Zwiebelwürfel hineingeben und den Fisch daraufsetzen. Mit Wein umgießen und 25 g Butter in Flöckchen auf dem Fisch verteilen. Die Form mit Alufolie bedecken und in den kalten Backofen schieben. 10 Minuten vor Ende der Garzeit die Folie entfernen und den Fisch jede Minute einmal mit dem Sud übergießen. Den Fisch aus der Form nehmen und warm stellen.
Den Fond entfetten, dann bei starker Hitze um ½ reduzieren und vom Herd nehmen. Die restliche, kalte Butter in Flöckchen einschlagen, so daß eine sämige Sauce entsteht. Den Fisch mitsamt den Blättern in gleichmäßige Scheiben schneiden und, mit etwas Sauce überzogen, anrichten. Die restliche Sauce getrennt dazu reichen.
Als Beilagen gedünsteten Spinat oder überbackenen Fenchel und Salzkartoffeln servieren.

Hinweis
Verwenden Sie für dieses Gericht nur Freilandsalat. Treibhausware ist nicht geeignet, die Köpfe sind zu zart und fallen darum leicht zusammen. Außerdem ist ihr Aroma zu schwach.

Gegrillter Seewolf
Loup de mer grillé

Einstellung	Heißluft	Ober- und Unterhitze
Einschubhöhe Temperatur Zeit	oberes Drittel Grill 20 Min.	oberes Drittel Grill 20 Min.

1 kg Seewolf (möglichst aus der Mitte geschnitten),
2 EL Zitronensaft,
2 EL gehackte Petersilie,
1 EL feingeschnittene Dillspitzen,
2 EL gehackter Kerbel, Salz,
schwarzer Pfeffer aus der Mühle oder Zitronenpfeffer (Fertigprodukt),
20 g Butter, 1 Thymianzweig,
2 EL Öl, 1 cl Anisschnaps

Den Fisch, wenn nötig, schuppen oder dies im Fischgeschäft erledigen lassen. Innen und außen gründlich unter kaltem Wasser abspülen, trockentupfen. Auf jeder Seite drei etwa 5 mm tiefe Einschnitte machen, damit er gleichmäßig gart. Den Fisch danach innen und außen mit Zitronensaft beträufeln. Die Kräuter mit Salz und Pfeffer oder Zitronenpfeffer mischen und einen Teil davon in die Einschnitte reiben. Den Fisch mit Butterflöckchen, dem Thymianzweig und der restlichen Kräutermischung füllen und wieder zusammenklappen.
Den Rost oder einen Fisch-Wendekorb (Grillkorb) mit Öl bestreichen, den Fisch hineinlegen, den Korb schließen und das restliche Öl mit Anisschnaps mischen. Den Fisch rundherum damit bepinseln und über der Fettpfanne unter den vorgeheizten Grill geben. Während des Grillens den abtropfenden Saft auffangen und den Fisch damit bestreichen. Den Fisch nach 10 Minuten wenden und wieder bestreichen, dann aus dem Korb lösen und vorsichtig filetieren. Die Filets mit der Hautseite nach oben auf einer vorgewärmten Platte anrichten. Den ausgetretenen, aufgefangenen Fischsaft mit ganz wenig Wasser (oder Weißwein) lösen, durch ein Sieb gießen und getrennt zum Fisch reichen.
Dazu Folienkartoffeln oder frisch geröstetes Weißbrot und einen Salat servieren. Auch eine Ailloli paßt dazu. Zu beiden Gerichten dieser Seite paßt ein trockener Weißwein, aber auch ein – ebenfalls trockener – Rosé oder Weißherbst.

Hinweise
▷ Wenn Sie in Ihrem Backofen eine Drehspießeinrichtung haben, sollten Sie den Seewolf rotierend zubereiten, dadurch gart er besonders gleichmäßig. Befestigen Sie dazu den Grillkorb an der Drehautomatik und garen Sie den Fisch unter häufigem Bestreichen mit dem Saft, den Sie nach dem Loskochen auch mit etwas Sahne verfeinern können.
▷ Seewolf gehört zu den besonders teuren Fischsorten. Sie können ihn für diese Zubereitung durch eine Lachsforelle oder sogar durch Dorsch ersetzen. Sowohl die Art der Zubereitung als auch die Kräutermischung sind für beide Fischarten ideal. Beim Dorsch können Sie den Anisschnaps durch einen guten Aquavit ersetzen, weil dessen Kümmelaroma besonders gut zu diesem Fisch paßt.

Oben: Gefüllter Kabeljau im Blättermantel
Unten: Gegrillter Seewolf

Thunfisch auf dem Gemüsebett

Einstellung	Heißluft	Ober- und Unterhitze
Einschubhöhe Temperatur Zeit	unteres Drittel 200–220 °C 35–40 Min.	unteres Drittel 220–240 °C 35–40 Min.

750 g Fleischtomaten, 300 g Zwiebeln,
3 Knoblauchzehen, 6 EL Olivenöl,
2 Bund glatte Petersilie,
2 TL Instant-Fleischbrühe,
300 g frische Champignons,
frisch gemahlener schwarzer Pfeffer,
Saft von ½ Zitrone,
4 Stengel Bleichsellerie,
4 Scheiben Thunfisch von je 200 g (frisch oder tiefgekühlt), 1 TL Paprika edelsüß

Die Tomaten mit kochendem Wasser überbrühen, abziehen, die Stengelansätze entfernen und die Tomaten halbieren. Vorsichtig Saft und Kerne herausdrücken und das Fruchtfleisch würfeln. Zwiebeln und Knoblauchzehen schälen und hacken. Beides im heißen Olivenöl goldgelb andünsten, die Tomaten und die abgespülte, abgetrocknete und gehackte Petersilie zufügen. Mit Instant-Fleischbrühe und schwarzem Pfeffer würzen und etwa 10 Minuten in einem offenen Bräter schmoren lassen. In der Zwischenzeit die Champignons putzen, wenn nötig waschen und nach dem Abtropfen blättrig schneiden. Sofort mit dem Zitronensaft beträufeln, damit sie sich nicht verfärben. Den geputzten, gewaschenen Bleichsellerie in ganz feine Streifchen schneiden und zusammen mit den Champignons auf die Tomaten legen.
Die Thunfischscheiben kurz unter kaltem Wasser abspülen (tiefgekühlten Fisch vorher auftauen lassen) und sehr gut trockentupfen. Mit Paprika einreiben, auf das Gemüsebett legen, leicht salzen und im geschlossenen Bräter im Backofen garen. Den Fisch im Bräter servieren oder mit dem Gemüse auf einer vorgewärmten Platte anrichten.
Salzkartoffeln oder frisches Stangenweißbrot passen sehr gut dazu. Wer mag, kann noch einen frischen, gemischten Salat in leichter Zitronenmarinade dazu reichen.

Hinweis
Thunfisch auf dem Gemüsebett kann auch hervorragend in Alufolie zubereitet werden. Dazu wickelt man Fisch und Gemüse portionsweise in Alufolie und gart diese Päckchen bei gleichen Temperaturen, jedoch etwa 5 Minuten kürzer.

Variation
Die Sauce wird noch pikanter, wenn man zusätzlich gehackte Sellerieblätter und gewürfelte, gehäutete Paprikaschoten mitschmoren läßt: 2 rote Paprikaschoten zum Enthäuten so lange im Backofen bei 280 °C rösten, bis die Haut Blasen wirft. Die Schoten kurze Zeit unter ein feuchtes Tuch legen, dann läßt sich die Haut leicht und mühelos abziehen. Die Schoten anschließend wie gewohnt entkernen und hacken.

Flunder, in Speck gebraten

Einstellung	Heißluft	Ober- und Unterhitze
Einschubhöhe Temperatur Zeit	Mitte 160–180 °C 50–55 Min.	Mitte 180–200 °C 50–55 Min.

4 küchenfertige Flundern von je 300–350 g, Salz, weißer Pfeffer aus der Mühle, 4 TL Weinessig, 75 g fetter Speck, 150 g Schinkenspeck, Mehl zum Bestäuben, 20 g Butter, 2 EL gehackte Petersilie, 1 Zitrone oder Limone, Petersilie oder Tomaten zum Garnieren

Die Flundern kurz unter kaltem Wasser abspülen und mit Haushaltspapier sorgfältig trockentupfen. Innen und außen mit Salz und Pfeffer bestreuen und mit Essig beträufeln, etwa 15 Minuten durchziehen lassen.

In der Zwischenzeit den fetten Speck fein würfeln und in einer Pfanne unter häufigem Umrühren auslassen. Die Grieben herausnehmen und beiseite stellen. In dem Speckfett den ebenfalls feingewürfelten Schinkenspeck anbraten und auch diese Grieben herausnehmen. Das Bratfett in die Fettpfanne des Backofens geben. Die Flundern kurz trockentupfen, rundherum mit Mehl bestäuben und das Mehl leicht andrücken. Mit der Hautseite nach unten in die Fettpfanne legen und in den Backofen schieben. 10 Minuten anbraten, die Flundern dann wenden und fertiggaren.
Die Butter in einem anderen Topf erhitzen, die Speckgrieben darin warm werden lassen und die abgespülte, feingehackte Petersilie untermischen. Den Topf dann sofort vom Herd nehmen. Die fertigen Flundern auf einer großen, vorgewärmten Platte anrichten und mit den Grieben bestreuen. Die Butter darüberträufeln und das gesamte Gericht mit der in Achtel geschnittenen Zitrone oder Limone, kleinen Petersiliensträußchen und in Scheiben geschnittenen Tomaten (nach Wunsch gehäutet und entkernt) garnieren.
Reichen Sie einen deftigen Kartoffelsalat in einer Essig-Öl-Marinade dazu. Aber auch kleine, mit gehackter Petersilie bestreute oder in Butter gebratene (möglichst neue) Kartoffeln schmecken ausgezeichnet zu dem Fisch.

Hinweise

▷ Ebenso lassen sich Schollen und Babybutts zubereiten. Jedoch muß die Garzeit beim Butt um ca. 5 Minuten verlängert werden.
▷ Die Speckflunder mit Krabben ist in Norddeutschland unter dem Begriff »Finkenwerder Art« bekannt.

Variation

Zusammen mit den Speckgrieben können zusätzlich 100 g frische (geschälte) Krabben und/oder 150 g vorher geputzte und in Butter gebratene Champignons in Scheiben über die Flundern verteilt werden.

Fischfilet auf Gemüse

Einstellung	Heißluft	Ober- und Unterhitze
Einschubhöhe Temperatur Zeit	unteres Drittel 180–200 °C 25–28 Min.	unteres Drittel 200–220 °C 25–28 Min.

600 g tiefgekühlte Fischfilets, Salz, 2 EL Zitronensaft, 2 EL Mehl, 250 g Champignons, 1 Stange Lauch, 2 Möhren, ½ Sellerieknolle, 1 Zwiebel, 1–2 Knoblauchzehen, 50 g Butter, 3 Fleischtomaten, 16 gefüllte spanische Oliven, 2 EL gehackte Petersilie, 6 EL trockener Sherry (Fino), frisch gemahlener schwarzer Pfeffer, Cayennepfeffer, 3 EL Crème fraîche

Die angetauten Fischfilets in 3 cm große Würfel schneiden, salzen und mit Zitronensaft beträufeln. Mit Mehl bestäubt beiseite stellen. Pilze und das Gemüse putzen. Pilze blättrig, Gemüse in feine Streifchen (Julienne) schneiden. Zwiebeln und Knoblauch schälen, fein hakken und in 40 g Butter glasig braten. Pilze und Gemüse zufügen und noch 5 Minuten dünsten. Eine Hälfte in eine mit der restlichen Butter gefettete Form geben, mit Fischwürfeln, dem restlichen Gemüse, gehäuteten, gewürfelten Tomaten und in Scheiben geschnittenen Oliven bedecken. Petersilie, Sherry, Pfeffer zufügen und geschlossen in den kalten Backofen stellen. Nach 20 Minuten Crème fraîche einrühren.

Überbackenes Fischfilet

Einstellung	Heißluft	Ober- und Unterhitze
Einschubhöhe Temperatur Zeit	unteres Drittel 180–200 °C 25–35 Min.	unteres Drittel 200–220 °C 25–35 Min.

125 g Langkornreis, Salz, 125 g tiefgekühlte Erbsen, 600 g tiefgekühltes Fischfilet, ⅛ l trockener Weißwein, ½ TL weiße Pfefferkörner, 1 Bund Suppengrün, 60 g Butter, je ⅛ l Sahne und Milch, 100 g geriebener Gruyère, 50 g Gorgonzola, 2 EL gehacktes Basilikum, frisch gemahlener schwarzer Pfeffer, 1 EL Semmelbrösel

Reis in gut ¼ l kräftig gesalzenem Wasser garen. Erbsen nach Packungsaufschrift kochen und abtropfen lassen. Das etwas angetaute Fischfilet in 3 cm große Würfel schneiden und im siedenden Wein zusammen mit den Pfefferkörnern und dem geputzten Suppengrün 3 Minuten ziehen, dann abtropfen lassen. Reis mit 30 g Butter und den Erbsen vermischen und in eine eingefettete, feuerfeste Form geben. Fischstücke darauf verteilen. Sahne und Milch erhitzen und den Käse (bis auf 2 EL Gruyère) darin unter Rühren schmelzen. Mit Basilikum und Pfeffer würzen und über den Fisch gießen. Mit Semmelbröseln und Käse bestreuen. Restliche Butter in Flöckchen darauf verteilen. Die Form in den kalten Backofen schieben.

Gebratene Heringe

Einstellung	Heißluft	Ober- und Unterhitze
Einschubhöhe Temperatur Zeit	Mitte 160–180 °C 40–50 Min.	Mitte 180–200 °C 40–50 Min.

4 küchenfertige grüne (frische) Heringe,
2 EL Essig, Salz,
schwarzer Pfeffer aus der Mühle,
2 TL scharfer Senf,
2 EL gehackte Petersilie,
8 dünne Scheiben durchwachsener Speck,
40 g Butter

Die Heringe unter kaltem Wasser innen und außen gründlich abspülen und mit Haushaltspapier sorgfältig abtrocknen. Die Fische vorsichtig auseinanderklappen und die Mittelgräten entfernen. Dann die Seitengräten mit einer Gabel abheben. Die Heringe innen mit Essig beträufeln und leicht salzen. Etwa 10 Minuten ziehen lassen, dann leicht mit Pfeffer bestreuen und mit dem Senf einstreichen. Danach mit der Petersilie bestreuen. Die Heringe wieder zusammenklappen und mit je 2 Speckscheiben umwickeln. Die Butter in der Fettpfanne des Backofens schmelzen lassen. Die Fische nebeneinander hineinlegen. Nach der halben Garzeit einmal wenden. Sofort servieren.
Dazu Salzkartoffeln und eine Zwiebelsauce reichen. Oder einen Kartoffelsalat in einer Fleischbrühe-Essig-Öl-Marinade, vermischt mit Tomaten-, Gurken- und Paprikawürfeln, geraspelten Möhren, gehackter Petersilie, Schnittlauch und Zwiebeln. Sehr gut schmecken auch Brat- oder Pellkartoffeln.

Variationen

▷ Die Heringe statt im Speckmantel in einer Panade aus Mehl, 2 Eiern und 50 g Semmelbröseln (alles der Reihe nach verwendet) wälzen, diese Panade andrücken und die Fische in etwa 60 g Butter garen. Anstelle der Butter kann man auch Butterschmalz verwenden.

▷ Für beide genannten Versionen können Sie anstelle von grünen (frischen) Heringen auch Salzheringe verwenden, die aber vor der Zubereitung über Nacht gewässert werden müssen, sonst sind sie zu salzig. Sie werden zum Würzen nur mit grobkörnigem Senf (Rôtisseursenf) bestrichen. Außerdem sollte man in diesem Fall nur frischen, niemals geräucherten Speck verwenden.

Zwiebelsauce

150 g feingehackte Zwiebeln in 40 g Butter hell anbraten, mit ⅛ l Weißwein und ⅛ l Fleischbrühe angießen und bei milder Hitze sämig kochen. Durch ein Sieb streichen und mit ⅛ l saurer Sahne verfeinern. Gewürzt wird mit Salz und Pfeffer und nach Belieben noch mit einer Prise Zucker.

Kartoffelgratin mit Lauch

Einstellung	Heißluft	Ober- und Unterhitze
Einschubhöhe Temperatur Zeit	Mitte 160–180 °C 40–45 Min.	Mitte 180–200 °C 40–45 Min.

600 g mehligkochende Kartoffeln,
1 Stange Lauch,
30 g Butter,
1–2 Knoblauchzehen, ¼ l Sahne,
2 Eigelb, Salz,
frisch gemahlener weißer Pfeffer,
1 Prise Cayennepfeffer,
70 g geriebener Gruyère oder Emmentaler

Die Kartoffeln schälen, waschen und mit dem Gurkenhobel in gleichmäßige, hauchdünne Scheiben teilen. Auf einer dicken Lage Haushaltspapier sehr gut trocknen. Den Lauch putzen, in etwa 2 mm breite Ringe schneiden und in einem Sieb unter fließendem kalten Wasser gründlich abspülen. Gut abtropfen lassen und ebenfalls mit Haushaltspapier oder in einem sauberen Geschirrtuch gründlich abtrocknen. Eine große, feuerfeste Form dick mit Butter einfetten. Die Hälfte der Kartoffelscheiben hineinlegen und mit dem Lauch bestreuen. Die Knoblauchzehen schälen und durch die Presse darüberdrücken. Die restlichen Kartoffelscheiben einschichten. Sahne und Eigelb verquirlen, mit Salz, Pfeffer und Cayennepfeffer pikant würzen und über den Gratin gießen, mit dem Käse bestreuen. Die restliche Butter in Flöckchen darauf verteilen. Die Form in den kalten Backofen schieben.
Der Gratin schmeckt besonders gut zu Lammrücken oder -keule, zu Steaks oder auch zu kräftig gewürzten Geflügelgerichten sowie zu Wild und auch zu Wildgeflügel.

Variation
Wer's kräftig liebt, kann zusätzlich ein paar hauchdünne, nach Wunsch sekundenlang blanchierte, grüne Paprikaringe zusammen mit Kartoffeln und Lauch einschichten. Statt Lauch kann man in der Saison Frühlingszwiebeln verwenden.

Gratin dauphinois

Einstellung	Heißluft	Ober- und Unterhitze
Einschubhöhe Temperatur Zeit	oberes Drittel 160–180 °C 40–45 Min.	oberes Drittel 180–200 °C 40–45 Min.

750 g mehligkochende Kartoffeln,
2 Knoblauchzehen,
Butter zum Einfetten,
Salz, weißer Pfeffer aus der Mühle,
geriebene Muskatnuß, ½ l Milch,
½ l Sahne, 1 Ei,
125 g geriebener Gruyère oder Emmentaler,
70 g Butter

Die Kartoffeln schälen, waschen und in hauchdünne, gleichmäßige Scheiben schneiden. Auf einer dicken Lage Haushaltspapier sehr gut trockentupfen. Eine große, feuerfeste Form mit den halbierten Knoblauchzehen ausreiben und dick mit Butter einfetten. Die Kartoffeln in die Form schichten und dabei jede Lage mit Salz, Pfeffer und Muskat würzen. Die Masse sollte dabei niemals höher als etwa 5 cm sein und bis zum oberen Rand gut 1 cm Platz haben. Milch und Sahne in einem Topf lauwarm werden lassen, das verquirlte Ei und zwei Drittel des geriebenen Käses hineinrühren. Alles über die Kartoffeln gießen. Den restlichen Käse darüberstreuen und die in Flöckchen geschnittene Butter darüber verteilen. Die Form in den kalten Backofen schieben und überbacken, bis die Oberfläche schön braun ist.

Hinweis
Noch zarter wird der Gratin, wenn Sie statt der Milch auch Sahne nehmen. Das macht zwar noch gehaltvoller, ist aber so gut, daß man einfach einmal »sündigen« muß.

Schneller Gratin aus gekochten Kartoffeln

Einstellung	Heißluft	Ober- und Unterhitze
Einschubhöhe Temperatur Zeit	Mitte 160–180 °C 20–25 Min.	Mitte 180–200 °C 20–25 Min.

500 g gekochte Kartoffeln, 2 Zwiebeln,
1 Knoblauchzehe,
125 g gekochter Schinken ohne Fettrand,
2 Bund Petersilie, 50 g Butter,
Salz, weißer Pfeffer aus der Mühle,
je 1 Prise geriebene Muskatnuß und gemahlener Kümmel, 2 EL Crème fraîche,
⅛ l saure Sahne, 1 Ei, 60 g geriebener Gruyère oder Emmentaler

Die Kartoffeln am besten schon am Vortag als Pellkartoffeln kochen und pellen. Am nächsten Tag in dünne Scheiben schneiden. Zwiebeln und die Knoblauchzehe schälen, die Zwiebeln in Ringe schneiden, den Knoblauch fein hakken. Den gekochten Schinken in feine Streifen oder Würfel schneiden. Die abgespülte, trockengeschwenkte Petersilie fein hacken. 20 g Butter in einer Pfanne erhitzen und die Zwiebeln darin goldgelb braten. Während der letzten Bratsekunden den Knoblauch zufügen. Dann mit den Kartoffelscheiben, dem Schinken und der gehackten Petersilie gründlich mischen. Mit Salz, Pfeffer, Muskat und Kümmel würzen. Eine feuerfeste Form leicht mit Butter einfetten und die Crème fraîche auf den Boden verstreichen. Die Kartoffelmischung hineingeben. Saure Sahne mit dem Ei und 30 g Käse verquirlen, ebenfalls ein wenig würzen. Über die Kartoffeln gießen und mit dem restlichen Käse bestreuen. Die übrige Butter in Flöckchen darüber verteilen. Den Gratin in den kalten Backofen stellen und überbacken, bis die Oberfläche goldbraun ist.
Er schmeckt besonders gut zu Steaks und kräftigen, dunklen Braten.

Oben: Gratin dauphinois
Mitte: Kartoffelgratin mit Lauch
Unten: Schneller Gratin aus gekochten Kartoffeln

Überbackener Chicorée

Einstellung	Heißluft	Ober- und Unterhitze
Einschubhöhe Temperatur Zeit	oberes Drittel 200–220 °C 18–20 Min.	oberes Drittel 220–240 °C 18–20 Min.

8 mittelgroße, gleichmäßige Chicoréestauden,
¼ l Milch, ¼ l Wasser, Salz,
¼ l Sahne, ¼ l Sauce Mornay,
50 g frisch geriebener Parmesan,
50 g geriebener Emmentaler,
2 EL Semmelbrösel, 40 g Butter

Chicorée putzen und mit einem spitzen Messer den bitteren Innenkern keilförmig herausschneiden. Den Chicorée dann waschen, abtropfen lassen und in einen Topf legen. Mit Milch und Wasser übergießen, salzen, zum Kochen bringen und zugedeckt 10 Minuten leise köcheln lassen. Nebenher in einem Stieltöpfchen die Sahne um die Hälfte einkochen lassen und die Sauce Mornay bereiten. Die abgetropften Chicoréestauden in einer flachen Auflaufform anrichten, mit Sahne und Sauce übergießen. Mit beiden Käsesorten und den Semmelbröseln bestreuen. Die Butter schmelzen lassen und über die Stauden träufeln. In den kalten Backofen schieben.
Den Chicorée zu kurzgebratenem Fleisch, zu hellen Braten oder zu pochiertem Fisch servieren.

Sauce Mornay

1 Zwiebel, 60 g durchwachsener Speck,
30 g Butter, 30 g Mehl,
¼ l kochende Milch, ¼ l Fleischbrühe,
100 g geriebener Käse, 1 Eigelb,
6 EL süße Sahne, Salz,
geriebene Muskatnuß,
frisch gemahlener weißer Pfeffer

Zwiebel schälen und fein hacken, den Speck würfeln. Butter in einem Topf erhitzen, nicht bräunen. Speck und Zwiebeln darin braten, bis die Zwiebel glasig ist. Das Mehl einrühren und hell anschwitzen lassen. Mit Milch und Fleischbrühe unter Rühren ablöschen und 5 Minuten leise köcheln lassen. Dann durch ein Spitzsieb gießen. Mit Käse vermischen, bis der Käse ganz geschmolzen ist. Eigelb und Sahne verrühren und die Sauce damit legieren. Mit Salz, Muskatnuß und Pfeffer abschmecken.
Die Sauce schmeckt zu allen hellen Gemüsen, zu Spinat und dicken Bohnen. Sie eignet sich besonders gut, wenn Gemüse überbacken werden soll.

Schwarzwurzeln mit Schinken

Einstellung	Heißluft	Ober- und Unterhitze
Einschubhöhe Temperatur Zeit	oberes Drittel 180–200 °C 20–25 Min.	oberes Drittel 200–220 °C 20–25 Min.

1 kg Schwarzwurzeln, 1 EL Mehl,
2 EL Essig, 1 l Salzwasser, ⅛ l Milch,
2 Zwiebeln,
50 g Butter oder Margarine,
30 g Mehl, ¼ l Fleischbrühe, ⅛ l Milch,
⅛ l Sahne, 100 g Schmelzkäse, Salz,
weißer Pfeffer,
geriebene Muskatnuß,
1 EL Zitronensaft, 2 EL Weißwein,
1 Prise Zucker,
200 g in dünne Scheiben geschnittener Schinken,
50 g geriebener Parmesan

Schwarzwurzeln unter fließendem Wasser gründlich abbürsten, dünn schälen und rasch in mit Mehl und Essig vermischtes Wasser legen, damit sie sich nicht verfärben. Salzwasser und Milch zum Kochen bringen, die Schwarzwurzeln darin zugedeckt in ca. 30 Minuten garen. Nebenher für die Sauce die Zwiebeln schälen, hacken und in der Butter glasig braten. Mehl zufügen und hell anschwitzen. Mit Brühe, Milch und Sahne ablöschen und 8 Minuten köcheln lassen. Den Schmelzkäse einrühren und schmelzen lassen. Die Sauce mit Salz, Pfeffer, Muskatnuß, Zitronensaft, Weißwein und Zucker abschmecken. Mit Sauce beginnend, Schwarzwurzeln, Schinken, Sauce usw. in eine feuerfeste Form füllen. Mit der restlichen Sauce bestreichen, mit Parmesan bestreuen und in den vorgeheizten Backofen stellen. Dazu Petersilienkartoffeln reichen.

Spinat-Gratin

Einstellung	Heißluft	Ober- und Unterhitze
Einschubhöhe Temperatur Zeit	oberes Drittel 180–200 °C 18–20 Min.	oberes Drittel 200–220 °C 18–20 Min.

1 kg frischer Blattspinat,
2 l Wasser, Salz, 2 Zwiebeln,
2 Knoblauchzehen, 40 g Butter,
frisch geriebener schwarzer Pfeffer,
geriebene Muskatnuß,
200 g in dicke Scheiben geschnittener gekochter Schinken,
75 g blättrig geschnittene Mandeln,
1 Becher Crème fraîche (200 g), 3 Eier,
125 g geriebener Emmentaler

Den Blattspinat verlesen, waschen und abtropfen lassen. In stark gesalzenem, sprudelnd kochendem Wasser 1 Minute blanchieren, dann gut abtropfen lassen. Zwiebeln und Knoblauch schälen, sehr fein hacken und in der Butter glasig werden lassen. Spinat zufügen und 5 Minuten dünsten. Dann mit Pfeffer und Muskatnuß abschmecken. Schinken in Würfel schneiden, Mandeln in einer beschichteten Pfanne rösten. Beides mit dem Spinat vermischen. Eine feuerfeste Form mit etwas Crème fraîche einstreichen und die Spinatmischung einfüllen. Die restliche Crème fraîche mit den Eiern und dem Käse verquirlen, mit etwas Salz und Muskatnuß würzen und über den Spinat verteilen. In den kalten Backofen stellen. Dazu neue Kartoffeln oder Kartoffelpüree servieren.

Moussaka

Griechischer Auberginenauflauf

Einstellung	Heißluft	Ober- und Unterhitze
Einschubhöhe Temperatur Zeit	Mitte 150–170 °C 55–60 Min.	Mitte 170–190 °C 55–60 Min.

Für 6 Personen
1 kg kleine Auberginen,
Salz, 100 g Mehl,
gut ¼ l kaltgepreßtes Olivenöl,
3 Zwiebeln,
750 g Hackfleisch vom Lamm (ersatzweise Rinderhackfleisch),
2 Knoblauchzehen,
500 g Fleischtomaten,
2 EL Tomatenmark,
4 EL Rotwein,
4 EL gehackte glatte Petersilie,
schwarzer Pfeffer aus der Mühle,
2 Eier, ¼ l Sahne,
100 g frisch geriebener Parmesan oder Emmentaler Käse,
geriebene Muskatnuß

Die Auberginen in etwa 5 mm dicke Scheiben schneiden, die Scheiben mit Salz bestreuen und 30 Minuten Wasser ziehen lassen. Kurz abspülen, dann mit Haushaltspapier gut abtrocknen. In dem Mehl wenden und immer so viel Olivenöl in eine große Pfanne geben, daß der Boden gut bedeckt ist. Das Öl fast bis zum Rauchpunkt erhitzen und die Auberginenscheiben portionsweise auf beiden Seiten etwa 1 Minute braten. Die fertigen Scheiben zum Abfetten auf Haushaltspapier legen.

Die feingehackten Zwiebeln in dem restlichen Olivenöl goldbraun anbraten. Das Hackfleisch dazugeben und so lange braten, bis es keinerlei rötliche Färbung mehr hat. Dann erst die durch die Presse gedrückten Knoblauchzehen und die gehäuteten, entkernten und feingehackten Tomaten dazugeben. Mit Tomatenmark und Rotwein verrühren und unter weiterem Rühren so lange schmoren, bis alle Flüssigkeit verdampft ist. Die Petersilie dazugeben und alles mit Salz und Pfeffer abschmecken. Eier mit Sahne und Käse verquirlen und mit geriebener Muskatnuß würzen. Eine große, flache, feuerfeste Form zuerst mit einer Lage sich dachziegelartig überlappenden Auberginenscheiben auslegen. Einen Teil des Fleisches darauf verstreichen. Den Vorgang wiederholen, bis alle Zutaten verbraucht sind. Die letzte Schicht sollen Auberginenscheiben sein. Mit der Käsemischung übergießen, in den kalten Backofen stellen und überbacken, bis die Oberfläche zu bräunen beginnt.

Hinweis

In der angegebenen Menge kann diese Moussaka auch als Vorspeise für 8–10 Personen gereicht werden.

Variation

Statt der Eier-Sahne-Mischung kann auch dicke Béchamelsauce (Seite 90) über die Moussaka gegeben werden. Sie wird dann über jede Lage Auberginenscheiben gestrichen und dick mit geriebenem Käse bestreut.

Chinakohlauflauf

Einstellung	Heißluft	Ober- und Unterhitze
Einschubhöhe Temperatur Zeit	unteres Drittel 160–180 °C 40–45 Min.	unteres Drittel 180–200 °C 45–50 Min.

¼ l Béchamelsauce (Seite 90),
1 großer Chinakohl (ca. 1 kg),
150 g magerer Schinken, 2 Eier, getrennt,
Salz, geriebene Muskatnuß,
weißer Pfeffer aus der Mühle,
150 g geriebener Emmentaler,
Butter zum Einfetten

Eine Béchamelsauce zubereiten und etwas abkühlen lassen. Den Chinakohl putzen und ebenso wie den Schinken in feine Streifen schneiden. Die Béchamelsauce mit dem Eigelb verfeinern und das zu steifem Schnee geschlagene Eiweiß unterziehen. Mit Salz, Muskatnuß und Pfeffer nachwürzen und mit 100 g Käse mischen. Sauce, Chinakohl, Schinken und Käse lagenweise in eine gefettete Auflaufform schichten. Den Abschluß sollte etwas Sauce bilden. Den restlichen Käse darüberstreuen. Den Auflauf in den kalten Backofen stellen und nach dem Garen sofort servieren.

Sauerkrautauflauf nach badischer Art

Einstellung	Heißluft	Ober- und Unterhitze
Einschubhöhe Temperatur Zeit	unteres Drittel 160–180 °C 40–45 Min.	unteres Drittel 180–200 °C 40–45 Min.

600 g frisch gekochte Pellkartoffeln,
knapp ¼ l kochende Milch, 1 Eigelb,
Salz, geriebene Muskatnuß, 4 Zwiebeln,
40 g Butter, Margarine zum Einfetten,
600 g Sauerkraut aus der Dose,
300 g frische Blutwurst,
300 g frische Leberwurst,
schwarzer Pfeffer aus der Mühle,
½ TL gerebelter Majoran,
½ TL gerebelter Thymian

Aus Kartoffeln, Milch und Eigelb ein lockeres Püree bereiten und mit Salz und Muskatnuß abschmecken. Die geschälten, gehackten Zwiebeln in 30 g Butter goldbraun rösten. Eine feuerfeste Form einfetten und ein Drittel des Kartoffelpürees hineinfüllen, darüber die Hälfte des Sauerkrauts, dann die aus dem Darm gedrückte Blutwurst. Die nächste Schicht ist wieder ein Drittel Kartoffelpüree, das mit dem restlichen Sauerkraut und der aus dem Darm gedrückten Leberwurst bedeckt wird. Die Blutwurst dabei mit etwas Pfeffer, die Leberwurst mit Majoran und Thymian würzen und das Sauerkraut jeweils mit einigen gerösteten Zwiebeln bestreuen. Den Abschluß bildet das restliche Kartoffelpüree, das mit der restlichen Butter (in Flöckchen) belegt wird. Den Auflauf zugedeckt garen, nach 30 Minuten den Deckel abnehmen, damit die Oberfläche ein wenig bräunen kann.
In Baden nimmt man für den Auflauf gern frisches Sauerkraut. Es ist etwas kräftiger im Geschmack.

Kohlrabiauflauf

Einstellung	Heißluft	Ober- und Unterhitze
Einschubhöhe Temperatur Zeit	unteres Drittel 160-180 °C 45-50 Min.	unteres Drittel 180-200 °C 45-50 Min.

500 g Kohlrabi, 500 g Kartoffeln,
500 g Tomaten, 2-3 Zwiebeln,
40 g Butter, 200 g roher Schinken, Salz,
schwarzer Pfeffer aus der Mühle,
¼ l Milch, ⅛ l saure Sahne,
200 g geriebener Emmentaler, 2 Eier,
je 1 Bund Schnittlauch und Petersilie,
geriebene Muskatnuß

Die Kohlrabiknollen von den Blättern befreien, dabei die kleinen Herzblättchen aus der Mitte aufbewahren. Kohlrabi und die gewaschenen Kartoffeln schälen, dann ebenso wie die abgezogenen Tomaten in dünne Scheiben schneiden. Die geschälten Zwiebeln in dünne Ringe schneiden und in 20 g Butter glasig braten. Den Schinken fein würfen oder in dünne Streifen schneiden. Eine Auflaufform mit Butter einfetten. Mit Kartoffelscheiben beginnend, alle Zutaten lagenweise in die Form schichten. Den Abschluß sollen Kartoffeln bilden. Dabei jeweils Kartoffeln und Zwiebeln nur mit etwas Salz, Kohlrabi und Tomaten mit etwas Salz und wenig Pfeffer, den Schinken nur mit ganz wenig Pfeffer bestreuen. Schnittlauch und Petersilie abspülen und trockenschwenken. Milch und Sahne erhitzen, den Käse hineingeben und alles so lange rühren, bis der Käse geschmolzen ist. Nicht aufkochen lassen. Die Masse etwas abkühlen lassen. Dann die verquirlten Eier, den in Röllchen geschnittenen Schnittlauch und die gehackte Petersilie hineingeben. Mit Salz, Pfeffer und Muskatnuß würzen und über den Auflauf gießen, in den kalten Backofen stellen. Nach 25 Minuten die restliche zerlassene Butter darüberträufeln. Die Kohlrabi-Herzblättchen unter kaltem Wasser abspülen, sehr gut trockenschwenken oder mit Haushaltspapier trockentupfen und in feine Streifen schneiden. Über den fertigen Auflauf streuen und diesen sofort servieren. Zu dem Auflauf frisches Weißbrot oder Landbrot reichen.

Variationen

▷ Reduzieren Sie die Kohlrabi-, Kartoffel- und Tomatenmenge ein wenig und geben Sie stattdessen in kleine Röschen geteilten Brokkoli hinein. Das gibt ein neues Aroma und zudem eine kräftig grüne Farbe.
▷ Einen leicht »erdigen« Geschmack bekommt der Kohlrabiauflauf, wenn Sie einen kleinen Teil des Gemüses durch rohen Sellerie ersetzen. Er sollte dazu aber in sehr dünne Scheiben geschnitten oder noch besser geraffelt werden.
▷ Wenn Sie's deftig-kräftig mögen, nehmen Sie statt des Schinkens einmal geräucherte Gänsebrust.

Lasagne in der Form

Einstellung	Heißluft	Ober- und Unterhitze
Einschubhöhe Temperatur Zeit	unteres Drittel 180-200 °C 30-40 Min.	unteres Drittel 190-210 °C 30-40 Min.

Für 6 Personen
20 Lasagne-Blätter (ca. 200 g),
Salzwasser, etwas Olivenöl,
½ Paket tiefgekühlte Erbsen (150 g),
2 Möhren, 100 g Champignons,
1 große Zwiebel, 2 Knoblauchzehen,
3 EL Olivenöl,
200 g gemischtes Hackfleisch,
1 kleine Dose geschälte Tomaten (400 g),
Salz, schwarzer Pfeffer aus der Mühle,
Cayennepfeffer,
zerriebenes Basilikum und Oregano,
60 g Butter,
100 g gekochter Schinken, 50 g Mehl,
½ l Milch, geriebene Muskatnuß,
4 EL gehackte Petersilie,
Butter oder Margarine zum Einfetten,
250 g Mozzarella,
50 g geriebener Parmesan,
6–8 schwarze Oliven

Die Lasagne-Blätter in sprudelnd kochendem Salzwasser, dem ein Schuß Olivenöl beigefügt wurde, 8 Minuten garen. Abgießen, unter kaltem Wasser abschrecken und nebeneinander auf Haushaltspapier abtropfen und abkühlen lassen. Die Erbsen unaufgetaut in wenig kochendes Salzwasser geben und 6 Minuten garen, kalt abschrecken und gut abtropfen lassen. Möhren und Champignons putzen, waschen und fein hacken. Die geschälte Zwiebel fein hakken und die geschälten Knoblauchzehen zerdrücken. Das Öl in einem Topf erhitzen. Zwiebeln, Pilze und Möhren darin glasig dünsten, ohne daß sie Farbe nehmen. Knoblauch und Hackfleisch zufügen und weiterbraten, bis das Fleisch bröselig und grau ist. Die zerdrückten Tomaten mitsamt der Dosenflüssigkeit dazugeben. Mit Salz, Pfeffer, Cayennepfeffer und den Kräutern würzen und so weit einkochen, bis kaum noch Flüssigkeit vorhanden ist. Dabei sehr häufig umrühren, damit die Masse nicht anbrennen kann. 40 g Butter in einem Topf erhitzen und den feingewürfelten Schinken darin anbraten, mit Mehl bestäuben, durchschwitzen lassen, mit der Milch unter Rühren aufgießen und zu einer dikken Sauce (Béchamel) einkochen. Mit Salz, Pfeffer und Muskat abschmecken, vom Herd nehmen und mit Petersilie mischen. Eine längliche Auflaufform (14 mal 24 cm) einfetten, eine Schicht Lasagne-Blätter einlegen, darauf eine Schicht Fleischsauce und einen Teil der heißen Béchamel streichen. Alles gleichmäßig mit Erbsen, gewürfeltem Mozzarella und Parmesan bestreuen. Auf diese Weise insgesamt 5 Schichten bilden. Auf die letzte Schicht Sauce die restlichen Erbsen zusammen mit den halbierten, entkernten Oliven streuen. Mit reichlich Käse und der restlichen, in Flöckchen geschnittenen Butter belegen. In der offenen Form in den Backofen stellen. Die Lasagne in der Form servieren. Dazu teilt man den Auflauf mit einem breiten Messer einmal längs und dreimal quer, so daß man große Stücke herausheben kann. Dadurch bekommt jeder von allen Schichten einen gleichmäßigen Teil.
Grüner Salat in einer italienischen Marinade aus Essig, Senf und Olivenöl ist die ideale Ergänzung. Doch auch ein gemischter Salat schmeckt ausgezeichnet dazu. Als Getränk können Sie sowohl Rotwein als auch Weißwein anbieten. Der Wein sollte aber in jedem Fall aus Italien stammen und sehr trocken sein.

Hinweis
Dieser Auflauf wirkt optisch besonders interessant, wenn man grüne Lasagne-Blätter verwendet oder grüne und helle Blätter mischt. Außerdem schmeckt er dadurch noch würziger, denn die grüne Farbe der Lasagne-Blätter stammt von frischem Spinatsaft, mit dem diese Nudeln hergestellt werden. Wenn Sie mal keine grünen Lasagne-Blätter bekommen, können Sie ebensogut eine Handvoll frischen Spinat putzen, kurz blanchieren, abschrecken und gut abgetrocknet auf die Nudeln schichten.
Sie können die grünen Lasagne-Blätter (Lasagne verdi) auch selbst herstellen. Grüne Lasagne-Blätter: Sieben Sie 200 g Weizenmehl in die Schüssel der Küchenmaschine. Geben Sie 1 kleines Ei zusammen mit einer kräftigen Prise Salz, 100 g frischem, im Mixer sehr fein prüriertem Spinat und – wenn nötig – ein paar Tropfen Olivenöl hinein. Kneten Sie nun alles in der Küchenmaschine bei niedrigster Schaltstufe zu einem sehr glatten Teig. Sobald er völlig glatt ist, muß er noch etwa 15 Minuten bei höchster Schaltstufe kräftig geknetet werden, bis er elastisch und leicht glänzend ist. Lassen Sie ihn nun 30 Minuten unter einer warmen Schüssel ruhen und rollen Sie ihn dann portionsweise so dünn wie möglich auf der nur sehr leicht mit Mehl bestäubten Arbeitsfläche aus. Schneiden Sie ihn danach in Platten.
Beachten Sie beim Kochen, daß diese frischen, ungetrockneten Nudeln nicht so lange garen müssen. Machen Sie am besten zwischenzeitlich die Probe, denn die Garzeit richtet sich auch nach der Dicke der Platten.

Variation
Schwarze Oliven haben einen besonders intensiven Geschmack, den nicht alle schätzen. Man kann sie getrost – wenn auch nicht ganz stilecht – durch grüne Oliven ersetzen, die mit Pimiento gefüllt sind. Große Olivenliebhaber geben zusätzlich zu den schwarzen Oliven noch einige in ganz feine Scheiben geschnittene grüne Oliven mit in den Auflauf. Pro Lage aber höchstens 5 Oliven, damit ihr Aroma nicht dominiert, sondern nur eine Ergänzung bildet.
Zusätzlich kann die Auflaufmasse noch durch einige geviertelete Artischockenherzen aus dem Glas, Maiskörner oder pikant eingelegte Streifen von Tomatenpaprika ergänzt werden. Und wer den Pilzgeschmack intensiver möchte, ersetzt die Champignons durch Pfifferlinge oder Mischpilze aus der Dose oder nimmt getrocknete Steinpilze.

Gratins, Aufläufe, Soufflés

Maisgrießauflauf

Einstellung	Heißluft	Ober- und Unterhitze
Einschubhöhe Temperatur Zeit	Mitte 180–200 °C 20–25 Min.	unteres Drittel 200–220 °C 20–25 Min.

½ l Milch, ¼ l Wasser, ½ TL Salz,
100 g Butter,
150 g Maisgrieß (Polentagrieß),
300 g Geflügelleber, 1 Zwiebel,
3–4 Salbeiblätter, ⅛ l Rotwein,
4 EL Crème fraîche,
2 EL Tomatenmark,
Salz, weißer Pfeffer aus der Mühle,
75 g möglichst frischer, geriebener Parmesan, 75 g geriebener Emmentaler oder Gruyère

Milch mit Wasser, Salz und 40 g Butter aufkochen, den Grieß unter Rühren einstreuen und bei ganz milder Hitze unter häufigem Rühren in 25 Minuten ausquellen lassen. Dann etwa 15 mm dick auf ein mit Butter eingefettetes Backblech streichen und abkühlen lassen. In der Zwischenzeit die Leber von eventuell vorhandenen Häuten und Sehnen befreien und in etwa 1 cm große Würfel schneiden. Die Zwiebel schälen und in weiteren 40 g Butter glasig braten. Die abgespülten, trockengetupften und in Streifen geschnittenen Salbeiblätter und die Leberwürfel zufügen, unter Rühren 2 Minuten braten. Mit Rotwein, Crème fraîche und Tomatenmark vermischen, einmal aufkochen lassen und mit Salz und Pfeffer abschmecken. Die kalte Grießmasse in etwa 3 cm große Quadrate schneiden. Beide Käsesorten mischen. Eine flache, feuerfeste Form mit der restlichen Butter einfetten. Eine Schicht Polenta in die Form geben und mit Käse bestreuen. Darüber einen Teil der Leberwürfel mit Sauce verteilen. So fortfahren, bis alle Zutaten verbraucht sind. Den Abschluß sollen Polentastükke bilden, die sehr üppig mit Käse bestreut werden. Den Auflauf in den vorgeheizten Ofen stellen und backen, bis die Oberfläche schön knusprig braun ist. Dazu Tomatensalat in einer Zwiebel-Kräuter-Sauce oder einen gemischten Salat der Saison in einer einfachen Essig-Öl-Sauce servieren.

Hinweis
Wenn Sie keinen frischen Parmesan zum Selbstreiben, sondern nur fertiggeriebenen bekommen, sollten Sie die Oberfläche des Auflaufs mit etwas süßer Sahne oder Kondensmilch beträufeln, das nimmt dem Käse seinen etwas strengen Geschmack.

Mehlpudding-Auflauf

Einstellung	Heißluft	Ober- und Unterhitze
Einschubhöhe Temperatur Zeit	Mitte 160–180 °C 40–45 Min.	unteres Drittel 170–190 °C 40–45 Min.

175 g Mehl, ¼ l Milch,
⅛ l Sahne, 3 Eier,
1 Prise Salz,
abgeriebene Schale von
½ unbehandelten Zitrone,
100 g Zucker, 50 g Butter, ½ TL Zimt

Mehl in eine Schüssel sieben. Milch, Sahne, die aufgeschlagenen Eier, Salz, Zitronenschale und 50 g Zucker dazugeben und alles mit den Rührstäben des Handrührgeräts zu einem glatten Teig verarbeiten. 10 Minuten quellen lassen. Die Butter schmelzen und eine Souffléform dünn einfetten. Den Rest der Butter in den Teig rühren. Die Form mit Zucker dünn ausstreuen und den Teig nur etwa bis zur Hälfte hineinfüllen. Auf dem Rost in den vorgeheizten Backofen schieben. Während des Garens den Backofen nicht öffnen. Den Teig etwas abkühlen lassen, dann mit einem Messer an den Rändern lösen und den Auflauf stürzen. Den restlichen Zucker mit dem Zimt mischen und den Auflauf damit bestreuen. Dazu gibt es Kompott und halbsteif geschlagene, mit Vanillinzucker abgeschmeckte Schlagsahne. Sehr gut schmeckt aber auch gut gekühltes Erdbeer- oder Himbeerpüree.

Kartäuserauflauf

Einstellung	Heißluft	Ober- und Unterhitze
Einschubhöhe Temperatur Zeit	Mitte 170–190 °C 40–45 Min.	unteres Drittel 200–220 °C 38–40 Min.

4 altbackene Brötchen, ¼ l Weißwein,
3 Eier, 75 g Zucker,
1 Päckchen Vanillinzucker,
⅛ l Milch, ⅛ l Sahne,
abgeriebene Schale von je
½ unbehandelten Zitrone und Orange,
1 Prise Salz, 1 TL Zitronensaft,
20 g Butter oder Margarine,
20 g gemahlene Haselnüsse

Von den Brötchen die Kruste abreiben, die Bröseln werden später zum Ausstreuen der Form verwendet. Die Brötchen dann in 6 gleich große Stücke schneiden und in dem Weißwein einweichen. Nebenher die Eier trennen. Eigelb mit Zucker und Vanillinzucker dickschaumig aufschlagen. Milch und Sahne einmal aufkochen lassen und in einem dünnen Strahl in die Eigelbmischung einschlagen. Dann erst Zitronen- und Orangenschale dazugeben. Eiweiß mit Salz und Zitronensaft zu schnittfestem Schnee schlagen und mit der Eigelbcreme locker, aber gründlich mischen. Eine flache Auflaufform mit Butter oder Margarine einfetten und mit den Bröseln ausstreuen. Den Boden mit Eicreme bestreichen und die ganz von dem Wein durchtränkten »Klößchen« hineinsetzen. Mit der restlichen Eicreme übergießen. Den Auflauf in den kalten Backofen stellen. Nach 30 Minuten die gemahlenen Haselnüsse darüberstreuen. Kalt oder warm servieren.
Zum warmen Auflauf Vanille- oder Nußeis, beliebiges Kompott oder halbsteif geschlagene Sahne reichen. Zum kalten Auflauf schmeckt eine Fruchtsauce aus Erdbeeren oder Himbeeren.

Oben rechts: Quarkauflauf mit Weißweinsauce
Unten links: Kirschenmichel

Kirschenmichel

Einstellung	Heißluft	Ober- und Unterhitze
Einschubhöhe Temperatur Zeit	unteres Drittel 160–180 °C 40–45 Min.	unteres Drittel 180–200 °C 40–45 Min.

6 Brötchen, ¼ l heiße Milch, 1 kg dunkle Süßkirschen, 70 g Butter, 100 g Zucker, 4 Eigelb, 1 TL Zimt, abgeriebene Schale von ½ unbehandelten Zitrone, 1 Päckchen Vanillinzucker, 4 EL Kirschwasser, 40 g gehackte Mandeln, 4 Eiweiß, Butter zum Einfetten, Semmelbrösel, 40 g Puderzucker

Die Brötchen in 5 mm dicke Scheiben schneiden, quer halbieren und, mit der Milch begossen, quellen lassen. Kirschen waschen, entstielen und entsteinen. Butter mit Zucker und Eigelb schaumig schlagen. Mit Zimt, Zitronenschale, Vanillinzucker und Kirschwasser abschmecken und die gehackten Mandeln untermischen. Eiweiß zu schnittfestem Schnee schlagen und unterziehen. Eine Form einfetten und mit Bröseln ausstreuen. Abwechselnd die Brötchenmasse und die Kirschen hineinschichten. Den Abschluß bildet eine Schicht Brötchen. Die Eigelbmasse darübergießen. Den Auflauf in den vorgeheizten Ofen stellen. Vor dem Servieren mit Puderzucker überstäuben.

Quarkauflauf mit Weißweinsauce

Einstellung	Heißluft	Ober- und Unterhitze
Einschubhöhe Temperatur Zeit	unteres Drittel 160–180 °C 45–50 Min.	unteres Drittel 180–200 °C 45–50 Min.

Für 8 Personen

250 g entsteinte Backpflaumen, ⅛ l trockener Weißwein, ¼ Zimtstange, 3 Nelken, 130 g Butter, 150 g Zucker, 5 Eigelb, 4 EL Sahne, 30 g Grieß, 500 g Quark, 5 Eiweiß, Butter zum Einfetten, 40 g geriebene Haselnüsse
Sauce: 5 Eigelb, 80 g Zucker, 2 EL Zitronensaft, ¼ l trockener Weißwein

Die Backpflaumen grob würfeln und, mit Weißwein, Zimstange und Nelken vermischt, über Nacht quellen lassen. 110 g Butter mit Zucker, Eigelb und Sahne schaumig rühren. Nach und nach den Grieß zusammen mit dem Quark untermischen. Eiweiß zu festem Schnee schlagen und mit den abgetropften Backpflaumen unter die Quarkmasse heben. Eine feuerfeste Form einfetten und mit 20 g Haselnüssen ausstreuen. Die Quarkmasse einfüllen, mit den restlichen Haselnüssen bestreuen und mit Butterflöckchen belegen. In den kalten Backofen stellen.
Sauce: Eigelb mit Zucker und Zitronensaft verrühren, nach und nach den Weißwein zufügen und alles im heißen Wasserbad mit dem Handrührgerät (höchste Stufe) dickschaumig aufschlagen.

Rhabarberauflauf

Einstellung	Heißluft	Ober- und Unterhitze
Einschubhöhe Temperatur Zeit	unteres Drittel 160–180 °C 40–50 Min.	unteres Drittel 180–200 °C 40–50 Min.

500 g roter Rhabarber (Himbeer- oder Blutrhabarber),
4 EL Erdbeer- oder Himbeersirup,
350 g reife Erdbeeren,
150 g Zucker,
2 Glas (4 cl) Himbeergeist,
3 Eigelb,
1 Päckchen Vanillinzucker,
1 Prise Salz, 75 g Mehl,
50 g Speisestärke,
abgeriebene Schale von ½ unbehandelten Zitrone,
4 Eiweiß,
Butter oder Margarine zum Einfetten,
20 g gemahlene Haselnüsse zum Ausstreuen,
20 g Puderzucker

Die Rhabarberstangen kurz abspülen, dann vom Stielende her die Haut mehr abziehen als abschälen. Die Stangen in etwa 3 cm lange Stücke schneiden, zusammen mit dem Erdbeer- oder Himbeersirup unter ständigem Rühren aufkochen und dann erkalten lassen. Die abgespülten, gründlich abgetrockneten Erdbeeren von den Stielen befreien und große Früchte zerschneiden. Mit 50 g Zucker und dem Himbeergeist mischen und zugedeckt mindestens 30–40 Minuten durchziehen lassen.
Eigelb mit dem restlichen Zucker, Vanillinzucker und Salz schaumig schlagen. Mehl und Speisestärke sieben und locker unter die Eigelbmasse ziehen. Die Erdbeeren abtropfen lassen und den aufgefangenen Saft in den Teig rühren. Dann erst die Zitronenschale und das zu ganz steifem Schnee geschlagene Eiweiß untermischen. Eine hohe, feuerfeste Form einfetten, mit Haselnüssen ausstreuen und etwas Teig hineinfüllen. Lagenweise Rhabarberstücke und Erdbeeren darauf verteilen und mit dem restlichen Teig bedecken. Den Auflauf im vorgeheizten Backofen backen. Den heißen Auflauf mit Puderzucker bestäuben und sofort servieren.
Dazu halbsteif geschlagene, leicht gesüßte Sahne oder Crème fraîche oder eine warme Weinschaumsauce (siehe unten) servieren.

Hinweis
Schon beim Einkauf des Rhabarbers entscheidet sich das Aroma des Auflaufs, denn nicht jeder rote Rhabarber schmeckt gleich. Man unterscheidet den sehr zarten, milden Himbeerrhabarber und den herberen Blutrhabarber. Der Himbeerrhabarber hat helleres Fleisch und grüne Stielenden, den Blutrhabarber dagegen erkennt man am dunkelroten Fleisch und an den roten Stielenden. Selbstverständlich können Sie für den Rhabarberauflauf auch die grünstieligen Sorten verwenden, die in größeren Mengen angeboten werden. Je nach Sorte und Säuregehalt der Stangen sollten Sie dann mit der Zuckermenge umgehen, sie kann leicht schwanken, denn auch Bodenverhältnisse und Reifegrad spielen eine Rolle.

Variationen
Nach diesem Rezept kann man fast alle Früchte der jeweiligen Saison als Auflauf zubereiten. Besonders geeignet sind folgende Kombinationen:
▷ Pfirsiche (oder Nektarinen), Aprikosen und Sauerkirschen,
▷ helle Süßkirschen mit dunklen Sauerkirschen,
▷ Zwetschgen und Apfelschnitze mit Rosinen und Nüssen,
▷ Himbeeren, Johannisbeeren und Aprikosen,
▷ Äpfel und Birnen mit zuvor in Armagnac oder Birnengeist getränkten (entsteinten) Trockenpflaumen oder Rumtopfzwetschgen.

Weinschaumsauce 1

3 Eigelb, 1 Prise Salz,
3 Tropfen Zitronensaft, 40 g Zucker,
1 EL echter Vanillezucker,
¼ l nicht zu trockener Weißwein,
1 TL Himbeergeist oder Kirschwasser

Eigelb mit Salz und Zitronensaft in einer Schüssel verrühren. Die Schüssel in ein warmes, aber nicht kochendes Wasserbad stellen und die Eigelb schaumig schlagen, dabei nach und nach Zucker und Vanillezucker einrieseln lassen. Sobald sich der Zucker gelöst hat, langsam den Wein zugießen. Die Sauce so lange schlagen, bis sie dickschaumig ist.
Dann aus dem Wasserbad herausnehmen, Himbeergeist oder Kirschwasser untermischen und so lange – möglichst im kalten Wasserbad – weiterschlagen, bis sie abgekühlt ist. Sofort servieren.

Weinschaumsauce 2

6 Eigelb, 1 Prise Salz,
1 TL Zitronensaft,
30 g Zucker,
2 EL echter Vanillezucker,
gut ⅛ l halbtrockener Sherry (oder ein anderer beliebiger Südwein)

Eigelb mit Salz und Zitronensaft in einer Schüssel verrühren. Die Schüssel in ein warmes, aber nicht kochendes Wasserbad stellen und die Eigelb schaumig schlagen. Dabei nach und nach Zucker und Vanillezucker einrieseln lassen.
Wenn sich der Zucker gelöst hat, langsam den Sherry hineingießen und weiterschlagen, bis die Sauce dickschaumig ist. Sofort servieren, damit sie schaumig bleibt.

Echter Vanillezucker

Das Mark einer aufgeschnittenen Vanilleschote herausschaben und mit etwa 100 g Zucker mischen. Die Vanilleschote als zusätzlichen Aromaspender mit in den Zucker geben und das Glas luftdicht verschließen, damit das wertvolle Aroma nicht verloren geht.
Auf diese Weise können Sie alle leeren, d. h. schon ausgeschabten Vanilleschoten weiterverwenden, denn auch sie haben noch eine große Würzkraft, die sich auf den Zucker überträgt.

Zitronen- oder Orangenzucker

Auf ähnliche Weise kann man auch einen für Süßspeisen sehr gut geeigneten Zitronen- oder Orangenzucker bereiten. Die Schalen der unbehandelten, gewaschenen und abgetrockneten Früchte abreiben, über Nacht trocknen lassen und dann mit Kristallzucker vermischen.

Soufflés

Soufflés sind hauchzarte Gebilde, die vor allem aus Luft bestehen. Sie gehören zu allen Klassikern der französischen Kochkunst, sind aber viel einfacher herzustellen, als allgemein angenommen und befürchtet wird. Man muß nur einige, allerdings sehr wichtige Grundregeln beachten:

▷ Die Eier für das Soufflé sollen so frisch wie möglich sein.

▷ Der Eischnee muß so fest sein, daß ein Schnitt mit einem Messer sich nicht wieder schließt. Dafür ist es notwendig, das Eiweiß in einem absolut fettfreien Gefäß zu schlagen. Auch einige Tropfen Zitronensaft erhöhen die Festigkeit.

▷ Die Seitenwände der Souffléform müssen ganz gerade sein. Klassische Formen sind aus Steingut, das oft außen gerippt ist. Es eignen sich aber auch Glas- oder Porzellanformen.

▷ Die Formen nie höher als dreiviertelvoll füllen, da die Masse noch erheblich aufgeht.

▷ Das Soufflé grundsätzlich in der Form, in der es gebacken wurde, servieren.

▷ Soufflés vertragen keine Zugluft, der kleinste Windhauch läßt sie sofort zusammenfallen. Darum grundsätzlich unmittelbar nach dem Backen, mit einer Serviette bedeckt, auf den Tisch bringen.

▷ Ein Soufflé ist »perfekt«, wenn es im Inneren noch ein ganz klein wenig feucht ist. Es darf also nie zu lange gebacken werden.

Käsesoufflé

Einstellung	Heißluft	Ober- und Unterhitze
Einschubhöhe Temperatur Zeit	Mitte 150–170 °C 35–40 Min.	unteres Drittel 160–180 °C 35–40 Min.

40 g Butter,
200 g geriebener Emmentaler oder Gruyère,
30 g Mehl, ¼ l Milch,
Salz,
weißer Pfeffer aus der Mühle,
1 Prise geriebene Muskatnuß,
4 Eigelb,
6 Eiweiß, ½ TL Zitronensaft

Mit 10 g Butter eine große Souffléform einfetten und mit etwas Käse gleichmäßig ausstreuen.
Aus der restlichen Butter und dem Mehl eine Einbrenne bereiten, mit Milch ablöschen und 8 Minuten köcheln lassen. Dabei ständig rühren, damit die Sauce nicht ansetzt. Mit Salz, Pfeffer und etwas Muskat abschmecken und mit Eigelb legieren. Eiweiß in der Küchenmaschine mit Zitronensaft schnittfest schlagen. Etwa ⅛ des Eischnees unter die Sauce ziehen, dann bis auf 1 Eßlöffel den restlichen Käse locker unterrühren. Den übrigen Eischnee zum Schluß unterziehen und alles in die vorbereitete Form geben. Das Soufflé in den kalten Backofen stellen (nur bei Ober- und Unterhitze vorheizen).

Himbeersoufflé

Einstellung	Heißluft	Ober- und Unterhitze
Einschubhöhe Temperatur Zeit	unteres Drittel 160–180 °C 35–40 Min.	unteres Drittel 180–200 °C 35–40 Min.

250 g Himbeeren,
100 g Zucker,
4 Eigelb,
1 Päckchen Vanillinzucker,
30–40 g Speisestärke,
5 Eiweiß,
1 Prise Salz,
1 TL Zitronensaft,
Butter zum Einfetten,
Puderzucker zum Bestäuben

Die gewaschenen Himbeeren mit 25 g Zucker im Mixer pürieren. Eigelb mit dem restlichen Zucker und dem Vanillinzucker schaumig rühren, dann nach und nach die gesiebte Speisestärke locker untermischen. Eiweiß mit Salz und dem Zitronensaft zu schnittfestem Schnee schlagen. Locker unter die Eigelbmasse ziehen und zum Schluß vorsichtig mit dem Himbeerpüree mischen. Eine Souffléform gut mit Butter einfetten, die Soufflémasse hineinfüllen und in den vorgeheizten Backofen stellen. Das fertige Soufflé mit Puderzucker bestäuben und sofort (möglichst mit einer Serviette bedeckt) auftragen.

Soufflé Surprise

Überraschungssoufflé

Einstellung	Heißluft	Ober- und Unterhitze
Einschubhöhe Temperatur Zeit	Mitte Grill 4 Min.	Mitte Grill 4 Min.

Für 6–8 Personen
400 g frische, vorbereitete Erdbeeren,
150 g Zucker, 16 Löffelbiskuits,
1 Glas (2 cl) Himbeergeist, 4 Eiweiß,
1 TL Zitronensaft,
40 g gemahlene Mandeln,
1 Haushaltspackung Fürst-Pückler-Eiscreme (500 ml)

Erdbeeren halbieren und mit 2 EL Zucker bestreuen. Eine flache, runde, feuerfeste Form sternförmig mit 8 Löffelbiskuits belegen. Die restlichen Biskuits quer halbieren und zwischen die anderen Kekse legen, so daß ein fast geschlossener Boden entsteht. Darauf die Erdbeeren verteilen und mit Himbeergeist beträufeln. Das Eiweiß in der Küchenmaschine mit dem Zitronensaft zu steifem Schnee schlagen, dabei nach und nach den restlichen Zucker einrieseln lassen. So lange schlagen, bis sich der Zucker aufgelöst hat. Die eine Hälfte des Eischnees in einen Spritzbeutel füllen, die andere mit den gemahlenen Mandeln vermischen. Das Eis in 8 Scheiben schneiden und so auf dem Biskuitboden anrichten, daß die Rundung der Form erhalten bleibt. Darüber den Mandeleischnee streichen. Den Eischnee im Spritzbeutel durch die Sterntülle dicht an dicht nebeneinander auf die Oberfläche setzen, so daß sie ganz damit bedeckt ist. Das Soufflé unter dem vorgeheizten Grill überbacken, bis die Spitzen leicht gebräunt sind. Zum Servieren wie eine Torte aufschneiden.

Oben: Käsesoufflé
Mitte: Himbeersoufflé
Unten: Soufflé Surprise

Béchamelsauce

1 große Zwiebel,
60 g roher Schinken oder magerer, durchwachsener Speck,
30 g Butter, 30 g Mehl,
¼ l kochende Milch,
¼ l heiße Kalb- oder Rindfleischbrühe,
Salz, frisch gemahlener weißer Pfeffer,
geriebene Muskatnuß

Die Zwiebel schälen und sehr fein würfeln, den Schinken oder Speck ebenfalls in feine Würfel schneiden. Die Butter in einem Topf erhitzen, jedoch nicht bräunen. Speck- und Zwiebelwürfel darin hellgelb, keinesfalls bräunlich werden lassen. Das Mehl darüberstäuben und unter Rühren ein paar Sekunden am Rande des Herdes (d. h. bei nur schwacher bis mittlerer Hitze) durchschwitzen lassen. Kochende Milch und heiße Fleischbrühe unter Rühren zugießen und bei sehr schwacher Hitze 18–20 Minuten leise köcheln lassen. Mit Salz, Pfeffer und geriebener Muskatnuß würzen, dann durch ein feines Sieb passieren. Möglichst bald servieren, ehe sich eine Haut bildet.

Hinweis
Soll die Béchamelsauce zu deftigen Gerichten (zum Beispiel zu Kohl oder Kartoffeln) gereicht werden, kann man auf das Durchpassieren ruhig einmal verzichten.

Variationen
Die Béchamelsauce kann zu vielen Gerichten gereicht werden. Man kann sie aber auch als Grundlage für viele weitere Saucen verwenden. Mit 80–100 g geriebenem Käse (nach dem Passieren) vermischt und mit Eigelb sowie Sahne legiert, wird daraus eine Sauce Mornay, mit Kräutern vermischt eine Kräutersauce. Für eine dunkle (braune) Sauce läßt man das Mehl unter Rühren kräftig bräunen und ersetzt die Milch durch Rotwein, Tomatenmark, beliebigen Fond (Rinderknochen, Wildfleisch u. ä.).

Sauce Hollandaise

2 Eigelb,
1 TL Zitronensaft,
1 TL kaltes Wasser,
200 g kalte Süßrahmbutter, Salz,
weißer Pfeffer aus der Mühle,
Cayennepfeffer

Eigelb mit Zitronensaft und Wasser in Topf oder Schüssel verrühren. In ein heißes Wasserbad stellen und die Masse so lange schlagen, bis sie weißschaumig ist. Dann nach und nach die in kleine Würfel geschnittene, sehr kalte Butter hineingeben. Jeder Butterwürfel soll sich erst ganz mit der Sauce verbunden haben, ehe der nächste hineinkommt. Die fertige Sauce mit Salz, Pfeffer und Cayennepfeffer und eventuell noch mit etwas Zitronensaft abschmecken.
Sauce Hollandaise zu gekochtem, gedünstetem oder gedämpftem Fisch servieren, zu zarten Gemüsen, wie Spargel, Artischocken oder Brokkoli, oder zu kurzgebratenem Fleisch.

Variation
<u>Sauce mousseline</u>: Aus der Sauce Hollandaise wird eine Sauce mousseline, wenn man unter die oben angegebene Menge noch 100 g steifgeschlagene Sahne zieht, sobald die Sauce nicht mehr heiß ist.

Helle Buttersauce

3 EL trockener Weißwein,
3 EL Weinessig,
2 Schalotten,
Salz, weißer Pfeffer aus der Mühle,
250 g kalte Süßrahmbutter

Wein und Weinessig mit den geschälten, ganz fein gehackten Schalotten und 1 Prise Salz auf etwa 1½ EL einkochen lassen. Dann pfeffern und den Topf auf die nur mäßig erwärmte Herdplatte stellen und die kalte Butter flöckchenweise hineinschlagen.
Beurre Blanc wird zu allen pochierten, gedünsteten, gedämpften Fischen, aber auch in feiner Panade gebackenem Fisch gereicht, außerdem zu zartem Gemüse und Meerestieren.

Pilzsauce

60 g roher Schinken oder durchwachsener Räucherspeck,
30 g Butter,
2 Zwiebeln,
1 Knoblauchzehe,
350 g frische Mischpilze,
20 g Mehl,
⅜ l heiße Fleischbrühe,
⅛ l trockener, kräftiger Rotwein,
1 Prise zerriebener Thymian,
Salz, schwarzer Pfeffer,
je 1 Prise Zucker und Paprika edelsüß
3 EL Crème fraîche oder Sahne,
½ Bund Petersilie

Den Schinken oder Speck sehr fein würfeln und in einem Ropf auslassen. Die Grieben herausnehmen und nach Wunsch aufbewahren (sie können, müssen aber nicht, später unter die Sauce gemischt werden.) Die Butter in das Bratfett geben und erhitzen. Nun die geschälten, gewürfelten Zwiebeln, die geschälte, sehr fein gehackte oder zerdrückte Knoblauchzehe und die geputzten, ebenfalls gehackten Pilze darin unter ständigem Wenden anbraten und leicht Farbe nehmen lassen. Das Mehl darüberstäuben und unter weiterem Rühren ebenfalls bräunen. Mit Fleischbrühe und Wein ablöschen, kräftig durchschlagen und bei schwacher bis mittlerer Hitze mindestens 20 Minuten leise köcheln lassen. Vorher noch mit Thymian, Salz, Pfeffer, Zucker und Paprika würzen. Kurz vor Ende der Garzeit die Crème fraîche oder Sahne einrühren und alles cremig einkochen lassen. Abschmecken und – nach Wunsch – durch ein Sieb passieren. Mit der gehackten Petersilie bestreut servieren.
Die Pilzsauce schmeckt zu allen dunklen Fleischgerichten (in diesem Fall sollte man einen Teil des Fleischfonds untermischen), sie kann aber auch sehr gut zu naturell gekochtem Blumenkohl oder zu Nudeln und Reis gereicht werden.

Hinweis
Noch edler, aber auch etwas teurer, wird die Pilzsauce, wenn man sie nur aus Steinpilzen oder Pfifferlingen zubereitet. Und auch Maronen geben ihr ein feines Aroma.

Meerrettichsauce

3 altbackene Semmeln,
gut ¼ l entfettete Rindfleischbrühe (oder Instantbrühe),
Salz, frisch gemahlener weißer Pfeffer,
geriebene Muskatnuß,
1 kräftige Prise Zucker, Saft von ½–1 Zitrone, 1 TL Butter,
100 g frisch geriebener Meerrettich,
2 EL Sahne, 1 Eigelb

Die Semmeln auf einer Reibe entrinden, in hauchdünne Scheiben schneiden und, mit der Brühe begossen, quellen lassen. Durch ein feines Haarsieb passieren, erhitzen und mit Salz, Pfeffer, Muskat, Zucker und Zitronensaft würzen. Die Butter in kleine Flöckchen unterschlagen und den geriebenen Meerrettich unterziehen. In ein heißes Wasserbad oder auf die nur eben warme Herdplatte stellen. Ein paar Eßlöffel abnehmen, mit Sahne und Eigelb verquirlen und unter Rühren wieder in die Sauce geben. Nochmal kurz erhitzen, aber nicht mehr kochen lassen, sonst flockt die Sauce aus. Sofort servieren. Meerrettichsauce paßt besonders gut zu gekochtem Rindfleisch (zum Beispiel zu Tafelspitz), aber auch zu hartgekochten Eiern, zu gebratenem oder pochiertem Fisch.

Variationen
Nach diesem Rezept kann man die Sauce vielfach variieren: durch geriebene Äpfel und/oder Mandeln, durch zerdrückten Knoblauch, gehackte Kräuter, Senf oder durch grünen Pfeffer, um nur einige Beispiele zu nennen.

Senfsauce

30 g Butter oder Margarine,
1 kleine Zwiebel, 30 g Mehl,
3–4 EL Senf (je nach Schärfe),
⅜ l heiße Fleischbrühe,
Salz, frisch gemahlener weißer Pfeffer,
1 kräftige Prise Zucker, Saft von ½ Zitrone, ⅛ l Sahne

Butter oder Margarine in einem Topf erhitzen, die geschälte, geriebene Zwiebel und das Mehl hineingeben und unter Rühren durchschwitzen lassen, bis sich ein weißer Schaum zeigt. Den Senf einrühren, 2 Minuten mitschwitzen lassen, dann die heiße Brühe unter Rühren zugießen. Etwa 5 Minuten bei schwacher Hitze kochen lassen, dabei hin und wieder umrühren, damit sich keine Haut bildet. Mit Salz, Pfeffer, Zucker und Zitronensaft pikant bis scharf abschmecken und nach Wunsch noch etwas Senf zufügen. Die Sahne einrühren und so lange erhitzen, bis die Sauce schön cremig ist. Dann sofort servieren, denn durch längeres Stehen bekommt die Senfsauce leicht eine unappetitliche Haut.

Hinweis
Diese Sauce kann durch grünen Pfeffer und in feine Röllchen geschnittenen Schnittlauch verändert werden. Wer sie besonders scharf mag, ersetzt einen Teil des Senfes durch mit Essig und/oder Wein angerührtes Senfpulver.

Mayonnaise

Für 8 Personen
3–4 Eigelb (je nach Größe),
1 kräftige Prise Salz,
1 EL Essig oder Zitronensaft,
1–2 TL scharfer Senf,
½ l Öl

Zum Gelingen der Mayonnaise ist es unbedingt notwendig, daß alle Zutaten die gleiche Temperatur haben, am besten Zimmertemperatur, sonst gerinnt das Eigelb.
Vom Eigelb die weißen Fäden entfernen. Eigelb mit Salz, einigen Tropfen Essig oder Zitronensaft und dem Senf so lange rühren, bis eine schaumige Masse entstanden ist. Man kann zum Rühren sowohl den Schneebesen als auch das Handrührgerät verwenden. Wichtig ist nur, daß immer gleichmäßig gerührt wird. Das Öl anfangs tropfenweise hineingeben, dann in einem ganz feinen Strahl. Die fertige Mayonnaise mit dem restlichen Essig oder Zitronensaft würzen. Eventuell mit etwas weißem Pfeffer oder Cayennepfeffer abschmecken.

Hinweis
Hausgemachte Mayonnaisen kann man ein besonderes Aroma verleihen, wenn man besondere Öle dafür verwendet, zum Beispiel Olivenöl, Mandelöl, Walnuß- oder Haselnußöl.

Variationen
Sauce Tartar: Die Mayonnaise mit feingehackter Gewürzgurke, gehackten Kapern und beliebigen Kräutern mischen. Eventuell noch etwas ganz fein geriebene Zwiebel oder gehackte Perlzwiebelchen dazugeben.
Sahne-Mayonnaise: Die Mayonnaise nur mit Zitronensaft, nicht mit Essig zubereiten. Entsprechend einem Viertel ihrer Menge steifgeschlagene Sahne unterziehen und die Sauce mit Cayennepfeffer, Salz und Zitronensaft nachwürzen. Statt geschlagener Sahne kann man auch leicht verschlagene Crème fraîche unterziehen.
Hamburger Mayonnaise: Die fertige Mayonnaise mit geriebener Zitronenschale und einigen Tropfen Madeira würzen.
Russische Mayonnaise: Eine Sahne-Mayonnaise mit Estragonessig und saurer Sahne oder Crème fraîche bereiten, mit geriebenem Meerrettich abschmekken.
Schinken-Mayonnaise: Die fertige Mayonnaise mit zart geräuchertem und ganz fein gehacktem Schinken und einigen grünen Pfefferkörnern mischen.
Fruchtige Mayonnaise: Für 100 g Mayonnaise 1 säuerlichen Apfel und 1 saftigen Pfirsich pürieren, unter die Mayonnaise heben. Mit Curry, Zitronensaft und einer Prise Zucker würzen.
Oliven-Mayonnaise: 100 g Mayonnaise mit 50 g saurer Sahne, 10 gehackten grünen Oliven, 25 g gehackten Mandeln und einigen im Mörser zerdrückten schwarzen Pfefferkörnern mischen. Mit Essig und etwas Zucker abschmecken.
Kaviar-Mayonnaise: Die Mayonnaise mit Zitronensaft zubereiten. Entsprechend einem Drittel ihrer Menge saure Sahne oder Crème fraîche unterrühren. Erst zum Servieren Lachs-Kaviar (Keta-Kaviar) oder deutschen Kaviar unterziehen.
Krabben-Mayonnaise: Für 100 g Mayonnaise 50 g frische oder tiefgekühlte Krabben ganz fein hacken, zusammen mit 1 EL Keta-Kaviar unter die Mayonnaise heben. Mit Zitronensaft, etwas Worcestersauce und 1 Prise Zucker würzen.
Mayonnaise auf schwedische Art: Mayonnaise mit geriebenem Apfel, frischem, geriebenem Meerrettich und etwas Weißwein verühren. Mit Salz und Zucker abschmecken.

Ailloli

20 g Weißbrot ohne Rinde,
2 EL Milch, 4–5 Knoblauchzehen,
Salz, 2 Eigelb,
¼–⅜ l kalt gepreßtes Olivenöl,
1 EL Zitronensaft,
weißer Pfeffer aus der Mühle

Weißbrot mit Milch beträufeln und weichen lassen. Dann mit den geschälten grob gehackten Knoblauchzehen und etwas Salz im Mörser zu einer glatten Masse verarbeiten. Eigelb und 2 EL Öl hineinschlagen, bis sich alle Zutaten verbunden haben. Tropfenweise den Zitronensaft einrühren. Das übrige Öl zuerst tropfenweise, dann in einem dünnen Faden gießend unterschlagen. Mit Salz und Pfeffer abschmecken.
Die Ailloli schmeckt besonders gut zu Fischgerichten, zu Gegrilltem und zu Folienkartoffeln. Aber auch als Sauce für Gemüse-Dips oder zum Fleisch-Fondue ist sie sehr zu empfehlen.

Remoulade

2 Eigelb, 2 EL scharfer Senf,
1 EL Zitronensaft,
Salz, weißer Pfeffer aus der Mühle,
¼ l Öl (geschmacksneutral),
3 Pfeffergürkchen (Cornichons),
1 EL Kapern, 2 Zweige Estragon,
1 Bund Kerbel,
¼ TL Sardellenpaste

Eigelb mit Senf, Zitronensaft, Salz und Pfeffer glattrühren. Tropfenweise das Öl mit dem Schneebesen unterrühren, bis eine cremige Mayonnaise entsteht. Die Pfeffergürkchen ganz fein würfeln oder hacken. Die abgetropften Kapern, die abgespülten, von den Stielen gezupften Estragonblättchen und den abgespülten, trockengeschwenkten Kerbel ebenfalls hacken. Alles unter die Mayonnaise mischen. Zum Schluß mit Sardellenpaste abschmecken.
Zusätzlich kann man die Remoulade mit etwas Gurkenwasser aus dem Glas abschmecken.

Oben: Sauce Tartar
Mitte links: Krabben-Mayonnaise
Mitte rechts: Schinken-Mayonnaise
Unten links: Kaviar-Mayonnaise
Unten rechts: Mayonnaise

Pulmonaria

Folienkartoffeln

Einstellung	Heißluft	Ober- und Unterhitze
Einschubhöhe Temperatur Zeit	unteres Drittel 200–220 °C 40–50 Min.	unteres Drittel 220–240 °C 50–60 Min.

4 gleich große, mehlige Kartoffeln von je etwa 200 g, Öl zum Bestreichen, Salz, kalte Butter oder saure Sahne zum Füllen

Kartoffeln unter fließendem Wasser abbürsten, abtrocknen und über Kreuz nicht zu tief einschneiden. Für jede Kartoffel einzeln Alufolie in ausreichender Größe zu Vierecken schneiden. Die glatte Seite nach oben legen, ganz dünn mit Öl einfetten und mit etwas Salz bestreuen. Die Folie locker um die Kartoffel hochziehen und oben fest zusammenfalzen. Die Folie darf nicht eng an der Kartoffel anliegen, weil sie sich beim Garen noch ausdehnt. Die Kartoffeln in den kalten Backofen geben und garen. Aus der Folie nehmen, an der Schnittstelle so aufbrechen, daß eine Höhlung entsteht, diese beliebig mit kalter Butter oder saurer Sahne füllen.
Zu kurzgebratenem oder gegrilltem Fleisch oder Fisch reichen.

Bircher-Benner-Kartoffeln

Einstellung	Heißluft	Ober- und Unterhitze
Einschubhöhe Temperatur Zeit	unteres Drittel 170–190 °C 35–40 Min.	unteres Drittel 180–200 °C 35–40 Min.

8 gleich große Kartoffeln (etwa 1 kg),
3 EL Kümmel,
1 EL grobes Meersalz,
50 g Butter

Die gründlich unter fließend kaltem Wasser gebürsteten, abgetrockneten Kartoffeln halbieren. Kümmel und Salz mischen, die Schnittflächen der Kartoffeln in diese Mischung drücken und auf ein mit Alufolie oder Backpapier belegtes Backblech setzen. Die zerlassene Butter darüberträufeln und in den Backofen schieben. Sehr heiß zu Tisch bringen.
Zu gefülltem Grillbraten, Schweins- oder Kalbshaxe, zu Schweinebraten mit Kruste oder zu Kräuterquark und Salat servieren.

Ardenner Kartoffeln

Einstellung	Heißluft	Ober- und Unterhitze
Einschubhöhe Temperatur Zeit	unteres Drittel 200–220 °C 15 Min.	unteres Drittel 220–240 °C 15 Min.

4 gegarte Folienkartoffeln,
100 g gekochter Schinken ohne Fettrand, 2 EL Schnittlauchröllchen,
60 g Butter, Salz, 60 g geriebener Emmentaler

Von den Folienkartoffeln längs einen Deckel abschneiden. Die Kartoffelmasse bis auf etwa 1 cm ausheben und mit einer Gabel fein zerdrücken. Den Schinken fein würfeln und zusammen mit Schnittlauch und Butter unter die Kartoffelmasse mischen. Die ausgehöhlten Kartoffeln ganz leicht innen salzen und die Füllung hineingeben. Mit Käse bestreut überbacken.
Zu gebratenem Geflügel oder Fischfilet reichen.

Annakartoffeln

Einstellung	Heißluft	Ober- und Unterhitze
Einschubhöhe Temperatur Zeit	unteres Drittel 180–200 °C 45–50 Min.	unteres Drittel 200–220 °C 45–50 Min.

750 g mehlige Kartoffeln,
75 g Butterschmalz, Salz,
Paprika edelsüß

Die geschälten Kartoffeln in etwa 1–2 cm dicke Scheiben schneiden und in einem Küchentuch abtrocknen. Einen dickwandigen Brattopf mit Butterschmalz einstreichen. Die Kartoffeln zu einem Kranz von sich dachziegelartig überlappenden Scheiben legen. Den nächsten Kranz so legen, daß er auch die Scheiben des ersten etwas überlappt, und so fortfahren. Jede Lage dünn mit Salz und Paprika bestreuen und mit etwas geschmolzenem Butterschmalz beträufeln. Die Kartoffeln in dem gut verschlossenen Topf auf dem Herd kurz erhitzen, dann in den vorgeheizten Backofen stellen. Mit einer Stricknadel oder einem Holzstäbchen prüfen, ob sie gar sind. Die Kartoffeln auf eine Platte stürzen und sofort auftragen.
Zu Kalbsbraten, Kalbsschnitzel, gedünstetem oder gedämpftem Fisch und hellen Ragouts servieren.

Fächerkartoffeln

Einstellung	Heißluft	Ober- und Unterhitze
Einschubhöhe Temperatur Zeit	Mitte 180–200 °C 45–50 Min.	Mitte 200–220 °C 45–50 Min.

12 mittelgroße Kartoffeln (etwa 1 kg), Salz, Rosenpaprika, Butter oder Margarine zum Einfetten, 80 g Butter

Die gewaschenen Kartoffeln schälen und so in dünne Scheiben schneiden, daß die Unterseiten noch zusammenhängen. Um das zu erreichen, legt man die Kartoffeln zum Schneiden am besten auf einen Eßlöffel. Die Scheiben leicht auseinanderdrücken und schwach mit Salz und Paprika würzen. Eine große, feuerfeste Form oder einen Bräter ein fetten. Die Kartoffeln mit der geschlossenen Seite nach unten hineinstellen. Die Butter zerlassen und darübergießen, in den kalten Backofen stellen. Während die Kartoffeln garen, immer wieder mit heruntergelaufener Butter übergießen.
Zu gebratenem, gedünstetem und gebackenem Fisch, zu Wild, Wildgeflügel und mageren Braten oder Kurzgebratenem sehr zu empfehlen.

Hinweis
Kurz vor Ende der Garzeit können die Fächerkartoffeln zusätzlich mit etwas geriebenem Parmesan oder Emmentaler bestreut werden.

Oben links: Bircher-Benner-Kartoffeln
Oben rechts: Annakartoffeln
Mitte: Folienkartoffeln
Unten links: Fächerkartoffeln
Unten rechts: Ardenner Kartoffeln

Thüringer Klöße

1 kg Kartoffeln (nach dem Schälen gewogen), 65 g Grieß, ¼ l Milch oder Fleischbrühe, Salz, 2 Scheiben Toastbrot, 20 g Butter

Die geschälten Kartoffeln in eine Schüssel mit kaltem Wasser legen, damit sie nicht braun werden. Den Grieß unter Rühren langsam in die kochende Milch oder Fleischbrühe einrieseln lassen und bei ganz schwacher Hitze ausquellen lassen. In der Zwischenzeit die Kartoffeln nicht zu fein reiben, in ein großes Mulltuch geben und so stark wie möglich ausdrücken. Kartoffeln und den heißen Grieß gründlich mischen und kräftig salzen. Das Toastbrot in feine Würfel schneiden und in der heißen Butter knusprig braun rösten. Aus dem Teig mit angefeuchteten Händen Klöße von etwa 7 cm Durchmesser formen, 2–3 Brotwürfel in die Mitte drücken und die Klöße nun rollen, bis die Außenschicht ganz glatt und rund ist. Etwa 3 l Salzwasser sprudelnd aufkochen lassen. Alle Klöße einlegen und bei milder Hitze in dem nur eben siedenden Wasser garziehen lassen. Sie sind gar, wenn sie nach oben steigen. Die Garzeit beträgt etwa 20 Minuten.
Zu Sauerbraten oder Rinderschmorbraten und grünen Bohnen oder zu Schweinebraten servieren.

Halbseidene Klöße

1 kg Pellkartoffeln, 200 g Speisestärke (am besten Kartoffelmehl), ⅜ l heiße Milch, Salz, 2 altbackene Brötchen, 40 g Butter

Die frisch gekochten, kurz abgeschreckten Kartoffeln schälen und noch heiß durch die Presse drücken. Die Speisestärke unter das Kartoffelpüree kneten. Dann erst mit der heißen Milch und viel Salz mischen. Den Teig 15 Minuten quellen lassen. Die Brötchen würfeln und in der heißen Butter rundherum knusprig braun rösten. Aus dem Kartoffelteig um jeweils einige Brotwürfel herum mit angefeuchteten Händen Klöße von etwa 6 cm Durchmesser formen. Etwa 3 l Salzwasser sprudelnd aufkochen lassen. Die Klöße vorsichtig einlegen. Bei milder Hitze in dem nur eben siedenden Wasser in 20 Minuten garziehen lassen.
Zu Wildgerichten, Kalbs- oder Schweinebraten servieren.

Kartoffelklöße halb und halb

1,5 kg Kartoffeln, Salz, 2 kleine Eier, 200–250 g Mehl (je nach Kartoffelsorte), Mehl zum Formen

750 g Kartoffeln schälen und in wenig Salzwasser in 25 Minuten gar kochen. Die übrigen Kartoffeln ebenfalls schälen und fein reiben, in ein Küchentuch geben und so stark wie möglich ausdrükken. Die gekochten Kartoffeln abgießen, ausdämpfen lassen und durch die Kartoffelpresse drücken. Mit den rohen Kartoffeln mischen, Eier und Mehl unterkneten. Den Kartoffelteig mit Salz abschmecken. Mit bemehlten Händen Klöße von etwa 6 cm Durchmesser formen. Etwa 3 l Salzwasser sprudelnd aufkochen, die Klöße darin bei milder Hitze in 20 Minuten garziehen lassen. Sie sind gar, wenn sie nach oben steigen.
Zu allen Gulaschgerichten, Wild- oder Ochsenschwanzragout reichen.

Pfälzer Kartoffelklöße

4–5 altbackene Brötchen (je nach Kartoffelsorte), ½ l Milch, 1 kg Kartoffeln, Salz, 1 Ei, 2 EL gehackte Petersilie, 40 g Butter, 20 g Semmelbrösel

Die Brötchenrinde mit der Küchenreibe entfernen. Die Brötchen in dünne Scheiben schneiden und mit der kochenden Milch übergießen und quellen lassen. Die Kartoffeln schälen und fein reiben. In ein großes Mulltuch oder Küchentuch geben und so stark wie möglich auspressen. Mit den Brötchen, Salz, Ei und Petersilie vermischen. Aus dem Teig mit angefeuchten Händen Klöße vom 5 cm Durchmesser formen. Etwa 3 l Salzwasser sprudeln aufkochen lassen und die Klöße einlegen. Bei milder Hitze in dem nur eben siedenden Wasser in 25–30 Minuten garziehen lassen. Die Klöße sind gar, wenn sie nach oben steigen. Die Butter in einer Pfanne bräunen und die Semmelbrösel darin goldbraun rösten. Die abgetropften Klöße auf einer vorgewärmten Platte anrichten und, mit Butter und Semmelbröseln übergossen, sofort servieren.
Zu Gänse- oder Entenbraten, Kalbshaxe oder Schweinebraten reichen.

Bayerische Kartoffelknödel

Bayerische Kartoffelknödel haben den gleichen Grundteig wie die Klöße halb und halb. Nur wird das Mehl ersetzt durch die Kartoffelstärke, die sich von dem ausgepreßten Kartoffelwasser absetzt, und 100 g Semmelbrösel. Zusätzlich können sie mit in Schmalz gebratenen Weißbrotwürfeln gefüllt werden. In den Teig kann man außerdem noch ausgelassene Speckgrieben und 1 geriebene Zwiebel geben.
Bayerische Kartoffelknödel serviert man zu Schweinebraten mit Kruste, zu Schweinshaxe, Kalbshaxe und Wildbraten.

Hinweis
Die Bindemittelmenge (Mehl, Stärke, Brot, Grieß, Ei) muß stets auf die verwendeten Kartoffeln abgestimmt werden. Je nach Sorte und Alter variieren Stärkegehalt und Bindefähigkeit ganz erheblich.

In der Schüssel (im Uhrzeigersinn, oben beginnend): Halbseidene Klöße, Pfälzer Kartoffelklöße, Thüringer Klöße, Kartoffelklöße halb und halb, Bayerische Kartoffelknödel

Reis

Reis kochen, sagen die Asiaten, sei für Europäer ebenso schwierig, wie guten Tee zuzubereiten, denn für beides brauche man eine gehörige Portion Ruhe. Und so ganz unrecht haben sie damit nicht, denn wer Reis im Schnellverfahren (sprich bei zu großer Hitze) gart, darf sich nicht wundern, wenn alle Körnchen aufgeplatzt sind und der Reis »pappig« wird. Darum stellen wir Ihnen hier zwei einfache, aber sichere Methoden vor, so daß Sie niemals mehr in Panik ausbrechen werden, weil der »Reis einfach nicht gelingen wollte.«
Grundsätzlich nimmt man für gesalzene Reisgerichte Langkornreis; für Milchreis ist Rundkornreis besser geeignet.

Reis auf chinesische Art

200 g Langkornreis,
Wasser, 15 g Salz

Den Reis in ein Sieb gießen und unter fließendem kalten Wasser so lange waschen, bis die ablaufende Flüssigkeit klar ist. Dabei den Reis zwischendurch hin und wieder mit den Fingern oder mit einem Löffel wenden. Den Reis im Sieb unter mehrmaligem Schütteln sehr gut abtropfen lassen und in einen trockenen, hohen Topf geben. Knapp die doppelte Menge kaltes Wasser zugießen, salzen und den Reis bei starker Hitze auf dem Herd so lange kochen, bis die Körner die gesamte Flüssigkeit aufgenommen haben. Nun den Topf sehr gut verschließen und bei sanfter Hitze weitere 20 Minuten quellen lassen (unsere Großmütter wickelten den Topf dazu in dicke Handtücher und stellten ihn ins Bett; diese Wärme reichte aus). Während dieser Zeit den Reis nicht mehr umrühren.

Reis auf indische Art

200 g Langkornreis,
3 l Wasser, 15 g Salz, 75 g Butter

Den unter fließendem kalten Wasser gewaschenen Reis abtropfen lassen und mit Wasser und Salz in einen hohen Topf geben. Nach dem Aufkochen 6 Minuten bei starker Hitze kochen lassen, dann das übrige Wasser abgießen und die Butter neben dem Herd untermischen. Zugedeckt etwa 25 Minuten im 160–175 °C heißen Ofen garen.

Variationen
Nehmen Sie statt 75 g Butter 100 g, rösten Sie eine Zwiebel und 150 g frische, gehackte Pilze darin an und mischen Sie beides unter den Reis (für besondere Gelegenheiten kann man die Pilze durch 1 frische Trüffel ersetzen). Oder lösen Sie zuerst 1 Döschen Safran (1 g) in der warmen Butter auf. Auch Curry, Ingwer, Knoblauch, gehackte Mandeln oder Pistazien sowie Rosinen eignen sich gut.

Spätzle

500 g Mehl, 1 TL Salz, 4–5 Eier, etwa 1/16 l Wasser, Salzwasser zum Garen, 50–100 g Butter

Mehl, Salz und Eier verrühren, dabei löffelweise das Wasser zugeben. Den Teig schlagen, bis er Blasen wirft. Ein paar Minuten ruhen lassen. Reichlich Salzwasser gerade eben aufkochen. Das Spätzlebrett (oder ein normales Brett) sowie den Spätzleschaber (oder ein normales Messer) kurz hineintauchen. Den Teig portionsweise auf das Brett geben, dieses etwas schräg halten und mit dem Messer den Teig in schmalen Streifen, mehr schabend als schneidend, sofort in das Wasser gleiten lassen. Jede Portion leise kochen lassen, bis sie an der Oberfläche schwimmt. Mit einem Schaumlöffel herausheben und sofort in eine Schüssel mit nicht ganz kaltem Wasser legen. Zuletzt alle Spätzle abtropfen lassen. In der heißen Butter kurz erwärmen.

Käsespatzen

1 Rezept Spätzle, Butter zum Einfetten, 200 g geriebener Emmentaler, 50 g Butter, 2–3 große Zwiebeln

Die fertigen Spätzle schichtweise in eine gut gefettete, feuerfeste Form geben. Dabei jede Schicht mit Käse bestreuen. Etwa 20 g Butter in Flöckchen darauf verteilen. Die Spätzle im 160–180 °C heißen Ofen überbacken, bis die obere Käseschicht zu einer bräunlichen Kruste wird. Das dauert etwa 15 Minuten. Indessen die geschälten Zwiebeln in Ringe schneiden und in der restlichen Butter goldgelb braten. Über die Käsespatzen verteilen.

Hinweis
Zusätzlich können Sie die Käsespatzen noch recht üppig mit in feine Röllchen geschnittenem Schnittlauch bestreuen.

Spinatspätzle

250 g frischer Spinat, 400 g Mehl, 3 Eier, knapp 1/8 l Wasser, Salz, geriebene Muskatnuß

Spinat verlesen, waschen, gut abtropfen lassen und nicht zu fein pürieren. Mit Mehl, Eiern, Wasser und Gewürzen, wie beschrieben, zubereiten.

Leberspätzle

400 g vorbereitete Leber, 400 g Mehl, 2 Eier, 1–2 Bund Petersilie, tropfenweise kaltes Wasser, Salz, schwarzer Pfeffer aus der Mühle oder geriebene Muskatnuß

Die Leber durch die feine Scheibe des Fleischwolfes drehen. Mit allen Zutaten unter sparsamer Wasserzugabe zum Teig verarbeiten. Mit Salz, Pfeffer und Muskat würzen und 1 Stunde quellen lassen. Dann zubereiten.

Nizzaer Salat

400 g festkochende Kartoffeln,
Salz, 400 g feine grüne Bohnen,
2 große Tomaten,
je 8 grüne und schwarze Oliven,
1 Schalotte oder kleine Zwiebel,
1 kleines Glas Sardellenfilets,
2 EL Kapern
Marinade: 3 EL Rotwein- oder Kräuteressig, Salz,
schwarzer Pfeffer aus der Mühle,
1 Prise Zucker, 5 EL Olivenöl

Die Kartoffeln in der Schale kochen. Heiß abpellen und kalt in gleichmäßige Scheiben oder Würfel schneiden. Die geputzten, gewaschenen Bohnen in reichlich Salzwasser ca. 10 Minuten kochen, abgießen und in Eiswasser abschrecken. Gründlich abtropfen lassen. Die Tomaten häuten, entkernen und in gleichmäßige Schnitze oder Würfel schneiden. Die Oliven in Scheiben oder Streifen schneiden. Die geschälte Schalotte oder Zwiebel fein hacken oder reiben. Die Sardellenfilets unter kaltem Wasser abspülen, dann gründlich abtropfen lassen. Alle Zutaten und die abgetropften Kapern mischen.
Für die Marinade Essig mit Salz, Pfeffer und Zucker verrühren. Erst dann nach und nach das Öl untermischen. Die Marinade über den Salat gießen und bis zum Servieren etwa 30 Minuten durchziehen lassen.

Bunter Salat mit Frisée

1 Kopf Frisée (krause Endivie),
1 Fenchelknolle,
je 1 rote und grüne Paprikaschote,
2 Zwiebeln, 100 g frische Champignons,
2 EL Zitronensaft,
2 hartgekochte Eier,
2 EL gehackte Petersilie
Marinade: 2–3 EL Weinessig,
½ TL scharfer Senf,
Salz, schwarzer Pfeffer aus der Mühle,
1 Prise Zucker,
1–2 Knoblauchzehen, 4–5 EL Olivenöl

Den Frisée putzen, waschen und zerpflücken. Dabei alle grünen Teile entfernen. Fenchel und Paprikaschoten putzen, waschen und in Ringe teilen. Das Fenchelgrün dabei entfernen und beiseite legen. Die geschälten Zwiebeln fein hacken oder in hauchdünne Ringe schneiden. Die Champignons putzen, trockenreiben und feinblättrig schneiden. Sofort mit Zitronensaft beträufeln, damit sie sich nicht braun verfärben. Die geschälten Eier in Achtel teilen. Alle vorbereiteten Zutaten und die Petersilie vorsichtig vermischen.
Für die Marinade den Essig zuerst mit dem Senf, dann mit Salz, Pfeffer und Zucker verrühren, bis sich Salz und Zukker gelöst haben. Die geschälten, zerdrückten Knoblauchzehen hineingeben und tropfenweise das Öl unterschlagen. Über den Salat gießen und locker unterziehen. Das Fenchelgrün fein hacken und den Salat damit bestreuen.
Den Salat sofort servieren, damit er nicht zusammenfällt und die Champignons nicht unansehnlich werden.

Bunter Spargelsalat

1 kg Stangenspargel,
Salzwasser, 10 g Butter,
1 Prise Zucker, 4 hartgekochte Eier,
4 kleine Fleischtomaten,
2 Frühlingszwiebeln,
200 g zart gepökelte Rinderzunge,
1 Bund Dill,
Salz, weißer Pfeffer aus der Mühle,
2 EL guter Weinessig,
1 Knoblauchzehe,
6 EL Öl,
3 EL frisch gepreßter Zitronensaft

Den sorgfältig geschälten Spargel in wenig Salzwasser mit Butter und Zucker in 20 Minuten beißfest kochen. Dann abkühlen lassen und in etwa 5 cm lange Stücke schneiden. In der Zwischenzeit die geschälten Eier und die gehäuteten, von ihren Stengelansätzen befreiten Tomaten in Scheiben schneiden. Von den Frühlingszwiebeln die Stengel in hauchdünne Ringe schneiden, die Zwiebelchen selber hacken. Die Rinderzunge zuerst in hauchdünne Scheiben, dann in etwa 2 cm breite Streifen schneiden.
Den abgespülten, trockengeschwenkten Dill fein schneiden.
Eine Schüssel (am hübschesten sieht eine Glasschüssel aus) zuerst mit den Tomatenscheiben auslegen und mit den gehackten Zwiebeln bestreuen, mit Salz und Pfeffer würzen. Den Weinessig mit der geschälten, durch die Presse gedrückten Knoblauchzehe mischen und über die Tomaten verteilen. Darüber die Eischeiben verteilen und ebenfalls schwach salzen.
Zungenstreifen und Spargelstücke mischen und auf die Eischeiben geben. Das Öl mit Zitronensaft verrühren, mit Salz und Pfeffer abschmecken und den Salat damit übergießen. Mit Zwiebelringen und dem gehackten Dill bestreuen. Rasch servieren.
Den Spargelsalat kann man mit frischem Stangenweißbrot und gesalzener Butter als Vorspeise oder als Beilage zu dünnen Kalbsschnitzeln oder Filetsteaks reichen.

Variationen

▷ Statt der einfachen Essig-Zitronensaft-Öl-Marinade eine Salatsauce aus je 3 EL Mayonnaise und saurer Sahne rühren, die mit Salz, Zucker und etwas Cayennepfeffer gewürzt wird.
▷ Zusätzlich noch 150 g frisch gepalte oder Tiefkühl-Erbsen, die nur ganz kurz gegart wurden, an den Salat geben.
▷ Die Zunge durch feingeschnittene Lachsschinkenstreifen ersetzen.

Hinweis

Es muß nicht teurer Stangenspargel sein, der für diesen Salat benötigt wird. Man kann auch sogenannten Bruchspargel verwenden, der oft sogar sehr viele Kopfstücke enthält. Bei Bruchspargel muß jedoch ganz sorgfältig darauf geachtet werden, daß alle holzigen Teile mit abgeschält werden.

Radicchiosalat

2 Köpfe Radicchiosalat,
1 rote Paprikaschote,
1 Bund Radieschen,
2 rote Zwiebeln
Marinade: 2 EL Rotweinessig, Salz, schwarzer Pfeffer aus der Mühle, 3 EL Öl, 1 Knoblauchzehe, ½ Kästchen Kresse

Radicchio putzen, waschen, trockenschwenken und in mundgerechte Stükke zerpflücken. Von der Paprikaschote den Stengelansatz abschneiden, Trennwände und Kerne entfernen. Die Schote unter kaltem Wasser abspülen und in feine Ringe schneiden. Die geputzten, gewaschenen Radieschen in Scheiben, die geschälte Zwiebel in Ringe schneiden. Alle Zutaten mischen.
Für die Marinade den Essig mit Salz so lange rühren, bis sich das Salz gelöst hat. Reichlich frischen Pfeffer darübermahlen und tropfenweise das Öl einschlagen. Die Knoblauchzehe schälen und durch die Presse in die Marinade drücken. Über den Salat verteilen und einmal kurz durchmischen. Die Kresse unter kaltem Wasser kurz abspülen, sehr gut abtropfen lassen oder etwas trokkenschütteln und die Blättchen mit einer Schere abschneiden. Entweder über den Salat streuen oder auch locker untermischen.
Den Salat möglichst rasch servieren, damit er nicht zusammenfallen kann.

Hinweis
Wer's sehr kräftig mag, kann zusätzlich noch ein Stückchen Radicchiowurzel schälen, fein reiben und in die Marinade mischen.

Variation
Zusätzlich kann man einige gehäutete, entkernte und in feine Schnitze geteilte Tomaten untermischen oder – wenn der Salat als kalorienarmes Hauptgericht geplant ist – mit gegartem Rindfleisch in feinen Streifen und/oder hartgekochten Eiern (ebenfalls in Streifen) vermischen.

Bohnensalat

1 Dose rote Bohnen (450 g),
2 frische Tomatenpaprika oder
1 rote Paprikaschote,
2 große, vollreife Fleischtomaten,
1 rote Zwiebel
Marinade: Salz,
1 EL Essig,
schwarzer Pfeffer aus der Mühle,
2 EL Chilisauce,
1 Knoblauchzehe,
2 EL Olivenöl,
1–2 Zweige frischer Thymian,
2 Stengelchen frisches Basilikum

Die Bohnen auf einem Sieb gründlich abtropfen lassen. Dann in eine Salatschüssel geben. Aus den Tomatenpaprika die Stengelansätze herausschneiden, Kerne und Trennwände entfernen und die Früchte kurz unter kaltem Wasser abspülen. In etwa bohnengroße Stückchen schneiden. Fleischtomaten mit kochendem Wasser überbrühen, häuten und das Innere entfernen. Das Fruchtfleisch auch würfeln und zusammen mit der geschälten, in Würfel geschnittenen Zwiebel unter die Bohnen mischen.
Für die Marinade das Salz unter Rühren im Essig auflösen, reichlich Pfeffer darübermahlen und die Chilisauce einmischen. Die Knoblauchzehe schälen und fein zerdrücken oder durch die Presse geben und zusammen mit dem Öl unterschlagen. Die Marinade über den Salat geben. Etwa die Hälfte der Thymianblättchen abpflücken und untermischen. Zugedeckt etwa 20 Minuten im Kühlschrank durchziehen lassen. Den Salat danach nochmals abschmecken und – wenn nötig – nachwürzen. Anschließend mit dem restlichen Thymian und den Basilikumblättchen garnieren.

Hinweis
Wenn Sie die knackig-frische Haut der Paprikaschoten nicht lieben, sollten Sie sie zuerst in den auf 220 °C vorgeheizten Backofen legen. Sobald die Haut große Blasen wirft (nach ca. 20 Minuten), die Früchte kurz unter kaltem Wasser abschrecken oder kurze Zeit in ein feuchtes Tuch wickeln und danach die Haut abziehen. Danach entkernen.

Rote-Bete-Salat

300 g frische Rote Beten,
2 säuerliche Äpfel,
Saft von 1 Zitrone
Marinade: 1–2 EL geriebener Meerrettich,
1 Becher Joghurt, Salz,
weißer Pfeffer aus der Mühle,
1 Prise Zucker

Die Roten Beten von Blättern und Wurzelfasern befreien und möglichst dünn schälen. Die Äpfel ebenfalls schälen. Rote Beten und Äpfel auf der Gemüsereibe grob raffeln (etwa streichholzdick). Die Äpfel sofort mit Zitronensaft beträufeln, damit sie sich nicht braun färben, dann mit den Roten Beten mischen.
Für die Marinade den geriebenen Meerrettich mit Joghurt verrühren und mit Salz, Pfeffer und einer kräftigen Prise Zucker pikant würzen. Die Rote-Bete-Apfel-Mischung hineingeben und zugedeckt etwa 15 Minuten im Kühlschrank durchziehen lassen. Nun nochmal abschmecken und eventuell nachwürzen; der Salat soll herzhaft würzig schmekken und eine feine Säure aufweisen.

Hinweis
Etwas milder werden die Roten Beten, wenn man sie vorher kurz kocht.
Dazu sehr gründlich waschen und das Laub bis auf 1 cm abschneiden, damit die Knollen nicht »ausbluten«. Mit Wasser bedecken und in etwa 20 Minuten nicht zu weich kochen. Erst danach schälen und weiterverarbeiten.

Variationen
▷ Besonders gut, aber auch etwas kalorienreicher, wird der Salat, wenn man einen Teil des Joghurts durch saure Sahne oder Crème fraîche ersetzt.
▷ Und wer's noch ein wenig herzhafter möchte und auch ein leicht »erdiges« Aroma schätzt, kann einen Teil der Roten Beten durch zarten, frischen, feingeraffelten Sellerie ersetzen.

Oben: Rote-Bete-Salat
Mitte: Radicchiosalat
Unten: Bohnensalat

Menüs aus dem Ofen

Nutzen Sie die vielseitigen Verwendungsmöglichkeiten Ihres Heißluft-Backofens so oft wie möglich: für Parties oder Geburtstagsfeiern, für die Weihnachts- oder Osterbäckerei, für das Sonntagsmenü oder allgemein für das Kochen auf Vorrat mit anschließendem, portionsweisem Einfrieren im kleinen oder großen Haushalt.
Kombinieren Sie zum Beispiel Braten oder Kuchen, dazu ein Soufflé oder ein Blech mit belegtem Toast. Diese »Vollraumnutzung« des Backofens, d.h., auf verschiedenen Ebenen werden gleichzeitig mehrere Gerichte gegart, bedeutet Zeit- und Energieersparnis.
Sicher haben Sie Bedenken, wenn Sie lesen, daß Sie die unterschiedlichsten Gerichte zusammen in einem geschlossenen Garraum zubereiten können. Muß nicht unweigerlich der Kuchen einen Fett-, Käse-, oder Bratengeschmack bekommen? Keinesfalls! Die ständig zirkulierende Heißluft bindet keine Geschmackspartikel, zudem verhindert die aus dem Gargut austretende Feuchtigkeit eine gegenseitige Aroma Übertragung.
Beim Menü-Garen im Backofen ist die Art der Zusammenstellung unwichtig. Kombinieren Sie einmal pikante und süße oder nur pikante Gerichte beliebig miteinander.
Bevor Sie aber die Vorschläge - basierend auf Rezepten dieses Buches - ausprobieren, sollten Sie sich mit der Vorgehensweise vertraut machen:

- Besonders wichtig ist, daß bei der Zusammenstellung und späteren Zubereitung eines kompletten Menüs die ausgewählten Gerichte bei etwa der gleichen Backofen-Temperatur eingesetzt werden. Geringfügige Unterschiede, d.h. bis zu 10 Grad nach oben oder unten, lassen sich durch Änderung der Garzeiten ausgleichen.
- Als Zubehör verwenden Sie die zum Gerät gehörenden Backbleche, die tiefe Bratpfanne oder den Rost.
- Bei Geschirren, wie z.B. Bratentöpfen oder Auflaufformen, achten Sie darauf, daß diese aus hitzebeständigen Materialien, wie emailliertem Stahl, Glas, Keramik usw., hergestellt sind (siehe auch Geschirr-Übersichtstabelle, Seite 19).
- Machen Sie vorher eine *Stellprobe*! Die Geschirre müssen im Backofen so angeordnet werden, daß sie über- oder nebeneinander genügend Platz haben.
- Wie beim Backen auf mehreren Ebenen, so gilt auch beim Menü-Garen: Das Gericht mit der längsten Garzeit im unteren Drittel, dann das nächste in die Mitte und zuletzt das Gericht mit der kürzeren Garzeit im oberen Drittel des Backofens einsetzen.

Sie können zwischendurch bedenkenlos den Backofen öffnen, die Heißluft gleicht schnell den kurzzeitigen Temperaturverlust aus.

Beispiel
Das Beispiel soll zeigen, wie Sie selbst eine eigene Kombination zusammenstellen können.

1. Auswahl der Gerichte unter Berücksichtigung der übereinstimmenden Backofentemperaturen, z.B. Schweinebraten (mit Schwarte, ca. 1,5 kg)

   mit

   pikanten Bratkartoffeln (ca. 1,2 kg)
   überbackenem Brokkoli (ca. 800 g)

   und

   Apfelstrudel als Nachspeise (tiefgefroren)
2. Auswahl der Geschirre und Stellprobe, in diesem Fall die tiefe Bratpfanne des Backofens, 1 Backblech und der Rost mit einer hitzebeständigen Auflaufform.

Zeitplan und Ablaufschema

Uhrzeit	Gericht	Vorbereitung bzw. Einstellung
10^{45}	Schweinebraten	Kurz abspülen, mit Haushaltspapier abtrocknen, würzen und in die Bratpfanne legen. ¼ l Wasser oder Brühe zugießen.
11^{00}	Schweinebraten einschieben	Einschubhöhe : unteres Drittel (1) Temperatur : 170 °C Heißluft
11^{15}	Kartoffeln	Schälen, waschen und in große, gleichmäßige Stücke schneiden.
11^{30}	Kartoffeln hinzufügen	Zum Braten direkt in die Bratpfanne legen. Kurz in dem ausgetretenen Bratenfett wenden.
11^{55}	Apfelstrudel	Tiefgefroren auf das mit Backtrennpapier ausgelegte Backblech legen. Milch mit Eigelb verquirlen und den Strudel damit bestreichen.
12^{00}	Apfelstrudel einschieben	Einschubhöhe : Mitte Temperatur : beibehalten
12^{15}	Brokkoli	Eine kleinere, flache Auflaufform ausfetten, gewaschenen und geputzten Brokkoli einfüllen, würzen und mit einer Sauce aus geriebenem Käse, süßer Sahne oder Crème fraîche übergießen. Das Gemüse muß gut mit der Sauce überdeckt sein. Butterflöckchen nach Belieben aufsetzen.
12^{30}	Brokkoli einschieben	Die Form auf den Rost in den Backofen stellen. Einschubhöhe : oberes Drittel Temperatur : beibehalten
12^{45}		Für den Apfelstrudel: Heiße Vanillesauce oder geschlagene, süße Sahne vorbereiten.
13^{00}		Die Gerichte sind fertig und können serviert werden. Die Mengen sind ausreichend für 4 Personen.

3. Festlegung der Gesamt-Garzeit, sie entspricht in unserem Beispiel der des Bratens, d. h. ca. 2 Stunden.
4. Aufstellen eines kleinen Zeitplanes als »Gedankenstütze«.
   Ziel: Die Gerichte sollen um 13[00] Uhr serviert werden.

Als weitere Anregung folgen zwei Menü-Zusammenstellungen aus dem Rezeptteil dieses Buches. Dabei sind die Zubereitungsweisen den jeweiligen Rezepten zu entnehmen. Die folgende Darstellung soll vorrangig den Zeitablauf verdeutlichen.

MENÜ 1

Vorspeise
Sherry-Pflaumen mit Käse
(Seite 32)

Hauptgericht
Gefüllter Puter mit Füllung 2
(Seite 41)
Weinkraut mit Trauben
(Seite 42)
Kartoffelklöße halb und halb
oder Bayerische Kartoffelknödel
(Seite 96)

Nachspeise
Beliebige, leichte Quarkspeise

Vorgehensweise
Den Puter in eine Bratreine legen und bei 170 °C Heißluft als erstes auf den Rost in den Backofen stellen. Daneben nach 50 Minuten das Weinkraut einschieben. Ungefähr 10 Minuten vor Ende der Garzeit auf einem mit Alufolie ausgelegten Backblech die Sherry-Pflaumen in den Ofen schieben, jetzt auf Grillen umschalten. Während die Sherry-Pflaumen serviert werden, sollte der Puter im abgeschalteten Backofen ruhen.
In der Zwischenzeit auf der Kochplatte die Klöße oder Knödel zubereiten. Die Quarkspeise steht bereits vorbereitet im Kühlschrank.

MENÜ 2

Vorspeise
Pfirsich-Toast mit Käsecreme
(Seite 35)

Hauptgericht
Polnischer Jägertopf Bigos
(Seite 27)
Radicchiosalat
(Seite 102)

Nachspeise
Quarkauflauf mit Weißweinsauce
(Seite 85)

Vorgehensweise
Den Jägertopf bei 170 °C Heißluft als erstes auf den Rost in den Backofen geben. 50 Minuten später den Quarkauflauf danebensetzen. 10 Minuten vor Ende der Garzeit den rechtzeitig vorbereiteten Toast (abweichend vom Rezept das Weißbrot im Toaster rösten) auf dem Backblech einschieben, jetzt erst auf Grillen umschalten, damit die Strahlungshitze nicht den Auflauf verbrennt. Radicchiosalat vorbereiten.

Auf diese Weise können Sie nach Rezepten dieses Buches selbst Menüs aus dem Ofen zusammenstellen.

Marzipan-Gugelhupf mit Marsala

Einstellung	Heißluft	Ober- und Unterhitze
Einschubhöhe Temperatur Zeit	unteres Drittel 160–180 °C 50–60 Min.	unteres Drittel 180–200 °C 60–70 Min.

*300 g weiche Butter,
200 g Marzipan-Rohmasse, 2–3 Glas (je 2 cl) Marsala (italien. Dessertwein),
125 g Zucker, 1 Päckchen Vanillinzucker,
5 Eigelb, 1 Fläschchen Bittermandelöl,
150 g Mehl, 50 g Speisestärke,
1 TL Backpulver, 100 g feingehackte Mandeln, 5 Eiweiß, 1 Prise Salz,
Butter zum Einfetten, Semmelbrösel zum Ausstreuen
Außerdem: 1 Eiweiß, 300 g Puderzucker,
1 Glas (2 cl) Marsala*

Die Butter in Stückchen teilen und in eine Rührschüssel geben. Mit dem elektrischen Handrührgerät schaumig schlagen und dabei nach und nach das zerbröselte Marzipan und ein paar Tropfen Marsala zufügen. Unter Rühren nach und nach Zucker und Vanillinzucker wechselweise mit den Eigelb und Bittermandelöl zugeben. Weiterschlagen, bis der Zucker gelöst und der Teig schaumig ist. Mehl mit Speisestärke und dem Backpulver sieben und zusammen mit den gehackten Mandeln und dem restlichen Marsala unter den Teig rühren. Eiweiß mit einer Prise Salz in eine Schüssel geben und mit dem elektrischen Handrührgerät schnittfest schlagen. Auf den Teig gleiten lassen und locker unterheben. Anschließend in eine gefettete und mit Bröseln ausgestreute Form füllen, die Oberfläche glattstreichen und den Kuchen im vorgeheizten Ofen backen. Kurz in der Form ausdampfen lassen, dann auf einen Kuchendraht stürzen und erkalten lassen. Eiweiß mit Puderzucker und Marsala mit dem elektrischen Handrührgerät zu einem glatten Guß verschlagen und den Kuchen damit überziehen.

Hinweis
Selbstverständlich können Sie diesen Teig auch in der Küchenmaschine zubereiten. Geben Sie in diesem Fall Mehl, Speisestärke, Backpulver, Zucker und Vanillinzucker in die Rührschüssel der Küchenmaschine und fügen Sie die restlichen Zutaten – mit Ausnahme von Mandeln, Eiweiß und Salz – hinzu. Arbeiten Sie nun weiter, wie im nächsten Rezept angegeben und heben Sie zum Schluß Mandeln und Eischnee darunter. Sollten Sie den Teig jedoch von Hand, mit dem Holzlöffel, rühren wollen, bleiben Sie bitte bei der klassischen Rezeptbeschreibung und fügen Sie nach und nach alle Zutaten hinzu.

Saure-Sahne-Gugelhupf mit Schokolade

Einstellung	Heißluft	Ober- und Unterhitze
Einschubhöhe Temperatur Zeit	unteres Drittel 160–180 °C 45–50 Min.	unteres Drittel 180–200 °C 50–60 Min.

*100 g Kuvertüre oder bittere Schokolade, 200 g Mehl,
1 TL Backpulver,
1 TL Instant-Kaffepulver, 200 g Zucker,
1 Prise Salz, 5 Eier, abgeriebene Schale von 1 unbehandelten Zitrone,
200 g weiche Butter, 1/16 l saure Sahne,
1 EL Crème fraîche, 2 EL Rum,
2 EL Kakao, 40 g blättrige Mandeln,
Butter zum Einfetten,
Semmelbrösel zum Ausstreuen,
Puderzucker zum Bestäuben*

Die Kuvertüre oder Schokolade sehr fein hacken oder grob raspeln. Mehl mit Backpulver, Instant-Kaffeepulver, Zucker und Salz in die Schüssel der Küchenmaschine geben. Eier, abgeriebene Zitronenschale und die in Flöckchen geteilte Butter zufügen. Saure Sahne und Crème fraîche angießen und alles gut miteinander verrühren. Dazu auf der niedrigsten Schaltstufe beginnen, damit das Mehl nicht staubt, dann auf die höchste Stufe schalten. Die Rührdauer beträgt etwa 2 Minuten. Den Teig anschließend in zwei Hälften teilen. Eine Hälfte mit Rum, Kakao und der Kuvertüre oder Schokolade verrühren, die andere mit den blättrigen Mandeln. Eine große Gugelhupfform gut einfetten und mit den Bröseln ausstreuen. Die Hälfte des hellen Teiges einfüllen, den dunklen darüber verteilen und alles mit dem restlichen hellen abdecken. Nun mit einer Gabel spiralförmig durch alle drei Teigschichten ziehen, damit ein hübsches Marmormuster entsteht. Den Kuchen im vorgeheizten Ofen backen, kurz ausdampfen lassen, auf einen Kuchendraht stürzen und mit Puderzucker bestäuben.

Gewürz-Gugelhupf mit Früchten

Einstellung	Heißluft	Ober- und Unterhitze
Einschubhöhe Temperatur Zeit	unteres Drittel 160–180 °C 50–60 Min.	unteres Drittel 180–200 °C 50–60 Min.

*500 g Mehl, 1 Päckchen Backpulver,
1 Prise geriebene Muskatnuß,
je 1 Msp. gemahlener Kardamom und Zimt, Saft und abgeriebene Schale von 1 unbehandelten Zitrone, 200 g Zucker,
3 Eier, 200 g weiche Butter, 1 Prise Salz,
1 Glas (2 cl) Cognac oder Weinbrand,
je 100 g Rosinen und Korinthen,
50 g Zitronat, Butter zum Einfetten,
Semmelbrösel zum Ausstreuen,
Puderzucker zum Bestäuben*

Mehl, Backpulver, Gewürze und Zucker in die Rührschüssel der Küchenmaschine geben. Eier, Butter, Salz und Alkohol zufügen und alles nach Gebrauchsanweisung der Maschine gut verrühren. Rosinen und Korinthen in einem Sieb unter heißem Wasser waschen und in einem Küchentuch oder auch in Haushaltspapier trockenreiben. Zusammen mit dem feingewürfelten Zitronat unter den Teig mischen und diesen in eine eingefettete und mit Bröseln ausgestreute Gugelhupfform füllen. Im vorgeheizten Ofen backen, auf einem Küchendraht auskühlen lassen und mit Puderzucker bestäuben.

Oben rechts: Marzipan-Gugelhupf mit Marsala
Mitte: Saure-Sahne-Gugelhupf mit Schokolade
Unten: Gewürz-Gugelhupf mit Früchten

Versunkene Apfeltorte

Einstellung	Heißluft	Ober- und Unterhitze
Einschubhöhe Temperatur Zeit	Mitte 150–170 °C 50–60 Min.	unteres Drittel 170–190 °C 70–80 Min.

200 g Mehl, 1 Prise Salz,
1 gehäufter TL Backpulver,
125 g gemahlene Mandeln,
150 g Zucker, 1 Päckchen Vanillinzucker,
2–3 Tropfen Bittermandelöl,
150 g weiche Butter oder Margarine,
Butter oder Margarine zum Einfetten,
Semmelbrösel zum Ausstreuen,
etwa 1 kg säuerliche Äpfel (je nach Größe der einzelnen Früchte),
Saft von 1 Zitrone, 60 g Korinthen,
40 g gestiftelte Mandeln,
Puderzucker zum Bestäuben

Mehl, mit Salz und Backpulver gemischt, in die Rührschüssel der Küchenmaschine geben. Die gemahlenen Mandeln zusammen mit Zucker und Vanillinzucker darüberstreuen. Bittermandelöl und die in kleine Stücke geteilte Butter oder Margarine darauf verteilen und alles gut miteinander verrühren. Dazu mit der niedrigsten Schaltstufe beginnen, damit das Mehl nicht staubt, und auf der höchsten Stufe etwa 2 Minuten weiterrühren. Inzwischen eine Springform (Durchmesser 28 cm) einfetten und mit Semmelbröseln ausstreuen. Den Teig einfüllen und die Oberfläche glattstreichen. Die Äpfel schälen, längs halbieren und entkernen. Die Oberfläche im gleichmäßigen Abstand mehrfach tief ein-, aber nicht durchschneiden und sofort mit Zitronensaft bestreichen, damit sie nicht braun werden. Die Äpfel mit den Rundungen nach oben dicht nebeneinander auf den Teig legen. Die Korinthen in einem Sieb unter heißem Wasser gründlich waschen und in einem Tuch oder Haushaltspapier trockenreiben. Zusammen mit den Mandeln über die Äpfel streuen und goldbraun backen. Auf einem Kuchendraht auskühlen lassen und mit Puderzucker bestäuben.

Leicht gesüßte Schlagsahne schmeckt hervorragend dazu. Oder reichen Sie einmal eiskalte, mit Vanillemark- oder -zucker aromatisierte Crème fraîche – oder ganz besonders köstlich – Vanilleeiscreme dazu.

Hinweis
Die Versunkene Apfeltorte eignet sich ausgezeichnet, um auf Vorrat gebacken zu werden. Bereiten Sie sie dazu wie gewohnt zu und wickeln Sie sie zum Einfrieren in starke Alufolie. Vor dem Servieren sollten Sie sie am besten bei 50–70 °C im Heißluftherd aufbacken, damit sie wirklich »wie frisch« schmeckt. Wollen Sie sie gleich in den leichten, einfriergeeigneten Aluschalen backen, stellen Sie diese auf den Rost in den kalten Backofen und backen, wie in der Herdbeschreibung angegeben.

Linzer Torte

Einstellung	Heißluft	Ober- und Unterhitze
Einschubhöhe Temperatur Zeit	Mitte 150–170 °C 45–55 Min.	unteres Drittel 170–190 °C 60–65 Min.

250 g weiche Butter, 1 Prise Salz,
150 g Zucker, 2 Eigelb,
1 Päckchen Vanillinzucker,
abgeriebene Schale von
½ unbehandelten Zitrone,
150 g gemahlene Mandeln, 250 g Mehl,
Butter oder Margarine zum Einfetten,
Mehl zum Bestäuben und Ausrollen,
1 Glas Himbeer- oder
Johannisbeerkonfitüre (450 g),
1 Eigelb zum Bestreichen

Butter in Flöckchen teilen, mit Salz in eine Rührschüssel geben und mit den Rührbesen des elektrischen Handrührgeräts schaumig schlagen. Dabei sofort im Wechsel Zucker und Eigelb zufügen, alles mit Vanillinzucker und abgeriebener Zitronenschale aromatisieren und rühren, bis der Zucker gelöst ist. Mandeln und Mehl nach und nach unter ständigem Weiterrühren zufügen und, sobald der Teig zu fest geworden ist, die Besen durch die Knethaken ersetzen. Alles nochmal gründlich durcharbeiten und den Teig halbieren. Eine (nach Wunsch mit Backtrennpapier) ausgelegte Springform (Durchmesser 26 cm) mit Butter oder Margarine einfetten und mit Mehl bestäuben. Eine Teighälfte darin als Boden glattdrücken oder ausrollen. Ein Drittel des restlichen Teiges auf der leicht bemehlten Arbeitsfläche zu einer Rolle formen, in die Form heben und als Rand andrücken. Die Konfitüre glattrühren, auf den Teigboden geben und glatt verstreichen. Den jetzt noch verbleibenden Teig auf der bemehlten Arbeitsfläche dünn ausrollen, in Streifen schneiden und diese als Gitter über die Konfitüre legen. An den Rändern jeweils gut mit dem Teig vom Rand zusammendrücken und die Oberfläche mit verquirltem Eigelb bestreichen. Die Torte goldgelb backen und für ein paar Minuten im abgeschalteten Ofen nachziehen lassen. Den Springformrand lösen, die Torte auf einem Kuchendraht auskühlen lassen.

Variationen

Linzer Schnitten: Nach demselben Rezept backen. Arbeiten Sie dazu, wie oben angegeben, doch erhöhen Sie die Teigmenge – je nach Blechgröße – um drei Viertel bis zur gesamten Menge. Sie sollten (wegen der größeren Flächen) darauf achten, daß der Teig nicht zu weich ist (evtl. vor dem Ausrollen im Kühlschrank fest werden lassen). Notfalls noch etwas Mehl darunterkneten.
Linzer Torte Wiener Art: Hier werden 175 g sehr fein zerdrückte Biskuitbrösel mit je 175 g Butter, Puderzucker und gemahlenen Mandeln sowie 80–100 g Mehl, 2 Eiern, abgeriebener Schale von 1 Zitrone, je 1 Prise Salz und gemahlene Nelke sowie ½ TL Backpulver verknetet und wie in den vorangegangenen Rezepten weiterverarbeitet.

Stachelbeerkuchen mit Makronenhaube

Einstellung Vorbacken	Heißluft	Ober- und Unterhitze
Einschubhöhe Temperatur Zeit	unteres Drittel 170–190 °C 15–20 Min.	unteres Drittel 180–200 °C 20–25 Min.

Einstellung Fertigbacken	Heißluft	Ober- und Unterhitze
Einschubhöhe Temperatur Zeit	Mitte 180–200 °C 10–15 Min.	Mitte 210–230 °C 10–15 Min.

250 g Mehl, 30 g Speisestärke,
1 TL Backpulver, 150 g Zucker,
abgeriebene Schale von
½ unbehandelten Zitrone,
1 Prise Salz,
½ TL gemahlener Zimt,
3 Eier,
150 g weiche Butter oder Margarine,
Butter oder Margarine zum Einfetten,
50 g Semmelbrösel,
30 g gemahlene Haselnüsse oder Mandeln,
750 g frische oder 1 kg konservierte Stachelbeeren
Makronenhaube: 6 Eiweiß,
2 Prisen Salz,
300 g Zucker,
1 Päckchen Vanillinzucker,
1 TL Zitronensaft,
2 kräftige Prisen gemahlener Zimt,
250–300 g gemahlene Haselnüsse oder Mandeln

Mehl, mit Speisestärke und Backpulver gemischt, in eine hohe Rührschüssel oder in die Schüssel der Küchenmaschine geben. Zucker, Zitronenschale, Salz, Zimt, Eier und das weiche, in Flöckchen geteilte Fett zufügen. Alles mit Quirl und Schlägern des elektrischen Handrührgeräts oder mit der Küchenmaschine gut verrühren. Dazu auf der niedrigsten Stufe beginnen, bis das Mehl nicht mehr staubt, dann auf der höchsten Stufe weiterarbeiten. Das dauert etwa 2 Minuten. Den Teig auf dem tiefen, gut mit Butter eingefetteten Blech gleichmäßig verstreichen. Semmelbrösel mit Haselnüssen oder Mandeln mischen und auf dem Teig verstreuen. Die Stachelbeeren in kaltem Wasser waschen und gut abtropfen lassen. Stiel- und Blütenansätze mit einer Schere abschneiden und die Beeren in einem Tuch trockentupfen. Anschließend nach Wunsch mehrfach mit einer Gabel oder einer dicken Nadel einstechen, damit die Früchte beim Backen nicht zu sehr aufplatzen. Danach gleichmäßig auf der Bröselmischung verteilen und vorbacken.

Makronenhaube: In der Zwischenzeit die Eiweiß mit Salz in eine völlig fettfreie Schüssel geben und mit dem elektrischen Handrührgerät oder der Küchenmaschine steif schlagen. Dabei nach und nach reichlich ⅔ des Zuckers und den Vanillinzucker einstreuen. Weiterschlagen, bis diese Masse schnittfest und zäh ist. Den Zitronensaft zufügen und alles noch einmal kräftig durchschlagen. Danach den restlichen Zucker zusammen mit dem Zimt und den gemahlenen Haselnüssen oder Mandeln mit einem Spatel oder Schneebesen locker unter die Baisermasse ziehen. Den vorgebackenen Kuchen aus dem Ofen nehmen und die Nuß-Baiser-Mischung gleichmäßig darauf verstreichen. Wieder in den heißen Ofen schieben und fertigbacken. Den Kuchen danach auf dem Blech auskühlen und dabei den Guß nachtrocknen lassen. Anschließend in Rechtecke oder Quadrate (bzw. Rhomben) aufschneiden.

Der Stachelbeerkuchen mit Nußbaiserhaube sollte möglichst frisch serviert werden, denn bei längerem Stehen weichen die Früchte leicht durch und auch die Baiserhaube zieht Feuchtigkeit, das heißt, sie wird etwas zäh.

Hinweis

Wenn Rührteig mit einem Obstbelag auf dem Blech gebacken wird, kann es passieren, daß er leicht am Blech kleben bleibt. Um dies zu verhindern, kann man das Blech mit Backtrennpapier oder gefettetem Pergamentpapier auslegen, was das spätere Ablösen erleichtert. Jedoch hilft auch sehr oft eine Lage Obstkuchenoblaten (Fertigprodukt), die genau nach Packungsaufschrift zwischen Teig und Früchten eingelegt werden. Sie verhindern das Durchweichen des Teiges, ohne jedoch das reine Fruchtaroma zu verändern.

Variationen

Stachelbeerkuchen mit Nuß-Sahne-Guß: Schlagen Sie statt der Eischneemasse ¼ l Sahne steif und süßen Sie sie mit etwa 100 g Zucker und 1–2 Päckchen Vanillinzucker. Heben Sie zum Schluß 1 Eigelb und 100 g gemahlene Mandeln, vermischt mit 30 g Speisestärke, darunter. Schlagen Sie das Eiweiß schnittfest, ziehen Sie es sehr locker unter die Masse und streichen Sie sie – wie oben angegeben – auf die Beeren. Backen Sie diese Mischung etwa 5 Minuten kürzer bzw. legen Sie ein Blatt Pergamentpapier darüber, wenn sie zu schnell bräunen sollte. In jedem Fall ist es bei diesem Rezept anzuraten, alle Blechränder mit hochgefalzter Alufolie zu verstärken, damit der sehr leichte Guß nicht herunterlaufen kann.

Stachelbeerkuchen mit Kokosbaiser: Mischen Sie statt der gemahlenen Haselnüsse oder Mandeln Kokosraspeln unter die Baisermasse und ersetzen Sie den Vanillinzucker in diesem Fall durch ein paar Tropfen Bittermandelöl oder etwas mehr gemahlenen Zimt.

Stachelbeertorte mit Nußbaiser: Halbieren Sie die Mengen von Teig, Belag und Baisermasse und geben Sie alles – wie oben – in eine gefettete, mit Bröseln oder sehr fein gehackten Nüssen oder Mandeln ausgestreute Springform.

▷ Anstelle von Stachelbeeren können Sie nach den bisher angegebenen Rezepten natürlich auch andere säurereiche Früchte unter die Makronenhaube bringen. Je nach Jahreszeit bieten sich dazu Rhabarberstückchen, Sauerkirschen, Johannisbeeren, Cranberries wie auch nicht zu süße, in Scheiben oder Schnitze geteilte Äpfel und Birnen (beide geschält und entkernt) ganz besonders gut an.

▷ Besonders würzig wird die Baisermasse, wenn Sie einen Teil der Nüsse oder Mandeln durch sehr fein gehacktes Zitronat oder Orangeat ersetzen oder auch ein paar sehr fein gewürfelte, in Rum oder Cognac getränkte Rosinen darunterheben.

Orangen-Sandkuchen

Einstellung	Heißluft	Ober- und Unterhitze
Einschubhöhe Temperatur Zeit	unteres Drittel 150-170 °C 65-80 Min.	unteres Drittel 170-180 °C 65-80 Min.

*100 g Mehl, 100 g Speisestärke,
1 TL Backpulver, 4 Eier,
abgeriebene Schale von
1 unbehandelten Orange und von
½ unbehandelten Zitrone, 250 g Zucker,
1 Päckchen Vanillinzucker,
250 g Butter oder Margarine,
1 Prise Salz, 1 Glas (2 cl) Orangenlikör,
5 EL Orangensaft,
100 g gemahlene Mandeln,
100 g feingewürfeltes Orangeat,
ca. 200 g Puderzucker*

Mehl mit Speisestärke und Backpulver in eine hohe Rührschüssel oder in die Schüssel der Küchenmaschine geben. Eier, Orangen- und Zitronenschale zusammen mit Zucker, Vanillinzucker, der in Flöckchen geteilten Butter oder Margarine, Salz, Orangenlikör und 2 EL Orangensaft zufügen und alles mit dem elektrischen Handrührgerät oder in der Küchenmaschine zu einem glatten Teig verrühren. Dazu auf der niedrigsten Stufe beginnen, damit das Mehl nicht staubt, und auf der höchsten Stufe weiterarbeiten. Die Rührdauer beträgt etwa 2 Minuten. Die gemahlenen Mandeln zusammen mit etwa 80 g Orangeat sehr kurz untermischen. Eine Kastenkuchenform mit Backtrennpapier auslegen, den Teig einfüllen und die Oberfläche glattstreichen, in den Ofen stellen. Nach etwa 20 Minuten Backzeit die an der Teigoberfläche entstandene Kruste mit einem spitzen Messer der Länge nach einritzen, damit beim weiteren Backen ein schöner Aufriß entsteht. den Kuchen nach dem Backen nur kurz in der Form ausdampfen lassen, dann stürzen und das Backtrennpapier abziehen. Den Kuchen wieder umdrehen, so daß der Aufriß oben ist. Den Puderzucker mit dem restlichen Orangensaft zu einem glatten Guß verrühren und den noch warmen Kuchen damit überziehen. Mit dem restlichen Orangeat bestreuen, den Kuchen erkalten, den Guß fest werden lassen.

Saftiger Bananenkuchen

Einstellung	Heißluft	Ober- und Unterhitze
Einschubhöhe Temperatur Zeit	unteres Drittel 160-180 °C 50-60 Min.	unteres Drittel 180-200 °C 50-60 Min.

*200 g Mehl, 1 TL Backpulver,
1 Prise Salz, 75 g Zucker, 2 Eier,
75 g Butter oder Margarine,
½ Tasse Milch, 3 Bananen,
Saft von 1 Zitrone,
Butter oder Margarine zum Einfetten,
Semmelbrösel zum Ausstreuen,
100-200 g blättrige Mandeln,
Puderzucker zum Bestäuben*

Mehl, mit Backpulver und Salz gemischt, in eine hohe Rührschüssel oder in die Schüssel der Küchenmaschine geben. Zucker, Eier, die in Flöckchen geteilte Butter oder Margarine und die Milch zufügen. Damit das Mehl nicht staubt, auf der niedrigsten Schaltstufe beginnen, dann auf der höchsten Schaltstufe alles gut miteinander verrühren. Das dauert etwa 2 Minuten. Der Teig muß zum Schluß schwer reißend vom Löffel fallen, dann hat er die richtige Konsistenz. Die Bananen schälen und sofort rundherum mit Zitronensaft bestreichen, damit sie sich nicht braun verfärben. Eine Kastenform (20 cm) sorgfältig mit Butter oder Margarine einfetten und mit Semmelbröseln ausstreuen. Etwa die Hälfte des Teiges hineingeben und glattstreichen. Die Bananen darauflegen und mit der Hälfte der Mandelblättchen bestreuen. Den restlichen Teig darüber verteilen und an der Oberfläche ebenfalls glattstreichen. Die restlichen Mandeln darüberstreuen und den Kuchen goldbraun backen. Anschließend kurz in der Form ausdampfen lassen, dann auf einen Kuchendraht stürzen und wieder umdrehen. Abkühlen lassen, mit Puderzucker überstäuben.

Hinweis
Anstelle von Puderzucker können Sie den Kuchen auch mit Schokoladenkuvertüre überziehen. In jedem Fall schmeckt schwach gesüßte oder mit Vanillinzucker aromatisierte Schlagsahne köstlich dazu. Aber auch Vanilleeis ist eine hervorragende Ergänzung.

Versunkener Kirschkuchen

Einstellung	Heißluft	Ober- und Unterhitze
Einschubhöhe Temperatur Zeit	unteres Drittel 150-170 °C 55-65 Min.	unteres Drittel 170-190 °C 55-65 Min.

*200 g Mehl,
½ Päckchen Backpulver,
180 g Zucker,
1 Päckchen Vanillinzucker,
1 Prise Salz,
80 g weiche Butter oder Margarine,
100 g gemahlene Haselnüsse,
3 EL Milch,
5 Eigelb,
4 Tropfen Bittermandelöl,
5 Eiweiß,
350 g entsteinte Kirschen
aus dem Glas,
Butter oder Margarine zum Einfetten,
Mehl zum Bestäuben,
Puderzucker zum Bestäuben*

Mehl und Backpulver in eine hohe Rührschüssel oder in die Schüssel der Küchenmaschine geben. Die Hälfte des Zuckers, den Vanillinzucker, Salz, die in Flöckchen geteilte Butter oder Margarine, Haselnüsse, Milch und die Eigelb zufügen und alles mit dem Bittermandelöl aromatisieren. Alles sehr gut miteinander verrühren. Dabei auf der niedrigsten Stufe beginnen und auf der höchsten Stufe weiterarbeiten. Eiweiß in einer zweiten Schüssel zu schnittfestem Schnee schlagen und nach und nach den restlichen Zucker einrieseln lassen. Auf den Teig geben und locker, aber gründlich unterheben. Eine Springform (Durchmesser 26 cm) am Boden mit Butter oder Margarine einfetten und mit Mehl bestäuben. Die Kirschen auf einem Sieb sehr gut abtropfen lassen und evtl. danach mit Haushaltspapier trockentupfen. Den Teig in die Form geben und glatt verstreichen. Die Kirschen gleichmäßig darauf verteilen und leicht eindrücken; sie sinken beim Backen in den Teig ein. Den fertigen Kuchen in der Form kurz ausdampfen lassen, dann den Ring entfernen und den Kuchen zum Abkühlen auf einen Kuchendraht gleiten lassen. Vor dem Servieren mit Puderzucker bestäuben.

Rehrücken

Einstellung	Heißluft	Ober- und Unterhitze
Einschubhöhe Temperatur Zeit	Mitte 170–190 °C 40–50 Min.	unteres Drittel 190–210 °C 55–60 Min.

100 g Zartbitter-Schokolade,
150 g Butter,
150 g Zucker,
6 Eigelb, 6 Eiweiß,
1 Prise Salz,
70 g Biskuitbrösel, 30 g Mehl,
100 g gemahlene Mandeln,
Butter oder Margarine zum Einfetten,
Semmelbrösel zum Ausstreuen,
50 g Marzipan-Rohmasse,
30 g Puderzucker,
1 EL Cognac,
50 g gestiftelte Mandeln,
125 g Kuvertüre

Die Schokolade im nicht zu heißen Wasserbad schmelzen, dann abkühlen lassen, bis sie lauwarm ist. Die Butter in einer Rührschüssel mit dem elektrischen Handrührgerät schaumig schlagen. Zucker und Eigelb zufügen und rühren, bis der Zucker gelöst ist. Dann Schokolade einfließen lassen. Eiweiß mit Salz in einer Schüssel mit dem gereinigten Handrührgerät schnittfest schlagen. Auf die Teigmasse gleiten lassen und die mit Biskuitbröseln und Mehl gemischten Mandeln darüberstreuen. Alles locker, aber gründlich unterheben. Eine Rehrückenform von etwa 30 cm Länge (mit Rückgrat-Rille in der Wölbung) einfetten und mit Semmelbröseln ausstreuen. Den Teig einfüllen und backen. Den Kuchen in der Form kurz ausdampfen lassen, dann auf einen Kuchendraht gleiten und erkalten lassen. Die Marzipan-Rohmasse mit Puderzucker und Cognac verkneten, zu einer Rolle formen und in die Rille legen. Den Rehrücken rundherum sehr gleichmäßig mit den Mandelstiften spicken. Die Kuvertüre schmelzen, unter Rühren leicht abkühlen lassen und den Rehrücken damit überziehen.

Hohlhippen

Einstellung	Heißluft	Ober- und Unterhitze
Einschubhöhe Temperatur Zeit	unteres Drittel 170–190 °C 4–6 Min.	unteres Drittel 190–210 °C 4–6 Min.

250 g Mehl, 125 g Zucker, 2 Eier,
abgeriebene Schale von
½ unbehandelter Zitrone, 1 Prise Salz,
125 g weiche Butter,
ca. ⅛ l Milch,
Butter oder Margarine zum Einfetten

Alle Zutaten in der Küchenmaschine gut verrühren und 30 Minuten quellen lassen. Zwei Backbleche mit Pergamentpapier belegen und jeweils nur 5–6 Kreise (Durchmesser 5 cm) aufzeichnen. Den Teig portionsweise darauf verstreichen (er läuft in die Breite) und im vorgeheizten Ofen hellgelb backen. Sofort ablösen, über einem dünnen Rundholz formen und abkühlen lassen. Erst dann die nächsten backen und formen.

Sachertorte

Einstellung	Heißluft	Ober- und Unterhitze
Einschubhöhe Temperatur Zeit	unteres Drittel 150–170 °C 60–70 Min.	unteres Drittel 170–190 °C 70–80 Min.

100 g abgezogene Mandeln,
200 g Zartbitter-Schokolade,
180 g zimmerwarme Butter,
180 g Zucker,
8 Eigelb, 8 Eiweiß,
1 Prise Salz,
220 g Mehl,
Butter oder Margarine zum Einfetten,
Semmelbrösel zum Ausstreuen
Außerdem:
200 g Aprikosenkonfitüre,
200 g Zartbitter-Schokolade,
⅛ l Wasser,
120 g Zucker

Die Mandeln zweimal durch die Mandelmühle drehen, damit sie wirklich sehr fein sind. Die Schokolade zerbröckeln und im nicht zu warmen Wasserbad schmelzen lassen. Unter häufigem Umrühren auf Handwärme abkühlen, aber nicht wieder erstarren lassen. Die Butter in einer Rührschüssel mit dem elektrischen Handrührgerät schaumig schlagen und dabei nach und nach im Wechsel Zucker und Eigelb hinzugeben. Weiterrühren, bis der Zucker gelöst und die Masse schaumig ist. Die Schneebesen aus der Masse nehmen und unter heißem Wasser gründlich säubern. Dann Eiweiß mit einer Prise Salz in einer zweiten Schüssel schnittfest schlagen. Auf den Teig gleiten lassen, das Mehl darübersieben und die Mandeln darüberstreuen. Alles locker, aber gründlich unterheben. Das geht am besten mit einem Gummi-Teigschaber, einem Holzlöffel oder auch mit dem Schneebesen; das elektrische Handrührgerät ist für diese Arbeit zu stark. Ganz zum Schluß die Schokolade zugießen und ebenfalls sehr locker unterziehen. Eine Springform (Durchmesser 26 cm) einfetten und mit Semmelbröseln ausstreuen. Den Teig darin glattstreichen und backen. Nach kurzem Ausdampfen auf einen Kuchendraht stürzen und über Nacht auskühlen lassen.

Die Torte am nächsten Tag zweimal waagerecht durchschneiden. Die Platten einzeln abnehmen und beiseite stellen. Die Aprikosenkonfitüre bei milder Hitze glattrühren und wieder etwas abkühlen. Zwei Böden mit knapp ⅔ davon bestreichen und wieder zusammensetzen. Den dritten Boden aufsetzen und die restliche Konfitüre auf Oberfläche und Rand verstreichen. Diese Aprikotur trocknen lassen. Die Schokolade zerbröckeln und mit Wasser und Zucker unter Rühren schmelzen, dann in 5–10 Minuten zu einem dickflüssigen Guß einkochen lassen. Unter weiterem Rühren abkühlen lassen, bis der Guß beginnt, fest zu werden, dann gleichmäßig auf Oberfläche und Rand der Torte verstreichen.

Steif geschlagene, nur sehr schwach gesüßte Sahne, leicht geschlagene Crème fraîche oder auch Vanilleeis schmecken prima dazu.

Frankfurter Kranz

Einstellung	Heißluft	Ober- und Unterhitze
Einschubhöhe Temperatur Zeit	unteres Drittel 160–180 °C 50–60 Min.	unteres Drittel 170–190 °C 60–70 Min.

4 Eier,
ca. 250 g Butter, ca. 250 g Zucker,
ca. 250 g Mehl, 1 Prise Salz,
1 Fläschchen Bittermandelöl,
Butter oder Margarine zum Einfetten,
Semmelbrösel zum Ausstreuen
Füllung und Verzierung: 3 Eiweiß,
1 Prise Salz,
1 EL Pektin-Fruchtsäure-Mischung (Gelfix),
150 g Zucker, 250 g Butter,
1 Würfel (25 g) Kokosfett,
150 g Krokant,
16 Beleg- oder Cocktailkirschen

Für den Teig zuerst die Eier (in ihren Schalen) abwiegen und jeweils exakt dieselbe Menge an Butter, Zucker und Mehl abmessen (das ist das Grundprinzip für den *Eierschwerteig*). Butter mit Zucker, Eiern und der Prise Salz in eine Rührschüssel oder in die Schüssel der Küchenmaschine geben und entweder mit dem elektrischen Handrührgerät oder mit der Küchenmaschine so lange schaumig rühren, bis der Zucker gelöst und die Masse weißcremig ist. Dabei das Bittermandelöl zufügen. Das Mehl darübersieben und locker, aber gründlich untermischen. Eine Kranzkuchen- oder Gugelhupfform mit Butter oder Margarine einfetten und mit Semmelbröseln ausstreuen. Den Teig einfüllen, glattstreichen und goldbraun backen. In der Form kurz ausdampfen, dann auf einem Kuchendraht auskühlen lassen.

Füllung: Eiweiß mit Salz in eine Schüssel geben, Gelfix, mit etwas Zucker vermengt, zugeben und mit dem elektrischen Handrührgerät (oder in der Küchenmaschine) zu schnittfestem Schnee schlagen. Dann nach und nach unter weiterem Schlagen etwa ⅔ des Zuckers einrieseln lassen. Den restlichen Zucker nur locker unterheben. Butter und Kokosfett in Flöckchen teilen und sehr schaumig rühren. Das geht ebenfalls am besten mit dem elektrischen Handrührgerät oder in der Küchenmaschine. Anschließend mit einem Schneebesen den Eischnee sehr locker unterziehen, wobei der Besen so durch alle Schichten geführt werden sollte, daß die Massen locker durch die Stäbe fallen und sich auf diese Weise mischen. Zum Schluß kann etwas kräftiger durchgeschlagen werden.

Den Kranzkuchen zweimal waagerecht durchschneiden, zwischen die Lagen je knapp ⅓ der Creme streichen und wieder zusammensetzen. Von der restlichen Creme etwas abnehmen und in einen Spritzbeutel mit Sterntülle geben. Mit der noch vorhandenen Creme den Frankfurter Kranz rundherum bestreichen und mit Krokant bestreuen. Auf der Oberfläche 16 Stücke markieren, jedes mit einem Buttercremetupfer verzieren und jeweils mit einer Kirsche belegen. Bis zum Servieren kalt stellen.

Blitzkuchen

Einstellung	Heißluft	Ober- und Unterhitze
Einschubhöhe Temperatur Zeit	unteres Drittel 150-170 °C 20-30 Min.	unteres Drittel 170-190 °C 20-30 Min.

250 g Mehl, 100 g Speisestärke,
2 TL Backpulver, 200 g Zucker,
1 Päckchen Vanillinzucker,
1 Prise Salz, 4 Eier,
200 g weiche Butter oder Margarine,
2-3 EL Milch, Butter oder Margarine zum Einfetten
Belag: ca. 75 g Butter oder Margarine,
100-120 g blättrige Mandeln,
100 g Zucker

Mehl mit Speisestärke und Backpulver mischen und in eine hohe Rührschüssel oder in die Schüssel der Küchenmaschine geben. Zucker, Vanillinzucker und Salz darüberstreuen, die Eier und die in Flöckchen geteilte Butter oder Margarine zusammen mit der Milch zufügen und alles mit dem elektrischen Handrührgerät oder in der Küchenmaschine glatt verrühren. Dazu auf der niedrigsten Stufe beginnen, damit das Mehl nicht staubt, dann auf der höchsten Stufe weiterarbeiten. Die Rührdauer beträgt etwa 2 Minuten. Ein Backblech gründlich mit Butter oder Margarine einfetten und den Teig darauf glatt verstreichen.
Die Butter oder Margarine in kleine Flöckchen teilen und diese mit gleichmäßigem Abstand auf den Teig setzen. Die blättrigen Mandeln und den Zucker darüberstreuen und den Kuchen goldgelb backen. Auf dem Blech kurz ausdampfen (oder sogar völlig erkalten) lassen und danach in Rechtecke oder Rhomben schneiden.

Variationen
Dieser wirklich blitzschnell zubereitete Kuchen läßt sich vielfach (und ebenfalls ohne große Mühe) verändern. So können Sie statt der Mandeln natürlich auch Hasel- oder Walnüsse verwenden oder (heiß gewaschene und sehr gut trockengeriebene) Rosinen oder Korinthen darüberstreuen. Und auch mit Obst schmeckt er ausgezeichnet: Verteilen Sie doch einmal ein paar in feine Schnitze geteilte Äpfel oder Birnen darauf, bevor Sie Zucker und Mandeln darübergeben. Aber auch mit Kirschen, Heidelbeeren, Ananasstückchen und beliebigen anderen Früchten (wenn sie nicht zu stark saften) gelingt er problemlos. Wenn Sie ihn einmal zum Kindergeburtstag backen wollen, werden Sie sicherlich mit Buntzucker oder Schokoladenstreuseln großen Erfolg haben. In jedem Fall sollten Sie den Blitzkuchen auch blitzschnell (also möglichst am Backtag) servieren, denn frisch schmeckt er am besten.

Rührteig-Obstkuchen mit Sommerfrüchten

Einstellung	Heißluft	Ober- und Unterhitze
Einschubhöhe Temperatur Zeit	unteres Drittel 150-170 °C 20-25 Min.	Mitte 170-190 °C 20-25 Min.

150 g Mehl, ½ TL Backpulver,
75 g Zucker, 1 Päckchen Vanillinzucker,
1 Prise Salz, 2 Eier,
75 g Butter oder Margarine,
2 EL Milch, Butter oder Margarine zum Einfetten,
Semmelbrösel zum Ausstreuen
Belag: 250 g Kirschen,
5 Pfirsiche, 3-5 große Pflaumen,
150 g beliebige Beeren,
1 Päckchen klarer Tortenguß,
¼ l Weißwein,
1-2 EL Zucker (je nach Süße der Früchte),
¼ l Sahne, 1 Päckchen Vanillinzucker

Mehl mit Backpulver, Zucker, Vanillinzucker und Salz in eine hohe Rührschüssel oder in die Schüssel der Küchenmaschine geben. Die Eier, die in Flöckchen geteilte Butter oder Margarine und die Milch zufügen und alles sehr schnell zu einem glatten Teig verrühren. Dazu wieder auf der niedrigsten Stufe beginnen, bis das Mehl nicht mehr staubt, erst dann auf die höchste Stufe schalten.
Eine Obstkuchenform mit gezacktem Rand sorgfältig mit Butter oder Margarine einfetten und mit Semmelbröseln ausstreuen. Den Teig darin glatt verstreichen und goldgelb backen. Nur kurz in der Form ausdampfen lassen, dann zum Auskühlen auf einen Kuchendraht stürzen.
Belag: Erst kurz vor dem Servieren die Kirschen, Pfirsiche oder Pflaumen waschen und gut abtrocknen. Alle Früchte entsteinen und die Pfirsiche wie die Pflaumen in Viertel oder feine Schnitze teilen. Die Beeren nur sehr schonend in kaltem Wasser abspülen, vorsichtig trockentupfen, dann entstielen bzw. entkelchen, besonders große Beeren halbieren oder vierteln. Alle Früchte in gefälligem Muster auf den Tortenboden dekorieren, wobei dieser in jedem Fall sehr üppig belegt werden sollte. Das Tortengußpulver mit etwas Wein verquirlen. Den restlichen Wein zum Kochen bringen und mit Zucker nach Geschmack süßen. Die Tortengußmischung hineinrühren und unter weiterem Rühren aufkochen lassen. Vom Herd nehmen und, leicht abgekühlt, über die Früchte verteilen. Dabei sollte nach Möglichkeit kein Guß über den Tortenrand laufen. Wenn es doch einmal passiert, lassen Sie den Guß am besten fest werden und heben ihn dann mit einem spitzen Messer wieder ab.
Die Sahne steif schlagen und mit dem Vanillinzucker süßen. In einen Spritzbeutel mit Sterntülle geben und den Obstkuchen damit hübsch dekorieren. Oder die Sahne auch getrennt dazu reichen, damit sich jeder nach Belieben bedienen kann.

Hinweis
Obstkuchen aus Rührteig sind viel saftiger als die aus Mürbteig, doch weichen sie durch Fruchtsaft und Guß auch schneller. Darum sollten sie möglichst erst kurz vor dem Servieren belegt werden. Wollen Sie sie aber doch einmal länger vorbereiten, bestreuen Sie den Boden zuerst mit zerbröselten Makronen oder einer Mischung aus Biskuit- oder Semmelbröseln und Mandeln oder Nüssen, damit diese Schicht die Feuchtigkeit aufsaugen kann. Auch eine dünne Schicht Vanillepudding (nach Pakkungsaufschrift zubereitet) verhindert das Durchweichen. Sie können auch die im Handel angebotenen Obstkuchen-Oblaten bestens verwenden.

Aprikosen-Torteletts

Einstellung	Heißluft	Ober- und Unterhitze
Einschubhöhe Temperatur Zeit	unteres Drittel 160–180 °C 15–20 Min.	unteres Drittel 180–200 °C 15–20 Min.

250 g Mehl,
½ Päckchen Backpulver,
abgeriebene Schale von
½ unbehandelten Zitrone,
80 g Zucker, 1 Prise Salz,
2 Eier,
80 g weiche Butter oder Margarine,
4 EL kalte Milch,
Butter oder Margarine zum Einfetten,
Semmelbrösel zum Ausstreuen
Belag: 3 EL Aprikosenkonfitüre,
1 Dose Aprikosen (850 ml),
1 Päckchen klarer Tortenguß,
3 EL Kokosraspeln

Das Mehl zusammen mit Backpulver, der abgeriebenen Zitronenschale, Zukker, Salz und den Eiern in eine hohe Rührschüssel oder in die Schüssel der Küchenmaschine geben. Butter oder Margarine in Flöckchen teilen und zusammen mit der Milch zufügen. Damit das Mehl nicht staubt, auf der niedrigsten Schaltstufe beginnen, dann auf der höchsten Stufe alles verrühren. Das dauert etwa 2 Minuten. Kleine Tortelettformen einfetten und mit Semmelbröseln ausstreuen. Den Teig etwa 1 cm hoch einfüllen und die Oberflächen mit einem angefeuchteten Messer glattstreichen. Die Tortelettformen auf den Rost stellen und in den Ofen schieben und goldgelb backen. Die Torteletts sofort auf einen Kuchendraht stürzen, die Förmchen abnehmen und die Törtchen auskühlen lassen.

Belag: Die Aprikosenkonfitüre in einem Töpfchen bei sanfter Hitze glattrühren und wieder etwas abkühlen lassen. Anschließend die Innenseiten der Torteletts damit bestreichen. Die Aprikosen auf einem Sieb abtropfen lassen und dabei den Saft auffangen. Die Früchte nach Wunsch etwas zerkleinern und die Torteletts damit üppig belegen. Den Saft abmessen und den Tortenguß nach Packungsaufschrift damit zubereiten. Vorsichtig auf die Früchte verteilen und dabei darauf achten, daß kein Guß an den Rändern herunterläuft. Sobald diese Schicht anfängt, an der Oberfläche fest zu werden, die Kokosraspeln gleichmäßig darüberstreuen und den Guß völlig fest werden lassen.

Variationen

▷ Noch feiner wird dieser Rührteig, wenn Sie ihn nur mit 200 g Mehl und 50 g gemahlenen Mandeln oder Haselnüssen zubereiten. In diesem Fall sollten Sie die Oberflächen auch mit Mandeln oder Nüssen verzieren.

▷ Anstelle der Aprikosen können Sie jedes beliebige Obst verwenden. Lassen Sie die Früchte aus der Dose immer gut abtropfen und verwenden Sie die Flüssigkeit für den Tortenguß. Bei frischem Obst können Sie den Guß aus einer Wein-Wasser-Zucker-Mischung und dem Pulver herstellen.

Weintraubentorte

Einstellung	Heißluft	Ober- und Unterhitze
Einschubhöhe Temperatur Zeit	unteres Drittel 170–190 °C 20–25 Min.	unteres Drittel 190–210 °C 20–25 Min.

200 g Mehl, 50 g Zucker,
je 1 Prise Salz und geriebene Muskatnuß,
1 Päckchen Vanillinzucker, 150 g Quark,
125 g kalte Butter, Butter zum Einfetten,
Semmelbrösel zum Ausstreuen
Belag: je 600 g blaue und grüne Weintrauben, ⅛ l trockener Weißwein,
⅛ l Wasser, 1 EL Zucker,
1 Stückchen Zitronenschale, ca. 2 cm lang,
1 Päckchen klarer Tortenguß

Mehl mit Zucker, Salz, Muskat, Vanillinzucker, Quark und der in Flöckchen geteilten Butter in eine hohe Rührschüssel oder in die Schüssel der Küchenmaschine geben. Mit Quirl und Knetern des elektrischen Handrührgeräts oder mit der Küchenmaschine auf niedrigster Stufe beginnen, dann ca. 2 Minuten auf der höchsten Schaltstufe zu einem Kloß kneten. Sollte der Teig noch etwas krümelig sein, kurz mit den Händen zusammenkneten. Zugedeckt für 1–2 Stunden in den Kühlschrank legen. Anschließend eine Obstkuchenform (Durchmesser 26 cm) einfetten, ausstreuen und den Teig darin ausrollen. Den Boden mehrfach mit einer Gabel einstechen und goldgelb backen. Auf einen Kuchendraht stürzen, wieder umdrehen und auskühlen lassen.
Belag: Die Weintrauben waschen und sehr gut abtrocknen. Die Beeren von den Stielen lösen, halbieren, entkernen und nach Wunsch auch häuten. Die Trauben dicht nebeneinander auf dem kalten Tortenboden anrichten. Den Wein mit Wasser (etwas zurücklassen), Zucker und Zitronenschale in einem Topf aufkochen. Den Tortenguß mit dem übrigen Wasser verquirlen und hineinrühren. Einmal aufkochen lassen, die Zitronenschale herausnehmen und den Guß gleichmäßig über die Trauben verteilen. Fest werden lassen und die Torte erst danach anschneiden.

Ananascreme-Schiffchen

Einstellung	Heißluft	Ober- und Unterhitze
Einschubhöhe Temperatur Zeit	unteres Drittel 160–180 °C 20–25 Min.	unteres Drittel 190–210 °C 25–35 Min.

250 g Mehl, 1 Ei, 1 Prise Salz,
60 g Zucker, abgeriebene Schale von ½ unbehandelten Zitrone, 100 g Butter,
Mehl zum Ausrollen,
Butter zum Einfetten,
gemahlene Mandeln zum Ausstreuen
Füllung: ¼ l kalte Milch, 20 g Zucker,
1 Prise Salz, 10 g Speisestärke oder Vanille-Puddingpulver,
3 Eigelb, 1 Eiweiß, 4 Ananasringe aus der Dose (ca. 100 g), 2 EL Crème fraîche,
150 g Ananas- oder Aprikosenkonfitüre,
40 g gestiftelte Mandeln,
Puderzucker zum Bestäuben

Für den Teig alle Zutaten mit Quirl und Knetern des elektrischen Handrührgeräts oder mit der Küchenmaschine verkneten und zugedeckt für mindestens 30 Minuten in den Kühlschrank legen.
Füllung: Inzwischen die Milch (etwas zurücklassen) mit Zucker und Salz aufkochen. Die Speisestärke oder das Puddingpulver mit den Eigelb und der übrigen Milch verquirlen und in die kochende Milch rühren. Unter weiterem Rühren aufkochen lassen, dann vom Herd nehmen und abkühlen. Dabei hin und wieder umrühren, damit keine Haut entsteht. Eiweiß mit Quirl und Schlägern des elektrischen Handrührgeräts oder mit der Küchenmaschine schnittfest schlagen und mit der abgetropften, in Stücke geschnittenen Ananas und Crème fraîche unter die Creme ziehen.
Den Teig auf der schwach bemehlten Arbeitsfläche ausrollen und 8–10 eingefettete und mit Mandeln ausgestreute Schiffchenformen damit auskleiden. Die Teigböden mehrfach mit der Gabel einstechen. Die Creme einfüllen, glattstreichen, die Schiffchen auf den Rost stellen und im Ofen backen lassen. Ananas- oder Aprikosenkonfitüre glattrühren. Die fertigen Schiffchen mit der Konfitüre bestreichen und mit den Mandeln bestreuen. Auskühlen lassen und nur ganz leicht mit Puderzucker bestäuben.

Kiwi-Himbeer-Torteletts

Einstellung	Heißluft	Ober- und Unterhitze
Einschubhöhe Temperatur Zeit	Mitte 170–190 °C 15–20 Min.	unteres Drittel 200–220 °C 15–20 Min.

150 g Mehl,
100 g gemahlene Mandeln,
1 Prise Salz, 1 Ei, 70 g Zucker,
125 g Butter
Belag: ½ Paket tiefgekühlte Himbeeren (150 g),
60 g Zucker,
Saft von 1 Zitrone,
4 Kiwis, Wasser zum Auffüllen,
1 Glas (2 cl) Himbeergeist,
1 Päckchen klarer Tortenguß

Für den Teig alle Zutaten verkneten, 30 Minuten kühlen, dann 8 Tortelettförmchen damit auskleiden und die Böden einstechen. Die Torteletts backen und auf einem Kuchendraht auskühlen lassen.
Belag: Die Himbeeren, mit Zucker und Zitronensaft gemischt, auftauen lassen, abtropfen und die Flüssigkeit auffangen. Kiwis schälen, halbieren und jeweils in die Mitte der Torteletts legen. Die Himbeeren drumherum verteilen. Den Saft mit Wasser und Himbeergeist zu ¼ l auffüllen und den Tortenguß nach Packungsaufschrift damit zubereiten. Über die Torteletts verteilen und fest werden lassen.

Oben: Weintraubentorte
Unten links: Ananascreme-Schiffchen
Unten rechts: Kiwi-Himbeer-Torteletts

Französische Zwetschgentorte

Einstellung Vorbacken	Heißluft	Ober- und Unterhitze
Einschubhöhe Temperatur Zeit	unteres Drittel 180–200 °C 15–20 Min.	unteres Drittel 190–210 °C 15–20 Min.

Einstellung Fertigbacken	Heißluft	Ober- und Unterhitze
Einschubhöhe Temperatur Zeit	Mitte 180–200 °C 20–25 Min.	Mitte 190–210 °C 20–25 Min.

200 g Mehl, 1 Prise gemahlener Zimt,
1 Prise Salz, 1 Ei, 1 EL kaltes Wasser,
1 EL Himbeergeist,
100 g gekühlte Butter,
Mehl zum Ausrollen
Belag: 1–1,5 kg Zwetschgen,
50 g Mandelmakronen, 2 Eiweiß,
1 Prise Salz, 100 g Zucker,
1 TL Zitronensaft,
125 g gemahlene Mandeln,
125 g rotes Johannisbeergelee,
1–2 EL Himbeergeist

Mehl mit Zimt, Salz und Ei in eine hohe Rührschüssel oder in die Schüssel der Küchenmaschine geben. Kaltes Wasser zusammen mit Himbeergeist und der in Flöckchen geteilten Butter zugeben und alles schnell zu einem glatten Teig verkneten. Zugedeckt (oder in Folie verpackt) mindestens 1 Stunde im Kühlschrank ruhen lassen. Danach auf der leicht bemehlten Arbeitsfläche dünn ausrollen und eine Springform (Durchmesser 26 cm) damit auskleiden. Dabei einen etwa 3 cm hohen Rand formen, den Boden mehrfach mit einer Gabel einstechen und vorbacken.
Belag: In der Zwischenzeit die Zwetschgen waschen, abtrocknen, entstielen und entsteinen. Dazu die Früchte jeweils nur an einer Längsseite aufschneiden, die Steine herauslösen und die beiden Fruchthälften anschließend längs ein wenig einschneiden, damit sie sich beim Backen nicht zusammenziehen können. Die Makronen in eine Plastiktüte geben und mit der Teigrolle zu sehr feinen Bröseln zerdrücken. Oder sie in der Küchenmaschine fein zerkleinern. Eiweiß mit Salz in eine Rührschüssel oder in die Schüssel der Küchenmaschine geben und zu schnittfestem Schnee schlagen. Dabei nach und nach den Zucker einstreuen und zum Schluß den Zitronensaft untermischen. Die Mandeln zusammen mit den zerbröselten Makronen locker, aber gründlich unterheben und diese Mischung auf dem vorgebackenen Boden verstreichen. Die Zwetschgen dicht nebeneinander dachziegelartig auflegen und backen. Indessen das Johannisbeergelee mit dem Himbeergeist bei sehr sanfter Hitze glattrühren. Den Kuchen aus dem Ofen nehmen und sofort mit dem Gelee bestreichen. Abkühlen lassen.

Variation
Verwenden Sie statt der Mandeln doch einmal gemahlene Hasel- oder Walnüsse und würzen Sie die Füllung statt mit Zitronensaft mit etwas Orangensaft. Dann können Sie zusätzlich auch etwas abgeriebene Schale einer unbehandelten Orange zufügen.

Apfeltorte mit Sahneguß

Einstellung	Heißluft	Ober- und Unterhitze
Einschubhöhe Temperatur Zeit	unteres Drittel 160–180 °C 35–45 Min.	unteres Drittel 190–210 °C 45–55 Min.

250 g Mehl, 1 Prise Salz, 125 g Zucker,
1 Ei, 125 g kalte Butter oder Margarine,
Mehl zum Ausrollen,
40 g gemahlene Haselnüsse,
20 g Semmelbrösel,
1 kg säuerliche Äpfel
Sahneguß: 4 Eigelb, 100 g Puderzucker,
4 Eiweiß, 1 Prise Salz,
abgeriebene Schale von
½ unbehandelten Zitrone,
¼ l Sahne, 20 g Butter,
60 g gemahlene Haselnüsse,
Puderzucker zum Bestäuben

Mehl mit Salz und Zucker in eine hohe Rührschüssel oder in die Schüssel der Küchenmaschine geben. Ei und das in Flöckchen geteilte Fett zufügen und alles sehr schnell zu einem Mürbeteig verkneten. Nach Wunsch von Hand nochmal schnell durchkneten, dann zu einer Kugel formen und zugedeckt etwa 30 Minuten im Kühlschrank ruhen lassen. Anschließend auf der leicht bemehlten Arbeitsfläche dünn ausrollen und eine Springform (Schwarzblech, Durchmesser 26 cm) damit auskleiden. Dabei einen etwa 3 cm hohen Rand formen. Den Boden mehrfach mit einer Gabel einstechen und mit Haselnüssen und Semmelbröseln bestreuen. Die Äpfel schälen, vierteln und mehrfach leicht einritzen, entkernen. Dicht nebeneinander auf die Bröselschicht legen.
Sahneguß: Die Eigelb mit dem elektrischen Handrührgerät schaumig schlagen und dabei nach und nach die Hälfte des Puderzuckers einrieseln lassen. Die Schläger säubern und die Eiweiß mit Salz und dem restlichen Puderzucker schnittfest schlagen. Mit der Zitronenschale aromatisieren. Die Butter schmelzen und auf Handwärme abkühlen lassen. In einem dünnen Strahl unter vorsichtigem Rühren mit einem Holzlöffel, -spatel oder dem Schneebesen zufließen lassen. Dabei darf jedoch keinesfalls lange gemischt werden, sonst verliert die schaumige Masse ihre lockere Struktur. Die gemahlenen Nüsse unterheben und die Masse gleichmäßig über die Äpfel verteilen. Glattstreichen und im vorgeheizten Ofen goldbraun backen. Den Herd ausschalten und den Kuchen noch etwa 20 Minuten darin nachziehen lassen. Auf einen Kuchendraht gleiten und völlig erkalten lassen, mit Puderzucker bestäuben.
Mit Vanillinzucker gesüßte Schlagsahne oder Crème fraîche schmeckt sehr gut dazu.

Hinweis
Die Apfelsorte können Sie nach dem jeweiligen Marktangebot bestimmen. Besonders gut schmecken dazu würzigere Sorten mit fein-herber Säure, wie zum Beispiel Boskop, Cox Orange, Berlepsch und Glockenapfel. Jedoch eignen sich auch Granny Smith.

Variation
Mischen Sie die Äpfel einmal mit gewaschenen und sorgfältig abgetrockneten Rosinen oder geben Sie grobgehackte kandierte, rote Kirschen dazu.

Cranberrytorte

Einstellung Vorbacken	Heißluft	Ober- und Unterhitze
Einschubhöhe Temperatur Zeit	unteres Drittel 170–190 °C 10–12 Min.	unteres Drittel 190–210 °C 10–12 Min.

Einstellung Fertigbacken	Heißluft	Ober- und Unterhitze
Einschubhöhe Temperatur Zeit	Mitte 170–190 °C 25–30 Min.	Mitte 190–210 °C 25–30 Min.

250 g Mehl, 1 Prise Salz, 80 g Zucker,
3 Eigelb, 1 Päckchen Vanillinzucker,
150 g gekühlte Butter oder Margarine,
Butter oder Margarine zum Einfetten,
Semmelbrösel zum Ausstreuen
Füllung: ca. 500 g Cranberries, 5 Eiweiß,
1 Prise Salz, 300 g Zucker,
1 TL Zitronensaft,
150 g gemahlene Mandeln,
30 g Speisestärke,
1 Prise gemahlener Zimt,
Puderzucker zum Bestäuben

Mehl mit Salz, Zucker, Ei und Vanillinzucker in eine hohe Rührschüssel oder in die Schüssel der Küchenmaschine geben. Die in Flöckchen geteilte Butter oder Margarine darüberstreuen und alles mit den Knetern des elektrischen Handrührgerätes oder mit der Küchenmaschine zu einem glatten Mürbeteig kneten. Dazu auf der niedrigsten Stufe beginnen, damit das Mehl nicht staubt, dann auf höchster Stufe etwa 2 Minuten weiterarbeiten. Den Teig von Hand nochmal schnell durchkneten, zu einer Kugel formen und 30 Minuten kühlen. Inzwischen eine Springform (Durchmesser 26 cm) einfetten und mit Semmelbröseln ausstreuen. Den Teig in der Springform ausrollen und dabei einen 3 cm hohen Rand formen. Den Boden mehrfach mit einer Gabel einstechen und den Kuchen vorbacken.

Füllung: Die Cranberries in kaltem Wasser waschen und sehr gut abtropfen lassen oder mit Haushaltspapier trockentupfen. Eiweiß mit einer Prise Salz in der Küchenmaschine oder mit dem elektrischen Handrührgerät schnittfest schlagen, dann nach und nach den Zucker einstreuen. Zum Schluß den Zitronensaft darunterschlagen. Die Mandeln mit Speisestärke und Zimt mischen, auf den Eischnee geben und die Beeren zufügen. Alles sehr locker – am besten mit einem Spatel – unterheben. Diese Masse auf dem vorgebackenen Boden glattstreichen und mit Puderzucker bestäuben. Goldbraun backen und auf einem Kuchendraht auskühlen lassen.

Hinweis

Die Cranberries – eine amerikanische Zuchtform der Preiselbeeren – werden während der Wintermonate bei uns in fast allen Supermärkten angeboten. Ihr frisches, leicht säuerlich-herbes Aroma harmoniert vorzüglich mit der Baiser-Mandelmasse und dem knusprigen Mürbeteig. Wollen Sie diese Torte im Sommer backen, können Sie Johannis-, Heidel- oder Preiselbeeren verwenden. Die Zuckermenge richtet sich nach Reife und Süße der Früchte.

Mandel-Krümeltorte mit Kirschen

Einstellung	Heißluft	Ober- und Unterhitze
Einschubhöhe Temperatur Zeit	Mitte 160–180 °C 40–50 Min.	unteres Drittel 180–200 °C 60–70 Min.

300 g Mehl,
150 g gemahlene Mandeln,
1 Prise Salz,
150 g Zucker,
abgeriebene Schale von
½ unbehandelten Zitrone,
250 g kalte Butter oder Margarine,
750 g entsteinte Sauerkirschen,
Butter oder Margarine zum Einfetten,
Semmelbrösel zum Ausstreuen,
Puderzucker zum Bestäuben

Mehl mit 100 g Mandeln, Salz, Zucker, Zitronenschale und der in Flöckchen geteilten Butter oder Margarine in eine hohe Rührschüssel oder in die Schüssel der Küchenmaschine geben. Mit den Knetern des elektrischen Handrührgerätes oder der Küchenmaschine (auf der schwächsten Stufe beginnend) etwa 2 Minuten auf höchster Stufe verkneten. Den Teig dann halbieren, eine Hälfte in den Kühlschrank stellen, die andere mit den Händen schnell durchkneten und ebenfalls kurz kühlen. Kirschen aus dem Glas zum Abtropfen auf ein Sieb geben; den Saft anderweitig verwenden. Eine Springform (Durchmesser 26 cm) mit Butter oder Margarine einfetten und mit Semmelbröseln ausstreuen. Den nochmal durchgekneteten Teig hineingeben, glattdrücken und dabei einen kleinen Rand formen. Die Kirschen in den restlichen Mandeln wenden, auf dem Teig verteilen und den restlichen Teig in Bröseln oder Krümeln darüberstreuen. Die Torte sofort goldgelb backen, den Springformrand lösen, auf einem Kuchendraht auskühlen lassen und mit Puderzucker bestäuben.
Leicht gesüßte Schlagsahne oder auch Crème fraîche schmeckt sehr gut dazu.

Hinweise

▷ Das Wenden in den Mandeln verhindert, daß die Kirschen zu stark durchsaften. Denselben Zweck erfüllen aber auch Semmelbrösel oder etwas Mehl. Sie können aber auch Obstkuchen-Oblaten (gibt's in verschiedenen Größen und Formen) dazu verwenden.

▷ Ganz besonders fein wird die Torte übrigens, wenn Sie die Form statt mit Semmelbröseln mit gemahlenen Mandeln ausstreuen.

Variationen

Krümeltorte auf dem Blech: Verwenden Sie von allen Zutaten die doppelte Menge, rollen Sie gut eine Hälfte des Teiges auf dem Blech aus und arbeiten Sie weiter, wie oben angegeben.
Krümeltorte mit Schokolade: Streuen Sie wenige Minuten vor Ende der Backzeit grobgeraspelte Schokolade oder Schokoladenstreusel über die obere Teigschicht; die Schokolade soll zwar gerade eben schmelzen, aber nicht völlig zerlaufen.

Käsekuchen

Einstellung	Heißluft	Ober- und Unterhitze
Einschubhöhe Temperatur Zeit	unteres Drittel 180-200 °C 55-60 Min.	unteres Drittel 200-220 °C 60-70 Min.

250 g Mehl, 1 Prise Salz,
1 Msp. Backpulver, 60 g Zucker,
4 hartgekochte Eigelb, 1 rohes Eigelb,
150 g gekühlte Butter,
60 g gemahlene Mandeln,
abgeriebene Schale
von ½ unbehandelten Zitrone,
4-5 EL trockener Weißwein,
Butter oder Margarine zum Einfetten,
Semmelbrösel zum Ausstreuen
Füllung: 80 g Rosinen,
2-3 Glas (je 2 cl) Rum, 40 g Mehl,
¼ l Milch, 1 Prise Salz,
1 Vanilleschote, 80 g Butter,
100 g Zucker, 6 Eigelb,
1 kg Speisequark, 200 g Crème fraîche,
3-4 Tropfen Bittermandelöl,
Saft von ½ und abgeriebene Schale
von 1 unbehandelten Zitrone, 3 Eiweiß

Mehl mit Salz, Backpulver und Zucker in eine hohe Rührschüssel oder in die Schüssel der Küchenmaschine geben. Die hartgekochten Eigelb durch ein Sieb passieren und zusammen mit dem rohen Eigelb, der in Flöckchen geteilten Butter, den Mandeln und der abgeriebenen Zitronenschale zufügen. Den Wein angießen und alles mit den Knetern des Handrührgerätes oder in der Küchenmaschine zu einem glatten Teig verkneten. Dazu auf der niedrigsten Stufe beginnen, auf die höchste Stufe schalten und etwa 2 Minuten durcharbeiten. Zum Schluß den Teig mit den Händen schnell durchkneten und etwa 30 Minuten kühlen. Eine Springform (Durchmesser 26 cm) mit Butter oder Margarine einfetten und mit Semmelbröseln bestreuen. Mit dem Teig auskleiden und dabei einen etwa 4 cm hohen Rand formen. Den Boden anschließend mehrfach mit einer Gabel einstechen.
Füllung: Während der Teig ruht, die Füllung zubereiten. Dazu die Rosinen unter heißem Wasser waschen und in einem Tuch trockenreiben. Mit dem Rum in einem Töpfchen erhitzen, aber nicht kochen, dann zugedeckt abkühlen lassen. Das Mehl mit etwas kalter Milch verquirlen. Die restliche Milch mit Salz, dem ausgeschabten Vanillemark und der »leeren« Schote zum Kochen bringen. Die Mehlmischung einrühren, unter weiterem Rühren aufkochen und vom Herd nehmen. Abkühlen lassen und zwischendurch hin und wieder umrühren, damit sich keine Haut bildet. Butter mit Zucker und Eigelb entweder mit dem elektrischen Handrührgerät oder in der Küchenmaschine schaumig rühren und dabei Quark, Crème fraîche, Bittermandelöl, Zitronensaft und -schale zufügen. Alles schlagen lassen, bis eine schaumige, lockere Masse entsteht. Dabei löffelweise die Mehlmischung (ohne Vanilleschote) zufügen. Die Rührbesen (bzw. die Küchenmaschine) schnell säubern und die Eiweiß zu schnittfestem Schnee schlagen. Locker unter die Quarkcreme heben und zum Schluß die Rosinen untermischen. Die Masse in die ausgekleidete Form geben, glattstreichen und goldbraun backen. Nach Ablauf der Backzeit noch etwa 20 Minuten im abgeschalteten Ofen stehen lassen. Den Kuchen in der Form kurz ausdampfen lassen, dann zum Auskühlen auf einen Kuchendraht gleiten lassen.

Holländische Birnenschnitten

Einstellung Vorbacken	Heißluft	Ober- und Unterhitze
Einschubhöhe Temperatur Zeit	unteres Drittel 160-180 °C 10-15 Min.	unteres Drittel 190-210 °C 10-15 Min.

Einstellung Fertigbacken	Heißluft	Ober- und Unterhitze
Einschubhöhe Temperatur Zeit	Mitte 160-180 °C 30-40 Min.	Mitte 190-210 °C 35-45 Min.

500 g Mehl, 1 Prise Salz, 2 kleine Eier,
175 g Zucker, abgeriebene Schale
von ½ unbehandelten Zitrone,
1 Msp. gemahlener Zimt,
250 g Butter oder Margarine,
Butter oder Margarine zum Einfetten,
Semmelbrösel zum Bestreuen,
Mehl zum Ausrollen,
2 Eigelb zum Bestreichen
Füllung: 2 kg reife, aber nicht zu weiche
Birnen, 60 g Butter, 8 EL Wasser,
200 g Zucker, 1 EL gemahlener Zimt,
200-220 g geriebener alter Gouda oder
Edamer

Mehl mit Salz, Eiern, Zucker, Zitronenschale, Zimt und der in Flöckchen geteilten Butter oder Margarine in eine hohe Schüssel oder in die Schüssel der Küchenmaschine geben und entweder mit den Knethaken des elektrischen Handrührgerätes oder mit der Küchenmaschine verkneten. Danach kurz von Hand durchkneten, zur Kugel formen und etwa 1 Stunde kühlen. Ein Backblech mit hohem Rand oder die Fettpfanne mit Butter oder Margarine einfetten und mit Semmelbröseln ausstreuen. Etwa ⅔ des Teiges darin ausrollen, den Boden mehrfach mit einer Gabel einstechen und vorbacken, ohne zu bräunen.
Füllung: Während der Teig kühlt, die Birnen schälen, entkernen und in Schnitze teilen. Mit der Butter, dem Wasser und etwa 3 EL Zucker weich dünsten und anschließend mit dem Handrührgerät oder der Küchenmaschine pürieren. Vom Herd nehmen, den restlichen Zucker (bis auf 3 EL) mit dem Zimt und dem Käse hineinrühren und diese Mischung etwas abkühlen lassen. Den vorgebackenen Boden aus dem Ofen nehmen, die Birnenmischung darauf verteilen und glatt verstreichen.
Den restlichen Teig auf der leicht bemehlten Arbeitsfläche dünn ausrollen, in Streifen schneiden und diese parallel zueinander auf die Birnenmasse legen. Die Oberfläche mit verquirltem Eigelb bestreichen, mit dem restlichen Zucker bestreuen und im Ofen fertigbacken. Abgekühlt in Stücke schneiden.

Hinweis
Selbstverständlich können Sie den Mürbeteig auch von Hand kneten. In diesem Fall geben Sie das Mehl auf die Arbeitsfläche und drücken eine Mulde in die Mitte. Eier und/oder alle anderen flüssigen Zutaten hineingeben, Zucker, Fett in Flöckchen und alle anderen streufähigen Zutaten darüber verteilen und alles mit einem Messer (oder mit zweien) bröselig hacken, dann schnell mit den Händen verkneten.

Weintrauben-Pie mit Maronen

Einstellung	Heißluft	Ober- und Unterhitze
Einschubhöhe Temperatur Zeit	Mitte 180–200 °C 45–50 Min.	Mitte 190–210 °C 45–50 Min.

Pieteig:
200 g Mehl,
1 kräftige Prise Salz,
100 g gekühlte Butter,
2–3 EL Eiswasser,
Mehl zum Ausrollen,
1 Eiweiß zum Bestreichen,
Zucker zum Bestreuen
Füllung:
750 g blaue Weintrauben,
750 g helle Weintrauben,
1 Zitrone, 1 Orange,
1 Dose Maronen (425 g),
50 g sehr fein gehackte Walnüsse,
2 Glas (je 2 cl) Grappa oder Cognac,
125 g Zucker,
1 Päckchen Vanillinzucker

Mehl, Salz, die in Flöckchen geteilte Butter und das Eiswasser in eine hohe Rührschüssel oder in die Schüssel der Küchenmaschine geben und sehr schnell – wie bei einem echten Mürbeteig – miteinander verkneten. Dazu auf der niedrigsten Stufe beginnen, damit das Mehl nicht staubt, dann auf der höchsten Stufe weiterarbeiten. Alles zu einer Kugel formen und für mindestens 30 Minuten zugedeckt in den Kühlschrank legen.
Füllung: Die Weintrauben waschen, gut abtrocknen und die Beeren von den Stielen zupfen, nach Wunsch entkernen. Die Zitrone und die Orange sorgfältig abschälen und dabei sämtliche weißen Häutchen entfernen, sie schmecken leicht bitter. Die Filets aus ihren Trennwänden schneiden und in kleine Stückchen teilen, wobei sie gleichzeitig entkernt werden. Die Maronen abtropfen lassen und ebenfalls in kleine Stücke zerteilen. Mit den Trauben, den Zitrusfrüchten und den Walnüssen mischen. Den Grappa oder Cognac darübergießen und mit Zucker und Vanillinzucker bestreuen.

Den gekühlten Teig auf der schwach bemehlten Arbeitsfläche etwa 4 mm dick ausrollen. Eine nach oben breiter werdende feuerfeste Form (von etwa 1¾ l Inhalt) mit extra breitem, unglasiertem Rand umgekehrt darauflegen und mit einem Teigrädchen oder einem scharfen Messer den Teig rundherum so ausschneiden, daß die Platte etwa 2,5 cm größer ist als die Form. Die Teigreste zusammenkneten und erneut ausrollen. Nun einen langen Streifen ausschneiden, der etwas breiter als der Rand der Form sein sollte. Den unglasierten Rand mit Wasser bestreichen, den Teigstreifen auflegen und gut andrücken.
Den Zucker und den Vanillinzucker unter die Früchte mischen und vorsichtig – ohne den Teigrand zu zerstören – einfüllen. Den Teigdeckel auflegen und den Rand sorgfältig an dem unteren Teigrand befestigen. Dazu den Zeigefinger der Länge nach von oben auf den Rand des Teigdeckels legen, gut andrücken und gleichzeitig die stumpfe Seite einer Messerklinge mehrfach waagerecht in die beiden Teigschichten pressen, damit sie sich gut miteinander verbinden können. Den jetzt noch überstehenden Rand des Teiges mit einem scharfen Messer abschneiden, wobei die Klinge (der Form folgend) schräg nach oben und nach außen zeigen sollte. Zum Schluß beide Teigschichten am Rand mit dem senkrecht gehaltenen Messerrücken in gleichmäßigen Abständen mehrfach einkerben, die Oberfläche mit verquirltem Eiweiß bestreichen und mit Zucker bestreuen. Goldbraun backen, dann sofort herausnehmen. Nach Wunsch nochmals dünn mit Zucker bestreuen und heiß oder gerade abgekühlt servieren.
Schlagsahne oder Crème fraîche kann zusätzlich dazu serviert werden.

Hinweis
Um das Auflegen des Teigdeckels zu erleichtern, kann man den Teig auf einem großen Blatt Pergamentpapier oder Alufolie ausrollen, beides umgekehrt auf die Form legen und das Papier bzw. die Folie danach abziehen.

Apfel-Vanille-Pie

Einstellung	Heißluft	Ober- und Unterhitze
Einschubhöhe Temperatur Zeit	Mitte 180–200 °C 45–50 Min.	Mitte 190–210 °C 45–50 Min.

400 g Mehl,
2 kräftige Prisen Salz,
200 g gekühlte Butter,
5–6 EL Eiswasser,
Mehl zum Ausrollen,
1 Eigelb zum Bestreichen,
Puderzucker zum Bestäuben
Füllung:
1 kg säuerliche Äpfel,
Saft von 1 Zitrone,
1 Vanilleschote,
250 g Zucker,
1 Päckchen Vanillinzucker,
2 EL Vanille-Puddingpulver,
50 g Kokosraspeln,
1 Eiweiß, 30 g Butter

Den Teig wie für Weintrauben-Pie zubereiten und kühlen.
Füllung: Die Äpfel schälen, entkernen, in feine Schnitze teilen und sofort mit etwas Zitronensaft beträufeln. Das Vanillemark herausschaben und mit dem Zucker und Vanillinzucker vermischen. Vanille-Puddingpulver und Kokosraspeln zufügen und die Apfelschnitze gut darin wenden. Knapp die Hälfte des Teiges auf der bemehlten Arbeitsfläche ausrollen, eine Pieform (Inhalt ca. 1 l) umgekehrt darauflegen und rundherum den Teigdeckel ausschneiden. Die Teigreste zum übrigen Teig geben, ausrollen und die Form damit auskleiden. Den Boden mehrfach einstechen. Das Eiweiß verschlagen und den Boden damit bestreichen. Die Apfelmischung mit der in Flöckchen geteilten Butter hineinschichten. In der Mitte des Teigdeckels einen Kamin ausstechen, den Deckel auflegen und fest an den Teigrand in der Form drücken. Beide Randschichten zwischen Daumen und Zeigefinger zusammenpressen. Die Oberfläche mit verquirltem Eigelb bestreichen, aus den Teigresten Plätzchen ausstechen, auflegen und auch bepinseln. Pie backen. Mit Puderzucker bestäuben und diesen etwa 5 Minuten im Backofen karamelisieren.

Hefekuchen vom Blech

Sie gehören zu den echten »Evergreens« der Kuchenbäckerei, und obwohl sie schon »so alt« sind, bleiben sie immer modern. Man vermutet, daß sie in ländlichen Gegenden erfunden wurden, um die Ofenhitze nach dem Brotbacken ausnützen zu können. Die Beläge richten sich dabei stets nach dem »natürlichen« Angebot: Sind Zwetschgen reif, werden sie aufgelegt, sind es gerade Äpfel oder Kirschen, Rhabarber oder Birnen, nimmt man selbstverständlich sie. Läßt sich zur Zeit überhaupt nichts ernten, weicht man auf den guten, alten Butterkuchen, auf Streuselkuchen oder auf Bienenstich aus.
Bei all diesen Kuchen kann der Grundteig immer derselbe sein, wie im unten angegebenen Rezept, das für zwei Backbleche (passend für den Heißluftherd) berechnet ist. Damit der Teig beim Backen nicht vom Blech herunterlaufen kann, sollten Sie die offene Blechkante stets mit einem doppelt gefalteten Alufolienstreifen begrenzen. Alle Hefekuchen vom Blech schmecken frisch – unmittelbar nach dem Erkalten – am besten.

Hinweis
Für nur ein Backblech die Zutaten halbieren oder eine Teighälfte einfrieren.

Hefeteig

800 g Mehl, 80 g Zucker,
160 g weiche Butter oder Margarine (nach Wunsch auch durch einen Teil Schweineschmalz ersetzt),
1 Prise Salz, ⅜ l lauwarme Milch,
50 g Frischhefe (oder Trockenhefe für 800 g Weizenmehl),
nach Wunsch 1 Päckchen Vanillinzucker, abgeriebene Schale von ½ unbehandelten Zitrone oder 1 gehäufte Messerspitze gemahlener Zimt, Mehl zum Bestäuben,
Butter oder Margarine zum Einfetten

Das Mehl zusammen mit dem Zucker in eine hohe Rührschüssel oder in die Schüssel der Küchenmaschine geben. Das weiche, in Flöckchen geteilte Fett zusammen mit Salz und der Milch zufügen und die Frischhefe darüber zerbröckeln. Trockenhefe nach Packungsaufschrift verwenden. Gewürze nach Belieben zufügen und mit Quirl und Knetern des elektrischen Handrührgerätes oder mit der Küchenmaschine auf der niedrigsten Schaltstufe beginnen, bis das Mehl nicht mehr staubt. Auf höchster Schaltstufe weiterkneten, bis sich der Teig vom Schüsselrand löst. Das dauert etwa 5–6 Minuten. Die Schüssel mit einem Küchentuch bedecken und den Teig aufgehen lassen, bis er sein Volumen sichtbar vergrößert hat und elastisch ist. Dazu die Schüssel auf den Rost in den Heißluftherd stellen. 5 Minuten lang auf 50 °C erwärmen, dann ausschalten und den Teig 20–30 Minuten gehen lassen. Den Teig auf der leicht bemehlten Arbeitsfläche durchkneten und auf den gefetteten Blechen ausrollen. Den Belag darauf verteilen und nochmals 20–30 Minuten gehen lassen.

Butterkuchen

Einstellung	Heißluft 2 Bleche	Ober- und Unterhitze
Einschubhöhe	unteres + oberes Drittel	unteres Drittel
Temperatur	180–200 °C	200–220 °C
Zeit	20–25 Min.	25–30 Min.

1 Rezept Hefeteig
Belag: 300 g süße oder saure Sahne, 150–200 g Butter, 200 g Zucker, 3 TL gemahlener Zimt oder 2–3 Päckchen Vanillinzucker

Den ausgerollten Teig mit der Sahne bestreichen, wobei saure Sahne vorher glatt gerührt werden sollte. Den Teig aufgehen lassen, dann in regelmäßigen Abständen kleine Mulden eindrücken und die Butter in Flöckchen hineingeben. Zucker mit dem gemahlenen Zimt oder dem Vanillinzucker mischen, darüberstreuen und goldbraun backen.

Bienenstich

Einstellung	Heißluft	Ober- und Unterhitze
wie Butterkuchen		

1 Rezept Hefeteig
Belag: 350 g Butter, 350 g Zucker, 250 g blättrige Mandeln, 120 g gehackte Mandeln, knapp ¼ l Sahne, Mark von 1–2 Vanilleschoten
Füllung: ¾ l Milch, 1 Prise Salz, 75 g Zucker, 1 Päckchen Vanillinzucker, 1½ Päckchen Vanille-Puddingpulver, 2 Eigelb, 300 g Butter, 80 g Puderzucker

Belag: Butter mit Zucker, blättrigen und gehackten Mandeln, der Sahne und dem Vanillemark in einen Topf geben und unter Rühren kräftig aufkochen. Sofort vom Herd nehmen, abkühlen lassen und lauwarm auf den vorbereiteten Teig streichen. Nochmal kurz gehen lassen, dann goldbraun backen. Herausnehmen und auskühlen lassen.
Füllung: Die Milch mit Salz, Zucker und Vanillinzucker in einem Topf aufkochen. Das Puddingpulver mit Eigelb und etwas kaltem Wasser verquirlen. Unter Rühren in die kochende Milch gießen und aufkochen lassen. Den Topf in ein kaltes Wasserbad stellen und den Flammeri auskühlen lassen. Dabei hin und wieder umrühren, damit sich keine Haut absetzen kann. Die Butter mit dem Puderzucker sehr schaumig schlagen und den Flammeri, sobald er dieselbe Temperatur wie die Butter hat, löffelweise darunterrühren. Danach 1 Stunde kühlen. Den Bienenstich waagerecht durchschneiden, das Unterteil mit der Buttercreme bestreichen und das Oberteil wieder auflegen.

Streuselkuchen

Einstellung	Heißluft	Ober- und Unterhitze
wie Butterkuchen		

1 Rezept Hefeteig
Belag: 550 g Mehl, 300 g Zucker, 300 g Butter, 3 TL gemahlener Zimt, 2–3 Päckchen Vanillinzucker oder die abgeriebene Schale von 1 unbehandelten Zitrone, 6 EL lauwarme Milch

Belag: Das Mehl mit Zucker, der in Flöckchen geteilten Butter und den Gewürzen in eine hohe Rührschüssel oder in die Schüssel der Küchenmaschine geben. Mit den Knetern sehr schnell zu einer gleichmäßigen, bröseligen Masse arbeiten. Den aufgegangenen Teig mit der Milch bestreichen, die Streusel darauf verteilen und goldgelb backen.

Apfelkuchen vom Blech

Einstellung	Heißluft 2 Bleche	Ober- und Unterhitze
Einschubhöhe	unteres + oberes Drittel	unteres Drittel
Temperatur	170–190 °C	200–220 °C
Zeit	25–30 Min.	25–30 Min.

1 Rezept Hefeteig
Belag: ca. 2,5 kg Äpfel (je nach Größe), Saft von 2 Zitronen, 200 g Korinthen oder Rosinen, 150 g gehackte Mandeln, 80 g Butter, 225 g Zucker, 3 TL gemahlener Zimt

Belag: Die Äpfel schälen, vierteln, entkernen und in schmale Schnitze teilen. Sofort mit etwas Zitronensaft beträufeln, damit sie nicht braun werden. Anschließend die Korinthen oder Rosinen in einem Sieb unter heißem Wasser waschen und in einem Tuch oder mit Haushaltspapier trockenreiben. Die Äpfel sehr gut trockenreiben und schuppenförmig recht dick auf den vorbereiteten Hefeteig legen. Die Korinthen oder Rosinen, mit den Mandeln gemischt, darüberstreuen. Die Butter schmelzen und tropfenweise darauf verteilen. Zukker mit Zimt mischen, die Hälfte davon auf den Kuchen streuen und nochmal 15–20 Minuten gehen lassen. Nach dem Backen den restlichen Zimt-Zucker auf den noch heißen Kuchen streuen.

Kokos-Früchte-Kuchen

Einstellung	Heißluft	Ober- und Unterhitze
wie Apfelkuchen vom Blech		

1 Rezept Hefeteig
Belag: 120 g Butter, 300 g Zucker, 1½ TL gemahlener Zimt, 6 Eigelb, 9 EL Crème fraîche, 4 Eiweiß, 1 Prise Salz, ⅛ l Sahne, 1½ Päckchen Vanillinzucker, 1½ Fläschchen Bittermandelöl, 1,5 kg vorbereitete Früchte (entsteinte, fein zerschnittene Kirschen, geraspelte Äpfel, in Streifen geschnittene Orangenfilets, entstielte Beeren o. ä.), 375 g Kokosraspeln

Belag: Butter mit Zucker, Zimt, Eigelb und Crème fraîche in eine Schüssel geben und mit dem elektrischen Handrührgerät schaumig schlagen, bis sich der Zucker gelöst hat. Die Rührbesen säubern und Eiweiß mit einer Prise Salz schnittfest, die Sahne in einer weiteren Schüssel mit dem Vanillinzucker steif schlagen. Beides zusammen mit dem Bittermandelöl, den Früchten und den Kokosraspeln zur Eigelbcreme geben und mit einem Spatel oder einem Schneebesen locker untermischen. Auf dem vorbereiteten Hefeteig verstreichen und goldbraun backen.

Gugelhupf auf reiche Art

Einstellung	Heißluft	Ober- und Unterhitze
Einschubhöhe Temperatur Zeit	unteres Drittel 170–190 °C 40–45 Min.	unteres Drittel 190–210 °C 50–60 Min.

500 g zimmerwarmes Mehl,
80 g Zucker,
1 Prise Salz, 1 Päckchen Vanillinzucker,
200 g weiche Butter, 2 Eier, 2 Eigelb,
3–5 EL lauwarme Milch,
⅛ l saure Sahne,
40 g Frischhefe (oder Trockenhefe für 500 g Weizenmehl), 80 g Rosinen,
2 Glas (je 2 cl) Rum oder Cognac,
Mehl zum Bestäuben,
60 g gehackte Mandeln,
50 g Schokoladenplättchen oder geraspelte Vollmilchschokolade,
Butter oder Margarine zum Einfetten,
Semmelbrösel zum Ausstreuen,
30 g Butter zum Bestreichen,
40 g Zucker zum Bestreuen,
Puderzucker zum Bestäuben

Mehl mit Zucker, Salz, Vanillinzucker und der in Flöckchen geteilten Butter in eine hohe Rührschüssel oder in die Schüssel der Küchenmaschine geben. Eier, Eigelb, Milch und saure Sahne darüber verteilen und die zerbröckelte Hefe darüberstreuen (Trockenhefe nach Packungsaufschrift verwenden). Nun mit den Knetern des elektrischen Handrührgerätes oder mit der Küchenmaschine auf der niedrigsten Schaltstufe zu arbeiten beginnen, bis das Mehl nicht mehr staubt. Auf höchster Schaltstufe weiterkneten, bis sich der Teig vom Schüsselrand löst. Das dauert ca. 5–6 Minuten. Die Rosinen in einem Sieb unter heißem Wasser waschen und in einem Küchentuch oder mit Haushaltspapier sehr gründlich abtrocknen. Mit dem Rum oder Cognac in einem Töpfchen erhitzen, aber nicht kochen lassen. Dann zugedeckt etwa 20 Minuten durchziehen, abkühlen und abtropfen lassen. Mit Mehl bestäuben und zusammen mit den Mandeln, den Schokoladenplättchen oder der geraspelten Schokolade und dem nicht eingezogenen Rum nur etwa ½ Minute lang unter den Teig kneten. Die Schüssel mit einem Küchentuch abdekken und den Hefeteig gehen lassen, bis er sein Volumen etwa verdoppelt hat und elastisch geworden ist.

Eine Gugelhupfform mit Butter oder Margarine gründlich einfetten und mit Semmelbröseln ausstreuen. Den Teig einfüllen, nochmal 20 Minuten gehen lassen. Die Butter schmelzen und die Kuchenoberfläche vor dem Einschieben in den Herd mit der Hälfte davon bestreichen. Den Kuchen backen und etwa 5 Minuten vor Ende der Backzeit die restliche Butter darauf verstreichen und mit dem Zukker bestreuen. In der Form kurz ausdampfen lassen, dann zum Abkühlen auf einen Kuchendraht stürzen. Vor dem Servieren mit Puderzucker bestäuben.

Hefezopf mit Feigenfüllung

Einstellung	Heißluft	Ober- und Unterhitze
Einschubhöhe Temperatur Zeit	unteres Drittel 180–200 °C 25–35 Min.	unteres Drittel 200–220 °C 30–35 Min.

400 g zimmerwarmes Mehl,
30 g Frischhefe (oder Trockenhefe für 400 g Weizenmehl), 100 g weiche Butter,
3 EL lauwarmes Wasser,
⅛ l lauwarme Milch, 60 g Zucker,
2 Eier, 1 Prise Salz
Füllung: 50 g Korinthen,
200 g getrocknete Feigen,
3 Glas (je 2 cl) Rum,
200 g Marzipan-Rohmasse,
80 g Puderzucker,
1 Msp. gemahlener Zimt, abgeriebene Schale von ½ unbehandelten Zitrone,
80 g gehackte Mandeln
Außerdem: Mehl zum Ausrollen,
Butter zum Bestreichen und Einfetten,
1 Eigelb,
40 g blättrige Mandeln zum Bestreuen

300 g Mehl in eine Rührschüssel sieben, die Hefe darüberbröckeln, die Butter in Flöckchen darauf verteilen, das Wasser und die Milch angießen und alles mit Quirl und Knetern des elektrischen Handrührgeräts oder mit der Küchenmaschine verkneten. Zu einem Kloß formen und in eine große Schüssel oder einen Eimer mit kaltem Wasser legen. Den Teig nun in etwa 1 Stunde aufgehen lassen, bis er als dicker, luftiger Kloß an der Wasseroberfläche schwimmt. Herausnehmen und sehr gut abtrocknen. Wieder in die Rührschüssel geben, das restliche Mehl, zusammen mit dem Zucker, den Eiern und dem Salz zufügen und alles gründlich unterkneten.

Füllung: Während der Teig aufgeht, die Korinthen in einem Sieb unter heißem Wasser waschen und gut abtrocknen. Die Feigen fein hacken und beides, mit dem Rum begossen, zugedeckt quellen lassen. Die Marzipan-Rohmasse mit Puderzucker, Zimt und der abgeriebenen Zitronenschale verkneten und zusammen mit den feingehackten Mandeln und den gequollenen Früchten zu einer Paste rühren. Dabei, wenn nötig, etwas Wasser oder Rum zufügen.

Den Teig auf bemehlter Fläche durchkneten, in 3 gleich große Stücke teilen und jedes zu einem Rechteck von 20 mal 50 cm ausrollen. Mit etwas flüssiger Butter bestreichen und die Füllung jeweils in Streifen auf der Mitte verteilen. Den Teig von beiden Seiten vorsichtig darüberrollen und an den Rändern gut zusammendrücken. Die drei Stränge zum Zopf flechten und an den Enden gut festdrücken. Auf einem gefetteten Backblech nochmal aufgehen lassen, mit verquirltem Ei bestreichen, mit Mandeln bestreuen und goldbraun backen.

Variation

Anstelle der Feigen können Sie diesen Hefezopf auch mit getrockneten, entsteinten Datteln zubereiten, die wie die Feigen zubereitet werden. Und etwas bunter wird die Füllung durch gehackte kandierte Kirschen und grobgehackte Pistazien.

Berliner Pfannkuchen

500 g zimmerwarmes Mehl,
80 g Zucker,
1 Prise Salz,
70 g weiche Butter,
1 EL weiches Schweineschmalz,
1 Ei,
1 Eigelb,
gut ⅛ l lauwarme Milch,
abgeriebene Schale von
½ unbehandelten Zitrone,
40 g Frischhefe (oder Trockenhefe für 500 g Weizenmehl),
Mehl zum Ausrollen und Formen,
300 g beliebige feste Konfitüre,
Fritierfett zum Ausbacken,
Zucker zum Wenden

Das Mehl mit Zucker, Salz und dem in Flöckchen geteilten Fett in eine hohe Rührschüssel oder in die Schüssel der Küchenmaschine geben. Ei und Eigelb zusammen mit der lauwarmen Milch und der abgeriebenen Zitronenschale zufügen und die frische Hefe darüberbrökkeln (Trockenhefe nach Packungsaufschrift verwenden). Alles mit Quirl und Knetern des elektrischen Handrührgerätes oder mit der Küchenmaschine verarbeiten. Dazu auf der niedrigsten Stufe beginnen, bis das Mehl nicht mehr staubt. Dann auf höchster Stufe weiterkneten, bis sich der Teig vom Schüsselrand löst. Knetdauer ca. 5–6 Minuten. Den Teig, mit einem Tuch bedeckt, im auf 50 °C angewärmten und wieder abgeschalteten Ofen 20–30 Minuten gehen lassen. Anschließend auf bemehlter Fläche durchkneten, halbieren und beide Hälften etwa ½ cm dick ausrollen. Auf der ersten Platte dicht nebeneinander runde Kreise (Durchmesser 6 cm) markieren, jeweils einen Konfitürenklecks in die Mitte geben und alles mit der zweiten Platte bedecken. Diese um die Konfitürenhäufchen leicht andrücken und rundherum ausstechen. Die Ränder erneut andrücken und die Ballen auf einem bemehlten Blech aufgehen lassen, bis sie rund und schön wollig sind. Das Fritierfett auf 180 °C erhitzen und die Pfannkuchen portionsweise (sie sollen sich dabei nicht berühren) darin in 5–7 Minuten rundherum goldbraun backen. Herausheben, gut abfetten lassen und noch heiß in Zucker wenden.

Variation

Zwetschgenkrapfen: Bereiten Sie dazu den Teig wie bei den Berliner Pfannkuchen vor und lassen Sie ihn gehen. In dieser Zeit bereiten Sie die Zwetschgenfüllung vor: 500 g kleine Zwetschgen oder Pflaumen waschen, entstielen und sehr gut trockenreiben. Dann der Länge nach aufschneiden und die Kerne herauslösen. 75 g Marzipan-Rohmasse mit 25 g Puderzucker verkneten, zu kleinen Stückchen formen, die Zwetschgen damit füllen und zudrücken. Den Teig durchkneten, ausrollen und – wie bei den Pfannkuchen – Kreise markieren. Statt der Konfitüre jeweils eine gefüllte Zwetschge in die Mitte geben. Weiter verfahren, wie beschrieben. Nach dem Fritieren und Abfetten noch heiß in Zimt-Zucker wenden.

Nougatkipferl

Einstellung	Heißluft 2 Bleche	Ober- und Unterhitze
Einschubhöhe	unteres + oberes Drittel	unteres Drittel
Temperatur	170–190 °C	190–210 °C
Zeit	20–25 Min.	20–25 Min.

500 g zimmerwarmes Mehl, 1 Prise Salz,
125 g Zucker,
60 g weiche Butter, 2 Eier,
3 EL lauwarme Milch,
⅛ l lauwarme Sahne,
40 g Frischhefe (oder Trockenhefe für 500 g Weizenmehl),
80 g gehackte Mandeln
Füllung: 300 g Nougatmasse (Fertigprodukt),
200 g gestiftelte Mandeln,
1–2 TL Rum
Außerdem: Butter oder Margarine zum Einfetten,
Mehl zum Ausrollen und Formen,
Milch oder Sahne zum Bestreichen,
Puderzucker zum Bestäuben

Mehl mit Salz und Zucker in eine hohe Rührschüssel oder in die Schüssel der Küchenmaschine geben. Die Butter in Flöckchen teilen, mit Eiern, Milch und Sahne vermischen. Die Hefe darüberbröckeln (Trockenhefe nach Aufschrift verwenden) und alles mit Quirl und Knetern des elektrischen Handrührgeräts oder mit der Küchenmaschine verkneten. Dazu auf der niedrigsten Stufe beginnen, bis das Mehl nicht mehr staubt, dann auf höchster Stufe weiterarbeiten, bis sich der Teig vom Schüsselrand löst und elastisch ist. Knetzeit ca. 5–6 Minuten. Dann die gehackten Mandeln zufügen und in etwa ½ Minute unterkneten. Den Teig mit einem Tuch abdecken und in den auf 50 °C eingeschalteten Backofen schieben. Nach 5 Minuten den Herd abschalten und den Teig in 20–30 Minuten aufgehen lassen, bis er sein Volumen deutlich vergrößert hat.

Füllung: Die Nougatmasse in kleine Stücke teilen und im nicht zu heißen Wasserbad unter Rühren schmelzen lassen. Die Mandeln untermischen und alles mit dem Rum abschmecken. Ein großes Stück Pergamentpapier einfetten, die Nougat-Mandel-Masse darauf verteilen, abkühlen lassen, bis sie gerade noch streichfähig ist.

Den Teig auf der bemehlten Arbeitsfläche von Hand durchkneten. Etwa ½ cm dick ausrollen und Quadrate von 15–18 cm Seitenlänge ausschneiden. Diese Quadrate jeweils diagonal durchteilen. Die erkaltete Nougat-Mandel-Masse in passende Stückchen teilen und die Dreiecke damit belegen. Den Teig darüber zur Spitze hin aufrollen und diese Hörnchen zu Kipferln biegen, deren Spitzen ein wenig nach innen zeigen. Die Kipferl mit genügend Abstand auf ein gefettetes Backblech legen und, mit einem Tuch bedeckt, ca. 20 Minuten im 50 °C warmen Ofen (oder an einem anderen warmen Platz) aufgehen lassen. Mit Milch oder Sahne bestreichen und goldbraun backen. Auf einem Kuchengitter abkühlen lassen und, mit Puderzucker bestäubt, unbedingt sehr frisch servieren.

Gefüllte Hefekugeln

Einstellung	Heißluft 2 Bleche	Ober- und Unterhitze
Einschubhöhe	unteres + oberes Drittel	unteres Drittel
Temperatur	200–220 °C	220–240 °C
Zeit	20–25 Min.	18–20 Min.

500 g zimmerwarmes Mehl,
100 g Zucker, 1 Prise Salz,
125 g weiche Butter, 1 Ei, 1 Eigelb,
abgeriebene Schale von
½ unbehandelten Zitrone,
¼ l lauwarme Milch,
40 g Frischhefe (oder Trockenhefe für 500 g Weizenmehl)
Füllung: 1 Vanilleschote, ⅛ l Sahne,
3 EL Mehl, 1 EL Zucker,
1 Päckchen Vanillinzucker,
2 Eigelb,
1 Glas (2 cl) Mandellikör
Außerdem: Mehl zum Ausrollen und Formen, 1 Eiweiß,
Butter zum Einfetten und Bestreichen,
Zucker zum Wenden

Das Mehl mit Zucker und Salz in eine hohe Rührschüssel oder in die Schüssel der Küchenmaschine geben. Die in Flöckchen geteilte Butter zusammen mit Ei, Eigelb und abgeriebener Zitronenschale darüber verteilen, die Milch angießen und die frische Hefe darüberbröckeln (Trockenhefe nach Packungsaufschrift verwenden). Alle Zutaten mit Quirl und Knetern des elektrischen Handrührgeräts oder mit der Küchenmaschine zu einem glatten Teig verarbeiten. Dabei auf der niedrigsten Stufe beginnen, bis das Mehl nicht mehr staubt, dann auf der höchsten Schaltstufe weiterarbeiten, bis sich der Teig vom Schüsselrand löst. Die Knetzeit beträgt etwa 5–6 Minuten. Den Teig mit einem Tuch bedecken und im auf 50 °C angewärmten Ofen 20–30 Minuten aufgehen lassen, bis er sein Volumen deutlich vergrößert hat und elastisch ist. Dabei sollten Sie den Ofen nach etwa 5 Minuten wieder abschalten.

Füllung: Die Vanilleschote der Länge nach aufschlitzen, das Mark herauslösen und zusammen mit der Sahne in einen Topf (oder in eine Metallschüssel) geben. Mehl, Zucker, Vanillinzucker und Eigelb hineinrühren und alles bei sehr sanfter Hitze (oder im heißen, aber nicht kochenden Wasserbad) schlagen, bis die Masse dick-cremig und gebunden ist. Sie darf dabei nicht kochen. Den Topf vom Herd nehmen, den Mandellikör einmischen und die Creme abkühlen lassen. Dabei mehrfach umrühren, damit sich keine Haut bildet.

Den Hefeteig auf bemehlter Fläche durchkneten, ½ cm dick ausrollen und runde Plätzchen von 6 cm Durchmesser ausstechen. Die Creme auf die Hälfte der Plätzchen verteilen, die Ränder mit verquirltem Eiweiß bestreichen und die restlichen Plätzchen auflegen. Gut andrücken und nicht zu dicht nebeneinander auf zwei gefettete Bleche legen. Nochmal gut aufgehen lassen und goldbraun backen. Noch heiß rundherum dick mit Butter bestreichen, im Zucker wenden und auf einem Kuchendraht abkühlen lassen.

Schmalzzöpfe und Faschingsbrezeln

500 g zimmerwarmes Mehl, 70 g Zucker, abgeriebene Schale von ½ unbehandelten Zitrone, 1 Prise Salz, 80 g weiche Butter, 2 Eier, 40 g Frischhefe (oder Trockenhefe für 500 g Weizenmehl), ⅛ l lauwarme Milch, Mehl zum Formen, Schweineschmalz zum Ausbacken, Puderzucker zum Bestäuben, ¼ l Sahne, 1 Päckchen Vanillinzucker

Das Mehl mit Zucker, Zitronenschale, Salz, der in Flöckchen geteilten Butter und den Eiern in eine hohe Rührschüssel oder in die Schüssel der Küchenmaschine geben. Die Hefe darüberbröckeln (Trockenhefe nach Packungsaufschrift verwenden) und die Milch angießen. Mit Quirl und Knetern des elektrischen Handrührgeräts oder mit der Küchenmaschine alle Zutaten auf niedrigster Stufe vermischen, bis das Mehl nicht mehr staubt. Dann auf höchster Schaltstufe weiterkneten, bis sich der Teig vom Schüsselrand löst und elastisch ist. Mit einem Küchentuch bedecken und in den auf 50 °C eingeschalteten Ofen schieben. Nach 5 Minuten den Ofen ausschalten und den Teig in 20–30 Minuten aufgehen lassen, bis er sein Volumen deutlich vergrößert hat. Anschließend auf bemehlter Fläche von Hand nochmal durchkneten. Er ist recht weich, darf aber nicht mehr kleben. Notfalls kann zusätzlich noch etwas Mehl daruntergearbeitet werden. Den Teig danach halbieren und eine Hälfte in etwa 12 cm lange, an den Enden dünner werdende Stränge formen. Diese zu Zöpfen zusammenlegen, andrücken und auf einem bemehlten Backblech aufgehen lassen. Den übrigen Teig zu etwa 30 cm langen, dünnen Strängen rollen und diese zu Brezeln zusammenlegen, die Enden andrücken. Die Brezeln ebenfalls auf einem bemehlten Blech aufgehen lassen.
Das Fritierfett auf 175–180 °C erhitzen und Zöpfe wie Brezeln nacheinander darin portionsweise goldbraun ausbacken. Abtropfen und sehr gut abfetten lassen. Danach zum Abkühlen neben-, nicht übereinander auf ein großes Kuchengitter legen. Die Schmalzzöpfe kurz vor dem völligen Erkalten mit Puderzucker bestäuben. Die Sahne steif schlagen und mit dem Vanillinzucker süßen. In einen Spritzbeutel mit Sterntülle geben. Die abgekühlten Faschingsbrezeln einmal quer halbieren, die Unterseiten mit der Sahne bespritzen und die Oberseiten locker auf die Sahne setzen. Mit Puderzucker bestäuben und möglichst sofort servieren.

Hinweis
Sie können die Schmalzzöpfe und auch die Faschingsbrezeln noch heiß in Haushaltszucker wenden, statt sie später mit Puderzucker zu bestäuben. Ein zusätzliches Aroma erreichen Sie, wenn Sie jeweils etwas Vanillinzucker oder gemahlenen Zimt unter den Zucker mischen. Und selbstverständlich können Sie auch die Schmalzzöpfe nach dem Abkühlen durchschneiden und füllen.

Blätterteig-Hahnenkämme

Einstellung	Heißluft	Ober- und Unterhitze
Einschubhöhe Temperatur Zeit	Mitte 190–210 °C 15–20 Min.	unteres Drittel 200–220 °C 20–25 Min.

1 Paket Tiefkühl-Blätterteig (300 g),
Mehl zum Ausrollen,
50 g Pflaumenmus,
1 Eigelb, 2 EL Sahne oder Milch

Die Blätterteigplatten nebeneinanderliegend auf der Arbeitsfläche auftauen lassen. Dann mit kaltem Wasser bepinseln und übereinanderlegen. Unter leichtem, sehr gleichmäßigem Druck in alle Richtungen mit dem Nudelholz zu einem 25 mal 40 cm großen Rechteck ausrollen. Eine Hälfte des Rechtecks der Länge nach mit dem Pflaumenmus bestreichen. Das Eigelb mit der Sahne oder der Milch verquirlen und die Teigränder damit bepinseln. Die zweite Hälfte über die Füllung legen und alle Ränder sorgfältig mit den Fingerspitzen andrücken. Den gefüllten Teig mit einem sehr scharfen Messer in etwa 6 cm breite Streifen schneiden und diese 3–4 mal quer zur Hälfte einschneiden. Die Streifen leicht halbmondförmig biegen, so daß sich die Einschnitte öffnen. Die Hahnenkämme auf ein kalt abgespültes Blech heben, dabei genügend Abstand lassen. Die Oberflächen - nicht die Ränder - mit dem restlichen Ei bestreichen. Nach dem Backen sofort vom Blech lösen und auskühlen lassen.

Marzipan-Windräder

Einstellung	Heißluft	Ober- und Unterhitze
Einschubhöhe Temperatur Zeit	Mitte 190–210 °C 20–25 Min.	unteres Drittel 200–220 °C 20–25 Min.

1 Paket Tiefkühl-Blätterteig (300 g),
Mehl zum Ausrollen,
50 g Marzipan-Rohmasse,
50 g Puderzucker,
1–2 TL Rum oder Cognac,
1 Eigelb zum Bestreichen,
Puderzucker zum Bestäuben

Den aufgetauten Blätterteig zu einem 3 mm dicken Rechteck ausrollen und mit einem scharfen Messer in ca. 14 cm große Quadrate schneiden. Marzipan-Rohmasse mit Puderzucker und Rum oder Cognac zu einer glatten Masse verkneten und zu kleinen Kugeln formen. Jede Kugel leicht flachdrücken und in die Mitte der Teigquadrate legen. Den Teig nun jeweils von den Ecken her 5 cm tief einschneiden und die Spitzen nacheinander zur Mitte hin über die Marzipankugel klappen. Die Spitzen jeweils mit verquirltem Eigelb bepinseln, damit sie aneinanderbacken können. Zum Schluß die Oberflächen des Teiges ebenfalls mit verquirltem Eigelb bestreichen; dabei darauf achten, daß die Schnittkanten eifrei bleiben, da sie sonst nicht genügend aufgehen können. Die Windräder mit genügend Abstand auf ein kalt abgespültes Blech legen und backen. Noch heiß mit Puderzucker bestäuben.

Aprikosentaschen

Einstellung	Heißluft	Ober- und Unterhitze
Einschubhöhe Temperatur Zeit	Mitte 190–210 °C 20–25 Min.	unteres Drittel 200–220 °C 20–25 Min.

1 Paket Tiefkühl-Blätterteig (300 g),
Mehl zum Ausrollen,
9 Aprikosenhälften aus der Dose,
2 EL Johannisbeergelee,
1 Eigelb zum Bestreichen

Den aufgetauten Blätterteig auf der schwach bemehlten Arbeitsfläche zu einem 30 cm großen Quadrat ausrollen und in 10 cm große Quadrate zerteilen. Die Aprikosenhälften auf Haushaltspapier sehr gut abtrocknen. Von jedem Teigquadrat alle Ecken zur Mitte hin schlagen, leicht andrücken und jeweils eine Aprikosenhälfte mit der Rundung nach oben darauflegen. Das Johannisbeergelee glattrühren und jeweils einen kleinen Tupfer auf die Aprikosen setzen. Alle Teigoberflächen, nicht die Ränder, mit verquirltem Eigelb bestreichen und mit genügend Abstand auf ein kalt abgespültes Blech setzen. Goldgelb backen und frisch servieren.

Quark-Blätterteig-Spiralen

Einstellung	Heißluft	Ober- und Unterhitze
Einschubhöhe Temperatur Zeit	unteres + oberes Drittel 190–210 °C 10–15 Min.	Mitte 200–220 °C 15–20 Min.

250 g Mehl, 1 Päckchen Backpulver,
1 Prise Salz, 250 g Quark,
250 g Butter oder Margarine,
Mehl zum Ausrollen,
150 g Puderzucker,
2–3 EL Rum oder Cognac,
40 g gehackte Pistazien

Das Mehl, mit Backpulver und Salz gemischt, in eine hohe Rührschüssel oder in die Schüssel der Küchenmaschine geben. Den Quark und die in Flöckchen geteilte Butter oder Margarine darauf verteilen und alles mit den Knethaken des elektrischen Handrührgeräts oder in der Küchenmaschine schnell zu einem glatten Teig verkneten. Dazu auf der niedrigsten Stufe beginnen, bis das Mehl nicht mehr staubt, und auf der höchsten Stufe weiterarbeiten. Der Teig sollte dabei nicht zu weich werden. Den Teig auf bemehlter Arbeitsfläche zu einem länglichen Rechteck ausrollen. ⅓ des Teiges zur Mitte schlagen, das nächste Drittel darüberlegen und leicht andrücken. Den Teig nun für 15–20 Minuten in den Kühlschrank legen, dann wieder in Längsrichtung ausrollen, bis er etwa 3mal so lang wie breit ist. Erneut zusammenfalten, kühlen und diesen Vorgang noch 1–2mal wiederholen. Den Teig zum Schluß etwa 3 mm dick ausrollen und mit einem scharfen Messer oder einem Teigrädchen in 5 cm breite, 12 cm lange Streifen teilen. Diese Stücke jeweils von einer Schmalseite her auf knapp 10 cm Länge einschneiden und beide Teigenden jeweils locker miteinander verschlingen, so daß sie Spiralen ähneln. Mit genügend Abstand auf zwei kalt abgespülte Backbleche legen und goldgelb backen. Sofort vom Blech lösen und auf einem großen Kuchengitter abkühlen lassen. Puderzucker mit Rum oder Cognac verrühren, die Spiralen damit überziehen und mit Pistazien bestreuen.

Schuhsohlen

Einstellung	Heißluft	Ober- und Unterhitze
Einschubhöhe	unteres + oberes Drittel	Mitte
Temperatur	190–210 °C	190–210 °C
Zeit	12–18 Min.	10–15 Min.

1 Paket Tiefkühl-Blätterteig (300 g),
Zucker zum Ausrollen,
Milch oder Sahne zum Bestreichen,
100 g Hagelzucker,
⅜ l Sahne,
2 Päckchen Vanillinzucker

Die Blätterteigplatten nebeneinanderliegend nach Packungsaufschrift auftauen lassen. Anschließend ganz dünn mit Wasser bestreichen, aufeinanderlegen und auf Alufolie mit leichtem, aber gleichmäßigem Druck in alle Richtungen zu einer knapp 1 cm dicken Platte ausrollen. Runde Plätzchen von 5–6 cm Durchmesser ausstechen und auf der mit Zucker bestreuten Arbeitsfläche zu 10–12 cm langen Ovalen, den Schuhsohlen, ausrollen. Dabei müssen die Teigstücke einmal gewendet werden, damit sie auf beiden Seiten von einer feinen Zuckerschicht bedeckt sind. Eine Seite der Schuhsohlen anschließend mit etwas Milch oder Sahne bestreichen, dabei darauf achten, daß die Ränder nicht bestrichen werden. Es könnte sonst passieren, daß die einzelnen Schichten verkleben und die Schuhsohlen darum nicht gleichmäßig aufblättern. Die bestrichenen Seiten danach mit Hagelzucker bestreuen. Zwei Backbleche mit kaltem Wasser abspülen und die Schuhsohlen mit genügend Abstand darauflegen. 15–20 Minuten an einem kühlen Platz ruhen lassen, dann im vorgeheizten Ofen goldbraun backen. Sofort vom Blech ablösen und nebeneinanderliegend auf einem Kuchengitter abkühlen lassen.
Unmittelbar vor dem Servieren die Sahne steif schlagen und mit dem Vanillinzucker süßen. In einen Spritzbeutel mit großer Sterntülle geben und die Hälfte der Schuhsohlen auf der nicht mit Hagelzucker bestreuten Seite üppig damit bespritzen. Die übrigen Schuhsohlen mit der Hagelzuckerseite nach oben darauflegen, nur leicht andrücken und möglichst sofort servieren, damit der frisch gebackene Blätterteig nicht aufweichen und die Sahne nicht wieder flüssig werden kann.
Sollen sie erst später serviert werden, müssen sie unbedingt ohne Füllung kühl und trocken aufbewahrt werden, damit sie frisch bleiben.

Hinweis
Wenn Sie ganz besonders hoch aufgegangene Schuhsohlen wünschen, können Sie die Backbleche unmittelbar vor dem Einschieben in den Herd nochmals mit kaltem Wasser besprühen. Dadurch kann sich sehr viel Dampf bilden, der beim Aufsteigen die einzelnen Teigschichten aufbläht und damit nach oben zieht. Achten Sie jedoch darauf, daß die einzelnen Teigplätzchen nicht befeuchtet werden.

Schweinsöhrchen

Einstellung	Heißluft	Ober- und Unterhitze
Einschubhöhe	unteres + oberes Drittel	Mitte
Temperatur	180–200 °C	200–220 °C
Zeit	8–10 Min.	8–10 Min.

1 Paket Tiefkühl-Blätterteig (300 g),
30 g Butter oder Margarine,
Mehl zum Ausrollen,
60 g feiner Zucker zum Bestreuen

Die Blätterteigplatten nach Packungsaufschrift auftauen lassen. Die Butter oder Margarine bei sehr sanfter Hitze schmelzen, aber nicht bräunen lassen. Danach abkühlen, ohne jedoch wieder fest werden zu lassen.
Die Blätterteigplatten hauchdünn mit kaltem Wasser bepinseln, übereinanderlegen und mit leichtem, sehr gleichmäßigem Druck zu einer rechteckigen, etwa 3 mm dicken Platte ausrollen etwa 20 mal 30 cm groß. Dabei muß stets in alle Richtungen gerollt werden, damit der Teig nicht einseitige Spannung bekommt. Die abgekühlte, aber noch flüssige Butter gleichmäßig darauf verstreichen, den Zucker darüberstreuen. Nun den Teig von jeder Schmalseite zweimal so zur Mitte hin umklappen, daß in der Mitte ein etwa 2 cm breiter Streifen frei bleibt. An dieser Stelle beide Teigseiten übereinanderschlagen und den Teig für etwa 20 Minuten in den Kühlschrank legen. Anschließend in etwa ½ cm dicke Scheiben schneiden. Dazu brauchen Sie unbedingt ein sehr scharfes Messer, damit die einzelnen Teigschichten nicht zusammengedrückt oder -gepreßt werden; sie gehen sonst nicht gleichmäßig auf. Die Scheiben mit der Oberseite in den feinen Zucker tauchen oder auch damit bestreuen. Mit genügend Abstand (sie gehen etwas auf) auf zwei kalt abgespülte Backbleche legen, etwa 15 Minuten an einem kühlen Platz ruhen lassen (das Blech nach Wunsch nochmal mit etwas kaltem Wasser besprühen) und im vorgeheizten Ofen goldbraun backen. Anschließend sofort vom Blech lösen, denn später kleben die Schweinsöhrchen sehr leicht fest, und auf ein großes Kuchengitter legen. Dabei dürfen sie niemals übereinanderliegen, da sie sonst weich und feucht werden. Auch seitlich sollten sie sich nicht berühren, da sie sonst aneinanderkleben und beim Lösen leicht zerbrechen könnten.

Hinweis
Wenn Sie besonders knusprige, auf beiden Seiten karamelisierte Schweinsöhrchen lieben, sollten Sie sie vor dem Backen beidseitig in Zucker tauchen oder damit bestreuen und während des Backens – sobald die Unterseite zu bräunen beginnt – mit einer dünnen Teigpalette oder einem breiten Messer einmal umdrehen.

Schillerlocken

Einstellung	Heißluft	Ober- und Unterhitze
Einschubhöhe Temperatur Zeit	Mitte 190–210 °C 10–15 Min.	Mitte 200–220 °C 10–15 Min.

1 Paket Tiefkühl-Blätterteig (300 g),
Mehl zum Ausrollen, 1 Eigelb,
1–2 EL Sahne oder Milch,
nach Wunsch Hagelzucker
zum Bestreuen,
¼ l Sahne, 1 Päckchen Vanillinzucker,
Puderzucker zum Bestäuben

Die Blätterteigplatten nebeneinanderliegend nach Packungsaufschrift auftauen lassen. Anschließend jeweils auf einer Seite hauchdünn mit kaltem Wasser bepinseln, übereinanderlegen und auf der schwach bemehlten Arbeitsfläche mit nur leichtem, aber gleichmäßigem Druck in alle Richtungen zu einem etwa 30 cm großen Quadrat ausrollen. Mit einem Teigrädchen oder einem sehr scharfen Messer in 10 gleich breite Streifen schneiden. Dabei sollten Sie darauf achten, daß sämtliche Blätterteigschichten mit einem glatten Schnitt durchgetrennt und nicht zusammengedrückt werden. Die Schillerlockenformen (gibt's aus Metall in Haushaltswarengeschäften) mit kaltem Wasser abspülen und die Blätterteigstreifen an einer Längsseite ebenfalls mit kaltem Wasser bepinseln. Die Teigstreifen nun, an der Spitze der Formen beginnend, so um die Formen wickeln, daß sie sich an der angefeuchteten Seite jeweils knapp überlappen. Nur so können sie zusammenbacken. Die Schillerlocken danach in ihren Formen auf ein kalt abgespültes Blech legen. Eigelb mit Sahne oder Milch verquirlen, die Oberseiten der Schillerlocken damit bestreichen und nach Wunsch mit Hagelzucker bestreuen. Für 10–15 Minuten in den Kühlschrank stellen, dann goldbraun backen. Anschließend sofort von den Formen lösen; später kleben sie leicht an und könnten dann zerbröckeln. Nebeneinanderliegend auf einem Kuchengitter auskühlen lassen.
Die Sahne steif schlagen und mit Vanillinzucker süßen. In einen Spritzbeutel mit Sterntülle geben und die völlig erkalteten, aber noch sehr frischen Schillerlocken damit füllen. Sie schmecken frisch am besten, später wird der Blätterteig – wie bei jedem anderen Gebäck dieser Teigart – leicht ein wenig mürbe. Die Schillerlocken nun dick mit Puderzucker bestäuben und möglichst sofort servieren.

Hinweis
Wer keine Spezialformen für die Schillerlocken besitzt, kann sich mit extra starker Alufolie sehr gut helfen: Schneiden Sie mit Hilfe eines Springformbodens (Durchmesser 26 cm) 3 runde Platten aus und vierteln Sie diese. Drehen Sie nun 10 dieser Viertel zu spitzen Tüten, die Sie mit zerpflückter Alufolie füllen, damit sie genügend Stabilität bekommen. Auch sie müssen dann kalt abgespült werden, bevor sie – genauso wie die fertigen Formen – mit den Teigstreifen (die Ränder ebenfalls anfeuchten) umwickelt werden können.

Schokorollen mit Preiselbeersahne

Einstellung	Heißluft	Ober- und Unterhitze
Einschubhöhe Temperatur Zeit	Mitte 190–210 °C 12–15 Min.	Mitte 200–220 °C 12–15 Min.

1 Paket Tiefkühl-Blätterteig (300 g),
Mehl zum Ausrollen, 1 Eigelb,
2 EL Milch oder Sahne,
1 Becher Kuvertüre, ¼ l Sahne,
1 Päckchen Vanillinzucker,
3–4 EL Preiselbeerkompott
oder -konfitüre

Die Blätterteigplatten nach Packungsaufschrift auftauen lassen. In der Zwischenzeit aus extra starker Alufolie 8–10 cm breite Streifen schneiden und diese mehrfach zusammenrollen, so daß möglichst stabile Röhren entstehen.
Die Blätterteigplatten dann auf der bemehlten Arbeitsfläche oder auf Alufolie übereinanderlegen und zu einem Rechteck von 20 mal 30 cm ausrollen. Den Teig mit einem Teigrädchen oder mit einem sehr scharfen Messer in 2–3 cm breite Streifen schneiden, wobei auch hier darauf zu achten ist, daß der Teig glatt durchgeschnitten wird. Zusammengedrückte Blätterteigschichten können nicht gleichmäßig aufgehen. Die Aluröhren mit kaltem Wasser abspülen und die Teigstreifen an einer Seite mit kaltem Wasser bepinseln. Die Teigstreifen nun spiralförmig so um die Aluröhren wikkeln, daß sie sich stets ein wenig überlappen und gut zusammenbacken können. Die Rollen mit genügend Abstand auf ein kalt abgespültes oder mit Backtrennpapier belegtes Backblech legen. Für 10–15 Minuten kalt stellen. In der Zwischenzeit das Eigelb mit Milch oder Sahne verquirlen. Die Blätterteigrollen damit bestreichen und goldbraun backen. Sofort vom Blech nehmen, die Alufolie entfernen und die Rollen auf einem Kuchengitter auskühlen lassen.
Die Kuvertüre zerbröckeln und in einem kleinen Töpfchen im heißen, aber nicht kochenden Wasserbad unter Rühren auflösen. Unter weiterem, mehrmaligem Umrühren abkühlen lassen, bis sie gerade noch flüssig ist, aber schon beginnt anzuziehen. Die Blätterteigrollen sehr schnell damit übergießen oder bestreichen und diese Schokoladenschicht abkühlen und fest werden lassen. Erst unmittelbar vor dem Servieren die Sahne steif schlagen und mit dem Vanillinzucker süßen. Das Preiselbeerkompott in einem feinen Sieb sehr gut abtropfen lassen und nach Wunsch zusätzlich etwas pürieren. Preiselbeerkonfitüre völlig glattrühren. Kompott oder Marmelade (ganz nach Wunsch) in jeweils kleinen Mengen zur steifgeschlagenen Sahne geben und sehr locker unterheben. Anschließend in einen Spritzbeutel mit sehr großer Sterntülle geben und die Schokorollen von beiden Seiten damit füllen. Auch sie sollten sofort serviert werden.

Holländer Kirschtorte

Einstellung	Heißluft	Ober- und Unterhitze
Einschubhöhe	unteres + oberes Drittel	Mitte
Temperatur	190–210 °C	200–220 °C
Zeit	15–20 Min.	15–20 Min.

2 Pakete Tiefkühl-Blätterteig (je 300 g),
Mehl zum Ausrollen
Füllung und Verzierung:
ca. 50 g Johannisbeergelee,
125 g Puderzucker,
1–2 EL Himbeergeist oder durchgesiebter Zitronensaft,
2 Gläser Sauerkirschen (Fruchteinwaage jeweils ca. 450 g),
1 gehäufter EL Speisestärke,
¾ l Sahne, 2–3 EL Zucker,
1 Päckchen Vanillinzucker

Die Blätterteigplatten voneinander lösen und 6 davon nebeneinanderliegend auf der Arbeitsfläche nach Packungsaufschrift auftauen lassen. Die übrigen Platten sofort wieder einfrieren, damit sie sich noch anderweitig verwenden lassen. Die aufgetauten Platten auf der bemehlten Arbeitsfläche oder auf dicker Alufolie übereinanderlegen (evtl. dabei mit etwas kaltem Wasser bepinseln) und zu 3 runden Platten von je 28 cm Durchmesser ausrollen. Für jede Teigplatte ein Backblech oder einen Springformboden mit kaltem Wasser anfeuchten, die Platten darauflegen, mehrfach mit einer Gabel einstechen und 15–20 Minuten an einem kühlen Platz ruhen lassen. Anschließend hellbraun backen und nebeneinanderliegend auf einem Kuchengitter auskühlen lassen. Die Tortenränder, wenn nötig, glattschneiden.

Das Johannisbeergelee unter Rühren erhitzen, bis es glatt und streichfähig ist. Den schönsten Blätterteigboden damit bestreichen. Puderzucker mit Himbeergeist oder Zitronensaft zu einem glatten Guß verrühren, über die Geleeschicht gießen und trocknen lassen.

Die Kirschen in einem Sieb gut abtropfen lassen, den Saft auffangen und ¼ l davon zum Kochen bringen. Die Stärke mit etwas kaltem Kirschsaft oder Wasser verquirlen und unter Rühren in den kochenden Saft gießen. Aufkochen lassen und die Kirschen, 12–16 besonders schöne vorher herausnehmen, untermischen. Den Topf vom Herd nehmen und die Kirschen abkühlen lassen. Kurz bevor diese Masse fest wird, auf einem Blätterteigboden glatt verstreichen und den nächsten Boden auflegen. Die Sahne steif schlagen und mit Zucker und Vanillinzucker süßen. Einen Teil davon in einen Spritzbeutel mit Sterntülle geben und kalt stellen. Etwa ¾ der übrigen Sahne auf dem Blätterteigboden verstreichen. Den glasierten Boden mit einem sehr scharfen Messer in 12–16 Stücke teilen und diese auf die Sahne legen. Den Tortenrand mit der restlichen Sahne üppig bestreichen. Die Tortenstücke mit Sahnetupfern und den zurückgelassenen Kirschen verzieren und die Torte möglichst sofort servieren, denn sonst könnte die Sahne dünner und der Blätterteig weich werden.

Orangenquarktorte

Einstellung	Heißluft	Ober- und Unterhitze
Einschubhöhe Temperatur Zeit	Mitte 190–210 °C 25–30 Min.	unteres Drittel 200–220 °C 25–30 Min.

¼ l Wasser,
1 Prise Salz,
50 g Butter,
150 g Mehl,
4–5 Eier (je nach Größe),
Butter oder Margarine zum Einfetten,
Mehl zum Bestäuben
Füllung und Verzierung:
6 Blatt weiße Gelatine,
250 g Sahnequark,
⅛ l frisch gepreßter Orangensaft,
1 Ei, getrennt,
ca. 100 g Zucker (nach Geschmack),
1 Päckchen Vanillinzucker,
Orangenlikör zum Parfümieren,
1 Prise Salz,
¼ l Sahne,
2 Päckchen Vanillinzucker,
1 Orange,
Borkenschokolade zum Bestreuen

Wasser mit Salz und Butter in einem Topf zum Kochen bringen. Den Topf vom Herd nehmen und das Mehl auf einmal hineinschütten. Wieder auf den Herd stellen und so lange rühren, bis sich ein Kloß und am Topfboden eine weiße Haut gebildet hat. Den Teig dann sofort in eine Schüssel geben und unmittelbar danach 1 Ei unterrühren. Bis auf Handwärme abkühlen lassen. Dann nacheinander die übrigen Eier unterrühren, dabei jeweils das folgende Ei erst zugeben, wenn das vorhergehende sich völlig mit dem Teig vermischt hat. Bevor das fünfte Ei untergerührt wird, sollten Sie die Teigprobe machen: Heben Sie mit dem Löffel etwas Teig heraus. Bleibt er in langen, stark glänzenden Spitzen am Löffel hängen, können Sie auf das letzte Ei verzichten, ist dies noch nicht der Fall, müssen Sie es ganz oder teilweise untermischen. Danach bitte sofort aufhören zu rühren, sonst verliert der Teig seine Luftigkeit und kann beim Backen nicht mehr stark genug aufgehen. Ein Backblech einfetten und mit Mehl bestäuben. In der Mitte mit Hilfe eines Springformbodens einen Kreis (Durchmesser 26 oder 28 cm) markieren. Den Brandteig in einen Spritzbeutel mit großer Sterntülle geben, auf die Kreislinie mit geringem Abstand kleine Windbeutel aufspritzen; sie sollen sich beim Aufgehen berühren und so aneinanderbacken. Während der Backzeit sollten Sie den Ofen in den ersten 15–20 Minuten in keinem Fall öffnen. Den noch warmen Kuchen einmal waagerecht durchschneiden und die Hälften getrennt auf zwei Kuchendrähten ausdampfen und abkühlen lassen.
Füllung: Die Gelatine nach Packungsaufschrift in kaltem Wasser einweichen und quellen lassen. Den Quark mit Orangensaft, Eigelb, Zucker und Vanillinzucker so lange rühren, bis die Masse cremig und der Zucker gelöst ist. Mit dem Orangenlikör parfümieren. Die Gelatine nach Aufschrift auflösen und etwas abkühlen lassen. Ein paar Löffel des Orangenquarks unterrühren, dann die gesamte Gelatinemischung unter kräftigem Rühren in den übrigen Quark mischen. In den Kühlschrank stellen und gelieren lassen. Eiweiß mit Salz zu schnittfestem Schnee schlagen und, sobald die Creme beginnt, fest zu werden, unterheben. Diese Masse auf den unteren Tortenkranz streichen und den zweiten auflegen. Die Sahne mit dem übrigen Vanillinzucker steif schlagen und in einen Spritzbeutel mit Sterntülle geben. Die Orangen schälen, filetieren und entkernen. Die Filets nach Wunsch noch einmal durchschneiden. Jeden Windbeutel mit einem Sahnetupfer und Orangenstückchen belegen. Die Borkenschokolade zerbröselt darüber verteilen und die Torte sofort servieren, denn durch längeres Stehen wird der Brandteig weich und zäh und die Orangenstückchen ziehen Saft.

Variation
Anstelle von Orangenquark können Sie diese Windbeuteltorte auch mit Beerenquark zubereiten: Verrühren Sie dazu den Quark mit Milch und/oder einem beliebigen Beerensaft, heben Sie ein paar frische Beeren unter die Creme und garnieren Sie die Torte entsprechend.

Windbeutel

Einstellung	Heißluft	Ober- und Unterhitze
Einschubhöhe Temperatur Zeit	unteres + oberes Drittel 190–210 °C 20–25 Min.	Mitte 210–230 °C 20–25 Min.

¼ l Wasser, 1 Prise Salz, 75 g Butter, 175 g Mehl, 4–5 Eier (je nach Größe), Butter oder Margarine zum Einfetten, Mehl zum Bestäuben
Füllung und Verzierung: ½–¾ l Sahne, 2–3 Päckchen Vanillinzucker, 1 Päckchen Sahnefestiger, Puderzucker zum Bestäuben

Den Teig wie beschrieben zubereiten und in einen Spritzbeutel mit großer Sterntülle füllen. Backbleche einfetten und dünn mit Mehl bestäuben. Nun mit dem Spritzbeutel etwa eigroße Tupfer mit genügend großem Abstand aufspritzen und sofort goldgelb backen. Die Windbeutel sofort mit einer Schere aufschneiden. Nebeneinanderliegend völlig ausdampfen und erkalten lassen.
Füllung: Sahne mit Vanillinzucker und Sahnefestiger steif schlagen, in einen Spritzbeutel mit Sterntülle füllen und die Unterteile der Windbeutel damit üppig füllen. Die Deckel aufsetzen und die Windbeutel gleichmäßig mit Puderzucker bestäuben.

Brandteig-Schwäne

Einstellung	Heißluft	Ober- und Unterhitze
Einschubhöhe Temperatur Zeit	unteres + oberes Drittel 190–210 °C 15–20 Min.	Mitte 200–220 °C 15–25 Min.

1 Rezept Brandteig wie für Windbeutel
Füllung und Verzierung: ebenfalls wie für Windbeutel

Den Brandteig wie beschrieben zubereiten und etwa ¾ dieser Masse in einen Spritzbeutel mit großer Sterntülle geben. Zwei Backbleche einfetten und mit Mehl bestäuben. Jeweils mit genügend Abstand nebeneinander längliche, an ei-

nem Ende spitz zulaufende Windbeutel auf das Blech spritzen. Den restlichen Brandteig in einen Spritzbeutel mit glatter, dünner Tülle füllen und damit die Köpfe und Hälse auf das zweite Blech spritzen. Dazu jeweils (ebenfalls mit genügend Abstand) leicht verlängerte Fragezeichen spritzen, die am oberen Ende (dem Beginn des Fragezeichens) etwas dicker sein können als unten; das ist der Kopf. Achten Sie dabei stets auf die gleiche Anzahl von Körpern und Köpfen bzw. Hälsen. Körper und Hälse bzw. Köpfe sollten Sie am besten auch getrennt abbacken, denn Sie haben unterschiedliche Backzeiten (Körper 15–25, Hälse 10–15 Minuten). Nach dem Bakken sofort vom Blech lösen und auf einem Kuchendraht auskühlen lassen. Die Körper dazu vorher einmal waagerecht halbieren und die Oberteile einmal längs teilen; das werden die Flügel.
Erst unmittelbar vor dem Servieren die Sahne mit Vanillinzucker und Sahnefestiger steif schlagen und in einen Spritzbeutel mit Sterntülle geben. Die unteren Körperhälften der Schwäne damit reichlich füllen, die Flügel etwas schräg in die Sahne drücken und die Hälse zum Schluß am runden Ende der Körper ebenfalls in der Sahne befestigen. Die Vögel zum Schluß mit Puderzucker bestäuben und sofort servieren.

Eclairs, Liebesknochen

Einstellung	Heißluft	Ober- und Unterhitze
Einschubhöhe	unteres + oberes Drittel	Mitte
Temperatur	190–210 °C	200–220 °C
Zeit	20–25 Min.	20–25 Min.

1 Rezept Brandteig wie für Windbeutel
Füllung und Verzierung:
4 Blatt weiße Gelatine,
4 Eigelb,
1 Päckchen Vanillinzucker,
100 g Zucker,
1 Prise Salz,
3/8 l Sahne, 1/8 l Milch,
1 Glas (2 cl) weißer Rum,
150 g Puderzucker,
2–3 EL Wasser,
2 TL Instant-Kaffeepulver

Den Brandteig wie beschrieben zubereiten und in einen Spritzbeutel mit großer Sterntülle geben. Backbleche einfetten, mit Mehl bestäuben und mit etwas Abstand etwa finderlange Streifen, die sich in der Mitte leicht verjüngen, aufspritzen. Goldgelb backen, vom Blech lösen und sofort mit einer Schere einmal waagerecht teilen. Getrennt auf einem Kuchendraht vollkommen auskühlen lassen.
Füllung: Die Gelatine nach Packungsaufschrift einweichen und quellen lassen. Eigelb mit Vanillinzucker, Zucker, Salz, 1/8 l Sahne und der Milch leicht schaumig schlagen. Die Schüssel in ein heißes Wasserbad stellen und so lange weiterschlagen, bis der Zucker gelöst und die Creme weiß und dicklich ist. Die Gelatine ausdrücken und in der heißen Creme unter weiterem Schlagen auflösen. Danach abkühlen und gelieren lassen. Die restliche Sahne steif schlagen und, sobald die Masse beginnt, Straßen zu ziehen, zusammen mit dem Rum lokker unterheben. Nochmal kurz kühlen, dann in einen Spritzbeutel mit Sterntülle geben, die Unterteile der Eclairs damit füllen, die Oberteile aufsetzen. Puderzucker mit Wasser und Kaffeepulver zu einem dickflüssigen Guß verrühren, die Eclairs damit überziehen.

Brandteig-Haselnußtörtchen

Einstellung	Heißluft	Ober- und Unterhitze
Einschubhöhe	unteres + oberes Drittel	Mitte
Temperatur	180–200 °C	200–220 °C
Zeit	20–25 Min.	20–25 Min.

Füllung: 1 Päckchen Schokoladen-Puddingpulver, 3/8 l Milch, 1/8 l Sahne, 1 Prise Salz, 40 g Zucker, 1 Vanilleschote, 1 Eigelb, 2–3 EL Cognac oder Weinbrand
Teig: 1/4 l Wasser, 1 Prise Salz, 75 g Butter, je 70 g Mehl und Speisestärke, 4–5 Eier (je nach Größe), 100 g gemahlene Haselnüsse, Butter oder Margarine zum Einfetten, Mehl zum Bestäuben, 1 Eigelb zum Bestreichen, Puderzucker zum Bestäuben

Füllung: Schokoladen-Puddingpulver mit etwas Milch anrühren. Die restliche Milch zusammen mit Sahne, Salz, Zukker und dem ausgeschabten Vanillemark in einem Topf zum Kochen bringen. Das angerührte Puddingpulver unterrühren und aufkochen lassen. Den Topf vom Herd nehmen, das Eigelb mit Cognac oder Weinbrand und etwas von dem Pudding (der eigentlich ein Flammeri ist) verquirlen. Unter kräftigem Rühren in den Flammeri gießen und diesen wieder kurz erhitzen, aber nicht mehr kochen lassen. Vom Herd nehmen und abkühlen lassen, bis er nur noch lauwarm, aber noch nicht völlig fest geworden ist. Dabei hin und wieder umrühren, damit sich keine Haut bildet.
Den Brandteig, wie im Rezept Orangenquarktorte beschrieben, zubereiten. Dabei Mehl, mit Speisestärke gemischt, zufügen und nach dem 4. Ei die Haselnüsse untermischen. Backbleche einfetten und mit Mehl bestäuben. Mit dem Spritzbeutel etwa handtellergroße Kreise aufspritzen. Die Schokoladenfüllung jeweils in der Mitte verteilen. Die Ringe mit verquirltem Eigelb bestreichen und goldbraun backen. Die Törtchen kurz ausdampfen lassen und noch heiß vom Blech lösen. Auf einen Kuchendraht legen und kurz vor dem völligen Erkalten mit Puderzucker bestäuben.

Hinweis
Bei allen Gebäckstücken aus Brandteig sollten Sie den Backofen in keinem Fall während der ersten Hälfte der angegebenen Zeit öffnen. Der Teig fällt in dieser Zeit bei Luftzug sehr leicht zusammen, verliert seine Luftigkeit und wird dann unweigerlich feucht.

Brandteigringe mit Orangenfüllung

Einstellung	Heißluft	Ober- und Unterhitze
Einschubhöhe Temperatur Zeit	unteres + oberes Drittel 190–210 °C 20–25 Min.	Mitte 200–220 °C 20–30 Min.

¾ l Wasser,
75 g Butter, 1 Prise Salz,
150 g Mehl,
4–5 Eier (je nach Größe),
abgeriebene Schale von
½ unbehandelten Orange,
Butter oder Margarine zum Einfetten,
Mehl zum Bestäuben
Füllung und Verzierung:
1 Päckchen Orangen-Puddingpulver,
¾ l Wasser,
100 g Zucker,
Saft von 1 Orange,
¼ l Sahne, 3 Orangen,
Puderzucker zum Bestäuben

Wasser mit Butter und Salz in einem Topf aufkochen, den Topf vom Herd nehmen und das Mehl auf einmal hineinschütten. Den Topf wieder auf den Herd stellen und rühren, bis sich ein Kloß gebildet hat und sich am Topfboden eine weiße Haut zeigt. Den Topf sofort vom Herd nehmen, den Brandteig in eine Schüssel geben und das erste Ei unterrühren. Den Teig abkühlen lassen, bis er etwa Handwärme hat. Dann nacheinander die übrigen Eier und die Orangenschale unterrühren. Der Teig muß zum Schluß in langen, stark glänzenden Zapfen vom Löffel hängen. Nun nicht mehr rühren, sonst verliert er seine Luftigkeit und die Ringe bekommen beim Backen nicht mehr das nötige Volumen. Die Backbleche einfetten und mit Mehl bestäuben. Den Teig in einen Spritzbeutel mit großer Sterntülle geben und etwa windbeutelgroße Ringe mit genügend Abstand auf das Blech spritzen. Backen. Während der ersten 10–15 Minuten den Backofen keinesfalls öffnen, damit die Ringe nicht zusammenfallen können. Die Ringe dann vom Blech lösen und sofort einmal waagerecht durchschneiden. Auf einem Kuchendraht nebeneinander ausdampfen und abkühlen lassen.

Füllung: Das Puddingpulver mit etwas Wasser anrühren, das übrige Wasser zusammen mit Zucker und Orangensaft zum Kochen bringen. Das Puddingpulver einrühren und nach Packungsaufschrift durchkochen lassen. Vom Herd nehmen und in einem kalten Wasserbad unter häufigen Durchrühren - damit sich keine Haut bildet - abkühlen lassen. Die Sahne mit dem elektrischen Handrührgerät oder der Küchenmaschine steif schlagen. Die Orangen schälen, filetieren und entkernen. Die Filets noch ein- bis zweimal durchschneiden und zusammen mit der Sahne unter den Orangenpudding heben. Die Unterteile der Ringe üppig damit füllen, die oberen Teile aufsetzen und dick mit Puderzucker bestäuben. Schnell servieren, damit die Brandteigringe durch die Füllung nicht weich und feucht werden.

Profiteroles

Einstellung	Heißluft	Ober- und Unterhitze
Einschubhöhe Temperatur Zeit	unteres + oberes Drittel 190–210 °C 10–15 Min.	Mitte 200–220 °C 10–15 Min.

⅛ l Wasser,
1 Prise Salz, 50 g Butter,
100 g Mehl,
2–3 Eier (je nach Größe),
Butter oder Margarine zum Einfetten,
Mehl zum Bestäuben
Füllung und Verzierung:
3 Blatt weiße Gelatine, 2 Eigelb,
3 EL Zucker, ¼ l Milch,
1 Päckchen Vanillinzucker, 2 Eiweiß,
1 Prise Salz,
200 g Zartbitter-Schokolade,
20 g Butter

Den Brandteig wie im vorhergehenden Rezept zubereiten und in einen Spritzbeutel mit großer Sterntülle geben. Etwa walnußgroße Tupfer auf gefettete und mit Mehl bestäubte Bleche spritzen und goldgelb backen. Die Profiteroles vom Blech nehmen, sofort einmal waagerecht durchschneiden und auf einem Kuchendraht nebeneinanderliegend ausdampfen und abkühlen lassen.

Füllung: In der Zwischenzeit die Gelatine nach Packungsaufschrift in kaltem Wasser einweichen und quellen lassen. Eigelb mit dem Zucker in einer Schüssel mit dem elektrischen Handrührgerät oder in der Küchenmaschine weißschaumig schlagen, bis sich der Zucker gelöst hat. Die Milch mit Vanillinzucker aufkochen lassen, unter weiterem Schlagen zur Eimasse gießen und die ausgedrückte Gelatine unter weiterem Rühren darin auflösen. Kalt stellen und gelieren lassen. Eiweiß mit Salz in eine Rührschüssel geben und mit dem zwischenzeitlich gereinigten Handrührgerät oder der Küchenmaschine zu schnittfestem Schnee schlagen. Sobald die Creme Straßen zieht, d. h., wenn die Gelatine zu binden beginnt, den Eischnee locker unterheben. Nochmal für sehr kurze Zeit kühlen, dann die Profiteroles damit füllen. Das geht am besten, wenn Sie die fest werdende Creme in einen Spritzbeutel geben und damit Tupfer in die halbierten Profiteroles spritzen. Auf diese Weise bleiben die Schnittkanten schön sauber. Achten Sie möglichst auch darauf, daß Sie stets die zueinandergehörenden Hälften zusammensetzen, damit die Profiteroles eine schöne Form bekommen.
Die Schokolade zerbröckeln und zusammen mit der Butter in ein heißes, aber nicht kochendes Wasserbad stellen. Unter Rühren flüssig werden lassen, danach wieder abkühlen, bis die Masse nur noch lauwarm ist. Die Profiteroles auf einen Kuchendraht legen und ein Blatt Pergament- oder Backtrennpapier darunterschieben. Die Schokoladenmasse vorsichtig über die Profiteroles gießen und fest werden lassen. Die restliche Schokoladenmasse nach dem Erkalten vom Papier ablösen; sie läßt sich später noch verwenden.

Variation
Profiteroles können Sie auch ganz ausgezeichnet mit Fruchteiskugeln und/oder vanillierter Schlagsahne füllen oder auch mit beliebigen Cremes anrichten.

Flockentorte

Einstellung	Heißluft	Ober- und Unterhitze
Einschubhöhe	unteres + oberes Drittel	Mitte
Temperatur	200–220 °C	200–220 °C
Zeit	15–20 Min.	20–25 Min.

⅛ l Wasser, 1 Prise Salz, 50 g Butter, 100 g Mehl, 2–3 Eier (je nach Größe), Butter oder Margarine zum Einfetten, Mehl zum Bestäuben
Füllung und Verzierung:
1 Kleinstdose Guaven,
2 Scheiben Ananas (frisch oder aus der Dose),
1 kleine Netzmelone, 2 Kiwis,
1 Orange, ½ l Sahne,
1 Päckchen Vanillinzucker,
Puderzucker zum Bestäuben

Wasser mit Salz und Butter in einem Topf zum Kochen bringen, vom Herd nehmen und das Mehl auf einmal hineinschütten. Wieder auf den Herd stellen und unter Rühren so lange erhitzen, bis sich ein Kloß und am Topfboden eine weiße Haut gebildet hat. Den Topf vom Herd nehmen, den Teig in eine Schüssel geben und mit einem Holzlöffel sofort 1 Ei darunterrühren. Den Teig bis auf Handwärme abkühlen lassen und nacheinander die übrigen Eier darunterrühren. Dabei das nächste Ei stets erst dann zufügen, wenn das vorangegangene völlig untergemischt ist. Nur so lange rühren, bis der Teig in langen, stark glänzenden Zapfen am Löffel hängt; wird weitergerührt, verliert der Teig seine luftige Konsistenz. Drei Springformböden (Durchmesser 24 cm) oder drei Bleche jeweils auf einer Fläche von 24 cm Durchmesser einfetten und mit Mehl bestäuben. Je ⅓ des Teiges darauf verstreichen und backen, wobei sich der Teig »flockenartig« wölbt. Die Böden getrennt auf Kuchendrähten abkühlen lassen.

Füllung: Die Dosenfrüchte auf einem Sieb sehr gut abtropfen lassen. Die Guaven in dünne Schnitze, die Ananas in kleine Stücke schneiden. Die Melone halbieren, entkernen und das Fruchtfleisch mit einem Kartoffelausstecher in kleinen Kugeln herauslösen. Die Kiwis schälen und in Scheiben schneiden. Die Orange schälen, filetieren und entkernen. Die Sahne steif schlagen und mit dem Vanillinzucker süßen. 2–3 EL davon in einen Spritzbeutel mit Sterntülle geben. Etwa ¼ vom Rest auf dem ersten Boden verstreichen und mit der Hälfte der gemischten Früchte – mit Ausnahme der Orangenfilets und ein paar Melonenkugeln – darauf verteilen. Alles mit Sahne überstreichen, den zweiten Boden auflegen und ebenso bedecken. Den dritten Boden auflegen und mit Puderzucker bestäuben. Am Rand Sahnetupfer aufspritzen und mit den restlichen Früchten verzieren. Die Torte möglichst sofort zu Tisch bringen, durch längeres Stehen weichen die Böden.

Hinweis

Sie können den dritten Boden in kleine Stücke – die Flocken – reißen und auf die Sahneschicht verteilen.

Quark- und Plunderteig

Dänisches Plundergebäck

Plunderteig

300 g gut gekühlte Butter,
530 g Mehl,
50 g Zucker,
⅛ l lauwarme Milch, 1 Ei,
1 Prise Salz,
30 g Frischhefe (oder Trockenhefe für knapp 500 g Weizenmehl),
Mehl zum Ausrollen und Formen

250 g Butter in Flöckchen teilen. Etwa 70 g Mehl auf die Arbeitsfläche sieben und die Butterflöckchen sehr schnell damit zu einer homogenen Masse verkneten. Zu einem Ziegel formen und zwischen zwei Pergamentpapier-Blättern ausrollen, bis eine etwa 22 mal 24 cm große, etwa fingerdicke Platte entstanden ist. Im Kühlschrank ruhen lassen. Das restliche Mehl in eine hohe Rührschüssel oder in die Schüssel der Küchenmaschine geben. Zucker, Milch, Ei und Salz darüber verteilen und die Hefe darüberbröckeln (Trockenhefe nach Packungsaufschrift verwenden). Auf der niedrigsten Schaltstufe beginnend, alle Zutaten miteinander verkneten, bis das Mehl nicht mehr staubt. Dann auf der höchsten Schaltstufe weiterarbeiten, bis sich der Teig vom Schüsselrand löst. Das dauert etwa 5–6 Minuten. Die Schüssel mit einem Tuch bedecken und in den auf 50 °C eingeschalteten Ofen schieben. Nach 5 Minuten den Herd wieder ausschalten und den Teig in 20–30 Minuten gehen lassen, bis er sein Volumen deutlich vergrößert hat und elastisch ist. Dann nochmal kräftig durchkneten und, mit einem Tuch bedeckt, für 30–40 Minuten in den Kühlschrank stellen.
Die Arbeitsfläche dünn mit Mehl bestäuben und den Teig darauf zu einem etwa 30 mal 50 cm großen Rechteck ausrollen. Den gekühlten Butterziegel so auf eine der beiden Hälften legen, daß die Ränder frei bleiben. Diese mit kaltem Wasser bepinseln, die andere Teighälfte darüberklappen und alle Ränder mit dem Nudelholz festdrücken. Für etwa 30 Minuten in den Kühlschrank legen. Anschließend mit leichtem, sehr gleichmäßigem Druck von der schmaleren Seite her so ausrollen, daß das neue Teigstück 30 mal 60 cm mißt. Den Teig weiter tourieren, wie auf Seite 209 beschrieben.

Hinweis
Selbstverständlich können Sie für den Plunderteig den Hefeteig auch nach der klassischen Version mit Vorteig zubereiten: Drücken Sie dazu in das restliche Mehl eine Mulde und verrühren Sie die zerbröckelte Hefe mit etwas Zucker, etwas Milch und wenig Mehl vom Rand darin zum Vorteig. Mit einem Tuch bedeckt 15 Minuten an warmem Platz gehen lassen, dann die restlichen Zutaten unterkneten und den Teig schlagen, bis er Blasen wirft und sich vom Schüsselrand löst. Erneut mit einem Tuch bedekken und im Kühlschrank ruhen lassen. Weiterverarbeiten, wie oben angegeben.

Plunderstreifen

Einstellung	Heißluft	Ober- und Unterhitze
Einschubhöhe Temperatur Zeit	Mitte 150–170 °C 20–25 Min.	unteres Drittel 170–190 °C 20–25 Min.

1 Rezept Plunderteig,
Mehl zum Ausrollen, 2 Eiweiß,
150 g Hagelzucker

Den Plunderteig auf der leicht bemehlten Arbeitsfläche etwa ½ cm dick ausrollen und zu etwa 5 mal 10 cm großen Rechtecken schneiden. Bei allen Rechtecken in der Mitte der Länge nach einen etwa 8 cm langen Schnitt anbringen. Nun ein Teigende durch diesen Einschnitt ziehen, so daß die Schnittkanten nach oben zeigen. Die Oberflächen mit verquirltem Eiweiß bestreichen und mit Hagelzucker bestreuen. Auf ein Backblech legen und goldbraun backen, dann auf einem Kuchendraht auskühlen lassen. Möglichst frisch servieren, denn später schmeckt Dänisches Plundergebäck (wie alle Plunderteigarten) nicht mehr so gut.

Geleetaschen

Einstellung	Heißluft	Ober- und Unterhitze
Einschubhöhe Temperatur Zeit	Mitte 150–170 °C 20–25 Min.	unteres Drittel 170–190 °C 20–25 Min.

1 Rezept Plunderteig,
Mehl zum Ausrollen,
½ Glas Johannisbeergelee,
1 Eigelb,
200 g Puderzucker,
3–4 EL Wasser oder Zitronensaft

Den Teig auf bemehlter Fläche ausrollen und in 10 cm große Quadrate schneiden. Den abfallenden Teig zu ganz kleinen, runden Plätzchen ausstechen. In die Mitte jedes Teigquadrates einen Geleeklecks geben. Die 4 Ecken zur Mitte klappen, mit verquirltem Eigelb bestreichen und die Teigplätzchen darauf andrücken. Nach dem Backen auf einem Kuchendraht auskühlen lassen. Puderzucker mit Wasser oder Zitronensaft verrühren und die Taschen mit der Glasur überziehen.

Windmühlen

Einstellung	Heißluft	Ober- und Unterhitze
Einschubhöhe Temperatur Zeit	Mitte 150–170 °C 20–25 Min.	unteres Drittel 170–190 °C 20–25 Min.

1 Rezept Plunderteig,
Mehl zum Ausrollen,
½ Glas Aprikosenkonfitüre,
200 g Puderzucker,
3–4 EL Aprikosengeist oder -likör

Den Teig auf bemehlter Fläche ausrollen und in 12 cm große Quadrate schneiden. Diese von jeder Ecke aus diagonal 4 cm tief einschneiden und in die Mitte je einen Konfitürenklecks geben. Die eingeschnittenen Ecken mit je einer Seite zur Mitte klappen und andrücken. Goldbraun backen und zum Auskühlen auf ein Kuchengitter legen. Den Puderzucker mit Aprikosengeist oder -likör zu einem glatten Guß verrühren und die Windmühlen damit überziehen.

Aprikosen-Mandel-Kuchen

Einstellung	Heißluft	Ober- und Unterhitze
Einschubhöhe Temperatur Zeit	Mitte 170–190 °C 30–40 Min.	unteres Drittel 190–210 °C 40–50 Min.

200 g Quark,
7 EL Milch, 8 EL Öl, 1 Ei,
1 Prise Salz,
100 g Zucker,
abgeriebene Schale
von ½ unbehandelten Zitrone,
400 g Mehl,
1 Päckchen Backpulver,
Butter oder Öl zum Einfetten
Belag:
1,5 kg frische oder 1,3 kg konservierte, entsteinte Aprikosen,
30–40 geschälte Mandelkerne,
Puderzucker zum Bestäuben

Quark, Milch und Öl in eine hohe Rührschüssel oder in die Schüssel der Küchenmaschine geben. Ei, Salz, Zucker und Zitronenschale zufügen und alles mit den Schneebesen so lange rühren, bis sich der Zucker gelöst hat. Dann nach und nach ⅔ des mit Backpulver gemischten Mehls zufügen und erst unterrühren, dann die Rührbesen durch die Knethaken ersetzen und alles gründlich miteinander verarbeiten. Das restliche Mehl auf die Arbeitsfläche sieben und den Teig von Hand nochmal sehr schnell durchkneten. Zu einer Kugel formen und für etwa 30 Minuten in den Kühlschrank legen. Ein Backbleck mit Butter oder Öl einfetten.

Belag: Die Aprikosen waschen und abtrocknen. Die Früchte anschließend entsteinen und halbieren. Aprikosenhälften aus der Dose in einem Sieb sehr gründlich abtropfen lassen. Die Mandelkerne halbieren.

Den gekühlten Teig mit den Handballen ein wenig flachdrücken und auf dem vorbereiteten Blech ausrollen oder ihn darauf verstreichen. An die offene Kante des Bleches einen doppelt gefalteten Alufolienstreifen legen, damit der Teig beim Backen nicht herunterlaufen kann. Die Aprikosen mit den Schnittflächen nach oben dicht nebeneinander auf den Teig legen und in jede Hälfte – statt des Kerns- eine Mandelhälfte (runde Seite nach oben) legen. Das Blech sofort in den Ofen schieben und den Kuchen goldbraun backen. Noch heiß mit Puderzucker bestäuben und abkühlen lassen. Anschließend in etwa 6 mal 8 cm große Streifen schneiden, dabei darauf achten, daß die Schnittkanten möglichst an den mit Mandeln gefüllten Aprikosen vorbeilaufen.

Hinweis

Servieren Sie dieses Gebäck in jedem Fall sehr frisch, gerade nach dem Auskühlen, denn schon einen Tag später schmeckt es nicht mehr so aromatisch. Wollen Sie es jedoch einmal auf Vorrat backen, sollten Sie die Stücke sofort nach dem Abkühlen einfrieren und vor dem Servieren für ein paar Minuten im heißen Ofen auffrischen. Erst danach mit Puderzucker bestäuben.

Mohn-Pfirsich-Schnecke

Einstellung	Heißluft	Ober- und Unterhitze
Einschubhöhe Temperatur Zeit	Mitte 190–210 °C 30–40 Min.	unteres Drittel 200–220 °C 30–40 Min.

750 g Mehl, 380 g gekühlte Butter,
1 kräftige Prise Salz,
60 g Zucker,
1 Eigelb, 1 Würfel Frischhefe (oder die entsprechende Menge Trockenhefe),
knapp ¼ l lauwarme Milch,
Mehl zum Ausrollen und Formen,
1 Eigelb zum Bestreichen,
1 EL Mohn zum Bestreuen
Füllung: ¼ l Milch, 30 g Butter,
250 g gemahlener Mohn,
125 g Zucker, 1 Vanilleschote,
abgeriebene Schale von ½ unbehandelten Zitrone,
1 Dose Pfirsiche (Fruchteinwaage ca. 270 g),
1 Eiweiß, 1 Prise Salz,
80 g Mandelstifte

150 g Mehl auf die Arbeitsfläche sieben und 300 g in Flöckchen geteilte Butter darauf verteilen. Schnell miteinander verkneten, zwischen zwei Pergamentpapierblättern zu einem 1 cm dicken Rechteck ausrollen und 1½ Stunden kühlen.
Das restliche Mehl in eine hohe Rührschüssel oder in die Schüssel der Küchenmaschine geben. Salz, Zucker und Eigelb zufügen und die Hefe darüberbröckeln (Trockenhefe nach Packungsaufschrift verwenden). Die Milch angießen und alles mit Quirl und Knetern des elektrischen Handrührgeräts oder mit der Küchenmaschine verkneten, bis sich der Teig vom Schüsselrand löst und elastisch ist. Den Teig gehen lassen, dann auf bemehlter Fläche durchkneten und, mit einem Tuch bedeckt, für etwa 1 Stunde in den Kühlschrank stellen. Anschließend zum Rechteck ausrollen, das doppelt so groß ist wie die Butterplatte. Die Butter auf eine Hälfte legen, alle Teigränder mit kaltem Wasser bestreichen und die zweite Teighälfte über die Butter klappen. Die Ränder gut andrükken und alles 30 Minuten kühlen. Danach unter leichtem Druck in alle Richtungen ausrollen, bis das Teigstück etwa dreifach so lang ist. Wie auf der Seite 209 beschrieben, dreimal tourieren.
Füllung: Die Milch mit der Butter aufkochen, Mohn, Zucker, das ausgeschabte Vanillemark und die Zitronenschale zufügen und gut durchkneten. Die Pfirsiche abtropfen, 3 EL Saft zum Mohn geben, cremig einkochen und abkühlen lassen. Eiweiß mit Salz schnittfest schlagen und mit den Mandeln unterheben.
Den Teig zu einem 30 mal 60 cm großen Rechteck ausrollen, die Füllung darin verstreichen und die Ränder frei lassen. Die Pfirsiche fein zerschneiden, darüberstreuen und den Teig zur Roulade aufrollen. Schneckenförmig auf ein Backblech legen und 25 Minuten gehen lassen. Mit verquirltem Eigelb bestreichen, mit Mohn bestreuen, mehrfach einritzen und goldbraun backen.
Mit Vanillinzucker gesüßte Schlagsahne schmeckt besonders gut dazu.

Honig-Limetten-Torte mit Ananas

Einstellung	Heißluft	Ober- und Unterhitze
Einschubhöhe Temperatur Zeit	Mitte 160–180 °C 50–60 Min.	unteres Drittel 170–190 °C 75–85 Min.

250 g Mehl, 1 Päckchen Backpulver,
100 g Magerquark,
2 EL Milch oder Sahne, 1 Ei,
1 Prise Salz, 50 g Zucker,
4 EL Öl, Öl oder Butter zum Einfetten
Füllung:
1 kleine Dose Ananasstücke (425 ml),
1–2 Limetten (grüne Zitronen),
2 EL Zucker,
125 g Magerquark, 2 Eigelb,
4 EL Honig, Saft von 1 Limette,
4 Tropfen Bittermandelöl,
30 g Speisestärke, 2 Eiweiß,
1 Prise Salz, ⅛ l Sahne,
80 g gemahlene Mandeln,
Puderzucker zum Bestäuben

Das Mehl mit dem Backpulver mischen und gut die Hälfte davon in eine hohe Rührschüssel oder in die Schüssel der Küchenmaschine geben. Quark mit Milch oder Sahne, Ei, Salz, Zucker und Öl zufügen und alles gründlich miteinander vermischen. Das restliche Mehl-Backpulver-Gemisch auf die Arbeitsfläche sieben, den Teig zufügen und alles von Hand gründlich durchkneten. Dabei möglichst schnell arbeiten, damit der Teig nicht weich und klebrig werden kann. In einer eingefetteten Springform (Durchmesser 26 cm) ausrollen und einen etwa 3 cm hohen Rand formen.

Füllung: Ananas abtropfen lassen (die Flüssigkeit anderweitig verwenden) und die Limetten unter heißem Wasser gründlich abbürsten. Danach abtrocknen und in hauchdünne Scheiben schneiden. Die Limettenscheiben nebeneinander auf eine Platte legen und, mit Zucker bestreut, ziehen lassen. Den Quark mit Eigelb, gut 2½ EL Honig, Limettensaft, Bittermandelöl und Speisestärke in eine Rührschüssel geben und mit dem elektrischen Handrührgerät (oder der Küchenmaschine) gründlich verrühren. Die Rührbesen säubern und die Eiweiß in einer zweiten Schüssel mit dem Salz zu schnittfestem Schnee schlagen. In einer nächsten Schüssel die Sahne steif schlagen und zusammen mit dem Eischnee auf die Quarkcreme gleiten lassen. Die Mandeln zusammen mit den abgetropften Ananasstücken zufügen und alles sehr locker, aber gründlich unterheben. In die vorbereitete Form füllen, glattstreichen und mit den abgetropften Limettenscheiben dicht belegen. Goldbraun backen. Etwa 5 Minuten vor Ende der Backzeit den restlichen Honig darauf verstreichen und karamelisieren lassen. Den Kuchen aus dem Herd nehmen, mit einem Küchentuch bedeckt etwa 5 Minuten ausdampfen lassen, dann den Springformrand entfernen und die Torte auf einem Kuchendraht auskühlen lassen. Den Rand mit Puderzucker bestäuben und die Torte möglichst frisch servieren (mit scharfem Messer aufschneiden!).

Quark- und Plunderteig

Quark-Rosenkuchen mit Äpfeln

Einstellung	Heißluft	Ober- und Unterhitze
Einschubhöhe Temperatur Zeit	unteres Drittel 190–210 °C 20–25 Min.	unteres Drittel 200–220 °C 30–35 Min.

270 g Mehl, 1 Prise Salz,
1 TL Backpulver, 250 g Magerquark,
250 g gekühlte Butter
Füllung: 80 g Rosinen,
500 g säuerliche Äpfel,
Saft von 1 Zitrone, 80 g Zucker,
1 TL gemahlener Zimt,
100 g Kokosraspeln,
2 Beutel Krokant (je 40 g)
Außerdem: Mehl zum Ausrollen,
2 Eigelb, 3 EL Sahne,
Butter oder Margarine zum Einfetten,
2 EL Honig zum Bestreichen

Mehl mit Salz, Backpulver, Quark und der in Flöckchen geteilten Butter in eine hohe Rührschüssel oder in die Schüssel der Küchenmaschine geben und mit Quirl und Knetern des elektrischen Handrührgeräts oder mit der Küchenmaschine gut verkneten. Dabei auf der niedrigsten Stufe beginnen, bis das Mehl nicht mehr staubt, dann auf der höchsten Stufe weiterarbeiten. Den Teig von Hand nochmal durchkneten, zur Kugel formen und zugedeckt mindestens 1 Stunde kühlen.

Füllung: In der Zwischenzeit die Rosinen in einem Sieb unter heißem Wasser waschen und in einem Küchentuch oder mit Haushaltspapier sehr gut trockenreiben. Die Äpfel schälen, vierteln und entkernen, in sehr feine Schnitzchen teilen oder auf der groben Rohkostreibe raspeln. Sofort mit dem Zitronensaft vermischen, damit sie nicht braun werden, und mit Klarsichtfolie abdecken. Zucker mit Zimt, Kokosraspeln und Krokant mischen.

Den Teig auf der leicht bemehlten Arbeitsfläche knapp ½ cm dick zu einem Rechteck ausrollen. Eigelb mit Sahne verquirlen und den Teig damit bestreichen. Die Äpfel zusammen mit den Rosinen und der Zuckermischung darüberstreuen und den Teig von der Längsseite her aufrollen. Mit einem sehr scharfen Messer in 4–5 cm breite Stücke schneiden und diese nebeneinander aufrecht in eine gefettete Springform (Durchmesser 22 cm) stellen. Goldbraun backen. Mit dem Honig bestreichen und diesen im heißen Herd in weiteren 2–3 Minuten karamelisieren lassen. Zum Auskühlen auf einen Kuchendraht geben und frisch servieren.

Variation

Apfeltaschen: Sie werden nach demselben Rezept wie der Kuchen gebacken. Teilen Sie den ausgerollten Teig dazu in etwa 10 cm große Quadrate, geben Sie etwas Füllung in die Mitte und klappen Sie den Teig jeweils diagonal zur Hälfte zusammen, wobei Sie die Ränder mit verquirltem Eigelb bestreichen und sehr gut andrücken sollten. Die Oberflächen der Taschen können Sie ebenfalls mit Honig bestreichen oder auch vor dem Backen mit verquirltem Ei bepinseln und nach dem Backen mit Puderzucker bestäuben.

Nußnougat-Halbmonde

Einstellung	Heißluft	Ober- und Unterhitze
Einschubhöhe Temperatur Zeit	unteres + oberes Drittel 190–210 °C 15–20 Min.	unteres Drittel 200–220 °C 20–25 Min.

300 g Mehl, ½ TL Backpulver,
1 Prise Salz, 1 Eigelb,
3 Tropfen Bittermandelöl,
1 EL Cognac oder Weinbrand,
250 g Sahnequark, 230 g gekühlte Butter
Füllung: 1 Eiweiß, 30 g Zucker,
300 g Nougat,
100 g gemahlene Haselnüsse,
1 EL Cognac oder Weinbrand
Außerdem: Mehl zum Ausrollen,
1 Eigelb, 2 EL Sahne oder Dosenmilch,
Butter oder Margarine zum Einfetten,
20 g Butter zum Bepinseln,
½ Becher Kuvertüre

Etwa ⅔ des Mehls, mit Backpulver gemischt, sowie alle anderen Teigzutaten in eine hohe Rührschüssel oder in die Schüssel der Küchenmaschine geben und alles mit Quirl und Knetern des elektrischen Handrührgeräts oder mit der Küchenmaschine verkneten. Dazu zuerst auf der niedrigsten Stufe beginnen, bis das Mehl nicht mehr staubt, dann auf der höchsten Stufe weiterarbeiten. Das restliche Mehl-Backpulver-Gemisch auf die Arbeitsfläche sieben, den Teig daraufgeben und alles von Hand schnell durchkneten. Zugedeckt für mindestens 1 Stunde in den Kühlschrank legen.

Füllung: Kurz vor Ende der Kühlzeit das Eiweiß schaumig schlagen (es muß nicht schnittfest sein) und nach und nach den Zucker einstreuen. Sobald die Masse sehr cremig ist, die zerbröselte Nougatmasse und die gemahlenen Haselnüsse zufügen und alles zu einer recht festen Paste verrühren. Mit Cognac oder Weinbrand aromatisieren.

Den Teig auf der bemehlten Arbeitsfläche knapp ½ cm dick ausrollen. Mit einem Glas oder Ausstechförmchen runde Plätzchen von etwa 10 cm Durchmesser ausstechen und in die Mitte jeweils etwas Nußnougat geben. Eigelb mit Sahne oder Dosenmilch verquirlen, alle Ränder damit bestreichen und die Plätzchen zur Hälfte zusammenklappen. Die Ränder sehr gut andrücken und die Halbmonde nicht zu dicht nebeneinander auf zwei gut eingefettete Bleche legen. Goldbraun backen, dann sofort auf ein Kuchengitter legen. Die Butter bei sanfter Hitze zerlaufen lassen und die Gebäckstücke damit bepinseln. Anschließend abkühlen lassen.

Die Kuvertüre im warmen, nicht heißen Wasserbad unter Rühren auflösen und neben dem Herd unter weiterem Rühren etwas abkühlen lassen. Sobald sie wieder leicht abbindet, d.h. beginnt, ein wenig fest zu werden, mit einer Gabel oder der Messerspitze hineinfahren und etwas Kuvertüre herausheben. In schnellen Zickzack-Bewegungen über die Halbmonde führen, so daß sich feine Schokoladenfäden darauf bilden. Trocknen lassen und die Halbmonde möglichst sofort servieren.

Oben: Quark-Rosenkuchen mit Äpfeln
Unten links: Nußnougat-Halbmonde
Unten rechts: Apfeltaschen

Aprikosenstrudel

Einstellung	Heißluft	Ober- und Unterhitze
Einschubhöhe Temperatur Zeit	Mitte 180–200 °C 30–40 Min.	unteres Drittel 190–210 °C 35–45 Min.

250 g Mehl,
1 Prise Salz, 1 Eigelb,
50 g Schweineschmalz,
1 Päckchen Vanillinzucker,
4–5 EL lauwarmes Wasser,
½ TL Essig
Füllung: 750 g frische Aprikosen oder
1 große Dose (1 l),
⅛ l Weißwein,
200 g Marzipan-Rohmasse,
80 g Puderzucker,
Saft von 1 Zitrone,
½ Glas (225 g) Aprikosenkonfitüre
Außerdem: Mehl zum Ausrollen,
80 g Butter,
3 EL Semmelbrösel,
Butter oder Margarine zum Einfetten,
5 EL Sahne,
2 EL Aprikosenkonfitüre

Für den Teig alle Zutaten mit Quirl und Knetern des elektrischen Handrührgerätes oder in der Küchenmaschine verkneten, bis er völlig glatt und weich ist, aber nicht mehr klebt. Den Teig dann mehrfach mit viel Schwung auf die Arbeitsfläche werfen, bis keine Luftbläschen oder Mehlklümpchen mehr zu sehen sind. Nun wieder zur Kugel formen und auf einem Blatt Pergamentpapier in einem heißen, trockenen Topf (vorher Wasser darin kochen und wieder abtrocknen) ca. 60 Minuten ruhen lassen.
Füllung: Die frischen Aprikosen waschen, abtrocknen, halbieren und entkernen. Den Wein in einem Topf zum Kochen bringen, die Aprikosenhälften hineingeben und ca. 5 Minuten leise sieden lassen. Danach auf einem Sieb abtropfen und abkühlen lassen; die Flüssigkeit dabei auffangen. Aprikosen aus dem Glas lediglich abtropfen lassen und auch hier den Saft aufheben. Die Marzipan-Rohmasse mit Puderzucker, Zitronensaft, der Aprikosenkonfitüre und etwas Weißweinsud oder Aprikosensaft aus der Dose zu einer streichfähigen Masse mischen.

Die Arbeitsfläche mit einem großen Tuch belegen und dieses hauchdünn mit Mehl bestäuben. Den Strudelteig zuerst so dünn wie möglich ausrollen, dann mit den flachen, ausgestreckten Händen darunterfahren und ihn vorsichtig so weit wie möglich ausziehen. Die dicken Ränder mit einer Schere glatt abschneiden. Die Butter bei sanfter Hitze schmelzen und wieder auf Handwärme abkühlen lassen. Einen Teil davon mit dem Pinsel gleichmäßig auf dem Teig verteilen und mit den Semmelbröseln bestreuen. Dann die Marzipanmasse darauf verstreichen und mit den abgetropften, nach Wunsch etwas zerkleinerten Aprikosen belegen. Die Teigränder dabei stets frei lassen und sie nun über die Füllung klappen. Den Strudel mit Hilfe des Tuches zusammenrollen und U-förmig auf ein gut gefettetes Backblech gleiten lassen. Den Strudel rundherum mit der übrigen Butter bestreichen und backen; dabei nach ca. 10 Minuten die Sahne über den Strudel verteilen. Die Aprikosenkonfitüre inzwischen glattrühren. 10 Minuten vor Ende der Backzeit über die Oberfläche streichen und leicht karamelisieren lassen. Den Strudel herausnehmen, auskühlen lassen und dann möglichst sofort servieren.

Strudeltaschen mit Pflaumenmusfüllung

Einstellung	Heißluft	Ober- und Unterhitze
Einschubhöhe Temperatur Zeit	unteres + oberes Drittel 170–190 °C 15–20 Min.	unteres Drittel 190–200 °C 15–20 Min.

200 g Mehl, 1 Prise Salz,
3 EL Öl, ½ TL Essig,
4–6 EL lauwarmes Wasser
Füllung: 50 g Butter,
200 g gestiftelte Mandeln,
600 g Pflaumenmus,
2 Glas (je 2 cl) Mandellikör,
Saft von 1 Zitrone, 50 g Löffelbiskuits
Außerdem: Mehl zum Ausrollen,
1 Eiweiß, Butter oder Margarine
zum Einfetten und Bestreichen,
3–5 EL Sahne,
Puderzucker zum Bestäuben

Den Teig, wie auf Seite 158 ausführlich beschrieben, zubereiten und quellen lassen.
Füllung: In der Zwischenzeit die Butter in einer Pfanne erhitzen und die Mandeln darin unter ständigem Wenden goldbraun rösten. Vom Herd nehmen und abkühlen lassen. Das Pflaumenmus mit Mandellikör und Zitronensaft verrühren, dann die abgekühlten Mandeln untermischen. Die Löffelbiskuits in eine Plastiktüte geben und mit dem Nudelholz fein zerbröseln.
Den Teig auf der leicht bemehlten Arbeitsfläche portionsweise etwa 3 mm dick ausrollen und in ca. 8 cm große Quadrate schneiden. Zuerst mit zerbröselten Löffelbiskuits bestreuen, dann die Füllung darauf verteilen und jeweils einen Rand frei lassen. Das Eiweiß leicht verquirlen, die Teigränder damit einstreichen und die Teigstücke zu Dreiecken zusammenlegen. Die Ränder sorgfältig mit einer Gabel festdrücken. Die Teigtaschen auf zwei gefettete Backbleche legen und mit flüssiger, aber nicht mehr heißer Butter bestreichen. Backen und die Taschen dabei kurz vor Ende der Garzeit mit Sahne bestreichen. Die Strudeltaschen auf einem Kuchendraht auskühlen lassen und mit Puderzucker bestäuben.

Oben: Aprikosenstrudel
Unten: Strudeltaschen mit Pflaumenmusfüllung

Apfelstrudel

Einstellung	Heißluft	Ober- und Unterhitze
Einschubhöhe Temperatur Zeit	Mitte 180–200 °C 30–40 Min.	unteres Drittel 190–210 °C 35–45 Min.

ca. 250 g Mehl, 1 kräftige Prise Salz, 3 EL Öl, ⅛ l lauwarmes Wasser, ½–1 TL Essig, Mehl zum Ausrollen, Butter zum Bestreichen und Einfetten
Füllung und Verzierung: 90 g Butter, 100 g Semmelbrösel, 100 g Rosinen, 1,2 kg säuerliche Äpfel, Saft von 1 Zitrone, 100–125 g Zucker (je nach Säuregehalt der Äpfel), 1–2 TL gemahlener Zimt, Puderzucker zum Bestäuben

Für den Teig Mehl mit Salz, Öl, Wasser und Essig in eine hohe Rührschüssel oder in die Schüssel der Küchenmaschine geben und sehr gut verkneten. Dazu auf der niedrigsten Schaltstufe beginnen, bis das Mehl nicht mehr staubt, dann auf der höchsten Stufe weiterarbeiten, bis der Teig völlig glatt und weich ist, aber nicht mehr klebt. Den Teig aus der Schüssel nehmen und schlagen bzw. werfen, wozu er, zur Kugel geformt, hochgehoben und kräftig auf die Tischplatte geschleudert wird. Machen Sie zwischendurch die Probe und schneiden die Teigkugel mit einem scharfen Messer in zwei Hälften. Erst wenn sich weder Mehlspuren noch Luftbläschen zeigen, hat er die richtige Konsistenz. Kneten sie ihn wieder zur Kugel und lassen ihn dann ruhen. Dazu in einem Topf Wasser kochen lassen, den Topf ausleeren, abtrocknen und umgekehrt über den Teig stülpen. Diesen 30 Minuten ruhen lassen, damit das Mehl quellen kann.

Füllung: ⅔ der Butter in einer Pfanne erhitzen und die Semmelbrösel darin unter ständigem Rühren goldbraun rösten. Vom Herd nehmen und abkühlen lassen. Die Rosinen in heißem Wasser waschen und in einem Tuch oder mit Haushaltspapier sehr gut trockenreiben. Die Äpfel schälen, in Viertel teilen, entkernen und in feine Schnitze schneiden. Sofort mit dem Zitronensaft beträufeln, damit sie sich nicht braun färben. Zucker und Zimt mischen und beiseite stellen.

Einen möglichst frei stehenden Tisch mit einem großen Tuch (am besten einer Tischdecke) belegen und dünn mit Mehl bestäuben. Den Teig auf dem Tuch flachdrücken und in alle Richtungen so dünn wie eben möglich ausrollen. Anschließend die Hände mit Mehl einreiben und dicht nebeneinander unter den Teig schieben. Von der Mitte aus beginnend, den Teig über den Händen zum Körper hin ziehen, bis die Finger deutlich durchscheinen. Sie wissen ja, daß man die Zeitung durchlesen könnte, heißt es im Volksmund. Er darf also ruhig an den Tischkanten herunterhängen. Zum Schluß die dickeren Kanten, die sich nicht mehr ausziehen lassen, mit einer Schere abschneiden. Den Teig mit zerlassener Butter bestreichen und mit den gerösteten Semmelbröseln gleichmäßig bestreuen. Die Rosinen unter die Äpfel mischen, ebenfalls auf dem Teig verteilen und zum Schluß den Zimt-Zucker darüberstreuen. Dabei sollte rundherum ein etwa 5 cm breiter Rand frei bleiben. Die seitlichen Kanten über die Füllung schlagen. Die vordere Teigkante auf die Füllung legen und nun das darunterliegende Tuch mit beiden Händen anheben und schräg hochziehen, so daß der Teig langsam am Tuch herunterrutscht und so die Füllung einrollt. Halten Sie dann das Tuch an den Seiten und lassen Sie den Strudel herunter auf ein gefettetes Blech rollen. Die Oberfläche noch einmal mit zerlassener Butter bestreichen und den Strudel backen. Dabei mehrfach mit Butter bepinseln, damit er goldbraun und schön knusprig wird. Den Apfelstrudel nach dem Backen mit Puderzucker bestäuben und warm oder kalt servieren.

Zu warmem Apfelstrudel schmeckt am besten eine Vanillesauce, während Sie zum kalten Strudel besser mit Vanillzukker gesüßte, steif oder halbsteif geschlagene Sahne reichen. Aber auch Crème fraîche und Vanilleeis passen dazu.

Variationen

Backpflaumen-Strudel: 200 g entsteinte Backpflaumen für 2 Stunden in ½ l lauwarmem Wasser einweichen, mit der abgeriebenen Schale von ½ unbehandelter Zitrone aufkochen und leicht abkühlen lassen. In feine Streifen schneiden und, mit 2 Glas Zwetschgenwasser begossen, zugedeckt beiseite stellen. 150 g Sahnequark mit 3 Eigelb, 1 Prise Salz, 80 g Zucker, ½ TL gemahlenem Zimt, ½ Fläschchen Bittermandelöl in der Küchenmaschine (oder mit dem elektrischen Handrührgerät) gut verschlagen. 3 Eiweiß schnittfest schlagen und zusammen mit 100 g Pflaumenmus, 80 g blättrigen oder gehackten Mandeln und den Backpflaumen (samt nicht eingezogenem Alkohol) locker unter den Quark heben. Auf den ausgezogenen, mit Butter bestrichenen Teig streichen und weiterfahren, wie oben angegeben.

Mohnstrudel: 330 g gemahlenen Mohn mit kochendem Wasser bedecken, 5 Minuten quellen lassen, dann in einem über eine Schüssel gespannten Tuch abtropfen und ausdrücken. ¼ l Milch aufkochen, 50 g Grieß einstreuen und bei sanfter Hitze 30 Minuten quellen lassen. Dabei nach 15–20 Minuten den Mohn untermischen. 80 g Zucker mit 1 Päckchen Vanillinzucker, je 1 Prise gemahlenen Nelken und geriebener Muskatnuß sowie 3–4 Tropfen Bittermandelöl unterrühren. 100 g Rosinen im Sieb unter heißem Wasser waschen und in einem Tuch oder mit Haushaltspapier trockenreiben. In der Mohnmischung kurz ziehen lassen, dann 10 g gehackte wandeln und 2 Eigelb darunterrühren. Vom Herd nehmen und etwas abkühlen lassen. Zum Schluß 2 mit 1 Prise Salz schnittfest geschlagene Eiweiß unterziehen und den Strudel wie gewohnt damit füllen und backen. Etwa 10 Minuten vor Ende der Backzeit 1 kleinen Becher Sahne über dem Strudel verteilen.

Apfelstrudel Altwiener Art: Verteilen Sie vor dem Zusammenrollen leicht geschlagene Sahne oder glattgerührte saure Sahne (bis zu ¼ l) auf die Äpfel und streuen Sie 80–100 g grobgehackte Nüsse darüber.

Apfelstrudel bayerische Art: Legen Sie den Strudel dazu nicht auf ein Backblech, sondern in eine längliche Backpfanne (die in Bayern Reine heißt) oder aber in die Bratpfanne des Backofens. Übergießen Sie ihn mit Milch oder Sahne (bis zu ¼ l) und backen Sie ihn wie gewohnt.

Baklava

Süßer Strudel aus dem Orient

Einstellung	Heißluft	Ober- und Unterhitze
Einschubhöhe Temperatur Zeit	unteres Drittel 190–210 °C 30–40 Min.	unteres Drittel 200–220 °C 45–50 Min.

350 g Mehl, 1 Prise Salz,
4 Eier, 3 EL Öl,
knapp ⅛ l lauwarmes Wasser,
½ TL Essig
Füllung: 80 g Walnußkerne,
80 g abgezogene Mandeln,
80 g geschälte Pistazien,
80 g Zucker, 1 TL gemahlener Zimt,
80 g Butter
Außerdem: Mehl zum Ausrollen,
Butter zum Einfetten,
75 g flüssige Butter zum Begießen,
100 g Honig, Saft von 1 Zitrone,
abgeriebene Schale von
½ unbehandelten Zitrone,
abgeriebene Schale von
½ unbehandelten Orange

Den Strudelteig, wie beschrieben, zubereiten und im heißen, trockenen Topf (vorher Wasser darin kochen) 60 Minuten ruhen lassen, damit das Mehl quellen kann.

Füllung: Die Nüsse, Mandeln und Pistazien getrennt nicht zu fein hacken. Den Zucker mit Zimt mischen und die Butter in Flöckchen teilen. Den Teig halbieren und die erste Hälfte auf einem großen, bemehlten Tuch so dünn wie möglich ausrollen. Danach mit flach ausgestreckten Händen so weit auseinanderziehen, daß der Teig durchscheinend ist. Man muß das Muster des Tuches erkennen können bzw. eine Zeitung hindurchlesen können. Den Teig in 8 gleich große Rechtecke schneiden, die etwas größer sind als die flache, eckige Bratenpfanne, in der der Strudel gebacken werden soll. Mit der zweiten Teighälfte ebenso verfahren. Die Pfanne oder Form gut mit Butter einfetten und 4 Teigplatten so hineinlegen, daß die Enden leicht überlappen. Die gehackten Walnüsse darauf verteilen, mit je ⅓ des Zimt-Zuckers und der Butterflöckchen bestreuen. Wieder 4 Teigplatten darüberdecken und mit Mandeln, Zimt-Zucker und Butter bedecken. Nach der nächsten Teigschicht (4 Platten) die Pistazien mit dem restlichen Zimt-Zucker und der Butter einschichten und mit den übrigen Teigschichten abdecken. Mit einem spitzen, scharfen Messer den Kuchen in 16 Stückchen schneiden und mit der flüssigen Butter begießen, backen. Nach dem Backen das Fett vorsichtig abgießen und mit dem erhitzten Honig, dem Zitronensaft und der abgeriebenen Schale von Zitrone und Orange mischen. Den Kuchen nach und nach damit tränken.

Kirsch-Reis-Strudel

Einstellung	Heißluft	Ober- und Unterhitze
Einschubhöhe Temperatur Zeit	Mitte 180–200 °C 25–30 Min.	unteres Drittel 200–220 °C 30–35 Min.

200 g Mehl, 1 Prise Salz,
3 EL Öl oder 30 g zerlassene Butter,
100 ml (knapp ⅛ l) lauwarmes Wasser,
½ TL Essig
Füllung: ¼ l Milch, 1 Vanilleschote,
80 g Zucker, 20 g Butter,
abgeriebene Schale von
½ unbehandelten Zitrone,
100 g Milchreis, 2 Eigelb,
2 Glas (je 2 cl) Kirschwasser,
1 Eiweiß, 1 Prise Salz,
350 g Sauerkirschen (Glas oder Dose)
Außerdem: ca. 60 g Butter zum
Bestreichen und Einfetten,
Mehl zum Ausrollen,
100 g trockengeröstete
blättrige Mandeln,
50 g Zucker, ½–1 TL gemahlener Zimt,
5 EL Sahne

Füllung: Die Milch zusammen mit dem ausgeschabten Mark der Vanilleschote sowie der »leeren« Schote, Butter und abgeriebener Zitronenschale in einem (möglichst beschichteten) Topf aufkochen. Den Reis zwischenzeitlich in einem Sieb unter fließendem kalten Wasser waschen, bis die ablaufende Flüssigkeit klar und nicht mehr milchig trübe ist. Abtropfen lassen und in die kochende Milch streuen. Unter Rühren aufkochen und dann bei sehr sanfter Hitze in knapp 45 Minuten nicht ganz gar quellen lassen. Vom Herd nehmen. Eigelb mit Kirschwasser und etwas Reis verquirlen und unter den gesamten Reis mischen. Die Vanilleschote entfernen, den Reis abkühlen lassen.
Zwischenzeitlich den Teig wie gewohnt zubereiten und ca. 60 Minuten quellen lassen. Danach »strudeldünn« ausziehen, mit etwas flüssiger Butter bestreichen und mit den gerösteten Mandeln bestreuen. Dabei jeweils rundherum einen Rand frei lassen. Eiweiß mit Salz schnittfest schlagen und mit den gut abgetropften Kirschen unter den Reis heben. Auf dem Teig verstreichen, die Ränder darüberschlagen und den Strudel wie gewohnt zusammenrollen. In eine gut gefettete Fett- oder Bratenpfanne legen und rundherum mit Butter bestreichen. Backen. Etwa 10 Minuten vor Ende der Garzeit Zucker und Zimt unter die Sahne schlagen. Diese nach und nach über den Strudel verteilen und goldgelb karamelisieren lassen. Den Strudel warm oder kalt servieren.

Hinweis
Wenn Sie den Strudel nicht sofort servieren möchten, streuen Sie zusätzlich mit den Mandeln am besten einige fein zerbröselte Mandelmakronen auf den Teig, dann weicht er nicht so schnell.

Rahmstrudel

Einstellung	Heißluft	Ober- und Unterhitze
Einschubhöhe Temperatur Zeit	Mitte 170–190 °C 35–45 Min.	unteres Drittel 180–200 °C 45–50 Min.

200 g Mehl, 1 Prise Salz,
3 EL Öl oder 30 g zerlassene Butter,
100 ml (knapp ⅛ l) lauwarmes Wasser,
½ TL Essig
Füllung: 50 g Semmelbrösel,
90 g Butter oder Margarine,
100 g Zucker,
1 Päckchen Vanillinzucker,
2 Eigelb, abgeriebene Schale
von ½ unbehandelten Zitrone,
250 g Magerquark, 150 g Crème fraîche,
80 g feingemahlene Mandeln,
100 g Rosinen
Außerdem: Mehl zum Ausrollen,
Butter zum Einfetten und Bestreichen,
⅛ l Sahne, 2 EL Zucker

Für den Teig alle Zutaten mit Quirl und Knetern des elektrischen Handrührgerätes oder in der Küchenmaschine verkneten, bis der Teig völlig glatt und weich ist, aber nicht mehr klebt. Dazu auf der niedrigsten Schaltstufe beginnen, damit das Mehl nicht staubt, dann auf der höchsten Stufe weiterarbeiten. Den Teig zum Schluß zur Kugel formen und so oft mit Schwung auf die Arbeitsfläche werfen, bis keine Luftbläschen oder Mehlreste mehr zu erkennen sind. Den Teig anschließend auf Pergamentpapier in einem heißen, trockenen Topf (vorher Wasser darin kochen und wieder abtrocknen) ca. 60 Minuten ruhen lassen, damit das Mehl quellen kann.
Füllung: Während der Teig ruht, die Semmelbrösel in 30 g Butter oder Margarine unter Rühren goldgelb rösten, vom Herd nehmen und abkühlen lassen. Die restliche weiche Butter oder Margarine zusammen mit Zucker, Vanillinzucker, Eigelb und Zitronenschale in eine hohe Rührschüssel geben. Quark und Crème fraîche zufügen und alles mit dem elektrischen Handrührgerät oder in der Küchenmaschine schlagen, bis sich der Zucker gelöst hat und die Masse schaumig ist. Die Mandeln schnell daruntermischen. Die Rosinen in einem Sieb unter heißem Wasser waschen und in einem Tuch oder in Haushaltspapier gründlich trockenreiben. Unter die Quarkmasse heben.
Den Teig auf einem großen, dünn bemehlten Tuch (am besten geht's mit einer Tischdecke) so dünn wie möglich ausrollen, dann mit beiden Händen ausziehen, bis er fast durchsichtig ist. Dazu greifen Sie am besten mit beiden flach ausgestreckten Händen unter den Teig und dehnen ihn so weit wie möglich. Die am Rand übrigbleibenden, dicken Ränder mit einer Schere abschneiden; sie würden beim Backen zu hart. Die gerösteten Semmelbrösel auf dem Teig verteilen, dabei an den Seiten jeweils einen Rand frei lassen. Die Quarkmasse darüber verstreichen und auch hier den 4–5 cm breiten Rand nicht vergessen. Die Teigränder über die Füllung schlagen und den Strudel mit Hilfe des Tuches aufrollen. Die Teigenden danach gut zusammendrücken. Eine Bratpfanne oder die Fettpfanne des Backofens mit Butter einfetten und den Strudel (wieder mit Hilfe des Tuches) hineingleiten lassen und rundherum mit Butter bestreichen. Den Strudel backen. Etwa 10 Minuten vor Ende der Garzeit nach und nach die mit Zucker verrührte Sahne darüber verteilen und karamelisieren lassen. Den Rahmstrudel herausnehmen und am besten heiß bzw. warm servieren, jedoch schmeckt er auch kalt sehr gut. Allerdings sollten Sie ihn niemals über mehrere Tage aufbewahren.

Biskuitrolle mit Kastaniencreme

Einstellung	Heißluft	Ober- und Unterhitze
Einschubhöhe Temperatur Zeit	Mitte 180–200 °C 8–12 Min.	unteres Drittel 200–220 °C 10–12 Min.

4 Eigelb, 2–3 EL kaltes Wasser,
100 g Zucker,
1 Päckchen Vanillinzucker,
4 Eiweiß, 1 Prise Salz,
100 g Mehl,
Zucker zum Bestreuen
Füllung und Verzierung:
6 Blatt weiße Gelatine,
1 Dose geschälte Kastanien (ca. 220 g),
1 Dose Kastanienpüree (ca. 425 g),
2–3 Glas (je 2 cl) Cognac
oder Weinbrand,
3/8 l Sahne, 1 Prise Salz,
100 g Zucker,
1 Vanilleschote,
30 g Kakao, 50–100 g Kuvertüre,
2 Päckchen blättrige Mandeln (je 40 g)

Die Eigelb mit dem Wasser in eine Schüssel geben und mit dem elektrischen Handrührgerät oder der Küchenmaschine sehr schaumig schlagen. Nach und nach 2/3 des Zuckers sowie Vanillinzucker einstreuen und schlagen, bis er gelöst und die Masse dickschaumig und weißlich ist. Eiweiß mit Salz und restlichem Zucker schnittfest schlagen. Auf die Eigelbcreme geben, mit Mehl übersieben und alles locker unterheben. Ein Backblech mit Backtrennpapier belegen, dieses am offenen Rand hochfalzen, den Teig darauf verstreichen und im vorgeheizten Ofen goldgelb backen. Ein Küchentuch mit Zucker bestreuen, die Biskuitplatte daraufstürzen. Das Papier mit kaltem Wasser bepinseln, abziehen und die Teigplatte zusammen mit dem Tuch aufrollen. Auskühlen lassen.

Füllung: Die Gelatine in kaltem Wasser einweichen, die Kastanien abtropfen lassen und 12 zur Verzierung beiseite legen. Die übrigen Früchte im Mixer pürieren und das Kastanienpüree aus der Dose zusammen mit etwas Cognac oder Weinbrand und etwa 1/8 l Sahne zufügen. Salz, Zucker, das ausgeschabte Vanillemark und den Kakao unterrühren. Die Gelatine ausdrücken und nach Vorschrift auflösen. Unter Rühren in die Kastaniencreme geben und diese im Kühlschrank gelieren lassen. Die übrige Sahne steif schlagen, die Kuvertüre im Wasserbad schmelzen und die Kastanien damit überziehen. Die Glasur fest werden lassen. Sobald die Kastaniencreme beginnt, steif zu werden, die Sahne unterheben. Die Biskuitrolle wieder auseinanderrollen. Etwa 2/3 der Creme darauf verstreichen und die Rolle wieder aufwickeln. Mit der übrigen Creme bestreichen und die Kastanien auflegen. Die Mandeln in einer trockenen Pfanne goldgelb rösten und, leicht abgekühlt, auf die Rolle streuen.

Hinweis
Zum Überziehen der Kastanien benötigen Sie nur sehr wenig Kuvertüre. Lösen Sie trotzdem etwas mehr auf, der Überzug wird dann gleichmäßiger.

Schoko-Biskuitrolle mit Mandarinen

Einstellung	Heißluft	Ober- und Unterhitze
Einschubhöhe Temperatur Zeit	Mitte 180–200 °C 8–12 Min.	unteres Drittel 200–220 °C 10–12 Min.

4 Eigelb, 4–5 EL kaltes Wasser,
125 g Zucker,
1 Päckchen Vanillinzucker,
1 EL Instant-Kaffeepulver, 4 Eiweiß,
1 Prise Salz, 100 g Mehl, 40 g Kakao,
1 Msp. Backpulver nach Wunsch,
Zucker zum Bestreuen
Füllung und Verzierung:
1 Dose Mandarin-Orangen (ca. 310 g),
Weißwein zum Auffüllen,
9 Blatt weiße Gelatine, 3 Eigelb,
125 g Zucker, Saft von 1 Zitrone,
3 Eiweiß, 1 Prise Salz, ¼ l Sahne,
1 Päckchen Sahnefestiger,
1 Glas (2 cl) Mandarinen- oder Orangenlikör

Eigelb mit Wasser in eine Schüssel geben und mit dem elektrischen Handrührgerät oder der Küchenmaschine verschlagen. Dabei nach und nach etwa ⅔ des Zuckers und das Kaffeepulver einrieseln lassen. Schlagen, bis beides gelöst und die Masse dickschaumig und weißlich ist. Eiweiß mit Salz schnittfest schlagen, den restlichen Zucker einstreuen und auf die Eigelbcreme geben. Mehl mit Kakao und nach Wunsch etwas Backpulver mischen und darübersieben. Alles locker unterheben und auf einem mit am offenen Rand hochgefalzten Backtrennpapier belegten Backblech verstreichen. Sofort im vorgeheizten Ofen backen. Die Teigplatte auf ein mit Zucker bestreutes Tuch stürzen, das Papier anfeuchten, abziehen und die Platte mit dem Tuch einrollen. Auskühlen lassen.

Füllung: 12 oder 16 Mandarin-Orangen aus der Dose nehmen, den Rest im Mixer pürieren und dabei die Dosenflüssigkeit zufügen. In einen Meßbecher gießen und mit Wein auf ⅜ l auffüllen. Gelatine in Wasser einweichen. Eigelb mit Zucker, Zitronensaft und dem nach und nach zugefügten Mandarinenpüree schaumig schlagen, bis sich der Zucker gelöst hat. Gelatine auflösen, untermischen und im Kühlschrank gelieren lassen. Indessen Eiweiß mit Salz schnittfest und die Sahne mit dem Festiger steif schlagen. Sobald die Creme beginnt, fest zu werden, ⅔ der Sahne und den Eischnee unterheben und mit dem Likör abschmecken. Die Rolle auseinanderdrehen, mit der Creme füllen und wieder zusammenrollen. Die restliche Sahne in Tupfern auf die Oberfläche spritzen und mit den übrigen Mandarin-Orangen verzieren.

Hinweis
Nach Wunsch können Sie die Biskuitrolle vor dem Verzieren mit Puderzucker bestäuben oder auch dünn mit Schlagsahne bestreichen.

Nußbiskuitschnitten ohne Mehl

Einstellung	Heißluft	Ober- und Unterhitze
Einschubhöhe Temperatur Zeit	Mitte 160–180 °C 20–25 Min.	unteres Drittel 190–210 °C 20–25 Min.

6 Eigelb, 200 g Zucker,
1 Msp. gemahlener Zimt,
6 Eiweiß,
1 Prise Salz,
1 TL Zitronensaft,
200 g gemahlene Haselnüsse,
80 g geriebene Zartbitter-Schokolade
Füllung und Verzierung:
36 Haselnüsse,
250 g Zartbitter-Schokolade,
25 g Kokosfett (1 Würfelchen),
½ l Sahne,
2 Päckchen Vanillinzucker

Mit dem elektrischen Handrührgerät oder der Küchenmaschine Eigelb mit ⅔ des Zuckers dickschaumig schlagen. Dabei den Zimt einmischen. Eiweiß mit Salz und dem restlichen Zucker schnittfest schlagen und zum Schluß den Zitronensaft untermischen. Auf die Eigelbcreme gleiten lassen und die Haselnüsse zusammen mit der geriebenen Schokolade sehr locker unterheben. Ein Backblech mit Backtrennpapier auslegen und dabei das Papier am offenen Rand hochfalzen, damit der Teig beim Backen nicht herunterlaufen kann. Den Teig darauf verstreichen und sofort im vorgeheizten Ofen backen. Auf einen Kuchendraht stürzen, das Papier anfeuchten, abziehen und die Teigplatte erkalten lassen. Danach die Ränder glattschneiden, die Platte in 4 Streifen und jeden Streifen in 6 Stücke schneiden.
Füllung: Während der Biskuit abkühlt, die Haselnüsse für etwa 10 Minuten auf einem trockenen Kuchenblech in den auf 200 °C vorgeheizten Ofen schieben. Auf ein Küchentuch schütten und mit dem Tuch die braune Haut abreiben. Die Nüsse dann abkühlen lassen. Die Schokolade zusammen mit dem Kokosfett in kleine Stückchen teilen und im heißen Wasserbad schmelzen lassen. Die Nüsse darin wenden, auf einem engen Kuchendraht erkalten und den Überzug fest werden lassen. Die restliche Schokolade auf die Hälfte der Teigstücke gießen, glattstreichen und an den Rändern etwas heruntertropfen lassen. Die Sahne mit dem Vanillinzucker steif schlagen, in einen Spritzbeutel mit Sterntülle geben und etwa ¾ davon als Füllung auf die unbestrichenen Teigstücke spritzen. Die mit Schokolade überzogenen Stücke darauflegen und die Oberflächen jeweils mit drei Tupfern der restlichen Sahne bespritzen. Jeweils eine Haselnuß aufsetzen und die Schnitten möglichst frisch servieren.

Ananas-Weincreme-Torteletts

Einstellung	Heißluft	Ober- und Unterhitze
Einschubhöhe Temperatur Zeit	unteres + oberes Drittel 180–200 °C 8–12 Min.	unteres Drittel 190–210 °C 12–15 Min.

6 Eiweiß, 1 Prise Salz,
175 g Zucker,
Saft und abgeriebene Schale von ½ unbehandelten Zitrone,
6 Eigelb, 125 g Mehl,
50 g Speisestärke,
Butter oder Margarine zum Einfetten,
Zucker zum Bestreuen
Füllung und Verzierung:
6 Blatt weiße Gelatine,
2 Eier, 60 g Zucker,
⅛ l Ananassaft (aus der Dose),
¼ l trockener Weißwein,
1 Glas (2 cl) weißer Rum,
⅛ l Sahne,
1 Päckchen Vanillinzucker,
1½ Dosen Ananas (je ca. 820 g),
1 Päckchen weißer Tortenguß,
ca. 16 Kaiser- oder Cocktailkirschen,
gehackte Pistazien zum Bestreuen

Mit dem elektrischen Handrührgerät oder der Küchenmaschine die Eiweiß mit Salz schnittfest schlagen. Nach und nach den Zucker einstreuen und zum Schluß Zitronensaft und -schale zufügen. Verquirltes Eigelb einmischen und das mit Speisestärke gemischte Mehl darübersieben. Alles locker unterheben. Zwei Backbleche mit Pergamentpapier auslegen und mit Butter oder Margarine einfetten oder Backtrennpapier verwenden. Das Papier am offenen Rand der Bleche hochfalzen. Den Teig darauf verstreichen und im vorgeheizten Ofen backen. Auf zwei mit Zucker bestreute Küchentücher stürzen, das Papier mit kaltem Wasser bestreichen, sofort abziehen und den Teig auskühlen lassen. Sobald er nicht mehr dampft, aber noch weich ist, ananasringgroße (Durchmesser ca. 8 cm), runde Plätzchen ausschneiden. Das geht am besten mit der leeren, gut gereinigten Ananasdose. Dabei sollte darauf geachtet werden, daß möglichst wenig Verschnitt, d. h. Reste vom Teig, übrigbleiben. Alle Reste danach leicht zerkleinert wieder auf ein ungefettetes Backblech geben, im 200 °C heißen Ofen 10–15 Minuten rösten und erkalten lassen. Anschließend in einer Plastiktüte mit der Teigrolle zu feinen Bröseln zerdrücken oder in der Küchenmaschine zerkleinern.
Füllung: Für die Creme die Gelatine in kaltem Wasser einweichen. Eier mit Zukker, Ananassaft und Weißwein in eine Schüssel geben und mit dem elektrischen Handrührgerät im heißen, nicht kochenden Wasserbad zu einer dicklichen, weißen Creme schlagen. Vom Herd nehmen und die ausgedrückte Gelatine unter weiterem Schlagen darin auflösen. Den Rum untermischen und die Creme zum Gelieren in den Kühlschrank stellen. Sobald sie Straßen zieht, die Sahne mit Vanillinzucker steif schlagen und locker unter die Creme heben. Die Creme auf den runden Biskuitplätzchen verstreichen und leicht erstarren lassen. Dann sofort jeweils eine sehr gut abgetropfte und trockengetupfte Ananasscheibe darauflegen. Den Tortenguß nach Packungsaufschrift mit dem übrigen Ananassaft aus der Dose oder mit Wasser bzw. Weißwein zubereiten und nach leichtem Abkühlen die Ananasscheiben damit überziehen. Dabei die Ränder ebenfalls damit bestreichen und diese sofort mit den Bröseln bestreuen. In die Mitte jeder Ananasscheibe eine abgetropfte Kirsche legen und um jede Kirsche einen Kranz aus gehackten Pistazien streuen. Die Torteletts bis zum Servieren kalt stellen.

Schwarzwälder Kirschtorte

Einstellung	Heißluft	Ober- und Unterhitze
Einschubhöhe Temperatur Zeit	Mitte 160–180 °C 40–50 Min.	unteres Drittel 170–190 °C 50–60 Min.

6 Eigelb,
4 EL Wasser, 180 g Zucker,
6 Eiweiß,
1 Prise Salz, 100 g Mehl,
30 g Speisestärke,
50 g Kakao, 100 g gemahlene Mandeln,
Butter oder Margarine zum Einfetten,
Mehl zum Bestäuben
Füllung und Verzierung:
500 g entsteinte Sauerkirschen (Glas),
⅛ l Kirschsaft (auch aus dem Glas),
2 TL Speisestärke,
3 Glas (je 2 cl) Kirschwasser,
1 Päckchen Vanillinzucker,
1 EL Puderzucker,
1 Päckchen Sahnefestiger,
½–¾ l Sahne,
grobgehobelte Schokolade

Eigelb mit Wasser in eine Rührschüssel oder in die Schüssel der Küchenmaschine geben und schaumig schlagen. Dabei ständig nach und nach etwa ⅔ des Zuckers einstreuen und so lange weiterschlagen, bis der Zucker gelöst und die Masse dickschaumig ist. Eiweiß mit Salz in einer zweiten Schüssel (mit gereinigten Schlägern) zu schnittfestem Schnee schlagen. Dann den restlichen Zucker einrieseln lassen. Auf die Creme geben. Mehl mit Speisestärke und Kakao über den Schnee sieben. Die Mandeln darüberstreuen und alles locker unterheben. Eine Springform (Durchmesser 24 oder 26 cm) am Boden mit Butter oder Margarine einfetten und mit Mehl bestäuben. Den Teig darin glattstreichen und im vorgeheizten Ofen backen. Nach kurzem Ausdampfen den Rand der Form lösen und den Kuchen auf einem Kuchendraht – am besten bis zum nächsten Tag – auskühlen lassen.

Füllung: Die Kirschen auf einem Sieb abtropfen lassen und den Saft dabei auffangen. 12 oder 16 besonders schöne Früchte beiseite legen. Vom aufgefangenen Saft ⅛ l abmessen und zum Kochen bringen. Die Speisestärke mit etwas Saft verquirlen und unter Rühren im Saft kräftig durchkochen, die Kirschen untermischen und den Topf vom Herd nehmen. Die Torte zweimal waagerecht durchschneiden und den unteren Boden mit 1 Glas Kirschwasser beträufeln. Sobald die Kirschen abgekühlt sind und der Guß beginnt, fest zu werden, auf dem Boden verteilen. Vanillin- und Puderzucker mit Sahnefestiger mischen. Die Sahne steif schlagen und dabei mit dieser Mischung süßen. Etwas Sahne auf die Kirschen streichen, den zweiten Boden auflegen, ebenfalls mit Kirschwasser beträufeln und dick mit Sahne bestreichen. Den dritten Boden auflegen, beträufeln und Oberfläche und Rand der Torte mit Sahne überziehen. Mit Schokolade bestreuen und 12 oder 16 Stücke markieren. Die restliche Sahne in Tupfen daraufspritzen und jeweils mit einer Kirsche belegen. Möglichst frisch servieren, damit die Kirschen nicht abfärben.

Punschtorte

Einstellung	Heißluft	Ober- und Unterhitze
Einschubhöhe Temperatur Zeit	unteres Drittel 150–170 °C 40–50 Min.	unteres Drittel 170–190 °C 55–60 Min.

*150 g Butter, 9 Eier, 250 g Zucker,
Saft und abgeriebene Schale von
½ unbehandelten Zitrone, 1 Prise Salz,
150 g Mehl, 50 g Speisestärke,
Butter oder Margarine zum Einfetten,
Mehl zum Bestäuben
Füllung und Verzierung: 1 unbehandelte
Orange, Saft von ½ Zitrone,
70 g Zucker, 3 EL Wasser,
6 EL Weißwein oder Madeira,
5 EL Arrak oder Rum,
200 g Marzipan-Rohmasse,
350 g Puderzucker,
½ Glas Orangen- oder
Aprikosenkonfitüre (225 g), 1 Eiweiß,
40 g Bitterschokolade oder Kuvertüre,
12 kandierte Veilchen oder andere
Zuckerblüten, 80 g blättrige Mandeln*

Die Butter schmelzen und auf Handwärme abkühlen lassen. Die Eier in einer Metallschüssel in ein heißes, aber nicht kochendes Wasserbad stellen. Unter ständigem Schlagen mit dem elektrischen Handrührgerät Zucker, Zitronensaft und -schale sowie Salz zufügen und so lange schlagen, bis die Masse weißschaumig ist. Die Schüssel herausnehmen und die Masse (wieder mit dem Rührgerät) kalt schlagen. Mehl mit Speisestärke darübersieben und mit einem Schneebesen oder einem Spatel sehr locker unterheben. Dabei die flüssige Butter in einem dünnen Strahl zugießen. In einer nur am Boden gefetteten und mit Mehl bestäubten Springform (Durchmesser 28 cm) im vorgeheizten Ofen backen. Auf einem Kuchendraht über Nacht auskühlen lassen.

Füllung: Von der Orange zur Hälfte die Schale hauchdünn abschälen. Zusammen mit dem Saft aus beiden Hälften, Zitronensaft, Zucker, Wasser, Wein und Arrak oder Rum kochen, bis der Zucker gelöst und die Flüssigkeit klar ist. Den Punsch ohne Orangenschale abkühlen lassen. Marzipan-Rohmasse mit 100 g Puderzucker verkneten und zu zwei Platten in Tortengröße ausrollen. Das geht am besten mit Hilfe des Springformbodens oder des geschlossenen Randes. Die Torte zweimal waagerecht durchschneiden und alle Platten mit Punsch tränken. Eine Marzipanplatte auf den ersten Boden legen, mit etwas glattgerührter Konfitüre bestreichen, den nächsten Boden aufsetzen, bestreichen und mit dem dritten Boden abdecken. Oberfläche und Rand mit restlicher Konfitüre bestreichen und mit Marzipan belegen. Eiweiß mit restlichem Puderzucker zum sehr dicken, glänzenden Guß verrühren und auf der Oberfläche verstreichen. Die Schokolade oder Kuvertüre schmelzen und mit einer Pergamenttüte von der Mitte aus spiralförmig auf den gerade fest werdenden Guß spritzen. Mit einem spitzen Messer von der Tortenmitte nach außen verziehen und mit Zuckerblüten verzieren. Die Mandelblättchen an den Tortenrand drücken.

Brottorte

Einstellung	Heißluft	Ober- und Unterhitze
Einschubhöhe Temperatur Zeit	unteres Drittel 160–180 °C 35–40 Min.	unteres Drittel 170–190 °C 35–40 Min.

250 g altbackenes Bauernbrot,
70 g getrocknete Feigen, 30 g Zitronat,
6 Eigelb, 4 EL Orangenlikör,
175 g Zucker, abgeriebene Schale
von ½ unbehandelten Zitrone,
1 Msp. gemahlener Koriander,
½ TL gemahlener Zimt, 6 Eiweiß,
1 Prise Salz, 40 g gehackte Mandeln,
Butter oder Margarine zum Einfetten,
Semmelbrösel zum Ausstreuen,
Puderzucker zum Bestäuben

Das Brot in dünne Scheiben schneiden und auf einem trockenen Blech im 100 °C heißen Ofen in etwa 40 Minuten völlig trocknen, dann erkalten lassen und durch die Mandelmühle drehen oder in der Küchenmaschine zerkleinern. Feigen und Zitronat würfeln. Eigelb mit Orangenlikör und 150 g Zucker sehr schaumig schlagen, mit Zitronenschale, Koriander und Zimt würzen. Eiweiß mit Salz und dem restlichen Zucker zu schnittfestem Schnee schlagen. Mit Brotbröseln, Feigen, Zitronat und Mandeln unter den Teig heben und in eine gefettete, mit Bröseln ausgestreute Springform (Durchmesser 26 cm) geben. Im vorgeheizten Ofen goldbraun backen. Mit Puderzucker bestäuben.

Kartoffeltorte

Einstellung	Heißluft	Ober- und Unterhitze
Einschubhöhe Temperatur Zeit	unteres Drittel 160–180 °C 50–55 Min.	unteres Drittel 170–190 °C 55–60 Min.

300 g Pellkartoffeln vom Vortag,
40 g Rosinen, 7½ EL Kirschwasser,
30 g kandierte Kirschen, 30 g Zitronat,
6 Eigelb, 175 g Zucker,
1 unbehandelte Orange,
125 g gemahlene Haselnüsse,
50 g Mehl, 1 TL Backpulver, 6 Eiweiß,
1 Prise Salz, Butter zum Einfetten,
Semmelbrösel zum Ausstreuen,
200 g Puderzucker

Die gepellten Kartoffeln fein reiben oder in der Küchenmaschine zerkleinern. Rosinen waschen, trockenreiben und mit 4 EL Kirschwasser begießen. Kirschen und Zitronat würfeln. Eigelb mit ⅔ des Zuckers schaumig schlagen. Die abgeriebene Schale der ganzen und den Saft einer halben Orange zufügen. Haselnüsse mit Mehl, Backpulver und Kartoffeln unterheben. Eiweiß mit Salz und restlichem Zucker schnittfest schlagen und mit Rosinen, Kirschen und Zitronat locker unter den Teig heben. In eine gefettete und ausgestreute Springform (Durchmesser 26 cm) geben, im vorgeheizten Ofen backen, anschließend auskühlen lassen. Puderzucker mit restlichem Kirschwasser verrühren und den Kuchen damit überziehen.

Möhrentorte

Einstellung	Heißluft	Ober- und Unterhitze
Einschubhöhe Temperatur Zeit	unteres Drittel 150–170 °C 50–60 Min.	unteres Drittel 170–190 °C 60–70 Min.

250 g Möhren,
6 Eigelb, 150 g Zucker,
abgeriebene Schale von
½ unbehandelten Zitrone,
4 unbehandelte Orangen,
je 1 Msp. gemahlene Nelken und Zimt,
je 200 g gemahlene Haselnüsse und
Mandeln, 30 g Mehl,
1 TL Backpulver,
7 Eiweiß, 1 Prise Salz,
3 EL Kirschwasser,
Butter oder Margarine zum Einfetten,
Semmelbrösel zum Ausstreuen,
200 g Aprikosenkonfitüre,
250 g Puderzucker

Sehr zarte Möhren mit einer harten Bürste unter kaltem Wasser abschrubben, ältere dagegen schaben und kalt abspülen. Alle Möhren abtrocknen und in der Küchenmaschine oder auf der feinen Gemüsereibe fein raspeln.
Die Eigelb mit dem elektrischen Handrührgerät oder in der Küchenmaschine sehr schaumig schlagen und dabei etwa ⅔ des Zuckers einrieseln lassen. So lange weiterschlagen, bis die Masse weißschaumig und dickcremig ist. Die abgeriebene Zitronenschale sowie die abgeriebene Schale einer halben Orange zusammen mit Nelken und Zimt untermischen. Die gemahlenen Haselnüsse und Mandeln mit dem Mehl und dem Backpulver mischen. Die Schläger des elektrischen Handrührgerätes oder die Küchenmaschine sehr schnell säubern und 6 Eiweiß mit einer Prise Salz zu schnittfestem Schnee schlagen. Dabei nach und nach den restlichen Zucker einstreuen. Den Eischnee auf die Eigelbcreme gleiten lassen, die Nuß-Mehl-Mischung darüberstreuen und die Möhren zufügen. 1 EL Kirschwasser angießen und alles sehr locker mit einem Schneebesen oder einem Spatel unterheben. Eine Springform (Durchmesser 26 cm) sorgfältig einfetten und mit Semmelbröseln ausstreuen. Den Teig darin glattstreichen und sofort in den vorgeheizten Ofen schieben; er darf nicht stehen, sonst setzen sich die einzelnen Massen wieder ab. Den Kuchen nach dem Backen in der Form ausdampfen, dann auf einem Kuchendraht erkalten lassen. Die Aprikosenkonfitüre mit 1 EL Kirschwasser bei sehr sanfter Hitze glattrühren, die Torte damit überziehen und diese Aprikotur antrocknen lassen. Das restliche Eiweiß mit dem elektrischen Handrührgerät schnittfest schlagen und dabei nach und nach den Puderzucker und das restliche Kirschwasser zufügen. So lange rühren, bis ein recht dicker, stark glänzender Guß entsteht. Die Möhrentorte damit gleichmäßig überziehen. Die Schalen der restlichen Orangen auf der groben Gemüsereibe oder mit einem speziellen Messer in Streifen abschaben und auf den Tortenrand streuen, bevor der Guß völlig fest geworden ist.

Spanische Vanilletorte

Einstellung	Heißluft	Ober- und Unterhitze
Einschubhöhe Temperatur Zeit	unteres Drittel 150–170 °C 30–40 Min.	unteres Drittel 170–190 °C 40–50 Min.

100 g Butter, 5 Eigelb, 1 Ei,
300 g Marzipan-Rohmasse,
150 g Zucker, 2 Vanilleschoten, 5 Eiweiß,
1 Prise Salz, 100 g Mehl,
100 g Speisestärke,
50 g sehr fein gewürfelte oder grobgeraspelte Bitterschokolade,
30 g gehackte Mandeln,
30 g sehr fein gewürfeltes Zitronat,
Butter oder Margarine zum Einfetten,
gemahlene Mandeln zum Ausstreuen,
1 Glas Aprikosenkonfitüre (450 g),
2½ Becher Kuvertüre,
4 EL Sahne, 2 EL gehackte Pistazien

Die Butter bei sanfter Hitze schmelzen lassen, ohne zu bräunen. Danach wieder auf Handwärme abkühlen. Eigelb und Ei in eine Rührschüssel oder in die Schüssel der Küchenmaschine geben. Die Marzipan-Rohmasse in winzige Würfel schneiden, zufügen und alles sehr schaumig schlagen. Dabei nach und nach den Zucker einstreuen. Die Vanilleschoten der Länge nach aufschlitzen, das Mark herausschaben und in die Schüssel geben. So lange weiterschlagen, bis der Zucker gelöst und die Masse weißschaumig und cremig ist. Eiweiß mit Salz zu schnittfestem Schnee schlagen und auf die Creme gleiten lassen. Mehl mit Speisestärke mischen, darübersieben und alles locker (mit einem Schneebesen oder einem Spatel) unterheben. Zum Schluß die flüssige Butter zusammen mit der Schokolade, den Mandeln und dem Zitronat unterheben. Eine konische Form (ersatzweise eine Margareten-, Rosetten- oder Springform, Durchmesser 24 cm) mit Butter oder Margarine einfetten und mit den Mandeln ausstreuen. Den Teig darin glattstreichen und im vorgeheizten Ofen backen. In der Form kurz ausdampfen, dann auf einem Kuchendraht auskühlen lassen. Die Aprikosenkonfitüre bei sehr sanfter Hitze glattrühren, die Torte damit überziehen und die Aprikotur leicht antrocknen lassen. 2 Becher Kuvertüre im nicht zu heißen Wasserbad schmelzen lassen und, etwas abgekühlt, über Oberfläche und Rand der Torte verstreichen. Diesen Guß völlig fest werden lassen. Die restliche Kuvertüre in der heißen Sahne schmelzen, abkühlen und cremig rühren. In einen Spritzbeutel mit Sterntülle füllen und die Torte damit und mit Pistazien verzieren.

Hinweis

Diese Torte läßt sich ausgezeichnet ein paar Tage aufbewahren und eignet sich sehr gut zum Einfrieren. Dazu wird sie nach dem Erkalten in Folie oder einen großen Einfrierbeutel gepackt und in das Gefriergerät gelegt. Auftauen sollten Sie sie bei 50–70 °C Umluft in 70–90 Minuten. Erst danach wird sie aprikotiert, mit Kuvertüre überzogen und verziert, wie oben angegeben.

Löffelbiskuits

Einstellung	Heißluft 2 Bleche	Ober- und Unterhitze
Einschubhöhe	unteres + oberes Drittel	Mitte
Temperatur	140-160 °C	170-190 °C
Zeit	15-18 Min.	18-20 Min.

3 Eigelb, 1 EL kaltes Wasser,
160 g Zucker,
1 Päckchen Vanillinzucker,
3 Eiweiß, 1 Prise Salz, 100 g Mehl,
50 g Speisestärke,
Butter zum Einfetten,
Mehl zum Bestäuben,
sehr feiner Zucker oder Puderzucker zum Besieben

Eigelb mit Wasser in der Küchenmaschine oder mit dem elektrischen Rührgerät sehr schaumig schlagen und dabei die Hälfte des Zuckers und den Vanillinzucker einstreuen. Schlagen, bis der Zucker gelöst und die Masse weißschaumig und recht dick ist. Eiweiß mit Salz und dem restlichen Zucker schnittfest schlagen, auf die Eigelbcreme gleiten lassen und das mit Speisestärke gemischte Mehl darübersieben. Locker unterheben und in einen Spitzbeutel mit glatter Tülle (Durchmesser etwa 1 cm) geben. Zwei Backbleche mit Pergamentpapier belegen, einfetten und mit Mehl bestäuben. Im Abstand von 5-6 cm etwa 8 cm lange, an beiden Enden ein wenig verdickte Biskuits auf das Papier spritzen. Die verdickten Enden bekommt man dadurch, daß man beim Ansetzen der Spritztülle einen Augenblick wartet, bevor man den Teig der Länge nach spritzt, und am anderen Ende dadurch, daß man den Spritzbeutel mit einer leichten Drehung nach oben abzieht. Die Biskuits ganz leicht mit dem Zucker besieben und diesen etwa 2 Minuten antrocknen lassen. Dann das Blech etwas schräg halten, damit der neben den Biskuits liegende Zucker herunterrieseln kann. Einen Pinsel in kaltes Wasser tauchen, das Wasser abschütteln und die winzigen, noch verbleibenden Wassertröpfchen über die gezuckerten Biskuits sprühen. Nach dem Backen sofort vom Papier ablösen und nebeneinander auf einem Kuchendraht abkühlen lassen.

Variationen

Löffelbiskuits mit Schokolade: Einen Becher Kuvertüre schmelzen und die Biskuits mit beiden Enden hineintauchen.
Bunte Löffelbiskuits: Die Masse wie gewohnt spritzen, statt des Zuckers kleinperligen Buntzucker darüberstreuen.
Schokobiskuits mit Nougat: Bereiten Sie den Biskuit wie gewohnt zu, doch ersetzen Sie die Mehl- und Speisestärkemenge durch 80 g Mehl, je 40 g Speisestärke und Kakao sowie 1 Msp. Instant-Kaffeepulver. Nach dem Abkühlen je 2 Biskuits mit glattgerührter Nougatmasse (insgesamt etwa 250 g) zusammensetzen.
Anisbiskuits: Aromatisieren Sie den Biskuit mit 1 El zerstoßenem Anis, spritzen Sie kleine Tupfer aufs Blech und streuen Sie mit dem Zucker etwas Anissamen darüber.

Baiser- und Makronenmasse

Baisers

Einstellung	Heißluft	Ober- und Unterhitze
Einschubhöhe	unteres + oberes Drittel	unteres Drittel
Temperatur	90 °C	100 °C
Zeit	120–150 Min.	240–300 Min.

5 sehr frische Eiweiß,
1 Prise Salz,
250 g feiner Zucker,
2 TL Zitronensaft

Eiweiß in eine Rührschüssel oder in die Schüssel der Küchenmaschine geben, das Salz zufügen und beides miteinander verquirlen. Mit dem elektrischen Handrührgerät oder der Küchenmaschine zu schnittfestem Schnee schlagen und erst dann nach und nach unter ständigem Weiterschlagen den Zucker einrieseln lassen. Die Mengen dürfen dabei jeweils nur sehr gering sein, damit sich die Baisermasse nicht verflüssigt. Sie muß zum Schluß sehr fest sein und stark glänzen. Nun den Zitronensaft unterschlagen, der einerseits für eine zusätzliche Stabilität sorgt, andererseits die Süße ein wenig mildert und den Baisers ein frisches Aroma verleiht. Die Baisermasse in einen Spritzbeutel mit großer Sterntülle geben, Bachbleche mit Backtrennpapier belegen. Etwa eigroße, runde Tupfer auf das Papier spritzen und im Ofen mehr trocknen als backen. Die Temperatur darf dabei keinesfalls erhöht werden, denn bereits bei 130 °C beginnen die Baisers zu bräunen. Hinzu kommt, daß sie recht lange brauchen, um auch in der Mitte trocken und luftig zu werden. Die Baisers danach vorsichtig vom Papier abheben (sie zerbrechen leicht) und auf einem Kuchendraht ausdampfen lassen. Man kann sie dazu noch einmal kurz in den noch lauwarmen Ofen schieben. Danach auskühlen lassen und bis zum Servieren kühl und vor allem trocken aufbewahren.

Variation
Rosa Baisers erhalten Sie, wenn Sie etwa 150 g des Zuckers durch roten Einmachzucker ersetzen. Dieser muß in der Eiweißmasse aber in jedem Fall völlig gelöst sein.

Haselnußmakronen mit Zimtaroma

Einstellung	Heißluft 2 Bleche	Ober- und Unterhitze
Einschubhöhe	unteres + oberes Drittel	unteres Drittel
Temperatur	100–120 °C	120–140 °C
Zeit	40–50 Min.	35–40 Min.

250 g Haselnußkerne,
2–3 Msp. gemahlener Zimt,
3 Eiweiß,
1 Prise Salz, 250 g Zucker,
1 TL Zitronensaft,
ca. 50 kleine, runde Oblaten

Die Haselnußkerne auf einem trockenen Backblech verteilen und bei starker Mittelhitze im Backofen 10–15 Minuten rösten. Die braunen Häutchen lassen sich anschließend mühelos in einem Küchentuch abreiben. Die Kerne heraussuchen, abkühlen lassen und durch die Mandelmühle drehen oder in der Küchenmaschine zerkleinern. Dazu müssen sie jedoch völlig erkaltet sein, sonst verkleben die Reibflächen. Die gemahlenen Nüsse danach mit dem Zimt vermischen. Die Baiser-(Makronen-)masse, wie beschrieben, zubereiten. Zum Schluß den Zitronensaft untermischen und die Haselnüsse locker unterheben. Zwei Backbleche mit den Oblaten belegen und mit Hilfe von zwei Teelöffeln kleine, kugelige Häufchen darauf verteilen. Die Ränder dabei ein wenig abrunden. Die Makronen mehr trocknen als backen. Dann auf einem Kuchendraht auskühlen lassen und die überstehenden Oblatenränder ein wenig abbröckeln.

Hinweis
Sie können die Makronenmasse durch Zugabe von weiteren gemahlenen Haselnüssen etwas fester zubereiten, so daß sie sich zu Kugeln formen läßt. Legen Sie diese dann auch auf Oblaten und drücken Sie jeweils eine Haselnuß in die Mitte.

Schokoladenbaisers mit Mokkawürze

Einstellung	Heißluft 2 Bleche	Ober- und Unterhitze
Einschubhöhe	unteres + oberes Drittel	unteres Drittel
Temperatur	90 °C	100 °C
Zeit	120–150 Min.	240–300 Min.

5 sehr frische Eiweiß,
1 Prise Salz,
250 g feiner Zucker,
2–3 EL Kakao,
1 EL Instant-Kaffeepulver,
2 TL Zitronensaft

Die Baisermasse wie im nebenstehenden Rezept zubereiten. Erst wenn sie stark glänzend und schön fest ist, den Kakao darübersieben und locker, aber gründlich unterheben. Das Instant-Kaffeepulver im Zitronensaft auflösen und zum Schluß unter die Baisermasse schlagen. Diese in einen Spritzbeutel mit mittelgroßer Sterntülle geben und zwei Backbleche mit Backtrennpapier belegen. Tupfer im Durchmesser von etwa 4 cm daraufspritzen und die Baisers mehr trocknen als backen. Dann vom Papier ablösen und auf einem Kuchendraht auskühlen, nach Wunsch auch etwas nachtrocknen lassen. Erst wenn sie die gesamte Feuchtigkeit verloren haben, können sie trocken und luftig aufbewahrt oder serviert werden.

Hinweis
Sollten Sie die Baisers besonders »schokoladig« lieben, überziehen Sie sie nach dem völligen Erkalten mit flüssiger, aber bereits abgekühlter Zartbitter-Schokolade oder mit Kuvertüre.

Variation
Schokoladen-Baisers können auch mit Rumgeschmack eine wahre Köstlichkeit sein: Lösen Sie das Instant-Kaffeepulver dazu wie gewohnt im Zitronensaft auf und mischen Sie ein kleines Fläschchen Rum-Aroma darunter. Arbeiten Sie dann weiter, wie oben angegeben. Dasselbe können Sie natürlich auch mit Bittermandel- oder Arrak-Aroma machen, wenn Sie diese Geschmacksrichtungen bevorzugen.

Baiser-Torteletts

Einstellung	Heißluft	Ober- und Unterhitze
Einschubhöhe	unteres + oberes Drittel	unteres Drittel
Temperatur	90 °C	100 °C
Zeit	120–160 Min.	180–240 Min.

4 frische Eiweiß,
1 Prise Salz,
200 g Zucker,
1½ TL Zitronensaft,
500 g gemischte Beeren oder Sauerkirschen (frisch oder aus dem Glas),
1 Päckchen klarer Tortenguß,
⅛ l Saft oder Weißwein und
1 EL Zucker

Die Eiweiß in eine völlig fettfreie Rührschüssel oder in die Schüssel der Küchenmaschine geben. Salz zufügen und alles zu schnittfestem Schnee schlagen (in der Küchenmaschine etwa 3 Minuten lang). Dann unter ständigem Weiterschlagen nach und nach den Zucker einrieseln lassen und weiterschlagen, bis die Masse sehr fest und stark glänzend ist. Zum Schluß in einen Spritzbeutel mit Sterntülle geben. Zwei Backbleche mit Backtrennpapier belegen und Kreise von etwa 8 cm Durchmesser aufzeichnen. Mit dem Spritzbeutel nun auf den Kreislinien einen Rand aus Tupfern spritzen. Jeweils einen Baiserklecks in die Mitte geben und mit einem stumpfen Messer oder einem kleinen Teelöffel verstreichen. Die Bleche gleichzeitig in den Ofen schieben und die Torteletts mehr trocknen als backen lassen. Zum Schluß den Herd ausschalten und die Torteletts noch ein paar Minuten nachtrocknen lassen. Vorsichtig (sie brechen leicht) vom Papier ablösen und auf einem Kuchengitter völlig auskühlen lassen. Bis zum Belegen an einem trockenen, warmen Platz aufbewahren.
Früchte aus dem Glas sehr gut abtropfen lassen und den Saft auffangen. Die Torteletts üppig mit den Früchten belegen und den Saft (bzw. Wein und Zucker) in einem Töpfchen aufkochen. Das Tortengußpulver nach Packungsaufschrift einrühren und die Früchte, nicht die Baiserränder, damit überziehen. Den Guß fest werden lassen und die Torteletts sofort servieren.

Hinweis
Baiser-Torteletts weichen sehr schnell und werden dann klebrig-zäh. Sie müssen (!) darum stets unmittelbar nach dem Belegen auf den Tisch gebracht werden. Um sie zusätzlich vor dem Durchweichen zu schützen, können Sie die Böden dünn mit flüssiger Kuvertüre bestreichen, bevor Sie die Früchte auflegen, oder auch zerbröselte Makronen bzw. Zwieback- oder Biskuitbrösel, mit gemahlenen Mandeln oder Nüssen gemischt, als »Isolierschicht« verwenden. Und last not least können Sie Obstkuchen-Oblaten auf die entsprechende Größe zuschneiden und zwischen Baiserschicht und Obstfüllung einlegen.

Champagner-Baisertorte mit Fruchtpüree

Einstellung	Heißluft	Ober- und Unterhitze
Einschubhöhe Temperatur Zeit	Mitte 90 °C 120–160 Min.	unteres Drittel 100 °C 240–300 Min.

5 sehr frische Eiweiß,
1 Prise Salz,
250 g Zucker,
2 TL Zitronensaft
Füllung und Verzierung:
6 Blatt weiße Gelatine,
4 Eigelb, 100 g Zucker,
1 Päckchen Vanillinzucker,
knapp ¼ l trockener Champagner (ersatzweise trockener Sekt),
Saft von 1 Zitrone,
2 Eiweiß,
1 Prise Salz, ¼ l Sahne,
3 Pfirsichhälften aus der Dose,
100 g Himbeeren (frisch oder auch tiefgekühlt), 2 Kiwis

Eiweiß mit Salz schnittfest schlagen. Dabei nach und nach den Zucker in kleinen Mengen einstreuen; der Schnee muß dabei stets sehr fest bleiben. So lange weiterschlagen, bis der Schnee stark glänzt, dann den Zitronensaft unterschlagen. Ein Backblech mit Backtrennpapier belegen und einen Kreis (Durchmesser 26 cm) aufzeichnen. Die Baisermasse in einen Spritzbeutel mit großer, glatter Tülle geben und ⅔ davon als Boden spiralförmig in den Kreis spritzen. Die restliche Baisermasse in dicken Tupfern als äußeren Rand aufspritzen. Beim Spritzen der Tupfer stets darauf achten, daß sie so eng stehen müssen, daß später keine Füllung zwischen ihnen herauslaufen kann. Die Baisertorte im Ofen mehr trocknen als backen, aber nicht bräunen lassen. Das Backtrennpapier abziehen und den Boden auf einem Kuchengitter nachtrocknen und auskühlen lassen.

Füllung: Die Gelatine nach Packungsaufschrift einweichen und quellen lassen. Eigelb mit Zucker, Vanillinzucker, Champagner und Zitronensaft im nicht zu heißen Wasserbad schlagen, bis die Masse dicklich und weißcremig ist. Die Gelatine ausdrücken und in der heißen, aber niemals kochenden Creme auflösen. Im kalten Wasserbad kalt schlagen, dann im Kühlschrank gelieren lassen. Eiweiß mit Salz schnittfest, die Sahne steif schlagen. Beides unter die Creme heben, sobald diese beginnt, fest zu werden. Sekundenlang kühlen, dann auf dem Tortenboden verstreichen. Die Pfirsichhälften, die abgespülten (oder aufgetauten) Himbeeren und die Kiwis getrennt pürieren und jeweils in dicken Klecksen auf der Creme verteilen. Mit einem Löffel spiralförmig durchziehen, so daß sich einerseits die einzelnen Pürees miteinander vermischen, andererseits aber auch die Creme durchzogen wird. Die Creme im Kühlschrank schnittfest werden lassen, die Torte dann sofort servieren.

Geeiste Schoko-Baisertorte mit Walnußkrokant

Einstellung	Heißluft 2 Bleche	Ober- und Unterhitze
Einschubhöhe	unteres + oberes Drittel	unteres Drittel
Temperatur	90 °C	100 °C
Zeit	130–160 Min.	240–300 Min.

5 sehr frische Eiweiß,
1 Prise Salz,
250 g Zucker, 1 TL Zitronensaft,
1 TL Instant-Kaffeepulver,
1 TL Cognac, 50 g Kakao
Krokant: Öl zum Einfetten,
125 g Zucker,
13 schöne Walnußhälften,
150 g gehackte Walnußkerne
Außerdem: 2 Eier, 2 Eigelb,
3 EL Wasser,
100 g Zucker,
1 Päckchen Vanillinzucker,
je 1 Glas (2 cl) Cognac und weißer Crème de Cacao (weißer Kakaolikör),
¾ l Sahne, Borkenschokolade

Eiweiß mit Salz auf stärkster Stufe zu schnittfestem Schnee schlagen. Nach und nach den Zucker einstreuen und schlagen, bis der Schnee dick und stark glänzend ist. Zitronensaft, das im Cognac gelöste Kaffeepulver und den Kakao unterheben. Zwei Backbleche mit Backtrennpapier belegen und auf jedes einen Kreis von 24 oder 26 cm Durchmesser aufzeichnen. Die Baisermasse in einen Spritzbeutel mit Sterntülle geben und als Böden ausspritzen. Beide Bleche in den Heißluftherd schieben und die Böden mehr trocknen als backen lassen. Das Backtrennpapier ablösen (evtl. leicht mit kaltem Wasser bepinseln) und die Böden auf Kuchendrähten auskühlen und nachtrocknen lassen.

Krokant: Ein Backblech mit Alufolie belegen und gut einölen. Den Zucker in einer Pfanne unter Rühren schmelzen lassen und, sobald er hellgelb wird, die 13 Walnußhälften darin wenden. Sofort herausnehmen und auf den Folienrand legen. Sofort die gehackten Walnüsse unter den Zucker mischen und auf die restliche Folie streichen. Abkühlen lassen, dann ablösen und in einer Plastiktüte mit dem Nudelholz oder in der Küchenmaschine fein zerbröseln.

Eier mit Eigelb und Wasser in einer Metallschüssel im heißen, nicht kochenden Wasserbad mit Zucker und Vanillinzucker schaumig schlagen. Sobald die Masse dickschaumig und sehr cremig ist, die Creme im kalten Wasserbad kalt schlagen. Mit Cognac und Crème de Cacao abschmecken. ½ l Sahne steif schlagen und mit den Krokantbröseln unter die Creme heben. Den Springformrand um einen Baiserboden schließen, die Creme einfüllen und den zweiten Boden auflegen. In etwa 6 Stunden durchfrieren lassen, den Formrand entfernen und die Torte mit der restlichen Sahne, der zerbröckelten Schokolade und den Walnußhälften verzieren.

Calvados-Apfel-Kissen

300 g Mehl,
50 g Zucker, 2 Eier,
1 Eigelb, 4 EL Calvados,
30 g Butter,
abgeriebene Schale von
½ unbehandelten Zitrone,
100 g Apfelkonfitüre oder -gelee,
1 säuerlicher Apfel, 1 Eiweiß,
Mehl zum Ausrollen und Formen,
Fett zum Fritieren,
Puderzucker zum Bestäuben

Das Mehl mit Zucker, Eiern und Eigelb in eine hohe Rührschüssel oder in die Schüssel der Küchenmaschine geben. Die Hälfte des Calvados zusammen mit der in Flöckchen geteilten Butter und der abgeriebenen Zitronenschale zufügen und alles mit den Knetern des elektrischen Handrührgerätes oder mit der Küchenmaschine verkneten. Zu einer Kugel formen und für etwa 20 Minuten, mit einem Tuch bedeckt, ruhen lassen. Apfelgelee oder -konfitüre mit dem restlichen Calvados verrühren. Den Apfel schälen, entkernen und das Fruchtfleisch in die Gelee- oder Konfitürenfüllung reiben. Den Teig auf der bemehlten Arbeitsfläche zu einem etwa 3 mm dikken Rechteck ausrollen und in 6 cm breite, 12 cm lange Rechtecke schneiden. Auf jede Hälfte etwa 1 Teelöffel von der Füllung geben und dabei die Ränder frei lassen. Das Eiweiß mit einer Gabel gut verschlagen und die Teigränder damit bestreichen. Die zweite Teighälfte über die Füllung legen und die Teigränder sorgfältig andrücken. Zusätzlich die Zinken einer Gabel dicht nebeneinander in den Teig drücken, damit sich beide Schichten miteinander verbinden können. Das Fett auf 175–180 °C erhitzen und die Kissen portionsweise hineingeben. Dabei jeweils nur so viele Stücke gleichzeitig garen, daß sie sich im Fett nicht berühren. Die Kissen in etwa 4–5 Minuten goldbraun werden lassen und dabei nach gut der halben Garzeit einmal wenden. Mit einem Schaumlöffel herausnehmen und auf einer dicken Lage Haushaltspapier abfetten lassen. Sodann auf einen Kuchendraht legen, dick mit Puderzucker bestäuben und völlig abkühlen lassen.

Kastanien-Finger

Einstellung	Heißluft	Ober- und Unterhitze
Einschubhöhe Temperatur Zeit	Mitte 160–180 °C 10–15 Min.	unteres Drittel 170–190 °C 15–20 Min.

6 Eigelb, 180 g Zucker,
150 g ungesüßtes Kastanienpüree aus der Dose,
3 EL Cognac oder Rum,
6 Eiweiß,
1 Prise Salz,
100 g gemahlene Haselnüsse,
100 g geriebene Schokolade,
Zucker zum Bestreuen,
¼ l Sahne,
1 Päckchen Vanillinzucker,
150 g Kuvertüre

Die Eigelb mit ¾ des Zuckers zu einer dicklichen, weißschaumigen Creme schlagen. Kastanienpüree mit Cognac oder Rum glattrühren und löffelweise unter die Eigelbcreme heben. Die Eiweiß mit Salz und dem restlichen Zucker zu schnittfestem Schnee schlagen, auf die Eigelbcreme gleiten lassen und die Haselnüsse mit der Schokolade darüberstreuen. Alles sehr locker unterheben. Ein Backblech mit Backtrennpapier auslegen und am offenen Rand des Blechs hochfalzen. Den Teig darauf verstreichen und backen, dann die Kuchenplatte auf ein mit Zucker bestreutes Küchentuch stürzen. Das Papier anfeuchten und abziehen, die Platte auskühlen lassen. Kurz vor dem Servieren die Platte halbieren und eine Hälfte in etwa 8 cm lange, 3 cm breite Streifen schneiden.
Die Sahne steif schlagen und mit Vanillinzucker süßen. Die Kuvertüre im heißen, nicht kochenden Wasserbad schmelzen und auf Handwärme abkühlen lassen. Die Sahne auf der großen Teigplatte verstreichen und die »Finger« dicht nebeneinander aufsetzen. Mit einem scharfen Messer nun jeweils zwischen den Schnittlinien durchschneiden, so daß auch die untere Teigplatte geteilt wird. Die Finger etwas auseinanderdrücken und die Oberflächen mit der Kuvertüre überziehen. Diese Schicht fest werden lassen, die Kastanien-Finger frisch servieren.

Eierkränzchen

Einstellung	Heißluft	Ober- und Unterhitze
Einschubhöhe Temperatur Zeit	unteres + oberes Drittel 170–190 °C 15–20 Min.	unteres Drittel 190–210 °C 15–20 Min.

7 hartgekochte Eigelb,
200 g Butter,
200 g Zucker,
2 Päckchen Vanillinzucker,
2 Becher (je 100 g) saure Sahne,
2 EL Rum,
300 g Mehl,
Mehl zum Formen,
1 Eigelb zum Bestreichen,
1 Beutel gehackte Mandeln (40 g),
Zucker zum Bestreuen,
Butter zum Einfetten

Die hartgekochten Eigelb durch ein Sieb streichen und mit etwa 50 g Butter glattrühren. Die übrige Butter in einer Schüssel mit dem Handrührgerät oder der Küchenmaschine mit Zucker und Vanillinzucker schaumig rühren. Die Eiermasse zusammen mit der sauren Sahne und dem Rum untermischen und nach und nach etwas Mehl einstreuen. Das übrige Mehl auf die Arbeitsfläche geben. Die Buttermasse zufügen und von außen nach innen alles zu einem festen Teig kneten. Zu einer Kugel formen und für mindestens 60 Minuten in den Kühlschrank legen. Den Teig dann auf der bemehlten Arbeitsfläche zu kleinfingerdicken Rollen drehen und in etwa 14 cm lange Stücke schneiden. Diese Stücke zu Kränzen zusammenlegen, die Enden dabei gut andrücken. Die Oberflächen mit verquirltem Eigelb bestreichen und mit Mandeln und Zucker bestreuen. Die Kränze nicht zu dicht nebeneinander auf zwei gefettete Bleche heben und goldgelb backen. Auf einem Kuchendraht abkühlen lassen.

Oben: Kastanien-Finger
Unten links: Eierkränzchen
Unten rechts: Calvados-Apfel-Kissen

Punschschnitten

Einstellung	Heißluft	Ober- und Unterhitze
Einschubhöhe Temperatur Zeit	Mitte 170–190 °C 50–55 Min.	unteres Drittel 170–190 °C 60–70 Min.

400 g Mehl,
100 g Speisestärke,
1 TL Backpulver, 1 Prise Salz,
100 g Zucker,
1 Päckchen Vanillinzucker,
5 Eier, 200 g Butter,
125 g Marzipan-Rohmasse,
3 EL Rum, 50 g Zitronat,
100 g gemahlene Mandeln,
6 EL Milch,
Butter zum Einfetten,
Semmelbrösel zum Ausstreuen
Außerdem:
Saft von 2 Orangen,
Saft von 1 Zitrone, 60 g Zucker,
4–5 EL Rum, 3 Nelken,
½ Stange Zimt,
ca. ½ Glas Orangenmarmelade,
1 Eiweiß,
200 g Puderzucker,
rote und grüne Belegkirschen zum Verzieren

Mehl mit Speisestärke, Backpulver, Salz, Zucker und Vanillinzucker in eine hohe Rührschüssel oder in die Schüssel der Küchenmaschine geben. Die Eier zufügen, Butter und Marzipan-Rohmasse in feine Flöckchen teilen und beides zusammen mit dem Rum zufügen. Damit das Mehl nicht staubt, auf der niedrigsten Schaltstufe beginnen, dann auf der höchsten Schaltstufe alles gut verrühren. Das dauert etwa 2 Minuten. Das Zitronat in winzige Würfelchen schneiden. Dabei dürfen keine größeren Stücke übrig bleiben, weil sie später beim Durchschneiden des Kuchens stören würden. Zusammen mit den Mandeln und der Milch schnell unter den Teig rühren. Eine Kastenform mit Pergamentpapier auslegen, einfetten und mit Bröseln ausstreuen (oder Backtrennpapier verwenden), den Teig darin glattstreichen und backen. Danach aus der Form auf einen Kuchendraht stürzen und das Papier abziehen. Den Kuchen umdrehen und erkalten lassen.

Orangen- und Zitronensaft mit Zucker, Rum, Nelken und der leicht zerbrochenen Zimtstange in einem Töpfchen unter Rühren zu etwa drei Viertel einkochen. Durch ein feines Sieb gießen, um die Gewürze wieder zu entfernen. Die Orangenmarmelade glattrühren, dabei nach Wunsch ein paar Tropfen der noch heißen Flüssigkeit zugeben und den Punsch danach abkühlen lassen. Den Kuchen dreimal waagerecht durchschneiden. Die untere Teigplatte mit etwa einem Viertel des Punsches tränken, mit Marmelade bestreichen und die zweite aufsetzen. Ebenfalls tränken und mit Marmelade bestreichen. Ebenso wird mit der dritten Teigplatte verfahren. Die letzte Platte auflegen und mit dem restlichen Punsch beträufeln. Eiweiß in eine Schüssel geben und mit dem Handrührgerät verschlagen. Dabei nach und nach den Puderzucker einstreuen und schlagen, bis ein weißer, recht dikker Guß entsteht. Den Kuchen damit überziehen und die Oberfläche mit in Scheiben geschnittenen Kirschen verzieren. Den Guß völlig trocknen lassen, dann den Kuchen in Schnitten teilen.

Hefeballen mit Erdbeer-Sahne-Füllung

Einstellung	Heißluft	Ober- und Unterhitze
Einschubhöhe Temperatur Zeit	unteres + oberes Drittel 190–210 °C 20–25 Min.	unteres Drittel 210–230 °C 20–25 Min.

500 g zimmerwarmes Mehl,
60 g Zucker,
1 kräftige Prise Salz,
80 g weiche Butter,
1 Ei, knapp ¼ l lauwarme Milch,
40 g Frischhefe (oder Trockenhefe für 500 g Weizenmehl),
Mehl zum Ausrollen,
Butter zum Einfetten, ¼ l Sahne,
1 Päckchen Vanillinzucker,
250 g Erdbeerkonfitüre,
Puderzucker zum Bestäuben

Das Mehl mit Zucker und Salz in eine hohe Rührschüssel oder in die Schüssel der Küchenmaschine geben. Butter in Flöckchen teilen und zusammen mit Ei und Milch zufügen. Die Hefe darüberbröckeln oder die Trockenhefe nach Packungsaufschrift verwenden. Auf der niedrigsten Schaltstufe beginnend, alles mit Quirl und Knetern des elektrischen Handrührgerätes oder mit der Küchenmaschine rühren, bis das Mehl nicht mehr staubt. Dann auf höchster Stufe 5–6 Minuten weiterkneten, bis sich der Teig vom Schüsselrand löst. Mit einem Tuch bedeckt etwa 20 Minuten an einem warmen Platz gehen lassen (oder im nur 5 Minuten auf 50 °C eingeschalteten Backofen). Wenn der Teig sein Volumen etwa verdoppelt hat und die Oberfläche ›wollig‹ aussieht, mit der flachen Hand zusammendrücken, um die überschüssigen Gase entweichen zu lassen. Anschließend kräftig durchkneten und auf der leicht bemehlten Arbeitsfläche etwa fingerdick ausrollen. Mit einem Ausstechförmchen oder mit einem dünnrandigen Glas runde Plätzchen von etwa 8 cm Durchmesser ausstechen und nicht zu dicht nebeneinander auf zwei gefettete Backbleche legen. Die Teigreste erneut zusammenkneten, ausrollen und ebenfalls ausstechen. Die Teigplätzchen ein letzes Mal unter einem Tuch in etwa 20 Minuten zu recht dicken Kugeln aufgehen lassen. Dann im vorgeheizten Ofen goldbraun backen, sofort vom Blech lösen und nebeneinander auf einem Kuchendraht auskühlen lassen. Indessen die Sahne mit Vanillinzucker steif schlagen und die Erdbeerkonfitüre glattrühren. Die Hefeballen sofort nach dem Auskühlen waagerecht tief einschneiden oder auch halbieren. Etwas Erdbeerkonfitüre auf den unteren Hälften verstreichen, etwas Schlagsahne daraufgeben und die Deckel nur leicht andrücken. Mit Puderzucker bestäuben und sofort servieren; sie schmecken frisch am besten.

Oben: Punschschnitten
Unten: Hefeballen mit Erdbeer-Sahne-Füllung

Geknotete Küchlein

Einstellung	Heißluft	Ober- und Unterhitze
Einschubhöhe	unteres + oberes Drittel	unteres Drittel
Temperatur	180–200 °C	190–210 °C
Zeit	15–20 Min.	15–20 Min.

400 g Mehl, 50 g gemahlene Mandeln, 1 Prise Salz, 1 Ei, 1 Eigelb, 4 EL saure Sahne, 100 g Zucker, 1 Fläschchen Bittermandelöl, 100 g gekühlte Butter, Mehl zum Ausrollen
Außerdem: 150 g Puderzucker, 3 TL Zitronensaft, 2 EL weißer Rum

Mehl mit Mandeln, Salz, Ei, Eigelb, Sahne, Zucker, Bittermandelöl und Butter in der Küchenmaschine oder mit den Knetern des elektrischen Handrührgerätes verkneten und zugedeckt 1 Stunde kühlen. Auf bemehlter Fläche knapp 1 cm dick ausrollen, in etwa 20 cm lange, 1 cm breite Streifen schneiden und diese vorsichtig einzeln zu Knoten verschlingen. Auf zwei mit Backtrennpapier belegten Blechen backen. Auskühlen lassen und mit einem Guß aus Puderzucker, Zitronensaft und Rum überziehen.

Schwarzwälder Torteletts

Einstellung	Heißluft	Ober- und Unterhitze
Einschubhöhe	Mitte	unteres Drittel
Temperatur	170–190 °C	190–210 °C
Zeit	15–20 Min.	15–20 Min.

300 g Mehl, 1 Prise Salz, 1 Ei,
75 g Zucker,
150 g gekühlte Butter
Füllung: 375 g getrocknete Birnen,
2 Glas (je 2 cl) Birnengeist,
45 g Zucker,
1 Päckchen Vanillinzucker,
1 Msp. gemahlener Zimt,
50 g gehackte Haselnüsse,
Butter zum Einfetten,
1 EL Speisestärke, je ⅛ l Milch,
Sahne und Crème fraîche, 1 Ei

Aus Mehl, Salz, Ei, Zucker und Butter wie gewohnt einen Mürbeteig kneten und 30 Minuten ruhen lassen. Ca. 15 Tortelettförmchen mit hohem Rand gut einfetten und mit dem Teig auskleiden. Den Boden mehrfach einstechen.
Füllung: Die Birnen – mit Wasser bedeckt, über Nacht quellen lassen – abtropfen und im Mixer pürieren. 1 Glas Birnengeist mit Zucker, Vanillinzucker, Zimt und Nüssen untermischen. In die Förmchen geben, so daß sie nicht ganz gefüllt sind. Speisestärke mit dem restlichen Birnengeist, Milch, Sahne, Crème fraîche und Ei verrühren, auf die Füllung gießen und die Torteletts auf dem Rost in den Ofen schieben. Nach dem Backen möglichst bald vorsichtig aus den Formen lösen und auskühlen lassen.

Scones

Einstellung	Heißluft 2 Bleche	Ober-und Unterhitze
Einschubhöhe	unteres + oberes Drittel	unteres Drittel
Temperatur	180–200 °C	210–230 °C
Zeit	15–20 Min.	15–20 Min.

300 g Mehl,
1 Päckchen Backpulver,
1 kräftige Prise Salz,
1 Prise geriebene Muskatnuß,
80 g gekühlte Butter,
60 g Zucker,
1 Ei, 8 EL Milch
Außerdem:
Mehl zum Ausrollen,
Butter zum Einfetten,
1 Eiweiß zum Bestreichen,
⅛ l Sahne,
1 Päckchen Vanillinzucker,
Honig und Konfitüre

Alle Teigzutaten schnell verkneten und für 10 Minuten in den Kühlschrank legen. Dann auf der bemehlten Arbeitsfläche etwa 1½ cm dick ausrollen und zu 5 cm großen, runden Plätzchen ausstechen. Nicht zu dicht nebeneinander auf gefettete Backbleche legen. Das Eiweiß leicht schaumig schlagen und die Oberfläche der Plätzchen damit bepinseln. Im vorgeheizten Ofen backen. Sahne steif schlagen und mit dem Vanillinzucker süßen. In eine Schale füllen, Honig und Konfitüre in andere Schälchen verteilen. Die Scones aus dem Ofen nehmen und noch warm servieren. Sie werden waagerecht halbiert und, mit dicken Sahne-, Honig- oder Konfitürenklecksen gefüllt, angerichtet.

Englisches Ingwerbrot

Einstellung	Heißluft	Ober- und Unterhitze
Einschubhöhe	unteres Drittel	unteres Drittel
Temperatur	190–210 °C	210–230 °C
Zeit	15–20 Min.	20–25 Min.

2 eingelegte Ingwerpflaumen,
250 g Mehl, 1 Prise Salz,
1 TL gemahlener Ingwer,
½ TL gemahlener Zimt,
Schale von 1 unbehandelten Orange,
125 g Zucker,
150 g Butter
Außerdem: Butter zum Einfetten,
½ Becher Kuvertüre

Die Ingwerpflaumen abtropfen lassen und sehr fein hacken. Zusammen mit allen anderen Teigzutaten mit Quirl und Knetern des elektrischen Handrührgerätes oder in der Küchenmaschine sehr schnell zu einer bröseligen Masse – wie für Streusel – verarbeiten. Ein Backblech zur Hälfte einfetten und gut die Hälfte des Teiges darauf ausrollen. Den übrigen Teig als Streusel darüberstreuen, goldbraun backen. Den Kuchen ein wenig auskühlen lassen und in 3 mal 6 cm große Stücke schneiden. Auf einem Kuchendraht auskühlen lassen. Die Kuvertüre schmelzen und die Stücke damit in nur hauchdünnen Linien verzieren.

Vanillekipferl

Einstellung	Heißluft 2 Bleche	Ober- und Unterhitze
Einschubhöhe	unteres + oberes Drittel	unteres Drittel
Temperatur	170–180 °C	170–190 °C
Zeit	15–20 Min.	15–20 Min.

275 g Mehl, 100 g gemahlene Mandeln,
1 Prise Salz, 1 Vanilleschote,
1 Eigelb, 80 g Puderzucker,
4 Päckchen Vanillinzucker,
200 g gekühlte Butter,
Mehl zum Formen,
1–2 EL Zucker zum Wenden

Mehl mit Mandeln, Salz, dem ausgeschabten Vanillemark, Eigelb, Puderzukker, 1 Päckchen Vanillinzucker und der in Flöckchen geteilten Butter mit Quirl und Knetern oder mit der Küchenmaschine schnell verkneten und 2–3 Stunden kühl stellen. Portionsweise auf der schwach bemehlten Arbeitsfläche zu Kipferln formen, etwa 5 cm lang und 1 cm dick, die an den Enden spitz zulaufen. Hörnchenähnlich zusammenbiegen und auf zwei ungefetteten Backblechen gleichzeitig backen. Den restlichen Vanillinzucker mit dem Zucker mischen. Die gebackenen Kipferl noch heiß darin wenden, auf einem Kuchendraht auskühlen lassen.

Hinweis
Als zusätzliche Garnierung kann man die Enden der Kipferl nach dem Erkalten in flüssige Schokolade tauchen.

Ischler Törtchen

Einstellung	Heißluft 2 Bleche	Ober- und Unterhitze
Einschubhöhe	unteres + oberes Drittel	unteres Drittel
Temperatur	170–190 °C	190–210 °C
Zeit	15–20 Min.	15–20 Min.

150 g Mehl, 150 g abgezogene, gemahlene Mandeln, 1 Ei, 1 Prise Salz,
80 g Zucker, 175 g Butter,
Mehl zum Ausrollen, Butter zum Einfetten,
2 Päckchen Vanillinzucker,
30 g Puderzucker, 60 g Himbeergelee,
2 EL Himbeergeist

Mehl, Mandeln, Ei, Salz, Zucker und die in Flöckchen geteilte Butter mit Quirl und Knetern oder der Küchenmaschine verkneten und 1 Stunde in den Kühlschrank legen. Auf schwach bemehlter Fläche etwa 3 mm dick ausrollen und runde Plätzchen mit gewelltem Rand (Durchmesser etwa 4 cm) ausstechen. Von der Hälfte der Plätzchen die Mitte (etwa 2 cm Durchmesser) glatt ausstechen. Plätzchen und Ringe auf zwei leicht gefetteten Blechen goldgelb backen, sofort ablösen und die Ringe mit der Oberseite in den mit Vanillinzucker gemischten Puderzucker tauchen. Himbeergelee mit Himbeergeist glattrühren und die Plätzchen damit bestreichen. Die Ringe (Zuckerseite nach oben) aufsetzen und leicht andrücken.

Mürbe Marzipanplätzchen

Einstellung	Heißluft 2 Bleche	Ober- und Unterhitze
Einschubhöhe	unteres + oberes Drittel	unteres Drittel
Temperatur	130–150 °C	140–160 °C
Zeit	20–25 Min.	20–25 Min.

250 g Mehl,
40 g Zucker, 60 g Marzipan-Rohmasse,
200 g gekühlte Butter,
Mehl zum Formen,
Zucker zum Bestreuen,
Butter zum Einfetten

Für den Teig alle Zutaten mit Quirl und Knetern oder Küchenmaschine verkneten. Etwa 30 Minuten im Kühlschrank ruhen lassen. Dann eine Teighälfte auf der nur leicht bemehlten Arbeitsfläche 1–1½ cm dick ausrollen und in 6 × 2 cm große Streifen schneiden. Mit einer Gabel mehrfach Muster einstechen, mit Zucker bestreuen und auf ein gefettetes Backblech legen. Nochmal etwa 20 Minuten kühlen.
Die zweite Teighälfte ebenfalls ausrollen, mit einem runden Förmchen oder einem Glas Plätzchen ausstechen, mit dem Messerrücken Viertel einkerben, aber nicht durchschneiden, und die Oberfläche wieder mit einer Gabel einstechen. Der Rand kann dabei jeweils leicht eingedrückt oder eingekerbt werden. Diese Plätzchen auch mit Zucker bestreuen, auf ein zweites gefettetes Blech setzen, kühlen und alle Plätzchen gleichzeitig backen. Sofort auf einen Kuchendraht legen.

Mandelbrötchen

Einstellung	Heißluft 2 Bleche	Ober- und Unterhitze
Einschubhöhe	unteres + oberes Drittel	unteres Drittel
Temperatur	170–190 °C	190–210 °C
Zeit	15–20 Min.	20–25 Min.

200 g Mehl,
70 g gemahlene Mandeln,
je 1 Prise Salz und gemahlener Zimt,
65 g feiner Zucker oder Puderzucker,
1 Eigelb,
125 g gekühlte Butter,
Mehl zum Formen,
1 Eigelb zum Bestreichen,
100 g abgezogene Mandeln

Mehl, Mandeln, Salz, Zimt, Zucker, Eigelb und Butter wie gewohnt zu einem glatten Mürbeteig verkneten. Zugedeckt 2–3 Stunden im Kühlschrank ruhen lassen, dann auf der bemehlten Arbeitsfläche zu etwa walnußgroßen Kugeln rollen und diese dabei etwas oval drehen. Mit verquirltem Eigelb bestreichen. In der Mitte jeweils einen kleinen Schnitt anbringen und einen Mandelkern hineinstellen, leicht andrücken. Die Brötchen auf zwei gefettete Bleche geben und backen und sofort vom Blech lösen.

Schwarzweißgebäck

Einstellung	Heißluft 2 Bleche	Ober- und Unterhitze
Einschubhöhe	unteres + oberes Drittel	unteres Drittel
Temperatur	160–180 °C	180–200 °C
Zeit	15–20 Min.	15–20 Min.

250 g Mehl, 1 Prise Salz,
100 g Puderzucker,
150 g gekühlte Butter,
ca. 20 g Kakao, Mehl zum Formen,
1 Eiweiß

Mehl mit Salz, Puderzucker und Butter wie gewohnt verkneten. Den Teig teilen und eine Hälfte mit dem Kakao gut vermengen. Beide Teile für mindestens 2 Stunden in den Kühlschrank legen, denn der Teig ist sehr zart und weich. Danach beide Teige auf der leicht bemehlten Arbeitsfläche etwa ½ cm dick ausrollen und zu verschiedenen Mustern zusammenlegen.

Schnecken: Eine helle Platte auf die Arbeitsfläche legen, dünn mit verquirltem Eiweiß bestreichen und eine dunkle darauf leicht andrücken. Beide Teigplatten zusammen aufrollen.

Schachbrettmuster: Jeweils drei helle und drei dunkle Teigstreifen abwechselnd im Muster übereinanderschichten und anschließend in einer hellen oder einer dunklen Teigplatte einwickeln. Auch hier müssen alle Teigstreifen und die zum Einwickeln verwendete Teigplatte mit Eiweiß bestrichen werden, damit sie sich beim Backen nicht voneinander trennen.

Eingewickelte Teigblöcke: Einen hellen (oder dunklen) Teig zu langen, runden oder rechteckigen Strängen formen und anschließend in einen andersfarbigen Teig einwickeln.

Marmorplätzchen: Dunklen und hellen Teig leicht knetend zusammendrücken, so daß ein Marmormuster entsteht. Zur Rolle formen. Besonders geeignet für Teigreste.

Die Rollen in etwa ½ cm dicke Scheiben schneiden und auf ungefetteten Blechen backen. Sofort nach dem Backen vorsichtig vom Blech lösen und auf dem Kuchengitter abkühlen lassen.

Hinweis

Dieser äußerst fettreiche Teig muß auch während des Formens immer kühl gehalten werden.

Sahne-Halbmonde

Einstellung	Heißluft 2 Bleche	Ober- und Unterhitze
Einschubhöhe Temperatur Zeit	unteres + oberes Drittel 170–190 °C 10–15 Min.	unteres Drittel 190–210 °C 15–20 Min.

250 g Mehl, 1 Prise Salz,
1 Msp. Backpulver, 5 EL saure Sahne,
200 g gut gekühlte Butter,
Mehl zum Ausrollen, 1 Eigelb,
2 EL Sahne oder Milch,
60 g blättrige Mandeln,
50 g Zucker, Butter zum Einfetten

Mehl, Salz, Backpulver, Sahne und die in Flöckchen geteilte Butter schnell verkneten und für 2–3 Stunden in den Kühlschrank legen. Portionsweise herausnehmen und auf der leicht bemehlten Arbeitsfläche etwa 3 mm dick ausrollen. Kleine Halbmonde ausstechen und mit dem mit der Sahne oder Milch verquirlten Eigelb bestreichen. Dabei sollten die Teigränder möglichst frei bleiben, sonst blättert der Teig nicht genug. Mandeln und Zucker mischen und die Oberfläche damit bestreuen oder die bestrichene Oberfläche kurz eintauchen. Die Halbmonde auf gefettete Bleche legen und backen. Sofort ablösen und auf einem Kuchendraht auskühlen lassen.

Ingwersterne

Einstellung	Heißluft 2 Bleche	Ober- und Unterhitze
Einschubhöhe Temperatur Zeit	unteres + oberes Drittel 180–200 °C 15–20 Min.	unteres Drittel 210–230 °C 10–15 Min.

50 g eingelegte Ingwerpflaumen,
300 g Mehl, 100 g sehr fein gehackte oder gemahlene Walnüsse,
1 Ei, je 1 Prise Salz, gemahlener Ingwer und geriebene Muskatnuß,
100 g Zucker, 200 g Butter,
Mehl zum Ausrollen,
Butter zum Einfetten,
200 g Zartbitter-Schokolade,
20 g Kokosfett, eingelegte oder kandierte Ingwerpflaumen

Die Ingwerpflaumen abtropfen lassen und sehr fein hacken. Mit Mehl, Nüssen, Ei, den Gewürzen, Zucker und der in Flöckchen geteilten Butter schnell verkneten und 1 Stunde kühlen. Dann auf der bemehlten Arbeitsfläche etwa 4 mm dick ausrollen und kleine Sterne ausstechen. Auf zwei gefetteten Blechen gleichzeitig backen. Sofort vom Blech lösen und auf einem Kuchengitter abkühlen lassen. Die Schokolade zerbröckeln und zusammen mit dem Kokosfett bei sanfter Hitze schmelzen. Die Sterne damit überziehen und mit in feine Streifchen geschnittenen Ingwerpflaumen bestreuen.

Vanillezöpfchen

Einstellung	Heißluft 2 Bleche	Ober- und Unterhitze
Einschubhöhe Temperatur Zeit	unteres + oberes Drittel 170–190 °C 12–15 Min.	unteres Drittel 190–210 °C 15–20 Min.

3 hartgekochte Eigelb, 400 g Mehl,
65 g Zucker, 1 frisches Ei,
5–6 EL Cognac oder Weinbrand,
150 g Butter,
Mehl zum Formen,
Butter zum Einfetten, 1 Eigelb,
2 EL Sahne,
3–4 EL Vanillinzucker

Die hartgekochten Eigelb durch ein Sieb streichen und mit Mehl, Zucker, Ei, Cognac und Butterflöckchen sehr schnell verkneten. Zugedeckt mindestens 30 Minuten im Kühlschrank ruhen lassen. Portionsweise herausnehmen und auf der bemehlten Arbeitsfläche zu makkaronidicken Teigstreifen rollen. Je 3 Streifen zu etwa 5 cm langen Zöpfen flechten und auf gefettete Backbleche geben. Eigelb mit Sahne verquirlen, die Zöpfchen damit bestreichen und mit Vanillinzucker dick bestreuen. Alle Plätzchen gleichzeitig backen. Sofort vom Blech lösen und auf einem Kuchengitter abkühlen lassen.

Amaretti

Italienische Mandelmakronen

Einstellung	Heißluft 2 Bleche	Ober- und Unterhitze
Einschubhöhe Temperatur Zeit	unteres + oberes Drittel 90–100 °C 40–50 Min.	unteres Drittel 130–150 °C 25–35 Min.

275 g abgezogene, gemahlene Mandeln,
250 g Zucker,
3 Eiweiß, 1 Prise Salz,
1 Fläschchen Bittermandelöl,
25–30 runde Backoblaten von 40 mm Durchmesser,
Puderzucker zum Bestäuben

Die gemahlenen Mandeln mit etwa der Hälfte des Zuckers vermischen. Die Eiweiß mit der Prise Salz in eine Rührschüssel geben und auf der höchsten Stufe zu schnittfestem Schnee schlagen. Erst dann unter ständigem Weiterschlagen nach und nach den verbliebenen Zucker einrieseln lassen und so lange weiterschlagen, bis die Masse recht fest und stark glänzend ist. Das Bittermandelöl unterziehen und löffelweise die Zucker-Mandel-Mischung darunterarbeiten. Die Masse in einen Spritzbeutel mit großer, glatter Tülle geben und als dicke, kugelartige Tupfer auf die Oblaten spritzen. Dabei rundherum einen kleinen Rand freilassen. Die Oblaten auf einen Kuchendraht setzen und mit Puderzucker kräftig übersieben. Die Plätzchen nicht zu dicht nebeneinander auf ein oder zwei Backbleche heben. Etwa 3 Stunden bei Zimmertemperatur trocknen lassen, dann im Ofen ebenfalls mehr trocknen als backen, wobei sie nur ganz leicht braun werden sollten. Sofort vom Blech nehmen, nochmal mit Puderzucker bestäuben und auf einem Kuchengitter abkühlen lassen. Anschließend nach Wunsch die Oblatenränder vorsichtig abbröckeln.
Etwas größer gebacken schmecken sie mit vanillierter Schlagsahne sehr gut zum Nachmittagskaffee.

Hinweis
Häufig bekommt man nur ungeschälte gemahlene Mandeln, die sich für dieses feine Gebäck jedoch nicht so gut eignen. Nehmen Sie dann ganze Mandeln mit Haut, überbrühen Sie sie mit kochendem Wasser und lassen Sie sie 1–2 Minuten darin liegen. Schieben Sie anschließend die braunen Häutchen von den Kernen. Trocknen Sie die Kerne sehr gut in einem Küchentuch oder im etwa 100 °C heißen Ofen. Sie müssen in jedem Fall trocken und kalt sein, bevor Sie sie durch die Mandelmühle drehen können.

Variation
Schokoladen-Amaretti: Mischen Sie dazu lediglich 40 g Mehl unter die Mandel-Zucker-Mischung und heben Sie ganz zum Schluß 50 g geschmolzene, nur noch lauwarme Schokolade unter die Makronenmasse.

Mandelbögen

Einstellung	Heißluft 2 Bleche	Ober- und Unterhitze
Einschubhöhe	unteres + oberes Drittel	Mitte
Temperatur	160–180 °C	170–190 °C
Zeit	8–12 Min.	8–10 Min.

160 g gemahlene Mandeln,
1½ EL Mehl,
40 g blättrige Mandeln, 3 Eiweiß,
1 Prise Salz, 150 g feiner Zucker,
1 Päckchen Vanillinzucker,
1 Msp. gemahlener Zimt,
1 kleines Eigelb, Butter zum Einfetten

Die gemahlenen Mandeln mit dem Mehl locker vermischen. Die blättrigen Mandeln leicht hacken, damit die Stücke kleiner werden.
Eiweiß mit Salz in eine Rührschüssel oder in die Schüssel der Küchenmaschine geben und mit dem elektrischen Handrührgerät oder der Küchenmaschine auf höchster Stufe zu schnittfestem Schnee schlagen. Dann nach und nach unter weiterem Schlagen den Zucker und Vanillinzucker einrieseln lassen. Die Mandel-Mehl-Mischung zusammen mit dem Zimt und dem verquirlten Eigelb hineingeben und so lange weiterrühren, bis eine recht weiche, auseinanderfließende Masse entstanden ist. In einen Spritzbeutel mit glatter Tülle (Durchmesser etwa 1 cm) geben. Zwei Backbleche dick mit Butter einfetten und mit dem Spritzbeutel in sehr großem Abstand (etwa 7–8 cm) walnußgroße Kugeln auf das Blech spritzen. Mit den blättrigen Mandeln bestreuen und im vorgeheizten Ofen backen, bis sie an den Rändern hellbraun sind.
Die Plätzchen sofort einzeln um eine Teigrolle (einen Flaschenhals oder um hohe, schmale Gläser) wickeln und abkühlen lassen. Dabei muß sehr schnell gearbeitet werden. Nach dem Abkühlen lassen sich die Plätzchen nicht mehr formen, sie würden brechen. Sie sollten darum zum »Biegen« direkt vom heißen Blech genommen werden.

Mandelstäbchen

Einstellung	Heißluft 2 Bleche	Ober-und Unterhitze
Einschubhöhe	unteres + oberes Drittel	Mitte
Temperatur	80–100 °C	100–120 °C
Zeit	35–40 Min.	35–40 Min.

2 Eiweiß, 1 Prise Salz, 125 g Zucker,
1 Päckchen Vanillinzucker,
150 g gemahlene Mandeln,
80 g gehackte Mandeln,
1 Becher (100 g) Vollmilch-Kuvertüre

Eiweiß mit Salz, Zucker und Vanillinzukker schnittfest schlagen, die gemahlenen Mandeln unterheben und in einen Spritzbeutel mit glatter Tülle geben. Zwei Backbleche mit Backtrennpapier belegen, etwa 4 cm lange Stangen aufspritzen und mit den gehackten Mandeln bestreuen. Im vorgeheizten Ofen mehr trocknen als backen. Auskühlen lassen und mit beiden Enden in flüssige Kuvertüre tauchen.

Mandelspekulatius

Einstellung	Heißluft 2 Bleche	Ober- und Unterhitze
Einschubhöhe	unteres + oberes Drittel	Mitte
Temperatur	160–170 °C	190–210 °C
Zeit	8–12 Min.	8–12 Min.

450–500 g Mehl
(je nach Größe des Eies),
1 Päckchen Spekulatiusgewürz,
250 g Zucker, 1 Päckchen Vanillinzucker,
1 Ei, 300 g Butter, Mehl zum Bestäuben,
100–125 g blättrige Mandeln,
Butter zum Einfetten

Mehl mit Spekulatiusgewürz, Zucker, Vanillinzucker, Ei und der in Flöckchen geteilten Butter in eine hohe Rührschüssel geben und mit Quirl und Knetern oder in der Küchenmaschine verkneten. Dabei auf der niedrigsten Schaltstufe beginnen, bis das Mehl nicht mehr staubt, dann auf der höchsten Stufe 2 Minuten weiterarbeiten. Den Teig zum Schluß von Hand kurz durchkneten, zur Kugel formen und für mindestens 2 Stunden, in Folie verpackt, in den Kühlschrank legen. Spekulatiusmodel sorgfältig mit Mehl ausstäuben und das überschüssige Mehl abschütteln. Den Teig portionsweise hineindrücken und mit einem dünnen Messer sehr glatt abschneiden. Die Arbeitsfläche mit den Mandeln bedecken und die Spekulatius durch kräftiges Schlagen aus den Modeln lösen. Die Mandelblättchen leicht andrücken. Die Mandelspekulatius auf den leicht gefetteten Blechen goldgelb backen und auf einem Kuchendraht vollständig auskühlen lassen.

Pfeffernüsse

Einstellung	Heißluft 2 Bleche	Ober- und Unterhitze
Einschubhöhe	unteres + oberes Drittel	Mitte
Temperatur	150–170 °C	170–190 °C
Zeit	15–20 Min.	15–20 Min.

4–5 Eier (je nach Größe),
500 g Zucker, abgeriebene Schale von
1 unbehandelten Zitrone, ½ TL Zimt,
je 1 Msp. gemahlener Ingwer, Piment,
Kardamom und Koriander,
1 Msp. geriebene Muskatnuß,
knapp 1 TL frisch gemahlener weißer
Pfeffer, 1 Msp. Hirschhornsalz,
1 EL Cognac oder Rum,
750 g Mehl, Mehl zum Formen,
Butter oder Margarine zum Einfetten

Die Eier mit dem elektrischen Handrührgerät oder in der Küchenmaschine schaumig schlagen und dabei nach und nach Zucker und Gewürze zufügen. Wenn der Zucker gelöst und die Masse weißschaumig ist, das in Cognac oder Rum gelöste Hirschhornsalz untermischen. Einen Teil des Mehles unterrühren, den Rest darunterkneten und den Teig zugedeckt über Nacht an einem kühlen Platz ruhen lassen. Dann kleine Kugeln (Durchmesser 2 cm) rollen, leicht in Mehl wenden und auf gefetteten Blechen hellgelb backen.

Weihnachtsstollen mit Mandel-Kirschfüllung

Einstellung	Heißluft	Ober- und Unterhitze
Einschubhöhe Temperatur Zeit	Mitte 170–190 °C 50–55 Min.	unteres Drittel 190–210 °C 60–70 Min.

600 g zimmerwarmes Mehl,
125 g Zucker,
2 Prisen Salz,
1 Päckchen Vanillinzucker,
40 g Frischhefe (oder Trockenhefe für 600 g Weizenmehl),
knapp ¼ l lauwarme Milch,
1 Ei, 2 Eigelb,
200 g weiche Butter,
50 g weiche, gesalzene Butter,
Schale von 1 unbehandelten Orange,
je 1 Prise gemahlene Nelken, Muskatblüte und Kardamom,
1 Fläschchen Bittermandelaroma,
80 g Korinthen,
80 g Rosinen,
60 g Zitronat,
60 g Orangeat,
70 g gehackte Mandeln,
100 g geschälte Mandelkerne,
1 Päckchen kandierte rote Kirschen,
750 g Marzipan-Rohmasse,
2 Vanilleschoten,
2–3 EL Kirschwasser,
ca. 125 g Puderzucker,
Mehl zum Bestäuben und Formen,
Butter oder Margarine zum Einfetten,
100–125 g Butter zum Bestreichen,
2–3 Päckchen Vanillinzucker,
Puderzucker zum Bestäuben

Mehl, Zucker, Salz und Vanillinzucker in eine Rührschüssel geben. Die Hefe darüberbröckeln oder die Trockenhefe nach Anweisung verwenden. Milch, Ei, Eigelb, die in Flöckchen geteilte Butter (auch die gesalzene), die Gewürze und das Bittermandelöl zufügen und alles mit Quirl und Knetern oder der Küchenmaschine verkneten, bis sich der Teig vom Schüsselrand löst. Mit einem Tuch bedeckt in 25–30 Minuten bis zur doppelten Höhe aufgehen lassen. Indessen Korinthen und Rosinen waschen und trockenreiben. Mit dem feingewürfelten Zitronat und Orangeat sowie allen Mandeln mischen und mit etwas Mehl bestäuben. Die kandierten Kirschen grob würfeln. Die Marzipan-Rohmasse mit dem ausgeschabten Mark der Vanilleschoten, Kirschwasser und Puderzucker zu einer glatten Masse verkneten. Die Kirschen untermischen und alles zu einer glatten Rolle formen. Den Hefeteig durchkneten, die Früchte einarbeiten und auf der bemehlten Arbeitsfläche zu einem dicken Oval ausrollen. An den beiden Längsseiten sollte sich jeweils ein kleiner Wulst zeigen. Die Marzipanrolle in die Mitte legen und den Teig darüber zusammenklappen. Den Teig an beiden Seiten mit der Handkante zusammendrücken und den Stollen auf einem gefetteten Blech 20–30 Minuten gehen lassen. Dann backen. Anschließend mit der flüssigen Butter bestreichen, bis die Oberfläche kein Fett mehr aufnehmen kann. Mit Vanillinzucker und Puderzukker dick bestäuben.

Quiche Fromage

Einstellung Vorbacken	Heißluft	Ober- und Unterhitze
Einschubhöhe Temperatur Zeit	unteres Drittel 170–190 °C 10–15 Min.	unteres Drittel 190–210 °C 10–15 Min.

Einstellung Fertigbacken	Heißluft	Ober- und Unterhitze
Einschubhöhe Temperatur Zeit	Mitte 170–190 °C 15–20 Min.	Mitte 190–210 °C 15–20 Min.

250 g Mehl, 1 Eigelb, 1 Prise Salz,
80 g kalte Butter oder Margarine,
75 ml kaltes Wasser, Mehl zum Ausrollen,
Butter oder Margarine zum Einfetten
Belag: 200 g Emmentaler, 100 g Gruyère,
⅛ l Milch, ⅛ l Sahne, 1 EL Speisestärke,
1 Eigelb, frisch gemahlener weißer
Pfeffer, Salz

Mehl mit Eigelb, Salz, dem in Flöckchen geteilten Fett und dem Wasser in eine hohe Rührschüssel oder in die Schüssel der Küchenmaschine geben und mit den Knetern des elektrischen Handrührgerätes oder mit der Küchenmaschine schnell zu einem glatten Teig verkneten. Zu einer Kugel formen und, in Folie eingewickelt, für mindestens 30 Minuten im Kühlschrank ruhen lassen.
Belag: In der Zwischenzeit Emmentaler und Gruyère raspeln. Die Milch zusammen mit der Sahne erhitzen. Dabei 2 EL Milch zum Anrühren der Speisestärke zurücklassen. Den geraspelten Käse in die heiße Sahne-Milch geben und so lange rühren, bis sich der Käse gelöst hat. Speisestärke in kalter Milch verquirlen und in die Käsemasse rühren. Kurz aufkochen lassen und vom Herd nehmen. Das Eigelb unterziehen und mit Pfeffer und Salz abschmecken.
Den Quicheteig aus dem Kühlschrank nehmen und auf bemehlter Arbeitsfläche zu einer runden Platte von ca. 30 cm Durchmesser ausrollen. Eine gefettete Springvorm (Durchmesser 28 cm) mit dem Teig so auslegen, daß ein 1–1,5 cm hoher Rand gebildet wird. Den Boden mehrfach mit einer Gabel einstechen und vorbacken. Dann die Käsemasse hineinfüllen und goldbraun fertigbacken. Sofort servieren.

Zwiebel-Speck-Kuchen

Einstellung	Heißluft	Ober- und Unterhitze
Einschubhöhe Temperatur Zeit	unteres Drittel 180–200 °C 30–35 Min.	unteres Drittel 190–210 °C 40–50 Min.

250 g Mehl, ½ TL Zucker,
75 g weiche Butter oder Margarine,
1 Prise Salz,
20 g Frischhefe
(oder Trockenhefe
für 250 g Weizenmehl),
⅛ l lauwarme Milch,
Butter oder Margarine zum Einfetten
Belag: 1 kg Zwiebeln,
100 g magerer Speck, 4 EL Öl,
2–3 Eier,
2 Becher saure Sahne (je 150 g),
1–2 TL Kümmel, Salz,
frisch gemahlener schwarzer Pfeffer

Mehl mit Zucker, dem in Flöckchen geteilten Fett und Salz in eine hohe Rührschüssel oder in die Schüssel der Küchenmaschine geben. Die Hefe darüberbröckeln (Trockenhefe nach Packungsaufschrift verwenden) und die Milch angießen. Alles mit Quirl und Knetern des elektrischen Handrührgeräts oder mit der Küchenmaschine verarbeiten. Dabei auf der niedrigsten Stufe beginnen, bis das Mehl nicht mehr staubt. Anschließend auf der höchsten Stufe weiterarbeiten, bis sich der Teig vom Schüsselrand löst. Mit einem Tuch bedeckt an einem warmen Platz aufgehen lassen, bis der Teig sein Volumen deutlich vergrößert hat und elastisch ist. Den Teig durchkneten und auf dem gefetteten Blech ausrollen. Erneut gehen lassen.
Belag: Inzwischen die Zwiebeln schälen und grob hacken. Mageren Speck in Würfel schneiden und im heißen Öl auslassen. Zwiebelwürfel hinzufügen und glasig dünsten. Vom Herd nehmen und etwas abkühlen lassen. Eier und saure Sahne miteinander verquirlen und unter die Zwiebel-Speck-Masse rühren. Mit Kümmel, Salz und Pfeffer abschmecken und auf dem Hefeteig verteilen. Goldbraun backen und sofort servieren. Dieser Kuchen schmeckt besonders gut zu neuem Wein.

Rustikale Lauchtorte

Einstellung	Heißluft	Ober- und Unterhitze
Einschubhöhe Temperatur Zeit	unteres Drittel 190–210 °C 35–40 Min.	unteres Drittel 210–230 °C 40–50 Min.

15 g Frischhefe (oder entsprechende
Menge Trockenhefe),
100 ml lauwarme Milch,
½ TL Zucker, 100 g Weizenmehl,
100 g Roggenmehl,
40 g weiche Butter oder Margarine,
Salz, 1 Msp. gemahlener Kümmel,
Butter oder Margarine zum Einfetten
Belag: 200 g Kabanossi, 1 EL Öl,
20 g Butter, 1 kg Lauch, 6 EL Weißwein,
2–3 Eier, 1 Eigelb, ¼ l saure Sahne,
gemahlener Piment, Salz, gemahlener
und grob zerstoßener schwarzer Pfeffer,
1 Eigelb zum Bestreichen

Hefe mit Milch, Zucker und etwa 2 EL Weizenmehl verrühren. Roggen- und Weizenmehl in einer zweiten Schüssel mischen. Den Backofen auf 40 °C einstellen und beide Schüsseln hineinstellen. Wenn sich der Vorteig verdoppelt hat, Butter oder Margarine, Salz und Kümmel dem Mehl zugeben. Alles mit den Knetern des elektrischen Handrührgeräts oder der Küchenmaschine verarbeiten und 1 Stunde an einem warmen Ort gehen lassen. Den Hefeteig erneut durchkneten, ausrollen und eine gefettete Springform (Durchmesser 26 cm) damit so auskleiden, daß der Teig etwa 3 cm über den Rand steht.
Belag: Während der Teig geht, die Kabanossi in 1 cm breite Streifen schneiden. Öl und Butter erhitzen und die Wurststreifen darin scharf anbraten. Lauch in Ringe schneiden, zur Wurst geben, mit Wein ablöschen und zugedeckt 10 Minuten dünsten. Dann leicht abkühlen lassen. Eier, Eigelb und saure Sahne verquirlen und unterziehen. Mit Piment, Salz und gemahlenem Pfeffer abschmecken und in die Form füllen. Den überstehenden Teig einschneiden und locker über den Rand der Füllung nach innen klappen. Mit Eigelb dünn bestreichen und nochmals 10 Minuten gehen lassen. Goldbraun backen und mit zerstoßenem Pfeffer bestreuen.

Pizza

Einstellung	Heißluft 2 Bleche	Ober- und Unterhitze
Einschubhöhe	unteres + oberes Drittel	unteres Drittel
Temperatur	180-200 °C	190-210 °C
Zeit	25-30 Min.	30-35 Min.

1 Zwiebel, 10 g Butter oder Margarine, 500 g zimmerwarmes Mehl, ½ TL Zucker, ½ TL Salz, 20 g Frischhefe (oder Trockenhefe für 500 g Weizenmehl), ⅛ l lauwarmes Wasser, 1-2 EL Olivenöl
Belag: 1½ große Dosen geschälte Tomaten, 1 Tube Tomatenmark, Salz, frisch gemahlener weißer Pfeffer, je ½ TL zerriebener Oregano und Basilikum, 1 Prise Zucker, je 2 rote und gelbe Paprikaschoten, 3-4 Zucchini, 3 Zwiebeln, 300 g gekochter Schinken, 600 g Mozzarella, Olivenöl zum Einfetten und Bestreichen, grob zerstoßener schwarzer Pfeffer, eingelegter grüner Peffer, Basilikum und Oregano zum Bestreuen

Die Zwiebel schälen, würfeln und in Butter oder Margarine glasig braten, dann abkühlen lassen. Das Mehl mit Zucker und Salz in eine hohe Rührschüssel oder in die Schüssel der Küchenmaschine geben und die Hefe darüberbröckeln (Trockenhefe nach Packungsaufschrift verwenden). Wasser und Öl zugießen und alles mit Quirl und Knetern des elektrischen Handrührgerätes oder mit der Küchenmaschine vermischen. Dabei auf der niedrigsten Schaltstufe beginnen, bis das Mehl nicht mehr staubt, dann in weiteren 5-6 Minuten auf höchster Schaltstufe kneten, bis sich der Teig vom Schüsselrand löst. Die Zwiebeln zufügen und in etwa ½ Minute unterkneten. Den Teig mit einem Tuch bedecken und in den auf 50 °C eingeschalteten Herd stellen. Diesen nach 5 Minuten ausschalten und den Teig 20-30 Minuten aufgehen lassen.
Belag: Während der Hefeteig aufgeht, die Tomaten abtropfen lassen und durch ein Sieb streichen. Mit Tomatenmark, Salz, Pfeffer, Oregano, Basilikum und Zucker würzen. Die Paprikaschoten vierteln, von Kernen und Rippen befreien und in feine Streifen schneiden. Zucchini waschen und in ½ cm breite Scheiben schneiden. Zwiebeln schälen und in Ringe teilen. Schinken in Streifen und Mozzarella in Scheiben schneiden. Zwei Backbleche mit Öl bepinseln und den Teig darauf dünn ausrollen. Mit Tomatenpüree bestreichen und mit allen weiteren Zutaten belegen. Mit Salz, schwarzem und grünem Pfeffer, Basilikum und Oregano würzen und mit Öl bepinseln. Sofort backen.

Piroggen

Einstellung	Heißluft 2 Bleche	Ober- und Unterhitze
Einschubhöhe	unteres + oberes Drittel	unteres Drittel
Temperatur	170-190 °C	190-210 °C
Zeit	15-20 Min.	15-20 Min.

230 g zimmerwarmes Mehl, ½ TL Zucker, 1 TL Salz, 20 g Frischhefe (oder Trockenhefe für 250 g Weizenmehl), 50 g Schweineschmalz
Füllung: 2 Zwiebeln, 8 Scheiben Schinken, 20 g Butter, 200 g Champignons (Dose), 100 ml Weißwein, 2 TL Instant Rahmsauce, 1 Bund Petersilie, 2 EL saure Sahne, Salz, frisch gemahlener schwarzer Pfeffer, 50 g geriebener Emmentaler, 1 Ei, 1 EL Milch, Butter oder Margarine zum Einfetten

Den Hefeteig wie gewohnt zubereiten und gehen lassen. Inzwischen die Zwiebeln schälen und fein würfeln. 2 Scheiben Schinken in dünne Streifen schneiden und beides in der ausgelassenen Butter anbraten. Die abgetropften Champignons blättrig schneiden, zu den Zwiebeln geben und 2-3 Minuten dünsten. Mit Weißwein ablöschen und mit Rahmsauce andicken. Petersilie abspülen und wiegen oder sehr fein schneiden. Den restlichen Schinken in dünne Streifen teilen. Zusammen mit der sauren Sahne unterziehen und mit Salz und Pfeffer abschmecken. Leicht auskühlen lassen, dann den Käse untermischen. Den Teig 3 mm dünn ausrollen und Plätzchen von 12 cm Durchmesser ausstechen. Die Füllung darauf verteilen und den Teig zu Halbmonden zusammenklappen. Die Teigränder mit einer Gabel zusammendrücken. Ei und Milch verquirlen und die Piroggen damit bestreichen. Auf zwei gefettete Backbleche setzen, kurz aufgehen lassen, dann backen.

Oliventäschchen

Einstellung	Heißluft	Ober- und Unterhitze
Einschubhöhe	unteres Drittel	unteres Drittel
Temperatur	170-190 °C	190-210 °C
Zeit	20-25 Min.	25-30 Min.

1 Paket Tiefkühl-Blätterteig (300 g), Mehl zum Ausrollen, 1 Eigelb zum Bestreichen
Füllung: 1 Dose Thunfisch in Öl, 1 Zwiebel, 1 kleines Gläschen mit Paprika gefüllte Oliven (50 g), 100 g Frischkäse, Salz, schwarzer Pfeffer, 1 kräftige Prise zerriebener Oregano

Blätterteig nach Packungsaufschrift auftauen lassen.
Füllung: Inzwischen den Thunfisch mit einer Gabel zerpflücken. Zwiebel schälen und fein würfeln, Oliven in Scheiben schneiden. Frischkäse mit einer Gabel zerdrücken und mit Zwiebelwürfeln, Oliven und Thunfisch mischen. Die Füllung mit Salz, schwarzem Pfeffer und Oregano abschmecken.
Die Blätterteigscheiben aufeinanderlegen und auf bemehlter Unterlage zu einem 30 mal 48 großen Rechteck ausrollen. Einen 3 cm breiten Streifen abschneiden und 6 Quadrate aus dem Rechteck schneiden. Die Füllung darauf verteilen. Die Ränder der Quadrate mit Eigelb bestreichen, zu Dreiecken umschlagen und die Ränder gut zusammendrücken. Aus dem Streifen 6 kleine Kreise ausstechen, mit Eigelb bestreichen und auf die ebenfalls mit Eigelb bestrichenen Täschchen setzen. Auf das kalt abgespülte Blech legen, noch 10 Minuten ruhen lassen, dann backen.

Knoblauchfladen

Einstellung	Heißluft	Ober- und Unterhitze
Einschubhöhe Temperatur Zeit	unteres Drittel 180–190 °C 30–45 Min.	Mitte 200–220 °C 30–45 Min.

150 g Roggenmehl (Type 1370),
150 g Weizenmehl (Type 405),
5 EL lauwarmes Wasser,
15 g Frischhefe (oder die entsprechende Menge Trockenhefe), 1 TL Zucker,
3 Knoblauchzehen,
20 g Butter oder Margarine,
1 TL Salz, 1 Msp. Piment,
2 TL eingelegter grüner Pfeffer,
⅛ l Weißwein, Mehl zum Formen und Bestäuben,
grobes Salz zum Bestreuen

Roggen- und Weizenmehl in einer großen Schüssel mischen und in die Mitte eine Mulde drücken. Das Wasser hineingeben und mit der zerbröselten Hefe, dem Zucker und etwas Mehl vom Rand zum Vorteig verrühren. Mit einem Tuch bedeckt etwa 15 Minuten an einem warmen Platz gehen lassen, bis der Teig Blasen wirft. In der Zwischenzeit die Knoblauchzehen schälen und sehr fein würfeln oder auch durch die Presse drücken. Butter oder Margarine in einer Pfanne zerlassen, aber nicht stark erhitzen. Den Knoblauch darin unter Rühren glasig und goldgelb, aber keinesfalls braun werden lassen, sonst schmeckt er bitter. Vom Herd nehmen und abkühlen lassen. Anschließend zusammen mit dem Fett, Salz, Piment, abgetropftem grünen Pfeffer und Weißwein zum Vorteig geben und alles (von Hand, mit den Knethaken des elektrischen Handrührgerätes oder in der Küchenmaschine) zu einem glatten Teig verkneten. Schlagen, bis er Blasen wirft und sich vom Schüsselrand löst. Danach erneut, mit einem Tuch bedeckt, etwa 1 Stunde an einem warmen Platz gehen lassen. Den Teig auf bemehlter Fläche durchkneten und zu einem etwa 1 cm dicken Fladen ausrollen. Die Oberfläche mit einem Messer rautenförmig einkerben und mit grobem Salz bestreuen. Noch kurz, mit einem Tuch bedeckt, ruhen lassen, dann im vorgeheizten Ofen goldbraun backen.

Hinweis
Der Fladen schmeckt besonders gut zum Wein. Am besten frisch aus dem Ofen, leicht abkühlen lassen und mit einer Kräuter-Knoblauch-Butter oder mit Frischkäse servieren.

Variation
Nach diesem Rezept können Sie auch Fladenringe backen. Dazu den Teig in 4 gleiche Stücke aufteilen und ausrollen. Mit einem Glas (Durchmesser ca. 7 cm) die Mitte herausstechen und aus diesem Teig einen weiteren Ring formen. Die Oberfläche strahlenförmig einkerben und bei gleicher Temperatur, jedoch 10 Minuten kürzer, backen.

Sesam-Nuß-Ähre

Einstellung	Heißluft	Ober- und Unterhitze
Einschubhöhe Temperatur Zeit	unteres Drittel 170–180 °C 40–50 Min.	Mitte 190–210 °C 40–50 Min.

500 g Weizenmehl (Type 405),
4 EL lauwarmes Wasser,
25 g Frischhefe (oder 1 Päckchen Trockenhefe),
2 EL Zucker,
75 g Haselnüsse,
50 g Sesamsamen,
60 g Butter,
½ TL Salz, ¼ l lauwarme Milch,
50 g Sonnenblumenkerne,
Butter oder Margarine zum Einfetten,
3 EL Milch und 1 TL Zucker zum Bestreichen

Das Mehl im Backofen leicht vorwärmen, in eine Schüssel sieben und in die Mitte eine Mulde drücken. Das lauwarme Wasser hineingießen, die Hefe hineinbröckeln und den Zucker einstreuen. Alles zusammen mit etwas Mehl vom Rand zum dünnen Vorteig verrühren und, mit einem Tuch bedeckt, etwa 15 Minuten an einem warmen Platz gehen lassen. In der Zwischenzeit die Haselnüsse in Scheiben schneiden und zusammen mit den Sesamsamen in etwa 10 g Butter anrösten (dabei gut aufpassen, da sie plötzlich braun werden und dann leicht bitter schmecken). Nüsse und Sesam zusammen mit dem Fett leicht abkühlen lassen. Nun die restliche Butter in Flöckchen auf den Mehlrand setzen, Salz, Haselnüsse, Sesam und Sonnenblumenkerne zugeben (einen Teil davon zur Dekoration zurückbehalten), alle Zutaten zu einem glatten Teig kneten und zur Kugel formen. In einer Schüssel, mit einem Tuch bedeckt, etwa 1 Stunde an einem warmen Platz gehen lassen. Den Teig danach zusammenschlagen und nochmals gründlich (von Hand etwa 3–4 Minuten) durchkneten. Eine Rolle formen, in 10–12 gleiche Stücke teilen und einzeln durchkneten. Die Teigstücke wie Rüben formen und die Spitzen abrunden (sie werden beim Backen sonst leicht braun). Ein Blech einfetten und die Teigteilchen in Form einer Ähre zusammensetzen. Sie sollten jedoch nicht direkt aneinandergelegt werden, sondern einen Abstand von 1 cm haben, da der Teig beim Backen noch aufgeht. Nochmal kurz gehen lassen, dann im vorgeheizten Ofen backen.

Kräuter-Kabanossi-Brot

Einstellung	Heißluft	Ober- und Unterhitze
Einschubhöhe Temperatur Zeit	unteres Drittel 160–180 °C 80–90 Min.	unteres Drittel 190–210 °C 80–90 Min.

600 g Weizenmehl (Type 405),
¼ l lauwarme Milch,
40 g Frischhefe (oder 1½ Päckchen Trockenhefe),
1 TL Zucker,
1 Bund Schnittlauch,
1 Bund Petersilie,
1 Bund Dill,
125 g Kabanossi,
1 TL Salz,
½ TL zerriebener Thymian,
Mehl zum Bestäuben,
1 Paket Tiefkühl-Blätterteig (300 g)

Das Mehl in eine Schüssel sieben und im Backofen leicht vorwärmen. In die Mitte eine Mulde drücken, 5 EL Milch hineingießen, die zerbröckelte Hefe samt Zucker zufügen und alles mit etwas Mehl vom Rand zum Vorteig verrühren. Mit einem Tuch bedeckt etwa 15 Minuten

an einem warmen Platz gehen lassen, bis der Teig Blasen wirft. In der Zwischenzeit die Kräuter abspülen und sehr gut trockentupfen. Schnittlauch in kleine Röllchen schneiden, Petersilie und Dill fein hacken. Die Kabanossi häuten, längs halbieren oder vierteln und in feine Scheibchen teilen. Diese mit Kräutern, Salz, Thymian und der restlichen Milch zum Mehl geben und alles zum Teig verkneten. In einer ausgemehlten Schüssel, mit einem Tuch bedeckt, etwa 1 Stunde an einem warmen Platz gehen lassen. Indessen den Blätterteig nach Packungsaufschrift auftauen lassen.
Den Kräuterteig nochmals gut durchkneten und halbieren. Auf bemehlter Fläche zu zwei gleich großen Rechtecken ausrollen, dabei das Nudelholz ebenfalls mit Mehl bestäuben. Mit dem Blätterteig auf die gleiche Weise verfahren. Die Platten werden dabei aufeinandergelegt und ausgerollt. Die drei Rechtecke sollen die gleiche Größe haben und werden dann aufeinandergelegt, wobei der Blätterteig die mittlere Schicht bildet. Nun die Teigplatten wieder aufeinander ausrollen und zusammenfalten. So lange fortfahren, bis beide Teigarten miteinander vermischt sind. Den Teig zu einem länglichen Laib formen, mit einem Tuch bedeckt nochmals 30 Minuten gehen lassen, dann auf bemehltem Blech im vorgeheizten Ofen backen.

Sauerteig

1 EL Zucker,
½ l Wasser,
20 g Hefe,
300 g Roggenmehl (Type 997)

Den Zucker in lauwarmem Wasser auflösen und die Hefe hineinbröckeln.
250 g Mehl hineinrühren und in eine Schüssel, am besten in einen Steinguttopf, geben. Mit einem feuchten Küchentuch abdecken und an einem warmen Platz ungefähr 12 Stunden gehen lassen. Das Gefäß sollten Sie in keinem Fall zu klein wählen, da der Sauerteig gerade am Anfang stark aufgeht (daher zur Sicherheit das Gefäß zusätzlich in eine größere Schüssel stellen). Der Sauerteig sollte weniger als die Hälfte des Topfes ausfüllen. Auf keinen Fall darf das Gefäß fest verschlossen werden, da sonst das sich bildende Gas nicht entweichen kann. Bei der Sauerteiggärung entstehen Kohlensäure und Alkohol, die den Teig auftreiben. Außerdem werden Milch- und Essigsäure gebildet. Daher sind Roggenbrote immer etwas säuerlich. Um diesen Geschmack zu intensivieren, wird nach 12 Stunden nochmals Mehl (50 g) eingerührt, was die Grundlage zu neuer Säurebildung bietet. Der Sauerteig sollte nun etwas kühler stehen. Nach etwa 1 Tag riecht er nach Apfelwein. Er ist jetzt fertig, hat seine volle Triebkraft und Würze und kann zum Backen verwendet werden. Er ist, im Kühlschrank aufbewahrt, noch etwa 1 Woche haltbar.

Roggenbrot mit Joghurt

Einstellung	Heißluft	Ober- und Unterhitze
Einschubhöhe	unteres Drittel	unteres Drittel
Temperatur	180–190 °C	210–230 °C
Zeit	70–80 Min.	70–80 Min.

800 g Roggenmehl (Type 1370 oder 1150), 200 g Weizenmehl,
250 g Sauerteig (selbst hergestellt) oder 150 g Sauerteig (vom Bäcker) + 100 ml Wasser, 2 Becher Vollmilchjoghurt (je 150 g),
⅛ l Wasser, 1 EL Salz,
1 TL gemahlener Kümmel,
Mehl zum Bestäuben und Formen

Wird Sauerteig vom Bäcker verwendet, muß er vorher mit dem Wasser zu einem glatten Teig verrührt werden.
Roggenmehl und Weizenmehl in einer Schüssel mischen und in die Mitte eine Vertiefung drücken. Den Sauerteig hineingießen und mit etwa ¼ des Mehles zu einem Vorteig verrühren. Mit einem Tuch bedeckt etwa 30 Minuten an einem zugfreien Platz gehen lassen. Joghurt, Wasser, Salz und Kümmel zufügen und alles zu einem glatten Teig verarbeiten. Aus der Schüssel nehmen und auf bemehlter Arbeitsfläche weiterkneten, bis der Teig glänzend wird. Zur Kugel formen, in eine ausgemehlte Schüssel legen und 12–18 Stunden gehen lassen. Das Brot läßt sich daher am besten abends vorbereiten und kann dann über Nacht gehen.
Der auf fast das Doppelte aufgegangene Teig wird nun zusammengeschlagen. Das heißt, daß der Teig so aus der Schüssel genommen wird, daß ein Teil der Luft entweichen kann. Man greift dabei am besten mit den Fingern in den Teig und drückt ihn zusammen. Er wird dann auf stark bemehlter Fläche weitergeknetet, wobei noch ein Teil des Mehles mit eingearbeitet wird. Da nicht jedes Mehl gleich ist, auch wenn immer dieselbe Type verwendet wird, ist manchmal mehr oder weniger Mehl zum Einarbeiten nötig. Die Mehlunterlage wird so oft ergänzt, bis der Teig nicht mehr auf der Unterlage kleben bleibt. Das Mehl dabei stets sehr sorgfältig einkneten. Einen Brotkorb mit einem Küchentuch auslegen, dieses mit Mehl bestreuen und den zum runden Laib geformten Teig hineinlegen. Die Zipfel des Tuches darüber zusammenschlagen und den Teig nochmals 1 Stunde gehen lassen. Danach auf ein bemehltes Backblech setzen und im vorgeheizten Ofen backen.

Hinweis
Bevor Sie das Brot endgültig aus dem Ofen nehmen, sollten Sie die »Klopfprobe« machen, um festzustellen, ob es tatsächlich vollkommen durchgebacken ist: Heben Sie es (mit einem Küchentuch oder Topflappen) vom Blech, drehen Sie es um und klopfen Sie auf die Unterseite. Wenn es hohl klingt, ist das Brot fertig; bleibt der Klang aber noch dumpf, schieben Sie das Brot noch für ein paar Minuten in den Herd zurück, denn schlecht durchgebackenes Brot schmeckt nicht nur »teigig«, es ist auch schlecht bekömmlich.

Variationen
Das Rezept läßt sich vielseitig abwandeln: Anstelle von oder zusätzlich zum Kümmel, der übrigens auch als Kümmelsamen zugegeben werden kann, können Gewürze wie Fenchel, Anis, Kardamom und Pfeffer verwendet werden. Ebenso läßt sich die Flüssigkeit durch Wasser ersetzen, die Kruste wird dann glänzender. Statt Joghurt können Sie auch Buttermilch oder Kefir verwenden.

Zwiebelbrötchen mit Speck

Einstellung	Heißluft	Ober- und Unterhitze
Einschubhöhe Temperatur Zeit	unteres Drittel 170–190 °C 30–40 Min.	unteres Drittel 190–210 °C 30–40 Min.

400 g Roggenmehl (Type 1370),
100 g Weizenmehl (Type 405),
200 g Sauerteig (Seite 197),
15 g Frischhefe (oder ½ Päckchen Trockenhefe),
125 g durchwachsener Speck,
2 große Zwiebel, 1 EL Öl,
1 TL Salz, 1 TL Kümmel,
6 EL Wasser,
Mehl zum Bestäuben und Formen

Beide Mehle mischen und eine Mulde eindrücken. Den Sauerteig und die Hefe in die Mulde geben und mit wenig Mehl verrühren. 15 Minuten gehen lassen. Speck und Zwiebeln fein würfeln, im Öl glasig braten und abgekühlt mit den restlichen Zutaten zum Vorteig geben. Mit Quirl und Knetern oder Küchenmaschine verkneten, zur Kugel formen und in bemehlter Schüssel 1 Stunde gehen lassen. Danach durchkneten, in 8 Stükke teilen und diese nochmal durchkneten. Auf einem bemehlten Blech 30 Minuten gehen lassen, dann erst backen.

Frühlingsbrötchen

Einstellung	Heißluft	Ober- und Unterhitze
Einschubhöhe Temperatur Zeit	unteres Drittel 180–200 °C 20–25 Min.	unteres Drittel 190–210 °C 20–25 Min.

200 g Weizenmehl (Type 405),
3 TL Backpulver,
1 Msp. Salz, 30 g Butter,
8 EL Milch,
100 g Kräuterfrischkäse,
1 Bund Schnittlauch (ca. 3 EL Röllchen),
Mehl zum Formen,
Butter oder Margarine zum Einfetten,
4 EL Dosenmilch

Mehl mit Backpulver und Salz in eine hohe Rührschüssel oder in die Schüssel der Küchenmaschine geben und Butter samt Milch und Käse in Flöckchen darüber verteilen. Mit Quirl und Knetern des elektrischen Handrührgeräts, mit der Küchenmaschine oder von Hand nur ganz leicht durchmischen. Schnittlauch zufügen und alles sehr schnell, aber gründlich durchkneten. Zu einer Rolle formen und in 12 Stücke schneiden. Jedes Teigstück nochmals durchkneten und zum Brötchen formen. In der Mitte eine Längskerbe ziehen und auf ein eingefettetes Blech setzen. Die Oberfläche mit Dosenmilch bestreichen und goldbraun backen lassen.

Variation
Leinsamenbrötchen: Aus dem gleichen Rezept können Leinsamenbrötchen hergestellt werden. Dabei wird der Kräuterfrischkäse durch Frischkäse ersetzt und der Schnittlauch durch 4–5 EL Leinsamen. Die Oberfläche der Brötchen wird mit Leinsamen bestreut.

Rosinenbrötchen mit Quark

Einstellung	Heißluft	Ober- und Unterhitze
Einschubhöhe Temperatur Zeit	unteres Drittel 170–190 °C 20–25 Min.	unteres Drittel 190–210 °C 20–25 Min.

300 g zimmerwarmes Mehl,
70 g Zucker, 1 Prise Salz,
80 g weiche Butter, 2 Eier,
3 EL lauwarme Milch,
250 g zimmerwarmer, abgetropfter Quark, abgeriebene Schale von ½ unbehandelten Zitrone,
40 g Frischhefe (oder Trockenhefe für 300 g Weizenmehl),
125–150 g Rosinen,
Mehl zum Bestäuben und Formen,
Butter oder Margarine zum Einfetten,
1 Eigelb zum Bestreichen

Mehl mit Zucker, Salz, der in Flöckchen geteilten Butter und den Eiern in eine hohe Rührschüssel oder in die Schüssel der Küchenmaschine geben. Milch, Quark und Zitronenschale zufügen und die Hefe darüber zerbröckeln (Trockenhefe nach Packungsaufschrift verwenden). Alles mit Quirl und Knetern des Handrührgeräts oder mit der Küchenmaschine – auf niedrigster Stufe beginnend – zu einem glatten Teig verkneten und dabei auf die höchste Stufe schalten. Die Knetdauer beträgt ca. 5–6 Minuten. Die Rosinen in einem Sieb unter heißem Wasser waschen und in einem Küchentuch oder mit Haushaltspapier sehr gut trockenreiben und in etwa ½ Minute unter den Teig kneten. Diesen mit einem Küchentuch bedecken und bei 50 °C im Backofen 20–30 Minuten gehen lassen. Den Teig auf der schwach bemehlten Arbeitsfläche nochmal durchkneten und mit bemehlten Händen zu kleinen Brötchen (Durchmesser etwa 6 cm) formen. Mit genügend Abstand auf ein gefettetes Blech legen und ein letztes Mal aufgehen lassen. Danach mit verquirltem Eigelb bestreichen und goldbraun backen. Auf einem Kuchendraht auskühlen lassen und möglichst frisch servieren.

Hinweis

Reichen Sie in jedem Fall reichlich frische Butter zu den Brötchen, aber auch Marmelade und Honig schmecken köstlich dazu. Oder versuchen Sie's einmal so: Die Brötchen halbieren, beide Seiten mit Butter bestreichen und mit Schokoladenplättchen, -streuseln oder geraspelter Schokolade zusammensetzen.

Variationen

▷ Bei diesen sehr lockeren Brötchen können Sie die Rosinen selbstverständlich auch durch Sultaninen oder Korinthen ersetzen oder auch zusätzlich etwa 50 g feingehackte oder gemahlene Mandeln oder Nüsse untermischen.

▷ Wenn Sie den Teig durch etwas mehr Mehl ein wenig fester machen, können Sie ihn auch zu Brezeln, Hörnchen, Zöpfen oder auch Ringen formen.

▷ Last not least läßt er sich in einer gut gefetteten, mit Bröseln ausgestreuten Kastenform auch zu einem leckeren Rosinenbrot (auch Stuten genannt) backen.

Küchen- und Backlexikon

Garmethoden

Garen heißt, Lebensmittel durch eine bestimmte Wärmebehandlung genußfähig zu machen. Dabei sollen die Nährwerte soweit wie möglich erhalten bleiben, die zubereiteten Speisen appetitlich sein in Form, Aussehen, Geruch und Geschmack. Die Wärmebehandlung kann auf verschiedene Weise erfolgen: In Wasser (oder einer anderen Flüssigkeit), Dampf, Fett, feuchter oder trockener Luft oder mit Hilfe von Mikrowellen oder Infrarotstrahlen (Grill).

Wann ein Lebensmittel gar ist, wird nach drei Kriterien beurteilt:

- nach der Zellstruktur bzw. Weichheit,
- nach der Zartheit und Saftigkeit,
- nach Geschmack und Aroma.

Es gibt unterschiedliche Garmethoden, die zum einen von der Art der Nahrungsmittel, zum anderen von dem erwünschten Ergebnis bestimmt werden.

Backen Das Backgut wird im Ofen in heißer Luft bei verschieden hohen Temperaturen gegart. Durch die Bräunung entstehen geschmackgebende Röststoffe. Gebacken werden Teige, Kartoffeln, Aufläufe und Soufflés.

Braten Gebraten wird zum einen in der Pfanne oder dem Brattopf, wobei das Nahrungsmittel in heißem Fett (in Spezialgeschirren auch ohne Fettzugabe) gebräunt und gegart wird; zum anderen (ebenfalls mit oder ohne Fett) im Backofen auf dem Bratrost, in der Fettpfanne, in Folie oder einem Bratgeschirr (z. B. dem Tontopf). Gebraten wird in erster Linie Fleisch, aber auch Fisch, Kartoffeln, Eierspeisen u. ä. Beim Braten bildet sich auf der Oberfläche eine appetitliche braune Kruste aus verdauungsfördernden Röststoffen, die die Poren verschließen und das Austreten des aromatischen Fleischsaftes verhindern. Die Fasern des Bratgutes werden im eigenen Saft gegart und entwickeln dabei spezielle Aromastoffe.

Dämpfen Das Nahrungsmittel wird in einem speziellen Kochgeschirr mit Siebeinsatz in dem von darunter kochendem Wasser aufsteigenden Dampf sehr schonend gegart. Der Dampf weicht Fasern und Zellwände auf, läßt die Eiweißstoffe gerinnen und die Stärke quellen. Nährstoffe, Aromen und Struktur bleiben in hohem Maße erhalten. Diese Methode eignet sich besonders für fettarme Fische, zarte Gemüse, Kartoffeln und diätetische Fleischgerichte (wenn Röststoffe unerwünscht sind).

Druckgaren Das Garen mit Druck kann nur in besonderen Dampfdrucktöpfen, den sogenannten Schnellkochtöpfen, erfolgen. Die Nahrungsmittel können dabei sowohl im Wasserdampf wie auch in Flüssigkeit gegart werden. Da die Garzeiten extrem kurz sind, ist diese Methode sehr schonend für alle Nahrungsmittel. Es muß aber darauf geachtet werden, daß die Garzeiten exakt eingehalten werden. Ein Überschreiten führt leicht zum Zerfall der Zellstruktur und Vitaminverlusten.

Dünsten Dünsten heißt, das Gargut - insbesondere empfindliche Nahrungsmittel wie helles Fleisch, Fischfilets, feine Gemüse oder auch Obst - in ganz wenig Flüssigkeit (Wasser, Wein, Fond, Jus u. a.) und dem sich aus der Flüssigkeit entwickelnden Dampf zu garen. Um den Geschmack zu verbessern, wird meist (außer bei Obst) zuerst etwas Fett geschmolzen, das Gargut eingelegt und dann mit der Flüssigkeit, die nicht mehr als zweifingerhoch darüber stehen soll, aufgegossen.

Fritieren Das Gargut wird, bei 160-180 °C in reichlich Fett schwimmend, braun gebraten. Es kann zuvor paniert oder durch einen Teig gezogen werden. Das Fett muß genau temperiert sein. Ist es zu kühl, saugen sich die Nahrungsmittel zu sehr damit voll, ist es zu heiß, bräunt das Gargut außen zu rasch und ist innen noch roh. Zum Fritieren eignen sich Fleisch, Fisch, Krustentiere, Gemüse, Obst und bestimmte Teigarten.

Garziehen oder Pochieren Dabei wird das Gargut in die kochende Flüssigkeit gegeben und dann unter dem Siedepunkt (bei 75-95 °C) gargezogen. Durch das rasche Eintauchen in die kochende Flüssigkeit schließen sich die Poren sofort. Damit aber das Innere weich bleibt, darf der Siedepunkt nicht wieder erreicht werden. Pochiert werden vor allem Fischfilets, ganze, zarte Fische, zarte Geflügelteile, Fleischklößchen, Muscheln ohne Schale, Eier und magere Fleischstücke (auch für die Diätküche).

Gratinieren Vorgegarte Nahrungsmittel werden im Ofen überbacken. Röst- und Aromastoffe bilden sich durch Zugabe von Sahne, Eimassen, Käse oder Fett. Gratiniert werden Gemüsegerichte, Kartoffeln, Fisch und Fleischzubereitungen (Resteverwertung).

Grillen Mit speziellen Grillgeräten wird das Gargut allein durch Strahlungs- oder Kontaktwärme bei extrem hohen Temperaturen gebräunt. Die Poren schließen sich rasch, die Garzeiten sind verhältnismäßig kurz. Da eine Fettzugabe nicht unbedingt notwendig ist, kann auf diese Weise eine schmackhafte Diätkost bereitet werden. Gegrillt werden vor allem flache Fleischstücke, Fischfilets und Fische. Beim Grillen über dem offenen Feuer verbindet sich das Gargut mit den von dem Heizmaterial ausgehenden Aromastoffen und erhält dadurch einen ganz besonders delikaten Geschmack.

Kochen oder Sieden Es bedeutet im engeren Sinne das Garen von Nahrungsmitteln aller Art in reichlich Flüssigkeit bei einer - möglichst konstant bleibenden - Temperatur von 100 °C.

Quellen Diese Garmethode wird vor allem bei Getreideprodukten wie Maisgrieß, Reis oder Weizengrieß angewendet. Das jeweilige Nahrungsmittel wird mit der entsprechenden Flüssigkeit einmal kurz sprudelnd aufgekocht, dann zugedeckt bei ganz niedriger Temperatur (oder in einer warmen Umgebung) langsam ausgequollen, bis alle Flüssigkeit aufgesogen ist. Auf diese Weise bleiben alle Nährstoffe, die in das Kochwasser übergehen, erhalten.

Rösten Mit Hilfe von trockener Heißluft (im Toaster, Backofen, Grill oder einer beschichteten Pfanne) wird das Gargut gebräunt.

Schmoren Schmoren ist ein Garvorgang, der sozusagen zwischen Braten und Kochen liegt: Das Gargut wird zuerst in sehr heißem Fett (wasserhaltige Fette wie Butter oder Margarine sind nicht geeignet) rundherum knusprig braun angebraten. Dann wird vom Rand her (wegen der Spritzgefahr) Flüssigkeit angegossen. Diese sollte recht heiß sein, um einen Temperaturschock des Gargutes zu vermeiden. Das Gargut sollte möglichst nur bis etwa zu einem Viertel bedeckt sein. Sobald die Schmorflüssigkeit kocht, wird bei niedriger, milder Hitze und mit relativ langen Garzeiten »gekocht«. Durch Fett, Flüssigkeit und Dampf verbinden sich einmal die Aromastoffe des Schmorguts mit denen des Schmorfonds, zum anderen aber würzt der Fond wiederum das Gargut. Geschmort werden in erster Linie Fleisch - vor allem, wenn es vorher in einer Beize gelegen hat, welche dann den Schmorfond bildet -, kräftige Fischarten und deftige Gemüse (z. B. alle Kohlsorten außer Blumenkohl und Brokkoli).

Stocken Eier oder Eimassen werden in einer verschlossenen Form so lange in einem eben siedenden Wasserbad gegart, bis sie fest sind. Das Gargut darf dabei nicht aufkochen, weil es sonst ausflocken würde. Auch bei Rühreiern, die bei milder Hitze in der Pfanne fest werden, spricht man von stocken.

Mengen und Maße

1 Liter 10 Deziliter (dl) = 100 Zentiliter (cl) = 1000 Milliliter (ml) = 4 Tassen nach amerikanischer Gewichtseinheit (1 Tasse oder cup = 250 ml).
1 Liter (l) Wasser wiegt 1000 g.
1 normaler Eßlöffel faßt etwa 10 ml = 1 cl
1 kleines Schnapsglas faßt etwa 20 ml = 2 cl

1 Kilogramm 10 Dekagramm (dkg nach österreichischer Bezeichnung) = 1000 g = 32 Unzen (oz) = 2 Pfund (nach amerikanischer Bezeichnung).

Für schnelles Abmessen

Wer mit Teelöffeln (TL), Eßlöffeln (EL) oder Tassen abmißt, kann nur bei festen Stoffen exakt das Gewicht bestimmen, bei flüssigen hängt das Gewicht vom Fettgehalt, von der Zusammensetzung und ähnlichem ab. Dennoch kann man diese Hilfsmittel getrost verwenden, wenn man nicht gerade streng Diät halten muß. Man sollte jedoch für ein bestimmtes Gericht jeweils das gleiche Gerät zum Abmessen verwenden.

Löffel- und Tassenmaße

Lebensmittel	1 gestr. Teelöffel	1 gestr. Eßlöffel	1 Tasse
Backpulver	3 g	–	–
Butter, Margarine, Pflanzenfett	5 g	15 g	–
Crème fraîche	4 g	10 g	125 g
Grieß	5 g	15 g	120 g
Haferflocken	–	8 g	70 g
Honig	12 g	30 g	
Joghurt	8 g	20 g	175 g
Käse, gerieben	5 g	15 g	100 g
Kakao	2 g	6 g	75 g
Konfitüre und Gelee	10 g	25 g	–
Mayonnaise	10 g	30 g	240 g
Mehl	3 g	10 g	80 g
Mandeln und Nüsse, gerieben	6 g	20 g	150 g
Öl	4 g	10 g	75 g
Puderzucker	3 g	10 g	85 g
Reis	8 g	20 g	175 g
Sahne	4 g	10 g	125 g
Saure Sahne mit Bindemittel	8 g	20 g	175 g
Salz	5 g	15 g	–
Semmelbrösel	4 g	10 g	120 g
Speisestärke	5 g	15 g	100 g
Wasser	5 g	15 g	175 g
Zucker	5 g	15 g	120 g

Durchschnittsmengen pro Person

Suppe Vorspeise ¼ l, Hauptgericht ½ l.
Suppeneinlagen Reis 20 g, Teigwaren 30 g, Gemüse 50 g.
Sauce Je nach Gericht 1/16–⅛ l.
Fleisch Kurzgebraten oder gegrillt 150–200 g, Schmorgerichte und Braten 120–150 g ohne Knochen, 150–200 g mit Knochen.
Hackfleisch Tatar oder Hackepeter 175–200 g, Hackfleischgerichte 100–150 g.
Fisch Fischfilet 150–200 g, ganzer Fisch 250–300 g, Portionsfisch 1 Fisch.
Gemüse Beilage 150 g (ungeputzt bis 250 g), Hauptgericht 400–500 g küchenfertig.
Kartoffeln, Reis, Teigwaren Beilage 50–60 g (Rohgewicht) Teigwaren und Reis, 250 g Kartoffeln (ungeschält). Hauptgericht 100–125 g Teigwaren oder 80 g Reis. Für Kartoffelgratins 300–350 g Rohware und für Pellkartoffeln mit Quark 400–500 g.
Geflügel Großer Braten oder zu einem Gericht verarbeitet 250–300 g (mit Knochen), gebraten oder gegrillte Hähnchen ½ Tier.
Salat und Rohkost Gemischter Salatteller 40–50 g Gemüse je Sorte, Normalportion je nach Art 100–150 g, bei Kopfsalat ¼ Kopf.
Dessert Frisches Obst 150–200 g, Obstkompott 125 g Früchte und knapp 1/16 l Dünstflüssigkeit. Für Cremespeisen, Puddings, Gelees oder Flammeris ⅛ l Grundflüssigkeit, für Quarkspeisen etwa 65 g und Flüssigkeit zum Glattrühren. Bei Käse etwa 150 g in verschiedenen Sorten.

Zum Binden von 1 Liter Flüssigkeit braucht man

Lebensmittel	für Suppen	für Brei	für Speisen zum Stürzen
Gelatine			12 Blatt oder 2 P
Graupen	70 g	150 g	–
Grieß	50 g	100 g	100–125 g
Grütze, Haferflocken	60 g	125 g	–
Mehl	50 g	120 g	–
Reis	40–80 g	200 g	250 g
Sago	40 g	–	100–125 g
Speisestärke	30 g	60 g	90 g
Um Saucen zu binden, benötigt man 60–100 g Mehl oder 40 g Speisestärke.			

Fleischeinteilung und Verwendung der Fleischstücke

Das Rind

Geschlachtet werden vor allem Jung-Ochsen und die weiblichen Tiere, die nicht zur Erhaltung des Bestandes notwendig sind. Das beste Schlachtalter liegt etwa bei 2 Jahren, aber auch das Fleisch von älteren Tieren und alten Milchkühen kommt in den Verkauf. Rindfleisch ist von kräftig roter Farbe und hat gelblichweißes Fett. Je heller das Fett, um so jünger das Tier.

1 Nacken (Hals, Kamm, Halsgrat) Für Schmorgerichte (Gulasch, Rollbraten) besonders geeignet, wird z.T. auch zu Hackfleisch verarbeitet.
2 Fehlrippe (Zungenstück, Zungengrat, Siegelstück) Das Fleisch braucht eine verhältnismäßig lange Garzeit, daher als Suppen- und Schmorfleisch (Gulasch, Sauerbraten) besonders geeignet, wird ebenfalls z.T. als Hackfleisch verarbeitet.
3 Hochrippe (Hohe Rippe, Zwischenrippenstück) Ergibt wegen seines zarten Fleisches und einem hohen Fettanteil ein sehr gutes Kochfleisch. Das Fleisch junger Tiere liefert zarte Steaks, die sich besonders zum Grillen vorzüglich eignen.
4 Roastbeef (Lendenstück, Rostbraten) Für große Braten und Fondue geeignet. Zum Kurzbraten wird das Fleisch in Rumpsteaks oder Entrecôtes geschnitten. Roastbeef mit Knochen und Filet wird in Porterhouse- und T-Bone-Steaks zerteilt.
4 a Filet (Lende, Lungenbraten) Ist das zarteste und teuerste Fleisch, wird als Braten oder in Scheiben (Filetsteaks, Chateaubriand, Tournedos, Medaillons, Filetspitzen) zubereitet.
5 Hüfte und Hüftdeckel (Blume) Wird meist als Bratenstück verwendet. Es können auch Rouladen und – von jungem, abgehangenem Fleisch – Scheiben zum Kurzbraten daraus geschnitten werden. Der Hüftdeckel hat etwas trockeneres Fleisch und muß daher als Braten bardiert oder gespickt werden. Gut als Schnetzel- oder Ragoutfleisch geeignet.
6 Abgedecktes Leiterstück Sehr gutes Suppenfleisch (wird »wie gewachsen«, also mit Fett und Knochen, angeboten), kann auch zu Schmorgerichten und Eintöpfen verwendet werden.
7 Brustspitze (Kern) Knochenloses, sehr preiswertes Fleisch, das ausschließlich zum Kochen geeignet ist. Aus dem gekochten Fleisch können Salate bereitet werden.
8 Brustkern Wird »wie gewachsen« als Kochfleisch angeboten, zum Braten meist als Rollbraten und auch als gepökelte Rinderbrust.

9 Querrippe (Zwerchrippe, Leiterstück, Spannrippe, Flachrippe, Federstück) Wird meist »wie gewachsen« angeboten und eignet sich hervorragend zum Kochen von Brühe (klare Bouillon und deftige Suppe) und in Eintöpfen.

10 Bauchlappen (Flanke, Lappen, Nabel) Ist etwa zu einem Drittel von Rippen durchzogen und wird vorwiegend als Kochfleisch verwendet. Der dickere Fleischteil (von jungen Tieren) kann als Ragout oder Gulasch zubereitet oder zu Hackfleisch verarbeitet werden.

11 Keule Besteht aus Rouladenstück, Oberschale (Kluft), Unterschale (Schwanzstück), Schwanzrolle (runder Riemen) und Kugel (Blume, Rosenspitz, Huft, Sternrose). Das Rouladenstück liefert Steaks, Rouladen und Rollbraten. Die Oberschale ist ebenfalls als Braten, aber auch zum Schmoren geeignet. Sie ergibt gutes Fondue- und Schabefleisch (Tatar). Unterschale und Schwanzstück werden häufig gepökelt oder als Gulasch angeboten. Wird das Schwanzstück gebraten, sollte man es spicken oder bardieren, sehr geeignet für Schmorbraten (Sauerbraten). Die Kugel liefert Braten und Schmorbraten, Rouladen und Steaks.

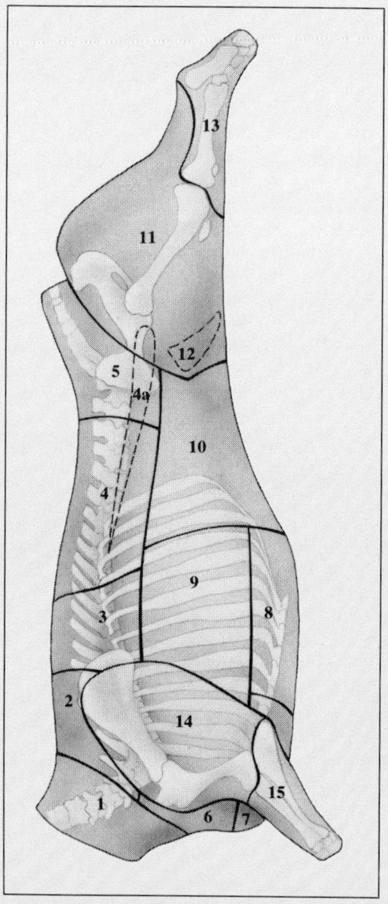

12 Bürgermeister- oder Pastorenstück Wird als Schmorbraten oder Sauerbraten oder in Würfeln als Gulasch oder Ragout verwendet.

13 Hinterhesse (Beinfleisch) Wird mitsamt dem Markknochen in Scheiben geschnitten und als Suppenfleisch verwendet.

14 Schulter (Bug) Besteht aus Falschem Filet (Schulterspitze), Bugschaufel- oder Ministerstück, Mittelbug (Schaufel- oder Blattdeckel) und Dickem Bugstück. Sehr kräftiges Fleisch, das sich hervorragend zum Schmoren eignet (Rouladen, Sauerbraten, Gulasch, Ragouts). Falsches Filet wird häufig als Tatar, das Bugschaufelstück als Kochfleisch angeboten.

15 Vorderhesse (Beinfleisch) Wird wie die Hinterhesse in Scheiben geschnitten als Suppenfleisch verwendet.

Das Kalb

Kälber sind noch nicht geschlechtsreife Rinder. Ihr bestes Schlachtalter liegt zwischen 4 und 10 Wochen. Älter als 3 Monate sollten sie generell nicht werden. Die Fleischqualität hängt weitgehend von der Fütterung ab. Kälber, die mit eiweißreicher Milchnahrung aufgezogen wurden, liefern ein ganz besonders helles, zartes Fleisch. Weidekälber, die etwa im Alter von 8 Wochen feste Nahrung zu sich nehmen, haben dunkleres Fleisch.

1 Nacken (Hals) Stark von Knochen und Sehnen durchzogenes Fleisch. Zum Kochen von Fleischbrühe, für Frikassee, Ragout, Gulasch und Eintopfgerichte geeignet.

2 Vorderes Kotelettstück Umfaßt die vorderen fünf Rippen. Wird in Scheiben als Kotelett gebraten oder als ganzer Braten ausgelöst.

3 Kotelett-Mittelstück Mageres, zartes Fleisch, das als Koteletts kurzgebraten oder gegrillt wird. Ohne Knochen liefert es einen besonders guten Braten.

4 Kotelett-Hinterstück Wird ausgelöst als Braten verwendet. Mit Knochen meist als Koteletts zum Kurzbraten oder Grillen.

5 Rücken (Nierenstück) Besonders mageres Stück, wird meist in Koteletts oder Schnitzel zerteilt. Man kann es aber auch entbeint als Braten oder Rollbraten zubereiten.

5a Filet (Lende) Der vordere Filetteil wird in Scheiben als Medaillons gebraten. Das hintere Ende kann als Braten zubereitet oder in Scheiben geschnitten und zu Medaillons gebunden werden.

6 Hüfte (Frikandeau, Blume) Sehr zartes Fleisch, ergibt erstklassige Bratenstücke, aber auch Steaks.

7 Keule Besteht aus Oberschale, Unterschale (Unterspelte) und Kugel (Rose, Nuß). Oberschale und Kugel sind sehr zartfleischig und ergeben erstklassige Braten. Aus der Kugel werden Schnitzel geschnitten. Die Unterschale hat gröberes Fleisch. Sie eignet sich für Fleischspieße, Geschnetzeltes, Gulasch, Rouladen und als Braten, wenn das Fleisch gespickt oder bardiert wird.

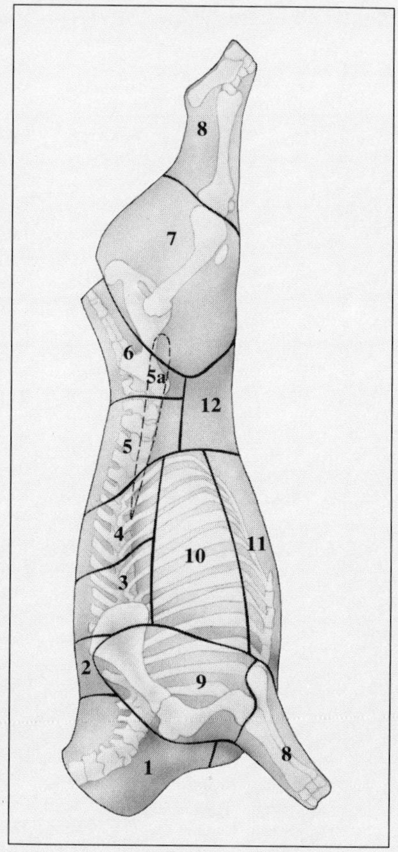

8 Vorder- und Hinterhaxe Beide haben von Sehnen durchzogenes, gelatinehaltiges, kräftiges Fleisch. Es eignet sich zum Kochen von Fleischbrühe, zum Braten, Grillen und Schmoren. Beinscheiben zum Schmoren (z. B. für Osso buco) läßt man besser aus der Hinterhaxe schneiden.

9 Schulter (Bug, Schaufel, Blatt) Ergibt ein gutes Schmorfleisch für Gulasch und Ragouts, kann für Ragout fin und Frikassee gekocht werden. Zum Braten als Fleischspießchen, gerollte Schulter, Geschnetzeltes.

10 Querrippe Das Fleisch ist stark von Fett und Bindegewebe durchzogen und hat dadurch einen kräftigen Geschmack. Wird meist geschmort oder gekocht.

11 Brust Das Fleisch ist stark von Fettschichten durchsetzt. Im vorderen Teil liegen Brustbein und Rippen, im hinteren nur knorpelige Rippenspitzen. Ergibt eine gute Brühe, wird aber auch als Ragout, Rollbraten, gefüllte Kalbsbrust geschmort oder in Scheiben gegrillt.

12 Flanke Die Unterbauchwand hat einen starken Bindegewebsanteil. Das Fleisch kann als Rollbraten, in Scheiben oder Würfeln geschmort werden und wird häufig zu Hackfleisch verarbeitet.

Das Schwein

Die Beliebtheit dieses Tieres rund um den ganzen Erdball ist sicher zu einem großen Teil auf seine Anspruchslosigkeit zurückzuführen. Es ließ und läßt sich mit einfachen Mitteln füttern, und wenn – in früheren Zeiten – zum Winterbeginn das Futter knapp wurde, wurde das Tier geschlachtet. Das Fleisch haltbar zu machen, war kein Problem (einpökeln und räuchern). Gerade geräuchert bietet uns das Schwein eine unvergleichliche Köstlichkeit: den Schinken, der in einigen Landschaften zu den Spezialitäten zählt.

1 Kopf Kommt selten oder nur auf Vorbestellung in den Handel. Hirn und Zunge werden getrennt verkauft. Das Kopffleisch wird zu Sülze verarbeitet.

2 Rückenspeck Dünne Fettschicht ohne Fleischanteil, mit gewachsener Schwarte. Wird geräuchert und ungeräuchert (grün, frisch) verkauft. Als Bratfett für Schmorgerichte verwenden oder als Speckfett auslassen.

3 Nacken (Kamm, Halsgrat, Hals) Stark von Fett durchzogenes Fleisch, das sich – gut gewürzt – besonders zum Grillen oder Braten in Scheiben eignet. Kann jedoch im Ganzen oder in Würfeln geschmort werden. Gepökelt kommt es als Kasseler Nacken in den Handel.

4 Kotelettstück (Karbonade, Carrée) Sehr zartes Fleisch, wird entweder als ganzes Stück zum Braten oder in Scheiben zum Kurzbraten angeboten. Gepökelt und geräuchert als Kasseler Rippenspeer bekannt, der sowohl gekocht (eher garziehen lassen) als auch gebraten werden kann.

5 Filetkotelettstück Kann gebraten, geschmort oder auch gargezogen werden. Als kurzgebratene Filetkoteletts in Scheiben mit dem darunterliegenden Filet, als Lummerbraten mit oder ohne Knochen. Das Kernfleisch wird durch schwaches Salzen und Räuchern zu dem zarten Lachsschinken.

5 a Filet (Lende, Lumme) Kann im Ganzen gebraten oder, zu Medaillons geschnitten, kurzgebraten werden. Eignet sich hervorragend als Fonduefleisch.

6 Schinken (Keule) Ist als Frischfleisch nur selten auf dem Markt, dann unterteilt in Hüfte, Ober- und Unterschale und Nuß (Maus, Kugel). Das magere, zarte Fleisch kann als großer Braten (manchmal als Schinkenrollbraten), als Schnitzel, Fonduefleisch und Grillfleisch (Spießchen) verwendet werden. Meist wird die Keule zu Räucherschinken verarbeitet, indem sie gepökelt oder geräuchert (oder an der Luft getrocknet) wird. Knochenschinken ist der ganze Schinken einschließlich Schwarte, Speck und Knochen. Nuß- oder Mausschinken wird aus dem so benannten Fleischstück hergestellt. Fleisch der Ober- und Unterschale wird in Garn gebunden oder im Netz als Rollschinken angeboten. Gekochter Schinken wird nur mild gepökelt und geräuchert, dann in Sud gegart.

7 Hinterhaxe (Schinkenbein, Dickbein) Mageres Fleischstück von kräftigem Geschmack. Von dicker Schwarte umgeben, die zum Grillen oder Braten bis in die darunterliegende Fettschicht eingeschnitten werden muß. Gepökeltes Eisbein kann in Sauerkraut oder deftigen Eintöpfen gargezogen oder als Surhaxe geschmort werden.

8 Bauch (Bauchfleisch, Wammerl, Bündel) Es gibt mageren Bauch und fetten Bauch. Ersterer wird zum Kochen als Wellfleisch, zum Braten und Grillen als »Falsches Kotelett« (im Ganzen oder in Scheiben) angeboten oder, mild gepökelt und geräuchert, als magerer Speck. Fetter Bauch wird im allgemeinen stets geräuchert und gepökelt und als durchwachsener Speck bezeichnet. Zum Braten oder Grillen in sehr dünne Scheiben schneiden. Zum Kochen in Eintöpfen und deftigen Suppen.

8 a Rippen Liegen hinter dem mageren Bauch und werden manchmal zum Grillen, Braten oder Kochen ausgelöst. Sie sind aber auch mit dem Bauchfleisch verbunden erhältlich. Gepökelt und geräuchert als ausgelöste Rippchen eignen sie sich besonders zum Kochen in deftigen Gerichten (Erbsensuppe, Sauerkraut).

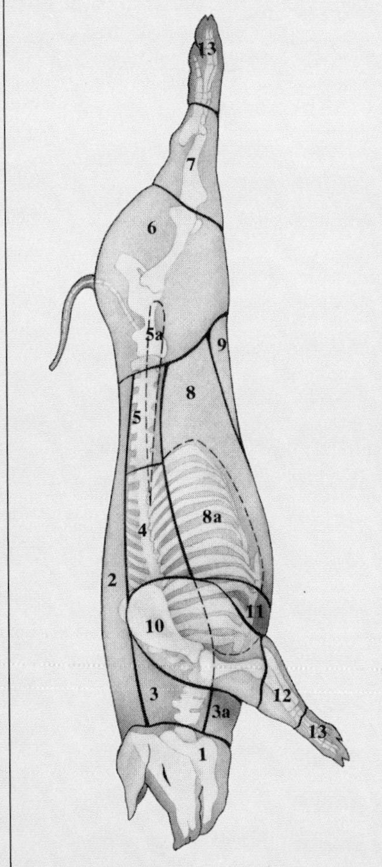

9 Flomen Reines Fett, das ohne Schwarte verkauft wird. Ausgelassen zu Schweineschmalz. Mit dünnen Scheiben magere Braten bardieren.

10 Schulter (Bug, Vorderschinken, Schaufel, Blatt) Ist grobfaserig, muß daher langsam gegart werden, entweder braten oder schmoren. Wird häufig schon als Rollbraten angeboten. Für Gulasch und kräftige Ragouts. Aus schwach gepökelter Schulter wird gekochter Vorderschinken bereitet. Die oberen Schulterstücke kommen gepökelt und geräuchert als Schäufele auf den Markt (zu Sauerkraut).

11 Brustspitze (Dicke Rippe) Liegt innen hinter der Schulter und ist verhältnismäßig grobfaserig. Zum Kochen in Eintopfgerichten oder gewürfelt zum Schmoren (Gulasch oder Ragout) geeignet.

12 Eisbein (Vorderhaxe) Ist etwas kleiner als die Hinterhaxe, wird aber wie diese zubereitet.

13 Spitzbein (Pfote) Hat einen hohen Gelatineanteil, darum gut für Gelees und Sülzen zu verwenden. Gibt aber auch Schmorgerichten intensiven Geschmack. Langsam und lange gargezogenes Spitzbein kann paniert und gebraten werden.

Hammel und Lamm

Schafzucht wird vorwiegend als Weidezucht betrieben. Dadurch bekommen die Tiere ein besonders schmackhaftes, fettarmes Fleisch. Ebenso ist tiefgekühltes Importfleisch nur von allerbester Güte, allerdings sollte man Hammelfleisch etwas stärker würzen als Lammfleisch. Besonders geeignete Gewürze sind Knoblauch, Thymian, Rosmarin, Oregano und schwarzer Pfeffer. Lammfleisch hat eine matt-hellrote, Hammelfleisch eine kräftig rote Farbe. Je weißer das Fett, um so jünger war das Schlachttier. Lamm- und Hammelgerichte sollten stets ganz heiß genossen werden, weil das kalte Fett leicht talgig schmeckt.

1 Hals (Nacken) Von Fett durchzogenes Fleisch, das sich sowohl zum Kochen in Eintöpfen als auch zum Schmoren von Ragouts eignet. Wird zum Teil auch für Hackfleischgerichte mit Lamm (aus der süd- und südosteuropäischen Küche) verwendet.

2 Kamm Ebenfalls noch fettdurchzogen, kann gekocht, geschmort und in Scheiben oder im Ganzen gebraten und gegrillt werden. Ideal zum Grillen auf dem Holzkohlengrill. Gerade weil es fettreich ist, hat es ein besonders gutes Aroma.

3 Rippenstück (Kotelettstück) Wird gern als ganzer Braten angeboten, in Doppelkoteletts gehört es in die ganz feine Küche und kann sowohl kurzgebraten wie gegrillt werden. Hammelrippenstück wird fast ausschließlich als Doppel- oder Einzelkoteletts angeboten. Man sollte die Koteletts vor dem Braten oder Grillen mit einigen Knoblauchstiften spicken.

4 Lendenkotelett (Nieren- oder Sattelstück) Wird vorwiegend als ganzer Braten angeboten oder in zarten Doppelkoteletts zum Kurzbraten oder Grillen.
4 a Filet Wird in der Regel nicht ausgelöst, sondern bleibt, vor allem bei Koteletts, an den Fleischscheiben.
5 Keule (Schlegel) Im Ganzen ergibt sie einen hervorragenden Braten, der vielerorts das österliche Festessen schlechthin ist. Gewürfelt eignet sich das Fleisch zum Schmoren und Kochen, in feine Scheiben geschnitten kann es auch gegrillt werden.
6 Dünnung Nicht sehr dicke Fleischteile, eignen sich hervorragend als Rollbraten, können jedoch auch als Ragout geschmort oder in Eintöpfen gekocht werden.
7 Brust Stark von Fett durchzogen, wird häufig mit Knochen »wie gewachsen« angeboten. In einzelne Rippchen zerteilt, gibt sie eine besonders deftige Einlage für Eintöpfe und kräftige Suppen; geschmort oder gegrillt paßt sie zu pikanten Bohnengerichten.
8 Schulter (Bug, Blatt, Schaufel) Sehr würziges Fleisch, ergibt mit Knochen einen sehr guten Braten, kann jedoch auch ausgelöst im Stück oder in Würfeln geschmort werden.

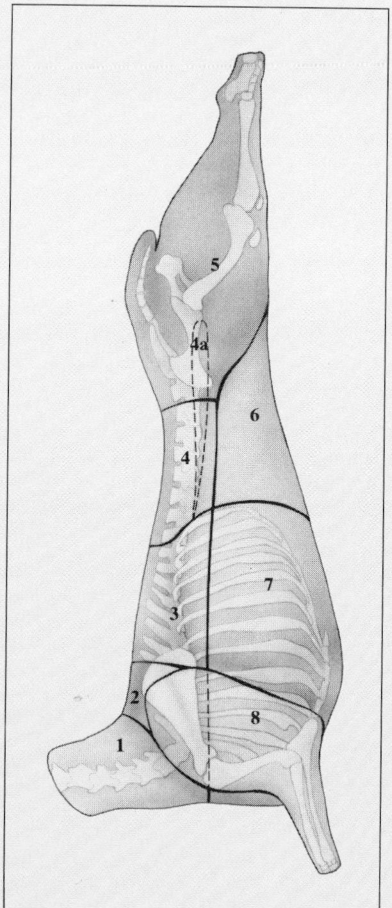

Innereien

Bries (Kalbsmilch, Kalbsmilcher) Ist die Thymusdrüse des Kalbs. Wird – meist paniert – gebraten oder für Frikassee gargezogen.
Herz Wird von Schwein, Lamm, Rind, Kalb, auch von Hühnern und Puten angeboten. Wird meist als Ragout zubereitet. Schlachttierherzen können auch im Ganzen – gefüllt – oder in Scheiben gebraten werden.
Hirn Von Kalb und Lamm, wird von Feinschmeckern bevorzugt. Schweine- und Rinderhirn kommen vorwiegend in Wurstmasse. Hirn kann gargezogen oder zart gebraten werden. Es muß ganz frisch sein, da leicht verderblich.
Leber Von Kalb, Schwein, Rind und Lamm, auch von Geflügel. Je jünger das Schlachttier, um so zarter die Leber. Leber wird gebraten oder sautiert. Sie sollte niemals gekocht werden, weil sie beim Kochen bitter wird.
Lunge (Beuscherl) Wird vor allem in der süddeutschen Küche verwendet. Dann meist »in Sauer« gekocht mit einer pikanten, säuerlichen Sauce.
Magen (genauer Vormagen: Kutteln, Fleck, Pansen) Wird in Frankreich, Südeuropa und Österreich zu pikanten Gerichten verarbeitet, bei uns nur in einigen Landschaftsküchen bekannt. Braucht extrem lange Garzeiten. Wird in kleine Streifen geschnitten, meist in würziger Sauce oder als Ragout serviert.
Nieren Von Schwein, Kalb, Rind und – von Feinschmeckern besonders geschätzt – Lamm. Müssen sehr gründlich vorbereitet (gewässert) werden, dann, entweder halbiert oder in dünne Scheiben geschnitten, nur kurz sautieren.
Zunge Von Rind, Schwein und Kalb (wird meist als Pökelzunge angeboten), muß stets gekocht werden. Dann erst lassen sich die harte Haut und eventuell noch anhängende Schlundteile mühelos entfernen. Zunge kann als kalter Aufschnitt oder, in Scheiben geschnitten, in einer dunklen Madeirasauce serviert werden.

Geflügel

Geflügel wird in den Handelsklassen A, B und C angeboten. Bei Handelsklasse A sollen der Körperbau gut entwickelt und Brust und Keulen vollfleischig sein. Der Fettansatz soll am ganzen Körper gleichmäßig – bei Hähnchen und Puten leicht, bei Enten und Gänsen stärker – ausgebildet sein.
Brat- und kochfertiges Geflügel ist vollständig ausgenommen, die Innereien sind verpackt eingelegt.

Das Huhn

Ein Huhn hat in jedem Lebensalter eine andere Benennung. Junge Tiere, die nicht älter als 6 Wochen werden dürfen, kommen als Stubenküken (im Norden) oder Mistkratzer (im Süden) auf den Markt. Mit etwa 7 Wochen ist aus dem Küken ein Brathähnchen oder eine Poularde (Junghuhn) geworden. Das Hähnchen wiegt bratfertig zwischen 700 und 1150 g, die Poularde zwischen 1150 und 1500 g. Was diese Alters- und Gewichtsgrenze dann überschreitet, wird zuerst Legehuhn und später – nach mindestens einem Jahr – Suppenhuhn.
Für Hühner und Hähnchen gibt es eine unendliche Fülle von Zubereitungsmöglichkeiten. Sein helles, eiweißreiches, fettarmes Fleisch läßt sich hervorragend mit anderen Zutaten kombinieren, da es keinen sehr ausgeprägten Eigengeschmack hat.

Die Ente

Enten kommen als »Frühmastenten«, »Junge Enten« und »über ein Jahr alte Enten« auf den Markt. Frühmastenten sind jedoch oft noch sehr fleischarm. Nach 3–4 Monaten haben sie ihre beste Größe erreicht, dann wiegen sie etwa 1500–1800 g und sind besonders aromatisch. Die Schlachtzeit liegt meist im Herbst und Winter, denn zwischen September und Januar ist das Fleisch am wohlschmeckendsten.
Das Braten von Enten ist nicht ganz unproblematisch, weil das Brustfleisch am besten schmeckt, wenn es noch eine Spur rosa ist. Dann aber sind die Schenkel oft noch nicht gar. Entweder man deckt die Brust für eine gewisse Zeit ab oder man trennt die Schenkel ab, brät sie 10–15 Minuten länger und reicht sie getrennt.
»Über ein Jahr alte Enten« haben ihre Jugendfrische verloren. Sie schmecken streng und manchmals sogar tranig. Mann kann sie jedoch einpökeln und für Eintöpfe oder andere deftige Gerichte verwenden.

Die Gans

Eine Gans kommt heute, wie Huhn und Ente, nur selten als Frischgeflügel auf den Markt. Sie wird vorwiegend als Tiefkühlware angeboten. Die bevorzugten Importländer sind Polen und Ungarn, wo zu einem großen Teil noch die traditionelle Hafermast gebräuchlich ist. Qualität und Art des Futters sind für den Geschmack des Fleisches von großer Bedeutung! »Frühmastgänse« werden nach einer Schnellmast in einem Alter unter 5 Monaten geschlachtet. Sie wiegen dann etwa 4 Kilo. Älter als 8–9 Monate sollten Gänse grundsätzlich nicht sein, weil sie danach ein zähes Fleisch bekommen. Durch stundenlanges Schmoren im geschlossenen Topf unter Beigabe von Gemüsen, Kalbsfüßen und Schweineschwarten kann man allerdings auch ältere Tiere »butterweich« bekommen. Gänse werden im allgemeinen mit einer Füllung zubereitet. Das verbessert zum einen den Geschmack, macht aber zum anderen auch – wenn man z. B. Salbei in die

Füllung gibt und zum Würzen benutzt - das fette Fleisch leichter verdaulich.
Das Bratfett der Gans und das ausgelassene Flomenfett ergeben das köstliche Gänseschmalz. Es sollte jedoch mit etwas Schweineschmalz gemischt werden, weil es - selber sehr weich - dadurch gehärtet wird.

Der Puter

Erst der Trend zu eiweißreichem, fettarmem Fleisch der letzten Jahrzehnte ließ seinen Wert erkennen. Heute wird Putenfleisch - frisch und tiefgefroren - vorwiegend in Einzelstücken angeboten, als Ober- und Unterkeule, Rollbraten aus der Brust, Steaks und Schnitzel aus dem Brustfleisch. Immerhin wird das ganze Tier bis zu 7,5 Kilo schwer, wenn es männlich ist. Weibliche Tiere erreichen »nur« etwa 3,5 Kilo. Wer ein ganzes Tier als Festtagsbraten servieren möchte, sollte einen männlichen Puter von etwa 5 Kilo wählen, dessen Fleisch in dieser Gewichtskategorie besonders schmackhaft ist. Durch Bardieren oder Garen in Folie bleibt das Fleisch schön saftig (Folie zum Bräunen öffnen). Ganze Puter oder Truthähne werden nur selten frisch angeboten. Tiefgekühlt gibt es aber auch kleinere Tiere, sogenannte Mini-Puter, mit etwa 1800 g Gewicht.

Tiefgekühltes Geflügel

Es macht Handel und Verbraucher unabhängig von den optimalen Schlachtzeiten. Selbst Tiere, die im Januar geschlachtet wurden, kommen im Juli im (fast) vollen Aroma in den Bratentopf. Das darf jedoch nicht darüber hinwegtäuschen, daß frisch geschlachtete Tiere trotz modernster Schockfrostmethoden immer noch besser schmecken. Das liegt zum Teil daran, daß »frisches« Geflügel meist Scharr-Tiere sind, während Tiefkühlware aus sogenannten Geflügelfarmen kommt, wo mit einer zwar ausgewogenen, aber doch einheitlichen Nahrung gefüttert wurde.
Der Vorteil des tiefgekühlten Geflügels liegt einmal darin, daß es eben wirklich zu jeder Jahreszeit erhältlich ist, zum anderen in seiner Preisgünstigkeit gegenüber frisch geschlachtetem.
Für die Qualität des fertigen Gerichts sind zwei Faktoren besonders wichtig:
1. In der Packung darf sich kein rosa Eis und kein »Schnee« befinden. Beide sind ein sicheres Zeichen dafür, daß das Geflügel schon einmal angetaut war und dann wieder eingefroren wurde. Ebenso darf es keine strohig-trockenen Stellen aufweisen, sie bedeuten »Frostbrand«, der durch fehlerhafte Lagerung entsteht.
2. Das Auftauen soll so langsam wie möglich vor sich gehen. Am besten ist es, das Tier aus der Verpackung zu lösen und zugedeckt im Kühlschrank oder einem kühlen Keller auftauen zu lassen. Tiefgekühltes Geflügel sollte, entgegen oft propagierter Ratschläge, niemals in lauwarmem Wasser aufgetaut werden, allerhöchstens - und auch das nur in Notfällen - im mäßig warmen Backofen. Bei Heißluftherden sollte das Geflügel dabei gut bedeckt sein, damit der warme Luftstrom die Oberfläche nicht austrocknet.
Aufgetautes Tiefkühlgeflügel wird wie frisches behandelt, allerdings kann die Garzeit verkürzt werden, da das Tiefkühlen schon eine Art Garungsprozeß darstellt, d.h., durch das Einfrieren werden die Zellen schon etwas mürbe gemacht. Wer von Rezepten für Frischgeflügel ausgeht, kann bei Tiefkühlgeflügel etwa 5% der Garzeit abrechnen.

Hinweis

Gefülltes Geflügel muß grundsätzlich geschlossen werden, damit die Füllung während des Garens nicht herausläuft. Man kann es entweder zunähen (mit Rouladengarn) oder mit Zahnstochern zustecken. Die beste Methode ist jedoch die sogenannte »Schnürsenkelmethode«. Die Haut wird dabei beidseitig von Zahnstochern durchstochen, die dann kreuzweise mit Rouladengarn umwickelt werden.

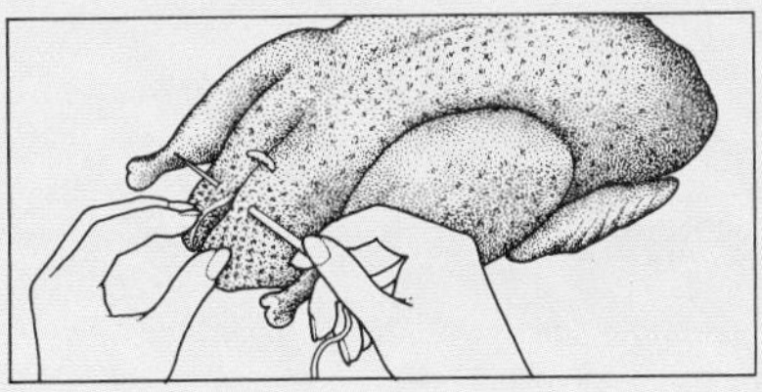

Wild und Wildgeflügel

Wild

Man unterscheidet *Haarwild,* wie Rehe, Hirsche, Hasen und Wildkaninchen, und *Federwild,* wie Rebhühner, Fasane, Wildenten und Wildtauben. Die Jagdgesetze legen fest, wann welches Wild gejagt werden darf; daher gibt es für bestimmtes Wildbret seit jeher eine Saison. Durch das Tiefgefrieren ist Wild heute das ganze Jahr hindurch im Angebot. Auch wer keine Beziehung zur Jagd hat, kann ohne weiteres Wild in den Speisezettel einplanen; es kommt küchenfertig auf den Markt.
Wildbret gewinnt im Zeitalter des Ernährungsbewußtseins eine besondere Bedeutung. Man kann damit rechnen, daß das Fleisch weder durch eine bestimmte Art der Fütterung noch durch Hormonbeigaben beeinflußt ist. Da Wild nicht gemästet wird, besteht Wildbret aus reichlich Muskelfleisch und enthält wenig Fett. Wildbret ist eiweißreich, kalorienarm und - da es feinfaserig und bindegewebsarm ist - leicht verdaulich. Weil Wildfleisch besonders fettarm ist, muß es besonders gut abgehangen sein (etwa 8-10 Tage). Das berühmte Hautgout, von Kennern früher sehr geschätzt, gilt heute als ausgesprochen gesundheitsschädlich. Denn dieser »typische« Wildgeschmack entsteht durch Zersetzung des Fleischeiweiß bei überlangem Abhängen (um das Fleisch mürbe zu machen). Heutzutage wird Wild weitgehend tiefgekühlt angeboten, wobei es schon durch die Kälte eine Art Garungsprozeß durchläuft, denn extrem niedrige Temperaturen wirken zartmachend auf die Fleischfasern. Damit auch das Fleisch nicht mehr ganz junger Tiere wirklich ganz mürbe wird, legt man es in eine würzige Beize, die außerdem - auch bei Tiefkühlfleisch - den Geschmack positiv beeinflußt.
Für eine *Rotweinbeize* werden 1 Teil Wasser, 1 Teil Essig und 2 Teile Rotwein mit Ingwer, Wacholderbeeren, Thymian, 1 Zwiebel, 1 Knoblauchzehe, einigen Piment- und Pfefferkörnern, 1 Gewürznelke und 1 Lorbeerblatt 10 Minuten gekocht und nach dem Abkühlen über das Fleisch gegossen. Ebenso bereitet man eine *Essigbeize* aus Essig und Wasser halb und halb. Sehr wohlschmeckend wird Wild auch durch *Beizen in Buttermilch,* der man Wacholderbeeren, Piment- und Pfefferkörner, 1 Gewürznelke, 1 Lorbeerblatt, Zwiebelringe und zerdrückte Knoblauchzehe beigibt und die man kalt über das Fleisch füllt. Das Fleisch muß stets völlig von der Beize bedeckt sein, zugedeckt kalt gestellt und täglich gewendet werden; es kann bis zu 8 Tagen gebeizt werden. Bei Buttermilchbeize muß die Buttermilch jedoch nach 2-3 Tagen erneuert werden.
Zusätzlich zum Beizen wird sowohl frisches wie tiefgekühltes Fleisch vor dem Braten oder Schmoren bardiert oder gespickt. Wildbret sollte niemals gekocht werden (außer zu Brühen, bei denen das Fleisch nicht weiter verwendet wird), weil dadurch sein besonderes Aroma verlorengeht. Es wird stets nur sparsam gewürzt. Außer Salz und frisch gemahlenem Pfeffer passen folgende Gewürze dazu: Piment, Wacholder, Lorbeerblatt, Koriander und Thymian.
Das Fleisch älterer Tiere wird am besten geschmort. Ein Schuß Wacholderschnaps, Kümmel oder Korn, an den Schmorfond gegeben, macht das Fleisch zart und schmackhaft.

Wildgeflügel

Die bei uns frisch oder tiefgekühlt angebotenen Wildgeflügelarten sind: Fasan, Wildente, Rebhuhn, Wildtaube und Wachtel. Wildgeflügelfleisch ist im allgemeinen fettärmer als das von Hausgeflügel, muß darum vor dem Braten bardiert werden. Die meisten Wildgeflügel können mit deftigen Beilagen, wie z.B. Sauerkraut mit Riesling oder Champagner gekocht und /oder mit Weinbeeren gemischt, serviert werden. Nur junges Wildgeflügel sollte gebraten werden. Das Fleisch älterer Tiere ist oft zäh und manchmal auch tranig, was jedoch durch Schmoren in einem kräftigen Fond ausgeglichen werden kann.

Fische

Meeresfische

Sie werden unterteilt in Rundfische und Plattfische.

Rundfische Hering, Sardelle, Sardine, Sprotte, Seewolf, Schellfisch, Seelachs, Kabeljau, Dorsch, Wittling, Lengfisch, Seehecht und Makrele.

Plattfische Heilbutt, Scholle, Flunder, Steinbutt, Kliesche, Seezunge und Rotzunge. Plattfische erkennt man daran, daß beide Augen auf einer Körperhälfte liegen.

Süßwasserfische

Die in unseren Gefilden am häufigsten vorkommenden Süßwasserfische sind: Forelle (Bachforelle, Regenbogenforelle, Lachsforelle), Äsche, Barbe, Barsch, Renke (auch Maräne oder Felchen genannt), Hecht, Stör, Karpfen, Waller oder Wels, Plötze, Schleie und Zander.

Das 3-S-System

Die drei S, die für eine vollendete Fischzubereitung notwendig sind, bedeuten:

Säubern Damit sind das Ausnehmen, das (eventuell nötige) Schuppen und das Abspülen gemeint. Das Ausnehmen wird im Normalfall der Fischhändler übernehmen. Macht man es aber doch selber, muß der Fisch immer vom Schwanz zum Kopf hin aufgeschnitten werden. Die schwarze Innenbauchhaut kann mit Salz herausgerieben werden. Geschuppt wird der Fisch vom Schwanz zum Kopf hin, dabei liegt er am besten im Wasser, damit die Schuppen nicht herumfliegen. Die Haut jedoch wird vom Kopf zum Schwanz hin abgezogen. Der Fisch läßt sich besser anfassen, wenn man vorher die leicht angefeuchteten Hände in Salz getaucht hat.
Bei Fischkoteletts, Tranchen oder Filets entfällt das erste »S«.

Säuern Das ist notwendig bei Fischen, die gebraten oder in wenig Flüssigkeit gedünstet oder gedämpft werden. Kräftige Fischsorten säuert man mit Essig, feinere mit Zitronensaft. Das Säuern macht das Fischfleisch fester, so daß es beim Garen nicht zerfällt. Der gesäuerte Fisch sollte etwa 10 Minuten ziehen, ehe er gegart wird.

Salzen Viele Fische können ihres delikaten Eigengeschmacks wegen auf Gewürze verzichten. Nur nicht auf das Salz, das eben diesen Geschmack erst zur vollen Entfaltung bringt. Aber: Gesalzen werden darf erst unmittelbar vor der Zubereitung, weil bei längerem Stehen das Salz den Fischsaft herausziehen und somit wichtige Nähr- und Aromastoffe ausschwemmen würde.
Fische können im Ganzen, als Filets oder in Portionsstücken gebraten, gegrillt, von Panade oder Teig umhüllt in Fett ausgebacken, gedünstet, gedämpft oder gargezogen werden. Nur gekocht werden dürfen sie nie.

Die Teigarten und ihre Grundzubereitungen

Rührteig

Zubereitung von Hand

Für den Rührteig muß das *Fett* weich und geschmeidig sein, darf jedoch nicht erhitzt oder geschmolzen werden. Dann kann es nicht mehr genügend Luft aufnehmen, um den Teig zu lockern. In jedem Fall sollten Sie es so lange rühren, bis es sahnig ist bzw. weißlich hell, sehr weich und äußerst geschneidig.
Geben Sie erst jetzt nach und nach *Zucker* und Eier hinein und rühren Sie weiter, bis der Zucker völlig gelöst ist und die Masse sehr cremig und wieder weißlich ist. Je mehr *Luft* Sie in dieser Zeit einarbeiten, desto lockerer und duftiger wird der fertige Rührteig.
Die *Eier* dürfen jeweils nur einzeln hineingegeben werden, wobei das nächste Ei immer erst dann folgt, wenn sich das vorhergehende völlig mit der Fett-Zucker-Masse vermischt hat, da sonst diese zarte Fett-Zucker-Mischung gerinnen könnte. Das kann auch passieren, wenn die Eier noch zu kalt sind. Sie können die Mischung wieder cremig rühren, wenn Sie die Schüssel dabei in ein warmes, nicht heißes Wasserbad stellen. Das Fett darf dabei allerdings nicht zu schmelzen beginnen. Ein zweiter Trick: Streuen Sie ein wenig Mehl auf die geronnene Masse, verrühren Sie sie gründlich damit und fügen Sie die weiteren Eier erst hinzu, wenn der Teig wieder völlig glatt und homogen ist.
Gewürze, wie Salz, Vanillinzucker, Vanillemark, Zitronenschale u.ä., werden ebenfalls jetzt untergemischt. Erst danach kommt das *Mehl* hinzu, das immer gesiebt werden sollte. Wird es mit Backpulver und/oder Speisestärke oder Kakao im Rezept angegeben, mischen Sie diese Zutaten vor dem Sieben.
Ist *Flüssigkeit* nötig, arbeitet man sie im Wechsel mit dem Mehl unter den Teig. Hierbei sollten Sie jedoch nur so lange rühren, bis alle Zutaten vermischt sind, nicht länger, sonst wird der Teig zäh. Er darf weder zu fest noch zu flüssig sein. Machen Sie darum die Teigprobe: Heben Sie einen Teil davon mit dem Rührlöffel aus der Form. Er muß »schwer reißend«, also zähflüssig vom Löffel fallen.
Wollen Sie *Trockenfrüchte, Nüsse o.ä.* zufügen, werden sie in einem Sieb mit Mehl vermischt, wobei das überschüssige Mehl wieder herausrieselt. Dies verhindert das Absinken der Früchte. Werden die Eier getrennt verarbeitet, hebt man den steifgeschlagenen Eischnee erst ganz zum Schluß locker unter den Teig, ohne jedoch dabei zu rühren.
Rührteig sollte sofort gebacken werden. Das ist besonders wichtig, wenn er mit Backpulver zubereitet wurde, denn dieses beginnt sofort zu treiben, wenn es mit Flüssigkeit in Berührung kommt.

Zubereitung mit Quirl und Schlägern oder Küchenmaschine

Mehl, Speisestärke und Backpulver in eine hohe Rührschüssel geben. Zucker, Vanillinzucker, weiches Fett, eventuell abgeriebene Zitronenschale, Eier und Milch daraufgeben. Damit das Mehl nicht staubt, auf der niedrigsten Schaltstufe beginnen, dann auf der höchsten Schaltstufe alles gut verrühren. Zuletzt weitere Zutaten, wie Rosinen, Mandeln, Zitronat und Schokolade, untermischen.
Rührdauer: 2 Minuten.

Backen

Gebacken wird Rührteig immer in gefetteten, mit Bröseln ausgestreuten oder mit Papier ausgelegten Formen, die nur zu etwa ¾ gefüllt sein dürfen, damit der Teig nicht über den Rand steigt.
Machen Sie nach Ende der vorgegebenen Backzeit immer die Gar- oder Stäbchenprobe: Stechen Sie mit einem Holzstäbchen in die dickste Stelle und prüfen Sie, ob sich Teigreste daran befinden. Bleibt das Stäbchen teigfrei, ist der Kuchen gar.
Nach dem Backen sollten Sie den Kuchen ein paar Minuten ausdampfen lassen. Zum *Stürzen* legen Sie bei großen, runden Formen einen Kuchendraht auf die Form, drehen beides um und heben die Form ab. In der Kastenform gebackene Kuchen stürzen Sie am besten aus der Form auf die Hand (ziehen das Papier ab) und legen ihn mit der Unterseite auf den Kuchendraht.

Mürbeteig

Zubereitung von Hand

Als erstes müssen alle Zutaten kalt sein, denn das im Fett emulgierte Wasser darf sich erst durch die Backhitze verflüchtigen, wodurch der Teig gelockert wird (Backpulver ist dazu nicht nötig). Aus demselben Grund wird Mürbeteig auch stets mit kalten, d.h. *gekühlten Händen* geknetet. Man hält sie dazu für längere Zeit unter kaltes Wasser, trocknet sie ab und knetet dann so schnell, daß der Teig glatt ist, bevor sich die Hände wieder erwärmt haben.
Um diese Zeit zu verkürzen und den Teig somit nicht so lange mit der Handwärme in Verbindung zu bringen, werden alle Zutaten vorher mit 1 oder auch *mit 2 Messern* so lange *gehackt,* bis sie sich bröselig miteinander vermischt haben. Wird mit 1 Messer gehackt, sollte mit der anderen Hand der Mehlrand immer wieder so zusammengeschoben werden, daß das Ei nicht auf die Arbeitsfläche rinnen kann. Beim Hacken mit 2 Messern empfiehlt es sich, alle Zutaten in eine flache Schüssel zu geben.
Geknetet wird dagegen am besten auf der Arbeitsfläche. Dazu wird das Mehl auf die Arbeitsfläche gesiebt, in die Mitte eine Mulde gedrückt und dort alle weiteren Zutaten hin-

eingegeben. Arbeiten Sie dabei sehr schnell und nur so lange, bis alle Mehlreste von der Arbeitsfläche verschwunden sind und der Teig äußerlich glatt aussieht. Machen Sie dann die Probe: Formen Sie den Teig zur Kugel und schneiden Sie ihn mitten durch. Sind weder Mehlspuren, noch Luftbläschen zu erkennen, drücken Sie beide Hälften wieder zusammen und legen Sie ihn, in Folie oder eine Plastiktüte verpackt (damit er nicht austrocknet), mindestens ½ Stunde in den Kühlschrank. Werden jeweils nur kleine Mengen verarbeitet, bleibt der übrige Teig solange im Kühlschrank.

Zubereitung mit Quirl und Knethaken oder Küchenmaschine

Mehl, mit Backpulver gemischt, in eine hohe Rührschüssel geben. Zucker, Eier, Gewürze, in Stückchen geschnittenes Fett und je nach Rezept weitere Zutaten zufügen. Mit der niedrigsten Schaltstufe beginnen, dann ca. 2 Minuten auf der höchsten Schaltstufe zu einem Kloß kneten. Sollte der Teig noch krümelig sein, etwas Flüssigkeit zufügen oder kurz mit den Händen zusammenkneten. In Folie eingewickelt kalt stellen.

Backen

Mürbeteig soll beim Backen keine Blasen bilden. Darum werden die Böden vor dem Backen mehrfach mit einer Gabel eingestochen, so daß die Luft entweichen kann. Bei hohen Rändern wird *»blindgebacken«:* Die Form laut Rezept mit dem Teig auskleiden und mit Papier auslegen. Bei runden Formen faltet man dazu ein quadratisches Pergamentpapier so lange diagonal zusammen, bis die äußere Kante nur noch etwa 2 cm breit ist. Nun mit einer Schere auf den Radius der Form kürzen und auseinanderfalten. Auf dem Teig glatt verstreichen und die Form bis zur oberen Kante des Teiges mit Hülsenfrüchten füllen. Diese werden nach dem Backen herausgeschüttet (können abgekühlt wieder verwendet werden) und das Papier entfernt. Einfetten der Formen oder des Bleches ist bei fettreichen Mürbeteigen (in den Rezepten angegeben) nicht nötig, doch müssen sie nach dem Backen noch heiß aus den Formen gelöst werden, denn erkaltendes Fett wirkt wie eine Klebeschicht. Zum Abkühlen gehören sie deshalb auf einen Kuchendraht.

Hefeteig

Zubereitung von Hand

Für das Zubereiten von Hefeteig sollten Sie als erstes alle *Zutaten anwärmen,* denn bei Temperaturen um 35–37 Grad (also Körpertemperatur) kann sich die Hefe am besten entwickeln. Als nächstes sieben Sie das *Mehl* in eine große Schüssel, um es mit möglichst viel Luft zu mischen. Drücken Sie eine Mulde in die Mitte und verteilen Sie die *Hefe* darin. Fügen Sie ihr nun die nötige Feuchtigkeit und Nahrung zu, d. h., verrühren Sie sie mit der angegebenen *Flüssigkeit,* die lauwarm – etwa auf 30 Grad erwärmt – sein muß, mit einer Prise *Zucker* – je nach Rezept – sowie mit etwas Mehl vom Rand der Mulde. Damit ist der Vorteig hergestellt. Decken Sie nun ein Küchentuch über die Schüssel und stellen Sie sie für ca. 15 Minuten an einen warmen, zugluftfreien Ort. Die Temperatur darf 50 Grad nicht übersteigen, sonst sterben die Hefezellen ab. Nun kann die Hefe »aufgehen«: Die Hefezellen teilen sich und setzen dabei Alkohol und Kohlensäure bzw. Kohlendioxid frei. Der Alkohol sorgt dabei für den frischen, leicht säuerlichen Duft und den feinen Geschmack, während Kohlensäure und Kohlendioxid den Teig lockern und aufgehen lassen. Der Mehlkleber umschließt die Gasbläschen, die ihren natürlichen Weg nach oben suchen. Auf diese Weise hebt sich das Teiggerüst und der Teig vergrößert sein Volumen. Seine Oberfläche zeigt nun deutlich Blasen, von denen der Fachmann sagt, daß der Teig »pustet«.

Sobald er etwa doppelt so groß geworden ist, geben Sie die *übrigen Zutaten* hinzu, die allesamt auch warm sein müssen. Dabei sollten Sie stets darauf achten, daß Fett, Salz und Eigelb niemals direkt in den Vorteig geraten, sondern immer auf dem Mehlrand verteilt sind und somit erst nach und nach unter den Vorteig gemischt werden, denn sie hemmen die Teilung der Hefe. Nachdem die Hefezellen nun mit allen Zutaten vermengt wurden, benötigen sie Sauerstoff. Darum muß der Teig zuerst kräftig geknetet, dann geschlagen werden, bis er Blasen wirft und sich vom Schüsselrand löst. Zum Schlagen können Sie einen Holzlöffel verwenden, doch geht es nach meiner Erfahrung mit der Hand besser, weil man so die Beschaffenheit des Teiges besser »erfühlen« kann. Der Teig muß elastisch sein und darf zum Schluß nicht mehr an und zwischen den Fingern kleben. In jedem Fall wird stets vom Schüsselboden bis zum Rand hochgehoben, um dann wieder zum restlichen Teig zurückzuschlagen. Nach dieser Lockerung muß der Hefeteig noch einmal ruhen, um bis zu seinem doppelten Volumen aufgehen zu können. Und auch hier braucht er einen warmen, zugfreien Platz, denn Zugluft läßt ihn zusammenfallen. Anschließend wird er zusammengedrückt, damit die inzwischen entstandenen Gase entweichen können. Dann erst formt man ihn und läßt ihn bis zum Backen ein letztes Mal gehen.

Der hier beschriebene Weg ist sowohl für einfache, leichte als auch für schwere Hefeteige geeignet. »Schwere« Hefeteige sind solche, die durch einen hohen Fettanteil (oft mit viel Ei und Trockenfrüchten) das Arbeiten der Hefe erschweren, wie etwa beim Stollen. »Leichte« Hefeteige verwendet man für Blechkuchen, Brötchen und einfache Zöpfe.

Nun kennt der Fachmann aber nicht nur die »warme«, sondern auch die »kalte Teigführung«, genauer gesagt, zwei Methoden davon. Bei der ersten wird die Hefe in der kalten Flüssigkeit aufgelöst und sofort mit der gesamten Mehlmenge verarbeitet. Eingewickelt muß dieser Teig nun bis zu 12 Stunden im Kühlschrank ruhen, wo er trotz der niedrigen Temperatur (+3– +8 Grad) aufgeht. Nach dieser langen Ruhezeit wird er durchgeknetet und geformt und muß bis zum Backen je nach Gebäckart ca. 20 Minuten aufgehen.

Völlig anders ist die zweite Zubereitungsart, die sich für extrem fette Hefeteige anbietet: In das Mehl wird eine Mulde gedrückt, die Hefe darin mit Wasser verrührt und etwa ¾ des Mehls zusammen mit der gesamten Fettmenge (mindestens 125 g auf 500 g Mehl) daruntergearbeitet. Darauf wird der Teig zur Kugel geformt, in reichlich kaltes Wasser gegeben und so lange darin gelassen, bis die Teigkugel aufgegangen ist und an der Oberfläche schwimmt. Erst jetzt werden das restliche Mehl und die übrigen Zutaten untergeknetet, der Teig geformt und – ohne ihn aufgehen zu lassen – in den kalten (!) Ofen geschoben, so daß die Hefe treiben kann, während der Ofen aufheizt.

Zubereitung mit Quirl und Knethaken oder Küchenmaschine

Mehl, Zucker, Salz, weiches Fett, lauwarme Milch und Eier in eine Rührschüssel geben. Frische Hefe darüberbröckeln oder Trockenhefe nach Herstellerangabe verwenden. Mit der niedrigsten Schaltstufe beginnen, bis das Mehl nicht mehr staubt. Auf der höchsten Schaltstufe weiterkneten, bis sich der Teig vom Schüsselrand löst.

Knetdauer: ca. 5–6 Minuten.

Weitere Zutaten, wie Rosinen, Mandeln, Zitronat usw. zugeben und ca. ½ Minute unterkneten. Nun die Teigschüssel mit einem Küchentuch abdecken und den Teig ca. 20–30 Minuten an einem warmen Ort gehen lassen. Der Teig sollte dann sichtbar aufgegangen und elastisch sein.

Backen

Hefeteige werden generell auf gefetteten Blechen (bzw. in gefetteten Formen) gebacken. Sie sollten nach dem Backen möglichst sofort auf einen Kuchendraht gelegt werden, damit sie ausdampfen und abkühlen können.

Hinweis

Hefeteig geht im Backofen sehr schön auf. Hierzu stellen Sie die mit einem feuchten Tuch abgedeckte Teigschüssel auf den Rost – Einschubhöhe unteres Drittel – in den kalten Backofen. Heizen Sie nun den Backofen bei 50 °C für nur 5 Minuten auf. Dann schalten Sie ihn wieder aus und lassen den Hefeteig ca. 20 Minuten gehen, bis er sichtbar aufgegangen und elastisch ist.

Blätterteig

Konventionelle Zubereitung

Generell sind die Bestandteile von Blätterteig ein einfacher Nudelteig (Mehl, Salz, Wasser), der mit etwa derselben Menge Butter verarbeitet werden muß. Eben dieses *Verarbeiten* ist das Geheimnis des Blätterteiges: Beide Grundbestandteile, der einfache Mehl-Wasser-Teig und die Butter, müssen als hauchdünne, übereinanderliegende Schichten zusammengebracht werden. Und das gleich mehrfach, denn guter Blätterteig weist mindestens 144 Lagen auf! Um diese blättrigen Schichten zu bekommen, rollt man normalerweise den »Nudelteig« gleichmäßig aus, legt einen flachen Butterblock in die Mitte, schlägt den Nudelteig drumherum und rollt beides mit gleichmäßigem Druck aus. Nun muß dieser Teig nach bestimmten Mustern wieder zusammengefaltet, ausgerollt, erneut gefaltet und wieder ausgerollt werden, was man in der Fachsprache »tourieren« oder *Touren geben* nennt. Insgesamt braucht Blätterteig 4–5 solcher Touren, wobei man wieder zwischen einfachen und doppelten unterscheidet. Hinzu kommt, daß der Blätterteig zwischen allen Arbeitsgängen im Kühlschrank ruhen muß, damit die einzelnen Schichten nicht miteinander verkleben. Sie sehen also, daß es zwangsläufig mehrere Stunden in Anspruch nimmt, den Teig zuzubereiten. Daß dabei äußerst exakt und gleichmäßig gearbeitet werden muß, versteht sich fast von selbst. Lassen Sie sich diese langwierige Arbeit lieber von der Industrie abnehmen, denn hier arbeiten Spezialmaschinen schneller und gleichmäßiger und sichern somit in jedem Fall den Backerfolg.

Tiefkühl-Blätterteig

Lassen Sie bei Tiefkühl-Blätterteig die gefrorenen Blätterteigplatten in etwa 20 Minuten nebeneinander liegend auftauen und bestreichen Sie sie danach mit etwas kaltem Wasser, damit sie zusammenhalten. Legen Sie sie jetzt übereinander und rollen Sie sie auf der schwach bemehlten Fläche mit gleichmäßigem Druck zur gewünschten Größe und Stärke aus. Bewegen Sie dazu die Teigrolle stets von rechts nach links und umgekehrt über den Teig und rollen Sie anschließend von vorn nach hinten und zurück. Auf diese Weise sorgen Sie dafür, daß der Blätterteig nicht einseitig »schnurrt«, d. h., sich nicht einseitig zusammenzieht. Da Blätterteig beim Backen generell etwas schrumpft, empfiehlt es sich, die einzelnen Stücke etwas größer auszuradeln, als die endgültige Form sein soll. Werden mehrere Platten zusammengesetzt, sollten Sie sie nach dem Backen auf die gewünschte Größe zuschneiden.

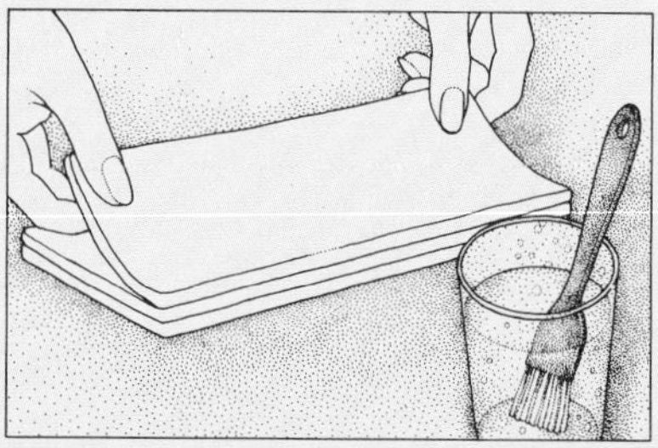

Das »Schnurren« kann man aber auch teilweise verhindern, indem man den fertig ausgerollten und geformten Teig bis zum Backen kühlt, 15–30 Minuten, je nach Rezept.

Backen

Gebacken wird Blätterteig immer auf einem mit kaltem Wasser benetzten Blech, wobei das Wasser durch die Backhitze verdampft und somit den Teig »hebt«. Profis gießen zusätzlich etwas Wasser auf den Backofenboden. Beim Backen des Blätterteiges dehnt sich das Fett aus und setzt das emulgierte Wasser frei. Dieses (wie auch das Wasser vom Blech) verdampft, treibt nach oben und nimmt die über ihm liegenden Teigschichten mit: Der Teig blättert. Werden diese Schichten allerdings zerdrückt oder verknetet, verbindet sich die Feuchtigkeit mit dem Mehlkleber und verhindert die Blätterung. Aus demselben Grund muß Blätterteig mit scharfem Messer (Teigrädchen oder Ausstechformen) geteilt werden, auch hier dürfen die Schichten nicht zusammengepreßt werden. Das Eigelb zum Bestreichen darf ebenfalls nicht zwischen die Schichten laufen; sie würden sonst zusammenbacken.

Zu niedrige Backtemperaturen lassen das Fett schmelzen, wodurch es mit dem Mehl verklebt, zu starke machen die Oberfläche hart, bevor der Teig blättern kann.

Hinweise

- Blätterteig geht noch besser auf, wenn man ihn vor dem Backen etwa 10 Minuten ruhen läßt. In dieser Zeit können sich die zusammengedrückten Schnittkanten wieder aufrichten.
- Blätterteigreste übereinanderlegen, locker zusammendrücken und nochmals ausrollen. Niemals zusammenkneten, die einzelnen Teigschichten werden sonst beschädigt und das Gebäck kann beim Backen nicht aufblättern.
- Beim Bestreichen mit Eigelb die Schnittkanten so sorgfältig wie möglich aussparen, da die Teigschichten sonst zusammenkleben und das luftige Aufgehen verhindert wird.

Brandteig

Zubereitung

Wiegen und messen Sie vor Beginn der Arbeit alle Zutaten ganz exakt ab, denn das Mengenverhältnis der einzelnen Zutaten zueinander ist besonders wichtig.

Geben Sie dann das *Wasser* zusammen mit 1 Prise *Salz* und dem in Flöckchen geteilten *Fett* (ein großes Stück löst sich zu langsam) in einen Topf und lassen Sie diese Mischung nur einmal kurz aufkochen. Sie sollte nie länger kochen, da sonst ein Teil des Wassers verdampfen und das Mengenverhältnis stören könnte. Ob Sie sich dabei für Butter, Margarine, Schmalz oder auch für eine Mischung der einzelnen Fette entscheiden, ist nur wichtig für den Geschmack, nicht für das Ergebnis.

Sobald diese Mischung aufkocht, nehmen Sie den Topf vom Herd und schütten das gesamte Mehl auf einmal, nicht nach und nach, hinein. Rühren Sie das Mehl unter die Flüssigkeit, bis alles zu einem dicken Brei geworden ist. Dazu eignet sich am besten ein Holzlöffel mit Loch in der Mitte. Stellen Sie nun

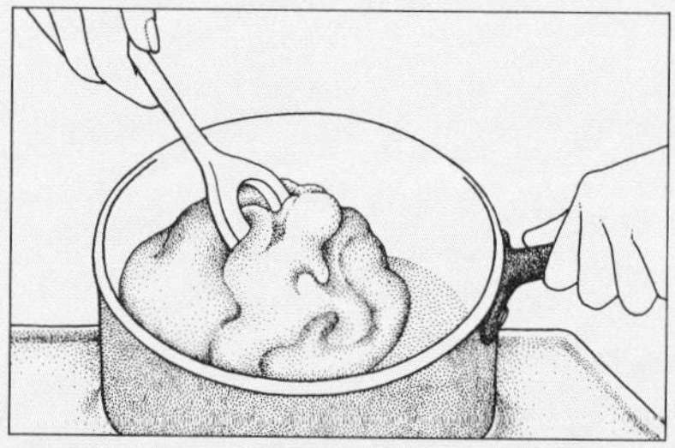

den Topf wieder auf den Herd und rühren Sie bei mittlerer Hitze so lange weiter, bis sich ein glatter Kloß gebildet hat und sich am Topfboden eine dünne, weiße Schicht zeigt. Hören Sie nicht vorher auf, denn gutes Abbrennen ist Voraussetzung für das spätere Aufblähen des Teiges. Lassen Sie den Topf aber auch nicht länger auf dem Herd, denn die Haut am Topfboden darf sich noch nicht bräunen. Dieses wäre bereits ein Zeichen dafür, daß auch der Mehl-Kleber im Teig zuviel Hitze bekommen hätte.

Geben Sie nun diesen zähen Kloß in eine Schüssel und rühren Sie sofort *1 Ei* hinein, um ihn etwas weicher und geschmeidiger zu machen. Ganz erfahrene Bäcker(innen) mischen dieses Ei darunter, solange der Teig noch im Topf ist. Allerdings muß dann wirklich blitzschnell gearbeitet werden, damit sich das Ei nicht am Topfrand oder Boden erhitzen kann. Es würde sonst ausflocken, d. h. gerinnen, und somit kleine weiße Stippchen bilden, die sich auch später nicht mehr lösen können.

Der Teig muß nun ruhen und abkühlen, bis er Handwärme erreicht hat. Erst danach werden *die übrigen Eier* untergemischt – und zwar einzeln. Das ist ganz besonders wichtig: Das nächste Ei darf immer erst dann zugefügt werden, wenn sich das vorhergehende völlig mit dem Teig vermischt hat. Je nach Größe und Frische der Eier kann ihre Menge von Rezept zu Rezept etwas variieren. Machen Sie darum die Teigprobe, sobald Sie das vorletzte Ei untergerührt haben: Der Brandteig

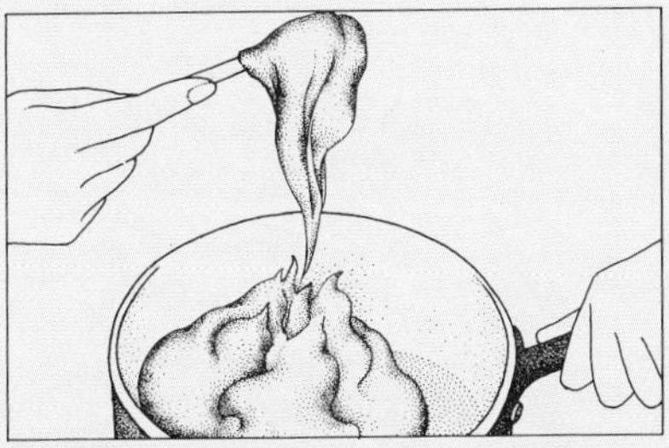

hat seine richtige Konsistenz, wenn er stark glänzt und in langen, aber nicht zu weichen Spitzen vom Löffel herunterhängt. Ist dies noch nicht der Fall, geben Sie das übrige Ei ganz oder zur Hälfte hinein. Um ein halbes Ei unterzumengen, verquirlen Sie Eigelb und Eiweiß und geben diese Mischung löffelweise hinzu. Auch wenn Sie diese Arbeit ein wenig »übergenau« finden, ist sie wichtig, denn Brandteig darf keinesfalls zuviel Ei enthalten. Ist er zu weich, geht er nicht genügend auf, sondern läuft in die Breite. Sobald der Teig nun stark glänzt und die richtigen Spitzen bildet, sollten Sie unbedingt aufhören zu rühren, sonst geht er beim Backen nicht mehr genug auf (guter Brandteig kann sein Volumen verdoppeln und sogar verdreifachen). Aus diesem Grund empfiehlt es sich auch, den Brandteig mit dem Holzlöffel und nicht mit elektrischen Rührern zuzubereiten. Wegen ihrer Geschwindigkeit »überrührt« man ihn sonst leicht. Der fertige Teig wird »in Form« gespritzt, beispielsweise bei Windbeuteln. Doch können Sie ihn auch mit einem Löffel portionieren.

Backen

Gebacken wird Brandteig auf gefetteten, mit Mehl bestäubten Blechen, und zwar bei recht hoher Temperatur. Liegt die Temperatur zu niedrig, geht der Teig nicht genügend auf, ist sie zu hoch, »plustert« er in der Anfangszeit, kann aber später leicht zusammenfallen, weil er innen noch roh ist. In jedem Fall ist unbedingt darauf zu achten, daß die Ofentür während der ersten 10 Minuten nicht geöffnet wird, dabei würde Brandteig ganz sicher zusammenfallen.

Um das Aufgehen zu verstärken, können Sie dem Brandteig-Gebäck auch »Schwaden geben«, wie der Fachmann sagt. Dazu gießt man sofort nach dem Einschieben des Bleches etwas Wasser auf den Boden des Backofens und läßt es verdampfen. Der dabei aufsteigende »Schwaden« hebt den Teig. Nach dem Backen sollte das Gebäck sofort auf einen Kuchendraht gelegt werden, damit die noch enthaltene Feuchtigkeit austreten kann. Gebäckstücke, die später gefüllt werden, schneiden Sie sofort mit einer Schere auf, damit sie auch innen austrocknen können und nicht feucht bleiben.

Brandteig fritieren

Wollen Sie Brandteig fritieren, spritzen Sie die einzelnen Stücke jeweils auf ein Stück Pergamentpapier und lassen sie beim Eintauchen in das heiße Fritierfett heruntergleiten. Bei Krapfen stechen Sie den Teig einfach mit einem Löffel ab und geben ihn portionsweise ins Fett. Die richtige Fritierhitze liegt bei 175–180 Grad und sollte stets eingehalten werden. Wenn Sie jedoch kein Fritierthermometer besitzen, prüfen Sie die Temperatur mit dem Stiel des Holzlöffels (Holzlöffelprobe): Bilden sich beim Hineintauchen kleine Bläschen am Holz, stimmt die Hitze. (Oder legen Sie ein Stückchen Weißbrot ins Fett, es muß goldgelb werden, ohne sich vollzusaugen.)

Quark- und Plunderteig

Quark-Mürbeteig

Er ist der einfachste von allen: Fast gleiche Teile von Quark, Fett und Mehl werden sehr schnell und sehr kalt miteinander verknetet, wobei das Mehl stets mit etwas Backpulver vermischt sein sollte. Die Arbeitsweise ist fast identisch mit der des klassischen Mürbeteiges, d.h., alle Zutaten werden zuerst bröselig gehackt und anschließend sehr schnell – mit gekühlten Händen – verknetet. Allerdings muß bei diesem Teig fast noch schneller gearbeitet werden, damit die Feuchtigkeit des Quarks sich weder mit dem Mehlkleber noch mit dem Backpulver verbinden kann. Und natürlich darf auch hier die Butter niemals zu weich werden. Darum bieten sich gerade hier die Knethaken des elektrischen Handrührgerätes besonders an. Auch der Quark-Mürbeteig muß vor dem Formen und Backen an einem kühlen Platz ruhen.

Quark-Blätterteig

Noch feiner wird dieser Teig, wenn Sie ihn zum Quark-Blätterteig umfunktionieren: Sobald der Teig glatt geknetet ist, rollen Sie ihn auf der schwach bemehlten Arbeitsfläche etwa fingerdick zu einem geraden Rechteck aus und falten ihn dreifach übereinander. Kühlen Sie ihn nun ein paar Minuten, rollen Sie ihn wieder aus und falten Sie ihn erneut. Wiederholen Sie diese »Touren« noch einbis zweimal und lassen Sie den Teig dann für mehrere Stunden, am besten über Nacht, im Kühlschrank zugedeckt ruhen. Der Quark-Blätterteig wird wie echter Blätterteig auf einem kalt abgespülten Blech bei recht hoher Temperatur gebacken, damit er »blättrig« aufgehen kann.

Quark-Öl-Teig

Der einfachste und schnellste aller Quarkteige ist der Quark-Öl-Teig. Quark und Öl werden miteinander verschlagen und unter das mit Backpulver gemischte Mehl geknetet. Dieser Teig braucht keine langen Ruhe- und Kühlzeiten, darf jedoch beim Kneten und Verarbeiten ebenfalls nicht zu warm werden. Durchschnittlich rechnet man doppelt so viel Mehl wie Quark, wobei – je nach Feuchtigkeitsgehalt des Quarks – noch etwas Milch zugefügt werden kann. Zur Geschmacksverbesserung und zur optimalen Bräunung fügt man hin und wieder Ei oder Eigelb hinzu. Und wenn man süßes Gebäck herstellen möchte, kann man den Zucker gleich mit dem Quark mischen, damit er sich besser löst.

Plunderteig

Im Gegensatz zu allen bisher genannten Teigen enthält der Plunderteig normalerweise keinen Quark. Der typische Plunderteig besteht aus einem Hefeteig, in den – wie beim Blätterteig – schichtweise Butter eingerollt wird. Dazu wird als erstes die gut gekühlte Butter in Flöckchen geschnitten, mit etwas Mehl verknetet (das gibt ihr Bindung) und zwischen Pergamentpapier zu einem flachen, rechteckigen Block ausgerollt, der in den Kühlschrank gelegt werden muß. Anschließend rollt man einen Hefeteig (nach dem Aufgehen und Durchkneten) zu einem gut doppelt so langen Rechteck aus, legt die Butter (ohne Papier) auf eine Hälfte und schlägt den Teig darüber. Damit sich beide Teigschichten gut miteinander verbinden, sollten die Ränder leicht angefeuchtet und sorgfältig ange-

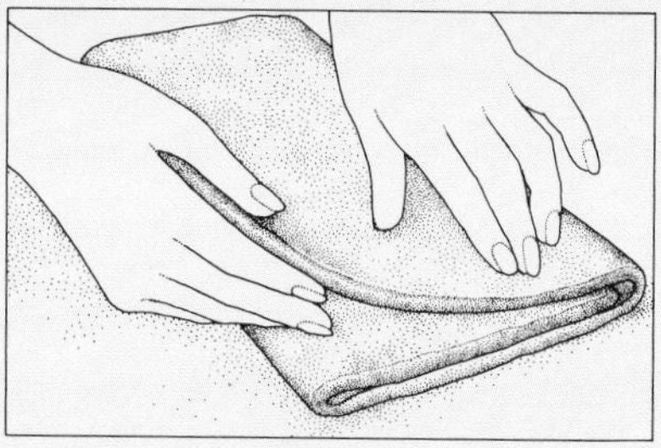

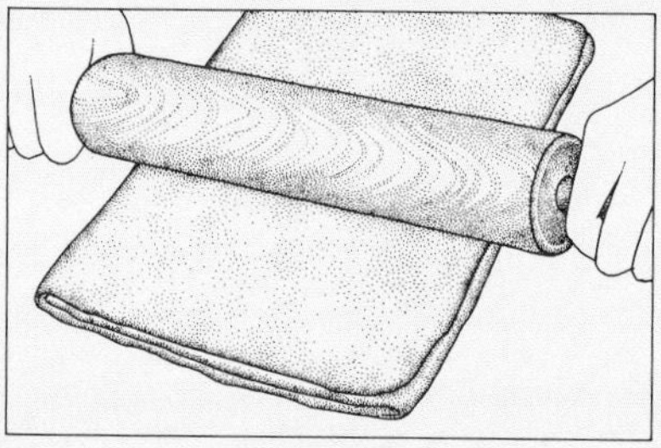

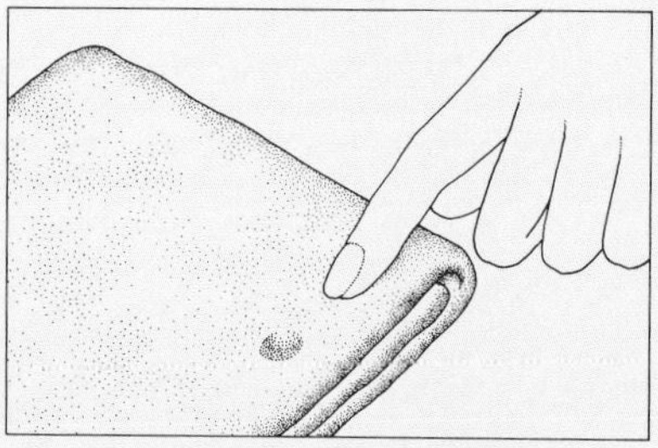

drückt werden. Dieser Teig muß etwa 30 Minuten kühlen, bevor er mit leichtem, gleichmäßigem Druck zu einem langen, schmalen Rechteck ausgerollt wird. Legen Sie danach das erste Teigdrittel zur Mitte und schlagen Sie das letzte Drittel ebenfalls darüber. Lassen Sie den Teig nun wieder kühlen und rollen Sie ihn wieder zu seinen schmalen Seiten hin zur dreifachen Länge aus. Daraufhin wird er wieder gefaltet, gekühlt und ausgerollt, so daß Sie insgesamt 3–4 »Touren« erhalten. Je häufiger Sie tourieren, desto feinblättriger wird das Gebäck, während es bei weniger Touren sehr hoch und manchmal auch etwas blasig werden kann. Um die Anzahl der einzelnen Touren nach den Ruhezeiten noch genau zu wissen, empfiehlt es sich, jeweils vor dem Kühlen mit leichtem Daumendruck die entsprechende Anzahl von Punkten einzudrücken.

Beim Tourieren, wie auch später beim Formen des Teiges, sollten Sie stets auf zwei Dinge achten: Die einzelnen Schichten dürfen niemals zerstört werden, und der Teig muß kühl bleiben, da sonst die Schichten verkleben könnten. Beim Schneiden des Plunderteiges sollten Sie ein scharfes Messer oder Teigrädchen verwenden, um die Schichten nicht zusammenzudrücken. Doch bevor Sie den Teig schneiden, muß er auf die gewünschte Größe und Stärke ausgerollt werden. Und hier gilt dasselbe wie beim Blätterteig: Rollen Sie stets in alle Richtungen, denn auch Plunderteig kann »schnurren«. Würden Sie nur in eine Richtung rollen, könnte es passieren, daß runde Plätzchen oval aus dem Ofen kommen.

Strudelteig

Zubereitung

Für die Zubereitung eines elastischen Teiges müssen als erstes alle *Zutaten angewärmt* werden. Etwa 1 Stunde in Heizungsnähe ist angebracht. Werden feste Fette, wie Butter, Margarine oder Schmalz, verwendet, müssen sie entweder geschmolzen und auf Handwärme abgekühlt oder aber sehr weich in kleine Flöckchen geteilt werden, damit sie sich gut mit den übrigen Zutaten verbinden können. Sieben Sie das angewärmte Mehl in eine Schüssel, geben Sie Salz, Wasser und Fett (evtl. plus Ei) in die Mitte und verrühren Sie diese Zutaten von der Mitte aus, bis der Teig zäh und klebrig ist. Anschließend muß er gründlichst *geknetet* werden. Das kann in einer breiten, flachen Schüssel geschehen, doch ist es auf der schwach bemehlten Arbeitsfläche leichter. Dazu wird der Strudelteig mit dem Handballen einer Hand kräftig zusammengedrückt und gleichzeitig vom Körper weggeschoben. Anschließend gibt man ihm eine kleine Drehung und wiederholt diese beiden Arbeitsgänge so lange, bis der Teig völlig glatt und elastisch ist und nicht mehr klebt. Die zweite Hand brauchen Sie lediglich, um die Arbeitsfläche hin und wieder mit etwas Mehl zu bestäuben. Bei diesem gesamten Arbeitsgang ist es ratsam, den Teig zu Beginn des Knetens etwas weicher zu lassen und während des Knetens immer wieder ein wenig Mehl auf die Fläche zu stäuben, bis der Teig die richtige Konsistenz hat. Denn Flüssigkeit unter einen zu festen Teig zu arbeiten, bedeutet eine große Kraftanstrengung und bringt nur selten den gewünschten Erfolg.

Fühlt sich der Teig elastisch und völlig glatt an, sollte er *»geworfen«* werden, um mögliche Mehlspuren und/oder Luftbläschen zu entfernen. Heben Sie dazu den zur Kugel geformten Strudelteig 20–30 cm hoch und lassen Sie ihn mehrmals mit viel Schwung auf die Arbeitsfläche fallen. Zur Probe schneiden Sie die Kugel durch: Wenn der Teig auch innen völlig glatt und homogen ist, formen Sie ihn erneut zur Kugel und lassen ihn *ruhen*. Spülen Sie dazu eine Schüssel mehrfach mit heißem Wasser aus, bis sie durchgewärmt ist, oder verwenden Sie einen Topf, in dem Sie Wasser kochen lassen. Trocknen Sie das Gefäß ab und stülpen Sie es über die Teigkugel, die nun etwa 30 Minuten ruhen muß, damit das Mehl quellen kann. Sie können den Teig aber auch in eine Plastiktüte geben, die Plastiktüte verschließen und etwa 30 Minuten am warmen Platz ruhen lassen. Auch bei dieser Methode trocknet die Oberfläche nicht aus.

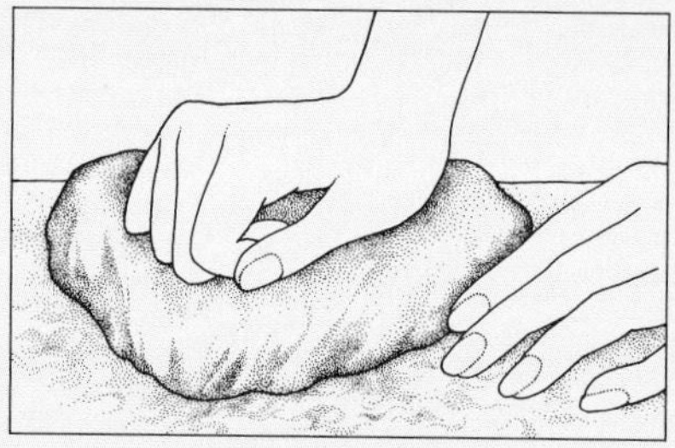

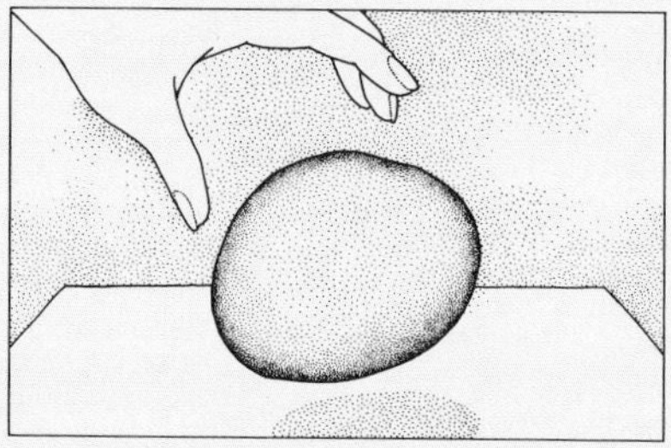

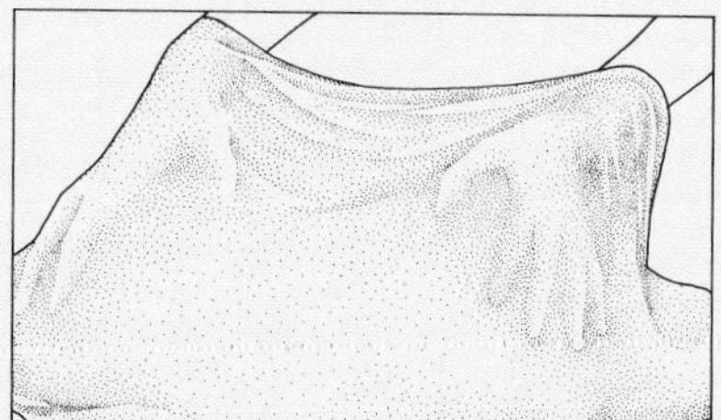

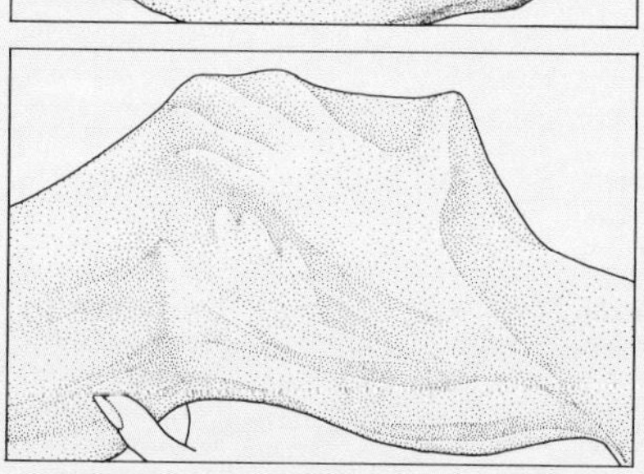

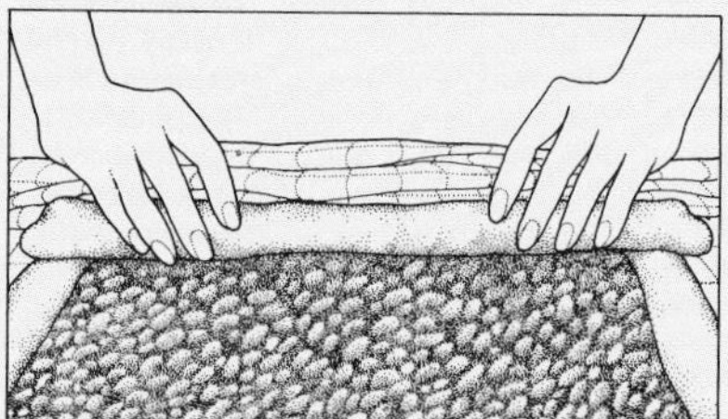

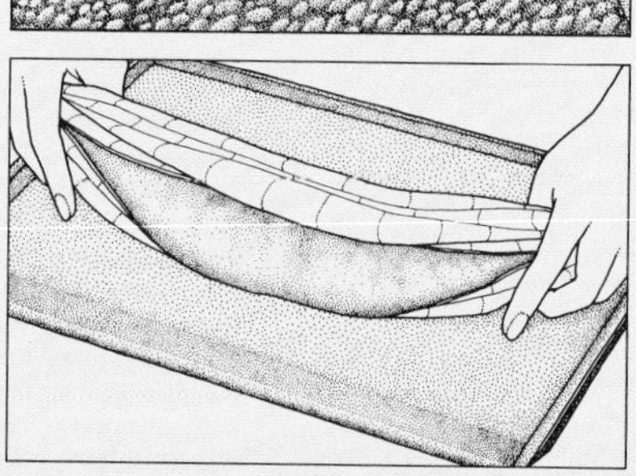

Anschließend muß der Teig nochmals durchgeknetet und danach *ausgerollt* werden. Dazu bestäubt man ein übergroßes Küchentuch (oder noch besser eine einfache Tischdecke) mit etwas Mehl und gibt den flachgedrückten Teig in die Mitte. Nun wird er in alle Richtungen so dünn wie eben möglich ausgerollt und danach *ausgezogen*. Reiben Sie dazu die Hände mit etwas Mehl ein und schieben Sie sie – mit den Handflächen nach unten – dicht nebeneinander unter den Teig, bis Sie in der Mitte der Teigplatte angekommen sind. Bewegen Sie sie nun mit dem darüberliegenden Teig zum Rand hin, wobei Sie beide Hände wieder voneinander entfernen sollten. Wiederholen Sie diesen Vorgang, bis der Teig so dünn ist, daß Sie fast durchsehen können. Man sagt, man müsse durch einen guten Strudelteig die Zeitung lesen können. Wenn Sie allerdings sehr lange Fingernägel haben, sollten Sie den Teig entweder mit geschlossenen Fäusten oder mit den geöffneten Handflächen nach oben (die Fingerspitzen nach unten gespreizt) ausziehen.

Kleiner Tip: Der Teig reißt nicht so leicht, wenn Sie ihn zwischendurch mit etwas flüssigem Fett bestreichen, das hält ihn geschmeidig und verhindert das Austrocknen der Oberfläche.

Schneiden Sie zum Schluß die dickeren Ränder ab (mit einer scharfen Schere) und *füllen* Sie den Strudel nach Rezept. Dabei sollten Sie an allen Seiten einen kleinen Rand frei lassen. Schlagen Sie diesen Rand über die Füllung, so daß beim Zusammenrollen keine Füllung herausquellen kann, und wickeln Sie den Strudel auf: Heben Sie das Tuch an der vorderen Teigkante etwas an und halten Sie den Teig mit den Fingerspitzen dabei fest. Mit den Handballen drücken Sie das Tuch leicht gegen den Teig. Lassen Sie die Fingerspitzen vom Teig los, sobald er sich beim Heben über die Füllung rollt. Nun das Tuch langsam – ohne ruckartige Bewegungen – immer weiter schräg nach oben ziehen, bis der ganze Strudel zusammengerollt ist. Das Tuch an beiden Querseiten fassen und den Strudel direkt auf das Blech oder in die Form gleiten lassen.

Biskuitmasse

Zubereitung von Hand

Normalerweise wird für einen Biskuit zuerst Eigelb mit etwas Wasser verschlagen, wobei heißes oder kaltes Wasser verwendet werden kann. Jedoch ist kaltes Wasser wesentlich unproblematischer, denn Eiweißreste am Eigelb können durch heißes Wasser gerinnen, was zu weißen Stippen führt, die sich auch später nicht mehr lösen. Unter weiterem Schlagen wird anschließend etwa ¾ der Zuckermenge eingestreut und so lange weitergearbeitet, bis der Zucker gelöst und die Masse dickschaumig, glänzend und sehr feinporig geworden ist. Als nächstes wird Eiweiß schnittfest geschlagen, wobei man den restlichen Zucker nach und nach unterschlägt. Der Schnee wird zusammen mit dem gesiebten Mehl sehr locker unter die Eigelbcreme gehoben. Dabei können Sie ausschließlich Mehl verwenden, Sie können es aber auch mit Speisestärke vermischen, in diesem Fall wird der Biskuit feinporiger. Ein Teil des Mehles (manchmal die gesamte Menge) kann auch durch gemahlene Nüsse oder Mandeln ersetzt werden, was den Teig besonders saftig werden läßt. Zum Unterheben eignen sich Holzlöffel mit Loch, Teigspatel oder Schneebesen. Bei dieser Arbeit darf in keinem Fall durch den Teig gerührt werden. Für alle Biskuit-Gebäcke, die nicht extrem hoch werden müssen, wie etwa für Rollen, Tortenböden und Torteletts, können Sie auch den Blitzbiskuit zubereiten: Schlagen Sie Eiweiß zu schnittfestem Schnee, lassen Sie den Zucker einrieseln, mischen Sie dann die nur verquirlten Eigelb zusammen mit dem Mehl darunter und backen Sie die Masse sehr schnell ab.

Zweite Blitz-Methode: Schlagen Sie die ganzen Eier zusammen mit Wasser und Zucker sehr schaumig, sieben Sie das Mehl darauf und heben Sie es locker darunter.

Wünschen Sie einen ganz besonders weichen, saftig und leicht klebrig wirkenden Biskuit, sollten Sie die nächste Arbeitsweise anwenden, den warmen Biskuit: Schlagen Sie die ganzen Eier mit Wasser und Zucker im warmen Wasserbad dickcremig und heben Sie das gesiebte Mehl neben dem Herd unter. Auch hier gibt es Varianten: Schlagen Sie Eigelb und Zucker im Wasserbad und heben Sie dann das steifgeschlagene Eiweiß mit dem Mehl unter. Oder schlagen Sie zuerst das Eiweiß schnittfest und arbeiten Sie dann im Wasserbad Eigelb, Zucker und später das Mehl darunter.

Doch der saftigste ist der »Butter-Biskuit«, den man auch Wiener Masse nennt: Hierbei werden die ganzen Eier mit dem Zucker zunächst im Wasserbad dickschaumig und dann wieder kalt geschlagen. Unter diese Masse wird zuerst das Mehl und dann flüssige, handwarme Butter gemischt.

Zubereitung mit Quirl und Schlägern oder Küchenmaschine

In einer hohen Rührschüssel Eiweiß mit Wasser oder einigen Tropfen Zitronensaft auf der höchsten Schaltstufe schnittfest schlagen. Hierzu nur gut gekühlte Eier verwenden. Zucker und Vanillinzucker unter weiterem Schlagen einrieseln lassen. Eigelb unterziehen. Zuletzt das gesiebte Gemisch aus Mehl, Speisestärkemehl und Backpulver vorsichtig unterheben. Rührdauer: ca. 3 Minuten.

Backen

Biskuit wird sehr häufig als Torte in der Springform gebacken. Die Form darf nur am

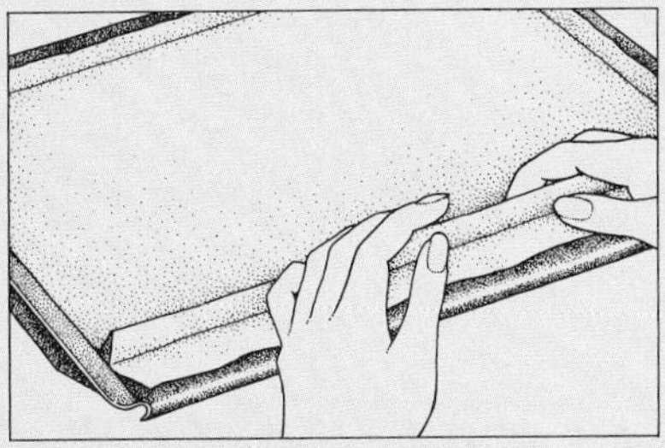

Boden eingefettet und bestreut werden, wogegen der Rand niemals Fett abbekommen sollte, denn es würde beim Backen schmelzen und beim Herunterlaufen den aufgehenden Teig am Rand wieder herunterziehen.

Für eine Biskuitrolle legen Sie das Blech mit einem großen Blatt Pergamentpapier aus und falzen dieses am offenen Blechrand kräftig hoch, damit der Teig beim Backen nicht herunterlaufen kann. Nach dem Backen stürzen Sie die Teigplatte samt Papier auf ein mit Zucker bestreutes Tuch, feuchten das Papier an, ziehen es ab und rollen nun die Teigplatte zusammen mit dem Tuch ein, so daß Sie sie nach dem Abkühlen wieder auseinanderrollen können, ohne daß sie bricht.

Tortenboden teilen

Sehr frischer Biskuit läßt sich recht schlecht teilen, er bröselt leicht. Lassen Sie darum die Torte mindestens 4–6 Stunden auskühlen,

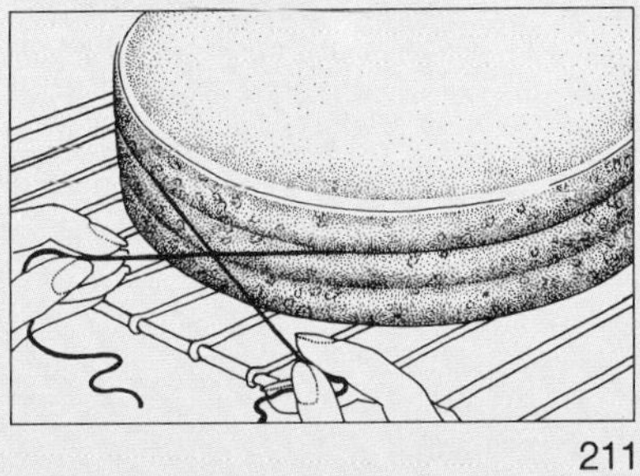

besser noch über Nacht. Zum Durchschneiden sollten Sie stets zuerst rund um den Rand die gewünschten Schichten einkerben und dann entweder mit einem großen Messer waagerecht vom Rand zur Mitte hin schneiden oder aber die einzelnen Böden mit einem Faden durchtrennen. Legen Sie in diesem Fall einen starken Zwirn in die eingekerbten Rillen, kreuzen Sie ihn an der vorderen Seite wie zum Knoten und ziehen Sie ihn dann gleichmäßig zusammen. Heben Sie die so entstandene Platte mit einem Blatt Pergamentpapier oder einem speziellen Tortenteiler-Blech ab.

Baiser- und Makronenmasse

Zubereitung

Für das Zubereiten der Baisermasse schlagen Sie als erstes das *Eiweiß* mit einer *Prise Salz* so lange, bis es schnittfest ist. Das bedeutet, ein Schnitt muß auch Sekunden später noch deutlich sein, ohne zu zerlaufen. Streuen Sie anschließend unter weiterem Schlagen nach und nach den *Zucker* ein. Dabei soll der Schnee immer fest bleiben und einen kräftigen Glanz bekommen. Verwenden Sie möglichst feinen Zucker, denn große Kristalle lösen sich zu langsam, so daß sich nur schlecht ein »Teiggerüst« bilden kann. Auch Puderzucker eignet sich dazu, jedoch wird die Masse leicht etwas klebrig. Sehr gut ist eine Mischung aus Kristallzucker und Puderzucker. Die Zuckermenge sollte normalerweise doppelt so groß wie die Eiweißmenge sein, damit die Masse stabil genug wird. Auch Säure unterstützt diese Stabilität. Sie sollten darum stets *etwas Zitronensaft* unterschlagen. Er sorgt außerdem dafür, daß das Baiser nicht nur süß schmeckt.
Besonders beliebt ist Baiser in Form von Torteletts, Tortenböden und Schalen, da man sie mit frischen Zutaten kontrastreich füllen und belegen kann.

Backen

Die Masse muß mehr trocknen als backen. Dazu schiebt man sie 4–5 Stunden in den auf höchstens 100 Grad (bei stärkerer Hitze bräunen sie) vorgeheizten Ofen und hält die Tür durch einen hineingeklemmten Holzlöffel (kein Plastik) einen Spalt breit offen, damit die austretende Feuchtigkeit entweichen kann. Nach dem Backen wird sofort das Papier oder die Folie abgelöst, wozu das Papier leicht angefeuchtet werden kann. Bei Baiserschalen müssen die Unterseiten sofort mit einem Löffel etwas eingedrückt werden, denn nach dem Abkühlen bröckelt die Masse. Zum Nachtrocknen sollte Baiser-Gebäck stets auf einen Kuchendraht gelegt werden.

Makronen- und Japonaismassen

Untergruppen der Baisermasse sind die Makronen- und Japonaismassen. Sie werden wie Baiser aus Eiweiß, Salz, Zucker und Zitronensaft geschlagen und anschließend mit Mandeln, Nüssen und/oder Kokosraspeln vermischt. Hin und wieder kommt auch etwas Marzipan, Mehl oder Speisestärke, seltener auch Fett (Butter oder Öl) sowie Schokolade dazu.
Um Makronen zu backen, setzen Sie die Masse mit 2 Teelöffeln auf kleine Backoblaten oder Sie verwenden dazu auch den Spritzbeutel. Nach dem Abkühlen werden die überstehenden Oblatenränder vorsichtig abgebröckelt.

Backgeräte und Backhilfsmittel

Um richtig backen zu können, brauchen Sie genau wie beim Kochen das richtige Handwerkszeug. Dabei gibt es Geräte, die unbedingt erforderlich sind und andere, die im Laufe der Zeit angeschafft werden können. Die nachfolgende Auflistung verschiedener Backgeräte ist nach diesen Gesichtspunkten gegliedert und beginnt wie beim Backen mit dem Wiegen:

Küchenwaage Sie ist unentbehrlich für das genaue Abwiegen der Zutatenmengen und damit für das Gelingen des Kuchens. Sie sollte exakt arbeiten und auf 5 Gramm genau wiegen. Die gängigen Geräte kontrollieren Mengen bis zu 5 kg. Bei älteren Waagen reicht die Skala bis zu 10 kg, jedoch müssen sie austariert werden. Bei den modernen Waagen wird das Gewicht automatisch angezeigt. Besonders praktisch sind Waagen, bei denen die einzelnen Zutaten zugewogen werden können. Wer Platz sparen möchte, sollte sich stets für solche Waagen entscheiden, die sich an der Wand befestigen lassen.

Meßbecher Er ist zum Messen von Flüssigkeit nötig, kann aber auch zum Abmessen von festen Zutaten, wie Zucker, Mehl usw., verwendet werden. Ein Meßbecher »wiegt« jedoch nicht so exakt wie die Waagen. Meßbecher sollten durchsichtig und natürlich geeicht sein.

Geeichtes Likörglas Zum Abmessen kleiner Flüssigkeitsmengen (1 und 2 cl) ist es genauer als der Meßbecher.

Rührschüsseln Sie sollten mindestens zwei besitzen: eine größere, möglichst breite zum Anrühren von Teigen und einen Rührbecher, in dem Schlagsahne und Eischnee geschlagen werden können. Es ist dabei unerheblich, ob die Schüsseln aus Metall, Emaille, Steingut oder Kunststoff sind. Entscheidend ist, daß das Material hitzebeständig ist, da einige Teige über Wasserdampf geschlagen werden oder – wie bei Hefeteig – im Backofen bei niedriger Temperatur gehen. Kunststoff- und Metallschüsseln haben den Vorteil, bruchsicher zu sein. Rührschüsseln sollten innen einen glatten, abgerundeten Boden und möglichst keine Rillen haben. Dort bleiben Zutaten leicht hängen und mischen sich nicht richtig mit dem Teig. Die Arbeit wird entscheidend durch Schüsseln erleichtert, die unten drunter einen rutschfesten Gummiring aufweisen. Haben Ihre Schüsseln keinen solchen Ring, können Sie sich mit einem feuchten Küchentuch, unter die Schüssel gelegt, behelfen.

Rührlöffel Sie sollten in verschiedenen Größen – mit und ohne Loch – vorhanden sein. Dabei ist es unwesentlich, ob Sie sich für Rührlöffel aus Kunststoff oder Holz entscheiden. Rührlöffel mit Loch brauchen Sie zum Rühren von Teig und zum Unterheben, solche ohne Loch sind günstiger zum Schlagen des Teiges, da ihre Oberfläche größer ist.

Schneebesen Sie sind zum gleichmäßigen Mischen von Cremes und Quark, zum Rühren dünner Teige und zum Unterziehen von Eischnee, Schlagsahne und Mehl unerläßlich. Schlagsahne und Eischnee werden damit nur noch relativ selten geschlagen. Schneebesen sollten aus rostfreiem Metall bestehen und hitzebeständig sein, damit sie nach Gebrauch in der Geschirrspülmaschine gereinigt werden können.

Elektrisches Handrührgerät Ein elektrisches Handrührgerät ist heute in jeder Küche unentbehrlich. Zum Handrührgerät gehören je zwei Rührbesen und Knethaken. Die Rührbesen brauchen Sie für Rührteige, Biskuit-, Baiser- und Makronenmassen sowie Schlagsahne und Cremes, die Knethaken für Mürbe- und Hefeteige oder auch zum Untermischen des Mehls bei sehr festen Rührteigen. Halten Sie sich beim Umgang mit dem elektrischen Handrührgerät stets an die Anleitungen des Herstellers und denken Sie immer daran, daß diese Geräte wesentlich schneller arbeiten. Um ein Überrühren des Teiges zu verhindern, sollten Sie selbst schwere Teige nicht länger als 5–8 Minuten bearbeiten. Normalerweise »schafft« ein elektrisches Handrührgerät Teigmengen mit einem Mehlanteil bis zu 1 kg.

Siebe Sie gehören ohnehin in jede Küche, aber allein zum Backen sollten Sie mindestens zwei vorrätig haben, ein größeres zum Abtropfen und Durchpassieren und ein sehr feines zum Überstäuben mit Mehl, Kakao und/oder Puderzucker. Der Handel bietet auch spezielle Mehlsiebe, die durch einen beweglichen Griff mit nur einer Hand geschüttelt werden können, wobei ein kleiner Schieber das Mehl gleichmäßig durch das Sieb drückt. Diese speziellen Mehlsiebe sollten Sie aber auch ausschließlich für Mehl verwenden und niemals mit feuchten Zutaten in Berührung bringen.

Zitruspresse Sie ist in den meisten Haushalten vorhanden. Es ist dabei gleich, ob sie aus Glas oder Kunststoff ist. Beim häufigen Auspressen von Zitrusfrüchten lohnt sich die Anschaffung einer elektrischen Presse, die auch als Zusatz für viele Küchenmaschinen zu haben ist. Sie hat meistens zwei verschiedengroße Preßkegel, einen für Zitronen und einen für Orangen oder Grapefruits.

Reibe Zum Abreiben von Zitronen- und Orangenschalen und für andere feste Substanzen wie Schokolade ist sie unerläßlich.

Mandelmühle Diese Anschaffung lohnt sich in jedem Fall, denn Mandeln und Nüsse sind frisch gemahlen wesentlich aromatischer als die bereits zerkleinert gekauften. Man kann sie zwar auch im elektrischen Zerhacker oder im Mixer fein zerkleinern, doch tritt dabei durch die hohe Umdrehungszahl und die dabei entstehende Wärme ein großer Teil des Mandel- oder Nußöls aus, das die gemahlenen Kerne leicht breiig werden und dadurch nicht ganz trocken verwenden läßt.

Teigschaber und Gummispatel Es gibt verschiedene Formen: Am gebräuchlichsten ist ein rechteckiger Kunststoffschaber, der sich zur einen Seite hin verjüngt. Etwas stabiler sind die eckigen Teigschaber aus Metall, die an einer Seite eine Kunststoffkante als Griff aufweisen. Beide eignen sich für das Verteilen von schweren Teigen auf dem Backblech oder in der Form und zum Lösen des Teiges von der Arbeitsfläche. Mit dem Gummispatel mit Holzgriff können Sie Teige aus Schüsseln, Eischnee und Sahne aus Rührbechern und aus dem Mixer heben.

Teigrolle Für Blechkuchenliebhaber ist sie unentbehrlich. Ob es sich um eine herkömmliche Rolle aus Holz, um eine kunststoffbeschichtete oder eine mit Stoff bespannte handelt, ist eine ganz persönliche Entscheidung. Wichtig ist aber immer, daß sie sich leicht um die eigene Achse drehen läßt. Beim Ausrollen müssen Sie darauf achten, daß Sie den Teig durch sanften Druck verteilen und nicht mit Gewalt flach drücken. Sollte keine Teigrolle im Haushalt vorhanden sein, können Sie sich notfalls mit einer bemehlten Weinflasche behelfen.

Teigrädchen Diese gibt es mit gezacktem und glattem Rand. Die mit gezacktem Rand eignen sich zum Verzieren und zum Ausschneiden von Formen. Der glatte Rand hat die gleiche Funktion wie ein scharfes Messer; man verwendet beide häufig für Mürbe-, Pasteten- und Blätterteige.

Backpinsel Sie benötigen davon gleich mehrere: einen breiten zum Einfetten von Backblechen und Kuchenformen und weitere mit möglichst weichen Borsten zum Bestreichen des Teiges mit Ei, Wasser oder Milch, zum Glasieren und zum »Abstauben« von Mehl, Puderzucker u.ä. Gehen Sie nicht zu sparsam mit Backpinseln um. Verliert er die ersten Borsten, sollte er gleich durch einen neuen ersetzt werden, denn herausgefallene Borsten lassen sich nur sehr schlecht von einer Glasur entfernen. Wenn Sie Pinsel mit Naturborsten und hitzebeständigen Griffen wählen, können Sie sie nach Gebrauch in der Geschirrspülmaschine reinigen.

Messer Auch wenn sie sehr teuer sind, sollten Sie nur hochwertige Messer aus rostfreiem Stahl kaufen. Zum Schälen, Zerschneiden und Hacken gibt es sicherlich die nötigen Größen und Ausführungen in Ihrer Küche, aber zum Backen sollten Sie in jedem Fall auch ein langes Tortenmesser (sie werden mit und ohne Wellenschliff angeboten) dazukaufen. Es muß mindestens so lang sein, daß Sie eine Torte waagerecht teilen können; seine Klinge muß möglichst dünn und sehr scharf sein, damit der Kuchen tatsächlich durchgeschnitten und nicht zerdrückt werden kann. Werden Sahne- oder Cremetorten damit in Stücke geteilt, tauchen Sie die Klinge zwischendurch immer wieder in heißes Wasser, damit Sie saubere Schnittkanten bekommen. Dazu eignen sich auch die elektrischen Messer ausgezeichnet, da man mit ihnen bei richtiger Handhabung niemals die Füllungen herausdrücken kann. Zum Hacken von Mürbeteigen verwenden Sie die »normalen« Messer des täglichen Bestecks.

Löffel Sie sind ja ohnehin in Ihrer Küche selbstverständlich. Am meisten gebraucht werden Tee- und Eßlöffel zum Abmessen und Verrühren. Jedoch ist auch ein Schaumlöffel unbedingt notwendig, wenn Sie Fettgebäck zubereiten wollen. Wird es mit einem normalen Löffel herausgehoben, kann das Fritiergut nicht genügend abtropfen.

Teigpalette Sie ist beim Backen tatsächlich kein Luxus, auch wenn man sie notfalls durch ein langes Messer mit dünner Klinge ersetzen kann. Zum Abheben von Kleingebäck vom Blech ist sie ebenso nützlich wie zum Verstreichen von Cremes und Glasuren sowie zum Glätten der Tortenränder.

Kuchengitter Solche brauchen Sie zum Auskühlen und Ausdampfen des fertigen Gebäcks. Sie werden in runder und eckiger Form angeboten und sollten so eng gearbeitet sein, daß auch Kleingebäck nicht zwischen den Drähten hindurchfallen kann.

Holzspießchen Diese benötigen Sie zur Stäbchenprobe, also zum Test, ob die Kuchen durchgebacken sind. Sie sollten stets recht dünn und nicht zu kurz sein.

Haushaltsschere Auch sie gehört in jede Küche. Beim Backen benötigt man sie zum Schneiden von Pergament- und Backtrennpapier ebenso wie zum Aufschneiden von Brandteiggebäck, da sich dieser Teig im heißen Zustand nur schlecht mit einem Messer teilen läßt.

Spritzbeutel Wer nicht nur gutes, sondern auch schönes Backwerk auf den Tisch bringen möchte, braucht einen Spritzbeutel mit verschiedenen Tüllen. Sie sind aus beschichtetem Stoff und als Einmal-Spritzbeutel im Handel, wobei die ersteren natürlich eine recht lange Lebensdauer aufweisen. Sie werden stets mit einem Set aus verschiedenen glatten und Sterntüllen angeboten, so daß man sie auch vielfältig verwenden kann. Um Zucker- und Schokoladenglasuren spritzen zu können, faltet man Pergamentpapier zu einer Tüte. Ersatzweise können Sie Spritzbeutel auch aus dickwandigen Gefrierbeuteln herstellen: Schneiden Sie eine Ecke ab und stecken Sie die entsprechende Tülle hinein. Anstelle des Spritzbeutels bieten manche Hersteller auch Garnierspritzen mit verschiedenen Tüllen an, die jedoch weniger praktisch sind, weil man sich hier nicht – wie beim Spritzbeutel – auf das eigene »Fingerspitzengefühl« verlassen kann.

Tortenstückteiler Wer sich beim Anschneiden der Torten nicht auf sein gutes Augenmaß verlassen will oder kann, sollte sich dieses recht preiswerte Hilfsgerät leisten. Tortenstückteiler werden meist aus Plastik angeboten und sind beidseitig zu verwenden: eine Seite markiert 12, die andere 16 Stücke, so daß Sie beim Schneiden mühelos diesen Linien folgen können.

Zackenkamm Er sieht aus wie ein Plastikteigschaber, der an zwei Seiten verschieden stark gezackt ist, und dient zum Verzieren des Randes bei Creme- und Sahnetorten. Ersatzweise kann man dafür auch ein Messer mit breitem Wellenschliff verwenden.

Kuchenbrett und Marmorplatte Beide werden von den Menschen, die sie nicht besitzen, meistens abgelehnt und von denen die sie ständig benutzen, heiß geliebt. Ein unbedingtes »Muß« sind Backbrett wie Marmorplatte also nicht. Jedoch lassen sich alle Teige auf ihnen ganz besonders gut verarbeiten, da sie eine völlig glatte Oberfläche haben, der Teig auf ihnen nicht so leicht anklebt und »schwitzt«, d.h., feucht wird, und außerdem sorgen beide (besonders die Marmorplatte) dafür, daß sich die Teige nicht zu stark erwärmen.

Plätzchenformer Auch hier ist das Angebot riesig und die Auswahl darum oft sehr schwer. Allein bei den Ausstechförmchen kann man zwischen vielen Motiven und Ausführungen wählen. Auch die speziellen Kekspressen haben eine Vielzahl von unterschiedlichen Mustern; ähnlich wie sie arbeitet man mit dem Fleischwolf und seinen entsprechenden Vorsätzen für Spritzgebäck u.ä. Auch Gebäckspritzen sind im Handel, die, ähnlich wie die Garnierspritzen, mit verschiedenen Tüllen zu handhaben sind. Für bestimmte Gebäckarten (meistens Weihnachtsgebäck) benötigen Sie Model, die meistens aus Holz, hin und wieder auch aus Metall oder Keramik angeboten werden. Während der übrigen Zeit des Jahres bieten sie, an die Wand gehängt, einen dekorativen Schmuck und lassen sich auch zum Formen von kalter Butter gut verwenden.

Elektrische Küchenmaschine Wer stets große Teigmengen zu verarbeiten hat (mit einem Mehlanteil von über 1 kg), wird sie oft und gern benützen und das Abwaschen nicht scheuen. Für kleinere Mengen genügt das elektrische Handrührgerät.

Backhilfsmittel

Alufolie Sie kann zum Auskleiden von Backblechen und Formen, zum Abdecken von Kuchen während des Backens und als seitliche Begrenzung für auf dem Blech gebackene Stollen, Strudel und Zöpfe verwendet werden. Wenn Sie keine Tortelettförmchen besitzen, können Sie diese aus doppelt gefalteter Alufolie herstellen, indem Sie die Folie über einen Flaschenboden spannen. Diese Aluförmchen sind natürlich nur für den einmaligen Gebrauch bestimmt. Da Alufolie als Verpackungsmaterial zum Frischhalten und Einfrieren bestens geeignet ist, ist es meist in jedem Haushalt vorhanden.

Pergamentpapier Es wird zum Auslegen von Backblechen und Kuchenformen verwendet. Sie können auch zu schnell bräunendes Backwerk damit abdecken, und auch beim Abwiegen der Zutaten ist es praktisch; sie sparen Teller und Schalen beim Abwasch und können direkt auf dem Papier wiegen. Weitere Verwendung findet Pergamentpapier beim Verzieren von Kuchen mit Zucker- oder Schokoladenguß als Spritztüte oder auch, zu Schablonen geschnitten, um das Backwerk nur teilweise in bestimmten Mustern mit Puderzucker oder Kakao zu bestäuben.

Backtrennpapier Dies ist eigentlich die Weiterentwicklung des Pergamentpapiers und erspart das Einfetten des Backblechs und der Formen. Sie können also stets sicher sein, daß kein Backwerk »anhängt«. Außerdem erspart es die Reinigung von Formen und Blechen.

Klarsichtfolie Es ist sehr praktisch, Teige für Kleingebäck zwischen einem großen, in der Mitte umgeschlagenen Stück Folie auszurollen. Der Teig klebt nicht an der Rolle fest. Wenn der obere Teil der Folie abgezogen wird, läßt sich der Teig gut ausstechen und leicht von der unteren Folie lösen.

Haushaltspapier Es hat nur noch entfernt mit dem Backen zu tun, ist aber sehr nützlich, um Früchte völlig trocken zu tupfen, Quark abtropfen zu lassen und natürlich zum Säubern von Formen.

Das Flechten von Zöpfen

Ganz gleich, ob Sie nun Haare, Wollfäden oder Hefeteig zu Zöpfen flechten, die Technik ist immer dieselbe, wobei Sie beim Teig durch die Form der einzelnen Stränge auch das spätere Ergebnis beeinflussen können: Von vorn bis hinten gleichmäßig starke Stränge ergeben auch einen gleichmäßigen Zopf, während die an beiden Seiten abgeflachten Stränge auch beim fertigen Zopf dünnere Enden entstehen lassen. Wollen Sie jedoch einen Zopf, der an einem Ende dick und am anderen schmal ist, müssen auch die Stränge an einer Seite dünn auslaufen.
Der einfachste aller Zöpfe ist der »gedrehte«, für den man lediglich zwei gleich starke Stränge umeinanderwickelt.

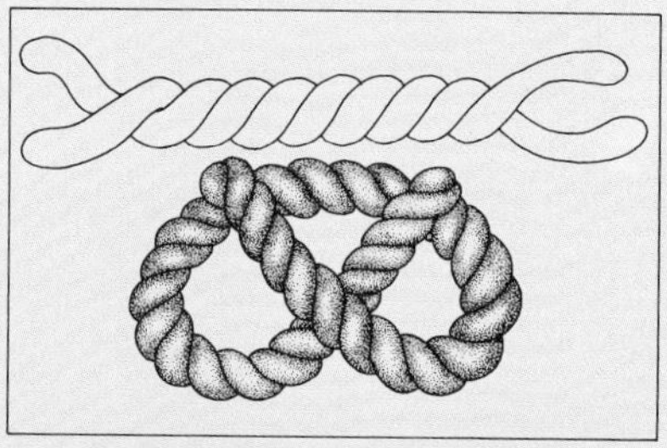

Beim Flechten eines *Dreier-Zopfes* legen Sie die drei Stränge der Zeichnung gemäß übereinander und biegen jeweils die äußeren Stränge kreuzweise nach innen.

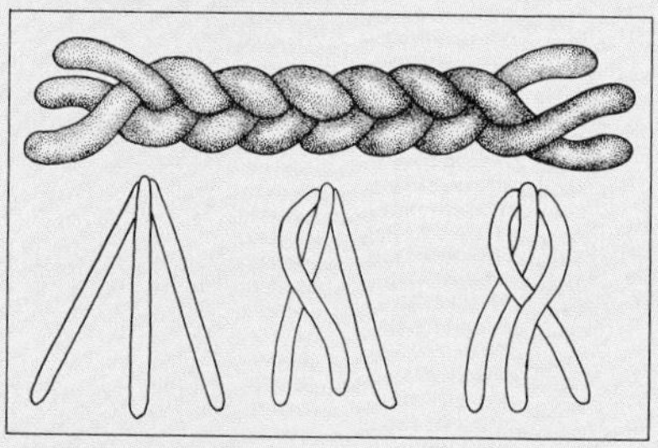

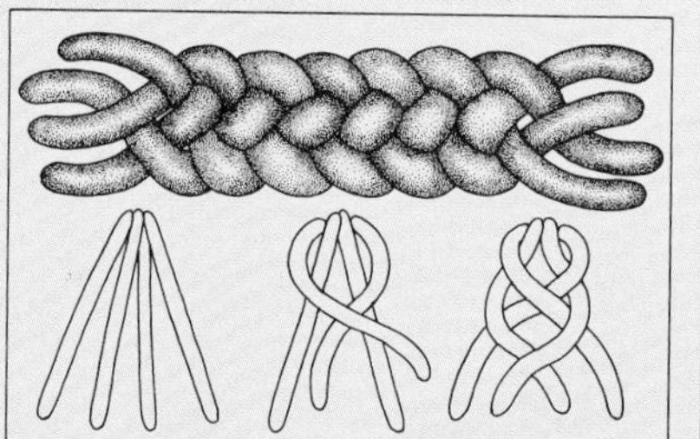

Beim *Vierer-Zopf* arbeiten Sie nach demselben Schema, doch müssen hier stets die beiden äußeren Stränge zur Mitte hin über die anderen gelegt werden.
Etwas mehr Aufmerksamkeit verlangt der berühmte *Mozartzopf,* der aus sage und schreibe acht Strängen gearbeitet wird. Hier sollten Sie die einzelnen Stränge jeweils mit Nummer versehen und dann exakt den Zeichnungen getreu flechten.

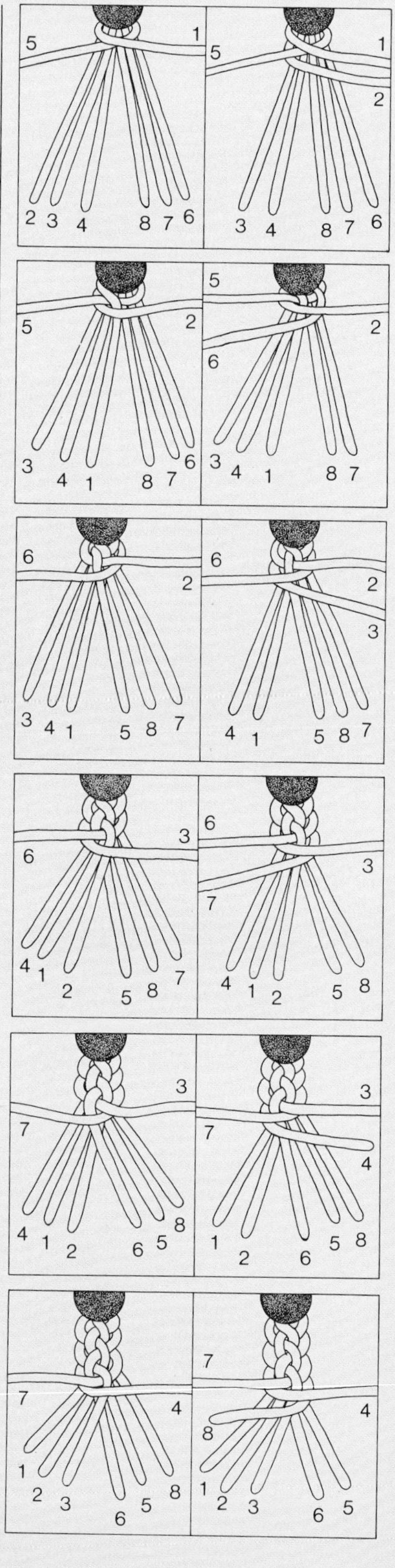

Frischhalten von Backwerk

Wohl bei jeder Kaffeetafel bleiben Kuchen- und Tortenreste übrig, die es gilt, so frisch wie möglich zu halten. Außerdem wird häufig aus zeitlichen Gründen schon Tage vor einem Fest gebacken, wie es bei den verschiedenen Plätzchen üblich ist, die oft wochenlang, in Dosen verpackt, auf Weihnachten warten. Wer dabei jedes Backwerk seinem Teig und seiner Konsistenz entsprechend aufbewahrt, kann mühelos Frische und Aroma schützen:
»Trockene« Kuchen (wie Rührkuchen, Marmorkuchen u. ä.) werden in Alufolie gewickelt und halten sich etwa 1 Woche frisch, wenn sie kühl und trocken gelagert werden. Da diese Kuchen leicht austrocknen, sollte man die Anschnittstellen doppelt mit Folie abdecken.
Hefeteiggebäcke (Obstkuchen, Zöpfe und nicht glasiertes Kleingebäck) sollten stets nur für sehr kurze Zeit aufbewahrt werden. Man wickelt sie dazu ebenfalls in Alufolie, in der man sie vor dem Servieren kurz aufbäckt.
Creme-, Sahne- und Obsttorten gehören unbedingt in den Kühlschrank, sollten aber auch dort niemals länger als höchstens 2–3 Tage verbringen müssen. Ganz wichtig ist es dabei, sie vor Geruchs- und Geschmacksübertragung zu schützen, wozu sich Alu- und Frischhaltefolien eignen. Besser sind jedoch die speziellen Tortenhauben, weil sie die Verzierungen nicht zerdrücken.
Plunder- und Blätterteiggebäcke schmekken frisch am besten. Bleibt dennoch etwas übrig, können sie – wenn sie nicht mit Glasur überzogen wurden – tiefgekühlt und vor dem Servieren nochmals aufgebacken werden.
Plätzchen (Weihnachts- wie Teegebäck) werden meistens »auf Vorrat« gebacken, und manche von ihnen brauchen eine lange Lagerzeit, um weich und mürbe zu werden bzw. ihr Aroma zu entfalten.
Generell werden alle Plätzchen sofort nach dem Backen vom Blech gelöst, auf einem Kuchendraht abgekühlt und anschließend sortiert: Gebäcksorten gleicher Teigart können in derselben Dose aufbewahrt werden, wobei man sie jedoch – um Zerbröckeln und/oder Ankleben zu verhindern – lagenweise durch Pergamentpapier oder Folie trennt. Aromaintensive Plätzchen mit verschiedenen Geschmacksrichtungen dürfen nicht zusammen in einer Dose untergebracht werden, da sich ihre Aromen miteinander vermischen würden. Ebenso müssen knusprige und weiche Plätzchen, voneinander getrennt, in gut schließenden Dosen gestapelt sein. Plätzchen, die weich und mürbe werden sollen – wie etwa Springerle, Lebkuchen und Printen – bleiben so lange an der feuchten Luft liegen, bis sie die gewünschte Konsistenz haben. Erst dann werden sie in Dosen geschichtet, wobei eine Orangenschale oder ein Apfel beigefügt wird, um die mürbe Konsistenz zu erhalten.
Stollen bleibt, nach dem Abkühlen in Alufolie verpackt, bis zu 4 Wochen frisch, wobei sich sein Aroma am besten entwickeln kann. Dabei sollte er kühl und nicht zu trocken lagern. Besonders gut hält er sich, wenn Sie ihn in einen unglasierten Tontopf legen und ein feuchtes Küchentuch darüberdecken.
Gebäcke aus Baiser- und Makronenmasse müssen dagegen völlig trocken lagern, damit sie nicht weich werden können. Mit Früchten, Eis oder feuchten Glasuren versehene Baisers lassen sich – wie auch Strudel – nicht lagern, sie werden weich.

Einfrieren von Backwerk

Gebackenes und Teige einfrieren

Bei unerwartetem Kaffeebesuch und für den kleinen Kuchenhunger zwischendurch erweist sich ein Gefriervorrat an fertigen Kuchen, Torten und Gebäck als vorteilhaft. Zudem lassen sich Küchengeräte und Backofen besser ausnutzen. So paßt in eine Küchenmaschine meist die doppelte Teigmenge, in einen normalen Herd passen mindestens zwei Kastenformen und in den Heißluftherd sogar zwei Blechkuchen.
Einfrieren lassen sich Torten, gebackene Kuchen, Kleingebäck, Brote und Brötchen.
Nicht zum Einfrieren eignen sich Baiser, Makronen und Kuchen mit Glasuren. Sie werden wie Marzipan und Obstguß wäßrig, Krokant weicht auf und wird feucht.
Die zweite Möglichkeit ist das Einfrieren von Teigen wie Rührteig, Hefeteig, Blätterteig, Brandteig, Quark-Öl-Teig, Mürbeteig, Pasteten- und Strudelteig. Bei Hefeteig sollte vorsichtshalber die Hefemenge erhöht werden. Er sollte vor dem Einfrieren nicht gehen. Um das Austrocknen zu verhindern, wird er mit Öl bepinselt. Man kann ihn aber auch bereits belegt einfrieren. Rührteig wird am besten gleich in der entsprechenden Backform (Aluform) eingefroren.
Wichtig für die Qualität des Gefrierguts – ob als Teig oder schon gebacken – ist generell der Frischegrad, bei dem das Backwerk eingefroren wird. Ein altbackenes Brötchen wird nach dem Kälteschlaf auch durch das Aufbacken nicht mehr ofenfrisch.

Verpackungsmaterial

Was immer Sie auch einfrieren wollen, in jedem Fall kommt es auf die richtige Verpakkung an: Sie muß luft- und feuchtigkeitsundurchlässig sein, um Austrocknen, Geruchs- und Geschmacksübertragung sowie bakteriellen Verderb zu verhindern. Das Verpakkungsmaterial muß fett- und säurebeständig sein und Temperaturen von −40– +60 Grad aushalten.
Polyäthylenfolie Sie ist als fertiger Beutel oder als Schlauchfolie erhältlich. Zum Einfrieren muß sie eine Mindeststärke von 0,05 mm haben. Der Vorteil liegt in der Durchsichtigkeit des Materials, die für eine gute Überschaubarkeit der Waren im Gefriergerät sorgt. Außerdem können Beutel und Folie nach gründlicher Reinigung wiederverwendet werden.
Aluform und Alufolie Aluformen gibt es in jeder Größe und Form. Folien müssen eine Stärke von 0,025–0,07 mm aufweisen. Man friert darin vor allem Kuchen wie Hefe- und Obstkuchen ein, die im Ofen aufgebacken werden. Das Gebäck kommt dann mit der Form oder Folie in den Ofen und ist gleichzeitig vor dem Austrocknen geschützt.
Kunststoffdosen Es gibt sie in allen Formen und Größen, für Kuchenportionen bis hin zur großen Tortendose. Diese stabilen Gefäße sind vor allem für empfindliches Backwerk wie Cremetorten oder Blätterteiggebäck bestens geeignet. Viereckige Dosen sind außerdem gut stapelbar und platzsparend.
Sonstige Verpackungsmaterialien Leere Joghurt-, Quark- und Margarinebecher lassen sich vor allem zum Verpacken von Backzutaten wie Eigelb, Eiweiß, Sahne und Streusel verwenden. Da sie oft keinen festen Deckel besitzen oder sich diese häufig nur schlecht schließen lassen, sollten die Gefäße zusätzlich in Folie eingewickelt werden.
Für welches Material Sie sich auch entscheiden, wichtig ist in jedem Fall, daß mit möglichst wenig Lufteinschluß verpackt wird. Aus Beuteln wird die Luft herausgestrichen oder mit Hilfe eines Trinkhalms herausgesaugt. Die Beutel können Sie mit Gummiringen, Plastikklips oder mit dem Schweißgerät verschließen.

Hinweise

Nicht so luftdicht eingefroren werden Teige, die aufgehen, also insbesondere Hefeteige, da sie beim Einfrieren und Auftauen Raum zum Gehen brauchen. Dasselbe gilt für Dosen. Auch sie füllt man nur so, daß ein 2–3 cm breiter Rand freibleibt.
Jedes noch so kleine Päckchen sollte, bevor es »ins Eis kommt«, beschriftet werden. Das erspart langes Suchen im Gefriergerät. Aus der Beschriftung müssen Art und Menge des Gebäcks sowie das Einfrierdatum hervorgehen.
Das Einfrieren selbst sollte schnell geschehen, um die Bildung großer Eiskristalle zu verhindern. Schalten Sie darum das Gefriergerät auf die kälteste Einstellung, wie Sie es ja auch beim Einfrieren von anderen Lebensmitteln tun. Verpacken Sie dabei kleine Mengen, um die Einfrier- und Auftauzeiten möglichst niedrig zu halten.
Beim Auftauen sollten Sie das Backwerk möglichst vor dem Austrocknen schützen (evtl. im Kühlschrank auftauen). Kurzes Aufbacken sorgt für Frische, wobei kleinere oder flache Gebäckstücke nicht ganz aufgetaut werden müssen.

Küchen- und Backlexikon

Die gebräuchlichsten Fachausdrücke von A–Z

Abbrennen oder Abbrühen Das Kochen des Brandteiges vor dem Backen.
Ablöschen a) Eine →Mehlschwitze nach und nach mit Flüssigkeit aufgießen. b) Beim Dünsten oder Schmoren Flüssigkeit zugießen. c) Bratfond unter Rühren mit Flüssigkeit loskochen.
Abschäumen Beim Kochen von Fleisch- und Hühnerbrühen den sich nach dem ersten Aufkochen bildenden Schaum vorsichtig, aber gründlich mit einem Schaumlöffel abheben, um das Kochgut »klar« zu halten (besonders wichtig bei Dampfdrucktöpfen, da der Schaum sonst die Düse verstopft).
Abschlagen Schlagen eines Hefeteiges mit dem Rührlöffel oder der Hand, bis sich der Teig von der Schüsselwand löst und Blasen wirft.
Abschrecken Gekochte oder kurz in kochendem Wasser →blanchierte Nahrungsmittel rasch in Eiswasser tauchen oder kalt überbrausen. Dadurch wird der Kochvorgang abrupt unterbrochen, um in bestimmten Fällen die Weiterverarbeitung zu erleichtern.
Al dente Ist italienisch und heißt »beißfest«. Die Italiener kochen vor allem Nudeln »al dente«, Spaghetti in etwa 10–12 Minuten, Makkaroni in etwa 12–15 Minuten. Ebenso wird aber auch Gemüse »al dente« gekocht.
Anbraten Fleischstücke (evtl. auch Pilze und Zwiebeln) bei großer Hitze in sehr heißem Fett rundherum rasch bräunen, damit sich die Poren schließen und der Saft nicht auslaufen kann. Anbraten ist meist die Vorstufe zum Schmoren.
Andünsten Insbesondere Gemüse, aber auch helles Fleisch und Fischfilets in nicht zu heißem Fett bei milder Hitze wenden, so daß sich zwar die Poren schließen, das Gargut jedoch keine Farbe nimmt. Dann mit Flüssigkeit angießen.
Anschwitzen Mehl (oder auch Paprikapulver) in heißes Fett geben und unter Rühren ganz vom Fett durchtränken lassen. Helle (Mehl-)Schwitzen brauchen nur wenige Minuten, für dunkle muß das Mehl eine kräftige Farbe bekommen. Wichtig ist dabei jedoch, daß es nur bräunt, nicht aber anbrennt. Ebenso kann man für »abgebrannte« Suppen auch Grieß oder Haferflocken anschwitzen. Nach dem Anschwitzen wird grundsätzlich unter ständigem Rühren nach und nach mit einer Flüssigkeit aufgegossen, in der das Mehl (oder anderes) dann ausquellen kann.
Aprikotieren Einen Kuchen vor dem Glasieren mit Aprikosenkonfitüre bestreichen. Es können auch andere Fruchtkonfitüren verwendet werden. Durch das Aprikotieren haftet die Glasur besser auf dem Kuchen, hält ihn frisch und verhindert, daß die Glasur in den Teig eindringt und ihn dadurch später durchfeuchtet.
Aufbacken Nochmaliges Backen von Kuchen und Gebäck, das durch langes Lagern an Frische verloren hat. Das Backwerk sollte im Backofen mit Alufolie bedeckt werden, um das Austrocknen zu verhindern. Gebäck mit Puderzuckerglasur eignet sich nicht zum Aufbacken.
Ausbacken →Fritieren.
Ausbeinen Geflügel – aber auch Fleisch und Wildfleisch – so von den Knochen lösen, daß die Fleischfasern möglichst nicht verletzt werden und das Fleischstück seine ursprüngliche Form behält.
Ausfüttern Auskleiden einer Backform mit dünnem Blätter- oder Mürbeteig.
Backen Garen von Teigen bei Temperaturen von 140–250 °C. Beim Backen gerinnt das Eiweiß des Mehls und bildet eine feste Gerüstsubstanz des Kuchens. Die Porung entsteht durch das vom jeweiligen Triebmittel erzeugte Kohlendioxid.
Baiser, Meringe oder Meringue Trockenes Schaumgebäck aus Eischnee und feinem Zucker, zum Teil mit Schokolade, geriebenen Nüssen und Likören aromatisiert. Das Wort Baiser kommt aus dem französischen und bedeutet Kuß.
Bardieren Mageres Fleisch (insbesondere Geflügel, Wild und Rinderbraten) oder Fische mit Speckscheiben umwickeln und festbinden, damit das Gargut a) saftig bleibt und b) den zarten Rauchgeschmack des Specks etwas übernimmt. Ersetzt häufig das Spicken, bei dem die Fleischfasern leicht verletzt werden können.
Beizen Fleisch, Wild, Geflügel, Fisch oder Gemüse in eine Mischung aus Essig oder Rotwein (meist aufgekocht und wieder abgekühlt) oder Buttermilch, Gewürzen und Kräutern einlegen, um a) den Geschmack zu beeinflussen und b) bestimmte Nahrungsmittel mürbe zu machen. Die Beize kann auch als Schmorflüssigkeit oder Saucengrundlage weiterverwendet werden. In der Beize wird grundsätzlich nicht serviert (Gegensatz: →Marinade).
Besieben Bestreuen von Kuchen und Gebäck mit Puderzucker oder Kakao mit Hilfe eines Haarsiebes.
Binden Suppen und Saucen mit Mehl, Speisestärke, Sahne oder Eigelb sämig machen. Mehl und Speisestärke werden mit Wasser glattgerührt, dann in die Flüssigkeit gegeben und kurz aufgekocht. Eigelb wird mit etwas Sauce oder Suppe verquirlt und dann neben dem Herd in die nicht mehr kochende Flüssigkeit gerührt (beim Aufkochen würde es gerinnen). Saure Sahne darf ebenfalls nicht in kochende Flüssigkeit gegeben werden, wohl aber →Crème fraîche und süße Sahne.
Blanchieren Rohe Nahrungsmittel (vor allem Obst und Gemüse, aber auch Innereien) mit kochendem Wasser übergießen (oder in einem Drahtkorb in kochendes Wasser tauchen) und kurz darin ziehen lassen. Oder in kurzer Zeit im Wasser bis zum Kochen bringen, dann abgießen und →abschrecken. Bei Obst und Gemüsen, die anschließend tiefgekühlt werden, wird auf diese Weise die Tätigkeit der →Enzyme gestoppt und eine Verfärbung verhindert.
Blausud Fischsud mit einem Essigzusatz, in dem Karpfen, Aal oder Forellen »blau« gekocht werden. Der Essig färbt die dünne (leicht verletzliche) Schleimschicht der Fische blau.
Blindbacken Backen von Teigen, meist Mürbeteigen, ohne Füllung. Um zu verhindern, daß der Rand einsinkt, wird der Teig in der Form mit Papier ausgelegt, Trockenerbsen, -bohnen oder Papierkugeln als Füllung mitgebacken und nach dem Backen wieder entfernt. Eine andere Möglichkeit ist es, einen Pergamentstreifen- oder Alustreifen an den Teigrand zu drücken. Diese Blindform kann, nachdem sie ausgekühlt ist, belegt oder gefüllt werden.

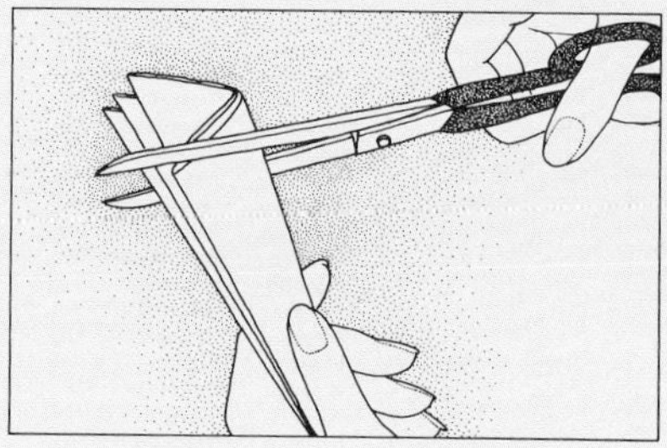

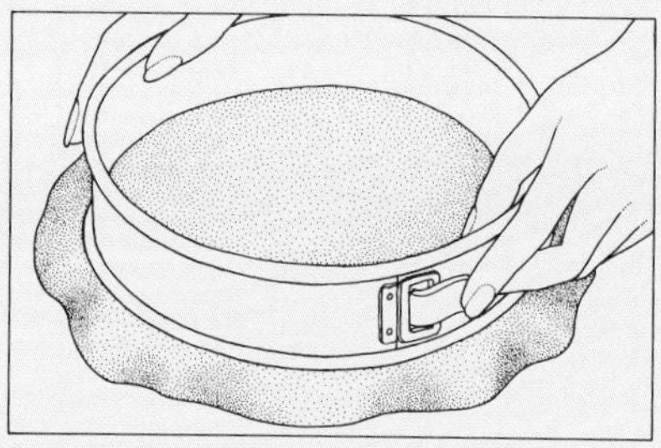

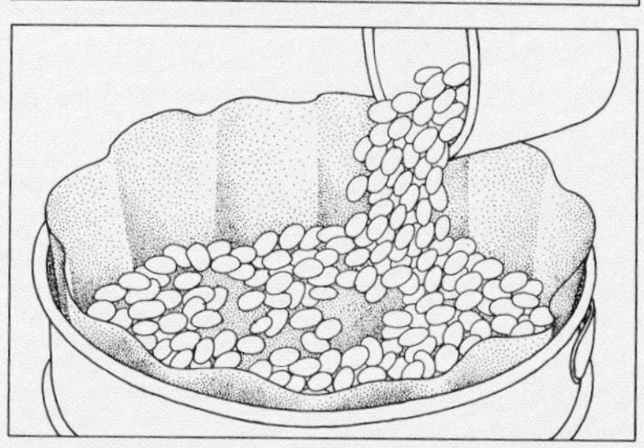

Bouquet garni Aus dem Französischen übernommene Bezeichnung für einen Gewürz- und Kräuterstrauß, der Petersilie, Blatt- oder Knollensellerie, Lauch, Thymian und Lorbeerblatt enthält und in Bouillons mitgekocht (und vor dem Anrichten wieder entfernt) wird. Wird auch getrocknet in Mullbeutelchen angeboten.

Charlotte Süßspeise, die eine Hülle aus Löffelbiskuits, Biskuit oder Waffeln und einen Kern aus Creme, Früchtepüree oder Eis besitzt.
Crème fraîche Eine ursprünglich nur in Frankreich hergestellte dicke Sahne mit leicht säuerlichem Geschmack, die in Fettstufen von 28–40% angeboten wird. Um die Haltbarkeit zu verlängern, wird gelegentlich noch ein Bindemittel zugefügt. Crème fraîche eignet sich für kalte und warme Saucen und kann durch Kochen →eingedickt werden.
Dressieren a) Geflügel vor dem Braten in eine gefällige Form binden. Sind nur die oberen Flügelhälften noch an dem Tier, kann man die Keulen auch »dressieren«, indem man die untere Bauchhaut quer etwa 3 cm einschneidet und die gekreuzten Keulen unter der Haut hindurchsteckt. Das Bindegarn wird vor dem Servieren entfernt. b) Beim Backen versteht man darunter das Formen von Gebäckstücken mit dem Spritzbeutel (Dressiersack).
Einbrenne Eine Mischung aus Fett und Mehl →anschwitzen und je nach Verwendungszweck eine helle oder dunkle Farbe nehmen lassen. Langsam und unter ständigem Rühren mit heißer Flüssigkeit aufgießen. Einbrennen sind Grundlage von Saucen und Suppen. Auch →Mehlschwitze genannt.
Einkochen lassen Brühe, Sud oder Sauce so lange bei verhältnismäßig starker Hitze im offenen Topf kochen, bis die gewünschte Konsistenz erreicht ist. Wird auch →reduzieren genannt.
Entbeinen Rohe oder gekochte Fleischstücke oder Geflügel vom Knochen lösen.
Entfetten Von Saucen oder Brühen überschüssiges Fett abnehmen. Saucen, die rasch serviert werden sollen, läßt man neben dem Herd etwas abkühlen, das Fett setzt sich oben wie eine dünne Haut ab und kann leicht abgehoben werden, wenn man den Topf etwas schräg hält. Fettreste werden mit Lösch- oder Haushaltspapier »aufgesogen.« Ebenso wird bei Brühen verfahren, die unmittelbar nach dem Kochen aufgetragen werden. Andernfalls läßt man sie ganz erkalten und hebt dann das erhärtete Fett ganz ab.
Enzyme In allen Lebensmitteln enthaltene Eiweißstoffe, die bestimmte chemische Reaktionen auslösen, lenken oder beschleunigen können (z. B. Vitamine oder Aromastoffe abbauen). Sie sind wenig kälte-, aber sehr hitzeempfindlich, bei etwa 50–60 °C lassen ihre Aktivitäten erheblich nach.
Erstarren Zeitpunkt, zu dem eine Speise beginnt, fest zu werden. Beim Durchrühren bleiben deutliche Streifen, sogenannte Straßen, zurück.
Farce Füllung für Fleisch, Fisch, Geflügel oder Gemüse, die aus Fleisch, Fisch, Gemüse, Brot, Kräutern, Bratwurstmasse oder Kartoffeln bestehen kann.
Filtrieren Brühe (oder auch Fritierfett) durch ein sauberes Mull- oder Leinentuch, eine Filtertüte oder einen Milchfilter gießen, um sie von Kochrückständen zu »säubern«.
Fines Herbes Mischung feiner Kräuter in verschiedenen Zusammensetzungen für Suppen, Saucen oder Salate. Werden auch als getrocknete Mischung angeboten.
Flambieren Eine Speise mit hochprozentigem (mehr als 50%), aromatischem Branntwein (z. B. Weinbrand, Cognac, Kirschwasser, Rum, Whisky) übergießen und ihn anzünden. Oder den Branntwein in einer Kelle erwärmen und anzünden, dann brennend über eine Speise gießen (die Kelle beim Anzünden schräg über die Speise halten). Zum Flambieren eignen sich besonders kleine, zarte Fleisch- und Geflügelteile, Innereien und Desserts.
Flammeri Das, was meistens fälschlich als →Pudding bezeichnet wird. Ein Flammeri ist jedoch eine Süßspeise aus Flüssigkeit (wie Milch, Obstsaft, Wein), in der grundsätzlich ein Bindemittel (wie Grieß, Puddingpulver, Speisestärke, Reis, Sago oder Grütze) gekocht, bzw. ausgequollen wird. Flammeri kann beliebig mit Eigelb und/oder geschlagenem Eiweiß verfeinert werden. Er wird stets kalt serviert.
Fleischextrakt Industriell hergestellte, stark eingedickte Fleischbrühe von fast pastenartiger Konsistenz. 30–40 kg Fleisch ergeben 1 kg hocharomatischen Extrakt.
Zum Verfeinern von Suppen und Saucen.
Fond Flüssigkeit oder stark konzentrierter Fleischsaft. Entsteht beim Kochen, Braten oder Dünsten von Fisch, Fleisch, Wild und Gemüse, kann aber auch aus gerösteten Knochen, Gemüsen und Zwiebeln gesondert zubereitet werden. Fond sollte grundsätzlich als Saucenbasis zu dem jeweiligen Gericht verwendet werden.
Fritieren Ausbacken von Gebäck, Fleisch und Gemüse in heißem Pflanzenfett.
Garnieren Ein Gericht mit rohem oder gekochtem Gemüse, Champignons, Kräutern, Zitronen, Eiern u. a. be- oder umlegen. Garnierungen werden in Scheiben, Achteln, Schnitzel, Röschen oder andere gefällige Formen geschnitten.
Garnitur Ist die Beilage eines Gerichtes, aber auch die Einlage von Suppen oder Saucen. »Klassische« Garnituren geben vielen Gerichten ihren Namen. Garnituren werden benannt nach:
1. Standes-, Rang- und Berufsbezeichnungen (auf kaiserliche Art, nach Botschafterart, nach Hausfrauen-, Gärtnerinnen- oder Bäkkerinnenart u. ä.),
2. Landschafts- oder Ortsnamen (z. B. auf Florentiner Art, auf Burgunder Art, auf ungarische Art, auf Nizzaer Art usw.),
3. berühmten Persönlichkeiten (Bismarck, Mozart, Talleyrand, Nelson, Dubarry, Carême usw.),
4. Phantasiebezeichnungen (köstliche Art, reiche Art, Glücksbringerart, Frühlingsart, Lieblingsart usw.).
Garprobe a) Bei großen Fleischstücken notwendig. Nicht durchgebratenes Fleisch gibt auf Druck nach, und beim Einstechen tritt roter Fleischsaft aus. Durchgebratenes Fleisch ist nicht mehr elastisch, beim Einstechen fließt klarer Saft heraus. b) Überprüfen eines Teiges, ob er durchgebacken ist. Die bekannteste Garprobe ist die Stäbchenprobe: Ein Holzspießchen in die Mitte des Kuchens stecken. Bleibt beim Herausziehen Teig daran, ist der Kuchen noch nicht durchgebacken.
Biskuitplatten sind gar, wenn bei Fingerdruck keine Druckstelle auf der Oberfläche bleibt.
Gelatine Produkt aus Knochenleim, das als Geliermittel dient. Gelatine ist in Blattform und pulverisiert im Handel, wobei die Gelatineblätter die bessere Qualität besitzen. Es gibt farblose und rote Gelatine, beide haben die gleiche Gelierfähigkeit, rote wird meist aus optischen Gründen verwendet. Gelatineblätter müssen vor dem Gebrauch zunächst kalt eingeweicht werden. Pulverisierte läßt man im Wasser quellen. Wird eingeweichte Gelatine in eine kalte Speise eingerührt, wird sie vorher in einem Töpfchen bei mittlerer Hitze unter ständigem Rühren aufgelöst. Gelatine sollte auf keinen Fall zum Kochen kommen, weil dabei ein übler Geruch entsteht. Soll eine heiße Speise gelatiniert werden, können die ausgedrückten Gelatineblätter gleich eingerührt werden. Pulver sollte jedoch vorher auf der Herdplatte aufgelöst werden. Wichtig ist, daß die Gelatine beim Einrühren in eine Creme schnell und gleichmäßig verteilt wird. Es bilden sich sonst Gelatinefäden und die Speise wird nicht fest.
Gerinnen Vorgang, der eintritt, wenn Zutaten für Cremes und Teige ungleich temperiert sind oder wenn Milch sauer ist. Sind verschieden warme Zutaten verwendet worden, läßt sich durch Schlagen über Wasserdampf meistens noch eine homogene Masse herstellen.
Glace Dick eingekochter Fleischsaft, der beim Erkalten fest wird.
Glacieren Fleischstücke zum Anrichten mit Glace überziehen.
Glasieren Backwaren mit Überzügen versehen, die das Aussehen und den Geschmack verbessern und das Austrocknen verhindern sollen.
Glukose Aus Stärke gewonnener Sirup, der in der Industrie zur Herstellung von Süßwaren verwendet wird.
Gratinieren Speisen bei starker Oberhitze im Grill oder Backofen →überbacken.
Hachée (Haschee) Gericht aus feingehacktem Fleisch, Innereien, Fisch oder Gemüse. Kann auch als →Farce oder Umhüllung (unter einem Teigmantel) verwendet werden.
Hefe Ist ein biologisches Triebmittel. Bei der Hefegärung entsteht Kohlendioxid und wenig Alkohol, die den Teig treiben und dadurch lockern. Hefe ist als sogenannte Preß-

hefe in Würfeln im Handel. Sie sollte stets frisch verwendet werden. Frische Hefe hat einen rahmigen Bruch. Überlagerte Hefe ist bräunlicher und trocken. Sie ist als Triebmittel nicht mehr geeignet. Für den Vorrat gibt es Dauerbackhefe (Trockenhefe). Sie ist ein Granulat, das direkt ins Mehl gestreut wird und das Bereiten eines Vorteiges erspart.

Instant Industriell hergestellte pulverisierte Lebens- und Genußmittel (Kaffee, Tee, Fleischbrühe, Geflügelbrühe, Saucenpulver, Mehl), die sich in kalter und warmer Flüssigkeit auch ohne Kochen sofort und vollständig klumpenfrei auflösen.

Julienne Ganz fein geschnittene Streifen von Gemüse, aber auch von Fleisch, Käse oder den Schalen von Zitrusfrüchten.

Jus Entfetteter Bratensaft, der beim Erkalten geleeartig erstarrt. Jus kann aus angerösteten Kalbsknochen und Suppengrün gesondert zubereitet werden, um damit Bratensaucen zu verfeinern oder kalten Braten zu überziehen. Jus ist aber auch die Bezeichnung für den reinen Bratensaft.

Karamelisieren Zucker unter ständigem Rühren bei nicht zu starker Hitze schmelzen und eine hellbraune Farbe nehmen lassen. Mit Fett- oder Flüssigkeitsbeigabe wird daraus Karamel. Mit karamelisiertem Zucker kann man Speisen färben, mit Karamel werden Süßspeisen verfeinert.

Klären (klarifizieren) Alle trübenden Bestandteile aus Fisch- oder Fleischbrühen entfernen. a) Mit Eiweiß: Eischnee mit etwas Brühe vermischen, unter ständigem Rühren die gesamte Brühe dazugeben und aufkochen lassen. Dann durch ein Mulltuch oder einen Milchfilter seihen. b) Mit Klärfleisch: Mageres, durchgedrehtes Rindfleisch und ungeschlagenes Eiweiß in die Brühe geben, diese aufkochen und dann ebenfalls durchseihen.

Kneten Vermischen von Zutaten zu einem glatten Teig. Man kann mit den Händen, dem Handrührgerät und mit der Küchenmaschine kneten. Beim Kneten mit den Händen kann man die Konsistenz besser fühlen und für die richtige Konsistenz gegebenenfalls noch Flüssigkeit oder Mehl zufügen.

Kräutersträußchen →Bouquet garni.

Legieren Suppen oder Saucen mit Eigelb oder Sahne →binden.

Marinade Ist wie die →Beize eine den Geschmack von Lebensmitteln verbessernde, mit Gewürzen und Kräutern vermischte säuerliche Flüssigkeit. Jedoch wird Mariniertes im Gegensatz zu Gebeiztem in der Marinade serviert. Auch Salatsaucen werden häufig als Marinade bezeichnet. Typische Marinadengewürze sind: Schalotten (besser als Zwiebeln), Knoblauch, Dill, Petersilie, schwarzer und weißer Pfeffer aus der Mühle, Cayennepfeffer, Ingwer, gemahlener Koriander, Rosmarin und Thymian.

Mazerieren Früchte oder Gebäck (z.B. Biskuits) mit Alkohol tränken – vor allem für Süßspeisen.

Mehlschwitze →Einbrenne.

Melieren Lockeres Unterheben von Mehl und anderen Zutaten in feine Teige.

Meringe oder Meringue →Baiser.

Mirepoix Gewürfeltes Suppengemüse (wie Zwiebeln, Lauch, Karotten, Petersilienwurzel, Sellerieknolle), meist in ausgelassenen Speckwürfeln angeröstet (oder in Schmalz, Butterschmalz, Margarine), das zum Aromatisieren von dunklen Saucen und gebundenen Suppen, aber auch als Bratfondgrundlage für dunkles Fleisch und kräftige Fische verwendet wird. Gelegentlich wird Mirepoix zusätzlich mit Lorbeerblatt und Thymian gewürzt. Vor dem Servieren durchseihen.

Nappieren Eine Fleisch-, Fisch-, Gemüse- oder Süßspeise mit Sauce, Gelee, Sahne oder Guß überziehen. Besonders für Gerichte eines kalten Buffets geeignet, weil durch das Nappieren das Austrocknen der Oberfläche verhindert wird.

Naturell oder nature Bezeichnung vor allem für flache Fleischstücke (Schnitzel, Steaks, Geflügelfilets) oder Fischfilets, die ohne →Panade, nur gewürzt, gebraten werden.

Panade Umhüllung für Fleisch, Fisch, Gemüse, Obst, Eier und geformtes Kartoffelpüree, die meist aus drei Schichten besteht: Mehl, gewürztem, verquirltem Ei und Semmelbröseln (Paniermehl). Gewürzte Panademischungen gibt es als Fertigprodukt.

Parieren Fleisch- oder Fischstücke vor der Zubereitung von Haut, Sehnen und Fett befreien und gleichmäßig zurechtschneiden. Medaillons z.B. werden zusätzlich auch mit Garn rund gebunden.

Passieren Fertige Speisen (z.B. Obst, Gemüse oder Saucen) durch ein Sieb streichen.

Pökeln Fleisch oder Geflügel roh in eine Kochsalzlösung einlegen oder mit Pökelsalz einreiben, um es a) haltbarer zu machen und b) den Geschmack zu verändern (z.B. Kasseler, Schinken, Eisbein, Gänsekeulen).

Pudding Süße oder pikante Speisen, die grundsätzlich ein Getreideprodukt und Eier enthalten und – in eine spezielle Puddingform gefüllt – im kochenden Wasser gegart werden. Wegen des sogenannten Puddingpulvers werden →Flammeris oft fälschlich als Pudding bezeichnet.

Pürieren Gemüse, Kartoffeln, Obst oder auch gekochtes weißes Fleisch zu Püree (Mus) verarbeiten. Dazu entweder durch ein Sieb streichen, mit dem Kartoffelstampfer, dem Pürierstab des Handrührgeräts oder im Mixer (Kartoffeln nicht) zerkleinern. Kleinere Mengen (z.B. Sardellenfilets) werden im Mörser püriert.

Reduzieren →Einkochen.

Reibbrot Semmelbrösel (Paniermehl) zum Panieren.

Sautieren Kleine, sehr zarte, in Würfel oder dünne Scheiben geschnittene Fleischteile rasch anbraten und mit wenig Flüssigkeit kurz schmoren. Erst nach dem Garen würzen.

Schlagen Das Schlagen von Teig ist nicht zu verwechseln mit dem Rühren. Man schlägt Teig mit den Händen oder mit dem Rührlöffel, wobei er immer wieder hochgehoben und mit dem restlichen Teig zusammen geschlagen wird (beispielsweise bei Hefeteig und bei Strudelteig).

Schmelzen Das Verflüssigen von Schokolade, Nougat oder Fett, meist auf dem Wasserbad.

Schwaden geben Dampf erzeugen im Backofen, indem man Wasser in den heißen Ofen schüttet. Dieses Verfahren wird vor allem beim Brotbacken angewandt.

Spicken a) Mageres Fleisch oder ganze Fische mit Hilfe einer Spicknadel mit bleistiftdicken Speckstreifen durchziehen, um das Austrocknen beim Braten zu verhindern und das Speckaroma in das Fleisch einziehen zu lassen. Häufig wird der Speck zuvor in aromatischen Alkohol eingelegt. Da die Spicknadel aber die Fleischfasern verletzen kann, wird statt dessen heute mehr →bardiert.
b) Zur Geschmacksverbesserung Trüffel-, Sardellen- oder Hartkäsestreifen oder halbierte Knoblauchzehen in kleine Einschnitte von Fleisch oder Fisch stecken.

Spiegel gießen Methode bei der Herstellung von Gelees, um glatte Oberflächen zu erzeugen. Dazu wird eine dünne Geleeschicht in eine Form gegossen, so daß auch die Ränder damit bedeckt sind. Erst wenn diese Schicht geliert ist, wird der Rest eingefüllt.

Stäbchenprobe →Garprobe.

Straßen ziehen →Erstarren.

Sud Gut gewürzte Brühe, in der Fleisch, Fisch oder Gemüse gekocht werden. Um Fischsud zu bereiten, verwendet man Fischabfälle (Kopf, Flossen, Schwanz) und Suppengrün.

Suppengrün Meist fertig zu kaufende Zusammenstellung von je einem Stück Möhre (gelbe Rübe), Sellerie, Lauch und Petersilienwurzel. Zusätzlich können noch ein Stück weiße Rübe und einige Petersilienstengel dazukommen. Suppengrün ist als gefriergetrocknete und tiefgekühlte Mischung fertig im Handel. Dann in Mullbeutelchen oder gefalzten Filtertüten mitkochen.

Tourieren oder Touren geben Technik zur Herstellung von Blätter- und Plunderteig: Kalte Butter wird in den ausgerollten Teig geschlagen und beides zusammen dünn ausgerollt. Der Teig wird dann zusammengefaltet und wieder dünn ausgerollt. Dieser Vorgang wird 4–5mal wiederholt.

Tranchieren Appetitliches Zerteilen von Fleisch und Geflügel in Einzelportionen oder Scheiben.

Tränken Einen Teigboden oder Kuchen mit Flüssigkeiten, wie Fruchtsaft, Zuckerlösung oder Likör, durchfeuchten oder das Gebäck hineinlegen.

Überbacken →Gratinieren. Dazu wird das Gericht meist entweder mit geriebenem Käse

Geflügel tranchieren
Ziffern in der Reihenfolge der Arbeitsschritte

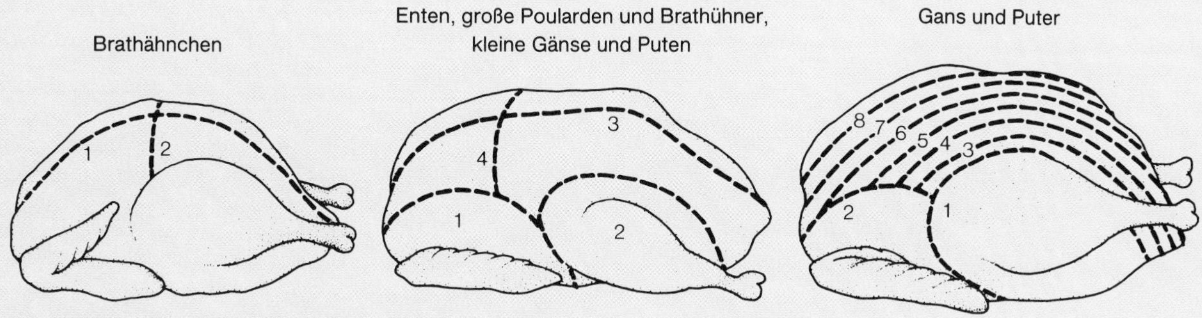

Anmerkung: Wie Ente lassen sich Brathähnchen auch roh zerlegen.

oder einer Käse-Semmelbrösel-Mischung und Butterflöckchen oder einer Eier-Käse-Sahne-Mischung bedeckt.
Überflämmen Kurzes Überbacken oder -grillen, meist von Baiser.
Überglänzen →Glacieren.
Unterheben Lockeres Untermischen einer Masse unter eine andere mit Hilfe eines Kochlöffels. Der Ausdruck wird meist im Zusammenhang mit Eischnee gebraucht.
Unterziehen Langsames Einrühren und Vermischen von feinen Substanzen, wie Mehl, Flüssigkeiten oder Cremes, in einen Teig mit Hilfe eines Schneebesens.
Vorheizen Den Backofen auf die im Rezept angegebene Temperatur anheizen. Vorheizen dauert je nach Modell 10–20 Minuten.
Vorteig Teigansatz zur Lockerung eines Hefeteiges aus Mehl, Hefe, Zucker und lauwarmer Milch, in dem die Hefe bereits zu gären beginnt und Treibgase bildet.
Wasserbad Ein Topf mit heißem Wasser, in dem ein kleineres Gefäß hängt oder steht. In dem kleinen Gefäß werden Speisen gegart, abgeschlagen, geschmolzen oder zubereitet, die der direkten Strahlungshitze des Herdes nicht ausgesetzt werden dürfen (z. B. Eierstich, Buttersaucen, aufgeschlagene Cremes).
Wirken Rollen und Kneten von kleinen Teigstücken, um sie zu formen und eine glatte Oberfläche zu erzeugen.
Ziehen lassen Speisen, wie zarten Fisch, Knödel, Klöße u. ä., im nicht kochenden Wasser bei Temperaturen zwischen 75 und 95 °C garen.
Zusammenschlagen Ein Vorgang bei der Brotteigbereitung: Nach der ersten Gärung ist der Teig ums Doppelte aufgegangen, er ist großporig und enthält zuviel Luft. Sie wird dadurch entfernt, daß man mehrmals die Hand in den Teig steckt und ihn sorgfältig zusammendrückt.

Register

Sachregister

Rezeptregister

Register

Backtabelle

Gebäckart	Heißluft		Backzeit	Ober- und Unterhitze	
	Einschubhöhe	Temperatur		Einschubhöhe	Temperatur
Hohes Gebäck					
Kastenkuchen	Mitte	150–170 °C	50–60 Min.	unteres Drittel	170–190 °C
Napfkuchen	Mitte	150–170 °C	50–60 Min.	unteres Drittel	170–190 °C
Sandkuchen	Mitte	150–170 °C	65–80 Min.	unteres Drittel	160–180 °C
Königskuchen	Mitte	150–170 °C	65–80 Min.	unteres Drittel	160–180 °C
Honigkuchen	Mitte	150–170 °C	50–60 Min.	unteres Drittel	160–180 °C
Halbhohes Gebäck					
Biskuittorte	Mitte	160–180 °C	30–40 Min.	unteres Drittel	170–190 °C
Obsttorte	unteres Drittel	150–170 °C	40–50 Min.	unteres Drittel	170–190 °C
Quarktorte	unteres Drittel	140–160 °C	60–80 Min.	unteres Drittel	160–180 °C
Rührteigtorte	unteres Drittel	150–170 °C	40–50 Min.	unteres Drittel	170–190 °C
Hefezopf, Hefekranz	Mitte	160–180 °C	30–40 Min.	unteres Drittel	180–200 °C
Strudel, Pie	Mitte	170–190 °C	35–45 Min.	unteres Drittel	180–200 °C
Stollen	Mitte	150–170 °C	60–70 Min.	unteres Drittel	170–190 °C
Windbeutel	Mitte	170–190 °C	30–40 Min.	unteres Drittel	200–220 °C
Brot	Mitte	180–200 °C	50–60 Min.	unteres Drittel	200–220 °C
Flaches Gebäck					
Kuchen auf dem Blech mit Obstbelag	Mitte	150–170 °C	40–50 Min.	unteres Drittel	180–200 °C
Kuchen auf dem Blech mit trockenem Belag	unteres Drittel	160–180 °C	20–30 Min.	unteres Drittel	190–210 °C
Biskuitrolle (vorheizen)	Mitte	180–200 °C	8–12 Min.	unteres Drittel	200–220 °C
Mürbeteig-Tortenboden	unteres Drittel	160–180 °C	20–30 Min.	unteres Drittel	180–200 °C
Blätterteig	Mitte	170–190 °C	15–25 Min.	Mitte	200–220 °C
Kleingebäck					
Aus Mürbeteig	Mitte	150–170 °C	15–25 Min.	unteres Drittel	190–210 °C
Aus Hefeteig	Mitte	150–170 °C	20–25 Min.	unteres Drittel	190–210 °C
Aus Eiweißmasse	Mitte	100–120 °C	40–50 Min.	unteres Drittel	110–130 °C
Gebäcke aus gekühlten Fertigteigen	Mitte	140–160 °C	18–25 Min.	unteres Drittel	180–200 °C
Aufläufe					
Aus rohen Zutaten	Mitte	150–170 °C	45–55 Min.	unteres Drittel	170–190 °C
Aus gegarten Zutaten	Mitte	180–200 °C	25–35 Min.	Mitte	200–200 °C

Hinweise

Die Tabellen-Angaben beziehen sich – soweit nicht anders vermerkt – auf das Einsetzen in den kalten Backofen. Wird vorgeheizt, so verkürzen sich die Backzeiten geringfügig.

Unteres Drittel:	Einschubhöhe 1 oder 2	für 1 Blech
Mitte:	Einschubhöhe 2 oder 3	
Oberes Drittel:	Einschubhöhe 3, 4 oder 5	
Unteres und oberes Drittel:		für 2 Bleche

Karl Höll

Wasser

Untersuchung · Beurteilung · Aufbereitung · Chemie · Bakteriologie · Virologie · Biologie

7., völlig neu bearbeitete Auflage

Unter Mitwirkung von

Sven Carlson
Dietrich Lüdemann
Hans Rüffer

Walter de Gruyter · Berlin · New York 1986

Karl Höll, Prof. Dr. phil. Dr.-Ing. E. h.
Vereidigter Chemiker,
Hespenkamp 21
3000 Hannover-Herrenhausen

Hans Rüffer, Prof. Dr.-Ing.
Institut für Siedlungswasserwirtschaft
Technische Universität Hannover
Welfengarten 1
3000 Hannover 1

Sven Carlson, Prof. Dr. med.
Vorstand des Hygiene-Instituts der Stadt Nürnberg
Flurstraße 17
8500 Nürnberg 15

Dietrich Lüdemann, Dr. rer. nat.
Direktor und Professor am Bundesgesundheitsamt
Institut für Wasser-, Boden- und Lufthygiene
Corrensplatz 1
1000 Berlin 33

1. Auflage 1943	4. Auflage 1968	Englischsprachige
2. Auflage 1958	5. Auflage 1970	Auflage
3. Auflage 1960	6. Auflage 1979	1972
	7. Auflage 1986	

CIP-Kurztitelaufnahme der Deutschen Bibliothek

Höll, Karl:
Wasser : Unters., Beurteilung, Aufbereitung, Chemie, Bakteriologie, Virologie, Biologie / Karl Höll. Unter Mitw. von Sven Carlson ... – 7., völlig neu bearb. Aufl. – Berlin ; New York : de Gruyter, 1986.
ISBN 3-11-009812-1

Satz: Arthur Collignon GmbH, Berlin. Druck: Karl Gerike, Berlin. Bindearbeiten: Dieter Mikolai, Berlin.

Printed in Germany

Vorbemerkung zur 7. Auflage

Wegen der regen Nachfrage war die 6. Auflage relativ schnell vergriffen. In der vorliegenden 7. Auflage wurden alle Kapitel überarbeitet und ergänzt.

Der Teil **Bakteriologie, Virologie** wurde von Herrn Professor Carlson neu verfaßt – insbesondere werden die neue Trinkwasserverordnung* und die neuen Bestimmungen über Mineral- und Heilwasser berücksichtigt.

Der Teil **Abwasser** wurde von Herrn Professor Rüffer auf den neuesten Stand gebracht. So muß es dankbar begrüßt werden, daß beide Mitautoren wieder bereit waren, an dieser Neuauflage mitzuarbeiten.

Hannover, Januar 1986 Karl Höll

* Die Trinkwasserversorgung für die Bevölkerung erfolgt durch eine Vielzahl großer und kleiner Wasserversorgungsanlagen. Hydrogeologische Gegebenheiten, unterschiedliche Bodennutzung und Umweltbelastung bestimmen die Beschaffenheit des Wassers. In einigen Gebieten läßt sich eine Nutzung von Oberflächenwasser nicht vermeiden, in anderen stehen Brunnen mit guter Wasserqualität zur Verfügung. Um die Sicherheit und Akzeptans des Trinkwassers und des Wassers für Lebensmittelbetriebe zu gewährleisten, ist eine gute Technik in den Wasserversorgungsunternehmen und ein gutes Überwachungssystem notwendig.

Die Anforderungen an die Beschaffenheit des Trinkwassers, des Wassers für Lebensmittelbetriebe sowie die Überwachung der Wassergewinnungs- und Wasserversorgungsanlagen sind in der *Verordnung über Trinkwasser und über Wasser für Lebensmittelbetriebe* (Trinkwasser-Verordnung, TrinkwV) festgelegt. Die gesetzlichen Grundlagen für diese Verordnung bilden das Bundesseuchengesetz und das Lebensmittel- und Bedarfsgegenständegesetz.

Die TrinkwV vom 31. Januar 1975, zuletzt geändert durch die Verordnung vom 1. August 1984, ist zur Umsetzung der Richtlinie des Rates der Europäischen Gemeinschaft vom 15. Juli 1980 über die Qualität von Wasser für den menschlichen Gebrauch *neu gefaßt worden.* Die Anforderungen an die bakteriologischen, physikalischen, physikalisch-chemischen und chemischen Untersuchungen und die Wertung ihrer Ergebnisse wurden dem Stand der wissenschaftlichen Erkenntnis angepaßt.

Um den Hygienestandard zu gewährleisten, müssen die mikrobiologischen Anforderungen dauernd erfüllt sein. Die in der Verordnung festgesetzten Werte für Stoffe und Kenngrößen orientieren sich an den Werten der Richtlinie des Rates. Bei ihrer Einhaltung ist nach dem gegenwärtigen Stand der wissenschaftlichen Erkenntnis ein lebenslanger Gebrauch des Trinkwassers unbedenklich.

Nürnberg, Januar 1986 Sven Carlson

Vorwort zur 6. Auflage

Auf sämtlichen Gebieten der Wassergewinnung und Wasseraufbereitung sind in den vergangenen Jahren weitere Fortschritte erzielt worden. Durch negative Umwelteinflüsse bleiben jedoch Gefahren für unser Trinkwasser teilweise weiter bestehen.

Aus diesen beiden Hauptgründen – Fortschritte bei der Wassergewinnung und Wasseraufbereitung und Abwendung der Gefahren für unser Trinkwasser – ist diese erweiterte Neuauflage erforderlich geworden.

Dem Zyklus **Grundwasser – Trinkwasser – Abwasser – Gewässer – Trinkwasser** entsprechend werden alle Aufgaben der Wasserwirtschaft und alle Maßnahmen zum Schutz der Wasserversorgungsanlagen in der Neuauflage behandelt. Da chemische, biologische und mikrobiologische Wasserprobleme in engem Zusammenhang stehen, wurden alle diese Gebiete noch eingehender als in den bisherigen Auflagen behandelt. Dies gilt vor allem auch für die Virusforschung, zu deren Darstellung einer der führenden Virologen, Herr Prof. Dr. med. S. Carlson sich erfreulicherweise durch die Übernahme des bakteriologischen und virologischen Abschnitts zur Verfügung gestellt hat.

Zahlreiche Fragen der Übertragung von Viruserkrankungen auf dem Wasserwege sind durch intensive Virusforschung geklärt und noch ausstehende Probleme in diesem Abschnitt aufgezeigt.

In der Bundesrepublik mit ihren 247 Einwohnern pro Quadratkilometer stehen viele Probleme als Lehrbeispiele der Wasserversorgung, besonders bei der Oberflächenwasser-Versorgung, im Vordergrund. Deshalb wurde die Verbindung zwischen Oberflächenwasser und Trinkwasser-Versorgung weiterhin ausgebaut und die Fragen der Gewässerverunreinigung, der Gewässerüberwachung und des Gewässerschutzes den kommenden Anforderungen der Wasserwirtschaft entsprechend behandelt.

Die Probleme der modernen Schwimmbad-Hygiene wurden in bakteriologischer, virologischer, chemischer und technischer Sicht ausführlich dargelegt.

Dem Beispiel der USA folgend, wo ab 1977 die „beste praktische Technologie der Abwasserreinigung“ jedem Industriebetrieb gesetzlich vorgeschrieben ist, wird in der Bundesrepublik den Problemen der Abwasserreinigung weit größeres Interesse zugewendet werden müssen. Es ist daher dankbar zu begrüßen, daß Herr Prof. Dr. Rüffer, Hannover, als Abwasser-Experte das Kapitel Abwasser im Hinblick auf die Wasserversorgung übernommen hat. Die Abwasserreinigung muß in Zukunft zur Verbesserung der Gewässergüte und der Trinkwasserqualität in allen Ländern beschleunigt vorangetrieben werden.

Möge das vorliegende Buch zur weiteren Verbesserung der Wasserversorgung beitragen.

Hannover, Juni 1979 Karl Höll

Abkürzungen

AWWA	American Water Works Association
DVGW	Deutscher Verein von Gas- und Wasserfachmännern
EV	Deutsche Einheitsverfahren zur Wasseruntersuchung
Ges. Ing.	Gesundheitsingenieur ⟨München⟩ Verlag Oldenbourg ⟨(Zeitschrift)⟩, München
GWF	Gas- und Wasserfach (Zeitschrift) Verlag Oldenbourg, München
IVL	Internationale Vereinigung für Limnologie (Plön, Holstein)
Jb. Wasser	Jahrbuch „Vom Wasser“ Verlag Chemie, Weinheim
Lit.Ber.	Literaturberichte über Wasser, Abwasser usw. s. S.
S.u.S.	Schleicher u. Schüll-Filter
WHG	Wasserhaushaltsgesetz, 1957
WHO	Weltgesundheitsorganisation, World Health Organisation, Genf
TVO	Trinkwasserverordnung
WaBoLu	Institut für Wasser-, Boden- und Lufthygiene des Bundesgesundheitsamtes, Berlin 33
*	Reagenz nach dem Deutschen Arzneibuch

Inhalt

Teil 1: Chemie des Wassers

Untersuchung · Beurteilung · Aufbereitung

Teil 1

Chemie des Wassers

Untersuchung · Beurteilung · Aufbereitung

von

Prof. Dr. phil. Karl Höll Dr.-Ing. E. h.
vereidigter Chemiker, Hannover-Herrenhausen

I. Trinkwasseruntersuchung

A. Allgemeine Prüfungen an Ort und Stelle

1. Ortsbesichtigung

Die Beurteilung einer Trinkwasseranlage ist ohne die genaue Kenntnis der örtlichen Verhältnisse dieser Anlage nicht möglich. Wenn der Begutachter ein Urteil über die Brauchbarkeit eines Wassers zur Trinkwasserversorgung abgeben soll, muß er sich zuvor durch eine Besichtigung die notwendigen Ortskenntnisse verschaffen. Hierzu bemerkt Spitta ganz treffend: „Wer über ein Trinkwasser ein hygienisches Urteil abgibt, ohne die Wasserfassungsstelle gesehen und geprüft zu haben, tut – von Ausnahmefällen abgesehen – nicht viel anders wie ein Kurpfuscher, der Fernbehandlung treibt."

Für die Ortsbesichtigung sind gewisse Fachkenntnisse erforderlich. Zunächst muß der Begutachter die einzelnen Brunnentypen kennen.

a) Verschiedene Brunnentypen

Man unterscheidet Schacht- und Bohrbrunnen. Schacht- oder Kesselbrunnen stellen im einfachsten Falle ein gemauertes, mehr oder weniger tiefes Bassin dar, in dem sich das Grundwasser von unten her ansammelt und aus dem das Wasser mit Hilfe eines Eimers herausgeschöpft wird. Dies ist der offene Kesselbrunnen (die Zisterne), der hygienisch am ungünstigsten zu beurteilen und heutzutage abzulehnen ist[1]. Er soll zum mindesten eine Bedachung aus Blech haben, und zwar eine sattelförmige mit einer seitlichen Klappe für den Wassereimer. Besonders ungünstig sind die Kesselbrunnen aus unverfugten Feldsteinen, aus Holz oder ungemauerten Ziegelsteinen, weil bei ihnen Oberflächenwasser seitlich einsickern kann, was durch dunkle Streifen unter den Fugen zu erkennen ist. Die Kesselwandungen sollten wenigstens aus gut verfugten hartgebrannten Ziegelsteinen bestehen.

Erforderlich sind heute gut verfugte Betonringe, die beim Bau des Brunnenkessels in die Erde eingelassen werden, und zwar bis mindestens 7 m Tiefe.

Bis mindestens 3 m unter der Erdoberfläche soll die Kesselwandung auf jeden Fall wasserdicht sein. Am besten wird beim Bau des Kesselbrunnens die Kesselwandung der gesamten Tiefe des Kessels mit Ton umstampft, mit einem Mantel von 30 bis 50 cm Dicke.

Bei Schöpfeimergebrauch ist mindestens zu fordern, daß stets nur ein und derselbe, saubergehaltene Eimer benutzt wird, und daß er durch eine Kette fest angeschlossen wird.

---

[1] Auch auf dem Lande s. Arch. f. Hygiene **148,** 40 [1964] u. Zentralbl. Hyg. u. Bakt. I, **155,** 374–383 [1972].

Der geschlossene Kesselbrunnen ist hygienisch günstiger zu beurteilen; er ist durch einen Deckel aus Eisen oder Beton, der über den Brunnenrand übergreifen soll, verschlossen. Die älteren Brunnen dieser Art haben noch Holzdeckel, die jedoch nicht genügend dicht sind und infolgedessen durch Pilzansammlungen zu Keimträgern werden. Überhaupt sollen deshalb im Kesselbrunnen keine Holzteile vorhanden sein.

Auf dem Brunnendeckel oder daneben steht die Pumpe, deren Steigrohr durch den Brunnendeckel bis fast auf den Kesselboden geht bzw. je nach dem Wasservorrat zweckmäßigerweise $1/2$ bis 1 m über dem Grund endet. Der Brunnenschacht soll mindestens bis $1/2$ m über die Erdoberfläche aufgeführt sein, damit Regenwasser und Schmutzwasser dem Brunnen ferngehalten werden.

Die Kesselbrunnen kann man äußerlich von den Rohrbrunnen dadurch unterscheiden, daß die Pumpe auf oder neben einem Brunnendeckel steht. Kesselbrunnen sind zumeist Flachbrunnen, hygienisch also ungünstiger als Tiefbrunnen, d. h. Bohrbrunnen. Die Kesselbrunnen haben jedoch den Vorteil, daß sie stets einen größeren Wasservorrat aufweisen, aus dem eine größere Wassermenge jederzeit schnell erhältlich ist.

Kesselbrunnen werden auch als Schachtbrunnen bezeichnet, weil sie im Gegensatz zu den Bohrbrunnen und Rammbrunnen durch Ausschachten des Bodens erstellt werden.

Zisternen: In manchen Gegenden, z. B. an der friesischen Küste, früher auch auf der Insel Helgoland, ist das Sammeln von Regenwasser seit jeher die einzige Möglichkeit der Trinkwasserbeschaffung. Wegen der aus der Luft und von der Dachfläche leicht einschwemmbaren Verunreinigungen sollte zu Beginn eines Regenfalles jeweils das erste Regenwasser mit Hilfe einer schwenkbaren Rinne abgeleitet und erst das später herabfließende Wasser der Zisterne zugeleitet werden. (Über Zisternenwasserversorgung auf Helgoland s. K. Höll: Arch. f. Hygiene **113,** 283–295 [1935]).

Als Norm für eine Zisternenwasserversorgung wird von R. Meyer eine Dachfläche von 150 m^2 für eine sechsköpfige Familie angesehen. (Zur Trinkwasserversorgung aus Zisternen, Arch. f. Hygiene **137,** 454–476 [1953]).

Bohrbrunnen: Bei den Bohrbrunnen unterscheidet man Flachbrunnen (3 bis 7 m tief) und Tiefbrunnen (7 bis 50 m tief und mehr).

Flachbrunnen sind z. B. Abessinierbrunnen, die durch Rammen eines mit einer Spitze versehenen Brunnenrohres in das Erdreich und Aufsetzen einer Handpumpe gefertigt werden. Sie werden daher auch Rammbrunnen genannt. Die Spitze des Brunnenrohres hat über der Stahlspitze Schlitze oder Löcher (von 3 bis 6 mm ∅ auf 1 m verteilt), die mit Bronze- oder Messingsieben (Tressen- oder Köpergewebe) umkleidet sind. Boden und Grundwasser dürfen aber nicht aggressiv sein. Sonst verwendet man Kunststoffspitzen mit Schlitzen und Kunststoff-Tressen-Gewebe. Die Tressengewebe werden mit Drähten und Spangen an dem Filterrohr befestigt. Auch V4A-Filter werden verwendet.

Die Entwicklung dieser Brunnenfilter ging vom Holzfilter über das Stahlfilter, Kupferfilter und Steinzeugfilter zum Kunststoffilter einerseits und zum Kunstharz-Preßholzfilter (Schönebecker Filter Ges.) anderseits. Die drei letzteren haben den Vorzug der Unempfindlichkeit gegen aggressive Wässer. Die korrosionsfesten OBO-Filter der Schönebecker Brunnenfilter GmbH eignen sich ganz besonders für aggressive Wässer, auch für stark aggressive Mineralwässer. Bei Unterwasserpumpen verwendet man jetzt Polyamid-Filter- und Steigrohre.

Kunststoff-Filter werden auch mit festhaftender Kiesbeschichtusng geliefert (Fa. Preußag).

Alle diese Filter können im Laufe der Jahre verkrusten und verockern und müssen dann durch Spülungen gereinigt werden. Oft ist auch eine Säurespülung notwendig (starke Salzsäure + Formaldehyd). Eine Spezialfirma hierfür ist z. B. die Fa. F. Petzold GmbH, München (Steintod-Verfahren), sowie die Fa. Aquaplus (s. F. Deuter u. S. Roth, Wiss. Ber. d. Stadtwerke Wiesbaden, Nr. 2 [1974].

Bei Vorhandensein von Eisenbakterien im Grundwasser kommt es leicht zur Brunnenverockerung, wenn der Redox-Wert des geförderten Wassers ungünstig ist (er soll „edler als -10 mV“ sein). Positive mV-Werte sind günstiger.

Mit Hilfe des Nannoplankton-Netzes nach Höll (S. 110) kann man am Zapfhahn ermitteln, ob Eisenbakterien im Wasser vorhanden sind. Im positiven Falle und bei nachlassender Brunnenförderung muß man die Brunnen mit Brindisäure und Druckstößen oder Bürsten reinigen. Auch Phosphat-Behandlung führt zum Ziel. Genannt sei in diesem Zusammenhang eine „Studie über die Brunnenalterung“ von Dipl.Ing. G. Krems im Auftrag des Bundesinnenministeriums, Abt. Wasserwirtschaft, 1972.

Die Tiefbrunnen sind Bohrbrunnen. Sie werden durch Einbohren eines Mantelrohres in das Erdreich (die „Bohrfahrt“) und Herablassen des Filters und Aufsatzrohres (Brunnenrohres) in das ausgehöhlte Mantelrohr erstellt. Das Filter oder der Filterkorb wird in eine Kiesschüttung gebettet. Die Kiespackung richtet sich nach der Siebanalyse der umgebenden Bodenpartien, damit der Brunnen nicht versandet (Kiesschüttungsbrunnen). Der Brunnen ist gebrauchsfertig, sobald das Mantelrohr „gezogen“ und die Abdichtung des Brunnens erfolgt ist.

Bei größeren Wasserwerken sind mehrere Brunnen zu einer „Brunnengalerie“ vereinigt und durch eine gemeinsame Saugleitung oder Heberleitung, die evtl. zu einem Sammelbrunnen führt, verbunden. Saug- und Heberleitungen müssen besonders sorgfältig wasserdicht und luftdicht verlegt werden. Auch Sickerrohr-Leitungen werden zu Sickergalerien vereinigt (Eternit oder Steinzeug).

Für mittlere bis große Wasserwerke hat sich der Tellerbrunnen in der Praxis gut bewährt, weil er nicht so leicht verockert; besonders bei hohen Grundwasserständen hat er sich bewährt und ist auch kostengünstig (C. Abweser: Komm. Wirtsch., H. 2/3 [1955] und G. Bohrisch: Komm. Wirtsch., H. 7 [1956].

Über neue Erkenntnisse der Herstellung von Kiesfilterbrunnen berichtet K. Ingerle (Gas, Wasser, Wärme, H. 10 [1975] und D. Maecklenburg (GWF **119** [1978], 23–27.

Tiefbrunnen werden mit Unterwasserpumpen betrieben, Rammbrunnen mit Übertagepumpen.

Flachbrunnen, insbesondere Kesselbrunnen, sollten heute zur Trinkwasserversorgung nicht mehr gebaut werden; je tiefer der Brunnen ist, desto besser ist der Schutz vor dem Eindringen von Bakterien (S. 94) und von Nitraten (S. 95).

Nähere Angaben über Brunnen und Brunnenhygiene findet man in den „Hygienischen Leitsätzen für die Trinkwasserversorgung“ (Veröffentlichungen auf dem Gebiet der Medizinalverwaltung, Berlin [1932], bei H. Beger: Brunnenhygiene, Berlin [1947], in der „Brunnenordnung“, Verlag Carl Heymann, Berlin [1935] und bei E. Bieske: Bohrbrunnen, München [1953]). Leitsätze für die Einzel-Trinkwasserversorgung enthält DIN 2001 [18].

Ein Merkblatt über Sandführung und Entsandung von Brunnen hat das Bayerische Landesamt für Wasserversorgung herausgegeben (Verfasser Dr. Andreas).

DIN 4922 gibt Richtlinien für Brunnenfilter, das DVGW-Merkblatt W 117 für Entsanden und Entschlammen von Brunnen.

Trinkwasser-Pumpen

Man unterscheidet: Handpumpen, Kolbenpumpen und Kreiselpumpem. Bei aggressiven Wässern müssen Unterwasserpumpen aus Chromstahl oder Chromnickelstahl gefertigt sein.

b) Die drei Bohrverfahren

Man arbeitete früher nach dem Drehbohrverfahren (von Hand), heute nach dem Meißelbohrverfahren (durch maschinelles stoßweises Herablassen des Meißels) oder nach dem Spülbohrverfahren (Rotary-Bohrung) mit Rollenmeißel und Spülwasser; man unterscheidet also Trockenbohrungen und Spülbohrungen. Die Spülbohrung erfordert bedeutend weniger Arbeitszeit; sie erbringt aber nicht die häufig erwünschten ungestörten Bodenproben.

Vorschriften über die Durchführung von Bohrarbeiten und Grundwasser-Erschließungen geben DIN 18301 und DIN 18302. Letztere schreibt auch eine gründliche Reinigung der Mantelrohre, Aufsatzrohre und Filterrohre vor dem Einbau vor, was oft zu wenig beachtet wird.

c) Horizontalbrunnen

Für größere Wasserversorgungen baut man jetzt Horizontalfilterbrunnen, bei denen horizontale Filterrohre mit vertikalen Sammelschächten kombiniert sind. Beim Ranney-Verfahren werden diese Filterrohre durch hydraulische Pressung in den Grundwasserträger von einem Schacht aus gepreßt. Beim Fehlmann-Verfahren wird zunächst ein Bohrrohr horizontal getrieben und das Filterrohr eingeführt und beim Preußag-Verfahren, das auch für Sandböden angewandt werden kann, wird ähnlich verfahren; die horizontalen Filterrohre werden hierbei mit Filterkiesschichten umgeben. Horizontalbrunnen sind sehr viel leistungsfähiger als Vertikalbrunnen.

Horizontalbrunnen geben auch eine gewisse Wasserreserve im Sammelschacht; sie beunruhigen die wasserführenden Schichten und überhaupt den Boden nicht so stark wie Vertikalbrunnen. Die großflächige Entnahme im Horizontalbrunnen ist an und für sich schon günstiger als die punktförmige im Vertikalbrunnen; ganz besonders ist dies der Fall in Gebieten mit Versalzungs- und Verhärtungsgefahr bei starker Inanspruchnahme (Coning effect). Pro 1 m Schachttiefe sind 12,5 m^3 Wasservorrat im 4 m-Schacht vorhanden. (Ausführende Firmen: Preußag, Brechtel, Ludwigshafen und Fa. Keller, Rencken). Der Brunnenschacht wird mit vorfabrizierten Betonringen, die in der Bohrung mit Kunstharz verklebt werden, hergestellt.

In Österreich ist auch bereits ein Kleinhorizontalbrunnen eingeführt (L. D. György: Gas, Wasser, Wärme **17,** H. 11 [1963]), er hat jetzt allgemeine Anerkennung gefunden.

Der „Mannesmann-Schräginfiltrator“ dient zur Anreicherung des Grundwassers mit Oberflächenwasser (Fa. Mannesmann, Düsseldorf).

d) Der Pumpversuch bei Neuerschließungen

Zur Prüfung der Leistungsfähigkeit eines neu erbohrten Brunnens wird ein Pumpversuch gefahren, gewöhnlich mit einer provisorischen Pumpe. Das Probepumpen soll bei kleineren Bohrvorhaben 3 Tage, bei größeren 1 bis 3 Wochen dauern, währenddessen die Absenkung des „ungesenkten Grundwasserspiegels“ in bestimmten Zeitabständen und bei ansteigenden Förderleistungen mit einem Kabellichtlot, das an einem Band mit Zentimetereinteilung im Bohrloch herabhängt, gemessen wird[1]. Die Absenkung ist trichterförmig („Absenkungstrichter“ = „Entnahmetrichter“). Sobald der Wasserspiegel bei konstanter Leistung einige Zeit gleich bleibt, ist der „Beharrungszustand“ erreicht, d. h. es fließt dann vom Grundwasserträger so viel Wasser zu, wie entnommen wird. Wenn bei weiterem Pumpen der Grundwasserspiegel weiter absinkt, muß die Pumpenleistung entsprechend herabgesetzt werden.

Wichtig für die Beurteilung der Leistungsfähigkeit eines Brunnens ist auch das häufige Messen des Wiederanstieges des Grundwasserspiegels: Langsames Absinken des Grundwasserspiegels während des Pumpversuchs und schneller Anstieg desselben nach dem Abstellen zeigen an, daß der Brunnen ergiebig ist und der Grundwasservorrat groß ist, manchmal aber auch, daß der Boden klüftig ist.

Das DVGW-Arbeitsblatt W 111 [1963] und DIN 18301 und 18302 [1953] geben nähere Anweisungen für den Brunnenbautechniker. Im W 111 und W 115 findet man auch ein Analysenschema für hydrochemische Analysen beim Pumpversuch.

Notwendige Untersuchungen beim Pumpversuch

Bei einem Pumpversuch sind mehrere sorgfältige chemische Untersuchungen durch einen versierten Wasserchemiker vorzunehmen, mindestens zu Anfang und zu Ende des Pumpversuchs und gegebenenfalls bei verschiedenen Förderstufen.

Im DVGW-Arbeitsblatt W 111 ist auch ein Zapfhahn am Steigrohr oder am Krümmer desselben vorgeschrieben, so daß eine einwandfreie Probenahme möglich ist. Es kommt nämlich darauf an, auch eine Zu- oder Abnahme des Sauerstoff-Gehalts und CO_2-Gehalts festzustellen. Überhaupt soll bei Neuerschließungen sogleich festgestellt werden, ob das Wasser aggressive Eigenschaften hat und aufbereitet werden müßte, was für die Bauplanung des Wasserwerkes und die Finanzierung einer Aufbereitungsanlage von großer Bedeutung ist. Für die Wahl des Brunnenfilters ist dies ebenfalls wichtig (s. S. 4).

An diesen Zapfhahn ist die Temperaturmessung sinnvoller als am Ende des oft langen Ableitungsrohres. Besonders bei hochsommerlicher Wärme und bei Frost macht die Erwärmung bzw. Abkühlung durch das freihängende Rohr viel aus. Schwankun-

---

[1] Lieferfirma H. Chr. Spohr, Frankfurt/Main und Hydrobios Apparatebau GmbH, Kiel.

gen von zehntel Graden sind für die Beurteilung aber von Bedeutung. Beim Ansaugen von Tiefenwasser steigt die Wassertamperatur an, im Sommer aber auch beim Ansaugen von Oberflächenwasser (S. 19).

Über den Zapfhahn zieht man den Entnahmeplastikschlauch und befüllt, wie auf S. 15 angegeben, die Probeflaschen. Hierbei muß besonders darauf geachtet werden, daß keine Luftblasen in die Probeflaschen geraten.

Feinste Bläschen rühren jedoch oft vom „Wirbel“ der Unterwasserpumpe, und beim Ansetzen der Sauerstoffproben erkennt man dann an dem weißen Mangan-Niederschlag, daß kein Sauerstoff im Wasser vorhanden ist, was bei Tiefenwasser regelmäßig der Fall ist. Das Ansteigen oder Abnehmen des Sauerstoffgehalts ist für die Beurteilung des Zutritts von Oberflächenwasser von Bedeutung; später ersieht man daran, ob die Verrohrung dicht ist.

Wenn kein Zapfhahn am Steigrohr-Krümmer angebracht ist, muß man das Ableitungsrohr an seinem Ende so aufrichten, daß es etwas ansteigt und das ausfließende Wasser darin aufgestaut wird; ein abwärts geneigtes Ablaufrohr ist nämlich nicht voll gefüllt, und so hat Luftsauerstoff Zutritt zum Wasser und gibt ein falsches Resultat. Bei kohlensäurereicheren Wässern kann auch CO_2 entweichen; besonders ist bei Mineralwässern und Heilwässern (Säuerlingen) damit zu rechnen.

Nach dem Aufrichten des Ablaufrohres kann man nach kurzer Wartezeit mit Hilfe des Entnahmeplastikschlauches (S. 15) die Wasserproben am Rohrende entnehmen. Das Ablaufrohr soll aber möglichst kurz sein, für die Probeentnahme eventuell gekürzt, d. h. für kurze Zeit soll die erste Rohrverbindung hinter dem Krümmer gelöst werden.

Es ist dafür Sorge zu tragen, daß das abgepumpte Wasser nicht im Brunnenbereich versickern kann; es muß vielmehr in Rohren oder Rinnen bis zum nächsten Vorfluter fortgeleitet werden. Auf jeden Fall muß das geförderte Wasser aus dem Bereich der Schutzzone I (S. 10 u. 407) abgeleitet werden.

Chemische Untersuchungen beim Pumpversuch

Für die erste Beurteilung des neu zu erschließenden Wassers sind neben den Fragen der Aggressivität der Eisen- und Mangangehalt sowie die Härtegrade und ihre Schwankungen während des Pumpversuchs wichtig. Bei der ersten Untersuchung zu Beginn des Pumpversuchs ist manchmal gelöstes oder ungelöstes Eisen von der Rohrtour feststellbar.

Wenn der Brunnen noch nicht vollständig klar gepumpt ist, ist der ermittelte Eisengehalt problematisch. Bevor das Wasser nicht vollkommen klar ist (wovon man sich mit Hilfe eines 1 m bis 1,5 m langen Schaurohres überzeugen müßte), ist eine Untersuchung auf Eisen verfrüht. Das Klarpumpen dauert bei manchen Böden (Sand und Kies) nur einige Stunden, bei anderen (Lehm und Löß, besonders mit Feinschluff) viele Tage. Der beste Zeitpunkt der Probenahme ist durch telefonische Verbindung zwischen dem Bohrmeister und dem chemischen Laboratorium zu verabreden, da auch bei Umstellung auf höhere Leistung zumeist erneut eine Trübung des Wassers auftritt.

Durch Messung des Redoxpotentials kann man feststellen, ob ein Brunnen zur Verockerung neigen wird (s. auch DVGW-Regelwerk Wasser W 131).

In manchen Gegenden ist auch der Chlorid- und Sulfatgehalt von erstrangiger Bedeutung, wenn z. B. Salzstöcke oder Salzlinsen in der betr. Bodenformation zu erwarten sind.

Bakteriologische Untersuchungen beim Pumpversuch

Eine bakteriologische Untersuchung des Wassers ist vor dem endgültigen Ausbau des Brunnens gewöhnlich nicht ratsam bzw. führt sie u. U. zu falschen Schlüssen. Das ist z. B. dann der Fall, wenn das Wasser vor Beginn des Pumpversuchs aus dem Bohrloch überläuft und beim Pumpen in dasselbe zurückgeht. Während vor dem Abpumpen das Wasser im Bohrloch dem Oberflächenwasser keinen Zutritt gibt, wird nach Aufhören dieses Druckes das Oberflächenwasser leicht in das leere Bohrloch eindringen. Obwohl dann angenommen wird, daß nur Tiefenwasser gefördert wird, ist dieses keimhaltig.

Nach dem Einbau der endgültigen Pumpe in die fertige Verrohrung gibt die bakteriologische Untersuchung nach mindestens dreitägigem Pumpen schon ein besseres Bild über den Keimgehalt des Wassers und auch über die Dichtigkeit der Verrohrung. Je nach dem Reinheitszustand der verwendeten Rohrtour und der verwendeten Kiespackung sind ungünstige bakteriologische Resultate aber auch dann noch mit Vorbehalt hinzunehmen. Ein günstiger bakteriologischer Befund ist aber ein Beweis, daß die Rohre sauber sind, daß Oberflächenwasser keinen Zutritt hat und daß die Rohrtour dicht ist.

Hohe Keimzahlen sind zuweilen darauf zurückzuführen, daß Wasser aus den oberen Grundwasserhorizonten im Bohrloch herunterläuft und sich dem Tiefenwasser beimischt. In diesem Falle sind die bakteriologischen und chemischen Befunde nicht parallel.

Neben dem Abpumpen sollen auch die Grundwasserstände in den rings um die Bohrung zu errichtenden Peilrohren gemessen werden, wozu das erwähnte Kabellichtlot dient.

Bei Pumpversuchen soll ferner die Ermittlung der Grundwasser-Neubildung einhergehen.

2. Worauf ist bei der Ortsbesichtigung zu achten?

a) Allgemeine Erhebungen

1. Liegt a) ein Bohrbrunnen oder b) ein Kesselbrunnen (offener oder geschlossener) vor? (s. o.)

   Zu a) Handelt es sich um einen Flachbrunnen oder Tiefbrunnen?
2. Wie tief ist der Brunnen?
3. Oder liegt eine Quellfassung vor und wie ist diese abgedeckt und gefaßt?

   Zu 1. Wie tief liegt der Grundwasserspiegel?[1]
   Sinkt der Wasserspiegel bei starker Wasserentnahme im Brunnen ab?[1]

---

[1] Zur Messung dient der Rangsche Brunnenmesser (Brunnenpfeife) oder für genauere Messungen das Lichtlot (Fa. H. C. Spohr, Frankfurt) oder das neue Meßgerät der Hydrometr. Werkstätten Dr. Bovensiepen, Kaufbeuren.

Ändert der Grundwasserspiegel seinen Stand bei starken anhaltenden Regenfällen oder beim Steigen und Fallen des Wasserspiegels benachbarter Gewässer? Wie ist das Gefälle des Grundwasserstromes? (Zum Brunnen hin oder vom Brunnen weg?) Dies kann gegebenenfalls durch Peilrohr- oder Wasserstandsmessungen benachbarter Brunnen ermittelt werden.

Wie weit ist das vom Brunnen versorgte Haus entfernt?
Liegen die Filterrohre tief genug, damit Oberflächenwasser nicht angesaugt wird?

b) Spezielle hygienische Erhebungen

Einzelwasserversorgung

1. Sind in der Nähe der Wassergewinnungsanlage Stallungen, Stallabflüsse, Abortanlagen, Abwasserkanäle, Schmutzwassergräben, Sickergräben, Sickergruben, Müllhaufen, Rieselfelder, Friedhöfe, Zeltplätze, Kläranlagen, Kiesgruben, Mineralöllager, Anlagen mit radioaktiven Abfällen oder Chemieabfällen, Tankstellen, Ölheizungsanlagen u. a. vorhanden?

   Wenn ja, in welcher Entfernung vom Brunnen und in welcher Richtung fließt der Grundwasserstrom? Bei Flachbrunnen in sandigen Böden darf die Entfernung nicht weniger als 10 bis 20 m, in kiesigen Böden nicht weniger als 50 m von solchen Verunreinigungsherden betragen unter der Voraussetzung, daß die Verschmutzungsstellen talwärts vom Brunnen liegen. Bei Senkgruben und Abwasserversickerungen soll die Entfernung entsprechend noch größer sein. Bei schweren Tonböden genügen mitunter geringere Abstände. Auch bei Tiefbrunnen kann man geringere Abstände je nach der Bodenbeschaffenheit zulassen (Ausnahme: Schottergestein, besonders in abschüssigem Gelände z. B. Molassegebiete von Niederbayern. (Ausnahme: Lager von radioaktiven und chemischen Abfällen!).

   Bei Uferfiltration von Flußwasser soll der Brunnenabstand vom Ufer mindestens 50 m betragen. Nach Erfahrungen des Verfassers sind Bach- und Flußbetten zumeist sehr gut abgedichtet; bei unterschiedlichem Salzgehalt findet man deshalb oft keinerlei Beeinflussung von Brunnen, die direkt an solchen Flüssen stehen. Durch neuere Untersuchungen ist dies bestätigt (J. Holluta: Komm. Wirtsch. [1955]).

Für das Absterben der Bakterien u. a. Organismen im Infiltrationswasser und Grundwasser sind nach DVGW-Richtlinien von 1961 mindestens 50 Tage Verweilzeit im Boden zu veranschlagen, bei Mülldeponien je nach der Bodenbeschaffenheit noch längere Zeiten.

Die Verweilzeit im Boden kann durch die C-14 Methode bestimmt werden (G. Matthess, K. O. Münnich und Chr. Sonntag GWF **119** [1978], 9 bis 22).

Eindringen von Niederschlagswasser in das Grundwasser kann durch Tritium-Messungen festgestellt werden (Bentz, Angew. Geologie II S. 1409).

Für zentrale Wasserversorgungsanlagen ist ein größerer Schutzbezirk vorgeschrieben, die Schutzzone 1. Ordnung, der Fassungsbereich des Brunnens und die Schutzzone 2. Ordnung, die engere Schutzzone und die Schutzzone 3. Ordnung (Wasser-Einzugsgebiet). Richtlinien für Trinkwasserschutzgebiete sind im DVGW-Arbeitsblatt W 101 (für Grundwasser) und W 102 (für Talsperrenwasser, Campingplätze, Müllkippen u. a.) angegeben.

2. Weiden ständig oder mitunter Haustiere in der Nähe des Brunnens? Bestehen überhaupt Möglichkeiten von Verunreinigungen in näherer oder weiterer Entfernung? (Besonders wichtig in Gebirgen mit klüftigen Böden.)
3. Sind Salzlagerstätten, Solquellen, Sümpfe oder Moore in der Nähe des Brunnens?
4. Hat das Gelände Gefälle zum Brunnen hin oder vom Brunnen weg?
5. Kann das beim Pumpen überlaufende Wasser vom Brunnen weglaufen? Oder versickert es am Brunnenrohr? (s. u.)

   In der Nähe des Brunnens sollen sich keine Geländemulden, in denen Wasser stehenbleiben und versickern kann, befinden; solche wären mit Lehm auszufüllen. Eine gemauerte Rinne soll das überlaufende Wasser sowie Spülwasser ableiten und nach Möglichkeit soll die Brunnenumgebung 1 bis 2 m im Umkreis mit einer dichten Betondecke umgeben sein und das Brunnenrohr fest einzementiert sein. Darüber hinaus ist Tonabdichtung im weiteren Umkreis ratsam.
6. Wie alt ist die Brunnenanlage?
7. Ist der Brunnen ständig im Gebrauch?
8. Ist die Temperatur des Wassers immer gleichmäßig oder ändert sie sich je nach der Jahreszeit beträchtlich?
   Oder wechselt die Wassertemperatur häufig mit der Lufttemperatur und den Niederschlägen?
9. Zeigt das Wasser zeitweilig Trübungen oder Verfärbungen?
10. Sind Bäume oder Sträucher nahe am Brunnen? Bejahendenfalls wäre Entfernung wegen der Auflockerung des Bodens und der Rißbildungen durch die Wurzeln ratsam, auch von abgestorbenen Bäumen.
11. Kesselbrunnen müssen bei der Besichtigung aufgedeckt werden, und es muß eine Besichtigung der Wandungen des Brunnenkessels vorgenommen werden. Der Erfahrene erkennt beim Ableuchten der Kesselwandungen, ob diese wasserdurchlässig sind. Dunklere oder hellere Streifen, die von den Fugen oder Rissen in den Kessel herabgehen, zeigen den Zutritt von keimhaltigem, evtl. verschmutztem Oberflächenwasser an. Der Brunnenkessel muß dann nach Entleerung und gründlicher Reinigung und Desinfektion neu verfugt werden. Der Kesselrand muß etwa 1/2 m über den Erdboden herausragen, der Brunnenkranz muß gut abgedeckt sein. Der Brunnenkessel muß bis mindestens 3 m unter Gelände wasserdicht sein. Die Gummidichtungsringe im Falz des Eisendeckels müssen intakt sein.
12. Bei Oberflächenwasser ist festzustellen, ob irgendwelche verunreinigten Zuflüsse vorhanden sind oder zeitweilig vorhanden sind. Bei Talsperren ist gegebenenfalls Näheres über das Einzugsgebiet zu ermitteln. Bei fließenden Gewässern ist zu ermitteln, ob oberhalb der Wasser-Entnahmestelle Verunreinigungsmöglichkeiten bestehen. Bei Quellen und kleinen Wasserläufen macht man einen Überlauf durch Einbauen eines Wehrs aus Holz oder Steinen und wartet ein bis mehrere Tage mit der Probenahme.

Zentrale Wasserversorgung

Bei zentralen Wasserversorgungsanlagen sind außer den obengenannten Fragen noch die folgenden zu klären.

1. Ist eine Filteranlage vorhanden, so sind Proben vor und nach der Filterung zu entnehmen, am zweckmäßigsten korrespondierende Proben unter Berücksichtigung der Durchflußzeit.
2. Sind einzelne Brunnen in ihrer Beschaffenheit zur Zeit der Probenahme ungünstig? Nach den Leitsätzen für die Trinkwasserversorgung DIN 2000 soll eine Probenahme aus jedem einzelnen Brunnen getrennt möglich sein.
3. Wie ist der bauliche Zustand der Brunnenfassung? Ist der Einsteigschacht dicht oder steht zeitweilig Wasser darin?
4. Ist das Rohrnetz der Gemeinde bzw. Stadt in Ordnung?
   Stark inkrustierte Rohre bringen die Gefahr mit sich, daß durch lokale Strömungswiderstände und durch den damit verbundenen Druckabfall Unterdruck im Rohrnetz entstehen kann und an undichten Rohrstellen eine Ansaugung von Schmutzwasser oder Abwasser stattfinden kann (H. Wittmann u. W. Bleines; GWF **98,** 556–562 [1957]).
5. Sind die Entlüftungsrohre gesichert und die Brunnenköpfe dicht und ist deren Gummidichtung noch intakt?
6. Sind ausreichende Schutzzonen vorhanden (s. o.).
7. Bei Entnahme aus Wasserleitungen ist zu ermitteln, ob Bleirohre oder verzinkte Rohre bei den Hausanschlüssen vorliegen. Ist dies zutreffend, so ist eine Probe von dem längere Zeit im Rohr abgestandenen Wasser zur Prüfung auf Blei bzw. Zink zu entnehmen.
8. Können Fehler, z. B. Undichtigkeiten, in den Leitungsrohren vorliegen? Oder Installationsmängel? Aus welchem Material bestehen die Anschlüsse? (Näheres s. H. Beger: Leitfaden der Brunnenhygiene, Berlin [1947] und I. v. Kunowski, Ges. Ing., 98. Jg., S. 189, Anschlußbedingungen an die Wasserleitung.
9. Ist ein Grundwasser-Beobachtungsdienst an mehreren Peilrohren eingerichtet? Ferner Erhebungen wie unter b), S. 11. Unterlagen für Beanstandungen gibt DIN 2000.

3. Farbstoffversuch u. a. Versuche zur Prüfung auf Grundwasserverunreinigungen

Wenn Zweifel bestehen, ob eine Beeinflussung eines Brunnens durch eine in der Nähe befindliche Verunreinigungsquelle (Aborte, Misthaufen, Abwässerkanäle u. a.) stattfinden kann, wird ein Farbstoffversuch angestellt. Man läßt zu diesem Zweck eine Farbstofflösung in der Verunreinigungsquelle, z. B. der Abortgrube, versickern. Am besten ist dafür Uranin[1] geeignet: auch Fluorescein ist brauchbar,

---

[1] „Uranin AP konz. zur Untersuchung unterirdischer Gewässer" von Fa. E. Merck (ungiftig für Fische bis 100 mg/l im Vorfluter, H. Bandt: Deutsche Fischerei-Zeitung **170** [1957]). Uranin AC wird jetzt auch in flüssiger Form von der Fa. AC-Chemie, Enkirchen, geliefert.

aber nicht bei sauren Wässern (pH < 7). In sehr sauren Gewässern wird Uranin farblos. Fluorescein muß jedoch in etwas Alkohol gelöst und dann in verdünnte Lauge gegeben werden. Man nimmt deshalb lieber das Eosin, wenn das genannte Uranin nicht zur Verfügung steht. Diese beiden Farbstoffe brauchen nur mit etwas Alkohol angerieben und in einen Eimer voll Wasser gegeben zu werden. Für die Prüfung von Einzelbrunnen kommt man mit 10 bis 20 g Farbstoff aus. Tritt der Farbstoff in dem betreffenden Brunnenwasser zutage, so ist der Brunnen zu beanstanden und zu schließen. Man darf die Beobachtung nicht zu früh abbrechen. In gechlortem Wasser werden die Farbstoffe zerstört. Ein Kesselbrunnen darf also vor dem Farbversuch nicht gechlort sein. Uranin ist noch in Verdünnung 1:100 Milliarden mit der Fluoreszenzlampe nachweisbar. Rhodamin und Sulforhodamin sind ebenso brauchbar.

Bei negativem Befund des Farbstoffversuchs ist trotzdem gewisse Vorsicht geboten, da manche Böden, besonders die sauren Humusböden, die Farbstoffe, insbesondere das Uranin, absorbieren können. Man führt deshalb außerdem noch einen Versuch mit Kochsalz oder Phenol durch, beides Stoffe, die von keinem Boden absorbiert werden und im Brunnenwasser leicht nachgewiesen werden können. Der Phenolnachweis wird am besten mit 2,6-Dibromchinonchlorimid nach Gibbs vorgenommen (Blaufärbung).

Je nach der Entfernung von der vermeintlichen Verunreinigungsstelle und der Tiefe des Brunnens werden für den Salzungsversuch 10 bis 800 kg Viehsalz benötigt (F. Schwille: GWF **93,** H. 8 [1952], G. Ebeling: Dtsch. Gewässer-Mitt. **1,** H. 3 [1957]). Über das Defizit bei größeren Salzungsversuchen berichtet K. Eissele (GWF **104,** 1158–1160 [1963]).

W. Käss berichtet eingehend über Grundwasser-Markierungsversuche mit Uranin, Eosin, Kaliumchlorid, Serratia marcescens u. a. (Geolog. Jb. 1972, S. 119–1951).

Nicht absorbiert wird ferner das neuerdings empfohlene Saprol der Fa. Nördlinger, Flörsheim, das sich im positiven Falle schon durch seinen Geruch im Brunnenwasser zu erkennen gibt. Wegen dieses Geruchs ist es jedoch unbeliebt.

Auch die Zugabe von kurzlebigen Isotopen wie ^{14}C und Tritium zur Verunreinigungsstelle führt hierbei zum Ziel. In manchen Fällen genügt auch schon die Zugabe einer Aufschlämmung von Pollenkörnern oder Prodigiosus-Bakterien in Karstgebieten (J. Zötl: Steir. Beiträge z. Hydrogeologie [1959]) und die „Tracer Methods" mit Iod-131 und Brom-82 (J. Mairhofer: Steir. Beiträge z. Hydrogeologie [1963/64] (s. auch A. Geyh: Die Anwendung der ^{14}C- und ^{3}H-Methoden, Z. Dtsch. geol. Ges. **124,** 515–522 [1973]). Sehr günstig erscheint auch die von H. Dombrowski aufgezeigte Markierungsmethode mit Serratia marcescens, einem ganz harmlosen Bakterium, das leuchtend rote Kolonien auf Nährböden bildet (Prodigiosus-Bazillus). Z. Dtsch. geol. Ges. 117–118 [1970].

Bei Zweifelsfällen über die Bodenbeschaffenheit sollte ein fachkundiger Geologe hinzugezogen werden (s. F. Frick u. H. L. Pickel: Bohrtechnik – Brunnenbau **22,** 435–438 [1971]).

4. Probenahme

Eine sachgemäße Probenahme ist Voraussetzung für die Erzielung einwandfreier Resultate. Die Probenahme soll deshalb grundsätzlich durch den Gutachter selbst, zum mindesten aber von sachverständiger Seite vorgenommen werden. Wenn Korrosionsfragen eine Rolle spielen, wie dies fast immer bei zentralen Wasserversorgungsanlagen der Fall ist, muß der Chemiker sowieso an Ort und Stelle die freie Kohlensäure und den pH-Wert bestimmen, den Heyer-Versuch und die Sauerstoffproben ansetzen und gegebenenfalls evtl. vorhandenen Schwefelwasserstoff bestimmen oder fixieren.

Wenn Filteranlagen oder sonstige Aufbereitungsanlagen vorhanden sind, so müssen Proben von Rohwasser und Reinwasser entnommen werden (S. 12); vor der Probenahme muß die Durchflußgeschwindigkeit des Wassers durch die Anlage festgestellt werden; wenn dieselbe aus den Aufzeichnungen des Wasserwerkes nicht ersichtlich ist, so müßte ein Farbstoff- oder Kochsalzversuch angestellt werden (s. o.). Bei Abwasser-Reinigungsanlagen muß die „Nämlichkeit“ der Proben besonders beachtet werden.

Bei größeren Wasserwerken müssen von jedem einzelnen Brunnen Wasserproben entnommen werden, da diese häufig sehr verschieden in bezug auf ihren Eisengehalt, pH-Wert und Kohlensäuregehalt sowie Sauerstoff- und Mangangehalt sind. Mitunter kann man durch Ausschaltung eines besonders eisenreichen Brunnens das gesamte Mischwasser verbessern und dadurch eine Enteisenungsanlage ersparen. Gerade in bezug auf den Eisen- und Mangangehalt verändern sich die Wässer mitunter auch ganz erheblich.

Ferner können Verunreinigungen nur einen Teil oder nur einen der Brunnen betreffen, während das Mischwasser einwandfrei erscheint.

Folgende Gesichtspunkte sind bei der Probenahme genau zu beachten:

Probeflaschen

Es dürfen nur absolut reine Flaschen aus farblosem Glas verwendet werden, möglichst solche der hydrolytischen Klasse 1, z. B. aus Jenaer Glas, da bei gewöhnlichem Glas in manchen Wässern der Kieselsäuregehalt zunimmt und der pH-Wert sich ändert. Für diese Untersuchungen werden jetzt PVC-Hart-Flaschen, die außerdem unzerbrechlich sind, verwendet. Bei ihnen ist jedoch die Reinigungskontrolle schwieriger als bei Glasflaschen. Für Radioaktivitätsmessung sind sie vorgeschrieben, für Schadstoffe nicht geeignet. In Zukunft werden aber auch glasklare Kunststoff-Flaschen geliefert.

Bei Kunststoff-Flaschen ist aber andererseits zu bedenken, manche Wasserinhaltsstoffe von dem Kunststoff absorbiert werden und dadurch der Bestimmung entgehen können. Dazu gehören alle Kohlenwasserstoffe, also Mineralöle, ferner Pestizide; aber auch anorganische Bestandteile wie Kieselsäure, Arsen, Silber und Phosphat sowie besonders Cadmium, Quecksilber und Fluor können in kurzer Zeit von den Wandungen adsorbiert werden. Bei der Untersuchung von Kesselspeise- und Mineralwasser auf Kieselsäure ist dies zu berücksichtigen. Bei den genannten Spurenelementen muß man sogleich nach der Probeentnahme mit etwas Salpetersäure p. a. ansäuern, auch bei Glasflaschen bei Hg. Für Radioaktivitätsmessungen sind Kunststoff-Flaschen vorgeschrieben.

Kunststoff-Flaschen sind auch von außen her durchlässig für Sauerstoff, was zu Eisenabscheidungen führen kann, die Spurenstoffe absorbieren können, besonders bei Polyäthylenflaschen.

Der Verschluß der Probeflaschen aus Glas soll aus einwandfreien Glasstopfen bestehen, allenfalls aus Korkstopfen, die mit Stanniol umgeben sind oder in geschmolzenes Parafin eingetaucht worden sind. Unpräparierte Korkstopfen, besonders alte, aber auch ganz neue sind unbrauchbar, ebenso Gummistopfen, Gummiringe und Bakelitverschlüsse, da sie störende Gerüche abgeben. Die Flasche darf nicht direkt auf dem Kork versiegelt werden, was man häufig bei eingesandten Proben findet. Am geeignetsten für Glasstopfenflaschen ist der Lübbert-Schneidersche Flaschenverschluß aus verzinktem Eisendraht.

Die Stopfen sind zum Schutz gegen Verunreinigung des Flaschenhalses mit Pergamentpapier zu umhüllen und zuzubinden. Auf der Probeflasche sind die erforderlichen Bezeichnungen sogleich nach der Probenahme anzubringen.

Die Reinigung der Probeflaschen soll durch Schütteln mit reinem Seesand und Wasser erfolgen, das Nachspülen derselben mit Wasser und destilliertem Wasser. Man vermeide Spülen mit Soda und Säuren, da diese an der Glaswandung haften und nur durch längeres mehrfaches Ausspülen entfernt werden können. Auch Flaschenbürsten vermeide man. Häufig benutzte Probeflaschen sollten jedoch in gewissen Zeitabständen mit Chromschwefelsäure oder mit Pril gereinigt und darauf längere Zeit mit häufig erneuertem Wasser stehengelassen werden.

Vorbereitungen zur Probenahme. Vor dem Einfüllen der Proben muß man das in Rohren abgestandene Wasser erst ablaufen lassen, nicht nur aus den Hausanschlüssen, sondern auch von den Hauptrohren. Deshalb läßt man das Leitungswasser zweckmäßigerweise $^{1}/_{4}$ bis $^{1}/_{2}$ Stunde langsam ablaufen und dreht währenddessen den Zapfhahn mehrmals auf und zu. Über Probenahme für die Prüfung auf Bleilöslichkeit S. 179.

Handpumpen müssen vorher 10 bis 20 Minuten abgepumpt werden, und zwar langsam und gleichmäßig. Das Wasser darf dabei nicht in den Brunnen zurückfließen. Annäherndes Erschöpfen des Brunnens muß aber vermieden werden. Wenn der Brunnen längere Zeit nicht in Benutzung war, muß vor der Probenahme mehrere Tage lang abgepumpt werden, jedesmal 10 bis 20 Minuten lang.

Bei verdächtigen Brunnen wird bei Beginn und am Ende des Abpumpens je eine Wasserprobe entnommen. Bei unterschiedlicher Wasserbeschaffenheit liegen besondere hygienische Gefahren vor.

Von Kesselbrunnen sollte nach vollkommener Entleerung und Neufüllung aus dem Grundwasser heraus noch eine zweite Probe entnommen werden, ggf. weitere Proben nach wiederholter Neufüllung des Brunnens.

Entnahme

Das Befüllen der Probeflaschen unter Luftabschluß. Bei Zapfhähnen an Wasserleitungen zieht man einen gereinigten Gummischlauch oder besser einen glasklaren Plastikschlauch (evtl. nach Erwärmen desselben) über das Hahnende. Der Schlauch, der etwas länger als die Flasche sein soll, wird in die Probeflasche bis auf den Flaschengrund eingeführt, nachdem man das Wasser eine Weile durch den Schlauch hat durchfließen lassen. Darauf läßt man das Wasser ganz langsam durch die Flasche durchlaufen, bis es sich mehrmals erneuert hat. Hierbei ist Luftblasenbildung und Sprudeln des Wassers zu vermeiden. Danach zieht man den Schlauch langsam heraus oder die Flasche nach unten ab und setzt den Glasstopfen auf die bis zum Rand des Flaschenhalses gefüllte Flasche so, daß keine Luftblasen in der Flasche verbleiben, wovon man sich durch Neigen der Flasche überzeugt.

Grundsätzlich sollte man die Wasserprobe stets unter Luftabschluß entnehmen, um Eisenausfällungen und damit Phosphatverlust sowie auch einen Kohlensäureverlust und damit Kalkausfällungen zu vermeiden. Wenn eine alsbaldige Untersuchung der Wasserproben nicht möglich ist, sollte man eine besondere Probe deshalb an Ort und Stelle mit Säure versetzen (HCl und HNO_3).

Probenahme mit Hilfe des überstauten Trichters. Bei großen Zapfhähnen und Pumpenrohren hilft man sich so, daß man das Wasser in einen Trichter laufen läßt, an dem unten ein bis an den Flaschengrund reichender Gummischlauch befestigt ist. Der Trichter muß beim Befüllen ständig überstaut sein, indem man den Gummischlauch evtl. zusammendrückt und das Ende des Hahnes oder Pumpenrohres in das Wasser unter den Trichterrand eintaucht („Überstauter Trichter“). Nach längerem Überlaufenlassen aus dem Flaschenhals erhält man auch hierbei eine Wasserprobe, die nicht mit der Luft in Berührung war. Diese Art der Probenahme ist für die Untersuchung auf Sauerstoff, Kohlensäure und Schwefelwasserstoff bei gewöhnlichen Pumpen und sehr großen Zapfhähnen unerläßlich; für die pH-Bestimmung ist sie ebenfalls vorteilhaft, da bei ihr ein CO_2-Verlust kaum stattfindet.

Zwecks **Probenahme aus Bohrlöchern oder Peilrohren** wird – gegebenenfalls nach Entfernung der Verschlußkappe – eine Flügelpumpe auf das Rohr aufgesetzt oder aufgeschraubt und bis zum Abfließen von klarem Wasser abgepumpt, mindestens aber eine Viertelstunde lang. Die Probenahme erfolgt mit Hilfe des „überstauten Trichters“ (s. o.), der dicht unter den Pumpenmund gehalten wird und dessen Schlauch-Ende bis auf den Boden der Probeflasche reicht.

Bei Wassererschließungen aus neuen Bohrlöchern wird so lange abgepumpt mit der Motorpumpe, bis das Wasser klar abläuft, was nach 1 bis 5 Tagen der Fall ist. Bei größeren Wassererschließungsvorhaben muß bei Beginn und am Ende des „Pumpenversuches“ je eine genaue Wasseruntersuchung angestellt werden, um zu prüfen, ob die Wasserbeschaffenheit während des Pumpversuches sich eventuell geändert hat, was wichtige Rückschlüsse für den geologischen Sachverständigen ermöglicht (S. 7).

Kann aus einem Bohrloch das Grundwasser nicht mit einer Pumpe gefördert werden oder sollen Proben aus verschiedenen Tiefen für die geologischen Belange entnommen werden, so wird hierfür das Schöpfgerät nach Friedinger verwendet (Hersteller Franz Bergmann KG und Fa. Hydrobios, Kiel). Das Friedinger-Gerät ist beim Herablassen oben und unten offen und wird vollkommen durchströmt, was beim Ruttner-Gerät nicht mit Sicherheit der Fall ist, besonders in engen Bohrrohren nicht.

Ein verbessertes Ruttner-Gerät ist das von Prof. Dr. Kruse (Fa. Franz Bergmann KG, Berlin).

Bei engen Bohrrohren (z. B. 80er Peilrohren) ist der Wasserschöpfer nach Gad gut geeignet, da er mit Sicherheit durchströmt wird (Fa. Franz Bergmann KG). Das Schöpfgerät zu 1/2 Liter hat 7 cm Durchmesser, das zu 1 Liter hat 9 cm Durchmesser. Für engste Peilrohre hat die Fa. H. C. Spohr, Frankfurt/Main, kürzlich ein Entnahmerohr von 4 cm Durchmesser und 47 cm Länge herausgebracht. Die Fa. Pumpen-Wart, Erkrath, hat eine Spezial-Entnahmepumpe für Grundwasserbeobachtungsrohre von etwa 2″ Durchmesser herausgebracht, die mit Preßluft arbeitet und die keine Beunruhigung des Grundwassers verursacht (Luwa-Pumpe). Die Fa. Fichtel u. Sachs bringt eine „Libellenpumpe" heraus.

Probenahme von Oberflächenwasser

Für die Probenahme aus Gewässern und offenen Wasserstellen werden Spezialapparaturen benötigt. Das genannte Friedinger-Gerät ist hierfür ebenfalls gut geeignet (Fa. Hydrobios), ferner das gebräuchliche Ruttner-Gerät (Fa. Franz Bergmann KG). Die umfangreiche Apparatur nach Spitta-Imhoff liefert ebenfalls die Fa. Bergmann KG. Das Ruttner-Gerät ist kürzlich von H. Hölzl noch verbessert worden. Der Wasserschöpfer von Ekmann-Nansen ist für die Entnahme aus tiefen Seen geeignet.

Behelfsmäßig kann man eine Wasserprobe ohne Luftberührung aus Gewässern entnehmen, indem man einen offenen Zylinder mit beiderseits plangeschliffenen Enden in das Wasser versenkt und unter Wasser wieder verschließt. Die Zylinderenden müssen natürlich dicht schließen. Nach dem Herausnehmen und Öffnen des oberen Deckels kann mit Hilfe eines Heberschlauches Wasser von unten abgefüllt werden, das mit der Luft nicht in Berührung war.

Für die Probenahme aus der Tiefe von Gewässern ist der Profundalwasserschöpfer nach R. Liepolt, mit dem man die Mikroschichtung über der Schlammregion genau erfassen kann (biol. Teil), zu empfehlen.

Probenahme aus Seen, Talsperren und Fließgewässern: Bei der Probenahme aus Seen muß man berücksichtigen, daß diese häufig eine ausgeprägte Schichtung haben. Die Oberflächenschicht (das Pelagial) hat bei diesen dann eine ganz andere Beschaffenheit als die unter der „Sprungschicht" liegende Tiefenschicht (das Profundal), was für die Bewertung oft von großer Bedeutung ist, besonders bezüglich der Sauerstoff- und Kohlensäureverhältnisse, des Eisens und Mangans (I. Grim: GWF **98,** 234–239 [1957]. Im Frühjahr und Herbst findet je nach den Temperaturverhältnissen eine Zirkulationsströmung in stehenden Gewässern statt; der Bodensee ist als „monomiktischer Seetyp" mit nur einer Zirkulationsperiode eine Ausnahme.

Automatische Probenahme-Geräte für Einzelproben und Mischproben liefert die Contec GmbH, Bad Honnef.

Bei Entnahme von Tiefenproben aus Gewässern kann man sich behelfsmäßig der Meyerschen Schöpfflasche bedienen. Die Meyersche Schöpfflasche besteht aus einer starkwandigen Flasche (Sektflasche, die unten mit einem Bleigewicht beschwert ist, das sich in einem die Flasche umgebenden Drahtgeflecht befindet). Die Schöpfflasche wird an einer Schleife des Drahtgeflechts mit einem Seil oder Drahtseil befestigt und in das Wasser herabgelassen. Für die Bestimmung der gasförmigen Bestandteile (CO_2, O_2, H_2S) ist diese Probe jedoch nicht brauchbar. Hierzu benötigt man das Rutter-Gerät oder den Friedinger-Schöpfer (s. o.). Für geringere Tiefen ist die Schillingsche Entnahmeflasche (GWF **79,** 229 [1936]), die durch einen doppelt durchbohrten Kork ein kurzes Glasrohr und ein langes, bis auf den Flaschenboden reichendes Glasrohr hat, geeignet. An das kurze Glasrohr wird ein Schlauch angeschlossen, der durch ein Gewicht angeknickt ist. In der gewünschten Tiefe wird das geknickte Gummistück durch Aufheben des Gewichts geöffnet.

Für die Entnahme von Wasserproben aus oberflächlichen Schichten von Gewässern für die Sauerstoffbestimmung werden gesonderte „Sauerstoffflaschen" (S. 139), die mit einem doppelt durchbohrten Stopfen verschlossen sind, verwendet. In dem Stopfen befinden sich zwei Glasröhrchen, von denen das eine bis nahe an den Boden der Flasche reicht und kurz oberhalb des Stopfens endet, während das andere nur wenig in den Flaschenhals hineinragt und oberhalb des Stopfens einen langen Schenkel hat, durch den die Luft aus der Sauerstoffflasche entweichen soll.

Beim Eintauchen einer solchen Vorrichtung erhält man eine Wasserprobe, die mit der Luft kaum oder nur wenig in Berührung war. Bei der großen Entnahmevorrichtung nach Spitta-Imhoff werden zwei Sauerstoffflaschen vom Wasser zwangsläufig durchströmt.

Große und kleine Wasserprobenschöpfer aus Plexiglas bringt die Fa. Hydro-Bios, Kiel in den Verkehr.

Bei flachen Gewässern, insbesondere kleinen Bachläufen, kommt man auch mit dieser Vorrichtung nicht aus, da man sie nicht tief genug einsenken kann. Man verwendet hierzu das Bachwasser-Entnahmegerät nach K. Höll (Ber. d. I. V. Limn. **12,** 360–372 [1966]). Ohne eine solche Vorrichtung ist eine exakte Sauerstoff-Bestimmung in kleinen Fließgewässern nicht durchführbar. Das gleiche gilt für Kohlensäure- und Schwefelwasserstoff-Bestimmung (Hersteller Franz Bergmann KG, Berlin W).

Bei Fließgewässern sollen Wasserproben sowohl aus dem Stromstrich als auch an ruhigen Uferstellen genommen werden, gegebenenfalls auch aus verschiedener Tiefe sowie am Gleithang und Prallhang.

Über die Abwasser-Probenahme s. S. 377.

Die Füllung der Probeflaschen soll so erfolgen, daß nach Aufsetzen des Glasstopfens auf die bis zum Überlaufen gefüllte Flasche keine Luft mehr in der Flasche verbleibt.

Bei Frostgefahr sollen die Flaschenstopfen auf dem Transport ab und zu gelüftet werden, da die Flaschen sonst beim Einfrieren gesprengt werden; auch im Hochsommer ist diese Gefahr vorhanden, wenn sehr kaltes Wasser sich in einer fest verschlossenen Flasche erwärmt.

Bei sehr starkem Frost dürfen die Probeflaschen nicht ganz voll gefüllt werden, sofern zu einem solchen ungünstigen Zeitpunkt eine Probenahme überhaupt tunlich ist (s. u.).

Aus kleinen Quellbächen entnimmt man nach künstlichem Stau aus einem in dem Stauwehr eingebauten PVC-Rohr die Wasserproben (H. Schröder: Bohrtechnik, Brunnenbau, Rohrleitungsbau **22,** 3–11 [1971]). Heißwasserproben müssen über Kühler entnommen werden.

5. Probemenge

Für die kleine hygienisch-chemische Trinkwasseranalyse (S. 38) genügen 1 bis 2 Liter Wasser. Für die Gesamtanalyse eines Trink- und Brauchwassers werden mindestens 2 bis 3 Liter Wasserprobe benötigt, neben den Proben für Sauerstoff (S. 139), Kohlensäure (S. 120), Kieselsäure (S. 195), für Phenole (S. 310), Blei (S. 138) und gegebenenfalls für Schwefelwasserstoff sowie Schadstoffe.

Man füllt am besten mehrere Literflaschen unter Luftabschluß (S. 15), damit man immer Untersuchungswasser, das nicht mit der Luft in Berührung war, zur Verfügung hat. Dadurch erleichtert man sich viele Bestimmungen (z. B. die der Ammonium-, Eisen- und Mangan-Ionen).

Für Mineralwasser- und Heilwasser-Analysen werden bedeutend größere Mengen Wasser benötigt (S. 335).

6. Konservierung von Wasserproben

Bei Einsendung von Wasserproben oder bei längerem Transport der selbst entnommenen Wasserproben empfiehlt sich eine Konservierung mit einigen ml Chloroform pro l Untersuchungswasser. Für die Kaliumpermanganat-Bestimmung konserviert man mit 1 bis 3 ml verdünnter Schwefelsäure pro Liter Wasserprobe, für die Eisen-Bestimmung mit 3 ml HCl.

Ungünstiger Zeitpunkt für Untersuchungen

Die Wasseruntersuchung soll möglichst nicht während oder bald nach einer längeren Frostperiode stattfinden. Da bei gefrorenem Boden ein Zutritt von verunreinigtem Wasser zum Grundwasser nicht möglich ist, würde eine zu günstige Beurteilung erfolgen. Ebenso würde man während einer langen Trockenperiode im Sommerhalbjahr eine zu günstige Beurteilung abgeben, da ausgetrockneter Boden das Oberflächenwasser kapillar festhält und Verunreinigungen besser absorbiert.

Nach Neubau, Reparatur oder Reinigung von Brunnen muß man mit der Probenahme 2 bis 3 Wochen warten und während dieser Zeit viel abpumpen.

Einmalige Untersuchungen zu einem ungünstigen Zeitpunkt können u. U. ein falsches Bild geben. Deshalb ist es z. B. notwendig, vor der abschließenden Beurteilung einer zentralen Wasserversorgungsanlage mehrere Untersuchungen zu verschiedenen Jahreszeiten durchzuführen, besonders auch nach längeren Regenperioden und nach längerer Trockenheit.

7. Eingesandte Wasserproben

Vor Einsendung von Proben sollte das Untersuchungslabor eine Anleitung für die Probenahme gemäß den obigen Ausführungen erteilen und Auskünfte für die Erleichterung der Beurteilung der Untersuchungsergebnisse durch einen Begleitschein nach dem im Anhang gegebenen Muster einholen. Bei Frostgefahr und großer Hitze sollen die Proben auf schnellstem Wege durch Boten dem Untersuchungslabor zugestellt werden.

Die Untersuchung eingesandter Proben darf nur eine Ausnahme sein und sich nur auf wenig veränderliche Bestandteile erstrecken (z. B. Chlorid, Nitrat, Härte).

8. Notwendige Prüfungen und Untersuchungen an Ort und Stelle

Temperatur-Messung

Während der Probenahme wird sogleich die Temperatur des Wassers und die der Luft gemessen. Die Lufttemperatur darf nur mit einem trockenen Thermometer gemessen werden, und zwar im Schatten. Wenn man es nämlich versäumt, das Thermometer gut abzutrocknen, werden infolge der Verdunstungskälte zu niedrige Temperaturgrade gefunden. Zweckmäßigerweise stellt man also die Lufttemperatur zuerst fest. Bei ausgedehnten Pumpversuchen mißt man die Wassertemperatur häufig mindestens bei Beginn und am Schluß des Pumpversuches; hierbei auftretende Temperaturabweichungen deuten auf eindringendes Oberflächenwasser hin oder auf das Ansaugen von Tiefenwasser, das eine höhere Temperatur hat („geothermische Tiefenstufe“, je 33 m = 1 °C Temperaturerhöhung, s. u.).

Man muß sich vergewissern, ob die Unterwasserpumpe nicht mit hoher Leistung und stark verminderter Abnahme läuft, da sie sonst durch Reibung das Wasser erwärmt.

Die Temperaturbestimmung erfolgt bei Leitungswasser und Brunnenwasser am besten in einem Topf von mindestens 1 Liter Inhalt, in dem das Wasser einige Minuten übergelaufen ist, mit Hilfe von Thermometern, die in $^1/_{10}$ Grade geteilt sind (Entnahmeschlauch benutzen s. S. 15). Es gibt auch besondere Wasserthermometer, die in $^1/_{50}$ Grade eingeteilt sind (von 0 bis 30 °C).

Das Thermometer darf vor dem Ablesen nicht aus dem Wasser herausgenommen werden. Bei dem „Brunnenthermometer“ bleibt die Quecksilberkugel beim Heraufziehen des Geräts in einem Becher mit dem Brunnenwasser (Fa. H. Ch. Spohr), Frankfurt/Main.

Für genauere Messungen bei Leitungswasser dienen Durchflußthermometer nach Thumm (Fa. Franz Bergmann KG). Für Temperaturmessungen in Kesselbrunnen, Bohrrohren und Quellrohren (z. B. Steigrohren von Heilquellen) benutzt man sog. Umkippthermometer nach Negretti und Zambra (Fa. Franz Bergmann KG, Berlin W.) oder nach Richter (Fa. Bergmann KG). Bei engen Bohrrohren benutzt man das Quellenthermometer, bei dem das Thermometer in einem Schöpfbecher hängt (Fa-. Franz Bergmann KG).

Bei warmen Mineralquellen und Heilquellen (Thermalquellen) sind Maximumthermometer empfehlenswert. Alle diese müssen 0,1 °C genau anzeigen.

Bei der Untersuchung von flachen Gewässern und Quellen wird die Temperaturbestimmung in einem mit dem betreffenden Wasser gefüllten Eimer vorgenommen. Für Untersuchungen in der Tiefenzone von Gewässern werden die oben erwähnten Umkippthermometer benutzt. Ein Spezialthermometer nach Ström für Seetiefen für den Bereich von 2 bis 5 °C, in hundertstel Grade geteilt, liefert Fa. Richter & Wiese, Berlin W.

Für die Feststellung des Sauerstoffsättigungsgrades eines Wassers ist eine genaue Temperaturbestimmung auf $^{1}/_{10}$ Grad notwendig.

Auch für die Fragen der Wassererschließung, von Grundwasser und Heilquellen, sind genaueste Temperaturbestimmungen wichtig. Die mittlere Jahrestemperatur ist in Mitteleuropa in 10 m Tiefe 9,5 °C. Wenn Grundwasser im Winter weniger als 9,5 °C hat oder im Sommer mehr als 9,5 °C, dann ist mit Zutritt von Oberflächenwasser, das ja im Winter kälter und im Sommer wärmer ist, zu rechnen.

In höheren Lagen, besonders auf exponierten Gebirgskuppen, ist die mittlere Jahrestemperatur nach Feststellungen des Verfassers beträchtlich niedriger als 9,5 °C (z. B. Wasserkuppe 6,5 °C). Auch auf exponierten Anhöhen von 200 bis 300 m über NN findet man in Norddeutschland selbst im Sommer Wassertemperaturen von 7 bis 8 °C.

Die Tiefe, mit der die Wassertemperaturen um 1 °C zunimmt – die geothermische Tiefenstufe – beträgt in Mitteleuropa 33 m (R. Kampe: Schrift.-Reihe des Deutschen Bäderverb., Nr. 8 [1952]).

Sinnenprüfung

Die Prüfung der äußeren Beschaffenheit, wie Geruch und Geschmack, muß stets unverzüglich nach der Probenahme erfolgen, da manche Gerüche, wie Schwefelwasserstoff und Chlorgeruch, beim Transport der Wasserprobe verschwinden können. Auch das Aussehen kann sich beim Stehen der Wasserproben schnell verändern; während das Wasser bei der Entnahme klar und farblos ist, kann es sich z. B. durch Eisenabscheidung bald verfärben und trüben. Für die Beurteilung der Enteisenungsvorgänge eines Wassers sind diese Beobachtungen von Wichtigkeit.

Notwendige chemische Untersuchungen bei der Entnahme

Die Prüfung auf freie Kohlensäure muß, wie bereits erwähnt, unter allen Umständen an Ort und Stelle ausgeführt bzw. angesetzt werden. Ebenso muß der Marmorlösungsversuch nach Heyer angesetzt werden und bei längeren Transporten das Umschütteln der Proben besorgt werden, ferner der Sättigungsindex (S. 132).

Wenn bei der Probenahme Geruch nach Schwefelwasserstoff wahrgenommen wird, muß derselbe zur quantitativen Bestimmung sogleich mit Cadmiumacetat oder Zinkacetat nach K. E. Quentin fixiert werden (S. 161).

Für genauere Untersuchungen muß der pH-Wert an Ort und Stelle bestimmt werden (S. 118). Die Sauerstoffproben müssen angesetzt werden (S. 138) und bei Verdacht von Bleiaufnahme aus Bleirohren muß eine besondere Probe des im Rohr längere Zeit abgestandenen Wassers entnommen und mit Essigsäure versetzt werden (S. 138).

Mit dem Wasseruntersuchungskasten der Fa. Franz Bergmann KG kann man nach Erfahrung des Verfassers die notwendigsten Untersuchungen feldmäßig an Ort und Stelle durchführen. Die Schnellbetriebsbürette nach Schilling (von derselben Fa.) hat sich bei Felduntersuchungen ebenfalls bewährt.

B. Allgemeine Prüfungen im Laboratorium

1. Organoleptische Prüfung des Trinkwassers (Bei jedem Trinkwasser sofort auszuführen)

Geruch

Wenn der Gutachter die Probenahme selbst vornimmt, wird, wie erwähnt, die Geruchsprüfung sogleich an Ort und Stelle vorgenommen, da manche Gerüche, wie der des Schwefelwasserstoffes, alsbald wieder verschwinden.

Bei eingesandten Proben bzw. näherer Untersuchung von mitgeführten Proben verfährt man am besten so, daß man 100 bis 150 ml der Wasserprobe in einem mit Glasstopfen verschlossenen Erlenmeyerkolben von 200 bis 300 ml Inhalt bei kleiner Flamme oder auf dem Wasserbad auf 40 bis 60 °C erwärmt und nun sofort nach dem Umschütteln den Stopfen lüftet und den Geruch prüft. Allgemeine Gerüche können bezeichnet werden als:

erdig	fischig
torfig	faulig
muffig	fäkalartig
modrig	chemisch (s. u.)
schimmelig	aromatisch
jauchig	

An chemischen Gerüchen können auftreten:

Schwefelwasserstoff	Ammoniak
Kohlensäure	Phenol
Chlor	Chlorphenol (Apothekengeruch)
Mineralöl	Xylenol
Benzin	Teer
Benzol	Harz

Bei Oberflächenwässern streten durch starke Planktonentwicklung manchmal typische Gerüche auf, z. B.:

Erdgeruch durch Cyanophyceen (Blaualgen)
Fischgeruch durch Asterionella, Melosira u. a. Kieselalgen,
Gurkengeruch durch Synura uvella (Flagellate),
Trangeruch durch Uroglena volvox (Flagellate),
Tanggeruch durch Dinobryon sertularia (Flagellate),
Dumpfig-modrig durch Aktinomyceten,
Eigengeruch durch Chlamydomonas-Grünalgen.

Wässer aus sehr tiefen Brunnen, besonders eisenreiche, haben oft einen eigenartigen metallischen oder dumpfen Geruch. Bei schwachen oder zweifelhaftem Schwefelwasserstoffgeruch versetzt man zwecks Ausschaltung desselben eine parallele Geruchsprobe mit etwas Cadmiumacetat zum Vergleich.

Diese Gerüche können auftreten:

1. sehr schwach, nur für erfahrene Untersucher besonders bei Betriebskontrolle ein und desselben Wassers wahrnehmbar und nur gegenüber einer geruchlosen Vergleichsprobe,
2. schwach, für jeden Untersucher gegenüber einer geruchlosen Vergleichsprobe wahrnehmbar,
3. deutlich, für jeden Wasserverbraucher wahrnehmbar,
4. stark, für jeden Wasserverbraucher als unangenehm wahrnehmbar und den Genuß verleidend.

Der Geruchssinn ist zehnmal empfindlicher als der Geschmackssinn.

Raucher haben geringere Geruchsempfindung als Nichtraucher.

Geruchsschwellenwert. Der Geruchsschwellenwert (GSW) ist der Verdünnungsgrad des zu untersuchenden Wassers mit geruchsfreiem Wasser, bei dem gerade noch ein Geruch wahrnehmbar ist, auch nach Erwärmen auf 40 und 60 °C (s. u.).

Gechlortes Wasser wird gegebenenfalls durch Zusatz von etwas Natriumthiosulfat entchlort. Als Testsubstanz für Geruchsempfindlichkeit dient ein mit 0,05 mg/l Butanol versetztes geruchsfreies Wasser.

Nach dem amerikanischen Einheitsverfahren [2] stellt man durch Verdünnen mit absolut geruchlosem Wasser „Geruchsschwellenwerte" fest. Nach der Formel

$$G = \frac{V}{U}$$

ist der Geruchsschwellenwert G der Verdünnungsgrad des Wassers, wobei V = Volumen des Verdünnungswassers und U = Volumen des Untersuchungswassers in ml ist.

Für die Feststellung des Geruchsschwellenwertes wird in geruchlosen Erlenmeyer-Kolben eine Verdünnungsreihe angesetzt mit absolut geruchsfreiem Wasser, das über Aktivkohle filtriert worden ist, und von der schwächsten Verdünnung an das Auftreten eines Geruchs festgestellt. Muß das Wasser 1:10 verdünnt werden, so liegt der Geruchsschwellenwert 10 vor, bei Verdünnung 1:100 der GSW = 100.

(Einheitsverfahren B 1/2 und F. Malz und J. Gorlas: Jb. Wasser **34** [1967]).

Die Geruchsschwellenkonzentration (GSK) ist die Konzentration eines Geruchsstoffes in mg/l, bei der der Geruch gerade noch wahrnehmbar ist.

Beim Chlorphenol ist die GSK = 0,001 mg/l, bei Mineralölen 1 mg/l.

Näheres s. bei J. Holluta: Geruch- und Geschmacksbeeinträchtigung des Trinkwassers, Ursachen und Bekämpfung GWF **101,** 1018–1023, 1070–1076 [1960].

Über spezifische Geruchs- und Geschmacksbeeinträchtigung durch verschiedene Planktonalgen hat H. Liebmann eine Übersicht gegeben [55].

Geschmack

Zur Geschmacksprüfung erwärmt man in einem zugedeckten Becherglas etwa 200 ml Wasser auf 30 bis 40 °C und verkostet (Vorsicht bei infektionsverdächtigem Wasser).

Als Geschmacksempfindungen können auftreten:

1. fade (weiche Wässer),
2. salzig (hoher Kochsalzgehalt),
3. bitterlich (hoher Magnesiumgehalt),
4. laugig (hoher pH-Wert),
5. säuerlich (niedriger pH-Wert),
6. süßlich,
7. Mineralöl-Geschmack,
8. zusammenziehend, tintenartig (hoher Eisen- oder Aluminiumgehalt),
9. metallisch (hoher Blei-, Kupfer- oder Zinkgehalt, besonders als „Nachgeschmack"),
10. faulig, widerlich (Verunreinigung. Vorsicht bei Infektionsverdacht!)
11. moorig, muffig (Moorwasser)
12. nach Schwefelwasserstoff, Chlor, Phenol,
    und schließlich der Normalfall:
13. o. B. (ohne Besonderheit).

Der Geschmack wird als schwach, deutlich bzw. stark bezeichnet.

In London nehmen die „Wasserschmecker" nach jeder Wasserprobe Apfelstückchen in den Mund.

Nach den Standard Methods [1961] soll die Geschmackswelle 5 nicht überschritten werden; das bedeutet, daß bei fünffacher Verdünnung kein Geschmack wahrnehmbar sein soll.

2. Klarheit und Durchsichtigkeit

(Bei jeder Wasserprobe sofort auszuführen)

Vorprobe an Ort und Stelle. Wie bereits ausgeführt, ist eine Prüfung auf Klarheit und Durchsichtigkeit gleich nach oder wenigstens sehr bald nach der Entnahme durchzuführen, da bei eisenreichen Wässern infolge von Eisenabscheidungen bald Trübungen und Verfärbungen auftreten. Wenn man die Wasserprobe mit dem Entnahmeschlauch entnommen hat, ist dies weniger zu befürchten. Bei getrübten Wässern ist aber in jedem Falle mit Absetzen und Klärung zu rechnen und man erhält dann falsche Resultate.

Zur Prüfung füllt man das Wasser in Durchsichtigkeitszylinder von 50 cm Länge oder Hehnerzylinder von 100 ml Inhalt (Fa. Franz Bergmann KG) und beobachtet gegen eine weiße Unterlage bei zerstreutem Tageslicht.

Es können folgende Grade der Klarheit auftreten:

blank	opalisierend
klar	schwach getrübt
fast klar	stark getrübt
schwach opalisierend	

Man vergleicht die Durchsichtigkeit der Probe mit der von destilliertem Wasser. Bei getrübtem Wasser verfährt man folgendermaßen:

3. Trübung und Absetzbarkeit

Man legt unter den Durchsichtigkeitszylinder oder Hehnerzylinder von 100 ml die Snellensche Schriftprobe (DIN Nr. 3,5 vom Deutschen Normenausschuß).

Man läßt so lange Wasser ab, bis die Schrift deutlich zu lesen ist. Die hierbei gefundene Schichthöhe in Zentimetern gibt man als Trübungsgrad an und bezeichnet die Schriftnorm (EV, C2 DIN 38404).

Den Trübungsgrad kann man auch direkt durch Vergleichstrübungen messen. Hierzu ist am besten eine genau eingestellte Kieselgurlösung geeignet.

Den Vergleich nimmt man in Hehnerzylindern oder 50 cm langen und 2,5 cm weiten Glasrohren mit planparallelem Boden mit Hilfe von Kieselgur Standardlösungen vor (Reagenz Nr. 17). Die zur Vergleichslösung zuzusetzende Kieselgurmenge in mg/l gibt den Trübungsgrad an, z. B. Trübungsgrad 5 = 5 mg Kieselgur/l bei 50 cm Schichthöhe.

Bei ganz schwachen Trübungen sind Mastixlösungen geeigneter (J. Rodier u. M. Faivre-Duboz: L'eau **44,** 263–271 [1957]).

Der Trübungswert kann auch vergleichend mit Trübungseinheiten einer Formazin-Standardsuspension gemessen werden. Zur Herstellung letzterer mischt man eine 10%ige Hexamethylentetramin-Lösung mit gleichen Teilen einer 1%igen Hydraziniumsulfat-Lösung, nämlich je 5 ml auf 100 ml dest. Wasser. Die Resultate werden angegeben in Trübungseinheiten (TE) bezogen auf die Eichung mit Formazin-Standard-Suspension.

In den USA wird der Jackson-Kerzen-Trübungsmesser als Standardmethode verwendet, besonders für Trübung über 25 Trübungsgrade (Standard Methods, 11. Aufl., New York, 1961, S. 261–265).

Bisher wurde auch das Stufenphotometer für genaue Trübungsmessungen verwendet, jetzt das Elko II mit zusätzlichem Trübungsglaskörper und Graukeil (Fa. Carl Zeiss), und das Turbidimeter (Fa. Hoelzle u. Chelius) sowie die Trübungsmeßgeräte Hach (Grubbs GmbH), Düsseldorf.

Mit dem lichtelektrometrischen Kolorimeter nach Lange und dem neuen photoelektrischen Trübungsmesser nach Lange kann man unabhängig von der Farbe des Wassers eine Trübung sehr schnell festlegen, wenn man sich eine Eichkurve einmal hergestellt hat. Das Lange-Kolorimeter kann auch als Feldgerät durch Anschluß an den Akku des Kraftfahrzeugs eingesetzt werden (bis 0,005 Formazin-Einheiten bzw. 0,05 mg/l SiO_2).

Für kontinuierliche Trübungsmessungen im Wasserwerk hat Lange jetzt ein Langrohr-Kolorimeter herausgebracht, das auch mit Selbstschreibevorrichtung geliefert wird und das sehr preiswert ist (Fa. Dr. Lange GmbH), Düsseldorf. Durch eine photoelektrische Vorrichtung kann für Wasserwerke eine kontinuierliche Trübungsanzeige eingerichtet werden. Auf dem Prinzip der Rayleigh-Streuung beruht der kontinuierliche Trübungsmesser der Metrawatt AG, auf der Messung zwischen zwei Photozellen beruht das Haze-Meter der Fa. Radiometer. Gebräuchlich ist das Hach-Labor Trübungsmeßgerät der Fa. Hoelzle u. Chelius, auf der Formazin-Basis (s. auch DVGW-Schriftenreihe Wasser, Nr. 12, „Trübungsmessung in der Wasserpraxis", Frankfurt [1976]).

Beurteilung bei Wassertrübung: Plötzlich auftretende Trübungen des Grundwassers können auf eindringendes Oberflächenwasser hindeuten.

Die Absetzbarkeit eines getrübten Wassers prüft man durch Vergleich der Trübungswerte der frischen Probe und der 24 Stunden alten Probe. Die Absetzbarkeit spielt mitunter eine Rolle in der Rohrleitungstechnik (Rohrverschlammung durch Rohwasser). Bei stärkeren Trübungen wäre die quantitative Bestimmung der ungelösten Stoffe und deren Glühverlust vorzunehmen.

Eine gravimetrische Bestimmungsmethode feinster Schwebstoffe wurde von O. Kuntschik ausgearbeitet (Veröff. Dortmunder Stadtwerke Nr. 13 [1971]). Eine abgemessene Wassermenge wird zu diesem Zweck durch feinstporige Membranfilter filtriert und der getrocknete Filterrückstand mit der Analysenwaage bestimmt. Durch Glühen des Membranfilters mit Filterrückstand kann der anorganische Anteil der Schwebstoffe bestimmt werden, was bei der Uferfiltration von Flußwasser oft von Wert ist.

Zur Kontrolle der Filterwirkung in Wasserwerken ist diese Trübungsmessung wertvoll; noch besser ist eine kontinuierliche Trübungsmessung (s. oben).

Nach den DIN-Vorschriften 38404 werden Trübungswerte jetzt wie die spektralen Absorptionskoeffizienten bestimmt.

Sichttiefe: Bei der Untersuchung von Oberflächenwässern bestimmt man die Durchsichtigkeit und Farbe des Wassers mit Hilfe der „Sichtscheibe“, einer weißen Porzellanscheibe von 20 cm ∅ bzw. Kantenlänge[1], die mit Hilfe einer Meßkette oder eines Halteseils (unterteilt in Meter) in das Wasser herabgelassen wird. Die Länge der Haltekette beim Unsichtbarwerden der Sichtscheibe wird als Sichttiefe angegeben. Durch mehrmaliges Aufziehen und Niederlassen der Sichtscheibe kann man die Sichttiefe ziemlich genau ermitteln (in cm). Angabe: z. B. „Sichttiefe 55,5 cm“, gegebenenfalls „Sichttiefe × m bis Grund“.

Die Beobachtung der untergetauchten Sichtscheibe wird erleichtert durch den Kolkwitzschen „Wassergucker“ (Fa. Franz Bergmann KG, Berlin W).

4. Färbung des Wassers

Auch die Farbe des Wassers muß sogleich nach der Probenahme bestimmt werden, da ausfallende Eisen- und Manganverbindungen, besonders im kolloiden Zustand, eine Gelbfärbung des Wassers vortäuschen können.

Orientierende Feldbestimmung. Das zu untersuchende Wasser wird in Hehnerzylinder oder in Schaurohre von 40 cm Höhe gefüllt und in einem kleinen Abstand gegen eine weiße Unterlage beobachtet. Die Färbungen werden bezeichnet als: farblos bzw. als

schwach gelblich	braun
gelblich	gelblichgrün
gelb	grünlich
gelblichbraun	

[1] Auch Secchi-Scheibe genannt.

Bei sehr schwachen Färbungen vergleicht man mit reinstem destilliertem Wasser (Reagenz Nr. 10) in einen zweiten Hehnerzylinder oder man bezeichnet die Probe als fast farblos. Man kann auch den Ostwaldschen Farbnormen-Atlas zu Hilfe nehmen und die dort angegebenen Farbbezeichnungen zu der Schaulänge von 40 cm Höhe setzen.

Genaue Bestimmung. Für die genaue Feldbestimmung verwendet man Durchsichtigkeitszylinder von 40 cm Höhe. Getrübte Wässer müssen vor der Farbbestimmung zentrifugiert werden oder die Vergleichslösungen müssen durch Kieselgurzusatz auf den Trübungswert gebracht werden (S. 25). Die amerikanischen Einheitsverfahren [2] unterscheiden erstens die „scheinbare Farbe" und zweitens die „echte Farbe" des Wassers bei getrübten und gefärbten Wässern (d. h. vor und nach Zentrifugierung).

Unter feldmäßigen Bedingungen können Farbbestimmungen mit Farbgläsern in der Hellige-Apparatur (Fa. Hellige & Co.), gegebenenfalls unter Verwendung des Neßlerrohr-Ansatzes nach Herausnahme der Milchglasscheibe aus dem Komparator vorgenommen werden. Auf zwei Farbscheiben sind die Farbwerte von 5 bis 50 mg Pt/l abzulesen.

Zum genauen Farbvergleich verwendet man das Kaliumhexachloroplatinat-Reagenz (Reagenz Nr. 13) oder Karamellösung (Reagenz Nr. 15). Für manche Wässer ist Methylorangelösung geeignet ($^1/_{100}$ mg als Farbeinheit, also Farbe 1 = 0,01 mg Methylorange/l) (s. W. Ohle: Archiv für Hydrobiologie [1934]. Für gelbgrüne Töne empfiehlt es sich, zugleich Kaliumhexachloroplatinat und Kupfersulfat (Reagenz Nr. 16) zu verwenden und das Kupfer als mg Cu/l neben dem Platin im Ergebnis anzugeben.

Die Farbwerte werden als mg Pt/l oder mg Karamel/l für Schichthöhe 40 cm angegeben. Mit Hilfe eines Photometers kann der Farbwert mit dem Filter von 460 nm genauer festgelegt oder durch Aufnahme des Transmissionsspektrums mit einem Spektralphotometer gemessen werden (Fa. Dr. Lange).

Nach den DIN-Vorschriften 38404 wird die Färbung jetzt auch spektralphotometrisch gemessen (Angabe als „spektraler Absorptionskoeffizient").

Für die Praxis der Trinkwasser-Kontrolle wird die Beobachtung in einem Schaurohr von 1 bis 1,5 m Schichthöhe mit planparallelem Boden bei der Probenahme immer genügen.

II. Allgemeines über die chemische Wasseranalyse

Die Wasseranalyse erfordert peinlich sauberes Arbeiten, da die zu bestimmenden Bestandteile nur in außerordentlich kleinen Mengen im Wasser vorhanden sind und manche von ihnen unter Umständen auch schon durch nicht besonders gesäuberte Geräte eingebracht werden können.

Von vornherein ist daher auf größte Sauberkeit der Entnahme- und Untersuchungsgefäße zu achten. Eine besondere chemische Reinigung und Präparierung der Glasgeräte ist für manche Bestimmungen unumgänglich, z. B. für die Bestimmung des Kaliumpermanganatverbrauchs, des Eisens, des Mangans, der Schadstoffe und der Spurenelemente.

Die zur Wasseruntersuchung verwendeten Chemikalien und Reagenzien müssen von besonderer Reinheit sein, da auch bei normalen Handelsqualitäten der Chemikalien störende Verunreinigungen in die Wasserproben eingebracht werden können (Qualität: pro analysi, z. B. E. Mercks garantiert reine Reagenzien p. a. und besonders die ultrareinen Reagenzien Suprapur der Fa. E. Merck, oder Puranal der Fa. Riedel de Haën).

A. Allgemeine chemische Arbeitsregeln

1. Um die Reinheit der verwendeten Reagenzien festzustellen, sind vor deren Ingebrauchnahme stets Blindversuche unter gleichen Bedingungen wie bei der Analyse anzustellen.
2. Andererseits ist auch die volle Wirksamkeit der Reagenzien mit Hilfe von Vergleichslösungen von Zeit zu Zeit zu kontrollieren.
3. Bei der Wasseruntersuchung wird eine Abscheidung einzelner Bestandteile nur bei wenigen Bestimmungen vorgenommen. Die vorhandenen Wasserbestandteile stören sich daher gegenseitig bei vielen Untersuchungen.

   Deshalb muß man vor den einzelnen Bestimmungen stets feststellen, welche Störungen auftreten können. Die häufigsten Störungen sind bei jedem Kapitel gesondert aufgeführt und deren Ausschaltung ist kurz beschrieben. Es ist daher zweckmäßig, den Untersuchungsgang für Trinkwasser, wie er erstmalig in diesem Buch aufgezeigt wird, einzuhalten.
4. Die Wasserproben müssen möglichst bald nach der Entnahme, spätestens nach 10 bis 12 Stunden, untersucht werden, da sie sich beim Stehen bald verändern können. Besonders trifft dies z. B. für verunreinigte Wässer zu, deren Kaliumpermanganatverbrauch und Nitrit-Gehalt sich u. U. in wenigen Stunden verändern kann. Der Untersuchungsgang ist daher in diesem Buch so beschrieben, daß der unerfahrene Untersucher ersieht, wie er eine Wasseruntersuchung anzufangen hat und welche Bestimmungen sofort ausgeführt werden müssen. Ferner ist aus dem Untersuchungsgang ersichtlich, welche Bestimmungen für die einzelnen Bedarfsfälle ausgeführt werden müssen (kleine Brunnenuntersuchung oder Wasserwerkskontrolle, Brauchwasser usw.). Bei längerem Stehen der Wasserproben

in halbgefüllten Flaschen scheiden harte Wässer leicht etwas Kalk ab, besonders die eisenhaltigen Wässer, was bei der Untersuchung zu Fehlresultaten führt. Einige Untersuchungen müssen nach einer besonderen Probenahme an Ort und Stelle eingeleitet bzw. sofort durchgeführt werden (z. B. die auf Sauerstoff, freie Kohlensäure, Schwefelwasserstoff, Eisen(II)-Verbindungen u. a.).

5. Bei eingesandten Proben, die oft älter als 2 bis 3 Tage sind, kann man viele Untersuchungen überhaupt nicht ausführen (wie z. B. die Bestimmung von CO_2, O_2, H_2S, Cl_2, sowie die des pH-Wertes und des Geruchs); andere Bestimmungen würden nach dem unter 4. Gesagten zu ungenau ausfallen ($KMnO_4$-Verbrauch, NO_2^-, NH_4^+). In solchen Fällen empfiehlt es sich, frische Proben selbst zu entnehmen oder durch Boten einzuholen. Grundsätzlich sollte aber der begutachtende Wasserchemiker die Probenahme selbst vornehmen.
6. Vor der Wasseruntersuchung dürfen Trübungen und Niederschläge nicht ohne weiteres durch Filtrieren entfernt werden, da diese mitunter wichtige Wasserbestandteile adsorbiert haben (z. B. Blei-, Eisen-, Mangan- und Arsenverbindungen). Filtrierpapier enthält außerdem oft Spuren von Ammonium, Phosphat und anderen Stoffen, die die Analysengenauigkeit beeinflussen. Deshalb ist bei getrübten Wässern das Zentrifugieren vorzuziehen. Besser als Papierfilter sind Glasfaserpapiere zur Filtration geeignet (G. Giebler u. Th. Kempf: Z. f. analyt. Chemie **199**, 23–34 [1964]).
7. Die Probeflaschen müssen vor jeder Entnahme einer Wasserprobe umgeschüttelt werden (Schwitzwasser); vor der Entnahme zur Untersuchung auf Eisen und Mangan müssen zuvor der Flaschenboden und die Wandungen mit einem Gummiwischer bearbeitet werden, falls diese Bestimmungen nicht gleich nach der Probenahme durchgeführt werden können.

Angaben der Ergebnisse. Die Angaben der Ergebnisse erfolgen, wie es in den Einheitsverfahren der Wasseruntersuchung [1] vorgesehen ist, in mg/l als Kationen und Anionen, also z. B. in mg/l Fe^{2+} und mg/l SO_4^{2-} oder in Millival pro Liter (mval/l), wobei die für 100 ml Wasser verbrauchte Anzahl ml 0,1-Normallösung direkt den mval-Wert ergibt, bzw. in Millimol pro Liter (mmol/l), bei undissoziierten Stoffen. Durch die Berechnung als mval ist eine Kontrolle der Analyse möglich, nämlich durch die Feststellung der Summengleichheit der Kationen- und Anionen-Äquivalente.

Die in den englisch sprechenden Ländern übliche Angabe in ppm (parts per million) entspricht der deutschen in mg/l. Gemäß Beschluß des Experten-Komitees der WHO soll aber in Zukunft in allen Ländern der Analysenwert in mg/kg angegeben werden.

Bei Werten über 10 mg/l werden gewöhnlich nur ganze Stellen, unter 10 mg/l auch die Zehntel und unter 1 mg/l auch die Hundertstel angegeben; man kann dadurch auch den Genauigkeitsgrad der Untersuchungsmethode zum Ausdruck bringen.

Bei der **Heilquellenanalyse** werden die Ergebnisse jedoch nach wie vor in mg pro 1 kg Wasser angegeben, da die kohlensäurereichen Wässer sich schwer pipettieren lassen und weil für manche Bestimmungen der ganze Inhalt einer Flasche verwendet werden muß. Die Angabe „in Spuren“ oder „null“ muß unbedingt vermieden werden; es muß vielmehr die unterste Grenzkonzentration der Bestimmung ersichtlich sein, z. B. Eisen: 0 (< 0,01 mg/l Fe^{2+}). Qualitative Bestimmungen sind in der Wasseranalyse wertlos.

In der Limnologie werden die Phosphat- und Stickstoffwerte weiterhin als P und N angegeben, aber mit dem Zusatz der Zustandsform, z. B. 10,0 mg/l N (NO_3).

Sollte die jetzt noch sehr umstrittene Angabe in mmol/m^3 oder mmol/l Vorschrift werden, werden die Umrechnungswerte in nachstehender Tabelle angeführt:

freie Kohlensäure (CO_2) (als Basekapazität gemessen)	1 mg/l	22,7 mmol/m^3	Basekapazität bis pH 8,2	
Carbonathärte	1° dH	357 mmol/m^3	Säurekapazität bis pH 4,3	
Calcium	1 mg/l	25,0 mmol/m^3	Calcium	(Ca^{2+})
Magnesium	1 mg/l	41,2 mmol/m^3	Magnesium	(Mg^{2+})
Gesamthärte	1° dH	179 mmol/m^3	Summe Erdalkalien	(Härte)
Natrium	1 mg/l	43,5 mmol/m^3	Natrium	(Na^+)
Kalium	1 mg/l	25,6 mmol/m^3	Kalium	(K^+)
Eisen, gesamt	1 mg/l	17,9 mmol/m^3	Eisen, gesamt	(Fe)
Mangan, gesamt	1 mg/l	18,2 mmol/m^3	Mangan, gesamt	(Mn)
Ammonium	1 mg/l	55,5 mmol/m^3	Ammonium	(NH_4^+)
Nitrit	1 mg/l	21,7 mmol/m^3	Nitrit	(NO_2^-)
Nitrat	1 mg/l	16,1 mmol/m^3	Nitrat	(NO_3^-)
Chlorid	1 mg/l	28,2 mmol/m^3	Chlorid	(Cl^-)
Sulfat	1 mg/l	10,4 mmol/m^3	Sulfat	(SO_4^{2-})
Phosphat (PO_4)	1 mg/l	10,5 mmol/m^3	Monophosphat	(als P)
Phosphat (P_2O_5)	1 mg/l	7,0 mmol/m^3	Phosphor, gesamt	(P)
Phosphor, gesamt (P)	1 mg/l	32,3 mmol/m^3	Phosphor, gesamt	(P)
Kieselsäure (SiO_2)	1 mg/l	16,6 mmol/m^3	Silicium, gesamt	(Si)
Silicium (Si)	1 mg/l	35,6 mmol/m^3	Silicium, gesamt	(Si)

B. Die Untersuchungsverfahren

Die gravimetrischen und volumetrischen Methoden der quantitativen Analyse werden als bekannt vorausgesetzt. Ausführlich werden diese behandelt in den bekannten Anleitungen, z. B. in W. D. Treadwell: Kurzes Lehrbuch der analytischen Chemie, Wien [1949], in W. Autenrieth-A. Rojahn: Quantitative chemische Analyse, Dresden [1939] und W. Autenrieth-O. Keller: Dresden [1958] und in E. Brennecke, K. Fajans u. a.: Neuere maßanalytische Methoden, Stuttgart [1951], sowie F. Seel: Grundlagen der analytischen Chemie, 6. Aufl., Weinheim [1976].

Weniger bekannt sind im allgemeinen die kolorimetrischen Methoden, weil diese in den angeführten Standardwerken der quantitativen Analyse wenig berücksichtigt sind (außer im Autenrieth-Rojahn) und auch im Hochschulunterricht nur wenig gelehrt werden.

Da die Kolorimetrie bei der Wasseruntersuchung eine große Rolle spielt, erscheint es angebracht, die kolorimetrische Arbeitsmethodik hier zusammenfassend in kurzen Zügen zu behandeln. Näheres findet man bei Freund: Leitfaden der kolorimetrischen Methoden, Wetzlar [1938], bei G. Kortüm: Kolorimetrie und Spektralphotometrie, 4. Aufl., Springer, Berlin [1964] und auch bei B. Lange: Kolorimetrische Analyse, 6. Aufl., Weinheim [1964 u. 1970], (1. Erg. Band [1977] Handb. d. photometr. Analyse organ. Verb.), sowie im Handbuch der Kolorimetrie von B. Kakác: Jena [1962 u. 1963].

Bei der Trinkwasser-Kontrolle von Oberflächenwasser-Versorgungen werden jetzt in zunehmendem Maße polarographische Methoden, die Atomabsorptions-Spektralanalyse sowie die flammenlose Atomabsorption zur Bestimmung der Spuren-Schadstoffe, wie Quecksilber, u. a. Schwermetalle, verwendet.

Eine gänzlich neue analytische Methode für die Wasseruntersuchung ist die mit den ionenselektiven Elektroden der Orion Research Inc., Cambridge, Massachusetts, USA. Mit diesen können Calcium-, Fluorid-, Chlorid- u. a. Ionen in der Größenordnung, wie sie im Wasser vorliegen, quantitativ bestimmt werden.

C. Kolorimetrische Arbeitsmethoden

1. Allgemeines

Prinzip der Kolorimetrie: Die Kolorimetrie beruht auf der Tatsache, daß manche Stoffe mit bestimmten Reagenzien Farbreaktionen geben und daß proportional zu ihrer Menge die Intensität der Farbreaktion zunimmt (Beersches Gesetz). Aus der Intensität einer Farbreaktion kann man umgekehrt Rückschlüsse auf den Gehalt einer Lösung an dem zu bestimmenden Stoff ziehen. Durch Vergleich der auftretenden Farbintensität nach Zusatz von Reagenzien zu der Wasserprobe mit der von ebenso behandelten Vergleichslösungen bekannter Konzentration in Schaugläsern, Kolorimeterzylindern oder Küvetten oder Photometern (S. 34) kann man die Menge des in der betreffenden Lösung befindlichen Stoffes bestimmen.

Das Maximum der Intensität einer Farbreaktion tritt nicht sogleich nach dem Reagenzienzusatz ein, sondern erst nach einigen Minuten. Der kolorimetrische Farbvergleich darf daher immer erst in dem bei den einzelnen Bestimmungen angegebenen Zeitpunkt oder Zeitintervall vorgenommen werden. Beim Vergleich mit fester Farbvorlage ist dies besonders wichtig.

Man darf andererseits auch nicht zu lange mit dem Farbvergleich warten, da die Farbintensität nach einer gewissen Zeit wieder abnimmt (s. u.).

Die Proportionalität zwischen Farbintensität und Konzentration besteht nur in einem bestimmten Konzentrationsbereich. Oberhalb dieses Konzentrationsbereiches muß man deshalb die Wasserprobe verdünnen und unterhalb desselben sie konzentrieren, beides jedoch vor dem Reagenzienzusatz. Näheres siehe bei den einzelnen Bestimmungen.

Vorteile der Kolometrie: Die kolorimetrischen Methoden gestatten die Bestimmung äußerst geringer Mengen, wie sie z. B. bei den meisten gravimetrischen und volumetrischen Methoden nicht erfaßt werden können. Auf Grund ihrer Empfindlichkeit sind die kolorimetrischen Methoden also gerade für die Wasseruntersuchung besonders geeignet. In den meisten Fällen erübrigt sich eine Konzentrationserhöhung durch Eindampfen oder eine Fällung des gesuchten Stoffes, eine Filtration und Auswaschung. Die kolorimetrische Analyse hat also den Vorzug der Einfachheit und Schnelligkeit der Durchführung.

Nachteile der Kolorimetrie: Bei der kolorimetrischen Analyse wird das Resultat mitunter durch subjektive Fehler beeinträchtigt. Deshalb wurde bislang die visuelle Kolorimetrie nicht immer als exakte Methode anerkannt. Nachdem die apparativen Hilfsmittel vervollkommnet wurden, sind die kolorimetrischen Methoden aber jetzt genauer.

Durch ausgedehnte Tests hat man festgestellt, daß 60% der männlichen Untersucher farbuntüchtig sind, von den weiblichen jedoch nur 10%.

Das Farbunterscheidungsvermögen des Untersuchers: Die visuelle Kolorimetrie setzt natürlich normales Farbunterscheidungsvermögen des Untersuchers voraus. Besondere Schwierigkeiten entstehen aber auch bei jedem Untersucher, wenn der Farbton der Untersuchungslösung nicht mit dem der Vergleichslösung übereinstimmt. Es gehört einige Übung dazu, die Farbtiefe bei abweichendem Farbton zu unterscheiden. Gelbgrüne Farbtöne sind für das menschliche Auge am besten unterscheidbar, rote und blaue weniger gut.

Bei dem Leitz-Photometer, dem Elko und ähnlichen Geräten, bei denen durch photoelektrische Zellen Licht in elektrische Energie umgewandelt wird (S. 34), werden alle diese subjektiven Fehler weitgehend ausgeschaltet.

2. Apparative Hilfsmittel der Kolorimetrie

Der kolorimetrische Vergleich kann im einfachsten Fall in zylindrischen Gläsern von 200 bis 500 ml Inhalt auf einer weißen Unterlage vorgenommen werden. Man versetzt in diesen das zu untersuchende Wasser und eine Reihe von Vergleichslösungen (5 bis 10), die man sich nach dem Ausfall der orientierenden Prüfung angesetzt hat, mit der entsprechenden Menge der Reagenzien, wartet die vorgesehene Zeit bis zum Farbmaximum, wie bei den einzelnen Methoden angegeben ist, ab und nimmt den Vergleich vor. Man sucht sich unter den Vergleichslösungen die beiden am nächsten kommenden aus und setzt gegebenenfalls eine neue Reihe mit den Zwischenwerten an, stets mit gleicher Schichthöhe (Orientierende Feldmethoden).

Etwas genauere Resultate erzielt man schon bei Verwendung von Glaszylindern mit einem Durchmesser von ca. 3 cm und 25 bis 50 cm Höhe. Diese sollen einen planparallelen Boden haben und zur Abdeckung gegen seitliche Lichtstrahlen mit einem Zylinder aus Pappe oder mit einem gemeinsamen Schutzkasten umgeben werden. Die Zylinder werden in einem Abstand von einigen Zentimetern über eine weiße Unterlage (Milchglasscheibe, Porzellanplatte, Papier u. dgl.) gehalten. Da die Glaszylinder im allgemeinen nicht genau zylindrisch sind, kann man nur die Schichthöhe zugrunde legen, nicht das Volumen. Bei den sog. KPG-Rohren[1] ist dies nicht

[1] KPG = Küppers-Patent-Graduation.

nötig. Die gewöhnlichen Meßzylinder sind auch aus dem Grunde nicht geeignet, weil sie keinen planparallelen Boden haben. Die Glaszylinder sollen aus vollkommen farblosem Glas bestehen.

Diese einfachsten Hilfsmethoden sind aber heutzutage für die eigentliche Wasseranalyse abzulehnen; dies gilt auch bis zum gewissen Grade für die Hehnerzylinder.

Hehnerzylinder: Das Ansetzen zahlreicher Vergleichsproben wird erspart durch Verwendung der Hehnerzylinder zu 105 ml, die eine Einteilung in ml haben. Sie haben seitlich einen Hahn zum Ablassen der Flüssigkeit. Dadurch kann man bequem und schnell jede Schichthöhe einstellen. Der Vergleich erfolgt ebenfalls in einem Abstand von einigen Zentimetern über einer weißen Unterlage (Milchglasscheibe, Porzellanplatte, Papier u. dgl.). Hehnerzylinder müssen aus farblosem Glas hergestellt sein, zum mindesten müssen beide aus demselben Glas hergestellt sein, sonst erhält man störende Abweichungen des Farbtones von Untersuchungs- und Vergleichslösung. Am besten sind sie aus KPG-Rohr hergestellten genau kalibrierten Hehnerzylinder (Fa. Franz Bergmann KG und Fa. Schott und Gen.).

Im Trommel-Kolorimeter nach Meinck-Horn (Fa. Franz Bergmann KG) werden die in einer Schauröhre auftretenden Färbungen mit Farbtafeln, die auf drehbaren Trommeln angebracht sind, verglichen. Für die kleine Trinkwasseruntersuchung von Einzelbrunnen sind diese ausreichend, insbesondere für Untersuchungen an Ort und Stelle, z. B. auf Nitrit und Ammoniak, die beide in verschmutzten Wässern Veränderungen unterliegen. Die Ungenauigkeiten dieser Methode werden etwas ausgeglichen durch die große Schichtdicke, die man durch lange Zylinder beliebig erhöhen kann und durch die Möglichkeit der sofortigen Durchführungen an Ort und Stelle. Die Farbtafeln sind 1966 mit Unterstützung des Verfassers neu bearbeitet worden.

Bei dem Farbkomparator von Hellige (Fritz Hellige und Co., und Hoelzle u. Chelius) werden für den Farbvergleich Farbgläser, die auf einer drehbaren Scheibe angeordnet sind, benutzt. Alle für Trinkwasser vorkommenden kolorimetrischen Bestimmungen kann man mit Hilfe von neun dieser Farbscheiben ausführen. Geringe Eigenfärbungen eines Wassers werden bei dieser Apparatur durch die „Kompensationsküvette“ kompensiert. Das gilt auch für Lovibond-Komparatoren.

Die Untersuchung wird im „Hellige-Neo-Komparator“ mit Küvetten von 13 mm oder 40 mm Schichthöhe oder mit dem Neßler-Rohr-Komparator mit einer Schichthöhe von 250 mm ausgeführt. Bei Berücksichtigung eines Umrechnungsfaktors kann man für die verschiedenen Schichthöhen immer die gleiche Farbscheibe verwenden. Ein Verdünnen oder Eindampfen von Wasserproben fällt also praktisch fort, was für Felduntersuchungen neben der Ersparnis von Vergleichslösungen besonders vorteilhaft ist. Wenn man z. B. statt der 13 mm-Küvette die 40 mm-Küvette benutzt, dividiert man die auf der Farbscheibe abgelesenen Werte durch 3. Wenn man statt der 13 mm-Küvette das Neßler-Rohr von 250 mm Länge verwendet, dividiert man durch 20.

Für Untersuchungen an Ort und Stelle ist die Hellige Apparatur auch wegen ihrer leichten Transportmöglichkeit und der lichtechten Farben in den Farbvergleichsscheiben gut geeignet, besonders für die Ammonium-, Chlor- und pH-Wert-Bestimmungen im Neßler-Rohr-Kompensator, also gerade bei Bestimmungen, die wegen eventueller Veränderungen bald durchgeführt werden müssen. Dasselbe gilt auch für den Lovibond-Komparator und das Nanocolor-Gerät der Fa. Macherey-Nagel.

Für Betriebsingenieure gibt es zur Wasserwerksüberwachung und für Schwimmmeister zur Schwimmbadüberwachung die Aquamerck- und Aquaquant-Reagenziensätze der Fa. E. Merck.

Alle diese visuellen Methoden reichen für eine exakte Wasseranalyse nicht aus, wenn sie auch bei Verwendung großer Schichthöhen bei Untersuchung an Ort und Stelle oft dienlicher sind als die Messungen in sehr geringen Schichthöhen in den modernen Meßgeräten nach vielen Stunden oder Tagen im Laboratorium, z. B. bei veränderlichen Bestandteilen (pH, NH_4^+, NO_2^-).

Photometrische Ausrüstung

Das Leitz-Photometer – Leifo – der Fa. E. Leitz, ist ein Filterphotometer, bei dem die Extinktion auf einer Projektionsskala abgelesen wird. Das Leifo hat Küvetten von 1 bis 200 mm Schichtdicke: bei dem Elko ist die größte Schichtdicke 50 mm. Das Leifo E ist ein Elektro-Photometer.

Photometer-Firmen

Beckmann-Instruments
Perkin-Elmer
Fa. U. Knick
Fa. E. Leitz
Fa. Philips
Fa. Grubbs
Deutsche Metrohm AG
Fa. Colora
Fa. Dr. Lange
Kontron-Technik GmbH
Fa. Zeiss
Hoelzle und Chelius

3. Kolorimetrische Arbeitsregeln

1. Die zu untersuchenden Lösungen müssen absolut klar sein. Auch bei feinsten Trübungen der Wasserprobe werden stärkere Färbungen vorgetäuscht. Eine Filtration ist aber bei exakten Untersuchungen nicht angebracht, da hindurchgehende Filterfasern beim kolorimetrischen Vergleich auch schon stören würden. Bei Verwendung von gehärteten Filtern und längerem Filtrieren durch ein und dasselbe Filter ist die Störung jedoch gering, „Glasfaserpapiere" sind besser geeignet als Filtrierpapier (S. 29). Gelöste Eisenverbindungen werden durch alle Filter, auch gehärtete, zurückgehalten und entgehen der Bestimmung.

   Besser ist daher das Zentrifugieren der getrübten Probe. Zu beachten ist jedoch, daß durch die Trübungsstoffe Eisen u. a. Stoffe adsorbiert werden können und dadurch der Bestimmung entgehen.

   Eine Filtration wäre stets vor der Farbreaktion, am besten bei Untersuchungslösung und Vergleichslösung vorzunehmen, desgleichen das Zentrifugieren.
2. Beim Vergleich sehr schwacher Färbungen spielt die Eigenfärbung des Glases der Schauzylinder eine Rolle. Durch Austausch der Röhre für die Untersuchungslösung gegen die der Vergleichslösung läßt sich dies oft erkennen.
3. Bei genauen Untersuchungen benutzt man wegen der geringen Eigenfärbung, die fast jedes Wasser hat, für die Herstellung der Vergleichslösung nicht destilliertes Wasser, sondern das zu untersuchende natürliche Wasser, dem man den zu bestimmenden Stoff vorher entzogen hat.

Bei deutlicher Eigenfärbung des Untersuchungswassers kompensiert man nach dem Walpoleschen Prinzip, indem man vor die Vergleichslösung oder Farbscheibe (Hellige-Komparator, S. 33) die gefärbte Untersuchungslösung ohne Reagenzienzusatz bringt.

Bei den stark gefärbten Moorwässern muß man die Probe jedoch durch A-Kohle oder Sodanatronlauge entfärben, was bei den einzelnen Bestimmungen genauer angegeben ist.

4. Die Temperatur von Untersuchungslösung und Vergleichslösung soll möglichst übereinstimmen, keinesfalls soll der Temperaturunterschied mehr als 3 bis 5 °C betragen (Krüßsche Regel, vgl. Krüß: Colorimetrie, Hamburg [1909]).
5. Die Schichthöhe beider Lösungen soll möglichst gleich sein, keinesfalls soll sie um mehr als 1:2 oder 1:3 abweichen. Die besten Resultate werden erzielt, wenn Konzentration und Schichthöhe beider Lösungen übereinstimmen.
6. Als Lichtquelle soll nur diffuses Tageslicht, kein direktes Sonnenlicht dienen. Künstliche Beleuchtung durch gewöhnliche elektrische Glühbirnen ist nicht geeignet; etwas günstiger sind „Tageslichtlampen" (Leuchtstoffröhren).
7. Der Farbvergleich von Untersuchungslösung und Standardlösung muß mehrmals wiederholt werden; der Mittelwert wird als Resultat angenommen.

   Weibliche Untersucher sind bedeutend farbtüchtiger als männliche (S. 32).
8. Die nach dem Reagenzienzusatz auftretende Farbintensität ist nicht konstant. Sie nimmt bis zu einem gewissen „Farbmaximum" zu, bleibt einige Zeit konstant, um dann wieder mehr oder weniger schnell abzunehmen. Der Farbvergleich wird während des Farbmaximums vorgenommen. Hieraus erhellt, daß es wichtig ist, Untersuchungslösung und Vergleichslösung gleichzeitig mit dem Reagenz zu versetzen und den Farbvergleich in der bei den einzelnen Bestimmungen angegebenen Zeitspanne für das Farbmaximum vorzunehmen.
9. Die bei den einzelnen Bestimmungen angegebenen Grenzkonzentrationen sind einzuhalten. Die Vorproben erleichtern diese Einhaltung.
10. Da die kolorimetrischen Untersuchungsmethoden sehr empfindlich sind gegen alle äußeren Einflüsse, sollte das Mischen in den Kolorimeterzylindern nicht durch Umschwenken nach Auflegen der Handfläche erfolgen, sondern mit den vom Verfasser vorgeschlagenen „Rührkugeln" (s. K. Höll: Die Chem. Fabrik [1934]) in zwei Größen (für Kolorimeterrohre und für Reagenzgläser). Sehr gut eignet sich hierfür auch der „Ringrührer", wie er von R. Czensny beschrieben worden ist (Z. f. Fisch. **1,** 253–258 [1952]).

4. Das Arbeiten mit Hehnerzylindern

Die Hehnerzylinder (s. o.) sind eingeteilt in 105 ml. In den linken Zylinder fülle man stets 100 ml Untersuchungswasser oder, wenn Verdünnung notwendig ist, zuerst 50 oder 25 ml destilliertes Wasser und dann das Untersuchungswasser. Nach Zusatz der Reagenzien füllt man auf 105 ml auf. In den rechten Zylinder gibt man in derselben Reihenfolge 80 bis 90 ml destilliertes Wasser, dann Standardlösung sowie Reagenzien und füllt schließlich nach jedesmaligem Umrühren ebenfalls auf 105 ml auf.

Die entstandenen Färbungen vergleicht man über weißer Unterlage bei hellem, zerstreutem Tageslicht.

Die Ausrechnung geschieht folgendermaßen:

1. Beispiel: Das Untersuchungswasser ist stärker gefärbt als die Vergleichslösung: bis zur Farbgleichheit muß es daher beispielsweise auf 80 ml abgelassen werden. Die Vergleichslösung enthält 0,5 mg/l Fe^{2+} (100 ml also 0,05 mg), dann ist die Konzentration x der Untersuchungslösung nach dem Ansatz:

$$80 : 0{,}05 = 100 : x; \quad x = \frac{0{,}05 \cdot 100}{80} = 0{,}062 \text{ mg.}$$

Die Untersuchungslösung enthält somit 0,62 mg/l Fe^{2+}.

2. Beispiel: Die Vergleichslösung ist stärker gefärbt als das Untersuchungswasser, bis zur Farbgleichheit muß daher die Vergleichslösung auf 70 ml abgelassen werden. Die Vergleichslösung enthielt in 100 ml 0,1 mg NO_2^- in 70 ml Wasser sind also 0,070 mg NO_2^- enthalten.

$$100 : 0{,}1 = 70 : x; \quad x = \frac{0{,}1 \cdot 70}{100} = 0{,}07$$

100 ml Untersuchungswasser entsprechen also 0,070 mg NO_2^-; Das Wasser enthält daher 0,70 mg/l NO_2^-.

5. Atomabsorptionsspektroskopie

Außer den klassischen chemischen Untersuchungsmethoden der EV werden jetzt auch physikalisch-optische und elektro-chemische Methoden angewandt, besonders bei der Schadstoff-Analyse.

Aufbau des Gerätes

Ein Atomabsorptions-Spektrometer besteht aus einer Lichtquelle, einer Atomisierungseinrichtung, einem Monochromator und einem Detektor, der Lichtenergie in elektrische Energie umwandelt. Als Lichtquellen werden elementspezifische Hohlkathoden oder elektrodenlose Entladungslampen benutzt. Die Atomisierung wird meist thermisch in einer Flamme oder elektrothermal in einem Graphitrohrofen (flammenlos) durchgeführt.

Vorbereitung von Probenahmegefäßen

Zur Probenaufbewahrung von Schwermetallproben haben sich Polyäthylenflaschen gut bewährt. Soll auch Quecksilber bestimmt werden, so müssen zusätzlich Glasflaschen verwendet werden. Die Gefäße werden nach der üblichen Reinigung noch mehrmals mit hochreiner Salpetersäure 1:1 und hochreiner Salzsäure 1:1 gespült. Danach läßt man die Flaschen mehrere Tage mit 5% Salzsäure stehen. Bis zur Benutzung müssen sie staubfrei aufbewahrt werden. Glasgeräte werden ebenfalls in der o.g. Weise vorbereitet.

Konservierung der Probe geschieht durch Ansäuern mit Suprapur-Salpetersäure auf pH 2.

Störungen

Bei der AAS treten hauptsächlich physikalische, chemische und spektrale Interferenzen auf. Im Folgenden soll kurz auf diese Störungen eingegangen werden.

Physikalische Störungen

Sie entstehen durch unterschiedliche physikalische Eigenschaften (Viskosität, Oberflächenspannung, Dichte und Temperatur) während des Zerstäubungsvorgangs bei der Flammenatomisierung. Hier hilft ein Angleichen der Matrix von Analysen und Eichlösung und die Anwendung der Standardadditionsmethode.

Chemische Störungen

entstehen, wenn Bestandteile der Probe, der Flamme des Trägergases oder des Graphitrohres stabile Verbindungen mit dem zu bestimmenden Element eingehen. Hier muß man sog. „releasing agents", Stoffe, die bevorzugt mit der störenden Matrix reagieren, zugeben. Meistens erreicht man auch durch Optimierung der Analysendaten, wie Ansaugrate, Brennerhöhe, Brenngas eine Lösung dieses Problems.

Bei der Bestimmung von Alkali- und Erdalkalimetallen treten sehr leicht Ionisationsstörungen auf. Elemente mit zu geringem Ionisationspotential werden zu stark ionisiert und können dann nicht mehr genau erfaßt werden. Durch Zusatz von leichter zu ionisierenden Elementen (meist Kalium oder Caesium) kann das Ionisationsgleichgewicht verschoben werden.

Spektrale Störungen

entstehen durch Molekülabsorption, Lichtstreuung an Partikeln und Überlagerung von Resonanzlinien. Bei der Wahl der Resonanzlinien aus der Hohlkathodenlampe muß darauf geachtet werden, daß der Abstand zu einer benachbarten Linie größer als 0,01 nm ist.

Wenn Lichtstreuung oder kontinuierliche Molekülabsorption vorliegt, können die entstehenden falschen Summensignale durch Einsatz eines Deuteriumuntergrundkompensators beseitigt werden. Hier sollte aber beachtet werden, daß nicht mehr die scharfe Resonanzlinie der Lichtquelle, sondern der Monochromator die spektrale Auflösung bestimmt. Wenn der Untergrund fein struktruiert ist, versagt das Verfahren. Hier muß durch modifizierte Probenvorbereitung der Untergrund beseitigt werden.

6. Polarographie (Voltametrie)

Mit dieser Methode lassen sich prinzipiell alle Stoffe bestimmen, die sich an Elektroden oxidieren oder reduzieren lassen. In der Wasserchemie wird hauptsächlich die Inversvoltametrie und die differenzielle Pulspolarographie angewendet. Es lassen sich fast alle Metalle sowie auch Anionen mit großer Selectivität und Empfindlichkeit bestimmen. In der Genauigkeit sind diese Methoden bei vielen Elementen der flammenlosen AAS überlegen.

Die polarographische Analysenmethode erlaubt auch Aussagen über Wertigkeitsstufen und Komplexzustände.

Hersteller: Deutsche Metrohm.

III. Kleine Trinkwasseranalyse

A. Die hygienisch-chemische Trinkwasseruntersuchung (Ermittlung der Verschmutzungsindikatoren)

In diesem Kapitel soll die eigentliche Trinkwasseranalyse, die hygienisch-chemische Wasseranalyse behandelt werden. Ihre Aufgabe ist es, zu ermitteln, ob das Wasser rein und in hygienischer Beziehung einwandfrei ist (in Verbindung mit der bakteriologischen Untersuchung).

Neben der Sinnenprüfung und der Ermittlung der äußeren Beschaffenheit werden möglichst bald nach der Entnahme, spätestens aber nach 12 bis 24 Stunden (in der kühl aufbewahrten Probe!) bestimmt:

1. Ammonium-Ion
2. Nitrit-Ion
3. Nitrat-Ion
4. Kaliumpermanganat-Verbrauch
5. Chlorzahl
6. Phosphat-Ion
7. pH und Reaktion

Etwas länger Zeit haben folgende Bestimmungen:

8. Chlorid-Ion
9. Sulfat-Ion
10. Urochrom

1. Bestimmung von Ammonium-Ionen

(Bei jeder Trinkwasserprobe unverzüglich vorzunehmen, sonst mit Chloroform konservieren, S. 19).

Vorkommen. In reinem Wasser bis 0,1 mg/l NH_4^+. Geologisch bedingt[1]: bis 1 mg/l und mehr (besonders in Moorwasser). In verunreinigtem Wasser 0,1 bis annähernd 10 mg/l NH_4^+ gewöhnlich 1 bis 3 mg/l (Beurteilung des Ammoniumgehalts S. 96). In verunreinigten Wässern kann Ammoniak in kurzer Zeit auf biogenem Wege in Nitrit und Nitrat übergehen, wie auch umgekehrt.

Orientierende Feldbestimmung

In einem Reagenzglas werden 10 ml des zu prüfenden Wassers mit 10 Tropfen Kaliumnatriumtartratlösung (Seignettesalzlösung, Reagenz Nr. 28) und mit 3 bis 5 Tropfen Neßlers Reagenz versetzt. Ist nach dem Umschütteln in der Durchsicht gegen eine weiße Unterlage eine gelbliche oder bräunliche Verfärbung wahrnehmbar, so ist Ammonium zugegen. Wässer mit 0,2 bis 1 mg/l NH_4^+ geben eine gelbliche Ver-

---

[1] Auf Grund der mineralogischen Zusammensetzung des Bodens. Hierunter fallen alle Vorkommen im Boden, auch die auf natürliche Vorgänge im unbeeinflußten Boden zurückzuführenden. Näheres siehe jeweils in dem betreffenden Abschnitt unter „Beurteilung des Wassers“.

färbung, solche mit etwa 2 mg/l eine gelbbraune und mit 3 mg/l und darüber eine bräunliche Färbung. Sehr ammoniumreiche (5 mg/l umd mehr) Wässer geben sofort eine bräunliche Trübung.

Bei gelbgefärbten Wässern ist die Wasserprobe ohne Reagenzzusatz in einem zweiten Reagenzglas zum Vergleich heranzuziehen. Dies ist in den meisten Fällen anzuraten, da die Eigenfärbung in den Probeflaschen oft nicht erkennbar ist, zumal in der seitlichen Durchsicht oft nicht wahrnehmbar ist. Die meisten Fehler werden durch Nichtbeachtung der Eigenfärbung der Wasserprobe begangen.

Eine Schätzung des NH_4^+-Gehalts kann man mit Standardlösungen unter Verwendung von Reagenz Nr. 4 durchführen.

a) Kolorimetrische Ammonium-Bestimmung mit Neßlers Reagenz

100 ml Untersuchungswasser und entsprechende Vergleichslösungen werden in Erlenmeyerkolben mit 2 ml Kaliumnatriumtartratlösung (Seignettesalzlösung Reagenz Nr. 28) und nach dem Umschwenken mit 2 ml Neßlers Reagenz (Reagenz Nr. 21a) versetzt. Nach 5 Minuten gibt man die Lösung in Schauröhren, in Hehnerzylinder (in denen man auf 105 ml auffüllt (S. 35) oder in das Kolorimeter; man vergleicht mit gleichzeitig angesetzten Vergleichslösungen (NH_4^+-Standard, Reagenz Nr. 4). Bei einer Schichthöhe von 21,5 cm können Mengen von 0,05 mg/l bis 2 mg/l bestimmt werden. Bei Werten unter 0,2 mg/l wird die Bestimmung mit 4 ml Neßlers Reagenz wiederholt.

Wenn hierbei mehr als 1,5 mg/l NH_4^+ gefunden werden, so verdünnt man die Wasserprobe mit wirklich ammoniumfreiem Wasser. Wenn mehr als 5 mg/l NH_4^+ gefunden werden, so wird die Bestimmung auf titrimetrischem Wege nach Destillation von 500 ml Wasserprobe mit 1 bis 2 g Magnesiumoxid in eine mit 10 ml 0,1 N Schwefelsäure beschickte Vorlage wiederholt. 1 ml verbr. 0,1 N H_2SO_4 = 1,8 mg NH_4^+.

Hellige-Komparator. Bei den häufig vorkommenden gefärbten und getrübten Wässern ist für den Vergleich der Hellige-Komparator besonders geeignet, da Störungen durch geringe Eigenfärbung und Trübung kompensiert werden können; jedoch kann man erst Mengen über 0,2 mg/l in der 40 mm-Küvette bestimmen. Im Neßler-Rohr-Komparator (250 mm-Rohr) können Mengen bis 0,02 mg/l exakt bestimmt werden, wobei aber besonders auf die Eigenfärbung zu achten ist (Kompensation oder Klärung s. unter Störungen). Bei ammoniumreichen Wässern arbeitet man mit der 13 mm-Küvette. Man muß hierbei das Hellige-Neßler-Reagenz Nr. 5013 verwenden, sonst Merck 9028. Neßlers Reagenz ist nicht lange beständig, was wenig bekannt ist.

Photometrische Bestimmung

Für genaue objektive Messungen füllt man in geeignete Küvetten zur photometrischen Bestimmung im Leifo oder Elko bei 425 nm oder Hg 436.

Störungen bei der Ammonium-Bestimmung. Vor jeder Ammoniumbestimmung überzeuge man sich im Schauzylinder, ob das Wasser keine Eigenfärbung hat, die einen Ammoniumgehalt oder erhöhten Ammoniumgehalt vortäuscht.

Störungen durch Eigenfärbung und Trübung kann man folgendermaßen beseitigen. 130 ml Wasser werden mit 2 ml Sodanatronlauge (Reagenz Nr. 29) versetzt. Nach dem Umschütteln werden einige Tropfen 30%ige Zinksulfatlösung zugegeben und einige Stunden stehengelassen. Durch leichtes Aufstoßen und drehende Bewegungen des Zylinders werden die an den Wandungen und an der Oberfläche haftenden Flocken zum Absetzen gebracht. Nach dieser Zeit kann man das geklärte Wasser abgießen oder abhebern. Das Filtrieren durch Papierfilter ist zu vermeiden, da diese mitunter Ammonium abgeben. Heiß ausgewaschene Filter sind jedoch brauchbar, noch besser sind Glasfaserpapiere (S. 29 unter 6) oder Schütteln mit frisch gefälltem Aluminiumhydroxid.

Bei Huminwässern empfiehlt sich ein Zusatz von 0,5 g Ätznatron auf 200 ml Wasser, Schütteln mit 2 g Aktivkohle (Reagenz Nr. 1) und Filtrieren durch Watte oder heiß ausgewaschene Filter.

Nach Feststellungen des Verfassers wird die durch Huminsäure verursachte Eigenfärbung der Moorwässer durch Alkali verstärkt. Wenn man die Huminstoffe nach der obigen Methode nicht entfernen will, so muß man daher bei der Kompensierung der Eigenfärbung im Vergleichsrohr bzw. in der Vergleichsküvette Untersuchungswasser verwenden, das mit etwas Seignettesalzlösung (Reagenz Nr. 28) und Lauge versetzt ist. Beim Ansetzen der Standardlösungen mit Aqua dest. erhält man sonst zu hohe Werte.

Wässer mit mehr als 25 Härtegraden geben oft schon mit Kaliumnatriumtartrat (Seignettesalz) eine Trübung. In diesem Falle verwendet man anstelle des Seignettesalzlösung auf 200 ml Wasser 2 ml Sodanatronlauge (Reagenz Nr. 29). Das klar abgesetzte und enthärtete Wasser wird abgehebert; 101 ml davon werden direkt mit 2 ml Neßlers Reagenz versetzt; dann wird wie oben weiter verfahren.

In Solen und anderen konzentrierten Mineralwässern besonders in eisenreichen, kann Ammonium nur im Destillat bestimmt werden (nach Zusatz von Lauge oder Boratpufferlösung (10,6 g Borsäure + 75,0 ml 1 N NaOH zu 1 l) bis pH 9). Als Vorlage dient 4%ige Borsäurelösung. 1 ml einer 0,05 N Schwefelsäure entspricht 0,90 mg NH_4^+. Oder man destilliert wie üblich in 10,0 ml 0,1 N HCl, wobei die Kühlerspitze in die Vorlage reicht. 1 ml 0,1 N HCl = 1,8 mg NH_4^+.

Bei weichen, sehr salzarmen Wässern ist die Empfindlichkeit der Neßler-Reaktion herabgesetzt, ebenso wenn zur Herstellung des Neßler-Reagenz zuviel Kaliumiodid verwendet wird (Stall: Z. f. analyt. Chemie. [1937]).

Bei den sehr salzarmen, weichen Wässern setzt man deshalb etwa 0,1 g Kochsalz oder 1 g Phosphatgemisch (0,9 g sek. und 0,1 g prim. Natriumphosphat) zu 100 ml der Probe hinzu, ebenso bei Destillaten.

Zur Vermeidung von den durch Zusatz des Neßler-Reagenz selbst entstehenden Trübungen kann nach R. Wagner Hydroxyaethylcellulose (z. B. Tylose H 20 der Fa. Kalle) verwendet werden (Jb. Vom Wasser **36,** [1970]).

Schwefelwasserstoff gibt eine ähnliche Gelbfärbung wie Ammonium, die im Gegensatz zu der Quecksilberamidoiodid-Färbung auf Schwefelsäurezusatz nicht verschwindet. Bei H_2S-Gegenwart, die sich durch Geruch zu erkennen gibt, wird daher etwas Cadmiumacetat- oder Zinkacetatlösung zugesetzt und nach dem Absetzen des Cadmium- bzw. Zinkniederschlages das Wasser auf Ammonium geprüft. Geringe

H_2S-Mengen werden durch längeres Schütteln der Wasserprobe vorher entfernt, evtl. nach Säurezusatz und Erwärmen.

Sehr geringe Mengen NH_4^+-Ion können durch die Phenolat-Hypochlorit-Reaktion (Berthelotsche Reaktion) als Indophenolblau bestimmt werden (nach R. Wagner: Jb. Vom Wasser [1970]). Dies Verfahren ist auch zur Automatisierung geeignet.

Hierzu werden 25 ml Wasserprobe mit je 5 ml 2%iger Natriumpolyphosphatlösung, Natriumsalicylat-Nitroprussidnatrium-Lösung (8,5 g bzw. 60 mg in 100 ml Wasser) und 0,3 N Natronlauge versetzt. Nach gutem Vermischen werden dann 5 ml Natriumdichlorcyanuratlösung (100 mg in 100 ml dest. Wasser) zugesetzt und nach einstündigem Stehen und Auffüllen auf 50 ml wird bei einer Wellenlänge von 690 nm die Rotfärbung gemessen. Statt einstündigem Stehenlassen kann man auch 15 Minuten im Wasserbad von 37 °C erwärmen und erhält dann intensivere Färbungen. Die Ammonium-Vergleichslösung muß dann in gleicher Weise geeicht werden (Reagenz Nr. 4).

Berechnung. Die Ergebnisse werden in mg/l NH_4^+ angegeben.

$$NH_3\text{-Wert mal } 1{,}059 = NH_4^+\text{-Wert}$$
$$\text{mg/l } NH_3 = \text{mg/l } NH_4^+ \cdot 0{,}944.$$

Bei extrem hohen pH-Werten liegt ein Teil des Ammoniums als freies Ammoniak vor (bei pH 9 z. B. 25% NH_3 und 75% NH_4^+). Diese Tatsache hat für die Gewässerbiologie (Fischsterben!) große Bedeutung.

b) Bestimmung von Proteid-Ammoniak

(Nur in besonderen Fällen von Trinkwasserverunreinigung sowie bei Abwässern und Vorflut auszuführen, und zwar bald nach der Probenahme).

100 ml Untersuchungswasser werden mit 2 ml Schwefelsäure (1 + 1) angesäuert und 15 Minuten lang mit 10 ml 10%iger Kaliumperoxodisulfatlösung im siedenden Wasserbad erhitzt (das Kaliumperoxodisulfat muß natürlich absolut frei von Ammonsalz sein, wovon man sich überzeugen muß). Nach dem Abkühlen wird mit Natronlauge alkalisch gemacht. Nun werden 2 ml Seignettesalzlösung (Reagenz Nr. 28) sowie 2 ml Neßlers Reagenz (Reagenz Nr. 21a) zugesetzt, in Hehnerzylindern auf 105 ml aufgefüllt und darauf umgeschwenkt oder photometrisch nach Auffüllen auf 100 ml bei einer Wellenlänge von 425 nm bestimmt.

Die hierbei auftretende Färbung I wird mit der bei der normalen Ammonium-Bestimmung (S. 39) auftretenden Färbung II verglichen. Wenn die Färbung bei der Lösung I stärker ist, wird zu der Lösung II NH_4^+-Vergleichslösung (Reagenz Nr. 4) bis zur Farbgleichheit hinzugefügt. Aus den hierbei zugesetzten ml Vergleichslösung wird der Gehalt an Proteidammoniak errechnet.

c) Bestimmung von Albuminoid-Ammoniak

(Nur in besonderen Fällen auszuführen, bes. bei Abwasser)

200 ml Untersuchungswasser werden mit Magnesiumoxid alkalisch gemacht und das hierbei frei werdende Ammoniak durch Kochen ausgetrieben. Der Destillationsrückstand von etwa 150 ml wird mit 50 ml alkalischer Kaliumpermanganatlösung (18 g $KMnO_4$ in 600 ml Wasser unter Zusatz von 400 ml 50%iger Kalilauge gelöst)

versetzt. Von diesem Gemisch werden 100 ml in eine Vorlage von 20 ml 0,2 N-Schwefelsäure abdestilliert.

Die nicht verbrauchten ml 0,2 N-Schwefelsäure werden mit 0,2 N-Natronlauge zurücktitriert (Kongorot als Indikator). 1 ml verbrauchter 0,2 N-Schwefelsäure entspricht bei Anwendung von 200 ml Wasser 18 mg/l Albuminoid-NH_4. Bei geringerem Gehalt an Albuminoidammoniak arbeitet man kolorimetrisch nach Zusatz von Lauge zum zweiten Destillat, wie es bei der Proteidammoniak-Bestimmung angegeben ist.

2. Bestimmung von Nitrit-Ionen

(Bei jeder Trinkwasserprobe möglichst bald nach der Entnahme vorzunehmen, sonst mit Chloroform konservieren, S. 19).

Vorkommen. In reinem Wasser keine nachweisbaren Mengen. Bodenbedingt 0,1 bis 1,0 mg/l NO_2^- (in Moorwasser). Im Regenwasser manchmal einige 1/10 mg/l NO_2^-. In verschmutzten Wässern 0,1 bis 2 mg/l NO_2^-, zumeist 0,1 bis 0,5 mg/l (Beurteilung S. 97).

Orientierender Nachweis. Im Reagenzglas werden 20 ml des zu untersuchenden Wassers mit 5 Tropfen Phosphorsäure[1] und nach dem Umschütteln mit 10 Tropfen Zinkiodid-Stärkelösung (Iodzinkstärkelösung[1]) versetzt. Tritt innerhalb weniger Minuten Bläuung auf, so ist NO_2^--Ion zugegen. Bei Mengen über 0,6 mg NO_2^-/l tritt die Blaufärbung sofort auf. Eine nach etwa 10 Sekunden auftretende Bläuung zeigt 0,4 bis 0,5 mg/l NO_2^- an, nach 30 Sekunden 0,25 mg/l, nach 3 Minuten 0,15 mg/l und nach 8 Minuten 0,06 mg/l NO_2^-.

Die Prüfung darf nicht in direktem Sonnenlicht ausgeführt werden, da hierbei auch bei Abwesenheit von Nitrit Blaufärbung auftritt. Während der Wartezeit ist das Licht am besten ganz fernzuhalten.

Feldmethode (Prüfung mit Rieglers Reagenz). Als Feldmethode wäre die Prüfung mit Rieglers Reagenz besonders zu empfehlen, da hierbei Störungen wie beim Zinkiodid-Stärkereagenz nicht zu befürchten sind und da sie sehr empfindlich ist.

Im Reagenzglas werden 20 ml Untersuchungswasser mit 1 ml Rieglers Reagenz (Nr. 26) und 2 Tropfen Salzsäure[1], und nach dem Umschütteln mit 1 ml Ammoniak[1] versetzt. Tritt innerhalb weniger Minuten eine rötliche Färbung auf, so ist NO_2^--Ion vorhanden.

Bei Gegenwart von mehr als

	2 mg/l NO_2^-	tritt sofort Burgunderrotfärbung auf,
bei 1	bis 2 mg/l NO_2^-	tritt innerhalb von 10 sec Himbeerrotfärbung auf,
bei 0,5	bis 1,0 mg/l NO_2^-	tritt innerhalb von 30 sec Himbeerrotfärbung auf,
bei 0,1	bis 0,5 mg/l NO_2^-	tritt innerhalb von 10 sec Rosafärbung auf,
bei 0,01	bis 0,1 mg/l NO_2^-	tritt innerhalb von 10 sec schwache Rosafärbung auf.

Größere Eisen- und Manganmengen stören und sind mit Sodanatronlauge zu entfernen. Ebenso stört freies Chlor. Gegebenenfalls wird die Wasserprobe vor der Chlordosierungsanlage entnommen.

---

[1] Arzneibuchzusammensetzung.

a) Kolorimetrische Nitrit-Bestimmung nach Zambelli

Zu 100 ml Untersuchungswasser werden unter jedesmaligem Umschütteln 2 ml Sulfanilsäurereagenz (Reagenz Nr. 31) und 2 ml Naphthylaminreagenz (Reagenz Nr. 21) sowie gleich darauf 5 ml Ammoniak (25%ig) zugesetzt. In Hehnerzylindern, im Kolorimeter oder Photometer wird die auftretende Rosa- bis Rotfärbung mit der der gleichzeitig angesetzten Vergleichslösungen (Reagenz Nr. 23) verglichen; Mengen bis 0,03 mg/l NO_2^- herab können noch bestimmt werden.

Bei der Wellenlänge 530 nm kann eine photometrische Bestimmung vorgenommen werden.

Störungen können bei Huminwässern auftreten. Um diese Störung durch Eigenfärbung zu vermeiden, schüttelt man 200 ml Wasser, dem 3 ml Natronlauge zugesetzt sind, mit 2 g Aktivkohle (Reagenz Nr. 1) und filtriert. Die ersten 20 ml des Filtrats werden verworfen. Mit 100 ml des Filtrats wird die Untersuchung wie oben vorgenommen.

Durch freies Chlor wird Nitrit hierbei vorgetäuscht. Durch Aktivkohle kann diese Störung verhindert werden. Bei Untersuchung im Wasserwerk kann die Chlordosierung vor der Untersuchung abgestellt werden und nach entsprechender Laufzeit das unbehandelte Wasser untersucht werden.

Bei sehr harten Wässern, die sich durch Trübung nach dem Ammoniakzusatz zu erkennen geben, setzt man zuvor 5%ige Weinsäurelösung vor der nochmaligen Bestimmung zu.

Berechnung. Die Werte werden in mg/l NO_2^- angegeben. N_2O_3-Werte werden durch Multiplikation mit 1,211 in NO_2^--Werte umgerechnet.

Nitrit-Bestimmung nach Griess-Ilosvay. Noch besser als die obige Methode ist die mit dem Reagenz nach Griess-Ilosvay, da bei dieser kein Ammoniak verwendet wird.

100 ml Wasser werden mit 2 ml Sulfanilsäurelösung (3 g/l in 5 N Essigsäure) und 2 ml α-Naphthylaminlösung (1 g/l in 5 N Essigsäure) versetzt. Im Neßler-Rohr-Komparator wird nach 10 Minuten die aufgetretene Färbung mit der Farbscheibe im Hellige-Komparator verglichen oder nach zweistündiger Reaktion im Photometer gemessen. Bei Gegenwart von freiem Chlor (in gechlortem Wasser) wird zuerst das Naphthylamin und nach 5 Minuten die Sufanilsäure zugegeben oder die Wasserprobe wird nach Alkalizusatz (s. o.) mit Aktivkohle geschüttelt. Nach der Filtration wird mit dem chlorfreien Wasser die Bestimmung ausgeführt.

b) Photometrische Nitrit-Bestimmung mit Sulfanilamid und Naphthyläthylendiamin nach DIN 38405

50 ml Wasserprobe werden mit 1 ml Sulfanilamidlösung und nach Kühlung mit 1 ml Naphthylaminlösung versetzt. Nach 10 Minuten wird photometriert.

1. Die Sulfanilamid-Lösung wird bereitet durch Lösen von 5,0 g in 50 ml konz. Salzsäure (d 1,19) und 300 ml dest. Wasser sowie Auffüllen auf 500 ml.
2. N-(1-Naphthyl)-äthylendiamin-dihydrochlorid wird zu 0,50 g auf 500 ml dest. Wasser gelöst.

c) Indol-Methode

(Schnellbestimmung an Ort und Stelle)

100 ml Wasser werden mit 0,5 ml Schwefelsäure (1 + 3 Vol.) und nach dem Durchmischen mit 0,2 ml Indollösung (0,2 mg Indol in 250 ml Alkohol) versetzt. Eine allmählich entstehende Rosa-Violettfärbung wird nach 10 Minuten in einem Schauzylinder mit den Farbtafeln des Kolorimeters nach Meinck-Horn (Fa. Franz Bergmann KG) verglichen. Es muß beachtet werden, daß die Indollösung erst 8 Tage nach der Herstellung voll wirksam ist; bis 0,02 mg/l NO_2^- ist erfaßbar.

Diese Bestimmung wäre vorteilhaft bei jeder Probenahme an Ort und Stelle auszuführen, besonders als qualitative Vorprobe in 100 cm langen Schauröhren. Ein negativer Befund bei derartigen Schichthöhen erleichtert die Beurteilung sehr und man hat zudem die Sicherheit, daß Nitrit-Ionen auf dem Transport nicht verschwinden können (bis 0,002 mg/l).

Man kann einen genaueren Farbvergleich auch mit Hilfe von gleichzeitig angesetzten Nitritvergleichslösungen (Reagenz Nr. 23) in Hehnerzylindern vornehmen.

Störungen

Durch freies Chlor wird Nitrit vorgetäuscht. Vor der Probenahme im Wasserwerk wäre daher die Chlordosierung abzustellen. Bei Huminwässern schüttelt man nach Zusatz von Natronlauge mit Aktivkohle (Reagenz Nr. 1), filtriert und säuert an.

3. Bestimmung von Nitrat-Ionen

(Bei jeder Trinkwasserprobe möglichst bald nach der Probenahme vorzunehmen, sonst ist mit Chloroform zu konservieren (S. 19).

Vorkommen. In reinem Wasser meist nur bis 5 mg/l NO_3^-. Bodenbedingt bis 20 mg NO_3^-/l, selten mehr. In verschmutztem Wasser bis 200 mg/l und mehr, meist 50 bis 150 mg/l NO_3^-. Beurteilung S. 97.

In einigen Gebieten Deutschlands kommen aber auch Werte von 100 bis 200 mg/l NO_3^- in reinen Grundwässern vor, z. B. in Nordwestdeutschland und im Mainzer Becken (S. 98). In Regenwasser nach Gewittern findet man oft verhältnismäßig hohe Nitratwerte. Höhere Werte auch in Weinbaugebieten.

Orientierende Feldbestimmung für Nitrat (Brucinprobe nach DIN 38405)

1 ml Untersuchungswasser wird 3 ml konzentrierte nitratfreie Schwefelsäure unter Kühlung zugesetzt. Zu der völlig erkalteten Mischung gibt man 10 bis 20 mg Brucin und schüttelt um. Wenn der Nitratgehalt 100 mg/l oder mehr beträgt, so entsteht sogleich eine kirschrote Färbung, die allmählich in orange übergeht. Bei 50 mg/l NO_3^- wird die Flüssigkeit rosarot, bei 10 mg/l NO_3^- hellrosa. Bei 1 mg/l NO_3^- tritt die rosa Färbung erst nach einigen Minuten ein.

Störungen. Bei dem großen Säureüberschuß stören Nitrite nicht, wohl aber stört hoher Chloridgehalt (über 1000 mg/l Cl^-); er muß durch Silbersulfat herabgesetzt werden (starken Überschuß vermeiden).

Wenn zuviel Brucin aufgestreut wird, so tritt auch bei Abwesenheit von Nitrat Rosafärbung auf. Die Angabe „eine Messerspitze voll" in den bisherigen und neuen Einheitsverfahren der Wasseruntersuchung [1] ist zu ungenau. Mehr als 30 bis 50 mg dürfen keinesfalls angewandt werden.

Freies Chlor stört und muß entfernt werden (s. u.).

a) Kolorimetrische Nitrat-Bestimmung nach Noll (altes Verfahren)

In zwei Erlenmeyerkolben zu 100 ml oder in kleinen Porzellanschalen werden zu je 10 ml Untersuchungswasser und Vergleichslösung (Reagenz Nr. 22) genau 0,6 ml einer 5%igen Brucinlösung in Eisessig und nach dem Vermischen 20 ml konzentrierte Schwefelsäure (D. mindestens 1,84, nitratfrei (s. u.)[1], in einem Guß zugesetzt. Die Gemische werden nach einer 1/2 Minute in Hehnerzylinder oder in Schauröhren gegeben, in denen sich 73 ml dest. Wasser (Reagenz Nr. 10) befinden. Um Verluste zu vermeiden gießt man einen Teil der Mischung nochmals in die Schale zurück[2]. Nach Mischung und Kontraktion beträgt das Gesamtvolumen 100 ml. Innerhalb von 4 bis 6 Minuten wird danach der Farbvergleich auf weißer Unterlage vorgenommen (s. u.). Die etwa noch vorhandenen Luftbläschen sind vor dem Farbvergleich durch sanftes Aufstoßen der Schauröhren restlos zu entfernen, da sie den Farbvergleich stören und zu falschen Resultaten führen.

Die Bestimmung kann in gleicher Weise im Kolorimeter nach Meinck-Horn[3] vorgenommen werden[4], wobei die auftretenden Färbungen mit den Farben auf der Trommel verglichen werden. Meßbereich: 1 bis 20 mg/l NO_3^-. Man erspart bei dieser Methode die Herstellung der Vergleichslösungen und damit auch die Schwefelsäure für dieselben.

Von Wässern mit mehr als 20 mg/l wendet man nur 5 ml, bei verschmutzten Wässern entsprechend noch weniger an.

Umrechnungen

$$1 \text{ mg } NO_3^- = 0{,}871 \text{ mg } N_2O_5 = 0{,}226 \text{ mg N}; \quad 1 \text{ mg N} = 4{,}427 \text{ mg } NO_3^-$$
$$N_2O_5\text{-Wert mal } 1{,}148 = NO_3^-\text{-Wert.}$$

Störungen bei der Nitrat-Bestimmung. Freies Chlor und Hypochlorit stören bei der Brucinmethode ebenso wie bei der Diphenylaminmethode und müssen entfernt werden (Aktivkohle nach Alkalizusatz s. u.).

Huminwässer und getrübte Wässer werden nach Zusatz von ca. 1 ml Natronlauge mit Aktivkohle (Reagenz Nr. 1) geschüttelt und filtriert. Das Filter wird vorher mit heißem Wasser gut ausgewaschen, um das möglicherweise vorhandene Nitrat aus demselben zu entfernen. Der pH-Wert des Wassers muß durch den Alkalizusatz auf ca. 9 gebracht werden. Eine weitgehende Klärung und Entfärbung kann auch durch

---

[1] Blindversuch wichtig! Nitrathaltige Schwefelsäure kann man gegebenenfalls durch 10 Minuten langes Erhitzen unter Zusatz von 5 g Kochsalz/l nitratfrei machen.

[2] Für das Mischen wird die „Rührkugel" (nach Höll: „Die chemische Fabrik" [1934]) empfohlen, und zwar die große. Sie kann durch Zuschmelzen einer Glasröhre und nachheriges Aufblasen des Endes zu einer Kugel angefertigt werden.

[3] Lief. Fa. Bergmann KG, Berlin W.

[4] Jedoch mit 0,5 ml Brucinlösung.

Sodanatronlauge (Reagenz Nr. 29) erreicht werden (2 ml auf 200 ml Untersuchungswasser) oder durch Zusatz von 2 ml einer 10%igen Aluminiumsulfatlösung zu 200 ml des Wassers.

Nitrit: Bei einem Nitritgehalt von mehr als 0,5 mg/l NO_2^- muß dieser durch Zusatz von 0,2 g Harnstoff zu 10 ml Wasserprobe, die mit verdünnter Schwefelsäure angesäuert wird, durch 24stündiges Stehenlassen oder durch Natriumacid (1 Tropfen einer 5%igen Lösung zu dem mit Essigsäure angesäuerten Wasser) oder Amidosulfonsäure entfernt werden.

Chlorid: Sehr hoher Chloridgehalt (über 500 mg/l Cl^-) muß mit Silbersulfat herabgesetzt werden, wobei ein größerer Überschuß vermieden werden muß. Wenn das ausgefallene Silberchlorid sich stark zusammenballt, so muß dieses gut ausgewaschen und abfiltriert werden. Das Filtrat wird auf dem Wasserbad eingeengt.

Eisen: Wässer mit hohem Eisengehalt (> 3 mg/l) werden mit etwas Zinkoxid filtriert, wobei die ersten Anteile des Filtrats verworfen werden.

Schlammpartikelchen stören bei der Brucinmethode durch Dunkelfärbung des Reaktionsgemisches, sie müssen daher vor der Bestimmung durch Absetzenlassen oder Zentrifugieren entfernt werden (nitratfreie Filter verwenden).

b) Nitrat-Reduktion mit Devarda-Legierung

Mineralwässer, Brackwässer und nitritarme Huminwässer werden mit Dewarda-Legierung (1 g Dewarda-Legierung und 0,5 g Magnesiumoxid auf 100 ml Wasserprobe) destilliert, und zwar in 3%ige Borsäurelösung. Das Destillat wird im Meßkolben auf 100 ml aufgefüllt. Das im Destillat vorhandene Ammoniak wird mit Neßlers Reagenz kolorimetrisch bestimmt (S. 39), die erhaltene Menge wird auf Nitrat umgerechnet. 1 mg NH_4^+ entspricht 3,44 mg NO_3^-; 1 mg NH_3 entspricht 3,64 mg NO_3^-. Das Ammonium kann auch bei 425 nm photometriert werden.

Größere NH_4^+-Mengen können maßanalytisch mit 0,05 N Schwefelsäure bestimmt werden.

c) Kolorimetrische Bestimmung kleinster Nitratmengen nach Kuisel

(Helv.-Chim. Acta **18,** 195 [1934])

25 bis 100 ml Wasser werden in einer Glasschale nach Zusatz von 0,1 N Schwefelsäure bis zu einer Restalkalität von 0,5 ml 0,1 N Säure (d. h. also der zur Karbonathärte-Bestimmung für 25 ml Wasser verbrauchten Anzahl 0,1 N H_2SO_4 abzüglich 0,5 ml) auf dem Wasserbad zur Trockne verdampft. In die erkaltete Schale gibt man 1 ml Phenoldisulfonsäure[1] und stellt das Gläschen nochmals für eine Minute auf das siedende Wasserbad. Nach dem Abkühlen wird mit destilliertem Wasser in Kolorimeterzylinder oder Küvetten gespült und nach Zusatz von 10 ml Ammoniak (10%ig) mit den auf gleiches Volumen gebrachten, ebenso behandelten Lösungen (Vergleichslösungen) verglichen. Die Genauigkeit beträgt ca. 0,1 bis 0,2 mg/l NO_3^-. Chlorid-Mengen über 50 mg/l Cl^- stören.

---

[1] Die Phenoldisulfonsäure wird durch längeres Erhitzen auf dem Wasserbad von 3 g Phenol in 37 g konzentrierter Schwefelsäure hergestellt (s. auch F. Gessner: Int. Rev. ges. hydrob. **43** [1943] und C. R. Forsberg, Water and Sewage Works **120,** 71–74 [1973]).

Bei nitratarmen Wässern kann man auch die für µg-Werte im Meerwasser von Atkins ausgearbeitete Methode mit Diphenylbenzidin anwenden (J. marin. biol. Ass. **18** [1932]). 2 ml der Wasserprobe werden mit 6 ml Schwefelsäure* und nach dem Abkühlen mit 1,5 ml Diphenylbenzidin-Reagenz (20 mg Di in 100 ml Schwefelsäure) versetzt. Nach 24 Stunden wird die aufgetretene Blaufärbung mit der von Standardlösungen verglichen.

Für genaue Bestimmungen geringer Nitratgehalte ist ferner die Reduktion mit Zinkstaub zu empfehlen. Man setzt zu 100 ml Wasser 0,5 ml Schwefelsäure (1 + 3) und etwas Zinkstaub hinzu. Nachdem sich das Gemisch geklärt hat, setzt man sogleich etwas Indollösung zu. Das entstandene Nitrit gibt eine Rotviolettfärbung, die nach den Angaben auf S. 43 kolorimetrisch bestimmt wird.

d) Photometrische Nitrat-Bestimmung mit Dimethylphenol nach DIN 38405,3 (Neue Methode)

Bei chloridarmen Wässern gibt man 40 ml Säuremischung (Schwefelsäure d 1,84 und Phosphorsäure d 1,71 zu gleichen Teilen.) zu 5 ml Untersuchungswasser und 5 ml Reagens, mischt und photometriert nach 10 Minuten bei einer Wellenlänge von 324 nm.

Das Reagens wird bereitet durch Lösen von 0,12 g 2,6-Dimethylphenol in 100 g Essigsäure. Die Natriumsalicylat-Methode ist überholt.

Störungen durch höheren Chlorid-Gehalt werden durch entsprechenden Zusatz von Silbersulfat verhindert. Nitrit-Ionen stören und werden mit Amidosulfonsäure entfernt.

e) Hellige-Methode

Sehr bequem gestaltet sich die Nitrat-Bestimmung mit dem Hellige-Apparat (Fa. Hellige & Co.).

Nach der Gebrauchsanweisung werden 10 ml Untersuchungswasser in einem Kolben von 50 bis 100 ml Inhalt mit 1ml Brucinschwefelsäure (s. u.) und 20 ml reiner konzentrierter Schwefelsäure (d mindestens 1,84) versetzt und gemischt. Nach 5 Minuten wird unter der Wasserleitung abgekühlt und in der 13 mm-Küvette die aufgetretene Färbung mit der Farbscheibe 3060/63 im Komparator verglichen.

Meßbereich 4 bis 20 mg/l NO_3^-. Für Feldlaboratorien ist der Hellige-Apparat besonders geeignet, da hierbei große Mengen Schwefelsäure für die Vergleichslösungen gespart werden. Ein weiterer Vorteil ist die Möglichkeit der Kompensierung von Eigenfärbungen mit Hilfe der Kompensationsküvette (2,5 ml Untersuchungswasser + 5,25 ml konzentrierte Schwefelsäure). Geringere NO_3^--Mengen können im Neßler-Rohr-Komparator der Fa. Hellige & Co. mit Phenoldisulfonsäure bestimmt werden.

Für die Bereitung der Brucinschwefelsäure benutzt man einen Erlenmeyerkolben zu 50 ml, der mit destilliertem Wasser benetzt ist; die geringen Mengen Wasser bewirken sofortige Lösung der 0,2 g Brucin in den zugefügten 10 ml Schwefelsäure. Die Brucinschwefelsäure ist nicht haltbar und muß täglich frisch bereitet werden.

Störungen durch hohen Chloridgehalt (s. o.).

Berechnung. Der für mg N_2O_5/l bei der Hellige-Methode gefundene Wert wird durch Multiplikationen mit 1,148 auf mg/l NO_3^- umgerechnet.

f) Nitron-Methode

Für sehr nitratreiche Wässer und Abwässer (über 200 mg/l NO_3^-) eignet sich die Nitronmethode. Man dampft eine entsprechende Wassermenge nach Ansäuern mit Schwefelsäure mit 10 ml Nitronlösung (Merck, 10%ig in 5%iger Essigsäure gelöst) auf dem Wasserbad stark ein, filtriert nach zweistündigem Stehenlassen im Eisschrank die entstandenen Nitronnitratkristalle ab, wäscht mit Eiswasser aus und wägt nach dem Trocknen bei 105 °C. Chloride stören in größeren Mengen. 1 mg Nitronnitrat = 0,1653 mg NO_3^-.

g) Reihenuntersuchung mit ionenspezifischen Elektroden

Bei Reihenuntersuchungen auf Nitrat können in sehr zeitsparender Weise die ionenspezifischen Elektroden der Orion Research Incorporated, Cambridge verwendet werden (Lieferfirmen: Colora, Lorch, und Ingold KG, Frankfurt am Main).

4. Kaliumpermanganatverbrauch (Bestimmung der organischen Substanzen im Wasser)

(Bei jeder Trinkwasserprobe möglichst bald nach der Probenahme bestimmen, sonst Probe mit 1–3 ml verd. Schwefelsäure konservieren.)

Vorkommende Werte. In reinen Grundwässern gewöhnlich nur einige mg/l bis 12 mg/l, meist 3 bis 8,0 mg/l $KMnO_4$. Bodenbedingt bis 300 mg/l (Moorwässer). In verschmutzten Wässern 20 bis 150 mg/l $KMnO_4$.

Reine Oberflächenwässer haben meist 10 bis 30 mg/l $KMnO_4$. Alpenseen und die oligotrophen (nährstoffarmen) Seen des Flachlandes haben nur 2 bis 10 mg/l. Beurteilung S. 302f.

a) Orientierende Feld-Bestimmungen

1. Wasserfarbe: Schon an der Farbe des Wassers kann man ersehen, ob viel oder wenig organische Stoffe vorhanden sind. In einem Glaszylinder von 200 ml oder einer Schauröhre mit planparallelem Boden füllt man das Wasser 50 cm hoch und beobachtet die Färbung in der Durchsicht indem man den Zylinder in einiger Entfernung über eine weiße Unterlage hält und mit einem gleichen Zylinder, der mit destilliertem Wasser gefüllt ist, vergleicht.

   Folgende Färbungen kann man hierbei feststellen:

   Wasser mit

1 bis 10 mg/l $KMnO_4$-Verbrauch	farblos	
10 bis 15 mg/l $KMnO_4$-Verbrauch	gegenüber Aqua dest. gerade erkennbare gelbliche Verfärbung	
15 bis 20 mg/l $KMnO_4$-Verbrauch	gelbliche Verfärbung; ohne Vergleich mit Aqua dest. eben erkennbar	
30 bis 40 mg/l $KMnO_4$-Verbrauch	gelblich	
60 bis 100 mg/l $KMnO_4$-Verbrauch	kräftige Gelbfärbung (wie Weißwein)	
80 bis 100 mg/l $KMnO_4$-Verbrauch	Gelbbraunfärbung	
120 bis 150 mg/l $KMnO_4$-Verbrauch	Braunfärbung	Huminwässer
200 bis 300 mg/l $KMnO_4$-Verbrauch	Rotbraunfärbung	

Von etwa 30 mg/l $KMnO_4$-Verbrauch an kann man in der farblosen Probeflasche in der Durchsicht eben eine gelbliche Verfärbung erkennen, bei 60 mg/l erkennt man bei seitlichem Betrachten der Probeflasche eine Gelbfärbung.

Diese Prüfungen dürfen nur bei frisch abgezapften Proben vorgenommen werden. Beim Stehenlassen der Wasserprobe treten nämlich u. U. durch kolloides oder ausgeflocktes Eisen bald erhebliche Veränderungen auf.

2. Schüttelprobe: Frischgezapfte verunreinigte Wässer geben bei längerem Schütteln im Reagenzglase oft einen mehrere Sekunden anhaltenden Schaum; Moorwässer verhalten sich ähnlich. Methylenblauzusatz macht dies deutlicher.

3. Reagenzglasprobe mit Permanganat: In einem Reagenzglas gibt man zu 10 ml Wasser 5 Tropfen verdünnte Schwefelsäure und 3 Tropfen 0,01 N-Kaliumpermanganatlösung. Nach dem Umschütteln läßt man das Gemisch zunächst 5 Minuten stehen und erhitzt dann vorsichtig bis zum Aufkochen. Das Reagenzglas ist hierbei mit Hilfe einer Papierrolle festzuhalten. Da sehr leicht Siedeverzug eintritt und die kochende Flüssigkeit herausspritzt, ist das Reagenzglas außerdem fortwährend stark zu bewegen.

   Wässer mit Permanganatzahlen über 30 mg/l zeigen hierbei bei gewöhnlicher Temperatur Entfärbung in wenigen Minuten. Bei mehr als 50 mg/l $KMnO_4$ werden auch 5 bis 6 Tropfen entfärbt. Wässer mit 20 bis 30 mg/l Permanganatverbrauch werden beim Aufkochen entfärbt. Wässer mit 12 bis 20 mg/l Permanganatverbrauch zeigen Entfärbung, wenn man das Gemisch nach dem Kochen einige Minuten stehenläßt.

   Wässer mit Permanganatzahlen unter 12 mg/l werden auch beim Kochen und längerem Stehenlassen nicht entfärbt.

b) Bestimmung der Permanganatzahl nach Kubel (Oxidierbarkeit)

Bei einem Chloridgehalt bis zu 300 mg/l Cl^- (s. Vorprobe auf Cl^- s. S. 53).

Gefäßreinigung: Man verwendet für diese Bestimmung besonders gereinigte Erlenmeyerkolben von 300ml. Die Reinigung geschieht durch längeres Auskochen mit einer etwa 0,001 N Kaliumpermanganatlösung, die mit Schwefelsäure angesäuert wird[1]. Darauf wird sorgfältig mit destilliertem Wasser (Reagenz Nr. 10) ausgespült. Es ist darauf zu achten, daß sich keine Braunsteinflecken an den Wandungen gebildet haben. Solche Kolben sind für die Bestimmung unbrauchbar. Für laufende Untersuchungen wird stets ein Satz von 3 bis 6 der gereinigten Kolben vorrätig gehalten. Der Kolbenhals wird hierfür mit einem darüber gestülpten Becherglas oder einer Kühlbirne bedeckt. Für ortsfeste chemische Untersuchungsstellen ist die Benutzung automatischer Füllbüretten bei dieser Bestimmung zu empfehlen (Quetschhahnbüretten mit Gummischlauchansatz sind zu vermeiden).

---

[1] Die in den Einheitsverfahren angegebene 1%ige $KMnO_4$-Lösung ist hierfür viel zu stark, da sie auch bei starkem Ansäuern leicht Manganabscheidungen an den Glaswandungen ergibt.

Ausführung der Bestimmung: 100 ml Wasser werden mit 5 ml Schwefelsäure (1 + 3 Vol.)[1] versetzt und zum Sieden erhitzt. Da die Permanganatlösung sehr leicht Siedeverzug gibt, kocht man mit gereinigten Glasperlen oder etwas ausgeglühtem Bimsstein. Noch besser sind unten ausgehöhlte Glasstäbe als Siedestäbe. Diese erleichtern die Permanganat-Bestimmung ganz erheblich.

In die noch siedende Flüssigkeit gibt man 15 ml 0,01 N Kaliumpermanganat und kocht nach Verschluß mit einer Kühlbirne oder Trichter vom neu beginnenden Sieden an genau 10 Minuten (Weckeruhr oder Stoppuhr) in ruhigem, nicht lebhaftem Sieden.

Wird während des Kochens die Flüssigkeit entfärbt oder annähernd entfärbt, so setzt man erneut 15 ml 0,01 N Kaliumpermanganat zu und berücksichtigt dies im Ergebnis. Bei gelbgefärbten Huminwässern werden von vornherein nur 25 oder 50 ml Untersuchungswasser angewandt und diese mit destilliertem Wasser (Reagenz Nr. 10) auf 100 ml verdünnt. Bei Abwässern verwendet man 15 ml 0,1 N Kaliumpermanganatlösung für 50 ml Abwasserprobe.

In die siedende Flüssigkeit werden nach 10 Minuten 15 ml 0,01 N Oxalsäure gegeben (Vorsicht, Siedeverzug!) und bis zur vollständigen Entfärbung weitergekocht. Nach der Entfärbung wird die siedend heiße Flüssigkeit mit 0,01 N-Kaliumpermanganat bis zur eben sichtbaren Rosafärbung titriert. Der heiße Kochkolben wird dabei mit einer um den Hals gelegten Papierrolle oder mittels eines Lederriemens gehalten. Die Titration wird auf einer weißen Unterlage bei hellem Tageslicht ausgeführt. Doppelbestimmungen sind unbedingt erforderlich.

Wenn hierbei mehr als 10 ml verbraucht worden sind, wird die Bestimmung mit 2 · 15 ml 0,01 N-$KMnO_4$-Lösung, am besten aber nach Verdünnung 1:1 wiederholt.

Titer-Bestimmung der 0,01 N Kaliumpermanganatlösung: In der austitrierten, schwach rosa gefärbten Lösung wird von Zeit zu Zeit der Faktor der 0,01 N Kaliumpermanganatlösung bestimmt, in dem man nochmals 15 ml 0,01 N Oxalsäure zusetzt und in der Siedehitze wieder mit 0,01 N $KMnO_4$ auf schwach rosa titriert (Berechnung s. u.). Auch die 0,01 N Oxalsäure muß des öfteren kontrolliert werden. Der Titer der 0,01 Kaliumpermanganatlösung darf nicht zu weit absinken, sonst erhält man trotz Umrechnung falsche Werte.

Bei Reihenuntersuchungen empfiehlt es sich, nicht mehr als drei Proben auf einmal zu erhitzen. Drei weitere Kolben werden währenddessen befüllt. Das Sieden muß gleichzeitig bei allen drei Proben erfolgen, gegebenenfalls gleicht man durch Stellen der Bunsenflamme bzw. durch vorsichtiges Erhitzen über freier Flamme aus. Nach 10 Minuten langem Sieden werden die Kolben kurze Zeit in kaltes Wasser gesetzt, nachdem man sie mit Bleiringen beschwert hat.

Störungen können auftreten, wenn im Wasser Schwefelwasserstoff, Sulfide und Nitrite vorhanden sind. In diesen Fällen wird nach dem Schwefelsäurezusatz erst einige Minuten gekocht und dann erst Permanganatlösung zugesetzt.

---

[1] Die Schwefelsäure wird nach der Verdünnung noch heiß mit einigen Tropfen 0,01 N Kaliumpermanganatlösung versetzt, bis eine schwache Rosafärbung bestehen bleibt.

Wenn Eisen(II)-Ion in größeren Mengen vorhanden ist, so sind pro 1 mg Eisen(II)-Ion 0,57 mg $KMnO_4$ abzuziehen; bei Mangan ist pro 1 mg Mn 0,6 mg $KMnO_4$ zuzuzählen. Suspendierte Stoffe verbrauchen viel Kaliumpermanganat; man findet daher zu hohe Werte. Bei Oberflächenwasser aus Seen mit Wasserblüte führt man die Permanganat-Bestimmung deshalb im filtrierten und unfiltrierten Wasser durch, bei Abwasser nach der mechanischen Reinigungsstufe im sedimentierten Zustande.

c) Permanganatzahl-Bestimmung nach Schulze-Trommsdorf

Bei einem Chloridgehalt von mehr als 300 mg/l Cl^-.

Bei Gegenwart von mehr als 300 mg Chlorid/l werden nach Schulze-Trommsdorf an Stelle von 5 ml Schwefelsäure 0,5 ml Natronlauge (33%) und nach dem Oxalsäurezusatz 5 ml Schwefelsäure (1 + 3 Vol.) zugesetzt; im übrigen wird wie oben verfahren. Bei hohem Chlorid-Gehalt kann man mit Quecksilbersulfat gegebenenfalls die Chlorid-Störung verhindern.

Beim Kochen in alkalischer Lösung stören Schwefelwasserstoff und Nitrit. Diese müssen durch kurzes Kochen in saurer Lösung vorher entfernt werden.

Berechnung des Kaliumpermanganatverbrauchs

1 ml 0,01 N Kaliumpermanganatlösung entspricht 0,3161 mg $KMnO_4$. Bei Anwendung von 100 ml Wasser ergibt die Anzahl verbrauchter ml mit 3,161 multipliziert den Permanganatverbrauch in mg/l $KMnO_4$ an. Bei abweichendem Titer ist dies bei der Bestimmung zu berücksichtigen (s. u.).

Bei Gegenwart von Eisen ist obige Korrektur vorzunehmen.

Wenn der Titer der 0,01 N Kaliumpermanganatlösung sich geändert hat, so entnimmt man aus der Spalte 2 der folgenden Tabelle den Faktor zur Umrechnung auf mg/l $KMnO_4$. Wenn z. B. bei der obigen Titer-Bestimmung statt 15,0 ml 0,01 N $KMnO_4$ nur 14,7 ml 0,01 N $KMnO_4$ auf 15,0 ml 0,01 N Oxalsäure verbraucht wurden, multipliziert man statt mit 3,161 mit 3,225, um auf mg $KMnO_4$/l-Verbrauch zu kommen.

1. Titerbestimmung. Für 15,0 ml 0,01 N Oxalsäure

wurden verbraucht	2. Umrechnungsfaktor:
14,7 ml 0,01 N $KMnO_4$	3,225
14,8	3,203
14,9	3,182
15,0	3,161
15,1	3,140
15,2	3,119
15,3	3,100

Herstellung der 0,01 N Kaliumpermanganatlösung: 3,161 g reinstes Kaliumpermanganat werden zu 1 Liter dest. Wasser (Reagenz Nr. 10) gelöst. Die erhaltene 0,1 N Lösung wird auf das 10fache verdünnt.

Herstellung der 0,01 N-Oxalsäure: 6,698 g Natriumoxalat (bei 240 °C getrocknet) werden im 1 l-Meßkolben in etwa 200 ml Wasser gelöst, mit 50 ml Schwefelsäure (1 + 3) versetzt und zu 1 Liter aufgefüllt. Nach dem Verdünnen auf das Zehnfache erhält man eine 0,01 N Oxalsäure. Es wird stets reinstes dest. Wasser (Reagenz Nr. 10) verwendet.

Der sogenannte Sauerstoffverbrauch: die Oxidierbarkeit eines Wassers kann man statt in $KMnO_4$-Werten auch in mg/l Sauerstoffverbrauch angeben; man dividiert zu diesem Zweck den $KMnO_4$-Wert durch 4. Man kann den Kaliumpermanganatverbrauch auch als mg/l organische Substanz angeben; als annähernde Richtzahl ist dafür anzusehen 1 mg $KMnO_4$/l = 5,25 mg/l organische Substanz. Ein $KMnO_4$-Verbrauch von 3,95 mg/l entspricht einem Sauerstoffverbrauch von 1 mg/l.

d) Bestimmung von Huminsubstanzen

Huminstoffe werden bei der Kaliumpermanganat-Methode nicht voll erfaßt. Eine Unterscheidung, ob reines oder verunreinigtes Huminwasser vorliegt, ist nur durch Farbmessung (s. S. 26) oder genauer durch Fällung mit Eisen(III)-chloridlösung (0,01 M) in der mit Natriumacetatpuffer auf pH 4,8 gebrachten, eingedampften Wasserprobe möglich (Näheres D. Eichelsdörfer, Handbuch d. Lebensmittelchemie, Teil 8, S. 625 und bei G. Bohnsack: Mitt. Vereinig. Großkesselbes. **73,** 276–279, **10** [1961]).

Humin und Lignin

Bei erhöhtem Kaliumpermanganatverbrauch des Wassers kann man also keine Aussage darüber machen, ob derselbe durch Verunreinigung oder durch Huminstoffe oder durch Ligninsulfonsäuren verursacht wird. Huminstoffe geben sich aber durch die gelbe bis braune Wasserfärbung zu erkennen, die durch Lauge-Zusatz verstärkt wird.

Ligninsulfonsäure und Huminsäure kann man polarographisch unterscheiden. Wenn man die Wasserprobe bei pH 4,6 mit Natriumnitrit versetzt, kann man die Nitrosoderivate polarographisch unterscheiden. Das Ligninsulfonsäure-Derivat gibt ein Maximum bei −280 mV und das der Huminsäure bei −580 mV (gegen gesättigte Kalomelelektrode gemessen). Bis 0,1 mg herab ist gut meßbar.

Nach W. Fuchs und E. Kohler kann die Humin-Färbung durch Extinktionsmessung bei 320 nm im Zeiss-Opton-Gerät gemessen werden. Über Humin- und Ligninbestimmung durch UV-Spektren berichtet H. Sontheimer (Z. Wasser- u. Abwasserforschung **10,** Nr. 3/4 [1977]).

Photometrische Huminsäurebestimmung

Nach C. Nähle und U. Schöttler wird eine Wasserprobe von 1,5 ml nach Membranfiltration mit 100 ml einer 0,2%igen Nickel-Lösung und nach Vermischung mit 5 N Natronlauge im Überschuß versetzt. Ein entstehender dunkelbrauner Niederschlag wird abfiltriert und auf dem Filter mit 0,1 N Salzsäure behandelt und mit 100 ml 0,1 N Natronlauge aufgelöst. Nach Einstellung des Filtrats auf pH 2 wird im Meßkolben mit Wasser aufgefüllt und die Extinktion im Photometer mit Testlösungen reiner Huminsäure (Merck oder Fluka) vergleichend bestimmt.

Huminsäure-Entfernung

Huminsäurehaltiges Wasser wird mit Eisenchlorid und Kalkmilch versetzt und durch Zweischicht-Filter (Kies-Sand-Hydroanthrazit) gefiltert, wie in Nordhorn vom Akdolithwerk ausgeführt.

5. Bestimmung der Chlorzahl

Allgemeines: Die Bestimmung der Chlorzahl gibt wie die der Permanganatzahl Aufschluß über den Gehalt an organischen Stoffen. Bei der Chlorzahl werden aber organische Stoffe erfaßt, die bei der Permanganatzahl nicht erfaßt werden, besonders die von Fäkalien herrührenden Verunreinigungen. Bei frischen fäkalen Verunreinigungen ist die Chlorzahl höher als die Permanganatzahl.

Ausführung: 100 ml Untersuchungswasser werden in einem Erlenmeyerkolben von 300 ml Inhalt mit 25 ml Chlorlauge (Reagenz Nr. 7) versetzt und in einem Zeitraum von genau 5 Minuten zum Sieden gebracht (Stoppuhr oder Weckuhr). Der Kolben wird dabei mit einer Kühlbirne verschlossen. Genau 10 Minuten nach beginnendem Sieden wird unter der Wasserleitung schnell abgekühlt.

In die auf Zimmertemperatur abgekühlte Mischung werden 0,5 mg Kaliumiodid und 1 ml Phosphorsäure (oder 7,5 ml verdünnte Salzsäure) gegeben. Das frei gewordene Jod wird nach 10 Minuten mit 0,02 N oder 0,01 N Natriumthiosulfat titriert (Stärkelösung als Indikator zum Schluß der Titration). Bei Chlorzahlen über 100 mg/l wird das Untersuchungswasser verdünnt.

Gleichzeitig werden zur Titerbestimmung der Chlorlauge 100 ml dest. Wasser (Reagenz Nr. 10) mit 25 ml Chlorlauge in gleicher Weise gekocht.

Berechnung: Bei Anwendung von 100 ml Wasser entspricht 1 ml verbr. Chlorlauge 7,09 mg Chlor/l.

6. Bestimmung der Chlorid-Ionen

Vorkommen

In reinem Wasser 1 bis 30 mg/l Cl^-. Geologisch bedingt: Bis 200 mg/l Cl^-. In der Nähe von Salzsolen, im Zechstein und in Küstengebieten (Brackwasser) oft bedeutend mehr. Verunreinigte Wässer: Bis 300 mg/l und mehr, meist 50 bis 150 mg/l Cl^-. Beurteilung S. 103.

Orientierende Feldbestimmung: In einem Reagenzglas werden zu 10 Tropfen verdünnter Salpetersäure 20 ml Untersuchungswasser und nach dem Umschütteln 1 bis 2 ml 0,1 N Silbernitratlösung zugesetzt.

Man erhält bei einem Chloridgehalt von:

3– 10 mg Cl^-/l	Opaleszenz,
10– 15 mg/l Cl^-	opalisierende Trübung,
15– 20 mg/l Cl^-	schwache Trübung
20– 30 mg/l Cl^-	Trübung wie DAB 6,
30– 80 mg/l Cl^-	starke Trübung, noch durchsichtig,
80–150 mg/l Cl^-	starke milchige Trübung,
150–300 mg/l Cl^-	flockige Trübung, undurchsichtig, allmählich käsige Zusammenballung,
über 300 mg/l Cl^-	sofort käsiger Niederschlag.

Für die Felduntersuchung wird ein Vergleich mit einer ebenso behandelten Kaliumchloridlösung 0,063 g KCl/l (= 30 mg/l Cl^-) vorgenommen. Wenn die Trübung des Untersuchungswassers stärker ist als die der Vergleichslösung, so liegt ein bedenklicher Chloridgehalt vor, falls er nicht geologisch bedingt ist.

a) Titrimetrische Chlorid-Bestimmung nach Mohr-Winkler

In einer weißen, glasierten Porzellanschale oder in einem auf einer weißen Unterlage stehenden Erlenmeyer werden 100 ml der Wasserprobe mit 1 ml 10%iger Kaliumchromatlösung versetzt und mit 0,02 N Silbernitratlösung oder einer empirischen Silbernitratlösung (s. u.) bis zur eben erkennbaren gelblichbraunen Färbung titriert. Diese Färbung muß 1 bis 3 Minuten lang bestehen bleiben, sonst muß Silbernitrat nachgegeben werden. Während der Titration wird ständig mit einem Glasstab stark umgerührt.

Um den Umschlag besser erkennen zu können, stellt man neben die Schale eine gleiche mit der gleichen Wassermenge, die ebenfalls mit 1 ml Kaliumchromatlösung versetzt und schon austitriert wurde.

Werden mehr als 10 ml 0,02 N Silbernitratlösung verbraucht, so ist die Titration nach entsprechender Verdünnung zu wiederholen, da die entstehenden Trübungen die Erkennung des Umschlages erschweren. Hierbei ist es vorteilhaft, die austitrierte Probe, die durch Zusatz von etwas Untersuchungswasser oder einigen Körnchen Kochsalz wieder umgefärbt wurde, zum Vergleich heranzuziehen.

Nach W. Ohle erleichtert die Verwendung einer gelben Brille die Erkennung des Umschlagpunktes bei der Titration.

Der Endpunkt ist mit einem Galvanometer genauer feststellbar, besonders bei Mineralwasser, Brackwasser u. a. Zum Schluß kann man auf 0,01 N Silbernitrat übergehen, auch bei Solen.

Bei Brackwasser, Solquellen und Wasser aus der Nähe von Solquellen werden am besten gewichtsanalytische Methoden für die Chlorid-Bestimmungen angewandt oder man arbeitet nach der Methode von Volhard mit 0,5 N Silbernitratlösung und 0,5 N Ammoniumrhodanidlösung (siehe bei Heilwasser) oder man titriert die Probe ohne Indikator potentiometrisch mit 0,1 N oder 0,5 N Silbernitrat-Lösung.

Winklersche Korrektionstabellen. Werden weniger als 10 ml 0,02 N Silbernitratlösung verbraucht, so sind für genaue Untersuchungen Korrekturwerte von dem Titrationsergebnis abzuziehen, und zwar bei einem Verbrauch von:

0,2– 0,3 ml	0,02 N $AgNO_3$	für 100 ml Wasser	0,13 ml
0,5– 0,7 ml	0,02 N $AgNO_3$	für 100 ml Wasser	0,15 ml
0,8– 1,0 ml	0,02 N $AgNO_3$	für 100 ml Wasser	0,16 ml
3,0– 4,0 ml	0,02 N $AgNO_3$	für 100 ml Wasser	0,18 ml
5,0–10,0 ml	0,02 N $AgNO_3$	für 100 ml Wasser	0,2 ml

Schwedische Limnologen fanden, daß bei Wässern, die nur 2 bis 3 mg Cl^-/l haben, nach dieser Methode zu niedrige Werte gefunden werden und daß man deshalb das Wasser entsprechend einengen muß.

Zur Titration chloridarmer Wässer eignet sich sehr gut eine empirische Silbernitratlösung (4,7925 g Silbernitrat p. a. zu 1000 ml in abgekochtem destilliertem Wasser gelöst). 1 ml dieser Lösung zeigt bei Anwendung von 100 ml Wasser pro ml 1 mg Cl^- = 10 mg Cl^-/l an).

b) Störungen bei der Chlorid-Bestimmung

Eisenreiche Wässer werden zur Entfernung des Eisens mit etwas Zinkoxid geschüttelt und filtriert. Das Zinkoxid DAB 6 muß natürlich chloridfrei sein, anderenfalls muß es vor seiner Verwendung mit heißem destilliertem Wasser ausgewaschen werden, bis das Wasser chloridfrei abläuft. Man kann auch durch Zusatz von Natriumpyrophosphat die Eisen-Störung beseitigen (2 Tropfen 5%iger Lösung).

Moorwässer werden durch Schütteln mit chloridfreiem frisch gefälltem Aluminiumhydroxid (Reagenz Nr. 2) oder Aktivkohle (Reagenz Nr. 1) oder durch Schütteln mit Magnesiumoxid von den störenden Huminstoffen befreit.

Braune Huminwässer werden mit Kaliumpermanganatlösung oder mit H_2O_2 gekocht; H_2S und Sulfid können auch durch Zusatz von einigen Tropfen H_2O_2 unschädlich gemacht werden.

Stark saure und stark alkalische Wässer neutralisiert man unter Zuhilfenahme von pH-Papieren. Kohlensäurereiche Wässer, insbesondere Säuerlinge, müssen vor der Titration durch Erwärmen entgast werden.

Bromid-Ion wird bei der Titration mit erfaßt und muß bei Mineralwässern bei der Berechnung in Abzug gebracht werden. Für Iodid-Ion gilt das gleiche.

Berechnung

1 ml 0,02 N Silbernitratlösung entspricht 0,7092 mg Cl^-. Bei Anwendung von 100 ml Wasser gibt also die Anzahl verbrauchter ml 0,02 N Silbernitratlösung mit 7,092 multipliziert den Chloridgehalt des Wassers in mg/l Cl^-. Bei Verwendung der empirischen Silberlösung (s. o.) sind die für 100 ml Wasser verbrauchten ml nur mit 10 zu multiplizieren.

1 ml 0,1 N Silbernitrat entspricht 3,5457 mg Cl^-,
1 ml 0,5 N Silbernitrat = 17,7285 mg Cl^-.

Schweizerische Limnologen, *W. Schneebeli* und *M. Staub*, fanden in ihren äußerst chloridarmen Urgesteinsgewässern Unstimmigkeiten bei der *Mohr*schen Methode; sie schlugen daher folgende kolorimetrische Methode für die Bestimmung von Cl^--Mengen von 0,4 bis 4,0 mg/l vor (Mitt. Geb. Lebensm. Untersuchg., **36,** 20–24 [1945]).

c) Chlorid-Bestimmung nach Schneebeli und Staub

100 ml Wasser werden wie bei der *Mohr*schen Methode mit 1 ml Kaliumchromatlösung versetzt, dann aber mit einem Überschuß von Silbernitrat versetzt, und zwar insgesamt mit 0,45 ml einer 1/35,5 N Silbernitrat; (282 ml 0,1 N Silbernitratlösung auf 1 Liter auffüllen) tropfenweise unter sehr starkem Rühren mit einem Glasstab.

Zum Vergleich werden Testlösungen mit 0,4; 0,8; 1,2 und 2,0 mg/l Cl^- in gleicher Weise behandelt. Der Vergleich wird nach 1 bis 2 Minuten vorgenommen. Ist die Färbung der Wasserprobe schwächer als die der Testlösung von 2 mg/l Cl^-, so werden weitere 0,2 ml Silbernitratlösung zur Wasserprobe zugesetzt, bis die entstehende Färbung innerhalb der Testreihe liegt. Nach folgender Tabelle wird dann das Resultat errechnet.

Zugesetzte ml Ag^+-Lösung	ergibt mg/l Cl^-				
0,45	0,4	0,8	1,2	1,6	2,0
0,65	2,4	2,8	3,2	3,6	4,0
0,85	4,4	4,8	5,2	5,6	6,0

d) Quecksilber(II)-nitrat-Methode

(Für geringe Chloridmengen)

Zur Titration chloridarmer Wässer eignet sich sehr gut eine empirische Quecksilber-(II)-nitratlösung. 100 ml Untersuchungswasser werden nach Zusatz von 1 ml Salpetersäure (chloridfrei!) und 1 ml Diphenylcarbazonlösung (0,1%ig, alkohol.) mit Quecksilber(II)-nitratlösung bis zur Violettfärbung titriert. Blindversuche sind ratsam.

Die Quecksilber(II)-nitrat-Lösung wird hergestellt durch Auflösen von 4,832 g $Hg(NO_3)_2\,2\,H_2O$ und 10 ml HNO_3 auf 1000 ml. Der Titer wird mit einer NaCl-Lösung von 1,6486 g/l eingestellt (1 ml = 1 mg Cl^-/l).

Störungen. Bei eisenreichen Wässern (> 5mg Fe/l) wird die Probe mit einigen Tropfen 5%iger Natriumdiphosphatlösung versetzt.

e) Chlorid-Bestimmung mit ionenselektiver Elektrode

Methode Orion

Eine gänzlich neue Bestimmungsmethode ist die mit ionenselektiven Elektroden der Orion Research Inc. Lief. über Fa. Colora und Ingold KG. Bei Reihenuntersuchungen ist diese Methode sehr schnell und leicht durchführbar, insbesondere bei Versalzungsfragen, z. B. in Gewässern.

7. Bestimmung von Phosphat-Ionen

Vorkommen

In reinem Grundwasser meist keine nachweisbaren Mengen, in Oberflächenwässern ca. 0,05 mg/l, bei Wasserblüte kein Phosphat; in Moorwässern manchmal 0,1 bis 0,2 mg PO_4^{3-}/l. In verschmutzten Wässern 0,2 bis 1,5mg PO_4^{3-}/l und mehr; meist 1 bis 2 mg/l. In heißen Quellen oft große Mengen Phosphat aus Apatit (K. Höll, Heilbad und Kurort 5, 60 und Ber. d. Forschungsstelle Nedri As, Island). Beurteilung S. 107.

Orientierende Feldbestimmung von Phosphat nach Medinger

In ein Reagenzglas gibt man 10 ml Untersuchungswasser in ein zweites Reagenzglas 1 ml Strychnin-Molybdänsäurereagenz. Man mischt den Inhalt beider Reagenzgläser, indem man zunächst das Wasser zu dem Reagenz gießt und anschließend den Inhalt zwei- bis dreimal schnell hin und her gießt und dabei beobachtet. Es zeigt an:

Sofortiger Niederschlag	5–10	mg/l PO_4^{3-}
Sofortige Trübung	3	mg/l PO_4^{3-}
Sofortige schwache Trübung	1,5	mg/l PO_4^{3-}
Nach 3 Sekunden: schwache Trübung	1,	mg/l PO_4^{3-}
Nach 10 bis 20 Sekunden: schwache Trübung	0,5	mg/l PO_4^{3-}
Nach etwa 1 Minute: Opaleszenz	0,15	mg/l PO_4^{3-}

Störungen. Schwefelwasserstoff stört und muß vorher durch starke Belüftung entfernt werden. Bei hohem Kieselsäuregehalt (über 25 mg/l) ist die Phosphat-Bestimmung erschwert. Bei sehr harten Wässern verwendet man 2 ml Reagenz.

Kolorimetrische Phosphat-Bestimmung nach Atkins, Denigès, modifiziert nach W. Ohle

100 ml Untersuchungswasser werden mit 1 ml Molybdänschwefelsäure (Reagenz Nr. 20) und nach dem Umschwenken mit 0,12 ml Zinn(II)-chloridlösung (Reagenz Nr. 33 – aus 0,5 ml-Stabpipette) versetzt. Eine auftretende Blaufärbung wird in Hehnerzylindern mit der durch Standardlösungen (Reagenz Nr. 25) erzeugten Blaufärbung verglichen, und zwar innerhalb von 10 bis 20 Minuten. Zum Farbvergleich eignen sich auch die Farbgläser im Hellige-Komparator, wobei die durch Eigenfärbung der schwach gelbgefärbten Wässer hervorgerufene grünstichtige Blaufärbung kompensiert werden kann. Statt Zinnchlorid verwendet man jetzt 10%ige Ascorbinsäure (DIN 38405).

Empfindlichkeit: Bis 0,01 mg/l PO_4^{3-} sind bestimmbar.

Zur genauen objektiven Farbmessung gibt man die erhaltene Farblösung in geeignete Küvetten und bestimmt den Phosphatgehalt mit Hilfe der Eichkurve im Photometer oder im „Zweistrahl-Photometer“ (W. Ohle). Extinktion bei 750 nm. Das Vermischen der Reagenzien muß sehr schnell und intensiv erfolgen, also am besten mit der „Rührkugel“ (S. 35).

Die zur Untersuchung verwendeten Gefäße müssen zuvor besonders gereinigt werden, jedoch ohne die üblichen Spülmittel (da diese phosphathaltig sind).

Störungen. Stark eisenhaltige Wässer sind mit 2,0 ml einer 0,01%igen Kaliumcyanidlösung für je 0,3 mg Fe/l zu versetzen und dann erst mit Molybdänschwefelsäure und Zinn(II)-chlorid. Kieselsäure stört bei diesem Arbeitsgang nicht, wenn der Gehalt nicht mehr als 50 mg/l beträgt. Nitrit-Ionen stören und müssen durch Schütteln entfernt werden oder durch vorherigen Zusatz von 10%iger Amidosulfonsäure ausgeschaltet werden. Auch Schwefelwasserstoff und Sulfide stören und können durch Schütteln nach Säurezusatz entfernt werden.

Wenn in seltenen Fällen Arsen im Wasser vorhanden ist, setzt man vor der Bestimmung des Phosphat-Ions Thioharnstoff zu und erst nach 30 Minuten die übrigen Reagenzien, besonders bei Gesamtphosphat (nach W. Ohle).

Getrübte Wässer sind zu zentrifugieren oder durch Membranfilter zu filtrieren. Blindversuche auf Reinheit der Reagenzien, besonders der Schwefelsäure, sind wegen der großen Empfindlichkeit der Reaktion hier besonders wichtig. Ebenso ist die Temperaturgleichheit beim Kolorimetrieren hier besonders zu beachten.

Bei sehr chloridreichen Wässern (Brackwässern) ist das Phosphor-Molybdänblau grünstichig. In diesem Falle wären Vergleichslösungen mit entsprechendem Chloridgehalt zu verwenden.

Bei hoher Salzkonzentration setzt man daher zu 100 ml Wasserprobe zunächst nur die Molybdänschwefelsäure zu und schüttelt mit Isobutanol + Benzol (1:1) aus. In dem organischen Extrakt wird nach Abtrennung mit Zinn(II)-chlorid die Blaufärbung erzeugt und photometrisch bestimmt.

Sehr viel Fluorid stört ebenfalls.

Oberflächenwasser darf man nach E. Thomas nicht eindampfen, da hierbei die Mikroorganismen des Wassers zerfallen und organischen Phosphor abgeben, wodurch es zu einer Verschiebung des Verhältnisses von organischem P zu anorganischem P käme. Man könnte mit Filtraten von Cella-Filtern diesen Fehler vermeiden. Kunststofflaschen absorbieren mitunter Phosphat aus der Wasserprobe.

Berechnung.

Die Ergebnisse werden in mg PO_4^{3-}/l angegeben.

Organischer Phosphor

Obige Bestimmung ergibt nur den Gehalt an anorganischem Phosphor. Wenn (bei Oberflächenwasser) auch der organisch gebundene Phosphor bestimmt werden soll, sind 10 bis 100 ml Untersuchungswasser mit wenigen ml Schwefelsäure im Kjeldahl-Kolben einzudampfen und der Rückstand mit vier Tropfen Perhydrol weiter zu erhitzen. Nach vorsichtigem Wasserzusatz wird mehrmals, bis zur Vertreibung des Wasserstoffperoxids eingedampft. Nach dem Abkühlen wird mit Ammoniak neutralisiert.

Bei Gewässer-Untersuchungen muß außer dem anorganischen Phosphat immer auch das organisch gebundene P berücksichtigt werden (R. Liepolt: Österr. Wasserwirtschaft, H. 1 [1965]) und die ausführlichen Arbeiten von H. Ambühl und H. Schmid über die Bestimmung von Phosphat-Ion in Binnensee-Wässern z. B. in der Schweiz (Zeitschr. für Hydrologie **27,** 172–173 [1965] sowie die Monographie von J. Wernet: Phosphate in Oberflächenwässern und Abwässern in: „Münchener Beiträge“ **12,** 56, [1965]). Ferner muß u. U. hierbei auch der Gehalt an kondensierten Phosphaten gesondert bestimmt werden (s. u. und S. 107). Bei Oberflächenwasser sind also jeweils drei verschiedene Bestimmungen erforderlich (s. auch J. Markowski; Wasser, Luft und Boden **7,** H. 1 [1963]).

8. Bestimmung von Polyphosphat

Zur Bestimmung der Polyphosphate, die dem Trinkwasser zur Korrosionsverhütung zugesetzt werden, wird eine zweite Wasserprobe von 100 ml mit 1 ml Salzsäure 45 Minuten lang gekocht. Nach dem Erkalten wird neutralisiert und wie oben verfahren. Aus der Differenz beider Bestimmungen ergibt sich der Gehalt an Polyphosphat, an kondensierten Phosphaten. Statt Salzsäure kann auch 50%ige Schwefelsäure mit Zusatz von 0,4% Salpetersäure verwendet werden. Das verkochte Wasser wird von Zeit zu Zeit ergänzt.

Nach Lofamacar muß Pyrophosphat (das aus den Waschmitteln stammt) durch Natriumbisulfat erst in Orthophosphat übergeführt werden.

Nach E. Naumann u. T. Kempf kann man die kondensierten Phosphate durch Papierchromatographie auch genauer differenzieren. (Schrift.-Reihe Wasser-, Boden- u. Lufthygiene **19,** 1–8 [1961]).

Bestimmung des Gesamtphosphats nach Demberg im Kesselwasser. 2 ml des zu untersuchenden Wassers werden in einer Meßküvette (26 mm) mit 0,5 ml Molybdänreagenz (s. u.) und nach dem Umschwenken mit 0,3 ml Benzidinlösung und mit 7,2 ml gesättigter Natriumacetatlösung versetzt.

Nach Mischung mit einem Glasstab wird innerhalb 15 bis 30 Sekunden der Farbvergleich im Hellige-Komparator vorgenommen. Die Kompensationslösung mit 2 ml Kesselwasser und 8 ml dest. Wasser setzt man schon vorher in den Komparator ein.

Das Molybdänreagenz wird bereitet aus Lösung A durch Lösen von 10 g Ammoniummolybdat und 10 g krist. Natriumsulfat auf 100 ml dest. Wasser und Eingießen in Lösung B, die aus 62 ml konz. Salpetersäure auf 100 ml dest. Wasser besteht.

Die Benzidinlösung wird bereitet durch Lösen von 0,1 g Benzidin in 20 ml Eisessig und Verdünnen mit dest. Wasser auf 200 ml.

9. Bestimmung von Urochrom

(Direkte Prüfung auf Harn und Jauche im Wasser)

Urochrome sind Abbauprodukte des Blutfarbstoffs und gelangen mit dem Stoffwechsel in den Harn. Aus Harn hat O. Hettche das Urochrom A und B isoliert.

Nach O. Hettche kann man eine fäkale Verunreinigung des Wassers insbesondere durch Harn und Jauche direkt nachweisen durch eine Urochrom-Bestimmung.

500 ml Untersuchungswasser werden in einem Literzylinder mit 20 ml einer 0,1 M Alaunlösung (4,7% Kaliumaluminiumsulfat, 4,744 g $K\,Al(SO_4)_2 \cdot 12\,H_2O$/100 ml) und 2 Tropfen Phenolphthaleinlösung (1%ig) versetzt.

Nach dem Vermischen werden unter Umschwenken 2 bis 4 ml 5%iges Ammoniak, bis zur schwachen Rosafärbung, zugesetzt, wobei aber ein Überschuß zu vermeiden ist.

Der pH-Wert soll bei 7,8 liegen. Nach dem Absetzen im Meßzylinder wird am anderen Tag die über dem Niederschlag stehende Flüssigkeit möglichst weitgehend abgehebert und dieser dann durch Zentrifugieren von der überstehenden Flüssigkeit abgetrennt; der Niederschlag wird in 5 ml Ameisensäure (85%ig) gelöst und gegebenenfalls nochmals zentrifugiert. Bei Gegenwart von Eisen wird noch 0,5 ml 85%ige Phosphorsäure zugesetzt. Diese Lösung wird im Meßkolben auf 50 ml aufgefüllt und nach 30 Minuten kolorimetriert.

Als Vergleichslösung dient folgende Lösung:

Kaliumdichromat 1%ig	1,5 ml
Kobaltnitrat 5%ig	7,6 ml
Aqua dest.	ad 100,0 ml

1 ml dieser Farbvergleichslösung auf 50 ml dest. Wasser entspricht bei der visuellen Bestimmung 1 mg/l Urochrom.

Photometrische Bestimmung. Der bei der Messung im Elko II mit dem Filter S 38 erhaltene Extinktionswert ergibt multipliziert mit der Anzahl ml Meßlösung (also 50) den „Farbwert". Dieser „Farbwert" wird noch mit dem Faktor 1,9 (für Urochrom in ameisensaurer Lösung) multipliziert.

Formelmäßig ausgedrückt wäre dies folgender Ansatz:

$$X = E\,1 \cdot A \cdot 1{,}9,$$

wobei X = mg Urochrom/l
E = Extinktion in der 1 cm-Küvette bei Filter S 38 (380 nm)
und A = Anzahl ml ameisensaure Farblösung ist.

Wenn die Anwesenheit von Huminstoffen nicht auszuschließen ist, wird eine zweite Messung mit dem Filter S 53 (530 nm) in die Berechnung einbezogen.

Aus der Differenz der Logarithmen der beiden Extinktionswerte bei den Filtern S 38 und S 53, die man mit 1000 multipliziert, erhält den „Q-Wert", also: $\log E_{38} \times 1000 - \log E_{53} \cdot 1000 = Q$.

Wenn der Q-Wert um 0,9 oder darüber liegt, ist keine Huminsäure vorhanden, sondern der erhaltene Wert ist reines Urochrom. Q-Werte von 0,8 bis 0,9 sprechen für erheblichen Anteil an Urochromen und bei Q-Werten von 0,6 und darunterliegt nur Huminsäure vor.

Eine Übersicht über die Bedeutung der Urochrome im Trinkwasser und die Entstehung des Kropfes durch ein mit Harn verunreinigtes Wasser gibt O. Hettche im Ges. Ing. **76** [1955]. Als Grenzwert legte O. Hettche 2,5 mg/l Urochrom fest.

Diese Urochrom-Bestimmungsmethode wird von anderer Seite nicht voll anerkannt (P. G. Sattelmacher u. E. Fürstenau: Ges. Ing. **82,** 16–20 [1961]). Nach Erfahrungen des Verfassers mit dieser Methode ist sie aber bei richtiger Handhabung ein sicherer Beweis für eine stattgehabte Harnverunreinigung.

Durch Ozon werden die Urochrome zerstört (K. Strackenbrock).

Die Urochrom-Methode ist jetzt aber überholt durch die Bestimmung des fäkalspezifischen Koprosterins (s. u.).

10. Fäkalreaktion

Den Nachweis fäkaler Verunreinigungen kann man erbringen, wenn man 100 ml des Wassers mit 5 ml Diazoreagenz versetzt und unter Umschwenken 5 ml N Sodalösung (53 g Na_2CO_3/l) zufügt. Eine gelbrote bis rote Verfärbung zeigt eine massive fäkale Verunreinigung an.

Das Diazoreagenz wird bereitet durch tropfenweises Versetzen einer Lösung von 0,10459 g Sulfanilsäure in 100 ml 0,1 N Salzsäure mit 2%iger Natriumnitritlösung (ca. 8 Tropfen auf 50 ml).

Harnverunreinigung: Über den direkten Nachweis von Harnbestandteilen s. Näheres im Abschnitt Schwimmbadwasser S. 286.

Koprosterin-Methode

Die Urochrommethode ist durch die Koprosterin-Bestimmung überholt, die allerdings etwas aufwendiger ist. Koprosterin ist ein spezifischer Fäkal-Indikator von Steroid-Charakter.

Zu seiner Ermittlung werden 2 Liter Untersuchungswasser mit 10 ml 20%iger Kochsalzlösung und 5 ml konzentrierter Salzsäure versetzt, das Gemisch wird mit 100 ml n-Hexan ausgeschüttelt. Das abgetrennte Hexan wird mit 50 ml 70%igem Äthanol ausgeschüttelt. Die gereinigte Hexanphase wird im Vakuum eingedampft und der Trockenrückstand mit 7%iger alkolischer Kalilauge 2 Stunden mit Rückflußkühler gekocht, der Rückstand nach Verdünnen nochmals mit Hexan ausgeschüttelt und die abgetrennte Hexanphase in Stickstoff-Atmosphäre eingeengt.

Der Extrakt wird gaschromotographisch mit Hilfe der Reinsubstanz Koprosterin der Fa. Ferak, Berlin ausgewertet. Näheres bei J. R. Reichert: GWF **112,** [1971] 403–404.

Mit den menschlichen Abgängen werden pro Tag im Mittel 850 mg Koprosterin ausgeschieden. Wässer mit mehr als 100 mg/l Koprosterin haben Fäkal-Coli-Bakterien.

Direkter Fäkal-Nachweis, Koprosterin

Nach H. Kussmaul u. A. Muhle kann der spezifische Fäkalstoff Koprosterin auch massenspektrographisch nach Extraktion mit n-Hexan und nach säulenchromatographischer Abtrennung quantitativ bestimmt werden (Haus der Technik, Essen-Vortragsveröffentlichungen Vulkan-Verlag, Essen).

11. Bestimmung von Sulfat-Ionen

Vorkommen. In reinem Grundwasser meist 10 bis 30mg/l SO_4^{2-}, in Gips- und Salzgebieten bis 300 mg/l und mehr. In verunreinigten Wässern meist 50 bis 250 mg SO_4^{2-}/l und darüber.

Hygienische Beurteilung S. 108.

Orientierende Feldbestimmung. Im Reagenzglas werden 10 ml Untersuchungswasser mit genau 0,5 ml Salzsäure und nach dem Umschütteln mit 2 ml einer 2%igen Bariumchloridlösung versetzt. Zeigt sich nach dem Umschütteln eine Trübung, so sind Sulfate in dem Wasser vorhanden. Es entsteht bei gewöhnlicher Temperatur:

Sofort eine starke Trübung, nach kurzem Augenblick undurchsichtige Trübung und Niederschlag. Nach 1 bis 2 Minuten setzt sich der Bariumsulfatniederschlag ab, so daß die oberste Flüssigkeit durchsichtigt wird. (1000 mg/l SO_4^{2-})

Fast augenblickliche Trübung, die allmählich stärker wird, nach etwa 1/2 Minute undurchsichtig wird. (500 mg/l SO_4^{2-})

Sehr bald Trübung, die in 2 bis 3 Minuten undurchsichtig wird. Ein Niederschlag setzt sich erst nach einigen Minuten teilweise ab. Beim Erhitzen wolkige, undurchsichtige Trübung. (200 mg/l SO_4^{2-})

Bleibt zunächst einen Augenblick klar, dann jedoch tritt eine allmählich stärker werdende Trübung auf. Beim Bewegen des Reagenzglases zeigt sich die wolkige Trübung, besonders wenn man gegen einen dunklen Hintergrund betrachtet. Beim Erhitzen etwas stärkere Trübung, wolkig, aber durchsichtig bleibend. Nach einigen Minuten ist etwas Niederschlag am Boden abgesetzt. (100 mg/l SO_4^{2-})

Bleibt 1 Minute unverändert. Nach einigen Minuten schwache Trübung, die beim Erhitzen deutlicher wird. (30 mg/l SO_4^{2-})

Nach einigem Stehen ganz schwache Opaleszenz, die nach dem Kochen deutlicher wird. (20 mg/l SO_4^{2-})

Bleibt klar, auch beim Kochen kaum erkennbare Trübung. (10 mg/l SO_4^{2-})

Angenäherte Feldbestimmung bei sulfatreichen Wässern. In einem kleinen Erlenmeyerkolben werden 40 ml Wasser nach Zusatz von 1 ml Salzsäure mit steigenden Mengen 0,6%iger Bariumchloridlösung versetzt, zunächst mit 1 ml und dann kurz aufgekocht. Der Niederschlag wird abfiltriert und das Filtrat noch einmal mit 1 ml Bariumchloridlösung versetzt.

Entsteht ein Niederschlag, so hat die erste Bariumchloridmenge noch nicht gereicht. Es wird dann aufgekocht und wieder filtriert und so fortgefahren, bis das Filtrat keine Trübung mit Bariumchlorid gibt.

Dann gibt man zu einem anderen Teil des letzten Filtrats etwas Natriumsulfatlösung. Tritt hierbei eine Trübung auf, so ist jetzt ein Überschuß von Bariumchlorid vorhanden und man muß den Versuch mit einer geringeren Reagenzmenge wiederholen. Auf diese Weise untersucht man weiter je nach der gewünschten Genauigkeit, evtl. auch mit geringerer Wassermenge.

1 ml verbrauchter Bariumchloridlösung entspricht bei dieser Anordnung 60 mg/l SO_4^{2-}. Da die Ergebnisse meist um 10% zu niedrig ausfallen, so wären entsprechende Mengen zuzuzählen.

a) Gravimetrische Sulfat-Bestimmung als Bariumsulfat

In einem Becherglas von 400 bis 500 ml Inhalt werden 250 ml des vollkommen klaren (evtl. filtrierten!)) Untersuchungswassers mit 1 ml Salzsäure angesäuert und auf etwa 50 bis 100 ml eingedampft. Unter Nachspülen führt man diesen Eindampfungsrest in ein kleineres Becherglas über und erhitzt wieder. Zu der im ruhigen Sieden befindlichen Flüssigkeit gibt man tropfenweise mit Hilfe einer Tropfröhrchen-Kapillare heiße 10%ige Bariumchloridlösung, bis keine Fällung mehr erkennbar ist. Bei normalen Wässern genügen hierzu 5 bis 10 ml. Die Flüssigkeit soll während des Zusetzens nicht aus dem Sieden kommen.

Zur restlosen Fällung wird ein Überschuß von 1 ml Bariumchloridlösung zugegeben; bei kleingestellter Flamme oder auf dem siedenden Wasserbade erhitzt man weiterhin noch etwa eine halbe Stunde.

Der Bariumsulfatniederschlag wird nach längerem Stehen (über Nacht) durch ein quantitatives Filter, z. B. Blauband 589[3] oder 1575 (Schleicher u. Schüll), oder einen Porzellanfiltertiegel A 1 abfiltriert und mit heißem Wasser bis zum Verschwinden der Chloridreaktion ausgewaschen. Das Waschwasser wird dabei mit salpetersaurer Silbernitratlösung auf Chloridfreiheit geprüft. Das Filtrat wird auf Vollständigkeit der Fällung durch Einengen und weiteren Bariumchloridzusatz geprüft, was bei Mineralwässern und anderen sulfatreichen Wässern besonders wichtig ist.

Zur restlosen Überführung des Bariumsulfatniederschlages ist unbedingt ein kleiner Gummiwischer zu verwenden.

Der Filter wird getrocknet, im gewogenen Tiegel verascht und der Tiegelinhalt nach dem Erkalten im Exsiccator gewogen. Nach Abzug des Leergewichts erhält man die mg Bariumsulfat pro 250 ml Wasser.

Der Porzellanfiltertiegel wird im Trockenschrank bei 110 °C 1 bis 2 Stunden lang getrocknet und nach dem Erkalten im Exsiccator gewogen.

Wenn hierbei weniger als 10 bis 20 mg Bariumsulfat zur Wägung kommen, wird die Bestimmung mit einer größeren Probemenge wiederholt.

Wenn mehr als 300 mg Bariumsulfat zur Wägung kommen, wird die Bestimmung mit einer kleineren Probemenge wiederholt. Bei stärkeren Niederschlägen versäume man nicht, das eingeengte Filtrat auf Vollständigkeit zu prüfen.

Berechnung. Durch Umrechnung der gefundenen mg Bariumsulfat mit 0,4115 erhält man die mg SO_4^{2-} in der angewandten Menge Wasser und durch Multiplikation mit 4 die mg/l SO_4^{2-}. Wenn zur Untersuchung weniger oder mehr als die angegebene Wassermenge angewandt wurde, so ist dies bei der Umrechnung entsprechend zu berücksichtigen.

Zu den gefundenen mg/l $BaSO_4$ sind noch folgende Korrekturwerte zu addieren:

Berichtigungswerte für den geglühten $BaSO_4$-Niederschlag

Gewicht des Niederschlages bei	0°	1°	5°	10°	20°	30°	50°	Kalkhärte
				Verbesserungswerte				
g	mg	mg	mg	mg	mg	mg	mg	
0,30	3,6	5,4	8,5	10,0	11,0	13,2	14,7	
0,25	2,7	4,1	6,0	7,0	8,5	9,4	10,7	
0,20	1,8	3,6	3,7	4,4	5,2	6,0	7,3	
0,15	1,3	1,6	1,8	2,3	2,8	3,3	4,1	
0,10	0,7	0,8	0,9	1,2	1,4	1,6	1,8	
0,05	0,3	0,3	0,3	0,3	0,3	0,3	0,3	

Die Fällung wird vollständig bei vorherigem Zusatz von Alkohol oder Aceton (E. B. Sandell: Colorimetric Determination of Traces of Metals, New York [1959]).

Störungen können durch Huminstoffe entstehen. In diesem Falle kocht man mit etwas 0,1 N Kaliumpermanganatlösung und bringt den Überschuß von Permanganat durch Kochen mit Alkohol oder H_2O_2 weg. Im Filtrat wird die Sulfatbestimmung vorgenommen. Manchmal genügt auch Schütteln des Wassers mit frisch gefälltem Aluminiumhydroxid.

Größere Eisenmengen werden durch vorheriges Schütteln der Wasserprobe mit Zinkoxid oder durch Fällen des Eisens mit überschüssigem Ammoniak nach Oxidation mit Wasserstoffperoxid und anschließende Filtration des entstandenen Eisenhydroxids entfernt.

Kieselsäure über 30 mg/l ist durch Abrauchen nach Eindampfen abzuscheiden.

b) Trimetrische Sulfat-Bestimmung in sulfatarmen Wässern nach Winkler

Für Reihenuntersuchungen im Laboratorium eignet sich auch das Bariumchromatverfahren, wenngleich es weniger zuverlässig als das gravimetrische ist.

In einem Meßkolben von 200 ml Inhalt werden 100 ml Untersuchungswasser mit 20 ml – bei sulfatreichen Wässern (über 50 mg/l SO_4^{2-}) mit entsprechend mehr – Bariumchromatlösung (Reagenz Nr. 5) und bei Anwesenheit von Nitrit mit 0,5 ml Natriumazid (5%ig) versetzt und 1/2 Stunde unter häufigem Umschwenken stehengelassen.

Darauf wird tropfenweise Ammoniak bis zum Umschlag von Gelbrot nach Reingelb zugesetzt. Nach dem Auffüllen auf 200 ml läßt man 5 Minuten lang stehen und filtriert dann durch Faltenfilter Nr. 560 (S. & S.); die ersten Anteile des Filtrats werden verworfen.

Von dem restlichen Filtrat werden 100 ml im Schliffkolben mit 0,5 g Kaliumjodid und 10 ml Salzsäure versetzt. Das ausgeschiedene Iod wird nach 10 Minuten mit 0,01 N Natriumthiosulfat titriert. Zum Schluß wird reichlich Stärkelösung zugesetzt. Werden bei der Titration mehr als 40 ml 0,01 N Natriumthiosulfat verbraucht, so wiederholt man die Bestimmung mit einer geringeren Probemenge.

Störungen können auftreten bei hohem Gehalt an organischen Stoffen (über 50 mg/l $KMnO_4$-Verbrauch). Durch Kaliumpermanganat und Alkohol (S. 52) kann die Störung beseitigt werden.

Schwefelwasserstoff muß durch Belüftung vorher entfernt werden.

Wenn mehr als 1 mg Eisen/l vorhanden ist, so wird dies zuvor mit Ammoniak gefällt.

Berechnung: 1 ml 0,01 N Natriumthiosulfat entspricht unter obigen Arbeitsbedingungen 6,4 mg/l SO_4^{2-}. Von dem Endergebnis sind 5 mg/l SO_4^{2-} als Blindwert abzuziehen.

$$\text{mg/l } SO_3 \cdot 1{,}2 = \text{mg/l } SO_4$$
$$\text{mg/l } SO_4 \cdot 0{,}834 = \text{mg/l } SO_3$$

c) Sulfat-Bestimmung nach Ohle

100 ml Wasserprobe werden im 300 ml Erlenmeyerkolben mit 0,1 ml Methylorangeindikator (DIN 8106) versetzt und mit 0,1 N HCl titriert. Dann werden zusätzlich 1 ml 0,1 N HCl und 25 ml Bariumchlorid (1,3 g/l) zugesetzt. In dem mit Glassturz bedeckten Erlenmeyerkolben wird bis zum Sieden erhitzt und schnell abgekühlt. (Es ist zweckmäßig, zuvor kleine Glaskügelchen zuzusetzen.) Nach 30 Minuten werden 25 ml Kaliumchromatlösung (1,3 g/l) und ein Tropfen 10%ige Aluminiumchloridlösung sowie 1,6 ml 0,1 N Kalilauge zugesetzt.

Nach einstündigem Stehen wird durch S. & S.-Filter 595 oder 560 filtriert. 100 ml des Filtrats werden in einem Jodzahlkolben mit 10 ml frisch bereiteter 10%iger Kaliumjodidlösung und 5 ml 25%iger Salzsäure versetzt. Nach einigem Stehen wird mit einer empirischen Natriumthiosulfatlösung, die im Liter 7,7520 g Natriumthiosulfat krist. und 1 ml 20%ige Natronlauge enthält, bei Gegenwart von Stärke als Indikator titriert. 1 ml dieser Lösung entspricht 1 mg SO_4^{2-}/l.

Das Verfahren von W. Ohle ist genauer als das ältere Winklersche Verfahren.

d) Titrimetrische Bestimmung kleiner Sulfatmengen nach Sijderius

Das Untersuchungswasser wird durch eine Kationenaustausch-Säule[1] in langsamem Tempo filtriert, wovon der Vorlauf verworfen wird. 100 ml Filtrat werden mit 25 ml einer 0,02 M Bariumchloridlösung (4,886 g $BaCl_2 \cdot 2H_2O$ auf 1 Liter Wasser) gekocht. Auf dem Wasserbad oder der Sparflamme wird der Kolbeninhalt weiter etwa eine Viertelstunde heiß gehalten und nach dem Abkühlen und weiterem Stehenlassen werden 4 ml Pufferlösung (5 g Magnesium-Komplexon in 100 ml Wasser gelöst und zu einer Lösung von 35 g Ammoniumchlorid in 900 ml Ammoniak (d 0,910) gegeben) und 7 Tropfen Eriochromschwarz-Indikator zugefügt.

Anschließend wird sogleich mit 0,02 M ÄDTA-Lösung bis zum Farbumschlag auf Tintenblau titriert (7,444 g Di-Na-Äthylendiamintetraacetat zu 1 Liter Wasser. Einstellung gegen die obige Bariumchloridlösung).

1 ml der Meßlösung entspricht 1,92 mg SO_4^{2-}.

e) Weitere Methoden

Eine weitere Methode der Bestimmung kleinster Sulfat-Mengen in weichen Wässern ist die Thorin-Methode nach Persson, die von A. Henriksen u. a. bei norwegischen Wässern geprüft wurde (Vatten **30,** 187–192 [1974]). Genauigkeit ± 0,05 mg SO_4^{2-}/l. Überschüssiges Bariumperchlorat wird als Barium-Thorin-Komplex kolorimetrisch bestimmt bis (Konzentrationsbereich 0 bis 8 mg SO_4^{2-}/l).

Mit dem Metrohm – Photometer E 616 kann man Mengen von 4–15 mg/l SO_4^{2-} bestimmen.

Für Serien-Bestimmungen kleinster Sulfat-Mengen wäre noch die nephelometrische „Animpfmethode der Extinktionsmessung im Spektralphotometer“ bei 490 nm einer mit 1 ml $BaCl_2$-Impflösung versetzten angesäuerten Wasserprobe nach W. Regnet u. P. Udluft (Hydrochem. u. hydrol. Mitt. **1,** 121–129 [1974]) zu empfehlen.

Eine photometrische Schnellbestimmung haben Regnet u. P. Udluft in den Hydrochemischen und Hydrogeologischen Mitteilungen 1974 vorgeschlagen; diese haben sich bewährt.

---

[1] Z. B. Dowex 50 W, × 4,50–100 mesh.

IV. Beurteilung des Trinkwassers

A. Allgemeine Anforderungen an ein Trinkwasser hinsichtlich der äußeren Beschaffenheit und der Temperatur

Definition. Trinkwasser ist zur menschlichen Ernährung gefördertes, reines Grundwasser oder Quellwasser oder für menschlichen Bedarf aufbereitetes Flußwasser oder Seewasser.

Trinkwasser ist das zum menschlichen Genuß, zum Trinken und zur Lebensmittelbereitung, bestimmte Wasser, das den „Leitsätzen für die zentrale Trinkwasserversorgung“ (DIN 2000, Ausgabe 1973, und DIN 2001) entspricht (S. 204f.).

Trinkwasser muß gesundheitlich indifferent sein (Gegensatz zu Heilwasser und Mineralwasser, z. B. keine laxative Wirkung haben).

Wasser ist das wichtigste Lebensmittel und als solches unentbehrlich und unersetzlich; der Mensch kann wohl längere Zeit hungern, aber nicht länger als 2 bis 3 Tage dursten.

Abgesehen von der Forderung der Keimfreiheit und Reinheit des Wassers gilt als Grundforderung, die an jedes Trinkwasser zu stellen ist, daß es appetitlich und von appetitlichem Herkommen ist (§ 3 des Lebensmittelgesetzes). Gutes Trinkwasser soll klar und farblos sein und frei von fremdartigem Geschmack und Geruch. Wasser mit Eigenfärbungen oder Trübungen wird als Trinkwasser vom Verbraucher als unappetitlich abgelehnt.

Wasserbedarf. Das Wasser soll in ausreichender Menge zur Verfügung stehen. Zur Ermittlung des Wasserbedarfs einer Gemeinde kann das DVGW-Arbeitsblatt W 402 dienen. Zu den wichtigsten kommunalen Aufgaben gehört die Sicherstellung der Versorgung der Bevölkerung mit einwandfreiem Trinkwasser in stets ausreichender Menge.

Das „Wassersicherstellungsgesetz“ vom 24. 8. 1965 soll Planungen für ordnungsgemäße Wasserwirtschaft, auch für Krisenzeiten erwirken mit dem Ziel, durchweg Grundwasser einzusetzen, wegen möglicher radioaktiver Verseuchung der Oberflächengewässer, auch in Krisenzeiten.

Genauere Anweisungen für die Errichtung und den Betrieb von „Trinkwasser-Notbrunnen“, die zur Trinkwasserversorgung der Bevölkerung in Krisenzeiten (Krieg, Sabotage, Atomkraftwerksunfall) dienen sollen, gibt die am 15. 9. 1973 in Kraft getretene 2. Wassersicherstellungsverordnung zur Durchführung des Wassersicherstellungsgesetzes (1973, I, S. 1313). Kommentar dazu von H. Roth und G. Dickenbrock im Verlag E. Schmidt, Berlin und Bielefeld, 1967 (Teil 1), 1975 (Teil 2) und in Bd. 1 und 2 sowie in der Ergänzungslieferung des „Leitfaden für den Praktiker“ von H. Roeber, W. Such und W. Hampel, München.

Der Bedarf pro Kopf und Tag muß heute in größeren Städten auf mindestens 300 l veranschlagt werden. In Kleinstädten ist der Bedarf heute noch nicht so hoch, im Mittel in der Bundesrepublik Deutschland z. Zt. 140 l/Einwohner u. Tag, in 20 Jahren auf 165 l/Einwohner u. Tag ansteigend.

In New York ist der Wasserbedarf auf 1000 Liter je Kopf und Tag angewachsen, in der Schweiz auf 300 bis 500 Liter (1975 auf 478 l/E/T).

Im „Handburch zur Aufstellung von Wasserbilanzen“ ist von den Vereinten Nationen im Jahr 1974 ein durchschnittlicher Tagesverbrauch pro Einwohner großer europäischer Städte von 132 bis 593 Liter Wasser angegeben worden, wobei auffallenderweise die Werte in Großstädten wärmerer Länder, wie Athen (128 Liter), Istanbul (156 Liter) und Lissabon (160 Liter), besonders niedrig liegen, während sie in z. B. Helsinki (404 Liter), Stockholm (375 Liter) und Oslo (593 Liter) am höchsten liegen, nächst Moskau mit (600 Litern).

Städte mit großen Industrie-Gebieten, besonders mit Eisenindustrie, haben höheren Wasserverbrauch. Villenviertel brauchen mehr Wasser als normale Wohnviertel, besonders Arbeiterviertel.

Über die Weltwasserbilanz s. Näheres bei A. Baumgartner u. E. Reichel: „Die Weltwasserbilanz“, München [1975].

In der heißen Jahreszeit geht der Wasserbedarf oft sprunghaft in die Höhe. Darauf muß die Ortswasserversorgung eingestellt sein, wenn auch dadurch finanzielle Belastungen für die Stadtwerke entstehen. (DIN 2000). Zu hoher Wasserdruck verursacht erfahrungsgemäß höheren Wasserverbrauch.

Nur 2% des Wassers werden vom Menschen getrunken und zur Speisenbereitung verwendet. Es ist trotzdem nicht vertretbar, für Trink- und Brauchwasser getrennte Rohrleitungen zu halten. Der Mindestbedarf an Trinkwasser zur menschlichen Ernährung in Notzeiten wird auf 2,5 Liter je Kopf und Tag für wenige Tage vom Bundesgesundheitsamt veranschlagt; danach werden wieder größere Mengen (10 bis 15 l/Tag) benötigt. Diabetiker trinken viel mehr Wasser als Normalverbraucher (Lederer, Münchn. Med. Wochenschr. **36** [1967]).

Bergknappen haben ebenfalls sehr hohen Wasserbedarf; die beim Schwitzen ausgeschwemmten Salzmengen führen zu „Wasservergiftung“. Durch kochsalzreiche Mineralwässer kann dieser Mangel behoben werden. In den Tropen kann bei Salzmangel im Trinkwasser auch Mangel an Magensalzsäure eintreten.

Auch auf dem Lande ist der pro Kopf-Tagesbedarf heute bei uns auf 100 l angewachsen, weil fast alle Gemeinden zentrale Wasserversorgung und entsprechende sanitäre Einrichtungen geschaffen haben. Auf dem Lande muß man außerdem mit einem Wasserverbrauch von 50–80 l/Tag pro Großvieh rechnen.

Unverhältnismäßig große Mengen Wasser werden von manchen Betrieben als Betriebswasser gebraucht; in Stahlwerken werden z. B. für die Erzeugung von 1 t Stahl 150 m^3 Wasser zu Kühlzwecken benötigt, wenn nicht schon Kühlwasser-Rückführung vorgenommen wird, was anzustreben ist. Im Rhein.-Westfälischen Industriegebiet ist der Wasserverbrauch 23mal so hoch wie im übrigen Bundesgebiet, wenn auch die Industrie dabei ist, den Wasserverbrauch stark einzuschränken, z. B. in der Stahlindustrie, beim Kühlwasser, in der Zuckerindustrie, Mineralölindustrie usw. Für Herstellung von 1 kg Papier werden 200 bis 1000 Liter Wasser verbraucht; Molkereien verbrauchen pro Liter Milch 3 bis 5 Liter Wasser (für Kühlzwecke u. a.), Zuckerfabriken 60 bis 120 Liter zur Herstellung von 1 kg Zucker.

Der Geschmack des Wassers soll erfrischend sein, was neben der Temperatur (s. u.) durch einen gewissen Gehalt an freier Kohlensäure bedingt ist.

Nicht zuletzt spielt auch der Härtegrad des Trinkwassers eine gewisse Rolle; sehr weiches Wasser schmeckt fade, sehr harte Wässer (mit mehr als 30 bis 40 Härtegraden) geben zu Darmstörungen Anlaß und sind abzulehnen (S. 258).

Wassertemperatur

Das Wasser soll in jeder Hinsicht zum Genuß anregen. Dazu gehört auch ein geeigneter Temperaturgrad. Die Temperatur soll möglichst zwischen 8 und 12 °C liegen. Kälteres Wasser wird ungern genossen. Wasser von 5 °C und darunter kann sogar Magen- und Darmstörungen hervorrufen (M. Rubner: Lehrbuch der Hygiene, Leipzig [1907] und Hygien. Leitsätze [14]. Wasser über 15 bis 17 °C schmeckt nicht mehr erfrischend.

Bei Oberflächenwasserversorgung ist im Sommer das Trinkwasser zu warm, im Winter zu kalt. Bei Tiefbrunnen hat das Wasser eine mehr gleichbleibende Temperatur, die der mittleren Jahrestemperatur des Ortes entspricht. Diese liegt in unseren Gebieten innerhalb der erwünschten Temperaturgrenzen von 8 bis 12 °C, nämlich bei 9,5 °C. Eine möglichst tiefe Verlegung des Brunnenkorbes ist neben hygienischen Erwägungen auch aus diesem Grunde erstrebenswert.

Plötzliche Temperaturschwankungen eines Brunnenwassers können den Einbruch von Oberflächenwasser anzeigen, was weitere Untersuchungen erforderlich macht.

Verhalten des Leitungswassers im Rohrnetz. Das für die Speisung von Trinkwasserleitungen bestimmte Wasser soll so beschaffen sein, daß es Rohre und Behälter nicht angreift; es soll auch beim Stehen im Rohrnetz keine nennenswerten Abscheidungen zeigen, da sonst Rohrverengungen eintreten. Trinkwasser soll weiterhin frei von Bestandteilen des Rohrmaterials und der Behälter sein (Eisen, Zink, Blei usw.). Ein Innenanstrich darf höchstens nur anfänglich den Geruch und Geschmack des Wassers beeinflussen. Der § 3 des Lebensmittelgesetzes gilt voll und ganz auch für Trinkwasser (S. 63f.).

Verhalten des Wassers in Behältern S. 229.

1. Färbung, Schönung des Wassers, Flockung

Kiesfilter und Sandfilter. Zur mechanischen Entfernung von Trübungen dienen seit Beginn der zentralen Wasserversorgung Kiesfilter und Langsamsandfilter. Über den Aufbau eines Kiesfilters und den Kornaufbau berichtet O. Kuntschik aufgrund langjähriger Erfahrungen der Dortmunder Stadtwerke in deren Veröffentlichung Nr. 13 [1971]; über kostensparende Kieswäsche durch Verkürzung der Laufzeit findet man dort wertvolle Hinweise (s. auch K. Schmidt, Biologische Verfahren, Berichte der Dortmunder Stadtwerke Nr. 218).

Durch Lichtabschluß ist das Aufkommen von Algenbelägen auf den Kiesfiltern zu verhindern, da sonst die Laufzeit der Filter verkürzt wird (DVGW, W 132).

Durch Vorschaltung von geeigneten Kiesfiltern wird eine Verlängerung der Laufzeit der Langsamsandfilter erreicht.

Die Methode der Langsamsandfiltration beruht auf rein natürlichen Vorgängen und erübrigt oft die Verwendung chemischer Hilfsmittel; sie ist daher besonders umweltfreundlich.

Eine interessante Weiterentwicklung ist das automatische Schwerkraft-Filter der Pfaudler-Werke (jetzt Fa. BWK, Bensheim), bei denen die Wartung wesentlich erleichtert ist durch automatische Rückspülung infolge Schwerkraftausnutzung des durchgehenden Wassers (ASF-Filter). Bekannt sich auch die Löschfilter (Kempenich) Filtrolit als Neutralschnellfilter.

Langsamfilter können Pestizide, wie DDT, polychlorierte Biphenyle (PCB), im Wasserwerk zurückhalten, wenigstens für einige Zeit. Bei ständigem Vorhandensein helfen nur Aktivkohle-Filter.

Auf ausreichende Einarbeitungszeit ist bei Langsamsandfiltern zu achten und durch Analysen zu kontrollieren, ebenso auf das Absterben von Algenbewuchs der Filter.

Während Detergentien, Harnstoff u. a. m. vom Filtermaterial selbst eliminiert werden, ist die Absorption von Halogenkohlenwasserstoffen und metallischen Schadstoffen auf die Algen zurückzuführen. Wenn die Algen auf dem Filter absterben, werden die kumulierten Schadstoffe freigesetzt (Kh. Schmidt, Zentr. Blatt Bakt. u. Hygiene **172,** 134–155 [1980]).

Mehrschicht-Filter. Neben der üblichen Filtration durch feinkörniges Quarzsand-Filtermaterial von 0,5 bis 0,8 mm Körnung und 500 bis 1000 mm Schichthöhe, hat sich in letzter Zeit die Raumfiltration mit gröberer Körnung von 1 bis 2 mm und mit höheren Filterschichten von 1000 bis 3000 mm bewährt.

Gegenüber den bisherigen „Flächenfiltern“ haben die „Raumfilter“ längere Laufzeiten infolge des langsameren Druckanstieges und beanspruchen geringeren Personalaufwand. Wegen der gröberen Körnung ist der Filtereffekt bei den Raumfiltern je nach Rohrwasserqualität geringer und störungsanfälliger. Deshalb geht man jetzt zu einer Kombination beider Filterverfahren über, indem man das gröbere Material dem leichteren Hydroanthrazit, Körnung 1,6 bis 2,5 mm, mit dem schwereren Feinsand mischt. Der Hydroanthrazit lagert als „Raumfilter“ obenauf und nimmt die Hauptmenge der Trübstoffe auf, so daß die Filterlaufzeiten günstig sind. Die feinsten Teilchen werden dann in der Feinsand-Schicht festgehalten.

Besonders bewährt haben sich diese „Zweischicht-Filter“ bei ungünstigen Rohwasserverhältnissen in Verbindung mit Flockungs-Hilfsmitteln (Polyelektrolyte, s. o.) und auch bei Entkarbonisierungsanlagen (S. 262 ff.). Auch das „Immedium-Filter“ der Lurgi-Ges. hat sich bewährt, ebenso wie das Mehrschichtenfilter der Fa. Sulzer AG, Winterthur sowie die Membran-Filterschicht-Kombinationen der Fa. Seitz, Bad Kreuznach (Porenweiten bis 0,2 μm).

Im Immedium-Filter gibt es weniger leicht eine Verbackung des Filtermaterials.

Im Interesse der Wasserwirtschaft und der Wirtschaftlichkeit kann der Spülwasserbedarf durch das Mehrschichtfilter herabgesetzt werden (z. B. auf 1/6 bis 1/8).

Bei gleichem Druckverlust und optimaler Filterwirkung erhält man bedeutend längere Filterlaufzeiten und erspart viel Arbeitszeit (s. Veröff. Inst. für Wasserchemie, TU Karlsruhe H. 5).

Färbung und Entfärbung. Die besonders in Moorgegenden Nordwestdeutschlands vorkommenden gelb bis braun gefärbten Huminwässer geben kein gutes Trinkwasser ab. Bei zentraler Wasserversorgung muß deshalb oberhalb eines Farbgrades von 25 mg Pt/l eine Entfärbung vorgenommen werden. Dies geschieht am besten durch Aluminiumsulfat-Flockung. Man verwendet 10 bis 30 g Aluminiumsulfat

($Al_2(SO_4)_3 \cdot 18 H_2O$, DIN 19600) pro m^3 Wasser und dosiert mit einer 5%igen Lösung. Bei Schönung mit Natriumaluminat braucht man nur die Hälfte dieser Mengen.

Durch Aluminiumsulfat-Zusatz wird das Flockungspotential auf annähernd Null gebracht, auch bei Zusatz von kationischen Polyelektrolyten wird das Zeta-Potential auf Null gebracht, bei den anionischen Polyelektrolyten nicht.
Bei der Aluminiumsulfat-Flockung spielt auch die Wassertemperatur eine große Rolle: bei einer Temperaturerniedrigung um 10 °C, z. B. bei winterkaltem Flußwasser, ist die Reaktionszeit verdoppelt.

Für die Aluminiumsulfat-Flockung liegt das pH-Optimum bei pH 6,5 bis 7,5. Vor Einspeisung in das Rohrnetz muß das Wasser gegebenenfalls auf pH 7,2 bis 7,4 gebracht werden, da das Reinwasser sonst das Rohrnetz angreifen würde (S. 215). Bei harten, alkalischen Wässern ist daher eine zweimalige Dosierung notwendig. Man verwendet deshalb vorteilhafter das Natriumaluminat (DIN 19601) als Flockungsmittel, wobei man allerdings darauf bedacht sein muß, daß keine Kalkabscheidungen aus dem Reinwasser erfolgen. Eine ständige pH-Kontrolle mit kontinuierlich arbeitenden Apparaten ist notwendig. Solche Apparate liefert Hartmann & Braun, Frankfurt/Main.

Eine Flockung wird jetzt auch mit Polyaluminiumchlorid und einem Flockungshilfsmittel auf Polyacrylamid-Basis (s. u.) durchgeführt, wie in der Preußag-Anlage an der Wiehetalsperre. Der pH-Wert soll bei der Natriumaluminat-Flockung zwischen 7,5 und 8,5 liegen. C. G. Hampson berichtet über die erhebliche Beschleunigung der Flockung nach Zusatz von Kieselsol (Verfahren von Baylis: Paper Trade Journal **131,** 27–37 [1950]). Aktivierte Kieselsäure als Flockungsmittel hat G. Giebler vorgeschlagen: verdünnte Wasserglaslösung wird mit Säuren bis nahe an pH 7 versetzt (Schrift-Reihe WaBoLu., Nr. 19 [1961]). Bei hoher Carbonathärte erfolgt eine Klärung mit Aluminiumsulfat.

Überhaupt geht man mehr und mehr zu „Flockungsbeschleunigern" über, wie z. B. Ferrosil (Fa. Henkel u. Cie.), Wisprofloc sowie Bentonit-Zusatz nach der Aluminiumsulfatdosierung oder Separan (Fa. Defac, Düsseldorf).

Über die Entfernung von Huminstoffen aus Talsperrenwasser mit Aluminiumsulfat und Wisprofloc berichtet H. Bernhardt (Arch. f. Hydrobiol. **61,** 311–327 [1965]). Wisprofloc ist ein abgebautes Stärkeprodukt (s. auch W. Wiederhold u. F. Hiebenthal: GFW **98** [1957] sowie H. Bernhardt u. H. Schell: Gewässerschutz – Wasser – Abwasser [1971]).

Wisprofloc wird in 0,3%iger Lösung angewandt und zu 0,25 bis 1 mg/l dem Wasser zudosiert.

Als Fällungsmittel hat sich neuerdings Sachtoclar in der Wasserreinigung bewährt.

Makroporöse Ionenaustauscher und Adsorber-Harze werden ebenfalls zur Huminstoff-Entfernung mit Erfolg verwendet, z. B. im Wasserwerk Fuhrberg der Stadtwerke Hannover (Wasser und Boden **83** [1981]).

Vor Installierung einer Flockungsanlage sind eingehende Laborversuche nach der Art des amerikanischen Jar-Tests anzustellen, auch über die Filtrierbarkeit der gebildeten Flocken. Hierüber berichten H. Bernhardt und H. Schell im Jb. Vom Wasser, **41,** 309–340 [1979] und **32,** 193–225.

Seit längerer Zeit werden in Amerika Flockungshilfsmittel auf Polyacrylamid-Basis mit Erfolg verwendet (G. D. Geise, R. W. Pitman u. G. W. Wells in: J. Amer. Water Works Ass. **59**, 1303–1309 [1967]). Im Nürnberger Wasserwerk Mühlhof und im Flußwasserwerk Krefeld hat sich das Polyacryl-Mischpolymerisat Sedipur TF 2 bewährt (ca. 0,5 mg/l Rohwasser, im Neckargebiet das Polyaluminiumchlorid, besonders bei starken Algenpopulationen.

Das verwendete Polyacrylamid muß frei sein von toxischem Monoacrylamid. Über den Nachweis desselben mit Hilfe der Dünnschichtchromatographie im Wasserwerksbetrieb berichtet L. Scholz im Jb. Vom Wasser [1975/76].

Flockungshilfsmittel sind im Sinne des Lebensmittelgesetzes „technische Hilfsstoffe“; sie fallen deshalb nicht unter die Trinkwasseraufbereitungs-Verordnung. Flokkungshilfsmittel sollen aber nach der Aufbereitung im Reinwasser nur in technisch unvermeidbaren, auf jeden Fall in gesundheitlich unbedenklichen Mengen vorhanden sein. Insbesondere gilt dies für Flockungshilfsmittel auf Polyamid-Basis. U. Hässelbarth hat für das Polyacrylamid-haltige Sedipur nachgewiesen, daß bei normaler Dosierung von 0,5 bis 0,7 mg/l die Filterabläufe nur 0,005 mg Sedipur/l noch enthielten (Veröff. Wasserchemie Karlsruhe Nr. 3 [1969] und W. Weindel u. H. Sontheimer: GWF **112,** 76–80 [1971]).

Überschüssige anionische Polyacrylamide können nach A. Grohmann im ablaufenden Reinwasser mit Eisen und Aluminiumhydroxokomplexen gefällt und bis auf 0,5 mg/m^3 durch Filtration entfernt werden.

Bei sehr weichen Wässern muß zur Flockung Kalk oder Soda zugesetzt werden. Bei sehr weichen Wässern spielt auch die Erniedrigung des pH-Wertes durch das zugesetzte saure Aluminiumsulfat eine Rolle; das Reinwasser wird nämlich ohne weiteren Kalkzusatz stark aggressiv.

Durch synthetische Waschmittel bzw. die darin enthaltenen Polyphosphate wird die Aluminiumsulfat-Flockung gestört.

Über die Flußwasseraufbereitung mit Aluminiumsulfat berichtet Schröder im DVGW-Rundschreiben, Nr. 54 [1951]. Im gleichen Heft berichtet Iwanowski über die Aufbereitung von Rhein- und Mainwasser mit Chlor, Eisenchlorid und Hydraffinkohle. In manchen Fällen ist die Flockung mit Eisenchlorid vorteilhafter als die Al-Flockung; z. B. bei Flußwasseraufbereitung (Iwanowski, s. o.), besonders nach dem Accellator-Verfahren (Fa. Lurgi) oder Reaktivator-Verfahren (Bran & Lübbe).

Nach Stadager hat aber das Aluminiumsulfat sich als bestes Klärmittel bei der Mainwasser-Aufbereitung bewährt (Wasser u. Boden **9,** H. 4 [1957]). Im Wasserwerk Fuhrberg der Stadt Hannover wird huminsäurehaltiges Wasser durch Zusatz von Kalk und Ozon im Accelator erfolgreich entfärbt. Über Acellator und Reaktivator sowie Kontakt-Flocculator s. u.

Bei der Flockung von Oberflächenwasser mit Aluminiumsulfat gibt es durch die vorhandenen Plankton-Organismen im Sommer oft Schwierigkeiten, die man dann nur durch Steuerung des Zeta-Potentials beheben kann (die Meßvorrichtung stammt von Fa. Zeta-Meter, Inc., New York 28) s. H. Bernhardt: Jb. Vom Wasser **32,** 193–225 [1965]. Flockungshilfsmittel, wie Wisprofloc, und Langsamsandfilter erleichtern die Flockung.

Auch durch NTA sowie algenbürtige Stoffe wird der Flockungsprozeß oft erheblich gestört (s. H. Bernhardt u. a. Z. f. Wasser- u. Abwasser-Forschg. **16** [1983]). Die Aufstrom-Refiltrationflockung nach K. W. Roennefahrt hilft dann weiter (Fachgruppe Wasserchemie 1979).

Eisenchloridflockung ist etwas teurer als Aluminiumsulfatflockung. Bei der Eisenchloridflockung nehmen offene Filterbecken bald eine unansehnliche Braunfärbung an.

In konzentrierter Form wirkt Eisenchlorid ätzend auf die menschliche Haut und kann das Bedienungspersonal dadurch gefährden.

Außerdem gibt Eisenchlorid Nachflockungen, besonders bei kalkarmen Huminwässern; es ist auch temperaturabhängig in der Wirkung. Für Abwasserreinigung ist Eisenchlorid ungleich viel besser geeignet (Literatur: H. J. Walther u. F. Winkler, Wasserbehandlung durch Flockungsprozesse, Verlag Chemie, Weinheim 1981).

Die Enthuminisierung und Entfärbung kann auch in Filterkesseln mit Aktivkohle (DIN 19603) vorgenommen werden. Gleichzeitig wird auch eine Schadstoffentfernung erreicht (S. 313).

Huminwasser kann auch mit Aluminiumoxid-Granulat behandelt werden („Compalox“, Martinswerk, Bergheim/Erft) und mit makroporösen Anionenaustauschern (s. bei Rüffer Teil 2).

S. auch: W. Rummel, Huminstoff-Adsorption an Oxidhydraten bei der Wasseraufbereitung (Fortschr. der Wasserchemie 1964). In skandinavischen Ländern ist man überall auf Huminwässer angewiesen. In Norwegen, wo es eigentliches Grundwasser kaum gibt, wird jetzt die Entfärbung mit hohen Ozonmengen (6 bis 8 mg/l) durchgeführt. Wegen der sehr billigen Stromkosten (Wasserkraftstrom) ist das Verfahren dort durchaus wirtschaftlich.

Nebenbei wird eine hundertprozentige Entkeimung des Oberflächenwassers erzielt.

Da eine nachträgliche Kalkdosierung die Färbung wegen der starken Alkalisierung wieder hervorbrachte, wurde vom Verf. eine Filtration über gebrannten Dolomit (Akdolit oder Magno-Filtermassen) empfohlen, um den Rohrangriff zu verhindern. In Finnland begnügt man sich mit letzterem Verfahren (O. Peräkylä: Wasser u. Boden **13,** 46–48 [1961]).

In Kohlefiltern, die als Haushaltsgerät in Benutzung sind, findet man oft starke Keimvermehrungen wie bei Enthärtungsfiltern. (C. Wallis u. a.: Water Research **8,** 111–113 [1974].) Auch K. E. Oehler berichtet über sehr schlechte Resultate bei Haushaltsgeräten bzgl. Keimzahlen, Geschmacksverschlechterung (GWF **114,** 322–325 [1973]).

Über Mikrosiebe s. S. 73.

Zur gleichzeitigen Entfernung von Huminstoffen und aggressiver Kohlensäure, die gemeinsam in Moorwässern vorkommen, dient Akdolit-Carbon (Akdolit GmbH).

Fahrbare Trinkwasserbereiter mit Dosierung von Natriumhypochloritlauge, Eisenchlorid und Aktivkohle für Katastrophenfälle stellen die Krupp-Werke her.

Für Bäderzwecke kann ein Farbgrad von 10 bis 20 °C (mg/l Pt) als Grenze angesehen werden.

2. Trübung, Klärung des Wassers

Trübungen und Färbungen setzen wie gesagt die Appetitlichkeit des Wassers herab. Vom Verbraucher werden sie als Unsauberkeit bezeichnet.

Als Grenzwert für eine Trübung des Wassers kann bei zentraler Wasserversorgung eine solche, die einem Trübungsgrad 8 (mg/l Kieselgur) entspricht, angesehen werden. Der Schwebstoffgehalt soll nicht mehr als 1 ml pro m^3 Trinkwasser betragen.

Tontrübungen werden besonders bei kleinen Wasserwerken durch Aluminiumsulfat-Flockung und Schnellfilter entfernt. Man dosiert 10 bis 100 g Aluminiumsulfat pro m^3 Wasser oder die halbe Menge Natriumaluminat (s. o.). In manchen Fällen genügen auch die sog. Schönungsfilter aus feinkörnigem Kies zur Entfernung von Trübungen oder Algenbildungen (Grünfärbung und -trübung). Ausführende Firmen: alle Wasserreinigungsfirmen.

Zur Beseitigung von feinsten Trübungen wird auch Eisenchlorid mit Erfolg verwendet (Berkefeld Filterwerk). Judo-Schutzfilter entfernen die letzten Schwebeteilchen im Leitungswasser im kleinen (Fa. Jul. Dopslaff, Stuttgart).

Berkefeld-Filter und keramische Filter werden jetzt auch als „Anschwemmfilter" verwendet. Die hierbei zugesetzte Kieselgur bewirkt wesentlich bessere Klärwirkung. In besonders schwierigen Fällen wird ein Gemisch von Kieselgur und Aktivkohle angeschwemmt. (Fa. Hager u. Elsässer, Stuttgart, und Fa. Hölscher, Hamburg).

Plötzlich auftretende Trübungen eines Wassers können auf die Gefahr des Eindringens von ungenügend filtriertem Oberflächenwasser hinweisen. Es müssen dann sogleich eingehende bakteriologische und chemische Untersuchungen vorgenommen werden. Tone mit Korngrößen von etwa 1 μm brauchen etwa 18 Tage zum Absetzen, solche von etwa 20 μm immerhin eine Stunde.

In vielen Wasserwerken wäre ein kontinuierlicher Trübungsmesser von großem Wert, da auch der Keimgehalt von den Trübstoffen abhängig ist, besonders bei Oberflächenwasser-Versorgung.

Mikrosiebe

Zur Entfernung von gröberen Trübungen und von Plankton wird auch Kunststoffgewebe mit Maschenweite bis 10 μm herab mit Erfolg verwendet (H. Kriegshoff: GWF **104,** 1049–1051 [1963]). Ausführende Firmen: Passavant-Werke, Berkefeld Filter-Ges., Lurgi-Gesellschaft für Wärmetechnik, Neue Continentale Bau-Ges., Hannover, Pintsch-Bamag und Seitzwerke, Bad Kreuznach, bis 0,1 μm herab.

Im DIN-Blatt 19605 sind für Wasseraufbereitungsfilter Normen aufgestellt.

3. Geruch und Geschmack

Zur Entfernung von störendem Geruch oder Geschmack sowie von manchen Färbungen des Trinkwassers dienen Aktivkohlefilter (feinkörnige Kohle, z. B. Noritkohle, Hydraffinkohle). Kohlefilter adsorbieren viele organische Stoffe, die dann auf dem Filter einen guten Nährboden für Bakterien abgeben und eine Keimvermehrung bewirken, wenn das Wasser nicht sehr rein ist. Man kann die Kohle deshalb dem Wasser auch pulverförmig direkt zusetzen (2 mg/l) (Iwanowski: DVGW-Rundschreiben, Nr. 54 [1951]). Auch das „Schichtenfilterverfahren" mit abwechselnden Schichten von körniger Aktivkohle und Filtersand hat sich als besonders wirtschaftlich bewährt. Erschöpfte Aktivkohle-Filter können durch thermische Behandlung oder Regenerierung mit 3%iger Wasserstoffperoxidlösung wiederverwendungsfähig gemacht werden (P. Koppe: Schrift.-Reihe Gewäss. Schutz, **2,** 143–145 [1969] Aachen).

Bei Langsamsandfiltern, die mit eutrophiertem Flußwasser beschickt werden, kommt es oft zu starker Anreicherung von Algen, die Indol und Skatol ausscheiden. Diese „algenbürtigen Stoffe" verleihen dem Trinkwasser üblen Geruch, der schwer entfernbar ist (Veröff. Dortmunder Stadtwerke, Nr. 15).

Aktinomyceten bilden bei massenhaftem Auftreten, wie auch einige Blaualgen, neben hochtoxischen Stoffen (S. 307) geruchsintensive Stoffe aus, die nur mit Aktivkohle-Dosierung aus dem Wasser entfernt werden können (25 mg/l).

Nitrosamine und Polycyclien können durch Aktivkohle-Filter entfernt werden. Haloforme und chlorierte Pestizide können ebenfalls mit A-Kohle, aber auch viel billiger mit Braunkohlenkoks entfernt werden (S. Meierjohann u. J. K. Rechert/Aachen).

Die Rheinwasseraufbereitung im Wiesbadener Wasserwerk geschieht in folgenden Stufen: 1. Speicherung, 2. Flockung, 3. A-Kohle, 4. Schellfilter und 5. nochmals A-Kohlefilter, 6. Nachbehandlung durch Langsamsandfilter.

Wässer mit ausgesprochen laugigem oder salzigem Geschmack scheiden von vornherein als Trinkwasser aus (Hygien. Leitsätze für die Trinkwasserversorgung [14]). Für technische Zwecke können Wässer mit laugigem Geschmack durch Neutralisation mit Säure aufbereitet werden. Auf eine etwaige übermäßige Salzkonzentration ist jedoch wegen der zu befürchtenden Rohrkorrosion zu achten.

Eine Ozonisierung vor der Aktivkohlefilterung verbessert die Wirkung (L. Brenner, La Tribune du Cebedeau 31, 1978 u. J. Ph. Lavague 31, 1978).

B. Hygienische Beurteilung des Trinkwassers auf Grund der chemischen Analyse

1. Allgemeines

Hygienische Grundforderungen: Ein Trinkwasser soll nicht nur rein und appetitlich sein (S. 66, 205), sondern es soll darüber hinaus vor allen Dingen absolut frei von Krankheitskeimen und gesundheitsschädlichen Stoffen sein, und zwar von Natur aus ständig. Überhaupt soll ein Trinkwasser praktisch frei von Keimen aller Art sein.

Das Bundes-Seuchengesetz vom 18. Juli 1961 regelt dies im § 11 als Rahmengesetz für die Trinkwasser-Verordnung des Bundes vom 31. 1. 1975, die am 31. 1. 1976 in Kraft getreten ist (S. 205f.). Das 4. Gesetz zur Änderung des Bundesseuchengesetzes ist am 1. 1. 1980 in Kraft getreten. Diese erstreckt sich auch auf alle Lebensmittelbetriebe.

Danach ist es verboten, ein Trinkwasser abzugeben, das die menschliche Gesundheit schädigen kann. Die Keimzahlen sollen höchstens zweistellig, bei gechlortem Wasser nur einstellig sein. In 100 ml Wasser sollen Colibakterien nicht mehr nachweisbar sein.

Neu geregelt werden diese Grenzwerte durch die Trinkwasser-Verordnung (S. 205). Sie ist durch die „Verordnung zur Änderung der Trinkwasserverordnung vom 25. 6. 1980" novelliert. Außerdem ist jetzt die EG-Richtlinie Trinkwasser vom 15. 7. 1980 zu berücksichtigen, die auch in die EG-Mineralwasser-Richtlinie vom 15. 7. 1980 eingegangen ist. Eine weitere neue Trinkwasser-Verordnung ist während der Drucklegung in Arbeit und wird als Anhang der Neuauflage gebracht (s. S. 205f. sowie den bakt. Teil).

Das Trinkwasser ist nach dem Deutschen Lebensmittelgesetz vom 21. Dezember 1958 und DIN 2000 vom Mai 1959 ein Lebensmittel (s. hierzu E. A. Scheuermann: GFW **103,** 231 u. 447 [1962]). Nach *Hossbach* ist Wasser „Nahrungsmittel Nr. 1" (Komm. Wirtsch., H. 6 [1957]). Nach DIN 2000 ist „Trinkwasser das wichtigste Lebensmittel"; es kann durch andere Stoffe nicht ersetzt werden. Nach DIN 4046 ist Trinkwasser „ein für menschlichen Genuß und Gebrauch geeignetes Wasser mit Güteeigenschaften nach DIN 2000 und nach DIN 2001".

International sind die Trinkwasserfragen in den WHO-Standards f. Drinking Water 2. Auflage 1970 geregelt (deutsch von G. Müller 1972).

Nach W. Hosang ist es „eine anerkannte Rechtspflicht der Gemeinden, für gutes Trinkwasser zu sorgen" (Komm. Wirtsch., H. 2/3 [1955]).

Aktivkohlefilter halten nicht nur Chlor, Geruchsstoffe und andere Verunreinigungsstoffe, sondern nach O. Hettche auch das Urochrom zurück. O. Hettche fand, daß fäkal verunreinigtes Wasser wegen des darin enthaltenen Urochroms bei dauerndem Genuß zur Kropfbildung führt (Ges. Ing. **76** [1955] und Arch. f. Hyg. u. Bakt. [1956]). Urochrom wird nach H. O. Hettche durch Aluminiumoxidfilter entfernt. Die Fa. Wabag, Kulmbach, stellt Filter in verschiedenen Dimensionen her. Auch Ozon entfernt Urochrom (K. H. Strackenbrock).

Neuverlegte Rohrleitungen müssen vor der Benutzung gut gespült und einige Zeit mit stark gechlortem Wasser desinifiziert werden; vor der Freigabe der Leitung muß eine bakteriologische Untersuchung ein gutes Resultat zeigen (DIN 2000).

Wenn von einer zentralen Wasserversorgung ein Trinkwasser, das nachweisbar die menschliche Gesundheit zu schädigen vermag, abgegeben wird, so macht sich nach der neueren Rechtsprechung der Verwaltungsgerichte die Wasserwerksdirektion bzw. die Gemeinde oder der private Trinkwasserlieferant eines strafbaren Vergehens gegen das Lebensmittelgesetz § 3 schuldig. Auch bei fahrlässiger Abgabe von verseuchtem Wasser ist im Bundesseuchengesetz schwere Strafe vorgesehen.

Bei der Ortsbesichtigung einer Wassergewinnungsanlage soll deshalb ermittelt werden, ob dieselbe dauernd vor Verunreinigungen und damit vor Zutritt von Krankheitskeimen geschützt ist (S. 12ff.).

Zu den Krankheiten, die durch Trinkwasser übertragen werden können, gehören: Verschiedene Salmonella-Erkrankungen, wie z. B. Typhus und Paratyphus, ferner die Ruhr, Amöbenruhr, Cholera, Brechdurchfall als „Wasserkrankheit", weiterhin die Weilsche Krankheit, eine durch Leptospiren (die im Wasser sehr lange lebensfähig sind) hervorgerufene Erkrankung (s. Rankow: Z. f. Hygiene **140** [1955]) und Milzbrand, die infektiöse Gelbsucht sowie die spinale Kinderlähmung bei Flußwasser- und Oberflächenwasserversorgung (S. 420f.). Dazu kommen verschiedene Wurmerkrankungen, bei Schwimmbädern die Augenbindehautentzündung und die Fußpilzerkrankung (S. 286).

Aufgrund des Gesetzes zur Vereinheitlichung des Gesundheitswesens vom 30. 7. 1935 muß das zuständige Gesundheitsamt die Trinkwasserversorgung regelmäßig überwachen.

2. Bedeutung der chemischen und bakteriologischen Wasseruntersuchung

Die bakteriologische Wasseruntersuchung hat hauptsächlich die Bestimmung der Keimzahl, jetzt: „Koloniezahl" und die Feststellung des Colititers – das ist die kleinste Wassermenge, die einen positiven Befund von Bact. coli[1] ergibt – zum Ziel.

Die chemische Analyse soll die Anzeiger für Verunreinigungen, wie z. B. Ammonium-Ion, Nitrit-Ion und Phosphat-Ion, sowie etwaige gesundheitsschädliche Stoffe, wie z. B. Blei, Zink, Quecksilber, Cadmium und Arsen, ermitteln und daneben die Brauchbarkeit des Wassers für Wirtschaftszwecke aufzeigen.

Beide Untersuchungen, die bakteriologische und die chemische, gehören zusammen und ergänzen sich gegenseitig. Wird die eine oder andere Sparte der Wasserprüfung vernachlässigt, so kann dies nachteilige Folgen haben. Leider wird manchmal von einzelnen Medizinern die chemische Wasseruntersuchung als nicht so wichtig hingestellt. In einzelnen Fällen mag das mal zutreffen, z. B. bei ein und demselben Tiefbrunnen; doch sollte man das nicht verallgemeinern.

Auch da, wo Tiefenwässer unter starken Deckschichten absolut unbeeinflußbar erscheinen, ist eine Überwachung des Eisen- und Mangangehalts, der Kohlensäure und des Sauerstoffs ebenso wichtig wie die chemisch-hygienische Kontrolle. Nur ein reines, unbeeinflußtes Wasser hat eine absolut konstante chemische Beschaffenheit und umgekehrt zeigen verunreinigte und oberflächenabhängige Grundwässer ständig Schwankungen.

Die Konstanz mehrerer Bestandteile eines Wassers, wie z. B. des Sulfat-Ions, Chlorid-Ions und der Härtebildner, ist also u. U. ein Zeichen für unbeeinflußtes Wasser, denn beim Eindringen von Oberflächenwasser oder überhaupt von Fremdwasser ändern sich diese Werte sehr schnell.

L. Werner berichtet im Archiv für Hygiene (Bd. 132): „daß Kißkalt recht hat mit der Behauptung, daß Ammoniak um viele Tage schneller in einen Brunnen gelangt als Bakterien". Bakterien werden nämlich im Boden sehr viel leichter adsorbiert als die von Fäkalien herrührenden gelösten Stoffe. Diese Tatsachen sind durch neuere

---

[1] Das Auftreten von Colibakterien, den normalen Bewohnern des menschlichen und tierischen Darms, im Wasser zeigt eine fäkale Verunreinigung des Wassers an. Wenn in 100 ml oder gar in 1 ml Wasser Coli gefunden wird, hat man immer ein ausreichendes Merkmal für eine stattgehabte Wasserverunreinigung, besonders wenn gleichzeitig die Koloniezahl weit über dem Grenzwert von 100 Keimen pro ml liegt (s. Bakt. Teil. S. 430ff.). In der Schweiz ist der Grenzwert: 10 Keime pro ml.

Versuchsserien mit Schluckbrunnen in den USA bewiesen worden (R. G. Butler, G. T. Orlob u. P. H. McGanhey: J. Amer. Water Works Ass. **46,** 97–111 [1954]).

Wenn also Grundwässer in Böden mit hoher Adsorptionskraft nach Durchgang durch die Bodenschichten bakteriologisch einwandfrei erscheinen können, so kann positiver Ammonium-, Nitrit-, Phosphat-Befund und erhöhter Chloridgehalt usw. aufzeigen, daß das Wasser von Hause aus verunreinigt ist, also zum mindesten unappetitlich ist. Dabei ist aber vor allen Dingen auch an folgendes zu denken: Die Filtrationskraft des Bodens kann im Laufe der Zeit erlahmen, oder es können sich im Boden Grundwasserkanäle bilden. Dadurch ist die Gefahr vorhanden, daß Krankheitskeime nach und nach in das Trinkwasser geraten.

Die bakteriologischen Resultate erschienen in einem solchen Falle also zu günstig.

In anderen Fällen, wie z. B. bei neuerbohrten Brunnen, erscheint der bakteriologische Befund manchmal zu ungünstig, da viele harmlose Erdkeime vorliegen können; nach völliger „Beruhigung des Bodens" innerhalb von 3 bis 10 Wochen ergibt sich dann oft ein ganz anderes Bild.

Die Bedeutung der chemischen Wasseranalyse hat sich in neuester Zeit dadurch bedeutend gesteigert, daß man den Fäkalstoff jetzt in geringsten Spuren direkt nachweisen kann. Durch die Urochrom-Bestimmung und Koprosterin-Bestimmung erhält man einen Beweis fäkaler Verunreinigung eines Wassers (S. 59 u. 61).

Die chemischen Resultate kommen den tatsächlichen Verhältnissen letzten Endes in solchen zweifelhaften Fällen meist näher. Hinzu kommt, daß viele Keime, insbesondere alle Krankheitskeime, im kalten, reinen Wasser nur eine beschränkte Lebensdauer haben.

So gibt der bakteriologische Befund mehr den augenblicklichen Zustand des Wassers wieder. Die bakteriologische Untersuchung muß daher öfter vorgenommen werden nach TVO jetzt je 30000 m^3 Wasserabgabe des Wasserwerks.

Die chemischen Befunde geben aber einen besseren Einblick über den Dauerzustand des Wassers. Sie geben, wie gesagt, nicht nur frühzeitig eine Warnung – früher als die bakteriologischen –, sondern lassen eine stattgehabte Verunreinigung viel längere Zeit erkennen, da die organischen und anorganischen Veränderungen des Wassers längere Zeit erkennbar bleiben. Die chemische Analyse hat also mindestens die gleiche Bedeutung für die Wasseruntersuchung. Voraussetzung ist natürlich, daß eine exakte quantitative chemische Analyse vorgenommen wird.

Eine abschließende hygienische Beurteilung muß sich also stets sowohl auf die bakteriologischen Untersuchungsresultate, die chemische Analyse als auch auf die Ortsbesichtigung stützen.

Ein weiterer Vorteil der chemischen Analyse ist der, daß die Resultate, wenn erforderlich, viel schneller vorgelegt werden können als die der klassischen bakteriologischen Prüfung, die ja u. a. 48 Stunden Bebrütungszeit erfordert. Allerdings gibt es jetzt auch bakteriologische Schnellmethoden wie die Membranfiltermethode. In den USA hat sich die Membranfiltermethode in Wasserwerken gut bewährt (R. A. Eliassen: Wat. a. Sewage Works **102,** 523–524 [1955]).

In der „Einführung in die Hygiene und Seuchenlehre" von H. Zeiss und E. Rodenwaldt, Stuttgart 1942, heißt es: Als unzulässig für Trinkwasser werden auf Grund einer Vereinbarung Keimzahlen von über 100 angenommen, eine Kompromißzahl; aber die Erfahrung aus über 30 Jahren zahlloser Wasserkontrollen aller Kulturländer hat erwiesen, daß dies richtig ist, eines vorausgesetzt, daß sich unter diesen Keimen kein Bact. coli befindet, dieser sicherste Indikator für die Verunreinigung des Wassers durch tierische oder menschliche Ausscheidungen. Bact. coli darf auch in 100 ml nicht nachweisbar sein.

Bei Oberflächenwasser gibt die biologische Untersuchung des Flußbettes oder des Teichbodens und des Planktons Aufschluß über stattgehabte Verunreinigungen über längere Zeit (S. 535f.).

In Rohrnetzen, die von verschiedenartigen Wässern z. B. Grundwasser und Oberflächenwasser oder uferfiltriertem Wasser gespeist werden, kann es in der Mischwasser-Zone zu Keimvermehrungen kommen, auch wenn beide Wässer vom Werk aus keimfrei sind.

Aktivkohle-Filter verkeimen leicht; sie können dann nicht durch Chlor entkeimt werden. Nach Mehls verwendet man daher eine 0,2%ige Formalinlösung (Schrift.-Reihe Wa Bo Lu 31. S. 169). Durch Sauerstoffzehrung wirkt Aktivkohle gegen Stahl- bzw. Kupferwände der Kessel aggressiv.

Der Pyrogen-Test. Wenn bei günstiger Filtrationskraft des Bodens alle Keime in den oberen Bodenschichten zurückgehalten werden, so gehen die gelösten Stoffwechselprodukte der Bakterien mit dem Sickerwasser in das Grundwasser über genauso wie Ammonium, Nitrit und Nitrat. Verf. hat daher vorgeschlagen, in Zweifelsfällen und bei Grundsatz-Gutachten den Pyrogen-Test heranzuziehen. Bei parenteraler Verabreichung des verdächtigen Wassers an Kaninchen bekommen diese Fieber (s. K. Höll, Jb. „Vom Wasser“ Bd. XXXV).

3. Hygienische Maßnahmen bei Verschmutzung des Trinkwassers

Ergibt die Ortsbesichtigung ohne weiteres, daß menschliche oder tierische Abfallstoffe zum Wasser Zutritt haben und daß somit die Gefahr der Krankheitsübertragung vorliegt, so erübrigt sich eine genauere Untersuchung. Der Brunnen muß in diesem Falle bis zur Abstellung der Übelstände für die Trinkwasserversorgung gesperrt werden.

Man wird dann nach einer neuen Wassergewinnungsmöglichkeit suchen oder, falls dies auf Schwierigkeiten stößt, die Quelle der Verunreinigung, meist eine Abortanlage oder Sickergrube, beseitigen und den Brunnen längere Zeit abpumpen. Kesselbrunnen müssen nach Entleerung gründlich desinfiziert werden mit Chlorkalk, Hypochloritlauge oder Caporit bzw. Perchloron. Wenn bis zu diesem Zeitpunkt keine andere Möglichkeit der Trinkwasserbeschaffung besteht, darf das Wasser zum Trinken und zur Bereitung von kalten Speisen und Getränken nur in abgekochtem Zustande verwendet werden.

Auch zum Geschirrspülen darf dann nur abgekochtes Wasser verwendet werden, weil nämlich sonst durch eine enorme Keimvermehrung auf geringen, kaum sichtbaren Speiseresten oder neu aufgetragenen Speisen eine vermehrte Übertragung von Krankheitskeimen zu befürchten ist. Die Hauptursache der Krankheitsübertragung ist oft auf diese Tatsache zurückzuführen, was viel zu wenig bekannt ist.

Bei jeder Verunreinigung einer Wasserversorgungsanlage ist sofort das zuständige Gesundheitsamt des betreffenden Kreises zu benachrichtigen. Nach dem Reichsgesetz über die Vereinheitlichung des Gesundheitswesens vom 3. 7. 1934 (Dritte Durchführungsverordnung vom 30. 3. 1935) haben die staatlichen Gesundheitsämter, denen der öffentliche Gesundheitsdienst obliegt, dafür zu sorgen, daß mangelhafte und nicht genügend gegen Verunreinigung geschützte Trinkwasseranlagen beseitigt und an ihrer Stelle zweckmäßige Einzel- oder Zentralanlagen errichtet werden. Für ausreichende Schutzbezirke muß nach der noch gültigen „Anleitung für die Errichtung, den Betrieb und die Überwachung öffentlicher Wasserversorgungsanlagen vom 24. 4. 1907“ gesorgt werden.

Nach Kißkalt sind jedoch ca. 1000 Typhus-Keime nötig, um eine Typhus-Erkrankung des Menschen hervorzurufen.

Eine „Sterilisierung“ des Wassers ist daher nicht unbedingt anzustreben, es genügt eine „Entkeimung“.

Die Grenzwerte für Schadstoffe im Trinkwasser sind in den Verordnungen in der Bundesrepublik (Trinkwasserverordnung, TVO vom 15. 1. 1975) in der EG (Richtlinien des Rates vom 15. 7. 1980 über die Qualität des Wassers für den menschlichen Gebrauch) und in der Welt (WHO) etwas verschieden, wie die unten folgende Tabelle zeigt. Daneben sind die Grenzwerte für Oberflächenwasser als Rohstoff für die Trinkwasserversorgung angegeben.

	TVO 15. 1. 75	DVGW W 151 A *	EG-Trinkwasser-richtlinie RZ	ZHK **	EG-Oberflächen-wasserrichtlinie A 1 G	A 1 I ***	WHO-Richtlinie
Arsen	0,04	0,01	–	0,05	0,01	0,05	0,05
Blei	0,04	0,03	0,1	0,05	–	0,05	0,05
Cadmium	0,006	0,005	–	0,005	0,001	0,005	0,01
Chrom	0,05	0,03	–	0,05	–	0,05	–
Cyan	0,05	–	0,05	–	–	–	0,05
Kupfer	–	0,03	0,1	–	0,02	0,05	–
Quecksilber	0,004	0,0005	–	0,001	0,0005	0,001	0,001
Zink	2,0	0,5	0,1	–	0,5	3	–

Angaben in

* Grenzwerte nach dem Arbeitsblatt W 151 des DVGW (1975) für Oberflächenwässer, bis zu denen allein durch natürliche Gewinnungs- und Aufbereitungsverfahren ein Trinkwasser hergestellt werden kann . . .

** Richtzahlen (RZ) und zulässige Höchstkonzentrationen (ZHK) für Wasser für den menschlichen Gebrauch (Vorschlag für eine Richtlinie des Rates der EG vom 19. 12. 1978)

*** Grenzwerte der EG-Oberflächenwasserrichtlinie vom 16. Juni 1975 für Oberflächenwasser, das mit einfachen physikalischen Mitteln zu Trinkwasser aufbereitet werden kann (G ≙ Leitwert, I ≙ zwingender Wert)

4. Grundwasser-Versorgung

Definition: Nach DIN 4049 ist „Grundwasser jenes Wasser, das Hohlräume der Erdrinde zusammenhängend ausfüllt und nur der Schwerkraft unterliegt". Nach Stini sollte es weiter heißen: „sich aber unter Ruhedruck" – (dem hydrostatischen Druck nach A. Wetzel) – leicht bewegen kann".

Nach Thurner ist echtes Grundwasser Porengrundwasser, also Wasser, das die Bodenporen zusammenhängend ausfüllt und einen Grundwasserspiegel bildet.

Reinhaltung des Wassers: Für die Trinkwassergewinnung kommt in erster Linie das Grundwasser in Frage. Durch die Bodenfiltration wird das Wasser bis zum gewissen Grade gereinigt und entkeimt. In einer Tiefe von wenigen Metern (5 bis 7 m) ist bei guten Bodenverhältnissen, also feinen Sandböden, das Wasser praktisch keimfrei. Bei grobkörnigen Böden, und besonders bei klüftigem Gestein, ist aber eine Verunreinigung auf viel größere Tiefen möglich.

5. Oberflächenwasser-Versorgung

a) Flußwasser-Versorgung

In manchen Gegenden ist nicht genügend Grundwasser vorhanden. Dort muß man zur Oberflächenwasserversorgung aus Flüssen (z. B. Magdeburg, Hamburg, Bremen, Lübeck), aus Bächen und Seen (z. B. Bodensee für Stuttgart und Württemberg sowie Konstanz) oder zur Grundwasseranreicherung (Uferfiltration, mehrere große Wasserwerke am Rhein, Dresden u. a.) übergehen. Auch andere Großstädte sind heute auf Flußwasserversorgung angewiesen und müssen hygienische Nachteile, wie geschmackliche und extreme Temperaturen mit in Kauf nehmen, wie Paris (Seinewasser), London (Themsewasser), Minneapolis, St. Paul und New Orleans (Mississippiwasser), Dortmund (Ruhrwasser), Wiesbaden (Mainwasser), Rotterdam, Amsterdam und Krefeld (Rheinwasser), Budapest (Donauwasser).

In Baden-Württemberg werden 16% des Wasserbedarfs durch Oberflächenwasser gedeckt.

Im Jahr 2000 wird der Wasserbedarf weiter angestiegen sein und 30 bis 50% der Trinkwassermenge von Oberflächenwasser stammen, im Ruhrgebiet schon jetzt, ebenso in Holland.

Über die künstliche Grundwasseranreicherung durch Infiltrationsgalerien,Schluckbrunnen und Untergrundversickerung über Teiche, Becken und Überstauwiesen siehe die interessante Veröffentlichung von R. G. H. Bettaque (Studien zur künstlichen Grundwasser-Anreicherung, Hannover 1958) und von W. H. Frank (Die künstliche Grundwasser-Anreicherung, Dortmund 1966, Veröff. Nr. 9 der Dortmunder Stadtwerke).

Ein Vorteil der Untergrund-Versickerung aus Sickerteichen nach der Uferfiltration ist neben der aesthetischen Seite und der Reinigung der Ausgleich der extremen Flußwasser-Temperaturen.

Uferfiltriertes Flußwasser hat aber höheren Kohlensäure-Gehalt als das Flußwasser und ist oft aggressiv.

Seit der Jahrhundertwende wurde die künstliche Grundwasseranreicherung angewandt, ursprünglich von Scheelhaase im Frankfurter Stadtwald mit Mainwasser. Im Ruhrgebiet wurde sie wegen der unter flachgründigen Kiesschichten liegenden Sandschichten, die als Langsamfilter zur Selbstreinigung des Ruhrwassers dienen und wegen der Entnahmemöglichkeit als künstlich angereichertes Grundwasser angewandt. Diese weitgehende Reinigung sollte auch jeder Uferfiltration als Langsamsandfilterung vorangehen.

Wegen der gestiegenen Arbeitslöhne für die häufigen Sandwäschen wird nach O. Kuntschik ein Kiesfilter von 30 bis 70 mm Korndurchmesser (in Fließrichtung abnehmend) zur Verlängerung der Laufzeit vorgeschaltet.

Der Kiesbelag soll vor Algenbewuchs geschützt werden, weil sonst der Sauerstoffgehalt des durchlaufenden Wassers ungünstig herabgesetzt wird (s. u.).

Beim Durchgang durch die Filter spielen Absetzvorgänge, Flockung, Brownsche Molekularbewegung, Massenkräfte, Ladungskräfte (Strömungspotential, Helmholtzsche Doppelschicht) und die Biologie (Sandlückenfauna) eine Rolle.

Starke Algenbildung auf den Anreicherungsbecken können durch Kaliumpermanganat-Zusätze verhindert werden (1 bis 2 mg/l), ebenso durch Kupfersulfat (1 mg/l) s. W. D. Schmidt: DVGW-Broschüre „Wassergewinnung – Wassergüte“.

In dem DVGW-Arbeitsblatt W 151 sind 3 Gruppen von Oberflächenwässern, die für die Trinkwasseraufbereitung geeignet sind, aufgeführt. Gruppe A sind Wässer, die ohne Bedenken für die Trinkwassergewinnung geeignet sind; in Gruppe B sind die nur mit Bedenken geeigneten und kostspielig aufzubereitenden und in Gruppe C die in der Regel ungeeigneten gekennzeichnet.

Grenzwerte zur Aufbereitung von Flußwasser

(Grenzwerte für das Rheinwasser)

Qualitätsgruppe		A*	B*
Kohlenwasserstoffe	mg/l	0,05	0,2
Methylenblauaktive Substanzen (Detergentien)	mg/l TBS	0,1	0,3
Polycyclische Aromaten	mg/l	0,0002	0,0003
Wasserdampfflüchtige Phenole	mg/l	0,005	0,01
Aromatische Amine als Dichloranilin	mg/l	0,005	0,005
Organisch gebundenes Chlor insgesamt	mg/l	0,05	0,1
Lipophile schwerflüchtige organische Chlorverbindungen	mg/l Cl	0,01	0,02
Organochlorpestizide (gesamt)	mg/l Cl	0,005	0,01
je Einzelsubstanz		0,003	0,005
Cholinesterasehemmende Stoffe als Parathionäquivalente	mg/l	0,03	0,05

A = Bei normalen Aufbereitungsverfahren
B = Bei weitergehenden Aufbereitungsverfahren

Bei Oberflächenwasser-Versorgung ist die Überwachung der Endstränge besonders wichtig, da nach Chlorzehrung leicht Wiederverkeimung des Leitungswassers auftritt.

Die Gewinnung von „Uferfiltrat" an Flüssen hat in der Neuzeit große Bedeutung erlangt. Weit über 20% der gesamten Wassergewinnung entfällt heute schon auf Uferfiltrat.

Im „Jahr 2000" wird die öffentliche Wasserversorgung zur Hälfte aus Oberflächenwasser erfolgen müssen, worauf wir uns schon heute in bezug auf die Reinhaltung der Gewässer einstellen müssen.

Mehr als 50 Grundwasseranreicherungen durch Uferfiltration sind entlang von deutschen Flüssen in Betrieb (Zeitschr. Deut. Geolog. Ges. Bd. 131, Teil 1, Int. Symposion Künstl. Grundwasseranreicherung 1979).

Spurenelemente und Schadstoffe werden bei Uferfiltration nur wenig zurückgehalten und müssen im Wasserwerk durch besondere Verfahren aus dem Wasser entfernt werden (besonders Cr und As). Dazu berichten K. Haberer, S. Normann und D. Overath über ihre neue Aufbereitungstechnik im Wasserwerk Wiesbaden-Schierstein (Refiltrationsflockung mit Filterdurchströmung von unten nach oben und anschließende Pulverkohle-Filtration. Die Laufzeit der Langsamsandfilter wird dadurch auf das 10fache erhöht.

Über „Hydrochemische Beziehungen zwischen Flußwasser und Uferfiltrat" berichten U. Förstner und G. Müller (GWF **116,** 74–79 [1975]) aufgrund von Untersuchungen am Neckar und K. H. Kludig am Rhein (GWF **109,** 1401–1405 [1968] sowie J. Holluta u. a. ebd. 1406–1409). K. H. Schmidt berichtet über diese Verhältnisse an der Ruhr (Ber. Dortmunder Stadtwerke Nr. 159).

Während zeitweilige Dekontaminierung von anorganischen Schadstoffen neben weitgehender Entfernung organischer Stoffe und Pestizide (s. S. 305 f.) stattfindet, kann es bei Dauerbelastung und vorübergehender Überlastung zu „Durchbrüchen" vermehrter Schadstoffmengen in die Trinkwasserversorgung kommen.

Durch Sauerstoffschwund kommt es bei Uferfiltration auch zu Eisen- und Mangan-Auflösung, die durch dort auftretende Kohlensäure begünstigt wird, mit nachfolgenden Gefahren für das Rohrnetz.

Uferfiltriertes Flußwasser ist für große Wasserversorgungen, insbesondere für Fernwasserversorgungen wenig geeignet, da starke Chlorzehrung im Leitungsnetz und Keimvermehrung auftreten.

b) Talsperrenwasser-Versorgung

In neuerer Zeit wurden mehrere Talsperren für die Wasserversorgung größerer Städte herangezogen, als älteste die Remscheider Talsperre, ferner die Sösetalsperre für Hildesheim und Bremen, neuerdings die Wahnbachtalsperre bei Siegburg und der Halterner Stausee für Münster.

Gegenüber anderem Oberflächenwasser besitzt das Talsperrenwasser den Vorzug größerer Reinheit und geringeren Keimgehalts. Meist genügt Behandlung durch Schnellfilter zwecks Beseitigung des Planktons und vorsorgliche Entkeimung (außer bei der Wahnbachtalsperre). Als Nutzwasser sind die meisten Talsperrenwässer sehr vorteilhaft, weil sie geringe Härte und niedrigen Eisengehalt haben. Talsperrenwasser muß jedoch in den meisten Fällen für zentrale Wasserversorgung entsäuert werden (S. 238). Auf der anderen Seite darf die Entsäuerung nicht zu einer starken Alkalisierung führen (S. 219).

Während der Zirkulationsperiode im Frühjahr und im Herbst ändert sich die bakteriologische und chemische Wasserbeschaffenheit bei Seen und Talsperren grundlegend, was bei der Planung von Oberflächenwasserversorgung oft nicht berücksichtigt wird. Auch tägliche Schwankungen treten durch die Assimilation und Dissimilation des Phytoplanktons in den oberen Wasserschichten (Epilimnion) auf, insbesondere beim Sauerstoff, der Kohlensäure und dem pH-Wert; bei Seen mit härterem Wasser ändert sich auch die Carbonathärte im Hochsommer.

Im Sommer ist eine ausgesprochene Schichtung in Talsperren wie in Seen feststellbar. Die Entnahmepumpe muß daher mit dem Saugkorb vertikal beweglich sein. In den Profundalschichten tiefer Gewässer tritt infolge Sauerstoffschwund und Reduktionen häufig Mangan und auch Eisen auf. Der Saugkorb muß deshalb zeitweilig höher gehängt werden und durch Grundablässe das Tiefenwasser abgezogen werden, wie es von H. Bernhardt bei der Wahnbachtalsperre mehrmals gehandhabt worden ist. (Jb. Wasser **30,** 11–49 [1963] und DVGW-Broschüre „Gutes Trinkwasser" sowie DVGW-Merkblatt W 151 neu).

Bei der Veränderung der Entnahmetiefe ist zu beachten, daß die Zuflüsse sich je nach der obwaltenden Temperatur des Fließgewässers und des stehenden Gewässers verschiedenartig in letzteres einschichten, nämlich je nach der temperaturbedingten Dichte im Frühjahr an der Oberfläche, im Sommer an der „Sprungschicht" und im Herbst am Sperrengrund. Bereits 1957 hat J. Grim diese Verhältnisse genau erforscht (GWF **98,** 234–238 [1957] und Gewässer und Abwässer, H. 24 [1959]).

Leptospiren gelangen aus den Siel-Kanälen oft in die Gewässer, wo bis zu 30 Tagen lebensfähig bleiben, besonders, wenn es sich um verschmutzte, nährstoffreiche Gewässer handelt (s. bakt. Teil).

In diesem Zusammenhang ist auch die Arbeit über die „Verteilung radioaktiver Niederschläge in der Wahnbachtalsperre" von K. Haberer und H. Bernhardt wertvoll (Jb. „Vom Wasser" **31** [1964]).

Das Plankton von Sperren- oder Seenwasser wird in Norwegen (Oslo-Baerum) und Schottland sowie in den USA durch rotierende Trommeln mit Mikrosieben aus Stahlgewebe abgefiltert. (H. Haberer: J. Amer. Water Works Ass. **57** [1965]). In London wird neuerdings Themsewasser ebenfalls durch große Mikro-Rotationsfilter aus rostfreiem Stahl mit 30μm Maschenweite wie in Oslo gefiltert, ebenso das Bodenseewasser im Bodensee-Wasserwerk (Lit.: Leitfaden der Gewässergüte, T. Gradl, Verlag Chemie, Weinheim und EG-Richtlinie [32b]).

6. Quellwasser-Versorgung

Quellwasser ist wegen der leichteren Verunreinigungsmöglichkeit bei der Übervölkerung heutzutage hygienisch gesehen ungünstiger als Grundwasser. Früher waren die Anschauungen hierüber anders. Noch 1936 findet man bei J. Brix, H. Heyd und E. Gerlach [18] den Satz: „Das Quellwasser ist meist sehr rein". Dazu kommt, daß in der Zeit des größten Wasserbedarfs im Hochsommer die Quellenergiebigkeit oft zu gering ist oder zu stark zurückgeht; in dem niederschlagsarmen Jahr 1959 hat sich dies in erschreckendem Maße gezeigt. Bei Quellwasser sind besonders häufige bakteriologische Untersuchungen notwendig, schon bei der Planung.

Auszug aus der EG-Richtlinie vom 16. Juni 1975 über die Qualitätsanforderungen an Oberflächengewässer für die Trinkwassergewinnung in den Mitgliedstaaten

Parameter in mg/l		Kategorie					
		A 1 G	A 1 I	A 2 G	A 2 I	A 3 G	A 3 I
Grenzflächenaktive Stoffe (methylenblauaktiv)	Lauryl-sulfat	0,2		0,2		0,5	
Penole (Phenolzahl, p-Nitroanilin, 4-Aminoantipyrin	C_6H_5HO		0,001	0,001	0,005	0,01	0,1
Gelöste oder emulgierte Kohlenwasserstoffe (nach Extraktion durch Petroläther)			0,05		0,2	0,5	1
Polyzyklische Aromate			0,0002		0,0002		0,001
Pestizide – gesamt (Parathion, HCH, Dieldrin)			0,001		0,0025		0,05
Chemischer Sauerstoffbedarf (CSB)	O_2					30	
Sauerstoffsättigung	% O_2	70		50		30	
Biochemischer Sauerstoffbedarf bei 20 °C ohne Nitrifikation (BSB_5)	O_2	3		5		7	
Kjeldahl-Stickstoff (außer NO_3)	N	1		2		3	
Ammoniak	NH_4	0,05		1	1,5	2	4 (O)
Chloroformextrahierbare Stoffe	SEC	0,1		0,2		0,5	

Erläuterung:

Kategorie A 1: Einfache physikalische Aufbereitung und Entkeimung, z. B. Schnellfilterung und Entkeimung

Kategorie A 2: Normale physikalische und chemische Aufbereitung und Entkeimung, z. B. Vorchlorung, Koagulation, Flockung, Dekantierung, Filterung und Entkeimung (Nachchlorung)

Kategorie A 3: Physikalische und verfeinerte chemische Aufbereitung, Oxidation, Adsorption und Entkeimung, z. B. Brechpunktchlorung, Koagulation, Flockung, Dekantierung, Filterung, Oxidation, Adsorption (Aktivkohle), Entkeimung (Ozon, Nachchlorung)

I = (imperativ) = zwingender Wert
G = (guide) = Leitwert
O = außergewöhnliche klimatische oder geographische Verhältnisse

7. Regenwasser-Versorgung

Bei Einzelwasserversorgung ist man oft auf die Gewinnung von Niederschlagswasser angewiesen. In einigen nordwestdeutschen Gebieten ist das Grundwasser auf weite Strecken moorig und salzig. Dort wird Regenwasser auf Dächern aufgefangen und in Zisternen geleitet. Besondere Verhältnisse liegen bzw. lagen auf der Insel Helgoland vor (K. Höll: Arch. f. Hyg. **113,** 283 [1935]). Regenwasser ist immer aggressiv und stark keimhaltig.

C. Entkeimung des Wassers

Oberflächenwässer sind einer Verunreinigung und Infektion immer ausgesetzt. Daher ist eine vorsorgliche Entkeimung ständig vorzunehmen, insbesondere in dichtbesiedelten Gebieten. Aber auch Grundwässer aus schlecht filtrierenden Böden, uferfiltriertes Flußwasser und Quellwässer aus zerklüfteten Böden, kurz alle Wässer, die seuchenhygienisch nicht ganz einwandfrei sind, müssen vorsorglich entkeimt werden. Dies kann durch Filterung oder viel wirksamer durch Chemikalienzusätze (Cl_2, Ag, Cu, O_3, ClO_2 u. a.) erfolgen. Über die Begriffe Entkeimung, Desinfektion und Sterilisation s. bei G. Müller, Bundesgesundh. Blatt **12,** H. 16 [1969]. Die neue Trinkwasser-Verordnung hat nur den Begriff „Sterilisation" (fälschlicherweise!).

1. Unvollständige Entkeimung durch Filterung

Langsamfilter

Eine hinreichende Entkeimung kann z. B. nach dem Prinzip der Langsamfilter, früher Hamburger Filter genannt, erfolgen. Diese beruht darauf, daß gemauerte Behälter mit Feinsand von etwa 1 m Schichthöhe Kies mit von oben nach unten zunehmender Körnung mit dem zu filtrierenden Wasser beschickt werden. Es bildet sich bei der Filterung langsam eine „biologische Filterhaut" auf der Oberfläche des Filters aus, die die Schmutzstoffe und Bakterien zurückhält. Der Filtersand ruht auf der Kiesunterlage und den Stützschichten (jetzt aus Kunststoff-Filterrohren), unter denen sich Ablaufquerschnitte befinden. Nach einer Einarbeitungszeit des Filters erzielt man eine hinreichende Entkeimung, auf jeden Fall eine sehr starke Keimverminderung. Die Filterabläufe sollen nicht mehr als 100 Keime pro ml und kein Bact. coli in 100 ml haben. Die Filtergeschwindigkeit wird dabei unter 1 m/h gehalten. Wegen der damit verbundenen hohen Baukosten werden die Langsamfilter (0,1 bis 0,2 m/h) nur noch in Ausnahmefällen gebaut, im größten Maßstabe jedoch jetzt zur Grundwasseranreicherung durch Versickerungsbecken wieder gebaut.

Bei Wässern mit Trübungen ist die Entkeimungswirkung besser als bei klaren Wässern (Chr. Truelsen: Bohrtechnik–Brunnenbau, H. 11 [1961]).

Über die mechanische Entfernung von Trübungen und Färbungen hinaus bewirken die Langsamsandfilter einen weitgehenden Abbau des Harnstoffs und eine Reduktion der Ammonium-Ionen und des Ammoniaks neben der Entkeimung. Die Nitrat-Bildung geht auf Nitrobakter-Bakterien zurück, die viel Sauerstoff brauchen (Fr. Stuhlmann, Veröff. Dortmunder Stadtwerke, Nr. 10 [1972]). Durch denitrifizierende Bakterien der Gattung Pseudomonas kommt es zu einer Abnahme des Gesamtstickstoffs je nach pH-Wert. Guanidin wird von mikroskopischen Pilzen zu Ammonium abgebaut.

DDT wird im Langsamsandfilter nach Kh. Schmidt auf ein Zehntel reduziert.

Über neue Erkenntnisse auf dem Gebiet der Langsamfilterung und Uferfiltration s. Berichte der Dortmunder Stadtwerke 216 und 218.

Belebtfilter

Eine Weiterentwicklung des Langsamsandfilters ist das „Belebtfilter", bei dem der Filtersand kontinuierlich umgewälzt wird (Kh. Schmidt: Veröff. Dortmunder Stadtwerke, Nr. 121).

Schnellfilter

Man baut heute aus wirtschaftlichen Gründen mehr die sogenannten Schnellfilter, die die 5- bis 50fache Filtergeschwindigkeit haben, deren Dimensionen und damit auch deren Erstellungskosten also viel geringer sind. Die Entkeimungswirkung der Schnellfilter ist jedoch auch viel geringer als die der Langsamfilter. Die Keimzahl wird nur auf etwa $^1/_{10}$ gesenkt. Da sich keine Filterhaut ausbildet, tritt an Stelle der biogenen Wirkungsweise die mechanische Reinigungswirkung des Filterkorns: Schnellfilter sind also mehr zur Klärung und Schönung des Wassers geeignet. Wenn eine Entkeimung notwendig ist, muß eine chemische Entkeimung folgen.

Schnellfilter wie auch Langsamfilter werden als überstaute Filter betrieben, d. h. es soll auf dem Filterkies eine Wasserschicht von 0,5 bis 1 m stehen.

Hochschichtfilter werden neuerdings mit hohen Filtergeschwindigkeiten bis zu 100 m/h betrieben (E. Naumann: GWF **91,** 108–115 [1950]).

Das **Immedium-Filter** der Fa. Lurgi, erlaubt ganz besonders hohe Filtergeschwindigkeiten, weil das zu reinigende Wasser gleichzeitig von oben und unten eintritt. Der Raumbedarf dieser Filteranlage ist deshalb geringer und der Filterprozeß verkürzt (Fa. Permutit AG, Duisburg).

Die von Zeit zu Zeit notwendige Rückspülung der Filter erfolgt heute immer mit Wasser-Luft-Gemisch, wobei die Filtermasse durcheinandergewirbelt wird und die Detritus-Teilchen und Bakterien besser entfernt werden.

Schnellfilter werden in der Regel als geschlossene Filter betrieben, bei denen nur einmal gepumpt zu werden braucht.

Schnellfilter werden als Sicherheitsmaßnahme anderen Aufbereitungsanlagen nachgeschaltet, wie z. B. im Bodensee-Wasserwerk. Bei Oberflächenwasser mit starker Planktonentwicklung, insbesondere häufiger Wasserblüte von Planktonalgen, ist ein Vorfilter mit gröberer Körnung ratsam.

Die richtige Dimensionierung der Filteranlagen erfordert große Sachkenntnis und ist deshalb häufig nicht in Ordnung. Im 10. Bericht der Weltgesundheitsorganisation wird auf die Überlastung vieler Filteranlagen besonders hingewiesen. Über die Theorie der Filterung durch Sand und den Aufbau von Sandfiltern berichtet W. Gandenberger ausführlich in der DVGW-Broschüre „Trinkwassergüte" [1954].

Richtlinien für den Bau und Betrieb von Filteranlagen sind in den DIN 19605 festgelegt. Folgende Firmen beschäftigen sich mit dem Bau solcher Filteranlagen: Balke Maschinenbau AG, Bollmann Filterges., Bamag-Meguin AG, Defac, H. Koppers, Kary, Lösch-Filter GmbH, Neue Continentale Bau-Ges., Permutit AG, Robert Reichling & Co., Wabag, Gebr. Sulzer.

Auf einem anderem Prinzip beruht das jetzt eingeführte **Mehrschichtfilter,** bei dem der gesamte Filterraum wirksam ist (daher: Raumfilter im Gegensatz zum Schichtfilter). Mehrschichtfilter werden von der groben zur feinen Körnung durchfahren. Dadurch werden größere Feststoffmengen zurückgehalten und doch höhere Filtergeschwindigkeiten und längere Filter-Laufzeiten erreicht. Mehrschichtfilter sind deshalb in Betrieb und Anlage wirtschaftlicher, besonders in Verbindung mit Flokkungsanlagen (Koagulationsfiltration). Bei gleichzeitiger Ozonbehandlung des Rohwassers werden die Filterlaufzeiten weiterhin verlängert (Näheres bei H. Sontheimer Jb. Vom Wasser 34. 1967).

Die Schichten verschiedener Körnung können auch mit Aktivkohle oder Anthrazit-Schichten oder „Magno-Filt" (jetzt Akdolitwerk) verbunden werden oder mit dem Hochleistungsfiltermaterial „Filtrolit" der Lösch-Filter GmbH.

Anthrazit-Filter werden seit langem in den USA verwendet, neuerdings auch bei uns. Der Vorteil des deutschen Anthrazits, einem thermisch behandelten Hydroanthrazit, ist die wesentlich höhere Porosität gegenüber dem Filtersand. Darauf resultieren eine bessere Reinigungswirkung und höhere Filtergeschwindigkeiten als beim Kiesfilter. (Ausführende Fa. Akdolitwerk, Erkrath).

2. Entkeimung durch Chemikalienzusatz

Wenn das Wasser hygienisch nicht absolut einwandfrei ist, sollte man eine Entkeimung mit Chemikalien vornehmen. Seit einigen Jahren stehen hierfür selbsttätig arbeitende Dosierungsvorrichtungen zur Verfügung, die ganz zuverlässig arbeiten. Die Wasseraufbereitungstechnik hat auf diesem Gebiet in den letzten Jahren sehr große Fortschritte gemacht.

3. Die Ozon-Entkeimung

Die Entkeimung mit Ozon erscheint in gesundheitlicher Hinsicht am günstigsten, da keine Fremdchemikalien ins Wasser gelangen bzw. das Ozon nach kurzem Verweilen in dem behandelten Wasser zu Sauerstoff zerfällt, was oft ganz erwünscht ist. Beim Verbraucher im Ortsnetz erscheint kein Ozon im Wasser. In größeren Ortsnetzen ist daher eine „Sicherheitschlorung" notwendig.

Die bakterizide Wirkung des Ozons ist außerdem viel stärker als die des Chlors und Chlordioxids; dadurch sind die Anlagen raumsparend, auch schon wegen der Einwirkungszeit gegen Bakterien und Viren. Ozon ist 20mal wirksamer als Chlor.

Bei gleichzeitiger Anwendung der Ozonung und Filterung sind die Filterlaufzeiten verlängert (H. Sontheimer: GWF **109** [1968]).

Neben der Entkeimung erreicht man bei der Wasserbehandlung mit Ozon die Entfernung von im Wasser vorhandenem Geruch und Geschmack sowie von Färbungen. Es können aber unbekannte Spaltprodukte (Nitroverbindungen, Ozonide) entstehen, die möglicherweise besonders schädlich sind. Bei Flußwässern mit starker Verunreinigung sollte man dies bei der Planung berücksichtigen.

Das mit Ozon versetzte Wasser greift Gummidichtungen, Gummiverbindungen und Gummiauskleidungen von Behältern an. Diese müßten vor Einrichtung einer Ozon-Anlage gegen geeignete Metalle ausgetauscht werden.

Die bisherige Ozon-Entkeimung mit einem dosierten Ozon-Luft-Gemisch war schwierig und kostspielig; die Luft muß nämlich vor der Ozonisierung absolut trokken sein, wozu beispielsweise Silicagel-Anlagen dienen.

Nachdem die Herstellung hochkonzentrierter Ozonlösungen gelungen ist, ist das Ozonverfahren wirtschaftlicher geworden (indirektes Verfahren mit Injektor).

Das Ozonverfahren ist von der allgemeinen Wasserbeschaffenheit unabhängig. Nur bei sehr harten Wässern ist ein Polyphosphatzusatz zur Verhinderung einer Kalkausfällung ratsam. Polyphosphat soll auch die Ozonverteilung verbessern (G. E. Kurzmann: Wasser, Luft und Betrieb 7, Nr. 1 [1963]). Allerdings muß das Wasser eisenfrei sein, sonst gibt es Trübungen.

Eine Ozonung muß stets vor einer Filterung erfolgen. Bei der Ozonung werden Chlorphenole teilweise zerstört und der Geschmack des Wassers verbessert.

Die Dosierung beträgt 0,3 bis 2 g/m^3. Eine Einwirkungszeit von 10 Minuten genügt. Die Kosten belaufen sich auf 0,5 bis 1 Pfg/m^3, fallen also nicht sehr ins Gewicht.

Das Aquodrei-Verfahren der Fa. Messer, Griesheim besteht in einer besonderen Art von Ozon-Behandlung in stationären und mobilen Anlagen.

Zur Zeit sind in der Bundesrepublik ca. 1000 Ozonisierungs-Anlagen in Betrieb, ebenso etliche Anlagen in der Schweiz sowie in vielen Schwimmbädern (E. Eichelsdörfer, Heilbad u. Kurort, 1977, S. 296f.). Komplette Ozonanlagen liefert u.a. die Mannesmann Handel AG, Ratingen.

Das Mühlheimer Verfahren

Der Aufbereitung des Ruhrwassers vor der Versickerung ist jetzt auf Turbobegasung mit Ozon und Polyaluminiumchlorid sowie Pulsatorflockung umgestellt worden, wodurch eine vielfache Versickerungsleistung in den Langsamsandfilterbecken gegenüber Knickpunktchlorung erreicht wird. E. Heiker, Forum Städtehygiene **33,** 206–211 [1982]).

Zur Entfernung der Huminstoffe und Entfärbung hat sich neuerdings die Ozonung mit nachfolgender Flockung, Sedimentation und Filterung durch 2 Aktivkohlefilter bewährt (Wasserwerk Fuhrberg der Stadt Hannover, Düsseldorf u. a.).

4. Die Chlorung

Die Chlorung (Chlorgas-Entkeimung) ist die gebräuchlichste Entkeimungsmethode, obwohl sie mancherlei Mängel auch heute noch aufweist.

Das Chlor wird aus Stahlflaschen mit Hilfe einer besonderen Apparatur sehr genau und zuverlässig gasförmig einem Wasser-Teilstrom zugeführt. Dies Chlor-Wasser-Gemisch wird dem Hauptwasserleitungsrohr zugeführt, und zwar in Mengen von 0,2 bis 0,3 g Chlor je m^3 Wasser. Der Zusatz richtet sich zunächst nach der Chlorzehrung des Wassers dem Chlorverbindungsvermögen (S. 175). Dies beträgt gewöhnlich 0,1 bis 0,2 g/m^3, kann aber auch viel höher sein. Durch Versuche muß dies festgestellt werden. Über dies Chlorbindungsvermögen hinaus sollten nicht mehr als 0,2 g/m^3 zudosiert werden. In Amerika wird gewöhnlich weit höher chloriert, weil dort viel Oberflächenwasser verwendet wird und weil das Trinkwasser dort nicht wie bei uns als Genußmittel angesehen wird. Eine höhere Chlorung ist bei uns im Interesse der Verbraucher nicht vertretbar.

Die Einwirkungszeit bei Chlor-Überschuß von 0,12 mg/l muß eine halbe Stunde, bei 0,2 mg/l 15 bis 20 Minuten betragen. Bei sehr niedrigen Wassertemperaturen sind längere Einwirkungszeiten erforderlich.

In stark verkrusteten Rohrnetzen findet durch die Rohrknollen starke Chlorzehrung statt, ebenso in den mit Zementmörtel ausgekleideten Stahlrohren.

Eine „Sicherheitschlorung" wird heute abgelehnt, weil sie im Ernstfall bei Eindringen von Schmutzwasser in das Rohrnetz doch keinen ausreichenden Schutz gibt (DIN 2000), auch wegen der stattfindenden Chlorzehrung.

Gerade wegen der unterschiedlichen Chlorzehrung ist die Chlorung in seuchenhygienischer Sicht, insbesondere, wenn man nicht das Redoxpotential ständig bestimmt und einstellt unsicher (Sv. Carlson: Das Redoxmilieu als Faktor der Keimabtötung, Schrift-Reihe WaBoLu **31** [1970]) und GWF **106,** 325 [1965]).

Bei Neuverlegung von Rohrleitungen müssen die Rohre nach Reinigung mit der Rohrbürste für 24 Stunden mit einer Lösung von 0,5 bis 1 Liter Natriumhypochloritlösung (18% Cl) in 1 m^3 Wasser (= 75 mg Cl/l), am besten während der „Druckprobe", entkeimt werden.

Ein spezielles Entkeimungsgerät für neue Rohre wurde von K. E. Oehler (GWF **109,** 1064 [1968] und Schrift-Reihe WaBoLu, Nr. 31, S. 99–100) empfohlen.

Ausschlaggebend bei der Chlorung ist u. a. auch der pH-Wert des Wassers. Im alkalischen Bereich ist Chlor weniger bakterizid als im neutralen und besonders im sauren Bereich. Man muß deshalb in alkalischen Wässern und bei Hypochloritlauge entsprechend mehr Chlor zusetzen (s. u.).

Nachteile der Chlorung

Die Chlorung des Wassers hat den Nachteil, daß das Wasser unangenehm schmeckt und riecht, was an und für sich den Grundforderungen an Trinkwasser widerspricht.

Bei der Chlorung von Flußwasser kommt hinzu, daß bei der häufigen Gegenwart von Phenolen im Flußwasser Chlorphenole gebildet werden, die einen besonders unangenehmen Geschmack des Trinkwassers verursachen. Chlorphenole sind noch in einer Verdünnung von 1:20000000 als „Apothekengeschmack" im Wasser feststellbar (E. Bohm: Z. f. Lebensmittel-Unters. u. Forschung **106,** 240–241 [1957]). Das ADM-Verfahren (Dr. Adler-Diachlor-Mutonit-Verfahren) ist ein Hochchlorungsverfahren mit anschließender Kohlefiltration. Dies Verfahren liefert ein absolut keimfreies Wasser ohne jeden Chlorgeschmack, wobei noch eine Abscheidung organischer Stoffe und eine Entfernung von Geruchs- und Geschmacksstoffen des Wassers einhergeht (Beispiel Stuttgarter Wasserwerk Hasenberg). Beim Chlordioxid-Verfahren tritt, wie auch beim Ozon-Verfahren, ebenfalls kein Chlorphenolgeschmack auf (S. 91).

Bei der Chlorung von Wässern mit hohem Gehalt an organischen Stoffen kann es zu Haloform-Bildung kommen, der man mit vorhergehender Ozonung begegnen kann. (s. auch R. Sander, W. Kühn u. H. Sontheimer: Untersuchungen zur Umsetzung von Chlor mit Huminsubstanzen. Z. f. Wasser- u. Abwasser-Forschung **10,**

155–160 [1977] sowie L. Harnes AWWA **69** [1977], U. Bauer, Forum Städte-Hygiene **33** [1982] und H. J. Bauch u.a., Vom Wasser, Bd. 5b).

Von den Haloformen ist das Bromoform weitaus toxischer als andere, was z. B. im Weserwasser für Bremen große Bedeutung hat. Die Haloform-Bildung im Wasserwerk kann durch UV-Bestrahlung oder durch Dosierung von Wasserstoffperoxid (vor der Chlorung!) vermieden werden (Water Research **14,** 921–926 [1980] und J. Americ. Water Works Ass. **72,** 573–578 [1980] sowie B. Stachel u. a. GWF **123,** H. 4 [1982] und H. Schlössner, Forum Städtehygiene **33** (1982), S. 281–285).

Haloform-Bildung kann aber auch durch Vermeidung einer Chlorung verhindert werden oder Flockung und Aktivkohle-Filtration zur Entfernung der Haloforme (Höchstwert 25 µg/l).

„Knickpunkt-Chlorung"

In verunreinigten Wässern mit viel organischen Stoffen gibt es bei der Chlorung einen „Knickpunkt", bei dem die Umsetzung des Chlors mit den organischen Stoffen und Ammonium-Verbindungen beendet ist. Die Chlorung muß daher darauf eingestellt werden („Knickpunkt-Chlorung"). Hauptsächlich ist es die Chlorierung von Ammoniak zu Monochloramin, Dichloramin und Trichloramin. Der Prozeß läuft in Form einer Kurve ab, deren tiefster Punkt als Knickpunkt („Break point") bezeichnet worden ist. Definitionen gibt DVGW Arbeitsblatt W 203.

Die Geschmacksgrenze für freies Chlor liegt bei 0,5 g/m^3 = 0,5 mg Cl/l, die Geruchsgrenze liegt viel niedriger.

Nach einstündiger Einwirkungszeit des Chlors ist die Entkeimung praktisch vollkommen. Es muß aber auch nach dieser Zeit noch ein Chlorüberschuß von 0,1 bis 0,2 mg Cl/l als Sicherheit im gesamten Rohrnetz vorhanden sein, wobei an die Chlorzehrung des Wassers, die sehr verschieden ist, gedacht werden muß (s. o.). Im Land Hessen ist nach der TVO ein Chlorüberschuß von 0,2 mg Cl/l vorgeschrieben (Staatsanzeiger Hessen 1955, Nr. 10).

Viren und Milzbrandsporen werden durch Chlor nicht sicher abgetötet (s. auch K. Haak: GWF **100** [1959]) sowie bakt. Teil.

Zur Entfernung des lästigen Überschuß-Chlors aus dem Wasser dienen Aktivkohlefilter (Fa. H. Koppers, Essen u. Fa. Sihi Berkefeld, Celle) und Dechlorit-Filter (Calciumsulfit, gekörnt). Lieferfirmen: Akdolithwerk, Erkrath u. Karl Klein, Mannheim.

Durch starke Turbulenz wird Chlor in unterchlorige Säure verwandelt. Wenn man daher die Chlordosierung in geeigneter Weise vor der Pumpe, also im Saugrohr, vornimmt, erhält man einen besseren Entkeimungseffekt und vermeidet manche Nachteile des elementaren Chlors. Geeignete Anlagen baut die Neue Continentale Baugesellschaft, Hannover.

Chlorung und Wasserhärte

Durch die Chlorung wird die Karbonathärte des Wassers herabgesetzt und die Nichtkarbonathärte heraufgesetzt, was sich bei wiederholter Chlorung, z. B. von Schwimmbadwasser und Betriebswasser, ungünstig auswirkt. Die Karbonathärte sinkt pro mg/l Chlor um 0,04 °dH und die Nichtkarbonathärte steigt um denselben

Wert an. Gleichzeitig werden von der gebundenen Kohlensäure 0,628 mg CO_2 von 1 mg Chlor in Freiheit gesetzt. Das Kalk-Kohlensäure-Gleichgewicht wird dadurch gestört.

In alkalischen Wässern ist – wie gesagt – die Chlorwirkung geringer als in sauren. Bei alkalischen Wässern muß man also höher chloren (Holluta: GWF **90** [1949]). In solchen Fällen verwendet man deshalb vorteilhafter das Chlordioxid (s. u.).

Chlorgas-Entkeimung ist bedeutend billiger als Chlorlauge-Entkeimung.

Bei sehr niedrigen Wassertemperaturen ist die Wirkung des Chlors wie auch die der anderen Entkeimungsmittel, wie Chlordioxid und Ozon stark vermindert. Die Einwirkungszeit muß in diesen Fällen stark verlängert werden.

5. Elektrochlor-Verfahren

Verschiedene Nachteile der Chlorung werden bei dem Elektrochlor-Verfahren vermieden, nämlich die Geruchsbelästigung, die Gefahren der Vorratshaltung von Chlor (oder Bleichlauge) und die Chlorphenolbildung (s. o.). Besonders bewährt hat es sich bei der Schwimmbad-Entkeimung (s. dort).

Es wird nur Strom und Kochsalzlösung (3 bis 5%ig) oder Natursole (für Heilbäder besonders wirtschaftlich, s. K. Höll; Heilbad und Kurort, H. 7 [1969]) benötigt.

Das Verfahren ist umweltfreundlich und wirtschaftlich.

6. Chlordioxid-Entkeimung

Der Geschmack und Geruch des Chlordioxids ist viel geringer als der des Chlors, wenn auch 2,5 mal so stark wie theoretisch angenommen wird. Chlordioxid wirkt auch stärker als Chlor auf Bakterien; man kommt daher mit geringeren Mengen aus als beim Chlor. Außerdem hat Chlordioxid den Vorteil, daß es mit Phenolen nicht das unangenehme Chlorphenol (S. 89) bildet, sondern das wesentlich günstigere Trichlorchinon. Im alkalischen Wasser ist Chlordioxid dem Chlor in der bakteriziden Wirkung besonders überlegen. Die Chlordioxid-Wirkung ist pH-unabhängig und auch länger anhaltend, außerdem bilden sich keine Trihalomethane, besonders, wenn gleichzeitig etwas Chlor zudosiert wird.

Jedoch bilden sich im alkalischen Bereich Chlorit und Chlorat, die Reizungen durch Schwimmbadwasser hervorrufen und die auch nicht so stark bakterizid sind. Man geht jetzt deshalb wieder vom Chlordioxid ab, obwohl man durch zusätzliche geringe Chlorgaszugabe die Chlorit-Bildung verhindern und zurückführen kann.

J. C. Schippers hat jedoch in Holland bessere Entkeimungserfolge mit Chlordioxid gehabt, besonders bei den dortigen Wässern mit viel organischen Stoffen. Ein Überschuß von 0,2 bis 0,4 mg ClO_2/l verhinderte eine Wiederverkeimung im Netz bei diesen Wässern (H_2O, **6,** 221–223 [1973]).

Beim Chlordioxid ist im Gegensatz zum Chlor ein pH-Wert über 7 bis 8 in bakterizider Hinsicht günstiger als pH-Werte im sauren Gebiet.

Mit Chlordioxid erzielt man nach Untersuchungen von M. Roussaint weitgehende Inaktivierung von Polioviren; bei Chlor und Ozon braucht man eine größere Dosis (als 0,08 mg ClO_2/l) (s. „La Tribune du Cebedeau“ **25,** 260–266 [1972]).

Chlordioxid entfernt nebenher cancerogene polycyclische Aromate aus dem Wasser, was mit Chlor und Ozon nicht erreicht wird.

Für die Chlordioxiddosierung wird eine 30%ige Lösung von Natriumchlorit von der Degussa und von den Elektronischen Werken, München, für die Wasserwerke geliefert. Durch Salzsäurezusatz wird das Chlordioxid entwickelt. In den meisten Fällen genügt ein Zusatz von 0,05 mg ClO_2/l. Ausführende Firmen: Bran & Lübbe und Defac. Durch Zugabe von Chlorgas zur Natriumchloritlösung wird ebenfalls Chlordioxid entwickelt (Verfahren der Chlorator-GmbH), über 150 Anlagen im Inland und Ausland. Chlorit-Rückbildung muß vermieden werden (H. Berndt: Zentralblt. Bakt. I **191,** 356 [1963]).

Das erstere Verfahren (Natriumchlorit + Säure) ist viel günstiger als das Cl_2-Verfahren (C. H. Rupp, Ges. Ing. 104. [1983] 278f.).

Entwurf DIN 19643 muß geändert werden.

7. Hypochlorit und Chloramin

Bei kleinen Wasserwerken arbeitet man auch mit Hypochloritlauge, die aber in harten Wässern leicht Kalkabscheidungen gibt. Besonders für Wässer mit einem Defizit an freier zugehöriger Kohlensäure trifft dies zu. Chloraminlösung ist in diesem Falle vorzuziehen, obwohl sie teurer ist. Chloramine haben aber geringere bakterizide Wirkung als Chlor und Hypochlorit.

Neben der Natriumhypochloritlauge wird häufig auch Calciumhypochlorit als „Caporit“ und „HTH“ verwendet (HTH ist auch preiswerter, hat aber stärkeren Geruch und ist 70%ig (Akdolit-Werk).

Ein Kleinchlorungsgerät „Chlorinette“ hat kürzlich die Chlorator-GmbH, Erkrath, herausgebracht.

Bei dem Dioxon-Verfahren der Fa. Argentox, nach O. Hettche wird Chlordioxid und Ozon gleichzeitig verwendet.

Auch für Schwimmbadwasser-Entkeimung wird Chlordioxid verwendet. Chlordioxid soll noch besser als Chlor auch die Poliomyelitis-Viren (Kinderlähmungs-Erreger) vernichten (Ref. Jägers: Städtehygiene [1953]). Über Virus-Eleminierung s. bei H. Altmanns: GWF **109,** 581–585 [1968] und im bakteriologischen und virologischen Teil, S. 423f.

8. Weitere Entkeimungsverfahren

Auch das Hochkupferungsverfahren mit nachfolgender Entkupferung (Höll) hat sich in der Praxis (z. B. in Bad Reinerz) bewährt, besonders bei der Schwimmbadwasser-Aufbereitung, wobei gleichzeitig eine restlose Algenvernichtung erzielt wird (s. auch S. 293).

Ein sehr gutes Entkeimungsverfahren ist ferner das Cumasina-Angelmi-Verfahren nach Dr. Kruse und Dr. Fischer (Ges. Ing. **22** [1936]). Es beruht auf der Entkeimungswirkung der Silberionen (s. u.). Das Rohwasser muß hierfür aber rein und klar sein, es darf nicht mehr als 1000 Keime in ml haben. Da die Einwirkungszeit zwei Stunden betragen muß, sind größere Behälter notwendig. Das Verfahren hat sich bei Anlagen im Harz bewährt. Die Silberdosierung liegt zwischen 0,05 und 0,1 mg Ag/l.

Das Katadyn-Verfahren (Verfahren Dr. G. Krause): Die Grundlage des Katadynverfahrens ist die bakterizide Wirkung der Atome gewisser Metalle, insbesondere des Silbers (oligodynamische Wirkung, s. H. Freundlich u. K. Söllner: Zur Erklärung der olygodynamischen Wirkung, Biochem. Z. **203,** 3–13 [1928]).

Bei dem Elektro-Katadynverfahren wird mit Hilfe eines elektrischen Gleichstroms Silber aus Spezialelektroden von dem vorbeiströmenden Wasser aufgenommen. Trotz der verschiedenen chemischen Zusammensetzung des zu behandelnden Wassers, insbesondere wegen der Schwankungen des Salzgehaltes der Wässer kann diese Zudosierung so eingerichtet werden, daß das Wasser nach erfolgter Behandlung stets den vorgeschriebenen Silberionengehalt, nämlich 0,05 bis 0,1 mg Ag/l, aufweist.

Eine neuere Anwendung des Katadynprinzips ist die Zudosierung der wirksamen Metallionen in Form eines wasserlöslichen Präparates. Das Präparat Micropur zerfällt bei seiner Auflösung im Wasser je nach der angewandten Konzentration teilweise in seine Komponenten, und zwar unter Bildung eines labilen Gleichgewichts zwischen dem unveränderten Komplex einerseits und dem gefällten bzw. gelösten Silberchlorid andererseits (R. Hey: Zbl. f. Bakt. 152, H. 5 [1947]). Micropur enthält 1% Silber. 10 g Micropur auf 1 m^3 Wasser ergibt also eine Konzentration von 0,1 mg Ag/l. Ein ähnliches Silberungspräparat ist Argentox.

Ein Nachteil ist der, daß die oligodynamische Wirkung erst nach mehreren Stunden voll wirksam ist und daß Speicheranlagen vor dem Ortsnetz in den Fällen vorhanden sein müssen, in denen die Entfernung von der Quelle oder von den Brunnen zu kurz ist, um die erwähnte Einwirkungszeit zu gewährleisten. Näheres siehe bei G. A. Krause[1] bei F. Konrich[2] und J. F. Braune: Die Trinkwassersilberung, München [1957].

Das Katadynverfahren hat sich bei reinen Quellwässern neuerdings wieder gut bewährt und ist besonders für kleine Wasserversorgungsanlagen sehr zu empfehlen, vor allem bei geringem Chloridgehalt und niedrigem Kaliumpermanganatverbrauch. Für Schwimmbadentkeimung ist die Silberung nicht empfehlenswert.

Ausführende Firmen: Deutsche Katadyn-Gesellschaft mbH, München und Cuma-Aktivator-Verfahren der Angelmi-Werke, Konstanz.

Ultraviolett-Bestrahlung. Bei kleineren Wasserwerksanlagen mit ganz klarem farblosen Wasser wird auch eine Ultraviolett-Bestrahlung zur Entkeimung vorgenommen. Der Vorteil ist der, daß keinerlei Wasserveränderung und Fremdstoff-Zutritt

---

[1] G. A. Krause: „Oligodynamische Wassersterilisierung durch Katadynsilber“ (Ges. Ing., H. 27 [1929]).

[2] F. Konrich: „Über oligodynamische Trinkwassersterilisierung vermittels des Katadynverfahrens“ (Ges. Ing., H. 47 [1929]).

erfolgt. Die Strahlungswirkung ist aber begrenzt und die Intensität der Quecksilber-Strahlungslampen schwankend. Der Nachteil ist der, daß Keime, die sich in Schmutzteilchen befinden, nicht erfaßt werden. Deshalb ist das UV-Verfahren nur bei stets ganz klarem Wasser anwendbar und bei Schwimmbadwasser nicht anwendbar (s. auch G. Müller: Bundesgesundh. Bl. **12,** 245–215 [1969] Beluva-Wasserentkeimung der Werner GmbH, Köln). UV-Bestrahlung bei gleichzeitiger Wasserstoffperoxidzugabe führt wahrscheinlich zur Reduzierung von Organchlorverbindungen (GWF 1982, S. 190).

Für die Trinkwasserversorgung von Schiffen ist die UV-Bestrahlung nach G. Müller nicht empfehlenswert (Bundesgesundheitsbl. **12,** 245–251 [1969]).

Durch UV-Bestrahlung können Viren nach E. Lund verhältnismäßig leicht inaktiviert werden (Schrift-Reihe WaBoLu **31** [1970]. UV-Licht von 320 nm ist am wirksamsten. Falsche Wellenlänge kann die Wirkung der UV-Bestrahlung aber umkehren (W. Richards u. B. Shaw: Lit. Ber. **25,** 172 [1977]).

Trinkwasserentkeimung im kleinen

Für die Trinkwasserentkeimung im kleinen ist neben dem Abkochen die Entkeimung mit Para-Caporit (Fa. Bayer) oder mit Chlortabletten, z. B. Chlorinatabletten oder HTH[1]-Chlortabletten oder -Granulat (Akdolit GmbH) zu empfehlen, die ebenso wie Entchlorungstabletten (Natriumthiosulfat-Tabletten) und Dechlorit ($CaSO_3$) im Handel erhältlich sind.

Wo im Haushalt fortlaufende Wasserentkeimung notwendig ist, sind die Berkefeld-Filter zu empfehlen. Es sind dies Steingutbehälter von 5 bis 10 Liter Inhalt, in denen das Wasser durch eine praktisch bakteriendichte Filterkerze aus Kieselgur filtriert wird (Fa. Berkefeld, Celle).

Diese Filterkerzen werden mit schwerlöslischen Silberverbindungen imprägniert geliefert, so daß das Hindurchwachsen der Bakterien nicht mehr zu befürchten ist.

Die Filterkerzen müssen jedoch von Zeit zu Zeit äußerlich abgebürstet werden. Für Wässer mit schlammigen Trübungen werden auch Berkefeld-Filter mit Vorfilter geliefert. Seit einiger Zeit werden auch Berkefeld-Filter für Druckleitungen geliefert (Hersteller Berkefeld-Filter-GmbH), auch fahrbare Anlagen neuerdings.

Die „Berkefeld-Aktiv-Kerzen“ haben eingelagertes Silber mit oligodynamischer Wirkung, so daß diese von Keimen nicht durchwachsen werden. Neuerdings liefern auch die Seitzwerke außer ihren Schichten-Filtern Cellulose-Feinfilter und die Filtermembranen zur Mikrofiltration (bis 0,1 µm). Asbest-Filter werden in der Getränke-Industrie verwendet (Seitz-Filterwerke, Bad Kreuznach).

Für klares Wasser, das arm an organischen Stoffen und an Schwebestoffen ist, wird der Katadynsterilisator (oligodynamische Silbersterilisierung, Verfahren Dr. Krause, Herst. Kafadyn-Ges.) verwendet.

Über die „Anodische Oxidation zur Trinkwasserdesinfektion“ berichtet M. Borneff im GWF 1981, S. 141–147.

[1] = High Test-Hypochlorit.

9. Auf Grund welcher chemischer Merkmale ist ein Brunnen in hygienischer Beziehung zu beanstanden?

Die wichtigste Frage bei der Beurteilung des Wassers ist die, ob menschliche oder tierische Abfallstoffe Zutritt haben.

Wenn ein Wasser durch menschliche oder tierische Abfallstoffe verunreinigt wird, so werden ihm verschiedenartige organische und auch anorganische Stoffe, wie Phosphat-Ionen, Chlorid-Ionen und vor allem die Stickstoffverbindungen Ammonium-Ionen, Nitrit-Ionen und Nitrat-Ionen, zugeführt. Bestimmte im Trinkwasser vorkommende Stoffe erfahren also bei jeder Fäkalienverunreinigung stets eine Vermehrung. Diese Stoffe bezeichnet der Verfasser als Verschmutzungsindikatoren. Dazu rechnen: Ammonium-, Nitrit-, Nitrat-, Chlorid-, Phosphat-Ion und Kaliumpermanganatverbrauch. Eine, wenn auch nur geringfügige Erhöhung des Kaliumpermanganatverbrauchs, der Chlorzahl, des Chlorid- und Nitratgehalts und das gleichzeitige Auftreten von Nitrit- und Ammonium-Ion, besonders Proteidammoniak, berechtigen immer zu einer Beanstandung des Wassers, auch wenn einmal die Keimzahl niedrig ist und Bact. Coli nicht nachgewiesen wurde (S. 96).

Es ist aber vollkommen falsch, bei Erhöhung eines einzelnen Verschmutzungsindikators auf eine Verunreinigung durch Fäkalien zu schließen. einseitig hoher Ammonium- oder Nitratgehalt zeigt keineswegs immer eine Verunreinigung an. In besonderem Maße trifft dies auch für die Bewertung des Kaliumpermanganatverbrauchs, aber auch für die übrigen Verschmutzungsindikatoren zu. Ihre Erhöhung kann, wie aus dem folgenden hervorgeht, ganz andere Ursachen haben. Maßgebend ist stets das Gesamtbild der chemischen Analyse. Die bakteriologischen Ergebnisse und vor allem die Ergebnisse der Ortsbesichtigung müssen für die abschließende Beurteilung herangezogen werden.

Wässer aus sehr tiefen Bodenschichten haben selten Ammonium-, Nitrit- und Nitrat-Ionen, da diese Stickstoffverbindungen durch denitrifizierende Bakterien bis zum elementaren Stickstoff reduziert werden, der dann durch die Bodenluft entweicht.

Bei Grundwasserbeeinflussung durch Müllhalden findet man viel Ammonium-Ion (F. Nöring u. Mitarb.: GWF **109,** 137–142 [1962]).

Man kann unterscheiden: Verschmutzungsindikatoren im engeren Sinne, wozu Ammonium-, Nitrit-, Phosphat-Ion und Kaliumpermanganatverbrauch gehören, und Verschmutzungsindikatoren im weiteren Sinne, wozu Chlorid-, Nitrat-, Sulfat-und evtl. Carbonat-Ion gehören.

Über Verunreinigung durch Mineralöle, Phenole, Detergentien, Pestizide siehe bei den betreffenden Abschnitten.

D. Die Verschmutzungsindikatoren

1. Ammoniak bzw. Ammonium-Ionen

In hygienischer Beziehung ist der Gehalt an Ammoniumverbindungen wichtig, da diese durch Zersetzung von menschlichen oder tierischen Exkrementen entstanden sein können. Harnstoff wird z. B. zu NH_3 und CO_2 zersetzt. Reines Wasser enthält gewöhnlich keine nachweisbaren Mengen von Ammoniumverbindungen. Dies gilt für alle Wasserarten (Grundwasser, Quellwasser, Oberflächenwasser und Regenwasser). Das Auftreten von Ammoniumverbindungen in einem Wasser gibt also meistens zu Bedenken Anlaß. Allerdings gibt es eine Reihe von Sonderfällen, bei denen das Vorhandensein von Ammonium-Ion keine hygienische Bedeutung hat, besonders bei Mineralquellen (s. u.).

Verunreinigte Wässer haben 0,1 bis annähernd 10,0 mg/l NH_4^+, meist etwa 1 bis 3 mg/l. Bei Gegenwart von Ammonium-, Nitrit-, Nitrat-, Phosphat-Ion und gleichzeitig erhöhter Permanganatzahl ist das Wasser als verunreinigt und somit als seuchenhygienisch verdächtig zu beanstanden. In besonderen Fällen kann auch einseitig hoher Ammoniumgehalt (über 3 mg/l NH_4^+) auf frische Verschmutzung hindeuten. Bei Fehlen von Ammoniumverbindungen in einem Wasser, das sonstige Stickstoffverbindungen, wie Nitrit und Nitrat, sowie organische Stoffe und Chloride in größerer Menge enthält, kann trotzdem eine Verunreinigung nicht von der Hand gewiesen werden, da Ammonium biogene Oxidationen im Boden erfahren kann (EG-Richtlinie 0,05 mg/l NH_4^+).

Proteidammoniak darf im Trinkwasser überhaupt nicht vorkommen, da er auf fäkale Verunreinigung schließen läßt; keinesfalls darf über 0,1 mg/l vorhanden sein. 0,1 mg/l Proteidammoniak entsteht bei der Zersetzung von 1 ml Harn auf 100 Liter Wasser.

Sonderfälle. Grundwässer mit hohem Eisen- und Mangangehalt, wie sie besonders in der Norddeutschen Tiefebene vorkommen, enthalten mitunter Ammonium-Ion infolge von Nitratreduktion durch den aus Eisensulfid und Kohlensäure im Erdboden unter Druck entstehenden Schwefelwasserstoff; diese sind dann fast immer nitrat- und nitritfrei. Tiefengrundwasser ist in dieser Beziehung also ganz anders zu beurteilen als Quellwasser. Auch Moorwässer sowie Regenwässer in Industriegegenden haben mitunter geringen Ammoniumgehalt. Huminstoffe entziehen dem Grundwasser jeglichen Sauerstoff; auch aus dem Nitrat und Nitrit wird der Sauerstoff entzogen. Diese werden zu Ammonium reduziert, das dann in den Huminwässern in Mengen von einigen zehntel mg/l erscheint.

Durch harnstoff- und ammoniumhaltige Kunstdünger kann Ammonium ins Grundwasser gelangen (s. K. Höll: Jb. „Vom Wasser" **30** [1963]). Oberflächenwässer können durch Abwässer von Gasanstalten ammoniakhaltig und phenolhaltig werden.

Bei Untersuchung von Leitungswasser ist zu beachten, daß Ammonium bei Aufbereitung des Wassers mitunter zugesetzt wird (z. B. Chlor-Ammoniak-Entkeimungsverfahren, das sogenannte Präammonisationsverfahren, zur Vermeidung des Chlorphenolgeschmacks).

In allen diesen Sonderfällen ist der Ammoniumgehalt hygienisch unbedenklich; es sind jedoch auch Fälle denkbar, bei denen außer diesem unbedenklichen Ammoniumgehalt ein solcher bedenklicher Herkunft vorliegt. (Grenzwert der EG-Richtlinie jetzt: 0,05 mg/l.)

Entfernung von Ammonium

Aus technischen Gründen soll Leitungswasser nicht mehr als 0,5 mg/l NH_4^+ haben (wegen Wachstum von Bakterien, Organismen, Schwierigkeiten bei der Chlorung u. a.). Über die Entfernung von Ammonium s. W. Rummel u. G. Werner: Fortschritte der Wasserchemie, H. 4 und GWF 1982, H. 2, Bio-Oxidation in Pilot-Anlage der Hamburger Wasserwerke und B. Seydler, Korr. Abw., H. 12, 1983. Auch Ozon bewirkt Oxidation zu Nitrat (Ber. Dortmunder Stadtwerke Nr. 219).

In Kiesfiltern und Sandfiltern nimmt der Gehalt an Ammonium-Ionen oft erheblich ab, und es tritt dafür Nitrat auf (wenn genügend Sauerstoff im Rohwasser vorhanden ist, der dann abnimmt) (1 mg NH_4^+ = 3,45 mg NO_3^-). Bei der Begutachtung einer Wasserversorgungsanlage muß dies berücksichtigt werden (s. auch O. Kuntschik; Veröff. Dortmunder Stadtwerke, Nr. 13, inbesondere bzgl. Aufbau eines Kiesfilters). Die Ammonium-Entfernung durch Ca-Montmorillonit empfiehlt M. G. Eissa in Z. für Wasser- und Abwasserforschung **16** [1983], 153.

2. Nitrit-Ionen

Nitrit findet man in reinem Wasser fast nie, höchstens einmal spurenweise (bis höchstens 0,01 mg/l NH_2^-); in stark eisenhaltigem, moorigem Grundwasser, im Regenwasser nach Gewittern findet man bis 0,3 mg/l NO_2^-.

Das Auftreten von Nitrit im Wasser zeigt in den meisten Fällen eine fäkale Verunreinigung an. Der Nitritgehalt ist daher neben Ammonium-Ion der wichtigste Indikator für Verunreinigung. In verschmutztem Wasser findet man 0,2 bis 2,0 mg/l NO_2^-, selten mehr, meist etwa 1 mg/l NO_2^-, neben erhöhtem Gehalt an Nitrat, Ammonium, Phosphat, Chlorid und organischen Stoffen (Ausnahmefälle s. u.).

Bei Fehlen von Nitrit-Ion in einem Wasser, bei dem die sonstigen Verschmutzungsindikatoren positiv sind, kann trotzdem eine Verschmutzung nicht von der Hand gewiesen werden, da Nitrit nachträglich auf biogenem Wege weiter oxidiert oder durch Reduktionsbakterien zu Ammonium reduziert werden kann (s. u.).

Bei Vorhandensein von Filteranlagen muß stets auch das Rohwasser untersucht werden, da Nitrit bei der Belüftung und Filterung des Wassers verschwindet.

Nitrit kann sich u. U. durch die Oxidation mit zugefügtem Chlor entziehen. Deshalb muß die Nitrit-Ermittlung vor der Chlorung oder nach Abstellen der Chlorungsanlage oder am Wasserwerksbrunnen vorgenommen werden.

Wenn lediglich nur Nitrit- und Ammoniumgehalt in geringerem Maße erhöht sind, so läßt dies auf Zersetzung pflanzlicher Stoffe schließen (0,02 mg/l NH_4^+ und NO_2^-). In Lysimeter-Abläufen fand der Verfasser sehr häufig größere Nitrit- (und Ammonium-) Mengen, da diese aus 2 m Tiefe im gewachsenen Boden stammten (Sickerwassr, K. Höll: Jb. „Vom Wasser“ **30** [1963]) (Ausnahme: Heideböden).

Die geringen Nitritmengen, wie sie im Wasser vorkommen können, sind gesundheitlich an und für sich belanglos, weisen aber, wie gesagt, auf unhygienische Verhältnisse hin. In Heilwässern und Mineralwässern, die aus größerer Tiefe kommen, findet man keine Spur von Nitrit-Ion, es sei denn, daß sie in oberflächlichen Schichten beim Aufsteigen oder in korrodierten Brunnenrohren oder Fassungen verunreinigt werden.

Nitrosamine. In neuerer Zeit werden Bedenken geäußert, wegen der in Oberflächenwässern durch die Verunreinigung immer häufiger auftretenden Nitrit-Ionen. Nitrit-Ionen bilden mit den in verunreinigten Wässern immer vorkommenden Aminen und Amiden krebserregende Nitrosoverbindungen, besonders die Nitrosamine. Die Trinkwasserversorgung muß in Zukunft mehr auf diese Verhältnisse eingestellt werden; auch nitratreiche Wässer fallen darunter, denn Nitrat ist die Vorstufe von Nitrit (J. Sander: Schriftenreihe WaBoLu, Nr. 40, S. 67–78, s. auch S. 99).

Sonderfälle: Hygienisch unbedenklich ist Nitrit, wenn es sich um frisch zementierte Kesselbrunnen und um Wässer aus Zinkrohren oder verzinkten Druckkesseln handelt, vorausgesetzt, daß die übrigen Verschmutzungsindikatoren keinen Hinweis auf Verunreinigung geben. Geringe Spuren Nitrit können in Schnellfiltern sowie in geschlossenen Enteisenungsanlagen bei unzureichender Belüftung auftreten. Die hierbei auftretenden Nitritmengen betragen jedoch höchstens wenige hundertstel Milligramm je Liter.

Auch sonst können bei eisenreichen Grundwässern und in Moorwässern, wie gesagt, Spuren von Nitrit auftreten. Nitrithaltige Wässer und Kupferrohre s. S. 224.

3. Nitrat-Ionen

Nitrat findet sich in geringen Mengen in jedem Wasser. Normalerweise beträgt der Nitratgehalt bis 5 bzw. 10 mg/l NO_3^-. Mengen bis 20 mg/l NO_3^- und darüber können bodenbedingt sein. In Nordwestdeutschland (z. B. bei Bremen und Emden) kommen häufig reine, aber sehr nitratreiche Grundwässer mit über 100 mg/l NO_3^- bei sonst normaler Beschaffenheit vor. Nach G. Schneider kommen in Ostwestfalen Grundwässer mit 250 mg/l NO_3^- häufig vor, ohne daß irgendeine Verunreinigungsquelle vorhanden ist. Nach Stooff ist ein Nitratgehalt bis 35 mg/l in unserem Gebiet als normal zu bezeichnen; er soll im Trinkwasser nicht mehr als 50 mg/l betragen (s. u.).

Sehr hohe Nitratwerte hat F. Schwille in Grund- und Leitungswässern der Weinbaugebiete an der Mosel festgestellt (Dtsch. Gewässerkunde. Mitt **6,** H. 2 [1962]). Im Geisenheimer Trinkwasser wurden 150 mg/l NO_3^- festgestellt.

Einseitig hoher Nitratgehalt kann darauf hindeuten, daß eine Verunreinigung einmal stattgefunden hat. Insbesondere ist dies der Fall, wenn der Nitratgehalt schwankt. Zur Zeit hat der Boden dann genügende Reinigungskraft. In dem biogenen Mineralisierungsprozeß der Abfallstoffe ist das Nitrat nämlich das Endprodukt der Oxidation von Stickstoffverbindungen. Zumeist ist dann auch der Chloridgehalt erhöht, während Ammoniak und Nitrit fehlen. Einseitig hohen Nitratgehalt findet man z. B. bei Grundwasser aus Böden, die mit Abfallstoffen stark belastet sind. Ein solches Wasser ist zu beanstanden; einmal ist es unappetitlich, da es Abfallstoffe ausgelaugt hat; zum anderen kann die Abbaukraft des Bodens allmählich abnehmen und die Filtrationskraft erlahmen.

Für das Wasser aus Flachbrunnnen, das neben geringen Mengen Nitrit- und Ammonium-Ion, viel Nitrat-Ion enthält, gilt dies ganz besonders. Es ist hierbei nämlich zu bedenken, daß die Oxidation zum Nitrat unter Umständen sehr schnell vor sich gehen kann. Bei Flachbrunnen ist deshalb besondere Vorsicht geboten, wenn hoher Nitratgehalt gefunden wird.

Der Nitratgehalt ist ein Indikator für den Grad der Belastung eines Bodens mit organischen und anorganischen stickstoffhaltigen Abfallstoffen, gleichzeitig aber auch für den Grad des Abbaues derselben im Boden. Allgemein findet man heute höhere Nitratwerte im Grundwasser als vor 50 Jahren, was durch die Übervölkerung bedingt ist.

Wenn das Wasser eine geringe Nitraterhöhung neben wenig Nitrit und Ammonium und sonst normale Beschaffenheit zeigt, so läßt dies auf Zersetzung pflanzlicher Stoffe schließen. Abgefallene Laubblätter geben an Boden und Wasser Nitrat ab, was bei offenen Gewässern, besonders in Talsperren, oft eine Rolle spielt.

Waldböden ergeben infolge der Tätigkeit nitrifizierender Bodenbakterien erhöhten Nitratgehalt im Grundwasser, besonders Kiefernwaldböden; dies wurde von K. Höll bei langjährigen Untersuchungen von Lysimeterabläufen (Sickerwasser) ermittelt. „Kiefern-Waldgebiete sind deshalb kein brauchbares Wassergewinnungsgelände" (K. Höll: Jb. „Vom Wasser" **30** [1963]).

In eisenhaltigen Grundwässern aus Tiefbrunnen ist bei der Entnahme meist kein Nitrat-Ion vorhanden, stattdessen Ammonium-Ion (Pyrit-Denitrifikation s. W. Kölle „Vom Wasser" **61** [1983]).

Nach der Enteisenungsanlage des Wasserwerks findet man statt Ammonium-Ion Nitrat- oder Nitrit-Ion im Reinwasser. Durch Versickerung von Mineralölen in den Boden verschwindet Nitrat (S. 201).

Verunreinigte Wässer enthalten 50 bis 150 mg/l NO_3^- (oft 200 mg/l und mehr) neben viel organischen Stoffen, Chlorid und hohem Nitrit- und Ammoniumgehalt. Bei einseitig hohen Nitrat- und Chloridgehalten kann auf ausreichende Mineralisierung bei der Bodenpassage geschlossen werden, wobei man aber auch hier an das Nachlassen der Filtrationskraft des Bodens denken muß (s. o.).

Wässer aus Rieselfeldgebieten und ehemaligem Rieselgelände haben hohen Nitrat-, Chlorid-, Sulfat- und Phosphatgehalt. Der Ammonium- und Nitritgehalt ist dabei meist verhältnismäßig niedrig, ebenso die Permanganatzahl[1].

Nach dem schweizerischen Lebensmittelbuch soll Trinkwasser nicht mehr als 20 mg/l N_2O_5 haben. In der Schweiz liegen ganz andere geologische Verhältnisse (Urgestein und Kalkformationen) als z. B. in Norddeutschland vor. Die Grenzzahlen liegen dort viel niedriger, weil die normalen Grundwässer und Oberflächenwässer nur wenige mg Nitratstickstoff/l enthalten. Für die deutschen Alpengebiete gilt ähnliches wie für die Schweiz.

Es sei noch bemerkt, daß hoher Nitratgehalt für Erwachsene bisher nicht als gesundheitsschädlich gilt. Er ist bisher nur als Verschmutzungsindikator gewertet worden.

---

[1] Die Müllverordnung für NRW soll die Aufbringung von Gülle und Jauche verhindern.

Neuerdings befürchtet man aber, daß hoher Nitratgehalt zu Nitrosaminbildung (evtl. über Nitrit-Ion) führt und somit die Krebsanfälligkeit der Bevölkerung erhöht wird.

Aus diesem Grund sollten nitratreiche Wässer von der Trinkwasserversorgung ausgeschlossen werden (> 100 mg/l NO_3^-). Für Wässer mit hohem Gehalt an Nitrit-Ionen gilt dies in besonderem Maße (S. 201). Nitrosamine gehören zu den potentesten Cancerogenen, die auch mutagene und teratogene Wirkungen haben (K. Lang: Wasser, Mineralstoffe, Spurenelemente, Darmstadt [1974] und H. Petri, Trinkwasserverordnung).

Schwere Gesundheitsschäden durch nitrathaltiges Wasser bei Kleinkindern. Es sind auch zahlreiche Fälle in der medizinischen Literatur beschrieben worden, bei denen nitratreiches Wasser als Verdünnungswasser für Säuglingsmilch schwere Schäden bei Säuglingen hervorgerufen hat. Nachdem H. H. Comly zuerst 1949 die Schäden im Blutbild von Kleinstkindern bei Nitratgehalten von 50 mg/l beschrieben hat (J. Amer. Water Works Ass. **41,** 147 [1949]) und H. E. Robertson und H. Draycott gleichartige Beobachtungen (Canad. J. Publ. Health **40,** 30 [1949]) mitgeteilt haben, hat E. F. Downs in den Berichten der Weltgesundheitsorganisation einen ausführlichen Erfahrungsbericht gegeben. Daraufhin hat man auch in Deutschland das Augenmerk darauf gerichtet und die Schädlichkeit der Nitrate für Säuglinge bestätigt. Die Schädigungen führen über eine im oberen Dünndarmabschnitt stattfindende Nitratreduktion zu Nitrit, die auf eine unphysiologische Darmflora zurückzuführen ist und dadurch zu schwerer Cyanose und Methämoglobinämie führt. So berichtet F. W. Wedemeyer über solche Schädigungen, wenn das Wasser 25 bis 40 mg/l NO_3^- hat (Archiv für Kinderheilkunde **152,** 267–275 [1956]). Über schwere Erkrankungen von Säuglingen berichtet G. Kittel (Öffentl. Gesundheitsdienst **18,** H. 12 [1957]) bei Nitratgehalten von 161 bis 218,0 mg/l und schlägt als Grenzwert 45 mg/l NO_3^- für Trinkwasser vor. F. Souchon berichtet von ähnlichen Fällen aus dem Gebiet von Bremen, bei denen das Verdünnungswasser 218,0 mg/l NO_3^- hatte (Deutsche Medizin. Wochenschr. **81,** 1091–1092 [1956]). Auch L. Teerhag und H. Eger bezeichnen auf Grund ihrer Erfahrungen 50 mg/l NO_3^- als „toxischen Grenzwert“ (Öffentl. Gesundheitsdienst **20,** 1–2 [1958]) und ebenso K. Horn (Städtehygiene **9,** 21–25 [1956]).

Grenzwerte für Nitrat

Vom Weltgesundheitsrat ist aufgrund der allgemeinen Erfahrungen als Grenzwert 100 mg/l für Trinkwasser festgelegt worden. Dieser Grenzwert wurde 1959 von der Studiengruppe für Trinkwasserfragen des Europabüros der WHO auf 50 mg/l herabgesetzt; die Trinkwasserverordnung des Bundes vom 31. 1. 1975 hat diesen Grenzwert nicht übernommen, sondern 90 mg/l NO_3^- festgesetzt. Die EG-Richtlinien schreiben max. 50 mg/l NO_3^- vor. Das Bundesgesundheitsamt hat empfohlen, den Nitratwert auf 50 mg/l zu begrenzen Bundesgesundheitsblatt März 1979.

Es ist aber bisher wenig bekannt, daß Spinat, der für die Säuglingsernährung vielfach verwendet wird, je nach Düngung große Mengen Nitrat enthält (über 2000 mg/kg, Bundesgesundh.Bl. [1965]). Hoher Nitratgehalt führte bei Tierversuchen zu Kropfbildung; Näheres in der Monographie von H. Warmbach, A. Biwer, W. Bucksteeg und H. Thiele, Düsseldorf [1962] und M. Becker, Schrift. Reihe WaBoLu, Nr. 34 betr. Viehsterben durch nitratreiche Futterpflanzen. Auch Hülsenfrüchte enthalten bis zum 50fachen des für Trinkwasser zugelassenen Nitrat-Wertes.

P. G. Sattelmacher fordert, daß in Orten mit Trinkwasser mit mehr als 50 mg NO_3^-/l im zuständigen Krankenhaus stets sterile Methylenblaulösung als lebensrettendes Mittel bei Säuglingscyanose vorrätig sein muß (GWF **104,** 1321–1322 [1963]).

In der „Chemischen Wasserstatistik der Wasserwerke in der Bundesrepublik" (G. Giebler, München [1959]) findet man zwölf Wasserwerke, die Wasser mit mehr als 50 mg/l NO_3^- abgeben. Von den übrigen haben 265 Werke 0 bis 5 mg/l NO_3^-, weitere 98 haben 5 bis 10 mg/l NO_3^- (14 Werke). Es sind also nur wenige Ausnahmen mit sehr hohem Nitratgehalt. Die Gefährdung besteht also besonders bei Einzelwasserversorgung. Ab 30. 8. 1985 ist der Grenzwert 50 mg/l bindend.

Die Entfernung hoher Nitratmengen aus dem Wasser kann nach I. Delius mit dem Anionenaustauscher ES der Permutit GmbH wirksam durchgeführt werden und Wofatit-SBW. Als Regeneriermittel dient Kochsalzlösung (200–500 mg/l NaCl).

Auch für manche Gewerbebetriebe sind Nitrate im Wasser unerwünscht (z. B. für Zuckerfabriken und gärungsgewerbliche Betriebe u. a.). Siehe H. Kruse: Schriftenreihe d. Ver. f. Wasser-, Boden- und Lufthygiene, Nr. 14 [1959] (Einheitliche Anforderungen an die Trinkwasserbeschaffenheit und Untersuchungsverfahren in Europa), K. Haag; GWF **100** [1959] u. J. Delius; Ges. Ing. **50,** 181–185 [1959].

Für große Wasserwerke sind Wässer mit hohem Nitratgehalt als Rohwasser nicht brauchbar. Wenn auch technisch eine Nitrat-Entfernung mit geeigneten Anionenaustauschern möglich ist, so sind die bei der Regenerierung derselben anfallenden riesigen Nitratmengen umweltmäßig nicht zu verkraften und die Kosten allein für den Ionenaustausch wirtschaftlich nicht tragbar; allenfalls für kleine Spezialbetriebe käme eine Nitrat-Entfernung aus dem Roh- oder Reinwasser in Betracht (s. Lit. Ber. **24,** S. 182).

Vor einiger Zeit hat jedoch die schweizerische Christ AG eine vollautomatische Anlage zur wirtschaftlichen Nitratentfernung vorgestellt, wobei die Regenerierung mit Natronlauge und CO_2 vorgenommen wird (Filiale in D-7250 Leonberg).

Für die Brauwasser-Aufbereitung wird die anionische Nitrat-Entfernung schon lange praktiziert; wegen der starken Korrosionen ist diese ungünstiger als die Umkehr-Osmose.

Für Wasserwerke käme demnächst die Nitrat-Entfernung nach dem biochemischen Denitrifikationsverfahren der Preußag in Betracht, wobei Nitrat in Stickstoff (N_2) umgewandelt wird.

4. Kaliumpermanganatzahl

Normale Grundwässer haben nur sehr geringen Kaliumpermanganatverbrauch. Er beträgt meist weniger als 12 mg/l $KMnO_4$, gewöhnlich nur 3 bis 6 mg/l $KMnO_4$. Außer Talsperrenwässern und Gebirgswässern haben die Oberflächenwässer von Hause aus bedeutend mehr organische Stoffe (etwa 10 bis 30 mg/l $KMnO_4$).

In Moorgegenden haben Grundwässer und Oberflächenwässer stets sehr viel organische Stoffe (Huminstoffe); diese sind zwar gesundheitlich unbedenklich, verleihen dem Wasser jedoch einen schlechten Geschmack und eine Gelbfärbung. Huminstoffe sollten daher bei zentraler Wasserversorgung entfernt werden, auch wegen möglicher Keimzahl-Erhöhung im Leitungsnetz (S. 103). Die Permanganatzahl solcher Moorwäser kann 80 bis 350 mg/l $KMnO_4$ betragen.

Wenn ein Wasser durch menschliche oder tierische Abfallstoffe verunreinigt ist, so ist dies fast immer durch Erhöhung der Permanganatzahl zu erkennen, die bis 60 mg/l und darüber ansteigen kann.

Es ist aber falsch, ein Wasser auf Grund der erhöhten Permanganatzahl, besonders bei einseitig hohem Permanganatverbrauch, zu beanstanden. In Handbüchern, z. B. Beythien, Laboratoriumsbuch für Lebensmittelchemiker, Dresden [1944], findet sich die irreführende Angabe, daß die Permanganatzahl nicht über 10 bis 12 mg/l $KMnO_4$ liegen darf. Wenn man sich nach diesen Grenzzahlen richten würde, könnte man den größten Teil der Wässer aus Moorgegenden der Norddeutschen Tiefebene auf Grund dieser Grenzzahl für Permanganatverbrauch beanstanden. Örtliche und gebietliche Erfahrungen des Gutachters sind für die Beurteilung daher sehr wichtig.

Da die Huminstoffe kohlenhydratartiger Natur sind, werden diese bei der Permanganatoxidation nur teilweise erfaßt. Hierauf haben besonders B. Åberg und W. Rodhe auf Grund ihrer Erfahrungen an den schwedischen dystrophen Seen aufmerksam gemacht.

In der Schweiz liegen ganz andere Verhältnisse vor. Die Wässer des Urgesteins und Kalkgesteins haben nur äußerst geringe Mengen von organischen Stoffen und deswegen Permanganatzahlen von nur 1 bis 5 mg/l. Die Schweizer Vorschriften geben daher als Grenzzahl für den Permanganatverbrauch 6 mg/l an. Für die deutschen Alpenwässer sind ähnliche Maßstäbe anzulegen, jedoch unter Berücksichtigung des Vorkommens von Moorwässern (s. o.).

Bei größeren Wasserversorgungsnetzen, bei Fernwasserleitungen ist höherer Kaliumpermanganatverbrauch als 6 mg/l wegen der Wasserverkeimung sehr ungünstig (s. u.).

Organische Stoffe und Wasserfarbe

Auch die Oberflächengewässer der Alpenländer und anderer Urgesteinsgebiete und reiner Kalkgebiete haben niedrige Permanganatzahlen. Infolge dieses äußerst geringen Gehalts an organischen Stoffen zeigen die Alpenseen die bekannte blaue Farbe. Die Farbe des Wassers hängt nämlich vom Gehalt an organischen Stoffen ab. Das reinste Wasser, das nur Spuren von organischen Stoffen enthält, ist in höherer Schicht blau. Erhöht sich der Gehalt an organischen Stoffen entsprechend einer Permanganatzahl von 10 bis 15 mg/l $KMnO_4$, so ist das Wasser grünlich (Mischfarbe von blau und gelb). Wässer mit Permanganatzahlen über 25 mg/l haben gelbliche Farbe, die sich mit zunehmender Permanganatzahl allmählich verstärkt und bei 50 bis 60 mg/l schon in geringerer Schichtdicke wahrnehmbar ist. Moorwässer mit Permanganatzahlen über 80 bis 100 mg/l haben braune und über 200 mg/l hinaus rotbraune Farbe.

Sonderfälle. Bei Wässern, die in Holzröhren oder Behältern aus Holz gestanden haben, ist die Erhöhung der Permanganatzahl ebenso wie bei Wässern aus Moorgegenden nicht immer auf Verschmutzung zurückzuführen. Dieser Mangel sollte jedoch abgestellt werden (S. 103). Bei offenen Gewässern wird durch hereinfallendes Laub der Permanganatverbrauch des Wassers erhöht und der Geruch phenolartig. Es bilden sich Glucuronsäuren.

In allen letzteren Fällen ist ein $KMnO_4$-Verbrauch bis zu 25 mg/l für kleine zentrale Wasserversorgungen allenfalls zulässig. Darüberhinaus muß eine Aufbereitung des Wassers vorgesehen werden, für große Versorgungsanlagen bei mehr als 10 mg/l.

5. Organisch gebundener Kohlenstoff

Neben der Bestimmung der organischen Substanz mit Kaliumpermanganat und Kaliumdichromat wird jetzt mehr und mehr als Kriterium der gelöste organisch gebundene Kohlenstoff herangezogen, besonders bei Oberflächenwasserversorgung. Für den Rhein ist von der Arbeitsgemeinschaft der Rheinwasserwerke ein Grenzwert von 8 mg/l C vorgeschlagen und für längere Sicht 4 mg/l C als erstrebenswert angegeben worden. Für normale Wasserversorgung ist ein Grenzwert von 3 mg/l C von W. Kölle gefordert worden (Schrift.-Reihe WaBoLu, Nr. 40 [1973]).

6. Chlorzahl

Die Erfassung der von Fäkalien herrührenden organischen Stoffe ist auch durch die Chlorzahlbestimmung möglich. Die bei Verunreinigungen auftretenden Eiweißabbauprodukte einschließlich Harnstoff sprechen mehr auf Chlor als auf Kaliumpermanganat an.

Wenn die Chlorzahl höher ist als die erhöhte Permanganatzahl, so ist das Wasser als durch Abfallstoffe frisch verschmutzt zu betrachten, wenn die übrigen Verschmutzungsindikatoren ebenfalls darauf hinweisen.

Organische Stoffe im Leitungswasser

Neben der oben erwähnten hygienischen Bedeutung der organischen Stoffe im Trinkwasser spielt nach neuen Untersuchungen der Gehalt an organischen Stoffen gelöster und ungelöster Natur eine große Rolle bei der Entkeimung. Geringste Erhöhung des Kaliumpermanganatverbrauchs um nur 5 bis 10 mg/l bewirkt in langen Rohrleitungen Keimvermehrung, Entkeimungsmittelschwund und schließlich Sauerstoffschwund sowie Geruchsbildung. Im Stadtwerksbetrieb machen sich diese Verhältnisse oft störend bemerkbar und der Verbraucher an den Endsträngen beschwert sich über braunes oder trübes Wasser; besonders bei Fernwasserversorgung und bei Flußwasser-Versorgung tritt leicht Keimvermehrung und schlechter Geruch auf (s. H. Rüffer u. Schilling, Jb. Vom Wasser S. 47 [1976]).

7. Chlorid-Ionen

Normale Grundwässer enthalten 10 bis 30 mg/l Cl^-. In den Alpengebieten und Urgesteinsgebieten enthalten Oberflächen- und Grundwässer weniger als 10 mg/l, zumeist 3 bis 5 mg/l Cl^-. In der Nähe von Meeresküsten findet man dagegen oft sehr chloridreiche Oberflächenwässer, deren Gehalt mehrere 100 mg/l Cl^- betragen kann (Brackwasser). Auch im Binnenland kommt hoher Chloridgehalt geologisch bedingt z. B. in Mitteldeutschland häufig vor (Nähe von Salzlagerstätten und in Zechsteinformationen). Durch die Abwässer der Kaliindustrie in Mitteldeutschland werden stehende und fließende Gewässer (z. B. Werra, Weser) und somit auch benachbarte Grundwässer mit Chloriden angereichert.

Durch Streusalz zur Glatteisverhinderung auf Kraftfahrzeugstraßen ist eine Versalzung des Grundwassers in letzter Zeit häufiger aufgetreten. Neuerdings wird auch Calciumchlorid, das Abfallprodukt der Kalibergwerke, in Streumitteln verwendet, was umweltmäßig besonders zu verurteilen ist.

Buntsandsteinformationen haben chloridarme Wässer (etwa 10 mg/l Cl^-).

Grenzwerte für Chlorid-Ion. In allen Fällen, wo hoher Chloridgehalt (über 30 mg/l Cl^-, in vielen Gebirgsgegenden über 10 mg/l, s. o.) nicht geologisch-mineralogisch bedingt ist, kann man eine Verunreinigung des Wassers durch Ausscheidungsstoffe annehmen, vorausgesetzt natürlich, daß gleichzeitig auch die anderen Verschmutzungsindikatoren (erhöhte Permanganatzahl, Auftreten von Ammonium-, Nitrit-, Nitrat-, Phosphat-Ion u. a.) dafür sprechen.

Verunreinigte Wässer haben immer erhöhten Chloridgehalt; sie enthalten meist 30 bis 100 mg/l Cl^-, bei starker Verunreinigung durch Abwässer meist 200 bis 300 mg/l Cl^-. Der Chloridgehalt eines verunreinigten Wassers bleibt auch beim Versickern bis zu den tiefsten Bodenschichten unverändert hoch. Die chemische Analyse gibt also die Möglichkeit, Wasser unappetitlicher Herkunft zu erkennen in Fällen, wo die bakteriologische Untersuchung hierüber nichts aussagt.

Es ist aber falsch, auf Grund eines einseitig hohen Chloridgehaltes ein Wasser zu beanstanden. Chloridwerte bis 250 mg/l Cl^- kommen bei Grundwässern der Norddeutschen Tiefebene nicht selten vor, ohne daß diese auf Salzlagerstätten oder auf Verunreinigung zurückgeführt werden können. In der Nähe von Salzlagerstätten findet man in Grundwässern oft 100 mg/l bis mehrere 100 mg/l (z. B. Eschershausen früher ca. 1000,0 mg/l).

Wenn man Zweifel in der Beurteilung hat, so kann man die Verhältnisse durch Serienuntersuchungen klären. Unbeeinflußte, reine Wässer haben konstante Cl^--Werte, während bei Verunreinigung stets schwankende Werte erhalten werden.

Wässer aus Rieselfeldgegenden oder ehemaligem Rieselgelände haben hohen Chlorid-, Nitrat- und Sulfat-Gehalt bei niedriger Permanganatzahl.

Gesundheitliche Nachteile hat eine geringe Chloriderhöhung an und für sich nicht. Die übrige Nahrung enthält viel mehr Chlorid als in gutem Wasser vorkommt. Mengen über 250 mg/l Cl^- verleihen dem Wasser jedoch einen Salzgeschmack. Nach den „Leitsätzen für Trinkwasser“ und DIN 2000 soll der Chloridgehalt des Trinkwassers daher nicht mehr als 250 mg/l Cl^- betragen. Die einzelnen Chloride verhalten sich verschieden.

Deshalb ist die Grenze beim Natriumchlorid auf 400 mg/l NaCl, bei Calciumchlorid auf 500 mg/l $CaCl_2$ und beim Magnesiumchlorid etwa 168 mg/l $MgCl_2$ festgesetzt. Nach Erfahrungen des Verfassers macht sich erhöhter Chloridgehalt besonders beim Kaffeegetränk bemerkbar. Von 250 mg/l Cl^- an nimmt Malz- und Bohnenkaffee einen unangenehmen Geschmack an. Beim Tee ist es ähnlich.

Nach den Vorschlägen der WHO ist der Grenzwert für Europa 350,0 mg/l Cl^-. Die neue Trinkwasserverordnung versagt hier. Trinkwässer, die ständig 1000 mg/l Cl^- und mehr haben, verursachen bei längerem Genuß Nierenerkrankungen, zum mindesten eine Nierenanfälligkeit (K. Höll: Jb. [1952]). Solche Wässer sind als Trinkwässer ungeeignet, ganz abgesehen von dem salzigen Geschmack, besonders der daraus zubereiteten Getränke.

Anders ist dies bei Schwerarbeitern, die viel schwitzen. Jungmann hat in Afrika festgestellt, daß durch den Salzverlust beim Schwitzen der Magen zu wenig Salzsäure bilden kann und Verdauungsbeschwerden eintreten. Die Chlorid-Zufuhr sollte in solchen Fällen vermehrt werden, z. B. durch geeignete Mineralwässer.

In nordafrikanischen Gebieten sind Cl-Werte von 700 mg/l als Grenzwert bei Dauergebrauch zugelassen, für vorübergehenden Gebrauch 2800 mg/l (potabilité momentanée).

Andererseits sind auch salzfreie Wässer auf längere Dauer ungesund, da sie infolge von Osmose eine Steigerung des Zelleninnendrucks bewirken (s. u.).

Wässer mit hohem Mineralsalzgehalt wirken sich auf die Blutzusammensetzung aus. Das, was durch eine Kur mit bestimmten Heilwässern gezielt herbeigeführt und durch eine „Transmineralisation“ im Blutkreislauf bewirkt wird, ist aber für die Dauer bei beliebigen salzreichen Wässern nicht von gesundheitlichem Vorteil.

Die Entfernung von Chloriden für manche Brauchwasserzwecke kann mit Kupferzeolithen erfolgen.

Hoher Chloridgehalt wirkt zerstörend auf Beton, Mörtel und auf Eisen. Diese Werkstoffe sind deshalb bei Berührung mit salzreichen Wässern mit gut haftenden Schutzanstrichen zu versehen. Je weicher das Wasser ist, um so stärker ist der Einfluß der Chloridkonzentration auf eiserne Rohre. Schon bei 200 mg Cl^-/l in Wässern mit weniger als 10° Härte fängt die erhöhte Korrosion an. Am stärksten ist die Korrosion bei brackigem Moorwasser, wie es in den friesischen und oldenburgischen Gebieten vorkommt.

Entsalzung

Ein wirtschaftlich tragbares Verfahren zur Entsalzung von Brackwasser und hochmineralisiertem Wasser im Großbetrieb ist bei uns noch nicht erarbeitet worden, so daß die Wasserversorgung in den Marschgebieten noch immer ein ungelöstes Problem ist. Forschungsarbeiten, die vom Bundesminiterium für Wasserwirtschaft unterstützt werden, sollen zur Lösung dieser Frage verhelfen.

Immerhin hat sich das Ionenaustauschgerät der Permutit AG bzw. der MAN für Einzelwasserversorgung zur Entsalzung von Brackwasser und auch von Meerwasser gut bewährt. Im Seenotdienst werden solche Geräte mitgeführt. Durch Ionenaustausch wird eine Vollentsalzung erreicht. Die Atlas-Werke Bremen bauen kleinere und größere Entsalzungsanlagen, ebenso die Fa. Degremont, die Herco Ges., die Cillichemie („Revers-Osmose“) sowie die MAN-Permutit GmbH, Berlin u. München.

Einen „Seewasser-Verdampfer“ stellt die Fa. Gebr. Becker, Beckum, her.

Auch das Elektrodialyseverfahren ist auf See in Anwendung, 1 m^3 teilentsalztes Wasser kostet 1,– bis 2,– DM (Fa. Karl Klein, Mannheim), sowie das Seradest-Gerät (Seral, München 70) und das Destillo-Gerät, Fa. Labin, Kreuzwertheim, sowie Nanopure und Aquadem der Wilh. Werner GmbH, Köln 1).

Beide Verfahren sind billiger als das Destillationsverfahren (R. Elliassen: GWF **96,** 54 [1955]). Die Fa. Eurowater liefert Einzelgeräte aller Größen.

Bislang ist das Destillationsverfahren noch am meisten in der Praxis in Anwendung. Thermisch regenerierbare Ionenaustauscher werden das Destillationsverfahren allmählich verdrängen (Lit. Ber. **25,** H. 4 [1977]), z. B. Sirotherm.

Die Gewinnung von Trinkwasser aus Meerwasser gewinnt aber in verschiedenen Teilen der Welt, besonders in den heißen Ländern, immer mehr an Bedeutung. Auch Helgoland hat wegen der schwierigen Wasserverhältnisse eine Entsalzungsanlage erstellt (Demnächst nach dem Umkehr-Osmose-Verfahren, s. u.).

In Wassernotgebieten ist die Entsalzung des Meerwassers durch die intensive internationale Forschung (WHO und FAO) heute schon wirtschaftlich vertretbar.

Schon 1961 wurde eine große Meerwasser-Entsalzungsanlage am Golf von Mexiko für das dortige Wassernotgebiet mit 4 Millionen Liter Süßwasser/Tag in Betrieb genommen.

Man hat drei Verfahren zur Praxisreife gebracht: Destillationsverfahren, Verdampfungsverfahren und Gefrierverfahren. Näheres bei Symposium „Süßwasser aus dem Meer" und bei K. Höll und K. W. Giesler: Stoff-Hütte, 4. Aufl., Bd. **3** [1967] sowie in der Dechema Monographie Bd. **47** [1962] (Fa. L. Pister KG, Fürth).

In letzter Zeit hat sich die Entspannungsverdampfung mit Erdgas-Beheizung in Terneuzen/Holland als besonders wirtschaftlich erwiesen und ebenso die Brüdenkompression bei der Meerwasserentsalzung (Fa. MAN und die Fa. Cillichemie).

Die Umkehr-Osmose. Auch das Verfahren der umgekehrten Osmose hat sich als wirtschaftlich realisierbar erwiesen (WaBoLu-Bericht, Nr. 18 [1974]). (Fa. BWK und Rob. Reichling & Co.), auch in Kleinanlagen.

Bei der Umkehr-Osmose werden Membranen aus Zelluloseacetat verwendet, neuerdings auch solche aus aromatischen Polyamiden (Permutit AG u. MAN, Fa. Hager u. Elsässer, Stuttgart und Cillichemie, Heilbronn („Reinstwasser").

Die Umkehr-Osmose ist bei Brackwasser-Entsalzung am wirtschaftlichsten, während Ionenaustausch nur bei geringem Salzgehalt wirtschaftlich ist.

In den USA werden schwach saure und schwach alkalische Austauscherharze benutzt, die mit heißem Wasser regenerierbar sind. Da hierbei keine zusätzlichen Salzfrachten in die Gewässer gelangen, ist dies Verfahren besonders umweltfreundlich und wirtschaftlich.

Auf Helgoland ist seit ca. 10 Jahren eine Entsalzungsanlage auf Celluloseacetat-Basis der Fa. Krupp in Versuchsbetrieb, in Bremen seit etwa 8 Jahren. Vor der Umkehr-Osmose ist evtl. eine Vorreinigung erforderlich, wenn geringste Schwebstoffmengen im Wasser vorhanden sind.

In Gmelins Handbuch der anorganischen Chemie ist als Anhangband zur System-Nr. 3 „Die Wasser-Entsalzung" 1979 erschienen (Verlag Springer, Heidelberg).

Eine vorherige Entfernung der Calcium-Ionen ist zur Vermeidung von Gipsausscheidungen oft empfehlenswert.

Ungelöste Stoffe und Kolloide sollten gegebenenfalls vorher durch Membranfilter abgeschieden werden.

In den USA beträgt der Wasserbedarf zur Zeit 1,2 Milliarden m^3/Tag, die verfügbaren Wasserreserven 1,9 Milliarden m^3/Tag. Bei weiterem Anstieg des Wasserbedarfs, mit dem zu rechnen ist, ist die Grenze der Wasservorräte an Oberflächen- und Grundwasser dort bald erreicht.

Ein völlig entsalztes Wasser ist für den menschlichen Genuß ungeeignet; es muß nachträglich wieder mit einem geringen Anteil an nicht entsalztem bzw. nicht enthärtetem Wasser versetzt werden. Über die Wasserentsalzung berichtet eingehend das Kompendium „Water Desalting", Springer-Verlag 1979, und H. E. Hörnig „Seawater and Seawater-Distillation", Vulkan-Verlag, Essen.

8. Phosphat-Ionen

Reine Wässer, besonders Gebirgswässer, enthalten Phosphate in Mengen, die 0,1 mg/l PO_4^{3-} nicht übersteigen, meist weniger als 0,03 mg/l PO_4^{3-}. Bei Verunreinigungen gelangen mit den Abwässern, Auswurfstoffen, Küchenabläufen, besonders mit Harn und Jauche große Mengen Phosphat (4,5 g Phosphat pro 24 Stunden pro Mensch) in das Wasser.

Bei Wässern, deren Phosphatgehalt über 0,1 mg/l PO_4^{3-} liegt, ist eine Beanstandung notwendig, vorausgesetzt, daß die übrigen Verschmutzungsindikatoren dasselbe besagen. Bei Phosphatwerten über 0,3 mg/l liegt immer Verdacht auf Verunreinigung vor. Bei Fäkalverunreinigung ist der Phosphatgehalt der sicherste Indikator.

Sonderfälle. In Wässern aus Moorgegenden finden sich manchmal Phosphate in Mengen bis zu 1 mg/l PO_4^{3-}. Kunstdünger (Phosphatdünger oder Mischdünger) können den Phosphatgehalt des Grundwassers erhöhen.

In manchen Böden werden Phosphate stark adsorbiert; deshalb findet man in tiefen, verschmutzten Grundwässern manchmal auch normalen Phosphatgehalt. Ein niedriger Phosphatgehalt ist daher nicht immer als günstig anzusehen. Andererseits ist hoher Phosphatgehalt des Wassers (0,1 bis 0,5 mg/l PO_4^{3-}) in manchen Gegenden geologisch bedingt. Diese Wässer haben aber stets konstante Werte, während bei Verunreinigung die Phosphatwerte des Wassers im Laufe der Zeit oder ständig schwanken. Durch exakte periodische Untersuchungen kann dies festgestellt werden.

Heiße Quellwässer haben oft sehr hohe Phosphat-Mengen (K. Höll: Heilbad u. Kurort, **21** [1969]).

Für das Rohrnetz ist der Phosphatgehalt bei manchen aggressiven Wässern von Bedeutung, da er eine natürliche Schutzschichtbildung im Rohrnetz erwirkt. Nach B. Haupt genügt manchmal dazu der natürliche Phosphatgehalt von nur 0,1 mg/l PO_4^{3-} (Jb. Wasser **255** [1939/40]). Neuerdings werden aus diesem Grunde aggressive Wässer mit Polyphosphat beimpft.

Eine Phosphat-Entfernung ist mit Aluminiumoxid-Filtern leicht möglich. Mit Laugen sind diese Filter regenerierbar. Für die 3. Reinigungsstufe ist das Verfahren wegen der Gewässer-Ökologie jetzt wichtig (F. G. Hötter, Z. f. Wasser- und Abwasser-Forschung **12,** 1979).

9. Sulfat-Ionen

Normale Wässer haben nur wenige mg bis 50 mg/l SO_4^{2-}, meist 10 bis 30 mg/l, solche aus Salzgebieten oft mehrere 100 mg/l. In manchen Gegenden kommen Wässer mit mehr oder weniger hohem Gipsgehalt (bis zu 700 mg/l SO_4^{2-}) vor. Wässer aus Braunkohlengebieten haben oft hohen Sulfatgehalt, gelegentlich auch etwas freie Schwefelsäure (z. B. Wasserwerk Elsterwerda).

Braunkohlenasche enthält große Mengen leicht löslicher Sulfate, die das Grundwasser gefährden. Im Rheinischen Braunkohlenrevier hat man nach Verbringen großer Mengen von Braunkohlen-Kraftwerksasche Sulfat-Werte von 500 mg/l SO_4^{2-} und mehr gefunden (G. Heide u. a. Z. Deu. Geol. Ges. **128,** 349–359).

Wässer aus dem „Münder Mergel" und ähnlichen geologischen Formationen haben ebenfalls bis 100 mg/l SO_4^{2-}. „Erdöl-Randwässer" enthalten fast niemals Sulfate (W. Carlé: Heilbad und Kurort **13,** H. 6 [196]).

Aus Zechstein kommen sulfatreiche Wässer.

Buntsandsteinformationen haben sulfatarme Wässer (10 bis 20 mg SO_4^{2-}/l).

Hygienische Bedeutung: Verunreinigte Wässer haben neben viel Chlorid, Nitrat und Phosphat meistens auch erhöhten Sulfatgehalt, etwa 100 bis 200 mg/l SO_4^{2-} und mehr. Dies kann zur hygienischen Trinkwasserbeurteilung bei einiger Vorsicht (s. o.) mit herangezogen werden. Harn und Jauche sind nämlich stark sulfathaltig. Rieselfeldabflüsse und Wässer aus ehemaligen Rieselgeländen haben stets hohen Sulfat-, Chlorid- und Nitrat-Gehalt neben niedriger Permanganatzahl.

In der Nähe von Mülldeponien ist der Sulfat-Gehalt oft stark erhöht (auch aus primär entstandenem H_2S).

Technische Bedeutung des Sulfatgehaltes: Für Kesselspeisezwecke ist gipshaltiges Wasser ungeeignet. Gipshaltige Kesselsteine sind wie die silicatreichen im Dampfkesselbetrieb besonders gefährlich und schwer zu entfernen. (S. 321).

Sulfatreiche Wässer sind für Betonbauten schädlich. Die Betonzerstörung beginnt bereits bei 150 bis 200 mg/l SO_4^{2-}, besonders wenn Magnesiumsulfat beteiligt ist (S. 297). Ferner wird der Mörtel angegriffen.

Gesundheitliche Bedeutung. Wasser mit sehr viel Sulfat-Ion, besonders Alkalisulfat und Magnesiumsulfat, wirken abführend. Schon bei den geringen Mengen von 200 bis 300 mg/l macht sich der Sulfatgehalt durch Störung der Darmfunktion bemerkbar. Nach einiger Zeit gewöhnt sich der Körper daran. Als Grenzwert dürfte 250 mg/l SO_4^{2-} anzusehen sein. Die neue Trinkwasserverordnung gibt 240 mg/l SO_4^{2-} als Grenzwert an (= 2500 mmol/m^3). Sehr bedenklich wird der Sulfatgehalt, wenn er 1000 mg/l übersteigt. In Niedersachsen sind sulfatreiche Wässer (200 bis 1000 mg/l) häufig (Gipswässer). In der neuen Trinkwasserverordnung ist für solche Gebiete eine Ausnahmeregelung vorgesehen.

In den Tropen und in manchen subtropischen Gebieten kommt dem Sulfatgehalt große Bedeutung zu, da dort sehr viele Wässer enorm hohen Sulfatgehalt haben und dadurch abführend wirken. Da der Mensch dort sowieso unter Durst zu leiden hat, müssen Diarrhöen, die den Durst vergrößern, unbedingt vermieden werden.

Auch als Tränkwasser für Haustiere ist ein Wasser mit mehr als 500 mg/l SO_4^{2-} und mehr als 1000 mg/l Cl^- ungeeignet. Besonders empfindlich sind Schweine.

A. I. Bokin hat eingehende tierexperimentelle Untersuchungen über hochsulfathaltige Wässer angestellt und Beobachtungen am Menschen gemacht (Ref. in Lit. Ber. Wasser u. Abwasser **5,** 284 [1956]). Danach rufen Mengen von 1000 mg/l SO_4^{2-} und mehr Veränderungen im Verdauungstrakt und später Störungen des Nervensystems hervor.

Als Grenzwert ist vom europäischen Büro der Weltgesundheitsorganisation 250 mg/l SO_4^{2-} festgelegt worden (s. H. Kruse [22]).

10. Kalium und Natrium

Bei Verunreinigung eines Wassers durch fäkale Abfallstoffe sind Kalium und Natrium zugleich mit dem Chlorid-Ion erhöht, und zwar ist in solchen Fällen der Kaliumgehalt höher als der Natriumgehalt. Normalerweise haben Grundwässer einige mg/l Na^+ bis 50 mg/l Na^+, und Kalium ist nur zu 1 bis 2 mg/l in reinen Grundwässern vorhanden. Bei höheren Werten ist eine Verunreinigung zu vermuten, wenn nicht aufsteigendes Mineralwasser aus Salzlinsen oder aus dem Zechstein vorliegt. Durch vergleichende Untersuchungen an benachbarten Brunnen kann man diese Fragen oft klären. Enorm hohe Kaliumwerte von mehreren 100 mg/l K^+ wurden von K. Knie und vom Verf. in den Flachbrunnen im „Seewinkel“ am Neusiedler See gefunden. Auch Thermal- und Geysir-Wässer haben viel Kalium (K. Höll: Heilbad u. Kurort **16** [1964]). Gelegentlich tritt erhöhter Kaliumgehalt im Grundwasser durch Auswaschung der Kali-Düngesalze mit dem Sickerwasser auf (K. Höll: Jb. „Vom Wasser“ **30** [1963]).

Die Kalium-Bestimmung gewinnt jetzt auch insofern große Bedeutung als man aus dem Kalium-Gehalt den Gehalt an dem radioaktiven ^{40}K errechnen kann (0,0186%). Über die Bestimmung des Kaliums s. S. 183.

11. Abdampfrückstand

Verunreinigte Wässer haben erhöhten Abdampfrückstand. Grenzwerte lassen sich jedoch nicht angeben. Nur durch Vergleich mit Werten benachbarter Brunnenwässer, die vollkommen unverdächtig sind, kann ein Anhalt für die Beurteilung gewonnen werden.

Verunreinigte Wässer geben beim Glühen des Abdampfrückstandes eine Schwärzung und einen unangenehmen Geruch (etwa wie verbrannte Haare). Ist der Glühverlust im Verhältnis zum Abdampfrückstand hoch (mehr als ein Drittel des Abdampfrückstandes), so ist dies ebenfalls ein Anzeichen für Verunreinigung.

Wässer mit mehr als 1000 mg Abdampfrückstand/l können als Mineralwässer bezeichnet werden. Bei salzarmen Mineralwässern kann die Hälfte des Gehalts an Hydrogencarbonat zu dem Abdampfrückstand hinzugezählt und dies der Beurteilung zugrunde gelegt werden. Die Heilwasseranalyse bestätigt dann das Vorliegen eines Mineralwassers, da bei dieser das Hydrogencarbonat voll rechnet, während es beim Abdampfrückstand nur zur Hälfte erscheint (S. 328).

12. Absiebbares

Bei Trübungen des Trinkwassers kann man mit Hilfe des Nannoplankton-Netzes nach K. Höll (s. Teil 3) (Hersteller Franz Bergmann KG) einen Einblick in die Art der Trübungsstoffe gewinnen, indem man das Abgesiebte mikroskopiert.

Gutes Trinkwasser soll nicht mehr als 0,5 ml Absiebbares pro m^3 haben.

13. Cancerogene Stoffe im Wasser

Viele polycyclische aromatische Kohlenwasserstoffe haben cancerogene Eigenschaften, sowohl auf der Haut wie auch im Magen-Darm-Trakt, also innerlich und auch äußerlich. Zu diesen krebserzeugenden Stoffen gehören in erster Linie 3,4-Benzpyren, ferner 10,11-Benzfluoranthen und 1,2-Benzanthrazen.

Durch die grundlegenden Arbeiten von J. Borneff sind wir über das Vorkommen solcher Cancerogene im Oberflächenwasser und Grundwasser gut unterrichtet (Arch. f. Hyg. [1959–1963]). J. Borneff hat diese Stoffe bei Stichproben überall im Wasser gefunden und hat sie auch in größeren Mengen in Filtermaterialien (Filterkies, Aktivkohle) nachgewiesen ebenso wie im Schlamm von Gewässern.

Die genannten cancerogenen Stoffe sind u. a. in Mineralölen aller Art, in Kraftstoffen, Treibstoffen wie Dieselöl, Kerosin (Flugzeugtreibstoff) sowie in Heizölen enthalten. Durch Leckwerden von Behältern mit diesen Mineralölen wird nicht nur das Grundwasser geschmacklich und geruchlich verdorben, sondern es gelangen mit den Mineralölen auch cancerogene Stoffe in das Grundwasser. Es kommt hinzu, daß die Mineralöle im Boden befindliche Cancerogene zusätzlich aufnehmen auf Grund ihres Lösungsvermögens für diese Stoffe.

In den Boden gelangen Cancerogene bei Regen mit dem Aerosol dicht besiedelter Gebiete und Industriegebiete. Autoabgase, Motorenabgase, besonders auch Abgase von Heizöl-Anlagen sowie Feuerungs- und Diesel-Ruß und Staub enthalten nämlich die genannten Cancerogene; sie gelangen auch mit verschiedenen Industrie-Abwässern (von Erdöl-Industriebetrieben, Kokereien, chemischen Betrieben, Dachpappenfabriken) in die Gewässer und in das Grundwasser. Selbst Abwässer von Schieferplattenfabriken haben viel cancerogene Stoffe. Auch Regenwasserabläufe von Teerstraßen und Flächen mit Bitumenanstrichen bringen Cancerogene ins Wasser. Beim Ölablassen von Schiffen geraten große Mengen cancerogener Stoffe ins Wasser und bei Flußwasserversorgung ins Trinkwasser. Die bislang übliche Dichtung von Trinkwasserbehältern aus Beton und Mauerwerk mit Bitumen erscheint jetzt also bedenklich. Man wird in Zukunft zu modernen Anstrichmitteln wie Inertol oder Folienabdichtungen (z. der Fa. Kalle) greifen, um Beton vor aggressiven Wässern zu schützen (Sickerwässer S. 216f.).

Mit der Zunahme des Kraftfahrzeugverkehrs hat auch der Abrieb von Autoreifen, der pro 100 g Reifenmaterial 1,2 mg 3,4-Benzpyren enthält, zugenommen. An Verkehrsknotenpunkten und Autobahnzubringern ist eine Grundwasser-Gefährdung gegeben.

Bei verschmutzten Flußläufen, wie Rhein, Main, Mosel, muß man wegen der Abwasserbelastung immer mit größeren Mengen an Cancerogenen rechnen. Es kommt hinzu, daß die im Flußwasser heutzutage vorhandenen Detergentien (S. 301) die cancerogene Wirkung auf Grund ihrer Oberflächenaktivität erheblich verstärken, so daß bei ständigem Genuß von unbehandelten Flußwasser nach J. Borneff eine Carcinomgefährdung auftritt, da pro Person mehrere mg cancerogener Stoffe pro Jahr aufgenommen werden. Auf die erhöhte Wirkung kleiner Mengen von Cancerogenen im Wasser mit Detergentien hat H. O. Hettche aufmerksam gemacht (Arch. f. Hyg. **144,** 467 [1960]. Th. Böhm-Gößl und R. Krüger, Hüls, haben jedoch gezeigt, daß im Versuch dazu die Detergentienmengen im Vorfluter nicht ausreichen, um eine Anreicherung von Benzpyren zu verursachen (Lit. Ber. **14,** 50).

Je stärker verunreinigt ein Oberflächenwasser ist, desto größer ist die Gefährdung durch cancerogene Stoffe. Ein Wasser mit Mineralölgeschmack sollte nur nach Kohlefiltration als Trinkwasser benutzt werden. Die Unschädlichkeitsgrenze für Cancerogene soll bei 0,03 mg/m^3 liegen.

In der Trinkwasser-Verordnung vom 31. 1. 1975 ist als Grenzwert für polycyclische aromatische Kohlenwasserstoffe 0,02 $mmol/m^3$ = 0,00025 mg/l C festgelegt.

Wenn auch allein vom Trinkwasser her kaum ernstliche Gefahren drohen, so muß man nach J. Borneff doch mit Additions- und vielleicht Potenzierungswirkung von anderen Lebensmitteln her rechnen, da 1 bis 10 mg pro Jahr für den Menschen schon die Schädlichkeitsgrenze bilden.

Nach J. Borneff muß Trinkwasser daher frei sein von cancerogenen Stoffen, sonst müßte es durch Aktivkohle-Filter gereinigt werden (J. Borneff u. R. Fischer: Arch. f. Hygiene u. Bakt. **145** [1961]).

Nach Untersuchungen von J. Borneff und R. Fischer haben auch Heideböden geringe Spuren cancerogener Stoffe (Arch. f. Hyg. **146,** 1–16 [1963]); dies zeigt, daß allein vom Aerosol her Cancerogene in den Boden und ins Sickerwasser gelangen (s. auch E. A. Primavesi u. H. Althaus, Forum Städtehygiene 1982).

a) Bestimmung der cancerogenen Stoffe

Zur Bestimmung der cancerogenen Stoffe wird die Wasserprobe mit Cyclohexan extrahiert, der Extrakt eingedampft und nach chromatographischer Abtrennung das 3,4-Benzpyren im Spektralphotometer (Zeiss, PM Q II) mit Fluorescenz-Zusatz bestimmt (L. Scholz u. H. J. Altmann: Z. f. analyt. Chemie **240,** 81–91 [1968]).

Aromatische Kohlenwasserstoffe, wie Anthracen, Fluoren, Corylen, Phenanthren u. a., können nur bei entsprechender apparativer Ausrüstung durch Kombination von Gaschromatographie, Massenspektrometrie und elektronischer Datenverarbeitung in Spezialinstituten bestimmt werden. In der TVO ist die „fluoreszenzspektrometrische Bestimmung nach Anreicherung und Trennung mittels Dünnschichtchromatographie“ vorgeschrieben worden, was in apparativer und personeller Hinsicht ziemlich utopisch ist.

b) Entfernung cancerogener Stoffe

Bei der Flußwasseraufbereitung mit Aktivkohle wird neben der Entfernung der Chlorphenole und der Geschmacksverbesserung auch eine weitgehende Entfernung der cancerogenen Stoffe erreicht. Nach J. Borneff ist aber eine Kontaktzeit von 15 bis 30 min bei 6 bis 50 g/m^3 Wasser (als Filter oder als eingebrachtes Pulver) erforderlich. Auch in allen anderen Fällen von cancerogenhaltigen Wässern ist Kohlebehandlung angezeigt.

Sandfilter setzen den Gehalt an Cancerogenen um 2/3 herab, jedoch Schwebstoffilter nach Eisenchlorid-Flockung zu 98%. Graphitfilter sind nach Borneff unwirksam. Ozon und Chlordioxid sind zur Unschädlichmachung von Cancerogenen weitaus besser geeignet als Chlor (J. Borneff: GWF **110,** 1–6 [1969] und Arch. f. Hyg. **152,** 265–276 [1968]). Chlorung beansprucht 2 Stunden, Chlordioxid 15 Minuten Einwirkungszeit. Über H_2O_2 und UV-Behandlung s. GWF 123 [1982].

Nach J. Reichert werden vom Ozon die Cancerogene weitgehend abgebaut; es muß aber eine Belüftung und Filterung vorausgehen (GWF **110,** 474–482 [1969] und Schrift.-Reihe WaBoLu **40,** 53–65 [1973]).

Bei Filtration mit Flockungshilfsmitteln kann eine Eliminierung der polycyclischen Aromate zu mehr als 90% erreicht werden (Zbl. Bakt. **158,** 530 [1974]).

c) Verbote und Verordnungen

Das Verbot des Waschens von Kraftwagen an Gewässern hat durch diese Erkenntnisse über die Cancerogene im Wasser eine neue Grundlage erhalten.

Die sog. Benzinabscheider in der Kanalisation sind für den Gewässerschutz auch wegen der Cancerogene in Zukunft wichtig.

Eine „Muster-Verordnung über die Lagerung grundwassergefährdender Flüssigkeiten“ schreibt jetzt weitgehende Sicherungen gegen das Leckwerden vor (Länderarbeitsgemeinschaft Wasser, LAWA), desgleichen die Richtlinien des DVGW.

Eine Literaturübersicht gibt S. S. Blioch in der russischen Zeitschrift für Hygiene und Gesundheit **30,** 86–89 [1965]).

Aufgaben des Wasserwerksleiters

In der Schriftenreihe DVGW Nr. 10 hat der Direktor der Dortmunder Wasserwerke, Herr Frank, die Aufgaben des Wasserwerksleiters hinsichtlich Wassergüte zusammenfassend zusammengestellt.

E. Normalwerte für Trinkwasser

Unter jedem Vorbehalt nach dem in den vorigen Kapiteln Gesagten kann man folgende Werte als Normalwerte für gutes Trinkwasser angeben:

Ammonium-Ion:	0,0 mg/l NH_4^+ (außer in eisenhaltigen Grundwässern)
Nitrit-Ion:	0,00 mg/l NO_2^-
Nitrat-Ion:	5,0 bis 30 mg/l NO_3^-
Phosphat-Ion:	unter 0,03 mg/l PO_4^{3-}
Chlorid-Ion:	10 bis 30 mg/l Cl^-
Sulfat-Ion:	10 bis 60 mg/l SO_4^{2-}
Kaliumpermanganatverbrauch:	3 bis 8 mg/l $KMnO_4$

Gesamthärte:	5 bis 15 °dH
Eisen:	< 0,05 mg/l Fe^{2+}
Mangan:	< 0,1 mg/l Mn^{2+}
Urochrom:	0 mg/l
Polycycl. Aromate:	0,0000 mg/l

F. Beispiele für Trinkwasseranalysen von Einzelbrunnen und ihre Auswertung

1. Kesselbrunnen, die durch Kuhstalljauche stark verunreinigt sind

(„Kleine Trinkwasseranalyse")

Aussehen:	Klar, schwach gelblich
Geruch:	Dumpfig, modrig
Ammonium-Ion:	1,6 mg/l NH_4^+
Nitrit-Ion:	1,2 mg/l NO_2^-
Nitrat-Ion:	125, 0 mg/l NO_3^-
Phosphat-Ion:	0,65 mg/l PO_4^{3-}
Kaliumpermanganatverbrauch:	88,0 mg/l $KMnO_4$
Urochrom:	25,0 mg/l
Chlorid-Ion:	260,0 mg/l Cl^-
Sulfat-Ion:	90,5 mg/l SO_4^{2-}
Gesamthärte:	26,50 °dH
Karbonathärte:	19,63 °dH
Nichtkarbonathärte:	6,87 °dH
Eisen:	0,5 mg/l Fe^{2+}
ph-Wert:	6,83

Beurteilung. Auf Grund der chemischen Analyse ist das Wasser zu beanstanden. Der hohe Gehalt an Stickstoffverbindungen (Ammonium-, Nitrit- und Nitratstickstoff), an organischen Stoffen sowie an Phosphat- und Chlorid-Ion zeigt eine starke Verunreinigung des Wassers an.

Die Beeinflussung des Wassers durch den nur etwa 15 m entfernt liegenden Kuhstall ist durch die Analyse nachgewiesen. Die Verlegung des Brunnes ist unumgänglich und ist sofort in Angriff zu nehmen. Bis dahin ist ein anderer Brunnen zu benutzen, der jedoch vorher auch zu prüfen wäre; falls ein solcher nicht zur Verfügung steht, darf das Wasser des zu reinigenden Brunnens nur in abgekochtem Zustande genossen werden (10 Minuten kochen).

2. Wasser von einem unverdächtigen Bohrbrunnen

(„Kleine Trinkwasseranalyse“)

Aussehen:	Bei Entnahme klar, farblos im 1,5 m Schaurohr; kein Bodensatz. Nach 24 Stunden gelblichbrauner Bodensatz von Eisenoxidhydrat.
Geruch und Geschmack:	o. B. (ohne Besonderheit)
Ammonium-Ion:	0 mg/l NH_4^+ (unter 0,03 mg/l NH_4^+)
Nitrit-Ion:	0 mg/l NO_2^- (unter 0,01 mg/l NO_2^-)
Nitrat-Ion:	1,0 mg/l NO_3^-
Phosphat-Ion:	0,01 mg/l PO_4^{3-}
Kaliumpermanganatverbrauch:	6,5 mg/l $KMnO_4$
Urochrom:	0
Chlorid-Ion:	23,8 mg/l Cl^-
Sulfat-Ion:	98,5 mg/l SO_4^{2-}
Eisen-Ion:	1,6 mg/l Fe^{2+}
Mangan-Ion:	0,3 mg/l Mn^{2+}
Gesamthärte:	33,5 °dH
Nichtkarbonathärte:	17,5 °dH
Karbonathärte:	16,0 °dH
pH-Wert	7,26

Beurteilung: Auf Grund der chemischen Analyse ist das Wasser in gesundheitlicher Beziehung als einwandfrei zu bezeichnen, da der bakteriologische Befund ebenfalls günstig ist.

Wegen des hohen Eisengehaltes und der hohen Härte ist das Wasser als Brauch- und Wirtschaftswasser jedoch ungeeignet, z. B. ist es zum Bereiten von Speisen (Hülsenfrüchten u. a.) und Getränken (Tee, Kakao) sehr ungünstig; zum Wäschewaschen ist es wegen der hohen Härte (hoher Seifenverbrauch) und wegen des hohen Eisen- und Mangangehalts (Fleckenbildung) unbrauchbar.

Wenn keine andere Wasserversorgungsmöglichkeit besteht, wäre eine Enthärtung und Enteisenung jedoch durch die handelsüblichen Kleinfilter durchführbar.

Weitere Beispiele s. große Wasseranalyse S. 284 f.

V. Große Trinkwasseranalyse von Leitungswasser (Chemische Untersuchung von Trink- und Brauchwasser bei zentraler Wasserversorgung)

Für die Untersuchung von Wasser für eine zentrale Wasserversorgung und von Leitungswasser ist folgender Arbeitsgang zu empfehlen:

A. Arbeitsgang

1. Ermittlung des Angriffsvermögens (an Ort und Stelle)
   1) Reaktion
   2) pH-Wert
   3) Gesamte freie Kohlensäure
   4) Ansetzen des Heyer-Versuchs
   5) Ansetzen der Sauerstoffproben
   6) Schwefelwasserstoff
   7) Bleinangriff
2. Hygienische-chemische Analyse
   1) Farbe
   2) Trübungsgrad
   3) Ammonium-Ion
   4) Nitrit-Ion
   5) Nitrat-Ion
   6) Chlorid-Ion
   7) Kaliumpermanganatverbrauch und Chlorzahl
   8) Phosphat-Ion
   9) Sulfat-Ion
   10) Urochrom und gegebenenfalls
   11) Koprosterin
3. Ermittlung des Gebrauchswerts des Wassers
   (Technische Wasseranalyse, Brauchwasseruntersuchung)
   Gesamteisen, Eisen(II)-Ion, Eisen(III)-Ion
   Mangan-Ion
   Gebundene Kohlensäure
   Alkalität, Säureverbrauch
   Acidität, Laugenverbrauch
   Berechnung der aggressiven Kohlensäure und der rostschutzverhindernden Kohlensäure aus dem Heyer-Versuch sowie dem pH-Wert
   Carbonathärte
   Gesamthärte
   Nichtcarbonathärte
   Calcium-Ion
   Magnesium-Ion
   Schwefelwasserstoff und Sulfid-Ion
   Abdampfrückstand und Glührückstand

Elektrolytische Leitfähigkeit
Kieselsäure und Silicate
Ermittlung künstlicher Wasserzusätze (Chlor, Aluminium, Polyphosphat usw.)
Ermittlung von Blei, Kupfer, Zink, Arsen, Selen, Aluminium, Zinn, Kalium, Quecksilber und Cadmium
Weiterhin Bestimmung der Phenole, Mineralöle, Detergentien und Pestizide, sowie polycyclische aromatische Kohlenwasserstoffe, Chrom, Cyanid, Fluorid, Chlorphenole u. a. Schadstoffe.

Die Screening-Analyse

Die Screening-Analyse zur Überprüfung der ursprünglichen Reinheit soll sich erstrecken auf:

Anionische Tenside	(200 µg/l)
Cyanide	(50 µg/l)
Gelöster organisch gebundener Kohlenstoff (DOC)	(50 µg/l)
Organisch gebundener Stickstoff (Kjeldahl)	(1 mg/l)
Ammonium	(0,5 mg/l)
Kohlenwasserstoff (Mineralöle)	(10 µg/l)
Polycyclische aromatische Kohlenwasserstoffe	(200 µg/l)
Phenolindex und Phenole gaschromatographisch	(0,5 µg/l)
Extrahierbare Substanzen (Chloroform, Petrolether), Trihalogenmethane	(25 µg/l)
Flüchtige Halogenkohlenwasserstoffe	(25 µg/l)

B. Ermittlung des Angriffsvermögens

1. Reaktion

Die Ermittlung der Reaktion eines Wassers durch Lackmuspapier hat im allgemeinen heute nicht mehr viel Wert; man mißt vielmehr die Reaktionsstufe des Wassers durch eine pH-Bestimmung. Als orientierende Prüfung des Angriffsvermögens eines Wassers kann jedoch unter Umständen die Bestimmung der Reaktion gegen Rosolsäure (s. u.), Methylrot (0,1%ig alkoholisch), Methylorange (0,1%ige wäßrige Lösung) sowie Phenolphthalein (0,375%ig alkoholisch) von Wert sein, indem man hierdurch einen ungefähren Aufschluß darüber erhält, ob das Wasser aggressiv ist oder nicht. Die Feststellung; sauer oder alkalisch gegen diese Indikatoren gibt gute Fingerzeige für die weitere Untersuchung und die erforderlichen Aufbereitungsmaßnahmen.

Alle weichen, kohlensäurereichen Wässer geben mit Rosolsäure eine Gelbfärbung, ebenso auch die härtesten Wässer mit viel überschüssiger Kohlensäure. Bei allen übrigen Wässern bleibt die rötliche oder gelbrote Farbe der Rosolsäure bestehen.

Rosolsäurereagenz: 0,25 g Rosolsäure werden in etwas Alkohol unter Erwärmen gelöst. Nach Zusatz von weiteren 20 ml Alkohol wird mit einigen Tropfen $Ba(OH)_2$-Lösung neutralisiert und auf 50 ml aufgefüllt. Von diesem Reagenz werden fünf Tropfen zu 50 ml Untersuchungswasser zugesetzt.

Methylorange (Reagenz Nr. 18) gibt mit Wässern, die freie Mineralsäure enthalten, wie sie in Braunkohlegebieten vorkommen, Rotfärbung und mit kohlesäurereichen Wässern Orangerotfärbung; Wässer, die gegen Methylorange sauer reagieren, sind natürlich stark aggressiv.

Wässer, die mit Phenolphthalein Rosa- oder Rotfärbung ergeben, enthalten Carbonate und unter Umständen Hydroxide. Diese greifen Blei- und Zinkrohre an.

2. pH-Bestimmung, Wasserstoffionenkonzentration

Allgemeines. Das Wasserstoffion ist Träger der sauren Reaktion. Die Anzahl Wasserstoffionen in mol pro l, die Wasserstoffionenkonzentration, ist beim reinsten Wasser $1 \cdot 10^{-7}$ mol/l, in alkalischen Wässern ist sie kleiner, aber immerhin noch meßbar, in sauren Wässern ist sie größer als $1 \cdot 10^{-7}$ mol/l. Die Wasserstoffionenkonzentration ist ein Maß für die Reaktionsstufe des Wassers. Die Zahl 10^{-14} ist die Dissoziationskonstante des Wassers, des chemisch absolut reinen Wassers bei 22 °C; 10^{-7} Mol H_2O pro Liter Wasser sind also in H^+- und OH^--Ionen gespalten. Da in diesem reinen neutralen Wasser gleich viel H^+-Ionen (bzw. Hydronium-Ionen H_3O^+) und OH^--Ionen vorhanden sind, so enthät es je 10^{-7} g H^+-Ionen (bzw. Hydronium-Ionen) und OH^--Ionen.

Mit den gebrochenen Zahlen kann man schlecht rechnen; man gibt deshalb die Wasserstoffionenkonzentration als pH-Wert an, d. i. der negative Logarithmus der Wasserstoffionenkonzentration. pH 7 ist also neutral, pH 7 bis 14 ist das alkalische Gebiet, pH 0 bis 7 das saure Gebiet.

Wasserstoffionenkonzentration:	10^{-1}	10^{-7}	10^{-14}
pH-Wert	1	7	14

pH-Wert	0	1	2	3	4	5	6	7	8	9	10	11	12	13	14

stark→ sauer ←schwach schwach→ alkalisch ←stark

Vorkommende Werte. Normale Wässer haben pH-Werte um 7,0. Aufbereitete Wässer können pH-Werte über 8,0 haben. Wässer aus Moorgebieten haben pH-Werte von 5 bis 6. Weiche Wässer mit viel freier Kohlensäure haben ebenfalls pH-Werte von 5 bis 6, ebenso wie kohlensäurereiche Mineralwässer (Säuerlinge pH 4 bis 5,5).

Destilliertes Wasser hat je nach dem Kohlensäuregehalt, der von dem Kohlensäure- und Hydrogencarbonatgehalt des zur Destillation verwendeten Wassers herrührt, pH-Wert von 5,0 bis 5,7; reinstes kohlensäurefreies Wasser: pH 7 bei 25 °C. Mit steigender Temperatur sinkt der pH-Wert.

Näheres über pH s. in der Monographie von K. Schwabe: Dresden [1963] und E. Nebe: Der kleine pH-Leitfaden, Weilheim [1971].

a) Orientierende pH-Bestimmung

1. Mit dem Universalindikator Merck kann man orientierende pH-Bestimmung in dem Bereich von pH 0 bis 9 mit einer Meßgenauigkeit von 0,5 pH durchführen.

   Man versetzt einige ml des Untersuchungswassers mit einigen Tropfen der beiden flüssigen Indikatoren für den pH-Bereich von 0 bis 5 und pH 4 bis 9 in einem Prüfglas oder in einer Porzellanpalette. Die entstandene Färbung vergleicht man mit einer von der Firma E. Merck mitgelieferten Farbskala.

2. Mit den pH-Papieren von Merck, Spezialsorte für Wasseruntersuchung, kann man nur eine orientierende Schätzung des pH-Wertes vornehmen, mit Mercks Indikatorstäbchen pH-Werte von 0,2 zu 0,2 bestimmen.

b) Genauere kolorimetrische pH-Bestimmung

Der Hellige-Komparator gibt ziemlich genaue pH-Werte in Intervallen von 0,2 pH-Einheiten und erlaubt Schätzungen der Zwischenwerte von 0,1 zu 0,1 pH. Für pH-Werte um den Neutralpunkt verwendet man Bromthymolblau als Farbindikator, von dem 0,5 ml zu 10 ml Wasser in eine besondere Küvette von 13 mm Dm. gegeben werden. Für die schwach alkalischen Werte ist der Phenolrot-Indikator sehr geeignet. Der Vergleich wird mit den lichtbeständigen Farbscheiben im Hellige-Komparator vorgenommen (Fa. Hellige u. Co., Freiburg/Br.).

Störungen. Trübungen und Eigenfärbungen des Wassers werden mit Hilfe der Kompensationsküvette kompensiert. Bei gechlortem Wasser wird die Färbung beeinträchtigt; man prüft deshalb nach Abstellen der Chlorungsanlage den pH-Wert.

Bei stärkeren Trübungen oder Färbungen wird mit Leitfähigkeitswasser oder mit reinstem destilliertem Wasser (Reagenz Nr. 10) verdünnt. Die Kompensationsküvette muß auch bei klaren, farblosen Wässern stets gefüllt werden.

Bei sehr salzarmen weichen Wässern erhält man einen Indikatorfehler, 0,1 bis 0,3 pH-Stufen zu niedrig. Man arbeitet in solchen Fällen mit dem Neßlerrohransatz mit einer Schichthöhe von 250 mm und setzt die Indikatorkonzentration herab (z. B. bei Bromthymolblau auf 0,25 ml für 100 ml Wasser). Der Salzfehler bei salzreichen Wässern (über 0,5 N) kann durch Verdünnen mit Leitfähigkeitswasser vermieden werden.

Die Hellige-Indikatorlösungen können bei längerem Stehen ihre Farbe ändern. Bromthymolblau kann z. B. von Grün nach Blau übergehen. Durch 0,1 N Salzsäure oder 0,1 N Natronlauge kann die richtige Farbe wieder eingestellt werden. Bei pH-Messungen in schlecht gepufferten, also weichen Wässern ist diese Kontrolle wichtig. Beim Umschütteln der Indikatorlösung sieht man an der Schaumfarbe, ob der Indikator noch in Ordnung ist. Der Bromthymolblau-Indikator muß z. B. gelbgrüne Schaumfarbe, der Phenolrot-Indikator bläulichrote Schaumfarbe haben.

Der Lovibond-Komparator wird in gleicher Weise gehandhabt (Fa. Akdolit-Werk).

Temperaturfehler

Bei allen Indikatormethoden beträgt der Temperaturfehler oberhalb und unterhalb 15 bis 25 °C etwa 0,1 pH (s. Kolthoff: Farbindikatoren, Berlin [1926]).

c) Genaue elektrometrische pH-Bestimmung

Allgemeines

Die elektrometrische pH-Bestimmung erfolgt jetzt mit der Einstabmeßkette (Glaselektrode und Bezugselektrode). Wenn die pH-Messung bei Zimmertemperatur erfolgt, spielt der Temperaturfehler keine Rolle, wohl aber bei stark abweichenden Temperaturen, z. B. bei Felduntersuchungen, besonders bei stark alkalischen Wässern. Bei Temperaturen unter 18 °C werden zu niedrige, oberhalb zu hohe pH-Werte gefunden, z. B. bei 10 °C Abweichungen von 0,1 bis 0,2 pH-Stufen.

Unterhalb pH 2 und oberhalb pH 12 sind die Meßwerte, welche die Glaselektrode liefert, mit kleinen Fehlern behaftet.

Man versäume nicht, von Zeit zu Zeit das pH-Meßgerät zu kontrollieren, was mit Pufferlösungen von bestimmtem pH-Wert geschieht, z. B. Standardacetatlösung mit pH 4,616 bei 20 °C (100 ml 1 N Natronlauge + 200 ml 1 N Essigsäure auf 1000 ml auffüllen mit destilliertem Wasser [Reagenz Nr. 10]). Die Chem. Fabrik E. Merck hat kürzlich Pufferlösungen zur Herstellung sehr genauer pH-Standardlösungen herausgebracht, ebenso die Fa. Dr. W. Ingold und Fa. Metrohm. Die Fa. Riedel de Haen und die Fa. Schott bringen jetzt ebenfalls sehr genaue Pufferlösungen in den Verkehr.

Auch mit dem „pH-Wert-Geber" kann das pH-Gerät geprüft werden (Lief. WTW. Wiss.-Techn. Werkstätten, Weilheim).

Bezugsquellen für pH-Meßgeräte: Beckmann Instruments GmbH, D 8000 München 40; Fa. Colora, D 7073 Lorch; Fa. Knick, D 1000 Berlin 37; Fa. Kontron, D 8057 Eching; Ingold GmbH, D 6000 Frankfurt/Main 1; Fa. Philips, D 3500 Kassel; Fa. Dr. Kunze, D 4000 Düsseldorf 11; Oriel GmbH, D 6100 Darmstadt; Pabisch KG, D 4800 Bielefeld und Hoelzle u. Chelius, Neu-Isenburg.

Für Felduntersuchungen ist das Taschen-pH-Meter der Fa. Wiss.-Techn. Werkstätten, D 8120 Weilheim geeignet, ebenso das größere Gerät der Fa. Deutsche Metrohm GmbH, D 7024 Filderstadt sowie der Fa. Schott, D 6500 Mainz und Fa. Philips GmbH, D 3500 Kassel; diese Firmen stellen auch selbst schreibende pH-Meter her. Feldgerät mit spreizbarem Bereich: Fa. Knick, D 1000 Berlin 37, ferner Fa. Seibold, A 1013 Wien.

Öle aller Art beeinträchtigen die Glaselektrode stark; die Reinigung ist schwierig. Bei Abwässern benutzt man gegebenenfalls kolorimetrische Methoden, die fast immer ausreichen.

Die pH-Messung muß bei der Probenahme sofort an Ort und Stelle vorgenommen werden; das bedingt, daß das pH-Gerät transportabel sein muß. Wenn ein solches nicht zur Verfügung steht, wird man in den warmen Sommermonaten mit einer kolorimetrischen pH-Bestimmung an Ort und Stelle z. B. mit dem Hellige-Komparator zuverlässigere Resultate erzielen als bei der elektrometrischen Bestimmung nach längerem Transport der Wasserproben am anderen Tag im Laboratorium, da CO_2 entweicht. Es muß allerdings die Wassertemperatur berücksichtigt werden.

d) Die Messung des Redoxpotentials

Neben dem pH-Wert spielt in der Wasserchemie das Redoxpotential eine wichtige Rolle, z. B. bei der Fernwasser-Versorgung und bei der Chlorung von Schwimmbad-Wasser.

Wenn in einer wäßrigen Lösung zwei Stoffe, die gegenseitig durch Oxidation und Reduktion ineinander übergehen können, vorhanden sind, so spricht man von einem Redox-Milieu. In dessen Bereich können stark und schwach oxidierende und ebensolche reduzierenden Stoffe vorhanden sein. Durch die Messung des Redoxpotentials kann dies näher charakterisiert werden. In verunreinigtem Wasser liegt niedriges Redoxpotential vor; es soll aber über +600 mV liegen. Beim Trinkwasser sind die Redox-Verhältnisse anders als beim Schwimmbad-Wasser (S. Carlson u. U. Hässelbarth: Jb. „Vom Wasser", **35,** 266–283 [1968]).

Zur Messung des Redoxpotentials dient ein Knick-pH-Verstärker, eine Platinelektrode, eine gesättigte Kalomel-Bezugselektrode und ein Meßgefäß.

Ein handliches Meßgerät für feldmäßige Redox- und pH-Messungen liefert die Fa. Wiss.-Techn. Werkstätten GmbH, desgl. die Orion Research über die Colora GmbH und Fa. Ingold. Die Verockerung ist bei hohen positiven Redoxwerten stark, bei negativen schwach.

3. Kohlensäure

Vorkommen. Freie Kohlensäure kommt in jedem natürlichen Wasser vor, in Mengen von einigen mg/l bis 100 mg/l und mehr. Grundwässer haben gewöhnlich 10 bis 50 g freies CO_2/l, viele Quellwässer noch mehr. Oberflächenwässer haben gewöhnlich nur wenige mg/l, besonders die Fließgewässer. Für zentrale Wasserversorgungsanlagen sind sehr genaue Kohlensäurebestimmungen von größter Wichtigkeit. Man unterteilt die freie Kohlensäure in zugehörige und überschüssige Kohlensäure (S. 130ff.).

a) Vorprüfung auf freie Kohlensäure

100 ml der Wasserprobe werden mit einigen Tropfen einer durch Natronlaugezusatz schwach geröteten Phenolphthaleinlösung (0,1%ig) versetzt. Wenn freie Kohlensäure im Wasser vorhanden ist, so tritt Entfärbung des Phenolphthaleins ein. Wenn auch in der aufgekochten (und wieder erkalteten!) Wasserprobe Entfärbung eintritt, so liegt freie Mineralsäure vor (Grubenwasser). Wenn bei Zusatz der Phenolphthaleinlösung die Rosa- bis Rotfärbung sich verstärkt, so ist keine freie Kohlensäure vorhanden; der pH-Wert liegt dann über 8,0, aggressive Kohlensäure ist damit ausgeschlossen.

b) Titrimetrische Kohlensäure-Bestimmung nach Trillich

Vorbereitung. Für die Kohlensäure-Bestimmung wird am besten eine schlanke Weithalsflasche von etwa 250 ml verwendet, die bei 200 ml eine Ringmarke hat.

In die Weithalsflasche bringt man mit Hilfe des Entnahmegummischlauches,wie auf S. 15 angegeben, unter längerem vorsichtigem Überlaufenlassen, Wasser, das nicht mit der Luft in Berührung gekommen ist, und gießt dann bis zur Ringmarke ab.

Sofort nach dem Einstellen auf 200 ml gibt man genau 1,0 ml einer alkoholischen Phenolphthaleinlösung (0,375 g/l Methylalkohol) zu und titriert auf einer weißen Unterlage bei hellem Tageslicht (aber nicht im Sonnenlicht) mit einer 0,05 N Natronlauge bis zur eben erkennbaren Rosafärbung, die 2 bis 3 Minuten bestehen bleiben muß. Verschwindet die Rosafärbung sogleich wieder, was zumeist der Fall ist, so muß erneut Lauge zugesetzt werden. Die Bestimmung wird mit einer weiteren Wasserprobe wiederholt und dabei sogleich die Gesamtmenge der bei der ersten Bestimmung verbrauchten Menge Meßlösung zugesetzt. Gewöhnlich wird hierbei noch mehr verbraucht, da dann keine Verluste durch das Umschwenken eintreten.

Bei harten Wässern erfolgt der Umschlag langsam; weiche Wässer geben deutlicheren Umschlag.

Es ist sehr zu empfehlen, zum Vergleich eine nicht austitrierte Probe des Wassers danebenzustellen, besonders bei Wässern mit Eigenfärbung (z. B. Huminwässern). Durch nochmaligen Indikatorzusatz kann man einen zweifelhaften Umschlag deutlicher machen, z. B. bei hartem Wasser.

Bei sehr kohlensäurereichen Wässern wiederholt man die Bestimmung nach Überschichtung des bis zur Ringmarke abgelassenen Wassers mit Äther.

Die Befüllung eines Meßkolbens mit dem Entnahmeschlauch ist wegen des engen Halses eines Meßkolbens schwer möglich. Deshalb ist die in den Einheitsverfahren vorgesehene Verwendung des 200 ml-Meßkolbens mit Schwierigkeiten verknüpft. Man müßte dann schon aus einer einwandfrei befüllten Literflasche das Wasser mit einem sehr dünnen Heberschlauch in den Meßkolben überfüllen, und zwar unter längerem Überlaufenlassen des Meßkolbens.

Die 0,05 N NaOH ist stark kohlensäureempfindlich, sie sollte deshalb oft erneuert bzw. ihr Titer kontrolliert werden.

Berechnung. Bei Anwendung von 200 ml Wasser entspricht 1 ml verbrauchter 0,05 N NaOH 11,0 mg freier Kohlensäure/l, 1 ml 0,05 N NaOH = 2,2 mg CO_2.

Störungen. Bei eisenreichen Wässern (mehr als 3 mg Fe^{2+}/l, die durch die Schüttelprobe erkannt werden (S. 146), setzt man Kaliumnatriumtartrat (Seignettesalzlösung) hinzu (1 bzw. 2 ml einer 33%igen gegen Phenolphthalein neutralisierten Lösung). Auch bei harten Wässern (über 20 bis 30 °dH) ist dies angezeigt, besonders bei Mineralwässern. Man kann aber auch statt dessen mit abgekochtem und schnell abgekühltem destillierten Wasser verdünnen und entsprechend berechnen.

Bei ganz weichen Wässern werden etwas zu hohe Werte gefunden (Strohecker), bei sehr harten, zu niedrige Werte. Bei Schwefelwasserstoff-Gegenwart (Schwefelquellen) muß ein entsprechender Wert vom Laugenverbrauch abgezogen werden.

Nach den eingehenden, aufschlußreichen Arbeiten von U. Hässelbarth hat die tritrimetrische Methode von Trillich nicht mehr die auch für die Praxis erforderliche Genauigkeit (U. Hässelbarth; DVGW-Tagung, Wiesbaden [1961], GWF **104,** 90–93 und 157–160 [1963], ferner Z. f. analyt. Chem. **214,** 264–280 [1965] und Neue Deliva, H. 8 [1963] sowie GWF **104,** 506–512 [1963]).

Neben der im folgenden Abschnitt beschriebenen neuen Methode von U. Hässelbarth soll in dieser Auflage die alte Trillichmethode jedoch noch einmal gebracht werden.

c) Acidimetrische Bestimmung der freien Kohlensäure bei elektrometrischer Endpunktskontrolle nach Hässelbarth

Vorbereitung. Für die Bestimmung benötigt man einen Titrationskolben mit Schliff NS 14,5 zur Aufnahme der Glaselektrode (Einstabmeßkette) und Stutzen zum Einfüllen und zur Aufnahme des Bürettenauslaufs. Zum Einfüllen der Wasserprobe aus der Probeflasche dient eine Pumppipette, die man sich leicht aus einer 100 ml-Vollpipette, einem doppelt durchbohrten Stopfen und einem Glasrohrknie mit Gebläseball herstellen kann. Weiterhin ist eine synchronlaufende Rührwerkseinheit (AGMOR, Fa. Dr. Thiedig & Co. KG, Berlin) zur Durchmischung der Vorlage mit dem Reagenzzusatz und Temperaturhaltung erforderlich. Als Kühlmittel kann in Wasserwerken meist das eigene Leitungswasser benutzt werden, sonst ist ein Thermostat und bei Fassungstemperaturen unter 10 °C meist ein Kryostat erforderlich. Zur Endpunktsbestimmung dient ein pH-Meßgerät mit Temperaturkorrektur, Meßfehler ±0,05 pH und Glaselektrode als Einstabmeßkette.

Ausführung. Nach Aufsetzen der Pumppipette auf den Hals der Probeflasche werden etwas mehr als 100 ml des Wassers durch Betätigen des Blaseballs vorsichtig in die Pipette gedrückt; sie wird dann abgenommen und auf 100 ml eingestellt. Dann läßt man das Wasser in den trockenen Titrierkolben fließen, in den man vorher einen teflonbezogenen Rührstab gelegt hat. Dabei soll die Spitze der Pipette auf den Boden des Titrierkolbens reichen. Der gefüllte Kolben wird in die vorgesehene Halterung der auf die Fassungstemperatur gebrachten Thermostatenwanne der Agmor-Rührwerkseinheit gestellt und mit der Glaselektrode und dem Bürettenauslauf versehen.

Aus einer Bürette mit 10 ml Inhalt und 0,02 ml-Teilung wird 0,02 N Natriumhydroxidlösung in den Titrierkoblen gegeben. Nach jeder Zugabe wird das Rührwerk 2 bis 3 Sekunden lang eingeschaltet. Dieser Vorgang wird so lange wiederholt, bis die Probe den pH-Wert 8,35 erreicht hat und bei diesem Wert verharrt. Die Titration wird wiederholt, indem die bei der ersten Bestimmung verbrauchte Menge 0,02 N Natriumhydroxid tropfenweise ohne Unterbrechung zugesetzt und gegebenenfalls weitertitriert wird.

Falls mehr als 20 ml Lösung verbraucht werden, ist die Titration unter Vorlage von 50 ml Untersuchungswasser und Verdünnung mit kohlensäurefreiem destilliertem Wasser auf 100 ml durchzuführen. 1 ml 0,02 N Natriumhydroxidlösung entspricht 0,88 mg freiem CO_2. 1 ml 1 N NaOH = 44 mg CO_2.

Störungen

Mehr als 3 mg/l Eisen und Karbonathärten über 10 °dH wirken störend. Bei höheren Konzentrationen werden Eisen und Carbonathärte durch Zusatz von 1 ml Kaliumnatriumtartrat (Seignettesalz) unwirksam gemacht. Man verwendet hierzu eine 50%ige Lösung, die durch Zugabe von Salzsäure oder Natriumhydroxid auf pH 8,35 gebracht wurde. Zur Überprüfung des pH-Wertes gebe man, um bei der pH-Messung Salzfehler zu vermeiden, 1 ml der Lösung in 100 ml frisch ausgetauschtes vollentsalztes Wasser und bestimme elektrometrisch diesen pH-Wert. Weicht der gemessene Wert von pH 8,35 ab, so füge man der konzentrierten Kaliumnatriumtartratlösung Säure bzw. Lauge zu und wiederhole dies, bis sich das gewünschte pH einstellt (Hässelbarth, GWF **104,** 88ff. u. 157ff. [1963]).

Bei Gegenwart größerer Mengen Schwefelwasserstoff (Schwefelquellen) muß ein entsprechender Wert abgezogen werden.

d) Heyer-Versuch mit Temperierung der Probe nach Hässelbarth

Vom klassischen Heyer-Versuch unterscheidet sich diese Methode dadurch, daß eine Temperierung der Probe auf die Temperatur zum Zeitpunkt der Probeentnahme zwingend vorgeschrieben ist. Damit wird der Erkenntnis Rechnung getragen, daß die Temperatur einen großen Einfluß auf das Kalk-Kohlensäure-Gleichgewicht hat.

Bestimmung der aggressiven Kohlensäure

Probenahme: Eine Glasflasche mit Vollstopfen und 0,5 Liter Inhalt wird an Ort und Stelle, wie auf S. 15 angegeben, mit Hilfe eines Plastikschlauches oder des überstauten Trichters durch längeres Überlaufen mit Wasser, das mit Luft nicht in Berührung gekommen ist, blasenfrei befüllt. Dann werden vorsichtig 1 g Marmorpulver (Fa. Merck) und ein 2,5 cm langer teflonüberzogener Magnetrührstab in das Wasser gegeben. Nach Verschluß der Flasche wird sie in die Halterung der Agmor-Rührwerkseinheit 1000 U/min (Fa. Dr. Thiedig & Co.) oder in eine andere geeignete Halterung mit geregelter Kühlung (Genauigkeit ±0,5 °C) und Magnetrühreinheit gesetzt. Das Thermostatenbad wird schon vorher auf die Temperatur des Wassers zum Zeitpunkt der Probeentnahme eingestellt. U. U. ist hierzu die Verwendung eines Kühlthermostaten (Fa. Haake) notwendig.

Bei der eingestellten Temperatur wird zwei Stunden lang gerührt und danach durch Glasfaserfilter filtriert. Der Vorlauf wird verworfen. Vom klaren Filtrat werden 100 ml mit der Pipette entnommen und im Erlenmeyerkolben mit 0,1 N Salzsäure mit elektrometrischer Endpunktskontrolle auf pH 4,3 titriert.

1 ml Mehrverbrauch an 0,1 N Salzsäure gegenüber den bei dem unbehandelten Wasser unter gleichen Bedingungen verbrauchten ml entspricht 0,5 mmol $CaCO_3$/l (50,05 mg/l) ≙ 2,2 mg CO_2 (U. Hässelbarth: GWF **104,** 89 [1963]).

e) Heyer-Versuch zur Erfassung der spezifischen Temperatur- und Salzeffekte beim untersuchten Wasser

Salzgehalt und Temperatur haben einen großen Einfluß auf das Kalk-Kohlensäure-Gleichgewicht. Zahlenwerte hierzu werden in der Vornorm DIN 50930 (Tabellen S. 129ff.) angegeben. Diese Werte wurden auf Grund von Laborversuchen und theoretischen Überlegungen gewonnen.

Die Eigenheiten eines bestimmten Wassers können jedoch nur in einem praktischen Versuch mit diesem Wasser erfaßt werden. Es wird der Heyer-Versuch wie unter d) beschrieben durchgeführt. Die Analysenwerte ergeben einen Meßpunkt in einem Diagramm (A. Grohmann: Ges. Ing. **90**, H. 9 [1969]) durch den die Gleichgewichtskurve in vorgeschriebener Form gelegt wird. Es empfiehlt sich, ein vorgefertigtes Diagramm auf Blechdruck zu verwenden, dem auch ein Kurvenlineal beigegeben ist, das mit Magneten haftet (Fa. G. Klinger, Berlin).

Das Diagramm, das sehr weiche Wässer mit Gleichgewichts-pH über 9,0 ebenso erfaßt wie sehr weiche Wässer mit Gleichgewichts-pH von 7,0 und tiefer, bedient sich der „Analyse über Qc“ des Kalk-Kohlensäure-Gleichgewichts. Dabei ist Qc die „Summe der Kohlensäure und ihrer Anionen“: $Qc = CO_{2,\,frei} + HCO_3^- + CO_3^{2-}$.

Nach Durchführung des Heyer-Versuches wie unter d) sind folgende vier Bestimmungen erforderlich.

pH-Wert	
m-Wert	mval/l
p-Wert	mval/l
Ca^{2+}	mmol/l(1 mmol Ca/l = 40,08 mg/l Ca = 56,08 mg/l CaO = 5,608 °dH).

Es ist Qc = m − p (mmol/l). Die Konzentration von Qc ergibt sich richtig in mmol/l, wenn m- und p-Wert in mval/l eingesetzt werden. Die meisten natürlichen Wässer haben ein pH unter 8,2. Bei ihnen ist mit Natronlauge auf pH 8,2 zu titrieren und es ergibt sich ein p-Wert mit negativem Vorzeichen. Dies ist bei der Berechnung von Qc zu berücksichtigen.

Nun ist lg(Qc · Ca) zu bilden. Dieser Wert wird in Richtung der x-Achse und der pH-Wert in Richtung der y-Achse in das Diagramm eingetragen. Das ergibt den Gleichgewichtsmeßpunkt im Diagramm, durch den die Gleichgewichtskurve gelegt werden muß. Die Eigenheiten eines Wassers in bezug auf Salzgehalt und Temperatur sind damit voll berücksichtigt.

Abkürzung der Methode: Da es gleichgültig ist, welcher Punkt der Gleichgewichtskurve im Heyer-Versuch erreicht wird, werden 0,5 Liter Wasserprobe mit Natronlauge bis in die mutmaßliche Nähe des Gleichgewichts-pH entsäuert. Der Luftabschluß der Wasserprobe entfällt, ja es kann sogar ohne Stopfen oder im Erlenmeyer-Kolben gearbeitet werden. Nach Zugabe von 1 g Marmorpulver und des 2,5 cm teflonüberzogenen Magnetstäbchens genügen 10 Minuten im Agmor-Gerät zur Gleichgewichtseinstellung.

Justierender Heyer-Versuch: Der vorstehende, abgekürzte Heyer-Versuch erhält diesen Beinamen, weil er der Justierung der Gleichgewichtskurve auf die Eigenheiten des zu untersuchenden Wassers dient.

Vergleichender Heyer-Versuch: Der klassische Heyer-Versuch nach d) vergleicht den m-Wert des unbehandelten Wassers mit dem m-Wert des Wassers nach der Behandlung mit Marmorpulver. In diese Gruppe gehören auch die kontinuierlich arbeitenden Geräte, „Kalkas“ nach G. Axt und „Conmor“ nach U. Hässelbarth.

Analyse über Qc: In der Wasserchemie ist die Tendenz zu beobachten, den Gesamtgehalt (Qc) an Kohlensäure und ihren Anionen als Inhaltsstoff des Wassers zu ermitteln, ebenso wie z. B. Gesamteisen, Gesamtphosphat, Gesamtchlor etc. und die Berechnungen darauf abzustellen (H. E. Hömig: Physikochemische Grundlagen der Speisewasserchemie, Essen, Vulkan-Verlag). Das hat Vorteile bei der Beschreibung des Gleichgewichts von sehr weichen Wässern mit einem Gleichgewichts-pH über 8,0 (bis 9,5), bei der Beschreibung der biogenen Massenentwicklung in eutrophierten Seen und Talsperren sowie vor allem bei der Berechnung der Kalkaggressivität von Mischungen von Wässern unterschiedlicher Zusammensetzung (A. Grohmann: Jahrestagung 1970, Fachgruppe Wasserchemie, Jb. Vom Wasser [1971]).

Schnelltest auf Kalk-Aggressivität, Calciumcarbonat, Sättigung des Wassers − DIN 38404:

In besonderen Fällen kann man sich eines Schnelltests bedienen, indem man zu der ordnungsgemäß mit Schlauch befüllten Flasche 5 g Marmorpulver gibt und in den Bodensatz die Glaselektrode 2 Minuten hält. Die pH-Messung vor und nach Marmorzusatz gibt einen Anhalt für das Vorliegen aggressiven Wassers, wenn der pH-Wert um 0,1 bis 0,3 pH-Einheiten steigt. Wenn der pH-Wert sinkt, liegt kalkabscheidendes Wasser vor.

4. Säure-Base-Titration

a) Säure-Kapazität

Weist eine Wasserprobe einen vom pH 7 abweichenden pH-Wert auf, so enthält sie H^+- bzw. OH^--Ionen im Überschuß, deren Menge aus dem pH-Wert berechnet werden kann. Hierbei werden allerdings nur die dissoziierten Protonen und Hydroxylionen erfaßt. Fehlen schwache Säuren und Basen in der Wasserprobe, so stimmt das Ergebnis der Säure-Base-Titration mit der Berechnung aus dem pH-Wert überein. In Gegenwart schwacher Säuren und/oder Basen tritt jedoch eine sogenannte Pufferung der Hydronium-Ionen (H_3O^+) auf, wodurch das Ergebnis der Säure-Base-Titration völlig abweichend von der Aussage der pH-Messung wird.

Tritt bei der Säure-Base-Titration ohne schwache Säuren oder Basen ein starker pH-Sprung auf, z. B. bei der Titration einer mineralsäurehaltigen 100 ml-Wasserprobe mit 0,1 N NaOH ein pH-Sprung von pH 3 auf pH 11, so wird in Gegenwart schwacher Säuren oder Basen, je nach ihrer Art und Menge der pH-Sprung mehr oder weniger abgefangen. Die Titrationsendpunkte der Säure-Base-Titration in der Wasserchemie sind nun auf die pH-Sprünge der Kohlensäure abgestimmt. Die Endpunkte sind so definiert, als wäre Kohlensäure die einzige in der Wasserprobe vorkommende schwache Säure und ihre Anionen die einzigen schwachen Basen. Obwohl dies in sehr vielen Fällen, insbesondere bei natürlichen Wässern zutrifft, handelt es sich doch um eine willkürliche Annahme.

Die Ergebnisse des Säureverbrauchs sind daher kommentarlos als positiver m-Wert bzw. positiver p-Wert anzugeben. Die Ergebnisse des Basenverbrauchs sind ebenso kommentarlos als negativer m-Wert bzw. negativer p-Wert anzugeben.

Erst wenn Rückschlüsse aus den Titrationsergebnissen gezogen werden sollen, z. B. auf die Konzentration der freien Kohlensäure in der Wasserprobe, ist zu prüfen, ob solche Rückschlüsse möglich sind.

b) Definition der Titrationsendpunkte

Durch Wahl geeigneter Puffersubstanzen kann jeder pH-Bereich zwischen 1 und 14 gepuffert werden. Man kann also nicht von vornherein damit rechnen, bei der Säure-Base-Titration überhaupt einen pH-Sprung vorzufinden. Die Titrationsendpunkte müssen daher definiert werden, und zwar wie weiter oben erläutert, auf die bei der Kohlensäuretitration festzustellenden beiden pH-Sprünge:

pH-Sprung pH 3 bis 5 mit Methylorange als Indikator (Umschlagsbereich pH 3,5 bis 4,3; Ergebnis ist der m-Wert).

pH-Sprung pH 7,8 bis 9 mit Phenolphthalein als Indikator (Umschlagsbereich pH 8,3 bis 9,5; Ergebnis ist der p-Wert, die Base-Kapazität).

Die Titration auf einen Umschlagsbereich liefert jedoch wenig reproduzierbare Ergebnisse. Genauere Werte erhält man durch Titration auf einen pH-Endpunkt. Aus diesem Grunde ist die pH-Bestimmung mit Hilfe von Glaselektroden der Verwendung von Farbindikatoren vorzuziehen. Auf der Grundlage der Kohlensäuretitration ergibt sich die Definition der Endpunkte der Bestimmung der p-Werte und der m-Werte wie folgt:

(Deutsche Einheitsverfahren H_7).
pH-Endpunkt der m-Wert-Bestimmung: pH 4,30 (exakt gültig für 20 °C und eine Ionenstärke von 0,01 mol/l).
pH-Endpunkt der p-Wert-Bestimmung: pH 8,20 (exakt gültig für 20 °C und eine Ionenstärke von 0,01 mol/l).

Wird der p-Wert an Ort und Stelle bestimmt, so ist bei Temperaturen um 10 °C der pH-Endpunkt von 8,30 zu verwenden (exakt gültig für 10 °C und Ionenstärke 0,01 mol/l). 1 ml 0,1 N $H_2SO_4 \triangleq 61{,}02$ mg HCO_3^-.

c) Korrektur für den m-Wert

Durch die Bestimmung sollen nur die Inhaltsstoffe der Wasserprobe erfaßt werden. Der Säureverbrauch von Wasser ohne puffernde Inhaltsstoffe bis zum Erreichen des pH-Wertes 4,3 ist daher als Korrektur vom Ergebnis abzuziehen. Die Korrektur kann bei bidestilliertem, CO_2-freiem Wasser ermittelt werden. Sie beträgt m_{kor} = 0,05 mval/l und ist für jedes Ergebnis $m < 5$ mval/l zu berücksichtigen.

d) Anwendungsbereich und Störungen

Der m- sowie der p-Wert kann in allen Wässern bestimmt werden, wenn der Titrationsendpunkt elektrometrisch festgestellt wird. Eine Titration unter Verwendung von Indikatoren ist auf jeden Fall dann ausgeschlossen, wenn andere Substanzen neben der Kohlensäure und ihren Anionen im pH-Bereich 4,3 und/oder 8,20 eine pH-Pufferung ergeben oder wenn durch die Eigenfarbe der Probe der Farbumschlag des Indikators nicht mehr einwandfrei zu erkennen ist (vgl. auch Abschn. 3c, S. 124).

Puffersubstanzen wie Humussäuren, Phosphate, Citrate, Tartrate etc. puffern im Bereich 4,3 oder 8,20 die H_3O^+-Ionen, wodurch sich ein schleppender pH-Sprung ergibt. Bei kohlensäurereichen Mineralwässern, insbesondere bei Säuerlingen, erleichtert die Austreibung der freien und frei gewordenen Kohlensäure die Erkennung des Umschlagpunktes von Methylorange und führt zu genaueren Werten. Nach Berger, Lunz, kann man auch durch eine Glasfritte während der Titration des m-Wertes Luft durch den Titrationskolben durchtreten lassen und erhält so sehr genaue Resultate (private Mitteilung). Bei elektrometrischer Endpunktbestimmung entfällt diese Maßnahme.

5. Bestimmung des Säureverbrauchs (m-Wert bzw. p-Wert mit positivem Vorzeichen) (bisher Alkalität)

Unter Säureverbrauch versteht man wie bisher unter Alkalität nach der DIN-Norm 19641 die Anzahl Milligram-Äquivalente (mval) Säure, die bei der Titration von

1 Liter Wasser bis zum Erreichen des pH-Wertes 8,20 (p-Wert) bzw. des pH-Wertes 4,30 (m-Wert) verbraucht werden.

In der Limnologie wird der positive m-Wert eines Wassers als Säurebindungsvermögen bezeichnet (SBV). Die SBV-Tasche für die SBV-Bestimmung an Ort und Stelle nach Prof. Ohle ist zu empfehlen.

Bei Oberflächenwässern ist mitunter im Sommer fein suspendiertes Calciumcarbonat ausgefallen, was durch Trübungsmessungen vor und nach Säurezusatz festgestellt wird (W. Ohle, Arch. f. Hydrobiologie [1952]).

Es werden 100 ml Probe in den Titrierkolben eingefüllt und mit 0,1 N Salzsäure bis zum definierten pH-Endpunkt titriert. Werden an Stelle der elektrometrischen pH-Bestimmung hilfsweise Farbindikatoren für die Endpunktbestimmung verwendet, so sind für den m-Wert 0,5 ml 0,2%ige wäßrige Methylorange-Lösung sowie in einer neuen Probe für den p-Wert 0,5 ml 0,2%ige alkoholische Phenolphthalein-Lösung zur Wasserprobe zu geben. Ist der Verbrauch an 0,1 N Säure kleiner als 2 ml, so wird die Titration mit 0,02 N Säure wiederholt. Zur Titration kann die gleiche Apparatur wie bei der Kohlensäure-Bestimmung nach U. Hässelbarth benutzt werden. Die Titration wird jedoch bei Zimmertemperatur durchgeführt.

Die Werte werden vorläufig noch in mval/l angegeben.

Berechnung

p-Wert: d ml Wasserprobe wurden mit S ml f N Säure auf den definierten pH-Endpunkt 8,20 titriert. Es ist

$$\text{p-Wert} = +1000 \cdot f \cdot S/d \qquad \text{(mval/l) m-Wert ist positiv.}$$

m-Wert: d ml Wasserprobe wurden mit S ml f N Säure auf den definierten pH-Endpunkt 4,30 titriert. Es ist

$$\text{m-Wert} = +(1000 \cdot f \cdot S/d) - 0{,}05 \qquad \text{(mval/l) m-Wert ist positiv.}$$

6. Bestimmung des Basenverbrauchs (m-Wert bzw. p-Wert mit negativem Vorzeichen)

Base-Kapazität

Unter Baseverbrauch versteht man wie bisher unter Acidität die Milligramm-Äquivalente (mval) Basekapazität (ml 0,1 N NaOH), die bei der Titration von 1 Liter Wasser bis zum Erreichen des pH-Wertes 4,30 (m-Wert) bzw. des pH-Wertes 8,20 (p-Wert) verbraucht werden.

Nur wenn der pH-Wert des Wassers unter pH 8,20 liegt, kann mit Base auf pH 8,20 titriert werden. Bei natürlichen Wässern handelt es sich dabei um den Baseverbrauch der flüchtigen freien Kohlensäure. Um den Verlust an Kohlensäure beim Transport der Probe zur Untersuchungsstelle zu vermeiden, wird die Verwendung isolierter Transportkisten empfohlen, die mit in Plastik eingeschlossenen Eiswürfeln gekühlt werden. Eine Alternative hierzu ist die Bestimmung des Baseverbrauchs an Ort und Stelle. Bei niedriger Temperatur des entnommenen Wassers ist dabei hilfsweise der pH-Endpunkt 8,30 für den p-Wert zu verwenden (gültig für 10 °C und 0,01 mol/l Ionenstärke).

Die Werte werden vorläufig noch in mval/l angegeben.

a) Direkte Titration des Basenverbrauchs

Bei der Durchführung sind die gleichen Punkte wie bei der Bestimmung des Säureverbrauchs entsprechend zu beachten.

Berechnung

m-Wert: d ml Wasserprobe wurden mit B ml f N Base (NaOH) auf den definierten pH-Endpunkt 4,30 titriert. Es ist

$$\text{m-Wert} = -(1000 \cdot f \cdot B/d) - 0{,}05 \quad \text{(mval/l) m-Wert ist negativ!}$$

p-Wert: d ml Wasserprobe wurden mit B ml f N Base auf den definierten pH-Endpunkt 8,20 titriert. Es ist

$$\text{p-Wert} = -(1000 \cdot f \cdot B/d) \qquad \text{(mval/l) p-Wert ist negativ!}$$

b) Rücktitration eines Basenüberschusses bei Kohlensäure-Wässern

Die Rücktitration wird nur bei einem zu großen Gehalt an schwacher Säure (freies CO_2) angewendet, wenn in der direkten Titration nach a) mehr als 10 ml 0,1 N Base (NaOH) bis zum Endpunkt verbraucht werden (K. E. Quentin et al.: Z. f. anal. Chemie **231,** 21 [1967]).

In einem Titrierkolben werden N ml 0,25 N Natronlauge und 5 ml Maskierlösung (s. u.) gegeben. Man läßt d ml Wasserprobe blasenfrei unter die Natronlauge einfließen. Mit 0,25 N Salzsäure wird die überschüssige Natronlauge bis auf den pH-Endpunkt 8,20 zurücktitriert. Dabei ergibt sich ein Verbrauch von S ml 0,25 N Salzsäure.

Berechnung

$$\text{p-Wert} = -\frac{(N - S) \cdot 0{,}25 \cdot 1000}{d} \quad \text{(mval/l) p-Wert ist negativ!}$$

Maskierlösung: 1 mol Kaliumnatriumtartrat + 1 mol Natriumcitrat in 2 Liter dest. Wasser, auf pH 8,20 eingestellt (vgl. 50%ige Seignettesalzlösung bei der Bestimmung der freien Kohlensäure nach U. Hässelbarth).

7. Abgeleitete Bestimmungen aus m-Wert, p-Wert und pH-Wert

Die Wasserstoffionen-Konzentration ergibt sich aus $\lg H^+ = -\text{pH}$. Der Numerus zu diesem Logarithmus wird aufgesucht.

Entsprechend ergibt sich die Hydroxylionen-Konzentration zu $\lg OH^- = \text{pH} - 14$, durch Aufsuchen des Numerus zu diesem Logarithmus.

Für die weiteren Berechnungen ist Voraussetzung, daß die Konzentration anderer schwacher Säuren und Basen neben der Kohlensäure und ihren Anionen zu vernachlässigen ist. Bei sehr weichen Wässern (Talsperren) ist dies sehr häufig nicht der Fall.

$$\text{m-Wert} = 2\,CO^{2-} + HCO_3^- + OH^- - H^+$$
$$\text{p-Wert} = CO_3^{2-} - CO_{2,\text{frei}} + OH^- - H^+$$
$$Qc = CO_3^{2-} + HCO_3^- + CO_{2,\text{frei}} = (\text{m-Wert}) - (\text{p-Wert})$$

pH-Wert des Wassers unter 8,0. Hier ist die Carbonatkonzentration von so geringer Größe, daß sie in den obigen Summen keine Rolle spielt. Es ist die Konzentration an freier Kohlensäure identisch gleich dem minus p-Wert ($CO_{2,\text{frei}}$ = −p-Wert), die Hydrogencarbonat-Konzentration identisch gleich dem m-Wert und Qc = (m-Wert) − (p-Wert).

Diese Ableitungen sind die bei weitem häufigsten Anwendungen des p-Wertes und des m-Wertes in der Wasserchemie. Die Bestimmung der freien Kohlensäure nach Trillich und nach Hässelbarth entsprechen ihnen.

pH-Wert des Wassers über 9,0. Es ist zwar noch freie Kohlensäure in sehr geringer Konzentration vorhanden, was aber für die obigen Summen bedeutungslos ist. Es ist die Carbonatkonzentration gleich dem (+)p-Wert und die Hydrogencarbonat-Konzentration gleich m-2p. Qc ist wiederum Qc = (m-Wert) − (p-Wert).

Oberhalb pH 10,0 muß darüber hinaus die Hydroxylionen-Konzentration berücksichtigt werden.

8. Berechnung der Kalkaggressivität (Angriffsvermögen) von Wasser

Wie schon Tillmans in seiner grundlegenden Arbeit (Ges. Ing. **35,** 667–669 [1912]) ausführte, ist letzten Endes der Heyer-Versuch für die Charakterisierung eines Wassers maßgeblich, wobei allerdings auf eine Temperierung der Probe für die Dauer des Versuches geachtet werden muß (S. 123). Daneben besteht jedoch der Bedarf, aus den Analysenergebnissen auf den Charakter des Wassers schließen zu können. Man berechnet zu diesem Zweck aus Tabellen oder an Hand von Formeln die Gleichgewichtskonzentration einer beliebigen Verbindung, die im Zusammenhang mit dem Kalk-Kohlensäure-Gleichgewicht steht und vergleicht diesen rechnerischen Wert mit der analytisch gefundenen Menge. Am häufigsten wird dieses Verfahren an Hand der freien Kohlensäure vorgenommen (S. 120), einer Methode, die von Tillmans zu einer Zeit eingeführt wurde, als eine pH-Messung noch nicht ohne weiteres möglich war (1912!).

Der Praktiker wird sich mit den übrigen Methoden leichter anfreunden können, wenn er folgendes berücksichtigt: Die „zugehörige Kohlensäure" ist keine Verbindung im chemischen Sinn, vielmehr handelt es sich um einen „Sollwert", wie in der Regeltechnik, mit dem der analytisch gefundene „Istwert" verglichen wird. Desgleichen handelt es sich bei den Begriffen „Überschußkohlensäure", „kalkaggressive Kohlensäure" etc. um verschiedene Umschreibungen der rechnerischen Abweichung des „Istwertes" vom „Sollwert". Es wird klar, daß auch für die übrigen am

Kalk-Kohlensäure-Gleichgewicht beteiligten Verbindungen (Hydrogencarbonat, Carbonat, Calcium sowie pH-Wert) ebensogut ein „Sollwert" formuliert werden kann (G. Axt, Jb. Vom Wasser **28** [1961] und **32** [1965]; A. Grohmann, Ges. Ing. **90,** H. 9 [1969]).

Analyse über die freie Kohlensäure (Tillmans-Methode). Es müssen Calcium, Hydrogencarbonat und freie Kohlensäure bestimmt werden sowie als Parameter die Temperatur und die Ionenstärke (Salzgehalt). Die Tillmans-Kurve (Kurve nach Auerbach) und die Tillmans-Tabelle verzichten auf die Bestimmung des Calciums. Sie setzen voraus, daß Calcium und Hydrogencarbonat äquivalent sind. Diese Voraussetzung wurde an Hand der DVGW-Statistik für Wasserwerke überprüft. Auch bei großzügiger Auslegung trifft sie nur noch bei 10% aller deutschen Wasserwerke zu, weswegen die freie Kohlensäure nicht mehr nach der Tillmans-Tabelle (K. Höll: Wasser, 4. Aufl., S. 104), sondern nur noch nach dem auf den nächsten Seiten angegebenen Verfahren nach U. Hässelbarth (Vornorm DIN 50930) berechnet werden soll.

Analyse über pH-Hydrogencarbonat (Sättigungsindex nach Strohecker und Langelier). Es müssen Calcium, Hydrogencarbonat und der pH-Wert sowie als Parameter Ionenstärke und Temperatur bestimmt werden (S. 126). Eine graphische Darstellung gibt J. Hallopeau an (Terres et Eaux **35,** 4. Trim. [1960]).

Analyse über pH–Qc (Gesamtgehalt an Kohlensäure und ihren Anionen, S. 125). Es müssen Calcium, der pH-Wert und der Qc-Wert (Qc = m – p) sowie die Parameter Ionenstärke und Temperatur bestimmt werden. Ist eine entsprechende Gleichgewichtskurve auf die Eigenheiten eines bestimmten Wassers justiert, so brauchen die Parameter nicht gesondert bestimmt werden (A. Grohmann: Ges. Ing. **90,** H. 9 [1969]). Die Analyse über Qc hat ihre besondere Bedeutung bei der Berechnung der Kalkaggressivität von Mischwässern.

9. Berechnung der freien überschüssigen Kohlensäure nach Hässelbarth

Zur Berechnung des Gehalts eines Wassers an freier überschüssiger Kohlensäure sind folgende Analysendaten erforderlich:

C_{CO_2}	[mval/l] oder [mg/l]	= Konzentration der freien Kohlensäure
$C_{HCO_3^-}$	[mval/l] oder [mg/l]	= Konzentrationen des Hydrogencarbonats
$C_{Ca^{2+}}$	[mval/l] oder [°dH]	= Konzentration des Calciums (Calciumhärte)
$C_{Mg^{2+}}$	[mval/l] oder [°dH]	= Konzentration des Magnesiums (Magnesiumhärte)
C_{Cl^-}	[mval/l] oder [mg/l]	= Konzentration der Chloridionen
$C_{SO_4^{2-}}$	[mval/l] oder [mg/l]	= Konzentration der Sulfationen
t	[°C]	= Temperatur des Wassers

Der Gehalt an überschüssiger Kohlensäure ergibt sich aus der Differenz des Gehalts an freier Kohlensäure und der zugehörigen Kohlensäure (Gleichgewichtskonzentration)

$$C_{CO_2} \text{ überschüssig} = C_{CO_2} \text{ frei} - C_{CO_2} \text{ Gleichgewicht.}$$

Während der Gehalt an freier Kohlensäure C_{CO_2} analytisch ermittelt wird, errechnet man die Konzentration der zugehörigen Kohlensäure nach dem korrigierten Tillmanschen Gesetz:

$$C_{CO_2\ Gleichgewicht} = \frac{K}{f_T} C^2_{HCO_3^-} \cdot C_{Ca^{2+}} \qquad \text{(Tabelle 1 u. 2)}$$

Hierin ist K die Tillmans-Konstante und f_T ein Aktivitätskoeffizient, der den Eigen- und Fremdelektrolyteinfluß auf das Gleichgewicht berücksichtigt. Dieser ist eine Funktion der Gesamt-Ionenstärke μ_{gesamt} des Wassers nach der Gleichung

$$\lg f_T = \frac{3\sqrt{\mu} + 1{,}7\,\mu}{1 + 5{,}3\sqrt{\mu} + 5{,}5\,\mu}$$

Um häufigeres Rechnen zu ersparen, sind die Werte von f_T gegen die Ionenstärke μ_{gesamt} tabelliert (Tab. 3).

Die Ionenstärke μ_{gesamt} errechnet sich aus den Analysendaten nach der Gleichung.

$$\mu_{gesamt} = 5 \cdot 10^{-4}\,\Sigma\,n\,v$$
$$= 5 \cdot 10^{-4}(2\,C_{Ca^{2+}} + 2\,C_{Mg^{2+}} + C_{HCO_3^-} + C_{Cl^-} + 2\,C_{SO_4^{2-}})$$

Hier ist n die Konzentration in mval/l und v die Wertigkeit der Ionen. Angaben in mg/l sind durch das Äquivalentgewicht des Ions und in „deutschen Graden" °dH durch 2,8 zu dividieren.

Beispiel:

$C_{Ca^{2+}} = 3{,}0$ mval/l $\qquad C_{SO_4^{2-}} = 2{,}9$ mval/l
$C_{Mg^{2+}} = 1{,}8$ mval/l $\qquad C_{Cl^-} = 0{,}15$ mval/l
$C_{HCO_3^-} = 1{,}9$ mval/l $\qquad t = 10$ °C

$$\mu_{gesamt} = 5 \cdot 10^{-4}(2 \cdot 3{,}0 + 2 \cdot 1{,}8 + 1{,}9 + 0{,}15 + 2 \cdot 2{,}9) = 8{,}725 \cdot 10^{-3}$$

Mit diesem Wert $\mu = 8{,}725 \cdot 10^{-3}$ findet man in der Tabelle aufgerundet $f_T = 1{,}555$.

Nunmehr läßt sich die Gleichgewichtskonzentration der freien Kohlensäure errechnen, wenn man für K entsprechend der angegebenen Temperatur des Wassers den der Tabelle 1 entnommenen Wert $K = 1{,}339 \cdot 10^{-2}$ einsetzt:

$$C_{CO_2\,Gleichgewicht} = \frac{1{,}339 \cdot 10^{-2}}{1{,}555} \cdot 1{,}9^2 \cdot 3{,}0 = 0{,}093 \text{ mval/l}$$

Bei Konzentrationsangaben in mg/l und °dH ist der K-Wert der Tabelle 2 zu entnehmen. Der Aktivitätskoeffizient behält den gleichen Wert.

CaO = 8,4 °dH $\qquad CO_{2\,geb}$ = 41, 8 mg/l
MgO = 5,05 °dH $\qquad SO_4^{2-}$ = 139,2 mg/l
KH = 5,3 °dH $\qquad Cl^-$ = 5,25 mg/l

$$C_{CO_2\,Gleichgewicht} = \frac{2{,}173 \cdot 10^{-4}}{1{,}55} \cdot 41{,}8 \cdot 8{,}4 = 2{,}05 \text{ mg/l}$$

Beträgt der Gehalt des Wassers an freier Kohlensäure 0,2 mval/l oder 4,4 mg/l, so sind davon als „überschüssig" anzusehen:

$$C_{CO_2\,überschüssig} = 0{,}2 - 0{,}093 = 0{,}107 \text{ mval/l bzw.}$$
$$C_{CO_2\,überschüssig} = 4{,}4 - 2{,}05 = 2{,}35 \text{ mg/l.}$$

Ein Teil der überschüssigen Kohlensäure ist kalkangreifend. Er läßt sich durch ein Näherungsverfahren hinreichend genau berechnen (Hässelbarth: GWF **104,** 506 [1963].

In der Praxis ermittelt man diesen Wert jedoch meist analytisch durch den Heyerversuch (s. dort) (Hässelbarth: GWF **104,** 89, 157 [1963]).

Der Sättigungsindex nach Strohecker und Langelier: Zur Beurteilung des Angriffsverhaltens eines Wassers dient außer den Angaben über den Gehalt an überschüssiger und kalkangreifender Kohlensäure der Sättigungsindex nach Strohecker und Langelier. Er ist definiert als die Differenz des gemessenen pH-Wertes und des bei der gegebenen Calcium- und Magnesiumhärte sowie des Gehalts an Hydrogencarbonat, Sulfat- und Chloridionen im Kalk-Kohlensäure-Gleichgewicht zu erwartenden „Gleichgewicht-pH".

$$I = \Delta pH = pH_{gemessen} - pH_{Gleichgewicht}$$

Bei Anwesenheit überschüssiger und kalkaggressiver Kohlensäure erhält man negative Werte von I. Im Kalk-Kohlensäure-Gleichgewicht befindliche Wässer haben einen Sättigungsindex von 0. Wässer, deren Gehalt an freier Kohlensäure kleiner ist als die Gleichgewichtskonzentration, zeigen positive Sättigungsindices.

Das für die Berechnung des Sättigungsindex erforderliche Gleichgewichts-pH errechnet man nach der korrigierten Strohecker-Langelierschen Gleichung

$$pH_{Gleichgewicht} = pK^* - \lg C_{HCO_3^-} - \lg C_{Ca^{2+}} + \lg f_L$$

Hier ist pK* die Strohecker-Langerliersche Konstante, deren Werte in Abhängigkeit von der Temperatur in Tabelle 4 (für Konzentrationsangaben in mval/l) und in Tabelle 5 (für Konzentrationsangaben im mg/l und °dH) angegeben sind. $\lg C_{HCO_3^-}$ ist der Logarithmus der Konzentration der Hydrogencarbonationen und $\lg C_{Ca^{2+}}$ der Logarithmus der Konzentration des Calciums. $\lg f_L$ ist ein Aktivitätskoeffizient, der sich aus der Ionenstärke des Wasser nach der Formel

$$\lg f_L = \frac{2{,}5\sqrt{\mu}}{1 + 5{,}3\sqrt{\mu} + 5{,}5\,\mu}$$

ergibt. Zur Vereinfachung sind die $\lg f_L$-Werte gegen μ_{gesamt} in der Tabelle 6 aufgeführt.

Die Ionenstärke μ errechnet man wie auf S. 128 angegeben.

Beispiel:

$$\begin{array}{llll} C_{Ca^{2+}} = 3{,}0\ \text{mval/l}, & \lg C_{Ca^{2+}} = 0{,}47711, & C_{SO_4^{2-}} = 2{,}9\ \text{mval/l} \\ C_{Mg^{2+}} = 1{,}8\ \text{mval/l} & & C_{Cl^-} = 0{,}15\ \text{mval/l} \\ C_{HCO_4^+} = 1{,}9\ \text{mval/l}, & \lg C_{HCO_3^-} = 0{,}27875, & t = 10\,°C \end{array}$$

$\mu_{gesamt} = 8{,}725 \cdot 10^{-3}$

Dann ist $\lg f_L = 0{,}151$ und $pK^* = 8{,}6389$

$pH_{Gleichgewicht} = 8{,}6389 - 0{,}47712 - 0{,}27875 + 0{,}151 = 8{,}034 \cong 8{,}03$

Bei Angaben in mg/l und °dH ist pK* der Tabelle 5 zu entnehmen. $\lg f_L$ behält den gleichen Wert.

$CaO = 8{,}4\ °dH$, $\lg CaO = 0{,}92428$ $CO_{2\,geb} = 41{,}8$ mg/l, $\lg CO_{2\,geb} = 1{,}62188$

$MgO = 5{,}05\ °dH$ $\qquad SO_4^{2-} = 139{,}2$ mg/l

$KH = 5{,}3\ °dH$ $\qquad Cl^- = 5{,}2$ mg/l

$\mu_{gesamt} = 8{,}725 \cdot 10^{-3}$

Dann ist $\lg f_L = 0{,}151$ und $pK^* = 10{,}4286$

$pH_{Gleichgewicht} = 10{,}4286 - 0{,}92328 - 1{,}62118 + 0{,}151 = 8{,}034 \cong 8{,}03$

Hat man in einem Wasser solcher Beschaffenheit ein pH von 7,75 gemessen, so beträgt der Sättigungsindex

$$I = \Delta pH = 7{,}75 - 8{,}03 = -028$$

(Tabellen **1–6** siehe Seiten 133–137)

Der Sättigungsindex ist also negativ, d. h. das Wasser ist aggressiv.

Eine sichere Aussage über das Angriffsverhalten eines Wassers sollte immer erst dann gemacht werden, wenn die erhaltenen Angaben über den Gehalt an 1. überschüssiger Kohlensäure, 2. kalkangreifender Kohlensäure und 3. des Sättigungsindex in ihrer Tendenz übereinstimmen. Abweichungen durch einen der drei Indikatoren sind meist auf Analysenfehler, insbesondere bei der mehrfach benötigten pH-Messung und der Bestimmung der freien Kohlensäure, zurückzuführen (Zehender, Stumm u. Fischer. Mon. Bull. Schweiz. Ver. v. Gas- u. Wasserfachm. **36,** 269 [1956], Hässelbarth, GWF **104,** 89, 157 [1963], DIN Vornorm 50930).

Tabelle 1. Konstanten des Tillmansschen Gesetzes

t [°C]	$K_{Tillmans}$ [m val^{-2}]	t [°C]	$K_{Tillmans}$ [m val^{-2}]
0	$9{,}371 \cdot 10^{-3}$	26	$2{,}387 \cdot 10^{-2}$
1	9,700	27	2,459
2	$1{,}004 \cdot 10^{-2}$	28	2,539
3	1,039	29	2,617
4	1,076	30	2,703
5	1,114	31	2,804
6	1,156	32	2,903
7	1,199	33	3,012
8	1,244	34	3,117
9	1,291	35	3,235
10	1,339	36	3,356
11	1,389	37	3,482
12	1,441	38	3,613
13	1,492	39	3,748
14	1,548	40	3,889
15	1,606	41	4,025
16	1,667	42	4,176
17	1,729	43	4,323
18	1,790	44	4,486
19	1,857	45	4,643
20	1,926	46	4,806
21	1,999	47	4,986
22	2,074	48	5,162

Fortsetzung: siehe S. 134

Tabelle 1. (Fortsetzung)

t[°C]	$K_{Tillmans}$ [m val^{-2}]	t[°C]	$K_{Tillmans}$ [m val^{-2}]
23	2,147	49	5,356
24	2,227	50	5,544
25	2,311		

Tabelle 2. Konstanten des Tillmansschen Gesetzes

t[°C]	$K_{Tillmans}$ $[(CO_3 \frac{mg}{1})^{-1} CaO^0 d^{-1}]$	t[°C]	$K_{Tillmans}$ $[(CO_2 \frac{mg}{1})^{-1} CaO^0 d^{-1}]$
0	$1{,}5213 \cdot 10^{-4}$	26	$3{,}874 \cdot 10^{-4}$
1	1,575	27	3,992
2	1,630	28	4,123
3	1,687	29	4,248
4	1,747	30	4,387
5	1,808	31	4,552
6	1,876	32	4,712
7	1,947	33	4,889
8	2,020	34	5,060
9	2,095	35	5,251
10	2,173	36	5,448
11	2,255	37	5,653
12	2,340	38	5,864
13	2,422	39	6,084
14	2,513	40	6,313
15	2,607	41	6,535
16	2,706	42	6,780
17	2,807	43	7,018
18	2,905	44	7,282
19	3,014	45	7,538
20	3,127	46	7,802
21	3,245	47	8,095
22	3,367	48	8,379
23	3,485	49	8,694
24	3,615	50	8,999
25	3,752		

Tabelle 3

μ (gesamt)	$f_{(Tilmans)}$	μ (gesamt)	$f_{(Tilmans)}$
$0{,}27 \cdot 10^{-3}$	1,101	19,2	1,752
0,53	1,124	$19{,}6 \cdot 10^{-3}$	1,758
0,8	1,187	19,8	1,761
1,2	1,228	20,0	1,764
1,6	1,260	20,4	1,769
1,8	1,281	20,8	1,774
2,0	1,289	21,0	1,777
2,4	1,314	21,2	1,780
2,8	1,337	21,6	1,785
3,0	1,348	22,0	1,791

Tabelle 3 (Fortsetzung)

μ (gesamt)	$f_{(Tilmans)}$	μ (gesamt)	$f_{(Tilmans)}$
3,2	1,358	22,2	1,793
3,6	1,377	22,4	1,795
4,0	1,396	22,8	1,800
4,2	1,404	23,2	1,805
4,4	1,413	23,4	1,808
4,8	1,429	23,6	1,810
5,2	1,444	24,0	1,815
5,4	1,451	24,4	1,820
5,6	1,459	24,6	1,822
6,0	1,472	24,8	1,824
6,4	1,485	25,2	1,829
6,6	1,492	25,6	1,833
6,8	1,498	25,8	1,835
7,2	1,511	26,0	1,838
7,6	1,522	26,4	1,842
7,8	1,528	26,8	1,846
8,0	1,534	27,0	1,849
8,4	1,544	27,2	1,851
8,8	1,555	27,6	1,855
9,0	1,560	28,0	1,859
9,2	1,565	28,2	1,861
9,6	1,575	28,4	1,863
$10{,}0 \cdot 10^{-3}$	1,585	$28{,}8 \cdot 10^{-3}$	1,867
10,2	1,590	29,2	1,871
10,4	1,594	29,4	1,873
10,8	1,603	29,6	1,875
11,2	1,612	30,0	1,879
11,4	1,616	30,4	1,883
11,6	1,621	30,8	1,887
12,0	1,629	31,2	1,890
12,4	1,637	31,6	1,894
12,6	1,641	32,0	1,898
12,8	1,645	32,4	1,901
13,2	1,653	32,8	1,905
13,6	1,661	33,2	1,909
13,8	1,664	33,6	1,912
14,0	1,668	34,0	1,915
14,4	1,675	34,4	1,919
14,8	1,683	34,8	1,922
15,0	1,686	35,2	1,926
15,2	1,690	35,6	1,929
15,6	1,696	36,0	1,952
16,0	1,703	36,4	1,936
16,2	1,706	36,8	1,939
16,4	1,710	37,2	1,942
16,8	1,716	37,6	1,945
17,2	1,723	38,0	1,948
17,4	1,726	38,4	1,951
17,6	1,729	38,8	1,954
18,0	1,735	39,2	1,957
18,4	1,741	39,6	1,960
18,6	1,744	40,0	1,963
18,8	1,747		

Tabelle 4. Konstanten der Strohecker-Langelierschen Gleichung. Konzentration in mval

t[°C]	pK*	t[°C]	pK*)
0	8,901	16	8,492
1	8,878	17	8,468
2	8,851	18	8,445
3	8,825	19	8,422
4	8,798	20	8,400
5	8,771	21	8,376
6	8,745	22	8,354
7	8,718	23	8,333
8	8,692	24	8,311
9	8,665	25	8,288
10	8,639	30	8,196
11	8,614	35	8,100
12	8,589	40	7,996
13	8,565	45	7,923
14	8,515	50	7,844
15	8,515		

Tabelle 5. Konstanten der Strohecker-Langelierschen Gleichung
Konzentration: $C_{CO_2\,geb}$ in mg/l (Molgewicht 22
C_{CaO} in °d (Molgewicht 56)

t[°C]	pK*	t[°C]	pK*)
0	10,6961	16	10,2812
1	10,6681	17	10,2575
2	10,6409	18	10,2351
3	10,6151	19	10,2116
4	10,5878	20	10,1901
5	10,5610	21	10,1660
6	10,5343	22	10,1439
7	10.5078	23	10,1231
8	10,4814	24	10,1011
9	10,4550	25	10,0781
10	10,4286	30	9,9858
11	10,4035	35	9,8893
12	10,3786	40	9,7857
13	10,3547	45	9,7857
14	10,3298	50	9,6341
15	10,3048		

Tabelle 6

μ (insgesamt)	$\lg f_{(Langelier)}$	μ (insgesamt)	$\lg f_{(Langelier)}$
$0{,}1 \cdot 10^{-3}$	0,024	$9{,}0 \cdot 10^{-3}$	0,153
0,2	0,033	10,0	0,158
0,4	0,045	12,0	0,166
0,6	0,054	14,0	0,173
0,8	0,061	16,0	0,179
1,0	0,067	18,0	0,185
1,3	0,074	20,0	0,190
1,6	0,081	22,0	0,194

Tabelle 6 (Fortsetzung)

μ (insgesamt)	lg $f_{(Langelier)}$	μ (insgesamt)	lg $f_{(Langelier)}$
1,9	0,087	24,0	0,198
2,2	0,092	26,0	0,210
2,5	0,097	28,0	0,205
2,8	0,102	32,0	0,210
3,2	0,107	36,0	0,215
3,6	0,112	40,0	0,219
4,0	0,117	45,0	0,224
4,5	0,122	50,0	0,228
5,0	0,126	60,0	0,233
6,0	0,134	70,0	0,238
7,0	0,141	80,0	0,245
8,0	0,147	100,0	0,245

Rostschutzschichtverhindernde Kohlensäure
Kalk-Kohlensäure-Gleichgewicht

Wenn in einem Wasser so viel freie Kohlensäure vorhanden ist, daß sie gerade ausreicht, um das vorhandene Calciumhydrogencarbonat in Lösung zu halten, bildet sich im Rohrnetz die erwünschte Schutzschicht ganz allmählich aus. Wenn zu wenig Kohlensäure vorhanden ist, um das Calciumhydrogencarbonat in Lösung zu halten, dann bildet sich die Schutzschicht zu schnell aus, und es kommt zu unerwünschten Inkrustationen im Rohrnetz.

Wenn aber zu viel Kohlensäure vorhanden ist – mehr als zum Inlösunghalten des vorhandenen Calciumhydrogencarbonats erforderlich ist –, so bildet sich keine Schutzschicht aus, da das Calciumhydrogencarbonat gelöst bleibt. Darüber hinaus greift die überschüssige Kohlensäure die Eisenrohre an, und es kommt zu Rostknollenbildungen.

Der gesamte Überschuß an freier Kohlensäure, also über die zugehörige Kohlensäure hinaus vorhandene, wird daher als „rostschutzverhindernde Kohlensäure" bezeichnet.

Die rostschutzschichtverhindernde Kohlensäure ist also die Differenz zwischen der gesamten freien Kohlensäure und der zugehörigen Kohlensäure.

Dabei ist aber noch zu berücksichtigen, daß sehr harte Wässer, besonders solche, die gleichzeitig hohe bleibende Härte haben, fast immer 2 bis 5 mg Überschußkohlensäure/l haben und doch das Rohrnetz erfahrungsgemäß nicht angreifen.

Die überschüssige Kohlensäure greift die metallischen Rohre, insbesondere solche aus Eisen, Zink und Blei, an und löst das entsprechende Metall auf. Durch eine genaue Eisenbestimmung am Anfang und am Ende eines neuen Rohrnetzes kann man also feststellen, ob die gesamte vorhandene Kohlensäure zugehörig ist oder ein Teil als überschüssige Kohlensäure das Rohrnetz angreift und Eisen von den Rohrwandungen auflöst.

Bleiangreifende Kohlensäure. Für den Bleiangriff ist in erster Linie der Sauerstoffgehalt des Wassers maßgeblich. Sauerstofffreie Wässer, z. B. Grundwässer aus größerer Tiefe, greifen Blei überhaupt nicht an. Es muß sich an den Bleirohrwandungen nämlich zunächst das Bleioxid bilden, und dieses erst wird von aggressivem Wasser zu löslichen Bleisalzen umgesetzt.

Während also viele Kalk, Beton, Mörtel und Eisen stark angreifende Wässer Blei wegen Sauerstoffmangels überhaupt nicht angreifen können, haben sauerstoffreiche weiche Wässer, auch wenn sie nur wenig freie Kohlensäure enthalten, oft sehr starkes Bleilösungsvermögen, z. B. Regenwasser (K. Höll, Arch. f. Hygiene **113,** 283–295 [1935]). Bei den härteren Wässern tritt starker Bleiangriff erst dann auf, wenn die freie Kohlensäure die Hälfte des Betrages an gebundener Kohlensäure übersteigt. Wenn die gesamte freie Kohlensäure weniger als 1/5 der gebundenen Kohlensäure beträgt, tritt nie Bleiangriff auf (K. Höll: Ges. Ing. **58,** 323–328 [1935]).

Bei weichen, sauerstoffhaltigen Wässern muß man immer Bleiangriff befürchten, auch wenn wenig aggressive Kohlensäure vorhanden ist; besonders unübersichtlich sind die Bleilösungsvorgänge bei neuverlegten Bleirohren. Ein Bleilösungsversuch ist deshalb oft erforderlich.

10. Bleilösungsversuch

In Zylindern mit weitem Hals und schräg abgeschnittenem Glasstopfen werden Bleistreifen oder halbierte Bleirohrstücke, die von allen Seiten entfettet und mit verdünnter Salpetersäure gereinigt und mit Wasser gründlich abgespült sind, mit dem Untersuchungswasser, das nicht mit der Luft in Berührung war, mit Hilfe eines kleinen Heberschlauches vorsichtig übergossen und einige Minuten mit dem Wasser überspült. Auf das bis zum Überlaufen gefüllte Gefäß wird der Glasstopfen vorsichtig aufgesetzt. Nach 12 Stunden werden die Bleistücke herausgezogen und dabei mehrmals hin und her bewegt. In dem Wasser wird dann, wie auf S. 179 angegeben, der Bleigehalt bestimmt. Bei Wasserleitungen kann man auch ein neues Bleirohr, das durch zwei Absperrhähne vorn und hinten abgeschlossen ist, an die Druckleitung anschließen. Nach 10stündigem Stehen unter Druck entnimmt man das Wasser zur Prüfung, nachdem die ersten 50 bis 100 ml Wasser fortgelassen wurden.

Der Versuch sollte nach längerem Stehen des Wassers in dem Versuchsrohr 7mal in Abständen von 3 Tagen wiederholt werden. Die Proben sind mit einigen ml Essigsäure zu versetzen, da die Bleiverbindungen sich leicht an den Glaswandungen festsetzen (Jackson: Water and Wat. Eng. **39** [1937] und K. Höll: Dt. Apoth. Ztg. **50,** 126 [1935].

11. Sauerstoff-Bestimmung

Orientierende Feldbestimmung. Man versetzt den Inhalt einer bis zum Überlaufen gefüllten Glasstopfenflasche (s. u.) mit je 2 ml Mangan(II)-chloridlösung[1] und Natronlauge[1] und schwenkt nach Aufsetzen des Stopfens um. An der Färbung des Nie-

---

[1] Man kann dafür auch die von der Fa. Franz Bergmann KG herausgebrachten Tabletten verwenden.

derschlages kann man den Sauerstoffgehalt abschätzen, evtl. unter Zuhilfenahme der Farbtafel von Hofer (zu beziehen von der Fa. Franz Bergmann KG). Sauerstofffreies Wasser erzeugt einen fast weißen, sauerstoffarmes einen hellgelben und sauerstoffreiches einen braunen Niederschlag.

Für die limnologische Feldbestimmung des Sauerstoffs eignet sich recht gut die Methode nach Gilreas (Z. Wasser und Abwasser **33,** 464 [1935]) mit 2 ml Amidollösung (13%ig) und vorherigem Zusatz von 1 ml Calciumcitratlösung (2:1) auf 100 ml Wasser. Der Farbvergleich kann mit Standard-Farblösungen aus Kobaltchlorid und Kaliumdichromat feldmäßig vorgenommen werden.

Für die Gewässerüberwachung bedient man sich heute des Sauerstofflotes nach F. Tödt (F. Tödt u. G. Petsch: Ges. Ing. **76,** 104–106 [1955] und F. Tödt: Die elektrochemische Sauerstoffmessung, Berlin [1959]) (Fa. Bergmann KG, Berlin 15). Man erspart dadurch zahlreiche Einzelbestimmungen des Sauerstoffs und findet Abwasserstränge in einem Flußlauf viel besser mit diesem Gerät; ebenso kann man leicht den Verlauf der Sprungschicht in stehenden Gewässern erkennen (s. W. Ohle: Jb. „Vom Wasser“ **19,** 99–123 [1953]). In der neuen Ausführungsform mit Goldamalgam-Elektrode gibt das Sauerstofflot auch bei harten Wässern exakte Werte.

Eine Weiterentwicklung ist die Protech-Elektrode auf Silberoxid-Grundlage mit der Protech-Traverse, die der Elektrode Schutz gibt und eine kontinuierliche Strömung vor der Membran erzeugt; sie ist mit einem sehr genauen Thermometer gekoppelt (s. auch F. Tödt: Intermittierende elektrochemische Sauerstoffregistrierung in verunreinigten Gewässern, Dechema-Monographie **54**). Neu ist das Lovibond-Sauerstoff-Meßgerät der Tintometer GmbH und die Membran-Elektrode der Wiss.-Techn. Werkstätten, Weilheim, Obb.

Für die kontinuierliche Sauerstoffmessung in Belüftungsbecken hat sich beim Ruhrverband das Gerät von G. Stracke bewährt (Jb. „Vom Wasser“ **34** [1967]). Eine Neuentwicklung ist der auf physikalisch-chemischem Wege arbeitende Phasenaustauscher der Chlorator GmbH, Grötzingen.

Mit der „Sauerstoff- und Temperatursonde“ nach Grashoff kann man ein lückenloses Sauerstoffprofil im Gewässer messen (Lief. Fa. Hydrobios, Kiel).

Für die kontinuierliche Sauerstoff-Messung über Gewässergrund beschreibt H. Steger eine Vorrichtung in der Zeitschrift „Chemie-Anlagen u. Verfahren“, H. 5 [1973].

Wegen der immer mehr zunehmenden Gewässererwärmung, insbesondere durch die warmen Kühlwässer der Atomkraftwerke sind solche kontinuierlichen, wie auch die vielseitigen Meßsysteme, wie Erno oder Najade (Fa. Erno, Bremen) erforderlich und im Gebrauch.

a) Iodometrische Sauerstoff-Bestimmung nach Winkler-Bruhns

Vorbereitung. Das Untersuchungswasser wird nach den unter „Probenahme“ besprochenen Vorsichtsmaßregeln (S. 75) mit Hilfe eines bis auf den Boden hineingeführten Plastikschlauches in Glasstopfenflaschen zu 300 ml, sog. Sauerstoffflaschen, deren Inhalt bis zu $\frac{1}{10}$ ml genau bestimmt ist, eingefüllt. Nach längerem Überlaufenlassen befindet sich in der Flasche nur Wasser, welches nicht mit der Luft in Berührung gekommen ist. Der Plastikschlauch wird während des Einlaufens vorsichtig herausgezogen bzw. es wird die Sauerstoffflasche herabgezogen und der abgeschrägte oder zugespitzte[1] Glasstopfen aufgesetzt. Während des Befüllens ist darauf zu achten, daß keine Luftbläschen in die Probeflasche gelangen. Durchsichtige Plastikschläuche tragen zur ordnungsgemäßen Probenahme bei.

Bei Unterwasserpumpen gibt es oft eine milchige Trübung von feinsten Bläschen. Es handelt sich in diesem Falle nicht um Luftbläschen, sondern um „Wirbel" von der Pumpe her. Bei sauerstofffreiem Tiefenwasser kann man dies einwandfrei feststellen.

Stopfen und Flaschenhals müssen gut eingefettet sein. Es darf kein Luftbläschen mehr vorhanden sein. Die einige Zeit nach dem Reagenzienzusatz auftretenden Glasbläschen sind jedoch belanglos; es handelt sich um Stickstoffbläschen. Gleichzeitig ist die Temperatur zu messen und bei genauen Untersuchungen der Barometerstand zu verzeichnen.

Sofort nach der Entnahme werden nacheinander je 2 ml Mangan(II)-chloridlösung (40%ig, eisenfrei!)[2] und Natronlauge (33%ig) mit Hilfe von langgezogenen Pipetten sowie bei Gegenwart von Nitrit 20 Tropfen Natriumazidlösung (5%ig) oder Amidosulfonsäure zugefügt, ungeachtet des Überlaufens. Nach jedesmaligem vorsichtigem Aufsetzen des Glasstopfens vermischt man durch mehrmaliges vorsichtiges Umkehren der Flasche unter Festhalten des Stopfens. In diesem Zustand kann die Probe längere Zeit aufbewahrt werden, für genaue Untersuchungen unter Wasser; auf dem Transport werden Probeflaschen mit feuchten Tüchern umwickelt (W. Ohle).

Die Flaschen mit dem Mangan-Niederschlag dürfen bis zur weiteren Untersuchung nicht dem Sonnenlicht ausgesetzt werden.

Man kann nach kurzem Stehenlassen auch noch 5 g gepulvertes Kaliumhydrogencarbonat zusetzen. Besser ist eine 20%ige Lösung von Ammoniumhydrogencarbonat, wobei kein Luftsauerstoff hinzutreten kann. Man verschließt mit dem Lübbert-Schneiderschen Flaschenverschluß.

Für größere Serienuntersuchungen, z. B. für limnologische Zwecke, kann man auch mit 100 ml-Flaschen auskommen und benötigt dann nur je 1 ml Mangan(II)-chloridlösung und Natronlauge.

Titration. Nach längerem Stehen hebert oder saugt man die über dem Niederschlag stehende klare Flüssigkeit bis auf etwa 100 ml ab und versetzt den Rest mit 1 g Kaliumiodid und 5 ml Salzsäure (25%ig) oder, besonders bei Gegenwart von Eisen (III)-Verbindungen, mit Phosphorsäure (85%ig). Bei verschlossener Flasche läßt man 10 Minuten lang stehen. Umgießen in Erlenmeyerkolben ist nicht nötig.

Den Kaliumiodidzusatz nimmt man am besten mit Hilfe eines Pulvertrichters (weithalsiger Trichter) vor, damit die Kristalle nicht im Flaschenhals hängenbleiben. Bei Anwendung von 100 ml Wasser sind 0,5 g Kaliumiodid und 2 ml Salzsäure ausreichend.

Nach dieser Zeit titriert man das frei gewordene Iod mit einer 0,01 N Natriumthiosulfatlösung und dem üblichen Stärkezusatz am Schluß der Titration. Gegen Ende

---

[1] s. W. Ohle: IVL-Mitteilungen der Standardis. Kommission Nr. 3, 153.

[2] Diese darf in angesäuerter KI-Lösung keine Iodfärbung geben (evtl. Stärkezusatz).

muß hier besonders langsam titriert werden, da sonst leicht übertitriert wird. Später wiederauftretende Blaufärbung bleibt unberücksichtigt.

Die Thiosulfatlösung wird mit aufgekochtem Wasser hergestellt oder durch Verdünnung einer mit 1% Isobutylalakohol oder Amylalkohol konservierten 0,1 N Thiosulfatlösung frisch bereitet. Die Thiosulfatlösung kann auch mit 0,4 g Natriumhydroxid je Liter oder 1 g Salicylsäure oder Benzoesäure je Liter haltbar gemacht werden.

Die Titerstellung der Thiosulfatlösung geschieht am besten mit einer Kaliumiodatlösung, die 0,325 g KIO_3 im Liter enthält. Von dieser werden 10,0 ml nach Verdünnen im Erlenmeyerkolben mit 0,5 g Kaliumiodid und 5 ml einer 10%igen Salzsäure versetzt. Zur Iodtitration müssen nach einigem Stehen 10,0 ml 0,1 N Thiosulfat verbraucht werden, anderenfalls muß mit dem Umrechnungsfaktor gerechnet werden.

Die Titerstellung soll nach R. Czensny immer beim Endvolumen der normalen Titration, also bei 100 ml, vorgenommen werden.

Die durch Aufkochen hergestellte 1%ige Stärkelösung kann mit 0,1% Quecksilberiodid oder durch 3% Kochsalz haltbar gemacht werden.

Störungen können auftreten bei Wässern mit viel organischen Stoffen, die einen Teil des abgeschiedenen Iods binden. Man setzt in diesem Falle nach Winkler zu 100 ml des gelbgefärbten Wassers 10 ml 0,01 N Iodlösung, läßt einige Minuten mit 50% Zusatz von Glycerin stehen und titriert mit Thiosulfat zurück. Die hierbei verbrauchten ml Iodlösung zählt man dem Sauerstofftitrationswert zu.

Bei Huminwässern und verschmutzten Wässern mit viel organischen Stoffen empfiehlt es sich, wie schon angeführt, etwas Kaliumhydrogencarbonat zuzusetzen und nach einiger Zeit den Manganniederschlag abzufiltrieren, auszuwaschen und in einen Schliffkolben überzuspülen und dort nach Säurezusatz iodometrisch zu bestimmen. Noch besser ist es, nach dem Verfahren von W. Ohle (s. u.) zu arbeiten.

Schon ein geringer Nitritgehalt macht sich bei der Titration unangenehm bemerkbar, da der Endpunkt durch die Nachbläuung sehr unscharf wird. An und für sich ist sonst der Fehler gering, für 0,1 g N_2O_3 0,021 mg O_2 nämlich. Um das „Ziehen" bei der Titration zu vermeiden, ist der Zusatz von Natriumazid, wie oben angegeben, ratsam.

Bei eisenreichen Wässern müssen pro 1 mg Fe^{2+} 0,14 mg O_2/l hinzugerechnet werden.

Wenn im Wasser viel organische Stoffe und Sulfite vorhanden sind (z. B. bei Vorflutern, die Abwässer von Sulfitzellstoff-Fabriken aufgenommen haben), so muß man – wie unten angegeben – Nach W. Ohle verfahren.

Berechnung des Sauerstoffgehalts

Bei der Berechnung ist der genaue Inhalt der Probeflasche zu berücksichtigen. Der Sauerstoffgehalt in mg O_2/l wird nach folgendem Ansatz berechnet:

$$\frac{\text{a ml verbrauchtes 0,01 N Natriumthiosulfat} \cdot (0{,}08) \cdot 1000}{\text{Flascheninhalt minus 4 ml (bzw. mehr, s. o.)}}$$

Findet man nach dem Winklerschen Verfahren keinen Sauerstoff, so können 0,025 mg/l doch vorhanden sein. Durch die zugesetzten Reagenzmengen wird aber fast immer eine geringe Menge Sauerstoff hineingebracht, die man bei genauen Untersuchungen in Abzug bringen sollte (durchschnittlich 0,1 mg O_2/l.

Umrechnungen

1 mg O_2 ist = 0,70 ml O_2;
1 ml O_2 ist = 1,429 mg O_2.

Jedoch ist die Angabe in ml O_2/l ungenau und irreführend (Hj. Schmaßmann, Schweiz. Z. für Hydrologie [1949]). Der Sauerstoffwert wird deshalb in mg/l O_2 angegeben.

b) Sauerstoff-Bestimmung in Oberflächenwässern und verschmutzten Wässern nach W. Ohle, Iod-Differenzverfahren

Wie auf S. 15 angegeben, werden zwei Sauerstoffflaschen zu etwa 100 ml befüllt und mit je 1 ml Iodlösung mit einer ausgezogenen Pipette versetzt.

Diese Iodlösung wird durch Lösen von 5 g Iod und 100 g Kaliumiodid in 80 ml abgekochtem Wasser und Verdünnen von 10 ml mit 100 ml gesättigter Kochsalzlösung (35%ig) hergestellt. 1 ml = 4 mg Iod und 80 mg Kaliumiodid.

Nach vorsichtigem Aufsetzen des Glasstopfens werden beide Flaschen umgeschüttelt. Zu der einen Flasche gibt man dann 0,5 ml Manganchloridlösung und 0,5 ml Natronlauge (100 g Natriumhydroxid und 200 ml abgekochtes Wasser + 50 g Kaliumiodid). Nach dem Aufsetzen des Glasstopfens wird 10 Sekunden lang geschüttelt und dann sogleich 3 ml Natriumhydrogensulfatlösung (50%ig) zugesetzt. Zu der anderen Probe werden die gleichen Reagenzien außer der Manganlösung gegeben; dafür erhält diese Probe 0,5 ml Natriumhydrogensulfatlösung mehr.

Die Titration muß nach 10 Minuten vorgenommen werden, und zwar nach dem Umfüllen in einen Erlenmeyerkolben mit 0,01 N Thiosulfat, wie beim Standardverfahren beschrieben. Die bei der Parallelprobe verbrauchten ml Thiosulfat werden von den beim Hauptversuch verbrauchten ml abgezogen. Die Berechnung erfolgt unter Berücksichtigung der zugesetzten Reagenzmengen wie beim Standardverfahren, nur müssen 0,12 mg O_2/l für den mit den Reagenzien eingeführten Sauerstoff vom Endresultat abgezogen werden.

Freies Chlor, Nitrit, Sulfit, Sulfid, Schwefelwasserstoff, Eisen und Mangan stören nicht.

Die Alsterbergsche Methode ist durch die Methode von W. Ohle überholt.

Man kann eine annähernde Sauerstoff-Bestimmung auch im Hellige-Apparat ausführen. In der 40 mm-Küvette wird die Intensität der durch das frei gewordene Iod auftretenden Gelb- oder Braunfärbung gemessen.

c) Bestimmung geringster Sauerstoffmengen

Eine besonders genaue Methode für die Sauerstoff-Bestimmung im Leitungswasser und Kesselspeisewasser kann mit Hilfe des o-Tolidin-Reagenz im Hellige-Apparat durchgeführt werden.

Für kleinste Mengen Sauerstoff hat sich das Ferroinverfahren nach Töller am besten bewährt (Veröff. d. Vereinig. d. Großkesselbesitzer [1954]). Für ganz geringe Sauerstoffmengen im Kesselwasser wird der Manganniederschlag mit 5 ml Phosphorsäure gelöst und durch Zusatz von 2 ml o-Tolidin kolorimetrisch bestimmt (R. Freier: Chem. Zeitg. **76** [1952]).

Eine exakte Sauerstoff-Bestimmung im Kesselspeisewasser kann man auf photometrischem Wege nach E. Schumann folgendermaßen durchführen: Zu dem Inhalt einer nach der auf S. 15 beschriebenen Weise gefüllten Sauerstoffflasche von etwa 100 ml setzt man 0,15 ml Cer(III)-chloridlösung und 0,20 ml 40%ige Natronlauge, verschließt und schüttelt um.

Die Cer(III)-chloridlösung wird bereitet durch Auflösen von 120 g $CeCl_3 . 7\,H_2O$ in 100 ml aufgekochtem, destilliertem Wasser und längeres Auskochen nach Zusatz von 3 ml Salzsäure. Mit aufgekochtem und wiedererkaltetem Wasser wird wieder aufgefüllt.

Auch die Natronlauge wird mit aufgekochtem und wiedererkaltetem Wasser bereitet und längere Zeit ausgekocht. Zu dem Flascheninhalt werden 4 ml des nachfolgenden Tolidin-Reagenz gegeben und photometriert oder kolorimetriert.

Tolidin-Reagenz: 1 Raumteil Schwefelsäure 1 : 1 Vol. wird mit 3 Raumteilen einer Lösung von 0,4 g o-Tolidin in 100 ml 0,1 N Salzsäure gemischt. Diese Mischung ist nur 3 Stunden haltbar.

d) Bestimmung der Sauerstoffzehrung bei Flußwasser und Abwasser

Die Sauerstoffzehrung ist ein Maß für den Gehalt an zersetzlichen organischen Substanzen.

Um festzustellen, ob viel fäulnisfähige Stoffe in einem Vorfluter enthalten sind, bestimmt man daher die Sauerstoffzehrung des Wassers.

Hierzu wird gleichzeitig mit der Probe für die Sauerstoff-Bestimmung (S. 139) eine zweite Probe mit einer Glasstopfenflasche bekannten Inhalts (300 ml) für die Bestimmung der Sauerstoffzehrung entnommen, wie auf S. 143 angegeben. Diese zweite Probe wird ohne jeden Chemikalienzusatz 48 Stunden bei 22 °C unter Lichtabschluß aufbewahrt. Nach dieser Zeit wird die Sauerstoff-Bestimmung wie oben angegeben ausgeführt. Die Differenz der Werte beider Bestimmungen ist die Sauerstoffzehrung.

Sauerstoffzehrung ist nicht mit Sauerstoffdefizit zu verwechseln. O_2-Defizit oder Sättigungsdefizit bedeutet Fehlmenge an Sauerstoff gegenüber dem Sättigungswert des Wassers (s. u.) für Sauerstoff bei der gleichen Temperatur.

Die Sauerstoffzehrung kann auch in Prozenten des ursprünglichen Sauerstoffgehalts angegeben werden. Manchmal werden die betreffenden Werte auch in Prozenten der Sättigung angegeben, wenn kein Sauerstoffdefizit bei der Entnahme vorhanden war.

Wenn bei der Bestimmung der Sauerstoffzehrung der Restsauerstoff auf unter 2 mg/l gesunken ist, ist das Ergebnis ungenau. Einen genaueren Anhalt für den Sauerstoffverbrauch gibt der biochemische Sauerstoffbedarf BSB 5 (s. Teil 2).

Die chemische Sauerstoffzehrung, CSB. Der rein chemische Sauerstoffschwund, der z. B. durch H_2S, NO_2, Phenole u. a. verursacht wird, ist abgrenzbar, wenn man nach einstündigem Stehen die Zehrung nach obenstehenden Bestimmungen ermittelt (s. W. Leithe: Wasser, Luft und Betrieb [1970]). Näheres s. Teil 2.

12. Sauerstoffdefizit, Sauerstoffsättigungsdefizit

Sauerstoffdefizit ist die Menge Sauerstoff, die dem Wasser zum theoretischen Sättigungswert bei der gleichen Temperatur und dem gleichen Luftdruck fehlt; sie ist also die Differenz zwischen Sauerstoffsättigungskonzentration und aktueller Konzentration.

Grundwässer aus großer Tiefe und auch Tiefenwässer von eutrophen Seen haben ein hohes Sauerstoffdefizit. Auch in verunreinigten Wässern, sowohl in Grundwässern als auch in Oberflächenwässern, findet man ein hohes Sauerstoffdefizit, da infolge des bei den Zersetzungsvorgängen verursachten Sauerstoffverbrauchs ein Defizit an den theoretisch zu erwartenden Sättigungswert des Sauerstoffs vorhanden ist. Hohes Defizit an Sauerstoff besteht im Unterstrom von Abfall-Deponien (GWF **109,** 137 f. [1968]). Die theoretischen Werte können der Tabelle auf S. 145 entnommen werden.

Ein Mindergehalt entspricht dem Sauerstoffdefizit, ein Mehrgehalt einer Übersättigung an Sauerstoff.

Während die Tabellen von C. J. J. Fox [1909] von G. A. Truesdale [1955] berichtigt wurden, hat H. A. C. Montgomery [1964] gefunden, daß die Werte von Truesdale zu niedrig sind. Die jetzt neu ermittelten Werte liegen in der Mitte zwischen den von Fox und Truesdale ermittelten (H. A. C. Montgomery, N. S. Thom u. A. Cockbourn: J. appl. Chem. **14,** 180–296 [1964]).

13. Sauerstoff-Sättigungsindex

Der Sättigungsindex ist das in Prozenten ausgedrückte Verhältnis der aktuellen Sauerstoffkonzentration zur Sauerstoffsättigungskonzentration.

Über die Ermittlung der relativen Sauerstoffsättigung kann man Näheres bei R. Burkard im Jb. „Vom Wasser“ **22** [1955] ersehen. Dort ist auch der „Sauerstoff-Kalkulator“ beschrieben.

Sauerstoffsättigungswert: unter Sauerstoffsättigungswert oder Sauerstoffsättigungskonzentration versteht man die aktuelle Sauerstoffkonzentration eines Wassers, die bei der obwaltenden Temperatur und dem an der Wasseroberfläche herrschenden Druck im Gleichgewicht mit der Atmosphäre sich befindet.

Da die Sättigungswerte auf den normalen Atmosphärendruck von 760 Torr bezogen werden, muß man bei höher gelegenen Gewässern und Fließgewässern die Höhenlage berücksichtigen, und zwar nach Formel:

$$\lg B = \log 760 - \frac{h}{18400}$$

oder genauer

$$\lg B = \log 760 - \frac{h}{18421 \cdot (1 + 0{,}004\,t)}$$

wobei bedeutet: B = mittlerer Barometerstand des Standortes in Torr,
h = Höhenlage des Gewässers über dem Meeresspiegel,
t = mittlere Lufttemperatur.

Näheres bei H. Schmassmann (Schweiz Z. f. Hydrologie XI 430–462 [1949] u. XVIII [1956] sowie bei G. A. Truesdale, A. L. Downing u. G. F. Lowden (J. Appl. Chem. **5,** 53–62 [1955]) und bei W. Ohle (Mitt. d. Methoden-Kom., Nr. 3 [1953]). Zusammenfassend berichtet hierüber Hj. Schmassmann und weist auf die Notwendigkeit hin, die mit Wasserdampf gesättigte Atmosphäre zu berücksichtigen (Schweiz. Z. f. Hydrologie XVIII [1958]).

Von H. Nösel wurden die Differenzen verschiedener Sättigungstabellen aufgezeigt (Wasser, Luft und Betrieb 22 [1978] 176 bis 190). Einen Überblick gibt die nachfolgende Tabelle.

Tabelle nach:	mg/l bei	0 °C	10 °C	20 °C
Truesdale/Downing		14,16	10,92	8,84
American Public H. A.		14,62	11,33	9,17
Klots/Benson		14,82	11,27	9,08
Fox/Censny		14,62	11,35	9,19

Neue Tabelle für Sauerstoffsättigungskonzentration (in mg/l O_2) nach Truesdale, Downing und Lowden [1955] bei einem Gesamtdruck der wasserdampfgestättigten Atmosphäre von 760 Torr in mg/l O_2.

t °C	0,0°	0,1°	0,2°	0,3°	0,4°	0,5°	0,6°	0,7°	0,8°	0,9°
0°	14,16	14,12	14,08	14,04	14,00	13,97	13,93	13,89	13,85	13,81
1°	13,77	13,74	13,70	13,66	13,63	13,59	13,55	13,51	13,48	13,44
2°	13,40	13,37	13,33	13,30	13,26	13,22	13,19	13,15	13,12	13,08
3°	13,05	13,01	12,98	12,94	12,91	12,87	12,84	12,81	12,77	12,74
4°	12,70	12,67	12,64	12,60	12,57	12,54	12,51	12,47	12,44	12,41
5°	12,37	12,34	12,31	12,28	12,25	12,22	12,18	12,15	12,12	12,09
6°	12,06	12,03	12,00	11,97	11,94	11,91	11,88	11,85	11,82	11,79
7°	11,76	11,73	11,70	11,67	11,64	11,61	11,58	11,55	11,52	11,50
8°	11,47	11,44	11,41	11,38	11,36	11,33	11,30	11,27	11,25	11,22
9°	11,19	11,16	11,14	11,11	11,08	11,06	11,03	11,00	10,98	10,95
10°	10,92	10,90	10,87	10,85	10,82	10,80	10,77	10,75	10,72	10,70
11°	10,67	10,65	10,62	10,60	10,57	10,55	10,53	10,50	10,48	10,45
12°	10,43	10,40	10,38	10,36	10,34	10,31	10,29	10,27	10,24	10,22
13°	10,20	10,17	10,15	10,13	10,11	10,09	10,06	10,04	10,02	10,00
14°	9,98	9,95	9,93	9,91	9,89	9,87	9,85	9,83	9,81	9,78
15°	9,76	9,74	9,72	9,70	9,68	9,66	9,64	9,62	9,60	9,58
16°	9,56	9,54	9,52	9,50	9,48	9,46	9,45	9,43	9,41	9,39
17°	9,37	9,35	9,33	9,31	9,30	9,28	9,26	9,24	9,22	9,20
18°	9,18	9,17	9,15	9,13	9,12	9,10	9,08	9,06	9,04	9,03
19°	9,01	8,99	8,98	8,96	8,94	8,93	8,91	8,89	8,88	8,86
20°	8,84	8,83	8,81	8,79	8,78	8,76	8,75	8,73	8,71	8,70
21°	8,68	8,67	8,65	8,64	8,62	8,61	8,59	8,58	8,56	8,55
22°	8,53	8,52	8,50	8,49	8,47	8,46	8,44	8,43	8,41	8,40
23°	8,38	8.37	8,36	8,34	8,33	8,32	8,30	8,29	8,27	8,26
24°	8,25	8,23	8,22	8,21	8,19	8,18	8,17	8,15	8,14	8,13
25°	8,11	8,10	8,09	8,07	8,06	8,05	8,04	8,02	8,01	8,00
26°	7,99	7,97	7,96	7,95	7,94	7,92	7,91	7,90	7,89	7,88
27°	7,86	7,85	7,84	7,83	7,82	7,81	7,79	7,78	7,77	7,76
28°	7,75	7,74	7,72	7,71	7,70	7,69	7,68	7,67	7,66	7,65

Fortsetzung: siehe S. 146

t °C	0,0°	0,1°	0,2°	0,3°	0,4°	0,5°	0,6°	0,7°	0,8°	0,9°
29°	7,64	7,62	7,61	7,60	7,59	7,58	7,57	7,56	7,55	7,54
30°	7,53	7,52	7,51	7,50	7,48	7,47	7,46	7,45	7,44	7,43
31°	7,42	7,41	7,40	7,39	7,38	7,37	7,36	7,35	7,34	7,33
32°	7,32	7,31	7,30	7,29	7,28	7,27	7,26	7,25	7,24	7,23
33°	7,22	7,21	7,20	7,20	7,19	7,18	7,17	7,16	7,15	7,14
34°	7,13	7,12	7,11	7,10	7,09	7,08	7,07	7,06	7,05	7,05
35°	7,04	7,03	7,02	7,01	7,00	6,99	6,98	6,97	6,96	6,95
36°	6,94	6,94	6,93	6,92	6,91	6,90	6,89	6,88	6,87	6,86
37°	6,86	6,85	6,84	6,83	6,82	6,81	6,80	6,79	6,78	6,77
38°	6,76	6,76	6,75	6,74	6,73	6,72	6,71	6,70	6,70	6,69
39°	6,68	6,67	6,66	6,65	6,64	6,63	6,63	6,62	6,61	6,60
40°	6,59	6,58	6,57	6,56	6,56	6,55	6,54	6,53	6,52	6,51

Die Sauerstoffsättigungswerte sind abhängig vom Salzgehalt des Wassers. Für je 100 mg/l Cl^- erniedrigt sich je nach der Wassertemperatur der Sauerstoffsättigungswert um 0,006 bis 0,17 mg/l O_2. Für genaue Bestimmungen gilt die Formel

$$c = q - \frac{2{,}65 \cdot Cl^-}{33{,}5 + t}$$

wobei q aus der obigen Tabelle für Sauerstoffsättigungskonzentration entnommen wird und Cl = Konzentration an Cl^- in mg/l und t = Wassertemperatur ist.

C. Technisch-chemische Wasseranalyse

1. Bestimmung von Eisen-Ionen

Vorkommen. Im Grundwasser 0 bis 10,0 mg Fe^{2+}/l, selten darüber (gewöhnlich 0,5 bis 1 bis 3 mg/l). Im Oberflächenwasser bedeutend weniger (bis 0,5 mg Fe^{2+}/l), in den Alpengebieten Eisen nur spurenweise. In der Tiefenzone von Seen und von Talsperren findet man oft höheren Gehalt an Eisen, das unter gewissen Voraussetzungen aus den Sedimenten in der Stagnationsperiode gelöst wird und in der Zirkulationsperiode auch in die oberen Wasserschichten gelangt. In kohlensäurehaltigen Mineralwässern findet man oft sehr große Mengen von Eisen(II)-Ionen (> 10,0 mg Fe^{2+}/kg); unterer Grenzwert für „Eisenhaltiges Wasser" jetzt 20 mg/kg (s. S. 331).

Schüttelprobe. Wenn man das frisch entnommene Wasser in einer Probeflasche einige Minuten kräftig schüttelt, so kann man eisenreiche Wässer meist durch die Eisenabscheidung erkennen. Wässer, die mehr als 3 mg Fe^{2+}/l enthalten, geben hierbei sogleich eine gelbliche Trübung und innerhalb weniger Stunden einen braunen Eisenniederschlag. Wässer, die 1 bis 3 mg Fe^{2+}/l enthalten, geben nach mehreren Stunden erst die Eisentrübung und das Absetzen dauert oft 1 bis 2 Tage. Es gibt jedoch manchmal starke Abweichungen von dieser Regel. Bei Wässern mit niedrigen pH-Werten z. B. ist das Eisen schwer abscheidbar, bei pH-Werten über 7 ist es durch Belüftung leicht abscheidbar. Im ersteren Falle wird der Eisengehalt leicht zu niedrig, im letzteren Falle zu hoch geschätzt.

Huminwässer enthalten meist viel Eisen in schwer abscheidbarer Form.

Auf jeden Fall notiere man das Verhalten bei der Schüttelprobe, da man hierdurch Fingerzeige für die Enteisenungsmethode erhält.

Reagenzglasprobe auf Eisen(II)-Ion. 20 ml Untersuchungswasser werden in einem Reagenzglas mit einem Tropfen Natriumsulfidlösung* (Na_2 S 5 g, Wasser 10 g, Glycerin 30 g) versetzt. Bei einem Eisengehalt über 3 mg/l Fe^{2+} tritt sofort eine braunschwarze Färbung auf, bei 2 mg/l Fe^{2+} ist sie braun und bei 1 mg/l Fe^{2+} gelb, bei 0,3 mg/l Fe^{2+} schwachgelblich (in der Aufsicht).

Da viele Wässer eine gelbliche Eigenfärbung, z. B. durch Huminstoffe, aufweisen, verwende man zum Vergleich ein zweites Reagenzglas mit dem unbehandelten Wasser.

Bei Leitungswässern können hierbei Störungen durch Blei und Kupfer auftreten. Mit einigen Tropfen Salzsäure verschwindet die vom Eisen herrührende Färbung, die von Kupfer nicht.

Bestimmung des Eisen(II)-Ions. 100 ml Wasser werden mit 0,5 ml 0,1 N Schwefelsäure und 1 ml einer 0,4%igen α,α'-Dipyridyllösung (Fa Heyl u. Co.) oder 2,2-Bipyridin (Merck) in 0,1 N Schwefelsäure versetzt und gemischt. Nach einigem Stehen erscheint bei Gegenwart von Eisen(II)-Ionen eine Rosa- bis Rotfärbung. Diese Reaktion kann quantitativ gestaltet werden, z. B. durch Vergleich mit Testlösungen von Eisen(II)-ammonsulfat (Reagenz Nr. 12) in Hehnerzylindern oder im Photometer bei 522 nm innerhalb von 1 bis 2 Stunden.

Man kann auch an Ort und Stelle in einem 100 ml-Meßkolben zu 20 ml Dipyridyllösung eine ungefähre Wassermenge geben und im Laboratorium genau auswägen. Eine sogleich auftretende Rotfärbung ist nämlich tagelang konstant.

Für limnologische Zwecke ist diese Methode empfehlenswert und der Methode der EV mit Isonitrosoacetophenon vorzuziehen. Auch bei den eisenarmen schwedischen Urgesteinswässern hat W. Rohde gute Erfahrungen mit dieser Methode gemacht.

Prüfung auf Eisen(III)-Ion. 100 ml des frisch entnommenen Wassers werden mit 2 ml Salzsäure und 2 ml 10%iger Kaliumrhodanidlösung versetzt. Die auftretende Farbe wird in Hehnerzylindern mit der von gleichzeitig angesetzten Vergleichslösungen (aus Reagenz Nr. 12) oder mit Farbvorlagen z. B. Meinck-Horn (S. 33) nach 5 bis 10 Minuten verglichen.

Wenn vorher mit Wasserstoffperoxid oxidiert wird, erhält man das Gesamteisen.

Kolorimetrische Fe^{3+}-Bestimmung mit Sulfosalicylsäure: 100 ml Wasserprobe werden mit 5 ml einer 20%igen Sulfosalicylsäurelösung und nach und nach mit 5 ml Ammoniak (d 0,910) versetzt.

Die auftretende Gelbfärbung wird kolorimetrisch mit der von Vergleichslösungen verglichen oder photometrisch bei 424 nm bestimmt.

a) Kolorimetrische Bestimmung des Gesamteisens

100 ml Untersuchungswasser werden mit 2 ml Salzsäure* und 0,5 ml Wasserstoffperoxidlösung (3%ig) versetzt und etwa 5 Minuten gekocht oder über Nacht stehen gelassen. Wenn es sich um Proben handelt, bei denen ein Teil des Eisens sich abgeschieden hat, ist das Erhitzen vorzuziehen. Die gegebenenfalls abgekühlte Probe wird mit 2 ml 10%iger Kaliumrhodanidlösung versetzt. Die entstehende Rotfärbung

wird mit derjenigen der gleichzeitig angesetzten Vergleichslösungen (aus Reagenz Nr. 12) in Hehnerzylindern, Kolorimetern und Photometern nach 10 bis 20 Minuten verglichen.

Empfindlichkeit der Probe im Hehnerzylinder bis 0,05 mg/l Fe herab, in Elko mit Filter S49E bis 0,01 mg/l.

Sehr bequem ist der Vergleich mit Hilfe des Kolorimeters nach Meinck-Horn (Fa. Franz Bergmann KG).

Mit Hilfe des Photometers kann man durch Eichkurven den Vergleich vornehmen. Man erspart bei beiden Methoden das Ansetzen zahlreicher Vergleichslösungen. Für Serienuntersuchungen auf Eisen ist der Hellige-Apparat nicht so vorteilhaft wie für einzelne Feldbestimmungen, da man jede Probe für sich behandeln und sofort nach dem Rhodanidzusatz ablesen muß. Die Farbscheiben im Hellige-Komparator sind leider nicht auf die Maximalfärbung eingestellt.

Aus der Differenz der Werte für Gesamteisen und Eisen(III)-Ion (s. voriges Kapitel) erhält man den Wert für das Eisen(II)-Ion.

Störungen verursachen organische Stoffe, insbesondere Huminstoffe, durch ihre Eigenfärbung. In diesem Falle, d. h. wenn der $KMnO_4$-Verbrauch über 50 mg/l liegt, werden 100 ml Wasser mit 2 ml Salpetersäure und 2 Tropfen kalt gesättigter Kaliumpermanganatlösung versetzt. Nach einigem Stehen werden 2 ml Kaliumrhodanid zugesetzt, wobei die rötliche Farbe des Kaliumpermanganats verschwindet und die Eisenrhodanidfärbung auftritt. Die Vergleichslösungen müssen auf gleiche Weise behandelt werden, da die auftretenden Färbungen sonst nicht genau übereinstimmen.

Braune Huminwässer werden am besten mit Kaliumperoxodisulfat eingedampft und der Rückstand in einer Platinschale oder im Tiegel erhitzt, bis die Schwefelsäure abgeraucht ist. Der Rückstand wird mit 2 ml Salzsäure aufgenommen und nach dem Auffüllen wie oben verfahren.

Trübungen dürfen nicht durch Filtrieren entfernt werden, da das Filterpapier gelöstes Eisen adsorbiert; man muß also zentrifugieren, dabei aber berücksichtigen, daß die Trübstoffe Eisen adsorbiert haben bzw. enthalten oder aus Eisenoxid bestehen. Die Eisen-Bestimmung in trüben Wässern ist immer problematisch, was man durch die Probenahme abändern kann.

Bei sehr salzreichen Wässern (z. B. Brackwässern und Mineralwässern) wird die Rhodanidfärbung beeinträchtigt. Man muß daher die Vergleichslösungen mit entsprechenden Salzkonzentrationen ansetzen oder das Eisen an Ort und Stelle titrimetrisch bestimmen (S. 338).

Wenn die Wasserprobe älter als 12 Stunden ist, müssen vor dem Abfüllen des für die Eisen-Bestimmung benötigten Wassers die Wandungen und der Flaschenboden mit einem Gummiwischer bearbeitet werden. Ist die Wasserprobe älter als 5 bis 8 Tage, so muß nach Säurezusatz der ganze Flascheninhalt verwendet werden.

$$1 \text{ mg Fe} = 1{,}43 \text{ mg } Fe_2O_3; \quad 1 \text{ mg } Fe_2O_3 = 0{,}7 \text{ mg Fe}.$$

b) Phenanthrolin-Methode

Nach den neuen EV E1 wird das Gesamteisen als Fe^{2+} mit Phenanthrolin bestimmt, indem man zu 100 ml der an Ort und Stelle mit etwas Schwefelsäure angesäuerten Wasserprobe 2 ml Acetatgemisch (40 g Ammoniumacetat + 50 ml Eisessig zu 100 ml dest. Wasser. aufgefüllt) und 1 ml Hydroxylammoniumchlorid (20%ig) sowie nach gutem Vermischen mit 2 ml 1,10-Phenanthrolinlösung (0,5%ig) versetzt. Im Spektralphotometer wird bei einer Wellenlänge von 510 nm oder im Filterphotometer mit dem Filter Hg 492 oder Zeiß-Filter S49E die auftretende Orangefärbung gemessen. Ohne Hydroxylammoniumchlorid kann Fe^{2+} gesondert bestimmt werden.

Die an Ort und Stelle angesäuerte Wasserprobe muß innerhalb von 2 Stunden im Laboratorium wie oben angegeben untersucht werden. In vielen Fällen ist deshalb die beschriebene Dipyridyl-Methode vorteilhafter.

Mikrogramm-Mengen von Eisen(II)-Ionen können mit Bathophenantrolin (Merck) bei pH 2 und Ausschütteln mit Chloroform spektralphotometrisch bestimmt werden. (Rotfärbung, 530 nm. Störungen können durch größere Nitrit- und Phosphat-Anteile auftreten.

Titrimetrische Eisen-Bestimmung. Größere Mengen Eisen(II)-Ionen werden am besten titrimetrisch mit 0,01 N Kaliumpermanganatlösung wie bei der Heilwasser-Analyse auf S. 338 angegeben bestimmt.

2. Bestimmung von Mangan-Ionen

Vorkommen. Im Grundwasser nur einige zehntel mg/l, selten über 1 mg Mn/l. Im Oberflächenwasser nur Spuren, in Tiefenwasser von Seen und Talsperren zuweilen in großen Mengen (R. Schweißfurth: Städtehygiene **7** [1969]).

Orientierende Feldbestimmung. In zwei Erlenmeyerkolben werden je 250 ml Untersuchungswasser mit 1 Tropfen Methylorangelösung (1:5000) versetzt. Zur ersten Probe wird nun 1 ml Natronlauge zugefügt. Nach kurzem Stehen werden beide Flüssigkeiten mit je 5 ml 10%iger Salzsäure angesäuert. Bei Gegenwart von Mangan (bis 0,1 mg/l herab) wird die erste Flüssigkeit entfärbt. In gechlortem Trinkwasser kann diese Vorprüfung nicht durchgeführt werden, da Chlor dieselbe Reaktion gibt.

Nach K. Schilling kann man durch Zusatz von 1 ml 0,01 N Kaliumpermanganatlösung pro 1 Liter Wasser einen Mangangehalt von mehr als 0,165 mg Mn/l daran erkennen, daß es sofort eine gelbbraune Verfärbung annimmt, während manganfreie Wässer die violette $KMnO_4$-Färbung behalten (Jb. „Vom Wasser“ Bd. **28** [1961]).

a) Kolorimetrische Mangan-Bestimmung

100 ml Untersuchungswasser werden mit 10,0 ml Salpetersäure (d 1,2)[1], sowie mit der bei der Chloridtitration verbrauchten Menge 0,02 N Silbernitratlösung und wei-

[1] Ca. 32%ig, herzustellen durch Verdünnen der konz. Salpetersäure d 1,4 mit gleichen Teilen Wasser.

terhin mit einem überschüssigen ml 0,02 N Silbernitratlösung versetzt und aufgekocht. Bei gelbgefärbten Wässern ist diese Mischung 10 Minuten lang zu kochen.

Bei chloridreichen Mineralwässern, besonders bei Solewässern, dampft man im Weithals-Erlenmeyer nach Zusatz von einigen ml Schwefelsäure ein, bis weiße Dämpfe entweichen. Durch Zusatz von 1 ml 0,02 N Silbernitratlösung überzeugt man sich von der Abwesenheit von Chlorid in dem aufgefüllten Gemisch.

In die siedende Flüssigkeit gibt man 10 ml einer 10%igen Kaliumperoxodisulfat-Lösung und läßt noch 5 Minuten kochen. Wenn Mangan zugegen ist, färbt sich die Flüssigkeit dabei rosa bis rotviolett. Die Flüssigkeit wird abgekühlt und mit reinstem destilliertem Wasser (Reagenz Nr. 10), das mit Salpetersäure gekocht wurde, auf 100 ml aufgefüllt.

In Schauröhren oder Hehnerzylindern wird die entstandene Färbung mit derjenigen von Vergleichslösungen verglichen. Die Schauröhren und Hehnerzylinder müssen mit heißem, salpetersaurem Wasser vorher gespült werden.

In die Vergleichszylinder werden 100 ml destilliertes Wasser, das mit 10 ml Salpetersäure gekocht und wieder abgekühlt wurde, gefüllt und bis zur Farbgleichheit mit 0,01 N Kaliumpermanganatlösung versetzt. Das Vermischen darf nicht durch Handauflegen erfolgen, sondern nur mit einem Rührstab oder Rührkugel (K. Höll, Chem. Fabrik [1934], Fa. Bergmann).

Manganmengen bis 0,02 mg/l herab können bestimmt werden. Bei genauen Wasseruntersuchungen muß bei negativem Befund eine größere Wassermenge für die Bestimmungen eingedampft werden.

Berechnung. 1 ml 0,01 N Kaliumpermanganatlösung entspricht bei dieser Versuchsanordnung 1,1 mg/l Mn. Man kann auch eine Lösung von 0,2877 g/l $KMnO_4$, die 0,1 mg Mn pro ml enthält, als Standardlösung verwenden.

Man kann auch mit dem Trommelkolorimeter nach Meinck-Horn den Vergleich vornehmen und genaue Bestimmungen im Photometer bei der Wellenlänge 530 nm oder im Spektralphotometer bei 525 nm oder im Elko bei S 53 E mit Hilfe von Eichkurven vornehmen.

Mit dem Atomabsorptions-Spektralphotometer kann man Mangan-Mengen von 0,001 bis 0,01 mg/l genau bestimmen.

Störungen. Bei salzreichen Wässern und bei Wässern mit Permanganatverbrauch über 60 mg/l kann man auch mit Schwefelsäure und etwas Kaliumperoxodisulfat eindampfen und den Rückstand im Tiegel glühen, bis Schwefelsäuredämpfe entweichen. Der mit Wasser und 10 ml Salpetersäure aufgenommene Rückstand wird wie oben weiterbehandelt.

Hoher Eisengehalt über 5 mg/l kann ebenfalls stören, was durch Natriumphosphatzusatz verhindert werden kann.

Durch Lichteinwirkung wird das ausgefällte Silberchlorid violett gefärbt und kann u. U. zunächst einen positiven Manganbefund vortäuschen. Deshalb sollte die Manganbestimmung nicht im Sonnenlicht ausgeführt werden.

Bei älteren Proben müssen die Flaschenwandungen mit einem Gummiwischer bearbeitet werden.

b) Mangan-Bestimmung in Chlorid-Wässern mit Formaldoxim

Bei chloridreichen Wässern, Mineralwässern, Brackwasser und Solen kann man das lästige Abrauchen vermeiden, indem man 100 ml Wasserprobe mit je 10 ml Formaldoximlösung (40 g Hydroxylammoniumchlorid + 8 g Paraformaldehyd oder 20 ml 37 Gew.-%ige Formaldehydlösung auf 1 Liter dest. Wasser), Eisen(II)-ammoniumsulfatlösung (140 mg $(NH_4)_2Fe(SO_4)_2$ + 1 ml konz. Schwefelsäure auf 1 Liter) und Hydroxylammoniumchlorid (10%ig) und nach 5 Minuten mit je 10 ml ÄDTA-Lösung (37,224 g/l Dinatriumsalz der Äthylendiamintetraessigsäure) und Ammoniak (20%ig) versetzt.

Nach 60 Minuten wird bei der Wellenlänge 450 nm gemessen. Mengen bis 0,05 mg/l können ohne Einengen der Wasserprobe erfaßt werden.

Maßanalytische Manganbestimmung

Bei Mangan-Konzentration über 2 mg/kg kann man mit 0,01 N arseniger Säure bis zum Verschwinden der Permanganat-Färbung titrieren.

Mangan-Bestimmung mit o-Toluidin

Durch Luftoxidation wird Mn^{2+} in alkalischer Lösung zu Mn^{3+} und Mn^{4+} oxidiert. Darauf wird Phosphorsäure zugesetzt und nach dem Auflösen der Manganoxide wird mit o-Toluidinlösung (0,1%ig in 0,1%iger Perchlorsäure) versetzt und die Extinktion nach 3 min bei 440 nm gemessen.

Eisen(III)-Ionen, wie auch Mg-Ionen stören allerdings. (J. Maly, u. H. Fadrus: Analyst, **99,** 128–136 [1974]) und Lit. Ber. **22,** H. 4, S. 207). Ebenso Ozon, Chlor und NO_2.

3. Bestimmung der Härte

Über den Begriff der Härte S. 225.

Vorkommen der Härtebildner. Wasser aus Kalk- und Dolomitgebieten sind hart, sie haben Härtegrade bis zu 50° Gesamthärte und 25° Carbonathärte und mehr, gewöhnlich 10 bis 20° Gesamthärte und 8 bis 15° Carbonathärte.

Wässer aus Urgesteingebieten sind weich, sie haben meist nur 1 bis 3 Härtegrade. Oberflächenwässer haben oft geringere Härtegrade als die Grundwässer derselben Formation.

Annähernde Härtebestimmungen. Da im Dampfkesselbetrieb und ähnlichen Betrieben die „Seifenmethoden“ noch gebräuchlich sind, weil die Betriebe darauf eingestellt sind, sollen diese in der neuen Auflage verbleiben (DIN 8104).

Seifenmethode nach Boudron und Boudet. Nach der Methode von Boudron und Boudet füllt man 40 ml Untersuchungswasser in die für die Bestimmung benötigte Glasstopfenflasche bis zur Ringmarke (bei 40 ml) ein, fügt 0,1 ml Phenolphthaleinlösung hinzu und neutralisiert mit 0,1 N NaOH bzw. 0,1 n HCl. Dann füllt man die Gießbürette (Hydrotimeter), die man in dem Bürettenhalter befestigt, mit Hilfe einer Pipette voll. Darauf läßt man die Seifenlösung langsam an dem Glasstab herunterfließen und stellt auf den Nullpunkt ein. Man faßt die Gießbürette dabei mit Daumen und Mittelfinger, die große Öffnung nach oben. Auf die große Öffnung legt man den Zeigefinger. Durch Neigung zur Waagerechten läßt man dann so viel abfließen (evtl. unter Abheben des Zeigefingers), bis die Seifenlösung auf der Nullmarke steht. Nun gibt man zu dem Untersuchungswasser auf dieselbe Weise Seifenlösung, bis sie auf dem Teilstrich 1 steht, und schüttelt die wieder verschlossene Glasstopfenflasche mehrmals in senkrechter Richtung. Wenn kein Schaum auf dem Wasser verbleibt, gibt man weitere Mengen von Teilstrich zu Teilstrich zu, so lange, bis ein mehrere Minuten lang beständiger Schaum von etwa 1 cm Höhe bestehen bleibt, der nicht mehr „knistert".

Wenn man nämlich zu Beginn der Titration die Öffnung der Schüsselflasche an das Ohr hält, hört man nach jedem Schütteln ein „knisterndes" Geräusch („Selterswassergeräusch"), das dann beim Endpunkt der Titration nicht mehr wahrnehmbar ist.

Bei Wässern, die verhältnismäßig viel Magnesiumsalze haben, ist die Schaumbildung oft gestört durch die sich bildende käsige Magnesiumseife; der Endpunkt wird zu früh vorgetäuscht durch Bildung eines grobblasigen Zwischenschaumes. In diesem Falle wiederholt man die Bestimmung mit entsprechend verdünntem Wasser.

Bei Wässern, die mehr als 15 bis 20 Teilstriche von der Seifenlösung verbrauchen, muß stets mit destilliertem, abgekochtem Wasser verdünnt werden.

Bei Wässern, die weniger als 2 Teilstriche von der Seifenlösung verbrauchen, wird die Untersuchung nach Splittgerber-Mohr mit einer größeren Wassermenge (500 ml) in einem geeigneten Gefäß wiederholt, nachdem man vorher etwas Natriumchlorid (etwa 0,2 g) zugegeben hat und mit 0,1 N Natronlauge bis zur Phenolphthaleinrötung (pH 11 bis 13) versetzt hat. Freie Kohlensäure verbraucht nämlich ebenfalls Seifenlösung (s. u.) Bei stark phenolphthaleinalkalischen Speisewässern neutralisiert man mit 0,1 N Salzsäure bis zur schwachen Rosafärbung. Bei Kondensatprüfung arbeitet man mit der 5fach mit 50%igem Alkohol oder Methanol verdünnten Clarkschen Seifenlösung (s. u.), 1 ml davon entspricht bei Anwendung von 500 ml Wasserprobe 0,003 °dH (Richtlinien d. Ver. der Großkesselbesitzer u. Ammer, Jb. „Vom Wasser" [1939]).

Berechnung. Die heute gebräuchlichen Gießbüretten haben eine Einteilung in deutsche Härtegrade. Auch die älteren Büretten mit Einteilung in französischen Härtegraden können bei Multiplikation mit 0,56 (um auf deutsche Härtegrade zu kommen) benutzt werden.

Störungen. 7 mg/l freie Kohlensäure verbrauchen so viel Seifenlösung wie einem französischen und 12,5 mg/l CO_2 wie einem deutschen Härtegrad entspricht.

Bei Gegenwart von Polyphosphaten versagt die „Seifen-Methode".

Bestimmung mit Clarkscher Seifenlösung. Bei der Clarkschen Methode wird eine dünnere Seifenlösung verwendet; sie ist deshalb genauer als die Methode nach Boudron-Boudet und eignet sich besonders für sehr weiche Wässer und für die Resthärtebestimmung von enthärteten Wässern. Diese Resthärte stammt hauptsächlich von Magnesiumverbindungen.

Man verwendet bei dieser Methode mindestens 100 ml Wasser. Nach Splittgerber-Mohr werden für die Resthärtebestimmung sogar 500 ml verwendet. 1 ml verdünnte Clarksche Seifenlösung entspricht dann 0,003° deutscher Härte (s. o.).

Die verschiedenen Seifenlösungen sind käuflich zu haben. Die Wasserproben für die Resthärtebestimmungen dürfen nur in Kunststoffflaschen, in paraffinierten Flaschen oder allenfalls in Jenaer Glasflaschen aufbewahrt werden.

Die Chem. Fabrik Gebr. Heyl hat ein Reagenz „Durognost" zur schnellen Härtebestimmung im Wasser und Kesselspeisewasser herausgebracht, das sich auch für Wasserwärter und Dampfkesselbetriebe eignet, ferner das Duroval zur Bestimmung der Gesamthärte und Duroval C der Carbonathärte. Die Fa. E. Merck bringt ein ähnliches Schnellprüfgerät in den Verkehr, desgleichen Testlösungen.

a) Genaue Bestimmung von Hydrogencarbonat-Ionen (und der Carbonathärte nach Lunge)

In einem Erlenmeyerkolben von 200 bis 250 mg Inhalt werden 100 ml Untersuchungswasser mit genau 0,1 ml Methylorange-Indikator (0,1%ige wäßrige Lösung [DIN 8106]) versetzt und mit 0,1 N Salzsäure bis zum eben erkennbaren Farbumschlag von Gelb auf Orangegelb titriert. Die Titration soll bei hellem Tageslicht (aber nicht im direkten Sonnenlicht) auf einer weißen Unterlage vorgenommen werden. Eine nicht austitrierte Wasserprobe mit Methylorange wird für den Farbvergleich danebengestellt.

Wenn hierbei mehr als 8 ml 0,1 N Salzsäure verbraucht werden, wo wird die Bestimmung mit einer geringeren Probenmenge wiederholt oder es muß nach dem Farbumschlag durch Lufteinblasen die frei gewordene Kohlensäure vertrieben und bei evtl. Rückschlag auf den gelben Farbton mit 0,1 N HCl weitertitriert werden (s. u.).

Wenn beim Indikatorzusatz keine Gelbfärbung auftritt, sondern sogleich eine Orangefärbung, so hat das Wasser keine Carbonathärte.

Bei höherem Gehalt an Eisen und Mangan ist pro 1 mg/l Fe und Mn 0,1 Härtegrad von dem Gesamtergebnis abzuziehen. Sehr hoher Sulfatgehalt verursacht etwas zu hohe Werte für Carbonathärte.

Störungen. Moorwässer geben Störungen wegen der Eigenfärbung, die aber durch Filtration mit Aktivkohle beseitigt werden können. Nach Biskei ist die Genauigkeit bei sehr weichem Wasser durch die freie Kohlensäure herabgesetzt (Z. f. analyt. Chem. [1937]). Das gleiche gilt für kohlensäurereiche Mineralwässer, insbesondere Säuerlinge. Für sehr harte Grundwässer gilt dasselbe. Durch Erwärmen muß die freie Kohlensäure entfernt werden, mitunter muß auch zwischendurch einmal die bei der Titration frei gewordene Kohlensäure vertrieben werden. Für Moorwasser ist der Mischindikator nach Mortimer (Fa. E. Merck) vorteilhaft (20 mg Methylrot + 100 mg Bromkresolgrün in 100 ml Alkohol).

Harte Wässer dürfen vor der Untersuchung nicht tagelang in halbgefüllten Flaschen stehen, da sonst Calciumcarbonat ausfällt und sich an den Wänden festsetzt. Dadurch werden zu niedrige Werte für Carbonathärte, Gesamthärte und zu hohe Werte für die zugehörige Kohlensäure gefunden.

Berechnung. Die für 100 ml Wasser verbrauchten ml 0,1 N-HCl ergeben den m-Wert und die Carbonathärte in mval/l und mit 2,8 multipliziert die Carbonathärte des Wassers in deutschen Härtegraden.

m-Wert = ml verbr. 0,1 N-HCl

1 ml N HCl ≙ 61,017 mg HCO_3^-

Berechnung von Hydrogencarbonat-Ion

Aus dem m-Wert und p-Wert kann man die vorhandenen Hydrogencarbonat-Carbonat- und eventuell Hydroxyl-Ionen nach der folgenden Tabelle errechnen.

gefunden	Hydroxyl-Ionen mval/l	Carbonat-Ionen mval/l	Hydrogencarbonat-Ionen mval/l
$p = 0; m > 0$	0	0	m
$2p < m$	0	2 p	m − 2 p
$2p = m$	0	2 p	0
$2p > m > p$	2 p − m	2 (m − p)	0
$p = m$	p	0	0

b) Genaue Bestimmung der Gesamthärte nach Blacher

Zur Bestimmung der Gesamthärte wird die mit 0,1 N Salzsäure gegen Methylorange austitrierte Wasserprobe verwendet. Hierfür wird die durch den Säurezusatz in Freiheit gesetzte Kohlensäure durch kurzes Aufkochen oder längeres Luftdurchblasen (5 Minuten mit der Wasserstrahlpumpe) entfernt. Dadurch wird der Farbumschlag viel schärfer.

Die gegebenenfalls abgekühlte Wasserprobe wird mit einigen Tropfen Phenolphthaleinlösung (1%ig) und tropfenweise mit 0,1-Normallauge bis zur schwachen Rosafärbung versetzt. Diese Rosafärbung wird durch Hinzufügen eines Tropfens 0,1 N Salzsäure zum Verschwinden gebracht.

Die neutralisierte Probe wird sofort mit 0,1 N Kaliumpalmitatlösung (Reagenz Nr. 14) bis zur kräftigen Phenolphthalein-Rotfärbung titriert.

Mit 0,3 ml 0,1 N Salzsäure soll die Rotfärbung wieder zum Verschwinden gebracht werden. Sollte hierbei weniger als 0,3 ml 0,1 N HCl verbraucht werden, so wird die Titration auf kräftiges Rot wiederholt. Sollte jedoch mehr als 0,3 ml 0,1 N Salzsäure verbraucht werden, so ist die über 0,3 ml hinausgehende Menge vom Palmitatverbrauch abzuziehen.

Sehr harte Wässer geben ungenauen Farbumschlag. Wenn bei der Titration insgesamt mehr als 8 ml Kaliumpalmitatlösung verbraucht werden, so wiederholt man die Titration nach entsprechender Verdünnung mit destilliertem Wasser und nach Aufkochen und Abkühlen.

Berechnung. 1 ml von der verbrauchten 0,1 N Kaliumpalmitatlösung entspricht bei Anwendung von 100 ml Wasser einer Gesamthärte 2,8 deutschen Härtegraden = 28,0 mg/l CaO. Die Genauigkeit beträgt etwa 0,3 °dH. 1 dH ≙ 0,357 mval/kg.

Neuerdings wird die Härte des Wassers auch in mval angegeben; man braucht dazu nur die bei der Titration verbrauchten ml als mval Deutsche Härte anzugeben (1 °dH = 0,357 mval dH).

Bei eisenreichen Wässern ist von dem Ergebnis 0,1 °dH pro 1 mg Fe/l abzuziehen, ebenso für 1 mg Mn/l, jedoch nur, wenn diese noch in Lösung sind. Bei ganz weichen Wässern (< 1,0 °dH) fallen die Werte um 1/3 zu hoch aus (CO_2-Störung u. a.).

Bei sehr weichen Wässern verwendet man daher zur Titration am besten n/28 Kaliumpalmitatlösung, von der 1 ml = 1,0 °dH bei Anwendung von 100 ml Wasser entspricht.

Nach dem neuen Waschmittelgesetz (S. 303) sollen die synthetischen Waschmittel jetzt auf die „Härtebereiche" der Leitungswässer eingestellt werden.

Härtebereich 1 = bis 1,3 mmol Gesamthärte = ca. 7 °dH
Härtebereich 2 = bis 2,5 mmol Gesamthärte = ca. 14 °dH
Härtebereich 3 = bis 3,8 mmol Gesamthärte = ca. 21 °dH
Härtebereich 4 = über 3,8 mmol Gesamthärte = über 21 °dH.

Störungen durch viel Huminstoffe (braungefärbte Moowässer) können durch Eindampfen von 200 ml Wasser mit etwas Kaliumchlorat und Salzsäure beseitigt werden. Der Trockenrückstand wird mit heißem destilliertem Wasser aufgenommen und muß nach dem Abkühlen und Hinzufügen von 2 Tropfen Methylorange und 1 Tropfen Phenolphthalein genau neutralisiert werden. In dieser neutralisierten Lösung wird die Titration mit Kaliumpalmitat vorgenommen.

c) Rechnerische Ermittlung der Gesamthärte aus der Kalkhärte und Magnesiahärte

Die für das Untersuchungswasser gefundene Anzahl mg/l CaO wird durch 10 dividiert und so die Kalkhärte erhalten. Die Magnesiahärte wird durch Division der Anzahl mg/l MgO durch 7,19 oder durch Division der mg/l MgO durch 10 und Multiplikation mit 1,399 auf Kalkhärte umgerechnet. Durch Addition von Kalkhärte und umgerechneter Magnesiahärte wird dann die Gesamthärte erhalten.

d) Schnellmethode der Bestimmung der Gesamthärte mit Titriplex

Auf den Arbeiten von Schwarzenbach (Helv. Chim. Acta **29**, S. 811 [1946]) fußend, hat die Fa. E. Merck, Darmstadt, Maßlösungen mit Äthylendiamintetraacetat (Komplexon) unter dem Namen Titriplexlösung A (für harte Wässer) und Titriplex B (für weiche Wässer) herausgebracht. Beide enthalten eine Zinkverbindung, so daß auch bei magnesiumfreien und magnesiumarmen Wässern genaue Ergebnisse erzielt werden und in jedem Fall ein scharfer Umschlag erhalten wird.

Ausführung. Von harten Wässern werden 100 ml mit einer Indikatortablette (enthaltend einen Mischindikator mit Eriochromschwarz) versetzt, die beim Umschwenken sich sofort löst. Nach Zugabe von 1 ml Ammoniak (d 0,910) wird mit Titriplex A titriert, bis die rote Farbe in reines Grün umschlägt.

Berechnung. Die Anzahl der verbrauchten ml Titriplex A gibt bei Anwendung von 100 ml Wasser mit 5,6 multipliziert den Grad der Gesamthärte dH an.

Von weichen Wässern (bis zu 3 Härtegraden) werden 100 ml auf 40 °C erwärmt, mit einer Indikatortablette und nach Umschwenken mit 1 ml Ammoniak (d 0,910) versetzt. Die erwärmte Lösung wird langsam bis zum Umschlag nach Grün mit Titriplex B titriert. Die verbrauchten ml Titriplex B geben direkt den Härtegrad an (Gesamthärte).

Bei weichen Wässern werden mit Titriplex B brauchbare Ergebnisse erzielt. Jedoch liegen die Werte nach Untersuchungen des Verfassers regelmäßig etwas niedriger als bei der Standardmethode nach Blacher mit Kaliumpalmitat; bei harten Wässern sind bei Verwendung von Titriplex A die Werte um ca. 5% zu niedrig.

Bei eisenhaltigen Wässern (über 0,3 mg/l) versagt die Methode, da der Indikator keinen eindeutigen Umschlag gibt. Auch der von E. Merck empfohlene Na_2S-Zusatz ist nicht wirksam. Man kann jedoch nach Versuchen des Verfassers durch Zusatz von einigen Tropfen einer 5%igen Natriumphosphatlösung ganz brauchbare Resultate erzielen und neuerdings durch Zugabe von 1 bis 2 ml Triäthanolamin vor der Titration.

Man kann auch mit einer 0,1 M Titriplex-Lösung, von der 1 ml 4,008 mg Ca und 2,431 mg Mg entspricht, titrieren.

e) ÄDTA-Methode

Titrimetrische Ca- und Mg-Bestimmung mit Komplexon (Methode in Anlehnung an die neuen EV).

α) Calcium-Bestimmung

100 ml Untersuchungswasser werden mit 0,1 N Salzsäure bis zum Farbumschlag des Mischindikators von Grün nach Rot titriert; nach Zusatz von weiteren 0,5 ml 0,1 N Salzsäure wird die frei gewordene Kohlensäure durch Kochen vertrieben.

Mischindikator: 100 ml einer 0,03%igen alkoholischen Methylrotlösung mit 15 ml einer 0,1%igen wäßrigen Methylenblaulösung mischen.

Nach dem Abkühlen auf 30 bis 40 °C wird die Probe und eine Blindprobe mit 0,4 ml 15%iger Natronlauge auf pH 12 bis 13 gebracht, sofort mit dem Indikator Murexid versetzt und sofort titriert mit Komplexon bis zum Umschlag von Rot nach Blauviolett[1].

Sehr gut bewährt sich der neue Indikator Calconcarbonsäure (Merck 4595) und das Calcein (Merck 2315), 1:100 mit Kaliumnitrat vermischt, das von Gelbgrün nach Violett umschlägt. (6,65 g Komplexon III in 1 l Aq. dest.). Titriplex III der Fa. Merck und Idranal III der Fa. Riedel de Haën, sind genauso verwendbar wie das Komplexon der Fa. A. G. Siegfried Zopfingen (Schweiz). Zum Lösen dieser Titersubstanzen darf nur dest. Wasser, das absolut kupferfrei ist, verwendet werden. Alle drei sind das Dinatriumsalz der Äthylendiamintetraessigsäure.

Zum Farbvergleich werden zuvor je 100 ml unter gleichen Bedingungen behandelten dest. Wassers, nicht austitriert und mit Zusatz von 0,2 bis 0,5 ml Komplexon verwendet. Die Hauptprobe muß immer einzeln durchgeführt werden, da sonst Calcium und vor allem Magnesium unlöslich werden könnten. Auch Doppelbestimmungen sollen nicht gleichzeitig gemacht werden, müssen aber unbedingt vorgenommen werden.

Berechnung. 1 ml der obigen Komplexon-Lösung entspricht 1 mg CaO = 0,7147 mg Ca.

β) Magnesium-Bestimmung

Für die Magnesiumtitration wird die obige Lösung mit 0,5 ml Salzsäure (25%) angesäuert und zur Zerstörung des Murexid-Indikators kurz auf 60 bis 80 °C erwärmt.

[1] In den älteren EV heißt es fälschlicherweise Grün.

Sobald die hellrote Färbung des Mischindikators aufgetreten ist, versetzt man die noch warme Probe mit 5 ml Ammoniakpuffer (hergestellt durch Lösen von 54 g Ammoniumchlorid unter Zusatz von 350 ml Ammoniak (25%) mit destilliertem Wasser zum Liter) sowie 1 ml Ammoniak (25%) und bringt sie dadurch auf einen pH-Wert von etwa 10.

Dann fügt man 0,1 ml Eriochromschwarzlösung (0,2 g Eriochromschwarz T und 0,5 ml Ammoniak (25%) mit destilliertem Wasser zu 100 ml gelöst) zu und titriert bei 40 bis 50 °C mit Mg-Komplexon III-Lösung (hergestellt durch Lösen von 6,65 g Komplexon III und 5,0 g Magnesiumkomplex mit destilliertem Wasser zum Liter), bis die Farbe des Eriochromschwarz von Weinrot nach Tintenblau umschlägt. Die 0,1 N ÄDTA-Lösung enthält: 18,61 g auf 1000 ml; 1 ml = 1,216 mg Mg^{2+}.

Bei weichen Wässern ist die Bestimmung von Calcium und Magnesium mit Komplexon sehr exakt und bequem; bei harten Wässern, besonders bei eisenhaltigen harten Wässern, ist der Umschlagspunkt nicht so genau zu erkennen und die Genauigkeit viel geringer, besonders bei hohem Magnesiumgehalt und bei calciumsulfatreichen Wässern. Bei magnesiumreichen Wässern tritt nach der Zersetzung des Murexids eine Trübung auf, die durch erhöhten Salzsäurezusatz verhindert werden kann.

1 ml Komplexon III-Lösung entspricht 0,719 mg MgO;
1 mg MgO = 0,603 mg Mg;
1 mg Mg = 1,66 mg MgO.

Störungen

Bei eisenhaltigen Wässern sind die Resultate ungenau; bei eisenreichen Wässern (über 2 mg Fe/l) versagt die Methode überhaupt. Durch Zusatz von etwas Natriumphosphat oder Natriumsulfid ist der Farbumschlag jedoch besser zu erkennen.

Beim Zusatz der Natronlauge darf keine Trübung infolge von Kalkabscheidung eintreten; deshalb darf man auch vor der Titration eine zu weit abgekühlte Probe nach dem Laugezusatz nicht erneut erwärmen.

Nichtcarbonathärte

Rechnerische Ermittlung der Nichtcarbonathärte: Wenn man von der Gesamthärte die Carbonathärte abzieht, erhält man die Nichtcarbonathärte, früher als bleibende Härte oder permanente Härte bezeichnet.

4. Calcium- und Magnesium-Bestimmung

Vorbereitung. Bei weichen Wässern werden 400 ml Untersuchungswasser, bei harten Wässern 200 ml angewandt. Bei eisenhaltigen Wässern wird nach Zusatz von 0,5 ml 3%igem Wasserstoffperoxid und 2 ml Salzsäure* in einem Becherglas auf ca. 100 ml eingedampft.

Zu der siedenden Flüssigkeit wird Ammoniak im Überschuß zugesetzt und zur vollständigen Abscheidung von vorhandenem Eisen noch einige Minuten bei kleiner Flamme weitererhitzt. Ausgefallenes Eisenhydroxid wird abfiltriert und das Filter kurz mit heißem destilliertem Wasser nachgewaschen.

Bei gelbgefärbten Huminwässern setzt man vor dem Eindampfen noch 0,5 g Ammoniumperoxodisulfat hinzu.

a) Gravimetrische Calcium-Bestimmung

Das von Eisen und gegebenenfalls von organischen Stoffen befreite Filtrat (s. o.) wird nach dem Ansäuern mit Essigsäure im Becherglas zum Sieden gebracht und dann tropfenweise mit 10 bis 20 ml einer heißen 4%igen Ammoniumoxalatlösung versetzt. Bei kleingestellter Flamme oder auf dem Wasserbad wird noch eine Stunde im bedeckten Becherglas weiter erhitzt.

Nach längerem Stehen und vollständigem Absetzen wird durch S. u. S-Filter 589^2 abfiltriert und der Calciumoxalat-Niederschlag mit heißem ammonoxalathaltigem Wasser und zum Schluß noch kurz mit destilliertem Wasser nachgewaschen. Das Filtrat wird für die Magnesiumbestimmung verwendet.

Den Trichter mit Filter setzt man auf ein neues Becherglas. Das Trichterrohr wird vorsorglich auch äußerlich mit destilliertem Wasser vorher abgespült. Das Filter wird mit einem zugespitzten Glasstab durchstoßen.

Den Calciumoxalat-Niederschlag löst man mit heißer verdünnter Salzsäure aus dem Filter und spült mit heißem salzsäurehaltigem destilliertem Wasser in das Becherglas.

Dies ist besonders bei magnesiumreichen Wässern zu empfehlen. Durch Zusatz von überschüssigem Ammoniak stumpft man die Säure ab und säuert dann wieder mit Essigsäure an. Darauf wird die Calciumoxalatfällung in essigsaurer Lösung mit einigen ml Ammoniumoxalatlösung wiederholt, wobei man einen magnesiumfreien Calciumoxalat-Niederschlag erhält. Dieser wird nochmals mit wenig ammonoxalathaltigem Wasser und zweimal mit möglichst wenig dest. Wasser ausgewaschen.

Dieser Niederschlag wird in einem genau gewogenen Porzellanfiltertiegel, der eine Stunde im Trockenschrank bei 105 °C gestanden hat und im Exsiccator erkaltet ist, gesammelt und mit ammonoxalathaltigem Wasser und mit etwas destilliertem Wasser ausgewaschen. Der Tiegel wird 2 bis 3 Stunden im Trockenschrank bei 105 °C getrocknet und nach dem Erkalten im Exsiccator gewogen.

Störungen

Calciumsulfatreiche Wässer, besonders die Mineralwässer, werden vor dem Eindampfen ammoniakalisch gemacht, weil sie sonst trotz Salzsäure-Zusatz stark stoßen und auch Calciumsulfatabscheidungen geben, die an den Wandungen haften. H_2O_2 muß vor dem Ammoniak-Zusatz verkocht werden.

Berechnung

mg Calciumoxalat = 0,2743 mg Ca bzw. 0,3838 mg CaO.
mg Ca = mg CaO · 0,714; mg CaO = mg Ca · 1,399.

b) Titrimetrische Calcium-Bestimmung

Anstatt den Calcilumoxalat-Niederschlag zur Wägung zu bringen, kann man denselben auch titrimetrisch bestimmen. Man sammelt zu diesem Zweck den zweiten (magnesiumfreien) Calciumoxalat-Niederschlag auf einem glatten dichten Filter und wäscht mit heißem essigsaurem Wasser bis zum Verschwinden der Oxalatreaktion nach.

Der Trichter wird auf einen 300 ml Erlenmeyerkolben gesetzt und der noch feuchte Calciumoxalat-Niederschlag wird nach Durchstoßen des Filters mit einem zugespitzten Glasstab mit destilliertem Wasser und heißer verdünnter Schwefelsäure (etwa 20 ml, 1 + 5) in den Kolben gespült. Dabei ist darauf zu achten, daß keine Filterfasern in den Kolben gelangen, weil sonst das Resultat beeinträchtigt wird (Verzuckerung der Cellulose).

Die frei gewordene Oxalsäure wird nun mit 0,05 N Kaliumpermanganatlösung bei ca. 70 °C titriert, bis der erste Tropfen eine beständige schwache Rosafärbung verursacht. Nach dem Zusatz der ersten 10 bis 20 Tropfen muß kurze Zeit gewartet werden, bis die Reaktion in Gang gekommen ist. Der Umschlagspunkt kann nach Kuisel besser erkannt werden, wenn man einige Tropfen Ferroinlösung (Redoxindikator Merck) zusetzt, wobei man einen scharfen Umschlag von Rot nach Blau erhält.

1 ml 0,05 N Kaliumpermanganatlösung entspricht bei Anwendung von 200 ml Wasserprobe 5 mg/l Ca.
1 ml verbrauchte 0,05 N $KMnO_4$ = 1,4 mg CaO bzw. 1,0 mg Ca.

c) Titrimetrische Magnesium-Bestimmung

Zur Magnesium-Bestimmung wird das Filtrat von der Calciumoxalatfällung (s. o.) auf etwa 30 ml eingedampft, am besten nach Zusatz von 3 ml HNO_3. Zu der siedend heißen Lösung wird nach Phenolphthalein-Zusatz Ammoniak bis zur Rötung zugegeben und dann 7%ige Diammoniumhydrogenphosphat-Lösung und 25 ml Ammoniak (25%ig) zugesetzt. Zur vollständigen Ausfällung wird das bedeckte Becherglas bis zum nächsten Tag stehengelassen. Nach dieser Zeit wird der Niederschlag von Magnesium-ammoniumphosphat abfiltriert und mit 2%igem Ammoniak bis zum Verschwinden der Chloridreaktion nachgewaschen. Das Waschwasser darf nach Ansäuern mit Salpetersäure keine Trübung mehr mit Silbernitratlösung geben. Das Filter mit dem Mg-Niederschlag wird bei 50 bis 70° im Trockenschrank getrocknet.

Das getrocknete Filter wird in ein Becherglas von 100 ml gebracht und mit 20 ml 0,1 N Salzsäure übergossen. Nach einigem Stehen und mehrmaligem Umschwenken wird unter Zusatz von 0,1 ml Dimethylgelb (0,1%ige alkoholische Lösung) mit 0,1 N Natronlauge von Rot auf Gelb titriert. Aus der Differenz wird der Mg-Gehalt errechnet.

Berechnung. Bei Anwendung von 200 ml Wasser entspricht 1 ml verbrauchter 0,1 N Salzsäure 6,08 mg Mg/l.

1 ml 0,1 N HCl = 2,016 mg MgO = 1,216 mg Mg
1 mg Mg = 1,658 mg MgO
1 mg MgO = 0,603 mg Mg.

d) Kolorimetrische Magnesium-Bestimmung

Geringe Mg-Mengen (unter 10 mg Mg/l) werden kolorimetrisch mit Titangelb bestimmt. 50 ml Wasser werden mit 1 ml Schwefelsäure (1:35), 8 ml Stärkelösung

(1%ig), 10 ml gesättigter Calciumsulfatlösung und 1 ml Titangelblösung (0,05%ig) sowie 5 ml 2 N Natronlauge nacheinander unter jedesmaligem Umschütteln versetzt. Danach wird mit Aqua dest. auf 100 ml aufgefüllt und nach 5 Minuten mit den gleichzeitig angesetzten Vergleichslösungen verglichen. Die hierfür benutzte Standardlösung enthält 2,5341 g $MgSO_4 \cdot 7H_2O$ in 500 ml; 1 ml = 0,5 mg Mg.

e) Bestimmung von Magnesiumchlorid und Calciumchlorid

Mit den Kaliabwässern kommen $CaCl_2$ und $MgCl_2$ in die Vorfluter und in das Grundwasser. Der Gehalt an $MgCl_2$ darf im Trinkwasser nicht mehr als 170 mg/l betragen.

300 ml des Wassers werden in einer Porzellanflasche bis zur Trockne eingedampft; der Trockenrückstand wird im Trockenschrank bei 110 °C vollkommen getrocknet. Mit einem Pistill wird dieser Rückstand nach dem Erkalten verrieben und dann mit 20 ml absolutem Alkohol durchgerührt. Nach dem Absetzen wird der überstehende Alkohol durch ein dichtes Filter filtriert. Diese Extraktion wird sechsmal wiederholt, so daß insgesamt höchstens 200 ml Alkohol verarbeitet werden.

Die vereinigten Filtrate werden zur Trockne eingedampft und der Rückstand wird mit Wasser wieder aufgenommen. In dieser Lösung werden Calcium und Magnesium, wie in den vorigen Kapiteln angegeben, bestimmt und die gefundenen Ca- und Mg-Werte auf $CaCl_2$ und $MgCl_2$ umgerechnet.

5. Schwefelwasserstoff und Sulfidschwefel

Orientierende Feldbestimmung. Zur Orientierung genügt in den meisten Fällen die Geruchsprobe (S. 22). Wenn man H_2S chemisch nachweisen will, füllt man einen 100 ml-Kolben zu dreiviertel voll mit dem zu prüfenden Wasser und hängt an den Stopfen einen Streifen angefeuchtetes Bleiacetatpapier. Bei H_2S-Gegenwart wird das Bleiacetatpapier gelb bis braun verfärbt.

Wenn man das Wasser ansäuert, kann man daneben auch gebundenen Schwefelwasserstoff – Sulfid-Ion und Hydrogensulfid-Ion – erkennen.

a) Kolorimetrische H_2S-Bestimmung bei geringen H_2S-Mengen

Eine Glasstopfenflasche (zu 300 ml, sog. Sauerstoffflasche) wird, wie auf S. 15 beschrieben, durch längeres Durchlaufenlassen mit Wasser, das mit der Luft nicht in Berührung kam, bis zum Rand des Flaschenhalses gefüllt. Dann werden 5 ml alkalische Bleilösung (s. u.) mit einer lang ausgezogenen Pipette zugesetzt. Nach dem Aufsetzen des abgeschrägten Stopfens wird umgeschwenkt. Eine entstehende Färbung wird sogleich nach vorsichtigem Umfüllen in Hehnerzylindern mit den Färbungen von Vergleichslösungen verglichen oder im Hellige-Komparator mit Hilfe von Farbgläsern oder photometrisch bei der Wellenlänge 380 nm bestimmt.

Durch Zusatz von 5 ml Tylose-Lösung (0,5%ig) kann man eine Trübusng verhindern, die zu hohe Werte ergeben würde.

Nach Austreiben des Schwefelwasserstoffs mit Sticksoff oder CO_2 kann das Sulfid-Ion quantitativ bestimmt werden.

Sulfid-Standardlösung: 100 mg reinstes trockenes Natriumsulfid ($Na_2S \cdot 9H_2O$) wird mit 50 g Natriumnitrat und etwas Glycerin zu 100 ml gelöst. 1 ml = 0,1419 mg H_2S.

Alkalische Bleilösung: 25 g Kaliumnatriumtartrat (Seignettesalz) 5 g Natriumhydroxid und 1,0 g Bleiacetat werden mit 100 ml dest. Wasser gelöst.

Die Vergleichslösungen werden am besten mit sauerstofffreiem Wasser angesetzt (aufgekochtes und wiedererkaltetes oder mit Stickstoff sauerstofffrei gemachtes dest. Wasser).

Störungen. Die Störung durch Eigenfärbung der Huminwässer wird dadurch ausgeschaltet, daß man zum Ansetzen der Vergleichslösungen das durch Belüftung von Schwefelwasserstoff befreite Untersuchungswasser verwendet oder den Farbwert des unbehandelten Wassers mit Sulfid-Standardlösungen bestimmt.

b) Iodometrische H_2S-Bestimmung

Wenn sich durch den Geruch größere Mengen Schwefelwasserstoff zu erkennen geben, so werden diese in einer Literflasche mit Glasstopfen durch Zusatz einiger Kristalle von Cadmiumacetat oder 3 ml einer 5%igen essigsauren Lösung von Cadmiumacetat nach EV oder mit 2 ml 20%iger Zinkacetatlösung nach K. E. Quentin an Ort und Stelle gebunden (Probenahme wie oben). Der abgesetzte Niederschlag wird später nach Abhebern des größten Teiles des darüberstehenden Wassers abfiltriert und der Niederschlag mitsamt dem Filter in einem Glasstopfenkolben mit 0,01 N Iodlösung versetzt und mit 10 ml Salzsäure* angesäuert. Nach 15 Minuten wird mit 0,01 N Thiosulfatlösung zurücktitriert. 1 ml der verbrauchten 0,01 N Iodlösung entspricht 0,1704 mg H_2S bzw. 0,1603 mg S^{2-}.

Die Stärkelösung (1%ig) wird mit 3%iger Kochsalzlösung zur besseren Haltbarkeit angesetzt. Man kann sie auch mit Benzoesäure konservieren.

Bei der Berechnung ist von der angewandten Wassermenge die zugesetzte Menge an Reagenz abzuziehen.

Wenn kein Absetzen von Cadmiumsulfid stattfindet, kann in einer Zweitprobe auch direkt titriert werden.

c) Direkte iodometrische H_2S-Titration

Bei geringen H_2S-Mengen kann man das Wasser in einem Literkolben wie oben entnehmen und dann direkt mit 10 ml 0,01 N Iodlösung versetzen und nach kurzem Stehen mit 0,01 N Natriumthiosulfatlösung zurücktitrieren.

Störungen. Organische Stoffe, die durch ihre Färbung stören und die ebenfalls etwas Iod verbrauchen, werden durch den Iodverbrauch einer von Schwefelwasserstoff durch Lufteinblasen befreiten Wasserprobe berücksichtigt. Wenn man das Sulfid bestimmen will, vertreibt man den freien Schwefelwasserstoff durch Einleiten von Kohlendioxid oder Stickstoff in einer abgemessenen Wassermenge bis zum Verschwinden des H_2S-Geruchs.

d) Photometrische Bestimmung von H_2S und HS^-

In gewogene Meßkolben von 100 ml werden 10 ml 2%ige Zinkacetatlösung gegeben und bei der Probenahme entsprechende Mengen Untersuchungswasser ohne Luftberührung einpipettiert. Dazu gibt man 10 ml Reagenz durch Unterschichten.

Nach Umschwenken des Kolbeninhalts setzt man 0,5 ml Eisenlösung hinzu und läßt nach Vermischung 10 Minuten stehen und füllt dann auf.

Die entstandene Blaufärbung wird photometrisch gegen Blindproben und Vergleichsproben (s. o.) bei 670 nm bestimmt.

Das Reagenz wird bereitet durch Anschlämmen von 1 g Dimethyl-p-phenylendiaminhydrochlorid in 100 ml dest. Wasser in einem Meßkolben von 500 ml Inhalt und Zusatz von Schwefelsäure (d 1,84) und Auffüllen nach Vermischen bei Eichtemperatur.

Die Eisenlösung wird hergestellt durch Übergießen von 5,0 g Eisen(III)-ammoniumsulfat mit 1 ml konz. Schwefelsäure und Auffüllen auf 50 ml bei Eichtemperatur mit dest. Wasser.

Colorimetrische Bestimmung von Sulfidschwefel

Von K. E. Quentin und F. Pachmeyer ist eine colorimetrische Sulfid-Bestimmung im Jahrbuch „Vom Wasser" (**28,** 79–93 [1961]) mit p-Phenylendiamin und Eisen (III)-ammoniumsulfat beschrieben.

Sulfid kann auch mit Iodnitrotetrazoliumchlorid bis herab zu 1 µg S^{2-} bestimmt werden (Fresenius Z. f. Analyt. Chemie **288,** 18f. [1977]).

Sehr kleine H_2S-Mengen

Für die Bestimmung sehr kleiner H_2S-Mengen in Brunnenwässern und Mineralwässern an Ort und Stelle hat I. Konopac in der Zeitschrift „Die Lebensmittel-Industrie" (**19,** 138–140 [1972]) berichtet. Ein „Detektionsrohr" der Fa. Labora zeigt Werte von 0,01 mg/l H_2S an, auch der Aquaquant-Farbkomparator von Merck (Bereich 0,025–0,3 mg/l H_2S).

Bestimmung von Thiosulfat-Ion

In Schwefelwässern kommen neben freiem H_2S und HS^--Ionen auch Thiosulfat-Ionen vor. Letztere können nach Schütteln der Wasserprobe mit festem Cadmiumcarbonat und Filtrieren nach Zusatz von 2 g festem Kaliumiodid p. a. und 10 ml Phosphorsäure sowie Stärkelösung durch Titration mit 0,01 oder 0,005 N Iodlösung bestimmt werden. 1 ml 0,01 N Iod = 1,122 mg $S_2O_3^{2-}$ und 1 ml 0,005 N Iod = 0,561 mg $S_2O_3^{2-}$.

Die Ermittlung der Anteile von Schwefelwasserstoff, Hydrogensulfid- und Sulfid-Ionen kann mit Hilfe der Abb. 1 vorgenommen werden, besonders für die Mineralwasseranalyse und Heilwasseranalyse.

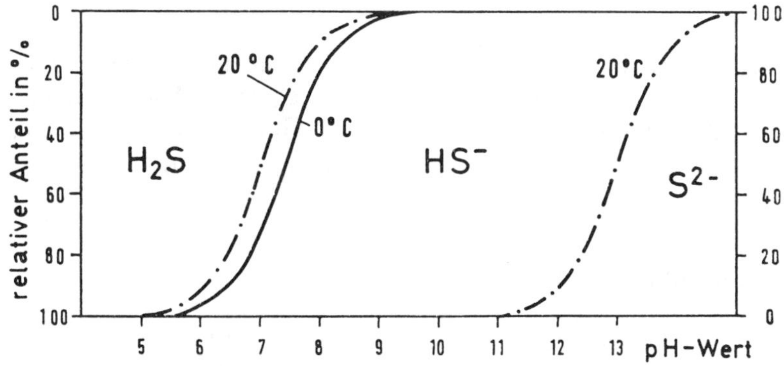

Abb. 1.

6. Abdampfrückstand, Glührückstand und Glühverlust

Zur Bestimmung des Abdampfrückstandes werden 200 ml Wasserprobe in einer ausgeglühten und genau gewogenen Platinschale auf dem Wasserbad bis zur Trockne eingedampft und der Trockenrückstand 1 bis 2 Stunden lang im Trockenschrank bei 110 °C bis zur Gewichtskonstanz getrocknet. Nach dem Erkalten im Exsiccator wird schnell gewogen. Die Gewichtszunahme der Schale mit 5 multipliziert gibt den Abdampfrückstand in mg/l. Wenn der Rückstand weniger als 50 mg/l beträgt, wird die Bestimmung mit einer entsprechend größeren Wassermenge wiederholt.

Nach den neuen EV soll in Zukunft bei 180 °C getrocknet werden, wie es bei der Mineralwasseranalyse und bei Kesselwässern schon üblich ist.

Wenn viel ungelöste Stoffe vorhanden sind, bestimmt man in unfiltriertem Wasser den Gesamtrückstand und im filtrierten den Abdampfrückstand der gesamten gelösten Stoffe.

Der Meßkolben mit der Wasserprobe darf nicht, wie sonst in der quantitativen Analyse üblich, auf dem Wasserbad mit erwärmt werden, da sich die Carbonate an den Wänden absetzen und somit zu niedrige Werte gefunden werden.

Bestimmung des Glührückstandes. Der Abdampfrückstand wird durch Erhitzen der Platinschale auf dunkle Rotglut mit Hilfe eines kleingestellten Pilzbrenners oder im Muffelofen bei 600 bis 650 °C 15 Minuten lang geglüht. Dabei achtet man auf etwa auftretende Gerüche. Verunreinigte Wässer, die zumeist Eiweißstoffe enthalten, ergeben dabei Geruch nach verbrannten Haaren. Erhöhter Gehalt an organischen Stoffen gibt sich durch Dunkelfärbung des Abdampfrückstandes kurz vor dem Durchglühen zu erkennen.

Zur Rückbildung der zersetzten Carbonate wird mit Ammoncarbonatlösung (man kann auch mit etwas Ammoniumnitratlösung befeuchten und dann glühen) nochmals auf dem Wasserbad eingedampft und darauf ganz schwach geglüht. Der Glührückstand soll rein weiß sein; bei eisenreichen Wässern ist dies allerdings nicht der Fall. Man glüht dann nach Zusatz von Ammoniumnitrat. Der Glührückstand wird nach dem Erkalten im Exsiccator gewogen. Die Gewichtszunahme gegenüber der leeren Schale mit 5 multipliziert gibt den Glührückstand in mg/l.

Glühverlust

Abdampfrückstand minus Glührückstand gibt den Glühverlust in mg/l. Der Glühverlust darf nicht als organische Substanz bezeichnet werden, da auch anorganische Stoffe (Nitrat, Hydrogencarbonat, Carbonat u. a.) einen Gewichtsverlust erleiden.

Die Fa. W. C. Heraeus liefert speziell für diesen Zweck einen Glühofen.

7. Elektrische Leitfähigkeit

Das elektrolytische Leitvermögen des Wassers gibt einen Anhalt für die Menge der in einem Wasser vorhandenen Salze bzw. der dissoziierbaren Stoffe. Das spielt z. B. eine Rolle bei der Kontrolle von Vorflutern und Flußläufen, die wechselnde Mengen von Abwasser aufnehmen (Flußversalzung), und von Grundwasser, das durch Oberflächenwasser beeinflußt wird. Zur Kontrolle von Entsalzungsanlagen ist eine Leitfähigkeitsbestimmung ebenfalls zweckmäßig (S. 105).

In Küstengebieten sowie in tropischen Gebieten kann durch die Leitfähigkeitsbestimmung schnell ein Urteil über den Salzgehalt des Gewässers in verschiedenen Tiefen abgegeben werden. Dort muß oft festgestellt werden, bis zu welcher Tiefe das salzarme Wasser, das auf einer Schicht von Salzwasser lagert, reicht. Auch in Süßwasserseen können durch Leitfähigkeitsbestimmungen Anhaltspunkte für unterschiedliche Mineralstoffkonzentrationen gewonnen werden (meromiktische Seen).

Das elektrolytische Leitvermögen wird ausgedrückt durch den reziproken Wert des elektrischen (spezifischen) Widerstandes in Ω (Ohm), bezogen auf einen Wasserwürfel von 1 cm Kantenlänge bei 20 °C, und angegeben in Siemens ($S = \frac{1}{\Omega}$) bzw. in Mikrosiemens ($1\ S \cdot cm^{-1} = 10^6\ \mu S \cdot cm^{-1}$).

Ein handliches Meßgerät für die Leitfähigkeit bringen die Fa. WTW (Wiss.-Techn. Werkstätten), die Fa. Wösthoff, die Fa. Metrohm u. die Knick GmbH in den Verkehr sowie Philips GmbH.

Mit dem Labor-Lyo-Ionostat der Fa. F. u. M. Lautenschläger kann man Leitfähigkeits- und pH-Messungen vornehmen. Kontinuierliche Messungen kann man mit dem Dephimeter nach Klutke (Fa. Pancontrol) und dem Gerät der Fa. Wösthoff sowie dem Leitfähigkeitsmeßgerät der Fa. Hoelzle u. Chelius durchführen.

Gutes destilliertes Wasser soll Werte unter $0{,}3 \cdot 10^{-6}\ S \cdot cm^{-1}$ haben ($< 5\ \mu S \cdot cm^{-1}$). Die Leitfähigkeitsmessung wird jetzt bei 25 °C durchgeführt. Umrechnungszahlen sind ungenau. Die Meßtemperatur ist genau einzuhalten (R. Wagner, Z. Wasser- und Abwasserforschung 1980). Nach EV–C 8 wird der elektrische Leitfähigkeitswert in $\mu S \cdot cm^{-1}$ angegeben, neuerdings auch in mS · m (bei 20 °C, DIN 38404).

8. Interferometerwert

Mit Hilfe des Zeiss'schen Flüssigkeits-Interferometers (Fa. Carl Zeiss) kann man die Lichtbeugung des unbehandelten Wassers und des mit Bariumsulfat behandelten Wassers messen und so einen Anhaltspunkt für das Vorhandensein von kolloiden

Stoffen im Wasser gewinnen. Die Kolloide werden nämlich durch das Bariumsulfat absorbiert und dadurch werden unterschiedliche Interferometerwerte erhalten (W. Prée: Anwendungsmöglichkeiten des Zeiss'schen Flüssigkeits-Interferometers bei Trinkwasseruntersuchungen. Diss. Dresden [1913]).

9. Dichte (Spezifisches Gewicht)

Spezifisches Gewicht und Dichte werden bei 20 °C bestimmt; bei Heilquellen wird auf vier Stellen hinter dem Komma berechnet. Die Bestimmung geschieht mit geeichten Pyknometern zu 100 oder 250 ml Inhalt nach einstündigem Stehen im Thermostaten von 20 °C. Bei Mineralwasser werden 3 Bestimmungen auf 4 Stellen ausgeführt, am besten in Pyknometern mit eingeschliffenem Thermometer. Das Pyknometer muß von Zeit zu Zeit mit Alkohol, Säure und Aqua dest. gereinigt werden.

Berechnung. Nach der Formel $d_{20} = \frac{(G_1 - L) \cdot 0{,}99823}{G_2 - L}$ wobei G_1 = Gewicht des Pyknometers mit Untersuchungswasser, G_2 das Gewicht mit Aqua dest. und L das Leergewicht des Pyknometers ist. 0,99823 ist die Dichte von Aqua dest. bei 20 °C.

Die Bezugnahme auf Wasser von 4 °C ist fallengelassen worden.

Bei ganz mineralarmen weichen und kohlensäurehaltigen Wässern kann die Dichte unter 1,00 liegen.

Die Bezeichnung „Spezifisches Gewicht" ist nicht mehr gebräuchlich; es war dies das Verhältnis der Tauchgewichte gleicher Volumina einer Lösung und von Wasser (Wichte).

Beispiel: d 20° (pykn.) = 1,010 g/ml

10. Die Radioaktivität von Trinkwasser und ihre Messung

Die Radioaktivität von Stoffen wie auch die vom Wasser besteht in der Aussendung von Strahlung, die beim Zerfall radioaktiver Substanzen entsteht.

Man muß unterscheiden zwischen der natürlichen Radioaktivität des Wassers und der künstlichen. Die natürliche Radioaktivität ist immer unschädlich für Mensch und Tier; sie wird bekanntlich zu Heilzwecken ausgenutzt (radioaktive Heilwässer). Die künstliche Radioaktivität ist schädlich, soweit sie durch „Kontamination" (radioaktive Verseuchung durch Abwässer oder Luft der Kernkraftwerke) bedingt ist.

Man kennt heute von den meisten Elementen Isotope, die radioaktiv sind, nicht nur von den Elementen der Radium-Thorium-Gruppe, sondern auch von den „harmlosen" Elementen, wie z. B. Kalium, Wasserstoff und Sauerstoff. Die natürliche Radioaktivität stammt zum großen Teil von einem radioaktiven Kalium, dem Kalium-

---

[1] Normales Kalium ^{39}K ist zu 93,08% in der Natur vorhanden, ^{40}K zu 0,0119% und ^{41}K zu 6,91%. Die Halbwertzeit von ^{40}K ist $1{,}28 \cdot 10^9$ Jahre, ^{40}K ist ein β-Strahler.

40, das in der Natur überall vorkommt[1], zum anderen aber auch von den beiden Komponenten des Wassers, Wasserstoff und Sauerstoff, z. B. von dem radioaktiven Wasserstoff Tritium, ^3H.

Die natürliche Radioaktivität ist deshalb unschädlich, weil die sie erzeugenden Isotopen eine nur kurze Lebendauer haben; ihre „Halbwertzeit" zählt nur nach Stunden oder Tagen. Die künstliche Radioaktivität wird dagegen durch die langlebigen Isotopen des Strontiums, Radiums und Thoriums mit Halbwertzeiten von mehreren Jahren oder durch Uran 238 mit $4{,}5 \times 10^9$ Jahren Halbwertzeit oder durch Plutonium-239 mit Halbwertzeit von 24500 Jahren erzeugt (s. K. Höll, Die Wahrheit über die Atomkraftwerke, München 1977).

Das Strontium-Isotop Strontium-90, das eines der gefährlichsten radioaktiven Isotope ist, hat mit dem normalen Strontium, das in Mineralwässern und Heilquellen vorkommt, nichts zu tun. Derartige Fragen werden heutzutage immer wieder an den Quellenfachmann von Laienseite herangetragen. Das Strontium-90 spielt eine große Rolle bei der Kontamination der Vorflut mit Abwässern von Kernenergie-Anlagen und bei der Dekontamination dieser Abwässer. Der Grenzwert für Strontium-90 im Trinkwasser ist für die Gesamtbevölkerung gerechnet $8 \cdot 10^{-8}$ μCi/ml.

Für die Errechnung des „MZK-Wertes" (Maximal Zulässige Konzentration) ist die Aufnahme von durchschnittlich 2,2 Liter Wasser pro Tag über einen Zeitraum von 70 Jahren zugrunde gelegt. Als Grenzwert ist in den Europ. Standards 1961 für β-Strahlung 1 p Ci/l und für γ-Strahlung 10 p Ci/l vorgeschlagen worden. Inzwischen hat man festgestellt, daß auch kleinste Strahlendosen auf Dauer schädlich sind.

Die radioaktive Aussendung besteht aus α- und β-Strahlung (Korpuskularstrahlung) sowie γ-Strahlen (elektromagnetische Strahlung). Bei der natürlichen Radioaktivität spielt die β-Strahlung, bei der künstlichen auch die γ-Strahlung die Hauptrolle. Die γ-Strahlen sind die gefährlicheren, weil sie ein weitaus größeres Durchdringungsvermögen haben und man sich dagegen viel schwerer schützen kann. Da aber die künstlichen Radionuklide größtenteils β-Strahler sind, wird bei der Gewässerüberwachung die Gesamt-β-Aktivität gemessen (S. Müller: Dechema Monographie, Bd. 30 und K. Haberer: Radionuklide im Wasser, Thiemig-Taschenbuch 17, München [1969] und M. Ruf, Ges. Ing. **104** [1983] HG, Bioakkumulierung im Gewässer).

Radon ist ein α-Strahler (s. u.). Nach dem 1. Bericht des „Sonderausschusses Radioaktivität Bundesrepublik Deutschland", Verlag G. Thieme, Stuttgart [1958], hat die mittlere spez. Strontiumaktivität der Milch von 1955 bis 1957 um den Faktor 3 zugenommen. Der genannte Ausschuß ist im Begriff, die Normalwerte für Lebensmittel und Wasser festzulegen und ihre Weiterentwicklung infolge von Kernwaffenversuchen und von friedlicher Anwendung der Atomenergie zu verfolgen. Im Raum von Berlin haben G. Gad und Th. Kempf den Radioaktivitätsspiegel des Grundwassers festgelegt (Ges. Ing. **79,** 84–87 [1958]) und in Bayern H. Unger (Öffentl. Gesundheitsdienst **21,** 16–25 [1959]). Für den Bodensee hat Wieser in 40 m Tiefe einen Anstieg der Radioaktivität von $0{,}22 \times 10^{-10}$ Ci/l, an der Oberfläche eine Gesamtaktivität von 0,43 bis $0{,}60 \times 10^{-10}$ Ci/l gefunden (Lit. Ber., H 4, 236 [1959]).

Die Anlage II zur „Ersten Strahlenschutzverordnung" 1960 enthält folgende Angaben:

Tabelle 1. Höchstkonzentrationen radioaktiver Stoffe im Wasser

Radioaktiver Stoff		μCi/ml	Radioaktiver Stoff		μCi/ml
Aktinium	^{227}Ac	2×10^{-5}	Cadmium	^{109}Cd	2×10^{-3}
	^{228}Ac	9×10^{-4}		^{115m}Cd	3×10^{-4}
Americium	^{241}Am	4×10^{-5}		^{115}Cd	3×10^{-4}
	^{243}Am	4×10^{-5}	Calcium	^{45}Ca	9×10^{-5}
Antimon	^{122}Sb	3×10^{-4}		^{47}Ca	3×10^{-4}
	^{124}Sb	2×10^{-4}	Californium	^{249}Cf	4×10^{-5}
	^{125}Sb	1×10^{-3}		^{250}Cf	1×10^{-4}
Argon	^{37}Ar	nicht beschränkt		^{252}Cf	7×10^{-5}
	^{41}Ar	nicht beschränkt	Caesium	^{131}Cs	9×10^{-3}
Arsen	^{73}As	5×10^{-3}		^{134m}Cs	1×10^{-2}
	^{74}As	5×10^{-4}		^{134}Cs	9×10^{-5}
	^{76}As	2×10^{-4}		^{135}Cs	1×10^{-3}
	^{77}As	8×10^{-4}		^{136}Cs	6×10^{-4}
Astatin	^{211}At	1×10^{-5}		^{137}Cs	2×10^{-4}
Barium	^{131}Ba	2×10^{-3}	Cer	^{141}Ce	9×10^{-4}
	^{140}Ba	2×10^{-4}		^{143}Ce	4×10^{-4}
Berkelium	^{249}Bk	6×10^{-3}		^{144}Ce	1×10^{-4}
Beryllium	^{7}Be	2×10^{-2}	Chlor	^{36}Cl	6×10^{-4}
Blei	^{203}Pb	4×10^{-3}		^{38}Cl	4×10^{-3}
	^{210}Pb	1×10^{-6}	Chrom	^{51}Cr	2×10^{-2}
	^{212}Pb	2×10^{-4}	Curium	^{242}Cm	2×10^{-4}
Brom	^{82}Br	4×10^{-4}		^{243}Cm	5×10^{-5}

a) Messung der Radioaktivität

Man muß heute schon mit einer großen Zahl von Radionukliden im Wasser rechnen. Mit chemischen Methoden kann man alle diese nicht erfassen, sondern nur auf Grund ihrer Strahlung. Eine Ausnahme bildet das Uran, das über das isolierte Uranfluorid in Mengen von 0,012 ppm erfaßbar ist.

Die Messung der Radioaktivität geschieht durch Zählung der Anzahl der Kernzerfälle pro min pro Volumeneinheit z. B. in 1 Liter Trinkwasser. Bei Verdacht auf künstliche Radioaktivität, z. B. durch Kontamination mit radioaktiv verseuchtem Abwasser, darf die Zahl der Zerfälle nicht mehr als 22 pro min betragen; das sind $0{,}1 \times 10^{-7}$ μCi/ml (Microcurie/ml). Die natürliche β-Radioaktivität des Grundwassers und damit des normalen Trinkwassers beträgt nur $1 \cdot 10^{-8}$ bis $1 \cdot 10^{-10}$ μCi/ml, vom ^{40}K herrührend.

Diese außerordentlich geringen Mengen im Trinkwasser können in den meisten Fällen nur nach Konzentrierung des angesäuerten Wassers bzw. im Abdampfrückstand oder Glührückstand bestimmt werden, und zwar nach einem Trennungsgang, bei dem die Silicate durch Abrauchen mit Salzsäure, die Erdalkalien durch Fällung als Sulfat und das Kalium durch Fällung als Kaliumaluminiumsulfat abgetrennt werden (E. Wosahlo: GWF **99,** H. 14 [1958] und Handbuch der Lebensmittelchemie Bd. 8, S. 771 [1971]. Näheres auch bei K. Haberer in der Schriftenreihe des Bundesministers für Atomkernenergie und Wasserwirtschaft, H. 6 [1958]). Bei harten, salzreichen Wässern ist die Messung erschwert, da nur geringe Mengen von Abdampfrückstand in die Zählschalen eingebracht werden können. Beim Eindampfen entstehen Verluste an radioaktiver Substanz, die durch gleichartige Behandlung von Standardpräparaten ermittelt werden müssen. Dafür wird aber durch das Eindampfen die Fehlerquelle des Radongehalts ausgeschaltet, der beim Eintauch-β-Zählrohr zu hohe Werte gibt.

Die Strahlung wird in einem Abdampfrückstand von normalerweise 300 mg in einer Zählschale gemessen und mit dem Meßwert von Standardpräparaten verglichen.

Über die apparative Seite der Bestimmungen der radioaktiven Stoffe im Wasser und Abwasser berichtet K. Aurand (Röntgenpraxis **19,** 266, 276 [1966]).

Zur Messung der α- und β-Strahlung dient das Geiger-Müller-Zählrohr, ferner das Endfenster-Zählrohr und schließlich der Methan-Durchflußzähler. Zur Messung der γ-Strahlung dient der Szintillationszähler. Die Anzahl der Impulse wird in einem Meßschrank registriert. Durch die Feststellung des Abfalls der Impulse erhält man einen Anhalt an die Art des Strahlers.

Folgende Firmen sollen als Bezugsquelle für die Meßgeräte genannt werden:

Elektro Spezial, Hamburg
Frieseke & Hoepfner, Erlangen
Kirem GmbH, System Hartmann u. Braun, Frankfurt/Main
Landis & Gyr, Zug (Schweiz).

Zur Präparierung radioaktiver Wasserproben dient das Koffergerät nach D. E. Schmitt (Fa. Franz Bergmann KG, Berlin).

Eine komplette „Trinkwasser-Überwachungsanlage“ der Firma Landis & Gyr liefert die Kirem GmbH.

Schnellmethoden zur Bestimmung der Radioaktivität von Wasser

Schnellmethoden haben Kl. Haberer und U. Stürzer (Stadtwerke Wiesbaden) ausgearbeitet (Hydrochem. u. hydrogeol. Mitt. **1,** 219–229 [1974] und GWF **107,** 892–896 [1966]).

Danach wird die abgemessene Wasserprobe durch Kationen- und Anionen-Austauscher-Papiere (Fa. Serva, GmbH) auf einer Porzellannutsche gesaugt. Nach Trocknung wird die β-Radioaktivität gemessen.
Das Ionenaustauscher-Papier SA-2 nimmt alle radioaktiven Kationen und das AMP-Filter[1] aus stark saurer das Radiocaesium, aus neutraler Wasserprobe alle radioaktiven Kationen auf. Das SB-2-Papier erfaßt sämtliche radioaktiven Anionen.

Nach Silberbeladung kann auch das Radioiod erfaßt werden.

Bestimmung von radioaktivem Caesium

Eines der wichtigsten Radionuklide im Bereich der Atomkraftwerke ist das Caesium-137 mit einer Halbwertzeit von 30 Jahren, ähnlich der des Strontium-90.

---

[1] mit Ammoniummolybdatophosphat beladen.

Durch Filterpapier, das mit Ammoniummolybdatophosphat imprägniert ist (AMP-Filter), wird eine abgemessene, mit Salpetersäure bis pH 3 angesäuerte Wasserprobe filtriert. Anschließend wird mit etwas 1 N Salpetersäure und dest. Wasser nachgewaschen. Die an der Luft getrockneten AMP-Filter werden ausgemessen; die gemessene Radioaktivität kann nur vom Caesium-137 stammen. Zur vollständigen Erfassung des gesamten Caesium-137 kann man auch mehrere Lagen AMP-Papier übereinander in die Porzellan-Nutsche legen und getrennt auswaschen, trocknen und gemeinsam ausmessen.

(Näheres bei Kl. Haberer u. W. Weindel, GWF **107,** 892–896 [1966]).

Schnellbestimmung des radioaktiven Cer

Die gesamten radioaktiven Kationen werden nach Zusatz von inaktiven Träger-Ionen (s. Abschnitt 3) durch ein doppeltes SA-2-Filter (s. o.) auf einer Porzellannutsche abgetrennt und nach dem Trocknen ausgemessen. In derselben Nutsche wird danach ein Glasfaserfilter mit einer 3 mm hohen Schicht eines Anionen-Austauschers von gleichen Teilen Dowex 2 × 8 (50 bis 100 mesh) und Dowex 1 × 1 (50 bis 100 mesh) belegt und mit 50 ml 12,5 N HCl ausgewaschen.

Das Eluat wird verworfen und die getrockneten SA-2-Filter oben darauf gelegt; diese werden mit 150 ml 12,5 N HCl behandelt, und zwar auf 10 Minuten verteilt. Das Eluat wird zur Trockne eingedampft und dessen Rückstand mit 4 ml Wasser aufgenommen. Hierzu werden 10 ml Cerlösung (3,73 g $CeCl_3 \cdot 7H_2O$/l), 20 ml 65%ige Salpetersäure sowie 10 ml 3,2%ige $NaBrO_3$-Lösung zugesetzt.

Das gesamte Cer wird sodann mit 20 ml salpetersaurer Iodatlösung als Ceriodat gefällt (10,8 g $NaIO_3$ und 33,3 ml 65%ige Salpetersäure auf 100 ml Wasser). Der Ceriodat-Niederschlag wird auf der Nutsche in einem Papierfilter gesammelt, mit 25 ml Waschlösung (8,6 g $NaIO_3$ + 50 ml 65%iger Salpetersäure zu 1 Liter Wasser) ausgewaschen und bei 220 °C getrocknet. Danach wird sogleich die β-Aktivität des Iodat-Niederschlags gemessen (Näheres s. bei Kl. Haberer u. U. Stürzer: GWF **113,** 122–123 [1972]).

Bestimmung von Iod-131

Radioiod hat nicht nur wegen der immer wiederkehrenden Betriebspannen der Atomkraftwerke besondere Bedeutung in radiologischer Beziehung, sondern auch wegen seiner Flüchtigkeit über die Luft und im Wasser eine physiologische Bedeutung, nämlich wegen seiner Schilddrüsenwirkung, auch über den Fallout. Bei Radioiod ist eine Vorbehandlung des Wassers und der Filter erforderlich.

Zu 1 Liter Wasser wird 6 N NaOH bis pH 9 zugegeben und Iod-Träger sowie 25 mg 5%iger Natriumhypochloritlösung zugesetzt und aufgekocht. Nach Abkühlen wird mit 0,1 N Schwefelsäure angesäuert und $NaHSO_3$ zugefügt.

7 cm-Filterblätter werden mit einer gesättigten Lösung von Silberchlorid in 25%igem Ammoniak und Trocknen bei 40 °C mit $Ag(NH_3)_2Cl$ beladen. Diese sind lichtempfindlich und nicht lange haltbar.

Durch die Filter (5 bis 10) wird zunächst eine Mischung von 2 ml 6 N HNO_3 und 20 ml dest. Wasser auf der Porzellan-Nutsche durchgesaugt und darauf sogleich die mit KI-Trägerlösung versetzte Wasserprobe. Anschließend wird die Filterschicht dreimal mit dest. Wasser und abs. Alkohol abwechselnd ausgewaschen und bei 110 °C getrocknet.

Im positiven Fall erkennt man eine Gelbfärbung der Filter. Das unterste Filter muß bei quantitativen Bestimmungen weiß bleiben.

Die Ausmessung erfolgt mit einem Antikoinzidenz-Meßplatz.

Bei hohen Konzentrationen kann γ-spektrometrisch gemessen werden (s. Kl. Haberer u. U. Stürzer: GWF **109,** 1287–1289 [1968]).

Bestimmung von radioaktivem Cobalt

Nach der von K. Haberer und U. Stürzer (GWF **116,** 299–300 [1975]) mitgeteilten Bestimmungsmethode werden 250 bis 500 ml Untersuchungswasser mit 250 bis 500 mg Cobaltoxalat in einer Polyäthylen-Flasche von 500 bzw. 1000 ml 30 Minuten kräftig geschüttelt.

Nach dem Absetzen wird durch Schwarzbandfilter (S. 589[1]) filtriert (Nutsche), der gesammelte Niederschlag mit den ausgetauschten Co-Isotopen auf dem Filter getrocknet und die β-Aktivität gemessen.

Das Cobaltoxalat kann durch Vermischen von 1%iger Cobaltnitratlösung mit 1%iger Oxalsäurelösung im Verhältnis 1:1 hergestellt werden. Nach dem Absetzen und Stehenlassen wird filtriert; der Niederschlag wird mit 1%iger Oxalsäure sowie mit Aceton nachgewaschen und getrocknet.

Bestimmung von radioaktivem Ruthenium

Zu 100 ml Wasserprobe gibt man konz. Salzsäure bis zu 3 N HCl und 0,5 ml Ruthenium(III)-Trägerlösung (23 mg $RuCl_3$/ml) sowie 250 mg Kupfergrieß.

Das Gemisch wird 10 Minuten lang gerührt, wobei es gelb wird. Dann werden 2 ml ammoniakalische Thioacetatamidlösung (0,5 g ml 12%iger Ammoniak zugegeben) und auf 90 °C erwärmt, was nach 10 Minuten wiederholt wird (20 Minuten auf 90 °C).

Nach Abkühlen wird durch ein Blaubandfilter filtriert, mit dest. Wasser nachgewaschen und das Filter bei 90 °C getrocknet. Die β-Aktivität wird in üblicher Weise ausgemessen.

Man kann Ru auch als Tetroxid bestimmen, indem man zu 50 ml Wasserprobe 1,5 ml konz. Schwefelsäure, 0,1 ml obiger Trägerlösung, 0,1 ml 10%iger Silbernitratlösung und 100 mg KIO_4 gibt. Nach Verschließen mit einer Polyäthylenfolie von 30 μm Dicke wird im Wasserbad 60 bis 120 Minuten auf 90 °C erhitzt.

Die Polyäthylenfolie wird bei 60 °C getrocknet und ausgemessen (s. Kl. Haberer u. U. Stürzer, GWF **115,** 181–183 [1974]).

---

[1] ^{58}CO HWZ = 71 Tage
^{60}Co 5,2 Jahre (Radiocobalt)
1972 wurden 1402 mCi/a an ^{58}Co und 1035 an ^{60}Co durch die Abwässer der Kernkraftwerke abgeben.

Bestimmung der radioaktiven Seltenen Erden

Ein großer Anteil an der gesamten β-Aktivität von Nuklidgemischen entfällt auf die Seltenen Erden, besonders auf ^{141}Ce, ^{144}Ce und ^{90}Y.

Kl. Haberer und U. Stürzer haben folgende Schnellmethode vorgeschlagen (GWF **114,** 241–243 [1973]): Filtration nach Trägerzusatz von $CeCl_3$ (0,1 M) und YCl_3 (0,1 M) durch SA-2-Filter und Eluieren der zweiwertigen Radionuklide mit 150 ml 4 bis 5%iger Citronensäure (pH 3,5).

Das Eluat wird mit 1 g Oxalsäure auf 90 °C erhitzt. Der Oxalat-Niederschlag wird durch Blaubandfilter abfiltriert und nach dem Trocknen bei 100 °C mit einem Antikoinzidenz-Meßplatz ausgemssen. Cer kann nach Lösen mit starker Salpetersäure aus dem Filter gelöst und als Iodat gesondert bestimmt werden.

Schnellmethode zur annähernden Strontium-90-Bestimmung

Eine größere Wassermenge wird durch doppelte SA-2-Filter, die Strontium und Barium absorbieren, filtriert. Mit 200 ml einer 0,1 M Natriumchromatlösung (die 4 ml Eisessig, 8 ml 25%ige Ammoniumacetatlösung und 2 ml 0,1 M Strontiumnitratlösung enthält), wird das Strontium-90 eluiert. Im Eluat wird bei 90 °C alles Strontium mit Ammoniumcarbaminat gefällt, getrocknet und mit einem Antikoinzidenz-Meßplatz ausgemessen (Kl. Haberer u. U. Stürzer, GWF **112,** 186–187 [1974]).

Uran kann nach Anreicherung mit dem Chelat-Ionenaustauscher Hyphan der Fa. Riedel de Haen, Seelze, spektralphotometrisch bestimmt werden (P. Burba u. a.).

Vanadium kann mit N-Benzoyl-N-Phenylhydroxylamin bestimmt werden, das einen rotivioletten Komplex bildet (in mineralsaurer Lösung), der mit Chloroform ausgeschüttelt und bei 546 nm bestimmt werden kann.

Tritium-Bestimmung

Der schwere Wasserstoff ^3H, das Tritium, wird durch β-Messung mit Hilfe der Flüssigszintillationsmessung nach Destillation der mit Silbernitratlösung (zur Verhinderung der Iod-Störung) versetzten Wasserprobe bestimmt.

Käufliche Szintillationsmischungen erleichtern die Bestimmung.

Radon-Bestimmung

Die Messung der natürlichen Radioaktivität der Heilquellen, des Radongehalts, geschieht mit dem Fontaktoskop (Fa. Kirem GmbH).

In letzter Zeit wird das elektrostatische Fontaktoskop von dem Schwingkondensator-Elektrometer verdrängt.

Über den Stand der Radonbestimmung in Mineral- und Heilwässern berichten K. E. Quentin und G. Schretzenmayr in der Z. Leb. Unt. u. Forschung **139,** 87–96 [1969]).

b) Dekontaminierung

Unter Dekontaminierung versteht man die Entfernung radioaktiver Elemente aus kontaminierten Gegenständen und Wasser.

Nach Versuchen von W. H. Frank bei den Dortmunder Stadtwerken können bei künstlicher Grundwasseranreicherung 75 bis 95% der radioaktiven Spaltprodukte entfernt werden, wenn eine Vorfiltration vorausgeht. Von den zurückgehaltenen Radionukliden wurden 99% schon in den oberen 5 cm der Sandfilterschichten festgehalten. Die zweistufigen Sandfilter hatten besseren Wirkungsgrad als Eisenhydroxid- und Aluminiumhydroxid-Adsorption mit anschließendem Schnellfilter (GWF **105,** H. 50 [1964]). Diese Versuche wurden von G. von Hagel bestätigt (Veröff. Instit. f. Siedlungswasserwirtschaft, Hannover H. 16 [1964]).

Über die Entfernung von Radionukliden im Krefelder Wasserwerk berichtet W. Herrmann in der Schriftenreihe des Deutschen Arbeitskreises Wasserforschung, H. 11. Mit Hilfe des „Krefelder Schwebfilters“ nach Dosierung von Eisensulfat wurde Strontium zu 65% entfernt. Durch Hintereinanderschalten mehrerer Schwebfilter war das Resultat noch besser. Aluminiumsulfat hat sich dort als weniger wirksam erwiesen.

Nach vielen eingehenden Untersuchungen sind die normalen Aufbereitungsverfahren, wie Kalkfällung, Kalk-Soda-Verfahren, Flockungsverfahren mit Eisen- und Aluminiumsalzen von recht unterschiedlicher Wirkung bei den einzelnen Radionukliden, wenn auch eine 30%ige Dekontaminierungswirkung immer erreicht wird. Über sehr interessante Versuche bei der Wahnbach-Talsperre berichtet H. Bernhardt in „Deutsche Beiträge Wasser für den Frieden“ 1967, S. 76–103.

Im DVGW-Arbeitsblatt W 805 „Trinkwasserversorgung und Radioaktivität“ wird festgestellt, daß mit den herkömmlichen Methoden der Trinkwasseraufbereitung eine Entfernung radioaktiver Stoffe im großen Maßstab praktisch nicht möglich ist. Bei radioaktiver Verseuchung eines Flußlaufes durch Kernkraftwerksabläufe müßten die betreffenden Flußwasser-Werke also abgestellt werden.

In Katastrophenfällen wird man Kationenaustauschfilter in Betrieben und Haushalten verwenden. Auch Sägespäne haben sich zur Dekontaminierung bewährt, besonders, wenn sie mit Natriumsilicat und Aluminiumsulfatlösung behandelt sind. Auch Bentonit hat sich bewährt.

Nach Erfahrungen in der Schweiz hat der Torf eine gute Austauschkapazität; bei Zisternenwasser mit Strontium-90 (1000 pCi/l) war die Rückhaltequote 99%ig. Zweckmäßigerweise wird der Torf mit Sägemehl gemischt, damit das Filter besser läuft (M. M. Bezzegk, Inform. Blatt 10 der Föd. Europ. Gewässerschutz).

In der Monographie „Radionuklide im Wasser“ von K. Haberer werden die verschiedenen Dekontaminationsverfahren eingehend behandelt.

Eine transportable Dekontaminierungsanlage bringt die Fa. Berkefeld in den Verkehr. Palagonit-Tuff (Filtrolit der Fa. Lösch, Kempenich) hat besonders hohe Austauschkapazität (W. Lutze Diss. Berlin 1967).

Neu ist die Verwendung von Hydrosilicaten z. B. DEK-1 der Norddeutschen Chemischen Fabriken, Hamburg (20 bis 100 ml pro l Wasser).

Kleingeräte zur Entaktivierung stellen die Firmen Krupp, Berkefeld und Seitzwerke her.

Über Dekontaminierung von radioaktiven Abwässern in Klein-Kläranlagen berichten St. Krawczynski und B. Kamellakopulos (GWF **102,** 601–603 [1961]).

Die Internationale Kommission für Strahlenschutz (ICRP 1959) hat als maximal zulässige Grenzkonzentration (MZK) für Trinkwasser 100 pCi/l (100 μCi/ml) festgesetzt.

Die einfachste Dekontaminierung ist das Stehenlassen des kontaminierten Wassers in Behältern, da manche Nuklide in ihrer Wirkung bald abklingen, wie z. B. Iod-131 in 7,7 Tagen, Ruthenium-103 in 40 Tagen. Das gefährliche Strontium-90 hat eine besonders lange Halbwertzeit (s. o.).

D. Künstliche Wasserzusätze

(Sofort nach der Probenahme auszuführen)

1. Freies Chlor und gebundenes wirksames Chlor

a) Freies wirksames Chlor

Im gechlorten Wasser kann Chlor in Form von freiem, elementarem Chlor, von unterchloriger Säure oder von Hypochlorit-Chlor vorhanden sein, die als „freies wirksames Chlor" (früher „freies Chlor") bezeichnet werden.

b) Gebundenes wirksames Chlor

Die oxidierend und entkeimend wirkenden Chlorverbindungen, wie anorganische und organische Chloramine, also Monochloramin, Dichloramin sowie Chlorsubstitutionsverbindungen, werden als „gebundenes wirksames Chlor" bezeichnet.

c) Gesamtchlor = wirksames Chlor

Mit „Gesamtchlor" wird die Summe aus freiem Chlor und allen oxidierend wirkenden Chlorsubstitutionsprodukten bezeichnet, jetzt auch als „wirksames Chlor" (s. DVGW-Arbeitsblatt W 203, in dem alle Begriffe der Chlorung festgelegt sind).

Bestimmung von freiem wirksamen Chlor

Kolorimetrische Verfahren

Tolidin-Methode. Die kolorimetrische Bestimmungsmethode mit o-Tolidin muß verlassen werden, da sie sich als zu unempfindlich, zu ungenau und als nicht spezifisch für Chlor erwiesen hat (Nachweisgrenze >0,3 mg/l Chlor, Fehlerbreite ±0,275 mg/l Chlor nach U. Hässelbarth, Z. f. analyt. Chemie **234,** 22–37 [1968]). An deren Stelle ist jetzt die DPD-Methode nach Palin getreten (Diaethyl-p-phenylendiamin).

Die kolorimetrische DPD-Methode. Im Lovibond-Komparator (Fa. Akdolit und Fa. Wallace und Tiermann-Chlorator) oder im Hellige-Komparator (Fa-Hellige) oder im Aquamerck-Prüfgerät (Fa. E. Merck) kann der kolorimetrische Vergleich der mit DPD-Reagenz versetzten Wasserprobe mit Hilfe von Farbscheiben sehr bequem und hinreichend genau in Mengen von 0,05 bis 0,8 mg/l Chlor vorgenommen werden. Als Reagenz dient Diäthyl-p-phenylendiamin (DPD), das eine Rotfärbung verursacht, die dem Beerschen Gesetz folgend zur kolorimetrischen Bestimmung herangezogen werden kann.

Dazu wird in einer 25 mm-Küvette die DPD-Tablette A mit einigen Tropfen Untersuchungswasser mit einem Glasstab zerdrückt. Mit Untersuchungswasser wird aufgefüllt und umgeschwenkt. Sogleich darauf wird durch Drehen der Farbscheibe der Chlor-Wert, das „freie wirksame Chlor", im Schauloch abgelesen. Entsprechend wird bei Flüssig-Reagenz (Aquamerck) verfahren.

Die aufgetretene Rotfärbung kann auch photometrisch bei 530 nm bestimmt werden.

Rotfärbung wird durch vorhandene oxidierte Mangan-Verbindungen vorgetäuscht, weshalb eine Blindprobe mit ungechlortem Wasser vorgenommen werden muß.

Titrimetrische Bestimmung des freien wirksamen Chlor mit DPD

Bei höheren Chlorgehalten werden zu 5 ml DPD-Reagenz (Reagenz Nr. 10a) und 5 ml Phosphatpufferlösung (Reagenz Nr. 24) 100 ml Wasserprobe gegeben. Nach 5 Minuten wird mit Eisenammonsulfatlösung (Reagenz Nr. 2a) von Rot oder Rötlich auf Farblos titriert (1 ml = 0,1 mg Cl). Mikrobüretten und Magnetrührer sind vorteilhaft.

Titrimetrische Bestimmung des Gesamtchlors

Die Bestimmung des Gesamtchlors (also des freien wirksamen Chlors und gebundenen wirksamen Chlors) geschieht in gleicher Weise wie bei der obigen DPD-Methode, nur gibt man jetzt zusätzlich zu den 5 ml DPD-Reagenz und 5 ml Pufferlösung (Reagenz Nr. 24) noch 1 g Kaliumiodid und nach dem Umschwenken die 100 ml Untersuchungswasser in den Titrationskolben.

Kolorimetrische Bestimmung des Gesamtchlors. Im Lovibond-Komparator oder Hellige-Komparator wird nach dem Ablesen des Wertes für freies wirksames Chlor eine Reagenz-Tablette B in die Küvette gebracht und umgeschwenkt. Nach 2 Minuten wird wieder abgelesen. Bei Vorhandensein von gebundenem wirksamen Chlor vertieft sich nämlich in dieser Zeit die Rotfärbung.

Bestimmung des gebundenen wirksamen Chlors (Chloramine)

Der Wert für gebundenes wirksames Chlor errechnet sich aus der Differenz von Gesamtchlor und freiem wirksamen Chlor, oder er wird mit DPD-Tablette Nr. F bestimmt (nach Iodid-Zusatz) oder mit Reagenztablette B im Hellige-Komparator.

d) Chlordioxid-Bestimmung

Nach M. A. Post und W. A. Moore kann man Chlordioxid kolorimetrisch mit 1-Amino-8-naphthol-3,6-disulfosäure in acetatgepuffertem Gemisch (pH 4,1 bis 4,4) in Gegenwart von Eisen(III)-chlorid bestimmen. Die entstehende bläulichrote Färbung hat nach 20 Minuten ihr Maximum erreicht (Z. f. analyt. Chem. **176,** 295–296 [1960]). Bei der DPD-Tablette A wird nur ein kleiner Teil des Chlordioxids erfaßt.

2. Chlorbedarf des Wassers (Chlorbindungsvermögen)

Fast alle Wässer haben die Eigenschaft, je nach ihrer chemischen Beschaffenheit geringe Mengen an freiem Chlor zu binden, was früher als Chlorkapazität, jetzt als Chlorbedarf oder Chlorbindungsvermögen, in den englisch sprechenden Ländern als „breakpoint" bezeichnet wird, verursacht durch Eisen(II)-, Mangan(II)-, Sulfid- und Nitrit-Ion.

Zur Bestimmung des Chlorbindungsvermögens während kurzer Zeit und bei steigender Zugabe werden zu mehreren 1 Liter-Proben steigende Mengen von 0,1%igem Chlorwasser zugesetzt (0,05 bis 3 ml) und gut vermischt. Nach 10 Minuten wird 1 g Kaliumiodid zugesetzt und nach weiteren 10 Minuten unter Zusatz von reichlich Stärkelösung in einem großen Becherglas mit 0,01 N Thiosulfat das überschüssige Chlor zurücktitriert (1 ml 0,01 N Thiosulfat = 0,355 mg Cl/l). Die entsprechende Menge Chlor zieht man von der zugesetzten Chlormenge ab. Ausgewertet wird der Titrationswert von derjenigen Literprobe, die einen Chlorüberschuß aufweist, der weniger als 1 ml 0,01 N Thiosulfatlösung entspricht.

Chlorzehrung: Die Chlorzehrung gibt die Chlormenge an, die während längerer Zeit durch organische Stoffe verbraucht wird. Man gibt hierbei zu dem Wasser überschüssiges Chlor und bestimmt nach einigem Stehen den Restgehalt an Chlor. Wasserproben von 1 Liter werden mit der dem Chlorbedarf entsprechenden Chlormenge und dann mit weiteren 3 ml überschüssigem Chlorwasser versetzt. Nach halbstündigem Stehen bei 22 °C (evtl. im Brutschrank) wird, wie im vorigen Kapitel angegeben, titriert. Die während dieser Zeit verzehrte Chlormenge ist die Chlorzehrung.

3. Ozon-Bestimmung

Ozon wird durch Titration von 200 ml Wasserprobe nach Zusatz von 0,5 g Kaliumiodid und 0,5 ml Schwefelsäure mit 0,01 N Thiosulfatlösung bestimmt, und zwar gleich nach der Probenahme.

1 ml verbrauchter 0,01 N Thiosulfatlösung entspricht 0,24 mg O_3/l. Freies Chlor gibt dieselbe Reaktion.

Geringe Ozonmengen können nach den Angaben von F. Zehender und W. Stumm folgendermaßen bestimmt werden: 100 ml des Untersuchungswassers werden mit 10 ml einer 0,5%igen Mangansulfatlösung, die noch 0,5 ml Schwefelsäure enthält, versetzt. Nach einer Minute werden 5 ml einer 0,1%igen o-Tolidinlösung[1] zugesetzt und gut durchgemischt. Nach einer weiteren Minute wird die Gelbfärbung kolorimetrisch oder im Elko II photometrisch bei 440 nm bestimmt. Zur Standard-Reihe werden Ozonlösungen benutzt, deren Gehalt iodometrisch bestimmt wurde (F. Zehender u. W. Stumm: Mitt. Lebensmittelhygiene **44,** 206–213 [1953]).

Größte Sauberkeit aller Gefäße ist hierbei besonders wichtig. Auch die Temperatur ist genau zu beachten. Chlor-, Eisen(II)-und NO_2^--Ion stören.

---

[1] 0,1 g Tolidin in 50 ml Wasser lösen und in 50 ml verdünnte Salzsäure gießen.

Ozonbestimmung nach O. Hettche. Nach O. Hettche kann man geringe Ozonmengen in gleicher Weise wie Chlor mit o-Tolidin bestimmen.

Zu 100 ml Untersuchungswasser gibt man 5 ml Tolidin (Reagenz Nr. 32) und nimmt den Farbvergleich im Hellige-Komparator vor; der abgelesene Wert muß hierbei mit 0,67 multipliziert werden. Von F. Sulzer wurde diese Methode als einfachste und beste bezeichnet. (Schweiz. Z. f. Hydrologie **20,** 16–29 [1958]). Dies gilt aber nur für die normalen Ozonkonzentrationen bis 0,4 mg O_3/l. Verdünnen soll vermieden werden.

Mit dem Lovibond-Kolorimeter kann man Ozon hinreichend genau bestimmen (Akdolit-Werk, Erkrath); ebenso im Hellige-Komparator (Fa. Hellige u. Co, Freiburg). In Wasserwerken werden jetzt die DPD-Methode und die Indigo-Methode mit guten Ergebnissen benutzt, GWF 1983, S. 527f. (Indigotrisulfonat-Reagenz).

4. Wasserstoffperoxid

Neuerdings wird auch wieder Wasserstoffperoxid zur Wasserentkeimung benutzt, gemäß TVAO 1985. Mit 3 mg/l werden z. B. 100000 Typhus-Keime und Paratyphuskeime/l abgetötet. Polio-Viren werden mit 6 bis 7 mg H_2O_2/l innerhalb von 30 Minuten abgetötet (Chem. Abstr. **66** [1967] u. Lit. Ber. 1968, S. 85 und Bakt. Teil) und Organohalogenverbindungen und Huminstoffe abgebaut, letztere zusätzl. mit UV. GWF **123,** 1882.

100 ml Untersuchungswasser werden mit 5 ml Titanlösung versetzt und die entstehende Gelbfärbung mit den gleichzeitig behandelten H_2O_2-Vergleichslösungen nach kurzem Stehen verglichen oder bei 420 nm photometriert.

Die Titanlösung wird hergestellt durch Schmelzen von 1 g Titandioxid mit 20 g Kaliumpyrosulfat, Auflösen der erkalteten Schmelze in 20 ml Schwefelsäure (1:3) und Auffüllen auf 100 ml. Eine Vergleichslösung wird durch Verdünnen einer genau eingestellten 3%igen Wasserstoffperoxidlösung hergestellt.

Wasserstoffperoxid wird auch photometrisch bestimmt durch Zusatz von 5 ml 0,2%iger Lösung von Titan(IV)-sulfat in 2 N Schwefelsäure zu 100 ml Wasser (Orangefärbung). Eichlösungen können aus Perhydrol (30%ig) hergestellt werden (s. W. Pilz u. J. Johann, Z. f. analyt. Chemie **210,** 358–364 [1965]).

Mit dem Oxyrot-Reagenz, das N N Dimethyl p-phenylendiammoniumchlorid (2,5 g) und 80 g Zitronensäure enthält, kann man kolorimetrisch H_2O_2 bestimmen. Über neue Bestimmungsmethodik von H_2O_2 berichten R. Wagner u. W. Ruck in der Z. Wasser- u. Abw. Forsch. **17,** 184 (neue Titanreagentien).

5. Silber-Bestimmung

1 Liter Untersuchungswasser wird mit 1 ml Salpetersäure auf 50 bis 100 ml eingedampft. Nach Zusatz von 2 ml Kaliumnatriumtartrat (Seignettesalzlösung, 20%) wird Ammoniak bis zur alkalischen Reaktion gegen Lackmus zugesetzt. Darauf fügt man 1 ml einer 1%igen Gummiarabikumlösung und schließlich als Reagenz 0,5 ml p-Dimethylaminobenzylidenrhodaminlösung (0,03 g in 100 ml Aceton nach Feigl)

hinzu. Eine rötliche Verfärbung zeigt Silber an. Mit Hilfe von Vergleichslösungen kann man nach 5 Minuten auch die Menge kolorimetrisch bestimmen. Standardlösung: 0,1445 g Silbersulfat und 5 ml verdünnte Schwefelsäure auf 1 Liter; 1 ml = 0,1 mg Ag.

Mit Silber entkeimtes Wasser soll etwa 0,1 mg Ag/l haben.

Nach O. Hettche (Ges. Ing. **74,** 164 [1953]) kann man 2 µg Ag in 0,5 ml Wasser ohne Eindampfen mit Dithizon nachweisen (s. S. 343).

Die Deutsche Katadyn Ges. m.b.H., München, bringt ein patentiertes Gerät zur quantitativen Silber-Bestimmung in den Handel.

6. Aluminium-Bestimmung

Orientierende Feldbestimmung. Man setzt zu 20 ml Untersuchungswasser 3 Tropfen Essigsäure und 1 ml Morinlösung (0,005 g in 100 ml 96%igem Alkohol). Die auftretende Fluoreszenzfärbung vergleicht man mit der von ebenso behandelten Vergleichslösungen (s. u.).

a) Kolorimetrische Aluminium-Bestimmung

Wenn das Untersuchungswasser Eisen enthält, werden 100 ml davon zunächst mit Natronlauge im starken Überschuß versetzt und aufgekocht. Das sich hierbei abscheidende Eisen wird abfiltriert, das Filtrat mit Essigsäure neutralisiert und zusätzlich mit 1 ml Essigsäure versetzt.

Zu dieser Lösung setzt man je 1 ml Natriumthiosulfatlösung (1%ig) und 0,1%ige Lösung von alizarinsulfonsaurem Natrium hinzu. Nach dem Vermischen wird mit 25%igem Ammoniak bis zum Farbumschlag versetzt und nach 10 Min. wieder mit Essigsäure angesäuert.

Der kolorimetrische Vergleich wird in Hehnerzylindern oder Kolorimetern oder im Photometer mit gleichzeitig angesetzten Al-Vergleichslösungen vorgenommen; die hierzu verwendete Standardlösung enthält 0,168 g Alaun ($Al(NH_4)(SO_4)_2 \cdot 12\,H_2O$) in 1000 ml Wasser. 1 ml dieser Lösung enthält 0,01 mg Al.

b) Photometrische Aluminium-Bestimmung mit Eriochromcyanin

Zu 100 ml Wasserprobe werden 0,5 ml Thioglycolsäure (80%), 50 ml Acetatpufferlösung (27,5 g Ammoniumacetat + 0,3 ml Essigsäure zu 100 ml dest. Wasser) und 25 ml Eriochromcyanin (50 mg in 50 ml Wasser und 0,25 ml Salzsäure (25%) zu 100 ml). Eisen stört hierbei nicht. Auffüllen auf 250 ml und mit Filter 535 nm messen. Fluorid-Ionen stören (evtl. Abrauchen mit H_2SO_4).

c) Aluminium-Bestimmung nach Gad

100 ml Wasserprobe werden im Erlenmeyer mit 0,1 N Salzsäure bis zum Farbumschlag von Methylorange titriert und durch Luftdurchblasen von der freien Kohlensäure befreit. Darauf setzt man 1,0 ml Gummiarabikumlösung (10%ig, extra weiß, Merck) und unter ständigem Umschwenken tropfenweise 0,5 ml Alizarinlösung zu (0,1 g Alizarin in 100 ml absolutem Alkohol). Zum Schluß werden noch 0,5 ml

10%ige Natriumacetatlösung zugesetzt und in Kolorimeterzylinder gefüllt. Standardlösungen Reagenz Nr. 1a.

Lovibond-Verfahren. Mit dem Lovibond-Comparator der Fa. Tintometer GmbH kann man Aluminium-Bestimmungen in Mengen von 0,1 bis 0,8 mg/l Al machen (Fa. Akdolit Ges.).

Eine weitere photometrische Aluminium-Bestimmung ist die nach G. Giebler mit Aluminiumlösung bei pH 5,3. Die bei 15 Minuten langem Erwärmen entstehende Rotfärbung wird in Elko II mit Filter S 53 gemessen. Eisen kann vorher mit Bathophenanthrolin komplex gebunden und Chloroform ausgeschüttelt werden. Ferner gibt es eine empfindliche Methode von Dugan u. Wilson mit Brenzkatechinviolett (Lit. Ber. **22,** [1974], S. 272).

7. Bestimmung der Polyphosphate

In einer abgemessenen Wassermenge von 250 bis 500 ml werden die polymeren Phosphate nach dem Ansäuern mit Salzsäure bei Zimmertemperatur mit 2%iger Bariumchloridlösung gefällt. Der entstehende Niederschlag wird abfiltriert, gut ausgewaschen und schließlich in verdünnter Salpetersäure gelöst. Das ungelöste Bariumsulfat wird abfiltriert. Das Filtrat wird nach Zusatz von 15 ml Salpetersäure 15 Minuten gekocht, wodurch die polymeren Phosphate in Orthophosphate übergeführt werden, die als solche bestimmt werden.

Als Identitätsprobe auf Metaphosphate werden die m-Phenylendiaminprobe (5%ige wäßrige Lösung des salzsauren Salzes) und die o-Tolidinprobe empfohlen (0,5 g o-Tolidin in 6 ml Eisessig gelöst und auf 50 ml aufgefüllt).

Die Bestimmung kann auch vereinfacht werden, indem man 100 ml Wasserprobe mit 1 ml Salzsäure eine Stunde lang am Rückflußkühler kocht und dann die Zunahme des Phosphatgehalts nach den Angaben auf S. 57 bestimmt.

8. Sulfit-Bestimmung

Mit Hilfe des Entnahmegummischlauches (S. 15) oder des doppelt durchbohrten Stopfens (S. 18) füllt man das zu untersuchende Wasser bzw. Kesselspeisewasser oder Abwasser in eine Sauerstoffflasche (S. 18) ohne Luftberührung bis zum Überlaufen und fügt mit einer lang ausgezogenen Pipette je 3 ml 0,1 oder 0,01 N Iodlösung und 25%ige Phosphorsäure zu. Nach luftblasenfreiem Verschließen der Flasche wird umgeschüttelt. Nach 10 Minuten langem Stehen wird der Überschuß des Iods mit Natriumthiosulfatlösung (0,1 bzw. 0,01 N) zurücktitriert mit dem üblichen Zusatz der Stärkelösung gegen Schluß der Titration.

Man kann auch direkt mit Iodlösung und vorherigem Stärkezusatz titrieren bis zur Blaufärbung, nur muß die Titration langsam erfolgen.

1 ml 0,01 N Iodlösung entspricht 0,4 mg SO_3^{2-}.

9. Hydrazin-Bestimmung

Die Hydrazin-Bestimmung mit dem Bayer-Reagenz ist auf S. 323 beschrieben.

E. Bestimmung der Metall-Ionen

1. Blei-Bestimmung

Vorkommen von Blei. In natürlichen Wässern selten, z. B. in Bleibergbaugebieten 0,1 bis 0,5 mg/l. In Bleirohrleitungen bei aggressiven Wässern bis 5 mg/l und darüber, gewöhnlich 1 bis 2 mg Pb/l.

a) Probenahme und Vorbereitung der Probe für die Bleiuntersuchung

Vorbedingung für die Bleiuntersuchung ist die ordnungsgemäße Entnahme der Probe. Man muß sich zunächst vergewissern, ob das Wasser tatsächlich einige Stunden (9 bis 12 Stunden, S. 15) im Bleirohr gestanden hat. Auf die Angaben der Hausbewohner kann man sich hierbei meistenteils nicht verlassen. Es empfiehlt sich also vorheriges Plombieren des Zapfhahnes.

Zunächst wird eine 1/2 l-Probe für die Bleiuntersuchung entnommen. Die ersten 100 bis 300 ml läßt man langsam weglaufen und läßt dann ruckartig 1/2 Liter für die Untersuchung in die Probeflasche ablaufen. Da sich das Blei beim Aufbewahren der Probe an den Wandungen der Probeflaschen festsetzt und somit der Untersuchung entgehen kann, setzt man nach der Entnahme sogleich 2 bis 3 ml Essigsäure hinzu.

Nach längerem Ablaufenlassen entnimmt man dann die Proben für die übrigen Bestimmungen (Kohlensäure, Härte u. a.). Bei eingesandten Proben wird der Inhalt der Probeflasche bis auf einen kleinen Rest in ein Becherglas ausgegossen, zu dem Rest 5 ml verdünnte Essigsäure gegeben und kräftig geschüttelt. Darauf gibt man das abgegossene Wasser wieder in die Flasche zurück und mischt. Etwa abgeschiedene Eisenflocken müssen durch Essigsäure (evtl. unter Erwärmen) in Lösung gebracht werden, da diese meist einen Teil des Bleies adsorbiert haben (K. Höll: Dt. Apoth. Ztg. [1935]).

b) Kolorimetrische Blei-Bestimmung

In Schauröhren oder Hehnerzylindern werden je 100 ml der vorbereiteten Wasserprobe (s. o.) sowie der Vergleichslösungen mit 10 Tropfen verdünnter Essigsäure und nach dem Umschütteln mit 10 ml 20%iger Ammoniumchloridlösung, die 2% Essigsäure enthält, versetzt. Man schwenkt um, läßt kurze Zeit stehen und setzt 2 Tropfen Natriumsulfidlösung* hinzu. Nach dem Sulfidzusatz mischt man behutsam, um Trübungen durch Luftbeimischung zu verhindern.

Die auftretende gelbe, gelbbraune oder braune Färbung wird mit der der gleichzeitig angesetzten Vergleichslösungen[1], und zwar innerhalb von 1 bis 2 Minuten, vergli-

---

[1] Reagenz Nr. 6.

chen. Nachträglicher Zusatz von Standardlösung zu dem Sulfidgemisch ist zu vermeiden, da hierbei Trübungen auftreten, die einen höheren Bleigehalt vortäuschen. Die Schichthöhen sollen hierbei nur wenig voneinander abweichen.

Empfindlichkeit. 0,1 bis 0,2 mg/l Pb können auf diese Weise nachgewiesen werden. Wässer mit mehr als 3 mg/l Pb sind zu verdünnen. Mengen unter 0,1 mg/l Pb können durch Schütteln einer größeren Wassermenge mit etwas Calciumcarbonat angereichert und durch Auflösen des abfiltrierten Calciumcarbonats in verdünnter Essigsäure wie oben bestimmt werden (s. o.). Nachweis von Spuren Blei s. S. 345.

Störungen. Wenn gleichzeitig Kupfer zu vermuten ist, werden anstelle der 10 Tropfen Essigsäure 3 ml verdünnte Schwefelsäure zugesetzt. Eine Gelbfärbung kann dann nur vom Kupfer herrühren (s. u.).

Bei hohem Nitritgehalt muß man sehr schnell arbeiten, da der sich abscheidende Schwefel Trübungen gibt und höhere Bleiwerte vortäuscht oder man gibt statt Essigsäure 2 ml Seignettesalzlösung, 2 ml Natronlauge, 3 Tropfen Kaliumcyanidlösung (10%ig) und dann erst Natriumsulfid zu.

Eisen(II)-Verbindungen stören nicht, Eisen(III)-Verbindungen geben Trübungen, die aber durch Zusatz von 0,5 g Natriumpyrophosphat oder 1 ml Kaliumnatriumtartratlösung vor dem Natriumsulfidzusatz verhindert werden können.

Die Eigenfärbung von Moorwässern stört bei dem Bleinachweis. Solche Wässer werden schwach alkalisch gemacht und mit reinem kristallisiertem Calciumcarbonat geschüttelt. Das Calciumcarbonat, das praktisch alles Blei adsorbiert hat, wird abfiltriert und auf dem Filter mit heißer verdünnter Essigsäure behandelt. Calciumcarbonat und die basischen Bleisalze gehen in Lösung. Das Filter wird nachgewaschen und das Filtrat nach Verdünnung zur Blei-Bestimmung nach obiger Methode benutzt (vgl. die Ausführungen von K. Höll: Apoth. Ztg. [1935]).

Bestimmung geringster Blei-Mengen. Blei kann mit Dithizon durch Ausschütteln von 50 bis 500 ml des mit je 5 ml Hydrazin-Reagenz auf je 50 ml und 5 ml Cyanid-Reagenz versetzten Untersuchungswassers mit 10 ml Dithizonlösung bestimmt werden.

Die Ausschüttelung wird wiederholt, bis die grüne Dithizon-Farbe bestehen bleibt; gegebenenfalls wird die Ausschüttelung mit weniger Untersuchungswasser wiederholt.

Der Gesamtextrakt wird vergleichend im Elko II mit Filter S 51 E oder im Spektralphotometer bei 515 nm gemessen.

Man kann die Wasserprobe auch mit Kaliumchlorat und Salzsäure zur Trockne eindampfen und mit Essigsäure und Wasser aufnehmen.

Die Regeln der Dithizon-Analyse sind zu beachten (S. 343).

Hydrazin-Reagenz. 10 ml Hydraziniumhydroxid, 24%ig, Merck/20 g Natriumchlorid in 70 ml 1 N HCl lösen und auf 100 ml mit dest. Wasser auffüllen.

Cyanid-Reagenz. 5 g Kaliumcyanid und 20 g Kaliumhydrogencarbonat + 5 g Kaliumnatriumtartrat in 25%igem Ammoniak lösen und mit dest. Wasser auf 100 ml auffüllen.

Dithizon-Lösung. 1,5 mg in 100 ml Chloroform lösen.

Nach DIN 38406 kann man mittels Atomabsorptions-Spektroskopie ebenfalls Blei bestimmen, wobei aber auf viele Störungen geachtet werden muß.

2. Kupfer-Bestimmung

Vorkommen. In natürlichen Wässern kommt Kupfer in wesentlichen Mengen nicht vor. In Mineralwässern spielt es als Spurenelement eine Rolle. Leitungswasser mit aggressiven Eigenschaften greift u. U. Kupferteile des Hausleitungsnetzes an und löst Mengen bis zu einigen mg/l Cu auf.

Orientierende Kupfer-Bestimmung. Im Reagenzglas werden 20 ml Untersuchungswasser mit 3 Tropfen Natriumsulfidlösung versetzt. Bei Vorhandensein von viel Kupfer ist in der Durchsicht eine Gelbbraunfärbung, wenn nur wenig Kupfer vorhanden ist, eine Gelbfärbung der Flüssigkeit erkennbar, vorausgesetzt, daß keine Eigenfärbung vorliegt (s. u.). Die von Kupfer herrührende Färbung verschwindet auf Zusatz von 3 Tropfen 10%iger Kaliumcyanidlösung.

a) Kolorimetrische Kupferbestimmung nach Winkler

100 ml Wasser versetzt man mit 5 bis 10 Tropfen 10%iger Kaliumnatriumtartrat-Lösung und nach dem Umschütteln mit 3 Tropfen Ammoniak.

Nach 2 Minuten setzt man 2 Tropfen 5%iger Kaliumhexacyanoferrat(II)-Lösung hinzu und vergleicht eine auftretende rötliche Färbung mit der von gleichzeitig angesetzten Vergleichslösungen.

Für die Kupfervergleichslösungen wird eine Standardlösung von 0,393 g kristallisiertem Kupfersulfat in 1000 ml Wasser (1 ml = 0,1 mg Cu) verwendet.

Spezifische Kupferbestimmung in kleinen Mengen

100 bis 200 ml Untersuchungswasser werden mit 10 bis 20 ml Pufferlösung (wie bei der Cu-Bestimmung (s. o.) und 0,5 ml 0,1%iger alkoholischer Bathocuproinlösung versetzt und mit 10 bis 20 ml Chloroform kräftig ausgeschüttelt. Der Chloroform-Auszug wird bei Orangefärbung photometriert. Bis 0,5 μg Cu sind erfaßbar.

b) Kupfer und Blei nebeneinander

Um Blei neben Kupfer nachzuweisen, setzt man zu obiger Flüssigkeit 2 Tropfen 10%iger Kaliumcyanidlösung zu, wodurch die Färbung in Grünlichgelb umschlägt. Die Farbtiefe muß in beiden Zylindern die gleiche sein. Weiterhin setzt man zu beiden Flüssigkeiten 10 ml 20%ige Ammoniumchloridlösung mit 5% Ammoniak hinzu sowie 3 Tropfen Natriumsulfidlösung. Die bleifreie Cu-Vergleichslösung entfärbt sich vollkommen; enthält die Untersuchungslösung außer Kupfer noch Blei, so tritt eine Gelbfärbung auf, die mit Standardlösungen verglichen werden kann (siehe unter Blei).

Störungen durch hohen Eisengehalt können durch Zusatz von 2 ml 50%iger Kaliumnatriumtartrat-Lösung vor den obigen Reagenzien vermieden werden (J. Müller: Ges. Ing. **70,** 407–410 [1949]).

Eine spezifische Kupfer-Bestimmung ist die mit Natriumdiäthyldithiocarbamat, wobei 10 ml der 0,1%igen wäßrigen Lösung auf 100 ml Untersuchungswasser im ammoniakalischen Bereich zugesetzt werden. Durch eine goldgelbe Färbung werden Spuren von Kupfer erkannt und kolorimetrisch oder photometrisch bestimmt, oder der Farbkomplex wird nach Chloroform-Extraktion im Elko II bei 420 nm oder im Spektralphotometer bei 420 bis 440 nm bestimmt.

Bei harten Wässern und Mineralwässern setzt man zuvor Seignettesalz oder Natriumhexametaphosphat zu oder man bringt das Untersuchungswasser mit Ammoniumcitrat auf pH 9.

3. Zink-Bestimmung

Vorkommen. Zink kann beim Stehen aggressiver Wässer in Zinkrohren in Mengen bis 5 mg Zn/l vorkommen, meist jedoch nicht mehr als 1 bis 2 mg/l. In Grubenwässern der Zinkbergwerke kommt Zink in Mengen bis zu mehreren mg/l vor.

In gewerblichen Abwässern (Beizereien, Munitionsanstalten) und in damit beladenen Vorflutern kommt es in wechselnder Menge vor.

Vorprüfungen. Mit Hilfe von Schwefelwasserstoff prüft man zunächst, ob außer Zink noch andere Metalle vorhanden sind. Man leitet nacheinander in mineralsaure, essigsaure und ammoniakalische Lösung Schwefelwasserstoff ein. Wenn nur in der essigsauren Lösung eine weiße Trübung entsteht, ist nur Zink vorhanden.

Zink bei Gegenwart von Cu und Sn. Wird in mineralsaurer Lösung eine schwarzbraune Trübung erhalten, so ist Kupfer (evtl. Zinn) vorhanden. Man säuert in diesem Falle eine größere Wassermenge mit Salpetersäure an, setzt noch etwas Kupfersulfat hinzu (s. Höll: Apoth. Ztg. [1935]), leitet längere Zeit Schwefelwasserstoff ein und läßt über Nacht verschlossen stehen. Man filtriert ab, kocht aus dem Filtrat den Schwefelwasserstoff weg und kocht weiter mit Salpetersäure (3 ml verdünnte HNO_3). Vorhandenes Eisen, Mangan und Aluminium werden nun in der Siedehitze mit überschüssigem Ammoniak gefällt und abfiltriert. Das Filtrat wird (wie unten) weiter auf Zink geprüft.

Zink bei Abwesenheit von Cu, Fe und Sn. 100 ml Wasser oder obiges Filtrat, das von Metallen nur noch Zink enthalten kann, werden nach Abkühlen mit 25 ml Natriumacetatlösung (25%ig), 3 ml Essigsäure, 2 ml Gummiarabikumlösung (10%ig) und mit 2 ml Kaliumhexacyanoferrat(II)-Lösung, (5%ig) oder 0,1 ml Natriumsulfidlösung unter jedesmaligem Umschwenken versetzt.

In beiden Fällen wird die auftretende weißliche Trübung nach längerem Stehen mit den in Vergleichslösungen erzeugten Trübungen verglichen. Als Zinkvergleich benutzt man eine Lösung von 0,100 g Zn p. a. in verdünnter Salzsäure gelöst zu 1 Liter; 1 ml davon enthält 0,1 mg Zn, oder 0,4398 g $ZnSO_4 \cdot 7H_2O$ zu 1 Liter lösen; 1 ml = 0,1 mg Zn.

Störungen. Störungen können weiterhin durch organische Stoffe hervorgerufen werden. Gelb- oder braungefärbte Huminwässer werden mit Bromwasser gekocht. Das überschüssige Brom wird durch Kochen vertrieben. Darauf wird filtriert und auf das ursprüngliche Volumen aufgefüllt.

Zink bei Gegenwart von Eisen. Eine kolorimetrische Bestimmung des Zinks, bei der Eisen nicht stört, haben W. Hermanowicz und E. Sikorowka vorgeschlagen (Chem. Zbl. **124,** 4585 [1953]). Danach werden 25 ml Untersuchungswasser mit 1 ml 5%iger Kaliumfluoridlösung versetzt und filtriert. Das Filtrat und die Vergleichslösungen werden mit 1 ml Salzsäure (25%ig), 1 ml 0,03%iger Kristallviolettlösung und 1 ml 20%iger Kaliumrhodanidlösung versetzt und die Mischung sogleich mit Vergleichslösungen kolorimetriert.

Größere Zinkmengen können gravimetrisch als Zinkchinaldinat durch Fällung mit 3%iger Chinaldinsäure aus der auf pH 5 mit Natriumacetat-Essigsäure-Puffer gebrachten und erhitzten Wasserprobe bestimmt werden. 1 mg des abfiltrierten getrockneten Niederschlags = 0,153 mg Zn.

Für die Mikrobestimmung von Zink ist nach A. Bilikova Zincon am besten geeignet, das bei pH 9 einen blauen stabilen Farbkomplex bildet. Das Zincon-Reagenz wird durch Auflösen von 0,26 g Zincon in 100 ml erwärmtem Methanol hergestellt. Auch die Dithizon-Methode ist gut geeignet (s. S. 345).

4. Kalium-Bestimmung[1]

1 bis 10 Liter Untersuchungswasser werden unter Zusatz von etwas Essigsäure auf etwa 50 ml eingeengt und das erhaltene Konzentrat filtriert.

Das auf etwa 60 bis 70 °C erwärmte Filtrat wird nach Zusatz von 1 Kristall Aluminiumchlorid bei schwach essigsaurer Reaktion mit einer 0,1molaren (3,4%igen) Lösung von Natriumtetraphenyloborat[2] in kleinen Anteilen versetzt, und zwar so lange, bis nach dem Absetzen keine erneute Fällung oder Trübung mehr auftritt (1 ml des Reagenz entspricht ca. 3,5 mg K). Nach kurzem Stehen in der Wärme wird durch ein bei 110 °C getrocknetes und gewogenes Filter filtriert und der Niederschlag auf dem Filter mit essigsäurehaltigem Wasser gut ausgewaschen. Das Filter mit dem Niederschlag wird im Trockenschrank bei 110 °C getrocknet und nach Erkalten im Exsiccator gewogen.

An Stelle des Filters kann man zweckmäßigerweise auch einen Porzellanfiltertiegel A 2 verwenden, der nach Gebrauch mit Aceton gereinigt werden kann.

Die Erfassungsgrenze liegt bei 50 µg/l K^+.

Um den Transport großer Wassermengen und das zeitraubende Eindampfen derselben zu vermeiden, kann man das Wasser an Ort und Stelle durch geeignete Filterrohre mit dem Ionenaustauscher I der Fa. E. Merck filtrieren und das im Filter ausgetauschte Kalium nach der Elution mit verdünnter Salzsäure im Laboratorium quantitativ bestimmen[3].

---

[1] In Anlehnung an die Arbeit von P. Raff und W. Brotz (Z. f. analyt. Chemie **133,** 241–248 [1951] vom Verf. ausgearbeitet.

[2] Die Substanz ist unter dem Handelsnamen „Kalignost" bei der Fa. Heyl & Co. erhältlich. Wenn dies sich nicht ganz klar löst, wird die Lösung mit 0,5 g reinstem Aluminiumhydroxid geklärt.

[3] E. Abrahamczik: Mikrochemie, Bd. XXV [1938] (Versuche mit Neopermutit) und Folke Nydahl: Verh. der IVL, Bd. XI, Stuttgart [1951], (Versuche mit Kationenaustauschern).

Berechnung. Die Umrechnung für die gravimetrisch ermittelte Menge des Niederschlags von Tetraphenylborkalium (Kaliumtetraphenyloborat) erfolgt durch Multiplikation mit 0,1091.

Fehlergrenze: ± 0,3% bei Anwesenheit von nur wenigen mg K im Konzentrat.

Störungen. Die Erdalkalien des Wassers stören nur bei hoher Wasserhärte. In solchen Fällen ist es zweckmäßig, Calcium und Magnesium zusammen mit den Sulfaten durch Bariumhydroxid auszufällen und das überschüssige Bariumhydroxid in der Siedehitze im eingedampften Filtrat durch Einleiten von Kohlendioxid zu fällen; nach dem Ansäuern mit Essigsäure kann man im Filtrat die Kaliumfällung vornehmen.

Eisen(III)-salze können durch Komplexbindung mit NaF ausgeschaltet werden.

Störungen durch Ammonsalze können durch Zugabe von etwas Formalin zu der stark alkalisch gemachten Lösung verhindert werden (Chem. Zeitung, H. 1 [1954]).

a) Titrimetrische Kalium-Bestimmung

Nach P. Vogler kann man den Niederschlag von Kaliumtetraphenyloborat auch in 50 ml Aceton lösen und nach Zusatz von 10 ml Kaliumbromidlösung und einem Tropfen Mischindikator mit 0,01 N Silbernitratlösung bis zum Farbumschlag von Grün nach Rotviolett titrieren. (1 ml 0,01 N $AgNO_3$ = 0,3909 mg K.)

Der Mischindikator wird durch Lösen von 300 mg Eosin, 5 mg p-Dimethylaminoazobenzol in 150 ml Aceton und Vermischen mit 50 ml wäßriger Lösung von 350 mg Lichtgrün hergestellt (Fortschritte der Wasserchemie, H 1 [1964]).

Die iodometrische Kaliumbestimmung von H. Flaschka erscheint damit überholt.

b) Flammenphotometrische Kalium-Bestimmung

Am bequemsten und genauesten ist die flammenphotometrische Kaliumbestimmung, besonders, wenn man dabei als Strahlungspuffer eine Caesium-Aluminiumlösung verwendet (Fa. E. Merck). Gemessen wird bei der Linie 768,2 nm.

Als Kalium-Leitlösung dient ein Gemisch von 100 ml Kalium-Stammlösung (190,7 mg KCl p. a. auf 1000 ml Aqua dest.) und 100 ml Strahlungspuffer (50 g Cäsiumchlorid p. a. und 250 g Aluminiumnitrat auf 1000 ml Aqua dest.), das auf 1000 ml mit Aqua dest. aufgefüllt wird[1].

5. Natrium-Bestimmung

Im normalen Trinkwasser kommt das Natrium nur in Mengen von wenigen mg Na/l vor, bzw. sollte es dies. Bei der Americ. Health Assoc. ist als Grenzwert: 20 mg Na/l festgelegt (Chem. Abstr. **66,** 1967 Nr. 10). Das Natrium hat nämlich bei der Wasserretention des Körpers eine ausschlaggebende Bedeutung, besonders bei hohem Blutdruck. Die WHO hat 1978 den Grenzwert von 20 mg Na/l für Trinkwasser übernommen.

---

[1] Eichlösungen in Ampullen liefert Fa. E. Merck.

J. S. Robertson hat Todesfälle von Kindern bei 100 mg Na/l Trinkwasser festgestellt (J. Amer. Water Works Ass. **71,** 408 [1979]).

Sofern in seltenen Fällen eine direkte Natrium-Bestimmung notwendig ist, wird diese wie auch die Kaliumbestimmung am schnellsten und genauesten auf flammenphotometrischem Wege vorgenommen. Noch 0,0003 mg Na im ml Wasser sind auf diesem Wege nachweisbar (Standard-Werk der „Flammenphotometrie", R. Herrmann, Berlin und Göttingen [1956]). Flammenphotometer liefern u. a. die Fa. Dr. B. Lange und die Fa. Zeiss-Opton, letzteres mit einem wesentlich genauer arbeitenden Zusatzgerät, und Fa. Kirem, Berlin.

Als Natrium-Stammlösung dient folgende: 0,2542 g NaCl + 0,1907 g KCl + 0,6109 g LiCl auf 1000 ml Aqua dest. 1 ml ≙ 100 mg Na, K, Li.

Zur Messung dient die Natrium-Linie 589,3 nm. Blindversuche und Parallelbestimmungen sind nötig.

Gewöhnlich wird das Natrium durch Differenzbestimmung aus der gesamten Menge der Alkalichloride und der Kaliummenge ermittelt. Man dampft zu diesem Zweck 1 bis 2 Liter Wasser ein und versetzt mit 5%iger Bariumhydroxidlösung bis zur vollständigen Fällung der Sulfate. Die Mischung wird erhitzt, filtriert und das Filtrat mit gasförmiger Kohlensäure in der Siedehitze behandelt. Nach abermaligem Filtrieren wird mit etwas Salzsäure eingedampft und im Trockenschrank bei 110° getrocknet. Der Alkalichloridrückstand wird gewogen und die Kaliummenge abgezogen.

Wenn größere Na-Mengen zu erwarten sind, kann man sich der gravimetrischen Magnesium-Uranylacetat-Methode bedienen (S. 337).

6. Chrom-Bestimmung

100 ml Untersuchungswasser werden mit 5 ml 1 N Silbernitratlösung, mit 10 ml 10%iger Ammoniumperoxodisulfatlösung und mit 6 ml 1 N Salzsäure versetzt. Das Filtrat von diesem Gemisch wird mit 2 ml Schwefelsäure (1 + 1) und 0,4 ml einer 1%igen Lösung von Diphenylcarbacid in Aceton versetzt. Nach dem Auffüllen wird die entstehende rotviolette Färbung kolorimetrisch oder photometrisch bei der Wellenlänge 545 nm innerhalb von 5 bis 10 Minuten bestimmt oder im Elko II mit Filter S 55 E gemessen.

Bei kleinen Chrom-Mengen versetzt man die Wasserprobe mit etwa 10 mg Fe(III) und fällt das Eisen mit Ammoniak aus, wobei das Chrom restlos an Eisen(III)-hydroxid adsorbiert wird.

Zur Gesamtchrom-Bestimmung wird die Wasserprobe vorher mit Bromwasser nach Laugenzusatz behandelt. Nach dem Verkochen des überschüssigen Broms und Abkühlen wird wie oben gesagt verfahren.

Zur Bestimmung von Chrom(VI)-Ionen wird die rotviolette Färbung der mit 1 ml Schwefelsäure (20%ig) und 2 ml Diphenylcarbazidlösung versetzten 100 ml-Wasserprobe mit Filter 535 nm gemessen.

Störungen. Organische Stoffe werden durch Kochen nach Phosphorsäurezusatz mit Kaliumpermanganatlösung und Verkochen des Überschusses mit 0,5%iger Natriumazidlösung entfernt. Um Schwermetalle zu entfernen, werden Wasserstoffperoxid und 5 ml 5%ige Kupferronlösung zugesetzt; nach kurzem Stehen wird mit 5 ml Chloroform mehrmals ausgeschüttelt und die Chloroform-Phase verworfen.

Der Kupferron-Überschuß wird durch Kochen mit Kaliumpermanganatlösung entfernt, wobei Chrom(III)-Ionen zu Chromat-Ionen oxidiert werden. Der Überschuß von $KMnO_4$ wird wieder durch Kochen mit Natriumazid entfernt.

Nach dem Abkühlen und Filtrieren werden 2 ml 1%iges Diphenylcarbacid-Reagenz zugegeben (s. o.).

Der Grenzwert ist nach der Trinkwasserverordnung 0,05 mg Cr/l. Da Cr(VI) wesentlich toxischer als Cr(III) wirkt, ist eine Bestimmung ohne Oxidationsmittel empfehlenswert.

Für laufende Kontroll-Bestimmungen von Chrom sowie von Cadmium, Zink, Nickel und Selen dient das Atomabsorptions-Spektralphotometer, z. B. von der Fa. Zeiss, oder das Sechskanal-Atom-Fluoreszenzspektrometer der Fa. Technikon, Frankfurt/Main.

7. Arsen-Bestimmung

Vorkommen. Arsen kommt sehr vereinzelt in Grundwässern u. a. durch Auslaugung von Asche- und Schutthalden und Friedhofserde in Mengen bis 0,2 mg/l vor. In Vorflutern durch Abwasserzufuhr. In seltenen Fällen kommt das Arsen geologisch bedingt in Quellwässsern vor; in Heilquellen ist es häufiger anzutreffen (z. B. Dürkheimer Max-Quelle), besonders häufig in vulkanischen Geysir-Wässern (K. Höll).

Orientierende Feldbestimmung. In einem Rundkolben von 150 ml Inhalt werden 100 ml Wasser mit 5,0 ml konzentrierter Schwefelsäure versetzt und abgekühlt. Störende Gase entweichen hierbei. Mit Hilfe von einigen verkupferten Zinkstückchen wird die Wasserstoffentwickung eingeleitet. Auf die Öffnung wird ein Allihnsches Rohr mit Stopfen gesetzt und darauf eine Filtrierpapierkappe gebracht, die mit einem Gummiband befestigt wird. Auf das Filtrierpapier wird ein Tropfen 66%iger Silbernitratlösung gegeben. Man beobachtet längere Zeit. Die Gelbfärbung des Silbernitrats zeigt Arsen an.

Störungen. Größere Mengen organischer Stoffe verhindern die Reaktion. Huminwässer und Abwässer müssen daher mit Salpetersäure und Schwefelsäure eingedampft und der Rückstand einer nassen Veraschung unterzogen werden.

Bei harten Wässern ist das Eindampfen des letzten Rückstandes mit der Schwefelsäure mit Schwierigkeiten verbunden; deshalb ist das folgende Verfahren mehr zu empfehlen.

Genauere Bestimmung von Arsen. Von reinem, farblosem Wasser werden 100 bis 1000 ml mit 0,5 g Eisenalaun (Eisen(III)-ammoniumsulfat) und nach dem Erwärmen mit Ammoniak versetzt. Das abgeschiedene Eisenhydroxid enthält fast alles Arsen; es wird abfiltriert, ausgewaschen und in 20 ml arsenfreier verdünnter Schwefelsäure gelöst. Die Lösung wird in einem Rundkolben von 50 ml aufgefüllt und mit etwas verkupfertem Zink[1] versetzt. Der Kolben wird mit einem durchbohrten Stop-

---

[1] Nach der Verkupferung müssen die Zinkstücke gut abgespült werden, da Kupferspuren den Arsennachweis beeinträchtigen.

fen verschlossen, durch den ein Allihnsches Rohr geführt ist, dazu noch eine Glasröhre von 5 mm aufgesetzt. In der bauchigen Erweiterung des Allihnschen Rohres wird ein kleiner Wattebausch oder Glaswolle, der mit 5%iger Bleiacetatlösung getränkt und getrocknet ist, eingeschlossen. In der Glasröhre befindet sich ein Streifen Quecksilberbromidpapier. Dieses Reagenzpapier wird hergestellt durch Tränken des besonders festen Reagenzpapiers Nr. 575 (oder nach Lockemann Nr. 589 Blauband oder Nr. 606 der Fa. Schleicher & Schüll) mit 5%iger alkoholischer Quecksilberbromidlösung und Trocknenlassen. Der Entwicklungskolben wird von Zeit zu Zeit umgeschwenkt.

Eine gelbe bis gelbbraune Verfärbung des Hg-Streifens innerhalb von 12 Stunden zeigt Arsen an. Durch Vergleich mit Streifen bekannter Arsenwerte kann man bis 0,005 mg As herab halbquantitativ ermitteln. Durch Erwärmen kann diese Wartezeit erheblich abgekürzt werden.

Nach J. Bodnar, E. Szep und W. Cielsky soll die Bestimmung mit Zinn und Salzsäure bessere Resultate geben (Z. f. analyt. Chem. **115,** 412 [1939]). Statt des Hg-Streifens kann man auch ein Absorptionsröhrchen mit einer Lösung von Silberdiäthyldithiocarbamat (5%ig in Pyridin gelöst) an den Entwickungskolben anschließen und die Rotfärbung photometrisch bei der Wellenlänge 546 nm oder im Spektralphotometer messen.

Arsenvergleichslösung. 0,132 g arsenige Säure (As_2O_3) werden mit 10 ml 2 N NaOH gelöst und mit 10 ml 1 N Schwefelsäure neutralisiert, mit dest. Wasser wird zu 1000 ml aufgefüllt. 1 ml davon = 0,1 mg As; bei 100facher Verdünnung ist 1 ml = 1 µg As.

Der Grenzwert für Trinkwasser ist nach der TVO: 0,04 mg As/l.

1 mg As = 1,85 mg AsO_4^{3-}.
0,7 mg As = 1,3 mg H_3AsO_4.

Bei routinemäßigen Arsen- und Selen-Bestimmungen verwendet man das Verfahren der flammlosen Atomabsorption über die Hydrid-Technik.

Die Stabilisierung arsenhaltiger Wasserproben in Pyrex- oder Polyäthylenflaschen wird durch Schwefelsäure (0,2 Vol.%) erzielt.

8. Selen-Bestimmung nach Quentin

Über die Bedeutung und Bestimmung von Selen haben erstmalig K. E. Quentin u. L. Feiler (Jb. Wasser **34** [1967]) zusammenhängend berichtet. Nach ihren experimentellen Arbeiten ist am besten geeignet eine spektralphotometrische Bestimmung des Selens mit 2,3-Diaminonaphthalin, das eine Gelbfärbung von Piazselenol gibt. Mengen von 0,001 bis 0,25 mg/l Se können quantitativ erfaßt werden. Die AAS führt zu schnelleren Resultaten.

Photometrisch soll Selen gemäß der TVO mit o-Phenylendiamin in schwefelsaurer Lösung bestimmt werden (s. auch E. Artl u. A. Naumann: Z. f. analyt. Chemie **282,** 463 [1976] und P. Klahre, Voltametrische Selen-Bestimmung. Jb. Vom Wasser 1978).

Bei der Selen-Bestimmung mit o-Phenylendiamin wird nur das 4wertige Selen erfaßt, auch bei der neuen Methode der flammlosen Atomabsorption. Man muß daher nach I. K. Reichert zuvor das 6wertige Selen reduzieren, was durch Kochen mit gleichen Teilen Salzsäure ($\varrho = 1{,}19$) erreicht wird.

In der Internat. Standards Drinking Water und in den europäischen Standards wurde als Grenzwert 50 µg/l Se empfohlen, in der TVO 0,003 mg/l Se und von der WHO und EG 0,01 mg/l Se.

Selen wird von einigen Autoren als essentielles Spurenelement angesehen und eine cancerogene Wirkung verneint. Bei anderen Autoren ist es umgekehrt. Sicherlich ist die Wirkung abhängig von der Konzentration (µg- bzw. mg-Bereich).

9. Zinn-Bestimmung

Vorkommen. Nur Spuren im Leitungswasser.

Zur Ermittlung von Zinn sind 2 bis 3 Liter Wasser mit Salzsäure einzudampfen, mehrfach abzurauchen und schließlich mit Salpetersäure einzudampfen. Zur Entfernung der Kieselsäure wird mit 1 ml konzentrierter Schwefelsäure und 5 ml Flußsäure erhitzt und der Rückstand mit Soda und Schwefel geschmolzen. Die gelöste Schmelze wird in sehr verdünnte Natriumsulfidlösung eingetragen. Gelbfärbung zeigt Zinn an (Vergleich mit Standardlösungen).

Bei Vorhandensein größerer Zinnmengen fällt bei dem Zusatz von Natriumsulfid Zinnsulfid aus, das dann gravimetrisch bestimmt werden kann.

10. Cadmium-Bestimmung

Cadmium soll nach der TVO nach dem Dithizon-Verfahren bestimmt werden. Der Grenzwert nach TVO ist 0,006 mg/l Cd. Günstig ist das Verfahren nach G. Iwantscheff, s. S. 342. Cadmium-Spuren können nach DIN 38406 durch AAS bestimmt werden.

11. Quecksilber-Bestimmung

Die Quecksilber-Bestimmung kann ebenfalls am besten nach der Dithizon-Methode durchgeführt werden, s. S. 345. Nach TVO soll die Quecksilber-Bestimmung atomabsorptionsspektrometrisch durchgeführt werden (DIN 38406, EV, E 12). Laufende Quecksilber-Bestimmungen können mit dem Quecksilber-Monitor der Olin-Chemical, vorgenommen werden. Grenzwert: 0,004 mg/l Hg (TVO).

12. Vanadium-Bestimmung

Zu 100 ml des Wassers werden 4 ml der 10%igen Ammoniumperoxodisulfat-Lösung gegeben und 45 min erhitzt. Nach Erkalten 80 ml 16%ige HCl und 30 ml Reagenz (1%ige N-Benzol-N-Phenylhydroxylamin-Chloroform-Lösung) zusetzen und 1 min schütteln. Die abfiltierte Chloroform-Schicht wird nach Abtrennung und Filtration photometriert (546 nm).

13. Cyanide in geringsten Mengen

Nach den Empfehlungen der WHO ist der Grenzwert für Cyanid-Ion im Trinkwasser 0,05 mg/l. In der Trinkwasser-Verordnung vom 31. 1. 1975 ist er auf 0,04 mg/l festgelegt.

Nach der von H. Mertens empfohlenen Methode kann 1 μg Cyanid-Ion sicher und spezifisch durch Titration der alkalischen Cyanid-Lösung in Gegenwart von 0,1 g Kaliumiodid mit 0,001 N Silbernitratlösung bestimmt werden. Als Umschlagspunkt dient das Auftreten eines Tyndall-Effekts im verdunkelten Raum unter Zuhilfenahme eines Magnetrührers und einer geeigneten Lichtquelle.

1 ml der 0,001 N Silbernitratlösung entspricht 0,052 μg Cyanid-Ion (Mertens, Selektive Bestimmung geringer Cyanidmengen, Hydrochem. und hydrogeol. Mitt. **1,** 131–137 [1974]).

Nach der Trinkwasser-Verordnung soll die Pyridin-Barbitursäure-Methode angewandt werden.

Danach werden 10 ml des Untersuchungswassers (bzw. des Destillats bei gefärbten oder trüben Wässern) in einem 25 ml Meßkolben mit 2 ml Pufferlösung, 4 ml 1 N Salzsäure und 1 ml 0,5%iger Chloramin T-Lösung versetzt und 1 bis 3 Minuten stehengelassen.

Nach höchstens 5 Minuten werden 3 ml Barbitursäure-Pyridin-Reagenz zugegeben und mit dest. Wasser auf 25 ml aufgefüllt. Im Photometer wird der entstandene rotviolette Polymethinfarbstoff bei der Wellenlänge 578 nm gegen eine Vergleichsprobe und Blindprobe gemessen.

Die Pufferlösung wird bereitet durch Lösen von 60 g Natriumhydroxid in ca. 500 ml dest. Wasser und Zusatz von 118 g Bernsteinsäure in die noch warme Natronlauge und Auffüllen auf 1 Liter nach dem Erkalten.

Das Reagenz wird hergestellt durch Anschwemmen von 3 g Barbitursäure mit etwas dest. Wasser in einem 50 ml Meßkolben und Zusatz von 15 ml Pyridin sowie durch Schütteln mit weiteren ml dest. Wasser bis zur Lösung. Nach Zusatz von 3 ml Salzsäure (d 1,125) wird aufgefüllt (Haltbarkeit 1 Tag).

Für die Cyanid-Standard-Lösung werden 25 mg Kaliumcyanid zu 1 Liter 0,4 N Natronlauge gelöst; 1 ml = 0,01 mg CN^--Ion. Die Prüfung geschieht mit 0,001 n Silbernitratlösung wie oben angegeben. Diese Methode ist nicht spezifisch für Cyanid. (E. Asmus u. H. Garschhagen: Z. f. analyt. Chem. **138,** 414–422 [1953]). Siehe auch DIN 38405.

F. Bestimmung von Fluorid-Ionen (nach Sanchis)

Vorkommen. In normalen Grundwässern findet man 0,05 bis 0,5 mg F^-/l[1]. In manchen Heilquellen, besonders in alkalischen Schwefelquellen, findet man mehr Fluorid (K. E. Quentin: Ges. Ing. **78,** 1–4 [1957]), besonders aus Pegmatit- und Apatit-Formationen.

---

[1] Nach Untersuchungen des Instituts für Wasser-, Boden- und Lufthygiene, Berlin, und nach A. Kaeß, Jb. Vom Wasser **23,** 70–94 [1956].

In Geysir-Gewässern und heißen Quellen fand K. Höll enorm viel Fluorid-Ion als charakteristischen Bestandteil (Heilbad und Kurort **16** [1964] und **20** [1969]), auch in anderen vulkanischen Gebieten, z. B. im afrikanischen Senegal (Flußspat- und Fluorapatit-Gesteine). In westindischen Gebieten gibt es weite Gebiete mit fluorreichen Trinkwässern und entsprechenden Gesundheitsschädigungen.

Fluorid-Ion geht beim Stehen an die Plastikwandung, deshalb verwendet man Probeflaschen aus Glas.

Zu 100 ml Wasserprobe und Vergleichslösung werden genau 5 ml Zirkonsäure-Alizarin-Reagenz (Reagenz Nr. 34) zugesetzt und nach dem Umschwenken 1 Stunde bei Zimmertemperatur stehengelassen. In Hehnerzylindern, Neßlerrohren, Kolorimetern oder Photometern wird dann der Vergleich vorgenommen. Untersuchungswasser und Vergleichslösung müssen von vornherein genau übereinstimmende Temperatur haben. Die Prüfung derselben mit dem Thermometer ist in diesem Falle unerläßlich. Je höher die Fluoridkonzentration, desto blasser sind die Farben der Lösung; die Färbungen gehen von Rötlich über Orange nach Gelb. Werte von 0,01 bis 0,15 mg F^- in 100 ml sind bestimmbar. Bei Fluoridgehalten über 0,15 mg wird entsprechend verdünnt. Als Vergleichslösung dient eine Lösung von 0,221 g Natriumfluorid in 1 Liter; diese wird noch zehnfach verdünnt, so daß 1 ml = 0,01 mg F^- entspricht.

Störungen. Aluminium stört in Mengen über 0,5 mg/l; Eisen stört erst über 2 mg Fe^{2+}/l, Mangan oberhalb 0,2 mg/l. Ferner stören Chloride in Mengen über 500 mg Cl^-/l und Sulfate über 200 mg SO_4^{2-}/l. Hohe Konzentrationen von Phosphat stören ebenfalls; sie verursachen viel zu hohe Werte.

In diesen Fällen müssen auch die entsprechenden Stoffe den Vergleichslösungen zugesetzt werden oder man muß die Fluoride abdestillieren unter Zusatz von 0,2 g Kieselsäurepulver und 25 ml Überchlorsäure (nach Abbindung der Chloride mit Silberperchlorat). Nach den Erfahrungen der ORCA (Europ. Arb.-Gemeinschaft f. Fluorforschung) ist diese Wasserdampfdestillation bei jedem Wasser zu empfehlen. Die Manganstörung wird durch 1 Tropfen Wasserstoffperoxid auf 100 ml Untersuchungswasser verhindert, und der Überschuß wird durch 1 Tropfen 3%iger Kaliumiodidlösung und dieser durch 0,1 N $Na_2S_2O_3$ entfernt. Freies Chlor beeinträchtigt die Farblackbildung ebenfalls etwas; durch Natriumthiosulfatzusatz kann diese vermieden werden (Jacobson, J. Amer. Water Works Ass. **44,** 1169–1173 [1952]).

K. E. Quentin, J. Indinger u. S. W. Souci haben sehr empfindliche Nachweismethoden für Fluoride ausgearbeitet (Z. Lebensmittel-Unters. u. -Forsch. **109,** 213–218 [1959]).

1. Neue Arbeitsvorschrift

In einer weiteren sehr verdienstvollen Arbeit haben K. E. Quentin und J. Indinger die Arbeitsabschnitte der obigen Fluorbestimmungsmethode eingehend überprüft (Z. Lebensmittel-Unters. u. -Forsch. **110,** 249–260 [1959]). Die Anreicherung des Fluorids und Trennung von den störenden Stoffen geschieht am besten aus einem 53,6gewichtsprozentigen Perchlorsäuregemisch, das bei 135 °C siedet (2 Vol. 70%iger Perchlorsäure + 1 Vol. Aqua dest.). Halogene müssen restlos zurückgehalten werden durch Silberperchlorat.

Für die kolorimetrische Bestimmung in den Destillaten haben Quentin und Indinger eine modifizierte Zirkon-Alizarin-Methode und Zirkon-Eriochromcyanin-Methode genau beschrieben. Wegen des Umfangs der genauen Arbeitsvorschrift muß auf die obige Arbeit verwiesen werden. Bei Heilwasseranalysen ist diese nicht zu umgehen.

Reihenuntersuchungen auf Fluorid-Ionen. Die neue Methode mit ionenselektiven Elektroden der Orion Research Inc., Cambridge, USA, bedeutet eine große Zeitersparnis bei Reihenuntersuchungen und Kontrollen der Fluorid-Dosierung zum Trinkwasser (s. auch T. Kempf, Gewässerschutz – Wasser – Abwasser **39,** S. 161–172) und G. Kassebeer, Meßtechn. Praxis, Lief. 444).

Fluorid-Bestimmung ohne Destillation

Nach Durchlaufen der Wasserprobe durch einen Kationenaustauscher werden 25 ml davon mit 25 ml Reagenz versetzt, und nach 20 min wird die Extinktion gemessen. Das Reagenz wird durch Mischen von 20 ml Acetatpuffer mit 12,5 ml Lanthannitratlösung (434 mg/250 ml Wasser) und 12,5 ml Alizarinkomplexon (421 mg + 205 mg Natriumacetat auf 250 ml Wasser) und 125 ml Aceton (auf 250 ml Wasser) hergestellt.

Colora-Meßtechnik GmbH, Dr. W. Ingold KG, sowie die Deutsche Metrom GmbH, bringen ionenselektive Elektroden für Fluorid, Iodid, Chlorid, Cyanid u. a. in den Verkehr (s. auch K. Cammann: Das Arbeiten mit ionenselektiven Elektroden. Berlin-Heidelberg [1977]).

2. Gesundheitliche Bedeutung der Fluorid-Ionen

Fluor-Schäden. Nach Rieder (J. Amer. Water Works Ass. [1935]) ist die untere schädliche Grenze 0,7 mg F^-/l. Bei ständigem Genuß von Wasser mit mehr als 2 mg F^-/l stellt sich das Krankheitsbild der Trinkwasser-Fluorose ein: die Zähne zeigen „gefleckten Schmelz". Durch Magnesitfilter könnte ein zu hoher Fluorgehalt herabgesetzt werden (H. O. Hettche). Mit Hilfe von Defluorit, einem aktivierten Aluminium oder Tricalciumphosphat (Knochenkohle), werden in den USA fluorreiche Wässer behandelt (Ind. Eng. Chem. **29,** 424 [1937], s. auch K. Haller: Städtehyg. **3,** 73/74 [1952]). Fluorcarbonsäuren sind hochtoxische Umweltschadstoffe.

Es finden sich in den USA Wässer mit 10 mg F^-/l und darüber (F. Sierp: GWF [1956]). Wasser mit 4,3 mg F^-/l soll ständig ohne Schaden in Isparta getrunken werden (S. Velicangil u. S. Eser: Z. f. prophylakt. Med., H. 2 [1957]).

K. Höll hat in Geysir-Wässern und anderen heißen Quellen in den Rocky Mountains und auf Island sehr große Fluor-Mengen festgestellt (bis 26,0 mg F^-/l) (Heilbad und Kurort **16** [1964]), ebenso im mittleren Afrika.

Vom europäischen Büro der Weltgesundheitsorganisation ist wegen der Fluoroseschädigung ein Grenzwert von 1,5 mg F^-/l festgelegt worden (s. H. Kruse, 54). In der TVO von 1975 ist der Grenzwert ebenfalls 1,5 mg F^-/l.

Bei dem optimalen Fluorid-Gehalt des Trinkwassers – 1,5 mg F^-/l – von Vordingborg/Dänemark wurde überdurchschnittliche Zahnqualität bei den Kindern festgestellt.

Ein Verfahren zur vollständigen Fluor-Entfernung mit einem spezifischen Ionenaustauscher hat die Fa. Lurgi für den Senegal ausgearbeitet und in Kaolack durchgeführt (W. D. Schmidt: Deutsche Beitr. „Wasser für den Frieden", Bonn [1968]).

Auch Aktivkohle dient zur Entfernung von Fluorid-Ion (s. z. B. H. S. Horowitz u. F. J. Maier: Publ. Health Rep. **82,** 965–973 [1967]), im einfachsten Falle gekörnter Magnesit oder Knochenschrot (Tricalciumphosphat) ebenso wie gekörnte Aktivtonerde Compalax (Martinswerk, Bergheim/Erft) und Alcoa, Aluminiumoxid.

Wenn Trinkwasser fluoridiert werden soll, darf nicht gleichzeitig mit Aluminiumsulfat aufbereitet werden, da die betreffenden Komplex-Verbindungen unwirksam wären (s. auch W. Fresenius u. W. Schneider, Wasser, Luft und Betrieb **11** [1981]).

Fluor-Mangel im Trinkwasser

Wenn das Wasser weniger als 0,5 mg F^-/l enthält, treten Fluormangelschäden (Karieshäufung) ein, so daß man in den USA dazu übergegangen ist, das Wasser „aufzufluorieren", z. B. mit „Flural", auf ca. 1 mg F^-/l (W. E. White: J. Amer. Water Works Ass. **44** [1952]) oder mit Kieselfluorwasserstoffsäure oder Natriumfluorid (Water and Sewage Works **101** [1954]). In den USA erhält bereits der fünfte Teil der Bevölkerung künstlich fluoriertes Trinkwasser aus Wasserwerksanlagen; neuerdings wird Natriumfluorosilicat, bei den kleineren Anlagen Natriumfluorid zugesetzt.

Über das Fluorproblem gibt das Werk von H. J. Schmidt: „Karies-Prophylaxe", Hüthig-Verlag, Heidelberg [1951] erschöpfende Auskunft. Einen kurzen Überblick geben H. Müller (Dt. Leb. Rundschau **47,** 254–260 [1951]), H. Kruse (GWF **94** [1953] u. W. Krinkel in Karl-Marx-Stadt).

Über die Trinkwasserfluoridierung in Kassel berichtet H. Hugelmann (GWF **94** [1953]). Nach S. Gericke ist 1 mg F^- als Tagesbedarf des Menschen anzusehen (Z. f. prophylakt. Med., H. 1 [1957]). Ein optimaler Fluorgehalt der Nahrung wirkt sich nach C. Parma nicht nur auf die Zähne, sondern auf das ganze Knochengerüst günstig aus (Dt. Zahnärztebl., H. 2 [1956]). Die Fluor-Dosierung in Kassel ist inzwischen aufgegeben worden.

Nur Schulkinder benötigen viel Fluor zur Zahnbildung; vom 10. Lebensjahr ab findet keine Fluor-Aufnahme durch den Zahnschmelz statt.

Der Fluor-Gehalt des Körpers im ersten Lebensjahrzehnt hat für das ganze Leben Bedeutung.

In Basel hat man 20 Jahre lang beste Erfahrungen mit der Trinkwasserfluoridierung gemacht, besonders an Kindern. Auch in Woroschilowgrad (UdSSR) sind mit einem Fluorid-Zusatz im Trinkwasser Erfolge erzielt worden.

Erwachsene nehmen genügend Fluor mit der Nahrung, schwarzem Tee, Mineralwässern u. a. auf (Öffentl. Gesundheitswesen 30. Jg., H. 1).

Der DVGW lehnt eine Trinkwasserfluoridierung ab (N. Deliva: Zschr., H. 8 [1955]), auf der DVGW-Tagung 1966 erneut. Auch in der Schweiz findet sie Ablehnung (E. Boßhard: Mon. Bull. Vers. Gas- und Wasserfachm. **35,** 236/237 [1955])[1].

---

[1] Basel hat jedoch 1962 die Trinkwasser-Fluoridierung für 250000 Einwohner eingeführt (Natriumfluorosilicat).

Durch die Novelle des Deutschen Lebensmittelgesetzes wird eine Trinkwasserfluoridierung in Deutschland sich nicht allgemein einführen lassen (strenge Forderung der Naturreinheit der Lebensmittel, s. auch S. 199ff., s. auch E. Rehbinder: Rechtliche Schranken der Trinkwasser-Fluoridierung, Berlin [1975].

Trotzdem hat das Bundesgesundheitsministerium auf Veranlassung des „Ausschusses für Zahngesundheit" seit längerer Zeit Versuche über Fluorwirkung anstellen lassen, deren Resultate abzuwarten sind. Bundestag und Bundesrat haben die Fluoridierung für „genehmigungsfähig" erklärt.

Nach dem neuen Lebensmittelgesetz vom 15. 8. 1974 bzw. 1. 1. 1975 ist „das Zusetzen von Fluoriden zum Trinkwasser zur Vorbeugung gegen Karies zugelassen, wenn nach § 3 Tatsachen die Annahme rechtfertigen, daß eine Gefährdung der Gesundheit nicht zu erwarten ist" – also ja und nein! Ein Kongreß der Medizinalbeamten forderte dagegen eine Speisesalz-Fluoridierung.

Die Weltgesundheitsorganisation WHO hat die Trinkwasserfluoridierung empfohlen aufgrund von zwanzigjährigen Erfahrungen ohne nachteilige Wirkungen (Städtehygiene 1970, S. 165–167).

Im US-Staat Wiskonsin werden 60% der Bevölkerung mit fluoridiertem Wasser versorgt. Insgesamt 125 Millionen, d. h. die Hälfte aller Amerikaner, trinken heute fluoridiertes Trinkwasser.

130 Millionen Menschen erhalten in der Welt jetzt fluoridiertes Wasser; optimal ist 1,2 mg bis 1,3 mg/l F^-.

Neuerdings hat Prof. Schmidt von der Forschungsstelle für Onkologie der Universität Heidelberg vor Dauermedikation von Fluor gewarnt. Auch Prof. Wagner, Uni-Institut für Ernährungswissenschaften in Gießen warnt vor möglichen Schäden und zu geringer Spezifität der Fluor-Karies-Prophylaxe.

Neuerdings hat der DVGW wiederum seine warnende Stimme in einer „Erklärung zur Trinkwasser-Fluoridierung" erhoben (Korrespondenz Abwasser, Nr. 7 [1966]). Das Trinkwasser soll kein „Vehikel für Zwangsmedikationen" sein. Im Land Baden-Württemberg ist aus diesem Grund Fluor-Zusatz verboten. Der Ausschuß 9 des Bundesgesundheitsrats hat im September 1978 die Trinkwasser-Fluoridierung endgültig abgelehnt.

Es ist auch sehr problematisch, die notwendige Fluor-Menge (1,0 mg) mit 1 Liter Wasser täglich zu sich zu nehmen, auf der anderen Seite fluorreiche Nahrungsmittel, wie bestimmte Fische, Fleischarten, Gemüse, zu meiden, um nicht zu einer Überdosierung von Fluor zu kommen (1,5 mg F^- als Maximaldosis pro Tag). In der Dtsch. Zahnärztl. Zeitschr. **23,** 141–146 [1968] hat K. E. Quentin die Trinkwasser-Fluoridierung abschließend behandelt.

G. Bestimmung von Iodid-Ionen

Bestimmung kleinster Iodid-Mengen im Trinkwasser

Zu 10 ml Wasserprobe werden 1 ml 20%iger Natriumchloridlösung, 0,5 ml 0,1 N Arsenige Säure-Lösung (4,946 g As_2O_3 + 0,2 ml konz. Schwefelsäure auf 1 Liter dest. Wasser) und 0,5 ml konz. Schwefelsäure gegeben.

In einem Temperierbad von 30 °C wird 1 ml Ammoniumcer(IV)-sulfatlösung (12,65 g $(NH_4)_2Ce(SO_4)_3 \cdot 2\,H_2O$ in Wasser lösen und nach Zusatz von 44 ml konz. Schwefelsäure auf 1 Liter bei 20 °C auffüllen) beigemischt. Nach genau 15 Minuten im Temperierbad wird 1 ml Ammoniumeisen(II)-sulfatlösung (1,5%ig mit 0,6 ml konz. Schwefelsäure, jedesmal frisch bereitet) zugegeben, wobei die aufgetretene Gelbfärbung wieder verschwindet. Schließlich wird noch 1 ml Kaliumthiocyanat-Lösung (4% KSCN) zugegeben; nach weiterem, einstündigem Stehen im Temperierbad von 30 °C wird die entstandene Rotfärbung photometrisch mit gleichartig angesetzten Blindproben bei 510–525 nm gemessen.

Empfindliche Methoden der Iodid-Bestimmung haben auch L. Weil, N. Torkzadeh u. K. E. Quentin mitgeteilt (Z. Wasser- und Abwasser-Forschung **8,** 3–6 [1975]).

1. Katalytische Bestimmung von 1 bis 100 µg/l in 10 ml Probe und
2. polarographische Bestimmung von 0,5 bis 5 mg/l.

Cyanid-Bestimmung nach Asmus und Garschargen mit Pyridin-Barbitursäure. 25 ml Wasserprobe werden mit Phosphatpuffer auf pH 6 gebracht und mit 1 ml einer 1%igen Chloramin T-Lösung sowie nach einer Minute mit 3 ml Barbitursäure-Pyridin-Lösung versetzt. Nach 20 Minuten wird bei 570 nm photometriert.

Herstellung: 15 g Barbitursäure werden in einem Meßkolben von 250 ml zunächst mit etwas Wasser angeschlämmt und durch Zusatz von 75 ml Pyridin in Lösung gebracht. Nach Zusatz von 15 ml Salzsäure (d 1,19) wird bei 20 °C aufgefüllt.

Bei kleinsten Mengen von Cyan (ab 10 µg/l) kann man auch mit dem Pyridin-Pyrazolon-Reagenz photometrische Bestimmungen durchführen.

Das Reagenz wird durch Lösen von 0,25 g 1-Phenyl-3-methyl-5-pyrazolon in 50 ml dest. Wasser und Erwärmen auf ca. 60 °C und Vermischen mit 10 ml Pyridin mit 0,01 g Bis-Pyrazolon hergestellt (letztes: Eastman Kodak Produkt 6969). Vor dem Mischen ist zu filtrieren.

Eine 50 ml-Wasserprobe wird auf pH 7 mit Essigsäure gebracht und mit 0,2 ml Chloramin T (1%ig) versetzt. Nach 2 Minuten werden 5 ml Pyridin-Pyrazolon-Reagenz zugesetzt und eine auftretende Blaufärbung nach 20 Minuten bei 620 nm photometriert. Iodid-Bestimmung s. S. 341.

H. Kieselsäure-Bestimmung

Vorkommen. Einige mg/l fast in jedem Wasser, zumeist etwa 5 bis 8 mg/l, mitunter aber auch bis 50 mg/l, besonders in weichen Wässern und in Silicat-Mineralwässern, in Seen nur 1 bis 2 mg/l, im Frühjahr oft nur Spuren.

Bedeutung der Kieselsäure. Die Kieselsäure ist bei der Schutzschichtbildung beteiligt und ist im Rohrbelag fast immer nachweisbar.

Im Kesselspeisewasser für Hochdruckkessel darf keine Kieselsäure vorhanden sein (S. 321).

Kolorimetrische Bestimmung nach Winkler

100 ml Untersuchungswasser werden 5 ml einer frisch bereiteten 10%igen Ammoniummolybdatlösung und gleich darauf 5 ml einer 10%igen Salzsäure zugefügt und jedesmal umgeschwenkt. Nach 3 Minuten wird 1 ml 10%ige Oxalsäurelösung zugesetzt, um etwaige Phosphatstörungen auszuschalten.

Eine auftretende Gelbfärbung wird im Kolorimeter nach 10 Minuten mit den Färbungen von Vergleichslösungen verglichen. Als Vergleichslösung dient eine 0,5%ige Boraxlösung[1], die mit dem Kaliumchromat-Standard (0,53 g K_2CrO_4 auf 1 Liter Aqua dest.) versetzt wird. 1 ml dieses Kieselsäure-Standards entspricht bei Anwendung von 100 ml Untersuchungswasser 1 mg/l SiO_2.

Die Kieselsäure-Vergleichslösungen können auch durch Schmelzen von genau 1,00 g reinster Kieselsäure (Merck) mit 3 g wasserfreiem Natriumcarbonat im Platintiegel hergestellt werden. Die Schmelze wird mit dest. Wasser zu 1000 ml gelöst. Hiervon werden Verdünnungen hergestellt.

Wässer, die mehr als 10 mg/l SiO_2 enthalten, müssen vor der Bestimmung entsprechend verdünnt werden, unterhalb von 1 mg/l muß eingedampft oder wie unten angegeben nach der Metol-Methode untersucht werden. Durch Multiplikation von mg/l SiO_2 mit 1,3 erhält man den Gehalt an Kieselsäure in mg/l H_2SiO_3.

Man kann den Farbvergleich auch im Hellige-Komparator vornehmen (Farbscheibe 3060/90).

Störungen. Beim Stehen der Wasserproben in Glasflaschen, besonders solchen aus gewöhnlichem Glas, wird die Kieselsäure-Bestimmung wegen der Kieselsäure-Abgabe des Glases ungenau, wenn sie nicht alsbald vorgenommen werden kann. Es sind dann besondere Proben in Kunststoffflaschen zu entnehmen. Kunststoffe nehmen allerdings Kieselsäure aus dem Wasser auf; nach längerem Stehen in Kunststoffflaschen findet man also zu wenig Kieselsäure. Das gilt besonders für kieselsäurereiche Mineralwässer.

Hoher Salzgehalt stört. Bei Brackwasser und Solen muß man daher vor der Bestimmung verdünnen. Bei hohem Eisengehalt (3 bis 5 mg/l) kann man die Eisenstörung durch Extraktion des Eisens mit Acetylaceton + Chloroform (1:1) oder Methylisobutylketon nach Salzsäurezusatz verhindern. Manchmal genügt auch die Oxidation des Fe^{2+} zu Fe^{3+} mit 0,01 N $KMnO_4$.

Es genügt auch einfaches Erwärmen, um den grünstichigen Farbton zu verhindern.

Schwefelwasserstoff und Sulfide stören und müssen vorher durch Lufteinblasen nach Salzsäure-Zusatz entfernt werden.

Man überzeuge sich jeweils von der Kieselsäurefreiheit des Verdünnungswassers.

Kolloidale Kieselsäure wird bei obiger Methode nicht erfaßt. Um diese zu erfassen, werden 100 ml Untersuchungswasser mit 0,4 g Natriumcarbonat 1 Stunde auf dem siedenden Wasserbad erwärmt. Nach dem Abkühlen wird mit verdünnter Salzsäure neutralisiert und wie oben weiterverfahren.

---

[1] Für genaue Bestimmungen muß diese mit ausgekochtem, kohlensäurefreiem dest. Wasser hergestellt werden.

Hierfür kann nur das Natriumhydrogencarbonat pro analysi von E. Merck verwendet werden, das aber immerhin noch einen Blindwert von 0,4 mg/l SiO_2 ergibt, der abzuziehen ist.

Bestimmung sehr geringer Kieselsäure-Mengen. Bei sehr geringem Kieselsäure-Gehalt wird wie bei obenstehender Standard-Vorschrift verfahren; nach dem Oxalsäure-Zusatz werden dann noch 4 ml Metol-Lösung zugesetzt (2 g Metol und 20,5 g Kaliumhydrogensulfit in 100 ml Wasser gelöst). Die auftretende Blaufärbung wird bei der Wellenlänge 720 nm nach 25 Minuten photometriert.

I. Nachweis einer Grundwasserverunreinigung durch Mineralöl

Mineralöle sind im Trinkwasser geschmacklich schon in geringsten Mengen von 1:100000 bis 1:1000000 feststellbar und störend, besonders bei Benzin (Müller: GWF **93** [1952]). Kerosin u. a. Petroleumprodukte verleihen dem Trinkwasser schon in Verdünnungen von 1:5 Millionen einen schlechten Geschmack (W. Zimmermann: Städtehygiene [1955]). Eine stattgehabte Mineralöl-Verunreinigung läßt sich geschmacklich also leicht feststellen. Nach J. Holluta ist der Geruchsschwellenwert[1] für Benzin 0,05 mg/m^3.

1. Chemische Untersuchung

Schwierig aber ist der analytische Nachweis so kleiner Mengen von Mineralölen. Die ersten verdienstvollen Arbeiten hierüber stammen von B. Nietsch (Angew. Chemie **66,** 571–572 [1954] sowie Jb. „Vom Wasser", **21** [1954] und Mikrochim. Acta, 171–178 [1956]).

Durch Extraktion des verunreinigten Wassers mit Petroläther kann man nach Verdunsten des Petroläthers in einer Schale den Rückstand des abgetrennten Petroläther-Auszuges unter der Analysenquarzlampe auf Mineralöl prüfen, das sich durch gelblich-weiße bis bläulich-weiße Fluoreszenz zu erkennen gibt.

Man kann auch durch Schütteln von 1 Liter Wasser mit etwa 0,5 g Magnesiumoxid Mineralöl adsorptiv anreichern und das abfiltrierte Magnesiumoxid unter der Quarzlampe prüfen. Man legt dazu das nasse Filter mit dem Magnesiumoxid unter die Lampe und sieht dann im positiven Falle punktförmige bläulich-weiße Fluoreszenz, noch bei Verdünnung 1:10^9.

Bei stärkerer Mineralölverschmutzung erhält man schon ohne Anreicherung eine Fluoreszenz, wenn man das Untersuchungswasser in einer Schale unter die UV-Lampe bringt. Für die Fluoreszenzbeobachtung eignen sich am besten UV-Hochdrucklampen mit 365 bis 366 nm (Fa. W. C. Heraeus, Hanau).

Im Dünnschicht-Chromatogramm kann man nach Extraktion mit Tetrachlorkohlenstoff und isothermer Destillation noch Mengen von 0,02 mg Mineralöl/l nachweisen

---

[1] s. S. 23.

(G. Giebler, P. Koppe u. H. Th. Kempf: GWF **105,** 1039–1042 [1964]). An Hand der Rf-Werte kann man auch fettartige Stoffe von Mineralöl unterscheiden, gegebenenfalls durch Parallelversuche mit Wasser, das mit dem gleichen Mineralöl oder Öl versetzt ist.

Über weitere Methoden und ihre Fehlerquellen hat P. Ladendorf (Jb. Vom Wasser **29** [1962]) berichtet (s. auch Veröff. Bund. Ges. Min. 1969).

Die Methode nach J. G. Sherrat besteht in der Erwärmung der Wasserprobe in einem Zweihals-Rundkolben und Auffangen der flüchtigen Mineralöle in Röhrchen mit Aktivkohle, aus denen sie mit Aceton eluiert werden. Mit saurer Teepol-Lösung (Fa. Shell AG) wird im Elko II bei 490 nm die Extinktion gemessen (Analyst **87,** 595 [1962]).

Sehr geringe Mineralöl-Mengen können nach Chr. Rübelt, R. Schweißfurth und W. Zimmermann mit dem Doppelstrahl-Infrarotspektralphotometer nach Extraktion des Untersuchungswassers mit Tetrachlorkohlenstoff in Quarzküvetten bis 3,2 bis 3,6 μm bestimmt werden (GWF **108,** 893–900 [1967]).

Über gleiche Erfahrungen berichtet H. Hellmann (Dtsch. Gewässerkundl. Mitt. **13,** 19–24 [1969]) und L. R. Baynon u. a. von der holländ. Stichting Concave, Den Haag [1968].

Durch Vergleich von Extrakten mit Tetrachlorkohlenstoff und Äther kann man Fehler durch andere organische Stoffe ausschalten.

Ohne größeren Aufwand kann man aus verdächtigen Wasserproben mit wenigen ml Aluminiumsulfatlösung und Natriumcarbonatlösung das Mineralöl entziehen, indem man den nach 12 Stunden gebildeten Niederschlag mit konzentrierter Schwefelsäure löst.

Die saure Lösung wird dann im Schütteltrichter mit Tetrachlorkohlenstoff erschöpfend extrahiert und der Extrakt in gewogener Schale bei gelinder Wärme verdampft und unter der Analysenquarzlampe beobachtet und gegebenenfalls gewogen.

Durch kombinierte gaschromatographische und massenspektrographische Bestimmungen kann nach P. M. Heertjes u. A. P. Meijers eine genaue Mineralölbestimmung vorgenommen werden (GWF 61–66 [1970]).

Die Löslichkeit der Mineralöle im Wasser werden verschieden angegeben. H. Eilers hat folgende Löslichkeitsverhältnisse ermittelt (Wasser, Boden, Luft **50,** 58 [1960]):

n-Heptan	45 mg/l	Toluol	470 mg/l
n-Hexan	86 mg/l	Benzol	800–1700 mg/l
o-Xylol	136 mg/l	Benzin	31 mg/l
n-Pentan	350 mg/l		

Ferner mittlere Löslichkeiten von

Kerosin	5 mg/l	Dieselöl	22,5 mg/l
Petroleum	10 mg/l	Autobenzin	149 mg/l

Nach P. Ladendorf sind die leichten Mineralöle und Treibstoffe durch die Extraktionsmethoden nicht quantitativ erfaßbar; diese sind aber immerhin brauchbar, besonders wenn man die isotherme Destillation leicht flüchtiger Extraktionsmittel, wie z. B. Petroläther, anwendet.

Mineralölreste bleiben leicht an den Wandungen der Probeflaschen hängen und müssen durch Extraktionsmittel mit erfaßt werden (Mitt. Dr. K. Knie).

P. Ladendorf hat auch eine neue pyknometrische Methode der Differenzmessung des reinen Tetrabromäthans und des durch Extraktion des Untersuchungswassers (auf pH 5 eingestellt) erhaltenen Tetrabromäthan-Extrakts ausgearbeitet (Erfassungsgrenze: 0,3 mg/l) (Jb. „Vom Wasser" **29,** 119–141 [1962]).

Eine Vorrichtung mit Testpapier, das sich bei Gegenwart von Kohlenwasserstoffen (Mineralölen, Heizöl) im Wasser und Abwasser violett färbt, bringt die Fa. Öl-Nolte, Hemer, in den Verkehr.

2. Entfernung von Mineralöl aus dem Wasser

Da die Mineralöle dem Trinkwasser nicht nur einen sehr unangenehmen Geschmack geben, sondern auch cancerogene Stoffe mit ihnen in das Wasser übergehen (S. 201), so ist deren Entfernung aus dem Trinkwasser erforderlich. Dies geschieht am besten mit Hilfe von Aktivkohle oder Aktivkohlefiltern (K. Fricke: Ges. Ing. **74,** 394–396 [1955] und Daur: GWF **96,** 153–155 [1955]). Auch im Kleinen kann man für den Hausgebrauch mineralölverunreinigtes Wasser mit A-Kohle reinigen, z. B. mit den handlichen Filterrohren mit Aktivkohle-Füllungen der Fa. Berkefeld, Celle.

Die Aktivkohle-Behandlung von mineralölbeeinflußtem Trinkwasser ist neben der geschmacklichen Verbesserung auch insofern wertvoll, als gesundheitliche Nachteile durch cancerogene Stoffe vermieden werden.

3. Mineralöl-Versickerung

Über die Versickerung von Mineralöl in verschiedenartigen Bodenarten sind mehrere umfangreiche Gutachten – teilweise im Auftrage des Bundesministeriums für das Gesundheitswesen – erstellt worden, z. B. von E. Holstein über die „Möglichkeiten des Schutzes des Grundwassers bei der Lagerung von Heizöl" [1963] sowie von den Prof. E. Becksmann, H. Billib, W. von Engelhardt und W. Zimmermann über das „Verhalten von Erdölprodukten im Boden". Ein weiteres Gutachten über Trinkwasser aus geschädigtem Grundwasser haben die Prof. Michels, Udluft, Zimmermann mit Dipl.-Ing. Nabert gefertigt. Über das „Lagern von wassergefährdenden Flüssigkeiten" hat die Länderarbeitsgemeinschaft (LAWA) durch die Fachkommission „Argebau" ein Gutachten anfertigen lassen und eine Musterverordnung ausgearbeitet, die ihren Niederschlag in der DIN 6608 (Richtlinien für Lagerbehälter aus Stahl) gefunden hat. Ferner hat W. Zimmermann eingehende Versuche über Mineralölversickerung im Labor und im Freiland gemacht (GWF **105,** 1033–1038 u. 1089–1092 [1964]). Über das Verhalten von „Heizöl EL und Benzin in Lößböden" hat H. Billib eingehende Versuche angestellt (Schrift.-Reihe d. Inst. f. Wasserwirtschaft d. TH Hannover, H. 5, u. GWF **107,** 138–142 [1966], „Wie bewegen sich Mineralölprodukte im Boden?"). Ferner W. Zimmermann: Schriftenreihe Wasser u. Abwasser, Nr. 13 [1962].

Experimentaluntersuchungen über die Verschmutzung von Grundwasser durch Mineralöl haben W. Zimmermann, H. Krieger, R. Schweisfurth, C. Rübelt, R. Mertes und K. Heyl im Mosel-Gebiet in verschiedenen Böden angestellt (GWF **105,** 1033–1038 u. 1089–1092 [1964] sowie **108,** 893–900 [1967]). Diese Versuche zeigten, wie Heizöl in Kiesböden eingedrungen und außerdem 15 bis 20 cm über die Grundwasseroberfläche hochgestiegen war. Auch Benzin stieg im Kiesboden hoch, verdunstete aber in grobem Material. Der „Kapillarsaum als Schutzschild des Grundwassers" besteht nach diesen Versuchen nicht.

„Heizöl EL" breitet sich nach Ansicht von manchen Bodenkundlern im Boden sehr langsam aus. Persönliche Erfahrungen in der Praxis des Verfassers waren gegenteilig.

Heizöl und Dieselöl bleiben länger im Boden als Benzin (letzteres 2 bis 3 Jahre); die Ausbreitung folgt der Grundwasserströmung bis zu einem gewissen Grad (W. Käss).

Nach W. Käss kommt die Ausbreitung zum Stillstand, wenn Kiessande auf 1% Heizöl oder 2,5% Rohöl angereichert sind (Adv. in Org. Geochem. 665–680 [1971]). Ein Abbau der Mineralöle im Boden konnte nicht festgestellt werden. Die Grundwassergefährdung besteht über längere Zeiträume (über 3 bis 5 Jahre). Statt Abbau gelangen ständig wasserlösliche Substanzen aus den Mineralölen in das Grundwasser und rufen dort Sauerstoffschwund, Nitrat-Abbau und Nitrit-Bildung (>5 mg/l) hervor. In Randgebieten der Mineralölverschmutzung geben diese Befunde wertvolle Hinweise neben den Geruchsschwellenwerten (W. Käss, s. o.).

Bei sauerstofffreiem Grundwasser findet kein Abbau der wasserlöslichen Geruchsstoffe statt. Außerdem erfolgt Auflösung von Eisen und Mangan. Besonders bedenklich ist das Herauslösen cancerogener, aromatischer Kohlenwasserstoffe aus Mineralölen (s. u.).

Über Modellversuche berichtet ferner W. Lippok (Dt. Gewässerkundl. Mitt. **10,** 105–112 u. 145–157 [1966] sowie Fr. Schwille (ebd. S. 194).

Im sauerstoffhaltigen Grundwasser wird Mineralöl schneller abgebaut als im sauerstofffreien; bei letzterem ist die Gefährdung also größer (Lehm- und Tonböden). Die Sauerstoffzehrung bei ersterem verursacht aber sauerstofffreie Grundwasserzonen mit allen Folgen (H. Sontheimer u. W. Kölle: Erdöl u. Kohle **20,** 648–655 [1967]).

K. H. Wallhäuser hat festgestellt, daß gewisse Bakterien, wie z. B. Desulfovibrio desulfuricans und Hermodendron-Arten Mineralöle im Boden abbauen, dazu aber Sauerstoff benötigen. Der Abbau geht sehr langsam vor sich (Helgol. Meeresunters. **16,** 328–355 [1967]). Die Versuchsergebnisse von H. Krieger, R. Schweißfurth, R. Mertens und K. E. Heyl bestätigen dies in etwa (GWF **105,** 1033–1038 [1964]). Nach H. Sontheimer u. W. Kölle ist der mikrobielle Abbau bei höheren Wassertemperaturen in Oberflächenwässern (22 °C) schneller als bei niedrigen (5 °C) („Erdöl u. Kohle" **20,** 648–655 [1967] und DVGW Arb. Bl. W 806).

Die Mineralölversickerung bringt deshalb große Gefahren für das Grundwasser mit sich, weil

1. Mineralöle sich im Boden weit und unkontrollierbar ausbreiten. In verschiedenen Bodenarten verhalten sich Mineralöle sehr verschieden. Auch Böden, die als wasserundurchlässig gelten (wie z. B. Lößlehm) werden nach praktischen Erfah-

rungen des Verf. in kürzester Zeit von Mineralöl durchlaufen (z. B. pro m in 20 bis 30 Minuten). Benzin dringt viel schneller in jeden Boden ein als Wasser.

2. Mineralöle lange Zeit unverändert im Boden verbleiben bzw. auf dem Grundwasser lagern und dort nach und nach sich im Grundwasser lösen (Tabelle S. 197).
3. Mineralöle in millionenfacher Verdünnung im Trinkwasser sich bemerkbar machen.

In der Bundesrepublik sind über 25000 Tankstellen und 12000 Tankfahrzeuge vorhanden; dazu kommen Millionen von Heizölbehältern. In der Schweiz hat Herr Prof. Jaag festgestellt, daß 30% der Heizöl-Behälter beschädigt waren.

Das Wasserhaushaltsgesetz (WHG) vom 27. 7. 1957 (Bundesgesetzbl. I, 1110 [1957]) und das Gesetz zur Änderung des WHG vom 19. 2. 1960 (Bundesgesetzbl. I, 37 [1960]) das am 1. 3. 1960 in Kraft getreten ist, verbietet im § 34 die „Lagerung aller Stoffe, die eine schädigende Verunreinigung des Grundwassers oder sonstige nachteilige Veränderungen desselben verursachen können", und zwar allgemein, d. h. nicht nur in der Nähe von Wasserwerken und Trinkwasserschutzgebietn (§ 19 WHG). Durch das 2. Gesetz zur Änderung der WHG vom 6. 8. 1964 (Bundesgesetzbl. I, 611 [1964]) ist die Genehmigungspflicht auch auf Pipelines ausgedehnt worden.

Inzwischen ist ein 4. Gesetz zur Änderung des WHG in Kraft getreten. Das WHG beruht auf Art. 75 des GG als Rahmenvorschrift (s. Gieseke u. a. [32a]) sowie „Wasserhaushaltsgesetz" Textausgabe von H. Roth (E. Schmidt, Berlin u. Bielefeld, 1983) sowie „Wasserhaushaltsgesetz" Kommentar von E. P. Gieseke, W. Wiedemann und M. Czychowski, München 1978), sowie „Wasserhaushaltsgesetz" von W. Zitzelsberger im Weka-Verlag, D 8901 Kissingen).

Mineralölbehälter dürfen nach einem Gutachten von Nabert in der engeren Schutzzone eines Wasserwerkes oder einer Quelle keinesfalls und in dem weiteren Schutzgebiet von 2000 m Umfang nur unter bestimmten Bedingungen angelegt werden. Nach dem genannten Gutachten von E. Holstein sind am sichersten doppelwandige Behälter aus Stahl mit Innen- und Außenhülle aus Kunststoff (sicherer als in einer Betonwanne). Nach H. Kruse sollen Heizöltanks nur in Entfernungen von mehr als 300 m von Wasserversorgungsanlagen errichtet werden. In 300 bis 500 m Entfernung dürfen sie nur in gesicherten Betonwannen (mit Bitumenanstrich) angelegt werden (Schriftenr. a. d. Gebiet d. öff. Gesundheitswesens, H. 8).

Der „Deutsche Verein von Gas- und Wasserfachmännern" hat die DVGW-Arbeitsblätter W 345 und W 801 über den Schutz der Trinkwasseranlagen sowie über Maßnahmen im Wasserwerk und Rohrnetz bei Katastrophenfällen herausgegeben.

Der DVGW hat auch „Richtlinien für baurechtliche Genehmigung von Lagerbehältern für Öl und Treibstoffe" herausgegeben.

An besonders gefährdeten Stellen, z. B. an Heilquellen, ist eine optische und akustische Alarmanlage für den Fall des Leckwerdens ein weiterer Schutz (FG 1-Sonde der Fa. Felten u. Guillaume).

Kontinuierlich kann man mit dem Ocema-Gerät der Fa. Horiba, Frankfurt/Main, Mineralöl in Mengen von 0 bis 20 ppm messen.

Im Sickerwasser neben Hauptverkehrsstraßen wurden von A. Golwer große Mengen von Kohlenwasserstoffen (8 bis 26 mg/l) gefunden, neben großen Mengen Chlorid-Ion (ca. 600 bis 1800 mg Cl^-/l) aus Streusalz sowie Blei (Z. Dt. Geol. Ges. **124,** 435–446 [1973] und A. Golwer u. W. Schneider: Belastung des Bodens und des unterirdischen Wassers durch Straßenverkehr, GWF **114,** 154–165 [1973]).

(S. auch Veröffentl. d. Bundesgesundheitsministeriums, Arbeitskreis Wasser u. Mineralöl: „Beurteilung u. Behandlung von Mineralöl-Unfällen".)

Mineralöle und Cancerogene

Bei der Mineralölverschmutzung des Grundwassers kommt nach neueren Erkenntnissen, vor allem durch die Arbeiten von J. Borneff und Mitarbeitern, hinzu, daß außer der geschmacklichen Verschlechterung cancerogene Stoffe (krebserzeugende Stoffe) ins Grundwasser gelangen (Arch. f. Hygiene [1959–1964], s. auch S. 198). Die Öl-Herbizide, die zur selektiven Unkrautbekämpfung im Ackerbau mehr und mehr angewendet werden, bringen jetzt eine weitere Gefahr der Mineralölverschmutzung des Grundwassers mit sich, ebenso die Pestizide auf Basis chlorierter Kohlenwasserstoffe.

Durch Kraftstoffversickerung verschwinden die Nitrate im Grundwasser. Offenbar verhindern die an den Bodenpartikeln haftenden Mineralöle die Belüftung des Bodens, so daß die Reduktionen einsetzen. Einige Zeit nach dem Auswaschen der Mineralöle durch das Sickerwasser treten nämlich die Nitrate im Grundwasser wieder auf. Nach K. Stundl werden die Bodenbakterien sehr verschiedenartig durch Treibstoffe beeinflußt (Zentralbl. f. Bakt. II, 35–41 [1959]). Über „bedeutsame Feststellungen bei Grundwasserverunreinigungen durch Benzin" berichtet J. Müller (GWF **93**, 98 [1952]). Von A. Janke wurde nachgewiesen, daß Fluoreszenz-Bakterien und Mykobakterien die Kohlenwasserstoffe langsam abbauen, besonders das Benzin.

Öl-Bindung bei Gewässerverölung

Oberflächenwässer kann man von schwimmenden Mineralöl befreien, wenn man sie mit Ölbindern bestreut. Hierfür haben sich die expandierten Vulkanprodukte Ekoperl (der Fa. E. Michels, Essen) und Perlit sowie „Öltod" (Fa. Gubela, Köln) und Antipestol sehr gut bewährt. Neuerdings geht man auf Ölbinder auf Polystyrol-Basis (z. B. Styronit) über. Die Ölbinder haben eine sehr hohe Adsorptionskapazität für auf dem Wasser schwimmendes Öl und verbleiben nach der Ölbindung auf der Wasseroberfläche, von wo sie abgeschöpft werden können. Je schneller diese Mittel verwendet werden, desto besser ist der Erfolg, weil ja ein Teil der Mineralöle sich im Wasser langsam löst (s. o.).

Die Ölbinder werden jetzt von den zuständigen Stellen der Landkreise für Katastrophenfälle vorrätig gehalten (DVGW-Arbeitsblatt W 806).

Neu ist das Sprühmittel gegen Ölpest „Carexet 7664" der Esso und die Stees-Würfel, die Mineralöle auch unterhalb der Wasseroberfläche selektiv aufsaugen (Fa. Öl-Nolte, Hemer).

Die Bundesanstalt für Gewässerkunde, Koblenz, hat eine Erhebung über die Wirksamkeit von Ölbindern auf Holz-, Torf-, Kunststoff- und Gesteinsglas-Basis angestellt, wobei sich die letzteren als Wirksamste erwiesen (Wasser und Abwasser H. 1

[1965]). Bei kleineren Fließgewässern kann durch Auflegen von Balken quer zur Fließrichtung ein Stau der Ölfläche mit oder ohne Ölbinder bewirkt werden.

Auf der Erdoberfläche ausgelaufenes Mineralöl kann in gleicher Weise mit den genannten Ölbindern gebunden werden, ehe es im Boden versickert, behelfsmäßig mit Sägemehl und Torf.

Bei einer Kraftstoff-Versickerung gerät auch das Tetraäthylblei in das Grundwasser. Autobenzin enthielt bisher 0,6‰ Blei, ab 1976 nur 0,15‰ (o,15 g/l) und Flugbenzin 1,5‰ als Antiklopfmittel.

Das Gesetz über die Altöl-Beseitigung vom 1. 1. 1969 soll die Wiedergewinnung der Altöle fördern, um zu verhindern, daß diese direkt oder indirekt in die Gewässer gelangen.

Mineralöle in Hauswasserleitungen

Bei Installierungen und Reparatur-Arbeiten können Gewinde-Schneidöle die Hauswasserleitung für längere Zeit verölen. Heitzutage gibt es aber Gewindeschneidmittel, die nicht „wasserfeindlich“ sind und die auch bei unsachgemäßer Handhabung keine Gefahr für die Hauswasserversorgung bilden; sie sollen wasserlöslich sein.

Verunreinigung des Wassers durch chemische Stoffe

Nicht nur die Mineralöle gefährden durch Versickern aus Heizöl-Behältern, Ölpipelines, Tankwagen u. a. das Grundwasser, sondern auch Lösungsmittel aller Art, die zur Herstellung von Pflanzenschutzmitteln u. a. verwendet werden und die Pflanzenschutzmittel selbst, wie Herbizide, Fungizide u. a. Spritzmittel.

Auch Kampfstoffe können in Krisenzeiten das Trinkwasser bedrohen. Soweit es sich um arsenhaltige Stoffe handelt, können diese nach den Vorschriften für die Arsenbestimmung ermittelt werden.

Fluorcarbonsäuren können auf Grund ihres Fluorgehalts leicht ermittelt werden, ebenso wie die giftigen Alkylphosphate DPF, Tamelin'sche Ester u. a. hochtoxische Stoffe, da sie Fluor enthalten.

Schwieriger ist dies beim LSD (Lysergsäurediäthylamid) von dem Bruchteile von 1 mg stark toxisch wirken.

Alle diese Stoffe sind aber mit hochaktiver A-Kohle aus dem Trinkwasser zu entfernen. Aktivkohle hat sich als Allheilmittel im Wasserfach bewährt. Wenn zusätzlich eine Chlor- oder Ozon-Anlage zur Verfügung steht, so ist eine Reinigung bzw. Entgiftung des Trinkwassers technisch möglich (s. auch O. R. Klimmer: Katastrophenmedizin, 5. Jg. 19–24 [1969]).

Dieldrin ist bis zu 30 µg/l mit A-Kohle entfernbar. Die Kontaktzeit von 30 Minuten muß aber gesichert sein. Für Kohlenwasserstoffe, Benzin und chlorierte Insektizide gilt dasselbe.

Noch bessere Wirkung hat das von den Farbwerken Höchst kürzlich herausgebrachte und im großtechnischen Maßstabe erprobte „Polyäthylenpulver“ (Copolymerisat von Äthylen und Vinylacylamid).

Bestimmung der polycyclischen aromatischen Kohlenwasserstoffe (PAK)

Substanzen dieser Stoffgruppe (auch Polycyclien genannt) haben – wie z. B. Benzpyren und Dibenzanthrazen – eine erhöhte cancerogene Wirkung. Ihre Bestimmung erfolgt nach Extraktion mit Lösungsmitteln dünnschichtchromatographisch über eine Fluoreszensmessung im UV-Licht.

Als Vorprüfung zur Ermittlung belasteter und unbelasteter Wasserproben wird von L. Weil bei Gehalten über 30 ng/l an polycyclischen aromatischen Kohlenwasserstoffen eine intensive Ausschüttelung von 250 ml der Wasserprobe mit 1 ml Cyclohexan vorgeschlagen. Nach längerem Absetzen wird das oben angesammelte Cyclohexan mit einem Mikroseparator abgehoben.

Mit Stickstoff wird in einem kleinen Reagenzglas das Cyclohexan abgeblasen und der Rest auf eine Dünnschichtplatte aufgetragen. Die Entwicklung des Chromatogramms geschieht in einer Entwicklungskammer mit Laufmittel Acetonitril-Dichlormethan-Wasser (9:1:1).

Nach Abtrocknen des Laufmittels wird die DC-Platte utner der UV-Lampe gegen ein Standard-Gemisch ausgewertet. Wenn kein fluoreszierender Fleck im Dunkeln erkennbar ist, liegt der Gehalt der Wasserprobe unter 50 ng/l und somit unter dem Limit.

Andernfalls ist das Verfahren nach H 13 der EV anzuwenden oder der Daphnientest gemäß DIN-Entwurf 38412 durchzuführen.

VI. Beurteilung des Trink- und Brauchwassers für die zentrale Wasserversorgung

Die Trinkwasser-Analyse soll sicherstellen, daß

1. **Trinkwasser den Anforderungen der Trinkwasserverordnung und deren Novellen sowie den EG-Richtlinien entspricht;**
2. **das Trinkwasser keinerlei gesundheitliche Schädigungen bei Dauergebrauch besonders auch nicht für Kinder hervorruft (Cancerogene, Schwermetalle, Fluor, Kalkmangel, Salzgehalt u. a.);**
3. **Leitungswasser keine materialangreifenden Eigenschaften hat, die zu hygienischen Gefahren führen können;**
4. **das Leitungswasser keine Ablagerungen im Rohrnetz hervorruft oder Wassertrübungen hervorruft, die den Genuß als Trinkwasser verleidet.**

A. Behandlung und Aufbereitung des Wassers

1. Allgemeines

Wenn auch nur ein kleiner Teil des Wassers zum Trinken und zur Nahrungszubereitung gebraucht wird, so ist doch eine Trennung von Trink- und Brauchwasser im Haushalt, wie bereits eingangs gesagt, aus Gründen der Volksgesundheit nicht angängig.

a) Die Grundforderungen an Leitungswasser

Das zur Speisung einer zentralen Trinkwasserleitung benutzte Wasser soll nicht nur hygienisch absolut einwandfrei sein (S. 66), sondern auch für Wirtschaftszwecke, zur Herstellung von Speisen und Getränken sowie zum Waschen, Baden und Reinigen und auch technisch brauchbar sein. Es soll ferner das Rohrmaterial nicht angreifen, Eisen, Blei, Zink, Kupfer und andere Metalle nicht aufnehmen und es soll Kalk und Mörtel aus den Behältern nicht herauslösen. Rohrzerfressungen durch aggressive Wässer sind schon oft Anlaß zum Eindringen von Schmutzwasser in das Leitungsnetz gewesen.

Eine der Hauptforderungen an das Leitungswasser ist nächst den hygienischen Anforderungen die, daß das Wasser die Eigenschaft hat, Rohre und Behälter nicht anzugreifen, sondern eine Schutzschicht im Rohrnetz zu bilden (s. u.).

Neben der gesundheitlichen Frage der Bleiaufnahme aus Bleirohren spielen hier auch wirtschaftliche Belange mit, da Rohrzerstörungen und Rohrverstopfungen im städtischen Wasserleitungsnetz große Kosten verursachen, die in keinem Verhältnis zu den Aufbereitungs- und Impfungskosten stehen.

b) Trinkwasserverordnung (TVO)

Die Trinkwasserverordnung vom 31. 1. 1975 (verkündet am 15. 2. 1975 im Bund. Gesetzbl. I [1975], 453 und 679), die aufgrund des Bundesseuchengesetzes vom 18. 7. 1961 verordnet ist, behandelt unter I. die bakteriologische Beschaffenheit und setzt als Grenzwert der Koloniezahl, den „Richtwert" von 100 je ml und des Coli-Titers 100 ml fest (s. bakt. Teil, S. 423f.).

Bei Chlorung muß ein Restgehalt von 0,1 mg freies Chlor pro l nachweisbar sein und die Koloniezahl (Keimzahl) darf bei „desinfiziertem" Wasser den Richtwert 20 je ml nicht überschreiten.

Unter II. werden Vorschriften für das Brauchwasser in Lebensmittelbetrieben gegeben, die sich mit denen für die öffentliche Trinkwasserversorgung decken und nur in Ausnahmefällen erleichtert werden können.

Die chemischen Wasseranalysen sind jährlich vorzunehmen, die bakteriologischen je nach der abgegebenen Wassermenge öfters (s. u.).

Die Untersuchungen können von staatlichen, kommunalen oder privaten Untersuchungslaboratorien vorgenommen werden, was die Gesundheitsämter regeln.

Bei nicht „desinfiziertem" Wasser soll je 30000 m^3 Wasserabgabe eine „mikrobiologische" Untersuchung vorgenommen werden, bei „desinfiziertem" Wasser je 13000 m^3.

In der Anlage 1 werden Grenzwerte für chemische Schadstoffe im Trinkwasser gegeben; sie sind unten zusammengestellt.

In der Anlage 2 werden die bakteriologischen Untersuchungsverfahren ziemlich genau vorgeschrieben (s. bakt. Teil) und die chemischen Untersuchungsmethoden nur kurz skizziert.

Die chemischen Untersuchungsmethoden sind bereits z. T. überholt (Nitrat), z. T. zu aufwendig und nicht praktikabel (s. K. Höll, GWF [1976]). Die „TVO" ist wenig ausgereift und erfordert eine grundlegende Novelle.

Sie ist auch bedeutend weniger detailliert als die Vorschrift DIN 2000; zum mindesten fehlen Hinweise in der „TVO" auf die DIN 2000-Vorschriften (Ausgabe 1973!) bzw. Empfehlungen.

Gerade weil die TVO auf dem Bundesseuchengesetz basiert, fehlen die hygienisch-chemischen Grenzwerte, die man in erster Linie von einer Trinkwasserverordnung erwartet. Vom Wasserfach wird sie deshalb abgelehnt. Völlig unverständlich ist auch der überaus hohe Grenzwert für Nitrat von 90 mg/l NO_3^- (VO zur Änderung der Trinkwasser-Verordnung vom 25. 6. 1980).

Das Bundesgesundheitsamt hat empfohlen, den Grenzwert für Nitrat im Trinkwasser auf 50 mg/l NO_3^- herabzusetzen, was inzwischen auch geschehen ist, nachdem die EG-Richtlinien vom 15. 7. 1980[1] als oberen Grenzwert für Nitrat 50 mg/l NO_3^- vorgeschlagen haben. In der „Verordnung zur Änderung der Trinkwasser-Verordnung und der Verordnung über Tafelwässer" vom 25. 6. 1980 ist er sogar auf 10 mg/l

---

[1] Die EG-Richtlinie vom 15. 7. 1980 „Über die Qualität von Wasser für den menschlichen Gebrauch" hat im August 1984 in der Bundesrepublik Geltung erhalten, das 4. Gesetz zur Änderung des Bundesseuchengesetzes am 1. 1. 1980. Eine weitere Novelle der TVO ist 1986 zu erwarten.

NO_3^- für die Säuglingsnahrung in verschlossenen Behältnissen herabgesetzt worden; der Natrium-Gehalt darin ist auf 20 mg/l Na^+ festgelegt.

Weiterhin schreibt die Änderungsverordnung vor, daß Wasser in verschlossenen Behältern keine Coli-Bakterien enthalten darf. Die bakteriologischen Untersuchungsverfahren sind in der Änderungsverordnung beschrieben (s. auch bakteriologischer Teil).

Für Trihalogenmethane hat das Bundesgesundheitsamt 25 μg/l vorgeschlagen (Bund. Gesundh. Bl. **22** [1979]) (s. auch S. 90).

In dem Rundschreiben des DVGW und des Bundesverbandes der Deutschen Gas- und Wasserwirtschaft vom 4. 4. 1975 wird zutreffend festgestellt, daß die neue Trinkwasser-Verordnung „auch jetzt noch nicht als optimal angesehen werden kann". Zuvor war eine Herabsetzung der Mindestzahl bakteriologischer Proben durch diese Verbände erreicht worden. Dies steht nun aber immer noch im krassen Gegensatz zu der Mindestzahl an chemischen Proben von jährlich einer Probe (§ 10,2).

Bekanntlich geben die chemischen Wasseranalysen über längere Dauer als die bakteriologischen Aufschluß über hygienische Gefahren für das Grundwasser. Ammonium-, Nitrit- und Phosphat-Ionen als Verunreinigungsfaktoren kommen oft viel eher in einem Brunnen an als Bakterien, die in vielen Böden anfänglich adsorbiert werden und erst allmählich „durchbrechen", im Gegensatz zu den chemischen Verunreinigungsanzeigern. Aus diesen Gründen werden ja seit langem in allen größeren Wasserwerken chemische Wasseranalysen in vierteljährlichen oder zumindest in halbjährlichen Abständen vorgenommen.

In dieser Beziehung ist also die Regelung des § 10,2 ein Rückschritt in seuchenhygienischer Hinsicht; die neue Trinkwasser-Verordnung geht aber wie gesagt gerade auf das Bundesseuchengesetz (§ 11,2) zurück. Warum soll ein Warnsignal – ein plötzlich auftretender positiver Befund an Ammonium- und Nitrit-Ionen – der Wasserhygiene genommen werden? In den Ausführungsbestimmungen der kommenden Länder-Verordnungen sollte dies im Interesse der präventiven Seuchenhygiene und der Verhältnismäßigkeit der Mittel verbessert werden oder eine TVO-Novelle sollte diese Mißstände beseitigen.

In der Nähe von Atomkraftwerken reicht eine nur jährliche Kontrolle der in § 3 erwähnten radioaktiven Stoffe keinesfalls aus, ebensowenig wie in der Nähe von Großbetrieben, die Pestizide herstellen, die jährliche Kontrolle auf polycyclische aromatische Kohlenwasserstoffe. Auf der anderen Seite ist es für viele Wasserwerke mit einwandfreiem Wassereinzugsgebiet und Tiefbrunnen unter starken Deckschichten eine übertriebene Belastung, ständig auf Schadstoffe, wie Quecksilber, Cadmium, Polycyclien, prüfen zu lassen. Neben einer sehr starken finanziellen Belastung kleiner Wasserwerke ist in der Praxis die große Frage akut geworden, wer diese aufwendigen Untersuchungen nun vornehmen soll und kann. Viele der chemischen Untersuchungsämter und chemischen Laboratorien der Medizinaluntersuchungsämter sind apparativ und personaliter z. Z. nicht darauf eingestellt.

Was die Grenzwerte für Schadstoffe betrifft, so fällt auf, daß verschiedene Grenzwerte erheblich niedriger liegen als die von der Weltgesundheitsorganisation WHO erarbeiteten. Der Grenzwert der TVO für Nitrat von 90 mg/l NO_3^-* ist aber

* Höchstwert gemäß TVO 1986: 50 mg/l NO_3^-.

doppelt so hoch wie bei den WHO-Richtlinien, die auf den weltweiten Erfahrungen und auf der Krankheits- und Todesstatistik vieler Länder beruhen. In der ärztlichen Praxis ist auf jeden Fall erwiesen, daß Nitrat-Werte über 45 mg NO_3^- pro l Wasser unter bestimmten Lebensbedingungen für Kleinkinder schädlich, ja sogar lebensbedrohend werden können. Nitrat-Ion ist außerdem ein wichtiger hygienischer Verunreinigungsindikator (> 30 mg/l).

In der Tabelle „Grenzwerte für chemische Stoffe“ der Anlage 1 und § 3, vermißt der Fachmann den Grenzwert für Chloride; dieser ist wegen der Nierenschädlichkeit salzreicher Trinkwässer ungleich viel wichtiger als der Sulfat-Wert. Nach den Empfehlungen der WHO ist der Grenzwert bei 350 mg/l Cl^- (für Europa) festzulegen. Nach den „Leitsätzen für Trinkwasser“ und DIN 2000 soll der Cl^--Gehalt nicht mehr als 250 mg/l betragen, und wenn anteilmäßig viel Magnesium-Ionen vorhanden sind noch weniger. Beim „Grenzwert für Sulfate“ von 240 mg/l SO_4^{2-} ist die Ausnahme „bei Wässern aus calciumsulfathaltigem Untergrund“ unverständlich. Viel wichtiger wäre ein Hinweis auf auftretende **Schwankungen** der Sulfat-Werte, die eine Beeinflussung des Grundwassers anzeigen. Sulfat-Ionen sind u. U. Verunreinigungsanzeiger!

Erstmalig werden in einer Trinkwasser-Verordnung Untersuchungsverfahren vorgeschrieben. Auch dies ist sehr problematisch! Nur ganz wenige Laboratorien können bisher nach der äußerst aufwendigen fluoreszenzspektrometrischen Bestimmungsmethode für polycyclische aromatische Kohlenwasserstoffe nach Anreicherung und Trennung mittels Dünnschichtchromatographie arbeiten. Für die meisten chemischen und hygienischen Untersuchungsämter sowie für Hochschul- und Privat-Laboratorien, ist der apparative und personelle Aufwand zu hoch.

Auch die atomabsorptionsspektrometrische Bestimmungsmethode für Quecksilber ist viel zu aufwendig und nicht genauer und zuverlässiger als die Dithizon-Methode in geübter Hand. Beim Quecksilber ist die Störanfälligkeit der Dithizon-Methode viel geringer als beim Blei, Cadmium und Zink, die nur im Gang der Dithizonanalyse bestimmt werden dürfen, was in der TVO nicht erwähnt wird und zu falschen Resultaten führt[1].

Warum beim Quecksilber nicht alternativ die Dithizon-Methode angeführt wird, während bei Blei, Cadmium und Zink nur alternativ die atomabsorptionsspektrometrische Bestimmung neben der Dithizon-Methode angeführt ist, ist unerklärlich.

So wie für die Bestimmung des freien Chlors durch Rundschreiben des Bundesministers für Jugend, Familie und Gesundheit vom 18. 12. 1975 (Gesch. Z. 33-4536-15/4) neben der photometrischen Methode die kolorimetrische freigestellt worden ist, sollten auch die anderen Methoden der in Tabelle 2 aufgeführten chemischen Untersuchungen den einzelnen Laboratorien, entsprechend ihren Spezialerfahrungen, freigestellt werden.

Für die mikrobiologischen Untersuchungen werden im Gegensatz zu den chemischen genaue Methoden angegeben, die aber jeder kennt, wie auch schon von H. Fast festgestellt wurde[2].

---

[1] Die Trinkwasserverordnung, Verlag E. Schmidt, Berlin und Bielefeld, 1976.

[2] H. Fast, GWF-Wasser, Abwasser **117,** 13–18 [1976], (Zur Durchführung der Trinkwasserverordnung).

Dagegen vermißt man aber vor allen Dingen Hinweise auf die unbedingt notwendigen hygienisch-chemischen Untersuchungen, die ja in einer auf dem Seuchengesetz beruhenden Trinkwasser-Verordnung viel wichtiger wäre als die Bestimmung von Selen, Zink u. a.

Die Schadstoff-Analyse

Die Schadstoff-Analyse soll auf alle unten genannten Stoffe ausgedehnt und mindestens einmal jährlich durchgeführt werden.

Grenzwerte für Schadstoffe in mg/l

Schadstoff	a) im Trinkwasser			b) im Oberflächenwasser	
	TVO (1975)	WHO	EG (1980)	DVGW[1]	EG
Arsen, As	0,04	0,05	0,05	0,01	0,05
Blei, Pb	0,04	0,1	0,005	0,03	0,05
Cadmium, Cd	0,006	0,01	0,005	0,005	
Chrom, Cr	0,05		0,05	0,03	0,05
Cyanid, CN^-	0,05	0,05	0,05	0,01	0,05
Fluorid, F^-	1,5	1,7	1,5	1,0	1,5
Nitrat, NO_3^-	90	45	50	25–50	50
Quecksilber, Hg	0,004	0,001	0,001	0,0005–0,001	
Selen, Se	0,008	0,01	0,01	0,01	0,01
Sulfat-Ion, SO_4^{2-}	240	200	250	100–150	250
Zink, Zn	2,0	5	0,1	0,5–1,0	3,0
Polycyclische aromatische Kohlenwasserstoffe, C	0,00025		0,0002		

[1] DVGW-Arbeitsblatt W 151: „Eignung von Oberflächenwasser als Rohstoff für die Trinkwasserversorgung" (ähnliche Werte fordert die EG-Kommission).

EG-Richtlinie über die Qualität von Wasser für den menschlichen Gebrauch vom 15. 7. 1980

Nach 21 allgemeinen Artikeln über die Durchführung der Richtlinien werden für die einzelnen Parameter Richtzahlen und zulässige Höchstkonzentrationen für „unerwünschte Stoffe", Schadstoffe und toxische Stoffe gegeben, die nachfolgend kurz zusammengestellt sind.

Liste der Parameter

A. Organoleptische Parameter

	Parameter	Art der Darstellung der Ergebnisse	Richtzahl (RZ)	Zulässige Höchstkonzentration (ZHK)	Bemerkungen
1	Färbung	mg/l Pt/Co	1	20	
2	Trübung	mg/l SiO_2	1	10	
		Jackson-Einheiten	0,4	4	oder statt dessen unter bestimmten Voraussetzungen durch Stichtiefenmessung in Meter mit der Secchi-Scheibe RZ: 6 m ZHK: 2 m
3	Geruchsschwellenwert	Verdünnungsfaktor	0	2 bei 12 °C 3 bei 25 °C	Mit den Geschmacksbestimmungen vergleichen
4	Geschmacksschwellenwert	Verdünnungsfaktor	0	2 bei 12 °C 3 bei 25 °C	Mit den Geruchsbestimmungen vergleichen

B. Physikalisch-chemische Parameter
(in Verbindung mit der natürlichen Zusammensetzung des Wassers)

	Parameter	Art der Darstellung der Ergebnisse	Richtzahl (RZ)	Zulässige Höchstkonzentration (ZHK)	Bemerkungen
5	Temperatur	°C	12	25	
6	Wasserstoffionenkonzentration	pH-Wert	6,5 pH < 8,5		
7	Leitfähigkeit	$\mu S/cm^{-1}$ bei 20 °C	400		
8	Chloride	mg/l Cl	250		Annähernde Konzentration, von der ab die Wirkungen auftreten können: 200 mg/l
9	Sulfate	mg/l SO_4^{2-}	25	250	
10	Kieselsäure	mg/l SiO_2			Siehe Artikel 8
11	Calcium	mg/l Ca	100		
12	Magnesium	mg/l Mg	30	50	
13	Natrium	mg/l Na	20	175	
14	Kalium	mg/l K	10	12	
15	Aluminium	mg/l Al	0,05	0,2	
16	entfällt				
17	Abdampfrückstand	mg/l nach Abdampfen bei 180 °C		1500	

Fortsetzung: siehe S. 210

Fortsetzung: B. Physikalisch-chemische Parameter

	Parameter	Art der Darstellung der Ergebnisse	Richtzahl (RZ)	Zulässige Höchstkonzentration (ZHK)	Bemerkungen
18	Sauerstoff-sättigungs-anteil	% O_2 Sättigung			Sättigungsindex > 75% ausgenommen für Grundwasser
19	freies Kohlendioxid	mg/l CO_2			Das Wasser sollte nicht aggressiv sein

C. Parameter für unerwünschte Stoffe
(in zu hohen Konzentrationen)[1]

	Parameter	Art der Darstellung der Ergebnisse	Richtzahl (RZ)	Zulässige Höchstkonzentration (ZHK)	Bemerkungen
20	Nitrate	mg/l NO_3^-	25	50	
21	Nitrite	mg/l NO_2^-		0,1	
22	Ammonium	mg/l NH_4^+	0,05	0,5	
23	Kjeldahl-Stickstoff (N von NO_2 und NO_3 ausgenommen)	mg/l N		1	
24	Oxidierbarkeit ($KMnO_4$)	mg/l O_2	2	5	Messung in heißem Zustand und saurem Medium
25	Organisch gebundener Kohlenstoff (TOC)	mg/l C			Alle möglichen Ursachen für eine Erhöhung der normalen Konzentration müssen untersucht werden
26	Schwefelwasserstoff	µg/l S		organoleptisch nicht nachweisbar	
27	Mit Chloroform extrahierbare Stoffe	Abdampfrückstand mg/l	0,1		
28	Gelöste oder emulgierte Kohlenwasserstoffe (nach Extraktion durch Petroläther); Mineralöle	µg/l		10	
29	Phenole (Phenolindex)	µg/l C_6H_5OH		0,5	ausgenommen natürliche Phenole, die nicht mit Chlor reagieren

[1] Einige dieser Stoffe können in hohen Konzentrationen toxisch sein.

	Parameter	Art der Darstellung der Ergebnisse	Richtzahl (RZ)	Zulässige Höchstkonzentration (ZHK)	Bemerkungen
30	Bor	µg/l B	1000		
31	Oberflächenaktive Stoffe (die mit Methylenblau reagieren)	Laurylsulfate µg/l		200	
32	Andere, nicht unter Parameter Nr. 55 fallende organische Chlorverbindungen	µg/l	1		Der Gehalt an Haloformen muß soweit als irgendmöglich verringert werden
33	Eisen	µg/l Fe	50	200	
34	Mangan	µg/l Mn	20	50	
35	Kupfer	µg Cu/l	100		über 3000µg/l hinaus können adstringierender Geschmack, Verfärbung und Korrosion auftreten
36	Zink	µg/l Zn	100		über 5000 µg/l hinaus können adstringierender Geschmack, Opaleszenz und sandähnliche Ablagerungen auftreten
37	Phosphor	µg/l P_2O_5	400	5000	
38	Fluorid	µg/l F 8–12 °C 25–30 °C		 1500 700	je nach der Durchschnittstemperatur des erfaßten geographischen Bereichs veränderliche ZHK
39	Cobalt	µg/l Co			
40	ungelöste Stoffe		keine		
41	Restchlor	µg/l Cl			Siehe Artikel 8
42	Barium	µg/l Ba	100		
43	Silber	µg/l Ag		10	

D. Parameter für toxische Stoffe

	Parameter	Art der Darstellung der Ergebnisse	Richtzahl (RZ)	Zulässige Höchstkonzentration (ZHK)	Bemerkungen
44	Arsen	µg/l As		50	
45	Beryllium	µg/l Be			
46	Cadmium	µg/l Cd		5	
47	Cyanide	µg/l CN		50	

Fortsetzung: siehe S. 212

Fortsetzung: D. Parameter für toxische Stoffe

	Parameter	Art der Darstellung der Ergebnisse	Richtzahl (RZ)	Zulässige Höchstkonzentration (ZHK)	Bemerkungen
48	Chrom	µg/l Cr		50	
49	Quecksilber	µg/l Hg		1	
50	Nickel	µg/l Ni		50	
51	Blei	µg/l Pb		50 (in fließendem Wasser)	
52	Antimon	µg/l Sb		10	
53	Selen	µg/l Se		10	
54	Vanadium	µg/l V			
55	Pestizide und ähnliche Produkte: je Substanz insgesamt	µg/l		 0,1 0,5	Unter Pestiziden und Produkten versteht man folgendes: Insektenvertilgungsmittel: beständige organische Chlorverbindungen organische Phosphorverbindungen Carbaminate Unkrautvertilgungsmittel Fungizide PCB und PCT
56	Polyzyklische aromatische Kohlenwasserstoffe	µg/l		0,2	Referenzstoffe: Fuoranthen Benzo-3,4-Fluoranthen Benzo-11,12-Fluoranthen Benzo-3,4-Pyren Benzo-1,12-Perylen Inden-(1,2,3-cd)-Pyren

Die EG-Richtlinie für die Gewinnung von Trinkwasser aus Oberflächenwasser vom 9. 10. 1979 gibt Richtlinien für Probenahmen, Meßmethoden, Analysen und Qualitätsanforderungen. Die wichtigsten sind in obiger Tabelle angeführt.

Der „Atlas zur Trinkwasserqualität" gibt einen Überblick über die Trinkwasserqualitäten der Wasserwerke.

Die EG-Richtlinie zum Schutze des Grundwassers bei Abfall-Deponien soll die Ableitung der in der Tabelle auf S. 288 aufgeführten Stoffe in das Grundwasser verhindern und die Ableitung der Stoffe nach den Richtlinien über die Qualität von Wasser für den menschlichen Gebrauch begrenzen helfen.

Im Entwurf einer „Verordnung über Trinkwasser und Wasser für Lebensmittelbetriebe" vom 14. Mai 1984 ist noch nicht viel verbessert (s. Anhang).

c) Trinkwasser-Aufbereitungsverordnung (Fremdstoff-Verordnung) vom 19. Dezember 1959

(Verordnung über den Zusatz fremder Stoffe bei der Aufbereitung von Trinkwasser, erlassen vom Bundesminister des Innern am 19. 12. 1959. – Bundesgesetzblatt Teil I, Nr. 52 S. 762 [1959] und geändert am 27. 6. 1960, Bundesgesetzblatt 1960 I, S. 479 und zuletzt am 13. 12. 1979, BKg, Blatt 1, S. 328).
Die obige Verordnung ist aufgrund der §§ 3 und 5a des Lebensmittelgesetzes vom 17. Januar 1936 bzw. der Novelle vom 21. Dezember 1958 veröffentlicht worden, wodurch ziemlich klare Richtlinien für die Aufbereitungstechnik des Trinkwassers und die zulässigen Höchstwerte an Zusätzen den Wasserwerken gegeben werden.

Zugelassen sind für Trinkwasser nach abgeschlossener Aufbereitung folgende Zusätze:

1. Chlor	Chlorkalk
Natriumhypochlorit	Magnesiumhypochlorit
Calciumhypochlorit	Chlordioxid
	Wasserstoffsuperoxid

in Mengen von höchstens 0,3 mg/l, berechnet auf wirksames Chlor. „Der Chlorgehalt des Trinkwassers kann bis auf 0,6 mg/l erhöht werden, wenn dies für die ausreichende Entkeimung des Trinkwassers vorübergehend erforderlich ist", heißt es in der Verordnung.

Ammoniak
Ammonsalze

An Ammonium-Ion soll einschließlich des natürlichen Gehalts an Ammonium-Ionen im aufbereiteten Wasser höchstens 0,6 mg/l enthalten sein.

2. Ozon
3. Kalium-, Natrium- und Calcium-Salze der Mono- und Polyphosphorsäure

im Trinkwasser in Mengen von höchstens 5 mg/l, berechnet als Phosphorpentoxid[1].

4. Kieselsäure und ihre Natrium-Verbindungen

in einer Menge von 40 mg/l im Trinkwasser (berechnet als SiO_2).

5. Silber	Natriumsilberchlorid-Komplex
Silberchlorid	Silbersulfat

im Trinkwasser in Mengen von höchstens 0,1 mg/l Ag.

Zur Bindung der freien Kohlensäure im Trinkwasser werden zugelassen:

Calciumcarbonat	Magnesiumoxid
Magnesiumcarbonat	Calciumhydroxid
halb gebrannter Dolomit	Natriumcarbonat
Calciumoxid	Natriumhydroxid

[1] Nach einem Gutachten des Bundesgesundheitsamts, Institut für Wasser-, Boden- und Lufthygiene sind Zusatzmengen bis zu etwa 7 mg/l P_2O_5 für den menschlichen Organismus als völlig unbedenklich anzusehen (s. a. P. Höfer: Ges. Ing. **77** [1966]). 5 mg/l P_2O_5 = 6,7 mg/l PO_4^{3-}.

Der pH-Wert des mit diesen Stoffen behandelten Wassers darf 7,5 nicht überschreiten. Diese Forderung ist 1960 abgeändert worden: Grenzwert jetzt auf pH 8,5 und bei weichen Wässern (bis 5 °dH) auf pH 9,5 (BGBl. I, 479 [1960]).

Zur Herabsetzung einer erhöhten Alkalität oder zur Einstellung eines bestimmten pH-Wertes im Trinkwasser werden zugelassen:

Schwefelsäure
saure Salze der Schwefelsäure
Salzsäure

bis zu einer Menge, bei der das Kalk-Kohlensäure-Gleichgewicht erhalten bleibt.

Von den Aufbereitungschemikalien dürfen nach erfolgter Aufbereitung als Reste vorhanden sein:

Eisen(III)-chlorid	Eisen(III)-sulfat
Eisen(II)-sulfat	Eisensulfatchlorid

in Mengen von höchstens 0,2 mg/l Fe (einschl. des natürlichen Eisengehalts des Wassers)

Kaliumpermanganat

in Mengen von höchstens 0,1 mg/l Mn (einschl. des natürlichen Mangangehalts des Wassers).

Aluminiumsulfat
Aluminiumchlorid
Natriumaluminat

in Mengen von höchstens 0,2 mg/l Al (ausschl. des natürlichen Aluminiumgehalts des Wassers).

Schwefeldioxid
Natriumsulfit
Calciumsulfit

in Mengen von höchstens 5 mg/l SO_3.

Natriumthiosulfat

in Mengen von höchstens 0,5 mg/l S_2O_3.

Tone
Aktivkohle

in Mengen von höchstens 0,5 mg/l.

Jeder neue Zusatz aller dieser Stoffe ist in Zukunft in der Tagespresse vom Wasserwerk bekanntzugeben.

Die zugelassene Menge an Rest-Eisen und -Mangan erscheint im Hinblick auf die Leitsätze für die Trinkwasserversorgung und der DIN 2000 [17] etwas zu hoch, die Höchstmenge an Silber zu niedrig für die wirksame Entkeimung bestimmter Wässer.

Flockungshilfsmittel. Flockungshilfsmittel sind „technische Hilfstoffe" im Sinne des Lebensmittelgesetzes, die nicht in das Lebensmittel Wasser eingehen; sie fallen deshalb nicht unter die o. a. Trinkwasseraufbereitungsverordnung, da sie im Reinwasser nicht mehr vorhanden sind (z. B. Polyacrylamide wie Sedipur). Die Flockungshilfsmittel müssen trotzdem hygienisch unbedenklich sein (U. Hässelbarth: Veröff. Wasserchemie Karlsruhe, Nr. 3 [1969]); sie dürfen z. B. kein toxisches Monoacrylamid enthalten ($FeCl_3$, $FeSO_4$, $Al_2(SO_4)_3$. Zur Korrosionshemmung werden Phosphate und Silicate zugelassen).

Betriebswasser

Durch die TVO (Trinkwasser-Verordnung vom 31. 1. 1975) wird ein neuer Begriff „Brauchwasser für Lebensmittelbetriebe" eingeführt. Die Betriebswasserversorgung wird der kommunalen Wasserversorgung gleichgestellt; auch die bakteriologischen und chemischen Grenzzahlen sind die gleichen.

Bei Molkereien spielt die Wasserbeschaffenheit z. B. eine große Rolle, und sie hat manchmal zu schweren Mißständen geführt (Hagen). Molkereiwasser muß keimfrei, frei von Eisen und Mangan, nicht zu hart und zu mineralreich sein.

Auch in einwandfrei entkeimten Leitungswasser können als spezifischer Molkerei-Schädling Aerobakter aerogenes sowie fett- und eiweißspaltende Pseudomonaden enthalten sein und wirtschaftliche Schäden herbeiführen (Schriftenreihe WaBoLu **31,** 89 [1970]).

Bei der Zuckerfabrikation wird in den Diffuseuren nitratarmes, weiches, mineralarmes und keimfreies Wasser gebraucht.

Bei der Bierbrauerei wird ebenfalls möglichst keimfreies Wasser, frei von Eisen, Mangan und Ammoniak benötigt. In der Mälzerei wird kochsalzarmes Wasser gebraucht. Stärkefabriken und ähnliche Betriebe benötigen keimfreies Wasser, das kein Eisen, Mangan und vor allem kein Nitrit und Ammoniak enthält und nicht zu hart ist.

Auch andere Betriebe brauchen eisen- und manganfreies Wasser, wie die Wäschereien, Kunstseidefabriken u. a. Textilbetriebe, Bleichereien, Kraftwerke, Papierfabriken, Brennereien, Konservenfabriken, Margarinefabriken.

Wegen der möglichen Vitaminschädigungen können Konservenfabriken nur carbonatarmes, weiches Wasser verwenden. Klar-Eis-Hersteller und Spirituosenfabriken verwenden nur weiches, eisenfreies Wasser.

Wäschereien benötigen weiterhin weiches Wasser, da die synthetischen Waschmittel die Seifen nicht ganz überflüssig machen.

2. Korrosion

Unter Korrosion versteht man den Metallangriff, der durch chemische oder elektrochemische Vorgänge eingeleitet und unterhalten wird und der zur allmählichen Zerstörung des betreffenden Werkstoffs führt (DIN 50930, Teil 1–5, legt diese Begriffe fest ebenso DIN 50901 und 50931).

Die Korrosion kann rein elektrolytischer Natur sein, z. B. auf vagabundierende Ströme zurückzuführen sein, die eine anodische Auflösung des Metalls verursachen. Diese Fälle sollen hier nicht besprochen werden, zumal sie durch die jetzt vorherrschende Wechselstrom-Verwendung an Bedeutung verloren hat.

Im folgenden spielt die Bildung galvanischer Lokalelemente als Folge chemischer Reaktionen zwischen Metall und Wasser die Hauptrolle.

a) Das Angriffsvermögen des Wassers (Kaltwasser)

Harte sauerstoffhaltige Wässer ohne aggressive Kohlensäure (S. 123) bilden an den Innenwandungen der Leitungsrohre eine Schutzschicht von Calcium- und Magnesiumverbindungen mit wechselnden Mengen Eisen und Kieselsäure aus. Alle Wässer, die nicht im „Kalk-Kohlensäure-Gleichgewicht" stehen und daher einen niedrigen pH-Wert – pH 7,0 und darunter – haben, also harte und weiche Wässer mit aggressiver Kohlensäure, greifen das Rohrmaterial und das Material der Sammelbehälter an. Sie lösen das Metall der Rohre, Eisen, Blei, Zink und andere Metalle aus den Rohrwandungen, sowie das Calciumcarbonat aus dem Beton und Mörtel der Sammelbehälter heraus. Beim Eisen und Blei spielt auch der Sauerstoff eine große Rolle, indem sauerstofffreie und -arme Wässer Eisen immer angreifen, Blei aber gar nicht angreifen. Näheres siehe bei den einschlägigen Kapiteln.

Salzarmut erhöht das Angriffsvermögen des Wassers, ebenso wie ein geringer Härtegrad. Dies trifft sowohl in bezug auf Metallangriff wie auf Betonangriff zu. Beim Betonangriff spielt aber auch ein hoher Salzgehalt, besonders ein hoher Sulfatgehalt, eine große Rolle; Behälter aus Beton werden von Wässern mit hohem Sulfatgehalt stark angegriffen und werden dadurch mitunter undicht. Durch chemische Umsetzungen bilden sich Sulfoaluminatkristalle, vom Praktiker „Zementbazillus" genannt, die das Gefüge des Betons sprengen, da eine Ausdehnung stattfindet (S. 298)

Sehr weiche Wässer mit viel aggressiver Kohlensäure und pH-Werten unter 7,0 wirken stets auf alle Metalle besonders stark zerstörend; sie nehmen beim Rohrangriff mehr oder weniger große Mengen des betreffenden Metalls in Lösung auf. Dieser Vorgang hat beim Blei und Zink auch gesundheitliche Bedeutung, da beide Metalle gesundheitsschädlich sind.

Ausschlaggebend ist neben dem pH-Wert und der freien Kohlensäure die Carbonathärte, von deren Höhe auch die Ausbildung einer Schutzschicht abhängt.

Beim Eisenangriff lagert sich das Korrosionsprodukt mitunter aber auch am Entstehungsort ab und bildet die sogenannten Rostknollen. Eisenfreiheit des Leitungswassers ist deshalb nicht immer ein Beweis, daß keine Korrosion stattfindet.

Stehendes Wasser erzeugt in den Rohren stärkere Korrosionen als fließendes Wasser, weshalb sich ja auch eine ungünstige Wasserbeschaffenheit in den Endsträngen des Rohrnetzes besonders stark auswirkt. Allgemein kann man sagen: Je geringer die Fließgeschwindigkeit, desto stärker ist die Korrosion. Bei langsamer Fließgeschwindigkeit macht sich die Abnahme des Sauerstoffgehalts besonders bemerkbar. In den Endsträngen des Rohrnetzes kommt es daher sehr häufig zu Rohranfressungen infolge von Sauerstoffmangel und zu gelbbraunen Trübungen des Leitungswassers. In der DIN-Norm 50930 ist deshalb ein Unterschied zwischen Strömungsgeschwindigkeiten über und unter 0,5 m/sec gemacht worden.

Der Sauerstoffmangel wird häufig durch bakterielle Vorgänge hervorgerufen, besonders bei dem immer höher ansteigenden Mengen von organischen Stoffen im Leitungswasser. Zuviel Sauerstoff führt aber ebenfalls zu Korrosionen, nämlich zu Lochfraß in Eisenrohren ($>$ 10 mg/l O_2). Chloride und Sulfat fördern die Korrosion.

b) Nachteilige Veränderung des Angriffsvermögens beim Mischen zweier Wässer

Beim Mischen von zwei an und für sich nicht aggressiven Wässern wird zumeist ein Mischwasser erhalten, das aggressive Eigenschaften hat. Wenn beide Wässer verschiedene Carbonathärte haben, ist dies immer der Fall, auch wenn beide Wässer vollkommene Gleichgewichtswässer sind (s. u.). Selbst dann, wenn ein weiches Wasser vollkommen entsäuert ist und gar keine freie Kohlensäure enthält, gibt es beim Mischen mit hartem Gleichgewichtswasser ein Mischwasser mit aggressiven Eigenschaften. Bei zentraler Wasserversorgung muß also erst eine Mischung der Wässer und dann die Entsäuerung vorgenommen werden. Zahlenwerte findet man bei L. W. Haase ([37], S. 84).

Aggressive Wässer verlieren durch Mischen keineswegs ihre Aggressivität, auch dann nicht, wenn nur das eine Wasser aggressiv ist. Das „Verdünnen" einer Aggressivität gibt es also nicht.

Das Ziel der Wasseraufbereitung muß immer die Bildung einer Schutzschicht durch das betreffende Wasser sein, also die Herstellung des Kalk-Kohlensäure-Gleichgewichts und eine genügende Menge Sauerstoff im Wasser.

Das Mischen von zwei Wässern kann nach K. E. Oehler im Rohrnetz nicht vollkommen gleichmäßig erfolgen, sondern nur im Behälter, und dort nur bei entsprechender Anordnung der Einläufe (GWF **110,** 860–865 [1969]). Wir haben jedoch in Hameln durch Rohr-Führung und -Zusammenführung eine vollständige Mischung von zwei Wässern in der Zuleitung zum Ortsnetz erreicht (s. auch DVGW-Arbeitsblatt W 601).

Mischungskontrolle. Eine Kontrolle der vollständigen Vermischung von 2 Wässern kann man nach unseren Erfahrungen folgendermaßen vornehmen: Man trägt auf Millimeterpapier die am meisten auseinanderliegenden Analysenwerte auf, z. B. die Chloridwerte oder Härtegrade der beiden Wässer und des Mischwassers.

In Abb. 1 ist als Beispiel das Vermischen von 80% des Wassers vom Wasserwerk II mit 20% vom Wasserwerk I in einem Mischungsdiagramm dargestellt. Wasser I hat 183,0 mg/l Cl^- und Wasser II hat 38,0 mg/l Cl^-. Beide Werte verbindet man miteinander. Das Mischwasser hat 67,0 mg/l Cl^-.

Wenn man vom Schnittpunkt der waagerecht nach der Verbindungslinie der beiden Chlorid-Werte der Einzelwässer nach der Ordinate senkrecht heruntergeht, erhält man das erstrebte Mischungsverhältnis 20% Wasser vom Werk I und 80% vom Werk II.

Je mehr die Analysenwerte der beiden Wässer auseinanderliegen, desto exakter kann das Mischungsverhältnis ermittelt werden. Bei entsprechender Anordnung des Diagramms kann man auch die Sauerstoffwerte und CO_2-Werte heranziehen, die bei den Problemen des Mischwassers die größte Rolle spielen.

Beim notwendigen „Verschneiden" von zu hartem oder zu salzhaltigem Wasser kann man an Hand des obigen Diagramms ein Mischwasser mit erwünschten Härtegraden, Salzgehalt und Kohlensäure-Gehalt herstellen.

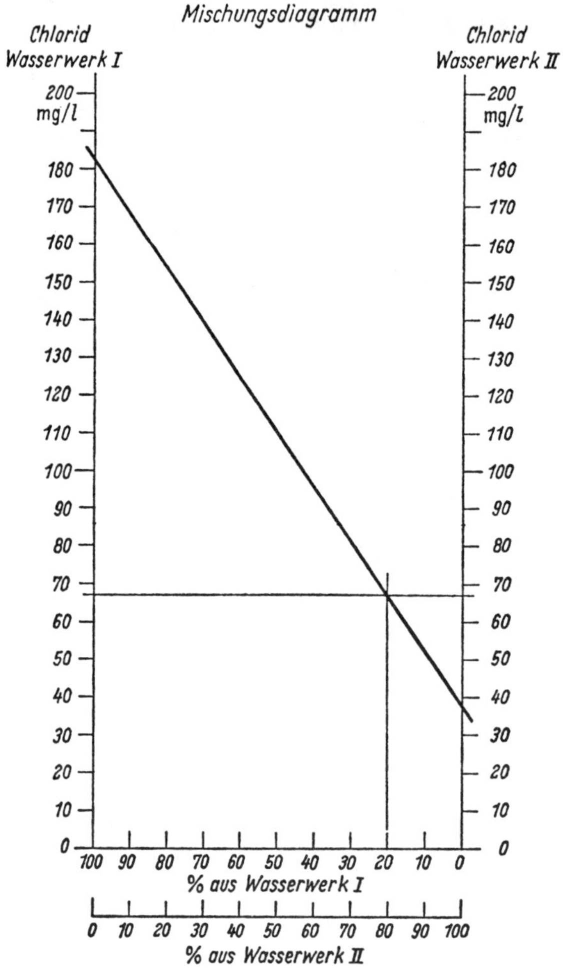

Abb. 1

c) Rohrzerfressungen und Wasserhygiene

Die Korrosion der Wasserleitungsrohre hat nicht nur eine technisch-wirtschaftliche Bedeutung für die Erhaltung der im Leitungsnetz investierten sehr erheblichen Vermögenswerte, sondern auch eine hygienische Bedeutung, insofern als bei Lochfraß infolge von Rohrkorrosionen auch Schmutzwasser und Abwasser in die Wasserleitung eingesaugt werden kann. Dies ist bei wechselnder Fließgeschwindigkeit des Leitungswassers und bei wechselndem Wasserdruck durchaus möglich. Wie der Fall Altötting gezeigt hat, hat dies äußerst unangenehme Folgen für die Verantwortlichen.

Der Schutz des Leitungsnetzes ist also in jeder Beziehung eine der wichtigsten Aufgaben des Wasserwerksleiters, denn ein intaktes Rohrnetz ist für den Wasserwerksbetrieb wegen der Wasserverluste heute ebenso wichtig wie für die Allgemeinheit wegen der Krankheitsgefahren infolge des Eindringens von Keimen in das Rohrnetz bei Anfressungen von außen (S. 208) und innen und Undichtigkeiten der Rohrverbindungen. Die „Lecksuche" erfolgt z. B. mit dem „Sander-Gerät" (Fa. Sewerin, Gütersloh). Das DIN-Normblatt 1988 gibt genaue Anweisungen für Rohrverbindungen, Armaturen usw. Das DVGW-Arbeitsblatt W 345 regelt die Technik der Anschlüsse für Entwässerungsleitungen, Spülanschlüsse und Schlauchverbindungen.

Verkeimungen durch undichte Rohrverbindungen können heutzutage vermieden werden durch Verwendung von Schraubenmuffen mit Gummidichtungen.

Es sei auch auf die „Judo-Isolierstücke" mit besonderen Dichtungseinsätzen verwiesen (Fa. Jul. Dopslaff). Über Rohrbeanspruchungen mechanischer Art berichtet H. Hugelmann bei der DVGW-Aussprachetagung Rohrnetzschäden [1961].

d) Das Verhalten der metallischen Werkstoffe gegenüber Wasser

Blei. Blei wird von kohlensäurehaltigen Wässern angegriffen, sofern der Gehalt des Wassers an freier Kohlensäure mehr als ein Fünftel des Gehalts an gebundener Kohlensäure beträgt und sofern das Wasser sauerstoffhaltig ist (Näheres s. bei K. Höll, Ges. Ing. **58,** 323–326 [1935]).

Wenn das Verhältnis freie Kohlensäure zu gebundener Kohlensäure wie 1 : 2 ist, findet immer starke Bleilösung statt. Mindestens ein geringes Bleilösungsvermögen haben alle Wässer mit pH-Werten unter 6,8.

Bei härteren Wässern ohne aggressive Kohlensäure bildet sich eine Schutzschicht von basischem Bleicarbonat aus. Bei Abwesenheit von Sauerstoff wird Blei in keinem Falle angegriffen (umgekehrt wie beim Eisen, s. u.).

Es sind dem Verfasser aber auch Fälle bekanntgeworden, wo stark alkalisches Wasser, und zwar sehr weiches, aufbereitetes Talsperrenwasser mit pH-Werten von 9,0 und 9,5, starke Bleikorrosionen hervorgerufen hat. Die dabei durch das Wasser aufgenommenen Bleimengen von 2 bis 5 mg Pb/l hatten bereits in kurzer Zeit zu Bleivergiftungen der Verbraucher geführt (Deistergebiet). Diese Erfahrungen in der Praxis stehen nicht im Gegensatz zu den Versuchsergebnissen von J. Müller (Jb. „Vom Wasser" [1950/51]), da bei dessen Versuchen die pH-Werte etwas unter 9,0 lagen.

Hinweise auf die Korrosionsgefahren bei Bleirohren durch stark alkalische Wässer finden sich in der allgemeinen Trinkwasser-Literatur leider nicht; nur L. W. Haase [37] erwähnt die mangelnde Schutzschichtbildung bei den carbonat- und kohlensäurearmen Oberflächenwässern und die Plumbitbildung in Bleirohren. Nach L. W. Haase darf bei chemischen Entsäuerungsanlagen kein Überschuß an Alkali nach abgeschlossener Reaktion im Wasser verbleiben.

Hoher Kieselsäuregehalt des Wassers schützt vor Bleiangriff, ebenso wie hoher Phosphatgehalt auch bei aggressiven Wässern. Silicate und Phosphate werden deshalb den aggressiven Wässern zugesetzt, um Bleirohre u. a. Rohre zu schützen (S. 245–247).

Schon H. Haupt hat auf die korrosionshemmende Wirkung von natürlichen geringen Phosphat- und Silicat-Mengen im Wasser hingewiesen. J. Müller konnte bei dem sehr weichen Talsperrenwasser im Dresdener Wasserwerk Coschütz Schutzschichtbildung in Bleirohren bei Zusatz kleiner Silicat-Dosen erwirken (Jb. „Vom Wasser" **18,** 226–253 [1951]).

Von K. Höll wurde in Brünninghausen bei einem weichen Wasser mit viel Überschußkohlensäure festgestellt, daß das Rohrnetz intakt war. Das kann nur auf den hohen natürlichen Kieselsäure-Gehalt von über 20 mg/l SiO_2 zurückgeführt werden.

Hoher Salzgehalt (>500 mg/l Cl^-) erhöht die Bleilöslichkeit. Brackwasser und Meerwasser wirken auch von außen stark zerstörend auf Bleirohre. J. Verney ist anderer Meinung (La Tribune Cebedeau **25,** 507–509 [1972]).

Ferner vermehrt sehr hoher Nitratgehalt des Wassers die Bleiaufnahme (Ostfriesland und Ostwestfalen (S. 101); Wässer mit höherem Gehalt an Ammonsalzen wirken ebenfalls bleiangreifend. Bleirohre werden auch von Wasser, das mit Hypochlorit behandelt ist, stark angegriffen.

Neue Bleirohre geben fast immer etwas Blei ab, auch bei nicht aggressiven Wässern (G. Gad u. K. Naumann: Ges. Ing. **74,** 85 [1953]). (Gesundheitliche Bedeutung S. 138).

e) Wasserleitungsrohre

Eisen-Rohre. Eisen wird von Wässern mit rostschutzverhindernder Kohlensäure (S. 137) angegriffen und gelöst. Bei Abwesenheit von Sauerstoff wird Eisen als Eisen(II)-hydrogencarbonat gelöst und bei Sauerstoffzutritt als Eisen(III)-hydroxid abgeschieden. Bei übermäßigem Sauerstoffgehalt wird Eisen ganz unabhängig von der übrigen Wasserbeschaffenheit ebenfalls angegriffen, besonders, wenn der Sauerstoff nicht in echt gelöster Form vorliegt (milchige Trübung des Wassers). Sehr gefährlich ist die Lochfraßbildung.

Auch die Brunnenrohre und die Unterwasser-Pumpe zeigen schon bald Lochfraß, wenn das Grundwasser sauerstofffrei ist, was bei Tiefenwasser häufig der Fall ist. OBO-Filterrohre und Schönebecker Filterrohre sind dagegen unempfindlich, auch gummierte Gußrohre.

Für die Fortleitung in eisernen Rohren ist also ein höherer – nicht übermäßiger – Sauerstoffgehalt im Leitungswasser erwünscht (6 bis 10 mg/l O_2, je nach der Wassertemperatur), weil er dem Eisenangriff entgegenarbeitet.

Bei ungenügendem Sauerstoffgehalt greift jedes Wasser die Eisenrohre an, auch wenn die übrigen Korrosionsfaktoren nicht dafür sprechen. Beim Eisen liegen die Verhältnisse also umgekehrt wie beim Blei. Auf keinen Fall soll im Rohrnetz der Sauerstoffgehalt unter 4,0 mg/l und in den Endsträngen der Wasserleitung unter 2 bis 3 mg/l sinken.

Ein hoher pH-Wert des Leitungswassers ist für eiserne Rohre günstig, wie die langjährigen Erfahrungen bei der Söse-Wasserleitung gezeigt haben (Wiendel: Neue Deliwa, H. 1 [1958]). Hoher natürlicher Phosphatgehalt des Wassers schützt erfahrungsgemäß auch eiserne Rohre vor Kohlensäureangriff des Wassers. Deshalb setzt man zu aggressiven Wässern ohne natürlichen Phosphatgehalt künstlich größere Phosphatmengen zu (S. 245). Hoher Chloridgehalt soll für eiserne Rohre ungünstig sein. Brackwasser greift auch von außen die Rohre stark an. Bei Salzgehalten von 5‰ verdoppelt sich der Korrosionsverlust (N. A. Malischewski: Wass.-Vers. u. san. Technik, H. 10 [1956] und H. E. Hönig: Metall u. Wasser, Essen [1965]). In Eschershausen sind die eisernen Rohre in 30 Jahren von dem chloridhaltigen Leitungswasser (etwa 1000 mg/l Cl^-) teilweise vollkommen korrodiert worden.

Bis 200,0 mg/l Cl^- und 200,0 mg SO_4^{2-}/l ist nach Versuchen von W. Nissing keine Korrosionsgefahr für Stahlrohre (GWF **117,** 267–271 [1976]). Aber bei Chloridgehalten von mehr als 300,0 mg/l Cl^- besteht auch bei legiertem Stahl Korrosionsgefahr (Lochfraß).

Es kommt aber auch auf den Hydrogencarbonatgehalt an; bei 5 °KH ist der Grenzwert 50 mg/l Cl^-, bei hohen Wassertemperaturen (ca. 80 °C) 5 mg/l Cl^-.

Die Prüfung eines Wassers auf korrosionschemisches Verhalten gegenüber verzinkten und unverzinkten Eisenwerkstoffen soll sich erstrecken auf Temperatur, pH-Wert, rH-Wert, spezifische Leitfähigkeit, Oxidierbarkeit, Magnesium, Calcium, Kupfer, Ammonium, Sulfat, Chlorid, Nitrat, Hydrogencarbonat, Carbonat, freie Kohlensäure, freier Sauerstoff, Gesamthärte, Carbonathärte, Nichtcarbonathärte, Schwefelwasserstoff, Phosphat und Kieselsäure.

Erhöhte Wassertemperaturen vermehren die Korrosion. Man unterscheidet dabei Lochfraß und Muldenfraß.

DIN 50930 bzw. 50931 gibt Beurteilungsgrundsätze über das korrosionschemische Verhalten kalter Wässer gegenüber verzinktem sowie unverzinktem Eisen und Stahl.

Eiserne Rohre mit Innenauskleidung aus Bitumenlacken gemäß DIN 28600 und DIN 30673 sowie DVGW-Arbeitsblatt W 342 haben sich als Trinkwasser-Leitung ebenfalls bewährt.

Für Mineralquellen- und Heilquellen-Fassungen haben sich wegen der Aggressivität dieser Wässer OBO-Rohre (imprägnierte Holzrohre der Fa. Otto Bosse, Stadthagen) und Hagusta-Rohre (Stahlrohre mit Hartgummiauskleidung der Fa. Hagusta) am besten bewährt.

Wegen der rauheren Oberfläche der Gußrohre bildet sich in diesen leichter eine Schutzschicht, weshalb sie vor Stahlrohren bevorzugt werden. Stahlrohre werden deshalb jetzt auch mit Zementmörtel-Auskleidung zur Verwendung bei aggressiven Wässern geliefert. In den USA sind diese schon lange im Gebrauch (Erfahrungsbericht Dortmunder Stadtwerke, Nr. 150 und DIN 4030 und F. Fertner „Der Bauingenieur“ **39** [1964]).

Die Zementmörtelauskleidung verursacht aber eine sehr hohe Wandalkalität; die starke pH-Erhöhung (bis pH 10) hat bei nicht ganz einwandfreiem Leitungswasser eine lokale Keimvermehrung zur Folge. Und auch sonst ist die Entkeimung in derartigen Rohrnetzen wegen der rauhen Oberfläche unzureichend, besonders dann, wenn Detritusablagerungen möglich sind.

Bei der Verlegung neuer Rohrleitungen mit rauher Innenfläche ist die mit Wandalkalität verbundene Porosität in hygienischer Beziehung besonders ungünstig. Man muß zumindest die Rohrdesinfektion mit der Druckprobe zusammenlegen. Wenn eine Chlorung des Leitungsnetzes notwendig wird, muß anfänglich mit sehr hoher Dosis begonnen werden (>2 mg/l Cl^-).

Stahlbetonrohre sind ebenfalls korrosionssicher; sie sind besonders für große Transportleitungen geeignet (Studiengesellschaft Stahlbetonrohre, D-7620 Wolfach und DIN 4035).

---

[1] Werkstoffe und Korrosion **28,** 815 [1977].

Wässer, die statt oder neben Calciumhydrogencarbonat viel Natriumhydrogencarbonat enthalten, greifen eiserne Rohre an (in Küstengegenden kommen solche „Austauschwässer" auch bei uns vor).

Schwefelwasserstoff und Sulfide wirken auf ungeschützte Eisenrohre zerstörend ein (Steinrath: DVGW-Aussprachetagung Rohrnetzschäden [1961]). In Moorböden entsteht oft aus Sulfat auf biogenem Wege Schwefelwasserstoff.

Bei geschlossenen Enteisenungsanlagen kommt es vor, daß bei dem Enteisenungsvorgang der gesamte Sauerstoff des Wassers verbraucht wird. Das nunmehr sauerstoffarme oder -freie Wasser, das noch etwas freie Kohlensäure enthält, wird dadurch eisenaggressiv. Es tritt die Erscheinung der *Wiedervereisenung* des Wassers auf. Bei geschlossenen Enteisenungsanlagen muß deshalb Luft mit Hilfe eines Luftkompressors zugeführt werden, damit ungefähr 6 bis 8 mg/l O_2 im Reinwasser vorhanden sind.

Wenn das Wasser keine rostschutzverhinderne Kohlensäure enthält, bildet es eine Rostschutzschicht aus, wozu ebenfalls Sauerstoff benötigt wird.

In seltenen Fällen kommt es vor, daß selbst stark aggressive Wässer das Rohrnetz nicht angreifen; in solchen Ausnahmefällen stellt sich bei der Untersuchung zumeist heraus, daß das Wasser viel Phosphat oder Silicat enthält (s. o.).

Rohrangriff von außen. Eiserne Rohre werden auch von außen durch das Grundwasser leicht angegriffen, besonders in sauren Moorböden, Schlackenböden, im Faulschlamm, ferner in kalkarmen Lehm- und Tonböden sowie von salzhaltigem Grundwasser. Stahlrohre sind hierbei mehr gefährdet als gußeiserne Rohre. Auch sonst haben Gußrohre manche Vorzüge in korrosionstechnischer Beziehung. Bei hohem Sauerstoffgehalt und aggressiven Eigenschaften eines weichen Wassers sind gußeiserne Rohre korrosionsfester als Stahlrohre (L. W. Haase s. auch DIN 4030).

Hochlegiertes austenitisches Gußrohr ist erheblich korrosionsbeständiger als normales Gußrohr. Kugelgraphitrohre haben aber keine besseren Korrosionseigenschaften als normale Gußrohre.

Vielfach wird die Ansicht vertreten, daß Eisenrohre im Moorboden nicht angegriffen würden, weil kein Sauerstoff im Moorboden vorhanden sei. Für normale saure Moorböden trifft dies sicherlich nicht zu, einmal von der Kohlensäure-Seite her, zum anderen von der biogenen Seite (s. u.).
Bei stark aggressiven Böden sollten eiserne Rohre aller Art vorsichtshalber mit Schutzüberzügen, z. B. mit Steinkohlenteerpech, verlegt werden. Für solche Verhältnisse werden jetzt auch Stahlrohre mit Kunststoff-Folien-Ummantelung angeboten.

(Mannesmann-Röhrenwerke oder Fuchs-Stahlrohre mit Kunststoff-Ummantelung der Fa. Fuchs.) Siehe auch DIN 30673 und DVGW-Regelwerk GW 9.

Chemische Bodenuntersuchungen

Bei den notwendigen chemischen Bodenuntersuchungen sollen besonders berücksichtigt werden: pH-Wert (in „Leitfähigkeitswasser" angeschlämmt), Gesamtacidität, Chlorid, Sulfat, H_2S und Sulfid-Ion, CO_2 und Sauerstoff.

„Vagabundierende“ Streuströme von Gleichstromanlagen (z. B. Straßenbahnen), können bei eisernen Rohren erhebliche, örtlich scharf begrenzte Rohrkorrosionen verursachen.

In wassergesättigten sulfathaltigen Tonböden können durch sulfatreduzierende Bakterien über die entstehenden Sulfid-Ionen schwere Korrosionen hervorgerufen werden. In manchen Böden geht die biogene Umsetzung über Schwefelwasserstoff zu Schwefelsäure weiter (A. Kaffka: Arch. Hyg. [1967] u. K. Kirsch: Korrosion im Boden, Stuttgart [1968]).

Gußeiserne Rohre haben eine relativ hohe Biegefestigkeit, besonders die „Duktil-Rohre“.

Duktile Gußrohre

In den letzten 15 Jahren wurden wegen der Biegsamkeit und Korrosionsfestigkeit immer mehr die „duktilen Gußrohre“ verwendet, neuerdings auch mit Zementmörtel-Auskleidung und/oder mit Spritzverzinkung als Ummantelung bei aggressiven Böden (Halberg-Rohr). H. Holtschulte berichtete über Erfahrungen mit Stahl- und Gußrohren mit Zementmörtel-Auskleidung bei den Dortmunder Stadtwerken (Wasserfachl. Aussprache-Tagung [1973]).

Duktile Gußrohre sind auch bei Moorböden gut verwendbar; bei Varel liegen solche seit über 20 Jahren unversehrt im Torfboden (s. R. Marchal: Lit. Ber. **24** H. 1).

Duktile Gußrohre haben sich wegen ihrer Biegsamkeit und Korrosionsbeständigkeit auch in vulkanischen Gebieten bewährt, z. B. bei der Ätna-Wasserleitung. Bei Fernleitungen haben sich duktile Gußrohre besonders bewährt (GWF **117,** Heft 11, [1976]).

Bisher war Grauguß der beste Werkstoff in bezug auf Korrosionsbeständigkeit, jetzt ist er überholt durch die duktilen Grauguß-Rohre, die auch dünnere Wandungen haben und leichter sind (Fa. Mannesmann-Röhrenwerke).

Bei Verlegung von Eisenrohren bei ungünstigen Bodenverhältnissen müssen besonders gut asphaltierte oder bitumierte Rohre verwendet werden und diese in eine Lage von 30 bis 50 cm Sand oder Kies gebettet werden (I. Müller: Wass.-Wirtsch. u. Techn. **2,** 275–281 [1952]). Am besten ist ein besonderer Schutzanstrich nach Schlumberger. Chloridgehalte über 200 mg/l Cl^- begünstigen den Metallangriff besonders bei weichen Wässern (H. Klut: Trink- und Brauchwasser, Berlin [1924]). Flußstahlrohre (Habitrohre) mit guten Bitumenanstrichen haben sich in Grenzfällen bewährt. Im Brackwasser- und Seewassergebiet werden eiserne Rohrleitungen stark angegriffen (Wasserwerk Emden); dort müssen die eisernen Rohre durch geschmolzene Bitumina oder Steinkohlenteerpech, sog. Synoplaste, geschützt werden (DIN 28600).

Stehendes Wasser verursacht gerade bei eisernen Rohrleitungen, wie bereits gesagt, stärkeren Rohrangriff als fließendes Wasser, weshalb sich eine ungünstige Wasserbeschaffenheit in den Endsträngen besonders auswirkt.

Korrosionsschäden werden auch durch „Kathodenschutz“ vermieden (s. M. E. Parker: Kathodenschutz, 2. Aufl., Essen [1965]).

Neuerdings gibt es in Wohnbauten mitunter Rohrkorrosionen von außen, da Mörtel jetzt häufig mit „Schnellbindern“, die Calciumchlorid enthalten, hergestellt wird.

Magnesit-Estriche, die durch Anrühren von Magnesiumcarbonat mit Magnesiumchlorid-Lösungen hergestellt sind, führen bei mangelnder Isolierung ebenfalls zu Lochfraß von außen her.

Wasserbeschaffenheit und Rohrnetz. Folgende Grenzwerte gelten für unverzinkte und verzinkte Eisenrohre (Sättigungsindex = 0):

bei verzinkten Rohren −0,5;

rostschutzverhindernde Kohlensäure = 0;

pH-Wert gleich oder wenig unter dem Gleichgewichts-pH-Wert;

Carbonathärte: bei Strömungsgeschwindigkeiten bis 0,5 m/sec = 6,0 °dH,
bei Strömungsgeschwindigkeiten über 0,5 m/sec = 2,0 °dH;

Sauerstoffgehalt: bei Strömungsgeschwindigkeiten bis 0,5 m/sec = 6,0 mg/l,
bei Strömungsgeschwindigkeiten über 0,5 m/sec = 2 mg/l O_2;

Chloridgehalt: 150 mg/l Cl^-.

Kupfer-Rohre: Ganz weiche, sauerstoffreiche Wässer greifen Kupfer anfänglich an. Sauerstoffmangel und Sauerstoffabwesenheit führen bei jedem Wasser zu Lochkorrosionen von Kupferrohren, genau wie bei eisernen Rohren und umgekehrt wie beim Bleirohr. Von den natürlichen Salzen des Wassers wird Kupfer nicht angegriffen, auch die bei neuen Kupferrohren sich bald bildende Kupfer(I)-oxidschicht nicht.

Es wird nämlich alsbald eine Schutzschicht von Kupfer(I)-oxid gebildet, sofern das Leitungswasser keine „überschüssige freie Kohlensäure“ (S. 130) enthält. Später lagern sich darauf noch basische Kupfercarbonate als grüne Schicht ab, die vor weiterem Angriff schützt. Bei Warmwasser bildet sie sich schneller aus und ist hellgrün ($CaCO_3$-Einschlüsse).

Saure Wässer (pH < 6) mit geringer Carbonathärte geben in Kupferrohren Lochfraß und Flächenangriff, besonders in heiß betriebenen Warmwasserleitungen, nicht nur im Zusammenhang mit Manganabscheidungen, wie früher angenommen wurde (O. von Franqué, D. Gerth u. B. Winkler: „Werkstoffe und Korrosion **23,** 245 [1972]).

Lochfraß tritt aber auch bei harten und mittelharten Wässern an wechselweise kalten und warmen Wasserträgern und Behältern auf (ausgefüllt mit blaugrünen Kupfercarbonaten, die mit Kupferoxid und Calciumcarbonat gemischt sind) (V. F. Lucey, Werkstoffe und Korrosion **26,** 185−192[1975]).

Bisher war ein Kohlenstoff-Film (von der Fertigung her) oft Anlaß zu Lochkorrosionen von Kupferrohren. Jetzt werden Kupferrohre nur noch aus phosphordesoxidiertem Kupfer (SF-Kupfer nach DIN 1786 (S = desoxidiert F = reines Kupfer)) hergestellt; die nach D. Gerth weniger zu Lochfraß führen (s. auch DIN 50930, 1988). Für Kupferrohre ist das Gütezeichen RAL geschaffen worden. Spannungsrißkorrosion ist bei SF-Kupfer nicht bekannt, außer bei Nitrit (GWF 1983).

Bei weichen Wässern mit Überschußkohlensäure und pH-Werten unter 6,8 werden Kupferrohre angegriffen, besonders bei im Rohrnetz auftretenden Sauerstoffmangel, und zwar flächig, jedoch auch bei pH-Werten über 10.

Hoher Ammoniumgehalt ist ungünstig für Kupferrohre, ebenso hoher Sulfat-, Nitrit- und Chlorid-Gehalt.

Lochfraß gibt es bei Kupferrohren aber auch bei jeder Wasserbeschaffenheit, wenn kleinste Partikel von Eisen- und Manganoxiden oder Partikel anderer Art sich an den Rohrinnenwandungen ansetzen. Deshalb müssen vor Kupferrohr-Hausleitungen Feinstfilter eingebaut werden („Stand der Technik"), s. auch L. W. Haase: Werkstoffzerstörung und Schutzschichtbildung im Wasserfach, Weinheim [1951] sowie Merkblatt d. Zentralverb. Sanitär- und Heizungstechnik [1970].

Inkrustationen sind bei den glatten Kupferrohren sehr selten beobachtet worden. Kupferrohrverwendung DVGWArb. Bl. W 320.

Sehr hoher Salzgehalt wirkt auf Kupfer stark korrodierend (L. W. Haase u. O. Ulsamer: Die Umschau, H. 4 [1934]). Solewässer greifen jedoch erfahrungsgemäß Kupferrohre nicht an, sofern sie sauerstofffrei sind, was in der Regel bei Solquellen der Fall ist.

Messingrohre werden von sauerstoffhaltigen aggressiven Wässern vornehmlich unter Herauslösung von Zink angegriffen (L. W. Haase, Ges. Ing., Nr. 49 [1933]). Besondere Bronzelegierungen und Phosphorbronze sind aber für Solquellen-Fassungen brauchbar, besonders Nickelbronze. Je härter das Wasser ist, desto günstiger ist es für Kupferrohre. Warmwasser greift Kupferrohre stärker an als Kaltwasser.

Kupfer wird von H_2S-haltigen Wässern stark angegriffen, was besonders wichtig für Heilquellenfassungen ist; bei diesen ist Phosphorbronze oder Kunststoff als Rohrmaterial vorzuziehen (s. u.), besonders vorteilhaft sind Obo-Rohre und Schönebekker-Filter.

Element-Bildung bei Kupferrohren

Installationsfehler werden immer wieder gemacht durch Einbau von Kupferrohren vor Eisenrohren; Kupferrohre dürfen in der Fließrichtung nur *nach* Stahlrohren installiert werden, sonst gibt es Element-Bildung; bei Verbindung von Kupferrohren und Zinkrohren ist es ähnlich: wenn Kupferrohre nach Zinkrohren installiert werden, gibt es keine Elementbildung.

Einen Nachteil haben die an und für sich sehr korrosionsbeständigen Kupferrohre: wenn Eisen- oder Manganabscheidungen sich an Kupferrohr-Wandungen ansetzen, gibt es an diesen Stellen Lochfraß. Das Leitungswasser muß also eisenfrei und manganfrei sein und darf nicht zur Wiedervereisenung in vorherliegenden Eisenrohren führen.

In Herkulaneum wurden Kupferrohre ausgegraben, die dort vor 3000 Jahren verlegt worden waren.

Messingrohre mit gewissem Arsengehalt sind gegen Salzwasser beständig. Zinkfreie Bronze hat sich bei Solen bewährt, in Bad Salzuflen auch bei Armaturen. SF-Kupferrohre sind gegen Spannungsrißkorrosion unempfindlich.

Verzinkte Rohre

Nach DIN-Form 2444 darf für Zinküberzüge auf Stahlrohren nur Hüttenzink mit mindestens 98,5% Reinheitsgrad verwendet werden. Nach DIN 1706 darf Hüttenzink nur 1,4% Blei und 0,2% Cadmium enthalten. Feuerverzinkte Rohre sind für Wasserleitungen bedeutend günstiger als die billigeren galvanisch verzinkten Rohre, die nur dünne Zinkhaut haben.

Verzinkte Rohre dürfen nicht höheren Temperaturen als 65 °C ausgesetzt werden; das ist auch die obere Anwendungsgrenze für Boiler aus Zinkblech und verzinktem Stahl (Warmwasser-Korrosion des Zinks). Bei 60 °C ist nämlich die Korrosion viermal so stark wie bei Zimmertemperatur.

Verzinkte Rohre für Wasserleitungen sollen durch Ausblasen mit Dampf hergestellt werden (nicht mit trockener Luft). DIN 50930 und 50931 sind für die Wasserleitungsrohre maßgebend, für verzinkte Rohre DIN 24.

Über die gesundheitliche Bedeutung des Zinks S. 274. Über das Auftreten des „Zinkgeriesels“ im württembergischen Raum bei feuerverzinkten Kaltwasser-Rohren berichten G. Werner, E. Wurster und H. Sontheimer (GWF **114,** 105–110 [1973]). Nach ihrem Bericht ist ein Zusammenhang mit der Wasserbeschaffenheit nicht feststellbar, auch nicht in zahlreichen Versuchen mit zwei ganz verschiedenen Wässern.

Betr. „Sättigungsindex“ S. 132. Von luftfreien, kohlensäurehaltigen Wässern wird Zink aus den Rohrwandungen herausgelöst, besonders von weichen Wässern. Nach Baylis lösen alle Wässer mit pH-Werten unter 6,5 Zink aus den Rohrwandungen. Verzinkte Rohre sollten deshalb nur bei hartem Wasser ohne aggressive Eigenschaften verlegt werden. Aber auch stark alkalische Wässer, also solche mit pH-Werten über 9,0, greifen Zinkrohre an und lösen das Zink als Zincat heraus oder geben „Zinkgeriesel“, ebenso Messingrohre. Chloride und Sulfate verstärken die Zinkkorrosion.

Höherer Nitratgehalt bewirkt erhöhte Korrosion bei Zinkrohren, besonders bei neuen ($>$20 mg/l NO_3^-).

Aluminium wird von hartem Leitungswasser in der Wärme braun oder schwarz verfärbt (Brunnenwasserschwärzung der Aluminium-Kochgeschirre) (D. Altenpohl: Metalloberfläche **9,** 118–121 [1955]). Im Meerwasser ist Aluminium beständig, ebenso wie in Schwefelwässern (K. E. Quentin u. Pachmeyer [1964]).

Zinn wird von Wasser nur wenig angegriffen. Bei Verzinnung der Eisenrohre ist zu beachten, daß das Zinn bleifrei sein muß, da das Blei sonst herausgelöst werden kann.

Blei wird von allen weichen und auch harten Wässern mit Überschuß-Kohlensäure angegriffen (S. 137).

Kunststoffrohre

Bei aggressiven Wässern und Böden werden seit 25 Jahren Kunststoffrohre verwendet (W. Reinhold: Komm. Wirtsch. **7** [1956] und M. Mosler: Komm. Wirtsch. **8,** 231–237 [1957]).

Kunststoffrohre haben den Vorteil, daß sie von keinem Wasser angegriffen werden. Kohlensäure, Huminsäuren, Sulfate und Chloride können in jeder Menge im Leitungswasser und im Boden vorhanden sein, ohne daß Kunststoffrohre Schaden leiden. So haben sich Kunststoffrohre in der Bädertechnik und bei der Fortleitung von Mineralwasser bestens bewährt (Wevelmeyer: Heilbad und Kurort [1958]). Immerhin gibt es auch Produkte, die bei aggressiven Wässern ungünstig sind. Nach W. Reinholdt sind Rohre auf PVC-Basis (Polyvinylchlorid) besser geeignet als Polyäthylenrohre (Komm. Wirtsch. **7,** 316–318 [1956]). J. Böing kam von einer anderen Seite zu dem gleichen Schluß (Z. f. Bakt. Org. **168,** 324–328 [1957]). PVC-Rohre sind für Hauptleitungen, PE-Rohre für Anschlußleitungen günstiger (RVGWArb. Bl. W 326 PVC hart).

Manche Kunststoffe können den Bakterien als Nährboden dienen, besonders schlechte Polyäthylenrohre. Man überzeuge sich bei Ankauf durch Versuche mit dem gepulverten Rohrmaterial, ob es von aggressivem Wasser aufgenommen wird. F. Scheminsky hat durch Fluoreszenzanalyse festgestellt, daß von einigen Kunststoffsorten organische Stoffe in das Wasser übergehen (Fundamenta balneologica **1** [1958]). Das mag die Ursache dafür sein, daß bei Trinkwasserkontrollen eine Keimvermehrung festgestellt wird, wenn das Wasser in Kunststoffrohren stagniert. Nach W. Ahrens und Ch. Siegert ist diese Keimvermehrung jedoch nur anfänglich vorübergehend bei neuen Kunststoffrohren feststellbar (GWF **98,** 345–351 u. 661–663 [1957]). W. Zimmermann fand bei PVC-Rohren günstigere Keimzahlen als bei Polyäthylenrohren (Städtehygiene **7,** 266–268 [1956]). W. Schwartz und A. Müller haben diese Fragen eingehend geprüft und gefunden, daß Kunststoffrohre genau so wie alle anderen Rohre beim Stagnieren von Wasser anfänglich Keimvermehrungen zeigen (Kunststoffe **47,** 583–588 [1957]). H. Unger fand keine Keimvermehrung in Kunststoffrohren aus Polyvinylchlorid (Wasser u. Boden **12,** 144–148 [1960]).

Der DVGW hat ein Prüfzeichen, das DVGW-Zeichen für Trinkwasserleitungsrohre aus Kunststoff, herausgebracht. Nach dem DVGW-Merkblatt W 325 dürfen Kunststoffrohre für diesen Zweck kein Bakterienwachstum und Algenbildung begünstigen; sie dürfen auch keinen Geruch und Geschmack an das Wasser abgeben und keine Peroxid-Reaktion geben (vom Benzoylperoxid vom Herstellungsprozeß herrührend). Zur Herstellung derselben darf kein Regenerat verwendet werden. Die DVGW-Arbeitsblätter W 320 bis 323 regeln die Verlegung, Druckprüfung und Rohrverbindungen bei Kunststoffrohren (s. a. DIN 19532). Wichtig sind auch die Rohrverbindungen (Bayer. Landesamt für Wasserwirtschaft).

Die KTW-Empfehlungen geben genaue Beurteilungsgrundsätze für die Herstellung von Kunststoffrohren (Bundesgesundheitsblatt **20,** 1977 Nr. 1). Das Bundesgesundheitsamt hat gesundheitliche Prüfmethoden empfohlen (1968 u. 1974). PVC-Rohre sind u. U. luftdurchlässig, ebenso schlechte Polyethylenrohre.

Wenn die alte Regel bei der Probenahme beachtet wird, daß man eine Viertelstunde ablaufen lassen muß, wird man auch in bakteriologischer Hinsicht keinen Nachteil bei Kunststoffrohren gegenüber metallischen Rohren finden.

Nur auf eines muß bei den Kunststoffrohren noch hingewiesen werden, daß nämlich manche Kunststoffe mit Stabilisatoren, die Blei, Cadmium und Barium enthalten, hergestellt werden. Belgische und niederländische Wasseruntersuchungsämter haben geringe Bleimengen im Wasser aus Versuchsrohren aus verschiedenen Kunststoffen gefunden, anfänglich 1 mg/l Pb, später 0,3 mg/l Pb und weniger. Eine von acht Sorten, die ständig mehr als 0,3 mg/l Pb abgab, wurde vom Niederländischen Kiwa-Institut beanstandet. (R. Buydens: Bull. Centr. Belg. d'Etude des Eaux 84–88 [1958] und W. D. Tiedemann: J. Amer. Water Works Ass. **46,** 775–785 [1954] und Ref. in Lit. Ber., H. 1 [1959]).

Inzwischen ist die Fertigung der Kunststoffrohre mehr und mehr auf die Wasserleitungsbelange eingestellt worden, nicht zuletzt durch die Einführung des DVGW-Prüfzeichens für K-Rohre. H. Sontheimer und J. Wagner haben deshalb bei ihren Versuchen günstigere Resultate erhalten; nur anfänglich waren Bleiabgaben an 0,01 N und 0,001 N Natriumhydrogencarbonat-Lösungen feststellbar (GWF **110,** 487–492 [1968]).

In der Heilquellentechnik haben sich Kunststoffrohre auch bei Fortleitung von Schwefelwasserstoff-Heilwässern gut bewährt. Deshalb sollte man bei der Förderung von H_2S-haltigem Grundwasser bis zur Aufbereitungsanlage im Wasserwerk jetzt Steigrohre und Leitungsrohre aus Kunststoff bevorzugen.

Bei Säuerlingen haben sich K-Rohre ebenfalls gut bewährt, auch bei sehr tiefen Brunnenfassungen (H. Herterich u. F. Schwille: Heilbad u. Kurort **10,** 56–60 [1958]).

In der Wasserleitungstechnik hat – so kann man sagen – im Jahre 1959 das Kunststoff-Zeitalter begonnen, nachdem auch die Preisgestaltung durchaus wirtschaftlich geworden ist. Das ist nicht nur technisch ein großer Fortschritt wegen der Rohrverlegung und der Korrosionsbeständigkeit gegenüber jedem Wasser und Boden, sondern auch für die Wasserhygiene (S. 218). Das Bundesministerium für Atomenergie und Wasserwirtschaft hat deshalb die „Vestolen-Rohre" der Chem. Werke Hüls, die in Längen bis 1000 m geliefert werden, empfohlen (s. Bundesgesundh. Bl. **5,** 242 [1962]).

Eine Weiterentwicklung der Kunststoffrohre sind die K-Rohre aus Epoxidharz und Vinylesterharz mit Glasfaser-Verstärkung (Lieferfirma: Deutsche Fibercast, Eschweiler).

Druckrohre aus Hostalen

„Gd1 5010" sind gemäß Arbeitsbl. W 322 druckfest, korrosionsfest, biegsam und über 50 Jahre haltbar sowie temperaturbeständig (Fa. Höchst). Auch die Verlängerung der Kunststoffrohre ist durch die Poly-Fac-Plus Schnellverschraubung der Metallwerke Seppelfricke jetzt denkbar einfach (DIN 8076).

Neuerdings werden auch mit Polyester verstärkte Kunststoffrohre als Wasserleitungsrohre geliefert; sie sind gegen Druck und Erwärmung besonders widerstandsfähig.

Kunststoffrohre sind glattwandig und geben deshalb geringeren Reibungswiderstand und keine Inkrustationen; sie sind leicht zu verlegen („ohne schweres Rüstzeug"). Prüfungen auf gesundheitliche Auswirkungen von Kunststoffrohren werden gemäß TW-Empfehlungen des Bundesgesundheitsamtes vom Hygiene-Institut, Gelsenkirchen, vom Engler-Bunte-Institut, Karlsruhe, und von der Bundesanstalt für Materialprüfung, Berlin-Dahlem, durchgeführt u. a. durch Chlorzehrungstest im Leitungswasser, TOC, Blei u. a.

Asbestzementrohre

Asbestzementrohre haben in der letzten Zeit in der Wasserleitungstechnik unter den Bezeichnungen Durit, Eternit, Fulgurit, Toschi und Wanit weitgehende Verwendung gefunden, da sie sehr widerstandsfähig gegen hohe Salzkonzentrationen von innen und von außen her sind. Auch hoher Sulfatgehalt schadet den Asbestzementrohren nicht. Nach Carière (GWF H. 2 [1956]) haben Gehalte von 2000 mg/l $CaSO_4$ und 5000 mg/l Na_2SO_4 und $MgSO_4$ keinen korrosiven Einfluß auf Toschi-Rohre bei ausgedehnten Versuchen in den Niederlanden gehabt. Zu dem gleichen Resultat kam Ph. H. Perkins (J. Amer. Water Works Ass. **50,** 257–262 [1958]). Asbestzementrohre sind auch gegen elektrische Ströme unempfindlich (s. auch GWZ **120,** 1979, S. 62f.).

Bei der Fassung und Fortleitung der stark aggressiven thermalen Säuerlings-Solen mit hohem Hydrogencarbonatgehalt haben sich die Toschi-Rohre bewährt, bei Säuerlingen die Obo-Rohre (Fa. Bosse u. Preußag AG). Für Thermalquellen-Fortleitung und -Förderung haben die Obo-Rohre sich auch wegen der besonders hohen Wärmehaltung bewährt (G. Gärtner, Z. Bohrtechnik u. Brunnenbau 1957, S. 4).

Bei extrem weichen Wässern leidet aber die Festigkeit der Asbestzementrohre in wenigen Jahren, bei neuverlegten Asbestzementrohren gibt es starke pH-Erhöhung, besonders bei Stillstandszeiten bis pH 11 (J. Am. Wat. W. Ass. **63** [1971]).

Aufgeworfene Bedenken wegen der Abscheidung von Asbestfasern und Gesundheitsschädigungen wurden zerstreut (J. Amer. Water Works Ass. **66** [1974], No. 9, AWWA-Report). Huminsäuren schaden den Asbestzementrohren ebensowenig wie Schwefelwasserstoff. Nur höherer Gehalt an aggressiver Kohlensäure bei niedriger Carbonathärte ist schädlich; bei diesen Wässern ist Bitumenauskleidung und außen Teerpechverkleidung notwendig. Wenige mg/l aggressive Kohlensäure sind aber belanglos.

Eternit-Druckrohre sind für Überland-Wasserleitungen gut geeignet, auch in moorigen und salzhaltigen Böden. Im Verbandswasserwerk Süderditmarschen haben sie sich gut bewährt, da sie auch elastisch sind (Fa. Eternit AG).

Nachdem die Oettel-Kupplung eine bessere Verbindung der Asbestzementrohre ermöglicht, werden die Asbestzementrohre im Wasserfach viel verwendet, neuerdings auch Betonrohre mit Polyesterauskleidung.

Hagusta-Rohre und Hagusta-Filterrohre sind gegen jegliche Korrosion unempfindlich (Hagusta GmbH, Renchen).

Steinzeug-Rohre sind mechanisch und chemisch besonders widerstandsfähig, werden aber mehr zur Entwässerung verwendet, in früheren Zeiten zur Wasserversorgung.

f) Trinkwasserbehälter

Verhalten des Wassers in Behältern. Zur Deckung von stoßweisem Wasserverbrauch und für den Spitzenbedarf zu bestimmten Tageszeiten sowie für eine Feuerlöschreserve werden von den meisten Wasserwerken Behälter angelegt. In diesen kommt das Wasser z. T. erstmalig mit der Luft in Berührung; sauerstofffreie Wässer nehmen dabei Sauerstoff auf, wodurch schon ein geringer Eisengehalt sich durch

Verfärbung des Wassers bzw. durch Ausscheidungen unangenehm bemerkbar macht. Wenn Mangan im Wasser vorhanden ist, macht sich dies auch im Rohrnetz durch Abscheidung bemerkbar. Wenn daher in selteneren Fällen das Reinwasser geringe Mengen Eisen und Mangan enthält, wird man unnötige Berührung des Wassers mit der Luft vermeiden, indem man z. B. das Wasser von unten her in den Behälter eintreten läßt und ein häufiges Leerlaufen des Behälters vermeidet.

Wenn das Wasser kein Eisen und kein Mangan enthält und zu wenig Sauerstoff, dann läßt man es aus dem möglichst hoch aufgerichteten Zulaufrohr in den Behälter herabstürzen. Dabei wird eine geringe Abnahme von Überschuß-Kohlensäure erwirkt und Sauerstoff aufgenommen. Man kann also dadurch unter Umständen eine Belüftungsanlage ersparen. Bei härteren Wässern, die gerade im Kalk-Kohlensäure-Gleichgewicht stehen (S. 137), und bei solchen, die zu wenig zugehörige Kohlensäure haben (S. 139), ist dies aber nachteilig, da Kalkabscheidungen erfolgen. Bei diesen muß das Wasser von unten her in den Behälter eingeführt werden. Auch alle Gefällestufen in Quellfassungen sind bei solchen Wässern zu vermeiden.

Besondere Aufmerksamkeit muß in Zukunft der guten, gleichmäßigen Durchströmung der Trinkwasserbehälter gewidmet werden (Fr. Dosch [33a] u. J. Reitinger: Gas, Wasser, Wärme **23,** 33–39 [1969]). Dasselbe gilt für den Behälter-Anstrich, bes. für Kunststoff-Deckenanstriche (H. Barth: GWF **110,** 483–486 [1969]).

Behälter-Anstrich. Früher wurden Trinkwasser-Behälter mit Bitumen-Anstrichen, neuerdings mit Chlorkautschuklacken u. a. Kunststoffanstrichen oder mit Folienbelägen ausgekleidet. Manche Kunststoffanstriche haben sich nicht bewährt, auch Chlorkautschuk nicht.

Fester Sitz und lange Haltbarkeit zeichnen aber die Zweikomponenten-Reaktionslacke auf Epoxidharzbasis neben einer gewissen Flexibilität aus.

Nach dem DVGW-Arbeitsblatt W 31 sollen Schutzüberzüge für Beton nur bei aggressiven Wässern vorgenommen werden; jedoch hat ein Schutzanstrich wegen der glatten Oberfläche, besseren Übersicht und besserer Reinigungsmöglichkeit neben dem Korrosionsschutz immer große Vorteile.

Natürlich müssen die Anstriche und Folien gut „sitzen“. Sonst gibt es Blasenbildung und lokale Bakterien- und Pilzansammlungen aufgrund freiwerdender organischer Stoffe. Bei zu früher Einspeisung des Wassers nach Neuanstrich eines Behälters, kann es ebenfalls zu Keimvermehrungen infolge Zutritt von organischen Stoffen kommen, ebenso wie zu Geruchs- und Geschmacksbelästigungen.

Eine sorgfältige Auswahl der Innenauskleidung der Trinkwasserbehälter ist ebenso wichtig wie die des Außenanstrichs im Grundwasser und Sickerwasser (s. auch DVGW-Arbeitsblatt W 311).

Ein Kunststoff-Deckenanstrich gab zu Schimmelpilz-Entwicklung Anlaß (H. Barth: GWF **110,** 483 [1969] und K. Speh, E. Tofern u. K. Botzenhart: GWF **117,** 259–263 [1976]).

In den Schwimmschichten in Trinkwasser-Behältern treten neben Kalkabscheidungen auch Mikroorganismen auf, die bei starkem Absinken der Behälterfüllungen auch ins Rohrnetz gelangen können und dort ungünstige Keimzahlen bewirken (E. Thofern u. K. Botzenhart: GWF **110,** 1184–1187 [1969]).

Schwitzwasser-Bildung an den Decken der Trinkwasser-Behälter ist zu vermeiden, da sie zur Verkeimung des Behälterwassers führt. Durch Zufuhr von gefilterter Luft kann dies vermieden werden (J. Alexander: Schrift.-Reihe WaBoLu, Nr. 31, 187, ferner E. Tofern u. K. Speh: GWF **115,** 538–541 [1974] und D. Schwarz, Berichte der Dortmunder Stadtwerke).

Trinkwasser-Speicher. Für die Wasserversorgung aus Flüssen mit zeitweilig schlechter Wasserbeschaffenheit plant man neuerdings Auffangspeicher mit gutem Flußwasser, um die Zeiten besonders ungünstiger Wasserbeschaffenheit zu überbrücken. Die Holländer haben bereits vor einigen Jahren damit begonnen und jetzt den größten europäischen Trinkwasser-Speicher fertiggestellt.

Für Hauswasserleitungen gilt DIN 1988.

3. Wasserstoffionen-Konzentration, pH

Die Wasserstoffionenkonzentration gibt die aktuelle Konzentration an H^+-Ionen an. Zum Unterschied davon geben Acidität und Alkalität die potentielle Menge an H^+- und OH^--Ionen als Verbrauch von Normallauge bzw. Normalsäure an.

Reines Wasser ist zu einem außerordentlich geringen Anteil in seine Ionen – H^+-Ionen und OH^--Ionen – gespalten. Da das reine Wasser neutral ist, enthält es gleich viel H^+- und OH^--Ionen; 1 Liter chemisch reines Wasser enthält ein zehnmillionstel Gramm Wasserstoffion = 10^{-7}. Ist die Wasserstoffionenkonzentration höher, z. B. ein millionstel Gramm je Liter = 10^{-6}, so wird das Wasser als sauer bezeichnet, ist sie niedriger z. B. 10^{-8}, so wird es als alkalisch bezeichnet. Dasselbe gilt für alle wäßrigen Lösungen, die Elektrolyte – Säuren, Basen oder Salze – enthalten. Die Werte können zwischen 10^{-1} und 10^{-14} schwanken.

An Stelle der Wasserstoffionenkonzentration wird die aktuelle Reaktion durch den pH-Wert angegeben. pH (pondus Hydrogenii) ist der negative Logarithmus der Wasserstoffionenkonzentration, z. B. $H^+ = 10^{-7}$; pH = 7.

pH unter 7 = sauer
(pH 1–7,0)

pH 7 = neutral

pH über 7 = alkalisch
(pH 7,0–14,0).

Der pH-Wert ist in wassertechnischer Beziehung wichtig; fast alle Wässer mit pH-Werten unter 7,0 haben materialangreifende Eigenschaften[1]. Sie enthalten zumeist freie überschüssige Kohlensäure (S. 234), die zu Rohranfressungen und Zerstörung von Beton und Mauerwerk der Sammelbehälter Veranlassung gibt. Aber auch Wässer mit pH-Werten über 7,0 (7,0 bis 7,5) können aggressive Eigenschaften haben, wenn sie wenig Calcium-Ionen enthalten (S. 235). Da es sich um eine logarithmische Bemessung handelt, ist ein Unterschied von wenigen zehntel pH-Stufen schon erheblich.

[1] Außer den sehr harten Wässern, bei denen das Kalk-Kohlensäure-Gleichgewicht bei pH 6,8–6,9 liegt.

In warmen Ländern gibt es häufig sodahaltige Grundwässer und Oberflächenwässer mit pH-Werten über 9,0 (z. B. in der ungarischen Pußta, auch im „Seewinkel" am Neusiedler See und in Jugoslawien). Derartig hohe pH-Werte sind von Bedeutung für die Korrosion von metallischen Leitungsrohren (außer Eisen) (S. 218f.).

Stehende Gewässer haben im Sommer infolge von Kohlensäure-Assimilation des Planktons und der Unterwasserflora tagsüber hohe pH-Werte, bis 9,0 und darüber. Bei Talsperren, die zumeist weiches Wasser haben, ist dies weniger der Fall, weil sie planktonarm sind.

Normalerweise haben Grundwässer pH-Werte zwischen 6,0 und 8,0, meist pH 7,0 bis 7,5. Häufig kommen aber auch pH-Werte von weniger als 6,0 vor. Die betreffenden, meist kohlensäurereichen Wässer sind stark aggressiv und müssen vor der Einspeisung in das Leitungsnetz entsäuert werden. Leitungswasser soll pH-Werte über 7,0, möglichst 7,3 bis 7,5 haben; es soll im Kalk-Kohlensäure-Gleichgewicht stehen (S. 234). Neuerbohrte Brunnen aus kalkreichen Böden haben oft Wasser mit pH-Werten über 8,0, Wässer aus frischgemauerten Kesselbrunnen oder Wasserbehältern haben ebenfalls oft derartig hohe pH-Werte. Nach einigen Wochen sinkt der pH-Wert ab.

4. Kohlensäure

Vorkommen. Freie und gebundene Kohlensäure kommt in jedem natürlichen Wasser vor, wenigstens in Mengen von einigen mg/l. Freie Kohlensäure ist größtenteils gasförmig als CO_2 gelöst und nur zum geringen Prozentsatz (0,7%) als hydratisierte Kohlensäure (H_2CO_3) vorhanden, die in H^+-Ionen und HCO_3^--Ionen dissoziiert.

Gewöhnlich beträgt der Gehalt an freier Kohlensäure im Grundwasser 10 bis 20 mg/l CO_2, häufig kommen jedoch auch Wässer mit 30 bis 80 mg/l und darüber vor. Natürlich gibt es auch Übergänge zu den Mineralwässern, die 1000 mg/l CO_2 und mehr haben, z. B. „Säuerlinge", die mindestens 1000 mg/l CO_2 haben müssen (S. 342).

Das Sickerwasser, d. h. das in das Grundwasser herabsickernde Wasser, belädt sich in den obersten Bodenschichten mit der dort auf biogenem Wege entstandenen Kohlensäure und ist kohlensäurereich und daher aggressiv (s. K. Höll: Jb. „Vom Wasser", **30** [1963]). Die Bodenluft hat etwa 30- bis 50mal soviel Kohlensäure wie die atmosphärische Luft.

Oberflächenwässer haben im allgemeinen viel weniger freie Kohlensäure als Grundwässer, meist nur einige wenige mg/l, höchstens 10 bis 15 mg/l (im Winter). In den Oberflächenschichten vieler nährstoffreicher Seen wird im Sommer durch die Mikroorganismen des Wassers (Planktonlebewesen) oft lange Zeit die gesamte freie Kohlensäure und manchmal auch ein Teil der Hydrogencarbonatkohlensäure verbraucht (letztere außerdem durch submerse Wasserpflanzen). Das Wasser ist dann phenolphthaleinalkalisch und hat pH-Werte über 8,0. In den Gewässern warmer Länder ist dies bei der starken Lichteinstrahlung sehr häufig der Fall.

In den tieferen Zonen der Seen, unterhalb der „Sprungschicht", können die CO_2-Verhältnisse während der Stagnationsperiode ganz anders sein als in den oberflächlichen Schichten des Pelagials. Während der Zirkulationsperiode im Frühjahr und im Herbst findet ein Ausgleich der Schichten statt.

Durch Gärungen in der Schlammregion werden mit den Vertikalströmungen die CO_2-Vorräte der Oberflächenschichten von Zeit zu Zeit wieder aufgefüllt.

Die gebundene Kohlensäure findet sich gewöhnlich an Calcium und Magnesium als Hydrogencarbonat gebunden; sie bedingt die Carbonathärte des Wassers. In warmen Ländern findet sich auch Calcium- und Magnesiumcarbonat und manchmal Natriumhydrogencarbonat und Natriumcarbonat, besonders in kohlensäurefreien Oberflächenwässern, den sog. Soda-Seen, z. B. dem Neusiedler See. Auch in deutschen Küstengebieten gibt es Grundwässer mit geringen Mengen Natriumhydrogencarbonat, in seltenen Fällen auch im Binnenland, z. B. bei Bad Nenndorf. Die Hydrogencarbonate sind im Wasser in Ca^{2+}- bzw. Na^+-Ionen und HCO_3^--Ionen gespalten.

Hygienische Bedeutung hat der Kohlensäuregehalt kaum. In seltenen Fällen kann freie Kohlensäure als Zersetzungsprodukt auf Verwesungsvorgänge zurückgeführt werden. Infolge der Lösungsvorgänge im Boden ist dann auch der Gehalt an gebundener Kohlensäure erhöht (Sickerwasser s. o.).

Ein gewisser Kohlensäuregehalt gibt dem Wasser einen angenehmen, erfrischenden Geschmack.

5. Freie Kohlensäure

a) Technische Bedeutung des Kohlensäuregehalts des Wassers

Der Gehalt des Wassers an freier Kohlensäure spielt in wassertechnischer Hinsicht eine sehr große Rolle. Die freie Kohlensäure, insbesondere die überschüssige Kohlensäure (s. u.), hat nämlich die Eigenschaft, die metallischen Werkstoffe der Rohrleitungen sowie den kohlensauren Kalk im Mörtel und Beton anzugreifen und aufzulösen. Wasser für zentrale Wasserversorgung muß daher vor der Einspeisung in das Netz von der überschüssigen Kohlensäure befreit werden, entsäuert werden, wie es in der Wasseraufbereitungstechnik heißt. Nur bei sehr hartem Wasser ist ein geringer Überschuß von 1 bis 3 mg/l überschüssiger Kohlensäure tragbar. Bei weichen und mittelharten Wässern wirken sich kleine Mengen Überschuß-Kohlensäure jedenfalls viel ungünstiger aus als bei harten Wässern.

Die Korrosionswirkung der aggressiven Kohlensäure und des Sauerstoffmangels summiert sich ungleich stark.

Die Korrosion durch freie Kohlensäure ist im Gegensatz zur Sauerstoffkorrosion (Lochfraß) eine Flächenkorrosion.

Wenn eine Entsäuerung in den ersten Leitungsabschnitten zwischen der Brunnengalerie und dem Wasserwerk nicht möglich ist oder bei kleinen Anlagen nicht durchführbar ist, verwendet man als Rohrmaterial gut bituminierte Stahlrohre, z. B. das Habit-Rohr des Röhrenverbandes GmbH in Düsseldorf oder Asbestzement-Rohre (z. B. Eternit-Rohre) und neuerdings auch Kunststoffrohre und ObO-Rohre (Fa. Bosse) oder auch V2A-Stahlrohre in besonderen Fällen. Die Rohrweiten sollen in diesen Fällen möglichst gering sein, um schnellen Durchfluß zu erzielen.

Für den Innenanstrich von Wasserleitungsrohren darf nur reines, d. h. phenolfreies Erdölbitumen verwendet werden, da bei gechlortem Wasser der unangenehme Chlorphenolgeschmack auftreten würde (auch Cancerogene). Inertol ist besser geeignet für Innenanstriche.

In allen anderen Fällen müssen Wässer mit aggressiven Eigenschaften vor Einspeisung in das Rohrnetz entsäuert werden (S. 238f.) oder – in Grenzfällen – mit Polyphosphaten behandelt werden (S. 245). Wir unterscheiden also:

Wasser

a) aggressiv	b) mit Defizit	c) Gleichgewichtswasser
mit Überschuß-Kohlensäure = kalklösend und metallangreifend	an zugehöriger Kohlensäure = kalkabscheidend	Wasser steht im Kalk-Kohlensäure-Gleichgewicht. Schutzschichtbildend
pH-Wert niedriger als das Gleichgewichts-pH	pH ist höher als das Gleichgewichts-pH	pH-Wert = Gleichgewichts-pH-Wert

b) Die zugehörige Kohlensäure

Am Kalkangriff beteiligt sich nicht die gesamte freie Kohlensäure, sondern nur diejenige, die nicht als zugehörige Kohlensäure anzusehen ist. Die zugehörige Kohlensäure ist die zur Inlösunghaltung des Calciumhydrogencarbonats erforderliche freie Kohlensäure. Die darüber hinaus vorhandene freie Kohlensäure ist die überschüssige Kohlensäure, die Überschußkohlensäure. Geringe Mengen von Calciumhydrogencarbonat, die einer Carbonathärte unter 2,0 °dH entsprechen, benötigen keine zugehörige Kohlensäure; in ganz weichen Wässern ist also die gesamte freie Kohlensäure aggressiv.

Mit steigendem Gehalt an Calciumhydrogencarbonat steigt auch die zugehörige Kohlensäure; zusätzliches Calciumhydrogencarbonat benötigt auch zusätzlich zugehörige Kohlensäure (s. unter kalkaggressive Kohlensäure S. 237).

Über das Verhalten des Magnesiumhydrogencarbonats in bezug auf zugehörige Kohlensäure gehen die Ansichten noch immer auseinander. Während man früher annahm, daß Magnesiumverbindungen keine zugehörige Kohlensäure benötigen, nimmt man heute an, daß auch das Magnesiumhydrogencarbonat zugehörige Kohlensäure benötigt. L. W. Haase sagt sogar [37], „daß zur Aufrechterhaltung des Magnesium-Kohlensäure-Gleichgewichts mehr Kohlensäure als bei dem Kalk-Kohlensäure-Gleichgewicht erforderlich ist". L. W. Haase sagt an anderer Stelle seines Standardwerks über Korrosionsfragen [37]: „Größere Mengen von freier Überschußkohlensäure sind in Gegenwart von Magnesiumverbindungen, insbesondere von Magnesiumhydroxid, wenig schädlich". Die Praxis wird in der Mitte liegen. Etwas zugehörige Kohlensäure werden größere Mengen Magnesiumhydrogencarbonat sicherlich zur Aufrechterhaltung des Magnesium-Kohlensäure-Gleichgewichts auch benötigen.

c) Kalk-Kohlensäure-Gleichgewicht und Rostschutzschicht

Das Kalk-Kohlensäure-Gleichgewicht eines Wassers ist ein Zustand, bei dem das Wasser einerseits keine Kalkabscheidungen gibt, andererseits keine aggressiven Eigenschaften hat. Im Kalk-Kohlensäure-Gleichgewicht ist ein Wasser, wenn es gerade die notwendige Menge zugehöriger Kohlensäure hat. Ein solches Wasser bildet in den eisernen Rohren allmählich eine Schutzschicht von Calciumcarbonatkristallen mit Einlagerung von Magnesium- und Eisen(III)-Verbindungen – die Rostschutzschicht. Diese entsteht jedoch nur bei ausreichenden Sauerstoffmengen im Wasser und nur in Wässern mit einer Karbonathärte von mindestens 2,0 °dH.

Im bewegten Wasser, also in den Hauptsträngen des Rohrnetzes, müssen mindestens 3 mg/l O_2 im Wasser gelöst sein, in wenig bewegten Endsträngen müssen aber 6 mg/l O_2 vorhanden sein (DIN 50930 und 50931).

Die Rostschutzschicht in den Wasserleitungsrohren ist für eine geordnete Wasserversorgung unbedingt erforderlich. Bei Neuanlagen von Rohrnetzen setzt man zur schnellen Ausbildung dieser Schutzschicht jetzt Polyphosphate dem Wasser zu, auch dann, wenn das Wasser keine aggressiven Eigenschaften hat, auch Dinatriumphosphat.

Wasser mit einem Minderbetrag an zugehöriger Kohlensäure kommt in der Natur kaum vor, jedoch bei aufbereitetem Wasser ist dies häufig der Fall; bei diesem kommt es zu unerwünscht starken Kalkinkrustationen im Rohrnetz, zu Kalksinterbildungen und späterer Rohrlumenverengung.

Ganz weiche Wässer bilden nie eine Schutzschicht aus, auch wenn die Kohlensäure vollkommen aus ihnen entfernt ist (z. B. entsäuertes Talsperrenwasser). Bei diesen Wässern muß daher eine Phosphat-Impfung vor der Einspeisung in das Rohrnetz vorgenommen werden (S. 245).

Wasser mit überschüssiger Kohlensäure, d. h. einem Mehrbetrag als der zugehörigen Kohlensäure entspricht (s. o.), bildet keine Schutzschicht aus, sondern greift das Rohrmaterial an (s. u.).

Das Kalk-Kohlensäure-Gleichgewicht ist in starkem Maße von der Temperatur abhängig. Das spielt auch im Wasserwerksbetrieb mitunter eine große Rolle. Wenn die Wassertemperatur bei der Fortleitung im Rohrnetz steigt, was z. B. bei flach verlegten Rohren im Hochsommer leicht vorkommt, besteht die Gefahr von Rohrinkrustationen, da das Wasser dann der höheren Temperatur entsprechend zu wenig zugehörige Kohlensäure hat.

Huminsäuren verhindern die Schutzschichtbildung ebenso wie höherer Nitrat-Gehalt.

Allzu hohe pH-Werte verhindern eine Schutzschichtbildung. Bei den weichen Talsperrenwässern, wie z. B. bei dem Sösetalsperrenwasser, mit pH-Werten über 9,0 bildet sich trotz des Sodazusatzes keine wirkliche Schutzschicht aus, weil dem Wasser der hierzu notwendige Kalk fehlt. Nach der neuen Trinkwasser-Aufbereitungsverordnung wird in Zukunft eine Überalkalisierung des Wassers unterbunden.

d) Die Überschuß-Kohlensäure

pH-Wert in Gleichgewichtswässern. Normalerweise haben Wässer, die im Kalk-Kohlensäure-Gleichgewicht stehen, einen pH-Wert, der um 7,0 herum liegt. Harte Wässer, die neben viel gebundener Kohlensäure auch viel zugehörige freie Kohlensäure haben, haben oft niedrige pH-Werte, die bei pH 6,9 oder sogar pH 6,8 liegen können, auch wenn sie genau im Kalk-Kohlensäure-Gleichgewicht stehen. Demgegenüber können Wässer mit pH-Werten von 7,5 mitunter nicht unbeträchtliche Mengen von Überschußkohlensäure haben. Der pH-Wert allein reicht also für die Beurteilung der Aggressivität eines Wassers nicht aus. Bei einer Carbonathärte von 1,0 °dH ist das Kalk-Kohlensäure-Gleichgewicht bei pH ca. 7,9, bei einer Carbonathärte von 20,0 °dH liegt das Gleichgewicht bei pH ca. 6,9.

Rostschutzverhindernde Kohlensäure. Wenn ein Wasser gerade im Kalk-Kohlensäure-Gleichgewicht steht, d. h., wenn gerade so viel freie Kohlensäure im Wasser vorhanden ist, als zum Inlösunghalten des in diesem Wasser vorhandenen Calciumhydrogencarbonats notwendig ist, dann bildet sich die erwünschte Schutzschicht an den Eisenrohrwandungen ganz allmählich aus.

Wenn zuwenig freie Kohlensäure vorhanden ist, d. h. weniger als zum Inlösunghalten des in dem Wasser vorhandenen Calciumhydrogencarbonats notwendig ist, dann bildet sich die Schutzschicht zu schnell aus, und es gibt infolge des Kalkausfalls unerwünscht starke Rohrinkrustationen.

Wenn aber zuviel freie Kohlensäure im Wasser vorhanden ist, d. h. mehr als zum Inlösunghalten des vorhandenen Calciumhydrogencarbonats notwendig ist, dann bildet sich keine Schutzschicht aus, da das Calciumhydrogencarbonat in Lösung bleibt.

In Niedersachsen finden sich unbeeinflußte Grundwässer, die rechnerisch zuwenig freie Kohlensäure haben. Wenn man bei diesen aber den hohen Magnesiumgehalt entsprechend berücksichtigt, findet man, daß sie im Kalk-Kohlensäure-Gleichgewicht stehen. Hierdurch wird die Ansicht gestützt, daß Magnesiumverbindungen keine zugehörige Kohlensäure haben.

Bei einigen dieser harten Wässer findet man aber nach Berücksichtigung der Magnesiumverbindungen noch Überschußkohlensäure. Bei der hohen Nichtcarbonathärte kann man nach Heckmann annehmen, daß diese Überschußkohlensäure der Nichtcarbonathärte zugehörig ist.

U. Hässelbarth hat die Bedeutung der Nichtcarbonathärte, insbesondere der Magnesiumhärte, aufgezeigt. Nach seinen grundlegenden Ermittlungen hat ein Wasser mit einer höheren Carbonathärte als 12° mehr aggressive Kohlensäure, als nach der Tillmanns-Tabelle errechnet wird. Besonders trifft dies für höhere Magnesiumhärte zu.

Die gesamte über die zugehörige Kohlensäure hinaus vorhandene freie Kohlensäure, die überschüssige Kohlensäure im eigentlichen Sinne, ist die rostschutzschichtverhindernde Kohlensäure; diese wirkt sich im Wasser nicht nur schutzschichtverhindernd aus, sondern greift darüber hinaus die eisernen Rohre und Bleirohre der Wasserleitung an.

Wenn ein Wasser nicht im Kalk-Kohlensäure-Gleichgewicht ist, ist die gesamte überschüssige Kohlensäure als aggressiv gegenüber Metallen zu betrachten. Beim Angriff auf Beton und Mörtel ist dies anders (s. u.).

Bei Neuanlagen von Wasserwerken ist es zweckmäßig, von vornherein Kontrollrohrstücke in das Ortsnetz einzubauen, um eine Kontrolle über die Schutzschichtbildung bzw. über den Rohrangriff zu haben. Bei besonderen Vorkommnissen im Rohrnetz sollten solche später noch eingebaut werden, um die Aggressivität oder die Abscheidungen beobachten zu können.

Kalkaggressive Kohlensäure. Wenn ein Wasser mehr Kohlensäure enthält als dem Betrag der zugehörigen Kohlensäure entspricht, ist das Wasser auch kalkangreifend. Die kalkangreifende Kohlensäure ist ein Teil der überschüssigen Kohlensäure, nämlich der, der Calciumcarbonat als Hydrogencarbonat aufzulösen und in Lösung zu halten vermag. Bei diesem Lösungsvorgang entsteht zusätzliches Calciumhydrogencarbonat, das seinerseits auch wieder etwas zugehörige freie Kohlensäure zum Inlösungbleiben benötigt. Diese zugehörige Kohlensäure ist beim Begriff des Kalkangriffs von der überschüssigen Kohlensäure, der rostschutzschichtverhindernden Kohlensäure, abzuziehen. Der verbleibende Rest ist die kalkaggressive Kohlensäure. Die kalkaggressive Kohlensäure ist also nicht gleichzusetzen mit der rostschutzschichtverhindernden Kohlensäure.

Bleiangreifende Kohlensäure. Wiederum anders sind die Vorgänge beim Bleiangriff des Wassers, der nicht allein von der Kohlensäure, sondern auch in erster Linie, wie bereits oben ausgeführt, vom Sauerstoffgehalt abhängig ist.

Nur bei Anwesenheit von Sauerstoff findet Bleiangriff statt; auch bei Gegenwart von viel aggressiver Kohlensäure findet ein Bleiangriff nicht statt, wenn kein Sauerstoff im Wasser vorhanden ist.

Während bei sehr weichen, sauerstoffhaltigen Wässern immer mit Bleiangriff zu rechnen ist, auch wenn freie Kohlensäure nur spurenweise vorhanden ist, wie besonders bei Regenwasser, ist bei harten Wässern Bleiangriff nur zu befürchten, wenn die freie Kohlensäure mehr als ein Fünftel der gebundenen beträgt, sofern, wie oben erwähnt, Sauerstoff im Wasser vorhanden ist. Wenn bei harten Wässern die freie Kohlensäure weniger als 1/5 der gebundenen Kohlensäure ausmacht, findet praktisch keine Bleiaufnahme statt (K. Höll: Ges. Ing. **58,** 323–324 [1935]).

Bei kieselsäurereichen Wässern (> 10 mg/l SiO_2) wird die Bleiaufnahme des Wassers verzögert oder unterbleibt gänzlich (J. C. Threshe, J. F. Beale: The examination of waters and waters supplies, London [1925]).

Auch Phosphatgehalt des Wassers wirkt der Bleilösung entgegen (B. Haupt, Jb. „Vom Wasser“ XIV [1939]). Drei Faktoren sind es also, die der bleiaggressiven Kohlensäure gegebenenfalls entgegenwirken:

Sauerstoffmangel,
Silicate,
Phosphate.

Übersicht

Kohlensäure
Kohlendioxid im Wasser

Freie Kohlensäure		Gebundene Kohlensäure	
Zugehörige Kohlensäure	Überschüssige Kohlensäure	Ganz gebundene Kohlensäure	Halb gebundene Kohlensäure
(unschädlich für Rohrnetze und Beton)	(aggressiv)	z. B. $CaCO_3$ in Carbonaten	in Hydrogencarbonaten z. B. $Ca(HCO_3)_2$

(aggressiv) → Gesamtüberschuß rostschutzschichtverhindernd; Rohrangriff

(aggressiv) → Teilüberschuß kalkaggressiv; Betonangriff

Ganz gebundene und halb gebundene Kohlensäure → nicht aggressiv

6. Entsäuerung des Wassers

„Aktiver Rohrschutz“

Für die Entfernung der Kohlensäure aus dem Wasser werden verschiedene Verfahren angewandt. Je nachdem, ob es sich um weiches oder hartes Wasser mit viel oder wenig Kohlensäure handelt und je nach dem Eisengehalt bedarf es großer Fachkenntnisse, um das richtige Entsäuerungsverfahren zu finden.

a) Mechanische Entsäuerung

Für harte bis mittelmäßig harte Wässer (mehr als 6 bis 8 °dH).

a) Das Wasser ist fast im Kohlensäure-Gleichgewicht, es fehlt ihm nur Sauerstoff. Für diese Fälle wählt man die geschlossene Belüftung, weil keine Kohlensäureverluste auftreten dürfen.

b) Das Wasser hat überschüssige Kohlensäure und bedarf zusätzlich nur noch der Sauerstoffanreicherung. Hier ist eine offene Belüftung zu empfehlen.

Übersicht über die Belüftungsverfahren

1. Hartes Wasser mit wenig Überschuß-Kohlensäure:
   Rieselung, Kaskadenbelüftung
2. Weiches Wasser mit wenig Überschuß-Kohlensäure:
   Verregnung oder chemische Entsäuerung
3. Ganz weiches Wasser mit viel Überschuß-Kohlensäure:
   Verdüsung, unter Umständen auch doppelte Verdüsung und chemische Entsäuerung.

Rieselung

Die Kaskadenrieselung oder Hürdenbelüftung kommt für harte Wässer mit geringen Mengen aggressiver Kohlensäure und wenigstens 5 mg zugehöriger Kohlensäure/l in Betracht. Bei dem ersten Verfahren wird das Wasser über Steinkaskaden gerieselt, in dem zweiten über Reisigstapel oder Holzroste. Neuerdings verwendet man hierfür Kunststoffroste. Das Wasser belädt sich bei der Rieselung mit Sauerstoff und verliert den größten Teil der Überschußkohlensäure; nebenher wird Eisen als Eisen(III)-hydroxid abgeschieden. Es verbleibt eine gewisse Restkohlensäure, weshalb diese Verfahren für weiche Wässer vollkommen ungeeignet sind. Für harte Wässer aber sind sie gerade günstig, weil die zugehörige Kohlensäure nicht mit entfernt wird. Bei diesen würde es im Rohrnetz sonst zu Rohrinkrustationen kommen, besonders wenn die Rieselanlagen nicht richtig dimensioniert sind.

Wegen der Verschlammung und der damit verbundenen Gefahr der Verschmutzung des Wassers werden diese Arten von Belüftungsanlagen kaum noch gebaut; sie dienen auch nur als Vorbehandlung für eine Enteisenung. Anlagekosten mittelmäßig, Betriebskosten sehr gering. Man verwendet jetzt geschlossene Kaskaden mit Kontaktmaterial und Luftgegenstrom (Fa. Degremont).

Verregnung

Die Verregnung durch Siebe, Brausen oder perforierte Bleche kommt bei harten und weichen Wässern mit höherem Kohlesäuregehalt in Betracht. Eine Verregnung aus 2 bis 3 m Höhe ist natürlich viel wirksamer als die Rieselung; durch sog. Prallteller kann die Wirkung noch gesteigert werden. Es muß nur Sorge getragen werden, daß die erforderliche Menge an zugehöriger Kohlensäure im Wasser verbleibt, um Kalkabscheidungen des Wassers vorzubeugen.

Anlagekosten hoch, Betriebskosten mäßig.

Verdüsung (Düsenzerstäubung)

Noch wirksamer als die Verregnung ist die Düsenzerstäubung. Die Zerstäubung geschieht durch Düsen verschiedener Art; bisher verwandte man die Amsterdamer Düsen, Schlicksche oder Körtingsche Düsen, jetzt Hochleistungs-Kreiseldüsen u. a. der Fa. Lechler, Stuttgart. Die Zerstäubung geschieht von unten nach oben in abgeschlossenen Räumen mit seitlicher Luftzufuhr durch Jalousien. Die Düsen werden beim Bau auf eine bestimmte Pumpenleistung eingerichtet; wenn die Pumpenleistung sich mit dem Wasserverbrauch von Zeit zu Zeit ändert, ist es unbedingt erforderlich, die entsprechende Anzahl der Düsen an- bzw. abzuschalten, weil sonst die Steighöhe und damit der Effekt nicht mehr erreicht wird. Die Untersuchung gibt dann das Resultat: zuviel überschüssige Kohlensäure.

Die Düsenzerstäubung kommt für Wässer mit hohem Gehalt an aggressiver Kohlensäure und Eisen in Betracht. Bei sehr hohem Kohlensäuregehalt muß man gegebenenfalls eine doppelte Zerstäubung vornehmen, was zumeist keine nennenswerten Mehrkosten verursacht. Hoher Gehalt an organischen Stoffen ist für eine Verdüsung ungünstig, da die Feinstverteilung der Wassertröpfchen beim Verdüsungsvorgang mit zunehmendem Gehalt des Wassers an organischen Stoffen abnimmt.

Anlagekosten hoch, Betriebskosten ziemlich hoch.

Ausführende Firmen: Bamag-Meguin, DEFAC, Neue Continentale Bau-Gesellschaft, Hannover; Preußag, Wabag-Plafog, Kulmbach u. a.

J. Grim hat eine Strahlapparatur zur Wasserentsäuerung entwickelt, die nach Art der Wasserstrahlpumpe große Luftmengen dem Wasser beimischt, indem sie den Wasserdruck des zulaufenden Wassers ausnutzt, die also sehr wirtschaftlich arbeitet (Ludwigsburger Vorträge [1968]).

Sehr wirksam ist auch die „Fallverdüsung" [Fall auf Dolomit-Filter (Fa. Preußag)].

Intensiv-Belüftung

Für schwierig aufzubereitende Wässer, z. B. weiche Wässer mit viel Kohlensäure neben Schwefelwasserstoff u. a., ist ein neues Intensiv-Belüftungsverfahren in den letzten Jahren in der Wasserwerkspraxis eingeführt worden. Neben der Verdüsung wird bei diesem auch noch Luft von unten aus dem Filterboden zugeführt und mit einem Exhaustor abgesaugt.

Anlagekosten hoch, aber geringer als bei obigem, Betriebskosten ziemlich hoch.

Ausführende Firma: Neue Continentale Bau-Gesellschaft, Hannover.

Vakuum-Rieselung und -Entgasung

Für sehr kohlensäurereiche Wässer, die gleichzeitig zuviel Sauerstoff haben, kommt die Vakuum-Rieselung in Betracht. Da der Sauerstoff aber zum größten Teil mit entfernt wird, ist das Verfahren für zentrale Trinkwasserversorgung nicht so günstig; es wird aber bei der Kesselspeisewasseraufbereitung mit gutem Erfolg angewandt. Noch besser hierfür ist das neue Verfahren der Druckentgasung bei 101 bis 105 °C.

Anlagekosten sehr hoch, Betriebskosten sehr hoch.

Ausführende Firmen: Bamag; Wabag und Heinr. Koppers.

Druckentgasung: Neue Continentale Bau-Gesellschaft und Permutit AG.

Beurteilung der Belüftungsverfahren

Bei den Belüftungsverfahren besteht die Gefahr, daß die Entfernung der Kohlensäure zu weit geht und daß infolgedessen Kalkabscheidungen im Rohrnetz auftreten, wenn zugehörige Kohlensäure fehlt. Es kann aber auch die Gefahr bestehen, daß die Kohlensäureentfernung nicht ausreichend ist und eine Aggressivität bestehen bleibt.

Nachteile der Belüftungsverfahren: 6 bis 8 mg/l freie Kohlensäure verbleiben bei den Belüftungsverfahren immer im Wasser. Bei weichem Wasser ist dieser Kohlensäuregehalt im Reinwasser als aggressive Kohlensäure vorhanden und müßte durch chemische Behandlung entfernt werden.

Die Belüftungsverfahren eignen sich also nur für Wässer mit 5 bis 18 mg zugehöriger Kohlensäure/l und einer Carbonathärte von mindestens 7 °dH bis höchstens 12 °dH. Eine chemische Überwachung ist notwendig, mindestens in größeren Abständen.

Vorteile der Belüftungsverfahren: Der Vorteil der Belüftungsverfahren ist der, daß sie nicht allzuviel Wartung beanspruchen und daß neben der Entsäuerung auch eine oft sehr erwünschte Sauerstoffanreicherung erzielt wird. Gerade den kohlensäurereichen Tiefenwässern fehlt der Sauerstoff zur Erzielung der Schutzschicht. Deshalb nimmt man im Wasserwerk den Druckverlust mit in Kauf. Sauerstoffmangel ist nach L. W. Haase bedeutend nachteiliger für das Leitungsnetz als Sauerstoffüberschuß.

Die Belüftung in geschlossenen Systemen darf jedoch nicht zu milchiger Trübung des Reinwassers führen.

Weiche, kohlensäurereiche Wässer. Weiche Wässer, d. h. solche mit etwa 2 bis 3 Härtegraden, die viel freie Kohlensäure enthalten, und bei denen eine unnötige Härtezunahme vermieden werden soll, werden am besten zunächst einem der Belüftungsverfahren, z. B. einer Verdüsung, und dann einer Nachentsäuerung nach einem der folgenden chemischen Verfahren unterworfen.

b) Chemische Entsäuerung

Eisenfreie, weiche Wässer mit geringem bis mittlerem Gehalt an aggressiver Kohlensäure.

Marmorfilterung: Das Wasser wird durch Filterkessel oder offene Bassins, die mit feingekörntem Marmor gefüllt sind, gefiltert. Entsprechend dem Gehalt an kalkaggressiver Kohlensäure wird hierbei ein Härteanstieg erzielt, und zwar ist der Anstieg der Carbonathärte doppelt so hoch wie bei den unten aufgeführten Kalkhydrat- und MgO-Verfahren, was aber bei sehr weichen Wässern erwünscht ist.

Von Zeit zu Zeit müssen die Marmorfilter zur Reinigung rückgespült werden.

Das Marmorverfahren hat sich nur bei Wässern mit weniger als 6 bis 7 Härtegraden, aber mehr als 2 Härtegraden bewährt.

Die Filtergeschwindigkeit soll 1 bis 2 m/h nicht übersteigen. Die Verweildauer des Wassers im Filter soll mindestens 40 Minuten betragen. Danach sind die Filterdimensionen zu berechnen.

10 mg freie abzubindende Kohlensäure/l geben eine Härtezunahme von 1,27 °dH. 1 g CO_2 bindet 2,3 g Marmor.

Für eisenhaltige Wässer ist das Marmorverfahren vollkommen ungeeignet, da sich Eisenverbindungen auf den Marmorkörnern fest auflagern und diese unwirksam machen. Das Rohwasser darf am besten überhaupt keine Spur von Eisen enthalten. Für manganhaltige Wässer gilt das gleiche.

Wassertrübungen und kolloide Humussubstanzen im Wasser führen zur Verminderung der Filterleistung. Sehr tiefe Raumtemperatur setzt die Entsäuerungswirkung herab.

Bei winterlichen Wassertemperaturen ist die Wirkung der Marmorfilter geringer; bei 6 °C ist sie nur ein Drittel so hoch wie bei 20 °C.

Die Entsäuerung durch Marmorfilterung hat den Vorteil, daß sie wenig Wartung und keine Dosiervorrichtungen beansprucht.

Anlagekosten mittelmäßig, Betriebskosten gering, Raumbedarf groß.

Ausführende Firmen: Bamag-Meguin, Neue Continentale Bau-Gesellschaft, Kary, Wabag-Plafog.

Eisenhaltige und eisenfreie, weiche Wässer mit mittlerem CO_2-Gehalt

Magnesit-Entsäuerung nach Tillmans: Filtermaterial aus gebranntem, gekörntem Magnesit wurde vor dem zweiten Weltkrieg mit gutem Erfolg in Deutschland für die Wasserentsäuerung verwendet, als noch eigene Magnesitvorkommen in Deutschland vorhanden waren. Sie sind bedeutend wirtschaftlicher als Marmorfilter und Filtermaterialien aus gebranntem Dolomit. Die obere Härtegrenze ist nicht so niedrig wie bei Marmorfilterung, doch sollte ein Wasser mit mehr als 15 Härtegraden nicht für Magnesitfilterung vorgesehen werden.

Eisen wird bei der Magnesitfilterung gleichzeitig entfernt. Änderungen der Wasserbeschaffenheit in bezug auf Kohlensäure- und Eisengehalt spielen bei der Magnesitfilterung keine so große Rolle, was den Wasserwerksbetrieb natürlich sehr erleichtert; allerdings soll der Eisengehalt 3 mg/l nicht übersteigen. Während die Wirksamkeit des Magnesitfilters etwa 5mal so groß ist wie die des Marmorfilters, ist der Härteanstieg beim Magnesit nur halb so hoch; für 10 mg/l CO_2 ist die Härteerhöhung 0,65 °dH. Filtergeschwindigkeit: 8 bis 20 m/h.

Raumbedarf gering, Anlagekosten mittelmäßig, Betriebskosten mittelmäßig.

Die Entsäuerung mit dolomitischen Filtermassen

Magno-Filterung — Akdolit-Filterung: Das ideale Verfahren der Trinkwasser-Entsäuerung ist das mit dolomitischen Filtermassen. Das Verfahren besteht in der Filterung über halbgebrannten gekörnten Dolomit – Magno und Akdolit – in offenen Filterbecken oder geschlossenen Filterkesseln mit einer Schichthöhe von 1 bis 2 m und mit einer Filtergeschwindigkeit von 5 bis 10 m/h bei offenen und 15 bis 20 m/h bei geschlossenen Filtern je nach der Wasserhärte. Die Anlagen benötigen ein Minimum an Wartung und sind in keiner Weise störungsanfällig. Nur zu bestimmten Zeiten, gewöhnlich ein- bis zweimal in der Woche, je nach Reinheit und Eisengehalt des Wassers, muß eine Rückspülung vorgenommen werden. Diese muß dann aber auch sorgfältig und regelmäßig erfolgen. Je nach der Wasserbeschaffenheit ist eine Nachfüllung von Filtermasse in bestimmten Zeitabständen – etwa halbjährlich – vorzunehmen. Auch in bezug auf den geringen Aufwand an Wartung und Kontrollen sind diese Entsäuerungsverfahren unübertrefflich.

Über die Dimensionierung der Dolomitfilter und die Filtergeschwindigkeiten haben J. Holluta und U. H. Armbruster im Jb. „Vom Wasser" Bd. XXII, genaue Angaben gemacht, die aber von der Praxis angegriffen wurden (F. Brummel: Ges. Ing. **83,** 1–5 [1962]).

Durch eine besondere Filteranordnung hat das Magno-Werk die erforderliche Filterkapazität zur Entsäuerung stark reduziert (DRP Anm. [1965]).

Das Filtermaterial wird durch Brennen von Dolomit, einem in der Natur vorkommenden Doppelsalz von Calciumcarbonat und Magnesiumcarbonat bei ca. 600 bis 700 °C gewonnen. Bei dieser Brenntemperatur geht das enthaltene Magnesiumcarbonat in Magnesiumoxid über, während das Calciumcarbonat praktisch unverändert bleibt. Das Brennprodukt wird in körniger Form für die Filterfüllung verwendet; es wird in mehreren Korngrößen geliefert. Die Körnung soll wegen der Rückspülung tunlichst gleichmäßig sein. Je kleiner das Korn, desto größer ist die wirksame Oberfläche des Filters. Bei Verwendung der feinen Körnung können die Filterabmessungen kleiner sein; bei härteren Wässern ist aber die gröbere Körnung angezeigt („Akdolit – split" und „Akdolit – gran").

Die gebrannten und gekörnten dolomitischen Filtermassen, die Magno- und die Akdolit-Masse, enthalten als wirksame Komponenten Magnesiumoxid in Mengen von 22 bis 27% und Calciumcarbonat in Mengen von 60 bis 70%. Bei weichen Wässern ist nach J. Holluta und H. Armbruster (Jb. Wasser **22** [1955]) hauptsächlich das Calciumcarbonat an der Entsäuerungswirkung beteiligt, bei höherer Wasserhärte hauptsächlich das Magnesiumoxid. Nach vielen analytischen Befunden des Verf. ist die Härtezunahme bei der Filterung bei allen Wässern überwiegend auf den Anstieg der Magnesiumhärte zurückzuführen. Je nach der Laufzeit der Filterfüllung kann dies etwas schwanken.

Magno-Filter und Akdolit-Filter haben sich besonders bei weichen Wässern mit 2 bis 8° Carbonathärte bewährt. Auch bei mittelharten Wässern mit Carbonathärten bis 12 °dH sind die dolomitischen Filtermassen brauchbar; nach J. Holluta und H. Armbruster auch bei Carbonathärten über 12 °dH bei besonderer Filteranordnung (Jb. Wasser **22**).

Bei ganz weichen Wässern sind die Dolomit-Filter ideal, wenn die Wässer wenigstens 10 mg/l freie Kohlensäure haben. Beim Abbinden dieser freien Kohlensäure findet nämlich eine erwünschte Carbonathärteerhöhung statt, die dann zu einer Schutzschichtbildung im Rohrnetz führt. Wenn die ganz weichen Wässer nur wenige mg freie Kohlensäure/l haben, ist die Carbonathärte des Reinwassers oft zu gering, um eine Schutzschicht auszubilden, wie dies bei der Entsäuerung von Talsperrenwässern oft vorkommt. Dann ist eine zusätzliche Phosphatimpfung angezeigt (S. 245).

Bei höherer Sulfathärte ($SO_4^{2-} > 150$ mg/l) ist das Dolomitverfahren nicht anwendbar; für diese Wässer eignet sich vielmehr das neue Filtermaterial „Magno-Neutra", ein synthetisches, körniges Magnesiumhydroxid-Präparat und „Akdolit spezial", ein gebrannter, besonders behandelter Magnesit.

Wenn gleichzeitig eine Klärung des Wassers erforderlich ist, wird man zweckmäßigerweise das Aluminiumsulfatverfahren in Verbindung mit Sodazusatz zur Klärung wählen, das in Verbindung mit nachfolgender Magno- oder Akdolit-Filterung eine geringe Härteerhöhung durch die Abbindung der aus dem Natriumcarbonat freigewordenen Kohlensäure gibt.

Bei sehr kohlensäurereichen Wässern kann man aus wirtschaftlichen Gründen ein Belüftungsverfahren vorschalten (S. 240f.). Andererseits wird man bei weichen, kohlensäurereichen Wässern dem Belüftungsverfahren immer eine Dolomitfilterung nachschalten, weil bei der Belüftung weicher Wässer die Überschußkohlensäure nicht restlos entfernt wird und das behandelte Wasser aggressiv bleibt.

Bei der Filterung über dolomitische Filtermassen ist ein geringer Eisengehalt des Wassers belanglos. Das Eisen wird in den oberen Filterpartien im Magno- und Akdolit-Filter in flockiger Form abgeschieden. Bei eisenhaltigen Wässern mit aggressiver Kohlensäure werden bei der Dolomitfilterung also zwei Arbeitsgänge zu einem vereinigt, am besten mit Akdolit-gran oder Magno-Syn des Akdolit-Werks.

Allzu hoch darf der Eisengehalt des Rohwassers allerdings nicht sein; als obere Grenze gilt 0,5 bis 1 mg/l Fe^{2+}. Bei eisenhaltigen Wässern ist das Dolomitverfahren also dem Marmorverfahren weit überlegen, ebenso wie in bezug auf die Filtergeschwindigkeit und die Aufhärtung. Für 1 g abzubindende Kohlensäure wird 1,3 bis 1,4 g dolomitische Filtermasse verbraucht (einschließlich Spülverlust), bei Marmor 2,3 g. Die Härteerhöhung beträgt für je 10 mg/l abgebundene Kohlensäure 1,0 °dH, bei Marmorfilterung 1,27 °dH. 1 mg CO_2 = Aufhärtung um 0,1 °dH.

Bei der Filterung über Dolomit-Filter ist nach Erfahrungen des Verfassers oft eine geringfügige Kieselsäurezunahme im Reinwasser feststellbar, oft aber auch eine Abnahme. Das hängt offenbar von der chemischen Beschaffenheit der Filtermasse und teilweise von der Alkalität des Rohrwassers ab.

Eine synthetische dolomitische Filtermasse ist das Magno-Syn. Dieses hat sich in der Praxis bereits bewährt, wenn es sich um Entsäuerung von wenig verschmutzten, stark kohlensäurehaltigen Wässern handelt. Wenn die Kosten für die Magno-Syn-Masse etwas höher sind, so werden diese durch einen geringeren Verbrauch an Filtermasse bzw. geringere Anlagekosten ausgeglichen.

Wenn mehrere Filter mit dolomitischen Filtermassen parallel betrieben werden, muß auf eine gleichmäßige Belastung aller Filter geachtet werden. In den Filtern mit einer geringeren Durchlaufmenge als der Bemessung entspricht, würde das Wasser eine Überalkalisierung erfahren. Neben einer unerwünschten pH-Erhöhung würden die unteren Partien der Filtermasse zu Verbackungen neigen. Deshalb muß auch bei Planung von Entsäuerungs-Filtern mit dolomitischen Filtermassen auf die richtige Dimensionierung besonderer Wert gelegt werden.

Wenn der pH-Wert des Reinwassers zu hoch ist, kann man mit gröberer Filterkörnung bessere Resultate erzielen. Da nach Neufüllung der Filter das Reinwasser immer ziemlich stark alkalisch ist, fährt man zuerst am besten mit gröberem Dolomit.

Von besonderem Vorteil ist die Filterung über dolomitische Filtermassen für kleinere Städte und Gemeinden, deren Wasserwerksanlagen weit auswärts liegen, schon wegen der geringen Wartungsbeanspruchung, aber auch große Wasserwerke, wie Baden-Baden, verwenden sie.

Lieferfirmen für dolomitische Filtermassen aller Art: jetzt Akdolitwerk GmbH, Erkrath. Fertige Anlagen mit dolomitischen Filtermassen liefern alle einschlägigen Wasseraufbereitungsfirmen.

Decarbolithverfahren: In Mitteldeutschland wird zur Zeit als Ersatz für obige alkalische Filtermassen das Decarbolith, ein gebrannter Dolomit aus der Gegend von Gera, verwendet.

Die Dolomitfilter sind als offene oder geschlossene Filter verwendbar. Geschlossene Filter haben den Vorteil, daß kein vollständiger Druckverlust entsteht und zweimaliges Pumpen vermieden wird. Außerdem sind geschlossene Filter vom hygienischen Standpunkt aus günstiger zu beurteilen. Schwankungen der Filtergeschwindigkeiten sollten wie beim Marmorverfahren vermieden werden.

Harte und weiche aggressive Wässer mit und ohne Eisengehalt. Kalkhydrat-Verfahren: Für harte und weiche Wässer, welche gleichzeitig viel freie Kohlensäure und Eisen enthalten, kann das ältere Kalkhydrat-Verfahren ebenfalls mit gutem Erfolg verwendet werden. Das Verfahren besteht in der Zudosierung von Kalkwasser (mit etwa 1,3 g/l CaO) oder von Kalkmilch (einer Aufschlämmung von Ätzkalk mit Wasser).

Das ursprüngliche Kalkhydrat-Verfahren, das Bücher-Verfahren, bestand in der Zudosierung von pulverförmigem Kalkhydrat zwecks Enthärtung des Wassers; da die Wartung einer solchen Anlage sehr große Sorgfalt beansprucht, wird es kaum noch zur Anwendung gebracht, da die Gefahr besteht, daß sich bei mangelnder Sorgfalt des Bedienungspersonals Kalkablagerungen im Rohrnetz bilden. Dosieranlagen für trockenes Kalkhydrat liefert Fa. Wallace & Tiermann.

Auch die Dosierung des Kalkwassers und der Kalkmilch muß sehr sorgfältig erfolgen, sonst tritt auch bei diesem Verfahren Rohrverkrustung ein. Eine genaue kontinuierliche pH-Kontrolle des Reinwassers ist daher notwendig. Die pH-Kontrolle kann aber nicht sogleich hinter die Kalkdosiermaschine geschaltet werden, da die Neutralisation eine Zeitreaktion ist, sondern erst hinter einen Reaktionsbehälter. Gleich nach der Kalkzugabe findet man pH-Werte von 9,0 und mehr, und erst nach mehreren Stunden erhält man den anzustrebenden pH-Wert, der bei 8,0 bis 8,5 liegen soll. Bei harten Wässern soll der Endwert pH 8,0 nicht übersteigen, bei weichen Wässern soll er bei pH 8,3 bis 8,5 liegen. Genauer gesagt soll er auf das Kalk-Kohlensäure-Gleichgewicht eingestellt werden. Zu hohe Alkalität verursacht auch Bleiaufnahme des Wassers aus Bleirohren.

Bei Carbonathärten über 8 °dH ist das Kalkhydrat-Verfahren nicht brauchbar.

Je mg/l abgebundener freier Kohlensäure tritt eine Erhöhung der Carbonathärte um 0,064 °dH ein.

Die Kalk-Dosierung eignet sich nur für größere Wasserwerke mit entsprechend geschultem Personal.

Raumbeanspruchung: hoch, Anlagekosten ziemlich hoch, Betriebskosten mittelmäßig.

Ausführende Firmen: Bamag-Meguin AG, Neue Continentale Bau-Ges., Kary, Wabag-Plafog.

Weiche Wässer mit geringem oder mittelmäßigem Gehalt an aggressiver Kohlensäure. Für diese Wässer käme in manchen Fällen eine Zudosierung von Soda- oder Ätznatronlösung in Betracht, Z. B. bei Talsperrenwasserversorgung. Sie erfordert genaueste Überwachung der Dosierungsanlagen (laufende pH-Messungen) und der Rohwasserbeschaffenheit (Schwankungen des Kohlensäuregehalts). Eine Schutzschichtbildung wird allerdings nicht erreicht. Über Entsäuerung mit Soda siehe Wette: GWF **85,** 551 [1942]. Über die Entsäuerung des uferfiltrierten Rheinwassers berichtet W. Hopf (GWF **109,** 85–95 u. 193–197 [1968]).

Raumbeanspruchung gering. Anlagekosten gering. Betriebskosten hoch.

Ausführende Firmen: Bamag-Meguin AG, Wabag-Plafog.

Kontinuierliche Kontrolle der Wasserentsäuerung

Für die Erhaltung des Rohrnetzes ist es erforderlich, daß die Bedingungen des Kalk-Kohlensäure-Gleichgewichts ständig eingehalten werden. Anderenfalls wird die Schutzschichtbildung immer wieder gestört. Auch bei kalkabscheidenden Wässern tritt sehr oft keine ausreichende Schutzschichtbildung ein, da die zwangsläufigen Kalkabscheidungen sehr porös sind.

Es empfiehlt sich daher, die Güte des abgegebenen Reinwassers kontinuierlich zu überwachen. In den letzten Jahren sind auf diesem Gebiet zwei Geräte bekanntgeworden, von denen das eine auf Basis des Marmorlösungsvermögens eines Wassers mit einer Leitfähigkeitsdifferenzmessung (Hässelbarth: GWF **105,** 1937 [1964]) (Lieferfirma Dr. Thiedig & Co KG) und das andere auf Basis der Filterung über Calciumcarbonat mit einer pH-Differenzmessung arbeitet (G. Axt: Jb. „Vom Wasser" **31,** 311 [1965]).

c) Korrosionsschutz der Leitungsrohre durch Polyphosphat-Impfung (Passivierung)

Bei Grenzfällen von Kohlensäure-Aggressivität, d. h. bei geringen Mengen von Überschuß-Kohlensäure von 2 bis 6 mg/l wird man bei Wässern mit mittlerer oder höherer Härte, aber auch bei manchen weichen Wässern (s. u.) die Impfung mit Polyphosphaten einer Aufbereitung durch Entsäuerungsanlagen vorziehen, da die Phosphat-Impfung viel wirtschaftlicher ist.

Im Gegensatz zur Filterung mit dolomitischen Filtermassen ist eine Einarbeitungszeit bei Polyphosphat-Impfung nicht nötig.

Bei weichen Wässern wird auch Orthophosphat zum Korrosionsschutz zugesetzt, bei härteren das Polyphosphat, das sonst vornehmlich zur Härtestabilisierung eingesetzt wird. Bei Kreislauf-Kühlwässern wird letzteres noch durch Zinkpolyphosphat verstärkt.

Polyphosphate und kondensierte Phosphate haben die Eigenschaft, als kathodische Inhibitoren eine Korrosion des Rohrmaterials durch aggressives Wasser zu verhüten, indem sie eine dünne Schutzschicht an den Innenwandungen der Leitungsrohre von Calciumeisenphosphat ($FeCa(PO_4)_2$) bilden. Als anodische Inhibitoren verhindern sie aber auch die Bildung von Calcit-Kristallen im Wasser und somit einen Steinansatz in Röhren und Behältern (Shyamala, Venn und Subramanyan, Corrosion 11 [1964]).

Der äußerlich sichtbare Erfolg der Polyphosphat-Impfung ist zunächst der, daß Braunfärbung des Leitungswassers und Eisenabscheidungen in den Endsträngen aufhören. Der Sauerstoffgehalt sinkt in den Endleitungsröhren dann nicht mehr ab. Allerdings gibt es anfänglich Wassertrübungen durch Ablösung von Inkrustationen.

In Amerika ist das Polyphosphat-Verfahren schon lange Zeit in Anwendung, als „threshold-treatment" = Schwellenbehandlung bezeichnet (US-Patent Rosenstein-Verfahren). Bei uns ist es erst nach Kriegsende dank der bahnbrechenden Arbeiten von F. Schönaich in ganz erheblichem Maße angewandt worden („Die Wärme", **63** [1940] und Gas, Wasser, Wärme **12** [1957]).

Die Korrosions-Schutzwirkung wird auch bei verzinkten Rohren und bei Bleirohren erzielt, auch bei höherem Chloridgehalt des Wassers.

Für die Korrosions-Schutzwirkung bei Brauchwasser- und Kühlwasseranlagen sowie Klimaanlagen ist die Behandlung mit zinkhaltigen Polyphosphatlösungen nach neuesten Erkenntnissen besonders vorteilhaft, weil bei dieser Zusammensetzung der Impflösung die Umwandlung des Polyphosphats zu Orthophosphat bei der unvermeidlich stärkeren Erwärmung stark verzögert bzw. verhindert wird. Das macht sich besonders beim Kreislauf des Kühlwassers, der ja aus wasserwirtschaftlichen Erwägungen anzustreben ist, auch wirtschaftlich günstig bemerkbar.

Zur Verhinderung von Korrosionen durch die genannten Wässer wird hauptsächlich das Natriumpolyphosphat verwendet, das alkalisch reagiert.

Wenn man bei neuen Rohrleitungen eine rasche Schutzschichtbildung erzielen will, so wendet man in der ersten Zeit der Ingebrauchnahme das Dinatriumphosphat an, besonders auch bei verzinkten Rohren und Bleileitungen.

Es muß hervorgehoben werden, daß eine Schutzschichtbildung durch Polyphosphat-Impfung nur erzielt werden kann, wenn das Leitungswasser eine Mindestmenge von 6,0 mg Sauerstoff/l hat, genauso wie bei jeder anderen Schutzschichtbildung auch. Andernfalls erreicht man nur die Verhinderung der Korrosion, keine Schutzschicht. Sauerstoffarme Wässer müßten also zuvor belüftet werden.

Die Phosphat-Dosierung erfolgt mit Hilfe von ca. 1%igen Lösungen der Polyphosphate direkt in die Druckleitung (Venturi-Prinzip) oder – bei größeren Anlagen – durch Dosierpumpen; bei kleinsten Anlagen sind „Phosphatschleusen" sehr praktisch und wirtschaftlich.

In der ersten Zeit setzt man 5 g/m^3 P_2O_5, später 4 bis 5 g und endgültig, d. h. nach einigen Monaten, 2 bis 3 g zu. Bei geringen Fließgeschwindigkeiten im Rohrnetz braucht man mehr, bei höheren weniger Phosphat (s. TVO, S. 199).

Im Rohrnetz nimmt der Phosphatgehalt ab, besonders in der ersten Zeit, wenn die Schutzschicht sich ausbilden soll. Durch chemische Untersuchungen sollte man sicherstellen, daß in den Endsträngen noch mindestens 1,0 mg/l P_2O_5 vorhanden ist.

Bei zu hoher Polyphosphat-Dosierung wird aber eine Schutzschichtbildung verhindert, weil das Calcium komplex gebunden wird.

Nach ca. 2 Tagen erlischt die Polyphosphat-Wirkung im Netz! (s. auch DVGW-Broschüre „Rohrnetzschäden“ 1961).

Nachteile der Phosphat-Impfung. Die Polyphosphat-Impfung im Wasserwerk wirkt sich über das Abwasser auf die Gewässer ungünstig aus, wenn nicht die „dritte Reinigungsstufe“ in der betr. Kläranlage vorhanden ist (S. 303). In der Schweiz wird die Phosphat-Impfung deshalb nur noch für Warmwasseraufbereitungsanlagen zugelassen (Kreisschreiben des EGA von 1966).

Im Rohrnetz führt nach neueren Untersuchungen das phosphatreiche Wasser zu Keimvermehrungen, die Sauerstoffschwund und Geruchsbildung durch Bakterien-Vermehrung bei bestimmten Wässern mit organischen u. a. Nährstoffen verursachen.

Die Chemikalienkosten belaufen sich zur Zeit auf ca. 0,5 bis 2,0 Pf/m^3.

Eine Phosphat-Impfung muß nach Holluta vor einer evtl. Chlorung vorgenommen werden.

Die Praxis hat gezeigt, daß durch phosphatiertes Wasser Rostknollen und Rostschichten im Rohrnetz allmählich aufgelöst werden und bestehende Rohrverengungen behoben werden. Dadurch entstehen anfänglich Trübungen des Leitungswassers.

Die Polyphosphat-Lösungen dürfen im Wasserwerk nicht durch Erwärmen oder Erhitzen hergestellt werden, sonst verlieren die Polyphosphate ihre Wirkung und spalten freie Phosphorsäure ab, die zu Korrosionen im Rohrnetz führt, auch bei Kupferrohren.

Bei der jetzt gebräuchlichen Elektroblock-Heizung in Warmwasser-Systemen kann es ebenfalls durch Phosphorsäure-Abspaltung zu Rohrkorrosionen bei allen metallischen Rohren kommen.

Zur Schutzschichtbildung ist das Metaphosphat nicht geeignet (jedoch zur Härtebindung, s. S. 267).

Lieferfirmen der Polyphosphate: Fa. Albert Benkiser, Chem. Fabrik Budenheim, Gebr. Giulini und Wewa GmbH. Eine besonders günstige Mischung von Silikat mit Polyphosphat liefert die Hydrogel-Chemie-Korrosionsschutz-Gesellschaft mbH.

d) Korrosionsschutz durch Silicat-Behandlung

Ein hoher Kieselsäuregehalt des Wassers wirkt erfahrungsgemäß dem Rohrangriff entgegen. In den USA werden deshalb bei kieselsäurearmen Wässern seit 25 Jahren in vielen Wasserwerken Silicate zugesetzt, und zwar in Form von Wasserglaslösungen. Auch die New Yorker Wasserwerke machen davon Gebrauch. Die Dosierung soll 8 bis 30 mg/l SiO_2 betragen.

Von der Fa. Henkel & Cie., Düsseldorf, sind auch in Deutschland einige Anlagen erstellt worden. Ferrosil-Verfahren (s. Böttcher: GWF **93** [1953].

Die Silikat-Schutzschicht, die sich verhältnismäßig schnell ausbildet, haftet allerdings nicht so fest wie die Polyphosphat-Schutzschicht, wie Erfahrungen in der Praxis zeigten. Bei starken Spülungen soll die kolloide Silikat-Schutzschicht leiden.

Günstiger in bezug auf die Schutzschicht ist das Siliphos-Verfahren (Fa. Gebr. Giulini), bei dem mehr die Phosphatkomponente wirksam ist (Gutachtl. Äußerung d. Inst. f. Wasser-, Boden u. Lufthygiene vom 10. 8. 1954), sowie besonders das Hydrogel-Verfahren der Hydrogel-Chemie GmbH.

Korrosions- und Verkrustungs-Inhibitor. Warmwasser- und Kühlwasser-Leitungen können vor Korrosionen und Verkrustungen durch Zusatz von Polyaminen geschützt werden (Ucipol der Fa. Filtroag, Genf und Fa. E. Graf). Für Trinkwasserversorgung ist dies Verfahren nicht anzuwenden.

Zur Kontrolle der Phosphat-Behandlung werden zweckmäßigerweise Rohr-Prüfstücke eingebaut, die jederzeit ausgebaut werden können. In Österreich ist dies Vorschrift (Richtlinien zur Trinkwasserbehandlung mit Phosphaten, Gas-Wasser-Wärme **26,** H. 10 [1972]).

Anschlußgeräte zur Korrosionsverhütung oder Entkeimung sowie auch Rohrverbindungen können bei unsachgemäßer Installation zu einem Rückstau im Rohrnetz führen. I. v. Kunowski (Z. Ges. U. Ing. **98,** 189–192 [1977]), empfiehlt daher „Rohrtrenner“ zur Rückflußverhinderung sowie die „Systemtrenner“ der Fa. Braukmann.

7. Eisen und Mangan

Vorkommen. Eisen und Mangan kommen oft gemeinsam im Wasser vor; beide gewöhnlich als Hydrogencarbonate. Viele Grundwässer der Norddeutschen Tiefebene haben erhebliche Mengen von Eisen, und zwar 1 bis 3 mg/l. Es kommen aber auch Mengen bis annähernd 10 mg/l Fe vor, weiterhin auch alle Übergänge zu den Mineralwässern, die 10 bis 50 mg/l Fe haben (Pyrmont: 20 mg/l Fe^{2+}). Grenzwert für „Eisenhaltige Quelle“ (Stahlquelle): 20 mg/l Fe^{2+} (S. 331).

In Moorwässern kommt Eisen als Humat in organischer Bindung vor. In Braunkohlengebieten kommt Eisen als Eisensulfat im Grundwasser vor, gelegentlich neben freier Schwefelsäure. In der Fe^{3+}-Form ist Eisen selten in Wässern vorzufinden.

Fließgewässer haben gewöhnlich wenig Eisen (bis 0,3 mg/l), wenn sie nicht aus Moorgebieten kommen oder Abwässerzuflüsse haben.

Der Mangangehalt ist zwar geringer und übersteigt selten 1 bis 2 mg/l Mn. Mangan macht sich aber mitunter auch schon in Mengen von einigen Zehntel Milligrammen pro Liter im Leitungswasser sehr nachteilig bemerkbar.

Unter besonderen Bedingungen spielt der Mangangehalt des Tiefenwassers von Trinkwasser-Talsperren eine große Rolle, z. B. bei Sauerstoffschwund im Tiefenwasser, desgleichen bei Uferfiltration in Flußwasserwerken (Veröff. Dortmunder Stadtwerke Nr. 96) und der wertvolle Beitrag hierzu von H. Bernhardt (Anstieg des Mangangehalts im Tiefenwasser der Wahnbachtalsperre auf 4 mg/l Mn^{2+} sowie des Eisen- und Phosphatgehalts). (Jb. „Vom Wasser“, **40** [1973]).

Eisen und Mangan im Wirtschaftswasser: Eisenreiche Wässer sind zu Wirtschaftszwecken ungeeignet, da sie fleckige Wäsche (Rostflecke) geben. Mangan gibt schwarzbraune Flecke, die sehr schwer entfernbar sind.

a) Eisen und Mangan im Leitungswasser

Das für die Speisung eines städtischen Wasserleitungsrohrnetzes benötigte Wasser soll praktisch frei von Eisen und Mangan sein. Viele Gewerbebetriebe benötigen eisenfreies Wasser, wie Molkereien, Brauereien, Wäschereien, Färbereien, Papierfabriken, bes. Fotopapierfabriken und viele andere.

Durch die Anwesenheit von Eisen- und Manganverbindungen im Wasser, besonders im harten Wasser, entstehen im Rohrnetz Rohrverkrustungen und Rohrverschlammung sowie Ablagerungen in Wasserzählern. Die Ablagerungen können so stark werden, daß beträchtliche Verengungen des Rohrlumens auftreten, besonders wenn hierbei Eisen- und Manganbakterien mitwirken.

Es gibt nämlich eine Reihe von Bakterien, die durch Gallertscheiden zusammengeschlossen in eisenhaltigem Wasser zu fädigem Wachstum befähigt sind (vor allem Leptothrix ochracea, L. echinata, L. trichogenes sowie Gallionella ferruginea und G. minor, Crenotrix, Clonothrix fusca und Cl. polyspora als Eisen- und Manganbakterien, ferner Bacillus manganicus, Lept. echinata und L. lopholea als Manganbakterien; Näheres s. biol. Teil). Wenn der Eisengehalt weniger als 0,1 mg Fe im Liter beträgt, ist ihr Wachstum gehemmt. Bei höherem Eisengehalt entwickeln sie sich im Rohrnetz, und es kann spontan zu einer Massenentfaltung der Eisenbakterien kommen, was für den Wasserwerksbetrieb und das Rohrnetz sehr unangenehme Folgen haben kann. Mangan-Bakterien bilden schwarze wellige Ablagerungen in Leitungsrohren (R. Schweisfurth; Arch. f. Hyg. **146**).

In Talsperren spielt das Mangan oft eine große Rolle, besonders im Hypolimnion, worüber H. Bernhardt des öfteren berichtet (s. auch G. Clasen: Städtehygiene **7** [1969]).

Vor der Einspeisung in das Rohrnetz sollte daher eisenhaltiges Wasser stets „enteisent“ werden. Nach den „Hygienischen Leitsätzen für die Trinkwasserversorgung“ [14] soll der Eisengehalt 0,1 mg/l nicht übersteigen. Der Mangangehalt soll nicht mehr als 0,05 mg/l Mn^{2+} betragen. Bei Einzelbrunnen (Handpumpen) kann man bis 1 mg/l Fe^{2+} und 0,3 mg/l Mn^{2+} zulassen. Bei kleinen Wasserwerken sind 0,2 mg/l Fe^{2+} und 0,1 mg/l Mn^{2+} noch tragbar. Molkereien benötigen eisen- und manganfreie Wasser, besonders für die Butterei.

Als Gießwasser für Pflanzenkulturen und Gartenblumen ist eisenreiches Wasser schädlich, besonders für Alpenrosen und Farne.

b) Enteisenung

Offene Enteisenung. Die Entfernung des Eisens kann bei vielen Wässern durch Belüftung erfolgen. Hierzu dienen Holzgerüste oder neuerdings Kunststoffgerüste, über die das Wassr rieselt. Hierbei wird das Eisen(III)-hydrogencarbonat des Wassers infolge von Luftsauerstoffoxidation als Eisen(III)-hydroxid abgeschieden.

Bei hohem Kohlensäuregehalt wendet man das Regenfallverfahren (Prof. W. Lehmann), das Düsenzerstäubungsverfahren oder das Pralltellerverfahren an (S. 239).

Der offenen Enteisenungsanlage muß ein Absetzbecken für das Absetzen der Eisenflocken und ein Kiesfilter nachgeschaltet werden, besonders bei hohem Eisengehalt („Koagulationsbecken“).

Das Kalk-Kohlensäure-Gleichgewicht darf durch die offene Belüftung nicht unterschritten werden, sonst gibt es Rohrverkrustungen und auch Filterverbackungen durch Auflagerung von Calciumcarbonat auf dem Filterkorn und als Folge davon ein Versagen der Filter. Wenn dies einmal passiert, kann man nur durch starke Rückspülung mit mindestens 25 m/h und Druckluft das Filter wieder regenerieren.

Geschlossene Enteisenung. Die Berührung des Wassers mit der Außenluft ist in hygienischer Beziehung an und für sich unerwünscht. Deswegen werden jetzt mehr die geschlossenen Enteisenungsanlagen gebaut, besonders dann, wenn eine gleichzeitige Entsäuerung nicht notwendig ist. Die geschlossenen Enteisenungsanlagen bestehen aus einem Filterkessel, in dem das Wasser mit Druckluft durch Kiesschichten von verschiedener Körnung (1–2–3 mm) geleitet wird, wobei das Eisen in den oberen Filterschichten abgeschieden wird. Durch zeitweilige Rückspülung mit Hilfe von Druckluft und Spülwasser kann das Filter immer wieder gespült werden.

Bei den älteren Anlagen muß der gesamte Filtersand alle 2 bis 3 Jahre herausgenommen und gewaschen werden (außer bei den Bollmann-Filtern), sog. *Filterwäsche.*

Neuerdings liefern die meisten Firmen Filterböden, bei denen das Filtermaterial durch eine kombinierte Wasser-Luft-Spülung einwandfrei gereinigt wird, so daß eine Ausräumung der Filter sich erübrigt.

Überschüssige Luft muß durch selbsttätige Entlüfter entfernt werden, sonst gibt es milchige Trübungen bei der Wasserentnahme beim Verbraucher, die als unangenehm empfunden werden.

Bei geschlossenen Enteisenungsanlagen muß man mit einer Einarbeitungszeit rechnen, da sich erst genügend Eisenoxidhydrat auf dem Filter absetzen muß, das dann als Adsorbens den Enteisenungsvorgang beschleunigt.

Bei geschlossener Enteisenung muß stets Luftsauerstoff zugeführt werden, auf 1 g Fe ca. 0,5 bis 1 Liter Luft (theoretisch 0,143 g Sauerstoff, 1 m^3 Luft = 300 g O_2). Dies geschieht entweder mit Hilfe eines Kompressors oder durch Schnüffelung. Wenn nicht genügend Luft zugeführt wird, erhält man unter Umständen ein sauerstoffarmes oder -freies Reinwasser, das zur Wiedervereisenung des Wassers im Rohrnetz führt. Kontrollvorrichtungen für den Sauerstoffgehalt des Reinwassers sind deshalb bei größeren Anlagen angebracht. Solche liefert z. B. die Chlorator-Gesellschaft.

Bei den angeführten offenen und geschlossenen Enteisenungsanlagen ist die Enteisenung bei mittlerer Carbonathärte und pH-Werten über 7,0 leicht, bei niedriger schwer. Auch bei sehr harten Wässern, deren Gleichgewichts-pH-Wert ja um 6,9 bis 7,0 herum liegt, ist die Enteisenung erschwert. Die Enteisenungsanlage muß wegen evtl. Störungen vor der Chlorungsanlage liegen, außer bei einwandfreier Dosierung von unterchloriger Säure, HClO, die eine Enteisenung unterstützt. Bei Wässern von mehr als 4 mg/l Fe muß der geschlossenen Enteisenungsanlage eine offene Enteisenung (s. o.) mit Reaktionsbecken vorangehen oder bei kohlensäurearmen eine geschlossene Enteisenungsanlage mit Reaktionsbecken oder doppelte Filterung durch zwei hintereinandergeschaltete Kiesfilter.

Die Filtergeschwindigkeit soll höchstens etwa 15 m/h betragen.

Bei geschlossener Enteisenung in Sand- und Kiesfiltern zeigt das Reinwasser eine geringe Erhöhung der freien Kohlensäure, die aus dem Eisenhydrogencarbonat stammt.

Bei hohem Eisengehalt kann ein Wasser also leicht aus dem Kalk-Kohlensäure-Gleichgewicht kommen. CO_2 wird allerdings auch an dem ausgeflockten Eisen(III)-hydroxid teilweise adsorbiert.

Hoher Cl^-- sowie NH_4^+-Gehalt erschweren die geschlossene Enteisenung; Solen und Mineralwässer werden daher mit Ozon enteisent.

Bei Huminwässern, die fast immer eisenhaltig sind, ist eine Enteisenung durch Belüftung nicht möglich; die Filterkörner würden auch zu sehr verschmieren: Man muß deshalb zu chemischen Behandlungsmethoden greifen (s. u.). Bei Wässern, die Natriumhydrogencarbonat enthalten, ist die geschlossene Enteisenung ebenfalls erschwert.

Enteisenungsanlagen bauen z. B. die Firmen Balke, Bamag-Meguin, Bollmann, Defac, Neue Continentale Bau-Ges., Preußag, Rob. Reichling & Co., Wabag-Plafog, Cama KG.

Ein Fortschritt in der Enteisenungstechnik ist das „Trockenfilter-Verfahren“ der Fa. Bamag. Durch die starke Sauerstoff-Sättigung ist ein Erfolg auch bei Grundwässern mit 20 mg/l Fe^{2+} und die Reduzierung des Ammonium-Gehalts in der Wasserwerkspraxis nachgewiesen, wobei auch ein CO_2-Überschuß entfernt wird und der pH-Wert angehoben wird. Auch bei Huminwässern sind die Erfolge gut.

Flußwasser mit chelatgebundenem Eisen und Mangan (ÄDTA, NTA) kann durch offene und geschlossene Enteisenung nicht aufbereitet werden; mit Chlor, Ozon oder Aktivkohle gelingt ebenfalls keine vollständige Enteisenung. Solche Rohwässer sind nicht brauchbar (s. S. 84, Gruppe C). Sie würden auch als Reinwasser nach Aufbereitung Eisenablagerungen und Eisenbakterienablagerungen mit Rosttrübungen verursachen, selbst, wenn man die kostspieligen makroporösen Ionenaustauscher noch zusätzlich verwenden würde (s. u.).

Insgesamt soll der Gehalt an organisch gebundenem Kohlenstoff in einem aufzubereitendem Rohrwasser 3 mg/l org. C nicht überschreiten und im aufbereiteten Leitungswasser soll der Gehalt an echt gelösten organischen Stoffen 1 mg org. C/l nicht überschreiten (S. 103).

In geeigneten Fällen müßte die Einleitung der verursachenden Abwässer aus einer Papierfabrik oder Galvanikbetrieb unterbunden werden.

Chemische Enteisenung. Die Enteisenung kann auch auf chemischem Wege erfolgen, wobei das Wasser ebenfalls nicht mit der Außenluft in Berührung kommt. Hierzu werden geschlossene Filter mit gekörntem, gebranntem Magnesit oder Dolomit (Magno- oder Akdolit) verwendet, durch die Wasser mit etwa 15 m/h Durchlaufgeschwindigkeit hindurchgeschickt wird. Das Eisen wird in der obersten Filterschicht in flockiger Form abgeschieden und gleichzeitig wird die Kohlensäure abgebunden (S. 241). Von Zeit zu Zeit wird das abgeschiedene Eisen durch Rückspülung vom Filter entfernt. Darüber hinaus benötigen diese Filter kaum eine Wartung. Der Eisengehalt des Rohwassers soll aber auch nicht allzu hoch sein (nicht über 3 bis 5 mg/l). In letzterem Falle müssen Reaktionsbecken vorgeschaltet werden. Sauerstofffreie Wässer müssen belüftet werden.

Ausführende Firmen: Akdolit-Werk und alle Wasseraufbereitungsfirmen.

Enteisenung von Moorwässern. Aus humussäurehaltigen Moorwässern ist wie gesagt Eisen nicht entfernbar, da es als Humat gebunden ist. Bei der Planung von Enteisenungsanlagen ist daher die Feststellung wichtig, ob es sich gegebenenfalls um organisch gebundenes Eisen handelt. Man erkennt dies schon an dem hohen Kaliumpermanganatverbrauch. In solchen Fällen muß dann eine Flockung der organischen Substanz mit Aluminiumsulfat oder Natriumaluminat, in anderen Fällen eine Permanganatoxidation oder eine Hochchlorung nach dem ADM-Verfahren (S. 89) vorgesehen werden.

Nach neueren Forschungen können zur Oxidation von organischen Substanzen und Eisen die Salze der unterchlorigen Säure mit Erfolg verwendet werden. Ausführende Firma: Neue Continentale Bau-Ges, Hannover.

Allgemeine Regeln für die zweckmäßigste und wirtschaftlichste Enteisenungstechnik lassen sich nicht aufstellen. Oft ist es am zweckmäßigsten, dies durch einen Versuch zu ermitteln. In schwierigen Fällen führt das Accellator-Verfahren bzw. Reaktivator-Verfahren (S. 71) eine vollständige Enteisenung in sehr wirtschaftlicher Weise herbei.

Gesundheitliche Bedenken gegen hohen Eisen- und Mangangehalt bestehen nicht. Für Einzelwasserversorgungen ist deshalb ein gewisser Eisen- und Mangangehalt nicht so streng zu beurteilen (s. o.), besonders wenn das Eisen sich nicht alsbald abscheidet. Störend wirkt das Eisen erst dann, wenn es beim Stehen des Wassers sich in Flocken abscheidet oder das Wasser braun färbt oder trübt. Dies gilt aber nur für Einzelwasserversorgung. Geschmacklich tritt das Eisen in Mengen über 2 bis 3 mg/l stark hervor, indem es einen zusammenziehenden, fast tintenartigen Geschmack hervorruft. Für Bereitung von Kaffee und Tee sowie von Speisen ist stark eisenhaltiges Wasser ungeeignet.

Komplexbindung des Eisens mit Polyphosphaten. Bei geringen Eisenmengen im Trinkwasser (0,1 bis 0,4 mg/l Fe) kann man durch Beimpfung des Wassers mit Tetranatriumpyrophosphat oder Polyphosphaten eine Braunfärbung des Leitungswassers verhüten bzw. eine Eisenausfällung im Rohrnetz oder beim Verbraucher verhindern. Tetranatriumpyrophosphat bildet farblose Komplexsalze des Eisens und Mangans.

Als Dosis rechnet man die vierfache Menge an Phosphat (Holluta). Besonders vorteilhaft ist diese Phosphat-Impfung bei Wässern, die sonst keiner Aufbereitung bedürfen; bei kleinen finanzschwachen Gemeinden können auf diese Weise kostspielige Enteisenungsanlagen eingespart werden.

Bei sauerstofffreien Wässern, die an und für sich belüftet werden müßten, könnte man auch eine Belüftungsanlage ersparen, wenn man zusätzlich zu dem Tetranatriumpyrophosphat noch Natriumtripolyphosphat zudosieren würde, um eine zusätzliche Eisenaufnahme des Leitungswassers im Rohrnetz zu verhindern.

Enteisenung im Kleinbetrieb. Häufig ist aus den oben angeführten Gründen auch im Kleinbetrieb eine Enteisenung notwendig. Diese kann für Haushaltszwecke im einfachsten Falle durch Belüften oder Abkochen und Stehenlassen des Wassers in Holz- oder Tonbehältern erfolgen. Nach dem Absetzen kann man praktisch eisenfreies Wasser abhebern.

Mehrere Firmen bauen für Kleinbetrieb auch Enteisenungsfilter (z. B. Berkefeld auf verschiedener Basis [z. B. Rapid-Filter (MgO-Filter)]; früher Bieske [besondere Kontaktmasse]; Lurgi [A-Kohle]; Schubert [besondere Kontaktmasse]; K. Klein [MgO-Filter]). Wenn sich mehrere Haushaltungen gemeinsam solche Kleinenteisener halten, sind die Kosten für den einzelnen gering.

Biogene Enteisenung im Boden (Vyredox-Verfahren)

Einen neuen Weg der Gewinnung von eisenfreiem Trinkwasser aus eisenhaltigem Grundwasser hat das Schwedische Vyredox-Verfahren beschritten. Durch Infiltrationsbrunnen wird das eisenhaltige Grundwasser mit luftsauerstoffgesättigtem Wasser belüftet und an einer anderen Stelle durch Brunnen eisenfreies Wasser gefördert.

Das Verfahren ist sehr wirtschaftlich und zugleich umweltfreundlich, da kein Eisenschlamm anfällt. Es bildet sich nämlich bei diesem Verfahren eine biogene Bodenzone mit unzähligen Eisenbakterien, die durch die Sauerstoffzufuhr spontan sich vermehren und das Eisen in ihren Zellscheiden festhalten (K. Höll: „Gas-Wasser-Wärme“ **29,** 341–344 [1975]).

Das Verfahren hat sich auch bei uns in der Praxis bewährt. Ausführende Firma: Subterra, Hannover.

c) Entmanganung

Bei manchen Wässern fällt das Mangan bei der Enteisenung des Wassers mit dem Eisen zusammen aus, z. B. beim Kalkdosierungsverfahren und in vielen Fällen auch bei den dolomitischen Filtermaterialien wie Magno und Akdolit. In anderen Fällen ist die Entfernung des Mangans erheblich erschwert, nicht nur, wenn das Mangan in seltenen Fällen als Sulfat vorliegt. Im letzteren Falle führt nur das Kalkhydratverfahren zum Ziel, während man sonst auch mit braunsteinhaltigem Filtersand, „Mangankies“ genannt, eine Entmanganung mit gutem Erfolg durchführen kann. Gewöhnliche Kiesfilter benötigen eine längere Einarbeitungszeit, bis die Entmanganung voll befriedigend ist, da sich auf den Filterkörpern erst MnO_2 ablagern muß. Man kann dies aber dadurch beschleunigen, daß man dem Rohwasser Kaliumpermanganatlösung zusetzt, die einen Niederschlag von Mangandioxid auf den Filterkörpern bewirkt. Für 1 mg/l Mn sind 1,91 mg Kaliumpermanganat/l erforderlich. Der Entmanganungseffekt wird durch sehr intensive Belüftung sehr erleichtert. Besondere Erfahrungen auf diesem Gebiet hat die Neue Continentale Bau-Ges., Hannover. Wenn auch Eisen und Mangan durch geschlossene Enteisenung im Kiesfilter sich leicht entfernen lassen und das Eisen sich in den oberen Filterpartien, das Mangan sich dagegen in den unteren Filterpartien abscheidet, empfiehlt es sich trotzdem nach den Erfahrungen der Praxis, zwei Filterkessel hintereinanderzuschalten. Die Enteisenungsfilter werden nämlich viel stärker und schneller rückgespült als die Entmanganungsfilter, die ausgesprochen schwach und langsam gespült werden sollen.

Der pH-Wert muß bei der Entmanganung möglichst hoch liegen, auf jeden Fall höher als bei der Enteisenung, nämlich höher als 8,5. Bei den oben genannten Chemikalienzusätzen wird dieser Wert immer überschritten. Für Entmanganung in zentralen Wasserversorgungen kommen die Kalk-Dosierungsanlagen allerdings nicht in Betracht.

Gut bewährt haben sich in vielen Fällen aber die fertig präparierten Filtermassen, wie Mangan-Permutit (Fa. Permutit AG) und Akdolit-Mangan bzw. Hydrolitchlor (Fa. Akdolit GmbH) und die Mango-Entmanganungsmasse (s. bei K. Schilling, Jb. „Vom Wasser“ **28,** 185–202 [1951]).

Bei Wässern mit viel organischen Stoffen, besonders bei Huminwässern, ist eine Entmanganung nur nach Fällung mit Aluminiumsulfat möglich.

Als allgemeine Regel gilt, daß eisenhaltiges Wasser vor der Entmanganung enteisent und gegebenenfalls vorher entsäuert werden muß.

Eisenhaltige Wässer lassen sich durch Belüftung leichter entmanganen als eisenfreie.

Durch höheren Ammoniumgehalt kann die Entmanganung gestört werden. Auch chloridreiche Wässer sind schwer zu entmanganen.

In sauren Wässern ist eine Entmanganung durch Belüftung nicht möglich, auch bei intensivster Belüftung nicht. Sie gelingt nur mit stärkeren Oxidantien, wie Chlor, Ozon und Kaliumpermanganat. Bei hohem Mangan-Gehalt ist Chlor ungünstig.

Eine Stabilisierung des Mangans im Wasser ist durch Phosphat-Impfung mit 3 bis 5 g Natriumhexametaphosphat/m^3 nach Illig möglich (G. L. Illig: J. Amer. Water Works Assoc. **52,** 867–874 [1960]).

8. Die Härte des Wassers

Auf die Angaben von Härtegraden kann im Wasserfach nicht verzichtet werden, auch nicht im Waschmittelbereich. Die Umrechnung in Millival bzw. Millimol führt zu unnötigen Rechenarbeiten. Vorläufig gilt noch DIN 19640 und H 6 der EV.

a) Begriff der Härte

Die Härte eines Wassers ist bedingt durch seinen Gehalt an Calcium- und Magnesiumsalzen. Man bezeichnet Wasser mit hohem Calcium- und Magnesiumgehalt als hart, solche mit wenig Calcium- und Magnesiumsalzen als weich. Eine zahlenmäßige Festlegung der Härte geschieht durch Angabe der Härtegrade, wobei 1 Härtegrad einer Konzentration von 1 Teil CaO in 100 Teilen Wasser entspricht. Eine internationale Normung der Härte ist leider noch nicht vorgenommen worden. In Frankreich nimmt man als 1 Härtegrad eine Konzentration von 1 Teil $CaCO_3$ in 70000 Teilen Wasser an. Es entspricht also:

1 deutscher Härtegrad, °dH	= 10 mg/l CaO = 7,14 mg/l Ca
	= 17,9 mg/l $Ca(HCO_3)_2$ und
	= 4,34 mg/l Mg bzw. 7,19 mg/l MgO
1 franz. Härtegrad, franz. H°	= 10 mg/l $CaCO_3$
1 engl. Härtegrad, engl. H°	= 100 mg/ $CaCO_3$
1 engl. Härtegrad	= 0,8 °dH
1 °dH	= 1,25° engl. Härtegrade
1 deutscher Härtegrad	= 1,79 ° franz. Härtegrade
1 franz. Härtegrad	= 0,56 deutsche Härtegrade
1 franz. Härtegrad	= 0,7 englische Härtegrade
1 amerikan. Härtegrad	= 1 mg/l $CaCO_3$
1 amerikan. Härtegrad	= 0,056 °dH

Die Härtegrade sind neuerdings als „Summe Erdalkalien“ in mmol/l anzugeben (DIN 38409, Teil 6).

Die Begriffe Gesamthärte, Carbonathärte und Nichtcarbonathärte

Gesamthärte. Calcium und Magnesium sind in natürlichen Wässern überwiegend an Kohlensäure gebunden, und zwar als Hydrogencarbonat; daneben ist meistenteils ein geringerer Prozensatz an Schwefelsäure, Salzsäure, Salpetersäure, Kieselsäure und Phosphorsäure gebunden. Es gibt auch ausgesprochene Gipswässer in einigen Gegenden, bei denen das Calcium nur als Calciumsulfat vorliegt.

Die Summe aller dieser Calcium- und Magnesiumverbindungen ergibt die Gesamthärte, ausgedrückt als Milligramm CaO je Liter. 1 °Gesamthärte = 10 mg/l CaO bzw. 7,19 mg/l MgO. Für die Ermittlung der Gesamthärte werden die Gewichtsanteile der Magnesiumverbindungen durch Umrechnung der MgO-Menge in die äquivalente CaO-Menge durch Multiplikation der mg MgO mit 1,399 und Division durch 10 erhalten; da 10 mg CaO 7,14 mg MgO äquivalent sind, ist ein Grad Magnesiumhärte = 7,14 mg/l MgO.

Die analytisch ermittelten Calcium- und Magnesium-Gehalte werden jetzt in mg Ca^{2+} und mg Mg^{2+} pro l angegeben. Zur Umrechnung auf Härtegrade dient die nachfolgende Tabelle.

1 °dH = 7,14 mg/l Ca^{2+} = 10,0 mg/l CaO
1 °dH = 4,28 mg/l Mg^{2+} = 7,19 mg/l MgO
1 °dH = 15,65 mg/l Sr^{2+} = 18,48 mg/l SrO
1 °dH = 24,29 mg/l Ba^{2+} = 27,35 mg/l BaO

Umrechnung:

1 °dH = 0,357 mval/l Härte
1 mg/l Ca^{2+} = 0,1399 °d = 0,0499 mval/l Härte
1 mg/l Mg^{2+} = 0,2306 °d = 0,0822 mval/l Härte
1 mg/l Sr^{2+} = 0,0640 °d = 0,0228 mval/l Härte
1 mg/l Ba^{2+} = 0,0408 °d = 0,0146 mval/l Härte
1 mg/l Fe^{2+} = 0,1004 °d = 0,0358 mval/l Härte
1 mg/l Mn^{2+} = 0,1021 °d = 0,0364 mval/l Härte

1 mval/l Härte = 2,804 °dH
1 mval/l Calcium-Härte = 20,04 mg/l Ca^{2+}
1 mval/l Magnesium-Härte = 12,16 mg/l Mg^{2+}

	Erdalkaliionen mmol/l	Erdalkali ionen mval/l	Deutscher Grad °dH	ppm $CaCO_3$	Engl. Grad °eH	Franz. Grad °fH
1 mmol/l Erdalkaliionen	1,00	2,00	5,60	100,0	7,02	10,00
1 mval/l Erdalkaliionen	0,50	1,00	2,80	50,0	3,51	5,00

Carbonathärte. Bei längerem Kochen des Wassers fallen die an Kohlensäure gebundenen Anteile des Calciums und Magnesiums als unlösliche Carbonate bis auf einen kleinen Rest aus. Man spricht deshalb von temporärer oder transitorischer Härte, die jetzt allgemein als Carbonathärte bezeichnet wird. Die Hydrogencarbonate des

Calciums und Magnesiums bilden also die Carbonathärte; diese wird ausgedrückt durch die in CaO umgerechnete Menge der Erdalkalihydrogencarbonate. Die Carbonathärte ist gewöhnlich niedriger als die Gesamthärte; ist sie höher, so spricht man von „scheinbarer Carbonathärte“ und berechnet aus der Differenz von Gesamthärte und Carbonathärte die Alkalihydrogencarbonate. Die Nichtcarbonathärte ist dann Null. Die bessere Bezeichnung ist „Austausch-Härte“, da diese durch natürlichen Ionenaustausch im Boden gebildet worden ist. Ein gutes Beispiel sind die Brunnenwässer im Seewinkel am Neusiedler See nach Erfahrungen des Verfassers.

Die Bezeichnung „Carbonathärte“ ist eigentlich nicht ganz korrekt, da die Erdalkalien, wie gesagt als Hydrogencarbonate im Wasser vorliegen (mit verschwindenden Ausnahmen). Der Begriff der Carbonathärte ist im Wasserfach jedoch so fest verankert, daß er beibehalten werden soll. In den neuen „Einheitsverfahren der Wasseruntersuchung“ ist die „Carbonathärte“ ebenfalls verblieben.

Calciumcarbonat ist in Wasser von 20 °C zu ca. 14 mg/l löslich.

Nichtcarbonathärte. Die als Sulfat, Chlorid und Nitrat (Phosphat und Silicat) nach dem Kochen in Lösung verbleibenden Anteile des Calciums und Magnesiums bedingen die bleibende Härte, früher auch permanente Härte oder Mineralsäurehärte genannt. Diese wird jetzt genauer als Nichtcarbonathärte bezeichnet (nicht zu verwechseln mit der „Resthärte“, S. 321).

Man muß also unterscheiden:

Gesamthärte GH: Gesamtheit der an Kohlensäure, Schwefelsäure, Salzsäure, Salpetersäure und Phosphorsäure gebundenen Erdalkalien, ausgedrückt in Milligramm je Liter CaO (10 mg/l CaO = 1 °dH).

Carbonathärte: KH, auch Kohlensäurehärte oder vorübergehende, transitorische – oder temporäre Härte – genannt, = an Kohlensäure gebundene Anteile des Calciums und Magnesiums als Teil der Gesamthärte, ausgedrückt in Milligramm CaO je Liter.

Nichtcarbonathärte: NKH, früher bleibende Härte oder permanente Härte oder Mineralsäurehärte oder Sulfathärte genannt, = an Schwefelsäure, Salzsäure, Salpetersäure oder Phosphorsäure gebundene Anteile des Calciums und Magnesiums als restlicher Teil der Gesamthärte, ebenfalls ausgedrückt in mg/l CaO.

Einteilung der Wässer nach Härtegraden

Man bezeichnet Wässer mit einer Gesamthärte

von 0– 4 deutschen Härtegraden	als sehr weich,
von 4– 8 °dH	als weich,
von 8–12 °dH	als mittelhart,
von 12–18 °dH	als ziemlich hart,
von 18–30 °dH	als hart,
von 30°dH und mehr	als sehr hart.

b) Vorkommen der Härtebildner

Wässer aus Kalk-, Gips- und Dolomitgebieten sind hart. Man trifft dort häufig Grundwasser mit einer Gesamthärte von 30 °dH und darüber. In seltenen Fällen finden sich Wässer mit 100 und mehr Härtegraden (Wasserwerk Artern bis 140 °dH, zeitweilig Schwäbisch-Hall bis 105 °dH, und das Gebiet von Bad Nenndorf). Wässer aus dem mittleren Gips-Keuper sind hart, ebenso die aus Zechstein- und Juraformationen, z. B. Münder-Mergel mit sehr harten Wässern. Wässer aus Gebieten der Urgesteine, des Granits, Basalts u. a. vulkanischer Gesteine haben meist nur 1 bis 2 Härtegrade (Alpengebiete, Schwarzwald, Thüringen, Norwegen). Wässer aus Buntsandsteingebieten, z. B. Hessen, haben ebenfalls nur wenige Härtegrade (etwa 10 °dH). Im oberen Buntsandstein, dem Röt, findet man Wasser mit höherer Nichtcarbonathärte.

Im ganzen betrachtet haben nach der deutschen Wasserstatistik 85% aller Wasserwerke Wasser mit mehr als 5 Härtegraden, davon 15% mehr als 20 Härtegrade. Nach der älteren Statistik von Bunte (J. f. Gasbeleuchtung u. Wasserversorg. **58,** 76 [1915]) hatten von 300 deutschen Städten 25% weiches Wasser mit weniger als 5 Härtegraden, 30% solches mit 5 bis 10 Härtegraden, 25% ein solches mit 10 bis 18 Härtegraden, 20% hartes Wasser. Bei 500 Brunnengewässern aus der Mark Brandenburg fand Verf. Gesamthärten unter 5 °dH bei 4%, mit 5 bis 10 °dH bei 14%, mit 10 bis 13 °dH bei 30%, 15 bis 20 °dH bei 24%, 20 bis 50 °dH bei 28%. Die Carbonathärte betrug in 13% der Fälle weniger als 5 °dH, bei 17% bis 8 °dH, bei 60% 8 bis 15 °dH, bei 10% 15 bis 40 °dH.

In Niedersachen fand Verf. Gesamthärten unter 4 °dH bei 4% der Proben, Gesamthärten von 4 bis 12 °dH bei 12%, von 12 bis 30°dH bei 66%, von 30 bis 40°dH bei 14% der Proben. 4% hatten Härtegrade bis 100 °dH (insgesamt 500 Wässer).

Die in Braunkohlengebieten vorkommenden Wässer mit freier Schwefelsäure sind frei von Carbonathärte.

Näheres s. bei G. Giebler, Chemische Wasserstatistik, DVGW-Bericht [1959].

Oberflächenwässer haben im allgemeinen geringere Härtegrade als Grundwässer. In planktonreichen Seen und Teichen findet manchmal biogene Entkalkung durch die Kohlensäureassimilation der Planktonorganismen statt. Von 600 deutschen Gewässern, die vom Verf. untersucht wurden, hatten 230 weniger als 5 °Gesamthärte[1] und 250 Gewässer 5 bis 10 °dH, rund 100 Gewässer 10 bis 18 °dH und 15 Gewässer mit mehr als 18 °dH.

c) Hygienische Bedeutung der Carbonathärte

Lüning und Heinsen (Z. f. Unters. Lebensmitt. **67,** 627 [1934]) ziehen die Carbonathärte zur hygienischen Wasserbeurteilung heran. Nach ihren Darlegungen ist das Grundwasser mit mehr als 25 °Carbonathärte als verschmutzt anzusehen. Nach Befunden des Verfassers in der Provinz Brandenburg ist dies ganz zutreffend. Andererseits fand Verfasser bei zahlreichen verschmutzten Grundwässern nur sehr geringe Carbonathärten, besonders in diluvialen Sandgebieten.

d) Verhärtung des Grundwassers durch Müllhalden

Wenn Müllhalden durch versickerndes Regenwasser ausgelaugt werden, geben sie große Mengen freier Kohlensäure, die durch Fäulnis der Pflanzenbestandteile des

[1] K. Höll: Ökologie der Peridineen, Jena [1928].

Mülls, bes. des Sommermülls, entstanden ist, an das Grundwasser ab. In kalkhaltigen Böden bewirkt diese Kohlensäure eine Kalkaufnahme und damit eine Härteerhöhung. Schwankungen der Carbonathärte und des Kalkgehalts eines Grundwassers können also einen Verdacht auf Beeinflussung des Grundwassers durch Müllhalden bestätigen helfen. Daneben ist eine Aufnahme von Arsen aus der im Müll enthaltenen Asche von großer Bedeutung, wie Verf. an mehreren Stellen festgestellt hat (s. auch S. 273).

Müllhalden können auch direkt eine Verhärtung des Grundwassers verursachen (E. Lang: Z. f. Städtehygiene [1932] und G. Haupt: GWF [1935]) sowie W. Langer: Abh. a. d. Arbeitsgeb. d. Inst. f. WaBoLu-Hygiene H. 19, 113–130 [1961]. G. Haupt berichtet u. a. von einer Grundwasserverhärtung von 1,6 °dH auf 20,8 °dH durch eine 700 m entfernte Müllhalde. Nach E. Lang kann auch von Zechen und Berghalden eine Grundwasserverhärtung ausgehen.

B. Rößler berichtet über starke Grundwasserverunreinigung durch Müllhalden im Rheinland (Jb. Wasser **18** [1950]). Eine eingehende Darstellung der Beeinflussung des Grundwassers durch Müllhalden haben E. Nöring, A. Golver und G. Matthess in dem Hydrolog. Kongreßbericht IAH [1965] gegeben.

Die Sulfat-Erhöhung tritt im Grundwasser oft erst in weiterer Entfernung der Mülldeponie auf, also in der aeroben Zone, in der der aus Fäulnis entstandene Schwefelwasserstoff zu Schwefelsäure oxidiert wird.

Ammoniak, Nitrit, Nitrat und Sulfat sind ebenfalls mitunter ein Zeichen von Beeinflussung durch Müllhalden.

B. Nietsch, Wien, weist besonders auf die Ermittlung der Richtung des Grundwasserstromes und die direkte Gefährdung unterhalb von Schutt- und Mülldeponien hin (Steir. Gemeindenachrichten **14,** 16–19 [1981]). Abfall-Deponien benötigen jetzt eine besondere Genehmigung nach Prüfung der Gegebenheiten. Das geht auf die EG-Richtlinien zum Schutze des Grundwassers zurück.

e) Gesundheitliche Bedeutung der Wasserhärte

Wenn auch hohe Wasserhärte keine direkten gesundheitlichen Nachteile mit sich bringt, so ist das sehr harte Wasser infolge seiner laxierenden Wirkung doch kein gutes Trinkwasser und ist daher als Trinkwasser abzulehnen (> 30 °dH).

Für die Zahn- und Knochenausbildung ist eine gewisse Wasserhärte günstig. In Gegenden mit sehr weichem Wasser leidet die Bevölkerung viel unter der schlechten Zahnbeschaffenheit, z. B. in ganz Norwegen; auch in den Vogesen sind Zahnschäden durch das weiche Trinkwasser häufig (F. Bentz: GWF [1942]). Auf den Azoren, auf Island und auf den Kanarischen Inseln trifft man überall solche Zahnschäden an (K. Höll a. O.).

Andererseits hat A. I. Bokina festgestellt, daß sehr hohe Wasserhärte die Harnsteinkrankheit begünstigt und hat nachgewiesen, daß das radioaktive Calcium ^{45}Ca direkt an der Steinbildung beteiligt ist (Hygiene u. Gesundheit, russ. **30,** 3–7 [1965]).

Eine mittelmäßige bis mäßige Wasserhärte ist also aus gesundheitlichen Gründen in gleicher Weise wie aus technischen Erwägungen (Brauchwasser) am günstigsten.

Wasserhärte (Kalkgehalt) und Herzgefäßerkrankungen. Nach Untersuchungen in den USA (Schroeder), in Japan (Kobayashi), in England (Morris) und in Schweden

(s. Bundesgesundheitsbl. **8,** 351 [1965] ist eine gewisse Abhängigkeit verschiedener cardiovasculärer Krankheiten anhand der Statistik der Todesursachen (Todesursache 420 und 422) von dem Kalkgehalt des Wassers erkennbar. Ein Kalkgehalt von 50 bis 80 mg CaO/l ist danach gesundheitlich für den Menschen am vorteilhaftesten. Sehr kalkarme, besonders völlig kalkfreie Trinkwässer, wie sie z. B. auf den Kanarischen Inseln vorkommen geben nach der Statistik höhere Sterblichkeitsziffern an Herz- und Gefäßerkrankungen. Je kalkreicher das Trinkwasser ist, desto weniger Herzkrankheiten sind bei der Bevölkerung zu verzeichnen.

Die Sterblichkeitszahlen an Herzkoronar-Erkrankungen wurden statistisch bei weichem Wasser in Celle als besonders hoch und bei hartem Wasser in Braunschweig als besonders niedrig ermittelt.

Eine Enthärtung von hartem Wasser wird daher vom gesundheitlichen Standpunkt aus für die Trinkwasserversorgung abgelehnt.

Eine finnische Arbeitsgruppe hat Sterblichkeitsziffern mit dem Kupfergehalt in Verbindung gesetzt. Bei hohem Kupfergehalt war die Sterblichkeitsrate deutlich höher als bei hohem Chrom-Gehalt. Möglicherweise lag bei dem hohen Kupfergehalt weiches, aggressives Wasser vor. Masironi fand im Ohio-Gebiet mit weichem Trinkwasser 41% mehr an Hypertonie-Todesfällen und 21% mehr an Herzinfarkten als im Colorado-Gebiet mit hartem Wassr (WHO-Bull. [1970]). Crawford u. a. fanden in Glasgow mit weichem Trinkwasser doppelt so hohe Infarkt-Mortalität als in London mit hartem Wasser.

T. W. Anderson fand im kanadischen Ontario-Gebiet mit einer Million Einwohnern durch Statistiken, daß bei hartem Wasser (mit mehr als 200 ppm Calciumcarbonat) 365 Todesfälle pro 100000 Einwohner auf ischämische Herzkrankheiten zurückzuführen waren, in Gebieten mit weichem Wasser (< 100 ppm $CaCO_3$) dagegen 416 Todesfälle auf 100000 Einwohner.

In dem thüringischen Städtchen Bürgel wurde seit 100 Jahren ein Wasser mit 102 ° Gesamthärte und 88 ° Carbonathärte unbeschadet genossen (Gärdner: Klin. Jahrb. [1902]).

Nach einem Kongreßbericht „Epidemiology of Hypertension“ [1974] in London von A. G. Shaper waren bei vergleichenden Untersuchungen von 245 Menschen aus englischen Städten mit weichem Wasser und 244 aus Städten mit hartem Wasser die Sterbequoten kardiovaskulärer Mortalität bei ersteren wesentlich höher als bei letzteren mit harten Trinkwasser Versorgten (Med. Tribune vom 6. 12. 1974).

Auch Crawford u. a. stellten statistisch eine erhöhte kardiovaskuläre Mortalität mit weichem Trinkwasser fest (Lancet [1971], S. 327 und [1972] S. 988).

T. W. Anderson u. W. H. le Riche stellten bei genauen Prüfungen von 1686 Todesfällen der Einwohner von Ontario (Canada) fest, daß die Sterbequote an kardiovaskulärem Herztod bei einer Stadt mit weichem Wasser 20 bis 30% höher lag als bei einer Stadt mit hartem Wasser (C. M. A. Journal **107,** 155–160 [1971]).

Die WHO gibt Calciumgehalte von 75 mg/l Ca als „maximal annehmbar“ und 200 mg/l Ca als „maximal zulässig“ an. Nach der Deutschen Wasserstatistik (S. 257) haben die Leitungswässer in der Bundesrepublik einen Mittelwert von 13,6 ° Gesamthärte und von 10 ° Carbonathärte. Eine Anzahl liegt mit 30 bis 40 ° Gesamthärte bei den „maximal zulässigen“ Werten.

Vom gesundheitlichen Standpunkt aus, sollte man eher dem sehr harten als dem weichen Wasser (vom technischen Standpunkt aus) den Vorzug geben.

Harte Wässer sind für Konservenfabriken unbrauchbar, weil beim Blanchieren und Kochen die Proteine durch Calcium- und Magnesium-Ionen verändert (besonders Erbsen und Bohnen) und die Fruchtfarben zerstört werden.

Wasserhärte und Trinkwasserleitungen. Für die Fortleitung von Trinkwasser in Rohren ist eine gewisse Wasserhärte erforderlich. Weiche Wässer bilden nämlich keine Schutzschicht aus und verursachen wegen der stets vorhandenen aggressiven Kohlensäure Materialangriff (S. 237). Besonders bei Vorhandensein von Bleirohren ist eine höhere Härte des Leitungswassers notwendig, da sonst das in Lösung gehende Blei zu Bleivergiftungen führt.

Wässer mit weniger als 30 mg Calciumhydrogencarbonat/l bilden keine Schutzschicht aus, deshalb müssen sie aufgehärtet werden (S. 245). Hierzu gehören aber große Erfahrungen (s. H. Wette: GWF **90,** 121–126 u. 154–158 [1949], sowie GWF **91,** 49–55 [1950]).

Andererseits ist aber auch eine hohe Härte technisch ungünstig, besonders dann, wenn das Wasser gerade im Kalk-Kohlensäure-Gleichgewicht ist oder wenn gar ein Defizit an freier Kohlensäure vorhanden ist. Auch ohnedies kann es bei harten Wässern zu unerwünschten Kalkabscheidungen kommen, wenn nämlich zu. B. durch Luftzutritt eine Sauerstoffanreicherung stattfindet (z. B. nach Sammelbehältern) (s. Klut: Trink- u. Brauchwasser, S. 68) oder die Temperatur sich ändert.

Die Bestimmungen der zugehörigen und aggressiven Kohlensäure müssen aus allen diesen Gründen mit größter Sorgfalt durchgeführt werden und sollten nur wirklich erfahrenen Fachleuten überlassen werden.

f) Bedeutung der Wasserhärte für Brauchwasser und technische Zwecke

Ebenso wie in Kochkesseln aus hartem Wasser sich bekanntlich der Kesselstein ansetzt, so gibt es auch in Warmwasserbereitungsanlagen und Heizungsanlagen bei höherer Wasserhärte Wassersteinablagerungen. Wegen ihres geringen Wärmeleitvermögens wirken sich die Wassersteine wärmetechnisch oft sehr ungünstig aus. In neuester Zeit hat man in den polymeren Phosphaten und Metaphosphaten Mittel und Wege gefunden, die Wassersteinbildung in der Heizungstechnik zu unterbinden. Die Poly-Metaphosphate haben nämlich die Eigenschaft, die Härtebildner des Wassers recht stabil zu binden und so die Wärmeausfällung zu verhindern (S. 267).

In der Heizungstechnik hat sich der „Magnesiumstab" zur Verhinderung von Steinansätzen an Boilerwänden gut bewährt.

Auch auf dem Gebiet der Waschtechnik haben sich die Poly- und Metaphosphate gut bewährt, da sie die Kalkseifenbildung verhindern und sofortige Schaumbildung auch bei hartem Wasser ermöglichen; sie verhindern daneben die schädliche Kalkseifenbindung an die Gewebe (s. u.).

Für viele gewerbliche Zwecke ist die Wasserhärte ebenfalls von großer Bedeutung. In der Textilindustrie, in Wäschereien, Bleichereien und Färbereien ist höhere Wasserhärte schädlich. Papier- und Zellstoff-Fabriken sowie Gerbereien benötigen härtearmes Wasser. Bei der Trinkbranntwein- und Likörfabrikation wird nur härtefreies Wasser verwendet. Die Qualität des Bieres ist in hohem Maße von dem Härtegrad des Brauwassers abhängig (S. 326). Für die Herstellung von Gemüsekonserven wird weiches Wasser benötigt.

Wasserhärte im Haushalt. Auch im Haushalt macht sich die Wasserhärte bemerkbar. Erbsen werden z. B. beim Kochen in hartem Wasser nicht weich. Das Aroma von Kaffee und Tee wird durch die Wasserhärte beeinträchtigt. Die Kaffee-Vertriebsstellen stellen ihre Kaffeesorten heute auf die Wasserhärte in den Verbrauchergebieten ab. Kakaogetränke werden mit hartem Wasser nicht so wohlschmekkend wie mit weichem Wasser; sie werden auch nicht so „glatt", sondern flockig. Beim schwarzen Tee geben die Gerbstoffe mit den Kalksalzen des Wassers Ausfällungen und Trübungen.

Die menschliche Haut wird beim Waschen mit hartem Wasser spröde, und die Hautporen verstopfen sich durch die sich abscheidenden Kalk- und Magnesiumseifen. Bei Personen mit empfindlicher Haut können dadurch Entzündungen verursacht werden.

Wasserhärte und Wäscherei. Sehr nachteilig ist hartes Wasser beim Wäschewaschen. Die Kalk- und Magnesiumsalze des Wassers geben mit den Fettsäuren der Seife unlösliche Kalk- und Magnesiumseifen, so daß also ein Teil der Seife hierfür verbraucht wird; je härter das Wasser ist, desto höher ist der Seifenverbrauch und desto mehr Seife geht für die Ausfällung der Härtebildner verloren, bevor die Schaumbildung und damit die Waschwirkung eintritt. In großen Wäschereien spielt die Wasserhärte deshalb eine Hauptrolle; sie enthärten ihr Wasser, wenn ihnen kein weiches Wasser zur Verfügung steht, da dies wirtschaftlicher ist als der höhere Seifenverbrauch. 1 m^3 Wasser verbraucht pro Härtegrad nämlich rd. 150 g Seife, ein Wasser von 20° also 3 kg Seife pro m^3.

Aber auch im Haushalt macht sich der erhöhte Seifenverbrauch beim Wäschewaschen bemerkbar, ganz abgesehen davon, daß die Stoffasern mit der Zeit durch die im Gewebe sehr fest haftenden Kalk- und Magnesiaseifen geschädigt werden. Die Lebensdauer der Wäsche wird hierdurch wesentlich beeinträchtigt. In Orten mit hartem Wasser wurde früher daher mit Regenwasser gewaschen oder mit Wasserenthärtungsmitteln gearbeitet.

Durch die Einführung der synthetischen Waschmittel (Detergentien) ist die Wasserhärte bei der Haushaltswäsche nicht mehr von so großer Bedeutung.

g) Wasserstein

Beim Kochen und Erwärmen von harten Wässern scheiden sich die Calcium- und Magnesiumsalze sowie Eisen und Mangan ab und bilden den sog. Kesselstein. Warmwasserleitungen können dadurch allmählich verstopft werden. Durch Polyphosphatzusätze kann dies, wie oben schon ausgeführt, verhindert werden. Kesselsteinansätze können durch Brindisäure (Salzsäure mit Zusatz von Brindiharz oder Hivolinsäure) gelöst werden. Kesselsteinbelag im Dampfkessel verursacht erheblichen Wärmeverlust; bei einer Steinstärke von 3 mm werden ca. 20% mehr Kohlen verbraucht.

Carbonathärte gibt weicheren Kesselstein als Nichtcarbonathärte. Gipskesselstein ist im Dampfkesselbetrieb besonders ungünstig und gefährlich (S. 320f.).

h) Enthärtung von Brauchwässern

Kalkdosierung = Entcarbonisierung bei Wässern mit vorwiegender Carbonathärte: Das einfachste und älteste Enthärtungsverfahren ist das Kalkdosierungsverfahren, das ursprünglich von Chr. Bücher mit Trockenkalk durchgeführt wurde („Bücher-Verfahren"). Heute verwendet man Kalkmilch oder Kalkwasser zum Ausfällen der Härtebildner wie auch zur Entsäuerung des Wassers. Die zuzusetzenden Mengen müssen stöchiometrisch jeweils genau berechnet werden und die Anlagen ständig überwacht werden, am besten durch selbstregistrierende pH-Meßgeräte (Entcarbonisierungsverfahren Balke-Riwag).

Die Enthärtung geht bei diesem Verfahren auf 2 bis 4 Härtegrade herab, je nach der Höhe der Nichtcarbonathärte. Bei hoher Magnesiumhydrogencarbonathärte muß Kalk im Überschuß (ca. 25 mg/l) zugesetzt werden, um diesen Effekt zu erreichen. Der Überschuß muß vor Einspeisung in ein Versorgungsnetz wieder ausgeglichen werden, z. B. dadurch, daß man Kohlensäure in das enthärtete Wasser einleitet.

Wässer mit hohem Chloridgehalt können jedoch durch Kalkhydrat nicht gut entcarbonisiert werden, da die Löslichkeit des bei der Kalkzugabe entstehenden Calciumcarbonats erhöht ist.

Wasserwerke enthärten bisher ihr Wasser nicht; eine Ausnahme ist die Stadt Ratingen.

Die Schnell-Entcarbonisierung u. a. technische Verfahren. Das Wirbosverfahren der Permutit AG arbeitet mit besonderem Kontaktmaterial (Calcitkristallen) und einem Wirbelstrom zur schnellen Abscheidung des Calciumcarbonats. Auch andere Schnell-Reaktor-Verfahren arbeiten in dieser Weise, z. B. das „Circulan-Verfahren" der Fa. Heinr. Koppers, und das Wigran-Verfahren.

Bei hohen Temperaturen werden diese Verfahren ebenfalls mit großem Erfolg angewandt (60 °C und mehr), z. B. in Kesselbetrieben. Hoher Mg-Gehalt stört (ab 40 mg/l).

Bei sehr niedriger Wassertemperatur gibt es aber Störungen und Versagen dieser Kontaktverfahren (unterhalb 6 °C).

Ausführende Firmen: Defac, D-4000 Düsseldorf; Neue Continentale Bau-Ges., D-3000 Hannover; Permutit AG, D-4100 Duisburg und D-1000 Berlin und Wabag-Plafog, D-8650 Kulmbach. Ähnlich arbeiten die Katalyt-Entcarbonisierungsanlagen der Fa. Berkefeld, D-3100 Celle.

Eine Entcarbonisierung kann auch durch Anionenaustausch mit Lewatit CPM der Bayer-Werke, u. a. sauren Ionenaustauschern vorgenommen werden, auch automatisch (Fluicon-Verfahren), desgleichen mit Lewatit CNP mit makroporöser Harzstruktur.

Impfverfahren mit Säuren. Die Entcarbonisierung kann auch durch Säuredosierung zum Wasser vorgenommen werden (Impfverfahren der Fa. Balke). Das Verfahren muß natürlich sehr genau überwacht werden und kommt deshalb nur für spezielle Zwecke in Betracht. Das Reinwasser enthält die frei gewordene Kohlensäure und ist daher stark aggressiv.

Das Kalk-Soda-Verfahren. Bei Wässern mit hoher Carbonat- und Nichtcarbonathärte wird gleichzeitig Kalk und Soda dem Wasser zugesetzt, wobei auch die Nichtcarbonathärte mit ausfällt. Es wird daher am meisten angewandt, in den USA auch für zentrale Wasserversorgungsanlagen. Die Enthärtung geht bis auf 1 bis 2 °dH herab. Durch sog. Vorwärmer wird die Fällungszeit stark verkürzt und die Fällung vollständiger.

Anlagekosten ziemlich hoch, Betriebskosten mäßig.

Ausführende Firmen: Balcke, 4630 Bochum; Bamag-Meguin, D-6300 Gießen; Bran & Lübbe, D-2000 Hamburg; Hager u. Elsässer, D-7000 Stuttgart-Vaihingen; Kary, D-2800 Bremen; Neue Continentale Bau-Ges., D-3000 Hannover; Robert Reichling & Co., D-4150 Krefeld; Wabag-Plafog, D-8650 Kulmbach.

Weniger gebräuchlich ist das Ätznatronverfahren, das sich bei Wässern mit niedriger Carbonathärte, besonders wenn die Carbonathärte gleich der bleibenden Härte ist, und bei verhältnismäßig hoher Magnesiumhärte bewährt hat, z. B. in Amsterdam (H_2O **6,** 382–389 [1973]).

Die Anlagekosten sind geringer als beim Kalk-Soda-Verfahren, die Betriebskosten aber etwas höher.

Das Soda-Regenerativ-Verfahren wird bei vorwiegender Nichtcarbonathärte für die Kesselspeisung in Verbindung mit Kesselwasserrückführung angewandt („Neckarverfahren" der Fa. Philipp Müller, Stuttgart). Das Rohwasser darf nur geringen Kohlensäuregehalt haben und der Kesseldruck darf 20 atü nicht übersteigen.

Das Trinatriumphosphat-Verfahren (Verfahren Budenheim): bei diesem Verfahren werden durch Zusatz von Trinatriumphosphat sämtliche Härtebildner ausgefällt. Es bildet sich ein flockiger Schlamm, der auch im Kessel nicht festbrennt. Die Enthärtung geht bis auf 0,1° Resthärte.

Das Verfahren ist jedoch für viele Fälle zu kostspielig wegen der Chemikalienpreise; es wird daher oft nur als Zusatzverfahren zur Entfernung der Resthärte im Anschluß an das Kalk-Soda-Verfahren angewandt. Die Anlagekosten sind gering. Das Trinatrium-Verfahren hat sich wegen seiner guten Erfolge und Betriebssicherheit überall eingeführt, besonders das Röhrenverfahren der Fa. Budenheim, bei dem vor dem Reaktor mit Trinatriumphosphat eine Erhitzung und Entgasung sowie eine Teilenthärtung in Röhren vorangeht, wodurch viel Platz eingespart wird.

Trinatriumphosphat wird auch dem vollenthärteten Kesselspeisewasser und Destillat bei Hochdruckkesseln aus Sicherheitsgründen zugesetzt.

Ausführende Firmen: Chem. Fabrik Budenheim, und die Wasserreinigungsfirmen.

Lieferfirmen für Trinatriumphosphat: Joh. A. Benckiser, Chem. Werke Albert, Chem. Fabrik Budenheim, Gebr. Giulini.

Das „Barast"-Verfahren vereinigt drei Enthärtungsverfahren zu einer stufenweisen Enthärtung (Balke-Rapid-Stufenverfahren der Fa. Balke).

Das Barytverfahren wird hauptsächlich bei Wässern mit hoher Nichtcarbonathärte, insbesondere bei vorwiegender Gipshärte, angewandt. Das Verahren besteht in der Zudosierung von Bariumhydroxid oder -carbonat. Die Enthärtung geht auf 1 bis 2 Härtegrade herab, je nach der Carbonathärte.

i) Ionenaustausch-Verfahren

Enthärtung von Brauchwasser durch Kationenaustausch. Permutit- und Lewatit-Verfahren. Im Gegensatz zu den obigen Enthärtungsverfahren braucht man bei dem Permutit- und Lewatit-Kunstharzverfahren keinen Enthärtungszusatz vorzunehmen, sondern nur eine geschlossene Filterung durch körnige Austauschmassen. Schwankungen der Wasserhärte spielen bei diesen Verfahren keine Rolle. Sie eignen sich besonders für Wässer, die für Kesselspeisung aufbereitet werden sollen. Da eine geschmackliche Beeinträchtigung der Reinwässer nicht eintritt, würden sich diese Verfahren für zentrale Trinkwasserleitungen an und für sich eignen; die Preise für die Filtermaterialien sind allerdings hoch. Nur anfänglich gibt es Geschmacksbeeinträchtigung durch die Kunststoffe.

Das Bundesgesundheitsamt hat Empfehlungen über Ionenaustausch von Betriebswasser für Lebensmittelbetriebe veröffentlicht (Bundesgesundheitsbl. **6** [1963]).

Bei Enthärten mit Ionenaustausch-Anlagen muß man immer mit Keimvermehrung rechnen; deshalb ist das Verfahren für die Trinkwasser-Versorgung ungeeignet, abgesehen von der pH-Wert-Senkung, die zu Rohrangriff führt (Erhöhung der aggressiven Kohlensäure durch Verminderung der zugehörigen Kohlensäure) und dem Kalkmangel für die Nahrung.

Die zentralen Enthärtungsanlagen in Tournai/Frankreich und in Los Angeles mit 1,5 Millionen m^3/Tag sind eine Ausnahme, ebenso wie Ratingen.

Wässer mit organischen Stoffen und eisenhaltige Wässer eignen sich nicht für Basenaustausch bzw. es müssen besondere Vorkehrungen getroffen werden.

Permutit-Verfahren. Beim Basenaustausch wird das zu enthärtende Wasser durch einen Filterkessel, der mit körnigem Material angefüllt ist, hindurchgeschickt. Permutite sind Natriumaluminiumsilicate, deren Natrium durch das Calcium und Magnesium des Wassers ausgetauscht wird. Von Zeit zu Zeit wird das Permutitfilter durch Hindurchleiten von Kochsalzlösung (5- bis 10%ig) regeneriert. Man verwendet ein mit Kristallponceau 6 Rb vergälltes Salz (40 bis 70 g NaCl pro °dH/m^3). Die Enthärtung geht bis auf 0,02 °dH herab. Manche Wässer nehmen Kieselsäure aus dem Permutitfilter auf.

Bei dem heute verwendeten Neopermutit, einem körnigen Styrolharz, ist die Reaktionsfähigkeit sowohl bei der Enthärtung als auch bei der Regeneration bedeutend beschleunigt gegenüber dem Permutit. Das Permutit RS, ein sulfoniertes Styrolharz, hat besonders hohe Austauschkapazität und gleichzeitig besonders geringen Salzverbrauch. Die Kosten für das Salz zum Regenerieren werden bei der Planung von Enthärtungsanlagen oft nicht eingeplant; sie sind bei größeren Anlagen ganz beträchtlich.

Statt mit Kochsalz kann man auch mit einer Säure regenerieren und erhält dann die H^+-Form des Kationenaustauschers; mit diesem kann man also Wasserstoff gegen die Kationen Calcium und Magnesium austauschen, erhält dann aber ein saures Filtrat.

Ausführende Firma: Permutit AG (MAN, Berlin) und die einschlägigen Wasseraufbereitungsfirmen.

Siehe auch T. V. Arden „Wasserreinigung durch Ionenaustausch“, Vulkan-Verlag.

Lewatit- und Wofatit-Verfahren. Lewatite (Farbenfabriken Bayer) und Wofatite (Farbenfabriken Wolfen bei Bitterfeld DDR) sind körnige Austauschmassen auf Phenolharz- und Styrolharzbasis, die bei der Filterung ein praktisch nullgrädiges, also härtefreies Wasser geben. Sie sind unempfindlich gegen hohe Temperaturen und gegen Säuren. Wofatit- und Lewatitfilter werden mit Kochsalzlösung wie die Permutitfilter regeneriert. Ähnlich sind Duolite (in Lizenz der Fa. Joh. A. Benkiser, Ludwigshafen).

Diese Basenaustauschfilter werden durch wechselnde Härtegrade des Wassers nicht beeinträchtigt. Wässer mit organischen Stoffen ergeben geringere Austauschleistung der Filter. Hoher Eisengehalt des Wassers stört bei manchen Austauschmassen die Filterwirkung.

Ohne Ionenaustauscher wären die heutigen Hochdruck-Kesselbetriebe und die Atomkraftwerke nicht denkbar.

Ausführende Firmen: Balke, D-4630 Bochum; Bamag-Meguin, D-6300 Gießen; Berkefeld, D-3100 Celle; Hager u. Elsässer, D-7000 Stuttgart-Vaihingen; Kary, D-2800 Bremen; Neue Continentale Bau-Ges., D-3000 Hannover; Defac, D-4000 Düsseldorf; Heinr. Koppers, D-4300 Essen; Fa. Invertit, D-4000 Düsseldorf; Permutit AG, D-1000 Belrin 35 und D-4100 Duisburg; Philipp Müller, D-7000 Stuttgart-Güglingen; Rhein.-Westfäl. Wasseraufbereitung R. Krummbiegel, D-4000 Düsseldorf; Steinmüller, D-5270 Gummersbach (spez. f. Kesselspeisewasseraufbereitung); Wabag-Plafog, D-8650 Kulmbach; K. Klein und Sohn, D-6800 Mannheim; Wewa, D-6270 Idstein und Atlas-Werke, D-2800 Bremen.

Über die Wartung der Austauschfilter. Das Volumen der Austauschmasse ist im feuchten Zustande viel größer als im trockenen. Die Masse darf daher nicht trocken in die Filterkessel eingefüllt werden; die Filter dürfen auch nicht trockenlaufen, z. B. vor der Regeneration, sondern sollen ständig als überstaute Filter laufen. Die Austauschmasse muß vor Verschmutzung geschützt werden. Das Rohwasser muß also vollkommen klar sein und soll keine Abscheidungen geben; es soll ferner frei sein von Öl, das die Austauschkapazität herabsetzen würde und kein H_2S enthalten.

Der Verlust an Austauschmasse soll bei guter Qualität nicht mehr als 3% im Jahr betragen.

Regenerierung. Wenn die Resthärte nach dem Kationenaustauschfilter über 0,1° angestiegen ist, soll regeneriert werden. Regeneriert wird mit 5 bis 10%igen Kochsalzlösungen, und zwar von unten nach oben. Die Kontrolle des Reinwassers geschieht mit Seifenlösungen (S. 151) oder mit Titangelb-Indikator (0,01%ige natronalkalische Lösung), der keine Rotfärbung ergeben darf. Die Kontrolle der Vollentsalzung geschieht durch Leitfähigkeitsmessung unter Berücksichtigung der vorhandenen Kohlensäure, die höheren Salzgehalt vortäuscht.

Bei der Regeneration der Kationenaustauschfilter wird die stärkste Salzlösung zum Schluß auf das Filter gegeben. Im Anfang kann man mit natürlichen Salzsolen regenerieren oder eine Art Vor-Regeneration vornehmen, auch wenn diese reichlich Härtebildner enthalten. In den USA gibt es genaue Beschaffenheitsbedingungen für Natriumchlorid zur Regeneration (J. Amer. Water Works Ass. **42** [1950]). In Deutschland wird ein mit Kristallponceau 6 Rb vergälltes steuerfreies Salz, Mahlung I, von entsprechender Reinheit, verwendet (s. o.).

Die Kunstharz-Ionenaustausch-Filter brauchen nur halb soviel Salz zur Regeneration wie die Zeolithe (Eng. News Rec. **44,** 42–44 [1950]), die überdies ein viel geringeres Austauschvermögen haben und deshalb nicht mehr verwendet werden.

Je m^3 der durchgeflossenen Wassermenge und je Härtegrad (Gesamthärte) rechnet man beim Basenaustausch mit 70 g Kochsalz zur Regenerierung der Filter.

Bei sehr niedrigen Wassertemperaturen ist die Filterwirkung stark herabgesetzt.

Nach der Regeneration wird mit enthärtetem Wasser bis zur Salzfreiheit des ablaufenden Wassers nachgewaschen.

Die Anionenaustauscher werden mit 10%iger Sodalösung oder 2 bis 4%iger Natronlauge regeneriert. In der Entkieselungsstufe wird mit 1%iger Lauge regeneriert. Bei Wasserstoff-Austausch wird mit 10%iger Salzsäure regeneriert (DIN 19610).

Die Filterbehälter müssen einen starken Säureschutz haben. Die Abläufe aus den Basenaustauschern sind nämlich sehr stark aggressiv, da sie die gesamte freie Kohlensäure als aggressive Kohlensäure enthalten; deshalb sind auch die Leitungen im Betrieb stark gefährdet, außer denen aus säurefestem Stahl und aus Vinidur, Mipolam u. a. Kunststoffen. Von den einschlägigen Firmen werden die Behälter für Wasserstoff-Austauscher gummiert, für die übrigen einbrennlackiert geliefert. Durch Akdolit-Spezialfilter oder Akdolit-Hydratzusatz können diese Abläufe neutralisiert werden (Akdolit GmbH, Erkrath).

Vollentsalzung. Es gibt auch Kunstharzaustauschmassen, die Anionen austauschen. Durch Hintereinanderschalten von Kationen- und Anionen-Austauschfiltern erzielt man eine vollständige Enthärtung und Entsalzung. Bestimmte Austauscher nehmen auch die Kieselsäure aus dem Wasser, so daß man ein ionenfreies und kieselsäurefreies Wasser erhält (Aqua deionisata).

Die Vollentsalzung kann auch im „Mischbettverfahren" durchgeführt werden. Hierbei werden körnige Kationenaustauscher in der H^+-Form und Anionenaustauscher in der OH^--Form in Filterkesseln innig gemischt verwendet. Sie liefern in einem Arbeitsgang ein vollständig ionenfreies Wasser. Näheres über die Kationenaustauschverfahren s. bei K. Schilling (DVGW-Rundschreiben Nr. 49). Mischbettfilter sind schwieriger zu regenerieren als getrennte Ionenaustausch-Filter.

Die Entsalzung mit Kunstharzaustauschern ist bei salzarmen Wasser bedeutend billiger als die Destillation. Bei harten Wässern ist vor dem Kationenaustausch oft eine vorherige Enthärtung durch Kalkhydrat vorteilhaft, weil sonst der Natriumgehalt im Austausch zu hoch wird.

Bei den Hochleistungs-Ionenaustauschern der Bayer-Werke, Leverkusen, „Levatit HL" ist eine kontinuierliche Aufbereitung möglich (ohne Umbettung also). Einen Fortschritt in der Enthärtungstechnik stellt das Fluicon-Verfahren der Permutit AG, MAN, dar. Der Ionenaustausch und die Regenerierung findet platzsparend und kontinuierlich im Kreislauf und in Kolonnen statt.

Die vollautomatischen Anlagen können auch als Entcarbonisierungsanlagen laufen. Bei Vollentsalzung und Entcarbonisierung kann auf jede gewünschte Resthärte eingestellt werden.

Die Regenerierung von Mischbett-Anlagen kann nach W. Höll u. B. Kiehling auch mit Kohlensäure erfolgen, um eine Gewässer-Versalzung durch die Abläufe derselben zu vermeiden.

Nachteile der Ionenaustauscher. Bei längerem Gebrauch der Ionenaustauscher vermehren sich infolge des Angebots an organischen Stoffen die Wasserkeime bzw. Krankheitskeime so stark, so daß es zu Gesundheitsschäden kommt. Dies trifft sowohl für die Einzel-Haushaltsgeräte zur Teebereitung als auch für Lebensmittelbetriebe, wie z. B. Molkereien, Brauereien, Metzgereien, zu. Wenn es sich auch um apathogene Bakterien handelt, so rufen sie als eiweißspaltende Organismen u. U. in den Lebensmitteln ungünstige Veränderungen hervor, die u. U. auch toxische Wirkungen hervorrufen. Eine ausreichende Kontrolle der Ionenaustausch-Anlagen ist daher erforderlich, ebenso wie Rückflußverhinderer.

R. Schweisfurth fand experimentell Keimgehalte bis 8000/ml im Ionenaustausch-Wasser (Klin. Wochenschrift **39,** 1290–1293 [1961]).

Die Entkeimung der Kationenaustauscher und Anionenaustauscher kann mit 1%iger Formaldehydlösung vorgenommen werden (10 bis 15 Std. Einwirkung). Nach gutem Rückspülen ist die Masse wieder betriebsfertig. Für Kationenaustauscher ist auch 2%ige Hypochloritlösung oder Chloramin T geeignet.

Störungen oder Kapazitätsminderungen können bei den Anionenaustauschern durch gelöstes und kolloides Eisen auftreten, die durch Behandlung des Kunstharzbetts mit 10%iger Salzsäure behoben werden können.

Verölung der Austauschmasse kann mit 2%iger Natronlauge, die 1% Lerolat (Bayer-Werke) enthält, behoben werden.

Enthärtung im kleinen. Für die Enthärtung von Brauchwasser im kleinen kommen hauptsächlich Permutitfilter (Permutit AG) und Lewatitfilter (Berkefeld-Filter-Ges. und Karl Klein & Sohn) in Betracht. In der Spirituosenindustrie werden verschiedene Wasserenthärtungsfilter, z. B. die Puritfilter der Fa. Meyer KG, Wiesbaden verwendet.

Als Vollentsalzungsgerät sind für Kleinbedarf folgende Geräte im Handel: Demineralisator der Chem. Fabrik Budenheim, der Serva-Wasserreiniger der Serva-Labor und der Culligan Wasser-Entsalzer der Klöckner-Werke (Vertrieb Franz Bergmann KG), sowie Servo-Wasserenthärter der Fa. Hager und Elsässer.

Sehr bedenklich ist die Keimvermehrung in diesen Haushaltsgeräten für die Küche und für Lebensmittelbetriebe, da auf den Austauscherharzen eine Vermehrung der Keime und gegebenenfalls der Krankheitskeime weiterhin stark vermehren können und eine nachgeschaltete Entkeimung notwendig erscheinen lassen. Es muß auch an die Aggressivität des anfallenden Weichwassers in Rohrleitungen gedacht werden, wenn man ein solches Verfahren aus der Technik in den Haushalt übernimmt, ebenso wie an die gesundheitlich ungünstige Natriumvermehrung (ÖVGW-Ausschuß in „Gas–Wasser–Wärme“ [1971]).

In Österreich sind Kleingeräte zur Enthärtung und Entsalzung verboten bzw. anmeldepflichtig.

k) Polyphosphat-Impfung zur Härtestabilisierung

Polyphosphatverfahren. In neuerer Zeit hat man in den polymeren Phosphaten Mittel und Wege gefunden, um die Wassersteinbildung in der Heizungstechnik zu unterbinden. Die polymeren Ortho- und Metaphosphate, besonders das Natriumhexametaphosphat und das Natriumtripolyphosphat, haben nämlich die Eigenschaft, die

Härtebildner des Wassers in recht stabilen Komplexverbindungen zu maskieren und so die Härteausfällung zu verhindern, jedoch nicht bei reinen calciumsulfatreichen Wässern und Carbonathärte von mehr als 30 °d. Bei Warmwasser ist die Phosphat-Impfung unwirksam. Eine übermäßige Abscheidung von Härtebildnern im Rohrnetz sowie die Ausfällung von Kalksalzen durch Erwärmung in Wasserkesseln, Heizschlangen und Warmwasserboilern usw. kann man durch Zusatz von kondensierten bzw. polymeren Phosphaten verhindern. Diese Methoden haben sich in Deutschland bestens bewährt; sie sind auch sehr wirtschaftlich. Bei zu hohem Polyphosphat-Gehalt entstehen aber Trübungen bei sehr harten Wässern.

Wie bei der Besprechung der Korrosionsverhütung auf S. 246 bereits ausgeführt, ist die Phosphatbehandlung in Amerika schon seit dreißig Jahren gebräuchlich, und zwar ursprünglich zur Wassersteinverhütung. Polyphosphate haben nämlich die Eigenschaft, als kathodische Inhibitoren eine Korrosion des Rohrmaterials durch aggressives Wasser zu verhindern; als anodische Inhibitoren verhindern sie aber auch die Bildung von Calcitkristallen im Wasser und somit einen Steinansatz.

Zur Polyphosphat-Impfung verwendet man 0,5 bis 5%ige Lösungen der kondensierten Phosphate, gewöhnlich eine 1%ige Lösung.

Zur Verhütung von Steinansatz und jeder übermäßigen Kalkabscheidung im Rohrnetz eignet sich am besten das komplexe Natriummetaphosphat, aus dem bei der Hydrolyse Mononatriumphosphat entsteht, das schwach sauer ist.

Die Phosphat-Impfung gibt also folgende Möglichkeiten

1. Korrosionsverhütung, Verhütung von Rohrkorrosionen,
2. Wassersteinverhütung,
3. Stabilisierung von Eisen und Mangan im Wasser, Verhütung von Eisenabscheidungen im Rohrnetz und Braunfärbung des Leitungswassers,
4. allmählicher Abbau alter Rohrverkrustungen.

Sehr hohes Komplex-Bindungsvermögen für die Härtebildner hat „Petzoldt 600" (Fa. Friedr. Petzoldt) es kann auch zur Sanierung von verkrusteten Anlagen dienen.

Die Polyphosphate dürfen vor der Dosierung nicht heiß gelöst werden, da sie sonst ihre Wirkung durch Entpolymerisation verlieren. Die polymeren Phosphate werden durch Dosierpumpen oder „Phosphatschleusen" (das sind Filtertöpfe, die in das Wasserleitungsrohr eingebaut werden) in Mengen von 2 bis 3 g/m^3 dem Wasser zugesetzt.

Bei Neu-Installierung von Phosphat-Impfanlagen muß man berücksichtigen, daß sich anfänglich Inkrustationen aus dem Rohrnetz ablösen und zu Wassertrübungen führen. Häufigere Spülungen sind dann nötig.

Warmwasser-Bereitung. Bei der Warmwasser-Bereitung muß man berücksichtigen, daß die Stabilisierung der Härte oberhalb von 65 °C unvollständig ist. Bei einer Wassertemperatur von 65 °C ist die Wirkung noch 95%ig, bei 80 °C jedoch nur 60%ig, und bei noch höheren Wassertemperaturen wird die Phosphat-Dosierung unwirksam, besonders bei hohen Carbonathärten.

Phosphat-Impfung im Kleinen. Für Kleinbetrieb hat sich das Mikrophosverfahren der Fa. Joh. A. Benkiser, Ludwigshafen, gut eingeführt und die älteren Chromverfahren bei der Warmwasserversorgung verdrängt. Es besteht in der automatischen Zudosierung von Polyphosphat durch eine Phosphatschleuse (s. o.).

Die Phosphat-Impfung in Kleingeräten hat in manchen Fällen zu starken Überdosierungen geführt, die der Fremdstoff-Verordnung entgegenstehen. Starke Überdosierung führt zu Verdauungsstörungen (H. Haak: Der Sanitär-Install. **9,** 80–85 [1966]). Es gibt jetzt aber Vorrichtungen zur Verhinderung von Überdosierungen (s. bei K. Marquardt: Der Sanitär-Install. **10,** 310–315 [1967]). Etwas günstiger sind diese Verhältnisse bei den Siliphos-Schleusen der Fa. Gebr. Giulini, Ludwigshafen.

Das Siliphos-Verfahren der Fa. Gebr. Giulini schützt sowohl vor Wasserstein-Bildung als auch vor Rohrangriff (s. auch S. 248, bes. auch das Verfahren der Hydrogel-Chemie GmbH, Essen).

Gesundheitliche Bedeutung. Obwohl Metaphosphate als eiweißfällende Substanzen für den menschlichen Organismus nicht ohne Bedeutung sind, hat sich eine Gesundheitskommission in den USA nach jahrelangem Studium dieser Frage für die Unbedenklichkeit der in das Trinkwasser eingebrachten Metaphosphatmengen ausgesprochen. Bis 10 mg/l sollen gesundheitlich unbedenklich sein (s. a. P. Höfer: Ges. Ing. **77** [1956]). Nach einem Gutachten des Instituts für Wasser-, Boden- und Lufthygiene des Bundesgesundheitsamtes (III B–A 687 vom 10. 8. 1954) bestehen keine Bedenken, dem Trinkwasser bis 7 mg/l P_2O_5 in Form von Ortho- und Polyphosphaten zuzusetzen. Bis 5 mg/l P_2O_5 sind nach der neuen Trinkwasser-Aufbereitungsverordnung von 1959 zugelassen (S. 213).

Pharmakologische Fütterungsversuche haben ergeben, daß Futter mit Zusätzen von 1% Hexametaphosphat von Tieren ohne Schaden vertragen wird (B. Behrens u. K. Seelkopf: Arch. f. exper. Path. u. Pharmakol. **169,** 241 [1956]).

Die Phosphat-Impfung wirkt sich mitunter im Rohrnetz durch starke Bakterien-Vermehrung ungünstig aus. Geringer Keimgehalt des Leitungswassers wird durch den Nährstoff Phosphat manchmal stark erhöht. Das Leitungswasser muß also bei Phosphat-Impfung absolut keimfrei sein und niedrigen Kaliumpermanganatverbrauch haben.

In der Schweiz ist die Toleranz der Phosphat-Impfung von Wasserleitungswasser jetzt durch Kreisschreiben des Eidgen. Gesundheitsamts aufgehoben, auch wegen der Gewässerbeeinträchtigung durch die mit dem Abwasser in die Seen gelangenden Phosphate, die einen Initial-Nährstoff für die Algenentwicklung darstellen.

Herstellerfirmen der Polyphosphate: Chem. Werke Albert, Joh. A. Benckiser, Gebr. Giulini, und Chemische Fabrik Budenheim.

Ausführende Firmen: alle Wasseraufbereitungsfirmen.

Phosphat-Impfung bei Kühlwasser und Kesselspeisewasser. In der Technik haben sich die Polyphosphate bei der Kühlwasserbereitung ebenfalls bewährt. Die Erwärmung darf aber beim Kühlprozeß nicht über 76 °C gehen, sonst wird trotz Phosphat-Impfung an den Kühlflächen Kalk abgeschieden.

Ganz besondere Bedeutung haben die Härtebildner in den Dampfkesselbetrieben. Geringe Härten kann man bei Niederdruckkesseln in Kauf nehmen, wenn man diese mit Trinatriumphosphat bindet und für die Abführung des entstehenden Kalkschlammes Sorge trägt (Abschlämmen).

Für Hochdruckkessel ist aber eine restlose Enthärtung erforderlich (S. 321), einmal aus betriebstechnischen Gründen, zum anderen aus wärmetechnischen Gründen wegen des Wärmeverlustes durch den sich sonst bildenden Kesselstein. Hierfür kommen nur Ionenaustauschverfahren in Betracht. (Näheres S. 269).

9. Metalle

a) Blei

Vorkommen. In seltenen Fällen findet sich Blei in natürlichen Grundwässern und Oberflächenwässern, die Berührung haben mit Bleierzlagern. Der Verfasser hat solche Vorkommen gelegentlich im Harz, im Sauerland und in der Eifel kennengelernt (siehe Wiemann. Dtsch. tierärztl. Wschr. [1936]). Meist handelt es sich hierbei nur um wenige $^1/_{10}$ mg/l von gelöstem Blei.

Hygienisch bedeutungsvoll sind besonders die Fälle, wo aggressive Wässer das Blei aus den Bleirohren herauslösen. Weiche, kohlensäurereiche Wässer, überhaupt alle Wässer mit pH-Werten unter 7,0 wirken bleilösend. Die auftretenden Bleimengen schwanken zwischen 0,1 mg/l und 10 mg/l; zumeist bewegen sie sich um 1 bis 3 mg/l. Auch sehr sauerstoffreiche Wässer mit und ohne Überschuß-Kohlensäure wirken bleiangreifend.

Die Bleiaufnahme findet bei den meisten Wässsern während des Stehens im Rohr allmählich statt; der Bleigehalt steigt in etwa 10 Stunden an, um dann konstant zu bleiben, oder auch – was seltener vorkommt – wieder abzunehmen. Manche sehr aggressiven Wässer können jedoch schon bei einstündigem Stehen im Rohr beträchtliche Bleimengen aufnehmen und nach 10 Stunden bereits eine Abnahme des Bleigehalts zeigen.

Gesundheitliche Bedeutung des Bleigehalts. Schon sehr geringe Mengen von Blei können bei dauernder Aufnahme zu einer chronischen Bleivergiftung führen. Deshalb ist eine häufige Überwachung der weichen Wässer bei zentraler Versorgung besonders wegen der möglichen Schwankungen des Kohlensäuregehaltes unbedingt notwendig. Daß auch alkalische weiche Wässer bleiauflösend wirken können, wurde auf S. 219 bereits erwähnt.

In den Ländern Württemberg, Oldenburg und Hessen sind Bleirohre für Wasserleitungszwecke seit langer Zeit verboten.

Grenzwerte für Blei

Da geringe Spuren von Blei von jedem Wasser aufgenommen werden, wurde ein geringer Bleigehalt von jeher zugelassen. Nach den „Hygienischen Leitsätzen für die Trinkwasserversorgung“ [14] gilt „als allenfalls noch zulässig ein Gehalt von 0,3 mg Pb/l nach neunstündigem Stehen – etwa über Nacht – im Rohr“.

Die Weltgesundheitsorganisation, WHO, hatte ursprünglich als Höchstwert für bleihaltiges Wasser 0,1 mg/l Pb vorgeschlagen (K. Kruse [21]). In den Int. Standards f. Drinking Water der WHO ist 1963 aber 0,05 mg Pb/l vorgeschlagen worden.

Die Trinkwasser-Verordnung vom 31. 1. 1975 hat als Höchstgehalt 0,04 mg/l Pb (0,2 mmol/m^3) festgesetzt.

Es wurde bereits oben darauf hingewiesen, daß bei manchen aggressiven Wässern eine Bleiaufnahme schon in viel kürzerer Zeit stattfindet und daß man nach längerer Zeit mit einer Abnahme des Bleigehalts rechnen muß. Autochthoner Bleigehalt soll nach J. Harmand 0,1 mg/l Pb nicht übersteigen (Nancy [1941]).

Näheres über die Massenvergiftungsfälle in Leipzig im Jahre 1930 bei Fuchß, Bruns, Haupt: „Die Bleivergiftungsgefahr durch Leitungswasser" und bei K. Höll: „Bleivergiftungen auf Helgoland", Arch. f. Hyg. [1934].

Über ständige Blei-Intoxikationen berichtete D. Rondia (Lüttich) in der belgischen Stadt Verviers durch Bleilösung in weichem Wasser und gleichzeitige Herzerkrankungen wegen der zu geringen Wasserhärte. Neuerdings traten dort schwere Schädigungen durch das Zinnlot mit 24% Blei bei Kupferrohr-Installationen auf. (Si Th-Kongreß, 1977).

Daß auch Kunststoffrohre Blei abgeben, wenn das Material mit Blei stabilisiert ist, wurde schon auf S. 227 erwähnt. Beim Einkauf von K-Rohren muß man also auf das DVGW-Prüfzeichen achten. Das Bundesgesundheitsamt hat empfohlen, daß nur solche Kunststoffe verwendet werden, die nicht mehr als 450 μg Pb pro Tag und nach 7 Tagen nicht mehr als 50 μg Pb pro Tag abgeben.

Durch elektrische Ströme im Boden (vagabundierende Ströme) kann Blei aus Bleirohren vom Leitungswasser aufgenommen werden, wodurch es zu Bleivergiftungen kommt (s. K. Höll: Arch. f. Hyg. **113** [1935]). Der DVGW hat zusammen mit der Vereinigung der Elektrizitätswerke Richtlinien für die Erdung an Wasserleitungen ausgearbeitet (GWF **96,** 332 [1955]). In den USA ist jegliche Stromverbindung oder Erdungsleitung an Installationen verboten (Ref. im GWF **95,** 334 [1954]).

Der starke Kraftfahrzeugverkehr bringt mit dem „Antiklopfmittel" Tetraaethylblei ständig erhebliche Bleimengen in den Boden, z.B. mit den Abgasen eines Kraftfahrzeugs (auf 100 km Wegstrecke 2 bis 3 g Pb). Gemüse und Gräser nehmen dies mit dem Sickerwasser auf (Lit. Ber. **14,** 135 [1966]). In den USA ist deshalb der Anbau von Gemüse und Kartoffeln in der Nähe von stark befahrenen Autobahnen jetzt unterbunden worden (s. auch H. O. Leh: Verbraucherdienst 1966, Ausg. B 11).

In einem Fischteich, der 300 m von einer Autobahn entfernt ist, fand J. F. van Westfalen bis 0,8 mg/l Pb^{2+} (Wasser u. Boden **24,** 139–140 [1972]).

An Autobahnen wurden bis zu 200 mg Pb pro kg Pflanzenmasse, an Autobahnkreuzungen bis 3000 mg/kg Pb gefunden.

In der Bundesrepublik ist am 1. 1. 1976 der Höchstgehalt an Blei in Autokraftstoffen von 0,4 auf 0,15 mg/l herabgesetzt (Benzin-Blei-Gesetz, I, 1234 [1971]).

Entfernung von Blei

Die Entgiftung von bleihaltigem Wasser geschieht nach Untersuchungen des Verfassers am besten durch Schütteln mit etwas Aktivkohle und nachheriges Filtrieren. Sehr geeignet ist fernerhin der gekörnte gebrannte Magnesit, der beim Durchfiltrieren das Wasser augenblicklich bleifrei macht und sehr ausgiebige Wirkung hat (K. Höll: Arch. f. Hyg. **113** [1935] und Dtsch. tierärztl. Wschr. **43,** 339 [1935]). Auch gebrannter Dolomit ist hierzu brauchbar (Lieferfirmen: Akdolitwerk Hans Börner, Erkrath).

Neuerdings soll man auch mit Gleichstrom Blei aus dem Wasser entfernen können (G. Vent, C. Grambow u. D. Wabner/München), und zwar an der Kathode *und* Anode.

b) Kupfer

Vorkommen. Kupfer kommt in natürlichem Wasser außer in Mineralwässern bei uns praktisch nicht vor. Von sauerstoffreichen und stark aggressiven Wässern wird Kupfer anfänglich angegriffen und gelöst (bis 3 mg/l). E. B. Grunau fand bis 8,8 mg Cu^{2+}/l (Städtehyg. **18,** 153–164 [1967]). In harten Wässern wird jedoch allmählich das gelöste Kupfer als basisches Salz an den Rohrwandungen abgeschieden. Bei der Algenbekämpfung und Entkeimung von Schwimmbadwasser wird Kupfersulfat zugesetzt (in Mengen von 1 bis 10 mg/l, s. auch S. 293).

Gesundheitliche Bedeutung des Kupfergehalts. Eine chronische Kupfervergiftung ist nicht bekannt. Auch eine akute Kupfervergiftung ist sehr selten vorgekommen. Kupfersalze, auch der sog. Grünspan, haben nicht die Giftigkeit, die ihnen nachgesagt wird. Die im Trinkwasser und Badewasser vorkommenden Konzentrationen können niemals Vergiftungen hervorrufen; außerdem ist der Geschmack eines stark kupferhaltigen Wassers so schlecht, daß es niemand trinkt (s. u.). Der Mensch nimmt täglich 4 bis 5 mg Kupfer mit der normalen Nahrung zu sich. Das Deutsche Arzneibuch V hatte als Maximalgabe 1 g Kupfersulfat.

In allen Nahrungsmitteln ist Kupfer enthalten, z. B. im Mehl bis 8 mg/kg, in Bohnen bis 11 mg/kg, in Linsen bis 6,8 mg/kg, in Nieren bis 8 mg/kg. Der Durchschnittswert der Nahrung liegt über 4 mg/kg Cu. Splittgerber erwähnt ein Fall von einem Schüler, der 50 Tage lang täglich je 5 bis 30 mg Kupfer ohne Schaden aufgenommen hat.

In Tierversuchen an der Tierärztlichen Hochschule Hannover wurden sehr große Kupfer-Mengen schadlos vertragen und keine Anhäufung von Kupfer in Organen vom Verf. festgestellt.

Entfernung von Kupfer

Kupersalze verleihen dem Wasser einen metallischen, bitteren Nachgeschmack. Nach Klut sind schon 2 mg Kupfersulfat pro Liter geschmacklich feststellbar. Eine Kupferentfernung ist durch Magnofilter und Akdolitfilter möglich (K. Höll: Arch. f. Hyg. **113,** 113 [1935]).

Kleine Kupfermengen werden in Langsam-Sandfiltern zurückgehalten, jedoch nicht in komplexer Form, wie sie in verunreinigten Flußwässern vorkommt (U. Schöttler: Z. Dt. geol. Ges. **126,** 373–384 [1975]).

Grenzwerte für Kupfer

Als Grenzwert ist vom europäischen Büro der Weltgesundheitsorganisation 0,05 mg Cu/l festgelegt worden (s. H. Kruse [21]), aber nicht unter den schädlichen Stoffen, sondern unter den „störenden"; deshalb sind im Rohrnetz ausdrücklich bis 3 mg/kg Wasser bei neuverlegten Kupferrohren zugelassen worden. Die WHO hatte 1963 als Grenzwert für die „Trinkbarkeit" 1 mg/l Cu empfohlen. In Holland werden 3 mgl/l toleriert, in den USA jetzt 1 mg/l Cu^{2+}. Die TVO übergeht das Kupfer.

c) Arsen

Vorkommen. Arsen kommt in seltenen Fällen im Grundwasser vor. Manche Böden sind arsenhaltig. Mineralwässer sind häufig stark arsenhaltig; sie enthalten bis 20 mg/l As_2O_3 (Dürkheimer Maxquelle). Der untere Grenzwert für Arsenheilwässer ist jetzt weggefallen.

Im normalen Grundwasser kommen höchstens 0,01 mg/l Arsen vor. Im Gebiet von Bad Dürkheim kommen aber auch Grundwässer mit Arsengehalten bis zu 0,25 mg/l As_2O_3 vor.

Auch in Flußwässern findet man bisweilen Arsen in Mengen von 0,05 mg As/l und mehr, die aus Abwässern herrühren; Grundwasser kann u. U. durch Abläufe von Halden und durch Abwässer von Gerbereien, Chemie- und Hüttenbetrieben arsenhaltig werden.

In Vulkangebieten kommen im Grundwasser und Geysiren große Arsenmengen vor (USA und Taiwan) (K. Höll).

Bei unsachgemäßer Anlage von Müllhalden kann es zu bedenklichen Arsengehalten in benachbarten Brunnenwässern kommen. Die Asche von Braunkohle enthält nämlich erhebliche Mengen Arsen, das durch Regenwasser oder Grundwasser gelöst wird. Durch den sehr empfindlichen Arsennachweis kann man nach Erfahrungen des Verf. eine Beeinflussung des Grundwassers leichter als durch die Härteerhöhung (S. 258) nachweisen.

Arsen wurde in Mengen von 50 mg/l und mehr im Grundwasser der Umgebung der Zinkhütte Nievenheim am Rhein von K. D. Balke, H. Kussmaul und G. Siebert festgestellt, infolge von Ablauf-Versickerung (Z. Dt. Geol. Ges. **124,** 447–460 [1973].

Grenzwerte für Arsen

Hygienische Beurteilung des Arsengehalts: Da es eine chronische Arsenvergiftung gibt, ist als zulässige Höchstmenge 0,2 mg As/l festgesetzt worden („Einheitl. Anforderungen“ der WHO, Schrift.-Reihe WaBoLu **14a** [1960]).

Die Int. Standards for drinking water, 3. Aufl. 1971, haben als Grenzwert „0,05 mg Arsenic/l“ ohne nähere Angaben, ebenso die WHO.

In der neuen Trinkwasser-Verordnung (TVO) ist der Grenzwert für Arsen auf 0,04 mg/l As (0,5 $mmol/m^3$) festgelegt.

Bei Arsengehalten über 0,05 mg/l fand I. R. Goldsmith „steigende Ablagerung von Arsen im Haar“ (Water Res. **6,** 1133–1136 [1972]).

Bei Arsengehalten von 0,6 bis 2,0 mg/l As fand Y. S. Shen in Taiwan Hautkrebs u. a. Gesundheitsschäden.

Entfernung von Arsen

Nach H. Stooff und L. W. Haase (Jb. „Vom Wasser“, Bd. XII) kann Arsen durch Eisenchlorid oder -sulfat und anschließendes Filtrieren über Magnomasse entfernt werden. Dies gilt jedoch nur für anorganisches Arsen. In Form von Arsine ist (z. B. in Kampfstoffen) das Arsen viel wirksamer als anorganisches Arsen und nicht entfernbar.

In Taiwan wird arsenhaltiges Trinkwasser durch katalytisch wirkende Eisensulfid-Filter mit nachgeschaltetem Sandfilter vom Arsen befreit (Abwasserkonferenz, Tokio [1965], Lit. Ber. **13,** 2 [1965/66]).

Arsen kann auch durch aktiviertes Aluminiumoxid/+ Aktivkohle – ebenso wie Fluor – entfernt werden (E. Bellak: J. Amer. Water Works Assoc. **63,** 454–458 [1971]), oder reinem gekörnten Aluminiumoxid (Alcoa der Fa. Woelm-Pharma) bei pH 6. Regenerierung mit Natronlauge.

d) Zink

Vorkommen. Zink kommt in engbegrenzten Zinkbergbaugebieten im Grundwasser vor (Stolberg). Auch findet sich Zink im Trinkwasser, wenn dieses in verzinkten Rohren gestanden hat, und zwar in Mengen bis 5 mg Zn/l, selten darüber. Weiche kohlensäurehaltige Wässer mit pH-Werten unter 7 sowie chloridreiche und sulfatreiche Wässer nehmen nämlich leicht Zink aus verzinkten Rohren auf und zerstören diese allmählich (S. 226). Nitratreiches Wasser löst ebenfalls leicht Zink aus den Zinkrohren auf (s. u.).

Gesundheitliche Bedeutung des Zinks: Gesundheitsschädigungen durch zinkreiches Wasser sind bisher noch nicht mit Sicherheit nachgewiesen worden. Allgemein gilt ja auch das Zink als weniger giftiges Metall. 12 mg Zink werden von einem erwachsenen Menschen täglich mit der Nahrung aufgenommen. 1 kg Fleisch enthält durchschnittlich 50 mg Zn. Nach Lewin (Gifte und Vergiftungen, Berlin [1929]) sollen erst Mengen über 8 mg/l Zn im Trinkwasser bei längerer Zufuhr gesundheitlich nachteilig sein. A. Grohmann und H. Petri haben nach hygienischen und toxikologischen Erwägungen als oberen Grenzwert 2 mg/l Zn^{2+} vorgeschlagen (WaBoLu-Bericht **7** [1971] und [1973]). Nach amerikanischen Vorschriften sind bis 5 mg/l Zn im Wasser zulässig. Ein Brunnenwasser in Tullendorf wird mit 7 mg/l Zn seit 100 Jahren ohne Schaden getrunken. In Finnland haben 35% der Trinkwässer mehr als 8 mg/l Zn, einzelne 50 bis 60 mg/l (E. Halme: Vitalstoffe [1961]).

Zu hoher Gehalt an Zink in der Nahrung und im Trinkwasser wird von E. Halme als wichtigste Ursache der Krebshäufigkeit angesehen, da das Zink von Krebspatienten nach seinen Feststellungen akkumuliert wird. Tierversuche bestätigten ihm die klinisch-chemischen Befunde. (Städtehygiene **7,** 174 [1969].

Geschmacklich macht sich Zink erst bei einem Zinkgehalt von 5 bis 10 mg/l bemerkbar. Zinkhaltiges Wasser neigt aber zu Trübungen und trübes Wasser wird nicht gern genossen. Schon Mengen von ca. 2 mg/l geben opalisierende Trübungen, je nach der Wasserhärte. Wenn nitrathaltiges Wasser in verzinkten Rohren steht, so wird unter Umständen ein Teil des Nitrats zu Nitrit reduziert, besonders bei aggressiven Wässern, dadurch tritt dann auch besonders starker Angriff des Zinks auf.

Grenzwerte für Zink

Auf Empfehlung der WHO ist die zulässige Grenze für Zink im Wasser auf 5 mg Zn/l international festgelegt. Aus geschmacklichen Gründen sollen nach Untersuchungen von U. Rüdt u. C. L. Kruse nicht mehr als 2 mg/l Zn vorhanden sein (Ges. Ing. **89,** 338–341 [1968]). Nach TVO vom 31. 1. 75 ist der Grenzwert 2 mg/l Zn (30 mmol/m^3).

Zink wirkt sich nach H. V. Herbst in Mengen von 1 mg/l Zn ungünstig auf die Gewässerfauna aus. Bachflohkrebse, die den Forellen als Nahrung dienen, werden oberhalb dieses Wertes vernichtet (Gewässer und Abwässer, H. 44 [1957]).

e) Zinn

Gesundheitsschädigungen durch zinnhaltiges Wasser sind noch nicht bekanntgeworden, da Zinn weniger giftig ist. Zinn ist auch gegenüber aggressivem Wasser viel widerstandsfähiger als Zink. Von stark alkalischem Wasser wird Zinn allerdings angegriffen.

f) Aluminium

Aluminium hat gesundheitlich keine Bedeutung in den Mengen, in denen es im normalen Wasser vorkommt (ca. 1 bis 2 mg/l Al). Bei Wasserbehandlung mit Aluminiumsulfat darf im Reinwasser nicht mehr Aluminium als in Rohwasser vorhanden sein (< 0,2 mg/l Al), sonst wäre der Grenzwert bei 0,5 mg/l Al anzusetzen (Lit. Ber. **14,** 5 [1966]).

g) Chrom, Cadmium, Selen, Antimon, Titan, Quecksilber, Vanadinum

Chrom kommt in Amerika in geringen Mengen im Grundwasser vor und soll bis 0,05 mg/l Cr unschädlich sein (C. Muehlberger: J. Amer. Water Works Ass. **42** [1959]). Die Weltgesundheitsorganisation hat diesen Wert von 0,05 mg/l Cr als Höchstwert angegeben und die TVO hat ihn übernommen.

Chrom hat cancerogene Eigenschaften. Es kann bei der Kalkentfernung und durch Flockung mit Fe- bzw. Al-Salzen (je 30 mg/l) entfernt werden.

Cadmium hat in Zukunft immer größere Bedeutung als Umweltgift über die industriellen Abwässer. Cadmium kann bei Daueraufnahme schon in kleinsten Mengen Nierenschäden hervorrufen (L. Petri: Schrift.-Reihe WaBoLu **38,** 93–99 [1972]) und die Itai-Itai-Krankheit (Chron. Pankreas-Erkrankung).

Über „Untersuchungen über die chronische Toxizität von Cadmium und sechswertigem Chrom im Trinkwasser" berichtet R. U. Byerrum (Eng. Bull. **45,** 1–8 [1961], Lit. Ber. **273** [1961] und H. Petri, Schrift.-Reihe WaBoLu **38,** 93–99 [1972]).

Nach Vorschlägen aus Dänemark sollte als Grenzwert für Cadmium 0,05 mg/l Cd in die WHO-Tabelle aufgenommen werden, da Cadmium aus gewissen Kunststoffrohren auch vom Wasser aufgenommen werden kann. Grenzwert der TVO: 0,006 mg/l Cd, WHO derselbe.

Cadmium ist nach J. R. Ball ein starkes Fischgift. Für Forellen ist Cadmium schon in Mengen von 0,01 mg/l schädlich (Water Res. **1,** 805–806 [1967]). In Berliner Gewässern wurden 1 bis 3μg/l Cd festgestellt, im Neckar aber bis 220μg/l Cd (G. Müller).

Die Entfernung von Cadmium erfolgt bei Langsamsandfiltration nach Schöttler. In Thermalquellen von Wyoming (USA) wurde von K. Höll Selen in Mengen von 1 bis 5 mg/l Se gefunden. Für Selen ist vom Public Health Service ein Höchstwert von 0,01 mg/l Se gefordert, für Barium 1 mg/l. Grenzwert der TVO: 0,008 mg/l Se = 0,1 mmol/m^3, der WHO: 10 μg/l.

Für Antimon ist nach E. V. Arzamastev als obere zulässige Grenze 0,05 mg/l Sb anzusehen (Chem. Abstr. **62** [1965]).

Für Titan in Gewässern geben K. P. Selyankina und E. V. Nekrasova 0,1 mg/l Ti an (Chem. Abstr. **69** [1968]).

Für Quecksilber hat die WHO 0,001 mg/l Hg^{2+} festgesetzt, die TVO aber 0,004 mg/l Hg^{2+} (0,02 mmol/m^3).

Quecksilber wird im Körper akkumuliert. Bekannt geworden sind Quecksilber-Vergiftungen in Japan durch quecksilberhaltige Industrieabwässer, „Minamata-Krankheit".

Auch in kleinsten Mengen ist Quecksilber ein Nierengift.

Bei der normalen Wasseraufbereitung wird Quecksilber nicht entfernt, jedoch mit Aktivkohlefilterung, bei der auch das gefährlichere Methylquecksilber entfernt wird.

Für Methylquecksilber und Phenylquecksilber, die hoch toxisch sind, hat WHO als Grenzwert 5 ppb festgelegt.

Für Cyanid ist nach TVO wie auch WHO der Grenzwert 0,05 mg/l CN^- (2 mmol/m^3).

Die Entfernung von Cyan im Wasserwerk erfolgt durch alkalische Chlorung.

Wismut soll in Gewässern unterhalb von 0,1 mg/l Bi(V) und für dreiwertiges Wismut unterhalb von 0,5 mg/l Bi^{3+} liegen.

Für Cobalt ist der Grenzwert 0,05 mg/l (K. P. Seljan: Lit.-Ber. WaBoLu 231 [1972]).

Vanadinum-Bestimmung

100 ml Wasserprobe werden mit 4 ml 10%iger Ammoniumperoxodisulfat-Lösung etwa 45 min gekocht. Nach dem Abkühlen wird das Gemisch in einem Schütteltrichter mit 80 ml Salzsäure (ca. 12%ig) versetzt und das Vanadinum mit 30 ml einer Chloroform-Lösung von N-Benzoyl-N-Phenylhydroxylamin (0,1%ig) extrahiert. Die Ausschüttelung wird zweimal mit je 20 ml Reagenz wiederholt und die Extrakte in einem Meßkolben gesammelt. Nach 10 min wird die Extinktion bei einer Wellenlänge von 546 nm bestimmt (Violettfärbung). Bis 0,03 mg/l sind erfaßbar. Vergleichslösung: 1,145 g Ammoniumvanadanat auf 500 ml dest. Wasser und entsprechende Verdünnungen.

h) Natrium

Gesundheitliche Bedeutung haben Mengen über 20 mg/l Na^+ bei Kindern und über 50 mg/l Na^+ bei Erwachsenen.

10. Sauerstoff

Vorkommen. In wechselnder Menge im Grundwasser und Oberflächenwasser bis zum Sättigungswert (14,5 mg/l O_2 bei 0,1 °C). In Oberflächenwässern beobachtet man bei starker Phytoplankton-Produktion häufig Übersättigung an Sauerstoff.

Tiefbrunnenwässer sind sauerstofffrei; ebenso die Tiefenwässer von manchen Seen. Dazwischen gibt es alle Übergänge (s. u.).

Echtes Grundwasser, also ein solches, das durch Oberflächenwasser nicht beeinflußt ist, hat normalerweise keinen Sauerstoff, in 50 m Tiefe nie, in 20 m Tiefe nur wenige mg/l.

Wenn also beim Pumpversuch oder bei Betriebsbrunnen Wasser aus mehr als 20 m Tiefe sauerstoffhaltig ist oder wird, so ist dies verdächtig.

Bei Untersuchungen von Seen muß beachtet werden, daß Litoral und Profundal bzw. Epilimnion und Hypolimnion sehr verschieden in bezug auf Sauerstoff- und Kohlensäuregehalt sein können. Bei eutrophen Seen ist dies während der sommerlichen und winterlichen Stagnationsperiode immer der Fall. Während im Epilimnion durch die Planktontätigkeit oft eine Sauerstoffübersättigung vorliegt, ist im Hypolimnion manchmal schon kurz unterhalb der Sprungschicht gar kein Sauerstoff und im Profundal sogar Schwefelwasserstoff vorhanden, ohne daß der See verunreinigt ist.

Während der Frühjahrs- und Herbst-Zirkulationsperiode wird der gesamte See-Körper durchmischt.

Bedeutung des Sauerstoffgehalts: Für das Leben der tierischen und pflanzlichen Organismen ist der Sauerstoffgehalt des Oberflächenwassers notwendig. Bei der Beurteilung von Abwasserleitungen in Vorfluter spielt der Sauerstoffgehalt deshalb eine große Rolle (S. 305).

In eisernen Rohrleitungen spielt der Sauerstoffgehalt insofern eine große Rolle, als alle Wässer bei Sauerstoffmangel (unter 2 bis 3 mg/l O^2) eiserne Rohre stark angreifen und Eisen auflösen. Nach L. W. Haase muß man sogar bei Sauerstoffgehalten von weniger als 4 mg/l O_2 schon mit der Wiedervereisenung des Leitungswassers rechnen, wenn das Wasser nicht sehr hart ist. Das kann nicht nur bei von Haus aus sauerstoffarmen Wasser vorkommen, sondern auch dann, wenn sauerstoffhaltiges Wasser in Endsträngen auf chemischem oder biogenem[1] Wege sauerstoffarm wird, oder wenn bei geschlossenen Enteisenungsanlagen der Sauerstoff des Rohwassers bei der Eisenoxidation verbraucht wird.

Zur Schutzschichtbildung (S. 234) muß genügend Sauerstoff im Wasser vorhanden sein. Eine Belüftung ist bei Sauerstoffgehalten unter 2 mg/l daher immer ratsam[2]. Ein sauerstofffreies Wasser kann nach neueren Erfahrungen nie eine Schutzschicht ausbilden, auch wenn die anderen Faktoren günstig sind. Eine Phosphat-Impfung ist zwecklos, wenn sauerstoffarmes Wasser vorliegt. Nur bei Wässern mit mehr als 6 mg/ O_2 ist ein Erfolg bei diesem Verfahren gewährleistet. Die Belüftung geschieht mit Hilfe eines Luftkompressors im Druckrohr oder mit dem Venturi-Rohr. Bei kieselsäurereichen Wässern genügen auch 2 bis 4 mg/l O_2.

Mit dem Belüftungsaggregat der Neuen Continentalen Bau-Ges., Hannover, wird eine geschlossene Intensivbelüftung erreicht, die sich auch bei schwieriger Entmanganung und bei gleichzeitiger H_2S-Entfernung bewährt hat.

---

[1] Bei Abscheidungen von organischen Stoffen im Rohrnetz siedeln sich Organismen an, die eine Sauerstoffzehrung verursachen.

[2] Vgl. auch L. W. Haase: Werkstoff u. Korrosion **1,** 4–9 [1950].

Die Belüftung darf bei geschlossener Belüftungsweise aber nicht so weit gehen, daß das Wasser am Zapfhahn im Ortsnetz milchige Trübung zeigt (s. u.). Gegebenenfalls muß für Druckentlastung hinter dem Kompressor gesorgt werden.

Sauerstoffübersättigtes Wasser, besonders solches, das Gasbläschen abscheidet, gibt Veranlassung zu Rostknollenbildung in eisernen Rohren, ebenso Wasser mit Luftbeimengung infolge undichter Ventile, Kolbenpumpen und Stoffbuchsen. Da ein frischgezapftes Trinkwasser mit milchiger Trübung vom Verbraucher abgelehnt wird, sollte auch aus diesem Grunde die milchige Lufttrübung vermieden werden. Eine milchige Trübung kann auch in der Hauswasserleitung entstehen, wenn ein sehr kühles sauerstoffgesättigtes Wasser (z. B. Quellwasser) sich erwärmt, z. B. durch benachbarte Warmwasserleitungen. Wenn z. B. Leitungswasser von 10 °C mit 11,4 mg/l O_2 auf 20 °C erwärmt wird, hält es nur 9,2 mg/l O_2. 2,2 mg/l scheiden sich in feinen Bläschen aus, besonders nach Druckentlastung nach dem Zapfen des Wassers.

So notwendig wie bei Kaltwasser eine Mindestmenge von Sauerstoff im Leitungswasser ist, so schädlich ist die geringste Menge Sauerstoff im Warmwasser und Heißwasser.

Ein typisches Beispiel für letzteres ist nach Erfahrungen des Verf. die zentrale Heißwasserversorgung der isländischen Hauptstadt Reykjavik mit den natürlichen Heißwasservorkommen der Geysire. Wenn in dem Behälter oder in Leitungen durch Leerlauf oder Luftansaugen geringe Spuren Sauerstoff ins Leitungswasser gelangten, waren erhebliche Korrosionen die Folge.

Bei der Kesselspeisung spielt der Sauerstoffgehalt eine große Rolle (S. 322). Wässer mit mehr als 0,3 mg/l O_2 müssen für die Speisung von Hochdruckkesseln sauerstofffrei gemacht werden, z. B. durch Natriumsulfit (Desoxygenverfahren genannt) oder neuerdings durch Natriumdithionit, durch Eisenspäne in der Hitze oder durch thermische Entgasung, jetzt auch mit Hydrazin; für Großbauten-Warmwasserversorgung gilt ähnliches (S. 323, Desoxygen-Verfahren).

11. Schwefelwasserstoff

Das Vorkommen von Schwefelwasserstoff kann auf Fäulniserscheinungen im Boden zurückzuführen sein, was in hygienischer Beziehung sehr bedenklich ist. Bei Tiefenwasser (Brunnentiefe 20 m und mehr) tritt dieser Fall kaum ein; solche Wässer enthalten jedoch häufig Schwefelwasserstoff (und keinen Sauerstoff), der im Boden durch Umsetzung von Schwefeleisen und Kohlensäure entstanden ist. Schwefelwasserstoff entsteht im Boden auch durch die Tätigkeit von Schwefelbakterien. In Moorwässern findet man häufig Spuren von H_2S.

Das Vorhandensein von Schwefelwasserstoff im Wasser ist schädlich für Bleirohre, da das entstehende Bleisulfid löslich ist und zu Bleivergiftungen Anlaß geben kann. Durch Belüftung über Koksfilter oder Kaskaden und bei Konzentrationen von 1 bis 2 mg/l kann H_2S durch Verdüsung entfernt und gleichzeitig die notwendige Menge an Sauerstoff zugeführt werden. Auch Eisen- und Kupferrohre werden durch schwefelhaltiges Wasser angegriffen (S. 222 u. 225).

H_2S-Entfernung

Durch das Belüftungsaggregat mit Rotor der Neuen Continentalen Bau-Gesellschaft, Hannover, wird eine starke Sauerstoffanreicherung erreicht und dadurch H_2S auch in größeren Konzentrationen restlos vertrieben und durch Entlüftungsrohre abgeleitet.

Diese geschlossene Entschwefelung, besonders die unter erhöhtem Druck (wobei mehr Sauerstoff aufgenommen wird), ist der offenen Belüftung weit überlegen (s. auch S. W. Wells: J. Amer. Water Works Ass. **46,** 160–170 [1954]). Eine restlose Entschwefelung ist ferner nach dem Schiezelt-Patent durch gelochte Ringzerstäuber möglich (Fa. H. Reisert und Co.). In sauren Wässern ist die H_2S-Entfernung leichter durchführbar als in alkalischen. Deshalb kommt man bei letzteren durch pH-Erniedrigung bei einfachen Belüftungsverfahren leichter zum Ziel; man müßte dann jedoch zweimal dosieren, nämlich, um eine Aggressivität des Reinwassers zu verhindern, den pH-Wert nachträglich wieder erhöhen. Eine Chlorung nach der Belüftung erhöht die Sicherheit der Entschwefelung.

B. Beispiele für Analysen von Leitungswasser und deren Begutachtung

1. Übersicht über vorkommende Analysenwerte

a) Wasseruntersuchung Ibergquelle

Allgemeines

Aussehen bei der Entnahme: vollkommen klar und farblos im 1,5 m-Schaurohr
Trübungswert und Farbwert nicht meßbar
Aussehen nach 24stündigem Stehen: unverändert
Geruch und Geschmack: o. B., gut
Temperatur des Wassers: 8,9 °C, Luft: 19,0 °C

Hygienisch-chemische Analyse

Ammonium-Ion	0	mg/l NH_4^+	(Nullwert bedeutet: weniger als 0,01 mg/l)
Nitrit-Ion	0	mg/l NO_2^-	(Nullwert bedeutet: weniger als 0,01 mg/l)
Nitrat-Ion	9,0	mg/l NO_3^-	
Phosphat-Ion	0	mg/l PO_4^{3-}	(Nullwert bedeutet: weniger als 0,005 mg/l)
Chlorid-Ion	13,5	mg/l Cl^-	
Sulfat-Ion	23,3	mg/l SO_4^{2-}	
Kaliumpermanganatverbrauch	1,8	mg/l $KMnO_4$	
Urochrom	0	mg/l (unter 0,1 mg/l)	
Koprosterin	0	mg/l	

Fortsetzung: siehe S. 280

Technisch-chemische Analyse

Eisen gesamt	0 mg/l Fe^{2+}	(Nullwert bedeutet: weniger als 0,01 mg/l Fe^{2+})
Eisen im Filtrat nach 24stündigem Stehen	0 mg/l Fe^{2+}	
Mangan	0 mg/l Mn^{2+}	(Nullwert bedeutet: weniger als 0,01 mg/l Mn^{2+}
Gesamthärte	14,56 °dH	(deutsche Härtegrade)
Carbonathärte (vorübergehende Härte) ..	10,92 °dH	(deutsche Härtegrade)
Nichtcarbonathärte (bleibende Härte) ...	3,64 °dH	(deutsche Härtegrade)
pH-Wert	7,33	
Gesamte freie Kohlensäure	17,0 mg/l CO_2	
Davon zugehörige Kohlensäure	15,0 mg/l CO_2	
Kalkaggressive Kohlensäure		
a) theoretisch durch Berechnung	2,0 mg/l CO_2	
b) praktisch durch Marmorlösungsversuch nach Heyer	0 mg/l CO_2	
Eisenaggressive Kohlensäure .... (Rostschutzverhindernde Kohlensäure)	2,0 mg/l CO_2	
Bleiaggressivität des Wassers	nicht vorhanden	
Alkalität	3,9 mval/l	
Gebundene Kohlensäure	85,8 mg/l CO_2	
Sauerstoff	8,1 mg/l O_2	
Schwefelwasserstoff	0 mg/l H_2S	
Calcium-Ion	59,3 mg/l Ca^{2+}	
Magnesium-Ion		
Abdampfrückstand	27,1 mg/l Mg^{2+}	
Glührückstand	290,0 mg/l	
Glühverlust	238,0 mg/l	
Kieselsäure	52,0 mg/l	
	8,5 mg/l SiO_2	

Beurteilung. Das Wasser der Ibergquelle hat einen sehr hohen Reinheitsgrad; es enthält keine Spur von Nitrit-, Ammonium- und Phosphat-Ion. Nitrat-, Chlorid- und Sulfat-Ion sind fernerhin nur in sehr geringer Menge vorhanden und der Kaliumpermanganatverbrauch – der Ausdruck des Gehalts an organischen Stoffen – ist äußerst niedrig.

Das Wasser der Ibergquelle kann also auf Grund der chemischen Analysendaten zur Zeit als sehr rein und in Verbindung mit den guten bakteriologischen Befunden als hygienisch einwandfrei bezeichnet werden.

Eisen und Mangan sind im Wasser der Ibergquelle nicht nachweisbar.

Das Wasser hat weiterhin einen für diese Gegend verhältnismäßig günstigen Härtegrad; es steht dabei praktisch im Kalk-Kohlensäure-Gleichgewicht und greift deshalb Leitungsrohre und Behältermaterialien nicht an. Auch der pH-Wert liegt in dieser Beziehung besonders günstig.

Alles in allem handelt es sich bei dem Wasser der Ibergquelle um ein gutes Trinkwasser.

b) Wasserwerk L.

Allgemeines

Aussehen bei der Entnahme: Vollkommen klar und farblos im 1,5 m-Schaurohr
Geruch und Geschmack: o. B. (ohne Besonderheiten)
Temperatur des Wassers: 9,8 °C, Luft: 18,5 °C

Hygienisch-chemische Analyse

Ammonium-Ion	0 mg/l NH_4^+
Nitrit-Ion	0 mg/l NO_2^-
Nitrat-Ion	15,0 mg/l NO_3^-
Phosphat-Ion	0,005 mg/l PO_4^{3-}
Chlorid-Ion	10,6 mg/l Cl^-
Sulfat-Ion	16,0 mg/l SO_4^{2-}
Kaliumpermanganatverbrauch	4,6 mg/l $KMnO_4$
Urochrom	0 mg/l (unter 0,1 mg/l)
Koprosterin	0 mg/l

Technisch-chemische Analyse

Eisen gesamt	0,8 mg/l Fe^{2+}	(Nullwert bedeutet: weniger als 0,01 mg/l Fe^{2+})
Mangan	0,11 mg/l Mn^{2+}	(Nullwert bedeutet: weniger als 0,01 mg/l Mn^{2+}
Gesamthärte	3,92 °dH	
Carbonathärte (vorübergehende Härte)	0,42 °dH	
Nichtcarbonathärte (bleibende Härte)	3,50 °dH	
pH-Wert	5,65	
Gesamte freie Kohlensäure	48,0 mg/l CO_2	
Davon zugehörige Kohlensäure	0 mg/l CO_2	
Kalkaggressive Kohlensäure		
a) theoretisch durch Berechnung	48,0 mg/l CO_2	
b) praktisch durch Marmorlösungsversuch nach Heyer	44,0 mg/l CO_2	
Eisenaggressive Kohlensäure (Rostschutzverhindernde Kohlensäure)	48,0 mg/l CO_2	
Bleiaggressivität des Wassers	sehr stark positiv	
Alkalität	0,15 mval/l	
Gebundene Kohlensäure	3,3 mg/l CO_2	
Sauerstoff	5,6 mg/l O_2	
Schwefelwasserstoff	0 mg/l H_2S	
Calcium-Ion	18,94 mg/l Ca^{2+}	
Magnesium-Ion	5,43 mg/l Mg^{2+}	
Abdampfrückstand	175,0 mg/l	
Glührückstand	155,0 mg/l	
Glühverlust	20,0 mg/l	
Kieselsäure	7,0 mg/l SiO_2	

Beurteilung. Die obigen Untersuchungsresultate zeigen, daß das Wasser von reiner Beschaffenheit ist. Da das Wasser die Leitungsrohre und Behälter sehr stark angreift, müßte eine Entsäuerung baldmöglichst vorgenommen werden. Ferner ist der Eisen- und Mangangehalt des Wassers für ein städtisches Leitungswasser zu hoch. Durch eine Filterung über dolomitische Filtermassen, wie z. B. Akdolit oder Magno, würden beide Mängel behoben und ein einwandfreies Wasser erhalten werden.

Die Härte bzw. der Calcium Gehalt des Wassers ist in gesundheitlicher Hinsicht zu niedrig (S. 258), würde aber durch Dolomitfilterung angehoben.

c) Wasser aus dem Tiefbrunnen in C

Allgemeines

Aussehen bei der Entnahme: klar, fast farblos
Trübungswert und Farbwert: Farbwert 10 mg/l Pt
Aussehen nach 24stündigem Stehen: gelblich trübe, bräunlicher Bodensatz
Geruch und Geschmack: schmeckt stark nach Eisen
Temperatur des Wassers: 10,2 °C, Luft: 18,5 °C

Hygienisch-chemische Analyse

Ammonium-Ion	0,4 mg/l NH_4^+
Nitrit-Ion	0 mg/l NO_2^- (Nullwert bedeutet: weniger als 0,005 mg/l)
Nitrat-Ion	0,5 mg/l NO_3^-
Phosphat-Ion	0,01 mg/l PO_4^{3-}
Chlorid-Ion	25,0 mg/l Cl^-
Sulfat-Ion	32,0 mg/l SO_4^{2-}
Kaliumpermanganatverbrauch	4,7 mg/l $KMnO_4$
Urochrom	0 mg/l (unter 0,1 mg/l)
Koprosterin	0 mg/l

Technisch-chemische Analyse

Eisen gesamt	3,5 mg/l Fe^{2+}
Eisen im Filtrat nach 24stündigem Stehen (nach 24stündigem Stehen und Schütteln)	0,5 mg/l Fe^{2+}
Mangan	0,45 mg/l Mn^{2+}
Gesamthärte	6,72 °dH
Carbonathärte (vorübergehende Härte)	2,52 °dH
Nichtcarbonathärte (bleibende Härte)	4,20 °dH
pH-Wert	6,44
Gesamte freie Kohlensäure	58,0 mg/l CO_2
Davon zugehörige Kohlensäure	0,5 mg/l CO_2
Kalkaggressive Kohlensäure	
a) theoretisch durch Berechnung	57,5 mg/l CO_2
b) praktisch durch Marmorlösungsversuch nach Heyer	48,4 mg/l CO_2
Eisenaggressive Kohlensäure (Rostschutzverhindernde Kohlensäure)	57,5 mg/l CO_2

Bleiaggressivität des Wassers	stark positiv
Alkalität	0,9 mval/l
Gebundene Kohlensäure	19,8 mg/l CO_2
Sauerstoff	0 mg/l O_2
Schwefelwasserstoff	0 mg/l H_2S
Calcium-Ion	31,8 mg/l Ca^{2+}
Magnesium-Ion	9,77 mg/l Mg^{2+}
Abdampfrückstand	194,0 mg/l
Glührückstand	178,0 mg/l
Glühverlust	16,0 mg/l
Kieselsäure	6,0 mg/l SiO_2

Beurteilung. Die Resultate der chemischen Wasseruntersuchung zeigen in Übereinstimmung mit den bakteriologischen Resultaten und mit der Ortsbesichtigung, daß das Wasser des Wasserwerks C. zur Zeit rein und hygienisch einwandfrei ist[1].

Das Wasser kann aber ohne Aufbereitung als Leitungswasser nicht verwendet werden, da es stark aggressiv ist. Bei dieser Wasserbeschaffenheit werden sowohl eiserne Rohrleitungen als auch Blei- und Zinkrohre stark angegriffen und dabei die betreffenden Metalle gelöst. Beim Blei und Zink bringt dies gesundheitliche Gefahren (Bleivergiftung!), beim Eisen störende wassertechnische und geschmackliche Nachteile mit sich, wie z. B. Rohrzerfressungen, Braunfärbung des Wassers, Eisengeschmack usw.

Durch Rohrzerfressungen können weiterhin seuchenhygienische Gefahren infolge Eindringens von Schmutzwasser und Abwasser auftreten. Auch Beton und Mörtel in den Wasserwerksbehältern werden bei dieser Wasserbeschaffenheit angegriffen und können undicht werden.

Durch Mischen mit dem etwas härteren Wasser der alten Brunnen wird entgegen der dort herrschenden Ansicht die Aggressivität nicht herabgesetzt, sondern noch mehr erhöht.

Eine Entsäuerung des Mischwassers aus allen Brunnen wäre daher unbedingt notwendig.

Ferner ist der Eisengehalt des Wassers sehr hoch. Eine Entsäuerung und Enteisenung des Wassers wäre also unbedingt erforderlich. Das kann am besten durch ein Belüftungsverfahren, z. B. Düsenzerstäubung mit nachgeschaltetem Absetzbecken und Filter vorgenommen werden. Zur restlosen Entfernung der aggressiven Kohlensäure und des vorhandenen Mangans wird auch dies nicht ausreichen, sondern eine Nachbehandlung durch Filtration durch alkalische Filtermassen, wie Akdolit, notwendig sein.

[1] Der geringe Ammoniumgehalt ist hier nicht auf Verunreinigung, sondern auf Reduktionen in dem sauerstofffreien Grundwasser zurückzuführen.

d) Hygienisch günstige und ungünstige Werte für Leitungswasser

	Günstig bzw. tragbar	Richtwert/ Oberer Grenzwert	Ungünstig			
Ammonium-Ion, mg/l NH_4^+	0 0,05	0,1	0,3	0,4	0,5	u. mehr
Nitrit-Ion, mg/l NO_2^-	0	0,00	0,05	0,15	0,2	,,
Nitrat-Ion, mg/l NO_3^-	0 10,0 20,0	30,0	40,0	50,0	60,0	,,
Chlorid-Ion, mg/l Cl^-	0 10,0 20,0	30,0	40,0	50,0	60,0	,,
Organische Stoffe – Kaliumpermanganat-verbrauch, mg/l mg/l $KMnO_4$	0 – 6,0	12,0	15,0	30,0	40,0	,,
Urochrom, mg/l	0	0,1		1–50		,,
Phosphat-Ion, mg/l PO_4^{3-}	0 0,01	0,02	0,1	0,15	0,2	,,
Sulfat-Ion, mg/l SO_4^{2-}	0 25,0	50,0	75,0	100,0	125,0	,,
Eisen, mg/l Fe^{2+}	0 0,05	0,1	0,15	0,3	0,5	,,
Mangan, mg/l Mn^{2+}	0 0,01	0,03	0,1	0,15	0,2	,,
Gesamthärte, °dH	8–10	20,0	21,0	30,0	40,0	,,
			1,0	2,0	3,0	,,
Carbonathärte, °dH	2,0 5,0	8,0	15,0	20,0	25,0	,,
			1,0	1,5		
Nichtcarbonathärte, °dH	0 5,0	10,0	15,0	20,0	25,0	,,
Calcium-Ion, Kalk, mg/l Ca^{2+}	40,0–70	170,0	10,0	15,0	20,0	,,
			7,0	11,0	14,0	,,
Magnesium-Ion, mg/l Mg^{2+}	30,0	60,0	90,0	120,0	150,0	,,
pH-Wert, alkalisch	7,1 7,5	8,0	8,5	9,0	10,0	,,
sauer			3,0	5,0	7,0	,,
Fluorid-Ion, mg F^-/l	1,0–1,5	1,5	1,6	2,0	5,0	,,
Überschuß-Kohlensäure (Aggressive Kohlensäure)						
a) bei weichen Wässern		1,0	3,0	5,0	10,0	,,
b) bei harten Wässern	1,0 2,0	3,0	10,0	20,0	20,0	,,
Schwefelwasserstoff mg/l H_2S	0	0	1,0	2,0	3,0	,,
Sauerstoff, mg/l O_2	6,0–8,0	10,0	11,0	12,0	15,0	,,
Abdampfrückstand, mg/l	500,0–1000,0	1000,0	1500,0	2000,0	3000,0	,,
Arsen	0–0,01	0,04	0,05	0,1	0,2	,,
Blei	0–0,02	0,04	0,1	0,2	0,3	,,
Cadmium	0,0–0,000	0,006	0,01	0,02	0,03	,,
Chrom	0,00–0,000	0,05	0,06	0,1	0,15	,,
Quecksilber	0,000	0,004	0,005	0,01	0,02	,,
Zink	0,0–0,55	2,0	3,0	4,0	5,0	,,

Grundwasseranalyse
für hydrogeologische Beurteilung (Kuratorium für Wasser und Kulturbauweisen (KWK) und Deutscher Verband für Wasserwirtschaft (DVWW)

1. Untersuchendes Institut/Labor ______________________
____

2. Entnahmestelle
Objekt-Nr./EDV-Nr.
H __________ NN + __________
Kreis ______________________

3. Probenahme
Datum ________ Uhrzeit ______________ Wassertiefe u. MP ________
Art der Probenahme ______________ Entnahmetiefe ________
Probenehmer ______________________

4. Farbe (qualitativ) __________ Bodensatz (qualitativ) __________
Trübung (qualitativ) __________ Geruch (qualitativ) __________

5. Temperatur des Wassers °C ________ Extinktionsmodul im Filtrat
pH-Wert ________ bei 436 nm m^{-1} ________
Redoxpotential bei 20 °C mV ________ bei 254 nm m^{-1} ________
El. Leitfähigk. bei 20 °C $\mu s \cdot cm^{-1}$ ________

6. Säurekapazität bis pH 8,2 ________ Sauerstoff O_2 mg/l ________
Basekapazität bis pH 8,2 ________ Freie Kohlensäure CO_2 mg/l ________
Säurekapazität bis pH 4,3 ________ Aggr. Kohlensäure n. Heyer
Gesamthärte ________ oder errechnet mg/l ________
Carbonathärte ________ Kieselsäure H_2SiO_3 mg/l ________
Oxidierbarkeit
Mn VII → II als O_2 mg/l ________

7.

Kationen		mg/l	mval/l	mval%	Anionen		mg/l	mval/l	mval%
Natrium	Na^+	____	____	____	Hydrogen-				
Kalium	K^+	____	____	____	carbonat	HCO_3^-	____	____	____
Ammonium	NH_4^+	____	____	____	Chlorid	Cl^-	____	____	____
Calcium	Ca^{++}	____	____	____	Nitrit	NO_2^-	____	____	____
Magnesium	Mg^{++}	____	____	____	Nitrat	NO_3^-	____	____	____
Eisen	Fe^{++}	____	____	____	Sulfat	SO_4^{--}	____	____	____
Mangan	Mn^{++}	____	____	____	Phosphat	PO_4^{---}	____	____	____
	Summe		____			Summe		____	

8. Sonstige Bestimmungen, Phenole, Haloforme

Weitere Beispiele s. „Kleine Trinkwasseranalyse“, S. 113.

VII. Untersuchung und Beurteilung von Schwimmbadwasser, Wasser für Bauzwecke, Oberflächenwasser (Vorflut) und Kesselspeisewasser

A. Schwimmbadwasser

Die Schwimmbad-Hygiene hat in den letzten Jahren weitere erfreuliche Fortschritte gemacht. Gütemerkmale für Schwimmbecken-Wasser und Hinweise auf erprobte Wasserfilter wurden im Jahre 1972 durch einen Fachausschuß „Koordinierungskreis Richtlinien für Bäderbau und Bäderbetrieb" bekanntgemacht (Arch. Badewesen **25,** 521–535 [1972]). Inzwischen wurden diese „KOK-Richtlinien" für das Bundesgebiet durch die Bundesländer zur Anwendung empfohlen bzw. in einzelnen Bundesländern vorgeschrieben. Österreich hat diese übernommen. ÖNORM M 6215–6217. Siehe auch „Richtlinien für den Bäderbau", Nürnberg 1977, 300 S., sowie Schweiz, SIA-Norm. Die DIN-Norm 19643 ist 1981 als Gelbdruck erschienen. DIN 19643 hat 1983 die KOK-Richtlinien abgelöst.

Über Richtlinien informiert weiter „Recht und Verwaltung im Badewesen", G. Bohn, 1978 (Verlag O. Haase, Lübeck) und „Gesetze und Normen für Schwimm- und Badebecken im Hinblick auf die Heilbäder" von D. Eickelsdörfer in Heilbad u. Kurort **14,** 34–46 (1982) und **10** (1984) unter Berücksichtigung des Bundesseuchengesetzes. Neue Richtlinien für den Bäderbau sind 1982 in Tümmels-Verlag, Nürnberg, erschienen und 1985 im Beuth-Verlag, Berlin[1].

In den Richtlinien wird erstmals auf den großen Einfluß der Wasserführung in Schwimmbecken auf das Ergebnis der Wasseraufbereitung aufmerksam gemacht.

Die Wasserfläche wird für die höchstzulässige stündliche Besucherzahl berechnet.

Stündlich werden für jeden Besucher 2 m^3 Wasser im Umwälzkreislauf bereitgestellt. Für leistungsfähigere Verfahren kann der Förderstrom kleiner ausgelegt werden. Hierzu bedarf es einer besonderen Beurteilung durch das Bundesgesundheitsamt. Grundsätzlich soll heutzutage jedes öffentlich genutzte Schwimmbadwasser Trinkwasserqualität haben, d. h., daß die Keimzahlen an allen Stellen des Schwimmbeckens höchstens zweistellig sein sollen, und daß Bakterium coli in 100 ml Wasser nicht nachweisbar sein soll.

Die Praxis hat gezeigt, daß dies erreicht werden kann, wenn

1. eine gut arbeitende Umwälzanlage vorhanden ist,
2. die Hydraulik im Schwimmbecken in Ordnung ist, wenn also keine Toträume und Rotationszonen sowie „Kurzschlußstörungen" im Beckenwasser vorhanden sind. An diesen Stellen tritt sonst schnell eine Chlorzehrung auf, als deren Folge hohe Keimzahlen auftreten. Erhöhte Bedeutung hat dies bei der überall eingeführten Erwärmung des Beckenwassers und bei Thermalbädern,
3. das Beckenwasser ständig entkeimt wird, da ja während des Badebetriebes mit jedem Besucher zahlreiche Keime in das Wasser gelangen. Der Gehalt an „wirk-

---

[1] Eine neue Badewasserverordnung ist für 1986 vorgesehen.

samen Chlor" soll daher überall mindestens 0,3 mg/l betragen, auch am Beckenauslauf,

4. genügend Frisch-Wasser zugesetzt wird, nämlich mindestens 30 Liter täglich je Badegast,
5. die Schmutzstoffe zusammen mit dem aufbereiteten Wasser aus dem Becken verdrängt werden; das war bisher allgemeine Annahme. Diese Annahme hat sich als Irrtum erwiesen. Bei stark frequentierten Schwimmbädern müßten sonst unzulässig hohe Konzentrationen von Entkeimungsmitteln eingesetzt werden.

Zu 2.

Bei üblicher Verschmutzung und sonst erfüllbaren Voraussetzungen kann die zu fordernde „Keimtötungsgeschwindigkeit" im Wasser aber mit einem Bruchteil der bisher notwendigen Konzentration an Entkeimungsmitteln durch Einmischen mit aufbereitetem Wasser in das Becken sichergestellt werden.

Die kürzeste Mischzeit wird mit dem Mischverfahren „Strahlenturbulenz-Verfahren" (besondere Erfahrung: Ingenieurbüro Gansloser, Hannover-Waldhausen) erreicht. Die Einlaßstellen werden am Becken so angeordnet, daß sich die kegelförmigen Wasserstrahlen im Schwimmbecken gegenseitig überschneiden. Bei Becken mit parallelen Wänden werden die Einlaßstellen an zwei gegenüberliegenden Seiten auf Lücke angeordnet.

Bei dem „Wasserführungssystem Hannover" wird das aufzubereitende Wasser zum Teil an der Beckensohle abgezogen und zum anderen Teil in die Schwallwasserrinne geleitet. Die Absaugstutzen werden an Stellen kleinster Turbulenz angeordnet. Die Reinigungsarbeit wird dadurch beachtlich verringert.

Durch Anlagern von Luft- und Gasbläschen wird eine Flotation der Schwebestoffe ausgelöst. Durch deren rasche Beseitigung mit dem abgesaugten Wasser aus der Sohle des Beckens wird der Anfall von Schwimmstoffen auf minimale Mengen reduziert.

Die „eingesenkte Rinne" ist überholt. Nachdem man erkannt hat, daß die über der Wasseroberfläche lagernden Chlorwolken sowie die von den Badenden ausgeatmeten und aus dem Beckenwasser freiwerdenden Kohlensäure- und Wasserdampf-Schwaden den Schwimmer belästigen und belasten, wird nur noch die hochgezogene an der Außenseite des Schwimmbeckens befindliche Überflutungsrinne gebaut (H. Willach: Archiv d. Badewesens **22,** 145–147 [1969] und K. Riedle dto. H. 5).

Bei dem hochliegenden Wasserspiegel in den modernen Schwimmbädern wird die oberste Wasserschicht, die wegen des Entkeimungsmittelschwundes unverhältnismäßig viel Keime enthält, besonders gut abgeleitet, vor allem durch das ständige „Putzen" der Wasseroberfläche. Bei den Freibädern kommt hinzu, daß Staub, Blütenstaub, Ruß, Blätter, Kosmetika, Sonnenschutzöle, Massageöle, die alle die Reinhaltung der oberen Wasserschicht erschweren, bei der hochgezogenen Wasseroberfläche leicht entfernt werden können.

Die „Schmutzränder", die bei der tiefliegenden Wasseroberfläche eine stete Infektionsquelle waren, fallen bei hochgezogener Wasseroberfläche aber nur dann fort, wenn

a) eine ununterbrochene Wasserförderung während des Badebetriebes gewährleistet ist, die eine ständige Überflutung bewirkt, und

b) durch geeignete Beckenkopf-Konstruktion mit schwach ins Wasser geneigter Beckenrandfläche die Wellenreflektion ausgeschaltet wird.

Zu 3.

Das Beckenwasser muß ständig entkeimt werden, da – wie gesagt – mit jedem Badenden zahllose Keime in das Wasser geraten. An jeder Stelle des Beckens und zu jeder Zeit soll das Wasser daher mindestens 0,3 mg/l wirksames Chlor (S. 173) enthalten, auch am Auslauf zu der Umwälzanlage. Der Schwimmeister oder Therapiemeister muß dies ständig durch Chlorbestimmungen mit einem Komparator und Redox-Messungen kontrollieren, und zwar an verschiedenen Stellen und in verschiedenen Tiefen mehrmals am Tage (Höchstmenge 0,6 mg/l Cl_2).

Die Schwimmbeckenform kann in Zukunft beliebig ausgestaltet werden, nachdem man gelernt hat, die Hydraulik zu beherrschen. Auch runde und geschwungene Schwimmbecken werden bei dem Strahlenturbulenz-Verfahren vollständig durchströmt. Eine Temperaturschichtung ist daher ebensowenig wie Toträume zu befürchten. Durch die bisher noch gebräuchliche Vertikalströmung wird die Schichtbildung zwar verhindert, die Sedimentierung aber verhindert (s. o.) und eine Trübung des Beckens verursacht.

Das Springerbecken soll weiterhin quadratisch sein.

Klarheit und Färbung. Das Beckenwasser muß stets vollkommen klar und farblos sein. Die Färbung soll nicht über 5 mg/l Pt betragen, die Trübung nicht 0,07 mg/l SiO_2 bzw. 0,03 Formazin-Einheiten überschreiten (s. auch KOK-Richtlinien). Die „Sichtweite bis Grund" ist eine Mindestforderung, die an die Wasserqualität gestellt werden muß.

Um diese Forderung erfüllen zu können, müssen die Trübstoffe und Kolloide mit kontinuierlich zuzusetzenden Fällmitteln koaguliert und durch Filtration ausgeschieden werden. Die Konzentration der Fällmittel, wie Aluminiumsulfat, Natriumaluminat und Eisenchlorid, wird zweckmäßig versuchsweise festgelegt. Dabei muß der pH-Wert variiert werden, bis die optimale Flockung erreicht ist. Aluminiumsalze sind für pH-Bereiche des Wassers zwischen 6,8 und 7,2 geeignet. Mit Natriumaluminat wird der pH-Wert angehoben; Natriumaluminat ist deswegen bei harten alkalischen Wässern weniger geeignet. Eisensalze können im Bereich der pH-Werte zwischen 6,8 und 8,2 angewandt werden. Nachteilig bei Fällung mit Eisensalzen ist aber die rasche Verfärbung des Wassers und Verschmutzung der Beckenwände und der Ablaufrinnen schon bei geringen Störungen in der Aufbereitungsanlage.

Im Sommer geht bei Freibädern der pH-Wert oft schnell hoch, weil unter Lichteinfluß Algen dem Wasser Kohlensäure entziehen. Im Becken zu beobachtende Nachflockungen sind in jedem Fall auf schlechte pH-Wert-Anpassung zurückzuführen. Wenn das Beckenwasser bei Anwendung von Aluminiumsulfat-Dosierung durch pH-Senkung aggressiv wird, dann ist die Ursache in einer ungenügenden Erneuerung des Beckeninhalts durch Frischwasserzufuhr zu suchen.

Wenn der pH-Wert trotzdem in dem aggressiven Bereich weiter absinkt, ist Abhilfe u. a. durch Filtration über halbgebranntes dolomitisches Filtermaterial erreichbar. Dieser Hinweis kann auch bei der „Direkt-Erwärmung" des Wassers unmittelbar durch die Flamme mit Erdgas von Bedeutung sein.

Redoxpotential. Für die hygienisch-bakteriologische Beschaffenheit des Beckenwassers ist das Redoxpotential von außerordentlicher Bedeutung. Es ist ein sicherer

Maßstab für die Geschwindigkeit der Keimabtötung und Virusinaktivierung. Im pH-Bereich 6,5 bis 7,5 werden mindestens + 700 mV, im Bereich 7,5 bis 8,3 mindestens + 730 mV gefordert. Das muß sichergestellt sein.

Nach Untersuchungen von S. Carlson und U. Hässelbarth werden bei einem Redoxpotential von 650 bis 700 mV und einem pH-Wert von 7 die Wasserkeime bei 0,3 mg/l Chlor in 30 Sekunden zu 99,9% abgetötet.

In Thermalbädern ist eine ständige Entkeimung besonders wichtig, weil besonders Krankheitskeime im warmen Wasser länger virulent bleiben und sich u. U. auch stärker vermehren.

Über „Richtlinien für Bäderbau und Bäderbetrieb" berichten S. Carlson und U. Hässelbarth (Schrift.-Reihe WaBoLu H. 43 [1975] „Schwimmbadhygiene"). Ebenda liegt auch ein Erfahrungsbericht „Probleme der Schwimmbadhygiene" vor (W. Steuer, C. Sacré u. R. Eschment).

Wichtig ist, daß auch die Durchschreitebecken hygienisch einwandfreie Wasserbeschaffenheit haben, d. h., daß sie mit aufbereitetem Wasser mit entsprechendem Entkeimungsmittel zusätzlich befüllt und bei Vollbetrieb halbstündlich erneuert werden. Kupfersulfat-Zusatz ist zu empfehlen, sofern die Ablaufverhältnisse zum Vorfluter es zulassen. Am Ablauf sollen Sandfänger eingebaut werden. Holzverkleidungen sowie Holzbänke sind Brutstätten für Staphylokokken und daher unzweckmäßig. In Duschen, Umkleidekabinen etc. ist die Fußpilzgefahr besonders groß, weswegen Gummimatten und Holzroste hier nicht angebracht sind.

Der „b-Wert". Der Belastungswert „b" drückt das Gleichgewicht von Wasserbelastung und Aufbereitungseffekt in der Relation „Person pro m^3 Badewasser" aus. Man geht dabei von einer Standardverunreinigung durch organische Substanzen entsprechend einem Kaliumpermanganatverbrauch von 4 mg/l pro Besucher aus.

Das wichtigste Kriterium ist daher eine sehr genaue Bestimmung des Kaliumpermanganatverbrauchs (S. 48). Dieser wird mit der Besucherfrequenz in Beziehung gesetzt und darauf wird der „Förderstrom" (das ist die Menge zuzusetzenden aufbereiteten und entkeimten Reinwassers in m^3/h) ermittelt.

Der Kaliumpermanganatverbrauch des Beckenwassers darf auf nicht mehr als 3 mg/l über den $KMnO_4$-Wert des Füllwassers ansteigen, Ammonium um nicht mehr als 0,2 mg NH_4^+/l und Aluminium um nicht mehr als 0,1 mg Al/l. Erhöhte Anforderungen sind an die Therapiebecken in den Kurorten zu stellen (D. Eichelsdörfer, Heilbad und Kurort **10** (1984)).

Große Schwimmbadwasser-Analyse

Physikalische und physikalisch-chemische Untersuchungen	Füllwasser	Beckenzulauf gechlort	Beckenwasser
Wasserstromtemperatur °C	+	+	+
Sicht über den ganzen Beckenboden	–	–	+
Färbung mg/l Pt	+	+	+
Kolloide (qual.) gem. DEV H3	+	+	+
Absetzbare Stoffe n. 2 Stunden in ml/m^3	+	+	+
pH-Wert	+	+	+
Redoxpotential mV	–	+	+

Fortsetzung: siehe S. 290

Fortsetzung: Große Schwimmbadwasser-Analyse

Physikalische und physikalisch-chemische Untersuchungen	Füllwasser	Beckenzulauf gechlort	Beckenwasser
Chemische Untersuchungen			
Gesamthärte °dH	+	–	+
Carbonathärte °dH	+	–	+
Nichtcarbonathärte °dH	+	+	+
Kaliumpermanganatverbrauch mg/l	+	+	+
Nitrat-Ion mg/l NO_3^-	+	+	+
Nitrit-Ion mg/l NO_2^-	+	+	+
Chlorid-Ion mg/l Cl^-	+	–	+
Ammonium-Ion mg/l NH_4^+	+	+	+
Sulfat-Ion mg/l SO_4^{2-}	+		+
Eisen, gesamt mg/l Fe	+	+	+
Aluminium-Ion mg/l Al^{3+}	–	+	+
freies Chlor mg/l Cl	+	+	+
Gebundenes, wirksames Chlor mg/l Cl	+	+	+
Dazu: Trübungsmessung in mg/l SiO_2 oder apparativ in Formazin-Einheiten (D. Eichelsdörfer: DVGW-Schrift.-Reihe W, Nr. 12)			
Bakteriologische Untersuchungen			
Koloniezahl/ml	+	+	+
Escheria coli in 100 ml	+	+	+

Erkrankungsmöglichkeiten in Schwimmbädern (nach Sv. Carlson), s. Seite 516f.

Erkranktes Organ	Erkrankung	Ursache	Ansteckungswege
Haut	Wundentzündung mit Eiterbildung	Staphylokokken und Streptokokken (Eitererreger)	Durch Kommensal- und Kontaktinfektionen. Kontaktinfektionen sowohl direkt als indirekt über Handtücher, Wände, Fußböden usw.
	Hautausschlag und Ekzeme	Chemikalien, mitunter ein Virus, toxische Stoffe aus Algen	Durch das Wasser
	Fußpilz	Pilze Trichophyton und Epidermophyton	Durch Fußböden, die durch ihre Beschaffenheit den Pilzen gute Lebensbedingungen bieten.
	Fußwarzen	Virus	Durch verschmutzte Fußböden und direkte Kontakte
	Schwimmergranolum	Mykobakterium (säuref. Bakt.)	Durch infizierte rauhe Beckenwände
	Cercarien-Dermatitis	Durch Einbohren v. Cercarien in die Haut	Durch cercarienhaltige Freibadegewässer
	Quallen-Dermatitis	Hautreizende Stoffe	Kontakt Quallen, Nesseltiere im Meereswasser
Ohr	Otiltis externa. Entzündung des äußeren Gehörganges	Staphylokokken und Streptokokken (Eitererreger)	Durch Kommensalinfektionen; auch Kontaktinfektionen auf dem Wege über das Wasser

Erkranktes Organ	Erkrankung	Ursache	Ansteckungswege
	Otitis media. Entzündung des Mittelohres	Staphylokokken und Streptokokken (Eitererreger)	Kommensalinfektion durch Schleim aus Nasen- und Rachenhöhlen
Auge	Schwimmbad-konjunktivitis und Pharyngokonjunktivitis	Virus	Durch infiziertes Wasser
Atmungs-wege	Erkältung, Halsweh, Bronchitis, Lungen-entzündung usw.	Virus und Bakterien	Kommensalinfektionen (Erkältung); auch Kontakt-infektionen durch das Wasser
	Nasenkatarrh	Allergene aus Algen	Durch das Wasser
Innere Organe	Amoeben, Meningo-Enzephalitis	Naegleria fowleri. (Amoebenart)	Durch infiziertes Wasser
	Leptospirosen	Leptospira icterohaemorrhagiae (Weilsche Krankheit). L. pomona. L. canicola. L. grippotyphosum.	Infizierte Freibadegewässer durch Ratten, Vieh, Hunde, Wühlmäuse
	Darmkrankheiten	Salmonella-Arten, Mikroorganismen	Durch infiziertes Wasser
	Schistosomiasis (Bilharzia)	Schistosoma mausoni, S. japonicum S. haematobium	Durch infiziertes Wasser (nur in den Tropen)

Entkeimung mit Chlor, unterchloriger Säure und Ozon

Die Entkeimung wird in der Bundesrepublik hauptsächlich mit Chlor vorgenommen. Bei den obengenannten Grenzwerten für pH und Redox-Milieu kommt das Chlor-Entkeimungsverfahren auf Unterchlorigsäure-Verfahren hinaus (HClO), jedenfalls ist bei diesen Soll-Werten der Anteil an Unterchloriger Säure am höchsten; die unterchlorige Säure ist auch das eigentlich wirksame Prinzip bei der Chlorung. Das Elektrochlor-Verfahren der Fa. Elektrochlor GmbH, ist deshalb mit einem pH-Regler gekoppelt.

Wenn pH-Wert, Redoxmilieu, Kaliumpermanganatverbrauch und die Hydraulik in Ordnung sind, wird weniger Chlor verbraucht und die Chlorbelästigung für die Schwimmer geringer. Bei zunehmendem pH-Wert nimmt die bakterizide Wirkung der Chlorung ab, d. h. es ist dann weniger unterchlorige Säure vorhanden.

Der Gehalt an Ammonium-Ionen soll nach Möglichkeit stets unter 0,05 mg/l liegen. Ammonium ist nicht nur als Reinheitsfaktor zu werten; durch die Chlorung bilden sich Chloramine, die weniger bakterizid sind. Chloramine erzeugen nicht nur den unangenehmen Hallenbadgerucht (bes. Trichloramin), sondern rufen auch bei empfindlichen Personen Reizerscheinungen der Augenschleimhäute (Konjunktivitis) und der Schleimhäute des Nasen-Rachenraums hervor. Experimentell ist diese Rolle der Chloramine, besonders des Monochloramins, von D. Eichelsdörfer im Inst. f. Wasserchemie u. chem. Balneologie, München, ermittelt worden (Heilbad und Kurort [1976]).

Harnstoff-Abbau wird bei steigendem pH-Wert gemindert, genauso wie das Auftreten von Trichloramin gefördert wird. pH muß also unter 7,4 sein.

Der Kaliumpermanganatverbrauch des Wassers dient neben dem Ammonium- und Phosphat-Gehalt zur Beurteilung des Reinigungseffekts. Bei ordnungsgemäßer Umwälzung und Hydraulik liegt der Kaliumpermanganatverbrauch unter 12 mg/l, und der Ammoniumgehalt unter 0,05 mg/l (Trinkwasserbeschaffenheit).

Zur Entkeimung von Schwimmbadwasser hat sich Chlordioxid allein nicht bewährt, nur in Verbindung mit Chlor zusammen ist Chlordioxid zur Geruchsminderung, zur stärkeren Oxidationswirkung und Entkeimungswirkung günstig. Allerdings ist hierbei die Einhaltung des Grenzwertes von 0,3 mg/l Chlor am Auslauf problematisch, wenn nur 7% ClO_2 zur Chlor-Dosis gegeben werden sollen. Durch den Chlor-Zusatz wird auch die Chlorit-Rückbildung vermieden.

Ozon allein ist ebenfalls nicht ausreichend. So günstig wie die Ozon-Entkeimung beim Trinkwasser ist, weil keine Fremdstoffe im Reinwasser vorhanden sind und weil Ozon eine besonders starke bakterizide und viruzide Wirkung hat, so umstritten ist die Ozon-Entkeimung im Badefach. Im Schwimmbecken darf auf keinen Fall Ozon vorhanden sein. Es darf nur vor der Filteranlage zugesetzt werden und muß nach der Einwirkungszeit, wenn erforderlich durch Aktivkohlefilter wieder restlos herausgenommen werden. Dazu gibt es mehrere Verfahren, z. B.

1. Ozon-Duplex-Verfahren (Ozon + Mehrschichtfilter u. a. A-Kohle) oder Braunkohlenkoksfilter, die kostengünstiger sind (W. Werk, Aachen).
2. Komplexon-Verfahren (Kolloid-Flockung und Ozon) und
3. Redoxon-Verfahren.

Das Beckenwasser darf deshalb kein Ozon enthalten, weil dies leicht in die Luft entweicht und die Badenden stark belästigt, vor allem auch das Badepersonal gesundheitlich schädigt. Bestehende Ozon-Anlagen dieser Art mußten nach kurzer Zeit umgestellt werden. Der MAK-Wert für Ozon liegt bei 0,1 ppm Luft (s. K. Höll: Heilbad u. Kurort **21,** H. 7 [1969] und E. Tiefenbrunner GWW **31,** 388). Mit dem Dräger-Prüfgerät kann man dies kontrollieren (Fa. Dräger-Werk, 2400 Lübeck). Mit dem Monitor Labs-Prüfgerät kann man kontinuierlich in Bereichen von 0 bis 50 ppb den Ozongehalt kontrollieren (Kontron-Technik).

Bei der Ozonung des Umlaufwassers findet eine starke Oxidation der organischen Substanzen[1] statt und die Chlorzehrung wird stark herabgesetzt. Man sollte aber dabei bedenken, daß über gewisse Ozonide auch toxische Stoffe entstehen können, die unserer Kontrolle entgehen. Wir kennen heute viele hochtoxische Stoffe, die ihre Toxizitätsgrenze im Nano- und Pikogramm-Bereich haben (E-Habermann: Katastrophenmedizin **4,** 35–45 [1969]).

Die Kosten des Ozon-Verfahrens sind hoch, und es kommen hinzu die Kosten für die erforderliche zusätzlich Beckenchlorung. Wenn man dem Ozon auch eine gute viruzide Wirkung zuschreibt, so ist dies im Badebetrieb gegenstandslos, weil es im Becken, wo die Viren zuerst auftreten, nicht zur Wirkung kommt (s. auch den bakt. Teil).

[1] ausgenommen Chlorharnstoff.

Durch häufige Chlorung ein und desselben Wassers reichert sich Salzsäure im Beckenwasser an, wodurch dasselbe betonangreifend wird und die Beckenwandungen zerstört. Die Carbonathärte nimmt hierbei ab und das Kalk-Kohlensäure-Gleichgewicht verschiebt sich (S. 234). Noch viel stärker ist wie erwähnt die Carbonathärteabnahme und damit die Verschiebung des Kalk-Kohlensäure-Gleichgewichts bei ständiger Aluminiumsulfat-Schönung des Umwälzwassers.

Die Entkeimung mit Chlorbleichlauge ist kostspielig, da diese den pH-Wert zu sehr erhöht, die bakterizide Wirkung dadurch erheblich vermindert wird und da sie eine besonders starke Geruchsbelästigung ergibt.

Sehr gut bewährt haben sich aber die Chlorpräparate in fester Form, besonders bei den kleinen und kleinsten Bädern. Parakaporit der Fa. Bayer ist zwar etwas teuerer, dafür aber viel wirksamer, also ausgiebiger. Ferner HTH der Fa. Hoelzle & Chelius. Beide bestehen aus Calciumhypochlorit. HTH hat etwas stärkeren Geruch.

Bei dem Kupfersalz-Entkeimungsverfahren nach Höll für Privatbäder ist nur eine einmalige Kupferung mit 3 bis 6 mg Kupfersulfat oder Kupferchlorid pro l, je nach der Wasserbeschaffenheit, notwendig. Bei diesem Verfahren wird ein restloser Entkeimungseffekt erzielt und nebenher jegliche Algenbildung im Beckenwasser und an den Beckenwandungen verhindert. Die vorgeschriebene Sichttiefe an den Sprungtürmen wird hierbei erreicht. Darüber hinaus wird auf dem Wege der Kolloidflokkung das Wasser von Kolloidstoffen befreit, und es ergibt sich eine schöne bläuliche Farbe des Wassers. Die Kontrolle des Kupfergehalts des Beckenwassers kann nach der auf S. 181 beschriebenen Methode oder mit einer kleinen Vorrichtung für den Badewärter der Fa. Franz Bergmann KG erfolgen.

Die Nachteile der Chlorung wie Augenreiz, Chlorgeruch und Chlorphenolbildung im Wasser fallen bei diesem Verfahren fort. Das lästige Entleeren der Chlorgasbomben am Ende der Saison fällt ebenfalls fort.

Nach Wahl kann das Kupfer hinterher auch wieder herausgenommen werden, um den Vorfluter beim Ablassen nicht zu belasten. Das geschieht nach K. Höll mit dolomitischen Filtermassen.

Bei kleinen, nicht öffentlichen Schwimmbecken hat sich Micropur gut bewährt (auf 10 m^3 Beckeninhalt 100 g Micropur), Lieferfirma: Deutsche Katadyn-Gesellschaft, München.

Das Petuniaverfahren beruht auf der Entfernung der Kohlensäure, wodurch das Algenauftreten im Beckenwasser verhindert wird. Ausführende Firma: Chemische Fabrik Petunia.

1. Chemische Untersuchung des Schwimmbadwassers

Auszuführende Bestimmungen

pH-Wert (S. 119)	ferner:	Aluminium (S. 177)
Redox-Potential (S. 120)		Harnstoff (s. u.)
Chlor (S. 173)		Indikan (s. u.)
Ammonium (S. 39)		Carbonathärte (S. 153)
Proteidammoniak (S. 41)		Urochrom (S. 59)
Nitrit (S. 43)		Sauerstoffgehalt (S. 139)
Nitrat (S. 45)		Sauerstoff nach 48stündigem Stehen (S. 143)

2. Hygienisch-chemische Beurteilung des Schwimmbadwassers

Der Gehalt an Stickstoffverbindungen im Beckenwasser soll keine wesentliche Erhöhung gegenüber dem Frischwasser zeigen. Durch Verunreinigung mit Harn wird der Ammonium- und Nitratgehalt des Wassers erhöht. Mahla bestimmt auf Grund des Nitratgehaltes die mengenmäßige Harnverunreinigung des Beckenwassers (Arch. f. hyg. **231** [1933]). Bei Anstieg um 10 mg/l NO_3^- ist Wasserwechsel notwendig.

Nach den niedersächsischen Verordnungen darf das Beckenwasser nicht mehr als 0,1 mg/l NH_4^+ enthalten. Nach 24stündiger Zehrung sollen noch 5 mg O_2/l vorhanden sein. Andere Bundesländer haben jetzt die gleichen oder ähnliche Leitzahlen.

Proteidammoniak soll im Beckenwassr nur in Spuren vorhanden sein. Bei stark verunreinigten Schwimmbadwässern findet man einige mg/l Proteidammoniak. Wo solche Übelstände angetroffen werden, sind diese sofort abzustellen. Wenn zu 100 l Wasser 1 ml Harn tritt, so wird nach einiger Zeit ein Gehalt von 0,1 mg/l Proteidammoniak gefunden.

Nach W. Jung kann man die Harnverunreinigung durch eine Phosphatbestimmung genau festlegen (GWF [1961]).

Auch die Bestimmung der Aminosäuren kann zur Beurteilung herangezogen werden (S. 318). Bei größeren Mengen von Absetzbarem im Beckenwasser muß die Umwälzungszeit verkürzt werden, was bei nicht ganz reinem Rohwasser schon bei der Planung entsprechend berücksichtigt werden muß. Nitrit darf im Schwimmbadwasser ebensowenig wie Ammonium nachweisbar sein.

Für die Überwachung der Schwimmbäder hat U. Hässelbarth wertvolle Hinweise gegeben (Bundesgesundheitsbl. **8,** 353–357 [1965] und S. Carlson u. U. Hässelbarth, Arch. f. Hyg. **152**, 306–320 [1968]), ferner Schwimmbadhygiene, Schrift.-Reihe WaBoLu **43** und S. 458–467.

Der Kaliumpermanganatverbrauch soll unter 12 mg/l liegen und im Beckenwasser um nicht mehr als 3 mg/l ansteigen.

Danach ist die laufende Redox-Messung des Schwimmbad-Wassers für die Schwimmbad-Hygiene sehr wichtig; sie zeigt neben der zeitraubenden bakteriologischen Kontrolle, die mehr ein Augenblicksbild vom hygienischen Zustand des Wassers gibt, die kontinuierliche Kontrolle der Keimabtötung durch die Chlorung an. Das ist gerade beim Schwimmbad-Wasser mit der oft wechselnden Chlorzehrung wichtig (J. Alexander, Hydrochem. u. hydrogeol. Mitt. 1, 247–254 [1974]).

Die Messung des Redoxpotentials mit Platin- oder Gold-Elektroden ist bei manganhaltigen Wässern gestört (R. Schweisfurth, GWF **113,** H. 12 [1972]).

Redox-Geräte liefert die Metrohm AG.

Cyanursäure kann wie Chlor mit dem Lovibond-Komparator bestimmt werden (Fa. Akdolit).

3. Nachweis von Harnbestandteilen im Schwimmbadwasser

W. Fischer und M. Höhn fanden in 11 Hallenbädern des Frankfurter und Darmstädter Raumes Harnstoff-Konzentrationen von 0,44 bis 3,33 mg/l, zumeist 1 bis 2 mg/l.

In Freibädern lagen die Werte höher, zumeist bei 4 bis 5 mg Harnstoff/l, mitunter bei 10 mg/l (Hydrogeolog. Mitt. **1,** 255–260 [1974]).

Für die Schwimmbad-Kontrolle haben W. Fischer u. M. Höhn eine handliche Vorrichtung geschaffen, bei der die Urease-Reaktion (Harnstoff zu Ammoniumcarbonat) durch Zugabe von je einer Urease-Tablette, Hypochlorit-Tablette und Phenol-Tablette zu 10 ml Wasser (Mit Pufferlösung versetzt), als Grundlage dient (Fa. Merck). Chlor und Kupfer stören und müssen mit Thiosulfat bzw. ÄDTA entfernt werden.

Ältere Verfahren: **Harnstoffnachweis mit Xanthydrol.** Das Verfahren von Fosse (C. r. Acad. Sci. Paris **158,** 1076 u. 1588 [1914] und **159,** 253 [1914]) wurde von I. Wagner nachgeprüft (Z. Unters. Lebmittel **84** [1942]). Die Arbeitsvorschrift lautet:

5 Liter Untersuchungswasser werden mit 2 ml Salpetersäure* und 1 g Natriumacetat versetzt und auf dem Wasserbade eingedampft. Der Rückstand wird mit wenigen ml Wasser aufgenommen und unter Nachspülen in ein Becherglas gegeben; die Gesamtmenge soll 10 ml betragen. Hierzu werden 15 ml Eisessig gegeben. Die Mischung wird filtriert und der Filterrückstand mit 3 bis 5 ml Eisessig nachgewaschen.

Das Filtrat wird mit 5 ml einer 10%igen Xanthydrollösung (in Methylalkohol), und zwar in je 10 Minuten je 1 ml unter Umschwenken versetzt. Der Niederschlag wird nach längerem Stehen in einem gewogenen Porzellanfiltertiegel gesammelt und mit Methylalkohol nachgewaschen. Nach kurzem Trocknen im Trockenschrank und Erkalten im Exsiccator wird gewogen. Die Gewichtszunahme von 1 g Dixanthylharnstoff ist = 142 g Harnstoff.

1 Liter Harn kann in 100000 Liter Wasser nach dieser Methode nachgewiesen werden. Störungen treten auf durch Schwermetalle, Halogenide, Wasserstoffperoxid.

Indikannachweis: Die Verunreinigung des Badewassers durch Harn kann auch mit Hilfe der Indikan-Bestimmung nachgewiesen werden. Nach dem Verfahren von Jolles (Ber. Dtsch. Pharm. Ges. **30,** 421–442 [1920]) werden 3 bis 5 Liter Wasser auf 250 ml eingedampft: Wenn Nitrit vorhanden ist, setzt man zu diesem Konzentrat 1 bis 3 g Mohrsches Salz (Eisen(II)-ammonsulfat) zu. Nach weiterem Eindampfen auf 10 ml wird filtriert und zum Filtrat 1 ml 5%ige alkoholische Thymollösung oder α-Naphthollösung zugegeben. Nach guter Vermischung gibt man noch 10 ml rauchende, mit 0,5% Eisenchlorid versetzte Salzsäure dazu. Die Mischung wird unter häufigem Umrühren 10 Minuten stehengelassen und danach mit 5 ml Chloroform mehrmals geschüttelt.

Ist in der ursprünglichen Wasserprobe mehr als 0,3 mg/l Indikan vorhanden, so erhält man eine rötlichviolette Chloroformschicht. Man kann diese mit einer durch Standardlösungen erzeugten Färbung vergleichen (Harnindikan der Fa. E. Merck) 10 mg/l dient als Stammlösung.

Die Prüfung kann auch bei Grundwasserproben mit Erfolg durchgeführt werden, da das Indikan durch die Bodenpartikeln nicht restlos festgehalten wird.

Eisen(II)-ammonsulfat-Indikan ist mit Wasser schnell zersetzlich; daher ist die Xanthydrolmethode besser geeignet.

Grießsche Reaktion: In einem besonders gesäuberten Kolben mit Glasstopfen werden etwa 100 ml Schwimmbadwasser mit etwas Natronlauge und einigen Körnchen

Diabenzolsulfonsäure versetzt und kräftig geschüttelt. Verunreinigtes Wasser gibt sich durch Gelbfärbung zu erkennen.

Die Reaktion ist jedoch nicht spezifisch für menschliche Ausscheidungsstoffe. Phenole, Kresole und andere Stoffe geben die gleiche Reaktion. Gelbfärbung ist jedenfalls immer ein bedenkliches Zeichen, denn bei reinem Wasser tritt sie nicht auf.

Aminosäuren im Wasser nach Folin-Ciocalteu: Das Reagenz nach Ciocalteu wird durch Lösen von 100 g Natriumwolframat und 25 g Natriummolybdat in 700 ml Wasser und Zusatz von 50 ml Phosphorsäure (d 1,7) sowie 100 ml rauchender Salzsäure (d 1,19) hergestellt.

Das Gemisch wird in einem 2 Liter-Kolben 10 Stunden lang am Rückflußkühler gekocht. Danach werden 150 g Lithiumsulfat, 50 ml destilliertes Wasser und 5 Tropfen Brom zugegeben. Nachdem weitere 15 Minuten gekocht worden ist, wird abgekühlt, wobei der Farbton sich von Grün nach Gelb ändert. Das Gemisch wird auf 1000 ml aufgefüllt. In dunklen Flaschen ist das Reagenz haltbar.

Dies Reagenz spricht an auf Tyrosin, Cystin und Tryptophan. Nicht erfaßt werden Harnstoff, Alanin und Glykokoll.

Das Reagenz nach Folin und Ciocalteu ist bei der Fa. E. Merck erhältlich.

Ausführung: 250 ml der filtrierten Wasserprobe werden mit 0,1 N Salzsäure neutralisiert und im Vakuum bis fast zur Trockne eingedampft, dann mit Wasser aufgenommen.

In ein Reagenzglas gibt man 10 ml Sodalösung (15 g calc. Soda in 100 ml Aqua dest.) und 10 ml des Vakuumkonzentrats.

In einem weiteren Reagenzglas wird 1 ml Aminosäurevergleichslösung[1] mit 4 ml Aqua dest. (Reagenz Nr. 10) und 1 ml Calciumchloridlösung (32,7 g $CaCl_2$ krist. in 50 ml Wasser und 5,1 g $MgCl_2$ krist. mit Aqua dest. auf 100 ml) sowie 10 ml obiger Sodalösung versetzt. Ungeachtet der entstehenden Trübung gibt man je 1 ml des Ciocalteu-Reagenz hinzu. Nach dem Umschütteln erwärmt man 10 Minuten im Wasserbad bei 37 °C. Danach läßt man 20 Minuten lang absetzen und nimmt die überstehende Flüssigkeit zum Kolorimetrieren ab.

Das neue Verfahren des Urochromnachweises nach O. Hettche gibt annähernde Werte für den Harnfarbstoff Urochrom und damit gute Beurteilungsmerkmale für eine Verunreinigung des Schwimmbeckenwassers (S. 59).

Außer der chemischen und bakteriologischen Kontrolle des Schwimmbadwassers soll auch die biologische Untersuchung auf Pilzkeime, Wurmeier, Cercarien u. a. laufend durchgeführt werden (z. B. mit dem Nannoplanktonnetz nach Höll, S. 110).

Badegewässer. Richtlinien „Über die Qualität der Badegewässer“ sind vom Rat der Europäischen Gemeinschaften am 8. 12. 1975 gegeben worden (76/160 EWG); sie sind damit auch in der Bundesrepublik Deutschland wirksam geworden. „Zum Schutze der Umwelt und Volksgesundheit“ ist eine Überwachung notwendig, was den Gesundheitsämtern obliegt. Bis 1985 müssen die Qualitätsziele der EWG erreicht sein, worauf die Mitgliedstaaten hinarbeiten müssen. Die Gesundheitsämter

[1] 110 mg Tryptophan, 140 mg Tyrosin und 50 mg Cystin werden in 300 ml N Schwefelsäure gelöst. Vor jedem Gebrauch wird 5fach verdünnt. 1 ml davon entspricht 0,2 mg Aminosäure.

müssen alle 14 Tage Proben für Untersuchungen auf Gesamtcoliforme und Fäkalcoliforme Bakterien, auf Streptokokken, Salmonellen, Darmviren, ferner für chemische Parameter wie Phenole, Mineralöle, Tenside, Pestizide und metallische Schadstoffe, Cyan und Sauerstoff nehmen (s. auch G. Havemeister, Zbl. Bakteriologie und Hyg. **172** 215–226 [1980]).

B. Wasser für Bauzwecke

Bei größeren Betonbauten und ausgedehnten Verlegungen von Betonrohren müssen genaue Grundwasserprüfungen neben den Bodenuntersuchungen vorgenommen werden, sonst kann ein großer Silo-Bau umfallen, wie es in einer holsteinischen Stadt vorgekommen ist oder ein ganzes Abwasserrohr-Netz wegen völliger Korrosion ausfallen, wie es in einer Heidestadt vorgekommen ist.

Beton und Mörtel werden von Wässern mit angreifenden Eigenschaften zerstört. Für die Anlage von Betonbauten und Betonfundamenten ist die Beschaffenheit des Grundwassers deshalb von großer Bedeutung. Die Untersuchung soll sich auf folgende Wasserbestandteile erstrecken (DIN 4030):

Freie Kohlensäure	Organische Substanzen
Kalkaggressive Kohlensäure	Carbonathärte
p-Wert	Gesamthärte
m-Wert	Bleibende Härte
pH, Wasserstoffionenkonzentration	Magnesiumsulfat und -chlorid
Freie Mineralsäuren (Schwefelsäure)	Ammonium-Ion
Sulfat-Ion	Sulfid-Ion und Schwefelwasserstoff
Chlorid-Ion	Kaliumpermanganatverbrauch

Die Probenahme aus Bohrlöchern erfordert sehr viel Geschick. Am besten eignet sich eine ventillose Handpumpe, der Wasserschöpfer nach Gad (Fa. Franz Bergmann KG) und das Schöpfgerät nach Friedinger (Fa. Hydrobios, Kiel). Am besten ist aber immer längeres Abpumpen oder Ausschöpfen und Wiederansteigenlassen des Grundwassers.

1. Beurteilung der Betonschädlichkeit

Das Wasser, das mit Betonbauten in Berührung steht, muß farblos sein, denn gelbgefärbtes oder braungefärbtes Wasser enthält Huminstoffe und Huminsäuren, die in hohem Maße betonschädlich sind. Das gilt insbesondere für braune Moorwässer, die neben Huminsäuren oft auch freie Schwefelsäure enthalten (prakt. Erfahrungen im Hamburger Gebiet).

Der Kaliumpermanganatverbrauch soll deshalb nicht mehr als 25 mg/l betragen; andernfalls ist der Beton besonders zu schützen (s. u.).

Wässer mit pH-Werten unter 7,0 sind als betonschädlich anzusehen. Bei pH-Werten von 6,5 und darunter liegt stark betonschädliches Wasser vor. Derartig saure Wässer haben gewöhnlich geringe Carbonathärte und enthalten aggressive Kohlensäure. Die aggressive Kohlensäure löst aus Beton und Mörtel die Kalksalze heraus und zerstört diese Baustoffe nach und nach. Bei fließendem Wasser mit solchen Eigenschaften geht die Betonzerstörung sehr schnell vonstatten. Die einzelnen Zementarten geben in bezug auf Angriffszerstörungen unterschiedliche Betonfestigkeiten, zunehmend in der Reihenfolge: Portlandzement, Hochofenzement, Tonerdezement.

Aber auch Wässer mit pH-Werten über 7,0 können starke Schädigungen von Beton und Zement hervorrufen, wenn nämlich der Sulfatgehalt hoch ist. Calcium- und Magnesiumsulfat zerstören Beton unter starken Treiberscheinungen (Gipstreiben, auch „Zementbazillus") genannt), in geringem Maße auch Calciumchlorid und Magnesiumchlorid. In der Hauptsache entsteht die Verbindung Tricalciumaluminat, kurz C_3A genannt ($Al_2O_3 \cdot 3\,CaO \cdot 3\,CaSO_4 \cdot 32\,H_2O$, auch Ettringit genannt) die feine weiße Nadeln bildet.

Wässer mit höherem Gehalt an Ammonsalzen sind betonschädlich. Schwefelwasserstoff und Sulfide sind ebenfalls betonschädlich; deshalb ist bei Schwefelwässern und bei Abwässern (wegen der H_2S-Bildung bei der Fäulnis) besonderer Betonschutz notwendig, besonders auch oberhalb des Wasserspiegels, wohin H_2S entweicht, z. B. in Abwässerkanälen.

Wässer mit Natriumhydrogencarbonat, wie sie in Küstengebieten vorkommen und bei Heilquellen vorliegen, greifen ebenfalls Beton an.

Hochofenschlacke im Boden ist für Betonbauten und -Rohre sehr schädlich, weil diese Sulfat abgibt (R. Lautrich: Der Abwasser-Kanal, 2. Aufl. Hamburg [1966]).

Durch Zuschläge zum Beton wie z. B. Puzzolan, Rajasil (Marthahütte, Marktredwitz) kann man den Beton gegen schwach aggressive Wässer hinreichend schützen (siehe sulfatbeständige Zemente).

2. Grenzwerte für Betonschädlichkeit des Wassers

Der Kaliumpermanganatverbrauch des Wassers soll weniger als 25 mg/l betragen, bei Abwässern weniger als 50 mg/l. Der pH-Wert soll über 7,0 liegen, auf keinen Fall unter 6,5. Häusliches Abwasser ist normalerweise nicht betonschädlich.

Die Carbonathärte soll nicht unter 2,0 °dH liegen. Aggressive Kohlensäure soll im Wasser nicht vorhanden sein.

Der Sulfatgehalt soll bei ruhendem Wasser unter 250 mg/l SO_4^{2-} liegen, bei fließendem Wasser soll er 100 mg/l SO_4^{2-} nicht übersteigen, wenn es sich um hartes Wasser handelt, und 50 mg/l SO_4^{2-} soll er nicht übersteigen, wenn es sich um weiches Wasser handelt. Beim Achensee-Kraftwerk hat man die Erfahrung gemacht, daß im Grundwasserstrom schon 70 mg/l SO_4^{2-} Betonschädigungen hervorgerufen haben (F. Gutberlet: Das Baugewerbe Nr. 14 [1958]). Das Achenseewasser ist weich, aber nicht kohlensäureaggressiv.

Bei der Weserschleuse in Dörverden hat das Weserwasser mit 100 mg/l SO_4^{2-} Betonschäden verursacht.

Der Ammoniakgehalt soll 1,0 mg/l nicht übersteigen. Schwefelwasserstoff und Sulfide sollen nicht nachweisbar sein. Wichtig ist auch der Chlorid-Gehalt, der in DIN 4030 vernachlässigt ist.

Brackwasser und Meereswasser greifen Beton stark an, besonders den porösen Beton. Daher nimmt man am Meeresufer Schmelzzement für Betonierungen (A. Hummel u. K. Wesche: Beton im Seewasser, Berlin [1956]). Schmelzzement = Tonerdezement ist aber für tragende Bauteile nicht zugelassen.

Die DIN 4030 gibt Richtlinien der Betonschädlichkeit, hält sich aber zu sehr an die Grenzwerte der Beton-Industrie.

Alle die angedeuteten Erfahrungen der Praxis sind in den Tabellen der Zement-Industrie nicht genügend berücksichtigt worden. Nach diesen Tabellen sind nämlich Wässer mit 15 bis 30 mg/l kalklösender Kohlensäure „schwach angreifend", wobei nicht einmal unterschieden ist, ob es sich um hartes oder weiches Wasser handelt und ob es sich um ruhendes oder fließendes Wasser handeln soll.

Die moderne Beton-Fertigungstechnik mit dem Ziel möglichst niedriger Wasser-Zement-Werte (<5 bis 6), optimaler Kornzusammensetzung der Zuschlagstoffe und vollständiger Frischbetonverdichtung macht den Beton heute widerstandsfähiger. Mit Sicherheit gefährden aber alle Wässer, die Lackmus röten und Rosolsäure gelb färben sowie die, die mehr als 300 mg/l Sulfat-Ion enthalten Beton stark.

Der Spannstahl im Spannbeton wird von chloridreichen Wässern angegriffen, die durch feinste Haarrisse eindringen können.

Abwässer aller Art (außer häuslichen Abwässern) greifen Beton und Mörtel an. Zum Teil ist dies auf vorhandenen Schwefelwasserstoff zurückzuführen, zum Teil auf Ammoniak und Säuren.

Die betonschädlichen Bestandteile des Wassers, wie freie Kohlensäure, Sulfat, Chlorid u. a. verstärken sich gegenseitig hinsichtlich Betonangriff. Wenn mehrere von diesen Bestandteilen nahe an der Grenzkonzentration liegen, ist das Wasser als betonangreifend zu bezeichnen. Eine gute Übersicht über das Gesamtgebiet gibt F. W. Meier-Grolman in „Werkstoffe und Korrosion" **10,** 739–760 [1959] und **11,** 1–17 u. 93–101 [1960].

3. Sulfatbeständige Zemente

Vor einiger Zeit ist von den Dyckerhoff-Zementwerken (Werk Lengerich i. Westf.) ein hochsulfatbeständiger Zement, der Sulfadur-Zement, herausgebracht worden, bei dem sich die erwähnte Doppelverbindung nicht bilden kann. Hohe Sulfatgehalte im Grundwasser und Flußwasser haben deshalb keinen Einfluß auf die mit diesem Zement hergestellten Bauten. Wenn dieser Zement auch etwas teurer ist als der normale Portlandzement, so werden aber große Kosten für Klinkerbau oder viel Arbeitszeit für die Mischung des Portlandzements mit Zuschlägen vermieden (Güteklasse Z 225 nach DIN 1164).

Der Antransport des Sulfadur-Zements verbilligt sich auch dadurch, daß kein Verflüssiger vor dem Transport zugesetzt zu werden braucht, um ihn plastisch zu erhalten. Bei Sulfadur-Zement sollten weitere Zusätze zum Beton vermieden werden, weil sonst Ettringit gebildet werden kann. In Moorböden ist Sulfadur-Zement beständig.

Die Heidelberger Portlandzementwerke haben weiterhin den Dur-Atherm-Zement als hochsulfatbeständigen Zement herausgebracht. Dur-Atherm soll dem daraus hergestellten Beton auch hohe Beständigkeit gegen aggressive Kohlensäure geben, weil er mit Hochofenschlacke hergestellt ist (der Sulfadur-Zement dagegen nicht). Sulfadur-Zement und Dur-Atherm haben außerdem eine besonders niedrige Abbindewärme (Güteklasse des Dur-Atherm HOZ 275). Antisulfat-Zement der Portlandzementwerke ist nur gegen Sulfat beständig (PZ 375 C_3A-frei).

Betonschutz. Betonpfeiler sind bei aggressivem Grundwasser mit Klinkern zu umgeben. Bei Eisenrohren ist der Rohrgraben mit neutralem Sand in ½ m Schichtstärke zu umgeben oder das Grundwasser durch Drainagerohre abzuleiten.

Bei allen Grenzfällen ist ein möglichst fester d.h. dichter, glattgestrichener Beton mit möglichst kalkarmen Zement (Hochofenzement oder Tonerdezement) besonders mit einer Bitumenisolierung verwendbar (DIN 4030b). Umstampfen mit Lehm gibt dem Beton weiteren Schutz.

Betonbehälter für Wasserspeicherung werden stets mit Schutzanstrichen wie Inertol versehen (Fa. Lechler-Chemie). Aggressive Wässer, besonders die Säuerlinge (S. 331), greifen nach und nach den Beton trotzdem an, weil die feinsten Haarrisse in den Schutzanstrichen dem Wasser Zutritt zum Beton verschaffen; von dort aus verbreitet das Wasser seine Wirkung und hebt den Schutzanstrich ab. Wenn in einigen Fällen aggressives Rohwasser gespeichert werden soll, dann ist nur Plattenbelag ein sicherer Schutz.

Rajasil schützt Beton vor aggressivem Wasser, z.B. vor dem fast immer betonangreifenden Sickerwasser (Fa. Martha-Hütte, Marktredwitz).

4. Beton-Anmachwasser

Zum Anmachen von Beton darf huminsäurehaltiges Wasser nicht verwendet werden. Der Kaliumpermanganatverbrauch des Anmachwassers darf 20 mg/l nicht übersteigen. Der Sulfatgehalt soll 250 mg/l nicht übersteigen.

Salzhaltiges Wasser mit mehr als 0,15% NaCl ist als Anmachwasser ungeeignet, ölhaltiges gleichfalls.

Tonerdezement ist bei salzhaltigem Wasser besonders ungeeignet; er darf nicht mit salzhaltigem Wasser angemacht werden. Bei Bauvorhaben mit Spannbeton darf der Chloridgehalt 500 mg/l Cl^- nicht übersteigen (s. auch DIN 4227 u. 1164).

5. Grenzwerte für Wasser, das mit Eisen und Stahl in Berührung ist

Sulfatgehalt über 250 mg/l SO_4^{2-} im Grundwasser zerstört auch von außen die verlegten Eisenrohre. Eisenrohre werden ferner in kalkarmen Lehm- und Tonböden, besonders in gipshaltigen sowie in Moorböden von außen angegriffen. Dasselbe gilt für Zinkrohre. Beim Verlegen von Zinkrohren ist Kalksandmörtel an Stelle von Gipssandmörtel zu verwenden.

In allen Fällen von angreifendem Grundwasser sind Beton und Eisen mit wasserabweisendem Anstrich zu versehen, mit Asphalt zu verfugen und mit Teerpappe zu umkleiden oder durch Anstrich mit Spachtel-Klebung zu versehen (DIN 1045E).

Eisen und Stahl wird von weichen, carbonathärtearmen Wässern mit aggressiver Kohlensäure und pH-Werten unter 7,0 angegriffen.

Auch ein hoher Nitratgehalt über 20 bis 50 mg/l NO_3^- wirkt sich bei weichen Wässern schädigend auf Eisen-, Stahl- und Zinkteile aus, auch wenn das weiche Wasser keine aggressive Kohlensäure hat.

Bei weichen Grundwässern ist ein Chloridgehalt von über 100 mg/l Cl^- schädlich für Eisen und Stahl, besonders dann, wenn Magnesiumchlorid vorliegt, z. B. im Weserwasser. Auch beim Stahlbeton ist dies von Bedeutung, da der Spannstahl von chloridreichen Wässern angegriffen wird (Betonbrückenbau).

Meerwasser und Brackwasser greifen Eisen und Stahl an, weil sie viel Magnesiumchlorid enthalten.

Salzwasser (Sole und Meerwasser) greift niedrig legierten Stahl an. Warmes Salzwasser greift bei über 60 °C auch hochlegierten Chrom-Nickel-Molybdän-Stahl an.

Für diesen Fall ist Remanit 4439 der Edelstahl-Werke Thyssen zu empfehlen.

Bei Behältern aus Eisen und Stahl ist Kathodenschutz ratsam, wenn der pH-Wert des Grundwassers 6,5 und darunter ist. Dies gilt vor allem für Mineralölbehälter wegen der Gefahr der Ölversickerung durch Leckwerden der Behälter durch Korrosionen; neuerdings ist Kathodenschutz in Grundwässern mit pH-Werten unter 6,5 vorgeschrieben.

C. Oberflächenwasser und Vorfluter

In den vorhergehenden Abschnitten finden sich an vielen Stellen Hinweise auf die Besonderheiten der Untersuchung von Oberflächenwasser. Bei der allgemeinen Untersuchung auf Brauchbarkeit für Trinkwasserzwecke hat man bei Oberflächenwasser vielfach Schwierigkeiten durch schwer zu beseitigende Trübung der Wasserprobe. In dem Abschnitt „Arbeitsregeln“ sind verschiedene Möglichkeiten zur Beseitigung von Trübungen deshalb aufgezeigt.

Die Untersuchungsmethoden für Oberflächenwasser sind sonst die gleichen wie beim Grundwasser und Quellwasser, wie z. B. die Bestimmungen von:

Ammonium-Ion
Nitrit-Ion
Nitrat-Ion
Kaliumpermanganatverbrauch
Chlorzahl
Chlorid-Ion
Phosphat-Ion
Sulfat-Ion
pH-Wert
Freie Kohlensäure
Acidität, jetzt „Basenverbrauch“
Chlorierte Kohlenwasserstoffe
Säurebindungsvermögen, SBV
Alkalität, jetzt „Säureverbrauch“
Sauerstoff
Sauerstoffzehrung
Eisen
Mangan
Gebundene Kohlensäure
Carbonathärte
Gesamthärte
Abdampfrückstand
Glührückstand

Dazu kommt die Bestimmung des BSB_5 (s. S. 392) und der Radioaktivität (s. S. 167f.).

1. Gewässer-Verunreinigung

Unbeeinflußte Fließgewässer haben nach langjährigen Untersuchungen von K. Höll (Jb. „Vom Wasser“ **31,** 26–42 [1964]) konstante reine Beschaffenheit, auch in niederschlagsreichen Zeiten und unabhängig von sommerlichen hohen Temperaturen und winterlichen niedrigen Temperaturen.

Die Verunreinigung unserer Gewässer hat in letzter Zeit in ungeheurem Maße zugenommen. Eine ständige chemische und biologische Überwachung der Wasserläufe ist daher erforderlich, womit die Flußwasser-Untersuchungsämter betraut sind. Der „Aufruf zum Gewässerschutz“ von seiten der Internationalen Vereinigung für angewandte und theoretische Limnologie beleuchtet diese Probleme in der Zeitschrift „Korrespondenz Abwasser“ Nr. 3 [1966].

Seit dem Inkrafttreten des „Wasserhaushaltsgesetzes“ des Bundes (WHG vom 27. 7. 1957, Bundesgesetzbl. I, S. 1110 [1957] und Änderungen vom 19. 2. 1959, Bund.Ges.Bl. I, S. 37 [1959] sowie vom 6. 8. 1964, Bund.Ges.Bl. I, S. 611 [1964]) als Rahmengesetz und der entsprechenden Ländergesetze von 1960 und 1961 hat sich bedauerlicherweise noch nicht viel geändert. Die Reinhaltung der Bundeswasserstraßen regelt das Gesetz vom 1. 10. 1960 (Bundesgesetzbl. II [1960]), worüber die Bundesanstalt für Gewässerkunde in Koblenz wacht. Bedauerlicherweise hat das Bundesverfassungsgericht durch das Urteil vom 30. 10. 1962 dies Reinhaltungsgesetz für nichtig erklärt, so daß vorläufig mit weiterer Verschmutzung unserer Flüsse gerechnet werden muß. Im Land Hessen besteht aber schon seit 1887 ein sehr gutes „Bachgesetz“.

Das 2. Gesetz WHG vom 6. 8. 1964 soll auch dem Schutz der Gewässer gegen Mineralöl-Verunreinigung dienen. In der Schweiz bestehen schärfere gesetzliche Regelungen der Beschaffenheit abzuleitender Abwässer seit 1966.

Das 4. Gesetz zur Änderung des Wasserhaushaltsgesetzes vom 1. 10. 1976 bzw. 26. 4. 1976 schreibt vor, daß eine Erlaubnis oder Bewilligung von Abwässern zu versagen ist, wenn „von der beabsichtigten Benutzung (des Gewässers) eine Beeinträchtigung des Wohls der Allgemeinheit, insbesondere eine Gefährdung der öffentlichen Wasserversorgung zu erwarten ist“. In den Erläuterungen dazu heißt es: „Durch die Benutzung darf auf keinen Fall eine Gefährdung der öffentlichen Wasserversorgung zu erwarten sein“. Kommentar von P. Gieseke, W. Wiedemann u. M. Czychowski, 3. Aufl. München 1979.

Jeder Betrieb mit mehr als 750 m^3 Abwasser pro Tag ist zur Benennung eines „Betriebsbeauftragten“ verpflichtet (dazu: G. Kahl, Weka-Verlag).

Die Europäische Wasser-Charta des Europarats von 1965 geht davon aus, daß „Maßnahmen zur Erhaltung von Menge und Güte des Wasserdargebots ergriffen werden müssen“. Trotzdem entstehen überall Atomkraftwerke, die neben anderen großen Gefahren durch die riesigen Mengen von warmen Kühlwässern die Gewässer in unzulässiger Weise erwärmen: Bakterien-Vermehrung, Blaualgen-Wachstum mit der Folge von toxischen Stoffwechselprodukten neben Sauerstoffschwund, Fischsterben, schlechtem Geruch und Geschmack des Wassers (thermal-pollution) treten mehr und mehr auf (s. K. Höll: Städtehygiene **12** [1971] u. K. Höll, Die Wahrheit über die Atomkraftwerke – Gefahren für Mensch und Wasser, München 1977

(Verlag U. Pfriemer). Abwässer der Kernkraftwerke enthielten Levoxin, das im Gewässer Sauerstoff bindet, was zu einer weiteren Belastung des Gewässers führte.

Die Reinhaltung der Gewässer, besonders der Fließgewässer durch Fernhaltung von ungeklärten Abwässern ist für die Trinkwasserversorgung und Versorgung gewerblicher Betriebe unbedingt erforderlich. Der Gewässerschutz erhält daher immer größere Bedeutung.

Der Europarat hat in der Europäischen Wassercharta vom 6. 5. 1968 Grundsätze für die Gewässerreinhaltung und -Benutzung, sowie auch für wissenschaftliche Forschung, ausgearbeitet.

Der EWG-Rat hat Richtlinien betr. Gewässerverschmutzung hinsichtlich Benutzung als Badegewässer herausgegeben (Bundestagsdrucksache 7/3272 und EG-Amtsblatt vom 18. 5. 1976).

Über die rechtlichen Folgen einer Verunreinigung der Gewässer und des Grundwassers. Schmidt-Berger, „Heilbad und Kurort“ **16,** 72–76 [1964] und R. Sievers, Wasserrecht, B 3. VI, 1 in H. Uhle, Verwaltungsgesetze des Bundes und der Länder, Köln [1964].

Gewässeruntersuchung

Die Geruchsschwellenwerte sind beim Rheinwasser zehnmal so hoch wie beim Limit für Ohio-Wasser, das auch sehr stark genutzt wird für die Trinkwasserversorgung (Rheinwasser für 20 Millionen Menschen) (s. auch W. Kresser: Wasser u. Gewässerschutz, Wien [1969]).

Die immer höher werdenden Abwasserbelastungen der Fließgewässer und die Einflüsse der intensiver werdenden landwirtschaftlichen Düngung (s. W. Ohle: Münchener Beiträge **12,** 54–83 [1965]) durch die Phosphat-und Nitrat-Anreicherung der Gewässer erfordern durchgreifende Maßnahmen zum Gewässerschutz, z. B. durch schnellen Ausbau von Kläranlagen und durch eine zusätzliche 3. Reinigungsstufe (S. 375). Dazu dienen die Forderungen der Europäischen Wassercharta, bes. die Grundsätze III bis V.

Von großer Bedeutung ist der Phosphat-Gehalt der Gewässer, besonders der stehenden und langsam fließenden. 1 µg Phosphor ermöglicht das Wachstum von 1 mg Algen. Neben Stickstoffverbindungen spielen Phosphorverbindungen bei der Eutrophierung der Gewässer durch Abwässer eine ausschlaggebende Rolle, besonders bei dem vermehrten Waschmittelverbrauch; Waschmittel enthalten nämlich 30 bis 50% Phosphat. Da Gewässer aller Art in Zukunft zur Wasserversorgung herangezogen werden müssen, muß man deshalb vielerorts bei der Abwasserreinigung die sog. 3. Reinigungsstufe zur Entfernung von P- und N-Verbindungen errichten (S. 375), bis günstigere Waschmittelzusätze wie SASSIL (Natrium-Aluminium-Silicate) der Fa. Henkel, jetzt Zeolith, (Wasser-Luft- u. Betrieb **61** [1977]), gefunden sind. Da trotzdem noch geringe N- und P-Mengen in dem so gereinigten Abwasser verbleiben, geht man vielerorts dazu über, Ringleitungen um Seen herzustellen, um die Abwässer den stehenden Gewässern überhaupt fernzuhalten.

Nach der 3. Reinigungsstufe verbleiben immer noch ca. 1 mg/l Phosphat, die ein Algenwachstum von 100 mg/l ergeben. Die Verordnung über Höchstmengen für Phosphate in Wasch- und Reinigungsmitteln ist ein weiterer Schritt zur Gewässerreinhaltung. Ziel ist jetzt die 4. Reinigungsstufe durch Flockungsfiltration.

Schnellfließende Flüsse wie die Donau und der Oberrhein haben sehr viel ungünstigere ökologische Bedingungen als langsamfließende wie z. B. Main und Niederrhein oder stehende Gewässer. Bei der Wahnbachtalsperre wird durch Dreischichtfilter gefiltert. F. G. Hötler, Z. Wass. u. Abw. Forschung [1979], H. Sontheimer u. R. Gimbel ebenda; DVGW-Regelwerk W 151.

Die Waschmittel-Phosphate sollen in Zukunft wahrscheinlich durch Nitrilotriacetat-NTN ersetzt werden, so daß ⅔ der Phosphat-Mengen des Abwassers dadurch ersetzt werden. NTA stört aber bei der Flußwasseraufbereitung zu Trinkwasser (H. Bernhardt u. A. Wilhelms Jb. „Vom Wasser" **37,** 37 [1971]).

Über die polarographische Bestimmung von NTA hat P. Koppe im Ausschuß Komplexbildner in der Fachgruppe Wasserchemie berichtet.

Zum Schutz gegen Weiterverbreitung von Mineralöl-Verunreinigungen von Fließgewässern gehören neben den erwähnten Ölbindern Öl-Warngeräte, z. B. das der Fa. Öl-Nolte, der Fa. Erno und der Fa. GEC. Elliot. Ein Öl-Warngerät hat schon 1968 F. Grabbe in der Zeitschrift Industrieabwässer beschrieben. (S. 200).

Über die Lösung von Erdöl-Bestandteilen aus dem Bilgewasser von Schiffen berichten J. Lysyi und E. C. Russel (Water Res. **8,** 863–868 [1974]).

Für die Beurteilung einer Gewässerverunreinigung spielt neben dem Sauerstoffgehalt des Wassers die Sauerstoffzehrung eine große Rolle. Bei Verunreinigung durch Abwasser sinkt der Sauerstoffgehalt des Oberflächenwassers zumeist sehr stark, so daß dadurch auch der Fischbestand gefährdet bzw. oft auch vernichtet wird.

Bei Vorflutuntersuchungen ist die Bestimmung der absetzbaren und der suspendierten Stoffe von Wichtigkeit, da diese sich an ruhigen Teilen der Vorflut bei Fließgeschwindigkeiten unter 0,3 m/sec absetzen und Schlammbänke bilden, die ihrerseits zu sekundären Flußwasserverunreinigungen mit Sauerstoffschwund im Wasser Anlaß geben können. Mit dem Tauchstab nach Jens kann die Fließgeschwindigkeit an allen Stellen eines Fließgewässers festgestellt werden (Fa. Hydrobios, Kiel).

Die *Probenahme* erfolgt bei Vorfluteruntersuchung erstens kurz oberhalb der Einleitungsstelle des Abwassers (je nach der Strömungsgeschwindigkeit 5 bis 50 m oberhalb) und zweitens etwa 50 bis 100 m unterhalb der Einleitungsstelle. Je nach dem Grad der biologischen Selbstreinigungskraft eines Vorfluters werden die Verunreinigungsstoffe mehr oder weniger schnell biologisch abgebaut. Man findet deshalb weiter unterhalb der Einleitungsstelle eines Abwassers wieder normale Werte bei der chemischen Untersuchung. Die Probenahmestelle muß deshalb sorgfältig ausgesucht werden; dabei ist auch die Strömung im Vorfluter von Wichtigkeit, da sich Abwasserstränge bilden können. Die Wasserproben sollen deshalb sowohl im Stromstrich als auch an beiden Ufern (Gleithang und Prallhang) entnommen werden. Wenn man an mehreren Stellen des Bach- oder Flußlaufs Proben entnimmt, gewinnt man ein Bild über den Grad der Belastung durch das Abwasser und über die Selbstreinigungskraft des Vorfluters. Nach etwa 2 bis 5 km Flußlauf verschwinden auch massive Verunreinigungen des Flußwassers, ausgenommen solche von Fabrikabwässern, z. B. von Abwässern aus Zucker- und Papierfabriken und natürlich Salzzuflüsse. Die Fließgeschwindigkeit in m/sec ist für die Beurteilung wichtig.

Der pH-Wert des Wassers ist für den Fischbestand von Bedeutung. In Fischgewässern darf der pH-Wert nicht unter 5,0 sinken und nicht über 9,0 liegen (Schäperclaus)[1].

Beurteilung einer Vorfluterverunreinigung: Für die Beurteilung einer Vorfluterverunreinigung müssen stets die Analysenwerte der oberhalb und unterhalb der Abwassereinleitungsstelle entnommenen Wasserproben zugrunde gelegt werden. Eine deutliche Erhöhung des Gehalts an Stickstoffverbindungen, organischen Stoffen und eine Vermehrung der absetzbaren Stoffe beweisen, daß die Abwassereinleitung für den Vorfluter nicht tragbar ist bzw. daß die Reinigung des Abwassers nicht ausreichend ist. Für die Einleitung von Abwasser in Wasserläufe erster bis dritter Ordnung ist für Norddeutschland noch das Preußische Wassergesetz bindend neben den neuen Ländergesetzen.

Ein guter Maßstab für die Beeinflussung des Vorfluters ist die Chlorzahl; ist diese höher als die Permanganatzahl, dann ist die Verschmutzung der Vorflut zu stark.

Von großer Bedeutung ist die Prüfung des Sauerstoffgehalts des Vorflutwassers. Im Zusammenhang mit der Sauerstoffbestimmung muß auch eine genaue Temperaturbestimmung vorgenommen werden, um den Sauerstoffsättigungswert ermitteln zu können. Hierbei spielt auch, wie bereits oben gesagt, die Sauerstoffzehrung eine wichtige Rolle, die über den Grad der eventuellen Vorbelastung Aufschluß gibt. Als unterste Grenze für eine Abwasserbelastung eines Vorfluters ist der Sauerstoffsättigungswert von 40% anzusehen, wobei etwa ein Drittel der Vorflutbelastung von ungelösten und etwa zwei Drittel von den gelösten Stoffen herrühren. Über die „Abwasserlast" und „Abwasserlastpläne" für Vorfluter s. K. Imhoff (Ges. Ing. **71,** 269–271 [1950]). Bei stark verunreinigtem Wasser ist die Sauerstoffzehrung oft so groß, daß der gesamte Sauerstoff in wenigen Stunden verbraucht ist.

In fließendem Wasser muß der Sauerstoffgehalt mindestens 2,5 mg/l O_2 betragen, um die Fischfauna und ihre Futtertiere am Leben zu erhalten (Ambühl).

Eingehende Untersuchungen über die Sauerstoffsättigung in Hochgebirgsbächen haben H. Nold und Hj. Schmassmann angestellt (Ergebn. d. wiss. Untersuchung d. Schweiz. Nationalparks, Bd. IV). Luftdruck- und Temperatureinflüsse spielen dort eine große Rolle.

In stehenden Gewässern ist der Sauerstoffgehalt vom Plankton stark abhängig: tagsüber wird durch die Assimilation des Planktons Sauerstoff produziert, nachts verschwindet aber der Sauerstoff durch die Dissimilation des Planktons; dies führt manchmal zu Fischsterben in den Morgenstunden.

Für die Einleitung von Abwässern in die Gewässer gibt es Verwaltungsvorschriften für alle Arten von Abwässern (s. Gemeinsames Ministerialblatt 32. Nr. 9, 25. 3. 1981).

Bestimmung des Sauerstoffgehalts. In Fließgewässern wird der Sauerstoffgehalt auf elektrochemischem Wege bestimmt, und zwar im gesamten Flußbett. Das Sauerstoff-Meßgerät nach F. Tödt wird jetzt nur noch mit membranbedeckten Elektroden und mit automatischer Reinigung und Durchspülung verwendet. Eine Neuentwick-

---

[1] Vgl. auch W. Ohle: Z. f. Fischerei **36,** 185–191 [1938].

lung ist der Phasenaustauscher der Fa. Wallace u. Tierman, Chlorator GmbH, Grötzingen.

Näheres s. bei K. Wuhrmann, F. Zehender u. K. Woker (Vierteljahresschr. naturf. Ges. Zürich **92,** 198 [1947] u. Z. f. Hydrologie **11,** 20 [1948]) sowie W. Fastabend u. M. Handloser (Jb. „Vom Wasser" [1966]).

Meßgeräte für kontinuierliche und ambulante Sauerstoff-Messungen bringen die Wiss.-Techn. Werkstätten Weilheim, Dr. Seltner Hechendorf, sowie Fa. Rheinmetall GmbH, Düsseldorf in Verkehr.

Für einzelne Fischarten hat H. Liebmann 0,2 bis 2,0 mg NH_4^+/l als Schädlichkeitsgrenze ermittelt.

Bei Nährstoffzufuhr infolge Abwassereinleitungen in stehende Gewässer werden oft starke „Wasserblüten" hervorgerufen. Durch Stoffwechselprodukte einer Blaualgen-Wasserblüte werden neben den Fischerei-Schäden auch gesundheitliche Schäden durch das aus dem See gewonnene Trinkwasser hervorgerufen (G. Vogler: Arch. f. Hygiene H. 1 [1967] und K. Höll, München, s. u.).

Ein neues Gerät ist der Sauerstoff-Detektor der Fa. Orbisphere Laboratories, Genf, bei dem Schwefelwasserstoff (in Gewässertiefe) nicht stört.

Zur Bewertung von Abwassereinleitungen dient der „Verschmutzungsfaktor" nach H. Sontheimer (GWF **111,** 93–95 [1970]). Der Verschmutzungsfaktor gibt an, wievielmal höher die effektive Konzentration eines Abwassers ist als ein Sollwert an Werten des Flußwassers.

Pilztreiben in abwasserbelasteten Fließgewässern zeigt eine starke Verschmutzung des Gewässers an. Durch die Pilzflocken werden die Netze und Reusen verstopft und die Fischerei durch Fangausfall und Unbrauchbarwerden der Fanggeräte benachteiligt. Wenn Pilzflocken sich an ruhigen Flußabschnitten absetzen, tritt durch Fäulnis weiterer Sauerstoffschwund im Flußwasser und weitere Fischereischädigung ein.

Mit Hilfe des „Flockenfängers" nach Kolkwitz[1] kann man eine zahlenmäßige Übersicht oberhalb und unterhalb einer Verunreinigungsstelle in einem Flußabschnitt erhalten.

Bei Fischsterben ist auch an das Vorhandensein von Metallgiften zu denken. Viele Fischarten können z. B. nur wenige mg pro l Kupfer, Blei und Zink vertragen.

Sehr wichtig ist bei der Vorfluteruntersuchung eine genaue Besichtigung des Flußbettes bzw. Bachbettes, verbunden mit einer biologischen Untersuchung derselben (R. Weimann: Techn. Berichte des Wirtsch. u. Verk. Min. Nordrhein-Westfalen, Nr. 8 [1951]). Größere Mengen herabgefallener Laubblätter können in stehenden Gewässern zu erheblichem Sauerstoffschwund im Tiefenwasser führen (E. S. Chase: J. New Engl. Water Works **71,** 307–312 [1957]).

Die sog. „thermische Verunreinigung", die „thermal pollution" der Fließgewässer, wie sie z. B. durch Kühlwasser von Kraftwerken, besonders von Atomkraftwerken verursacht werden, bedingt eine Beschleunigung der biologischen Prozesse. Die Ab-

---

[1] Fa. Franz Bergmann KG, Berlin.

baurate beträgt nach Knöpp bei 30 °C Wassertemperatur das 5fache derjenigen bei 5 °C. das beruht auf einer starken Keimvermehrung, natürlich auch der pathogenen Bakterien.

In nährstoffreichen (eutrophen) Gewässern tritt bei Erwärmung starkes Wachstum von Blaualgen auf, die hochtoxische Stoffe abscheiden. D. und M. Schwimmer haben schon 1968 berichtet, daß Weidevieh in den USA schwere Schäden erlitten hat und die Bewohner von Ohio über das Trinkwasser geschädigt worden sind (Syrakus Press, New York, 1968; siehe auch G. Klein „Vom Wasser“ **50** [1980] und K. Höll „Die Wahrheit über die Atomkraftwerke“).

Mit den „algenbürtigen“ Stoffen muß man in Zukunft bei der Fließwasser-Versorgung rechnen. Die Algentoxine sind bisher durch Wasseraufbereitungsverfahren nicht zu entfernen (s. E. Schmidt, Organische Verunreinigungen in der Umwelt, G. Klein „Vom Wasser“ **50,** (1978) sowie Ber. Dortmunder Stadtw. Nr. 192).

Durch starken Kohlensäure-Entzug bei Flußwasser-Erwärmung kommt es zu einer pH-Erhöhung. Oberhalb von pH 9 führt dann das in Ammoniak umgewandelte Ammonium-Ion zu Fischsterben.

Durch die Temperaturerhöhung tritt daneben eine Entgasung ein. Sauerstoffschwund ist die Folge, wodurch die Lebensgrundlage der Fische fortfallen kann und bei empfindlichen Fischarten auch fortfällt. Durch das Entweichen der Kohlensäure aus dem Wasser ist die Plankton-Entwicklung gehemmt und damit die biogene Sauerstoff-Produktion. Näheres s. bei K. Höll (Städtehygiene **22,** 280–283 [1971] und K. Höll, „Die Wahrheit über die Atomkraftwerke“ – Gefahren für Mensch und Wasser, München 1977, Verlag Udo Pfriemer sowie K. Reimann „Münchn. Beiträge“ **26,** 1975 u. GWF **118** [1977]). Über „Algenbürtige Stoffe“ in nährstoffreichen Gewässern s. W. Ohle in Gewässerschutz – Wasser – Abwasser 1972 u. H. Bernhardt und über Putrescin als Geruchstoff G. Klein „Vom Wasser“ [1980].

Schließlich ist noch die Bestimmung von Phenolen in Vorflutern und Flußläufen von Wichtigkeit, da diese durch industrielle Abwässer sehr häufig in das Flußwasser gelangen und dadurch zu Fischereischäden führen sowie bei der Aufbereitung des Flußwassers zu Trinkwasser durch Chlorung den sehr ungünstigen Chlorphenolgeschmack geben. Die Einleitung phenolhaltiger Abwässer wird behördlicherseits bei vielen Flußläufen genau überwacht. Als Beispiel sei die Ruhrverunreinigung angeführt (GWF [1929]). Phenole rufen bei einer dauernden Zufuhr zum Trinkwasser Nierenerkrankungen hervor und müssen deshalb ferngehalten bzw. entfernt werden. Die US-National Science Foundation hat in diesem Zusammenhang erfolgversprechende Versuche über einen enzymatischen Abbau durchgeführt.

Die Versalzung der Flüsse durch die Abwässer der Kaliindustrie und anderer Industrien muß ebenfalls ständig überwacht werden, wobei neben den normalen Chloridbestimmungen die Bestimmung der Alkalimetalle und der Erdalkalien durchgeführt wird.

Die Versalzung der Werra durch die Kali-Abwässer führte im Jahresmittel 1973 zu Chloridwerten von 20000 mg/l Cl^- und in der Weser bei Bremen zu 1000 mg/l Cl^-, wobei man berücksichtigen muß, daß sich „vor der vollständigen Vermischung im Flußlauf“ Bänder von sehr unterschiedlichen Cl^--Konzentrationen finden. Für die Trinkwasser-Nutzung gilt ein Chloridwert von 350 mg/l Cl^- als Höchstwert.

Technische Maßnahmen gegen die Eutrophierung der Oberflächengewässer hat der Arbeitskreis „Phosphate u. Wasser" der Fachgruppe Wasserchemie (München) und Arbeitsgruppe Eutrophierung der OECD (s. Jb. „vom Wasser" **39,** 53–89 [1972]) vorgeschlagen.

Bei stark eutrophierten Gewässern kann man das „Umkippen" des stehenden Gewässers verhindern oder „umgekippte" Gewässer nach dem Seenrestaurierungsverfahren von Prof. W. Ohle, Plön, retten. Der Grebbiner See in Holstein wurde von Ohle 1972 mit dem „Limno-Gerät" mit Mammut-Pumpe und zusätzlicher Betonit- und Alumniniumsulfat-Behandlung wiederbelebt (s. auch DVGW-Regelwerk AW 161), der Hubertussee in Berlin seit 1982.

Über Belüftung von Talsperrengewässern berichten H. Bernhardt und G. Hötter (Archiv f. Hydrobiol. **63,** 404–428 [1967]).

Bei organisch stark verunreinigten Wässern ist der Sauerstoffgehalt spätestens nach 24 Stunden gleich Null und die Sauerstoffzehrung gleich 100%. Um eine zahlenmäßige Abstufung innerhalb der höheren Verunreinigungsgrade zu erhalten, hat man die Bestimmung des biochemischen Sauerstoffbedarfs eingeführt.

Der biochemische Sauerstoffbedarf – BSB – (s. u.) zeigt den Grad der Belastung des Vorfluters genauer an.

2. Bestimmung des biochemischen Sauerstoffbedarfs

Verdünnungsmethode. Der biochemische Sauerstoffbedarf (BSB_5) ist diejenige Menge Sauerstoff, die bei der biologischen Selbstreinigung eines Wassers innerhalb von fünf Tagen bei 20 °C aufgezehrt wird, d. h. beim bakteriellen Abbau der vorhandenen organischen Stoffe verbraucht wird in mg/l bzw. g/m^3.

Das Untersuchungswasser (Vorfluter) bzw. das Abwasser wird sofort nach der Entnahme mit besonders zubereitetem, sauerstoffgesättigtem, nicht übersättigtem Wasser verdünnt. Dieses Verdünnungswasser wird durch häufiges Belüften und Stehenlassen von reinem Leitungswasser oder Aqua dest. (letzteres mit einigen mg/Natriumhydrogencarbonat/l) in 5-Liter-Flaschen (etwa 2 bis 4 Wochen lang, d. h. bis zum Gleichgewicht) hergestellt. Es zeigt nach dieser Zeit keine Sauerstoffzehrung mehr und wird verschlossen im Dunkeln aufbewahrt. Der Sauerstoffgehalt wird jeweils festgestellt. Er soll nicht oberhalb des Sättigungswertes liegen.

Das geschöpfte Untersuchungswasser wird in einem Schöpfgefäß von 2 Liter Inhalt mit dem Verdünnungswasser gemischt. Das Verdünnungsverhältnis richtet sich nach dem Kaliumpermanganatverbrauch des Untersuchungswassers (1 : 5 bis 1 : 20). Der biochemische Sauerstoffbedarf von normal belasteten Vorflutern und Abläufen von Tropfkörpern beträgt das Ein- bis Zweifache des nach der Kaliumpermanganatmethode (S. 51) bestimmten Sauerstoffverbrauchs, bei mechanisch geklärten Abwässern das Drei- bis Fünffache.

Die Wassermischung wird mit einer Hebervorrichtung in Glasstopfenflaschen zu 300 ml (Sauerstoffflaschen) bis zum oberen Rand des Flaschenhalses gefüllt und nach dem Aufsetzen des Stopfens fünfmal 24 Stunden bei 22 °C im Dunkeln stehengelassen. Nach einer Stunde und nach fünfmal 24 Stunden wird der Sauerstoffgehalt nach den Angaben auf S. 133 bestimmt. Durch das einstündige Stehenlassen ermittelt man den rein chemischen Sauerstoffbedarf. Nach 5 Tagen sollen noch 3 bis 5 mg/l O_2 vorhanden sein.

Aus der angewandten Verdünnung des Untersuchungswassers (= m, ml Untersuchungswasser auf 1 Liter Mischung), dem ursprünglichen O_2-Gehalt des Verdünnungswassers (= a) und nach fünf Tagen (= d) und dem Sauerstoffgehalt der Mischung nach 5 · 24 Stunden (= b) sowie beim Ansetzen (= c) errechnet sich der biochemische Sauerstoffbedarf nach folgendem Ansatz:

$$BSB_5 \text{ in mg/l} = m \cdot 100 \cdot \frac{a \text{ mg/ } O_2 - b \text{ mg/l } O_2}{m}$$

oder

$$BSB_5 = a - (a - c)\, m + (d - b) \cdot m - d$$

Störungen treten auf bei höherem Gehalt an Giftstoffen wie Phenol, Kupfer, freies Chlor oder bei stark saurer oder stark alkalischer Reaktion.

Über die Auswertung des BSB_5 siehe auch R. Weimann: Schriftenreihe d. Ausschusses f. Kulturbauwesen in Westdeutschland, H 2, und W. Niemitz: Arch. f. Hyg. **148,** 288–298 [1964].

H. E. Klotter und E. Hantge berichten ausführlich „Über die Auswertung biologischer Gewässeruntersuchungen und ihre Relationen zum biochemischen Sauerstoffbedarf (BSB_5)“ in der Zeitschrift Wasserwirtschaft **56,** 21–26 [1966]. Für die „Biologische Zustandsklasse“ eines Gewässers werden Zustandswerte durch Berechnung ermittelt (s. auch Lit. Ber., **14,** 49 [1966]).

Kontinuierliche BSB_5-Bestimmungen können mit dem Sapromat der Fa. Voith, Heidenheim, Brenz, vorgenommen werden (H. Liebmann u. K. Offhaus [1966]).

Näheres s. im Teil Abwasser.

3. Biomassentiter

zur Bestimmung der biologisch wirksamen Wasserbeschaffenheit in einem Gewässer

Als Biomassentiter wird nach G. Bringmann die Menge an Biomasse, d. h. an organischer Substanz bestimmter einzelliger Testorganismen bezeichnet, die unter bestimmten Bedingungen in einer Wassersprobe gebildet werden kann. Bestimmt wird der Biomassentiter von Testorganismen in ihrer Abhängigkeit von nichtmineralisierten Stickstoffverbindungen des Wassers durch Kulturen von Echeria coli und von mineralischen Nährstoffen durch Kulturen von Scenedesmus. Der Biomassentiter ermöglicht die Messung einer saproben Belastung eines Gewässers durch organische Stickstoffverbindungen und gibt zugleich eine Vergleichsmöglichkeit zwischen akuter saprober Belastung und Eutrophierung allgemeiner Art in einem Gewässer. (Näheres s. bei G. Bringmann: Ges. Ing. **77,** 374–381 [1956] und bei G. Bringmann u. R. Kühn: Ges. Ing. **79,** 329–333 [1958], ferner eine erschöpfende Behandlung dieses physiologischen Verfahrens der biologischen Wasseranalyse im Handbuch der Lebensmittelchemie Bd. VIII, 1200–1228 [1970].)

Wegen des großen Umfangs der Untersuchungsvorschriften können diese im Rahmen dieses Buches leider nicht gebracht werden.

Die Biomasse von Oberflächenwässern kann man durch Chlorophyll-Bestimmung des Phytoplanktons über Cella-Filter bestimmen (s. H. Heynig, Wasser- und Abwasserforschung [1980] sowie E. A. Nusch, Fluorometrische Chlorophyll-Messung). Entsprechend den biologischen Gewässer-Güteklassen (s. biol. Teil) kann man folgende Richtzahlen **chemischer Analysendaten für die Gewässerklassifizierung** zugrunde legen:

Parameter	Klasse 1	Klasse 2	Klasse 3	Klasse 4
Sauerstoff, mg/l O_2	8,0	6–7	3–4	1,0 u. weniger
Sauerstoffsättigung	95–100%	70–80%	30–50%	10% u. weniger
BSB_5 mg/l	~1	2–5	7–10	20–40 u. mehr
$KMnO_4$-Verbrauch mg/l	2–5	8–30	40–80	100 u. mehr
NH_4^+-Ion	0	0	Spuren	über 0,1
Schwefelwasserstoff mg/l H_2S	0	0	0	oft vorhanden

4. Bestimmung des Phenolgehalts

Phenole im Flußwasser (Verfahren Hinden-Splittgerber): Als Reagenz dient eine Lösung von 1,38 g p-Nitranilin in 310 ml N Salzsäure, die auf 2000 ml aufgefüllt wird. 20 ml von diesem Reagenz werden mit Eis gekühlt und mit Natriumnitrit entfärbt. Das Untersuchungswasser wird alsbald nach der Entnahme mit Natronlauge versetzt; nach dem Absetzen wird abgehebert und 20 ml sofort nach dem Ansetzen der obigen Nitranilinlösung zu dieser gleichzeitig mit 30 ml N Sodalösung hinzugegeben. Bei stärker verunreinigtem Flußwasser und bei Abwasser destilliert man die Wasserprobe.

Die auftretende Rotfärbung wird nach 20 Minuten mit der gleichartig behandelten Vergleichslösung verglichen. Als Vergleichslösung dient eine Lösung von 0,5 g m-Kresol und 0,5 g Phenol in 1 Liter Wasser; 1 ml enthält 1 mg Phenole. Diese Standardlösung wird entsprechend verdünnt.

Der Farbvergleich ist in Mengen von 0,1 bis 2,0 mg Phenol/l möglich, bei stärkeren Konzentrationen wird verdünnt, bei schwächeren durch Destillation konzentriert. Es reagieren in der Hauptsache Naphthol, Kresol und Phenol. Hydrochinon und Brenzcatechin reagieren nicht, Chlorphenole ebenfalls nicht. Eine photometrische Bestimmung kann bei der Wellenlänge 530 nm vorgenommen werden.

Die Phenolbestimmung wird nach H. Könen durch Sulfitablauge gestört (Z. f. analyt. Chemie **128,** 127 [1948]).

Kolorimetrische Phenolbestimmung nach Martin. Eine spezifische und sehr empfindliche Methode ist die nach R. W. Martin (Anal. Chem. **21,** 1419 [1949]).

100 ml der gegebenenfalls neutralisierten Wasserprobe werden mit 0,6 ml eienr 2%igen Lösung von 1-Phenyl-2,3-dimethyl-4-aminopyrazolon (Aminoantipyrin, Merck) und 2 ml 5%igem Ammoniak sowie 2 ml 2%iger Kaliumhexacyanoferrat (III)-Lösung versetzt (nach jedesmaligem Umschwenken).

Die entstehende Rotfärbung wird im Kolorimeter oder Photometer mit den gleichzeitig angesetzten Phenollösungen (s. o.) bei der Wellenlänge 460 nm verglichen. Eisen(II)-Ionen stören.

Eine neue Bestimmungsmethode für Phenole, auch im µg-Bereich mit 4-Aminoantipyrin, beschreibt als praktikabelste Methode D. Weil (Jb. „Vom Wasser" [1975/76]).

Danach werden 10 ml Pufferlösung (20%ige Ammoniumchlorid-Lösung mit Ammoniak auf pH 8,5 eingestellt) und 4 ml 0,02 M Aminoantipyrin-Lösung zu 100 ml Wasserprobe gegeben und nach Vermischen mit 4 ml 0,08 M Kaliumhexacyanoferrat(III)-Lösung zugefügt. Nach 45 Minuten wird die Extinktion bei 510 nm gegen Blindwert und Phenol-Lösung (50 mg/l, entspr. verdünnt) gemessen. Bis 0,1 mg/l sind bestimmbar, bei noch kleineren Konzentrationen wird der Farbstoff mit Chloroform extrahiert und bei 460 nm gegen eine Blindlösung gemessen.

Die photometrische Phenol-Bestimmungsmethode von Friedstad ist von M. E. Gales für den µg/l-Bereich noch verfeinert worden (Analyst **100,** 841–847 [1975]); die Bestimmung erfolgt mit 3-Methyl-2-benzothiazolonhydrazon (MBTH).

Beurteilung. Wegen der Trinkwasserversorgung ist der Grenzwert von der WHO auf 1 µg Phenol/l festgesetzt. Durch Chlorphenolbildung wird bei der Aufbereitung des Oberflächenwassers im Wasserwerk der Phenolgeruch und Geschmack nicht beseitigt, wohl aber durch Ozon. Phenole sind nierenschädlich.

Phenole gelangen auch durch Zersetzung von herabgefallenem Laub und Tannennadeln in die Gewässer.

5. Quantitative Bestimmung der Detergentien (Tenside)

Detergentien, auch Tenside genannt, sind grenzflächenaktive, synthetische Waschmittel, die die Seife bei der Textil-Wäsche immer mehr verdrängen. Man unterscheidet anionische und kationische sowie nichtionogene Detergentien.

Die Detergentien haben sich bis vor kurzer Zeit in den Vorflutern, wohin sie mit den Abwässern gelangten, durch starkes Schäumen sehr unangenehm bemerkbar gemacht. Besonders nach den Flußstauen waren z. T. hohe Schaumberge sichtbar.

Anionenaktive Tenside. Neue Standard-Methode der Detergentien-Bestimmung

Der Fachausschuß Detergentien hat im Jahre 1960 die Methode von J. Longwell und W. D. Maniece (Analyst **80,** 167 [1955]) als Standardmethode für die Bestimmung der anionischen Detergentien vorgeschlagen. Die Untersuchungsvorschrift ist die folgende:

Von dem zu untersuchenden Wasser oder Abwasser (nach dem Absetzen) werden 100 ml in einem Scheidetrichter mit 10 ml Alkaliphosphatlösung und 5 ml neutraler Methylenblaulösung sowie mit 15 ml Chloroform (p. a.) unter jedesmaligem Umschütteln versetzt. Die anzuwendende Probemenge richtet sich nach dem Detergentiengehalt, der zwischen 20 und 150 µg liegen und durch Vorversuche ermittelt werden soll. Bei höheren Gehalten werden entsprechend geringere Probemengen angewandt und jeweils auf 100 ml aufgefüllt.

Das Gemisch wird 1 Minute lang leicht geschüttelt, und zwar gleichmäßig zweimal pro sec. Die Chloroform-Phase wird in einen zweiten Scheidetrichter abgelassen, der 110 ml Aqua dest. und 5 ml saure Methylenblaulösung enthält. In den ersten Scheidetrichter werden dann noch 2 ml reines Chloroform gegeben und nochmals geschüttelt. Das Chloroform wird in den zweiten Scheidetrichter abgelassen.

Emulsionsbildungen kann man mit einem Glasstab beheben.

Der zweite Scheidetrichter wird in gleicher Weise wie der erste geschüttelt. Die gesamte Chloroform-Phase wird in einen Meßkolben von 50 ml Inhalt durch einen mit Chloroform getränkten kleinen Wattebausch filtriert und letzterer mit 2 ml Chloroform ausgewaschen.

Die Ausschüttelung des im ersten Scheidetrichter befindlichen Gemisches wird noch zweimal mit je 10 ml Chloroform wiederholt und die Chloroform-Phasen in den Meßkolben filtriert, worauf dieser auf 50 ml aufgefüllt wird.

Der Vergleich wird mit Standardlösungen von Manoxol vorgenommen (Natrium-dioctyl-sulfosuccinat der Fa. Chem. Werke Hüls. Deutsche Eichsubstanz ist Tetrapropylenbenzolsulfonat (TPS), Fa. E. Merck. Die Messungen erfolgen bei der Wellenlänge 650 nm.

Über Fehlerquellen, Verbesserungen und Verkürzungen dieser „amtlichen Bestimmungsmethode" hat W. K. Fischer ausführlich berichtet (Münchener Beiträge **9,** 24, 46 [1967]).

Für die Detergentien-Bestimmung dürfen Filtrate von Membranfiltern nicht benutzt werden, da die Filter Detergentien enthalten (W. K. Fischer: Z. f. analyt. Chemie, **227,** 116–120 [1967] und Henkel-Referate 4 [1969]).

Reagentien. Alkaliphosphatlösung: 10 g Dinatriumhydrogenphosphat ($Na_2HPO_4 \cdot 2\,H_2O$) werden in etwa 200 ml Aqua dest. gelöst und durch Natronlauge auf den pH-Wert von genau 10 gebracht. Mit Aqua dest. wird auf 1 Liter aufgefüllt.

Neutrale Methylenblau-Lösung wird bereitet durch Auflösen vo 0,35 g Methylenblau (Bayer DAB 6, Fa. Chroma Ges., Stuttgart) in 1 Liter Aqua dest.

Saure Methylenblau-Lösung wird durch Auflösen von 0,35 g Methylenblau in etwa 500 ml Aqua dest. und Auffüllen mit Aqua dest. zu 1 Liter nach Zusatz von 6,5 ml konz. Schwefelsäure bereitet.

(Über Aquarienwasser s. H. Wachtel: Aquarienhygiene, Stuttgart [1963].)

Kationenaktive Detergentien. 100 ml Untersuchungswasser werden in einem Schütteltrichter mit 10 ml Citrat-Pufferlösung und 5 ml 0,1 N HCl sowie mit 2 ml Bromphenolblaulösung versetzt. Das Gemisch wird mit 50 ml Chloroform 3 Minuten geschüttelt. Die Chloroformschicht wird durch einen kleinen Wattebausch filtriert, wobei die ersten 5 ml verworfen werden. Die restliche Chloroformschicht wird bei 416 nm photometriert.

Zur Eichlösung wird 1,00 g Cetyltrimethylammoniumbromid auf 1 Liter Wasser gelöst und weiter 2mal 20fach verdünnt (1 ml = 2,5 µg Substanz).

Die Bromphenolblau-Lösung wird durch Lösen von 0,150 g in 200 ml 0,01 N NaOH und Zusatz von 42 ml 0,1 N HCl hergestellt.

Die Citrat-Pufferlösung wird hergestellt durch Lösen von 21 g Citronensäure, Zusatz von 200 ml 1 N NaOH und Auffüllen auf 1 Liter.

Waschmittelgesetz. Am 12. 6. 1975 hat der Deutsche Bundestag ein neues Waschmittelgesetz (2. Detergentiengesetz) verabschiedet, nach dem eine Mindestabbaubarkeit gewährleistet ist und der Phosphatanteil z. Zt. bis 30% stufenweise verringert werden soll, bis umweltfreundlichere Austauschstoffe gefunden worden sind (Bund. Gesetzbl. I S. 2255 [1975] betr. Phosphat ferner: H. Roth, Waschmittelgesetz ESW-Taschenbuch 1976).

Ein gänzlicher Ersatz des Phosphatanteils ist trotz intensiver weltweiter Untersuchungen noch nicht gefunden worden. Die deutsche Waschmittel-Industrie soll daher ihre Präparate auf die Wasserhärte in den einzelnen Städten abstimmen. Nach der Waschmittel-Verordnung vom 1. 10. 1977 soll sich die Gewässer-Überwachung jetzt auch auf nichtionische Tenside erstrecken. Nach Wirksamwerden der 2. Stufe am 1. 1. 1984 wird es endlich eine deutliche Abnahme der Phenolfrachten unserer Fließgewässer geben (s. auch F. G. Hötter, Wahnbach-Talsperre, P-Eliminierung, Z. Wasser- u. Abwasser-Forschung 1979, S. 119f.).

Pestizide. Zu Gewässerbeeinträchtigungen führen mitunter auch die aus Abwässern und aus der Landbestellung stammenden Pestizide, z. B. der Toxaphen-Staub (H. Althaus u. B. de Jong, GWF **106,** 559–564 [1965]).

Der Nachweis der Pestizide im Gewässer ist sehr schwierig und erfordert hohen apparativen Aufwand; er muß daher vorläufig einigen Spezialinstituten vorbehalten bleiben. Mit Aktivkohle werden die Pestizide aus größeren Wassermengen extrahiert und die Extrakte chromatographisch behandelt. Die quantitative Bestimmung erfolgt dann gaschromatographisch mit Mikrocoulometer oder Elektroneneinfangdetektor. (Näheres s. bei K. E. Quentin im Handbuch d. Lebensmittelchemie **8,** 633f. [1970].)

Pestizide werden bei der Wasserchlorung nicht eliminiert, außer Parathion, das zu dem besonders giftigen Paraxon wird (U. Bauer: Jb. „Vom Wasser“ **39,** 161–187 [1972]).

Bei der Flockung und Filtration werden nur die wasserunlöslichen Pestizide (bes. DDT) eliminiert, die Halogenkohlenwasserstoffe nicht. Günstiger ist die Eliminierung nach Kohlezusatz und Flockung, jedoch nicht bei den „polaren Pestiziden“.

Für die Ozonung gilt dasselbe wie für die Chlorung. Aktivkohle ist bei Phosphorsäureestern und Harnstoffverbindungen günstiger als bei Halogenkohlenwasserstoffen.

Eine Entfernung der Pestizide durch Chemikalien war bisher nicht möglich. Bei Versuchen an den Dortmunder Grundwasser-Anreicherungsanlagen hat aber Kh. Schmidt festgestellt, daß DDT schon im ersten Sandfilter um eine Zehnerpotenz abgenommen hatte. Da es sich bei DDT um einen schwer löslichen Halogenkohlenwasserstoff handelt, kann man diesen Befund nicht für alle Pestizide verallgemeinern, z. B. nicht für Lindan und Dimethoat. Für stoßweisen Anfall von DDT-haltigem Wasser ist ein Sandfilter aber durchaus wirksam, es muß allerdings hinterher gereinigt werden. Für Hexachlorbenzol trifft bis zum gewissen Grade dasselbe zu, Malathion verhält sich ebenso wie DDT (Kh. Schmidt, Veröff. Dortmunder Stadtwerke, Nr. 121, und Gas, Wasser, Abwasser **53,** 38–49 [1973]).

Nur mit Aktivkohle ist eine weitgehende Entfernung aller Pestizide, der wasserlöslichen wie der wasserunlöslichen möglich.

PCB, Polychlorbiphenyle werden wie DDT und Chlophen von Langsamsandfiltern gut zurückgehalten (U. Bauer: Dortmunder Stadtwerke, Geisecke/Ruhr, und K. H. Schmidt, Veröff. Dortmunder Stadtwerke, Nr. 159, und GWF **55,** Nr. 12 [1975]).

PCB im Flußwasser. Die Polychlorbiphenyle werden bei der Gewässergüte-Beurteilung jetzt größere Bedeutung auch hinsichtlich ihrer Toxität gewinnen. Über den Analysengang, dessen Beschreibung über den Rahmen dieses Buches weit hinausgeht, berichtet U. Bauer (Jb. Wasser **41,** 93–114 [1973]).

Nach Versuchen von U. Bauer und R. Pfleger können Clophen, Dimethoat, Diuron, Paraquat, Parathion und Thiodan durch hintereinandergeschaltete Chlorung, Kiesfiltration und Aktivkohle-Filtration zu 98% aus Wasser entfernt werden (GWF **166,** 555–559 [1975]).

Die Polychlorbiphenyle werden im Langsamsandfilter zu 99% zurückgehalten (N. Zullei, Veröffentlichungen der Dortmunder Stadtwerke).

Thiamin, Vitamin B 1, gelangt mit häuslichen Abwässern in die Gewässer und verursacht starke Plankton-Entwicklung (G. H. Hagedorn: Arch. Hydrobiol. **68,** 382–399 [1971] sowie D. Schwarz: Jb. „Vom Wasser“ **38,** 63–70 [1971]).

Übersichtstabelle über die Entfernungsmöglichkeiten von Bioziden aus Wasser nach Kh. Schmidt. Veröff. der Dortmunder Stadtwerke Nr. 151 [1975].

	Langsam-sandfilter	Chlorung	Ozonung	$KMnO_4$	A-Kohle	Flockung
	10 cm/h	1 mg Cl_2/l	20–25 mg/l O_3	5–10 mg/l $KMnO_4$	5–10 mg/l (Pulver)	50 mg Al + Fe/l
Tetrachlorbenzol	++	–	–	–	++	(+)
Hexachlorbenzol	++	–	–	–	++	(+)
Lindan	+	–	–	–	++	–
α-HCH	+	–	–	–	++	–
Heptachlor	++	+(+)	–	++	++	(+)
Aldrin	++	++	++	++	++	(+)
Telodrin	++	–	–	–	++	(+)
Heptachlorepoxid	+	–	–	–	++	(+)
Endosulfan	++	+(+)	–	++	++	(+)
Dieldrin	++	–	–	–	++	(+)
o, p'-DDT	++	–	–	+	++	(+)
p, p'-DDD	++	–	–	+	++	(+)
p, p'-DDT	++	–	–	+	++	(+)
Methoxychlor	++	–	–	+	++	(+)
Malathion	++	++	+	–	++	–
Dimethoat	–	++	+	–	++	–
Diuron	–	+(+)	+	–	++	–
Linuron	–	+(+)	+	–	++	–
PCB	++	–	–	–	++	(+)

– = Keine Umwandlung, keine Eliminierung
\+ = Eliminierung < 80%
++ = Eliminierung > 80%
(+) = Eliminierung möglich, wenn Biozide an Schwebestoffe adsorbiert sind
+(+) = Umwandlung oder Eliminierung möglich, wenn die Konzentration der Wasseraufbereitungschemikalien die Normaldosis überschreitet.

Grenzwerte zur Aufbereitung von Flußwasser
Grenzwerte für das Rheinwasser

Qualitätsgruppe		A*	B*
Kohlenwasserstoffe	mg/l	0,05	0,2
Methylenblauaktive Substanzen (Detergentien)	mg/l TBS	0,1	0,3
Polycyclische Aromaten	mg/l	0,0002	0,0003
Wasserdampfflüchtige Phenole	mg/l	0,005	0,01
Aromatische Amine als Dichloramin	mg/l	0,005	0,005
Organisch gebundenes Chlor insgesamt	mg/l	0,05	0,1
Lipophile schwerflüchtige organische Chlorverbindungen	mg/l Cl	0,01	0,02
Organochlorpestizide (gesamt)	mg/l Cl	0,005	0,01
je Einzelsubstanz		0,003	0,005
Cholinesterasehemmende Stoffe als Parathionäquivalente	mg/l	0,03	0,05

A = Bei normalen Aufbereitungsverfahren
B = Bei weitergehenden Aufbereitungsverfahren.
Näheres: Neuauflage des DVGW-Arbeitsblattes W 151 vom Juli 1975.

Pestizide – Biozide. Bei der Flußwasser-Versorgung spielen die Biozide, Pestizide, Herbizide u. a. heute eine große Rolle.

Zur Entfernung der Pestizide, bes. der Halogenkohlenwasserstoffe ist die Behandlung mit Aktivkohle (10 mg/l) oder Filterung durch Aktivkohle am wirksamsten, bes. der polaren Pestizide. Auch die Phosphorsäureester (z. B. Malathion) werden entfernt.

Durch Langsamsandfilter werden Dimethoat, Diuron und Linuron nicht, Cyclohexane nur zum Teil, Malathion aber weitgehend entfernt. In Langsamsandfiltern werden hauptsächlich die an organische oder anorganische Schwebstoffe adsorbierten Pestizide nach Großversuchen der Dortmunder Stadtwerke zurückgehalten. Behelfsmäßig wird DDT durch Tonmineralien nach Erfahrungen in den USA zurückgehalten.

Die Wasserbehandlung mit Oxidationsmitteln (Chlor, Ozon) zur Vernichtung von Bioziden (Halogenkohlenwasserstoffe, Polychlorbiphenyle, Phosphorsäureester) ist vorläufig umstritten, weil sich noch schädlichere Umwandlungsprodukte bilden können (bes. toxische Ozonide, Oxone). Sie ist auch unvollkommen. (U. Bauer u. a. Gewässerschutz 10, Aachen [1973], Diss. Münster [1972] und Veröff. Dortmunder Stadtwerke, Nr. 136.)

Pestizide sind außerordentlich schädlich für die Wasserfauna, insbesondere Aldrin, Toxaphen, Parathion.

Nach L. Scholz und J. Altmann können Pestizide auch durch granulierte Kunststoffe oder auf Bimsstein aufgetragene niedermolare Kunststoffe aus Wasser entfernt werden (Schrift.-Reihe WaBoLu **34** [1971] „Gewässer und Pestizide“).

Die außerordentlich verdienstvollen Arbeiten des Instituts für Wasserchemie und chemische Balneologie der Technischen Universität München haben es ermöglicht, daß die Pestizide in Zukunft nicht nur mit langwierigen und apparativ sehr aufwendigen Verfahren in diesem Spezialinstitut im Wasser bestimmt, sondern in allen einschlägigen Wasserlaboratorien erfaßt werden können, wodurch Gewässergefahren rechtzeitig erkannt werden können.

Neben dem „Fisch-Test“ (s. biol. Teil) haben wir nun dank der Arbeiten von K. E. Quentin und L. Weil einen Gruppentest und Summen-Bestimmungen, auch für die routinemäßige Gewässerüberwachung (s. L. Weil, Jb. „Vom Wasser“ [1980] und Juhnke und Besch, Gewässer und Abwasser [1971]).

Für die Bestimmung von Organophosphorpestiziden hat L. Weil einen Gruppentest entwickelt, der auf der Enzymaktivität der Acetylcholinesterase beruht (Hydrochemische und hydrogeologische Mitteilungen 111–119 [1974].

Danach werden die Phosphorpestizide und insektiziden Carbamate in einer größeren Wasserprobe mit Äther oder Benzol ausgeschüttelt und nach Zugabe von Äthoxy-äthoxyäthanol-Lösung gereinigt. Der durch Abdampfen erhaltene Reinextrakt wird mit Chromogenlösung und Pseudocholinesteraselösung sowie nach 30 Minuten mit Substratlösung versetzt (erste und letzte Fa. Merck, Esterase Fa. Schuchardt). Im Spektralphotometer wird die Gelbfärbung bei 412 nm zeitlich gemessen (s. auch Haus der Technik – Vortragsveröff. 283, Vulkan-Verlag, Essen).

Die halbquantitative Bestimmung von Diuron, Linuron und Dichloranilin geschieht durch Ausschütteln mit Chloroform, Abdampfen des Chloroform-Extraktes und photometrische Bestimmung mit Natriumnitrit, Ammoniumsulfamat und N-(1-Naphthyl)-äthylendiammonium-dichlorid. Halogenkohlenwasserstoffe und Malathion werden nach Hexan-Ausschüttelung und Abdampfen gaschromatographisch bestimmt; Dimethoat wird mit Essigester extrahiert.

Ein Schnelltest auf Herbizide, die ca. 50% der bei uns verwendeten Schädlingsbekämpfungsmittel ausmachen, haben U. Bauer und M. Noll ausgearbeitet (Veröff. Dortmunder Stadtwerke, Nr. 128 [1973]).

Bei diesem biologischen Test handelt es sich um eine Störung der phototaktischen Bewegung von Blaualgen der Gattung Phormidium, die unter dem Mikroskop festgestellt werden kann, wenn diese in Wasser mit Herbiziden im ppb-Bereich 3 Stunden gelegen haben.

Dieser Phormidium-„Hemmtest“ wird von G. Benecke in einer weiteren Veröffentlichung der Dortmunder Stadtwerke (Nr. 21 des Inst. f. Wasserforschung, Dortmund [1975]) genauer beschrieben und die Anlegung geeigneter Blaualgen-Kulturen verschiedener Phromidium-Stämme in geeigneten Nährlösungen mitgeteilt.

Statt die polycyclischen Kohlenwasserstoffe summarisch zu bestimmen (was sehr große Probemengen und Benzol erfordert), extrahieren L. Scholz u. H. J. Altmann (Z. f. analyt. Chemie **202,** 81 [1968]) das 3,4-Benzpyren aus 1 Liter Wasserprobe mit 30 ml Cyclohexan mehrmals. Der gesammelte Extrakt wird im Vakuum in Stickstoff-Atmosphäre weitgehend eingeengt und auf eine Spezial-Dünnschichtplatte aufgetragen. Der verbleibende Benzpyren-Fleck wird nach UV-Bestrahlung chromatographiert.

Polychlorbiphenyle, PCB. 1 Liter Untersuchungswasser wird mit 20 ml Hexan (besonders gereinigt durch Erhitzen am Rückflußkühler mit Natriumsuspension in Petroleum und Destillation) im Scheidetrichter extrahiert; die gesammelten Extrakte werden durch ausgeglühtes Natriumsulfat filtriert und auf dem Wasserbad auf ein geringes Volumen eingedampft und auf 10 ml in Meßkolben gebracht. 10 μl davon werden für die Gaschromatographie mit Elektroneneinfang-Detektor verwendet (s. U. Bauer: Jb. „Vom Wasser“ **38** [1971] und GWF 58–63 [1972]). Polycyclische aromatische Kohlenwasserstoffe werden nach EV H 13 durch Ausschütteln einer größeren Wasserprobe mit Cyclohexan und zweidimensionaler Dünnschicht-Chromatographie im UV-Licht (366 nm) bestimmt.

Metallische u. a. Schadstoffe in Gewässern. Nach neuen EG-Vorschlägen sollen als „gefährliche Stoffe“ Arsen, Cadmium, Quecksilber, Chrom und Zink ganz besonders beobachtet werden (W. Gebhardt: Korrespondenz Abwasser **22**, 354 [1975]).

Nach Untersuchungen der Dortmunder Stadtwerke werden Cadmium, Chrom, Kupfer, auch Blei und Zink durch Langsamsandfilter aus verunreinigtem Ruhr-Wasser in der Größenordnung von 50 ppb entfernt. In überstauten Filteranlagen nehmen auch die Algen einen Teil der Schadstoffe heraus (Veröffentl. Dortmunder Stadtwerke Nr. 31). Zu den gleichen Resultaten kommen U. Schöttler (Z. Dt. Geolog. Ges. **126,** 373–384 [1975]) und G. Engels bei den Düsseldorfer Wasserwerken mit Rheinwasser.

Antimon, Arsen, Chrom(VI), Wismut und Zinn werden nach E. A. Sigworth and S. B. Smith (J. Amer. Water Works Assoc. **64,** 386–389 [1972]) von Aktivkohle gut, Quecksilber, Kobalt und Silber, Blei, Eisen und Nickel ziemlich gut adsorbiert (s. L. Thiem: Lit. Ber. **25,** 171 [1977]).

Die Giftwirkung der Schadstoffe im Gewässer ist höher bei ansteigenden Wassertemperaturen, z. B. warme Kühlwasser-Zuläufe; ebenso nimmt die Bakterientätigkeit zu und damit der Sauerstoffgehalt ab.

Bor-Verbindungen in Gewässern. Mit den Abwässern der Textilindustrie und Photochemie, sowie neuerdings durch den enorm angestiegenen Waschmittelverbrauch gelangen große Mengen Bor in die Gewässer. Die heute gebräuchlichen Vollwaschmittel enthalten nämlich bis zu 25% Natriumperborat, im Mittel 17,5%.

Hinzu kommen die radioaktiven Kühlwässer der Atomkraftwerke bzw. die Abläufe des Primärkreislaufs, die große Mengen Borsäure enthalten; diese werden dem entsalzten Primärkreislaufwasser zur Steuerung des Reaktorbetriebs in 1%iger Lösung zugesetzt und gelangen über die Entsalzung schubweise in die Gewässer (K. Höll, Die Wahrheit über die Atomkraftwerke).

So ist die Borsäure nach F. Dietz ein Indikator der Gewässer-Belastung geworden (GWF **116,** 301–308 [1975]). In Abwässern ist Bor zu 1,5 bis 2,5 mg/l enthalten, davon 0,1 mg/l aus häuslichen Abwässern.

Da Bor für die Pflanze ein Spurenelement darstellt, wird das pflanzliche Plankton durch borhaltiges Wasser stimuliert und dadurch Wasserblüte ausgelöst, wodurch die Gewässer-Ökologie oft in ungünstiger Weise verändert wird. Größere Bor-Mengen wirken aber wiederum pflanzenschädigend; eine Schädigung oder Vernichtung der Unterwasserflora hat aber weitere Gewässerschäden zur Folge: Das Biotop der Schnecken, des Fischlaichs und der Jungfische wird dadurch vernichtet. Als pflanzenschädlicher Grenzwert gilt 1,5 mg/l B (s. K. Höll), auch für Gießwasser für Pflanzenkulturen.

Bor-Bestimmung. Zur Bestimmung von Bor in Mengen von weniger als 1 mg/l hat Fr. Dietz als beste die folgende ausgewählt (GWF **116,** 301–308 [1975]).

25 ml der klaren und farblosen Wasserprobe werden mit 10 ml Reagenzlösung vermischt und 2 Stunden unter Verschluß im Dunkeln stehengelassen.

Im Photometer wird die Extinktion bei 414 nm gegen eine Blindprobe und Standardlösungen ermittelt. Der entstandene gelbe Farbstoff folgt dem Lambert-Beerschen Gesetz. 0,01 bis 1 mg/l B sind direkt bestimmbar.

Borstammlösung: 57,2 mg H_3BO_3 in 1 Liter Aqua bidest. (1 ml davon = 10 µg B). Die Reagenzlösung wird hergestellt durch Lösen von 18 g „H-Säure“ (4-Amino-5-hydroxynaphthalin-2,7-disulfonsäure) in Wasser und Neutralisieren mit 20%iger Kaliumhydroxidlösung. Dazu werden 20 g frisch destillierten Salicylaldehyds gegeben. Nach Vermischung wird verdünnte Salzsäure unter Rühren eingetragen bis zum pH-Wert 1,5 bis 3. Nach weiterem Rühren läßt man über Nacht absetzen; der abfiltrierte Niederschlag wird mit Ethanol und Ether bis zur HCl-Freiheit ausgewaschen, sodann bei ca. 100 °C getrocknet und im Exsiccator aufbewahrt.

Von diesem gereinigten Azomethin H werden 10 g mit 10 g Ascorbinsäure zu 1 Liter mit Aqua bidest. gelöst. Diese im Dunkeln haltbare Lösung gibt mit gleichen Teilen Maskierungslösung die Reagenzlösung. Letztere wird durch Lösen von 250 ml Aqua bidest. und 80 ml Schwefelsäure (1:4) und Zusatz von 5 ml Phosphorsäure (d 1,70) + 0,75 g Citronensäure + 0,75 g ÄDTA hergestellt.

Bei gelbgefärbtem Untersuchungswasser kann die Färbung durch Vergleichsmessung bei 414 nm ohne den Azomethin-Reagenz-Zusatz korrigiert werden.

Nach DIN 38405 werden geringe Borat-Mengen mit Azomethin bestimmt, indem 25 ml Wasserprobe mit 10 ml einer 1%igen Azomethinlösung und 10 ml einer Pufferlösung (konz. Ammoniumacetatlösung + H_2SO_4 + Citronensäure + Phosphorsäure, pH ~ 5,9) versetzt werden und die Extinktion bei 414 nm gemessen wird.

In der mit Abwasser stark belasteten Ruhr fand F. Dietz bis 300 µg B/l und gleiche Mengen in Trinkwässern der mit Ruhrwasser versorgten Städte. In Talsperren fand F. Dietz 8 bis 80 µg/l B. Ferner: Chinalizarin-Methode Gmelin Handbuch Bd. II.

Aminosäuren. Der Nachweis und die quantitative Bestimmung von Aminosäuren in Gewässern erfordert naturgemäß viel zeitlichen und apparativen Aufwand. Im Institut für Wasserforschung der Dortmunder Stadtwerke wurden Methoden geprüft und ausgearbeitet, worüber in der Veröffentlichung Nr. 20 der Dortmunder Stadtwerke von M. Krutz berichtet wird.

Am günstigsten ist die Konzentrierung durch Kationen-Austauschersäulen vom Typ Amberlite JR 120 und Anionen-Austauscher JR A 400 (25 l Flußwasser mit Zusatz von Kaliumnatriumtartrat). Die Produkte der Anreicherung können durch Papierchromatographie, Dünnschichtchromatographie, Elektrophorese oder durch den automatisch arbeitenden Aminosäure-Analysator genauer bestimmt werden. Ninhydrin dient zur photometrischen Bestimmung bei 570 nm.

H. Boling beschreibt die quantitative Bestimmung mit dem Beckman-Unichrom-Analysator im Meerwasser (Marine Biology **6**, 213 [1970]).

Die Komplexbildner (ÄDTA u. NTE) spielen im Oberflächenwasser jetzt eine immer größere Rolle; Ihre Bestimmung muß aber vorläufig wenigen Spezialinstituten mit spezieller polarographischer Untersuchungsmethodik (subtraktive Zwei-Zellen-Polarographie) überlassen bleiben.

Bestimmung der Eiweiß-Abbauprodukte. Die für die Ökologie der Oberflächengewässer wichtigen Eiweiß-Abbauprodukte, die Aminosäuren, können nach F. Frimmel mit Ninhydrin bei pH 5 photometrisch bei 570 nm bestimmt werden (Jb. „Vom Wasser" **76** [1975] und Hydrochem. u. hydrogeol. Mitt. 1, München [1975]). Erfassung als ninhydrinpositive Substanz bis 1 mg/l.

Kalium in Gewässern. Bei mehreren Flüssen der Bundesrepublik, z. B. Werra, Weser, Elbe und Mittelrhein ist wegen der Einleitung der Kaliendlaugen eine Überwachung des Kaliumgehalts des Flußwassers erforderlich.

Kaliumgehalte über 200 mg K/l sind für Fische toxisch (G. Buhse, Umwelthygiene H. 11, 252–256 [1974]), auch für die Trinkwasserversorgung sind sie nicht tragbar.

Als Höchstwert für Chlorid-Ion ist für die Weser 350 mg Cl pro Liter festgelegt. pH-Werte über 9,5 sind fischereischädlich.

Cyan-Bestimmung. Giftige Cyanide können nach Stamm, Woker u. Fischer (Schweiz. Z. f. Hydrologie, **16** [1954]) sowie K. Knie u. H. Gams (Österr. Wass.-Wirtsch., **8,** H. 10 [1956]) als Anlagerungsprodukte des Bromcyans an Benzidin in Konzentrationen bis 10 μg/l herab sehr genau bestimmt werden. Die in der Literatur vorgeschriebene Weinsäuredestillation führt zu falschen Ergebnissen, wenn komplexe Eisencyanverbindungen zugegen sind. Rhodanide werden von dieser Methode ebenfalls erfaßt.

Arbeitsvorschrift für die österreichische Methode: Zu 10 ml Untersuchungswasser werden nacheinander unter jedesmaligem Umschwenken zugegeben:

1 ml Pufferlösung (82 g Natriumacetat + 60 ml Aq. dest. lösen, mit 60 ml Eisessig versetzen und auf 200 ml auffüllen).

0,5 ml Bromwasser, gesättigt.
0,5 ml Arsenitlösung 2%ig (8 g As_2O_3 + 4,4 g Natr. carb. anhydric, mit 48 ml Aq. dest. kochen und nach Lösung auf 242 ml auffüllen).

6 ml Mischreagenz (1 g Benzidinhydrochlorid in 15 ml 0,2 M Salzsäure unter Erwärmen lösen und 15 ml Pyridin zusetzen; täglich frisch bereiten).

4 ml Aceton.

H. Mertens hat die Titration mit 0,001 N Silbernitratlösung und als Indikator des Überschusses an Silber-Ionen Kaliumiodid als spezifisch für Cyanid-Ionen vorgeschlagen. Das Auftreten einer Silberiodid-Trübung wird als Tyndalleffekt gemessen und zeigt 1 μg CN^- in 10 ml Wasser an (Jb. Wasser [1975/76]).

Eine photometrische Cyan-Bestimmung haben E. Asmus und H. Garschagen mit Chloramin, Pyridin und Barbitursäure vorgeschlagen, bei der ein entstehender rotvioletter Polymethinfarbstoff photometrisch gemessen wird.

Für Serienuntersuchungen auf Cyan sind die ionenselektiven Elektroden empfehlenswert (Orion Research Inc., Cambridge, Mass. oder Colora GmbH, Lorch).

Eine sehr bequeme Feldmethode für die Cyan-Bestimmung ist die mit dem Hellige-Komparator (F. Hellige, Freiburg/Br.) mit Hilfe der Chloraminlösung und einem Barbitursäure-Pyridin-Gemisch.

In den USA ist die Pyridin-Pyrazolon-Methode als Standard-Methode eingeführt, worüber F. Dietz (Jb. „Vom Wasser" **34,** 202–208 [1967]) berichtet.

Cyan ist schon in Konzentrationen von 0,1 mg/l CN^- für Fische tödlich (R. Czensny, Abh. a. d. Fisch., Lief. 2).

Nach K. Knie ist die Toleranzgrenze im Flußwasser 10 mg/l CN^-. Für Trinkwasser ist in den Int. Standards 0,2 mg/l CN^- festgelegt, in der TVO 0,05 mg/l CN^-

Zur Prüfung der Toxizität von Abwässern hat H. Knöpp ein neues Verfahren ausgearbeitet, den „A-Z-Test" (Dt. Gewässerkundl. Mitt. **5,** 66–73 [1961]).

Die Wasserproben für die Cyan-Bestimmung im Labor sind mit einigen Plätzchen Natriumhydroxid zu konservieren. Im Handel sind jetzt auch cyanidselektive Elektroden erhältlich (Fa. Orion Res.).

6. Organisch gebundener Schwefel

Dissolved Organic Sulphur (DOS) kann nach M. Schnitzler und H. Sontheimer über Anreicherung auf Aktivkohle bestimmt werden.

D. Einige Bemerkungen über Kesselspeisewasser, Kesselwasser und Kühlwasser

1. Kesselspeisewasser

a) Allgemeines

Das Kesselspeisewasser bringt mehr oder weniger große Mengen von Salzen in den Kessel, die sich infolge der Verdampfung des Kesselwassers immer mehr anreichern würden, wenn man das Wasser nicht vorher behandelt oder von Zeit zu Zeit herausnimmt.

Im einfachsten Falle bei Verdampfern und bei Flammenrohrkesseln mit nur wenigen atü Druck kann durch Fortnahme eines Teiles des Kesselwassers und Ersatz durch Kesselspeisewasser eine zu starke Salzanreicherung vermieden werden.

Zur Kontrolle des Kesselwassers bedient man sich einer Spindel. Die älteren Spindeln haben noch die Bauméskala. 1 °Bé entspricht einer Dichte von 1,007. Man verwendet am besten die „Sonderspindel 123 d", die Intervalle von 0,005 angibt. Bei einer Dichte von über 1,01 soll das Kesselwasser von Niederdruckkesseln verdünnt werden. Bei Hochleistungskesseln und Höchstdruckkesseln ist jede Salzanreicherung im Kesselwasser gefährlich, ebenso wie auch Schlammablagerungen bei diesen Betriebsstörungen und Gefahren mit sich bringen. Bei Hochdruckkesseln soll deshalb der Salzgehalt des Kesselwassers 0,6 °Bé bei 20 °C nicht übersteigen. Zur Kontrolle dient u. a. der temperaturkompensierte Dichtemesser der Chemischen Werke Hüls (R. Neubauer: Großkesselbes., H. 2/3 [1948]). Neuerdings wird auch der Salzgehalt des Kondensats ständig überwacht, z. B. durch Leitfähigkeitsmessungen.

Bei den modernen Hochdruckkesseln muß das Kesselspeisewasser stets vorbehandelt werden. Im Dampfkesselbetrieb wirken besonders störend: Hydrogencarbonat- und Carbonat-Ionen sowie Sulfat-Ionen, beide in Verbindung mit Calcium- und Magnesium-Ionen. Für deren Beseitigung kommen hauptsächlich zwei Verfahrenswege in Betracht, die Kalkwasserenthärtung mit anschließender Trinatriumphosphat-Resthärteentfernung (S. 263) oder die kontinuierliche Vollentsalzung mit Permutiten oder Lewatiten (S. 265).

Bei Höchstdruckkesseln sind die Kationen-Anionen-Austauscher der einzige Weg zu einem ordnungsgemäßen Kesselbetrieb. Die zulässigen Härtegrade des Kesselspeisewassers sind bei Kesseldrucken bis 40 atü 0,05 °dH Gesamthärte und bei Kesseldrucken von 40 bis 100 atü 0,02 °dH. Bei Höchstdruckkesseln soll die Gesamthärte, die „Resthärte", unter 0,01 °dH liegen.

Kesselspeisewasser muß eisenfrei sein (Höchstwert 0,02 mg/l Fe, bei Höchstdruckkesseln 0,00 mg/l); es muß auch mineralölfrei sein.

Im Dampfkesselbetrieb ist das Calciumsulfat (Gips) ein besonders nachteiliger Bestandteil des Wassers, da dieses sich wegen seines umgekehrten Lösungsverhaltens gerade an den heißesten Stellen abscheidet. Die durch Gipskesselstein auftretende Überhitzung bringt die Gefahr einer Kesselexplosion oder zum mindesten des Aufreißens der Kesselwandung mit sich.

Zur Abscheidung von Calciumsulfat aus Wässern mit hoher Nichtcarbonathärte muß daher auch bei Niederdruckkesseln dem Speisewasser eine genügende Menge Soda zugesetzt werden, wodurch es sich als Calciumcarbonat abscheidet, das mit dem Kesselschlamm von Zeit zu Zeit abgeschlämmt wird. Auch Trinatriumphosphat hat sich in diesen Fällen gut bewährt, ohne das es hierbei zu einer so starken Ätznatron-Anreicherung kommt wie beim Sodaverfahren. Das Trinatriumphosphatverfahren (Chem. Fabrik Budenheim) kann aber auch bei höheren Drucken mit Erfolg zur Gipsentfernung aus dem Speisewasser angewandt werden.

Kesselspeisewasser und Kesselwasser müssen sauerstofffrei sein. Für kleinste Mengen Sauerstoff empfiehlt sich das photometrische Differenzverfahren mit Cer- und o-Tolidin-139-Lösungen, das allerdings sehr zeitaufwendig ist (s. auch S. 143).

b) Kieselsäure im Kesselspeisewasser

Die Kieselsäure des Wassers führt ebenfalls zu sehr festen Steinbildungen im Kessel. Silicatkesselsteine und Gipskesselsteine sind am festesten von allen und haben das geringste Wärmeleitvermögen. Deshalb können an den benachbarten Kesselwänden starke Überhitzungen stattfinden, die, wie oben gesagt, zum Aufreißen der Kesselwandungen und zu Kesselexplosionen führen können.

Die Kieselsäure muß bei höheren Kesseldrücken daher ebenfalls entfernt werden. Das geschieht am besten durch Erhitzen des Speisewasers mit Magnesiumoxid, entweder im Kessel selbst oder besser zuvor in besonderen Aufbereitungsanlagen. Eine gleichzeitige Entkieselung und Entcarbonisierung kann nach dem Höchster Verfahren mit Dolomithydrat vorgenommen werden. 5 mg/l SiO_2 gilt als oberste Grenze bei Niederdruckkesseln, bei Hochdruckkesseln 0,1 mg/l SiO_2 und bei Höchstdruckkesseln 0,01 mg/l SiO_2.

Bei Hochdruckkesseln über 50 atü werden Kieselsäurerestmengen auch auf den Turbinenschaufeln abgelagert, wodurch die Leistungen der Turbinen zurückgehen. Der Kieselsäurebelag muß umständlich mit verdünnter Natronlauge abgelöst werden. Die Kieselsäure wird deshalb, wie erwähnt, vor der Einspeisung entfernt, am besten mit Permutit oder Lewatit. Für Wasserproben sollen keine Gasflaschen verwendet werden. Mit Permutit ES und Lewatit ES und Wofatit L 165 kann Kieselsäure restlos entfernt werden, ebenso mit Duolite A 101 D (Fa. Benkiser) (1 bis 10 µg/l Restkieselsäure). Zur laufenden Kontrolle dient das Silikometer (Fa. Bran & Lübbe, Hamburg).

Reinstes Wasser wirkt bei den hohen Temperatur des Dampfkessels wie eine Säure; der pH-Wert nimmt mit zunehmenden Temperatur bekanntlich ab. Der pH-Wert soll deshalb beim Kesselspeisewasser und im Kesselwasser im alkalischen Gebiet liegen.

Da bei den hohen Temperaturen im Kessel die eisernen Kesselwandungen auch von unbehandeltem Kesselwasser stark angegriffen werden, muß stets ein gewisser Gehalt an Natronlauge vorhanden sein, besonders wenn noch geringe Sauerstoffreste im Kesselwasser verbleiben. Bei Kesseldrücken unter 50 atü sollen im Kesselwasser nicht weniger als 200 mg/l NaOH, bei Hochdruckkesseln aber nicht mehr als 100 mg/l NaOH vorhanden sein.

Zu hoher NaOH-Gehalt führt andererseits zur „Laugenbrüchigkeit“ der Kessel und zu Nietrissen. Die Nietrißbildung wird vermieden durch Zusatz von Natriumsulfat zum Kesselwasser; früher war ein dreifacher Überschuß von Natriumsulfat gegenüber Natronlauge üblich, was heute nicht mehr so streng gehandhabt wird, weil der Laugenzusatz sich durch Phosphatzusatz erübrigt.

Früher galt als Richtschnur die Natronzahl, die 400 nicht unterschreiten und 2000 nicht überschreiten soll.

$$\text{Natronzahl} = \text{mg/l NaOH} + 0{,}222\,(\text{mg/l } Na_2CO_3 + \text{mg/l } Na_2SO_4) + 0{,}036\ \text{mg/l } P_2O_5$$

Heute rechnet man mit der Alkalitätszahl, die einfach durch Multiplikation des p-Wertes mit 40 errechnet wird.

c) Sauerstoff im Kesselspeisewasser

Bei Höchstdruckkesseln muß auch der letzte Rest von Sauerstoff aus dem Speisewasser entfernt werden. Das geschieht mit Natriumsulfitzusätzen oder durch Kochen (thermische Entgasung)[1] oder Vakuumentgasung bis auf 0,03 mg/l O_2, neuerdings anschließend mit Dithionit ($Na_2S_2O_4$) und mit Hydrazin (Levoxin, 15%). Letzteres verursacht Alkalisierung des Kreislaufwassers infolge thermischer Zersetzung.

Bei der chemischen Sauerstoffbindung werden für 1 mg/l O_2 4 mg/l SO_2 gebraucht. Mehr als 1 mg/l SO_2 soll nicht als Überschuß im Kesselspeisewasser sein und im Kesselwasser nicht mehr als 10 mg/l SO_2 bei Drücken unter 60 atü.

---

[1] Hierfür eignen sich besonders der Doppel-Entgaser und der Umlauf-Entgaser der Fa. Philipp Müller.

Die Sulfitbehandlung wird gewöhnlich nach einer thermischen Behandlung vorgenommen. Bei der thermischen Entgasung werden außer Sauerstoff auch die anderen Gase, besonders die Kohlensäure, mitentfernt, was bei Hochdruckkesseln notwendig ist.

Ein neues Verfahren der restlosen Sauerstoffentfernung aus dem Wasser ist die Filterung – über das Redoxaustausch-Harz Duolite S 10, das wie andere Austausch-Harze regeneriert werden kann (mit Natriumdithionit-Lösungen) (Fa. Joh. Benkiser, Ludwigshafen).

Sauerstoff-Kontrolle. Die Kontrolle des Sauerstoffgehalts geschieht auf elektrochemischem Wege nach Tödt oder durch elektrolytische Begasung in der Sauerstoff-Registrieranlage der Chlorator-Gesellschaft, Grötzingen.

Laufende Schnellbestimmungen des Sauerstoffgehalts kann man mit dem Lovibond-Prüfgerät vornehmen (Fa. Akdolit-Werk) oder mit dem Aquamerck-Prüfgerät vornehmen. Polyethylenrohre sind etwas luftdurchlässig (Zuleitungen!)

d) Hydrazin-Bestimmung

100 ml Wasserprobe werden mit 2 ml Schwefelsäure (1:1) und 20 ml Dimethylaminobenzaldehyd-Reagenz versetzt und die auftretende Gelb- oder Rotfärbung wird nach 10 min im Spektralphotometer bei der Wellenlänge 458 nm oder im Filterphotometer gegen einen Blindversuch und Standardlösungen gemessen.

Das Reagenz wird hergestellt durch Lösen von 20 g 1,4-Dimethylaminobenzaldehyd in 1250 ml Isopropanol. Dies Reagenz ist als „Bayer-Reagenz" im Handel.

Hydrazin-Stammlösung: 0,4069 g Hydrazinsulfat auf 1000 ml. 1 ml = 0,1 mg N_2H_4.

Die Fa. E. Merck bringt eine Spezialvorrichtung zur Hydrazin-Bestimmung im Kesselhaus in den Verkehr (Aquamerck).

e) Sulfit-Bestimmung

In einer „Sauerstoffflasche" (S. 139) wird das Wasser von unten mit dem Entnahmeschlauch (S. 15) eingefüllt. Dazu werden 3 ml Phosphorsäure (20%ig) und 10 ml 0,01 N Iodlösung zugegeben.

Nach 10 Minuten werden 1 g Kaliumiodid und 5 ml Stärkelösung zugesetzt und mit 0,01 N Natriumthiosulfat titriert; 1 ml Iod = 0,4 mg SO_3^{2-}.

Für die Sauerstoff-Kontrolle des Kesselwassers werden unter bestimmten Kautelen Sauerstoffflaschen an einer Kühlschlange befüllt und mit 0,001 N Iodlösung beschickt. Mit 0,00625 N Natriumthiosulfat wird zurücktitriert; 1 ml = 0,008 mg Sauerstoff.

Maximale p-Werte für Kesselwasser

Kesseldruck atü	maximaler p-Wert
bis 20	15
40	12
64	3
80	1
125	0,5
160	0,1

Maximale Werte für den Gesamtsalzgehalt im Kesselwasser

Kesseldruck atü	Salz, mg/l
bis 20	4000
40	3000
64	2000
80	1500
125	750
160	500

Maximale Phosphat-Werte im Kesselwasser

Kesseldruck atü	Phosphate, mg/l P_2O_5
bis 40	30
64	25
80	15
über 80	10

Diese kurzen Bemerkungen sollen keinerlei Anspruch auf Vollständigkeit erheben. Die Kesselspeisewasseraufbereitung ist ein eigenes umfangreiches Gebiet geworden, weshalb auf die Spezialliteratur verwiesen wird (s. Literatur-Zusammenstellung am Schluß des Buches).

Ohne die großen Fortschritte der Wasserchemie wären die technischen Fortschritte bis zu den Höchstdruckkesseln von 250 atü nicht denkbar.

Als *Lokomotivspeisewasser* kann nur weiches Wasser mit einer Gesamthärte von höchstens 4,0 °dH verwendet werden. Der Salzgehalt des Speisewassers soll unter 400 mg/l liegen. Die Alkalität darf die Resthärte nicht übersteigen, wenn letztere über 0,5 °dH liegt. Vorteilhaft ist die Impfung des Lokomotivspeisewassers mit polymeren Phosphaten, auch dann, wenn das Wasser zuvor entcarbonisiert worden ist. Freies CO_2 darf im Warm- und Heißwasserbereich nicht vorhanden sein.

2. Heißwasser-Heizungsanlagen

Der TÜV hat „Richtlinien für die Wasserbehandlung in Heißwasser-Erzeugern und Heißwasser-Heizungen“ 1973 herausgegeben. Bei Druck von über 0,5 atü bzw. 110 °C spricht man von HD-Dampf (Hochdruckdampf) und Heißwasser. 0,5 atü ist also die Grenze von Warmwasser und Heißwasser.

Alle Heizungsanlagen mit Vorlauftemperaturen von 100 bis 110 °C unterliegen jetzt der Dampfkessel-Verordnung (von 1966) hinsichtlich der Betriebssicherheit. Eine Wasserbehandlung soll Wasserstein und Korrosionen verhindern.

Wie bei Hochdruckkesseln soll der Sauerstoff des Füllwassers gebunden werden mit (Hydrazinhydrat oder Natriumsulfit). Als Kesselstein-Verhütungsmittel wird Trilon BKR oder Dow VT 600 verwendet. Bei HW-Heizungen soll die Härte nicht mehr als 12 °dH (4 mval/l) betragen.

Wenn Buntmetalle installiert sind, darf der pH-Wert nicht über 9,5 und der p-Wert nicht über 1 mval/l ansteigen. Bei Flammrohr-Kesseln soll die Carbonathärte nicht höher als 6 °dH sein.

Bei HW-Heizungen mit Wasserrohrkesseln (Kessel mit Durchlauf-Erhitzern) darf nur härtefreies Wasser verwendet werden. Vor der Phosphat-Impfung zur Warmwasser-Versorgung läßt man ein Gleichgewichts-Wasser erst eine dünne Schutzschicht bilden (ca. 1 Monat) und dosiert mit kleinen Mengen Phosphat allmählich ansteigend (TÜV, Bayern u. E. Herre: Korrosionsschutz in der Sanitär-Technik).

3. Kühlwasser

Kühlwasser darf keine Wassersteinablagerungen oder lockere Abscheidungen auf den Kühlflächen verursachen; es soll also geringe Härte, insbesondere niedrige Carbonathärte, haben. Besonders bei Rückkühlung im Betrieb soll die Carbonathärte des Kühlwassers nicht über 5 °dH liegen, da Steinablagerungen an den Rohrwandungen die Kühlleistung herabsetzen (pro 1 mm um 7%). Andererseits soll das Wasser aber nicht so weich sein, daß es die Rohre, Kühlflächen und Behältermaterialien angreift. Carbonathärte und „scheinbare Carbonathärte" ist zu unterscheiden (S. 256).

Bei Rückkühlung des Kühlwassers, die hauptsächlich in Kaminkühlern und anschließend in Kühlteichen erfolgt, soll der Salzgehalt durch die Verdunstung großer Wassermengen nicht zu hoch ansteigen, und zwar nicht über 3000 mg/l. Deshalb ist nicht nur stets eine entsprechende Menge Frischwasser zuzusetzen, sondern auch ein Anteil des angereicherten Wassers herauszunehmen. Neuer Grenzwert: 1000 mg Cl^-/l.

Kühlwasser soll ferner frei von Eisen und Mangan sein, keinesfalls mehr als 0,3 mg Fe/l haben, da sonst Ablagerungen auftreten, die sich in den Rohren festsetzen und diese verstopfen. Hierdurch werden mit der Zeit auch die Kühlflächen isoliert. Man kann auch mit geeigneten Polyphosphaten eisenhaltige und manganhaltige Wässer als Kühlwasser verwendbar machen; bei Kühlwasser-Kreislauf ist dies durchaus wirtschaftlich. Das Kühlwasser darf dann aber nicht mit der Luft in Berührung kommen. Auf 1 mg Fe^{2+} muß man 4 mg Polyphosphat ansetzen.

Organische Stoffe sollen höchstens in geringen Mengen im Kühlwasser vorhanden sein, da sonst Schlammabscheidungen auftreten; 25 mg/l $KMnO_4$ ist als obere Grenze anzusehen.

Harte Wässer müssen enthärtet werden. Das geschieht am besten nach dem Bücherschen Ätzkalkverfahren (S. 263). Bei Wässern mittlerer Carbonathärte bis 6 °dH kommt man mit einem Polyphosphatzusatz aus, am besten Natriumtripolyphosphat. Die Wassertemperatur darf dann aber nicht auf über 70 °C kommen, sonst bildet sich Orthophosphat, das Stein- und Schlammabsatz verursacht. Die Polyphosphate verhindern nicht nur das Ausfallen der Härtebildner (Wassersteinbildung), sondern lösen auch Steinablagerungen auf (S. 267).

Algen und Planktonlebewesen aus dem Kühlteich sollen vor dem Rücklauf abgefiltert werden; sie können im Kühlteich durch Kupfersalze an der Entwicklung gehindert werden. Über Mikrosiebe s. S. 73.

Für die Kesselwasser- und Kesselspeisewasser-Untersuchung hat K. Schilling einen tragbaren Gerätekoffer mit Untersuchungsvorschriften entwickelt, der von der Fa. Franz Bergmann KG geliefert wird. Das Standardwerk „Kühlwasser" von H. D. Held ist in 2. Auflage 1976 erschienen.

E. Wasser für Brauereizwecke

Brauwasser muß hygienisch einwandfrei sein. Alles was über das Trinkwasser gesagt wurde, gilt also auch für das Brauwasser. Ein gutes Trinkwasser ist im allgemeinen auch ein gutes Brauwasser; es braucht dies aber nicht so zu sein, denn verschiedene Mineralbestandteile des Wassers, die beim Trinkwasser keine so große Rolle spielen, sind von großem Einfluß auf die Qualität des Bieres. Die Salze des Wassers, die Hydrogencarbonate des Calciums, Magnesiums und der Alkalimetalle wirken auf die Würze aciditätsvernichtend ein, sie bewirken eine pH-Erhöhung der Würze, die wiederum eine Extraktverminderung zur Folge hat. Dadurch werden Farbe und Geschmack des Bieres ungünstig beeinflußt. Für helle Biere wird deshalb kalkarmes Wasser benötigt. Je nach der Beschaffenheit des Brauwassers gibt es drei Haupttypen von Bieren.

1. Pilsener:	keine Carbonathärte	keine Nichtcarbonathärte
2. Münchener:	Carbonathärte ziemlich hoch	Nichtcarbonathärte hoch
3. Dortmunder:	Carbonathärte hoch	Nichtcarbonathärte hoch
4. Weizenbier:	Carbonathärte niedrig	Nichtcarbonathärte niedrig.

Kolbach und Schwabe haben gefunden, daß zum Ausgleich der aciditätsvernichtenden Wirkung die Calciumkonzentration des Wassers 3,5mal so hoch sein muß wie die Magnesiumkonzentration. Man rechnet im Brauereifach mit dem Begriff des Kalkwertes, der durch Addition der Kalkhärte und der halben Magnesiumhärte errechnet wird. 3,5 °Kalkhärte gleichen 1 °Gesamtalkalität aus. Durch Division des Kalkwertes durch 3,5 erhält man die „ausgeglichene Alkalität"; wenn man diese von der Gesamtalkalität abzieht, erhält man die „Restalkalität". Die „Restalkalität" ist ein wichtiger Faktor für die Brauführung. Wenn der Kalk- und Magnesiumgehalt im Vergleich zur Gesamtalkalität hoch ist, ergibt sich trotzdem eine niedrige „Restalkalität".

Nach Kolbach ist die Restalkalität gleich Gesamtalkalität minus Kalkwert durch 3,5.

Wenn die „Restalkalität" über 5° beträgt, ist für helle Biere eine Aufbereitung des Wassers ratsam.

Ein zu hoher Magnesiumsulfatgehalt des Brauwassers (mehr als 50 mg/l MgO ist für die Qualität des Bieres ungünstig und verursacht mitunter Durchfälle beim Konsumenten. Bei hellen Bieren schadet ein Kochsalzgehalt über 500 mg/l, bei dunklen Bieren über 800 mg/l.

Hoher Nitratgehalt (über 25 mg/l) führt zu Störungen bei der Gärung, da sich Nitrite bilden. Nitrite dürfen nämlich im Brauwasser nicht vorhanden sein, abgesehen davon, daß sie verunreinigtes Wasser anzeigen (S. 97). Nitrite sind starke Hefegifte.

Wenn auch der größte Teil des Brauwassers beim Würzekochen durch die Erhitzung keimfrei wird, so darf nach dem Lebensmittelgesetz ein hygienisch nicht einwandfreies Wasser nicht zur Bierbereitung verwendet werden. Ein Teil des Brauwassers wird überdies oft als solches ungekocht zum Verdünnen der Würze benutzt.

Eine Brauerei kann jetzt gemäß TVO von 1975 eine Enthärtung bzw. Entcarbonisierung oder eine Chlorung des Brauwassers vornehmen; andererseits ist das einfache Abkochen des Brauwassers aus verschiedenen anderen Gründen nicht vorteilhaft.

Carbonate und Hydrogencarbonate des Kaliums, Natriums und Calciums können dem Brauwasser nach Bedarf jedoch ohne weiteres zugesetzt werden, ebenso Gips (Brauereigips).

Für normale Wässer ist die Entcarbonisierung mit Kalkwasser die beste und billigste Methode. Es muß nur die Sicherheit gegeben sein, daß eine Überdosierung des Kalks ausgeschlossen ist. Besondere Erfahrungen auf dem Gebiet der Brauwasser-Entcarbonisierung haben die Firmen Hager & Elsässer und Philipp Müller, insbesondere in der Erzielung vollständig magnesiumfreien Reinwassers.

Bei Wässern mit viel Magnesiumcarbonat und Alkalicarbonaten ist eine besondere Behandlung notwendig, z. B. beim Magnesiumhydrogencarbonat durch starke Überhitzung und anschließende Kohlensäurebehandlung des geklärten Wassers und anschließendes Verschneiden mit 2 bis 3 Teilen des unbehandelten Wassers.

Huminwässer müssen für Brauereizwecke unbedingt aufbereitet werden (Aluminiumsulfatflockung S. 71).

Da eine Permutit- oder Lewatit-Enthärtung für Brauwasser nicht geeignet ist, weil das ausgetauschte Natrium ebenso ungünstig ist wie Calcium und Magnesium, kann nur eine Entcarbonisierung mit Kalk ein gutes Brauwasser ergeben, gegebenenfalls eine anschließende Vollentsalzung (S. 106). Wenn städtisches Leitungswasser in der Brauerei benutzt wird, ist daran zu denken, daß bei Phosphat-Impfung desselben die übliche Entcarbonisierung nicht gelingt.

Eisenhaltiges Wasser (mit mehr als 0,3 mg/l Fe) stört im Brauprozeß infolge von Hefeschädigungen und gibt zu Trübungen des Bieres Anlaß. Eine Enteisenung durch geschlossene Belüftung (S. 240 f.) ist daher ratsam. Eisen würde bei einer notwendigen Entcarbonisierung mit Kalk gleichzeitig mit ausfallen.

Hoher Kieselsäuregehalt des Brauwassers wirkt sich ungünstig auf die Klärung des Bieres aus.

Der pH-Wert des Brauwassers ist wichtig für die Enzym-Wirkung. Bei manipuliertem Wasser muß der pH-Wert auf ca. 7,0 und der p-Wert auf 0 gebracht werden (s. a. K. W. Naumann: Das Brauwasser und L. Narziss: Abriß der Bierbrauerei (5. Aufl. 1981) und F. Knorr, Wasser und Abwasser in der Brauerei, Nürnberg 1967).

VIII. Mineralwasser und Heilwasser

A. Mineralwasser

Begriffsbestimmungen

Die Fragen, ob Wasser aus natürlichen oder künstlich erschlossenen Quellen als Mineralwasser oder als Heilwasser bezeichnet werden kann, werden durch die „Verordnung über Tafelwässer“ vom 25. 6. 1980 bzw. durch den Entwurf der neuen Tafelwasser-Verordnung vom 1. 3. 1982 sowie 25. 2. 1983 und durch die „Begriffsbestimmungen für Kurorte, Erholungsorte und Heilbrunnen“ vom 30. 6. 1979 beantwortet.

Die *Verordnung über Tafelwässer*[1] enthält folgende Begriffsbestimmungen:

Tafelwässer sind:

1. Mineralwässer,
2. mineralarme Wässer,
3. künstliche Mineralwässer.

Zu 1. „Mineralwässer sind natürliche, aus natürlichen oder künstlich erschlossenen Quellen gewonnene Wässer, die in einem Kilogramm mindestens 1000 Milligramm gelöste Salze oder 250 Milligramm freies Kohlendioxid enthalten und am Quellort abgefüllt werden“. Diese Grenzwerte sind in den neuen Entwürfen von 1982 u. 1983 beibehalten worden. Die EG-Richtlinien vom 15. 7. 1980 werden z. Zt. in „Deutsches Recht umgesetzt“, „Der Mineralbrunnen“ **34,** 254 ff. (1984), als „Verordnung über natürliches Mineralwasser, Quellwasser und Tafelwasser“ als endgültige Verordnung auf diesem Gebiet vom 1. 8. 1984 (MTVO) und Verw. Vorschr. d. B. Min. vom 28. 11. 1984.

Hierzu ist zu bemerken, daß man bei dem Grenzwert von 1000 mg/kg gelöste Salze nicht vom Abdampfrückstand des Wassers ausgeht, sondern von der durch eine Gesamtanalyse ermittelten Summe der Anionen und Kationen, die zumeist höher ist als der Wert für den Abdampfrückstand. Durch die Erhitzung beim Eindampfen geht nämlich die Hydrogencarbonatkohlensäure teilweise verloren. Bei Grenzwerten ist deshalb die Hälfte des ermittelten Hydrogencarbonats zu dem Abdampfrückstand hinzuzuzählen. Die Bezeichnung Mineralwasser kann also auch solchen Wässern zustehen, die etwas weniger als 1000 mg Abdampfrückstand/kg haben (s. a. K. E. Quentin: Z. f. analyt. Chemie **146,** 18–26 [1955]). Gelegentliche Unterschreitungen des Grenzwertes von 1000 mg/kg sollten deshalb nicht gleich zu Beanstandungen führen (W. Fresenius: „Der Naturbrunnen“, S. 153 [1963]).

Mineralwässer dürfen durch Belüftung enteisent werden, was auch bei stark kohlensäurehaltigen Wässern (Säuerlingen) gelingt. (Ausführung z. B. Berkefeld Filter-Ges., Celle). Auch die Entfernung von Schwefelwasserstoff durch Belüftung ist bei Mineralwässern zugelassen (Ausführung z. B. Neue Continentale Bauges., Hannover).

---

[1] Reichsges.Bl. I, S. 199 [1938].

Die Zuhilfenahme von Ozon bei der Enteisenung und Entschwefelung dürfte ebenfalls zulässig sein.

Die Enteisenung und Entschwefelung muß nach § 7 der Verordnung über Tafelwasser in gleicher Schriftart wie der Quellname auf dem Flaschenetikett deklariert sein, ebenso wie eine Imprägnierung mit Kohlensäure, also: „enteisent und mit Kohlensäure versetzt" oder „entschwefelt und mit Kohlensäure versetzt". Bei der vorgeschriebenen Deklaration dürfen diese Mineralwässer auch als „natürliches Mineralwasser" bezeichnet werden.

Säuerlinge oder Sauerbrunnen sind Mineralwässer mit einem natürlichen Gehalt von mindestens 1000 mg/kg gelöstem freiem Kohlendioxid. Säuerlinge dürfen allerdings keine Veränderung erfahren außer einem weiteren Zusatz von Kohlensäure (Imprägnierung).

Sprudel sind Säuerlinge (s. o.), die im wesentlichen durch natürlichen Kohlensäuredruck aus natürlichen oder künstlich erschlossenen Quellen hervorsprudeln. Die Bezeichnung „Sprudel" ist aber auch zulässig für ein unter Kohlensäurezusatz abgefülltes Mineralwasser, auch wenn dieses durch Belüftung enteisent oder entschwefelt ist und für mineralarmes Wasser.

Zu 2. Als Tafelwässer gelten auch mineralarme Wässer, die aus natürlichen oder künstlich erschlossenen Quellen gewonnen werden.

Die mineralarmen Wässer dürfen außer einer Kohlensäureimprägnierung keine Veränderung erfahren.

Für die Herstellung von Tafelwässern ist ein Zusatz von Silbersalzen (Silberchlorid, Silbersulfat und Natriumsilberchlorid-Komplex) bis zu einer Menge von 1 mg Ag pro l ohne Deklaration nach der neuen Fremdstoff-Verordnung vom 19. Dezember 1959 zugelassen (DGBl. Teil I Nr. 52 [1959]), neuerdings aber nur mit Deklaration.

Sole ist ein natürliches salzreiches Wasser mit einem Mindestgehalt von 14 g/kg NaCl.

Als Sole werden auch die durch Wasserentziehung im Salzgehalt angereicherten Mineralwässer bezeichnet (Abläufe von Gradierwerken oder Eindampf-Pfannen).

In den neuen Begriffsbestimmungen für Heilbrunnen von 1965 (s. u.) ist der Grenzwert für Sole dem der Tafelwasserverordnung angeglichen worden (s. u.). In den alten Begriffsbestimmungen war der Grenzwert etwa 10% höher, jetzt also 14 g/kg.

Die Tafelwasser-Verordnung gilt nicht für alle Mineralwässer, sondern nur für die als Tafelwasser bestimmten.

Die Untersuchung von Mineralwasser ist im Abschnitt Trinkwasser weitgehend berücksichtigt. Für stark mineralisierte Wässer sind einige Ergänzungen im nächsten Abschnitt enthalten.

Prüfung auf Mineralwasser-Eigenschaften. Zur Ermittlung, ob ein unbekanntes Wasser Mineralwasser-Eigenschaften hat, bestimmt man zunächst den Abdampfrückstand und den Gehalt an Hydrogencarbonat- sowie Chlorid-Ionen.

Wenn der Abdampfrückstand 1000 mg pro kg Wasser wesentlich übersteigt, liegt Mineralwasser vor. Wenn der Wert an der Grenze von 1000 mg/kg liegt, kann man die Hälfte des Hydrogencarbonat-Wertes hinzurechnen, weil diese beim Eindampfen und Trocknen verlorengeht. Die Prädikatisierung richtet sich nämlich nach der Mineralwasser-Analyse, in der der volle Hydrogencarbonat-Wert erscheint. Die anschließende Mineralwasser-Analyse oder Heilwasser-Analyse gibt dann Aufschluß über den Charakter des Mineralwassers.

In der Mineralwasser-Zeitung „Das Erfrischungsgetränk“ berichtet W. Ulrich ausführlich über „Die Abgrenzung von Trinkwasser und Tafelwasser im Lebensmittelrecht“ (**26,** 597–601 [1973]).

Über „Mineral- und Thermalwässer der Bundesrepublik Deutschland“ berichten K. Fricke in der Zeitschrift „Der Naturbrunnen“ (**19,** 426–432 [1969]) sowie K. Fricke u. G. Michel in der Zeitschrift „Der Mineralbrunnen“ (**24**, 70–89 [1974]).

B. Heilwasser

Heilquellen sind „natürlich zutage tretende oder künstlich erschlossene Wasser- oder Gasquellen (Moffetten genannt), die auf Grund ihrer chemischen Zusammensetzung, ihrer physikalischen Eigenschaften (z. B. Thermalquellen) oder nach der Erfahrung geeignet sind, Heilzwecken zu dienen“ (M. Abt in: Der Naturbrunnen **11,** 242–246 [1961]). Über die rechtlichen Fragen des Mineralwassers und Heilwassers hat K. E. Quentin im Kommentar zum Lebensmittelrecht von W. Zipfel (München 1967) nähere Ausführungen gemacht.

Von Mineralwässern müssen jetzt alle 5 Jahre chemische Vollanalysen und alle Jahre Kontroll-Analysen angefertigt werden.

Nach den „Begriffsbestimmungen für Kurorte, Erholungsorte und Heilbrunnen“ des Deutschen Bäderverbandes vom 30. Juni 1979 gilt folgende Definition für Heilwässer: „Natürliche Heilwässer stammen aus Quellen, die natürlich zutage treten oder künstlich erschlossen sind. Auf Grund ihrer chemischen Zusammensetzung, ihrer physikalischen Eigenschaften oder nach der balneologischen Erfahrung dienen sie geeigneten Heilzwecken.“ Kommentar der Begriffsbestimmungen: Deutscher Bäderverband 1982.

Die chemische Zusammensetzung und die physikalischen Eigenschaften sind durch Heilwasseranalysen (alle 10 Jahre) nachzuweisen und durch Kontrollanalysen (alle 2 Jahre) zu überprüfen. Ihre Eignung, Heilzwecken zu dienen, ist durch Gutachten eines Balneologischen Instituts oder eines anerkannten Balneologen nachzuweisen.

Nomenklatur. Als Heilwässer werden hauptsächlich folgende Kategorien von Wässern zugelassen, sofern nicht Eigenschaften oder Inhaltsstoffe eine Verwendung zu Heilzwecken ausschließen (z. B. Teer, Bitumen, Phenole u. a.):

Gruppe A: Wässer, die in 1 kg mehr als 1000 mg gelöste feste Mineralstoffe enthalten. Zur näheren Charakterisierung dieser Heilwässer werden diejenigen Ionen herangezogen, deren Konzentration 20 mval% und mehr an der Kationen- bzw. Anionenkonzentration beträgt. Bei der Charakterisierung werden in absteigender Folge zuerst die obwaltenden Kationen und danach die Anionen aufgezählt.

Die Heilwässer der Gruppe A werden nach den obwaltenden Anionen in vier Hauptgruppen eingeteilt, nämlich in Chloridwässer, Hydrogencarbonatwässer, Carbonatwässer und Sulfatwässer. Die alten Bezeichnungen wie muriatische, salinische, erdige Kochsalzquellen u. a. sind schon in den vorigen Begriffsbestimmungen ausgeschaltet worden. Man unterscheidet jetzt:

1. Chlorid-Wässer
   a) Natrium-Chlorid-Wässer (häufig)
   (früher: „muriatische Quellen“)
   b) Calcium-Chlorid-Wässer (selten)
   (früher: „erdmuriatische Quellen“)
   c) Magnesium-Chlorid-Wässer (selten).

Natrium-Chlorid-Wässer mit mehr als 5,5 g Natrium- und 8,5 g Chlorid-Ionen/kg können auch als „Sole“ bezeichnet werden.

2. Hydrogencarbonat-Wässer
   (früher: „alkalische Quellen“)
   a) Natrium-Hydrogencarbonat-Wässer (selten)
   b) Calcium-Hydrogencarbonat-Wässer (häufig)
   c) Magnesium-Hydrogencarbonat-Wässer

3. Carbonat-Wässer (selten)

4. Sulfat-Wässer
   a) Natrium-Sulfat-Wässer (selten)
   (früher: „salinische Quellen“)
   b) Magnesium-Sulfat-Wässer (selten)
   (früher: „Bitter-Quellen“)
   c) Calcium-Sulfat-Wässer (häufig)
   d) Eisen-Sulfat-Wässer (selten)
   e) Aluminium-Sulfat-Wässer (sehr selten)

Gruppe B: Wässer, die weniger als 1000 mg gelöste feste Mineralstoffe in 1 kg enthalten, aber einen Mindestgehalt an besonders wirksamen Bestandteilen haben.

Die Heilwässer dieser Gruppe B werden eingeteilt in:

1. Eisenhaltige Wässer mit mindestens 20 mg/kg Fe^{2+}
   (früher fälschlich: „Stahlquellen“)
2. Iodhaltige Wässer mit mindestens 1 mg/kg I
3. Schwefelhaltige Wässer mit mindestens 1 mg titrierbarem Schwefel pro kg
4. Kohlensäure-Wässer oder Säuerlinge mit mindestens 1000 mg/kg CO_2
5. Radonhaltige Wässer mit mindestens 18 nCi/l = 50 Mache-Einheiten (ME).
   (Radiumhaltige Wässer mit mindestens 10^{-7} mg/kg Ra sind in den Begriffsbestimmungen ab 1965 weggefallen.)
6. Fluorhaltige Wässer mit 1,5 mg/kg F^-.

Gruppe C: Wässer, die unabhängig von ihrem Mineralstoffgehalt von Natur aus eine höhere Temperatur als 20 °C haben, die Thermen oder Thermalwässer. Mineralarme Thermen werden auch als Akratothermen bezeichnet.

Gruppe D: Mineralarme kalte Wässer, die keine der obigen Voraussetzungen erfüllen, werden auch als Akratopegen bezeichnet. Ihre Eignung als Heilwässer muß durch besondere klinische Gutachten nachgewiesen werden.

Wenn mehrere Voraussetzungen von einem Heilwasser erfüllt werden, so ist die Kennzeichnung nach Gruppe B voranzusetzen, z. B. Iodhaltiges Natrium-Chlorid-Wasser.

Bei Kohlensäurewässern und Thermen wird die Kennzeichnung an den Schluß gesetzt, z. B. Natrium-Chlorid-Säuerling und Natrium-Calcium-Chlorid-Sulfat-Therme.

Bei einem mannigfaltigen Heilwasser, das z. B. gleichzeitig Sole und Säuerling ist und dazu ein Thermalwasser darstellt, ist es der Sachkenntnis des Chemikers überlassen, die wichtigsten Eigenschaften bei der Charakterisierung zu benennen, z. B. eisenhaltige thermale Sole oder Thermasole. Die Sole-Eigenschaft ist z. B. wichtiger als die Säuerlingseigenschaft.

Thermalwässer kommen bei uns immer aus größerer Tiefe. Auf je 30 m Tiefe nimmt die Temperatur im Erdinnern um 1 °C zu („geothermische Tiefenstufe").

Die Grenzwerte für die Gruppe B gelten nach den neuen Begriffsbestimmungen jetzt für den Ort des Verbrauches, also für das Kurmittelhaus oder das Badehaus und nicht, wie bisher üblich, nur für die Quelle.

Bei unzweckmäßiger Speicherung, Fortleitung und Einleitung in die Wanne gehen wertvolle Bestandteile teilweise verloren (z. B. Eisen(II)-verbindungen, CO_2, H_2S). Durch eingehende Untersuchungen von der Quellfassung bis zum Verbrauchsort sollte dies vermieden werden. Jedenfalls sind jetzt immer mindestens an zwei Stellen vergleichende Proben zu nehmen (s. K. E. Quentin, Heilbad und Kurort **9,** 61 [1957], W. Müller, Z. f. angew. Bäder- und Klimaheilk. **1** [1953], E. Komma, Heilbad und Kurort **12,** 46–48 [1960] und A. Kastel, M. Klusacek u. W. Weis, Heilbad und Kurort **12,** 81–83 [1960]).

Heilwässer dürfen nach den neuen Begriffsbestimmungen nur ohne Zusatz oder Entzug irgendwelcher Bestandteile zu Kurzwecken verabfolgt werden. Jegliche Aufbereitung oder Veränderung ist bei Heilwasser also verboten; ausgenommen ist das Erwärmen für die Trink- und Badekur sowie die Verdünnung starker Solen.

Heilwässer dürfen wie gesagt keinen Zusatz oder Entzug von irgendwelchen Stoffen erfahren. Für die Abfüllung ist die Artbezeichnung „rein natürliche Abfüllung ohne jede Behandlung" festgelegt und die Artbezeichnung „natürliche Abfüllung" mit einem Kohlensäurezusatz bis zu 1 atü bei 20 °C einschließlich der bereits vorhandenen Kohlensäure. Dieser Kohlensäurezusatz ist jedoch nur gestattet, wenn nachweislich Eisen oder andere Stoffe bei der Lagerung des Heilwassers ausfallen, was durch Gutachten nachzuweisen ist.

Der Schutz der Heilquellen ist einer besonderen wasserrechtlichen Regelung vorbehalten, da die Heilquellen unersetzliche Geschenke der Natur sind. Abwasser, Abfallstoffe und Kraftstoffabläufe gefährden heutzutage immer mehr unsere Heilquellen. Durch ständige hygienisch-chemische und bakteriologische Untersuchungen soll nach den neuen Begriffsbestimmungen die Gewähr dafür gegeben werden, daß unsere Quellen unbeeinflußt und rein bleiben. Die Koloniezahl soll bei Heilwässern 20/ml nicht übersteigen.

Darüber hinaus sollen jährliche Kontrollanalysen ermitteln, ob die wichtigsten Bestandteile des Heilwassers in ihrer Konzentration der der Grundanalyse, der großen Heilwasseranalyse, entsprechen. Manche Quellwässer, besonders flache Quellen, schwanken in ihrer Beschaffenheit, was oft durch quellentechnische Maßnahmen behoben werden kann (W. Müller: Jb. „Vom Wasser" **18,** 27–42 [1950/51]). Schwankungen von ±20% sind daher nach den Begriffsbestimmungen zugelassen, beim CO_2 von ±50%.

Andere Quellen, besonders die aus sehr großer Tiefe kommenden, sind ziemlich unveränderlich (W. Fresenius: Schriftr. d. Dt. Bäderverb. **8** [1952]). Dem Verfasser sind Heilquellen bekannt, die durch viele Jahrzehnte hindurch chemisch außerordentlich konstant sind und auch eine vollkommen gleiche Temperatur haben.

Für den Kurbetrieb sind natürlich auch regelmäßige Beobachtungen über die Quellschüttung wichtig, besonders bei den periodischen und intermittierenden Quellen. Eine auch zeitweilige Überbeanspruchung von Heilquellen wirkt sich u. U. ungünstig auf die chemische und physikalische Beschaffenheit aus (W. Müller).

„Richtlinien für Heilquellenschutzgebiete" sind 1965 von der Lawa (Länderarbeitsgemeinschaft Wasser) gegeben und 1977 neu gefaßt worden (s. auch R. Schmidt-Berger, L. b. Bäder- u. Klimaheilkunde **19,** 1–7 [1972]).

Da die meisten Heilwässer stark materialangreifende Eigenschaften haben, sind durch sie die Quellfassungen und Verrohrungen gefährdet (C. Genser, Schriftr. d. Dt. Bäderverb. **8** [1952]). Durch ständige technische und chemische Untersuchungen muß man daher irgendwelchen Veränderungen der Quellenfassung und des Heilquellengutes vorbeugen. Man verwendet jetzt mehr und mehr Kunststoffrohre, Hagusta-Rohre (Hagusta GmbH) und OBO-Rohre (Fa. Bosse) in den Heilbädern (W.Wevelmeyer, Heilbad u. Kurort 3129 [1957]).

Vom Analysenausschuß des Deutschen Bäderverbandes sind Normativbestimmungen für die Untersuchung von Heilwässern ausgearbeitet worden, die in die Begriffsbestimmungen (s. o.) als Anhang aufgenommen worden sind. Im folgenden sollen diese Analysennormen wiedergegeben werden.

In der Schweiz gilt noch die Mineralwasser-Verordnung vom 16. 8. 1950 bzw. der Artikel 263 der Verordnung über den Verkehr mit Lebensmitteln.

1. Analysen-Normen

a) Die Heilwasser-Analyse

Von jedem balneologisch genutzten Heilwasser muß eine große Heilwasser-Analyse vorliegen. Alle 10 Jahre ist diese zu erneuern.

In Abfüllbetrieben, die mehr als 300000 Flaschen Heilwasser jährlich versenden, muß alle 5 Jahre die große Analyse erneuert werden.

Die große Heilwasser-Analyse muß mindestens enthalten:

a) Allgemeine Angaben:
Name und Anschrift des untersuchenden Instituts und des Gutachters
Name der Sachbearbeiter
Datum der Probenahme und der örtlichen Untersuchungen durch das beauftragte Institut
Kennzeichnung der Entnahmestelle nach allgemeiner Lage und Höhenlage der Quelle über NN

Beschreibung der geologischen Verhältnisse auf Grund vorhandener Unterlagen
Angaben über Tiefe, Durchmesser und Auskleidung des Bohrloches oder der sonstigen Fassung; weitere technische Angaben im Zusammenhang mit der Fassung
Schüttung bzw. Ergiebigkeit in l/min
Wetter und vorhergegangene Witterungsverhältnisse (Luftdruck in mbar)
Sonstige Angaben und Beobachtungen

b) Sinnenprüfung nach Geruch, Geschmack, Färbung und Klarheit bei der Probenahme, nach 8 Stunden, soweit dies möglich ist, und nach Eingang im Laboratorium unter Angabe der seit der Probenahme verstrichenen Zeit

c) Physikalische und physikalisch-chemische Untersuchung
Temperatur in °C an der Entnahmestelle, unter Angabe der Lufttemperatur und des Luftdrucks (mb)
Dichte bei 20 °C
pH-Wert elektrometrisch an der Quelle bestimmt
Radioaktivität: Gehalt an Radon (Rn) und an Radium (Ra)

d) Quantitative chemische Untersuchung nach vorausgegangenen qualitativen Prüfungen
Gehalt an dissoziierten Bestandteilen (Ionen) in mg/kg, in mval/kg, in mval-%
Gehalt an nichtdissoziierten Bestandteilen in mg/kg und mmol/kg sowie an gelösten Gasen in mg/kg, mmol/kg (°C, 760 Torr)
Summe der festen gelösten und aller gelösten Stoffe in mg/kg, der Kationen und der Anionen in mval kg. Abdampfrückstand bei 180 °C getrocknet
Analyse der frei aufsteigenden Gase

e) Gehalt an wertbestimmenden Bestandteilen am Ort der Verwendung

f) Bakteriologische und erforderlichenfalls mikroskopische Untersuchung

g) Charakteristik

Näheres s. u.

b) Kontroll-Analysen

Eine Kontroll-Analyse ist von jedem Heilwasser mindestens alle 2 Jahre erforderlich, von Versandheilwässern alle Jahre.

Die Kontroll-Analyse soll die wichtigsten Bestandteile des betreffenden Heilwassers quantitativ erfassen.

Nach den Satzungen des Verbandes Deutscher Mineralbrunnen muß alle 5 Jahre eine Mineralwasser-Analyse neu erstellt werden und jährlich müssen Kontrollanalysen des Quellwassers vorgenommen werden.

Letztere können auf die Bestimmung des Abdampfrückstandes, des Gehalts an Hydrogencarbonat und der charaktergebenden Bestandteile, wie z. B. Calcium-, Natrium-, Chlorid- und Sulfat-Ionen beschränkt werden. Bei Säuerlingen kommt noch die Bestimmung des Kohlendioxids hinzu.

c) Hygienische Untersuchung

1. Eine hygienische Untersuchung muß alljährlich durchgeführt werden von jedem Heilwasser, dessen Wasser getrunken, eingeatmet oder zur Verabreichung von

Heilbädern verwendet wird, und von jedem bei der Abfüllung von Versandheilwasser verwendeten Zusatz- und Flaschenspülwasser.

2. Die hygienische Untersuchung ist eine an Ort und Stelle einzuleitende Untersuchung und besteht aus der hygienisch-chemischen, mikroskopischen und bakteriologischen Prüfung sowie der unerläßlichen Ortsbesichtigung. Dabei ist die hygienische Beschaffenheit der Gewinnung, Verarbeitung, Zuleitung und Verabreichung der Heilwässer (zugleich auch der Bade-, Einatmungs- und Trinkräume), der Gläser- und Flaschenspülung zu untersuchen.
3. Eine hygienische Untersuchung ist tunlichst im Benehmen mit dem Amtsarzt durchzuführen. Nach Möglichkeit ist diese stets von dem gleichen Institut zu wiederholen, um eine Stetigkeit der Überwachung zu gewährleisten.

Die bakteriologischen Untersuchungen sollen jetzt nicht nur auf E. coli und coliforme Keime, sondern auch auf Faekalstreptokokken, auf Pseudomonas, Clostridien und sulfitreduzierende Anaerobier ausgedehnt werden.

2. Erläuterungen zur Heilwasser-Analyse

Wenn schon die Trinkwasseranalyse einige Erfahrung erfordert, so gilt dies im besonderen Maße für die Heilwasseranalyse, bei der oft die Aufgabe gestellt ist, Bruchteile eines Milligramm bis zu einem tausendstel Milligramm in hochmineralisierten Wässern mit einem Salzgehalt von 100 bis 300 g/kg und mehr genau zu bestimmen.

Es würde über den Rahmen dieses Buches hinausgehen, eine genaue Anleitung zur Heilwasser-Analyse anzugliedern. Da aber der Wasserchemiker manchmal die Frage zu entscheiden hat, ob ein Wasser als Mineralwasser oder Heilwasser bezeichnet werden kann, sollen im folgenden Hinweise auf die Besonderheiten der Mineralwasseranalyse gegeben werden, zumal ein großer Mangel an zusammenfassenden Darstellungen über dieses Gebiet besteht. Alle älteren Standardwerke (R. Fresenius) sind seit langer Zeit vergriffen und auch in Bibliotheken schwer erhältlich. Wir haben nur das 1948 in Innsbruck erschienene verdienstvolle Werk des Züricher Professors Dr. Gübeli-Litscher[1]. Im Jahre 1970 erschien aber eine Monographie über die Mineralwässer und Heilwässer (Band VIII des Handbuchs der Lebensmittelchemie, von K. E. Quentin und W. Fresenius [4]).

In der Heilwasser-Analyse ist es üblich, die Bestimmungen vierfach oder wenigstens dreifach durchzuführen, um gute Mittelwerte zu erhalten.

Wegen der Besonderheiten der Mineralgewässer (spez. Gew., Kohlensäuregehalt u. a.) werden die zu bestimmenden Mengen nicht wie bei Trinkwasserproben abgemessen, sondern abgewogen und die Ergebnisse in mg pro 1 kg Mineralwasser angegeben.

Bei den erwähnten hochkonzentrierten Solen fällt es oft auf, daß darin einige Bestandteile in Konzentrationen vorhanden sind, die weit über ihre normale Löslich-

---

[1] Über die Chemie der Heilwässer siehe auch H. Vogt: Lehrbuch der Bäder- und Klimaheilkunde, Berlin [1940] und W. Amelung u. A. Evers: Handbuch der Bäder- und Klimaheilkunde. Stuttgart [1962].

keit hinausgehen. Alkalichloride erhöhen nämlich die Löslichkeit von Calciumsulfat und Calciumcarbonat beträchtlich (s. L. Rothmund: Löslichkeit und Löslichkeitsbeeinflussung, Leipzig [1907]).

Die Probemenge ist bei der großen Heilwasser-Analyse sehr viel größer als bei der Trinkwasseranalyse, nämlich mindestens 20 kg und zusätzlich eine Anzahl 1- bis 2-Liter-Flaschen mit Entnahmeschlauch (S. 15) befüllt. Die „kleine Heilwasseranalyse" ist jetzt fortgefallen.

Thermalwasser-Proben werden luftblasenfrei am besten in Kunststoff-Flaschen erhalten, da diese sich beim Befüllen ausdehnen und bei Erkalten zusammenziehen.

Bei Säuerlingen ist die Austreibung der Kohlensäure vor den Titrationen meistenteils erforderlich, was bei den einzelnen Bestimmungen im Trinkwasser-Teil bereits erwähnt ist.

Der Abdampfrückstand wird bei Mineralwasser jetzt durch Trocknung bei 180 °C bestimmt, neuerdings auch bei 240 °C.

Die Heilwasser-Analyse erstreckt sich jetzt auf die Kationen: Natrium, Kalium, Ammonium, Magnesium, Calcium, Strontium, Eisen und Mangan.

Ferner auf die Anionen: Chlorid, Bromid, Iodid, Sulfat, Hydrogencarbonat und Hydrogenphosphat, Nitrit, Nitrat und Florid.

Ferner auf ihren Gehalt an Spurenelementen wie z. B. Zink, Kupfer, Blei, Molybdän, Kobalt sowie auf Schadstoffe wie Cadmium, Quecksilber, Arsen, Vanadium, Zinn, Selen, Chrom u. a.

Als gasförmige Bestandteile werden bestimmt: Freies Kohlendioxid und Schwefelwasserstoff (als gesamter titrierbarer Schwefel und freier Schwefelwasserstoff).

Bei der Probenahme werden noch bestimmt: Elektrische Leitfähigkeit in mS/m und das Redoxpotential gegen gesättigte Kalomelelektrode in Millivolt.

Zusätzlich sollen organische Stoffe durch DOC und Kaliumpermanganatverbrauch, Polycyclien und Phenole sowie ev. aufsteigende Gase wie CO_2, CH_4 u. a. bestimmt werden (Screening-Analyse, S. 116).

Kationen-Bestimmungen

a) Kalium- und Natrium-Bestimmung

Diese Alkalimetalle werden heute am besten flammenphotometrisch bestimmt, wobei die Kaliumwerte fast immer sehr genau ausfallen[1]. Allerdings müssen die Testlösungen genau die gleichen Mengen Mineralien enthalten wie das Untersuchungswasser. Die Natrium-Bestimmung ist jedoch nicht immer so exakt, besonders bei den hochkonzentrierten Mineralwässern, bei denen zugleich hohe Ca- und Mg-Konzentrationen vorherrschen, die auf jeden Fall berücksichtigt werden müssen.

Kalium kann gravimetrisch statt nach der Perchlorat-Methode jetzt mit Natriumtetraphenyloborat bestimmt werden (außer bei Solewässern, s. S. 184).

[1] Flammenphotometer liefern die Firmen Zeiß, Oberkochen; Eppendorf GmbH, Hamburg; Netheler u. Hinz, Hamburg, Eichlösungen die Fa. E. Merck.

b) Natrium-Bestimmung

Die gravimetrische Natrium-Bestimmung geschieht durch Versetzen von 100 bis 250 ml des Mineralwassers mit 2 bis 5 ml Uranyl-Reagenz. Das Reagenz wird wie folgt bereitet:

1. 10 g Uranylacetat in 20 g konzentrierter Essigsäure lösen und auf 50 ml auffüllen und
2. 30 g Zinkacetat mit 1 g konzentrierter Essigsäure anrühren und zu 50 ml in dest. Wasser lösen.

Lösung 1. und 2. zu gleichen Teilen mischen.

Bei kleinen Na-Mengen kann man den entstandenen Niederschlag in einigen ml konzentrierter Essigsäure lösen und im 100 ml Meßkolben mit dest. Wasser auffüllen. Einen aliquoten Teil versetzt man mit 2%iger Kaliumhexacyanoferrat(II)-Lösung und photometriert nach 3 Stunden gegen eine entsprechende Kaliumhexacyanoferrat(II)-Lösung mit Filter 494 nm.

Man kann auch mit 0,1 M Titriplex(III)-Lösung den mit Alkohol ausgewaschenen Niederschlag nach Lösen in 1 N Salzsäure und Neutralisieren mit Ammoniumcarbonatlösung titrieren (s. Merck-Broschüre: „Komplexometrische Bestimmungsmethoden mit Titriplex“). 1 ml 0,1 M Titriplex = 2,299 mg Na.

Bei stärkerem Uranyl-Niederschlag kann man denselben auch gravimetrisch nach Auswaschen mit 96%igem Alkohol bestimmen.

c) Lithium-Bestimmung

Von dem zu untersuchenden Mineralwasser werden mindestens 5 kg nach dem Ansäuern mit Salzsäure weitgehend eingedampft; bei stark mineralisierten Wässern geschieht dies am besten in einer großen Porzellanschale auf dem Dampfbad oder zum Schluß, besonders bei Gipswässern wegen des Stoßens, mit Infrarotstrahlern von oben her.

Nach Überführen in ein Becherglas wird ohne vorherige Filtration in der Siedehitze eine dem Sulfatgehalt entsprechende Menge Bariumchlorid zugegeben und nach dem Absetzen wird filtriert. Durch wechselweisen vorsichtigen Zusatz von Bariumchlorid- und Natriumsulfatlösung wird auf die Vollständigkeit der Ausfällung geprüft.

Nach dem Abstumpfen des größten Teils der Säure mit Ammoniak oder durch Eindampfen in offener Schale werden die Erdalkalien und Schwermetalle in der Hitze mit Kalkmilch gefällt. Nach dem Absetzen wird mit Kalkwasser auf Vollständigkeit der Fällung geprüft. Wenn diese vorliegt, filtriert man abermals und fällt nun im Filtrat in der Siedehitze mit Ammoniumoxalat das überschüssige Calcium aus. Der zumeist voluminöse Niederschlag wird mit ammonoxalathaltigem Wasser gut ausgewaschen und das Filtrat nach Prüfung auf Vollständigkeit der Fällung mit Salzsäure versetzt und dann zur Trockne eingedampft. Im Trockenschrank wird der letzte Rest von Feuchtigkeit bei 130 °C entfernt. Nach dem Erkalten wird der Trockenrückstand fein zerrieben und sogleich mit absolutem Alkohol erwärmt. Von dem unlöslichen Kalium- und Natriumchlorid wird abfiltriert und das Filtrat in einer Platinschale eingedampft. Durch Erhitzen des Rückstandes werden die Ammoniumsalze vertrieben. Bei Solen enthält der Calciumoxalat-Niederschlag manchmal viel NaCl; in diesem Falle löst man ihn mit Salzsäure und fällt erneut mit Ammonoxalat in ammoniakalischer Lösung, da das NaCl später stört.

Der im wesentlichen aus Lithiumchlorid bestehende Rückstand wird sogleich verrieben und mit 25 ml Aceton und 1 Tropfen Salzsäure (d 1,19) versetzt. Nach mehrmaligem Vermischen wird in eine Platinschale filtriert und Filter mit Filterrückstand dreimal mit je 5 ml Aceton ausgewaschen.

Nach dem Eindampfen auf dem Wasserbad wird vorsichtig geglüht, um die Reste organischer Substanz zu zerstören. Schließlich wird mit einigen Tropfen Schwefelsäure erhitzt, abgeraucht und schwach geglüht. Der erhaltene Rückstand von Lithiumsulfat wird nach dem Erkalten gewichtsmäßig ermittelt. 1 mg Lithiumsulfat entspricht 0,1263 mg Li.

d) Flammenphotometrische Lithium-Bestimmung

Das Lithium kann nach den grundlegenden Arbeiten von W. Schuhknecht sehr genau auf flammenphotometrischem Wege nach Ausschaltung der Stör-Elemente bestimmt werden, und zwar bei der Wellenlänge 670,8 nm. Die Herstellung der Standard- und Pufferlösung ist beim Kalium auf S. 84 angegeben. (Näheres s. bei W. Schuhknecht u. H. Schinkel: Z. analyt. Chemie **194,** 161–183 [1963].)

Bei Ca-reichen Mineralwässern wird das Lithiumchlorid aus dem Abdampfrückstand einer abgemessenen, mit Salzsäure versetzten Wassermenge mit Äthanol erschöpfend extrahiert, und in 100 ml dest. Wasser zur flammenphotometrischen Bestimmung aufgenommen.

e) Calcium- und Magnesium-Bestimmung

Für die Bestimmung des Calciums und Magnesiums werden die Angaben in dem Abschnitt Trinkwasser (S. 156ff.) in den meisten Fällen genügen. Die Komplexon-Methode ist bei Mineralwasser zumeist nicht brauchbar.

f) Eisen-Bestimmung

Die Eisen-Bestimmung geschieht bei eisenreichen Wässern am besten durch Titration mit 0,01 N $KMnO_4$, da in den Mineralwässern das Eisen stets zweiwertig ist.

Das zu untersuchende Wasser wird mit Hilfe des Entnahmeschlauches (S. 15) in einen gewogenen Meßkolben mit kugelförmig erweitertem Hals von 500 ml oder 1000 ml Inhalt gefüllt und gewogen; sogleich wird mit 10 ml 20%iger Schwefelsäure sowie mit 15 ml Mangansulfat-Phosphorsäure-Mischung versetzt.

Die Mangansulfat-Phosphorsäure-Mischung wird hergestellt durch Mischung einer Lösung von 50 g krist. Mangansulfat in 250 ml Wasser und Eintragen dieser Lösung in ein Gemisch von 250 ml Phosphorsäure (d 1,30) und 150 ml Wasser plus 100 ml Schwefelsäure (d 1,84).

Die aus dem Hydrogencarbonat des Wassers entweichende Kohlensäure genügt gewöhnlich, um eine Oxidation der Eisen(II)-Ionen zu verhindern.

Man titriert unter vorsichtigem Umschwenken mit 0,1 N Kaliumpermanganat bis zur bleibenden Rosafärbung und nimmt einen Blindversuch unter gleichen Bedingungen mit der gleichen Menge dest. Wasser vor.

Berechnung. 1 ml 0,01 N Kaliumpermanganat entspricht 0,5585 mg Fe. Von dem erhaltenen Resultat ist der Blindwert abzuziehen. Für vorhandenes dreiwertiges Arsen wären pro mval $HAsO_4^{2-}$ 4 mval Fe abzuziehen.

Bei eisenärmeren Wässern genügen die Angaben im Abschnitt Trinkwasser. Bei Solen setzt man die Vergleichsserien mit Standardlösungen in entsprechender Salzkonzentration an.

Anionen-Bestimmungen

Bei den Bestimmungen der wichtigsten Anionen kann man gewöhnlich in gleicher Weise verfahren, wie im Abschnitt Trinkwasseruntersuchung beschrieben ist. Dort wird das Mineralwasser, wo es notwendig erscheint, schon gesondert behandelt. Nur für die Untersuchung von Solen und derartig hochkonzentrierten Mineralwässern sollen nähere Anleitungen gegeben werden.

a) Bestimmung des Chlorid-Ions

Bei Wässern mit mehr als 1000 mg/l Cl^- ist die Volhardsche Methode genauer als die Mohrsche. Man setzt zu 25,0 g der Probe nach dem Ansäuern mit Salpetersäure 10,0 ml 0,1 N Silbernitratlösung oder entsprechend mehr zu und erhitzt, bis das entstandene Silberchlorid sich vollständig zusammengeballt hat. In dieser Form ist das Silberchlorid bei dem späteren Rhodanidzusatz indifferent (V. Rothmund u. A. Burgstaller, Z. anorg. Chemie **63,** 330 [1909]).

Nach dem Erkalten setzt man, ohne zu filtrieren, 2 ml einer kaltgesättigten, mit Salpetersäure angesäuerten, Lösung von Eisen(III)-ammoniumsulfat zu und titriert den Silberüberschuß mit 0,1 N Ammoniumrhodanidlösung zurück bis zur Rotfärbung. Bei der potentiometrischen Titration ist der Endpunkt genauer bestimmbar; gegen Ende der Titration kann man auf 0,01 N $AgNO_3$ übergehen und erhält dabei sehr genaue Werte.

Bei Solequellen geht man von entsprechenden Verdünnungen aus oder arbeitet mit halbnormaler Silbernitrat- und Ammoniumrhodanidlösung. Im letzteren Falle empfiehlt es sich allerdings, den starken Niederschlag durch Auswaschung von der Lösung annähernd abzutrennen (ohne zu filtrieren).

Bromid-Ion und Iodid-Ion werden mittitriert, was man gegebenenfalls bei der Berechnung berücksichtigen müßte.

1 ml 0,1 N $AgNO_3$ = 3,5457 mg Cl^-
1 ml 0,5 N $AgNO_3$ = 17,7285 mg Cl^-.

b) Bestimmung des Sulfat-Ions

Zur Sulfat-Bestimmung wäre nur noch zu bemerken, daß bei den gehaltreichen Mineralwässern die auf S. 62 geforderte Prüfung des Filtrats auf Vollständigkeit der Fällung nach Einengung und Auswaschung des Bariumsulfat-Niederschlages mit heißem dest. Wasser ganz besondere Bedeutung hat.

Kieselsäure wird durch Abrauchen mit HCl und nachfolgende Filtration des mit verdünnten HCl aufgenommenen Rückstandes entfernt.

c) Bestimmung des Hydrogencarbonat-Ions

Siehe hierzu S. 154.

d) Bestimmung der Borsäure

Als Vorprobe auf Borverbindungen kann die von H. Baron (Z. f. analyt. Chemie **143,** H. 5 [1954]) für den Nachweis von Bor in Pflanzenmaterial empfohlene Farbreaktion von 1,1-Dianthrimid (Merck) in konzentrierter Schwefelsäure (2,5 ml der eingeengten Wasserprobe + 12,5 ml konz. Schwefelsäure + 5 ml Dianthrimid-Schwefelsäure[1] benutzt werden. Durch Stehenlassen des Gemisches im Trockenschrank bei 80 °C für 1 Stunde kann die Methode quantitativ ausgestaltet werden, wenn man Parallelversuche mit Standardlösungen anstellt und im Elko II mit dem Filter S61,5 die Vergleichsmessung vornimmt. Nitrat-Ion stört (s. auch H. Senften, Diss. Bern [1972]).

Untersuchungsgang. 2 bis 5 kg Wasser werden nach Zusatz von etwas reinstem Natriumcarbonat auf ein geringes Volumen eingedampft. Dieser Rest wird filtriert und das Filtrat noch weiter eingedampft; nach dem Ansäuern mit Salzsäure wird in absoluten Alkohol gegossen. Das Filtrat dieses Gemisches wird mit Natronlauge alkalisch gemacht und der Alkohol abdestilliert. Der Rückstand wird in einem Tiegel zur Trockne verdampft und geglüht. Der Glührückstand wird mit heißem Wasser unter Zusatz von Ammoniumcarbonat aufgenommen und vom Ungelösten durch Filtration befreit.

Zur Entfernung der Kieselsäure wird das Filtrat mit ammoniakalischer Zinklösung zur Trockne verdampft und geglüht. Der Glührückstand wird mit Wasser aufgenommen und durch Einleiten von Kohlensäure vom Zinksilicat und Zinkcarbonat befreit.

Das eingeengte Filtrat wird mit 0,1 N HCl bis zum Umschlag von Methylorange versetzt und die hierbei frei gewordene Kohlensäure durch 10 Minuten langes Kochen am Rückflußkühler entfernt.

Zur Borsäuretitration wird nun die erkaltete Lösung nach Zusatz von 10 g Mannit mit 0,1 N Natronlauge bis zur Rotfärbung des Phenolphthaleins (1 ml der 0,0375%igen Lösung) titriert. 1 ml 0,1 N Natronlauge = 4,383 mg HBO_2.

Eine kolorometrische Mikrobestimmung der Borsäure kann mit Chinalizarin erfolgen, indem man 10 ml Untersuchungswasser mit 20 ml konz. Schwefelsäure und 1 ml Chinalizarinlösung (0,01%ig in 90%iger Schwefelsäure) mischt (Gmelin, Bd. Bor).

Carminsäure-Methode. Photometrisch kann Bor in Mengen von mehr als 2 mg B/l durch Zusatz von 50 ml 0,1%iger Carminsäure in konz. Schwefelsäure zu 5 ml Untersuchungswasser, das mit 0,2 ml konz. Salzsäure angesäuert ist, bestimmt werden.

---

[1] 0,05 g 1,1′-Dianthrimid in 100 ml Schwefelsäure (d 1,84).

Eine auftretende Rotfärbung wird gegen Blindlösung und Vergleichslösung bei 578 nm photometriert (s. auch H. Senften: Borsäure in Trink- und Mineralwässern, Diss. Bern [1972]). Bei Heilwasser und Mineralwasser wird Bor als Orthoborsäure angegeben.

Der Bor-Gehalt der Flußwässer hat jetzt große Bedeutung erlangt, nachdem die Atomkraftwerke große Mengen Borsäure zeitweilig in die Gewässer einleiten mit ihren Kühlwässern (s. K. Höll, Die Wahrheit über die Atomkraftwerke, München 1977).

e) Bestimmung von Iodid- und Bromid-Ionen

Bei reichhaltigen Mineralwässern arbeitet man nach den Angaben von P. Höfer (Ges. Ing. **74,** 224–226 [1953]) ohne einzudampfen.

100 g Wasser werden mit 6 ml Phosphat-Kochsalzlösung (je 100 g Mononatriumphosphat [$NaH_2PO_4 \cdot H_2O$], Dinatriumphosphat [$Na_2\ HPO_4 \cdot 12\,H_2O$], Natriumpyrophosphat [$Na_4P_2O_7 \cdot 10\,H_2O$] und 35 g Natriumchlorid werden in 1400 ml gelöst) versetzt. Ungeachtet etwaiger Ausfällung fügt man 6 ml einer 0,5 N Hypochloridlösung (14,0 g Cl pro l) hinzu und erwärmt langsam innerhalb von 5 bis 10 Minuten auf ca. 90 °C, wobei häufig umgeschwenkt und darauf geachtet wird, daß die Temperatur nicht überschritten wird. Danach werden 6 ml 2 N Ameisensäure zugesetzt, wobei die ausgefallenen Erdalkaliphosphate wieder aufgelöst werden. Mit Hilfe eines Gummiballes wird das über der Flüssigkeit befindliche Chlor aus dem Kolben entfernt.

Man kühlt dann unter der Wasserleitung ab und setzt 1 ml N Kaliumiodidlösung und ca. 0,5 ml 10%ige Salzsäure bis zum pH-Wert 3,0 zu. Nach 10 Minuten titriert man das freigewordene Iod mit 0,01 N Thiosulfatlösung. 1 ml 0,01 N Thiosulfat entspricht 0,2115 mg Iod.

Zur Bestimmung des Broms braucht man jetzt nur noch diese Lösung mit weiteren 10 ml einer 10%igen Salzsäure anzusäuern und nach 10 Minuten erneut mit 0,01 N Thiosulfat zu titrieren. 1 ml 0,01 N Thiosulfat = 0,1333 mg Br. Da das zugesetzte Kaliumiodid u. U. freies Iod enthalten kann, ist ein Blindversuch notwendig. Vier Parallel-Bestimmungen sind notwendig und genau gleichzeitig 2 bis 3 Blindversuche. Als Testlösung verwendet man eine Lösung von 0,1489 g Kaliumbromid in 1 Aqua dest., 1 ml davon enthält 0,1 mg Br.

Störungen. Nitrite stören, kommen aber in Heilquellen kaum vor.

Manche Mineralquellen und Heilquellen haben ziemlich viel Iod (Jodquellen), z. B. die Adelheidquelle in Bad Heilbrunn 23,21 mg I/kg, die Wilhelminaquelle in Bad Wiessee 34,78 mg I/kg und die Jodquelle in Bad Tölz 41,5 mg I/kg.

f) CO_2-Bestimmung in Säuerlingen

Über die Kohlendioxid-Bestimmung in kohlensäurereichen Wässern berichtet K. E. Quentin (Heilbad und Kurort [1967]).

Eine annähernde Bestimmung des freien Kohlendioxids in Säuerlingen kann man mit dem Gerät „Karat“ nach P. Haertl durchführen.

Nach K. E. Quentin, J. Weber und D. Eichelsdörfer werden zu 25 ml 0,25 N Natronlauge und 5 ml Maskierungsreagenz 50 ml Mineralwasserprobe mit Eintauchpipette zugefügt; nach Vermischung wird mit 0,25 N Salzsäure auf farblos zurücktitriert. 1 ml der verbrauchten 0,25 N Natronlauge entspricht 11 mg CO_2 (Näheres s. Z. f. analyt. Chemie **231,** 20–28 [1967]).

Das Maskierungsreagenz wird durch Lösen von 1 mol Kaliumnatriumtartrat (282,2 g) + 1 Mol Natriumcitrat (294,1 g) in 2 Liter dest. Wasser hergestellt und bei Gebrauch mit Lauge auf Umschlag des zugesetzten Phenolphthaleins (1%ig) nach Rot eingestellt.

3. Bestimmung der Spurenelemente

Spurenelemente sind Elemente, die sich in kleinsten Mengen im lebenden Organismus finden und denen eine biologische Wirkung zukommt; sie sind zum Teil lebenswichtig. Die Spurenelemente werden deshalb auch als „Anorganische Vitamine" bezeichnet. Dazu gehören Eisen, Kupfer, Zink, Cobalt, Mangan und Iod. Keine nachweisbare biologische Wirkung haben die sog. Begleitspurenelemente Blei, Quecksilber, Silber, Zinn und Arsen. Über die Rolle des Molybdäns ist in der Balneologie noch wenig bekannt, obwohl es sicherlich eine starke biologische Wirkung hat. Es mangelt vor allem an brauchbaren quantitativen Bestimmungsmethoden für Molybdän-Spuren im Wasser.

Eine photometrische Methode mit Dithiol wäre die einzige Möglichkeit zur Zeit, einige µg Molybdän zu erfassen, wenn man eine weitgehend eingedampfte angesäuerte Wasserprobe mit Benzoin-Chloroform ausschüttelt, um die Eisenstörung zu beseitigen. Die Chloroform-Schicht wird eingedampft und mit konz. Schwefelsäure + Perchlorsäure der organische Komplex zerstört.

Nach Aufnehmen mit dest. Wasser wird Dithiol zugegeben, der grüne Molybdän-Komplex mit Isoamylacetat extrahiert und bei der Wellenlänge 680 nm photometriert (Wenger u. O. Högl: Mitt. Leb. u. Hygiene **59,** H. 6 [1968]). Die Dithiol-Lösung wird hergestellt durch Lösen von 0,2 g Dithiol + 1 g Thioglykolsäure in 100 ml Wasser unter Zusatz von 3 ml einer 30%igen Natronlauge.

a) Dithizon-Methode

Für die quantitative Bestimmung einiger metallischer Spurenelemente hat sich nach Erfahrungen des Verfassers die Dithizon-Methode am besten bewährt, vorausgesetzt, daß sie richtig angewendet wird und alle Reagenzien und Gefäße besonders behandelt werden. Da die Spurenelemente heutzutage auch beim Mineralwasser eine große Rolle spielen, soll die Dithizon-Methode speziell für die Mineralwasseranalyse kurz beschrieben werden[1].

---

[1] Es soll auch auf das Standardwerk von G. Iwantscheff: „Das Dithizon und seine Anwendung in der Mikro- und Spurenanalyse", Weinheim, 2. Aufl. [1972], hingewiesen werden. Nur bei Einhaltung des nachfolgenden Analysenganges ist eine fehlerfreie Ermittlung dieser Kationen-Spuren möglich.

Gefäß-Reinigung

Alle zur Verwendung kommenden Gefäße müssen zunächst mit Alkohol und dann mit warmer Salpetersäure gesäubert werden; danach müssen sie mit Dithizon-Lösung (konzentriert in Chloroform oder Tetrachlorkohlenstoff) in saurem und alkalischem Mileu ausgeschüttelt werden. Zur Prüfung auf vollständige Reinheit schüttelt man die Gefäße mit etwas dithizon-gerechtem Wasser (s. u.), das mit gereinigtem Ammoniak[1] auf pH 9 gebracht wurde, und mit 0,5 ml Dithizon-Lösung in Tetrachlorkohlenstoff (s. u.). Die Tetra-Phase soll dabei farblos werden, sonst muß das Gefäß weiter gereinigt werden. Später genügt mehrmaliges Schütteln nur mit Dithizon-CCl_4-Lösung.

Auch alle Reagenzien und das dest. Wasser (doppelt dest. Wasser) müssen mit Dithizon-Lösung und mit Ammoniak (1:200) ausgeschüttelt werden, bis kein Blindwert mehr erhalten wird.

Das in die wäßrige Lösung übergegangene Dithizon, das durch Gelbfärbung der Lösung erkannt wird, wird durch Ausschütteln mit reinem Chloroform entfernt.

Blindversuche und Prüfungen auf Inhibitoren sind bei jedem Schritt der Analyse unbedingt notwendig. Wenn beim Blindversuch positive Reaktionen erhalten werden, müssen die Reagenzien und Gefäße erneut mit Dithizon-Lösung ausgeschüttelt und mit Chloroform und Tetra nachgewaschen werden. Braune Gläser und Polyäthylen-Behältnisse für Proben und Reagenzien sind ungeeignet. Für die Dithizon-Analyse sind nur Glasstopfengefäße aus Jenaer Glas geeignet, keinesfalls dürfen Gummistopfen verwendet werden.

Beim Stehen der Mineralwasser-Proben in den Probeflaschen können die Spurenelemente besonders das Blei und Zink durch Adsorption an den Gefäßwandungen oder an Eisenabscheidungen der Erfassung entgehen. Man muß also frische Wasserproben für den Spurennachweis verwenden oder man muß bei der Probenahme ansäuern.

Die unten angegebenen Dithizon-Lösungen in Tetrachlorkohlenstoff sind nur 24 Stunden haltbar; sie müssen während dieser Zeit vor Licht geschützt werden.

Schwefelwasserstoff verzögert oder verhindert die Schwermetall-Reaktionen (s. auch E. B. Sandell: Colorimetric Determination of Traces of Metals). H_2S muß also vor der Dithizon-Analyse entfernt werden.

Phosphate wirken sich bei der Dithizon-Extraktion ebenfalls ungünstig aus; in Heilwässern und Mineralwässern kommen sie aber selten in störenden Mengen vor.

b) Dithizon-Analyse

Folgender Arbeitsgang ist einzuhalten, wobei 1 bis 3 μg/kg der Spurenelemente erfaßt werden.

Kupfer-Bestimmung. 200 bis 500 g Mineralwaser werden im Schütteltrichter mit 3 ml einer 10%igen Lösung von Hydroxylammoniumchlorid (Merck 4616) und mit

[1] Das verdünnte reine Ammoniak wird durch isotherme Destillation in dithizongerechtes dest. Wasser, z. B. durch Einlegen von einer Schale mit Ammoniak und einer mit dest. Wasser in einen leeren Exsiccator, hergestellt. Nach 24 Stunden ist genügend Ammoniak in die Wasserschale übergegangen.

1 N Salzsäure bis pH 2 versetzt. Nach jedesmaligem Umschütteln wird mit 0,5 ml Dithizon-Lösung 2 Minuten lang geschüttelt. Die Dithizon-Lösung soll bei normalen Mineralwässern $50 \cdot 10^{-6}$ M (50 mikromolar) sein (= 12,8 mg/l Dithizon [Merck 3092] in Tetrachlorkohlenstoff [Merck 2208 p. a.]). Bei Solen verwendet man eine $100 \cdot 10^{-6}$ M Lösung.

Wenn die Farbe von Grün nach Rotviolett umschlägt, ist Kupfer mehr als in Spuren vorhanden. Die Ausschüttelung wird dann wiederholt, bis die grüne Farbe 2 Minuten lang bestehen bleibt.

Der pH-Wert 2 muß eingehalten werden, da bei höheren pH-Werten das Blei schon hier mitextrahiert wird und stört, während es nachher der Erfassung entgeht.

Wenn bei der ersten Ausschüttelung kein sichtbarer Farbumschlag auftritt, kann trotzdem Kupfer in Spuren vorhanden sein. In diesem Falle wird nach dem Auswaschen mit 0,5 ml 0,5 N HCl der Dithizon-Überschuß durch Auswaschen der Tetraphase mit dithizongerechtem dest. Wasser und Schütteln mit Ammoniak (1:200) weggebracht (10 Sekunden lang schütteln).

Bei Gegenwart von Kupfer tritt dann die rotviolette Färbung der Tetraphase auf. Diese Färbung wird nach nochmaligem Ausschütteln mit 5 ml 0,5 N Salzsäure im Elko mit der von in gleicher Weise behandelten Standardlösung bei 550 nm verglichen und ausgewertet.

Wenn die Tetraphase beim Ausschütteln umgefärbt wird, werden die gesammelten Phasen auf 10 ml aufgefüllt und dann wie oben mit dest. Wasser und mit Ammoniak behandelt.

Bei Solewässern wird nach der Ausschüttelung mit der stärkeren Dithizon-Lösung die Tetraphase zur Zerlegung des Kupferdithizonats zunächst mit 6 N Salzsäure geschüttelt, in die das Kupferdithizonat übergeht. Die abgetrennte wässerige Phase wird eingedampft, erneut nach Hydroxylaminzusatz auf pH 2 gebracht und mit Dithizon-Lösung nach den obigen Angaben geschüttelt; letztere wird nach dem Abtrennen und Auswaschen des Dithizon-Überschusses kolorimetriert.

Wenn bei der ersten Ausschüttelung eine orange oder gelbliche Mischfärbung auftritt, so kann Quecksilber ausnahmsweise hier als Störelement auftreten. In diesem Falle müßte man das Quecksilber durch Zusatz von 1 ml einer 1%igen Kaliumiodidlösung vor der Ausschüttelung des Cu-Dithizonats tarnen.

Blei- und Zink-Bestimmung

Die wäßrige Phase von der sauren Ausschüttelung des Kupfers wird zum Inlösunghalten des in den meisten Wässern vorhandenen Eisens mit 2 N Kaliumnatriumtartrat-Lösung (Seignettesalzlösung) und dann mit 1%igem Ammoniak bis zum pH-Wert 7,0 versetzt.

Mit $50 \cdot 10^{-6}$ M Dithizon-CCl_4-Lösung wird wie oben ein bis mehrmals ausgeschüttelt. Eine violettrote bis rosarote Verfärbung der Dithizon-Lösung zeigt Blei und Zink an.

Man schüttelt dann mit weiterer Dithizonlösung, bis die grüne Dithizonfarbe nicht mehr umschlägt oder farblos wird und trennt ab; die wäßrige Phase wird verworfen.

Die abgelassene und auf 10 ml aufgefüllte Tetraphase wird mit 10 ml dest. Wasser und nach jedesmaliger Abtrennung zweimal mit 5 ml 0,5 N Salzsäure je 1 Minute geschüttelt, wobei die Farbe der organischen Phase wieder in Grün umschlägt. Blei- und Zink-Dithizonat gehen in die wäßrige Phase über, die nach Abtrennung zweimal mit reinem Tetrachlorkohlenstoff ausgewaschen wird.

Die ausgewaschene wäßrige Phase wird nach Auffüllen auf 20 ml in zwei Teile geteilt. Teil I wird auf Blei und Teil II auf Zink geprüft. Die Tetraphase wird verworfen.

Teil I zur Bleibestimmung wird mit dithizongerechtem Ammoniak (1 N) alkalisch gemacht (pH 8 bis 9) und mit 6 ml einer 10%igen Kaliumcyanidlösung versetzt (KCN Merck 4967 ist Pb-frei). Diese Lösung wird erneut mit 0,5 ml $50 \cdot 10^{-6}$ M Dithizon-CCl_4-Lösung 1 Minute lang geschüttelt. Bei Gegenwart von Blei tritt eine Rosafärbung auf. Dann wird mit weiteren 0,5 ml Dithizon-Lösung geschüttelt, bis die Grünfärbung bestehen bleibt. Auch wenn keine Umfärbung auftritt oder nur eine schmutziggrüne Verfärbung erkennbar ist, wird die abgelassene Tetraphase auf 10 ml aufgefüllt und zweimal mit je 5 ml 0,5%iger Kaliumcyanidlösung 10 Sekunden lang geschüttelt, um Zink, Quecksilber und mitgeschlepptes Kupfer zu tarnen. Die reine rosa Lösung wird nach einmaligem Waschen mit dest. Wasser gegen Färbungen von Standardlösungen im Bereich von 520 nm photometriert.

Nach der angegebenen Arbeitsweise könnte nur noch Wismut mit Dithizon eine Rotfärbung ergeben. In Heilwässern ist dieses jedoch kaum zu erwarten.

Im Zweifelsfalle kann man den rotgefärbten Extrakt mit einigen ml 0,1 N Pufferlösung nach Michaelis (pH 4,6, s. u.) schütteln, wodurch Pb-Dithizonat zerlegt wird (Grünfärbung der Dithizonlösung) und nur die Rotfärbung von Bi-Dithizonat bestehen bleibt.

Bereitung der 0,1 N Pufferlösung nach Michaelis:

13,6 g Natriumacetat und 6,0 g Essigsäure werden mit bidest. Wasser auf 1 Liter aufgefüllt.

Teil II zur Zinkbestimmung wird mit 6 ml einer 10%igen Natriumacetatlösung versetzt und mit verdünntem Ammoniak (1 N) auf einen pH-Wert von 4,5 bis 4,8 eingestellt. Nach Zusatz von 0,5 ml einer 50%igen Natriumthiosulfatlösung wird mit 1,5 ml $50 \cdot 10^{-6}$ Dithizon wie oben geschüttelt. Bei Gegenwart von Zink erhält man eine rosa bis blauviolette Färbung. In diesem Falle schüttelt man mit weiteren ml Dithizonlösung, bis die Tetraphase rein grün bleibt.

Die auf 10 ml aufgefüllte Tetraphase wird, auch wenn keine Umfärbung sichtbar ist, mit 1%iger Natriumacetatlösung, mit Ammoniak (1:200) und zum Schluß mit dest. Wasser ausgewaschen, bis die wässerige Phase farblos bleibt. Die Tetraphase bleibt hierbei rosa bis blauviolett und kann anschließend im Bereich von 540 nm photometriert werden.

Silber-Bestimmung. Aus einer weiteren Probe von 200 bis 500 g des Mineralwassers wird nach Zusatz von 1 N Schwefelsäure bis zum pH-Wert 3 bis 4 (ohne Hydroxylaminzusatz) ein- bis mehrmals mit 0,5 ml einer $50 \cdot 10^{-6}$ M Dithizon-CCl_4-Lösung im Schütteltrichter jeweils 1 min ausgeschüttelt, bis die letzten 0,5 ml Dithizon unverändert grün bleiben. Bei Gegenwart von Silber tritt goldgelbe Färbung auf.

Die gesammelte organische Phase wird mit Tetrachlorkohlenstoff auf 10 ml verdünnt und diese 2 bis 3mal mit je 5 ml 0,5 N Schwefelsäure und anschließend mit Wasser ausgeschüttelt. Anschließend wird mit 0,01 N Ammoniak geschüttelt, um den Dithizonüberschuß wegzunehmen. Die bei Gegenwart von Silber goldgelbe organische Phase wird nach der Abtrennung und dem Auswaschen mit Wasser mit analog bereiteten Standardlösungen im Photometer im Bereich von 460 nm verglichen.

Auch wenn keine sichtbare Umfärbung der Tetraphase beim Ausschütteln auftritt, wird die Ausschüttelung mit Schwefelsäure und Ammoniak, wie oben beschrieben, durchgeführt und anschließend photometriert.

Wenn keine Verfärbung der grünen Dithizonphase eintritt, wird die abgetrennte Wasserprobe gleich zur Prüfung auf Quecksilber nach erneutem Schwefelsäurezusatz verwendet (s. u.).

Zur Silber-Bestimmung in Solewässern muß wegen des hohen NaCl-Gehaltes der Lösung zur Erfassung des Silbers mit Dithizon ein pH-Wert von 5 bis 6 eingestellt werden. In diesem Falle würde als Endpunkt der Extraktion wahrscheinlich eine Rosafärbung auftreten (Gegenwart von Zink und Blei). Durch zweimaliges Auswaschen mit Aqua dest. und 0,5 N Schwefelsäure könnte man diese Elemente aus dem organischen Extrakt entfernen. Wenn hierbei die Färbung rein grün ist, kann kein Silber vorhanden sein, sonst würde eine gelbgrüne bis gelbliche Färbung auftreten. Mit Silber-Testlösungen kann man dies weiter verfolgen.

Enthält das Solewasser auch Hg, so kann es bei pH 1 vor dem Ag extrahiert werden. Enthält es auch Kupfer, dann trennt man dieses durch Extraktion bei pH 1,5 mit stärkerer Dithizonlösung vor dem Ag, das durch den hohen Chloridgehalt des Solewassers bei pH 1,5 getarnt wird, ab. Nach Einstellung der wäßrigen Lösung (Sole) auf pH 5 bis 6 läßt sich dann das Silber extrahieren. Der Endpunkt dieser Extraktion wäre an einer Grünfärbung oder bei Anwesenheit von Zn oder Pb usw. einer reinen Rosafärbung erkennbar. Nach zweimaligem Schütteln mit 0,5 N Schwefelsäure könnte der übliche Analysengang (mit Auswaschen des Dithizonüberschusses) fortgesetzt werden.

Eine reine Gelbfärbung kann u. U. auch von Quecksilber herrühren, das noch vor dem Silber mit Dithizon reagiert. Ob es sich um Silber oder Quecksilber handelt, kann man feststellen durch Schütteln des nach der Analysenvorschrift für die Ag-Bestimmung erhaltenen Extraktes mit 0,5 N Salzsäure. Das Silberdithizonat wird dadurch zerlegt, während das Quecksilberdithizonat bestehen bleibt. In der salzsauren Lösung läßt sich das Silber nach Einstellung auf pH 5 bis 6 erneut mit Dithizon extrahieren.

Sollte bei höherem Kupfergehalt des Mineralwassers zum Schluß der Extraktion eine ins Violette gehende Mischfärbung auftreten, so schüttelt man den gesammelten Extrakt 1 Minute mit 10 ml 0,5 N Salzsäure. In dieser kann man dann das Silber nach Abstumpfen der Säure auf pH 5 bis 6 störungsfrei bestimmen.

Quecksilber-Bestimmung. Eine weitere Probe von 300 bis 500 g Mineralwasser wird mit 2 N Schwefelsäure auf den pH-Wert 1,0 gebracht und sogleich mit 1 ml $50 \cdot 10^{-6}$ M Dithizon-Lösung ausgeschüttelt, bis die letzte organische Phase grün bleibt (jeweils 1 Minute). Wenn Quecksilber mehr als in Spuren vorhanden ist, tritt eine Orangegelbfärbung der Dithizon-Lösung auf. Anderenfalls muß der Dithizon-Überschuß durch Waschen mit Ammoniak entfernt werden; dasselbe gilt auch für den ersteren Fall, wenn die letzte grüngebliebene Dithizon-Lösung zu den ersten gelbgefärbten Extrakten zugesetzt wird.

Wenn das Mineralwasser viel Kupfer und Silber enthält, ist eine Ausschüttelung der gesammelten Tetraphase vor dem Ammoniakzusatz mit 10 ml 0,5 N Schwefelsäure und eine vorherige Erhöhung der Acidität auf 0,2 N ratsam. Die Kupferstörung kann auch durch vorherigen Zusatz von Ameisensäure verhindert werden (Woebling u. Steiger: Z. f. angew. Chemie **46,** 279 [1933]).

Die gesammelten Extrakte werden im Mischzylinder mit Tetra auf ein entsprechendes Volumen aufgefüllt und einmal mit 5 ml 0,5 N Salzsäure durchgeschüttelt. Nach Entfernung des Dithizonüberschusses durch zweimaliges Durchschütteln mit je 10 ml Ammoniak (1:200) schüttelt man den abgelassenen organischen Extrakt nochmals mit einigen ml Essigsäure durch. Der gut abgesetzte Extrakt wird bei 485 nm photometriert.

Das Quecksilberdithizonat ist sehr lichtempfindlich[1], weshalb man im Dunkeln arbeiten muß. Das Quecksilber entgeht sonst der quantitativen Ermittlung. Ein Zusatz von 10 ml 2 N Essigsäure bewirkt aber eine Desensibilisierung dieses Dithizonats.

Oder man muß die Ausschüttelung des Quecksilbers sehr rasch vollziehen. Wenn man in einer Parallelprobe das Quecksilber mit etwas Kaliumiodid-Lösung tarnt (1 ml 1%ige Lösung), hat man bei negativem Ausfall der Färbung einen weiteren Beweis für die Identität des Quecksilbers.

Cadmium-Bestimmung. Cadmium gibt in stark alkalischer Lösung eine rosarote Färbung der Tetraphase. Durch Behandeln mit Säuren wird die Färbung zerlegt und man erhält dadurch ein weiteres Kriterium gegenüber den säureresistenten Dithizonaten von Ag, Hg, Cu u. a.

100 bis 200 ml Untersuchungswasser werden im Schütteltrichter mit Kaliumnatriumtartratlösung (25%ig) versetzt (evtl. bis eben keine Hydroxide ausfallen). Das Gemisch wird mit dem gleichen Volumen 2,5 N Natronlauge versetzt und mit 0,5 ml einer $50 \cdot 10^{-6}$ M = 50 µM Dithizonlösung in besonders reinem Tetrachlorkohlenstoff extrahiert. Nach Erschöpfung ist die Tetraphase nicht mehr rosarot, sondern farblos, wodurch sich Cadmium von anderen Metallen unterscheidet.

Die gesammelte Tetraphase wird mit 0,5 N Natronlauge zweimal und mit dithizongerechtem Wasser einmal ausgeschüttelt.

Die rote Tetraphase wird mit 10 ml 1 N Schwefelsäure 20 Sekunden lang geschüttelt, wobei die rote Farbe in Grün umschlägt. Zur quantitativen Bestimmung wird eine bestimmte Menge einer $25 \cdot 10^{-6}$ M 25 µm Silbernitratlösung zur Tetraphase zugesetzt und 20 Sekunden lang geschüttelt (1 ml = 2,697 µg Ag^+). Der in der wäßrigen Phase verbliebene Überschuß an Ag^+ wird mit Dithizonlösung extraktiv titriert.

Wenn nur auf den Grenzwert für Cd im Wasser (0,006 mg/l nach TVO oder 0,005 gemäß WHO) geprüft werden soll, genügt die vergleichende Extraktion mit Dithizonlösung gegenüber einer Cd-Eichlösung (1,405 µg/ml Cd).

---

[1] Verfärbung nach blaß Grauviolett.

Es muß betont werden, daß Dithizon kein spezifisches Reagenz auf Cadmium ist, und die obigen Bedingungen eingehalten werden müssen (s. G. Iwantscheff [1972]).

Zink-Nachweis. 50 bis 500 ml Untersuchungswasser werden mit Salzsäure p. a. angesäuert und mit Natriumacetatlösung auf pH 5 gebracht. Die mit Tarnlösung versetzte Lösung wird dann mit 3 bis 20 ml Dithizonlösung (S. 344) bis zur Erschöpfung ausgeschüttelt.

Die Tarnlösung wird bereitet durch Auflösen von 1,5 g Kaliumcyanid, 0,15 g Ammoniumoxalat und 24 g Natriumacetat in 200 ml Wasser. Nach Zusatz von 10 ml 2 N Ammoniaklösung und 70 ml 1 N HCl wird dies Gemisch zu konzentrierter Natriumthiosulfatlösung (60 g in 100 ml dest. Wasser) gegeben und auf 1 Liter aufgefüllt.

Rotfärbung der Dithizonphasen zeigt Spuren von 5 bis 60 µg Zink an.

Störungen. Bei verunreinigten Wässern mit viel organischen Stoffen wird eingedampft und geglüht; nach dem Aufnehmen mit 2 N HCl wird wie oben verfahren.

Die abgetrennten Dithizonlösungen werden mit Natriumphosphat-Sulfid-Lösung und 15 ml dest. Wasser geschüttelt und die Dithizon-Phase in geeignete Küvetten gefüllt und im Elko II mit dem Filter S 53 E bei der Wellenlänge 538 nm gegen Eichlösungen gemessen.

Die Natriumphosphat-Sulfid-Lösung wird bereitet durch Lösen von 60 g Natriumphosphat in 1 Liter dest. Wasser und Zusatz von Natriumhydroxid (2%ig) bis pH 11. Zu 100 ml dieser Lösung werden 10 ml einer 25%igen Natronlauge, die auf pH 8 gebracht wurde, gegeben.

Nachweis von Beryllium. Als sehr empfindliches Reagenz auf Beryllium hat sich das Chinalizarin (1,2,5,8-Tetrahydroxyanthrachinon) auch bei der Mineralwasseruntersuchung bewährt. Man setzt zu 10 ml der entsprechend eingeengten Mineralwasserprobe 1 N Natronlauge bis zu einer Konzentration von 0,3 N. Dazu setzt man 0,4 ml einer 0,05%igen Chinalizarinlösung (0,3 N an NaOH). Bei Gegenwart von Beryllium erhält man einen Farbumschlag von Violett nach Kornblumenblau. Mit Hilfe von Standardlösungen kann der Nachweis auch annähernd quantitativ ausgestaltet werden. Die Erfassungsgrenze liegt bei 0,15 µg Be. Schwermetalle einschließlich Eisen stören nicht. Durch Ammoniakzusatz kann die Magnesiumstörung ausgeschaltet werden. Bei Mineralwässern, die viel Eisen enthalten, fällt das Eisen neben dem Kalk aus und adsorbiert das gesamte in Lösung befindliche Beryllium; nach dem Wiederauflösen mit Salzsäure kann man das Beryllium mit Butylacetat aus dieser Lösung extrahieren und wie oben verfahren oder mit Chromazurol S (0,05%ige Lösung mit 0,2% Gummiarabicum) kolorimetrisch bestimmen.

Ein weiteres sehr empfindliches Reagenz auf Beryllium ist das Beryllon II, das in 0,01%iger Lösung in salzsaurem Milieu rotviolette bis blauviolette und hellblaue Färbung bei Gegenwart von kleinsten Mengen Beryllium gibt. Störungen durch Eisen und andere Schwermetalle werden wie üblich durch Seignettesalzzusatz + 5%ige Trilonlösung vermieden (F. D. Krivorucko: Russ. Z. f. Hygiene [1965]).

Molybdän-Bestimmung mit Dithiol. Von unbeeinflußten Wässern, Mineralwässern, Heilwässern und z. B. Leitungswässern werden 1 bis 5 Liter in Quarzgefäßen mit Säurezusatz eingedampft. Von Flußwässern u. a. kontaminierten Wässern, wird weniger Untersuchungswasser verwendet. Bei vorauszusehendem Gehalt von über

10 μg Mo/l wird nicht eingedampft. Bei Solen wird mit demineralisiertem Wasser verdünnt.

Im Scheidetrichter wird die salzsaure Lösung (0,05 bis 3 N) oder schwefelsaure Lösung (1 bis 2%) – etwa 50 ml – nach Zusatz von 1 ml 2%iger alkalischer α-Benzoinoximlösung 2 Minuten lang mit Chloroform ausgeschüttelt. Nach Ablassen der Chloroformschicht und Auffangen in einem Becherglas wird noch zweimal mit je 5 ml Chloroform nach erneutem Zusatz von 0,5 ml α-Benzoinoximlösung ausgeschüttelt.

Die vereinigten Chloroformauszüge werden im Kjeldahlkolben verdampft und der Rückstand mit 3 ml Schwefelsäure einige Minuten erhitzt.

Nach dem Erkalten wird nochmals mit Perchlorsäure erhitzt; nach abermaligem Erkalten wird vorsichtig mit entionisiertem Wasser verdünnt und in Meßkolben auf 15 ml aufgefüllt.

Die erkaltete schwefelsaure Lösung wird mit 1 ml Eisen(II)-ammonsulfatlösung (1%ig in 0,2 N Schwefelsäure) und 2,5 ml Dithiol-Lösung 15 Sekunden geschüttelt. Nach 10 Minuten schüttelt man 30 Sekunden mit 5 ml Isoamylacetat.

Eine entstehende Grünfärbung wird im Spektralphotometer bei der Wellenlänge 680 nm nach 30 Minuten Wartezeit gemessen (0,1 μg erfaßbar).

Standardlösungen kann man mit Molybdäntrioxid (0,150 g/l MoO_3 in 5%iger Natronlauge gelöst und mit HCl angesäuert) anfertigen.

Wenn keine Störungen durch größere Mengen Eisen, Blei, Kupfer und organische Stoffe zu erwarten sind, kann man die Chloroform-Ausschüttelung ersparen.

Molybdän in Solen und Meerwasser kann nach H. Monien u. a. durch AAS über das Tetramethylendithiocarbamat bestimmt werden (Fresenius Zeitschrift für Analytische Chemie **300,** 363f. [1980]).

Normale Wässer haben ca. 1 μg/l Mo, Meerwasser hat ca 13 μg/l Mo.

18 mg Mo pro Tag soll der toxische Grenzwert sein.

Titan-Nachweis

Titan-Ionen geben bei Zusatz von 5 ml 3%iger Chromotropsäure (Dinatriumsalz) zu 100 ml Untersuchungswasser, 20 ml Pufferlösung (40% Natriumacetat und 1,5% Essigsäure enthaltend) und 5 ml 10%iger Natriumdithionitlösung eine orange Färbung. In dieser Form ist der Nachweis ziemlich spezifisch und kann auch quantitativ durch Photometrie bei 420 nm gegen Vergleichslösungen und Blindproben ausgeführt werden.

CO_2-Bestimmung in Kohlensäure-Wässern

In einem geeigneten Titrationsgefäß werden zu 25 ml 0,5 N Natronlauge und 5 ml Tartrat-Citrat-Gemisch sowie 4 Tropfen 1%iger Phenolphthaleinlösung ca. 250 g Untersuchungswasser aus einer Eintauchpipette oder -rohr gegeben. Durch Wägen vor und nach der Zugabe stellt man die Probemenge genau fest. Man kann sie auch mit der Tauchpipette abmessen und auf die Dichte des Wassers umrechnen.

In beiden Fällen muß die Pipettenspitze in die Lauge eintauchen, und die Rotfärbung darf nicht verschwinden. Ist letzteres der Fall, wird eine neue Bestimmung mit doppelter Laugemenge angesetzt.

Die rotgefärbte Lösung wird mit 0,5 N Salzsäure bis zur Farblosigkeit zurücktitriert. Genauer ist eine Titration auf den pH-Wert 8,2.

Tartrat-Citrat-Lösung. 28,2 g Kaliumnatriumtartrat und 29,4 Natriumcitrat werden in 200 ml dest. Wasser gelöst. 1 ml dieser Lösung muß in 100 ml dest. Wasser den pH-Wert 8,2 abgeben.

Diese Methode ist mit einem Fehler von etwa 2% behaftet. Bei der direkten Titration des Kohlensäure-Wassers in einem zylindrischen Glasgefäß mit Ringmarke bei 250 ml mit Überschichten mit Äther erhält man etwas höhere Werte als bei der indirekten. Bei hohem Gehalt an Hydrogencarbonat-Ion liegt der richtige Wert in der Mitte.

1 ml 0,5 N Natronlauge = 22 mg CO_2.

Da das Schema der Trinkwasser-Analyse für die Balneologie wertlos ist, soll im folgenden ein Beispiel für eine Heilwasser-Analyse gegeben werden.

c) Beispiel einer Heilwasser-Analyse

In 1 Kilogramm des Heilwassers sind enthalten:

Kationen	Milligramm	Millival	Millival%
Natrium-Ion (Na^+)	2945,0	128,06	74,43
Kalium-Ion (K^+)	131,0	3,351	1,95
Ammonium-Ion (NH_4^+)	0,38	0,021	0,01
Calcium-Ion (Ca^{2+})	493,7	24,64	14,32
Magnesium-Ion (Mg^{2+})	191,6	15,76	9,16
Eisen(II)-Ion (Fe^{2+})	6,0	0,214	0,12
Mangan-Ion (Mn^{2+})	0,28	0,01	0,01
		172,0	100,0
Anionen			
Chlorid-Ion (Cl^-)	4715,8	133,00	77,34
Sulfat-Ion (SO_4^{2-})	863,1	17,97	10,45
Hydrogencarbonat-Ion (HCO_3^-)	1281,0	21,00	12,21
Hydrogenphosphat-Ion (HPO_4^{2-})	0,03	0,00	0,00
		172,0	100,0
Undissoziierte Bestandteile		Millimol	
Kieselsäure, meta (H_2SiO_3)	15,34	0,19	
Summe:	10643,23		
Gasförmige Bestandteile			
Freies Kohlendioxid (CO_2)	1700,0	38,63	
Freier Schwefelwasserstoff (H_2S)	0,00	0,00	
Summe:	12343,23		

Nicht nachweisbar sind: Nitrit-Ion (0,000 mg/kg) und Nitrat-Ion (< 0,1 mg/kg), Iodid (< 0,01 mg/kg) und Bromid (< 0,1 mg/kg).

Charakteristik: Natrium-Chlorid-Säuerling.

Ferner werden allgemeine Angaben über Quelle bezüglich Lage, Höhenlage über NN, Tiefe der Quelle, Verrohrung, Schüttung bzw. Ergiebigkeit, Temperatur des Quellwassers, Reaktion desselben, pH-Wert, Redoxwert, Geologie des Quellgebiets, Schadstoff-Analyse, Spurenelemente u. a. gefordert.

C. Das Wasser als Stoff

Die Wasseruntersuchung durch Chemiker, Bakteriologen und Biologen erstreckt sich stets nur auf das, was im Wasser in gelöster, kolloid gelöster oder ungelöster, in belebter oder unbelebter Form vorhanden ist. In keinem Buche, das sich mit Wasser-Untersuchung befaßt, ist deshalb bisher der Stoff Wasser als solcher behandelt worden.

Das Wasser ist aber gerade der sonderbarste Stoff unserer Erde. Alle seine Eigenschaften sind Besonderheiten und Ausnahmen, auch die Grundeigenschaften. Allbekannt ist z. B. die Tatsache, daß sich Wasser beim Gefrieren nicht zusammenzieht, sondern ausdehnt (um etwa 11%); das hängt mit der Tatsache zusammen, daß die größte Dichte des Wassers nicht bei 0 °C, sondern bei +4 °C liegt.

Darauf beruht die für das Leben in Gewässern fundamental wichtige Tatsache, daß das Eis auf dem Wasser schwimmt und daß unsere Seen nicht bis zum Grunde oder vom Grunde aus zufrieren.

Das Wasser hat ferner die größte spezifische Wärme. Deshalb werden die im Sommerhalbjahr von den großen Gewässern aufgenommenen Wärmemengen in den Wintermonaten wieder langsam abgegeben, wodurch große Wasserbecken, wie auch die Meere, temperaturausgleichend wirken.

Der Stoff Wasser hat von allen Flüssigkeiten die höchste Dielektrizitätskonstante und ein äußerst geringes Leitvermögen. Das hierdurch bedingte hohe Isolierungsvermögen des Wassers ermöglicht es, daß bei allen Salzlösungen entgegengesetzt geladene Ionen – Kationen und Anionen – nebeneinander vorhanden sind.

Das Wasser ist ferner das beste Lösungsmittel für Stoffe aller Art. In der Natur kommt deshalb Wasser niemals in wirklich reiner Form vor, d. h. ohne jede Spur von gelösten Mineralien, Gasen, organischen Stoffen.

Das gute Lösungsvermögen des Wassers beruht auf dem ausgesprochenen Dipolcharakter des Wassermoleküls. Das Wassermolekül hat nämlich ein positiv und ein negativ geladenes Ende, und die Abstände der beiden Polenden sind beim Wassermolekül besonders groß. Bei der Annäherung der einzelnen Wassermoleküle zieht der positive Pol des einen Moleküls den negativen Pol eines anderen Moleküls an; infolgedessen hat man es bei dem Stoff Wasser mit Molekül-Aggregaten zu tun, je nach der Temperatur des Wassers, also mit Dihydrol und Trihydrol bis $(H_2O)_8$. Je höher die Temperatur, desto weniger dieser Molekülassoziate sind im Wasser.

Die polaren Eigenschaften des Wassers spielen auch bei der Korrosion im wässrigen Milieu eine Hauptrolle.

In Thermalwässern aus größerer Tiefe sind Assoziate von H_2O-Molekülen nachgewiesen worden (M. Klose u. R. Tümmler, Int. Spectr.-Ion Phys. **8,** 73–79 [1972]).

Eine Besonderheit ist der Molekülbau des Wassers, nämlich die relative Lage der Wasserstoffatome zum Sauerstoffatom in einem Winkel von 104°.

Früher nahm man an, daß das Wassermolekül stabförmig angeordnet ist (H–O–H). Mit Sicherheit weiß man heute, daß der Schwerpunkt im Wassermolekül nicht zentral liegt. Dadurch kommt das Dipolmoment zustande, das dem Wasser viele außergewöhnliche Eigenschaften verleiht. Das Dipolmoment des Wassermoleküls ist außerdem besonders groß.

Ganz außergewöhnlich ist der Aggregatzustand des Wassers in der Reihe anderer analoger Wasserstoffverbindungen, ebenso seine Viskosität und Oberflächenspannung. Die Viskosität kann durch Elektrolyte verschiedenartig verändert werden, die Oberflächenspannung durch oberflächenaktive Stoffe wie Seifen, Tenside.

Eine weitere Besonderheit des Wassers ist die Bildung von kolloiden Systemen. Die Kolloide, z. B. Humuskolloide, haben gewisse elektrische Ladungen; durch verschiedene Zusätze kann eine Entladung dieser Kolloide verursacht werden, wovon man zum Beispiel bei der Flockung mit Aluminiumsulfat jetzt praktischen Gebrauch macht (nach Ermittlung des Zeta-Potentials).

Vor einigen Jahren hat man erkannt, daß die in der Natur vorkommenden Wässer nicht nur aus dem normalen „H_2O" bestehen, sondern daß sie auch einen geringen Anteil an schweren Wasserstoff- und Sauerstoff-Atomen haben. Außer Wasserstoff mit dem Atomgewicht 1 sind zwei weitere Isotope, das schwere Wasserstoff-Atom, das Deuterium, mit dem Atomgewicht 2 und das superschwere Wasserstoff-Atom, das Tritium, mit dem Atomgewicht 3 bekannt. Auch vom Sauerstoff mit dem Atomgewicht 16 sind zwei schwere Isotope mit den Atomgewichten 17 und 18 bekannt. Alle diese Wasserstoff- und Sauerstoff-Isotope sind in fast allen natürlichen Wässern (Grundwässern, Oberflächenwasser und Regenwasser) mehr oder weniger vorhanden, so daß sich 18 Molekülarten ergeben. „Festlandwasser" hat nach E. H. Riesenfeld 0,27% „schweres Wasser".

Das Deuterium hatte enorme technische Bedeutung erhalten als schweres Wasser (D_2O), z. B. zur Kühlung des Reaktors in Atomkraftwerken. Die D_2O-Konzentration muß dabei ständig mehr als 99% betragen, was man durch Infrarotspektroskopie feststellen kann (z. B. mit dem Spektralphotometer PMQ der Fa. Carl Zeiss).

In natürlichen Wässern ist der Deuteriumgehalt wegen der unterschiedlichen Verdampfungs- und Verdichtungstemperaturen von normalem und schwerem Wasser verschieden; im Ozeanwasser und in Küstennähe ist er am höchsten. In bezug auf die Heilquellen hat K. Höll hierüber berichtet (Heilbad und Kurort **17,** 136–139 [1965]). Im Gletscher-Eis ist das Deuterium stark angereichert.

Das Wasser hat eine starke innere Spannkraft. Die kohärenten Eigenschaften der Wässer kommen in den sehr verschiedenartigen Tropfenbildern des aus einer Tropfkanüle auf einer besonders gereinigten Schale aufgefangenen Wassertropfens zum Ausdruck. In dem illustrierten Werk von Th. Schwenk, Bewegungsformen des Wassers (Stuttgart, 1967), sind die für viele Wässer charakteristischen Tropfenbilder anschaulich zusammengestellt (die darin enthaltenen Erklärungsversuche sind allerdings sehr anfechtbar).

Trotzdem in diesem Buch auf theoretische Erörterungen bewußt verzichtet wird, sollen diese Hinweise auf die allgemeinen stofflichen Eigenschaften in aller Kürze beigefügt werden, um das Gesamtbild der Materie etwas abzurunden.

IX. Reagenzien für Trinkwasser-Untersuchungen

In dem Kapitel „Untersuchung des Wassers“ ist bei vielen Reagenzien auf die im folgenden mitgeteilten Herstellungsvorschriften verwiesen. Letztere müssen genau eingehalten werden. Bei anderen Reagenzien ist nur das Zeichen * zugefügt. Es bedeutet, daß die vom Deutschen Arzneibuch vorgeschriebene Beschaffenheit zugrunde zu legen ist.

Wenn keine Angabe hinter einem Reagenz erfolgt ist, kann jede beliebige Konzentration angewandt werden.

Alle Reagenzien müssen einerseits auf Reinheit, andererseits auf Wirksamkeit ständig geprüft werden.

Reagenz Nr. 1 Aktivkohle

100 g Aktivkohle (z. B. Holzkohle, Hydraffinkohle, Noritkohle) werden mit 2 Liter Wasser und 40 ml Natronlauge gemischt und das Ganze kurze Zeit gekocht. Nach dem Auswaschen der Natronlauge mit verdünnter Salzsäure und Wasser auf dem Filter oder auf der Nutsche wird im Trockenschrank bei 100 °C getrocknet.

Reagenz Nr. 1a Aluminium-Stammlösung

10 ml einer wässerigen Lösung von 8,792 g Kaliumaluminiumsulfat $K_2Al_2(SO_4)_4 \cdot 24H_2O$ pro Liter werden mit Wasser auf 1 Liter verdünnt. 1 ml dieser täglich frisch zu bereitenden Lösung entspricht dann 5 µg Al.

Reagenz Nr. 2 Aluminiumhydroxid

125 g Alaun werden in 1 Liter dest. Wasser gelöst. Mit Ammoniak wird Aluminiumhydroxid gefällt und solange mit dest. Wasser abdekantiert, bis das Wasser frei von Chloriden, Nitraten und Ammoniak ist.

Reagenz Nr. 3 Ammoniumchloridlösung für Bleibestimmung

Eine Lösung von 20 g reinstem Ammoniumchlorid und 2 g verdünnter Essigsäure auf 100 ml dest. Wasser. Das Ammoniumchlorid enthält häufig eine Spur von Blei, was durch einen Blindversuch festgestellt werden muß. Durch Schütteln mit Talkum kann man die Lösung bleifrei machen.

Reagenz Nr. 4 Ammoniumvergleichslösung

2,966 g reinstes Ammoniumchlorid oder 1,68 g $NH_4Al(SO_4)_2 \cdot 12H_2O$ werden zu 1 Liter dest. Wasser gelöst. 10 ml dieser „Lösung I“ werden nochmal zu 1 Liter verdünnt. 1 ml dieser „Lösung II“ entspricht 0,01 mg/l NH_4^+. Wenn man 1 ml von Lösung II auf 100 ml ammoniumfreies Wasser (Reagenz Nr. 10) gibt, so entspricht dies einem Gehalt von 0,1 mg/l NH_4^+ im Wasser.

Reagenz Nr. 5 Bariumchromatlösung

5 g Bariumchromat werden in 50 ml 25%iger Salzsäure gelöst und auf 1 Liter aufgefüllt. Die Lösung ist einige Zeit haltbar, muß aber gegebenenfalls filtriert werden.

Reagenz Nr. 6 Bleistandardlösung

Man löst 0,1830 g Bleiacetat (pro analysi!) zu 1000 ml in 3%iger Essigsäure oder 0,1599 g Bleinitrat (bei 100 °C getrocknet) und 1 ml Sapetersäure zu 1 Liter, 1 ml = 0,1 mg Pb^{2+}.

Reagenz Nr. 7 Chlorlauge für Chlorzahlbestimmung

200 ml 0,1 N Natriumhypochlorit und 100 ml 1 N Natronlauge werden auf 1 Liter mit dest. Wasser (Reagenz Nr. 10) aufgefüllt. Der Wirkungswert wird im Blindversuch festgestellt.

Reagenz Nr. 8 Chlorreagenz

1 g farbloses Dimethyl-p-phenylendiaminhydrochlorid wird in 50 g konzentrierter Salzsäure gelöst und die Lösung auf 250 ml aufgefüllt.

Reagenz Nr. 9 Chlorvergleichslösung

Man löst 0,115 g Methylrot in 5 ml 1 N Natronlauge und 95 ml dest. Wasser. Diese Stammlösung wird nochmals 1:100 verdünnt.

Reagenz Nr. 10 Reinstes destilliertes Wasser frei von Ammoniak, Nitrit, Kohlensäure und organischen Stoffen

Gewöhnliches Aqua destillata wird nach Zusatz von Bariumhydroxid und Kaliumpermanganat durch besonders gesäuberte Kühler aus Jenaer Glas destilliert.

Reagenz Nr. 10a DPD-Reagenz

0,11 g Diäthyl-p-phenylendiaminsulfat werden mit 2 ml 10%iger Schwefelsäure und 2,5 ml einer 0,8%igen Lösung von Dinatriumäthylendiamintetraacetat in etwas dest. Wasser gelöst und auf 100 ml aufgefüllt. Das Reagenz ist unter Lichtabschluß einige Zeit haltbar.

Reagenz Nr. 11 Diphenylaminschwefelsäure

Es darf nur rein weißes Diphenylamin verwendet werden. Man versetzt davon 0,085 g in einem Meßkolben von 500 ml Inhalt mit 190 ml chemisch reiner Schwefelsäure (1:3 Vol). Dann fügt man reine konzentrierte Schwefelsäure unter Umschütteln zu. Das Gemisch erwärmt sich; das Diphenylamin schmilzt und löst sich dabei auf. Man füllt zunächst bis zum Kolbenhals mit konzentrierter Schwefelsäure und nach dem Erkalten bis zur Ringmarke unter Berücksichtigung der Eichtemperatur mit konzentrierter Schwefelsäure auf. Sollte die Schwefelsäure Stickstoffverbindungen enthalten und einwandfreie Schwefelsäure nicht zur Verfügung stehen, so wird sie durch vorheriges Erhitzen nach Zusatz von 0,5% Ammoniumperoxodisulfat davon befreit.

Wenn die fertige Diphenylaminschwefelsäure durch Spuren Salpetersäure (z. B. aus der Laboratoriumsluft) gebläut erscheint, so kann sie durch Erhitzen im Sandbad auf 115 °C brauchbar gemacht werden. Wenn die Schwefelsäure salpetersäurehaltig ist, so wäre vor dem Erhitzen etwas Kochsalz zuzusetzen. Das fertige Reagenz ist längere Zeit haltbar.

Reagenz Nr. 12 Eisenvergleichslösungen

1. 0,901 g Eisenalaun (Kaliumeisen(III)-sulfat, reinst.) löst man in einem Meßkolben von 1000 ml mit 10 ml Salzsäure und dest. Wasser; die sich erwärmende Lösung füllt man unter Berücksichtigung der Eichtemperatur bis zur Marke auf.

   1 ml = 0,1 mg Fe^{3+}.

2. 0,7022 g Eisen(II)-ammoniumsulfat (p. a. Merck), $FeSO_4 \cdot (NH_4)_2SO_4 \cdot 6\,H_2O$, in 50 ml 25%iger Schwefelsäure auf 1 Liter dest. Wasser.

   1 ml = 0,1 mg Fe^{2+}.

   Nach Bedarf können diese Lösungen noch auf das Zehnfache verdünnt werden.

Reagenz Nr. 12a Eisenammoniumsulfatlösung

1,106 g Eisen(II)-ammoniumsulfat ($FeSO_4(NH_4)_2SO_4 \cdot 6\,H_2O$) werden unter Zugabe von 1 ml 25%iger Schwefelsäure in frisch gekochtem dest. Wasser gelöst und nach dem Erkalten auf 1 Liter aufgefüllt.
1 ml = 0,1 mg Fe^{2+}.

Reagenz Nr. 13 Kaliumplatinchlorid-Reagenz

2,49 g Kaliumplatinchlorid (Kaliumhexachloroplatinat), K_2PtCl_6, und 2,016 g kristallisiertes Kobaltchlorid, $CoCl_2 \cdot 6\,H_2O$, werden in dest. Wasser unter Zusatz von 200 ml Salzsäure (d 1,19) gelöst und die Lösung auf 1 Liter aufgefüllt (deutsches und fast gleich amerikanisches Einheitsverfahren). Der Farbwert dieser Standardlösung ist 1 mg/l Pt.

Reagenz Nr. 14 Kaliumpalmitatlösung nach Blacher

In einem Literkolben werden 0,1 g Phenolphthalein in 500 ml Alkohol (95%ig) gelöst und 300 ml dest. Wasser zugesetzt. In dieser Mischung werden 25,6 g reinste Palmitinsäure (E. Merck, Darmstadt) durch Erwärmen auf dem Wasserbade und Zusatz von 0,7%iger alkoholischer Kalilauge in Lösung gebracht. Es soll dann eine schwach rosarote Farbe entstehen.

Die Kalilauge wird durch Erwärmen von 7 g Kaliumhydroxid in etwas Alkohol und Auffüllen auf 1 Liter Alkohol bei der Eichtemperatur hergestellt. Eine zu starke Rotfärbung ist mit verdünnter Salzsäure eben zum Verschwinden zu bringen und mit alkoholischer Kalilauge wieder auf eben sichtbares Rosarot einzustellen. Die Lösung ist nach dem Auffüllen auf 1000 ml gebrauchsfertig. Durch Kälte abgeschiedenes Palmitat wird durch Anwärmen des Standgefäßes wieder gelöst. Die Blachersche Lösung wird auch mit Propylalkohol angesetzt, wobei es keine Kälteabscheidungen gibt; für Feldanalysen im Winter ist dies deshalb von Vorteil.

Die Blachersche Lösung ist auch käuflich zu haben (Fa. E. Merck).

Das Einstellen der Kaliumpalmitatlösung geschieht mit 20 ml 0,1 N Bariumchloridlösung (12,215 g $BaCl_2 \cdot 2H_2O$ pro Liter), die mit destilliertem, ausgekochtem Wasser auf 100 ml verdünnt wird. Die Lösung wird mit Phenolphthalein-Indikator versetzt und auf Rosarot titriert (pH bei 8,8).

Die Fa. E. Merck hat jetzt Calcium-Standardlösungen herausgebracht, mit deren Hilfe die Einstellung der Palmitatlösung erleichtert wird.

Reagenz Nr. 15 Karamellösung zur Farbbestimmung

Man löst 1 g Rohrzucker in 50 ml destilliertem Wasser, setzt 1 ml Schwefelsäure (1 + 2) zu und kocht genau 10 Minuten. Nach Zusatz von 1 ml 33%iger Natronlauge kocht man nochmals 10 Minuten, läßt abkühlen und füllt auf 1 Liter auf.

1 ml = 1 mg Karamel.

Reagenz Nr. 16 Kupfervergleichslösung

(für Farbbestimmung) 1,964 g reinstes kristallisiertes Kupfersulfat in 500 ml dest. Wasser auflösen.

1 ml = 1 mg Cu^{2+}.

Reagenz Nr. 17 Kieselgur-Standard

Reinste Kieselgur (Merck) wird im Achatmörser aufs feinste zerrieben und in kleinen Partien durch Müllerseide (Nr. 20) gesiebt. Die abgesiebte Kieselgur wird in Wasser aufgeschlemmt; ein sich bildender Bodensatz wird verworfen. Durch Eindampfen der gewonnenen Kieselgurmilch und erneutes Verreiben des Trockenrückstandes erhält man die fertige Kieselgur, von der 1 g in 1 Liter dest. Wasser aufgeschlämmt den Trübungsgrad 1000 aufweist.

1 ml = 1 mg Kieselgur.

Diese Standardtrübung muß öfter erneuert werden, mindestens alle 1 bis 2 Monate. Bei Bedarf werden weitere Verdünnungen angefertigt.

Reagenz Nr. 18 Methylorange-Indikator

1 g Methylorange wird in 1 Liter heißem Wasser gelöst. Später ausgeschiedene Sulfonsäure wird abfiltriert.

Reagenz Nr. 19 Methylrotvergleichslösung nach Haase und Gad

0,115 g Methylrot werden in 5 ml 1 N NaOH gelöst, 5 ml 0,01 N Natronlauge zugefügt und mit Aqua dest. auf 100 ml aufgefüllt.

Diese Lösung wird 1:100 verdünnt.

Reagenz Nr. 20 Molybdänschwefelsäure (Oslers Reagenz)

Eine 10%ige Ammoniummolybdatlösung wird mit 50 Vol.%iger Schwefelsäure im Verhältnis 1:3 gemischt. Diese Mischung ist, vor Licht geschützt, nur 8 Tage haltbar.

Man bewahrt deshalb beide Lösungen getrennt auf.

Reagenz Nr. 21 Naphtholreagenz nach Zambelli.

3 g α-Naphthol werden in 100 ml 80%iger Essigsäure gelöst.

Reagenz Nr. 21 Naphthylamin-Reagenz

0,2 g Naphthylamin werden in 10 ml Eisessig und 40 ml dest. Wasser gelöst und mit 250 ml dest. Wasser verdünnt.

Reagenz Nr. 21a Neßlers Reagenz

100 g Quecksilberchlorid werden mit 70 g Kaliumiodid in möglichst wenig dest. Wasser gelöst. Unter Umrühren wird dann eine Lösung von 160 g Ätznatron in 500 ml Wasser (Reagenz Nr. 10) eingetragen und darauf wird auf 1000 ml aufgefüllt.

Quecksilberchloridüberschuß erhöht die Empfindlichkeit, Kaliumiodidüberschuß erniedrigt sie. Man muß daher sehr genau arbeiten. Die Handelsqualitäten sind aus diesem Grunde etwas unterschiedlich. Wenn man mit Standardlösungen vergleicht, fallen die Unterschiede nicht ins Gewicht, bei Verwendung von Eichkurven muß man jedoch bei jedem Reagenzwechsel nacheichen. Für den Hellige-Komparator muß das Neßler-Reagenz von Merck 9028 verwendet werden. Neßlers Reagenz ist nicht lange haltbar.

Reagenz Nr. 22 Nitratvergleichslösung

0,1635 g reinstes Kaliumnitrat oder 0,137 g Natriumnitrat werden in dest. Wasser gelöst, mit 1 ml Chloroform versetzt und auf 1000 ml mit dest. Wasser aufgefüllt.

1 ml entspricht 0,1 mg NO_3^-.

Reagenz Nr. 23 Nitritvergleichslösung

0,150 g reinstes Natriumnitrit oder 0,185 g Kaliumnitrit werden unter Zusatz von 1 ml Chloroform zu 1000 ml Wasser gelöst.

1 ml = 0,1 mg NO_2^-.

Reagenz Nr. 24 Phosphatpuffer

46 g Kaliumdihydrogenphosphat (KH_2PO_4) und 24 g Trinatriumphosphat ($Na_3PO_4 \cdot 12\,H_2O$) werden zu 1 Liter dest. Wasser gelöst.

Reagenz Nr. 25 Phosphatvergleichslösung

0,377 g Dinatriumhydrogenphosphat ($Na_2HPO_4 \cdot 12\,H_2O$ p. a.) oder 0,1433 g Kaliumdihydrogenphosphat (KH_2PO_4) werden zu 1 Liter dest. Wasser gelöst. 1 ml entspricht 0,1 mg PO_4^{3-}. Diese Lösung wird mit 3%iger NaCl-Lösung noch auf das 10- oder 100fache verdünnt; sie ist nicht haltbar.

Reagenz Nr. 26 Rieglers-Reagenz

2 g reines 1,4-naphthionsaures Natrium und 1 g reinstes β-Naphthol werden mit 200 g Wasser kräftig durchgeschüttelt, dann abfiltriert. Das Reagenz ist farblos und läßt sich in dunkler Flasche für längere Zeit, ohne Veränderungen zu erleiden, aufbewahren.

Reagenz Nr. 27 Seifenlösung nach Boudron und Boudet

150 g fettsaures Blei (Bleipflaster, s. Schmidt: Pharm. Chemie, Bd. II) werden auf dem Wasserbade erweicht und mit 40 g Kaliumcarbonat zu einer gleichförmigen Masse verrieben, die mit absolutem Alkohol ausgezogen und von dem ungelösten Rückstand abfiltriert wird; der Alkohol wird abdestilliert und die zurückbleibende Kaliseife im Wasserbade bei 100 °C getrocknet. 20 g der obigen Kaliseife löst man in 520 ml 56%igen Alkohol unter Erwärmen auf, filtriert die Lösung, falls sie trübe ist, noch heiß und läßt erkalten.

Mit dieser Lösung füllt man das Hydrotimeter bis zu dem über dem Nullpunkt befindlichen numerierten Teilstrich an. Darauf bringt man 40 ml der unten beschriebenen Bariumnitratlösung in das besondere Glasstopfenglas und setzt von der Seifenlösung die zur Schaumbildung nötige Menge hinzu. Werden hierzu weniger als 22 auf dem Hydrotimeter verzeichnete Grade gebraucht, so ist diese Seifenlösung zu stark und muß mit 56%igem Alkohol entsprechend verdünnt werden, bis bei genau 22 °C der Seifenlösung 40 ml der folgenden Bariumnitratlösung entsprechen.

Zum Einstellen löst man 0,574 g reines, bei 100 °C getrocknetes Bariumnitrat in dest. Wasser und füllt genau bis zum Liter auf. 100 ml dieser Lösung enthalten so viel Barium wie 22 mg Calciumcarbonat entsprechen, und in 40 ml derselben Lösung befindet sich die 8,8 mg Calciumcarbonat äquivalente Menge Barium; die Lösung zeigt also eine Härte von 22 französischen Graden = 12,3 deutschen Härtegraden.

Reagenz Nr. 28 Seignettesalzlösung

100 g des chemisch reinen Seignettesalzes (Kaliumnatriumtartrat) (Tartarus natronatus pro analysi) werden in 200 g destilliertem Wasser unter Erwärmen gelöst und 10 ml Neßlers-Reagenz zugesetzt. Nach ein- bis zweitägigem Stehenlassen der Lösung setzt sich in Glasflaschen ein gelber Ammoniumsalzniederschlag ab, von dem abgehebert wird. Die Lösung ist dann verwendbar und im Dunkeln haltbar.

Reagenz Nr. 29 Sodanatronlauge

100 g kristallisiertes Natriumcarbonat und 50 g Ätznatron werden in 300 ml dest. Wasser unter Erhitzen gelöst. Darauf wird gegebenenfalls das fehlende Wasser ergänzt und zentrifugiert. Die Soda muß frei von Ammoniak sein, anderenfalls muß das Reagenzgemisch längere Zeit gekocht werden.

Reagenz Nr. 30 Sodalösung für Kohlensäurebestimmung

1,2045 g bei 160 bis 180 °C getrocknetes Natriumcarbonat (reinst.) wird in einem Literkolben in aufgekochtem Wasser gelöst und nach dem Erkalten (unter Ätzkalkverschluß) auf 1 Liter aufgefüllt. Nach Czensny setzt man zuvor noch 100 g Natriumsulfat zu. Man kann dieselbe Lösung erhalten, wenn man 22,8 ml N oder 228 ml 0,1 N Natriumcarbonatlösung auf 1000 ml mit aufgekochtem dest. Wasser verdünnt. 1 ml entspricht 0,5 mg CO_2, bei Anwendung von 100 ml Wasser also 5 mg freier CO_2/l.

Reagenz Nr. 31 Sulfanilsäurereagenz

10 g Sulfanilsäure werden in 100 ml konzentrierter Schwefelsäure (d 1,84) gelöst.

Reagenz Nr. 32 Tolidin-Reagenz

Man bringt 90 ml dest. Wasser zum Kochen, setzt 10 ml konzentrierte Salzsäure (d 1,19) hinzu und gibt in das heiße Gemisch 0,1 g o-Tolidin (p. a.). Zur vollständigen Lösung kocht man nochmals auf und füllt nach dem Erkalten auf 100 ml auf. Man kann das Reagenz auch mit 0,135 g o-Tolidinhydrochlorid, das sich leichter löst, bereiten.

Das Reagenz ist 6 Monate haltbar, aber nur, wenn es völlig vor Licht geschützt aufbewahrt wird. Es muß auch vor Frost geschützt werden, da sich bei 0 °C das Tolidin irreversibel abscheidet.

Das Reagenz darf nicht in Gummistopfenflaschen aufbewahrt werden.

Reagenz Nr. 33 Zinn(II)-chloridlösung

1 g Zinn(II)-chlorid ($SnCl_2 \cdot 2H_2O$, p. a.) wird in 10 ml Salzsäure gelöst, evtl. unter gelindem Erwärmen. Dazu wird ein Stückchen Zinnfolie gegeben und mit 40 ml dest. Wasser verdünnt. Das Reagenz muß jedesmal frisch bereitet werden, da es nur wenige Tage haltbar ist. Auch als Substanz ist Zinn(II)-chlorid nicht lange haltbar; es dürfen nur glasklare trockne Kristalle zur Herstellung des Reagenz verwendet werden.

Reagenz Nr. 34 Zirkonsäure-Alizarin-Reagenz

In einem 1 Liter-Kolben löst man 0,3 g Zirkonoxidchlorid ($ZrOCl_2 \cdot 8H_2O$) in zunächst 50 ml Aqua dest.

Daneben löst man in einem Becherglas 0,07 g Natriumalizarinmonosulfat in 50 g Wasser und gießt diese Lösung unter Umschwenken langsam in die Zirkonoxidchloridlösung. Diese Lösung klärt sich beim Stehen in wenigen Minuten. Ferner werden 112 ml rauchender Salzsäure (d 1,19) auf 500 ml Aqua dest. verdünnt. In weitere 400 ml Aqua dest. gibt man 37 ml Schwefelsäure und füllt auf 500 ml mit dest. Wasser auf. Nach dem Erkalten werden beide Säuren gemischt. Diese Mischsäure gießt man in den 1 Liter-Kolben mit dem Alizaringemisch und mischt durch. Nach einer Stunde ist das Reagenz nach einem Farbwechsel gebrauchsfertig. Es wird im Kühlschrank aufbewahrt, muß aber alle 2 bis 3 Monate erneuert werden.

Reagenz Nr. 35 Cer-Reagenz

120 g Cer(III)-chlorid (p. a.) werden in 100 ml vorher ausgekochtem dest. Wasser gelöst, mit 3 ml 25%iger Salzsäure versetzt und 2 Stunden lang ausgekocht. Nach dem Erkalten unter Sulfit-Verschluß wird mit ausgekochtem dest. Wasser auf 1000 ml aufgefüllt.

X. Protokoll für Besichtigungen bzw. Begleitschein für Wasserproben

Einsender der Probe ....

Bezeichnung des Brunnens bzw. Wasserwerks ......

Tag und Stunde der Probenahme ......

Lufttemperatur ...... Wassertemperatur ......

Zweck der Untersuchung ......

Regelmäßige Untersuchung? ......

Oder liegt eine besondere Veranlassung vor? ......

(Verdacht einer Verunreinigung oder Versagen der Reinigungsanlage) Verwendungszweck des Wassers? ......

Als Trinkwasser, Wirtschaftswasser oder für bestimmte technische Zwecke? ......

Liegt Einzelwasserversorgung oder zentrale Wasserversorgung vor? ......

Oder wurde das Wasser direkt aus einem offenen Gewässer (See, Teich, Fluß oder Bach) oder einer Quelle entnommen ......

A. Einzelwasseruntersuchung

Einzelwasserversorgung (mit Handpumpe)? ......

Liegt ein Rohrbrunnen vor? ......

Wie tief liegt der Grundwasserspiegel? ......

Schwankt der Grundwasserstand mit der Jahreszeit? ......

Und der Wasserstand im Brunnen? ......

Oder liegt ein Kesselbrunnen (Schachtbrunnen) vor? ......

a) Geschlossener Kesselbrunnen mit Holzdeckel? ......
   oder Eisendeckel? ......
   Ist der Brunnenkranz gut abgedeckt? ......

b) Offener Kesselbrunnen (Zisterne, Ziehbrunnen)? ......

Ragt der Kesselrand über den Erdboden hinaus? ......

Handelt es sich um einen gemauerten Kesselbrunnen oder besteht er aus Betonringen oder Holzwänden? ......

Woraus besteht die Brunnensohle (Stein, Zement, Kies oder Boden)? ......

Wie tief ist der Brunnen? ......

Wann ist der Brunnen gebaut, gereinigt oder repariert? ......

Ist der Wasserstand des Brunnens von dem Wasserstand benachbarter Gewässer abhängig? ......

Oder von Regenfällen? ......

Sind verunreinigte Zuflüsse vorhanden? ......

Oder wird das Wasser auf Regendächern aufgefangen? ......

Oder liegt Oberflächenwasser vor? ......

B. Näheres über die Brunnenumgebung

Wie weit ist der Brunnen vom Gehöft entfernt? ......

Befinden sich in der Nähe des Brunnens
Aborte, Misthaufen, Jauchegruben, Sickergruben, Stallungen, Stallabflüsse, Abwasserkanäle, Schmutzwasserrinnen, Drainagegräben, verschmutzte Bäche, Dorfteiche, Schuttabladeplätze, Friedhöfe, Zeltplätze, Kiesgruben, Kläranlagen, Mineralöllager, Müllhalden, Anlagen mit radioaktiven Abfällen oder Abwässern (Entfernung in m)? ......

Befinden sich in der Nähe Salzlagerstätten, Solequellen, Gradierwerke u. a.? ......

Steht der Brunnen im Gelände erhöht und kann das Wasser vom Brunnen oberflächlich weglaufen? ......

Oder ist das Gefälle zum Brunnen zu? ......

Ist die Temperatur des Wassers gleichmäßig oder ändert sie sich je nach der jahreszeitlichen Lufttemperatur? ......

Ändert sich das Wasser zeitweise im Aussehen? ......

Treten z. B. Trübungen oder Verfärbungen im Wasser zeitweise auf? ......

Ist eine Ablaufrinne für das überlaufende Brunnenwasser vorhanden oder versickert dasselbe unmittelbar am Brunnen? ......

Besteht die Brunnenumgebung aus gewachsener oder aufgeschütteter Erde, oder ist gestampfter Lehm aufgetragen? ......

Ist der Brunnen ständig im Gebrauch gewesen? ......

Liegt der Brunnen im Überschwemmungsgebiet eines Wasserlaufs und wie ist dessen Beschaffenheit? ......

Wie ist die Bodenbeschaffenheit? Gibt es Klüfte oder Risse im Boden der Brunnenumgebung? ......

Sind in den letzten Jahren Krankheiten im Ortsgebiet aufgetreten, die durch Trinkwasser übertragbar sind (z. B. Typhus, Paratyphus)? ......

C. Zentrale Wasserversorgung

Welche Art der Förderung liegt vor (Flachbrunnen, Tiefbrunnen; – Vertikalbrunnen oder Horizontalbrunnen oder Talsperrenwasser-Förderung mit Saugkorb)? ......

Wie hoch ist die Förderung des Brunnens pro Tag? ......

Weitere Fragen wie unter B.

Literaturverzeichnis

Literatur zum Abwasserteil Seite 416–420
Literatur zum bakteriologischen Teil Seite 477–483
Literatur zum virologischen Teil Seite 510–514
Literatur über Schwimmbadwasser S. 529–534
Literatur zum biologischen Teil Seite 571–573

Trinkwasser-Untersuchung und Beurteilung (Mineralwasser)

[1] Deutsche Einheitsverfahren zur Wasser-, Abwasser und Schlammuntersuchung. Herausgegeben von der Fachgruppe Wasserchemie, 12 Lieferungen 1960 bis 1983, Verlag Chemie.
[2] Die amerikanischen Einheitsverfahren zur Untersuchung von Wasser und Abwasser. Deutsche Übersetzung von F. Sierp, München, 1951.
[2a] Standard Methods for the Examination of Water and Wastewater, 13. Aufl., New York, 1970 (Amer. Publ. Health Assoc.).
[3] Einheitliche Anforderungen an die Trinkwasserbeschaffenheit und Untersuchungsverfahren in Europa (Schriftenreihe d. Ver. Wasser-, Boden- u. Lufthygiene, 1960, H. Kruse).
[3a] European standards for drinking water, WHO, Genf, 1961.
[3b] Internat. standards for drinking water, WHO, Genf, 3. Aufl., 1971.
Die Trinkwasser-Verordnung von K. Aurand, U. Hässelbarth, G. Müller, W. Schumacher und W. Steuer, Bielefeld.
[4] Handbuch der Lebensmittelchemie, J. Schormüller, Bd. VIII S. W. Souci und K. E. Quentin (Wasser und Luft), Berlin, 1969/70.
[5] Beger, H.: Leitfaden der Trink- und Brauchwasserbiologie, Stuttgart, 1952; 2. Aufl. von D. Lüdemann, 1966.
[5a] Freier, R.: Wasseranalyse, 2. Aufl., Berlin, 1974.
[6] Gübeli-Litscher, O.: Chemische Untersuchung von Mineralwässern, Innsbruck, 1948.
[7] Klut, H. u. W. Olszweski: Untersuchung des Wassers an Ort und Stelle, 9. Aufl., Berlin, 1945.
[8] Lunge-Berl: Chemisch-technische Untersuchungsmethoden, Bd. II, Teil 1, Kesselspeisewasserpflege von A. Splittgerber, 1932.
[9] Die Untersuchung von Wasser, 6. Aufl., E. Merck AG, Darmstadt, 1975.
[10] Ohlmüller-Spitta: Untersuchung und Beurteilung des Wassers und Abwassers, 5. Aufl. von W. Olszweski und O. Spitta, Berlin, 1931.
[10a] Lange, B.: Kolorimetrische Analyse, 6. Aufl., Weinheim, 1970.
[10b] Lange, B.: Photometrische Analyse, 1981.
[11] Tillmanns, J.: Untersuchung von Trink- und Brauchwasser, 2. Aufl., 1932.
[12] Zimmermann: Photometrische Metall- und Wasseranalysen, 2. Aufl., Stuttgart, 1961.
[13] Vattenkemiska Analysemetoder, L. Karlgren, Uppsala, 1962.
[13a] Ausgewählte Methoden der Wasseruntersuchung, Bd. 1, Chemie, Bd. 2, Biologie u. Toxikologie, Verlag Gustav Fischer, Jena, 1972 u. 1976.
[14] Leithe, W.: Die Analyse der organischen Verunreinigungen in Trink-, Brauch- und Abwässern, 2. Aufl., Stuttgart, 1975.

Wasserhygiene

[20a] Borneff: Hygiene, 3. Aufl., Berlin, 1977.
[20b] Gärtner, H.: Lehrbuch der Hygiene, Stuttgart, 1964.
[21] Hygienische Leitsätze für die Trinkwasserversorgung, Veröffentl. a. d. Geb. d. Med. Verw., 38, Berlin, 1932.
[22] Leitsätze für die Trinkwasserversorgung, DVGW-Schrift, 1949.
[23] Trinkwassergüte, DVGW-Aussprache-Tagung, 1954.
[24] Leitsätze für die zentrale Trinkwasserversorgung, Berlin, 1959, DIN 2000.
[25] Leitsätze für die Einzel-Trinkwasserversorgung, Berlin, 1959, DIN 2001.
[26] Das Lebensmittelgesetz, Textausgabe, B. Behrs Verlag, Wiesbaden, 1959.
[27] Verordnung über den Zusatz fremder Stoffe bei der Aufbereitung von Trinkwasser (Trinkwasseraufbereitungsverordnung), BGBl. I, S. 762–763, 1959, S. 479, 1966.
[28] Einheitliche Anforderungen an die Beschaffenheit, Untersuchung und Beurteilung von Trinkwasser in Europa, Schriftenreihe WaBoLu (G. Müller), 14b, Berlin, 1971.
[29] Trinkwasserverordnung – Verordnung über Trinkwasser und Brauchwasser für Lebensmittelbetriebe – vom 31. 1. 1975, in Kraft seit 1. 2. 1976. Dazu Ausführungsbestimmungen der Länder und K. Höll: GWF, H. 11, 516–517 (1976) und Aurand, K., u. a.: Die Trinkwasserverordnung – Einführung und Erläuterungen, Berlin-Bielefeld, 1976.
[30] Das Wassersicherstellungsgesetz, H. Roth und G. Dickenbrock, Berlin und Bielefeld, 1976.
[30a] Wasserhaushaltsgesetz (Textausgabe), H. Roth, Berlin und Bielefeld 1983.
[31] Kruse, H.: Wasser, Hannover, 1949.
[32] Kumpf, W., B. Dietrich u. J. Kumpf: Radioaktive Substanzen und Wasser, 2. Aufl., München, 1960.
[32a] „Wasserhaushaltsgesetz“ von P. Gieseke, W. Wiedemann u. M. Cychowski, 3. Aufl., 1978.
[32b] EG-Richtlinie Oberflächengewässer für die Trinkwassergewinnung, 16. 6. 1975.

Wasserreinigung – Wasserversorgung

[33] DIN-Taschenbuch B 10, Bd. 12, Wasserversorgungsnormen.
[34] Die Wasseraufbereitung als wissenschaftliche Aufgabe und ihre praktische Ausführung, DVGW-Sonderheft.
[35] Taschenbuch für das Gas- und Wasserfach, 3 Teile, Teil III: Zentrale Wasserversorgung, herausgegeben vom DVGW (E. Naumann), München, 1963.
[36] Rohrnetzschäden – ihre Ursache, Feststellung und Verhütung, DVGW-Aussprachetagung, 1961.
[37] Wasseraufbereitung in Hausanlagen, DVGW-Broschüre (K. E. Oehler), 1965.
[38] Degremont-Handbuch der Wasseraufbereitung, Berlin, 1974.
[39] Arden, T. V.: Wasserreinigung durch Ionenaustausch, Essen, 1972.
[40] Taschenbuch der Wasserwirtschaft, H. Bretschneider, u. a., 5. Aufl., Hamburg, 1971.
[41] Bahlsen, H.: Das Wasser, 6. Aufl., München, 1973.

[42] Bieske, E. u. E. Bieske jun.: Handbuch des Brunnenbaues, 3 Bde, Berlin, 1965.

[43] Bieske, E.: Bohrbrunnen, 6. Aufl., 1973.

[44] Braune, J. F.: Die Trinkwassersilberung, München, 1957.

[45] Brix, J., H. Heyd, E. Gerlach u. K. Hünerberg: Die Wasserversorgung, 6. Aufl., München 1963.

[46] Dahlhaus, C. u. H. Damrath: Wasserversorgung, 6. Aufl., Stuttgart, 1974.

[47] Dosch, Fr.: Untersuchungen zur hygienischen Prüfung eines gedeckten Trinkwasserbehälters, Wien, 1966.

[48] Fair, G. M. u. J. C. Geyer: Wasserversorgung und Abwasserbeseitigung. Deutsche Bearbeitung B. Dietrich u. J. Morris, München 1962.

[49] Flemming, H. W.: Die unterirdische Wasserspeicherung, München, 1962.

[50] Gandenberger, J.: Fernwasserleitungen, Weinheim, 1957.

[51] Brix, J. †, H. Heyd u. E. Gerlach: Die Wasserversorgung, 6. Aufl., 1963.

[52] Gerlach, E. u. K. Hünerberg: Die Wasserversorgung, München 1963.

[53] Giebler: Chemische Wasserstatistik der Wasserwerke, 3. Aufl., München, 1959.

[54] Haase, L. W.: Werkstoffzerstörung und Schutzschichtbildung im Wasserfach, Weinheim, 1951.

[55] Hentze, J.: Wasserbau, 2 Teile, 1958 u. 1960.

[56] Hömig, H. E.: Metall u. Wasser, 4. Aufl., Essen, 1978.

[56a] Hömig, H. E.: Meerwasser und Meerwasserdestillation, Essen.

[57] Jentsch, O.: Aufbereitung des Wassers, Berlin-Ost, 1956.

[58] Keilhack, K.: Lehrbuch der Grundwasser- u. Quellenkunde, Berlin, 1912.

[59] Leik, J.: Das Wasser in Industrie und Haushalt, 4. Aufl., 1949.

[60] Liebmann, H.: Trinkwassergewinnung aus Oberflächenwasser, München, 1958, und Handbuch Trinkwasser und Abwasser-Biologie, München, 1962.

[61] Liese, W.: Gesundheitstechnisches Taschenbuch, 2. Aufl., München, 1969.

[62] Mattheß, G.: Die Beschaffenheit des Grundwassers, Bd. 1, 6. Aufl., Bd. 2, Berlin–Stuttgart, 1973. Bd. 2 des Lehrb. d. Hydrogeologie von W. Richter, Stuttgart, 1974.

[62a] Naumann, E.: Zentrale Wasserversorgung, München, 1963.

[62b] Pürschel: Wassergüte und Wasseraufbereitung, Berlin, 1965.

[62c] Pracht, P.: H. Büskens u. E. Ulrich, Handbuch Wasser 4. Aufl., Essen 1978.

[63] Zitzelsberger, W.: Wasserhaushaltsgesetz, Textausgabe u. Erläuterungen, Kissing, 1976.

[64] Meinck, F. u. H. Möhle: Wörterbuch für das Wasser- und Abwasserfach, 2. Aufl., München, 1977.

[65] Mutschmann, J. u. F. Stimmelmayr: Taschenbuch der Wasserversorgung, 6. Aufl., Stuttgart, 1973.

[65a] Richter, W. u. W. Lillich: Abriß der Hydrogeologie, Stuttgart, 1975.

[66] Schneider, H.: Die Wassererschließung, 2. Aufl., Essen, 1973.

[67] Schneider, H.: Vertikalbrunnen-Horizontalbrunnen.

[68] Stoof, H.: Chemische und physikalische Fragen der Wasserversorgung, Schriftenreihe WaBoLu, 1949.

[69] Tödt, F.: Korrosion u. Korrosionsschutz, 2. Aufl., Berlin, 1961.

[70] Ulrich, E. A.: Werkstoffzerstörung und Schutzschichtbildung in Wasserversorgungs- und Heizungsanlagen, 3. Aufl., München, 1974.

[71] Wieland, G.: Wasserchemie, Steinmüller-Taschenbuch, Essen, 1979.
[72] Wüsthoff, A. u. W. Kumpf: Handbuch des Deutschen Wasserrechts.
[73] Zimmermann, W.: Wasser u. Mineralöle, München 1967.

Kesselspeisewasser

[74] Analysenverfahren für den Kraftverkehrsbetrieb, Ver. d. Großkesselbesitzer, Essen, 2. Aufl.
[75] Dorfner, K.: Ionenaustauscher, 2. Aufl., Berlin, 1964.
[76] Freier, R.: Kesselspeisewasser, Kühlwasser, 2. Aufl., Berlin, 1963.
[77] Held, H.-D.: Kühlwasser, Vulkan-Verlag, Essen, 2. Aufl., 1977.
[78] Hömig, H. E.: Physikalische Grundlagen der Speisewasserchemie, 2. Aufl., Essen, 1966.
[78a] Hömig, H. E.: Seawater and Seawater Destillation, Vulkan-Verlag, Essen.
[79] Leik, S.: Das Wasser in der Industrie und Haushalt, Dresden, 1949.
[80] Reichelt, H.: Vom Rohwasser zum Hochdruckdampf, Halle, 1949.
[81] Richtlinien für die Aufbereitung von Kesselspeisewasser und Kühlwasser, Ver. d. Großkesselbesitzer, Essen, 4. Aufl.
[82] Splittgerber, A.: Kesselspeisewasserpflege, Leipzig, 1936, 2. Aufl., H. Ulrich, Berlin, 1963
[82a] Neue Richtlinien für das Kesselwasser und das Kesselwasser von Dampferzeugern, Mitt. d. VGB 52, H. 2, 1972.
[83] Stoll, K.: Das Wasser im Kesselhaus, München, 1969.
[83a] Handbuch Wasser, Vereinigte Kesselwerke, 6. Aufl., 1982 (bearb. von J. J. Brands, E. Tripke).
[84] Babcock-Handbuch Wasser, 6. Aufl., 1982, Essen (besonders für Kesselwasser und Kernenergie-Anlagen).
[84a] Water Desalting, in Gmelin Handbook, 1979.
[84b] Umkehrosmose, SRS-Verlag, Öhningen.

Periodische Werke über das Gesamtgebiet

1. DIN-Normen, Deutscher Normenausschuß, Beuth-Vertrieb GmbH, Berlin W 15.
2. DVGW-Arbeitsblätter und DVGW-Regelwerk, Wasser Zf. GW-Verlag, Frankfurt 90.
3. DVGW-Schriftenreihe, Frankfurt/M., bis 1975 6 Hefte, Dokumentation Wasser, Verlag E. Schmidt, Bielefeld.
4. Fortschritte der Wasserchemie, Akademie-Verlag, Berlin-Ost.
5. Wasser-Kalender, Verlag Schmidt, Berlin–Bielefeld, 19. Jahrg., 1985.
6. Literaturberichte über Wasser, Abwasser, Luft und feste Abfallstoffe. Im Auftrage des Vereins für Wasser, Boden- und Lufthygiene, Berlin-Dahlem, E. Meinck, Verlag Gustav Fischer, Stuttgart, 30 Bde. bis 1984.
7. Mitteilungen des Vereins der Großkesselbesitzer, Essen.
8. Hydrochemische und hydrologische Mitteilungen d. Inst. f. Wasserchemie, München.
9. Jahrbuch Gas und Wasser 1977, Verlag R. Oldenbourg, 76. Ausgabe, München, 1977.
10. Schriftenreihe GWF Wasser u. Abwasser, 13 Bände bis 1975.

11. Schriftenreihe des Vereins für Wasser-, Boden- und Lufthygiene, 54 Bände bis 1983, Verlag Gustav Fischer, Stuttgart.
12. Taschenbuch für das Gas- und Wasserfach 75, Ausgabe 1975.
13. Taschenbuch der Wasserwirtschaft, H. Press, 6. Aufl., Hamburg, 1982.
14. Veröffentlichungen des Instituts für Wasserforschung der Dortmunder Stadtwerke, 22 Ausgaben bis 1975.
15. „Vom Wasser“. Ein Jahrbuch für Wasserchemie und Wasserreinigungstechnik, Fachgruppe Wasserchemie, 59 Bände bis 1982.
16. Wasser und Abwasser. Jahrbücher im Verlag Winler, Wien.
17. Hydrochemische und hydrogeologische Mitteilungen, Institut für Wasserchemie, TH München, ab 1974.
18. Veröffentlichungen des Engler-Bunte-Instituts der Universität Karlsruhe, Bereich IV, Wasserchemie.
19. Münchener Beiträge zur Abwasser-, Fischerei- und Flußbiologie der Bayerischen Landesanstalt für Wasserforschung, München mit d. Bayer. Biolog. Versuchsanst. München, 31 Bände bis 1979.
20. Stuttgarter Berichte zur Wasserwirtschaft, München.
21. Wasser u. Abwasser, München 15, Herausg. Bayerisches Staatsministerium d. Innern.
22. WaBoLu-Berichte (10 bis 1985)
23. DVGW-Regelwerk Wasser 1982, DVGW-Schriftenreihe
24. Wassersicherstellungsgesetz, 2 Bde., Verlag Rehm, München 80.

Zeitschriften

1. Wasser und Boden, Verl. Paul Parey, Berlin u. Hamburg, 28. Jahrg. 1976.
2. Wasser-Luft-Betrieb, Krauskopf Verlag, Mainz, 20. Jg. 1976.
3. Die Wasserwirtschaft, Organ des Verbandes für Wasserwirtschaft, Bergheim.
4. Wasserwirtschaft, Stuttgart, 66. Jg. 1976.
5. Wasserwirtschaft-Wassertechnik, VEB-Verlag für Bauwesen, Berlin-Ost.
6. Water and Water Engineering, Verlag London, 79 Bände bis 1975.
7. Water Research, Pergamon-Verlag, London, 9 Bd. 1975.
8. Zeitschrift für Wasser- und Abwasserforschung, Verlag Chemie, Weinheim, 17. Jg. 1984.
9. Water Treatment und Examination, 24 Bde bis 1974.
10. Water Sewage Works, 122 Bde bis 1975.
11. Wasser- und Abwasser-Forschung, 10. Jg. 1977.
12. Aqua, Verlag F. Fairall, London.
13. bbr, Brunnenbau, Bau von Wasserwerken, Rohrleitungsbau, 34. Jg. 1984.
14. Das Gas- und Wasserfach, GWF, Verlag R. Oldenbourg, München, 125. Jg. 1984.
15. Gas-Wasser-Abwasser, Zürich, 62. Jg. bis 1982.
16. Energie-Luft, Verlag Schweiz. Wasserwirtschaftsverband, Baden, Schweiz.
17. Gas-Wasser-Wärme, ÖVGW, Wien, 30. Jg. 1976.
18. Gesundheitsingenieur, GI, Fachzeitschrift für Städtehygiene, Verlag R. Oldenbourg, München, 105. Jg. 1984.
19. „H_2O“.
20. Industrieabwässer, Düsseldorf.

21. Korrespondenz Abwasser, ATV, Bonn, 31. Jg. 1984.
22. Neue Deliwa-Zeitschrift, Hannover.
23. Österreichische Wasserwirtschaft, Springer-Verlag, Wien u. New York.
24. Städtehygiene, Neuer Hygiene-Verlag, Uelzen, 27. Jg. 1976.
25. Gewässerschutz-Wasser-Abwasser, Aachen, 25 Bde. bis 1978.
26. Forum Städtehygiene 34. Jg. 1984 (Fortsetzung von 24).

Teil 2

Untersuchung und Beurteilung von Abwasser

von

Prof. Dr.-Ing. Hans Rüffer

Institut für Siedlungswasserwirtschaft
Universität Hannover

I. Allgemeines

Die Angaben über den durchschnittlichen Wasserverbrauch eines Einwohners (E) der Bundesrepublik Deutschland schwanken in der einschlägigen Literatur, wobei sich Differenzen vor allem aus der Haushaltsgröße (z. B. 118 bis 150 l pro Einwohner und Tag), aber auch nach den Bundesländern ergeben [1, 2]. Nimmt man einen mittleren Wert von etwa 136 l pro Einwohner und Tag an, wird doch nur ein sehr kleiner Anteil davon, ungefähr 2 bis 3 Liter wirklich als Trinkwasser, d. h. zur Bereitung von Getränken und Speisen gebraucht. Der Rest dient im Haushalt vorwiegend zu Reinigungszwecken, vor allem als Toilettenspülwasser (43 l), Körperwasch- und Badewasser (39 l), Küchenspülwasser (8 l) und zum Wäschewaschen (16 l). Das genutzte Wasser fällt dann – in verunreinigtem Zustand – fast zu 100% wieder als Abwasser an. Ein Verlust kann nur infolge Verdunstung im Haushalt und durch den menschlichen Körper entstehen. So werden beispielsweise durch die Haut und die Lunge des Menschen täglich etwa 0,7 bis 2,5 l Wasser an die Luft abgegeben [3]. Dies ist jedoch eine Menge, die sicherlich durch wasserhaltige Nahrungsmittel (Obst, Kartoffeln usw.) und Flaschengetränke zusätzlich aufgenommen wird. Im wesentlichen ist daher mit einem durchschnittlichen Abwasseranfall von wiederum 136 l pro Einwohner und Tag zu rechnen. Ein größerer Verlust kann sich in Einzelfällen dann ergeben, wenn man sich eines Teils des Wassers außerhalb des Haushalts entledigt oder Wasser außerhalb verbraucht. Ein Beispiel ist das Gartensprengen.

Es ist leicht einzusehen, daß bezüglich Wasserverbrauch und Abwasseranfall sowie der Konzentration von Schmutzstoffen regional beträchtliche Differenzen registriert werden. Sie sind in erster Linie auf die noch unterschiedlichen sanitären Ausrüstungen der Wohnungen zurückzuführen. Im allgemeinen läuft der Wasserverbrauch eines Einwohners parallel mit der Größe der Siedlung, er kann in Großstädten vor allem im Sommer leicht 300 l pro Einwohner und Tag übersteigen [4], in manchen Dörfern aber 50 l pro Einwohner und Tag unterschreiten, wie eigene Messungen ergaben, vor allem, wenn ein großer Teil der Anwohner außerhalb des Wohnortes arbeitet.

Im umgekehrten Verhältnis zum Wasserverbrauch steht die Schmutzstoffkonzentration des Abwassers. Allerdings wird der Effekt bei mangelhafter Ausrüstung mit Spülklosetts in konträrer Weise überlagert:

Werden Urin und Kotstoffe (bei Verwendung von Trockenaborten) nicht in das Abwasser abgeschwemmt, was nur noch selten der Fall ist, verringert sich die Schmutzfracht um etwa 50 bis 80% [5, 6].

Von wesentlichem Einfluß auf die Konzentration des Abwassers sind weiterhin die tageszeitlichen Schwankungen des Abwasseranfalls, vor allem, wenn sie durch Fremdwassereinflüsse überlagert werden. Unter Fremdwasser versteht man Sickerwässer, die durch Undichtigkeiten in die Kanalisation eindringen, i. a. also oberflächennahes Grundwasser. Mengenanfall und Konzentration des Abwassers am Ende der Kanalisation werden darüber hinaus noch stark von der Größe des Entwässerungsnetzes sowie von dem Gefälle und den damit in Zusammenhang stehenden Fließgeschwindigkeiten und Fließzeiten beeinflußt. Die Grenzen der vielfachen Möglichkeiten lassen sich mit den folgenden Beispielen verdeutlichen:

In der über eine große Fläche ausgedehnten Großstadt im Flachland mit geringen Fließgeschwindigkeiten in den Kanalisationsrohren führt die unterschiedliche Fließzeit von nahe und weit entfernt liegenden Stadtgebieten bis zum Klärwerk zu einem weitgehenden Ausgleich des von der Tageszeit abhängigen Abwasseranfalls und der Konzentration.

In einem kleinen Gebirgsdorf dagegen mit starkem Gefälle in den Leitungen, also sehr kurzen Fließzeiten des Abwassers und mit einer Bevölkerung, die fast vollzählig zur Nacht ruht, erhält man Zuflußkurven an der Kläranlage mit ausgeprägten Mengen- und Konzentrationsspitzen, vor allem am späten Mittag, aber auch früh morgens und abends, während der Abwasserstrom nachts fast versiegt.

Die Qualität des Abwassers wird weiterhin durch mögliche Zersetzungsvorgänge durch die vor allem aus den Fäkalien stammenden sowie die in der „Sielhaut" des Kanalrohres angesiedelten Bakterien auf dem Wege zur Kläranlage beeinflußt. Lange Fließzeiten, geringe Fließgeschwindigkeiten mit faulenden Ablagerungen sowie längere Aufenthaltszeit in Druckrohrleitungen führen zum Anfaulen, von dem besonders die leicht zersetzlichen Komponenten, wie die Proteine, betroffen sind.

Einen weiteren wesentlichen Einfluß auf die Abwasserkonzentration und -eigenschaften üben Gewerbe- und Industriebetriebe aus. Die Variationsmöglichkeiten sind so vielseitig, daß eine eigene, umfangreiche Literatur über Industrieabwasser existiert [z. B. 7–19]. In so hochindustrialisierten Ländern wie der Bundesrepublik Deutschland gibt es kaum mehr eine Stadt ohne Industrie, selbst ein großer Teil der Gemeinden hat in den letzten Jahrzehnten Gewerbe- und Industriebetriebe angesiedelt. Dabei handelt es sich durchaus nicht nur um die traditionellen ländlichen Gewerbebetriebe, wie Molkereien, Schlachtereien, Zuckerfabriken, Gemüsekonservenfabriken, Sauerkrautfabriken, Brennereien u. ä. Über die reine Nahrungsmittelindustrie hinaus, auch in ihren modernen Formen, wie z. B. Pommes-frites- und Kartoffelchips-Fabrikationen, findet man heute dort verbreitet auch mittlere und kleinere Betriebe der chemisch-technischen Richtung (z. B. Druckereien, Galvanik-Anstalten, Hochfrequenz- und Elektrotechnik usw.).

Die Qualität des Mischabwassers kann zwar vom Industrieabwasser in vielfältiger Weise beeinflußt werden. Aus verschiedenen Gründen, auf die nachstehend noch eingegangen werden soll, sind jedoch vor allem die folgenden Eigenschaften von größter Bedeutung:

Die Temperatur, der pH-Wert, die Konzentration an oxidierbarer Substanz, der Schwebstoffgehalt (Ungelöstes), die Konzentration bzw. die Wirkung toxischer Stoffe und die Konzentration an korrosionsfördernden Stoffen.

Abwasser-Reinigungsanlagen. Das Abwasser wird im Regelfall durch die Kanalisation zu einem Klärwerk gelangen. Das heute verbreitetste Reinigungsverfahren umfaßt 1. mechanische (Rechen, Sandfang, Absetzbecken, gelegentlich auch Öl- und Fettfang) und 2. biologische Stufen (Belebungsbecken bzw. Tropfkörper, Faulbehälter). Dort werden Grobstoffe, ungelöste und gelöste Stoffe (bis auf leicht lösliche Salze) zu einem hohen Prozentsatz aus dem Abwasser eliminiert.

In den Absetzbecken werden nach physikalischen Gesetzen die Sinkstoffe (und Schwimmstoffe) zum größten Teil entfernt. Dazu wird das Abwasser möglichst ohne Turbulenzen sehr langsam (Durchfließzeit ca. 2 Stunden) durch ein Becken (z. B.

Vorklärbecken) geleitet, das für den Sink- und Schwimmschlamm Räumvorrichtungen enthält. Die Größe des Beckens ist auf etwa 2 Stunden Durchfließzeit begrenzt, weil ein längeres Verweilen des Rohabwassers nur noch eine unbedeutende Verbesserung der Abscheidung der ungelösten Stoffe bringt (bei wesentlich höheren Investitionskosten) und darüberhinaus ein nicht erwünschtes Anfaulen des Abwassers eintreten kann.

In der aerob-biologischen Stufe werden zur weiteren Reinigung des Abwassers Bakterien eingesetzt. Sie gewinnen die zur Aufrechterhaltung ihres Lebens, zum Wachstum, zur Vermehrung, evtl. Bewegung usw. notwendige Energie durch Veratmung der im Abwasser enthaltenen energiereichen Stoffe. Dabei werden diese Stoffe zu energiearmen Stoffen (z. B. Wasser, Kohlendioxid) abgebaut. Damit dieser Prozeß möglichst schnell und vollständig abläuft, muß man dafür sorgen, daß in der Kläranlage stets eine möglichst große Bakterienmasse zur Verfügung steht und diese sehr günstige Lebensbedingungen (Gehalt an gelöstem Sauerstoff im Wasser, pH-Wert des Wassers, Temperatur u. ä.) vorfindet. Die Bakterienmasse liegt beim Tropfkörperverfahren als Bewuchs auf dem Füllmaterial des Tropfkörpers als sogenannter Tropfkörperrasen vor. Beim Belebungsverfahren ist es der „belebte Schlamm", der fast ausschließlich aus Bakterien besteht und den Abbau bewirkt. Er wird beim Schlammbelebungsverfahren in den Nachklärbecken von dem gereinigten Abwasser (Ablauf) getrennt und wieder in das Belebungsbecken zurückgeführt. Die neben den Bakterien noch vorhandenen Kleinlebewesen (Amöben, Geißel- und Wimpertierchen), denen die Bakterien als Nahrung dienen, spielen für die Abwasserreinigung eine untergeordnete Rolle. Sie geben aber wichtige Hinweise zur Beurteilung des belebten Schlammes.

Den lebensnotwendigen Sauerstoff müssen die Abwasser-Organismen dem Wasser entnehmen, in dem er gelöst vorliegt. Bei einer Temperatur von +20 °C vermag Wasser, das mit Luft in Berührung steht, ca. 8 mg Sauerstoff/l aufzunehmen. Man spricht von luftgesättigtem Wasser. Wird reiner Sauerstoff in das Wasser eingeleitet, kann jedoch wesentlich mehr Sauerstoff im Wasser gelöst werden.

Bei der Abwasserreinigung erfolgt die Zufuhr des Sauerstoffes durch Eintragen von Luft in das Belebungsbecken (Druckluft- oder Oberflächenbelüfter), neuerdings auch von technischem O_2 in geschlossene Becken (kaum Abluft!), oder durch Diffusion des Luftsauerstoffes in das dünne Wasserhäutchen auf dem Tropfkörpermaterial.

In den natürlichen Gewässern erfolgt der aerobe (d. h. mit Hilfe von Luftsauerstoff durchgeführte) Abbau der Schmutzstoffe in erster Stufe durch die Stoffwechseltätigkeit der Bakterien, die sich entweder als Aufwuchs auf Steinen, Pflanzen usw. befinden oder einzeln bzw. in Kolonien (Flocken) im Wasser frei schweben. Diese Bakterien vermögen im Wasser sowohl echt gelöste organische Substanz als auch feinste Schwebstoffe zu assimilieren und zu oxidieren. Die Bakterien dienen dann den sogenannten Bakterienfressern (wie z. B. Wimpertierchen, Geißeltierchen und Wechseltierchen) als Nahrung, die ihrerseits wieder von etwas größeren Kleinlebewesen (z. B. Rädertierchen) gefressen werden. Diese Kette setzt sich weiter fort und endet schließlich bei den Fischen.

In der Abwasserreinigung bedient man sich der gleichen Vorgänge. Nur läßt man nicht wie im Vorfluter die gesamte „Freßkette" bis zu den Fischen ablaufen – wenn man vom Fischteichverfahren absieht –, sondern bricht die Reinigungsvorgänge bei der Stufe der Bakterien und Protozoen ab.

Die Organismenmasse (Biomasse), die dabei entstanden ist, wird nicht mehr als Nahrung für höhere Organismen zur Verfügung gestellt, sondern anderweitig verarbeitet. Das geschieht vornehmlich durch anaerobe Vorgänge (also unter Luftausschluß), d. h. durch Faulung. Den „Überschußschlamm“ der biologischen Stufe eines Klärwerkes bringt man zusammen mit dem Frischschlamm aus der vorgeschalteten mechanischen Reinigungsstufe in einen Faulbehälter. Auch hier wirken Mikroorganismen, hauptsächlich Bakterien, zersetzend auf zugeführte organische Stoffe. Man ist bemüht, die anaerobe Faulung so zu leiten, daß aus den vorliegenden organischen Substanzen in erster Zwischenstufe niedermolekulare Spaltprodukte, besonders organische Säuren, entstehen. Diese werden von bestimmten „fakultativ anaeroben“ Bakterien erzeugt, das sind solche, die sowohl mit wie auch ohne Sauerstoff leben können. Wichtig ist für die einwandfreie Faulung, daß die in erster Stufe entstandenen organischen Säuren sofort von den rein anaeroben Methanbakterien weiterverarbeitet werden, wobei vorwiegend Methangas entsteht. Das Faulgas (65 bis 70% CH_4, Rest hauptsächlich CO_2) dient i. a. zur Heizung des Faulbehälterinhalts und evtl. der Gebäude. Es handelt sich also um ein ineinandergreifendes Zusammenarbeiten von 2 Bakterienhauptgruppen. Das entstandene Produkt, der Faulschlamm, ist dann im Volumen stark vermindert (wenn Trübwasser getrennt abgezogen wurde).

Untersuchungen der letzten Jahre führten zu Verfahren, die Faulung einerseits auch für höher konzentriertes Abwasser nutzbar zu machen und andererseits durch intensivere Umwälzung und evtl. Auftrennen in eine Vorversäuerungs- u. eine Methanphase zu beschleunigen [20]. Der Nutzen einer getrennten Vorversäuerung zur Umsatzbeschleunigung wird allerdings von anderen Fachleuten in Zweifel gezogen [21]; auf der anderen Seite soll sogar normales Kommunalabwasser Aussicht haben, anaerob wirtschaftlich vorbehandelt zu werden [22].

Neben das Faulverfahren ist in den letzten Jahren die aerobe Schlammbehandlung getreten. Der Schlamm wird dabei durch verlängerte Belüftungszeit des Abwassers im „Zustand der Unterernährung“ gehalten oder durch gesonderte Belüftung einem begrenzten „Selbstverzehr“ unterworfen [23, 24]. In diesem Zustand verursacht er bei der Lagerung bzw. Trocknung keine Geruchsbelästigung. Häufig wird heute auch bereits die maschinelle Entwässerung und z. T. Verbrennung des nicht gefaulten Schlammgemisches betrieben, teilweise, weil die sehr empfindliche Faulstufe bei erhöhtem Industrieabwasseranteil mit evtl. vorhandenen Störstoffen zu sehr gefährdet ist.

Das biologisch gereinigte Abwasser ist nur noch schwach getrübt, es riecht auch nicht mehr fäkalisch, sondern erdig, weist aber eine gelbe Restfärbung auf. Der Schwebstoffgehalt ist sehr weit zurückgegangen, etwa auf 10 mg/l, ebenso die Schmutzstoffe, charakterisiert als $KMnO_4$-Verbrauch, CSB, BSB_5, TOC; dies drückt sich auch aus in den Haltbarkeitstests (Methylenblau und Schwefelwasserstoff). Fast unverändert ist der Salzgehalt geblieben, ebenso der pH-Wert.

Der Unterschied zum Trinkwasser oder zum relativ reinen Fluß- oder Seewasser liegt, abgesehen vom Keimgehalt, somit vor allem im Restgehalt an organischer

Substanz und der Konzentration einiger anorganischer Verbindungen, vor allem des Stickstoffs und des Phosphors. Die letzteren sind die typischen Düngesalze (Agrarwirtschaft). Sie vermögen ebenso das Pflanzenwachstum im Gewässer zu fördern: Eutrophierung (Algen, Verkrautung). Um eine Eutrophierung aufzuhalten, versucht man durch eine 3. Reinigungsstufe (1. mechanisch, 2. biologisch) wenigstens eine der beiden Verbindungsgruppen weitgehend zu entfernen. Nach J. v. Liebig ist der Minimumfaktor für das Wachstum von Pflanzen geschwindigkeitsbestimmend!

Die wirksamste und heute vorwiegend angewendete Methode ist die chemische Ausfällung des gelösten Phosphates. Durch Anwendung von Aluminium- und Eisensalzen, evtl. auch Kalk, ist es möglich, die P-Konzentration von 10 bis 15 mg/l auf 0,2 bis 2 mg/l zu senken. Dabei unterscheidet man die Simultanfällung und die Nachfällung. Erstere erfordert kaum zusätzliche Investitionen, hat aber etwas höheren Flockungsmittelverbrauch.Für letztere muß ein weiteres Flockungs- und Nachklärbecken errichtet werden. Sie liefert dann dafür eine bessere Ablaufqualität. Die Fällmittelkosten liegen bei 1 bis 4 DM/E · a, wenn ca. 5 bis 25 g/m^3 an Eisensalz (als Fe) bzw. Aluminiumsalz (als Al) eingesetzt werden [25, 26].

Im Falle der Simultanfällung bleibt das ausgefällte Phosphat im Überschußschlamm. Wird er einer Faulanlage zugeführt, kann sich aber $FePO_4$ z. T. wieder auflösen (PO_4^{3-} geht dann mit dem Trübwasser wieder in den Zulauf!), $AlPO_4$ jedoch nicht [27].

Zur Entfernung des gelösten Stickstoffs sind chemische Verfahren nicht wirtschaftlich einzusetzen, weil NH_4^+, NO_2^- und NO_3^- sehr leicht lösliche Ionen sind und Oxidations- bzw. Reduktionsmittel in der Praxis zu keinen eindeutigen Eliminationserfolgen geführt haben. Auf dem Weg der Nitrifizierung und Denitrifizierung läßt sich aber ein großer Teil der Stickstoffverbindungen entfernen. Unter günstigen Bedingungen (schwache Belastung, nicht zu niedrige Temperatur) wird der Stickstoff durch bestimmte Bakterien über Nitrit zu Nitrat oxidiert. Letzteres wird bei Sauerstoffmangel von den meisten Abwasserbakterien als O_2-Träger benutzt und dabei bis zum N_2 reduziert. Eine Denitrifikationsanlage enthält daher zusätzlich nach dem Belebungsbecken ein unbelüftetes Becken, in dem durch langsames Rühren der belebte Schlamm in Schwebe gehalten wird. Wird eine Belebungsanlage mit sehr geringer Sauerstoffkonzentration betrieben, können Nitrifikation und Denitrifikation nebeneinander ablaufen [28, 29].

Der Restgehalt an organischen Verbindungen im biologisch gereinigtem Abwasser ist besonders dadurch gekennzeichnet, daß die leicht abbaubaren Stoffe entfernt wurden und sich jetzt nur noch vorwiegend resistente Stoffe im Abwasser befinden. Diese Stoffe können zwar biologisch nicht mehr (oder nur sehr langsam) angegriffen werden, erzeugen also keinen BSB mehr, sie werden aber durch scharfe chemische Oxidationsmittel oxidiert, sie erzeugen also einen noch erhöhten $KMnO_4$-Verbrauch, CSB und TOC-Wert.

Die chemische Natur dieser Reststoffe ist bis auf wenige Verbindungen noch nicht aufgeklärt, sicherlich wird ein Teil mit natürlichen Huminsäuren verwandt sein. Da diese Stoffe zum großen Teil eine Trinkwasseraufbereitungsanlage durchlaufen, erheben besonders die Trinkwasserfachleute von Flußwasserwerken Bedenken. Seit ca. 20 Jahren wird daher versucht, durch physikalisch-chemische Verfahren die biologisch resistenten Stoffe aus dem Wasser zu entfernen. Verwendete Verfahren sind:

Fällung	Strippen
Flockung	Extraktion
Oxidation	Ionenaustausch
Flotation	Umkehrosmose
Filtration (incl. Ultrafiltration)	Elektrodialyse
Adsorption	

Die Kenntnis der Abwassereigenschaften (und natürlich der Abwassermenge) bildet die Grundlagen für die Auswahl des Reinigungsverfahrens und die Bemessung einer Kläranlage, für die Beurteilung des Wirkungsgrades von Reinigungsprozessen und evtl. Vorbehandlungsmaßnahmen und für die Berechnung von Gebühren. Die wichtigsten Untersuchungsmethoden für Abwasser werden im folgenden beschrieben.

II. Untersuchung von Abwasser

A. Allgemeines

Zur Beurteilung von Abwasser-Reinigungsanlagen braucht man somit Kenntnisse über 1. das Rohabwasser (Zulauf), 2. das vorgeklärte Abwasser (Ablauf Vorklärbecken) und 3. das biologisch gereinigte Abwasser (Endablauf), bei mehrstufigen Anlagen auch von Zwischenklärbecken. Das Folgende gilt auch sinngemäß für Industrieabwasserproben.

Die Bemessungsrichtwerte der Ingenieure B_R, B_{TS} (vgl. [30]) beziehen sich bislang noch auf den Biochemischen Sauerstoffbedarf des Abwassers in 5 Tagen Bebrütungszeit, den BSB_5, und die in einer Stunde einem Becken der Anlage zufließende Schmutzfracht (BSB_5-Fracht) sowie auf die Tagesfracht und den Tagesspitzenanfall. Wenn es also gilt, diese Frachten zu ermitteln, müssen die Zuflußmenge registriert und Sammelproben der genannten Abwasserarten gewonnen werden, am besten Stundensammelproben. Das bedeutet jedoch in einer klassischen mechanisch-biologischen Kläranlage (Zulauf, Ablauf-Vorklärung, Ablauf-Nachklärung) $3 \cdot 24 = 72$ Proben, also einen erheblichen Arbeits- und Kostenaufwand. Dazu kommt, daß die Proben nach Möglichkeit kontinuierlich, wenn nicht sogar mengenproportional, gesammelt werden sollen, d. h. man benötigt möglichst automatische Sammelprobenentnahmegeräte.

In den meisten Fällen der Praxis begrenzt man daher die Probezahl durch Übergang auf 2-Stunden- bzw. 3-Stunden- oder sogar 4-Stunden-Sammelproben. Vielfach kann man darüber hinaus in den Nachtstunden mit geringem Abwasseranfall wegen dann verminderter Qualitätsänderung noch größere Sammelperioden wählen.

Die Analytik ist zu einem großen Teil identisch mit den Untersuchungsmethoden von Trinkwasser. Auf sie wird daher nur so weit eingegangen werden, als besondere Eigenschaften des Abwassers das Untersuchungsverfahren beeinflussen können. Darüber hinaus gibt es aber auch einige abwasserspezifische Untersuchungen, die detailliert beschrieben werden und eine Reihe neuer Untersuchungsmethoden, die meistens an bestimmte, industriell hergestellte Apparaturen gebunden sind.

B. Probennahme

Aus dem Vorhergesagten geht schon hervor, daß die Entnahme repräsentativer Abwasserproben nicht einfach ist. Man muß sich über den geeigneten Entnahmeort orientieren, über die Entnahmezeit und -dauer entscheiden und beachten, daß wegen des hohen Bakteriengehaltes und Nährstoffreichtums unter gewöhnlichen Bedingungen rasche Zersetzungen im Abwasser eintreten. Wegen der schnell wechselnden Zusammensetzung eines kommunalen, vielfach auch eines industriellen Abwassers, tragen Stichproben – im Gegensatz zum Trink- und Oberflächenwasser – hier den Charakter des Zufälligen.

Stichprobe und Sammelprobe. Der Normalfall ist die Entnahme von Abwassersammelproben, z. B. auf dem Klärwerk. Hier handelt es sich meistens darum, die Belastung der einzelnen Stufen und den Abbauwirkungsgrad bzw. Grundlagen für eine evtl. Erweiterung zu ermitteln. Stehen Dauerprobeentnahmegeräte nicht zur Verfügung oder lassen sie sich nicht einsetzen, z. B. wegen zu großer Verstopfungsgefahr bei Rohabwasser, muß von Hand gesammelt werden. Bewährt hat sich dazu ein an einer Stange befindlicher Schöpfbecher, mit dem man in kürzerem (z. B. 10 min) Zeitintervall z. B. ½ Liter des Abwassers in einen an der Probestelle stehenden Eimer schöpft [31]. Nach dem Ablauf der Sammelzeit rührt man den Eimerinhalt um, füllt daraus eine 2 l-Probeflasche (ausreichend für die übliche Analyse) und verwirft den Rest, um danach erneut zu beginnen. Bei Rohabwasser empfiehlt es sich, das Zeitintervall für die Entnahme der Einzelproben kurz zu wählen. Die Abläufe eines Vorklärbeckens und erst recht eines Nachklärbeckens sind dagegen weit ausgeglichener. Hier reicht es im allgemeinen, halbstündig zu schöpfen.

Korrespondierende Proben. Wenn eine Kläranlage tagtäglich in annähernd demselben Rhythmus die gleiche Menge Abwasser durchsetzt, reicht für die Beurteilung eine 24-Stunden-Untersuchung nach dem beschriebenen Schema aus. In den meisten Fällen wirken sich aber Faktoren, wie Industrieeinfluß, Wochenenden und Niederschläge ändernd auf Menge und Qualität aus. Dann ist es sinnvoller, beispielsweise eine ganze Woche lang Sammelproben zu entnehmen. Bei kürzerer Sammelzeit jedoch sollte man korrespondierende Proben sammeln, d. h. die Aufenthaltszeit t_R [30] in den einzelnen Stufen berücksichtigen, nur dann ist der Wasserkörper der Ablaufprobe auch (wenigstens theoretisch) der der Zulaufprobe. Die Aufenthaltszeit t_R errechnet sich aus dem mittleren Zufluß Q (m^3/h) und dem Beckeninhalt V (m^3) nach

$$t_R = \frac{V(m^3)}{Q(m^3/h)} \qquad (h)$$

Jeweils um diese Aufenthaltszeit verschoben sollten dann die Sammelzeiten angesetzt werden.

Beispiel. Einem Klärwerk fließen im Tagesmittel 500 m^3 Abwasser/h zu. Es besteht in seinen wesentlichsten Bauwerken aus einem Vorklärbecken I von V = 1000 m^3 Volumen, zwei parallel betriebenen Belebungsbecken II von je V = 1200 m^3 Volumen und einem Nachklärbecken III von V = 1500 m^3 Inhalt.

Die Aufenthaltszeiten errechnen sich dann zu

$$t_{RI} = \frac{1000\ m^3}{500\ m^3/h} = 2\,h,$$
$$t_{RII} = \frac{2400\ m^3}{500\ m^3/h} = 4{,}8\ h,$$
$$t_{RIII} = \frac{1500\ m^3}{500\ m^3/h} = 3\,h.$$

t_{RII} kann man aus Gründen der Praktikabilität auf 5 h aufrunden. Unter Zugrundelegung von 4 h Sammelproben ergibt sich dann folgender Probeentnahmeplan (Zeitdifferenz von Ablauf Vorklärung zu Ablauf Nachklärung = $t_{RII} + t_{RIII}$ = 8 h).

Zulauf	Ablauf-Vorklärung	Ablauf-Nachklärung
06–10 Uhr	08–12 Uhr	16–20 Uhr
10–14 Uhr	12–16 Uhr	20–24 Uhr
14–18 Uhr	16–20 Uhr	00–04 Uhr
18–22 Uhr	20–24 Uhr	04–08 Uhr
22–02 Uhr	00–04 Uhr	08–12 Uhr
02–06 Uhr	04–08 Uhr	12–16 Uhr

Die Entnahme von Proben des Ablaufs eines Industriebetriebes sollte entsprechend, nach Möglichkeit mit Dauerprobeentnahmegeräten, während der Arbeitszeit eingerichtet werden.

Konservierung von Proben. Wegen der schnellen Zersetzung von Abwasserproben (1 ml Abwasser kann mehrere Millionen Keime enthalten) ist eine Konservierung angezeigt, wenn die rasche Untersuchung nicht möglich ist. Der Zusatz von Bakteriziden, wie Quecksilbersalzen (z. B. Quecksilber(II)-chlorid, 1 g/l vernichtet bzw. hemmt die meisten Mikroorganismen, doch zeigen schon 50 mg/l eine in manchen Fällen hinreichende Wirkung, vgl. [32]), Chloroform (5 mg/l), konz. Schwefelsäure (ca. 5 ml/l bis pH 2, verhindert vor allem NH_3-Verluste), Ätznatron (ca. 5 g/l bis pH 12, konserviert vor allem Phenole u. ä.) bleibt nicht ohne Auswirkung auf die Ergebnisse später folgender Analysen. So starke Gifte wie Quecksilberverbindungen sind darüber hinaus weder im Labor noch im Abwasser des Labors gern gesehen. Dasselbe gilt für Halogenkohlenwasserstoffe (HKW), wie Chloroform (Trichlormethan).

Selbst das längere Zeit propagierte Einfrieren der Proben führt zu Veränderungen, vor allem des Kolloidanteils (i. a. Zunahme von absetzbaren Stoffen), vgl. [33, 34]. Als brauchbar hat sich die Methode der Kühlung während der Probeentnahme auf etwa 2 bis 4 °C erwiesen (einige Dauerprobeentnahmegeräte sind mit Kühleinrichtungen versehen), wenn die Untersuchung danach innerhalb 2 Tagen erfolgt.

Wenn auch als indifferentes Probenflaschenmaterial Glas am geeignetsten erscheint (außer bei Gefrierkonservierung), so ist bei dem häufig rauhen Betrieb der Abwasserprobeentnahme letztlich Kunststoffflaschen der Vorzug zu geben. Gegenüber Polyäthylen scheint hier PVC Vorteile aufzuweisen [32].

Für den Fall, daß adsorbierbare oder in die Oberfläche des Kunststoffes diffundierende Stoffe bestimmt werden sollen (z. B. Hg-Salze, HKW), sind letztere natürlich ungeeignet.

C. Hydraulische Verhältnisse, Fließzeiten, Abwasser-Mengenmessung

Vor allem aus zwei Gründen bestehen zwischen praktischen Aufenthaltszeiten des Abwassers in den Becken und den in obiger Weise errechneten Aufenthaltszeiten Unterschiede: Erstens variiert der Tageszulauf innerhalb 24 Stunden erheblich, d. h. er weicht nach unten und oben von dem mittleren Zulauf ab. Dies hat entsprechend schwankende Aufenthaltszeiten zur Folge. Zweitens fließt das Abwasser nicht entsprechend einer idealen „Propfenströmung“ durch die Becken. Ein Teil bewegt sich in vielen Fällen in einer Art Kurzschlußströmung rasch hindurch, ein anderer verweilt um so länger in bestimmten wenig durchströmten Regionen. Man kann versuchen, die hydraulischen Verhältnisse anhand von Strömungsmessungen (z. B. mit Thermofühlern) oder mit Tracern, wie Farbstoffen (z. B. Uranin), Salzen (z. B. LiCl) oder kurzlebigen radioaktiven Isotopen (wie $^{82}Br^{-}$, Halbwertzeit 36 Stunden, [35]) zu ergründen.

Geeignet dafür und harmloser ist auch Kochsalz (Chlorid), das allerdings deutlich über die Grundkonzentration des Chlorids im Abwasser aufgestockt werden muß. Sein Vorteil liegt auch darin, daß es sehr schnell nach einer ganz einfachen Methode bestimmt, d. h. leicht eine große Zahl von Einzelproben getestet werden kann.

Bei Anwendung höherer Konzentrationen muß auf gute Vermischung geachtet werden, um Dichteströmungen möglichst zu vermeiden.

Für die eigentliche Messung schüttet man am besten zu einem bestimmten Zeitpunkt eine vorausberechnete Menge Lösung des Tracers an einer Stelle, die gute Vermischung garantiert, in das Abwasser (z. B. im Sandfang) und entnimmt an den interessierenden Stellen in 5 oder 10 min-Abstand Proben. Die Entnahme ist solange fortzusetzen, bis die Konzentration des Tracers nach Durchschreiten des Maximums fast wieder die Ausgangskonzentration erreicht hat. Die Auswertung ist nach graphischer Darstellung (Konzentration/Zeit) leicht möglich (vgl. auch [35]).

Bestimmung der Abflußmenge. Zur Bestimmung des Abwasser-Mengenflusses verfügen Kläranlagen in fast allen Fällen über Mengenmeß-und Registriereinrichtungen. Am verbreitetsten sind Venturi-Gerinne von rechteckigem Querschnitt. Unter gewissen Bedingungen, die bei Konstruktion berücksichtigt werden, besteht eine Proportionalität zwischen Wasserspiegelhöhe bzw. Wirkdruck unmittelbar vor der Venturiverengung und der Durchflußmenge [36]. Die Spiegelveränderung wird dann mit einem Schwimmer gemessen oder neuerdings sehr erfolgreich über einen Ultraschallmeßkopf abgetastet, der störungsunempfindlich, weil berührungslos arbeitet[1]. Die Werte werden i. a. nicht nur angezeigt und geschrieben (m^3/h), sondern auch durch ein integrierendes Zählwerk bzw. einen Drucker direkt in m^3 summiert. Zunehmende Anwendung hat in den letzten Jahren die induktive Durchflußmessung (IDM) gefunden. Sie erlaubt sehr genaue Messungen durch Erfassung eines Induktionsstromes, der in einem zwischen zwei Elektroden angelegten Feld infolge Schneidens der Feldlinien durch das strömende Wasser entsteht. Voraussetzung ist eine stets vollständig gefüllte Leitung, was aber konstruktiv leicht zu erreichen ist.

Turbinenzähler oder Schwebekörper-Durchflußmesser sind für Abwasser wegen der Gefahr des Verstopfens und Zuwachsens mit Bakterienschleimen nicht geeignet.

Existiert keine Mengenmeßanlage, z. B. an einem Industrieabwasserauslaß, kann man sie in vielen Fällen für die Untersuchung provisorisch erstellen. In einem offenen Gerinne oder im Schacht eines nicht voll gefüllten Kanalisationsrohres läßt sich ein Meßwehr aus Holz, Kunststoff oder Blech anbringen, das gut an den Rändern und am Boden abgedichtet sein muß (Sandsäcke u. ä.). Voraussetzung ist in jedem Falle ein genügendes Gefälle im Rohr oder Gerinne, sonst wird der obere Teil zum Stauraum und Absetzbecken!

Das Wehr kann in Dreiecksform oder mit waagerechter Oberkante errichtet werden. Wenn alles Wasser über die Kante überläuft, läßt sich aus dem Niveau des Was-

---

[1] Schaum auf der Wasseroberfläche muß verhindert werden, weil sonst dessen Oberfläche gemessen wird.

sers vor dem Wehr ähnlich wie beim Venturigerinne die Durchflußmenge ermitteln [36]. Die Wasserspiegelhöhe kann man durch transportable Schwimmeranlagen, eine Ultraschallmeßanlage oder mit kapazitiv wirkenden Sonden ermitteln und auf Schreiber übertragen. In Fällen ohne Stromanschluß hat sich die „Blasendruckmethode“ [37] bewährt, die den Druck in einem ins Abwasser eintauchenden Rohr registriert, durch das langsam Preßluft (z. B. aus einer Flasche) perlt. Lieferant solcher Geräte sind z. B. die Firma Rittmeyer AG und die Firma Mangels, Wilhelmshaven.

Sind die Voraussetzungen für die Verwendung eines Meßwehres nicht gegeben, bleibt in vielen Fällen nur die Möglichkeit, das gesamte Wasser nach Sperren eines Durchflusses (z. B. mit Absperrblase) überzupumpen, wobei es vorteilhaft durch einen induktiven Durchflußmesser geleitet wird. Bei kleinen Abflußmengen kann man manchmal sehr einfach mit Eimer und Stoppuhr den Wert annähernd bestimmen.

D. Äußere Charakterisierung

Hierzu dienen die mit den Sinnesorganen feststellbaren Eigenschaften des Abwassers: Farbe, Trübung und Geruch, selbstverständlich nicht die sonst bei sensorischen (organoleptischen) Untersuchungen, z. B. von Trinkwasser, einbezogene Geschmacksprobe. Abwasser enthält zu viele suspendierte Keime, und zwar Fäkalbakterien, Viren und sogar Parasitenformen, d. h. neben harmlosen Mikroorganismen auch Krankheitserreger!

Am leichtesten sind die genannten Eigenschaften zu beurteilen, wenn man 1 Liter Abwasser in ein Imhoff-Glas (ein nach unten konisch verlaufendes Gefäß) gebracht hat, das ohnehin zur Bestimmung der absetzbaren Stoffe gebraucht wird. Die Angaben sind zwar subjektiv, erlauben aber Vergleiche zu anderen Proben aus derselben Anlage und lassen auch manchmal spezielle Einflüsse erkennen, z. B. von Industrieabwasser, Molke, Schlachthofblut, Jauche u. a.

Die Farbe ist einfach zu bestimmen, es genügt im allgemeinen eine ungefähre Angabe. Farbvergleichstafeln werden nur vereinzelt herangezogen. Die Farbe normalen Kommunalabwassers ist schmutzig-gelblich, gelegentlich grau bis grau-schwarz, besonders, wenn es bereits angefault ist. Biologisch gut gereinigtes Abwasser weist einen hellen gelb-braunen Ton auf.

Farbstoffeinflüsse (z. B. wenn Abwasseranteile von Textilbetrieben enthalten sind) können natürlich das Aussehen erheblich beeinflussen. Man sollte die Bedeutung solcher Farbstoffe aber nicht überschätzen, genügen doch bereits winzigste Mengen, um etwa einen Kubikmeter Abwasser intensiv zu verfärben!

Die Trübung läßt sich ebenfalls an der Probe im Imhoff-Glas grobsinnlich abschätzen. Günstig ist, wenn das Gefäß vor einen weißen Hintergrund gehalten wird (vgl. z. B. [31]. Man kann eine qualitative Unterteilung nach folgendem Schema vornehmen.

klar	stark trüb
fast klar	fast undurchsichtig
schwach trüb	undurchsichtig
mäßig trüb	

Eine objektivere Beurteilung ist bei Verwendung eines Sichttiefenmeßgerätes gegeben, im Prinzip ein etwa 1 m langes Plexiglasrohr mit einem Fadenkreuz am gläsernen Boden, unter dem sich eine Glühbirne (15 W) befindet. Man bestimmt dort die Schichthöhe des Abwassers, bei der gerade noch das Fadenkreuz erkennbar ist (Lieferfirma O. Riele KG, Minden). Diese Werte (in cm) sollten als „relative Sichttiefe" bezeichnet werden, die vor allem einen guten Vergleich von Abwasserproben aus verschiedenen Stufen eines Klärwerkes zulassen.

Exakte Werte, die mit den in anderen Laboratorien gewonnenen vergleichbar sind, liefern nephelometrische oder absorptiometrische Messungen in Formalin-Einheiten (international FTU, Formalin Turbidity Units, deutsch TE/F), vgl. [38, 39].

Einige marktgängige Trübungsmeßgeräte z. T. auch für kontinuierlichen Meßeinsatz, z. B. im Kläranlagenbau, sind in [39] beschrieben.

Das Untertauchen einer Sichtscheibe (weiße Kachel) an einer Meßkette im Absetzbecken der Anlage ist zwar sehr einfach, die erhaltenen Werte sind aber nicht unabhängig von der natürlichen Beleuchtung.

Exaktere Messungen, z. B. mit Streulichtmeßgerät, sind nur in Ausnahmefällen für die Beurteilung von Abwasser notwendig.

Der Geruch des Abwassers sollte etwa nach der folgenden Bezeichnungsskala beurteilt werden:

ohne Geruch	fäkalisch
frisch	faulig
erdig	jauchig
dumpf	widerlich stinkend.

Durch zugesetztes „schwach" oder „stark" kann man noch einen Hinweis auf die Intensität geben.

E. Bestimmung der absetzbaren Stoffe (Schlammstoffe) und des Glührückstandes

Die Methode lehnt sich an die in den Absetzbecken der Kläranlagen ablaufenden Sedimentationsvorgänge an. Die Absetzzeit beträgt 2 Stunden. Man füllt die Abwasserprobe bis zur 1 l-Marke in das Imhoff-Glas und läßt 2 Stunden ruhig stehen. Schlammteilchen mit einem spezifischen Gewicht größer als das des Wassers setzen sich nach unten ab, leichtere schwimmen evtl. auf (i. a. vernachlässigbar geringe Anteile). Um an den Schrägwandungen haftende Flocken zu lösen, dreht man das Gefäß 15 Minuten vor Ablauf der zwei Stunden mehrfach ruckartig um seine vertikale Achse. Nach Ablauf der zwei Stunden liest man die Spiegelhöhe der Schlammstoffe an der feinen Stricheinteilung im unteren Teil des Glases ab. Rohabwasser enthält im Regelfall ca. 2 bis 10 ml/l absetzbare Stoffe, gelegentlich etwas mehr. Abläufe von Absetzbecken (Vorklärbecken, Nachklärbecken) sollen möglichst 0,2 bis 0,3 ml/l nicht überschreiten.

Ist dies der Fall, kann die Ursache in hydraulischer Überlastung, Überlastung mit Schlammstoffen, ungenügendem Abzug von Schlamm aus dem Becken, manchmal auch an Kurzschlußströmungen im Becken liegen.

Der Gehalt an absetzbaren Stoffen im Rohabwasser dient zur Berechnung des täglichen Schlammanfalles und zusammen mit dem Restgehalt im Ablauf des Vorklärbeckens zur Errechnung des Wirkungsgrades des Beckens.

Will man auch das Gewicht der Schlammstoffe bestimmen, wird der Inhalt des Imhoff-Glases vorsichtig bis auf die Schlammstoffe dekantiert und der Rest auf eine Nutsche (9 cm) mit gewogenem aschefreien Filter (z. B. S. u. S. Nr. 1506, hart) gegossen und abgesaugt.

Das Glas läßt sich leicht mit einer Spritzflasche innen nachspülen. Nach Trocknen des Filters bei 105 °C (2 Stunden erweisen sich in der überwiegenden Zahl der Fälle als ausreichend) und Zurückwägen kann das Gewicht der Schlammstoffe nach Abzug des Filtergewichts ermittelt werden.

Wesentlich rascher läßt sich die Trockensubstanz bzw. der Trockenrückstand heute im Mikrowellenherd bestimmen [40, 41].

Angabe z. B.:

absetzbare Stoffe 7,8 ml/l, 214 mg/l.

Durch einstündiges Verglühen der so gewonnenen Trockensubstanz im Muffelofen (mitsamt dem Filter in einem Porzellantiegel) bei 550 °C (eine Temperatur, bei der $CaCO_3$ noch nicht merkbar zersetzt wird) gewinnt man eine Asche, den Glührückstand (GR).

Sollte sich durch schwarz gefärbte Anteile in der Asche anzeigen, daß noch Reste organischer Substanz vorhanden sind, muß erneut geglüht werden, evtl. nach Befeuchten mit einer verdünnten Ammoniumnitratlösung. Wägen des Glührückstandes nach Abkühlung im Exsikkator und Errechnen der Differenz zur Trockensubstanz führt zum Glühverlust (GV) des Schlammes, ein Wert, der i. a. dem organischen Anteil der Stoffe gleichgesetzt wird. Der GV von absetzbaren Stoffen des Rohabwassers liegt i. a. zwischen 60% und 85% der Trockensubstanz und wird sehr von dem Anteil anorganischer Bestandteile, vor allem von Sand, beeinflußt. Der Glühverlust von Schlamm, z. B. belebtem Schlamm (vgl. [31]), kann auch direkt als Gehalt an organischer Trockensubstanz angegeben werden (s. auch [6]).

F. Bestimmung der gesamten Schwebstoffe (ungelöste Stoffe)

Hierunter versteht man die abfiltrierbaren Schwebstoffe, bei Rohabwasser sind auch die Sink- und Schwimmstoffe einbezogen. Die einfachste und über lange Zeit gebräuchlichste Methode war die Filtration einer bestimmten Abwassermenge (z. B. 100 ml) durch ein gewogenes Papierfilter, wie es im vorigen Abschnitt beschrieben wurde. Ungenauigkeiten der Methodik, die vom Papierfilter herrühren und sich vor allem bei sehr kleinen Schwebstoffgehalten auswirken, können durch Verwendung von Membranfiltern vermieden werden (vgl. Membranfilterverfahren im Kapitel Bakteriologie). Als vorteilhaft hat sich dafür die Überdruckmethode erwiesen, d. h. die Verwendung eines Edelstahlzylinders mit Halterung, von ca. 200 ml Volumen für Membranfilter von 50 mm Durchmesser, Porenweite 3,0 μm, mit abschraubbarem Siebboden, auf den das bei 105 °C getrocknete und gewogene Filter gelegt wird, und einem verschraubbaren Einfüllstutzen, durch den z. B. 100 ml der gut gemischten Abwasserprobe gegeben werden. Oben besitzt das Gerät einen Schlauchstutzen, durch den anschließend Druckluft ($P_Ü$ = 1 bis 3 bar) solange zugeführt wird (evtl. aus einer Preßluftflasche), bis das gesamte Wasser hindurchgepreßt ist. Das Filtrat wird in einem untergestellten Becherglas aufgefangen. Es kann für die Bestimmung gelöster Stoffe (wie Abdampfrückstand, oxidierbare Stoffe als $KMnO_4$-Verbrauch, CSB, DOC, BSB_5) verwendet werden, wobei allerdings durch ein Membranfilter mit Porenweite 0,4 µm filtriert werden muß. Dies ist für manche stark getrübten Proben nicht praktikabel. Es ist selbstverständlich, daß für diese Anwendung der Methode die Sterilität von Filter und Gerätschaft bedeutungslos ist.

Der Schwebstoffgehalt ergibt sich aus der Differenz des Gewichtes des nach der Filtration wiederum bei 105 °C getrockneten Filters zu dem Gewicht des ungebrauchten Filters und Umrechnen auf 1 l Abwasser (z. B. Multiplikation mit 10, wenn 100 ml verwendet wurden).

Relativ sauberes Abwasser erfordert den Durchsatz einer größeren Menge, evtl. bis 500 ml! Kommunales Abwasser enthält ca. 300 bis 400 mg/l Gesamt-Schwebestoffe, nach der Vorklärung noch etwa 100 mg/l und gut biologisch gereinigtes Abwasser sollte nicht mehr als 10 bis 20 mg/l aufweisen.

Bei der Filtration von belebtem Schlamm reichen häufig 50 ml aus.

Vor evtl. Bestimmung des Glühverlustes sollten Membranfilter im Tiegel mit reinem Alkohol befeuchtet und angezündet werden, um Verpuffen zu vermeiden.

G. Bestimmung des Säure- bzw. Lauge-Bindungsvermögens

Dies ist eine Methode, die bei Industrieabwässern angewendet wird, wenn sie außerhalb des i. a. zulässigen pH-Bereichs von pH 6,5 bis 9 liegen, um den Bedarf an Neutralisationsmitteln zu erhalten. Sie ist voll vergleichbar mit der p- und m-Wert-Bestimmung im Trinkwasser (s. dort). Zu beachten ist jedoch, daß Abwasser meistens mehr oder weniger stark gepuffert ist (Proteine!) und daher aus dem pH-Wert keine Säure- bzw. Basen-Konzentration errechnet werden kann. I. a. resultiert daher auch eine erhebliche Differenz der Werte zwischen filtrierter und unfiltrierter Probe. Welche Probe verwendet wird, ergibt sich aus der Aufgabenstellung.

Basisches Abwasser ist im übrigen für die Kanalisation und die Abwasserreinigung weit weniger gefährlich als saures. Das liegt zum einen daran, daß ein nicht zu großer Anteil basischen Industrieabwassers im Gesamtabwasser selten zu einem pH-Wert > 8 führt. pH 7,2 bis 7,8 ist ein für die Klärung optimaler Bereich. Höhere pH-Werte werden zum anderen bei der biologischen Reinigung durch das beim biochemischen Abbau entstehende Kohlendioxid leicht neutralisiert (vgl. [42]). Niedrige pH-Werte (pH < 6,5) können dagegen eine Korrosion in den Entwässerungsanlagen verursachen und führen erfahrungsgemäß in der aerob-biologischen Stufe häufig zu Schlämmen mit schlechten Absetzeigenschaften (Blähschlamm) durch bevorzugtes Wachstum von Fadenorganismen.

Da jede Neutralisation mit Mineralsäuren letztlich den Salzgehalt von Abwasser und Gewässern erhöht, sollte sie für basisch reagierendes Abwasser nur gefordert werden, wenn sich anderweitig Nachteile ergeben würden. Auf die besondere Bedeutung von Sulfat als beton- und mörtelangreifende Substanz soll hier nur hingewiesen werden (vgl. [43, 44]).

H. Bestimmung von organischen Substanzen (Schmutzgehalt)

Im Gegensatz zu anorganischen Wasserinhaltsstoffen handelt es sich bei den organischen Stoffen im Abwasser um eine immense Vielfalt diverser Substanzen in stark wechselnder Zusammensetzung. Dominierende organische Substanzen im Stadtabwasser sind Proteine und deren Abbauprodukte bis zu den Aminosäuren, Kohlenhydrate und Fette.

Wenn nicht spezielles wissenschaftliches Interesse vorliegt oder es um den Nachweis vorhandener Stoffe aus Industrieabwässern geht, ist es ohne praktischen Nutzen, einzelne Verbindungen zu identifizieren und ihre Konzentration zu bestimmen.

Die allgemein verwendeten Untersuchungsmethoden beschränken sich daher auf die Bestimmung von Gruppenparametern oder Summenparametern, wie hier die Oxidierbarkeit [45] sowie auf den Gehalt an organischem Kohlenstoff. Auch die Bestimmung des spektralen Absorptionsgrades im UV-Bereich ist schon herangezogen worden [46, 47].

Zur Bestimmung der Konzentration werden also chemische, biochemische und physikalische Methoden eingesetzt. Deren Genauigkeit ist mit Standardabweichungen in der Praxis von mindestens 5% bei den chemischen und physikalischen, und sogar bis 20% bei den biochemischen Verfahren gering, wenn sie mit den sonstigen Anforderungen an analytisches Arbeiten verglichen wird. Diese Erkenntnis sollte jedoch nicht zu übermäßiger Großzügigkeit in der Hantierung führen, begonnen bei der Probeentnahme bis zu den Operationen im Labor.

Im folgenden werden die chemischen Methoden zur Bestimmung des Kaliumpermanganat-Verbrauchs, Chemischen Sauerstoffbedarfs und Biochemischen Sauerstoffbedarfs beschrieben und darüberhinaus kurz auf moderne Analysenwerte eingegangen, die mit käuflichen z. T. automatisierten Geräten gewonnen werden.

Die Bestimmung des Kaliumpermanganat-Verbrauches ($KMnO_4$-Verbrauch) lehnt sich wiederum an die Methode an, die für Trinkwasser angewendet wird (s. dort). Der einzige Unterschied besteht darin, daß Abwasser fast immer für die Untersuchung verdünnt werden muß, da pro 100 ml Wasser nur eine begrenzte Menge des Oxidationsmittels $KMnO_4$, nämlich 15 ml 0,01 N Lösung zugesetzt wird. Die Verdünnung muß so gewählt werden, daß während des zehnminütigen Kochvorganges ungefähr die Hälfte des Oxidationsmittels verbraucht wird (5 bis 10 ml der zugesetzten 15 ml).

Zuvor muß jedoch entschieden werden, ob die Abwasserprobe im durchmischten Zustand (dann grobdisperse Stoffe im Mixer zerkleinern), im abgesetzten Zustand (am einfachsten Überstehendes aus Imhoff-Glas nach 2 Stunden Absetzzeit verwenden) oder nur die gelösten Stoffe des Abwassers bestimmt werden sollen (dann vorher filtrieren).

Die Berechnung des $KMnO_4$-Verbrauches in mg $KMnO_4$/l Abwasser wird dadurch etwas komplizierter, daß das zur Verdünnung der Probe verwendete destillierte Wasser im allgemeinen einen nicht vernachlässigbaren Eigenverbrauch an Oxidationsmittel aufweist, der vorab gesondert bestimmt werden muß (Bestimmung des $KMnO_4$-Verbrauches von 100 ml dest. Wasser wie bei einer Trinkwasserprobe). Er liegt bei gutem destillierten Wasser, aufbewahrt im Glasgefäß oder Steinzeugbehälter, bei etwa 0,5 bis 1 ml 0,01 N $KMnO_4$-Lösung/100 ml.

Die Verdünnung muß bei Rohabwasser groß gewählt werden, etwa 0,5 ml bis 5 ml Probe + 99,5 bis 95 ml dest. Wasser. Gut gereinigtes Abwasser (Ablauf der Kläranlage) muß dagegen konzentrierter angesetzt werden, etwa 15 bis 30 ml Probe + 85 bis 70 ml dest. Wasser.

Die Berechnung erfolgt dann nach der folgenden Beziehung:

$$\frac{[(15 + a - b)\,F - 15] \times 0{,}316 \times 1000}{c} = \ldots \text{ mg/l } KMnO_4\text{-Verbrauch}$$

wobei

a = ... ml verbrauchte $KMnO_4$-Lösung (0,01 N) der verdünnten Probe

b = ... ml verbrauchte $KMnO_4$-Lösung (0,01 N) des dest. Wassers (Anteil aus dem Verbrauch von 100 ml, errechnet für die verwendete Menge)

F = Faktor aus nachstehender Tabelle, der den Titer der $KMnO_4$-Lösung berücksichtigt

c = ... ml angewendete Abwasserprobe in 100 ml Gemisch.

Der Titer, d. h. die Konzentration der 0,01 N Kaliumpermanganat-Lösung ist nicht sehr konstant im Gegensatz zu dem der mit Schwefelsäure konservierten Oxalsäurelösung. Unter der Annahme, daß der Titer der letzteren über Monate hinweg erhal-

Tab. 1: Faktoren zur Berechnung des $KMnO_4$-Verbrauchs

Verbrauch von 0,01 N $KMnO_4$-Lösung bei Vorlage von 15,0 ml 0,01 N Oxalsäure	Faktor F der 0,01 N $KMnO_4$-Lösung	Verbrauch von 0,01 N $KMnO_4$-Lösung bei Vorlage von 15,0 ml 0,01 N Oxalsäure	Faktor F der 0,01 N $KMnO_4$-Lösung
14,0	1,071	15,1	0,993
14,1	1,063	15,2	0,987
14,2	1,056	15,3	0,980
14,3	1,049	15,4	0,974
14,4	1,041	15,5	0,968
14,5	1,034	15,6	0,962
14,6	1,027	15,7	0,955
14,7	1,020	15,8	0,949
14,8	1,014	15,9	0,943
14,9	1,006	16,0	0,937
15,0	1,000		

ten bleibt (in verschlossener Flasche, nicht der Sonne oder besonderer Wärme ausgesetzt), läßt sich der Titer der Permanganat-Lösung einfach ermitteln. Nach der Bestimmung des Eigenverbrauches an Kaliumpermanganat-Lösung im dest. Wasser benutzt man hierzu die noch heiße, auf Schwach-Rosa-Färbung titrierte Probe. Man setzt erneut genau 15,0 ml Oxalsäure-Lösung zu und titriert ohne Verzögerung wiederum mit Permanganat-Lösung. Je nach Verbrauch ergibt sich für obenstehende Berechnung folgender Faktor (Tab. 1):

Es ist ausdrücklich darauf hinzuweisen, daß die nach obiger Formel errechnete Angabe in mg/l $KMnO_4$-Verbrauch als $KMnO_4$ und nicht als Sauerstoff ausgedrückt ist. Der Wert ist rd. 4mal so hoch

$$\left(\frac{158{,}04}{5 \cdot 0{,}5 \cdot 15{,}999} = 3{,}95\right)$$

Will man den Wert als Sauerstoff-Verbrauch ausdrücken, ist er durch 4 zu dividieren.

Der Vorteil der Bestimmung des $KMnO_4$-Verbrauches liegt in der Schnelligkeit und der Einfachheit der Methode. Sie kann in jedem Laboratorium durchgeführt werden. Der Nachteil liegt in der Unsicherheit der Ergebnisse. Während des 10minütigen Kochvorganges werden bei weitem nicht alle organischen Abwasserinhaltsstoffe bis zur Endstufe oxidiert. Insbesondere gilt dies für aliphatische organische Säuren, die kaum angegriffen werden [48]. Ein erhöhter Anteil von Schmutzstoffen in Form von organischen Säuren, der z. B. durch fortgeschrittene Zersetzung von Abwasser entstanden sein kann, wird dadurch als $KMnO_4$-Verbrauch nicht erkannt. Die Methode verliert somit allmählich an Bedeutung, ist jedoch zur raschen Orientierung über die ungefähre Konzentration und für den Ansatz von BSB_5-Verdünnungsreihen immer noch weitverbreitet in Gebrauch.

Die Bestimmung des chemischen Sauerstoffbedarfs (Kaliumdichromat-Methode). Schon vor mehreren Jahrzehnten wurden daher Bemühungen um eine chemische Oxidationsmethode mit reproduzierbaren Ergebnissen bekannt. Dies konnte nur erreicht werden, indem die Oxidationsbedingungen so verschärft wurden, daß die vorliegenden organischen Stoffe nahezu bis zu den Endprodukten (CO_2 und H_2O) oxidiert werden [49]. Sie wurde in der kombinierten Anwendung von Kaliumdichromat mit einem hohen Anteil konzentrierter Schwefelsäure bei 2stündigem Kochen im Rückfluß gefunden und als Methode zur Bestimmung des COD (Chemical Oxygen Demand) in die „Standard Methods for the Examination of Water, Sewage, and Industrial Wastes" (die „amerikanischen Einheitsverfahren zur Wasser- und Abwasseruntersuchung") aufgenommen. Die deutsche Version, Bestimmung des CSB (Chemischen Sauerstoffbedarfs), wurde nach Arbeiten von Holluta et al. [50] als H 4 in die Deutschen Einheitsverfahren zur Wasser-, Abwasser- und Schlammuntersuchung [51] aufgenommen. In der Praxis stellte sich dann jedoch heraus, daß auch dieser Methode – abgesehen vom Zeitbedarf – Nachteile anhaften. In erster Linie geht es dabei um Fehler, die durch die teilweise Oxidation von Chloriden zum elementaren Chlor entstehen, die offenbar nur durch – nicht erwünschte – Quecksilbersalzzugabe einigermaßen zu beherrschen sind. Weiterhin erweisen sich selbst gegen diese radikal oxidierende Mischung manche Substanzgruppen (z. B. Pyridin) als resistent. Dagegen gelang es Leithe [45] durch Erhöhung der Schwefelsäurekonzentration in der Mischung (und damit der Siedetemperatur), die Kochzeit auf 10 Minuten zu reduzieren. Häufig wird auch die sog. VCl-Kurzzeitmethode angewendet [52], vgl. auch H 43 in DEV (s. unten).

Im deutschen Abwasserabgabengesetz stellt der CSB einen der wichtigsten Faktoren zur Berechnung der Schadeinheiten dar. Ein von der Fachgruppe Wasserchemie der GDCh eingesetzter Ausschuß bemüht sich seit Jahren intensiv, eine zuverlässige Methode der CSB-Bestimmung auszuarbeiten.

Auf die Beseitigung der Chlorid-Störung unter Verzicht auf die Quecksilbersalzzugabe wurde dabei besonderer Wert gelegt. Da die Einflüsse sowohl von der Konzentration der oxidierbaren Stoffe, von der Chloridkonzentration, wie auch der Methode zur Beseitigung der Chloridstörung abhängig sind, wurden durch den Ausschuß mehrere Verfahren erarbeitet und als Deutsche Einheitsverfahren zur CSB-Bestimmung vorgeschlagen:

H 41−1 Bestimmung des Chemischen Sauerstoffbedarfs (CSB) bei Chlorid-Ionengehalten bis 1,0 g/l

H 41−2 Bestimmung des Chemischen Sauerstoffbedarfs (CSB) bei Chlorid-Ionengehalten über 1,0 g/l

H 42 Bestimmung des Chemischen Sauerstoffbedarfs (CSB), quecksilberfreies Verfahren

H 43−1 Bestimmung des Chemischen Sauerstoffbedarfs (CSB) bei Chlorid-Ionengehalten bis 1 g/l, Kurzzeitverfahren

H 43−2 Bestimmung des Chemischen Sauerstoffbedarfs (CSB) bei Chlorid-Ionengehalten über 1,0 g/l, Kurzzeitverfahren

H 44 Bestimmung des Chemischen Sauerstoffbedarfs (CSB) im Bereich unter 15 mg/l.

Die als DIN-Normen veröffentlichen Methoden H 41−1 und H 41−2 (DIN 38409 Teil 41) und 43−1 (DIN 38409 Teil 43−1) sehen zur Chloridbindung den Zusatz von Quecksilbersalzen vor. Das Verfahren H 41−1 entspricht der Anlage der 2. Abwasserverwaltungsvorschrift zu § 7a des Wasserhaushaltsgesetzes und ist für die CSB-Bestimmung zur Abgabenberechnung entscheidend. Für die Verfahren H 42 und H 44 liegen die Normentwürfe z. T. bereits vor oder befinden sich noch in Vorbereitung. Die Beseitigung der Chlorid-Störung für diese Analysenverfahren soll nach der neu ausgearbeiteten Methode der HCl-Diffusion aus stark schwefelsaurer Lösung ohne Zusatz von Quecksilbersalzen erfolgen. Bei dieser Methode kann es jedoch unter den angewandten Reaktionsbedingungen zur Reduktion der Nitrat-Ionen zu Nitrit kommen, das u. U. als Nitrosylschwefelsäure abgefangen werden kann. Die Nitrosylschwefelsäure verursacht einen eigenen CSB, so daß insbesondere bei höheren NO_3^--Konzentrationen Mehrbefunde zu erwarten sind. Um dieses zu vermeiden, muß die HCl-Diffusion aus weniger stark schwefelsaurer Lösung erfolgen. Die Reaktionszeit wird dadurch entsprechend länger.

Im folgenden wird die Bestimmung des CSB im Bereich über 15 mg/l bis 300 mg/l nach den DEV H 41−1 (DIN 38409 Teil 41) in Kurzform beschrieben. Es wird empfohlen, sich ggf. die Originalvorschrift (DEV 11. Lief.) zu beschaffen. Da die Durchführung dieser Analyse das Hantieren mit gefährlichen Chemikalien verlangt, ist es erforderlich, daß diese Untersuchung durch erfahrene Laborfachkräfte ausgeführt wird.

Reagenzien

1. Konz. Schwefelsäure, H_2SO_4, Dichte = 1,849 g/ml.
2. Schwefelsäure, silbersulfathaltig: 10 g Silbersulfat, Ag_2SO_4, werden in 35 ml Wasser unter portionsweiser Zugabe von 965 ml Schwefelsäure (Reagenz Nr. 1) gelöst. Die Lösung muß mindestens einen Tag vor Gebrauch angesetzt werden.
3. Kaliumdichromatlösung, 0,02 mol/l, quecksilbersulfathaltig: 80 g Quecksilbersulfat, Hg_2SO_4, werden in 800 ml Wasser + 100 ml Schwefelsäure (Reagenz Nr. 1) gelöst. In der kalten Quecksilbersulfatlösung werden dann 5,884 g $K_2Cr_2O_7$ (2 Stunden bei 105 °C getrocknet) gelöst und mit Wasser auf 1000 ml aufgefüllt.
4. Ammoniumeisen (II)-sulfat-Lösung, 0,12 mol/l:
   47,1 g Ammoniumeisen (II)-sulfat, $(NH_4)_2Fe(SO_4)_2 \cdot 6\,H_2O$, werden in Wasser gelöst. Die Lösung wird mit 20 ml konz. Schwefelsäure (Reagenz Nr. 1) versetzt und die Lösung nach Abkühlen auf Raumtemperatur mit Wasser auf 1000 ml aufgefüllt. Der Titer der Lösung wird täglich bestimmt.
5. Ferroin-Indikator-Lösung:
   1,485 g 1.10-Phenanthrolinhydrat, $C_{12}H_8N_2 \cdot H_2O$ und 0,98 g Ammoniumeisen (II)-sulfat $(NH_4)_2Fe(SO_4)_2 \cdot 6\,H_2O$ werden in Wasser gelöst und die Lösung mit Wasser auf 100 ml aufgefüllt; die fertige Lösung ist im Dunkeln längere Zeit haltbar.
6. Kaliumhydrogenphthalat-Lösung:
   0,17 g Kaliumhydrogenphthalat, $KHC_8H_4O_4$ (2 Stunden bei 105 °C getrocknet) werden in Wasser gelöst und die Lösung nach Zugabe von 5 ml konz. Schwefelsäure (Reagenz Nr. 1) mit Wasser auf 1000 ml verdünnt. Sie ist, bei etwa 4 °C aufbewahrt etwa, 1 Woche haltbar.

Alle eingesetzten Chemikalien müssen dem Reinheitsgrad „zur Analyse" entsprechen, als Wasser ist bidestilliertes Wasser oder Wasser gleichen Reinheitsgrades zu verwenden. Der Chlorid-Ionengehalt der Probe soll den Wert 1,0 g/l nicht überschreiten.

Ausführung:
20 ml Analysenprobe werden in ein maximal 250 ml fassendes Schliffgefäß pipettiert. Nach Zusatz von Siedehilfen und 10 ml der quecksilberhaltigen 0,02 molaren Kaliumdichromat-Lösung (Reagenz Nr. 3) wird der Kolbeninhalt gut gemischt. Danach werden 30 ml silbersulfathaltiger Schwefelsäure (Reagenz Nr. 2) unter ständigem Kühlen (Eisbad o. fließendes Wasser) und Durchmischen zugegeben. Nach Aufsetzen des Kühlers wird das Reaktionsgemisch innerhalb von 10 Minuten zum Sieden erhitzt und weitere 110 Minuten bei schwachem Sieden gekocht. Die Temperatur des Reaktionsgemisches muß dabei (148 ± 3) °C betragen.

Nach Abkühlen des Reaktionsgemisches auf ca. 60 °C wird der Kühler mit destilliertem Wasser gespült, der Inhalt des Gefäßes auf mindestens 100 ml verdünnt und auf die Raumtemperatur abgekühlt.

Nach Zugabe von 2–3 Tropfen Ferroin-Lösung (Reagenz Nr. 5) wird das noch vorhandene Kaliumdichromat mit 0,120 molarer Ammoniumeisen (II)-Sulfat (Reagenz Nr. 4) bis zum Farbumschlag von Blaugrün nach Rotbraun titriert. In gleicher Weise werden auch in jeder Untersuchungs-Serie 3 Blindproben analysiert, die an Stelle der Abwasserprobe 20 ml destillierten Wassers enthalten. Die Kontrolle der Durchführung des Verfahrens kann durch die Analyse einer Referenzlösung (Kaliumhydrogenphthalat, Reagenz Nr. 6) erfolgen.

Der CSB-Wert wird nach folgender Gleichung berechnet:

$$\text{CSB (mg/l)} = \frac{c \cdot 8000}{V_p} (V_B - V_E)$$

Dabei gilt:

c Konzentration der Ammonium(II)-sulfat-Lösung

V_p Volumen der bei der Untersuchung eingesetzten Abwasserprobe

V_B Volumen des für die Titration der Blindprobe verbrauchten Ammoniumeisen-(II)-Sufalt-Lösung

V_E Volumen der für die Titration der Abwasserprobe verbrauchten Ammoniumeisen(II)-Sulfat-Lösung.

Die verbrauchten Lösungen nach der Titration müssen gesammelt und entgiftet oder zur Entgiftung an eine dafür autorisierte Firma abgegeben werden. Zur Entgiftung der verbrauchten Lösungen werden auf dem Markt Ionenaustauscheranlagen angeboten (z. B. Bahr). Die Ausfällung von Quecksilber und Silber ist mit unterphosphoriger Säure (13 ml/l 50%ige HPO_2, Rühren) möglich.

Eine Reihe von Firmen hat in den letzten Jahren Geräte auf den Markt gebracht, die als CSB-Küvetten-Test-Geräte bezeichnet werden und der schnellen und relativ einfachen Bestimmung des CSB von Proben dienen sollen (u. a. WTW, Macherey-Nagel, Dr. Lange). Die Bestimmung basiert hier auf der Oxidation der Wasserinhaltsstoffe mit Chromschwefelsäure unter Zusatz von Silbersulfat als Katalysator und Quecksilbersalzen zu Chloridmaskierung. Die Reaktion erfolgt in vorgefertigten, die erforderlichen Reagentien enthaltenden Reaktionsgefäßen, die nur für die Zugabe der Probe geöffnet werden müssen. Die verbrauchten Röhrchen werden meist von den Herstellern kostenlos entsorgt. Die Auswertung erfolgt photometrisch, wobei die Farbverschiebung des orange-gelben $Cr_2O_7^{2-}$ zum grünen Cr^{3+} ausgenutzt wird.

Da es sich um Schnell-Methoden handelt, sind die Ergebnisse dieser Messungen nicht voll mit denen nach DEV-erzielbaren vergleichbar. Zur eigenen Betriebskontrolle einer Kläranlage sind sie jedoch zweifelsohne geeignet.

In den letzten Jahren wurden auf dem Markt eine Anzahl von automatischen bzw. halbautomatischen Geräten zur Bestimmung des Gehalts an organischen oxidierbaren Stoffen mit Wasser eingeführt. Es sind sowohl Geräte, die nach dem Naßverfahren (Reaktionstemperatur $< 200\,°C$) wie nach dem Trockenverfahren (Reaktionstemperatur 600 bis 900 °C arbeiten, erstere meistens in Anlehnung an die CSB-Handmethodik. Die eingesetzten Abwassermengen liegen im Bereich von 10µl bis mehreren ml, wobei eine exakte Dosierung der kleinen Mengen die völlige Homogenität der Probe voraussetzt.

Die Messung des Oxidationsmittelverbrauchs benutzt differierende Verfahren: So wird in den Naßverfahren, die $K_2Cr_2O_7$ verwenden, z. B. das entstandene Cr III kolorimetrisch bei 620 nm gemessen (CSB-Gerät Johnson, Schweden, Auto-Analyzer, Technicon USA, ähnlich COD-Meßgerät-Siemens) oder der verbrauchte Dichromat-Anteil in der Oxidationsmischung über das Redoxpotential registriert (Hydromat Wösthoff, vgl. 53–55). Der CWH-Analysator I (Chemische Werke Hüls) fängt das gebildete CO_2 in Natronlauge auf, deren Leitfähigkeitsänderung gemessen wird. Analog wird im Hydromat mit kombinierter CSB-TOC-Bestimmung das CO_2 gemessen. Andere verwendete Oxidationsmittel sind z. B. Kaliumperoxidisulfat. Da die Geräte z. T. mit, z. T. ohne Silbersalzzugabe arbeiten, trägt der Einfluß von Chlorid aber auch eine evtl. Wertigkeitsänderung von anderen Heteroelementen (N, S) dazu bei, daß die erhaltenen Werte nicht völlig vergleichbar zu denen der Handmethode oder anderer Monitore sind. Ein nach Erfahrung des Labors des Verfassers ausgezeichnete Chloridentfernung durch Strippen vor dem Oxidationsvorgang erfolgt im Hydromat.

Unter den Geräten, die den Gehalt der Probe an organischem Kohlenstoff messen, arbeiten nur wenige nach dem Naßverfahren (z. B. neben den bereits erwähnten der BASF Analysator und der TC/TOC-Analysator Grove, München). Die meisten verbrennen die Probe in einer Brennkammer mit 600 °C (TOC Unor, Maihak) bis 950 °C (z. B. TOD Analysator, Jonics, USA; TOD-Philips, Holland; Aquarator, Precision Scientific, USA; TOC Monitor Carlo Frba, Italien; TOC-Gerät Beckman, USA), wobei die Registrierung vorwiegend als CO_2-Konzentration im Trägergas in der Infrarotkammer erfolgt, z. T. als Leitfähigkeitsmessung der Natronlauge, die das CO_2 bindet bis hin zur Reduktion des CO_2 mit H_2 zu CH_4, das im Flammenionisationsdetektor bestimmt wird. Bei den genannten Geräten wird im übrigen vor der eigentlichen Verbrennung der organischen Komponenten der anorganische Kohlenstoff (HCO_3^-, CO_3^{2-}, CO_2) durch Ansäuern vorab freigesetzt und registriert. Eine gute Übersicht über Methoden und Geräte wird sowohl von Schulze-Rettmer [56] wie auch von Busse [57] gegeben. Mit einer ungewöhnlichen Methode der Oxidation, dem Einsatz einer Niederdruck-Quecksilberdampflampe zum photomechanischen Umsatz, werden von Sontheimer u. M. [58] vorgeschlagene Geräte verwendet (UV-DOC-Unor, Maihak, Dohrmann, USA).

Durch den Einsatz der diversen automatisierten Geräte zur Bestimmung der oxidierbaren Substanz in Wasser- und Abwasserproben und durch neue Methoden zur Bestimmung von Heteroatomen, sind eine Reihe von Begriffen entstanden, die – neben dem Biochemischen Sauerstoffbedarf, der nachstehend noch beschrieben wird – einer kurzen Erläuterung bedürfen:

AOS adsorbierbarer organischer Schwefel*
AOX adsorbierbares organisches Halogen** (vgl. [61])
BOD (Biochemical Oxygen Demand) = Biochemischer Sauerstoffbedarf
BSB Biochemischer Sauerstoffbedarf (= BOD), der Index 5 (BSB_5) oder 20 (BSB_{20}) gibt die Bebrütungsdauer in Tagen bei 20 °C an
COD (Chemical Oxygen Demand) = Chemischer Sauerstoffbedarf
CSB Chemischer Sauerstoffbedarf, vorwiegend Dichromat-Methode, (vgl. [51])
DOC (Disolved Organic Carbon) = Kohlenstoff gelöster organischer Verbindungen (nach Filtration durch Membranfilter mit 0,4 μm Poren) (vgl. [58])

* Erfassung der organischen Schwefelverbindungen, ausgedrückt als mg/l S.
** Erfassung der organischen Halogenverbindungen (Chlorverbindungen), ausgedrückt als mg/l Halogen (Chlor).

DOCl (Dissolved Organic Chlorine) = gelöstes organisches Chlor**
DOS (Dissolved Organic Sulfur) = gelöster organischer Schwefel* (vgl. [60])
DOX (Dissolved Organic Halogens) = gelöste organische Halogene**
EOCl Extrahierbares organisch gebundenes Chlor (vgl. [61])
EOS Extrahierbarer organisch gebundener Schwefel
EOX Extrahierbares organisches Halogen** (vgl. [61])
POX (Purgeable Organic Halogens) ausblasbare organische Halogene
TC (Total Carbon) = Kohlenstoff der Gesamtheit aller organischen und anorganischen Verbindungen in 1 l Wasser
TIC (Total Inorganic Carbon) = Kohlenstoff der anorganischen Verbindungen in 1 l Wasser (i. a. nach Ansäuern als CO_2 abgetrennt)
TOC (Total Organic Carbon) = Differenz aus TC−TIC, Kohlenstoff der Gesamtheit der organischen Stoffe in 1 l Wasser
TOD (Total Oxygen Demand) = Sauerstoffbedarf von 1 l Wasser um TOC in CO_2 zu überführen, wobei Heteroatome Wertigkeit nicht ändern
TOCl (Total Organic Chlorine) = gesamtes organisches Chlor**
TOS (Total Organic Sulfur) = gesamter organischer Schwefel*
TOX (Total Organic Halogens) = gesamte organische Halogene**
VOCl (Volatile Organic Chlorine) = flüchtiges organisches Chlor**
VOX (Volatile Organic Halogens) = flüchtige organische Halogene**

Die Halogenkohlenwasserstoffe sind wegen ihrer gesundheitlich bedenklichen Eigenschaften in schon geringen Konzentrationen (vor allem die Trihalogenmethane, Trichlorethylen, Tetrachlorethyl) in Zusammenhang mit der verbesserten Meßtechnik auf zunehmendes Interesse gestoßen. Dabei sind nicht nur die in Abwasser und Abfall geratenden Lösungsmittel (Produktion von ca. 200000 t/a Chlorkohlenwasserstoffe in der Bundesrepublik Deutschland) in Betracht zu ziehen, sondern auch die bei Oxidationsvorgängen im Wasser und Abwasser (z. B. durch Chlordesinfektion) entstehenden.

Die Bestimmung des biochemischen Sauerstoffbedarfs

Die Bestimmung des biochemischen Sauerstoffbedarfs (BSB) verwendet die Stoffwechseltätigkeit aerober Mikroorganismen, die beim Abbau organischer Wasserinhaltsstoffe Sauerstoff verbrauchen. Die biochemischen Prozesse benötigen weit mehr Zeit als chemische Oxidationsreaktionen. Üblich ist die Bestimmung des BSB über einen Zeitraum von 5 Tagen (BSB_5). Er wird in g/l Sauerstoff angegeben. Voraussetzungen für einen ungestörten Verlauf der Bestimmung sind optimierte Versuchsbedingungen:

- Die Inkubation findet üblicherweise bei 20 °C statt.
- Das Substrat (organische Inhaltsstoffe) muß als Minimumfaktor vorliegen.
- Ausreichende Versorgung mit Sauerstoff, Nährsalzen (Stickstoff- und Phosphorverbindungen) und Spurenelementen.
- pH-Wert im neutralen Bereich.
- Evtl. hinreichende Turbulenz, um einen besseren Kontakt von Substrat und Mikroorganismen zu gewährleisten, insbesondere wenn Feststoffe enthalten sind.
- Inkubation im Dunkeln, um eine evtl. Algentätigkeit und die damit verbundene Sauerstoffproduktion, die das Meßergebnis verfälschen würde, zu verhindern.

– Eine toxische Wirkung der Inhaltsstoffe sollte in der angesetzten Verdünnung nach Möglichkeit nicht auftreten. Bei der Bestimmung des BSB in einer Verdünnungsreihe kann eine toxische Wirkung erkannt werden.

Diese Methode kommt jedoch den natürlichen Reinigungs(Abbau)vorgängen in der Kläranlage und im Vorfluter am nächsten und liefert einen wichtigen Parameter für die Berechnung des Sauerstoffbedarfs und der Belastungsverhältnisse sowie der Bemessung von Abwasserbehandlungsanlagen. Wenn das BSB_5/CSB-Verhältnis bekannt ist, ist auch eine Bemessung bzw. Berechnung auf der Basis des CSB möglich.

Die Bakterien verwenden einen Teil des Substrats zum Aufbau neuer Zellsubstanz. Die organischen Stoffe werden in 5 Tagen nie, wie bei der chemischen Oxidation (CSB), vollständig oxidiert. Der BSB für die organischen Inhaltsstoffe wird stets kleiner sein als der CSB.

Des BSB_5 eines normalen häuslichen Abwassers liegt im 24 Stunden-Mittel bei etwa 360 mg/l. Imhoff [6] rechnet mit einer täglichen Schmutzstoffabgabe eines Einwohners von 60 g BSB_5, von denen normalerweise $^1/_3$ auf absetzbare Stoffe entfällt, so daß im abgesetzten Rohabwasser bzw. Ablauf eines mechanischen Absetzbeckens (Vorklärbecken) noch 40 g BSB_5/Einwohner und Tag vorliegen bzw. rund 240 mg/l BSB_5.

Die im Imhoffschen Taschenbuch der Stadtentwässerung [6] seit Jahren aufgeführten Kurven von Theriault zeigen den Zehrungsverlauf über 70 Tage bei verschiedenen Temperaturen. Wenn man annimmt, daß nach 70 Tagen die vorhandenen Schmutzstoffe fast vollständig in anorganische Verbindungen (Kohlendioxid, Wasser und Salze, hauptsächlich Calcium- und Kaliumchlorid, Sulfat, Nitrat bzw. Phosphat) überführt worden sind, kann man aus den Kurven schließen, daß in den ersten 5 Tagen des Zehrungsverlaufes etwa $^1/_3$ des gesamten Sauerstoffbedarfes für die Kohlenstoff- und Stickstoffoxidation gedeckt ist. Die Sauerstoffzehrung verläuft dabei am Anfang schnell, d. h. die Kurven zeigen in den ersten Tage einen steilen Anstieg.

Nach etwa 20 Tagen verlaufen sie nur noch sehr flach, einerseits, weil dann nur noch vorwiegend schwer abbaubare Stoffe übrig sind, andererseits auch, weil viele der Mikroorganismen bereits abgestorben sind und als neues Substrat zum Abbau zur Verfügung stehen. Allerdings ist der Substratgradient (Verhältnis Substrat zu Bakteriendichte) gering geworden und die Substrataufnahme erschwert. Der BSB_{20} wird häufig dem absoluten BSB gleich gesetzt.

Der Übergang zu schwächerer Sauerstoffzehrung verläuft nicht stetig. Bei 20 °C setzt nach etwa 10 Tagen noch einmal eine stärkere Zehrung ein. Sie läßt sich damit erklären, daß nach weitgehendem Verbrauch der organischen Kohlenstoffverbindungen jene Bakterienstämme zu dominieren beginnen, welche die Stickstoffverbindungen (in diesem Stadium vor allem Ammonium) oxidieren (Nitrifizierung).

Durch die steigenden Anforderungen an die Abwasserreinigung auf Kläranlagen, z. B. weitergehende Reinigung mit Nitrifikation, müssen niedrigere Schlammbelastungen gewählt werden. Das Schlammalter steigt. In dieser Weise entwickelt sich eine andere Mikroorganismen-Mischpopulation als im Hochlast-Belebungsverfahren. Die Bakterien können sich längere Zeit adaptieren und schwerer abbaubare Substanzen veratmen. Allgemein kann man feststellen, daß – ähnlich wie die Nitrifikanten Nitrosomonas und Nitrobacter – derartige Spezialisten eine langsamere Vermehrung (Teilungsrate) aufweisen und dadurch in hochbelasteten Anlagen mit geringem Schlammalter sich nicht in ausreichendem Maße anreichern können.

Die begrenzte Löslichkeit von Sauerstoff im Wasser (ca. 8 mg/l Sauerstoff bei 20 °C und Normalluftdruck) bei i. a. weit höherem Bedarf von Abwasser erfordert spezielle Methoden zur Bestimmung des Biochemischen Sauerstoffbedarfs. Die wichtigsten sind:

- Respirometrische Verdünnungsmethode
- Manometrische Methoden: – mit O_2-Nachlieferung
  – ohne O_2-Nachlieferung
- Sauerstoff-Anreicherungsmethode

Die respirometrische Verdünnungsmethode.

Die respirometrische Verdünnungsmethode als ältestes Verfahren zur BSB_5-Bestimmung beruht auf dem Prinzip, daß ein kleiner Teil Abwasser mit einem großen Anteil mit Sauerstoff angereichertem, ggf. beimpften Verdünnungswasser vermischt wird und im luftdicht verschlossenen Reaktionsgefäß 5 Tage im Brutschrank bei 20 °C aufbewahrt wird. Danach wird der Gehalt des gelösten Sauerstoffs bestimmt, entweder nach Winkler (DIN 38408, Teil 21–1, Entwurf) oder mit der Sauerstoffsonde (DIN 38408, Teil 22, Entwurf) amperometrisch gemessen.

Eine wichtige Voraussetzung für die Brauchbarkeit einer BSB_5-Bestimmung ist, daß die Proben bzw. das Verdünnungswasser ausreichend Bakterien enthalten, die an die Abwasserinhaltsstoffe adaptiert sind und deren Eigenzehrung nicht mehr als ca. 1 mg/l Sauerstoff in 5 Tagen beträgt. Vom Abwasser sollten mehrere Verdünnungen angesetzt werden, so daß der Sauerstoffverbrauch über den Bereich von 1 bis 8 mg/l verteilt liegt. Ist der Restsauerstoffgehalt nach 5 Tagen Inkubationszeit noch zu hoch, war der Abwasseranteil zu gering und die Berechnung wird ungenau.

Ist der Restsauerstoffgehalt annähernd Null, kann es sein, daß die aeroben Abbauvorgänge zuletzt gehemmt abliefen und ein zu niedriger BSB_5 bei der Einzelauswertung errechnet würde. Deshalb bietet sich die Methode zur Errechnung des BSB_5 auf der Basis einer Verdünnungsreihe an, zumal sie auf Additivität in der Verdünnungsreihe geprüft werden kann. Gegebenfalls können so toxische Einflüsse der Abwasserinhaltstoffe auf den biochemischen Abbau festgestellt werden (der BSB_5 nimmt weniger als direkt proportional zum Abwasseranteil zu).

Herstellung des Verdünnungswassers

Leitungswasser, dessen Gehalt an wirksamen freiem Chlor weniger als 0,1 mg/l beträgt, wird belüftet. Eine Konstanthaltung der Wassertemperatur auf 18–22 °C muß gewährleistet sein. Empfiehlt es sich, vorab Abwasserbakterien einzubringen, kann auf folgende Methode zurückgegriffen werden: 3–5 ml vorgeklärtes kommunales Abwasser (weil darin möglichst wenig Nitrifikanten enthalten sind) werden pro Liter Verdünnungswasser (Leitungswasser) zugesetzt. Die Eigenzehrung wird im allgemeinen bei ca. 1 mg/l Sauerstoff liegen.

Die Meßdauer von 5 Tagen ist eine international gebräuchliche Versuchszeit, in der aber naturgemäß kein vollständiger Abbau der organischen Inhaltsstoffe stattfinden kann, aber meist auch noch nicht mit einer Nitrifikation [28] gerechnet wird. In

Schweden wird aus arbeitstechnischen Gründen schon seit langer Zeit eine Meßdauer von 7 Tagen gewählt. Mit einer Nitrifikation ist dann schon eher zu rechnen. Zur Unterdrückung der Nitrifikation stehen unterschiedliche Chemikalien zur Verfügung. 0,5 mg/l Allylthioharnstoff ($C_4H_8N_2S$) werden verbreitet angewendet.

Der Nährsalzbedarf (bei der aeroben biologischen Reinigung oder bei der BSB-Bestimmung) liegt in etwa bei 3–5% N und 0,5–1% P bezogen auf den BSB_5 [62]. In einigermaßen normalem Abwasser werden diese Grenzwerte sowohl für Stickstoff wie für Phosphor deutlich überschritten. Das bedeutet, daß i. a. mit dem Abwasser genügend N und P für eine optimierte BSB-Bestimmung eingebracht werden. Ebenfalls sind im Abwasser meistens ausreichend Bakterien zur Beimpfung anwesend.

Somit hat in diesem Falle das Verdünnungswasser ausschließlich die Aufgabe, gelösten Sauerstoff zur Verfügung zu stellen.

Für den Ansatz einer Verdünnungsreihe mit Abwasser legt man oft den Kaliumpermanganat-Verbrauch zugrunde. Die Abwassermenge, die zur BSB_5-Bestimmung in eine z. B. 100 ml-Sauerstoff-Flasche zu füllen ist, beträgt $^1/_2$ bis $^1/_3$ der Menge, die bei der $KMnO_4$-Verbrauchsbestimmung angewandt wurde, vorausgesetzt, daß ca. 7 bis 9 ml $KMnO_4$-Lösung verbraucht wurden. Da das $KMnO_4$-BSB_5-Verhältnis nicht immer gleich ist, sollte mindestens eine etwas stärker und eine etwas geringer verdünnte Probe angesetzt werden (Verdünnungsreihe). Bei unbekannten Abwässern sollte die Verdünnungsreihe noch nach oben und unten erweitert werden.

Die Sauerstoffanreicherungsmethode nach Viehl [63] erlaubt, bei gering konzentriertem Abwasser (z. B. biologisch gereinigtem Ablauf) oder Flußwasser auf ein Verdünnen ganz zu verzichten, da die Löslichkeit des reinen Sauerstoffs bei Normalluftdruck fast 5mal so hoch ist wie die des Luftsauerstoffs.

Beispiel für den Ansatz des BSB_5 nach dem $KMnO_4$-Verbrauch

Für den $KMnO_4$-Verbrauch wurden 5 ml Abwasser eingesetzt. Dabei wurden 7,6 ml 0,01 N $KMnO_4$-Lösung verbraucht. Dann sollte man für den BSB_5

$$\frac{1}{3} \cdot 5 = 1{,}7 \text{ ml/100 ml} \quad \text{bis} \quad \frac{1}{2} \cdot 5 = 2{,}5 \text{ ml/100 ml}$$

d. h. am besten 2,0 ml/100 ml ansetzen.

Die Verdünnungsreihe könnte dann für das betreffende Abwasser folgendermaßen aussehen:

1,5 ml; 2,0 ml; 2,5 ml oder auch 1,0 ml; 2,0 ml; 3,0 ml.

In biologisch gereinigtem Abwasser ist die Relation $KMnO_4$-Verbrauch/BSB_5 von etwa 1,5 : 1 auf ca. 5 : 1 verschoben. Darauf muß beim Ansatz Rücksicht genommen werden. Der mittlere Wert der Verdünnungsreihe sollte dann etwa das 0,7 bis 0,8fache der Menge für den $KMnO_4$-Verbrauch-Ansatz betragen.

Für industrielle Abwässer kann man sich nicht auf den $KMnO_4$-Verbrauch verlassen. In diesem Fall wäre der Ansatz nach dem CSB am geeignetsten.

Für die Berechnung des BSB (Z_p) müssen folgende Werte vorliegen:

1. Der Sauerstoffgehalt der Abwasser-Verdünnungswassermischung (Z_m) sofort nach dem Ansatz in mg/l. Dieser Wert ist nur bei der BSB-Bestimmung relativ

unbelasteter Abwässer (z. B. Nachtzulauf, Ablauf einer gut funktionierenden biologischen Anlage) von Bedeutung. Es wird ermittelt, indem man solche Verdünnungsreihen doppelt ansetzt, nur eine Reihe davon in einen Brutschrank stellt und in der anderen Reihe sofort den Sauerstoffgehalt bestimmt.

2. Der Sauerstoffgehalt des (angeimpften) Verdünnungswassers.
3. Der Abwasseranteil (a, angegeben in z. B. l/l) in der Mischung von Abwasser und Verdünnungswasser.
4. Der Sauerstoffgehalt des angeimpften Verdünnungswassers nach 5 Tagen zur Ermittlung von Z_v (Zehrung des Verdünnungswassers).
5. Der Sauerstoffgehalt in der Abwasser-Verdünnungswassermischung nach 5 Tagen zur Ermittlung von Z_m (Zehrung der Mischung).

Die Auswertung erfolgt nach der Mischungsregel:

$$Z_m = a \cdot Z_p + (1 - a) \cdot Z_v \quad (mg/l) \tag{1}$$

Z_m = Sauerstoffverbrauch der Mischung (Probe + Verd. Wasser)
Z_p = Sauerstoffverbrauch der Probe (mg/l)
Z_v = Sauerstoffverbrauch des Verdünnungswassers (mg/l)
a = Volumenanteil der Probe in der Mischung (l/l)

Für die Einzelauswertung zur Ermittlung des Z_p kann Gleichung (1) in

$$Z_p = \frac{(Z_m - Z_v)}{a} + Z_v \quad (mg/l) \tag{2}$$

umgewandelt werden.

Nachfolgend ist ein Beispiel für den Aufbau einer Verdünnungsreihe (Ablauf einer Kläranlage) und die Registrierung der Meßwerte zur BSB_5-Bestimmung sowie die errechneten BSB_5-Werte zusammengestellt (Tab. 2):

Tab. 2. Beispiel eines Verdünnungs-BSB-Ansatzes und Ergebnisse

Versuch	Ansatzmenge	O_2-Gehalt	O_2-Zehrung	Bemerkungen	BSB_5
Nr.	a	Anfang – Ende	= Z_m	–	Z_p
1	0	8,2 – 7,5	= 0,8	(Zehrung der Verdünnungswasser (Z_v))	–
2	0,050	8,2 – 6,8	= 1,4		12,8
3	0,100	8,1 – 6,0	= 2,1		13,8
4	0,200	7,8 – 4,6	= 3,2		12,8
5	0,400	7,5 – 2,0	= 5,5		12,6
6	0,700	7,2 – 0,0	= 7,2	(Die Mischung ist ausgezehrt)	Z_p = 13,0

Wenn der Anfangs-Sauerstoffgehalt für alle angesetzten Mischungen gleich ist, kann der BSB_5 und die Zehrung des Verdünnungswassers direkt aus dem gemessenen Sauerstoffgehalt nach 5 Tagen Inkubationszeit errechnet werden.

Für die Auswertung von Verdünnungsreihen kann die Gleichung (1) umgerechnet werden in:

$$\frac{1}{1-a} Z_m = \frac{a}{1-a} Z_p + Z_v \qquad (3)$$

Die Gleichung entspricht einer Geraden: y = mx + b. Durch die Auftragung von x gegen y ist eine graphische Beurteilung der Meßwerte möglich. In Bild 1 ist ein derartiges Diagramm schematisch dargestellt.

$$y = Z_m \cdot \frac{1}{1-a}$$

$$x = \frac{1}{1-a}$$

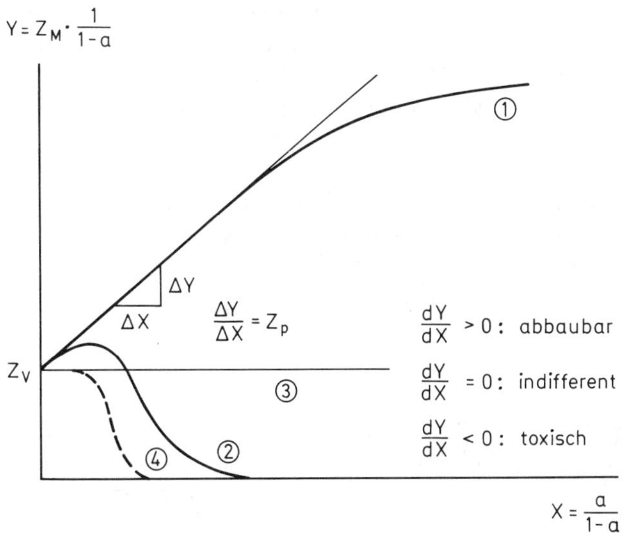

Bild 1: Schematische Darstellung des Abbauverhaltens unterschiedlicher Substrate (in Anlehnung an Wagner [64]).

Unter der Voraussetzung, daß eine Additivität der Untersuchungsparameter (z. B. BSB_5, Sauerstoffzehrung) gegeben ist, kann folgendes über das Abbauverhalten organischer Abwasser-Inhaltsstoffe ausgesagt werden (Bild 1):

1. Bei niedrigen Substratkonzentrationen findet ein ungehemmter Abbau statt, bei höheren Substratkonzentrationen liegt möglicherweise eine Hemmung vor.
2. Wie 1. aber bei höheren Substratkonzentrationen liegt eine deutliche toxische Wirkung vor.
3. Das Substrat verhält sich indifferent, d. h. daß es nicht abbaubar ist und daß es sich möglicherweise um persistente Stoffe handelt.
4. In geringen Konzentrationen ist das Substrat indifferent, bei höheren Konzentrationen toxisch.

Die Untersuchungsergebnisse gelten für die eingestellten Untersuchungsbedingungen und sind nicht unbedingt übertragbar. Sie geben aber einen deutlichen Hinweis auf die Abbaubarkeit und die toxische Wirkung.

Die Reproduzierbarkeit des BSB_5 ist auf Grund von vielen unterschiedlichen Einflüssen relativ gering. Die Standardabweichung beträgt ca. 10–20%. Durch Erhöhung der Anzahl von Parallelansätzen kann ein statistisch gesicherterer Wert gewonnen werden.

Manometrische BSB_5-Bestimmung

Das Meßprinzip der manometrischen BSB_5-Bestimmung verwendet die Tatsache, daß beim biochemischen Abbau Kohlensäure entsteht. Freigesetzte Kohlensäure wird in der Gasphase an z. B. Natronkalk oder Kaliumhydroxid gebunden. In dem luftdicht verschlossenen System entsteht ein Vakuum, das mit Hilfe eines Manometers gemessen werden kann oder das einen Kontakt im Manometer zur elektrolytischen Sauerstofferzeugung schließt bis ein Druckausgleich stattgefunden hat (Bild 2). Der erzeugte Unterdruck oder der Stromverbrauch für die elektrolytische Sauerstofferzeugung ist ein Maß für den BSB. Die Hersteller haben die Registriergeräte meistens so ausgebildet, daß der BSB direkt in mg/l Sauerstoff abgelesen werden kann.

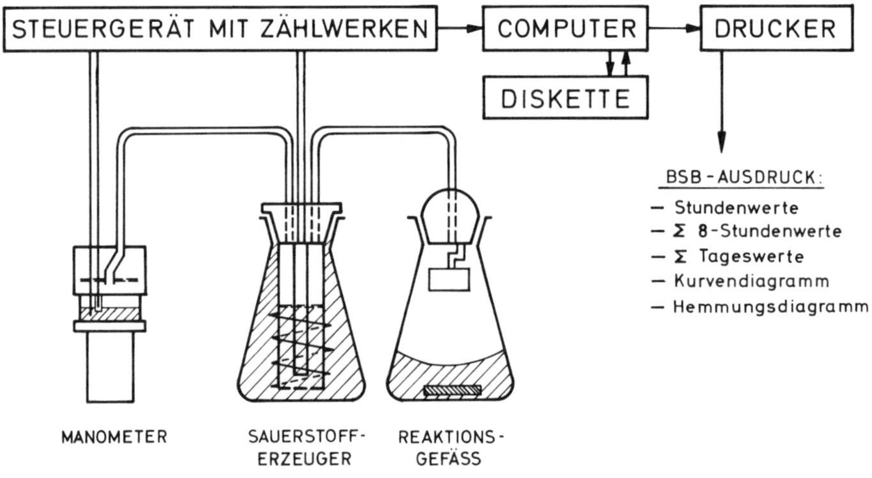

Bild 2: Schematische Darstellung einer Anlage zur BSB-Bestimmung; manometrisch mit Sauerstoffergänzung nach Voith [65]

Die zu untersuchende Probe wird, eventuell nach Verdünnung und Ergänzung mit Nährsalzen und/oder anderen Chemikalien, z. B. zur Hemmung der Nitrifikation, in das Reaktionsgefäß gefüllt und unter ständigem Rühren temperiert. Das Reaktionsgefäß ist über Kunststoffschläuche mit dem Sauerstofferzeuger und dem Manometer verbunden. Nach abgeschlossener Temperierung wird das System luftdicht verschlossen, so daß geringe Luftdruckschwankungen sich nicht auswirken. Dies unterscheidet es von einem System, das auf der Manometerseite offen ist.

Über der Probe befindet sich ein Gefäß, worin sich der Kohlensäureabsorber befindet. Die elektrolytisch ergänzte Sauerstoffmenge wird stündlich z. B. von einem Computer registriert. Dadurch besteht die Möglichkeit, unterschiedliche Informationen über den biochemischen Abbau, wie z. B. Anlaufphase, maximale Aktivität, logarithmische und endogene Wachstumsphase, Plateaubildung [66], Störungen usw. zu bekommen. Da das Probevolumen bei dieser Art der BSB-Bestimmung verhältnismäßig groß ist, können z. B. am Ende der Messung noch zusätzliche chemische Untersuchungen durchgeführt werden und z. B. festgestellt werden, ob eine Nitrifikation aufgetreten ist.

Die Beurteilung von Industrieabwässern, Adaption der Mikroorganismen und die Wirkung von Reinsubstanzen werden durch die Registrierung des zeitlichen Verlaufs der Sauerstoffaufnahme vereinfacht.

Eine andere Geräteversion verwendet Sauerstoff aus einer Druckflasche, der wiederum durch den im System entstandenen Unterdruck genau dosiert nachgeliefert wird, wobei die Dosierung exakt registriert wird.

Geräte zur einfachen manometrischen BSB-Bestimmung liefern u. a. die Firmen Passavant, Aarbergen; Hach, USA (über den deutschen Laborhandel); Hoelzle & Chelius KG, Neu-Isenburg, Geräte der gehobenen Klasse u. a. Voith, Heidenheim und Schnakenberg, Wuppertal.

I. Bestimmung der Konzentration an Stickstoffverbindungen

Im Abwasser lassen sich im wesentlichen folgende Stickstoffverbindungen unterscheiden:

Gesamt-Stickstoff:	Als mg N/l ausgedrückt, Gesamtheit aller im Abwasser gelösten und (bei nicht filtrierten Proben) ungelösten Stickstoffverbindungen, d. h. NH_4^+, NO_2^-, NO_3^- und organisch gebundener Stickstoff (hauptsächlich Proteine und Abbauzwischenprodukte)
Ammonium-Stickstoff:	NH_4^+ als mg N/l
Nitrit-Stickstoff:	NO_2^- als mg N/l
Nitrat-Stickstoff:	NO_3^- als mg N/l.

Den Gesamtstickstoff gewinnt man durch Kjeldahl-Aufschluß einer Abwasserprobe, wonach der gesondert zu bestimmende Nitrit- und Nitratstickstoff zu addieren ist.

Man kann hierzu kombinierte Aufschluß-Destillationsapparaturen verwenden oder den Aufschluß getrennt durchführen; jedenfalls sollte der Aufschlußkolben wenigstens 500 ml Volumen aufweisen, um 250 ml Abwasser einsetzen zu können. Eine evtl. unvollständige Erfassung von heterocyclischem Stickstoff hat für die gängige Abwasseranalytik kaum Bedeutung.

Zur abgemessenen, in den Kolben überführten Abwasserprobe werden 10 ml Schwefelsäure (d 1,27), 10 ml Natriumsulfit-Lösung (5%) und 5 Tropfen Eisen (III)-chlorid-Lösung (10 g $FeCl_3 \cdot 6H_2O$ in 90 ml dest. Wasser) gegeben und bis auf etwa 20 ml eingedampft. Man läßt abkühlen und fügt noch 10 ml konzentrierte Schwefelsäure, 1 ml Kupfersulfat-Lösung (10 g $CuSO_4 \cdot 5H_2O$ in 9 ml dest. Wasser) sowie eine Spatelspitze von käuflichem Selenreaktionsgemisch nach Wieninger zu und erhitzt weitere 30 Minuten.

Bei beginnender Entwicklung von Schwefeltrioxiddämpfen wird eine Kühlbirne aufgesetzt. Der Rückstand wird dann i. a. klar, und der Aufschluß ist beendet. Bei starkem Erhitzen ist das nach 20–30 Minuten der Fall. Sollte der Aufschluß längere Zeit in Anspruch nehmen, so wird durch Zusatz von 5 g Kaliumsulfat der Siedepunkt der schwefelsauren Lösung erhöht, wodurch vielfach eine schnellere Beendigung erreicht wird. Nach Abkühlen wird in der kombinierten Apparatur die NH_3-Destillation vorbereitet. Sonst überführt man in einen 250 ml Meßkolben, spült mit dest. Wasser quantitativ nach und füllt den Meßkolben auf. Mit einer Pipette werden 100 ml (oder 125 ml) aus dem Meßkolben in eine Destillationsapparatur zur NH_3-Destillation überführt.

Die Destillation als NH_3 erfolgt nach Alkalisieren mit konzentrierter Natronlauge (Phenolphthalein-Umschlag) zweckmäßig mit eingeleitetem Wasserdampf oder nach Verdünnen der Lösung mit dest. Wasser direkt, wobei ca. 200 ml Destillat übergehen sollen. Das Kühlerende soll dabei in etwa 50 ml Borsäurelösung (40 g H_3BO_3 in 1 Liter ausgekochtem dest. Wasser) eintauchen.

Die Mischung Borsäure/Destillat wird mit 0,05 N Schwefelsäure titriert, wobei der Umschlag von Violett nach Grün des in wenigen Tropfen zugesetzten Taschiro-Indikators den Endpunkt anzeigt. 1 ml 0,05 N Schwefelsäure entspricht 0,70 mg N.

Zu beachten: Gesamt-N = Kjeldahl-N + NO_2^--N + NO_3^--N

Ammoniumstickstoff wird – im Gegensatz zur Bestimmung im Trinkwasser – bei Abwasserproben ebenfalls durch Destillation als NH_3 in Borsäure mit anschließender Titration bestimmt. Unterschiedlich zur oben beschriebenen Reaktion ist lediglich der pH-Wert, auf den die Probe eingestellt wird: Um eine Desaminierung von Harnstoff und Aminosäuren möglichst zu unterdrücken, wird mit einem Puffer auf pH 7,4 eingestellt. Die Pufferlösung wird aus 14,3 g KH_2PO_4 + 68,8 g K_2HPO_4 durch Auflösen in dest. Wasser und Auffüllen auf 1 Liter hergestellt.

Eine abgemessene Menge der Abwasserprobe (100 bis 500 ml) wird mit dem Puffer auf pH 7,4 eingestellt (bei nahezu neutralem Abwasser reichen i. a. 25 ml Pufferlösung) und mit Wasserdampf (bzw. nach evtl. Verdünnen durch Direktdestillation) das NH_3 in die Vorlage destilliert und wie unter Kjeldahl-Aufschluß beschrieben titriert.

Als Nitratbestimmung ist für Abwasser die Natriumsalicylatmethode geeignet, die bereits im Trinkwasserteil beschrieben ist. Hier soll nur der Hinweis gegeben werden, daß die Abwasserprobe in jedem Falle scharf filtriert werden muß (Filtrat von Membranfiltration zur Schwebstoffbestimmung). Weiterhin wird man statt 20 ml Abwasser häufig weniger (aufgefüllt mit dest. Wasser auf 20 ml) einsetzen müssen, besonders bei Abläufen von biologischen Anlagen mit Nitrifikation. In den DEV 651] wird jetzt die p-Fluorphenol-Methode empfohlen (DIN 38405–D 9–3). Wegen der Verunreinigungen erhält man einwandfreie Werte jedoch nur nach der (aufwendigen) destillativen Abtrennung oder durch Anwendung der Zonenchromatographie.

Die Bestimmung von Nitrit (das im Abwasser eine untergeordnete Rolle spielt) erfolgt ebenfalls nach der o. a. vorbereitenden Filtration der Probe nach einer der im Trinkwasserteil aufgeführten Methoden.

K. Bestimmung des Gesamtphosphors

Es wurde bereits bei der Erläuterung des BSB-Verfahrens auf die notwendige Nährsalzversorgung der Mikroorganismen des Abwassers aufmerksam gemacht. Hinsichtlich der Phosphorsalze ist sie im Kommunalabwasser mit etwa 10 bis 15 mg Gesamtphosphat pro Liter sehr reichlich. Der größte Teil liegt bereits als Orthophosphat vor, da z. B. die Polyphosphate der Waschmittel auf dem Weg zur Kläranlage zumindest teilweise hydrolysiert sind. Im Rohabwasser, teilweise auch noch im biologisch gereinigten Abwasser, ist aber ein kleiner Teil des P auch noch organisch in Schwebstoffen gebunden, kann aber u. U. auch in ungelösten anorganischen Verbindungen vorliegen.

Sollen alle gelöst vorliegenden Phosphorverbindungen bestimmt werden, so wird die Probe vorher über einen Membranfilter (0,45 µm) filtriert und das Filtrat zur Analyse benutzt.

Für die Nährsalzversorgung der biologischen Stufen einer Kläranlage ist jedoch in erster Linie von Interesse, wieviel Phosphorverbindungen von den Mikroorganismen genutzt werden können. Aus diesem Grunde wird überwiegend der Gesamt-Phosphor bestimmt. Dazu wird in einem Aufschluß der Phosphor der diversen Verbindungen in Orthophosphat überführt, dessen Konzentration anschließend nach üblichen Methoden (meistens Molybdänblau) bestimmt wird.

Die „Deutschen Einheitsverfahren“ [51] schlagen als Aufschluß den Einsatz von Schwefelsäure-Perchlorsäure in Anwesenheit von Natriummolybdat vor, welches die Reaktion katalytisch beschleunigt. Die Phosphorverbindungen gehen dabei in Molybdatophosphorsäure über, die mit Ascorbinsäure in gepufferter Lösung zu Molybdänblau reduziert wird.

Da das vorgeschlagene Oxidationsmittel unter den Reaktionsbedingungen nicht ganz unproblematisch ist, wird hier ein Kurzverfahren mit u. U. geringfügig eingeschränkter Erfassung der Phosphorverbindungen vorgeschlagen, die allerdings für den üblichen Gebrauch voll ausreicht:

3,0 ml einer Abwasserprobe (evtl. weniger, mit dest. Wasser auf 3 ml auffüllen) werden mit 2,0 ml der sauren Ammoniummolybdat-Lösung I versetzt und im siedenden Wasserbad 10 Minuten lang erhitzt. Danach fügt man 10,0 ml dest. Wasser zu und kühlt auf 20 bis 30 °C ab. Nunmehr werden 0,5 ml der Reduzier-Lösung II zugegeben, umgeschüttelt und nach 30 Minuten im Photometer bei 690 nm gemessen.

Eine Parallelprobe des Abwassers wird gleich behandelt, jedoch statt Lösung I wird hier Lösung III zugesetzt. Diese Probe wird (ohne Molybdänblau-Reaktion) zur Berücksichtigung der evtl. Trübung des Abwassers im Photometer verwendet (als

Kompensationsprobe im Zweistrahl-Photometer oder zur Einstellung des Vollausschlages im Einstrahl-Photometer). Unter Verwendung der Standard-Lösung IV setzt man sich nach dem gleichen Verfahren eine Konzentrationsreihe für die Aufstellung einer Eichkurve an, die etwa von 5 bis 50 μg P/3 ml Probe reicht. (Das Gesamt-Volumen der endgültig zur Messung kommenden Lösung beträgt 15,5 ml.)

Lösung I: 9,15 g $(NH_4)_6Mo_7O_{24} \cdot 4\,H_2O$ in 700 ml dest. Wasser lösen, 1,5 g $Bi(NO_3)_3 \cdot 5\,H_2O$ in 190 ml konz. Salpetersäure lösen. Beide Lösungen mischen und auf 1 Liter mit dest. Wasser auffüllen.

Lösung II: 0,75 g 1-Amino-2-naphthol-4-sulfonsäure werden zusammen mit einem kleineren Teil von 70,0 g $Na_2S_2O_5$, wasserfrei, im Mörser zerrieben und mit 42,0 g Na_2SO_3, wasserfrei, in 900 ml dest. Wasser gelöst; zu der Lösung wird der Rest des $Na_2S_2O_5$ zugemischt. Die Lösung muß in einer dunklen Flasche aufbewahrt werden.

Lösung III: 1,5 g $Bi(NO_3)_3 \cdot 5\,H_2O$ werden in 190 ml konzentriertem HNO_3 gelöst und mit dest. Wasser auf 1 Liter aufgefüllt.

Lösung IV: 1,3181 g KH_2PO_4 (im Exsikkator über Silicagel getrocknet) werden in dest. Wasser gelöst und auf 1 Liter aufgefüllt. 1 ml Lösung enthält 0,3 mg P.

Der gemessene Wert ist unter Berücksichtigung der eingesetzten Probemenge auf 1 Liter Abwasser umzurechnen.

L. Haltbarkeitstest

Mit diesen einfachen, mehr qualitativen Methoden soll in erster Linie angezeigt werden, wie lange sich ein Abwasser frischhält. Dazu benutzt man einerseits den sog. Schwefelwasserstoff-Test, der die Faulfähigkeit erkennen läßt und andererseits den Methylenblau-Test.

Der Schwefelwasserstoff-Test zeigt durch Schwärzen von Bleisalzen das bei Eintreten der Faulung sich entwickelnde Schwefelwasserstoff-Gas an. Dazu füllt man eine 100 ml-Weithalsflasche bis etwa zur Hälfte mit der Abwasserprobe und verschließt mit einem Korkstopfen, wobei man zwischen Stopfen und Flaschenhals einen Streifen Bleiacetat-Papier einklemmt. Dieser muß im Luftraum über der Abwasserprobe hängen, ohne benetzt zu werden. Die Flasche wird nach Möglichkeit im Brutschrank bei 20 °C aufbewahrt. Bei Auftreten von Spuren des Gases im Luftraum beginnt das Papier sich leicht zu bräunen, bei starker H_2S-Entwicklung zu schwärzen.

Frisches Rohabwasser bleibt meistens 5 bis 10 Stunden ohne H_2S-Entwicklung, dasselbe gilt für mechanisch gereinigtes Abwasser (Ablauf des Vorklärbeckens). Rasches Auftreten von H_2S zeigt fauliges Abwasser an. Der biologisch gereinigte Ablauf einer Kläranlage sollte innerhalb von 5 Tagen keinen Schwefelwasserstoff entwickeln. Bei überlasteten Belebungsbecken und Tropfkörpern kann man mit Bleiacetat-Papier u. U. Schwefelwasserstoff in der Luft über den Reinigungsanlagen nachweisen.

Im Methylenblau-Test verwendet man die Eigenschaften der Substanz als Redoxindikator. Im blaugefärbten Zustand zeigt es das Vorherrschen aerober Verhältnisse in der Probe an. Es entfärbt sich, wenn jeglicher gelöster Sauerstoff verbraucht ist und anaerobe Vorgänge überhand nehmen (Umschlag rH = + 0,53 V). Voraussetzung ist hierbei, daß kein Luftsauerstoff Zutritt zur Probe hat.

Man füllt für den Test ein 50 ml-Glasfläschchen randvoll mit Abwasser, nachdem man 5 Tropfen einer Methylenblau-Lösung (0,5 g Methylenblau in 1 Liter dest. Wasser) vorgegeben hat, und verschließt mit einem eingeschliffenen Glasstopfen. Auch diese Flasche sollte nach Möglichkeit im Brutschrank bei 20 °C aufbewahrt werden.

Frisches Rohabwasser und mechanisch gereinigtes Abwasser entfärben Methylenblau dabei i. a. zwischen 2 und 8 Stunden. Sofortiges Entfärben deutet auf Faulvorgänge im Kanalnetz hin, die häufig durch Ablagerungen gefördert werden, bzw. auf beigemischtes faulendes Konzentrat, wie z. B. Jauche.

Der Ablauf einer biologischen Kläranlage ist dann als haltbar zu bezeichnen, wenn innerhalb von 5 Tagen keine Entfärbung eintritt. Liegen Abwasserproben mit Eigenfärbungen vor, so sollte eine Parallelprobe ohne Methylenblau mit angesetzt und zum Vergleich herangezogen werden.

Diese einfache Methode eignet sich auch hervorragend zum qualitativen Nachweis in Abwasser anwesender Gifte oder Hemmstoffe. Entfärbt sich beispielsweise eine mit Methylenblau angesetzte Probe eines erkennbar verschmutzten Rohabwassers erst nach Ablauf von 20 oder mehr Stunden oder Tagen, evtl. gar nicht, liegt der Verdacht auf eine gestörte Bakterientätigkeit vor. Durch Entnahme von Proben aus verschiedenen Teilabschnitten des Abwasserkanals läßt sich über den Methylenblau-Test evtl. die Störungsquelle einkreisen. Auch kann man durch Ansatz von Verdünnungsreihen mit Rohabwasser bei Vorliegen eines bedenklichen Abwassers nach dieser Methode evtl. zulässige Mischungsverhältnisse ermitteln.

Weiterhin kann man mit beiden Methoden verdeutlichen, wo u. U. in einer Kläranlage (z. B. durch faulende Ablagerungen) das Abwasser in den anaeroben Zersetzungszustand gebracht wird. Das ist z. B. der Fall, wenn die Ablaufprobe eines Vorklärbeckens rascher positiv reagiert als die korrespondierende Zulaufprobe. Allerdings darf in dieser Zeit kein faulendes Abwasser, wie z. B. Trübwasser aus dem Schlammfaulbehälter, zufließen.

M. Biologische Tests zur Abwasserbeurteilung

Grundlage für biologische Tests zur Abwasserbeurteilung bilden die Mikroorganismen, die in belebten Schlämmen zusammen mit höheren Organismen, wie z. B. Protozoen, für den biologischen Abbau und die Eliminierung der Abwasserinhaltsstoffe sorgen.

Bevor eine Untersuchung durchgeführt wird, sollte zuerst eine Analyse der wichtigsten Abwasserkennwerte durchgeführt werden. Hiermit ist eine erste Beurteilung einer biologischen Behandlungsmöglichkeit gegeben.

Bei der Durchführung von Abbau- und Toxizitätstests ist auf folgende Punkte zu achten:

– Kohlenstoff-Quelle:	– organische Abwasserinhaltsstoffe
– Stickstoff-Quelle:	– Ammoniumsalze, Nitrate, Harnstoff, Aminosäuren
– Phosphor-Quelle:	– Phosphorsalze
– evtl. sonstige Nährsalze:	– Calcium-, Magnesium- und Natriumsalze, Sulfate
– Spurenelemente:	– Fe, Zn, Mn, Mo, Cu, Zn, B, Ni usw.
– Impfmaterial:	– Herkunft und Adaptionszustand
– pH-Wert:	– wenn notwendig, durch pufferende Substanzen in einen bestimmten Bereich bringen oder halten
– Sauerstoffversorgung	

Der Abbau sollte durch Zusatz von N- und P-Verbindungen möglichst optimiert werden.

Die zunehmende Anzahl unterschiedlicher, teilweise hochverschmutzter Industrieabwässer und der Anfall neuer Chemikalien im Abwasser führten zur Entwicklung unterschiedlicher Tests zur Prüfung auf Toxizität und biochemische Abbaubarkeit.

Untersuchungen über Toxizität, Hemmung und Adaption von Mikroorganismen in Wasser wurden von Liebmann [67], Offhaus [68] und vor allem von Wagner [64, 69] vorgestellt, welche die Abbaubarkeit bzw. die Resistenz gegenüber biochemischem Angriff, heute bevorzugt als Persistenz bezeichnet, aus Ansätzen in Mischung mit Nährsubstanzen (z. B. Pepton oder vorgeklärtem kommunalem Abwasser) zu beurteilen erlauben.

Eine Variante der Methode wird von Straten u. Witte [70] vorgeschlagen.

Ein Flaschentest zur Bestimmung der biologischen Abbaubarkeit von synthetischen Verbindungen wird von Fischer empfohlen [71]. In diesem Zusammenhang muß auch auf das „Hemmungsmeßgerät" nach Offhaus hingewiesen werden [72] sowie auf den „Sabilomat" von Sekoulov [73]. Laborversuche in mathematisch-modellmäßiger Auswertung und Vergleich zu Versuchen in technischem Maßstab an Hand des BASF-Abwassers beschreiben Joschek et al. [74]. Eine Methode zur kontinuierlichen Toxizitätsmessung mit Bakterien schlägt Axt vor [75].

In diffizilen Fällen und bei wechselnder Zusammensetzung eines Industrieabwassers empfiehlt es sich jedoch noch immer, in einer halbtechnischen oder wenigstens Labor-Versuchsanlage Abbauversuche durchzuführen[1] [76, 77].

Einen einfachen Testversuch, den von der OECD für die Abbaubarkeit von Detergentien benutzten screening-test, beschreiben Wuhrmann und Mechsner [78].

Eine Beschäftigung mit derartigen Biotests führt dabei zu der Erkenntnis, daß Bakterien ein erstaunliches Anpassungsvermögen an naturfremde Produkte zeigen, woraus folgt, daß bei einer kontinuierlichen Lieferung schwieriger Substanzen an die Anlage dort in den meisten Fällen mit adaptierten Bakterien und einem entsprechenden Sauerstoffverbrauch und Abbau gerechnet werden kann. Insofern behält der BSB_5 immer noch seine Berechtigung, obgleich die chemischen Verfahren zur Bestimmung der Konzentration an abbaubarer Substanz an Bedeutung gewonnen haben [79–81].

---

[1] vgl. auch „Hinweise zum Aufbau und Betrieb von Pilotanlagen zur Abwasserbehandlung", ATV-Merkblatt-Entwurf 7/85.

Eine Adaptation der Mikroorganismen der biologischen Stufen eines Klärwerks an schwer abbaubare Stoffe erfolgt in der überwiegenden Zahl der praktischen Fälle innerhalb von einigen Tagen bis Wochen. Der Abbau findet dann mehr oder weniger rasch statt. Zu beachten ist, daß die Behandlungszeit des Abwassers der in den Versuchen ermittelten Abbaugeschwindigkeit entspricht und daß die Anlage solche schwer abbaubaren oder auch toxischen Stoffe, an die sie adaptiert ist, ständig erhält. Bei einem üblichen Alter des belebten Schlammes von 2 bis 4 Tagen befinden sich nach Ablauf dieser Frist ohne weitere Zulieferung dieses Abwasserinhaltsstoffes nur noch wenig angepaßte Bakterien in der Kläranlage. Daher ist es in manchen Fällen notwendig, vor Beginn einer Produktion ein „Einfahrprogramm" mit allmählich steigender Dosierung des Stoffes vorzusehen, wie auch in Produktionspausen diese Substanzen (es genügt in verminderter Konzentration) ins Abwasser zu dosieren [82].

Für die Berechnung der notwendigen Sauerstoffversorgung einer Belebungszulage ist der BSB_5 noch nicht voll ersetzt worden [83, 84]. Allerdings gibt es die Möglichkeit, den Sauerstoffbedarf SB ohne Berücksichtigung der Stickstoffoxidation aus der Differenz des CSB von Zulauf und Ablauf inklusive Überschußschlamm zu berechnen

$$SB = CSB_{Zu} \cdot Q_{Zu} - CSB_{Ab} \cdot Q_{Ab} - CSB_{\ddot{U}Schl} \cdot Q_{PSchl}$$

Auf ein einfaches Verfahren zur Prüfung der biologischen Abbaubarkeit von Abwasserinhaltsstoffen, das von Zahn et al. [85] vorgeschlagen wurde, muß hier noch hingewiesen werden. Es stellt – ganz auf den CSB gegründet – eine vorzügliche Ergänzung der O_2-Zehrungstests (Wagner u. a.) dar, weil es nicht nur den dissimilatorischen Abbau, sondern auch assimilatorische Vorgänge einschließt.

Für den Chemiker ist es selbstverständlich, daß ein bestimmter Gehalt an gesamten organischen Kohlenstoff (TOC) nicht in fester Relation zum COD und BSB stehen kann, da der in organischen Verbindungen vorliegende Kohlenstoff je nach Substanz eine differierende Oxidationsstufe aufweist. Diese Verhältnisse hat Wagner [70] an einer Reihe von Verbindungen anschaulich verdeutlicht.

Danach müßte das Verhältnis des für die Oxidation des organischen Kohlenstoffs gebrauchten Sauerstoffs zum Kohlenstoff (O_2/C) für Abwasserstoffe bei etwa 2 bis 4 liegen. Tatsächlich werden für Rohabwässer und mechanisch gereinigte Abwässer geringere Werte gefunden, z. B. nach Offhaus 1,7 : 1 [84]. Diese Relation wird – wegen des Überwiegens persistenter Stoffe nach dem Abbau der leicht zu metabolisierenden Anteile – im biologisch gereinigten Abwasser auf Werte unter 1 verschoben (Offhaus 0,83).

Ebensolche Werte ergibt ein erhöhter Anteil biochemisch nicht abbaubarer Substanzen etwa aus Industrieabwässern. Gleiches gilt bei Anwesenheit von Stoffen, die den biochemischen Abbau hemmen: Es ergibt sich ein ähnlich verschobenes Verhältnis bereits vor der biologischen Reinigung und meistens eine noch weitere geringere Relation zwischen BSB_5 und TOC im biologisch gereinigten Ablauf (z. B. 0,1).

Die biologische Abbaubarkeit unterschiedlicher Substanzen kann nach DEV-L 24 (Bild 3) bestimmt werden. Dieser Test, international auch als OECD-Confirmatory-Test bezeichnet, wird u. a. für die Bestimmung der Abbaubarkeit von Detergentien eingesetzt [78].

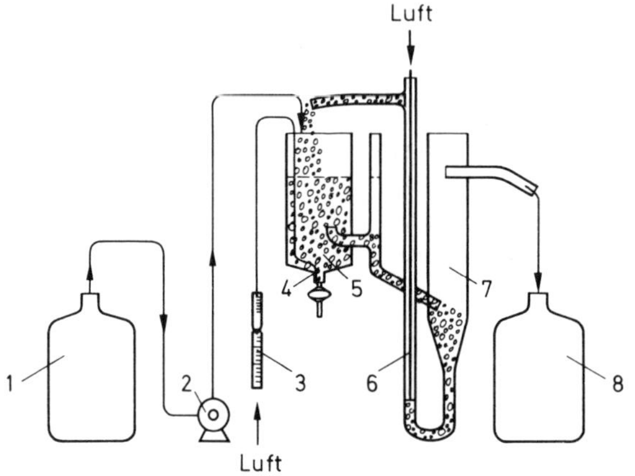

1. Vorratsgefäß (V = 30 l)
2. Dosierpumpe
3. Luftmengenmesser
4. Fritte
5. Belüftungsgefäß
6. Mammutpumpe
7. Absetzgefäß
8. Sammelgefäß (V = 30 l)

Bild 3: Schematische Darstellung einer Laboranlage zur Ermittlung der Biochemischen Abbaubarkeit [51].

Im modifizierten OECD-Screening-Test zur Untersuchung des Abbaus oberflächenaktiver Stoffe [88] sind die wichtigsten Änderungen:

- die Verwendung des Summenparameters DOC
- Erhöhung der Testsubstanzkonzentration auf 5–20 mg/l
- Zusatz von Vitaminen und Spurenelementen

Der Ansatz wird 19 Tage bei Raumtemperatur geschüttelt (Sauerstoffeintrag). Der Abbau wird über die Abnahme des DOC in der filtrierten Probe bestimmt. Adsorbierte Substanzen werden in dieser Weise als abgebaut erfaßt.

Pagga [89] stellt eine Methode vor, um schnell Informationen über den Einfluß einer Substanz oder eines Abwassers auf den spezifischen Sauerstoffverbrauch belebter Schlämme bei Inkubationszeiten von 30 bis 180 Minuten zu erzielen. Im Prinzip sind auch derart Messungen im Sapromat [65] möglich, wobei die Versuchsdauer u. U. länger gewählt werden muß und der maximale Sauerstoffeintrag der begrenzende Faktor ist.

Der **A-Z-Test** (AZ = Assimilations-Zehrungstest) wurde Anfang der sechziger Jahre als neues Verfahren zur toxikologischen Beurteilung von Abwässern [90] vorgestellt. Der Test basiert auf dem bakteriellen Abbau organischer Substanzen und der Assimilation grüner Pflanzen (Phytoplankton). Er läßt sich in der BSB-Flasche durchführen und erfordert analytisch gesehen nur Sauerstoffbestimmungen.

In Abhängigkeit der Abwasserkonzentration werden die biochemischen Vorgänge, die eine qualitative Aussage über die Wirkung eines Abwassers auf den Sauerstoffhaushalt eines Vorfluters ermöglichen, untersucht. Der A-Z-Test benutzt:

1. Die Bestimmung des Sauerstoffverbrauchs beim Abbau organischer Stoffe in Abhängigkeit der Abwasserkonzentration (Zehrungsversuch)

2. Die Bestimmung der Sauerstoffproduktion grüner Pflanzen in Abhängigkeit der Abwasserkonzentration (Assimilationsversuch)

Zu 1. ca. 8 Flaschen zur BSB_5-Bestimmung werden mit BSB-Verdünnungswasser gefüllt. In einer Flasche wird der Sauerstoffgehalt sofort bestimmt. Die anderen Proben werden mit einer Peptonlösung auf einen BSB_1 von etwa 5 mg/l eingestellt. Es werden unterschiedliche Volumina des Abwassers, z. B. 0 (Blindprobe), 1, 2, 5, 10, 20, 50 und 100 ml je Liter zugesetzt. Die luftdicht und gasblasenfrei verschlossene Flaschen werden 24 h im Dunkeln bei 20–22 °C bebrütet. Danach wird der Restsauerstoffgehalt gemessen.

Für jede Abwasserkonzentration wird die Änderung der Zehrung berechnet mit der folgenden Formel:

$$d_Z = \frac{O_b - O_x}{O_k - O_b} \times 100\ (\%)$$

O_b = O_2-Gehalt der „Blindprobe" nach Bebrütung
O_x = O_2-Gehalt der mit einer Abwasserkonzentration versetzten Probe nach Bebrütung
O_k = O_2-Gehalt der „Kontrollprobe"

Zu 2. ca. 15 Flaschen zur BSB-Bestimmung werden mit BSB-Verdünnungswasser aufgefüllt. In einer Flasche wird der Sauerstoffgehalt sofort gemessen. Aus den verbliebenen Proben werden Serien Doppelproben gebildet.

Zunächst wird eine Algen-Kultur (Protococcalen), nachdem einige ml einer Tragant-Lösung zugegeben wurden, um ein Abschwimmen der Algen zu vermeiden, über Membranfilter abfiltriert, daß dieses intensiv grün gefärbt erscheint. Das Filterpapier wird in 8 gleiche Teile geteilt, die jeweils einer Verdünnungsreihe zugesetzt werden. Die Probenpaare werden mit unterschiedlichen Volumina des zu untersuchenden Abwassers, z. B. 0 (Blindprobe), 1, 2, 5, 10, 20, 50, 100 ml/l, versetzt. Die Proben werden 24 h bei 20–22 °C und ca. 4000 Lux im Lichtschrank bebrütet. Anschließend wird die Sauerstoffkonzentration gemessen. Die Assimilationsrate eines jeden Probenpaares ergibt sich aus den Differenzen der Sauerstoffgehalte der Proben mit und ohne Algen.

Für jede Abwasserkonzentration wird die Änderung der Assimilationsrate berechnet:

$$d_A = \frac{(O_a - O_x) - (O_{ba} - O_b)}{O_{ba} - O_b} \times 100\ (\%) \tag{4}$$

O_a = O_2-Gehalt der Probe mit einer Abwasserkonzentration und mit Algen nach Bebrütung
O_x = O_2-Gehalt der Probe mit einer Abwasserkonzentration ohne Algen nach Bebrütung
O_{ba} = O_2-Gehalt Blindprobe mit Algen nach Bebrütung
O_b = O_2-Gehalt Blindprobe ohne Algen nach Bebrütung

Die Auswertung des A-Z-Tests kann zur Veranschaulichung in graphischer Weise durchgeführt werden. Die errechneten prozentualen Änderungen werden in Abhängigkeit vom Abwasseranteil (Verdünnungsrate) aufgetragen. Nach [91] können die in Bild 4 eingetragene Kennlinien unterschieden werden:

I: Die Inhaltsstoffe verhalten sich indifferent beim Abbau und bei der Assimilation

II: Die Inhaltsstoffe fördern die Assimilation (A-Test) oder sind abbaubar (Z-Test)

III: Das Abwasser enthält toxisch wirkende Stoffe

IV: Bei hohen Abwasseranteilen überwiegt die toxische Wirkung. Bei geringen Abwasseranteilen wird die Assimilation gefördert (A-Test) oder sind die Inhaltsstoffe abbaubar (Z-Test)

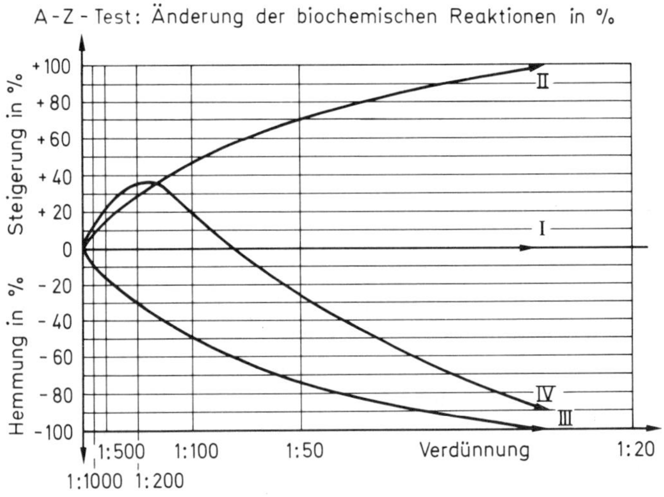

Bild 4: Schematische Darstellung des Assimilations- und Zehrungsverhaltens in Abhängigkeit vom Abwasseranteil nach Knöpp [91].

N. Kriterien zur Beurteilung von Industrieabwasser

Trinkwasser wird im Haushalt wie anfangs erläutert zu rund 98% als Medium benutzt, menschliche Abgänge und sonstigen Schmutz hygienisch einwandfrei abzuschwemmen. Nur rund 2 bis 3% des bezogenen Wassers werden in Getränken und Speisen als Nahrungsmittel verbraucht. Rein häusliches Abwasser weist infolgedessen eine charakteristische Zusammensetzung auf.

In der Industrie spielt das Wasser eine verbreitete Rolle als Energieüberträger (als Dampf, Heißwasser und Kühlwasser). Vielfach wird es als Reaktionsraum bzw. indifferentes Medium benutzt und enthält dann Reste der Reagenzien, wenn Substanzen in wäßriger Lösung umgesetzt werden (z. B. bei der Gewinnung von Farben, wie etwa Titanweiß) oder mit eingebrachten Festteilen reagieren (wie z. B. in Galvanikbädern). Ebenso dient es als Medium bei biochemischen Reaktionen in Form der verdünnten Nährlösung (z. B. bei der Hefe- und Penicillin-Gewinnung). Es kann auch zum Aufschluß bestimmter Stoffe dienen (z. B. in Kochlaugen der Zellstoffindustrie). In einigen Bereichen wirkt es in erster Linie als Transportmittel (z. B. in der Stärke- und Papierindustrie). Nicht selten stellt es selbst einen wesentlichen Teil des Produkts (z. B. im Bier und in Spülmitteln). In den meisten Fällen entsteht dann Abwasser durch Verwerfen des nicht mehr gebrauchsfähigen Restwassers aus der Produktion, das je nach Verfahren mehr oder weniger große gelöste oder suspendierte Anteile der Roh-, Fertig- bzw. Nebenprodukte enthält. Fast in allen Industriebereichen wird Wasser schließlich auch für Reinigungszwecke eingesetzt. Industrieabwasser kann daher je nach Herkunft von völlig unterschiedlicher Beschaffenheit sein.

Die heutigen Anlagen zur schadlosen Beseitigung von Abwasser sind überwiegend auf die Qualität häuslichen Abwassers abgestimmt. Die Kenntnis der Beschaffenheit von Industrieabwasser bzw. eine Begrenzung bestimmter Eigenschaften und deren Überwachung sind für den störungsfreien Betrieb von Entwässerungs- und Reinigungsanlagen unumgänglich.

Eine Prüfung der Eigenschaften von industriellem Abwasser wird daher aus folgenden Gesichtspunkten heraus vorzunehmen sein:

Vermag es die Funktion der Entwässerungsanlagen (Kanalisation) zu stören bzw. zu schädigen?

Vermag es die Funktion der Kläranlage zu stören bzw. zu schädigen?

Vermag es die Verwertung von Klärprodukten zu beeinträchtigen?

Im folgenden sollen einige Hinweise zu den einzelnen Gesichtspunkten gegeben werden.

Für die Entscheidung der Frage, ob ein Industrieabwasser in ein Entwässerungssystem eingeleitet werden darf, sind vor allem 4 Aspekte zu berücksichtigen:

a) Kann es das Material der Entwässerungsanlage schädigen?

b) Kann es zur Behinderung der Entwässerungsfunktion beitragen?

c) Kann es das Personal gefährden?

d) Kann es zur Belästigung oder Gefährdung der Umgebung führen?

Im allgemeinen werden in den Ortssatzungen der Gemeinden entsprechende Forderungen aufgestellt bzw. Richtlinien genannt.

Zur Ergänzung werden dann i. a. die „Hinweise für das Einleiten von Abwasser aus gewerblichen und industriellen Betrieben in eine öffentliche Abwasseranlage" [92] herangezogen. Soweit es eine mögliche Materialschädigung betrifft, sind es immer Grenzwerte, die sich an der DIN 4030 (Betonaggressivität) orientieren und damit vor allem zu niedrige pH-Werte (die auch Pumpwerken gefährlich werden können) sowie zu hohe Sulfatkonzentrationen ausschließen sollen. Als unbedenklich werden i. a. der pH-Bereich 6,5 bis 10 und die Sulfatkonzentration $[SO_4^{2-}] \leq 400$ mg/l genannt. Es ist allgemein bekannt, daß es Rohmaterialien gibt, bei denen diese Einschränkungen der Wasserqualität nicht gelten, z. B. Steinzeugrohre. Aber auch Betonrohre oder gemauerte Kanäle haben häufig bewiesen, daß sie extremeren Anforderungen zu widerstehen vermögen. Es sind dort wohl vor allem die dichtende Sielhaut und abgelagerte Fettschichten, die insbesondere bei rasch wechselnden Eigenschaften des Abwassers das darunterliegende Material schützen. Deshalb ist keine übertriebene Ängstlichkeit angebracht, vor allem, wenn mit rascher Verdünnung des Industrieabwassers im Kanal gerechnet werden kann. Bewährt hat sich in Fällen echter Gefährdung der Schutz von Betonteilen durch dauerhafte Überzüge z. B. in Bereichen, in denen noch keine ausreichende Verdünnung eines stärker sulfathaltigen Abwassers garantiert ist. Es kann natürlich nicht übersehen werden, daß es in manchen Fällen zu Beton- bzw. Mörtelzerstörungen gekommen ist, die eindeutig auf niedrige pH-Werte oder hohe Sulfatkonzentrationen des Abwassers zurückzuführen sind.

Gegen Säuren und Sulfat unempfindlich sind auch Kunststoffmaterialien, wie PVC und PE-Typen; doch sind diese wieder eher durch organische Lösungsmittel und durch erhöhte Temperaturen gefährdet.

Die Begrenzung der Abwassertemperatur auf 30 °C, manchmal 35 °C, hat in erster Linie den Zweck, zu rasch ablaufende Bakterientätigkeit im Abwasser mit Sauerstoffmangel und Bildung von Faulgeruchsstoffen als Folge zu verhindern, in manchen Fällen wird auch das Erweichen von Muffendichtungen befürchtet.

Faulendes Abwasser kann darüberhinaus Anlaß für den Mörtel- bzw. Betonangriff durch Schwefelsäure sein, die aus Schwefelwasserstoff von bestimmten Bakterien (Thiobacillus thiooxydans) gebildet wird [93]. Dabei handelt es sich um einen Angriff auf Flächen über dem Wasserspiegel, und zwar wenn durch Zersetzungsvorgänge aus dem Abwasser (Protein!) bei Sauerstoffmangel gasförmiger Schwefelwasserstoff entstanden ist, der sich in Feuchtigkeit und Kondenswassertropfen löst und dort unter Bildung von Schwefelsäure bis zum pH 1 oxidiert wird [94].

Gefährlich können auch halogenierte Kohlenwasserstoffe werden, wie z. B. Chloroform und Perchloräthylen. Schwerer als Wasser sind sie kaum in diesem löslich. Sie vermögen sich dann unter den sandigen Bodenschlamm zu mischen. Beim Spülen können sie an die Oberfläche gelangen und betäubende Dämpfe freisetzen.

Ein typischer Fall der Verringerung des Rohrquerschnitts in dem Kanalisationssystem kann sich durch die Ableitung geschmolzener Fette bzw. schmieriger Öle ergeben, die sich an der Wandung festsetzen. Das kann leicht unbeabsichtigt geschehen, wenn ein Fettfänger überlastet oder von einem Stoß heißen Wassers durchströmt wird.

In Kanälen mit größerem Querschnitt, die begehbar sind, können flüchtige Substanzen, wenn sie giftig oder brennbar sind, eine große Gefahr für das Personal darstellen. Dabei ist auch die Möglichkeit einzukalkulieren, daß solche Stoffe durch Zusammenmischen mit anders reagierendem Abwasser freigesetzt werden können, wie beispielsweise Cyanide, wenn sie in eine saure Lösung gelangen und Blausäure entweichen lassen. Fast ebenso giftig wie Blausäure ist Schwefelwasserstoff [95], sein MAK-Wert liegt bei nur 15 mg H_2S/m^3.

Von Belästigungen oder gar einer Gefährdung der Umgebung von Kanalisationsanlagen, also der Straßenbenutzer und Anwohner, ist in letzter Zeit öfters zu hören. Manchmal sind es ganz spezifische Komponenten eines industriellen Abwassers, die mit der Kanalluft auf die Straße gelangen, beispielsweise aus der Lackindustrie oder von der Fischverarbeitung. Oder anaerobe Umsetzungen setzen Schwefelwasserstoff und andere Geruchskomponenten frei. Die Dosierung von sauerstoffhaltigen bzw.

oxidierend wirkenden Chemikalien, wie Wasserstoffperoxid, Hypochloritlauge oder Salpeter kann in solchen Fällen den akuten Mißstand beseitigen. Auch bakterizid wirkende Substanzen können – unter bestimmten Voraussetzungen einsetzbar – die zu rasche Zersetzung des Abwassers verzögern.

Die im häuslichen Abwasser zu findenden Stoffe sind fast ausschließlich natürlicher Herkunft. Die in der Natur verbreiteten und sich im Abwasser vermehrenden Bakterien sind auf dieses Substrat eingestellt. Günstige Milieubedingungen stellen sich von selbst ein (z. B. pH) oder sind vorgegeben (z. B. die Temperatur) oder werden künstlich herbeigeführt (z. B. die Sauerstoffversorgung), um den Prozeß mit gutem Wirkungsgrad und ökonomisch vertretbar ablaufen zu lassen.

Industrieabwasser zeigt – bis auf solches aus bestimmten Bereichen, wie das aus der Nahrungsmittelindustrie – nicht ohne weiteres diese erwünschten Eigenschaften. Synthetische Abfallstoffe, die in der Palette der natürlichen Produkte gar nicht vorkommen, stellen an den Verdauungsapparat der Mikroorganismen hohe Anforderungen. Eventuelle toxische Beimengungen können darüber hinaus den Abbau-Metabolismus erheblich stören oder gar zum Erliegen bringen. Auch eine erhöhte Salzkonzentration kann störend wirken, i. a. aber erst ab 10 g/l. Eine pH-Verschiebung, vor allem ins saure Gebiet, kann sehr nachteilig sein. Aber selbst gutartige Inhaltsstoffe vermögen, im Übermaß angeboten, Probleme aufzuwerfen. Schließlich ist die Aktivität der tätigen Mikroorganismen an einen begrenzten Temperaturbereich gebunden.

Für häusliches Abwasser gibt es genügend Erfahrungswerte über eine optimale Dimensionierung von Belebungsanlagen. Der Ingenieur hat dazu bestimmte Einheiten geschaffen, die vor allem die Relation von Schmutzzufuhr pro Zeiteinheit und zur Verfügung zu haltendem Behandlungsraum sowie daraus abgeleitete Beziehungen in empirisch ermittelten Zahlenwerten ausdrücken (BSB_5-Raumbelastung B_R, Schlammbelastung B_{TS}, Aufenthaltszeit t_R, OC/load usw.) vgl. Imhoff [6].

Ein erhöhter Anteil eines Industrieabwassers spezifischer Zusammensetzung vermag es durchaus erforderlich machen, die Kläranlage darauf einzurichten. Zwar gibt es einige Erkenntnisse über das Abbauverhalten bestimmter reiner Substanzen wie auch über die Auswirkung von funktionellen Gruppen im Abbauprozeß [96–98]. Wegen der komplexen Zusammensetzung jedes Abwassergemisches konnte man jedoch nur in Reinigungsversuchen sichere Bemessungswerte für eine großtechnische Anlage gewinnen [76].

Die Relation BSB_5 : TOC oder auch ähnlich BSB_5 : CSB ermöglicht in gewisser Weise die Beurteilung der biologischen Abbaubarkeit von den Inhaltsstoffen eines Industrieabwassers sowie die Abschätzung, in welchem Maße das Industrieabwasser den Rest-CSB (bzw. Rest-TOC) im biologisch gereinigten Ablauf der Kläranlage erhöhen wird.

Genauere Hinweise liefern die o. g. Biotests. Ein möglichst niedriger CSB im Ablauf einer Kläranlage ist wegen der Abwasserabgabe, die sich hauptsächlich aus ihm errechnet, anzustreben [53].

Von den toxischen Stoffen – also solchen, die bereits in geringer Konzentration biochemische Umsetzungen hemmen – sind am bekanntesten die anorganischen Salze von Schwermetallen (Kupfer, Blei, Chrom, Zink, Cobalt, Nickel u. a.), das Cyanid, sowie eine Reihe giftiger organischer Verbindungen, zu denen ihrer Bestimmung gemäß alle Bakterizide gehören, sowie die in den letzten Jahren in Verruf geratenen chlorierten Kohlenwasserstoffe, wie z. B. Chloroform.

Alle Betriebe, die aus hygienischen Gründen häufig ihre Anlagen desinfizieren müssen (Lebensmittelindustrie, Krankenhäuser), können für Kläranlagen zum Problem werden, wenn sie den dominierenden Teil des Abwassers stellen. Erfahrungsgemäß ist jedoch eine Schlammbelebungsstufe weit weniger empfindlich als ein Tropfkörper, was auf das dort günstige Verhältnis von vorhandener Mikroorganismenmasse in viel Wasser zum ankommenden Abwasserstoß zurückzuführen ist [99]. Auch gegen pH-Stöße weist sie im Gegensatz zum Tropfkörper ein erstaunliches Pufferungsvermögen auf. Die Ursache liegt hierfür u. a. in dem hohen Proteinanteil der suspendierten Mikroorganismen. Im übrigen vermag eine Belebungsanlage sehr viel besser mit basisch reagierendem Abwasser fertig zu werden als mit saurem. Der Basencharakter des ersteren wird – ausreichende Belüftungszeit vorausgesetzt – durch die beim Abbau entstehende Kohlensäure weitgehend neutralisiert. Saure Zuläufe ($pH < 6{,}5$) begünstigen dagegen leicht ein Pilzwachstum mit Blähschlammcharakter und damit schlechtere Absetzbarkeit des Schlammes im Nachklärbecken. Dies wird darüberhinaus auch einigen speziellen Lebensmittel-Industrieabwässern (z. B. von Brauerei, Molkerei) nachgesagt, wobei eine Verbesserung des Nährsalzverhältnisses, vor allem durch Stickstoffaufstockung, als Abhilfe vorgeschlagen wird [6]. Einige einseitig zusammengesetzte Industrieabwässer bedürfen danach, wenn sie allein gereinigt werden sollen oder in einer Mischung dominieren, der Zugabe von Stickstoff- oder Phosphorsalzen. Am preiswertesten lassen sich dazu käufliche Düngesalze geeigneter Zusammensetzung verwenden, die aber gut löslich sein müssen. In den meisten Abwassergemischen jedoch reichen die in häuslichem Abwasser im Übermaß vorhandenen Nährsalze zur Deckung der Lücke aus.

Weit empfindlicher als die aerob-biologische Stufe einer Kläranlage reagiert die anaerobe Stufe, der Faulraum. Besonders Schwermetalle und chlorierte Kohlenwasserstoffe können in schon geringer Konzentration eine Schlammfaulung stören oder gar zum Erliegen bringen [31, 100–103]. Schwermetalle und Chlorkohlenwasserstoffe, die sich im Abwasser befinden, gelangen in vielen Fällen bevorzugt in den Frischschlamm und mit diesem in den Faulbehälter, erstere unter reduktiven Verhältnissen im Vorklärbecken als Oxide, Sulfide etc., letztere wegen der lipophilen Eigenschaften an Fettstoffen des Schlammes angereichert. Da die Gruppe der Säurebakterien (die größere Molekülkomplexe, wie Proteine, in einfache Säuren, wie Aminosäuren und Fettsäuren, abbauen) weniger empfindlich reagiert als die Methanbakterien (welche die so gebildeten Säuren weiter zu CH_4 und CO_2 zersetzen), kommt es bei Störungen zu einer Akkumulation von organischen Säuren (>1000 mg/l als Essigsäure), Absinken des pH-Wertes ($<7{,}0$) und Rückgang der Methanproduktion.

Bezüglich neuerer erweiterter Erkenntnisse der Abbaureaktionen wird auf [21] verwiesen.

Wenn ein Faulbehälter einer größeren Kläranlage wegen Vergiftung geräumt und neu eingefahren werden muß, entstehen leicht enorme Kosten. Deshalb muß diese Gefahr vom Einleiter eines einschlägig reagierenden Industrieabwassers stets bedacht werden.

Als zulässige Grenzwerte für verschiedene Schwermetalle im Abwasser eines Industriebetriebes werden i.a. 1 bis 3 mg/l genannt, doch ist dabei eine ausreichende Verdünnung mit anderen Abwässern vorausgesetzt. Deshalb können verständlicherweise örtlich schärfere Toleranzwerte gefordert werden. Aber auch für die Schlammfaulung gelten die Gesetze der Adaptation, die bei ständiger Zufuhr von Schwermetallen oder Chlorkohlenwasserstoffen in manchen Anlagen weit höhere Konzentrationen verkraften lassen, als in der Literatur genannt sind [104]. Wegen der i.a. wesentlich längeren Aufenthaltszeit des Schlammes im Faulbehälter ($t_R > 10$ d) erweist sich eine kurzzeitige Unterbrechung der Zufuhr von Noxen zu einem adaptierten Behälterinhalt hier nicht als so schwerwiegend. Bedacht werden sollte auch, daß in der an Schwefelwasserstoff reichen Lösung des Schlammes die meisten Schwermetalle als fast unlösliche Sulfide gefällt und damit inaktiviert werden.

Nur in seltenen Fällen wird der gereinigte Ablauf der Kläranlage noch genutzt, z.B. als Beregnungswasser. Es ist im wesentlichen der Wasserwert, den der Landwirt dabei schätzt, gelöstes N, P und K sind aber in vielen Fällen nicht unwillkommen. U.U. können jedoch einseitig angereicherte Stoffe schädliche Einflüsse ausüben. Dabei ist vor allem an die Aufkonzentrierung von Salzen, z.B. der Schwermetalle, bei der Verdunstung des Wassers bzw. bei dessen Aufnahme durch die Pflanzen zu denken. Im speziellen Fall wird eine agrikulturchemische Untersuchung über die Anwendbarkeit entscheiden müssen.

Zur Faulgasverbrennung ist nur zu bemerken, daß hier bei der Verbrennung in Kesseln oder im Motor ein zu hoher Schwefelwasserstoffgehalt stören kann, da er zu schwefliger Säure, teilweise sogar Schwefelsäure (SO_2, SO_3) oxidiert wird. Die Ursache für vermehrte H_2S-Entstehung liegt meistens im erhöhten Sulfatgehalt des Abwassers, das zu schwefelreicheren Proteinen in den Schlammbakterien führt und auch mit dem Schlammwasser teilweise in den Faulbehälter gelangt. Dort wird es von bestimmten Schwefelbakterien reduziert. Eine Faulgasentschwefelung unter Verwendung eisenoxidhaltiger Entschwefelungsmassen ist aber in modernen Anlagen leicht und sicher durchzuführen.

Die landwirtschaftliche Nutzung von ausgefaultem Klärschlamm, die seine bodenverbessernde Wirkung (Humus) und Düngewirkung (P, wenig N und K) in Anspruch nimmt, kann bei zu hohen Schwermetallgehalten beeinträchtigt werden. Eingehende Untersuchungen darüber sind von Kick et al. durchgeführt worden [105–109].

Die Ergebnisse haben u.a. in der Klärschlamm-Verordnung [110] ihren Niederschlag gefunden, die die Zulassung von Klärschlamm zur landwirtschaftlichen Verwertung von seinem Gehalt an Schwermetallen und der Vorbelastung des Bodens abhängig macht.

Häufig wird es notwendig sein, das Industrieabwasser in Vorbehandlungsanlagen [111] in seiner Qualität so zu beeinflussen, daß es entweder den Richtlinien der Ortssatzung entspricht oder durch einen Vorabbau der Schmutzstoffe zu einer geringeren Abwassergebühr führt [112].

Zur Beurteilung der Belastung einer Reinigungsanlage durch ein Industrieabwasser wird seit langem der Einwohnergleichwert (EG) herangezogen. Er basiert auf dem Befund, daß im Mittel die von einem Einwohner pro Tag an das Abwasser abgege-

Tabelle 3: Spezifische Abwasserlasten und -kennwerte für einige Betriebe der Lebensmittelindustrie

Betriebsart der Lebensmittelindustrie	Produktionseinheit Bezugsgröße	spezifische Abwasserlasten (Durchschnittswerte) Abwassermenge	BSB$_5$-Fracht	Einwohnergleichwerte (Durchschnittswerte)		Bemerkungen
(–)	(–)	(m^3/Einheit)	(kg BSB$_5$/Einheit)	(–)		(–)
Molkereiabwasser (unbehandelt)	t Milch	1–2	0,8–2,5	13–42	EG$_{60}$/t	
Brauereiabwasser	hl Bier	0,4–0,6	0,5–0,6*	12–15	EG$_{40}$/hl	* BSB$_{sed}$
Weinherstellung	ha Rebfläche	0,04–0,30	0,32–0,97	5–16	EG$_{60}$/ha	mit Trubrücknahme
Obstabfindungsbrennerei	Tag	0,5–0,8	6–35	100–500	EG$_{60}$/d	Schlempen
Erfrischungsgetränke	1000 Flaschen	1,9	1,24	20	EG$_{60}$/1000 Fl.	
Fruchtsaftherstellung	m^3 Getränk	1,8–6,0	1,3–4,6	20–75	EG$_{60}$/m^3	
Schlachterei						
Rinder	Großvieheinh. GV	0,5–1,0	1,0–3,5	25–85	EG$_{40}$/GV	Schlachten
Schweine	Kleinvieheinh. KV	0,1–0,3	0,2–0,35	5–9	EG$_{40}$/KV	Schlachten
Konservenindustrie						
Erbsenverarbeitung	1000 kg Roherbsen	12–30	18–30	300–500	EG$_{60}$/t	
Bohnenverarbeitung	1000 kg Bohnen	15–35	10–22	165–365	EG$_{60}$/t	
Karottenverarbeitung	1000 kg Rohware	19–30	25–30	415–500	EG$_{60}$/t	
Fertiggerichte	1000 St. 750 ml Dosen	2,5–3,6	1,5–6,4	38–160	EG$_{40}$/1000 Dos.	mit innerbetriebl. Maßnahmen
Sauerkrautherstellung	t Kraut	5–9	4,2–9,2	70–150	EG$_{60}$/t	
Kartoffelverarbeitung	t Rohkartoffeln	5–8	5–10	85–170	EG$_{60}$/t	
Zuckerfabrik	t Rüben	0,5–1,0	0,8–1,6	13–27	EG$_{60}$/t	
Hefeindustrie	t Melasse	10–80	140–250	2330–4170	EG$_{60}$/t	
Margarinefabriken	t Fertigprodukt	1–3	(0,5–3,0)	(8–50	EG$_{60}$/t)	( ) errechnet
Speiseölfabriken (Rohölraffination)	t Einsatzprodukt	10–25	(3,0–7,0)	(50–115	EG$_{60}$/t)	nach Fettabscheider, ( ) errechnet

benenen Schmutzstoffe im Rohabwasser 60 g/E · d BSB_5 und im sedimentierten Rohabwasser (nach dem Vorklärbecken) noch 40 g/E · d BSB_5 entsprechen.

Einige Abwasserkennwerte aus dem abwassertechnisch bedeutenden Bereich der Lebensmittelindustrie sind in Tabelle 3 zusammengestellt.

Literaturverzeichnis

[1] Anonymus: BGW: Wasserstatistik **92** (1980), Bundesverb. d. d. Gas- u. Wasserwirtsch. Frankfurt 1981.
[2] Anonymus: Ein Drittel für die Toilette, KA **30,** S. 7 (1982).
[3] Scheuermann, E.: Das Wasser als Lebensmittel. GWF **103,** S. 231, 444, 613, 668 (1962).
[4] Naumann, E. u. M.: Taschenbuch für das Gas- und Wasserfach, III. Teil. München 1963.
[5] Viehl, K.: Über die Zusammensetzung des Leipziger Abwassers. G. I. **56,** S. 283 (1933).
[6] Imhoff, K. u. K.: Taschenbuch der Stadtentwässerung, 24. Aufl., München 1976.
[7] Sierp, F.: Die gewerblichen und industriellen Abwässer, 3. Aufl., Berlin, 1967.
[8] Meinck, F., H. Stooff, H. Kohlschütter: Industrie-Abwasser, 4. Aufl., Stuttgart, 1968.
[9] Weiner, R.: Die Abwässer in der Galvanotechnik und Metallindustrie. 4. Aufl., Saulgau, 1973.
[10] Brechtel, H., R. Ott, H. J. Schmidt: Industrieabwässer, Düsseldorf, 1973.
[11] Klee, O.: Reinigung industrieller Abwässer.
[12] Lieber, H. W.: Grundlagen und Praxis der Behandlung von Abwässern der Metallindustrie, Saulgau, 1968.
[13] Strather, F.: Gerbereichemie, Berlin, 1967.
[14] ATV-Ausschuß 7.1: Anorganisch belastetes Industrieabwasser, Veröff. Papiere in der KA (Korresp. Abw.).
[15] ATV-Ausschuß 7.2: Organisch belastetes Industrieabwasser, Veröff. Papiere wie [14].
[16] Kriton Curi u. M.: Treatment and Disposal of Liquid and Solid Industrial Wastes, Perg. Press, Oxf. 1980.
[17] Rüffer H. u. M.: Lehr- und Handbuch der Abwasserreinigung, Bd. V u. VI, Organ. verschmutztes Industrieabwasser, W. Ernst & Sohn, München, im Druck.
[18] Herzka, A. u. M.: Food Industry Wastes: Disposal and Recovery, Appl. Science Publ., Lond. 1981.
[19] Bradke, H.-J.: Abwasserreinigung, Leistungsübersicht der Anlagenhersteller i. d. Bundesrepublik Deutschland, Herausg. UBA, 1982.
[20] Sixt, H.: Reinigung organisch hochverschmutzter Abwässer mit dem anaeroben Belebungsverfahren (Abwässer der Nahrungsmittelherstellung), H. 50 d. Veröff. d. Inst. f. Siedlungsww. Univers. Hannover.
[21] Kandler, O.: Grundlagen der Biogasgewinnung; Mikrobiologie, Substrate, Prozeßparameter, Vortr. 10. 2. 83 Dechema-Kolloqu. Frankfurt.
[22] Lettinga, G.: Apparate zur Biogasgewinnung aus Abwässern wie [21].
[23] Mudrak, K.: Die aerobe Schlammstabilisierung, Münchn. Beitr. **13,** S. 290 (1966).
[24] Rüffer, H.: Schlammstabilisation, Münchn. Beitr. **24,** S. 297 (1973).
[25] Schüßler, H.: Phosphatelimination in kommunalen Kläranlagen – Technik und Kosten, H. 49 (1982) wie [20].

[26] Thomas, E. A.: Die Elimination der P-Verbindungen aus dem Abwasser, Ber. d. ATV **23,** S. 253 (1969).
[27] Klotter, H.-E.: Untersuchungen über die Beseitigung von Orthophosphaten und kondensierten Phosphaten aus Abwasser, Vom Wasser **31,** S. 181 (1964).
[28] Rüffer, H.: Nitrifikation und Denitrifikation bei der Abwasserreinigung, Vom Wasser **31,** 134 (1964).
[29] Kayser, R.: Simultane Denitrifikation, Vortr. 28. 1. 83, Univers. Hannover.
[30] Deutscher Normenausschuß: DIN 4045, Abwasserwesen, Fachausdrücke und Begriffserklärungen, 1983, z. Zt. Gelbdruck.
[31] Rüffer, H., Mudrack, K.: Anleitung zur Durchführung und Auswertung einfacher Untersuchungen auf Kläranlagen, 5. Aufl., Hannover, H. 17 (1975).
[32] Funk, W.: Praktische Anwendung der Statistik am Beispiel der Untersuchungsergebnisse von Konservierungsversuchen Chem.-physik. u. biolog. Analyseverfahren zur Wasser- und Abwasseruntersuchung, Vortr. Techn. Akad. Wuppertal, 6. 12. 76.
[33] Sprenger, R.: Probeentnahme und -sammlung unter besonderer Berücksichtigung der Konservierung. Vortrag, 10. Essener Tagung Kontin. Messen in Abwässer und Gewässern, 3. 3. 77.
[34] Neis, U., Müller, W.: Wirkung des Einfrierens auf den Gehalt von organischen Wasserinhaltsstoffen. Vortrag Jahrestagung Fachgruppe Wasserchemie Berlin, 17. 5. 77.
[35] Schmidt-Bregas, Fr.: Über die Ausbildung von rechteckigen Absetzbecken für häusliches Abwasser, Hannover 1958, H. 3 der Veröff. des Instituts für Siedlungswasserwirtschaft.
[36] Schleicher, F.: Taschenbuch für Bauingenieure Bd. II, 2. Aufl., Berlin, 1955.
[37] Rüffer, H.: Möglichkeiten der Automatisierung auf Kläranlagen, H. 31d. Veröffentlichung des Instituts für Siedlungswasserwirtschaft, TU Hannover, 1969, S. 73.
[38] Dep. of the Environment: Analysis of Raw, Potable and Waste Water, London 1972.
[39] Haberer, K., Witt, K.: Trübungsmessung in der Wasserpraxis, DVGW Schrift Nr. 12, 1976.
[40] Verink, J. u. M.: Schnellbestimmung des Trockenrückstandes und der Trokkensubstanz im Mikrowellenherd, Vom Wasser **57,** S. 75 (1981).
[41] Campbell, H. W. u. M.: Evaluation of Microwave Drying for Rapid Solids Analysis, Envir. Techn. Lett. **3,** S. 289 (1982).
[42] Rüffer, H.: Koagulation von Trübstoffen im Abwasser der holzverarbeitenden Industrie durch Kalküberdosierung, H. 9d. Veröffentlichung des Instituts für Siedlungswasserwirtschaft, TH Hannover, 1962.
[43] DIN 4030. Beurteilung betonangreifender Wässer, Böden und Gase, 1969.
[44] Gartner, G.: Korrosionsschutz an Betonrohren für Abwasserkanäle, GWF **118,** S. 69 (1977).
[45] Leithe, W.: Die Analyse der organischen Verunreinigung in Trink-, Brauch- und Abwässern, Stuttgart, 1975.
[46] Ogura, N., Hanya, T.: Ultraviolet Absorbance an Index of Pollution of Seawater, J. W. P. C. F. **40,** S. 464 (1968).

[47] Dobbs, R. A., R. H. Wise, R. B. Dean: The Use of Ultraviolet Absorbance for Monitoring the Total Carbon Content of Water and Wastewater, W. R. Perg. Press 1972, S. 172 (1928).
[48] Schmidt, R.: $KMnO_4$-Verbr. von chemischen Verbindungen, Kleine Mitteilungen WaBoLu **4,** S. 172 (1928).
[49] Moore, W. A., R. C. Kroner, C. C. Ruchhoft: Dichromate Reflux Method for Determination of Oxygen Consumed Anal. Chem. **21,** S. 953 (1949).
[50] Holluta, J., Hochmüller, K.: Untersuchungen über die Bestimmung der Oxidierbarkeit von Wasser und Abwasser, Jb. Wasser **26,** S. 146 (1959).
[51] Fachgruppe Wasserchemie i. d. GDCh: Deutsche Einheitsverfahren zur Wasseruntersuchung, Weinheim, 1976, 12. Lief. 1983.
[52] Anonymus: Kurzzeitmethode zur Bestimmung des chemischen Sauerstoffbedarfs, Wasser-Luft-Betrieb **22,** S. 186 (1978).
[53] Deutsch. Bundestag: Gesetz über Abgaben für das Einleiten von Abwasser in Gewässer, (Abw. Abgaben Ges.) BGBl. I, S. 2721 (1976).
[54] Schierjott, G., H. Bleier, H. Malina: Gleichzeitige kontinuierliche Bestimmung des Chemischen Sauerstoffbedarfs und des organischen Kohlenstoffs, Jb. Wasser **39,** S. 1 (1972).
[55] Bleier, H.: Die Bedeutung der Bestimmung des gesamten organischen Kohlenstoffs (TOC) und des Chemischen Sauerstoffbedarfs (COD) für die Wasseranalytik, Jb. Wasser **40,** S. 165 (1973).
[56] Schierjott, G.: Methode zur kontinuierlichen potentiometischen Bestimmung von Reduktions- und Oxidationsmitteln, Z. analyt. Ch. **255**, S. 350 (1971).
[57] Schulze-Rettmer, R.: Instrumentelle TSB-Analytik, Wa. u. Abwa. Forschung **9,** S. 11 (1976).
[58] Busse, H. J.: Instrumentelle Bestimmung der organischen Stoffe in Wässern, Wa. u. Abwa. Forschung **8,** S. 164 (1975), **9,** S. 17, 47, 82, 121 (1976).
[59] Wölfel, P., W. Schuster, H. Sontheimer: Einige neuere Arbeiten zur Messung des gelösten organischen Kohlenstoffs, Wa u. Abwa. Forschung **8,** S. 143 (1975).
[60] Schnitzler, M. u. M.: Eine Methode zur Bestimmung des gelösten organisch gebundenen Schwefels in Wässern, Vom Wasser **59,** S. 159 (1982).
[61] Sontheimer, H. u. M.: EOX und AOX – Zur Anwendung von Anreicherungsverfahren bei der analytischen Bestimmung von chemischen Gruppenparametern, Vom Wasser **59,** S. 169 (1982).
[62] Kilgore, H. D., C. N. Sawyer: Nutritional Requirements in the Biological Stabilization of Industrial Wastes, Sew. a. Ind. W. S. 596 (1953).
[63] Viehl, K.: Bestimmung der Sauerstoffzehrung und des BSB_5 unter Anwendung von gelöstem Sauerstoff, G. J. **74,** H. 7/8 (1953).
[64] Wagner, R.: Abbaubarkeit und Persistenz, Jb. Wasser **40,** S. 335 (1973).
[65] Fa. Voith, Heidenh.: Firmenprospekte zu Sapromat bzw. Saprocomp.
[66] Wilderer, P. u. M.: Der Plateau-BSB als Maß für die Konzentration an biologisch abbaubarer Substanz, Z. f. Wasser Abw. Forsch. **11,** S. 82 (1978).
[67] Liebmann, H.: Hemmung und Adaption bei Wasserorganismen, Jb. Wasser **34,** S. 136 (1967).
[68] Offhaus, K.: Beurteilung der Abwasserreinigung durch analytische Verfahren, Münchener Beitr. **24,** S. 169 (1973).

[69] Wagner, R.: Untersuchungen über das Abbauverhalten organischer Stoffe mit Hilfe der respirometrischen Verdünnungsmethode, Jb. Wasser **47,** S. 241 (1976).

[70] Straten, G., Witte, H.: Vorschlag zur Beurteilung der biologischen Abbaubarkeit von Abwässern unterschiedlicher Herkunft, Z. f. Wasser und Abwasserf.

[71] Fischer, W. K.: Prüfung der biologischen Abbaubarkeit von synthetischen Verbindungen, z. B. Detergentien, Jb. Wasser **40,** S. 305 (1973).

[72] Offhaus, K.: Abwasserbewertung mit Hilfe von Toxizitäts- und Belebtschlammversuchen, Wasser- und Abwasserforschung, H. 5 (1969).

[73] Sekoulov, J.: Laboranlage zur Gewinnung von Bemessungsparametern für die aerobe Abwasserreinigung, Veröff. d. Voith-Werke, Heidenheim.

[74] Joscheck, H.-J., J. Dehler, W. Koch, H. Engelhardt, W. Geiger: Formalkinetisches Modell für den biologischen Abbau von industriellem Abwasser, Chem.-Ing.-Tech. **47,** H. 10 (1975).

[75] Axt, G.: Ergebnisse kontinuierlicher Toxizitätsmessungen mit Bakterien, Jb. Wasser **41,** S. 409 (1973).

[76] Rüffer, H.: Situation de l'épuration des eaux dans l'industrie chimique de la Republic Féderale Allemande. Lutte contre la pollution des eaux Ed. Eyrolles, Paris, 1970.

[77] Haltrich, W. G.: Abwasserreinigung in der chemischen Industrie, Probleme u. Erfahrungen. Chem.-Ing.-Techn. **47,** S. 429 (1975).

[78] Wuhrmann, K., K. Mechsner: Testing the Biodegradability of Organic Compounds, EAWAG News, Sept., 1974.

[79] Sontheimer, H.: Kann eine andere Abwasserbeurteilung die Abwasserreinigung begünstigen?, G. J. **91,** S. 201 (1970).

[80] Maier, D.: Zwei neue Methoden zur Erfassung und Charakterisierung organischer Wasserinhaltsstoffe, Jb. Wasser **36,** S. 246 (1969).

[81] Schulze-Rettmer, R.: Instrumentelle TSB-Analytik, Z. f. W.- u. Abwasser-Forschung **9,** S. 11 (1976).

[82] Rüffer, H.: Reinigung von Abwasser, das Acrylnitril enthält, Chem.-Ing.-Techn. **47,** S. 445 (1975).

[83] Rüffer, H.: Betrachtungen über das Verhältnis von Sauerstoffeintrag und Sauerstoffzehrung im Belebungsbecken, Jb. Wasser **36,** S. 399 (1969).

[84] Offhaus, K.: Zusammenhang zwischen BSB_5-TOC-TOD, Jb. Wasser **46,** S. 65 (1976).

[85] Zahn, R.: Ein Verfahren zur Prüfung der biologischen Abbaubarkeit von Produkten und Abwasserinhaltsstoffen, Chem. Ztg. **98,** S. 228 (1974).

[86] Wagner, R.: Eine Modifikation der Kaliumdichromatmethode zur Bestimmung des totalen Sauerstoffbedarfs organischer Stoffe, Jb. Wasser **41,** S. 1 (1973).

[87] Fischer, W. K.: Beitrag der Waschmittelindustrie zum Gewässerschutz, Wien 1974, S. 187.

[88] Haltrich, W. G. u. M.: Die Prüfung der biologischen Abbaubarkeit von wasserlöslichen Stoffen, Vom Wasser **54,** S. 51 (1980).

[89] Pagga, U.: Der Kurzzeitatmungstest – eine einfache Bestimmung der Atmungsaktivität von Belebtschlamm, Vom Wasser **57,** S. 263 (1981).

[90] Knöpp, H.: Der A.-Z.-Test, ein neues Verfahren zur toxikologischen Beurteilung von Abwässern, Deutsche Gewässerkundl. Mitt., S. 66 (1961).
[91] Knöpp, H.: Stoffwechseldynamische Untersuchungsverfahren für die biologische Wasseranalyse, Int. Rev. Ges. Hydrobiol., S. 409 (1968).
[92] ATV, FA 2.3: Hinweise für das Einleiten von Abwasser in eine öffentliche Abwasseranlage, ATV-Arbeitsblatt 115 Jan. 1983.
[93] Beyer, H.: Leitfaden der Trink- und Brauchwasserbiologie, 2. Aufl., Stuttgart, 1966.
[94] Rüffer, H.: Korrosion von Abwasserleitungen durch Schwefelwasserstoff/Schwefelsäure und deren Verhinderung, Vom Wasser **51,** S. 139 (1978).
[95] Römpp, H.: Chemielexikon, 5. Aufl., Stuttgart, 1962, Bd. II.
[96] Cabridenc, R.: Metabolisation des phénol et des produits phenoliques. Conf. Arts Chim., La Poll. d. Eaux, Paris, 1966, S. 119ff.
[97] Winter, W.: Abhängigkeit des biochemischen Abbaus von der chem. Konstitution, Wasserwirtschaft u. Wassertechnik, **14,** S. 13 (1964).
[98] Edgerley E. u. M.: The Application of oxidizing Chemicals to organic Compounds. Principles and Applications of Water Chemistry, New York 1967, S. 405.
[99] Reimann, K.: Untersuchungen über den Mechanismus der toxischen Hemmung des Belebtschlamms durch ein Schwermetallion, dargestellt am Beispiel des Kobalts, Wasser- u. Abwasserforschung, 1969, S. 25.
[100] Köhler, R.: Schadenwirkungen auf den Schlammfaulungsprozeß durch stagnierend und toxisch wirkende Stoffe, Wasser Luft Betrieb, 1966, S. 388.
[101] Lowe, W.: The Origin and Characteristics of Toxic Wastes, with Pasticular Reference to the Metal Industries, Water Poll. Contr., 1970, S. 270.
[102] Downing, A. L.: Einige neue Forschungsergebnisse über die Abwasser- und Schlammbehandlung, Ö. A. R., 1969, S. 99.
[103] Swanwick, J. D.: Inhibitin of Anaerobic Digestion of Sewage Sludge by Chlorinated Hydrocarbons, J. Inst. W. P. C. Nr. 1 (1971).
[104] Reuß, N. u. M.: Waste Water from a Chemical Pharmaceutical Works, Progr. Wat. Techn. Vol. **12,** S. 153 (1980).
[105] Arent, H.: Vegetationsversuche zur Wirkung von Blei, Germanium, Kupfer und Zink in Müll- und Müllklärschlammkomposten, Diss. Agrik.-Chem. Inst. Univ. Bonn, 1960.
[106] Schäfer, K.: Feld- und Gefäßversuche zur landwirtschaftlichen Verwertung von schwermetallhaltigen flüssigen Faulschlämmen, Diss. wie [76], 1967.
[107] Warnusz, J.: Feldversuche zur Nachwirkung von Blei-, Chrom-, Kupfer- und zinkhaltigen Abwässerklärschlämmen bei Grünland und Getreide sowie Gefäßversuche zur Aufnahme von Cadmium und Zinn, Diss. wie [76], 1973.
[108] Kick, H.: Anwendungsbereich und Voraussetzungen für die Schlammverwertung im Landbau.
[109] Min. Landw., Weinb., Umweltsch. Rheinl.-Pf. Möglichk. u. Grenzen d. Verwertg. von Klärschlamm i. d. Landwirtschaft, 1978.
[110] Kreft, H.: Die neue Klärschlammverordung, KA **29,** S. 246 (1982).
[111] Rüffer, H. u. M.: Vorbehandlungsmaßnahmen für organisch verschmutzte Industrieabwässer, KA **27,** S. 503 (1980).
[112] Fries, D. u. M.: Biologische Vorbehandlung hochverschmutzter Abwässer, Umwelt **4,** S. 299 (1979).

Teil 3

Bakteriologie und Virologie des Wassers

von

Prof. Dr. med. Sven Carlson
Vorstand des Hygiene-Instituts der Stadt Nürnberg

I. Bakteriologie des Wassers

A. Allgemeines zu mikrobiologischen Wasseruntersuchungen

Auf dem Weg über das Wasser kann eine Anzahl von verschiedenartigen Krankheitserregern übertragen werden. Das Ziel der mikrobiologischen Wasseruntersuchung besteht in einer möglichst frühzeitigen Erfassung von seuchenhygienisch relevanten Verunreinigungen, weil der Nachweis von Krankheitserregern nur selten gelingt. Dies hat verschiedene Gründe. Die über den Verdauungstrakt ausgeschiedenen Krankheitserreger erfahren bei ihrem Eindringen ins Wasser eine mehr oder weniger starke Verdünnung. Ferner stellt das Trinkwasser im allgemeinen kein optimales Nährmedium dar. Die Überlebungsfähigkeit der Krankheitserreger wird entscheidend durch die vorhandenen mikrobiellen Verunreinigungen, chemischen Inhaltsstoffe und physikochemischen Eigenschaften des Wassers bestimmt. Ihr Vorkommen im Wasser ist deshalb oft ein einmaliges, zeitlich begrenztes Ereignis und ihre Erfassung zufallsbedingt. Es gelingt deshalb bei Ausbruch einer durch Trinkwasser übertragenen Epidemie die Isolierung der Krankheitserreger nur in Ausnahmefällen. Die Ursache kann vielfach nur indirekt geklärt werden. Erschwert wird der Nachweis auch durch die verhältnismäßig lange Inkubationszeit einiger Infektionskrankheiten. Es handelt sich hierbei um die Zeit zwischen Aufnahme des Erregers und Ausbruch der Krankheit. Ein weiteres Problem bei der kulturellen Erfassung von Krankheitserregern besteht in den z. T. höheren Ansprüchen an das Nährmedium oder in dem Einsatz von speziellen Isolierungs- und Anreicherungsmedien.

Die laufende Überwachung von Wasserversorgungsanlagen erstreckt sich deshalb nicht auf den Nachweis von Krankheitserregern, sondern auf bestimmte Mikroorganismen, die aus dem Darm von Menschen oder warmblütigen Tieren stammen und mit den Fäkalien in das Abwasser gelangen. Jede gesundheitsgefährdende bakterielle Verunreinigung des Trinkwassers durch Abwasser kann deshalb durch Indikatorbakterien erfaßt werden.

Ursachen von Trinkwasserepidemien. Jeder Kurzschluß zwischen Trinkwasser und Abwasser führt zu einem örtlich und zeitlich begrenzten epidemischen Auftreten einer Infektionskrankheit. Das Trinken von verunreinigtem Wasser löst nicht immer eine Erkrankung aus, weil die dazu notwendige Zahl an Infektionserregern im Wasser durch Verdünnung der Verunreinigung nicht erreicht wird. Neuere Beobachtungen haben gezeigt, daß selbst Verschlucken von einigen Tausend Paratyphus- bzw. Typhusbakterien nur selten zu einer Infektion führt, weil die Abwehrkräfte eines gesunden erwachsenen Menschen derartige Keimmengen zu vernichten in der Lage sind. Das verunreinigte Wasser muß vielmehr zunächst zur Zubereitung von sog. leichtverderblichen Speisen benutzt werden bzw. mit ihnen in Berührung kommen, damit die Infektionserreger in ihnen die Möglichkeit zur Vermehrung haben. Erst der Genuß dieser Speisen löst dann die Erkrankung aus. Die frühere Auffassung „Den Typhus trinkt man“ trifft im allgemeinen nicht zu.

Inkubationszeit und Symptome einiger mikrobiell bedingter Krankheiten durch verunreinigtes Trinkwasser

Mikroorganismen	Inkubationszeit	Hauptsymptome
Enteropathogene E. Coli	6–36 Stunden	Diarrhoe
S. typhi	14–21 Tage	schwere Allgemeinerkrankung
Enteritits – Salmonellen	6–48 Stunden	Diarrhoe
Shigellen	12–48 Stunden	Diarrhoe
Campylobacter	2–5 Tage	Diarrhoe
Lamblien	1–4 Wochen	chron. Diarrhoe, Krämpfe, Gewichtsverlust
Amöben (E. histolytica)	2–4 Wochen	Diarrhoe (blutig), Fieber
Hepatitis A	14–28 Tage max. 40 Tage	Hepatitis, eventuell Gelbfärbung der Haut
Enteroviren	verschieden	verschieden
Rotaviren	24–72 Stunden	Diarrhoe, Krämpfe, Erbrechen
Norwalk-Virus	16–72 Stunden	Diarrhoe, Krämpfe, Erbrechen

Auf dem Gebiet der Epidemiologie kann man am besten aus Fehlern, die zu Epidemien führten, lernen. Es sollen deshalb einige durch „verseuchtes“ Trinkwasser entstandene Massenerkrankungen als Beispiel für viele, nach ihren eigentlichen Ursachen aufgeschlüsselt, erwähnt werden.

A. Unzureichende Aufbereitung oder Desinfektion des Wassers waren die Ursache

1. der Hamburger Cholera-Epidemie 1892. Innerhalb weniger Tage erkrankten 16956 Personen, von denen 8605 starben.
2. der Typhusepidemie von Waldbröl 1949. Von 127 Erkrankten starben 11.
3. der Paratyphusepidemie Thereker Mühle 1953. Es erkrankten ca. 50 Personen.
4. der Typhusepidemie Klafeld–Geisweid 1946 und 1947. Es erkrankten insgesamt 325 Personen, von denen 10 starben.

B. Leichfertigkeit war die Ursache der Typhusepidemie in Gelsenkirchen 1901. Es erkrankten 3200 Personen, von denen 350 starben.

C. Unzureichende Schutzzonenverhältnisse waren die Ursache

1. der Typhusepidemie in Detmold 1904. Von 780 erkrankten Personen starben 54.

2. der Typhusepidemie in Jena 1915
   mit etwa 600 Erkrankungen.
3. der Typhusepidemie von Pforzheim 1919
   mit ca. 4000 Erkrankungen, von denen 400 Personen starben.
4. der Typhusepidemie in Alfeld 1923/24 mit etwa 1000 Erkrankungen.
5. der Typhusepidemie in Neu-Ötting 1946
   mit ca. 400 und 1948 mit ca. 600 Erkrankungen, von denen 96 Personen starben.

D. Bauliche Mängel an Brunnenfassungen waren die Ursache der Typhusepidemie in Hannover 1926 mit etwa 2500 Erkrankungen, von denen 260 Personen starben.

E. Querverbindungen im Leitungsnetz waren die Ursache

1. der Typhusepidemie in Hagen 1956
   mit 500 Erkrankungen.
2. der Typhusepidemie in Drolshagen 1951
   mit 51 Erkrankungen.
3. der Enteritisepidemie in Rochester/USA
   mit etwa 30000 Erkrankungen.

F. Falsche Beseitigung von Abfallstoffen war die Ursache der Typhusepidemie in Drolshagen 1955 mit 92 Erkrankungen.

G. Höhere Gewalt war die Ursache
der Typhusepidemie von Westerode 1945/46 mit ca. 400 Erkrankten, von denen 26 Personen starben.

Durch verunreinigtes Trinkwasser verbreitete Typhus-und Paratyphusepidemien sind häufiger als im allgemeinen angenommen wird. In einer Zusammenstellung über die in den Jahren 1845–1936 in Europa aufgetretenen Wasserepidemien gelang es, 262 Epidemien zu ermitteln, die mit an Sicherheit grenzender Wahrscheinlichkeit auf ein durch Typhus- oder Paratyphusbakterien infiziertes Trinkwasser zurückzuführen waren, aber bei denen die Erreger nicht mehr im Wasser nachgewiesen werden konnten. Bei weiteren 104 Epidemien waren noch Typhus- oder Paratyphuskeime im Trinkwasser zu finden und bei 21 dieser Epidemien waren typische Vorkrankheiten in der Art der sog. Wasserkrankheit festzustellen.

In den USA und in Kanada haben sich von 1920 bis 1936 rund 470 Wasserepidemien ereignet, bei denen 125000 Personen erkrankten. Etwa 70% dieser Epidemien traten in kleinen Gemeinden bis zu 5000 Einwohnern bzw. 85% bei kleineren Gruppenwasserversorgungsanlagen auf.

Die Salmonella-Typen S. typhi und S. paratyphi A, B und C verursachen schwere Allgemeinerkrankungen. S. typhi und S. paratyphi B sind über die ganze Welt verbreitet, während paratyphi A ausschließlich in tropischen und subtropischen Ländern und paratyphi C nur in ganz bestimmten Regionen des östlichen Mittelmeerraumes, Afrikas, Südostasiens und Südamerikas auftritt. Von der Gattung Salmonella sind heute rund 2000 Salmonella-Typen bekannt. Überwiegend handelt es sich um Enteritiserreger, die bei Mensch und Tier vorkommen. Obwohl Enteritissalmonellen in zahlreichen Oberflächengewässern vorhanden sind und aus Trinkwasserproben z. B. nach der Hamburger Flutkatastrophe isoliert werden konnten, ist nur eine große Trinkwasserepidemie 1965 in Riverside/California durch S. typhi murium mit rund 16 000 Infektionen und 3 Todesfällen verursacht worden. In tropischen Gebieten sind Salmonellenbefunde im Wasser aus Gewinnungsanlagen mit baulich-technischen Mängeln keine Seltenheit. Bei einem positiven Salmonellennachweis können E. coli und coliforme Keime in der Wasserprobe fehlen.

Ruhrbakterien (Sh. sonnei) haben nur einmal zu einer größeren Trinkwasserepidemie geführt. Sie trat 1978 in Ismaning bei München durch ungenügende Filterwirkung des Bodenprofils in der Umgebung der Wassergewinnungsanlage auf. Innerhalb von 3 Wochen erkrankten 2450 Personen.

Durch Trinkwasser verursachte Krankheitsausbrüche von 1971 bis 1979 in den USA

Wasserversorgungsanlage	1971	1972	1973	1974	1975	1976	1977	1978	1979
öffentliche	5	10	5	11	6	9	12	10	23
„nicht öffentliche“	10	18	16	10	16	23	19	18	14
private	4	2	3	5	2	3	3	4	4
Erkrankte Personen	5182	1650	1784	8363	10879	5068	3860	11435	9720

Von 1971 bis 1979 kam es in den USA 265mal durch Wasserversorgungsanlagen zu Krankheitsausbrüchen.

34% der Wasserversorgungsanlagen waren „öffentlich“, 54% „nicht öffentlich“ (z. B. Hotels, Camps, Industrieanlagen) und 12% privat. Die Mehrzahl dieser Krankheitsausbrüche wurde durch pathogene Mikroorganismen verursacht. Insgesamt erkrankten 57 960 Personen.

Die Centers for Disease Control (CDC) in den USA bemühen sich wasserbedingte Krankheitsausbrüche zu erfassen. 1980 wurden 17 710 Erkrankungen durch 43 kontaminierte Wasserversorgungsanlagen registriert. Ursache waren Shigellen (4 Personen), Campylobacter (800 Personen), Viren (1962 Personen), unbekannt gebliebene Erreger gastrointestinaler Störungen (13 320 Personen) und der Darmparasit Lamblia (Giardia) intestinalis (1724 Personen). Diese Zahlen erheben keinen Anspruch vollständig zu sein oder eine repräsentative Auswahl wiederzugeben.

Die Überlebensdauer von pathogenen Mikroorganismen hängt im Wasser von zahlreichen Faktoren ab. Sie ist deshalb sehr variabel. Die Tabelle auf S. 427 vermittelt Anhaltszahlen.

Wie aus der Tabelle zu ersehen ist, kann durch Verunreinigung einer Wasserversorgungsanlage auf Grund der langen Überlebensdauer der Keime das kontaminierte Wasser für längere Zeit eine Infektionsquelle bleiben.

Epidemiologische Besonderheiten von Trinkwasserepidemien. Das Charakteristische für eine durch verunreinigtes Trinkwasser verbreitete Epidemie ist der explosionsartige Ausbruch. Bei einem massiven Einbruch der Seuchenerreger ist der Gipfel der Epidemie entsprechend der Inkubationszeit z. B. Typhus in 14 bis 21 Tagen nach dem Einbruch erreicht. Diese Kurve wird noch charakteristischer, wenn man die in einem Zeitraum von 3 Tagen zur Meldung kommenden Krankheitsfälle zu-

Überlebensdauer von Mikroorganismen in verschiedenen Wasserarten

Erregerart	Wirt	Krankheit	Leitungswasser	Flußwasser
			Tage	
E. coli (Indikatorkeim)	Mensch Tier	–	2–262	21–183
Vibrio cholerae	Mensch	Cholera	4– 28	1– 92
Salmonella typhi	Mensch	Typhus	2– 93	4–183
Salmonella paratyphi B	Mensch	Paratyphus	27– 37	–
Shigella dysenteriae	Mensch	Ruhr	15– 27	12– 93
Shigella sonnei	Mensch	Ruhr	20– 50	
Enteritissalmonellen	Tier Mensch	Enteritis infectiosa		
Anaerobe Sporenbildner	Boden Abwasser		versport fast unbegrenzt	

sammenzählt. Ein eindeutiger Beweis ist ferner die Übereinstimmung des Erkrankungsgebietes mit dem Wasserversorgungsbereich.

Maßgebend für den Verlauf der Epidemie ist die Dauer der Verunreinigung einer Wasserversorgung mit dem Infektionserreger. Normalerweise folgt der sogenannten Explosivkurve eine Tardivkurve. Ihr Verlauf wird durch Zahl und Zeit der häuslichen Kontakt- und Nahrungsmittelinfektionen bestimmt. Die Tardivkurve erlaubt Rückschlüsse auf den Wert der örtlichen seuchenhygienischen Maßnahmen.

Durch Trinkwasser verbreitete Epidemien treten überwiegend nur dort auf, wo seit Jahren eine unzureichende Wasserversorgung bestanden hat, die sich durch abwechselnd günstige und ungünstige oder immer ungünstige bakteriologische Befunde auszeichnete, wo ungenügend aufbereitete oder ungechlorte Oberflächenwässer oder Uferfiltrate benutzt werden, wo keine klaren Schutzzonenverhältnisse vorliegen und schließlich wo Quellen verwendet werden, die sich bei Regen eintrüben bzw. in ihrer Schüttung stark schwanken.

Ein weiteres Charakteristikum ist das Vorausgehen der sog. Wasserkrankheit. Sie tritt wenige Stunden bzw. Tage nach der Verunreinigung des Trinkwassers auf, äußert sich in teilweise sehr heftigen Durchfällen und klingt dann nach wenigen Tagen wieder ab. Sie beruht auf dem Gehalt des verunreinigten Wassers an oft unbekannten Mikroorganismen, die zu akuten Magen- und Darmstörungen führen. Etwa 14 Tage später erfolgen dann die ersten Typhuserkrankungen.

Bakterien-Zurückhaltevermögen des Untergrundes. Den besten Schutz stellt der Untergrund – allerdings abhängig von seiner Porengröße – selbst dar. Hierbei spielt die Keimadsorption eine wesentliche Rolle. Keime können als negativ geladene hydrophile Kolloide betrachtet werden, die mit Oberflächen (z. B. Gesteinskörnern) in Wechselwirkung treten. Es muß dabei berücksichtigt werden, daß bei dieser Wechselwirkung Oberflächenreaktionen im molekularen Bereich mitspielen können, die von reaktiven Gruppen an den Makromolekülen ausgehen, welche die diffuse Grenzfläche zwischen Keim und Außenmedium bilden. Das „Haften" von Keimen an mineralischen Kornoberflächen ist deshalb ein sehr komplexer Vorgang, an welchem Bindungskräfte verschiedener Art beteiligt sind. Von Interesse ist die kinetische und quantitative Seite dieses Prozesses. Wird eine Keimsuspension bestimmter Dichte mit Sand in Berührung gebracht, so stellt sich nach einiger Zeit ein Gleichgewicht ein zwischen Keimkonzentration in der flüssigen Phase und Keimdichte auf den Kornoberflächen. Die Gleichgewichtseinstellung erfolgt langsam. Weitere Faktoren der Keimelimination sind Absterbevorgänge durch ungünstige Lebensbedingungen, Phagozytose durch Protozoen und Abtötung durch antibiotisch wirkende Stoffe von anderen Mikroorganismen. Über die beiden letzten Mechanismen ist bisher wenig bekannt.

Die Humusschicht unserer natürlichen Sandböden vermag in ihren obersten Teilen erhebliche Bakterienmengen zurückzuhalten. So findet man in den ersten 10 cm mehrere Millionen Keime je g, in 20 cm Tiefe mehrere 100000, in 1 m Tiefe etwa 1000, in 4 m Tiefe etwa 10 bis 100 und in 7 m Tiefe praktisch keine Bakterien mehr. Stört man durch Ablagerung von großen Mengen fäulnisfähiger Abfallstoffe (Dünger usw.) die aeroben Verhältnisse in der Bodenkrume, vermindert sich die Reinigungswirkung. Das gleiche tritt ein, wenn große Wassermengen zur Versickerung kommen oder die Humusschicht durch unterirdische Abwasserversickerung aus undichten Gruben oder Drainagen umgangen wird.

Im allgemeinen kann ein Absterben von Bakterien aus fäkalen Verunreinigungen nach einer verhältnismäßig kurzen Fließdistanz ohne Berücksichtigung der adsorptiven Keimverluste erwartet werden. Gelangen Keime in den Grundwasserspiegel, so ist jedoch in Abhängigkeit von Boden- und Keimart eine längere horizontale Verschleppung möglich. Ein Grundwasser fließt in feinporigem Lockergestein in der Regel nicht mehr als 4 m/Tag. Die folgende Tabelle gibt die Absterbezahl von Keimen im Wasser und die Verschleppungsdistanz mit dem Grundwasser bei einer Fließstrecke von 3,4 m/Tag wieder.

Keimabsterberate im Wasser und Verschleppungsdistanz mit der Grundwasserströmung (Wuhrmann)

Keimart	Zeit für Absterbequote von				Fließstrecke bei 3,4 m/Tag für Absterbequote			
	50	90	99	99,9%	50	90	99	99,9%
	Tage				m			
Escherichia coli	2,3	7,6	15,3	23	7,8	26	52	78
Salmonella typhi	0,77	2,5	5,1	7,7	2,5	8,5	17	26
Salmonella typhi murium	23	76	153	230	78	260	520	780
Streptococcus faecalis	4,3	14,4	28,7	43	14,5	50	98	145

In den letzten Jahren haben mikroskopische Untersuchungen von Mikroorganismen gezeigt, daß Bakterien in der Natur, an inerten Oberflächen, in wasserführenden Systemen, in quatischen Biotopen usw. als anhaftende von einer extrazellulären polymeren Substanz umgebene Mikrokolonien vorkommen. Extrazelluläre polymere Substanzen (EPS) werden in der einen oder anderen Form von nahezu allen Mikroorganismen gebildet. Die morphologischen Strukturen können unterschiedlich sein und werden verschieden benannt: Kapsel, Schleimhülle, Scheide, Glycocalix.

Die EPS bestehen im wesentlichen aus Polysacchariden mit einem Wasseranteil bis zu 99%. Zum Aufbau der Polysaccharide kommen unterschiedliche monomere Bausteine vor (Hexosen, Methylpentosen, Aminozucker, Uronsäuren u. a.), die untereinander verschieden verknüpft sind (linear, verzweigt α-, β-glykosidisch). Außerdem können Nicht-Zucker-Reste (Phosphat-, Acyl-, o-Acetylgruppen, Pyruvat u. a.) als integrale Bestandteile vorhanden sein. Dadurch findet sich im gesamten Bakterienreich eine Vielzahl verschiedener, spezifischer Polysaccaride. Darüber hinaus kann die Zusammensetzung der Polysaccharide sogar bei einer Art sehr variieren. Diese Substanzen sind bisher vielfach übersehen worden, weil sie bei Anzüchtung und Subkultivierung der Mikroorganismen in flüssigen und auf festen Nährmedien nicht gebildet werden.

Die EPS erfüllen verschiedene Funktionen. Sie ermöglichen das Haften von Mikroorganismen an Oberflächen, sie konditionieren die Zellumgebung, sie bilden einen Schutz gegen Austrocknung, vor Amöben, Bakteriophagen, Raubbakterien (Bedellovibrionen) usw. Diese Substanzen verhindern ferner das Absterben der Mikroorganismen durch oligodynamisch wirkende Metallionen, Desinfektionsmittel z. B. Chlor oder andere bakterizide Substanzen. Wasserführende Schläuche z. B. aus Polyaethylen oder Silikon, auf deren Innenwandungen sich EPSumhüllte Mikroorganismen angesiedelt haben, können weder durch Ausspülen noch durch Desinfektionsmittel gereinigt bzw. desinfiziert werden. Das Vorkommen dieser EPS als Schutzsubstanzen erklärt, daß eine bestehende mikrobielle Besiedelung von Wasserversorgungssystemen nur sehr schwer wirkungsvoll bekämpft werden kann. Angestrebt werden muß deshalb eine optimale Wasseraufbereitung mit Eliminierung der Mikroorganismen.

Schutzzonen. Die Sicherung des Wassereinzugsgebietes wird von den sog. Schutzzonen übernommen. Die Größe der Schutzzone hängt von den verschiedensten Faktoren ab. Dabei spielen die Tiefe des Brunnens, die Beschaffenheit des Bodens (feinsandig, kiesig, grobkiesig, Schotter, eingelagerte wasserdichte Schichten) und Höhe der Wasserentnahme eine große Rolle.

Man unterscheidet:

a) Fassungsgebiet (0 bis 25 m Durchmesser). In ihm sollen keinerlei Eingriffe in den Boden vorgenommen, keine Lagerung von Abfallstoffen und keine Versikkerungen von irgendwelchen Flüssigkeiten außer den natürlichen Niederschlägen zugelassen werden.

b) Engere Schutzzone (10 bis 100 m Durchmesser). In ihr sind Lagerung von Abfallstoffen auf wasserdichten Unterlagen oder in wasserdichten Gruben, Landwirtschaft mit natürlicher Düngung, Durchleitung von Abwasser in dichten Rohren, Versickerung des Pumpenüberlaufes selbst, normale Besiedlung und Wegebau statthaft. Verboten sind Kiesbaggerungen und ähnliche Maßnahmen, die das Grundwasser unmittelbar beeinflussen können.

c) Weitere Schutzzone (Umkreis bis 2000 m). In diesem Gebiet dürfen keine größeren Mengen von wasserlöslichen Chemikalien, Giften, Treibstoffen usw. gelagert werden, wenn nicht durch die Schaffung entsprechender Isolierungen dafür gesorgt worden ist, daß nichts von ihnen in den Untergrund versickert. Derartige Stoffe werden nicht im Boden abgebaut und können bereits in sehr geringen Mengen das Grundwasser über weite Strecken verunreinigen.

Im allgemeinen sind die Schutzzonen so anzulegen, daß das Wasser von seiner Versickerung bis zu seiner Entnahme je nach seinem Verunreinigungsgrad mindestens 50 bis 100 Tage im Untergrund verbleibt. Diese Zeit reicht aus, um es bis zur Genußfähigkeit zu reinigen.

Der DVGW hat in dem Arbeitsblatt W 101 besondere Richtlinien für Schutzgebiete herausgegeben.

Ortsbesichtigung. Zur Beurteilung einer Trinkwasseranlage sind genaue Kenntnisse der örtlichen Verhältnisse und deren mögliche Veränderungen (z. B. Überschwemmungsmöglichkeiten, Schwankungen des Wasserspiegels, Viehweiden) notwendig. Dies gilt im besonderen Maße für die bakteriologische Beurteilung. Dazu gehören auch genaue Kenntnisse der einzelnen Brunnentypen und ihrer Nachteile.

Für den Zeitpunkt der Probenahme ist zu berücksichtigen, daß nach längeren niederschlagsfreien Witterungsperioden gute bakteriologische Resultate erhalten werden. Dies trifft ebenfalls nach längerer Frostperiode zu. Erst mit Einsetzen stärkerer Regenfälle verschlechtern sich die bakteriologischen Befunde, wenn die Filterwirkung des Bodens im Wassereinzugsgebiet ungenügend ist. Durch Wiederholungsuntersuchungen muß in solchen Fällen der Ursache nachgegangen werden, und entsprechende Sicherungsmaßnahmen müssen getroffen werden.

Grenz- und Richtwerte der mikrobiologischen Wasseruntersuchung. In der Bundesrepublik Deutschland ist für die Untersuchung von Trinkwasser und Wasser für Lebensmittelbetriebe die „Verordnung über Trinkwasser und über Wasser für Lebensmittelbetriebe" (Trinkwasser-Verordnung – TrinkwV) maßgebend*. Der Bundesminister für Jugend, Familie und Gesundheit verordnet

a) auf Grund des § 11 Abs. 2 des Bundes-Seuchengesetzes in der Fassung der Bekanntmachung vom 18. Dezember 1979 (BGBl. I S. 2262) und
b) auf Grund des § 10 Abs. 1 Satz 1 des Lebensmittel- und Bedarfsgegenständegesetzes vom 15. August 1974 (BGBl. I S. 1945, 1946) im Einvernehmen mit den Bundesministern für Ernährung, Landwirtschaft und Forsten und für Wirtschaft

(mit Zustimmung des Bundesrates):

Wasserversorgungsanlagen sind im Sinne dieser Verordnung nach § 6

1. Anlagen einschließlich des Leitungsnetzes, aus denen auf festen Leitungswegen an Anschlußnehmer
   a) Trinkwasser oder
   b) Wasser für Lebensmittelbetriebe
   abgegeben wird.
2. Eigenversorgungsanlagen oder Einzelversorgungsanlagen sowie sonstige Anlagen, aus denen
   a) Trinkwasser oder
   b) Wasser für Lebensmittelbetriebe
   entnommen oder abgegeben wird.

Bei der mikrobiologischen Wasseruntersuchung wird im allgemeinen nicht geprüft, ob das Wasser Krankheitserreger enthält. In der Trinkwasserverordnung werden deshalb in § 1 und 2 bestimmte Forderungen an die Wasserbeschaffenheit gestellt.

* Der Text der Trinkwasser-Verordnung entspricht bereits der Neufassung nach ihrer Angleichung an die Richtlinie des Rates der Europäischen Gemeinschaften über die Qualität von Wasser für den menschlichen Gebrauch vom 15. Juli 1980. Die Zustimmung des Bundesrates lag bei Druck dieses Buches noch nicht vor.

§ 1:

(1) Trinkwasser muß frei sein von Krankheitserregern. Dieses Erfordernis gilt als nicht erfüllt, wenn Trinkwasser in 100 ml Escherichia coli enthält (Grenzwert). Coliforme Keime dürfen in 100 ml nicht enthalten sein (Grenzwert); dieser Grenzwert gilt als eingehalten, wenn bei hinreichender Anzahl von Untersuchungen in 95% der Untersuchungen coliforme Keime nicht nachgewiesen werden.

(2) In Trinkwasser soll die Koloniezahl den Richtwert von 100 je ml bei einer Bebrütungstemperatur von 20 ° ± 2 °C und bei einer Bebrütungstemperatur von 36 ° ± 1 °C nicht überschreiten. In desinfiziertem Trinkwasser soll außerdem die Koloniezahl nach Abschluß der Aufbereitung den Richtwert von 20 je ml bei einer Bebrütungstemperatur von 20 ° ± 2 °C nicht überschreiten.

(3) Bei Trinkwasser aus Eigen- und Einzelversorgungsanlagen, aus denen nicht mehr als 1000 m^3 im Jahr entnommen werden, sowie bei Trinkwasser aus Sammel- und Vorratsbehältern und aus Wasserversorgungsanlagen an Bord von Wasserfahrzeugen, in Luftfahrzeugen oder in Landfahrzeugen soll die Koloniezahl den Richtwert von 1000 je ml bei einer Bebrütungstemperatur von 20 ° ± 2 °C und den Richtwert von 100 je ml bei einer Bebrütungstemperatur von 36 ° ± 1 °C nicht überschreiten. Für Trinkwasser aus Wasserversorgungsanlagen auf Spezialfahrzeugen, die Trinkwasser transportieren und abgeben, gilt Absatz 2.

(4) In Trinkwasser, das mit Chlor, mit Natrium-, Magnesium- oder Calciumhypochlorit oder mit Chlorkalk desinfiziert wird, muß außerdem nach Abschluß der Aufbereitung ein Restgehalt von mindestens 0,1 mg freiem Chlor je Liter nachweisbar sein und in Trinkwasser, das mit Chlordioxid desinfiziert wird, muß nach Abschluß der Aufbereitung ein Restgehalt von mindestens 0,05 mg Chlordioxid je Liter nachweisbar sein. Wird das Trinkwasser vor Übergabe in das Verteilernetz entchlort, muß der Restgehalt vor der Entchlorung nachweisbar sein.

§ 5 enthält die Forderungen an die Beschaffenheit des Brauchwassers für Lebensmittelbetriebe.

§ 5:

(1) Wasser, auch in gefrorenem Zustand, für Betriebe, in denen Lebensmittel gewerbsmäßig hergestellt oder behandelt werden oder die Lebensmittel gewerbsmäßig in den Verkehr bringen (Wasser für Lebensmittelbetriebe), muß die Anforderungen an Trinkwasser gemäß §§ 1 *bis* 4 erfüllen, soweit nicht in den Absätzen 2 bis 4 etwas anderes zugelassen ist; die Ausnahme des § 1 Abs. 3 Satz 1 gilt nur für Wasser, das zur Speisung von Dampfgeneratoren oder zur Kühlung von Kondensatoren in Kühleinrichtungen dient. Satz 1 gilt auch, wenn Lebensmittel für Mitglieder von Genossenschaften oder ähnlichen Einrichtungen hergestellt oder behandelt oder für diese Mitglieder oder in Einrichtungen zur Gemeinschaftsverpflegung abgegeben werden.

(2) Abweichend von Absatz 1 darf auf Fischereifahrzeugen zur Bearbeitung des Fanges und zur Reinigung der Arbeitsgeräte an Stelle von Wasser mit der Beschaffenheit von Trinkwasser Meerwasser verwendet werden, wenn sich das Fischereifahrzeug nicht im Bereich eines Hafens oder eines Flusses einschließlich des Mündungsgebietes befindet. Die zuständige Behörde kann für bestimmte Teile der Küstengewässer die Verwendung von Meerwasser für die in Satz 1 genanntes Zwecke

Mikrobiologische Parameter (E)

	Parameter	Ergebnisse: Probemenge in ml	Richtzahl (RZ)	Zulässige Höchstkonzentration (ZHK)	
				Membranfiltermethode	Mehrfachröhrenmethode (MPN)
57	Coliforme	100	–	0	wahrscheinlichste Zahl < 1
58	E. coli	100	–	0	wahrscheinlichste Zahl < 1
59	Fäkal-Streptokokken	100	–	0	wahrscheinlichste Zahl < 1
60	Sulfitreduzierendes Clostridium	20	–	–	wahrscheinlichste Zahl < 1

Wasser für den menschlichen Gebrauch darf keine Krankheitserreger enthalten.
Um die mikrobiologische Untersuchung von für den Gebrauch betimmtes Wasser – soweit erforderlich – zu vervollständigen, sind außer auf die in Tabelle E genannten Keime insbesondere Untersuchungen auf folgendes durchzuführen:
– Salmonellen, – pathogene Staphylokokken, – Fäkalbakteriophagen, – Enteroviren.

Ferner sollten diese Wasser weder Parasiten, noch Algen oder andere figürliche Elemente (Animalcula) enthalten.

	Parameter		Ergebnisse: Probemenge in ml	Richtzahl (RZ)	Zulässige Höchstkonzentration (ZHK)	Bemerkungen
61	Koloniezahl bei unmittelbar an den Verbraucher geliefertem Wasser	37 °C	1	10[1,2]	–	
		22 °C	1	100[1,2]	–	
62	Koloniezahl bei Wasser in verschlossenen Behältnissen	37 °C	1	5	20	– Die Mitgliedstaaten können, wenn die Parameter 57, 58, 59 und 60 eingehalten werden und Krankheitserreger fehlen, auf eigene Verantwortung Wasser, bei dem die Koloniezahl die für den Parameter 62 vorgeschriebenen ZHK-Werte überschreitet, für den Inlandsgebrauch in Verkehr bringen – Die ZHK-Werte sind innerhalb von 12 Stunden nach dem Abfüllen zu messen; die Wasserproben sind während dieses Zeitraums von 12 Stunden auf einer konstanten Temperatur zu halten
		22 °C	1	20	100	

[1] Bei desinfiziertem Wasser müssen die entsprechenden Werte bei Verlassen der Aufbereitungsanlage deutlich darunter liegen.
[2] Jede Überschreitung der Werte, die bei aufeinanderfolgenden Entnahmen bestehen bleibt, muß eine Überprüfung nach sich ziehen.

verbieten, wenn die Gefahr besteht, daß die gefangenen Fische, Schalen- oder Krustentiere derart beeinträchtigt werden, daß durch den Genuß die menschliche Gesundheit geschädigt werden kann. Zur Herstellung von Eis darf jedoch nur Wasser mit der Beschaffenheit von Trinkwasser verwendet werden.

(3) Die zuständige Behörde kann darüber hinaus für bestimmte Lebensmittelbetriebe zulassen, daß Wasser verwendet wird, das nicht die Beschaffenheit von Trinkwasser hat, soweit sichergestellt ist, daß die in dem Betriebe hergestellten oder behandelten Lebensmittel durch die Verwendung des Wassers nicht derart beeinträchtigt werden, daß durch ihren Genuß die menschliche Gesundheit geschädigt werden kann, oder soweit sichergestellt ist, daß durch die weitere Be- oder Verarbeitung der Lebensmittel eine eingetretene Beeinträchtigung wieder beseitigt wird. Die zuständige Behörde kann anordnen, daß dieses Wasser in mikrobiologischer Hinsicht oder auf bestimmte Stoffe der Anlage 2 der TrinkwV in bestimmten Zeitabständen zu untersuchen ist.

(4) Absatz 3 gilt in Betrieben, in denen Lebenmittel tierischer Herkunft, *ausgenommen Speisefette und Speiseöle,* gewerbsmäßig hergestellt oder behandelt werden oder die diese Lebensmittel gewerbsmäßig in den Verkehr bringen, sowie in Einrichtungen zur Gemeinschaftsverpflegung nur für Wasser, das zur Speisung von Dampfgeneratoren oder zur Kühlung von Kondensatoren in Kühleinrichtungen dient. Absatz 2 bleibt unberührt.

Der Rat der Europäischen Gemeinschaften verlangt in seiner Richtlinie vom 15. Juli 1980 über die Qualität von Wasser für den menschlichen Gebrauch (Amtsblatt der Europäischen Gemeinschaften Nr. L 229/11 vom 30. Aug. 1980), daß Wasser für den menschlichen Gebrauch keine Krankheitserreger enthalten darf.

Die Richtzahl (RZ) und die zulässige Höchstkonzentration (ZHK) der als Parameter genannten Keime sind im Anhang I Abschnitt E der Richtlinie zusammengestellt.

Die „European Standards for Drinking Water" [1970] behandeln die international angewendeten Untersuchungsverfahren für die Koloniezahl bei Bebrütungstemperaturen von 20 °C und 37 °C für E. coli und coliforme Keime sowie für fäkale Streptokokken und Clostridien. Im Wasserverteilersystem sollen 95% der jährlichen Proben keine coliformen Bakterien in 100 ml enthalten. Wenn Coliforme vorhanden sind, soll ihre Zahl 10 Kolonien/100 ml nicht überschreiten. Sie sollen in 2 aufeinander folgenden Proben nicht vorkommen. E. coli sollen in 100 ml nicht nachweisbar sein. Ist das Wasser desinfiziert, müssen 100 ml frei von E. coli sein, coliforme Keime können bis 3 Kolonien/100 ml toleriert werden.

Grenz- und Richtwerte der mikrobiologischen Mineral- und Tafelwasseruntersuchung

Vorschriften über die mikrobiologische Beschaffenheit von Mineralwasser sind ebenfalls in der Richtlinie des Rates der Europäischen Gemeinschaft (80/777/EWG vom 15. Juli 1980) zur Angleichung der Rechtsvorschriften über die Gewinnung von und den Handel mit natürlichen Mineralwässern enthalten. Nach der Definition ist „natürliches Mineralwasser" ein im Sinne des Artikels 5 dieser Richtlinie bakteriologisch einwandfreies Wasser, das seinen Ursprung in einem unterirdischen Quellvorkommen hat und aus einer oder mehreren natürlichen oder künstlich erschlossenen Quellen gewonnen wird. Artikel 5 (1) verlangt: Beim Quellaustritt muß der Gesamtgehalt vermehrungsfähiger Mikroorganismen natürlicher Mineralwässer ihrem normalen Keimgehalt entsprechen und einen wirksamen Schutz der Quelle gegen jede Verunreinigung erkennen lassen. Der Gehalt der vermehrungsfähigen Mikroorganismen je ml Wasser ist nach Maßgabe des Anhangs I Abschnitt II Nummer 1.3.3.

a) bei 20 bis 22 °C in 72 Stunden auf Agar-Agar oder Agar-Gelatinemischung
b) bei 37 °C in 24 Stunden auf Agar-Agar
zu bestimmen.

Nach der Abfüllung darf dieser Gehalt 100 pro ml bei 20 bis 22 °C in 72 Stunden auf Agar-Agar oder Agar-Gelatinemischung und 20 pro ml bei 37 °C in 24 Stunden auf Agar-Agar nicht überschreiten. Er ist innerhalb von 12 Stunden nach der Abfüllung zu messen, wobei die Wassertemperatur während dieser 12 Stunden bei 4 °C ± 1 °C konstant gehalten wird.

Beim Quellaustritt sollten diese Werte normalerweise 20 pro ml bei 20 bis 22 °C in 72 Stunden und 5 pro ml bei 37 °C in 24 Stunden nicht überschreiten; hierbei handelt es sich um Richtwerte und nicht um Höchstkonzentrationen.

Nach Artikel 5 (2) muß beim Quellaustritt und bei der Vermarktung ein natürliches Mineralwasser frei sein von

a) Parasiten und krankheitserregenden Mikroorganismen,
b) Escherichia coli und anderen coliformen Keimen sowie Fäkal-Streptokokken in einer untersuchten Probe von 250 ml,
c) sulfitreduzierenden sporenbildenden Anaerobiern in einer untersuchten Probe von 50 ml,
d) Pseudomonas aeruginosa in einer untersuchten Probe von 250 ml.

Artikel 5 (3): Unbeschadet der Absätze 1 und 2 sowie der Nutzungsbedingungen nach Anhang II darf der Gesamtgehalt des natürlichen Mineralwassers an vermehrungsfähigen Mikroorganismen auf der Vermarktungsstufe nur aus der normalen Entwicklung seines Gehalts an Keimen beim Quellaustritt resultieren.

Die Verordnung zur Änderung der Verordnung über Tafelwässer in der Fassung der Bekanntmachung vom 25. Juni 1980 (Bundesgesetzblatt I, S. 767 [1980]) schreibt erstmals mikrobiologische Werte und Untersuchungsverfahren vor. Nach § 8 (3) müssen Tafelwässer frei sein von Krankheitserregern. Dieses Erfordernis gilt als nicht erfüllt, wenn diese Tafelwässer in 250 Milliliter Escherichia coli, coliforme Keime, Faekalstreptokokken und Pseudomonas aeruginosa sowie in 50 Milliliter sulfitreduzierende, sporenbildende Anaerobier enthalten (Grenzwert). Die Koloniezahl darf bei einer Probe, die innerhalb von 12 Stunden nach der Abfüllung entnommen wird, den Grenzwert von 100 je Milliliter bei einer Bebrütungstemperatur von 20 °C ± 2 °C und von 20 je Milliliter bei einer Bebrütungstemperatur von 37 °C ± 1 °C nicht überschreiten.

§ 8 (4): Bei Mineralwässern und mineralarmen Wässern soll außerdem die Koloniezahl am Quellaustritt den Richtwert von 20 je Milliliter bei einer Bebrütungstemperatur von 20 °C ± 2 °C und von 5 je Milliliter bei einer Bebrütungstemperatur von 37 °C ± 1 °C nicht überschreiten. Darüber hinaus dürfen die mikrobiologische Beschaffenheit am Quellaustritt oder sonstige Umstände keinen Hinweis auf eine Verunreinigung der Quelle geben. Fassungen, Rohrleitungen sowie Behältnisse müssen so beschaffen sein, daß sich die bakteriologische Beschaffenheit der Wässer nicht verändert. Beim Inverkehrbringen dürfen Mineralwässer und mineralarme Wässer nur solche vermehrungsfähigen Arten an Mikroorganismen enthalten, die schon am Quellaustritt vorhanden sind.

§ 8 (5): Werden Tafelwässer auf der Packung, dem Behältnis, der sonstigen Umhüllung oder in der Werbung als für die Säuglingsnahrung geeignet angeboten, müssen die in Absatz 3 Satz 2 genannten Grenzwerte auch bei der Abgabe an den Verbraucher eingehalten werden.

Häufigkeit der mikrobiologischen Wasseruntersuchung

Die mikrobiologische Untersuchung beginnt mit der Probenahme an Ort und Stelle. Die Einhaltung von bis ins letzte Detail festgelegten Probe-Entnahmeregeln, die sachgemäße Auswahl des Probenahmeortes im Hinblick auf den Untersuchungszweck, die Einhaltung bestimmter Transport- und Lagerbedingungen der Proben hinsichtlich Temperatur und Zeit, sowie eine ausreichende Protokollierung des Probenahmevorgangs erfordern entsprechend geschultes Personal. Einem mikrobiologischen Laboratorium übergebene, von Laien entnommene Proben sollten daher zurückgewiesen werden. Darüberhinaus sollte nie vergessen werden, daß eine Probe aus einem Wasservorkommen entnommen, immer nur den mikrobiologischen Status am speziellen Ort der Probenahme zur Probenahmezeit zu erfassen gestattet. Je nach Problemstellung sind daher häufig mehrere Proben an verschiedenen Stellen oder zu verschiedenen Zeiten zu ziehen. Die Zahl der Proben richtet sich in der Trinkwasserverordnung § 10 (1) nach der abgegebenen Wassermenge. (Anlage 5 der Trinkwasser-Verordnung).

1. bei desinfiziertem Wasser je 15000 m^3 abgegebenen Wassers eine Probe,
2. bei nicht desinfiziertem Wasser je 30000 m^3 abgegebenen Wassers eine Probe.

Die zuständige Behörde kann zulassen, daß die mikrobiologischen Untersuchungen nach Abgabe größerer als der in Satz 1 genannten Wassermengen, jedoch an einer entsprechend erhöhten Anzahl von Proben vorgenommen werden. Sind nach Satz 1 täglich Proben zu untersuchen und haben Untersuchungen (nach § 8) während eines Zeitraumes von 4 Jahren keinen Grund zu Beanstandungen ergeben, so kann die zuständige Behörde zulassen, daß die Zahl der täglichen Proben bis auf ein Drittel der nach Satz 1 erforderlichen Anzahl herabgesetzt wird.

Werden jährlich weniger als die in Satz 1 genannten Mengen Wassers abgegeben, so sind bei desinfiziertem Wasser jährlich mindestens zwei, bei nicht desinfiziertem Wasser jährlich mindestens eine Probe zu untersuchen. Desinfiziertes Wasser, dessen Restchlorgehalt fortlaufend aufgezeichnet wird, steht nicht desinfiziertem Wasser gleich.

Nach § 11 (1) kann die zuständige Behörde anordnen, daß der Unternehmer oder sonstige Inhaber einer Wasserversorgungsanlage

1. die zu untersuchenden Proben an bestimmten Stellen und zu bestimmten Zeiten zu entnehmen oder entnehmen zu lassen hat,

2. bestimmte Untersuchungen außerhalb der regelmäßigen Untersuchungen sofort durchzuführen oder durchführen zu lassen hat,
3. die Untersuchungen nach § 10
   a) in kürzeren als den in dieser Vorschrift genannten Abständen,
   b) an einer größeren Anzahl von Proben
   durchzuführen oder durchführen zu lassen hat,
4. die mikrobiologischen Untersuchungen ausdehnen oder ausdehnen zu lassen hat zur Feststellung,
   a) ob Fäkalstreptokokken in 100 ml oder sulfitreduzierende sporenbildende Anaerobier in 20 ml nicht, sowie
   b) ob andere Mikroorganismen, insbesondere Pseudomonas aeruginosa, pathogene Staphylokokken, oder ob Fäkalbakteriophagen oder enterophathogene Viren

im Wasser enthalten sind,

7. Maßnahmen zu treffen hat, die erforderlich sind, um eine Verunreinigung zu beseitigen, auf die die Überschreitung der Richtwerte des § 1 Abs. 2 oder 3 oder ein anderer Umstand hindeutet, und künftigen Verunreinigungen vorzubeugen,

wenn dies wegen der Herkunft des Wassers, außergewöhnlicher Wetterverhältnisse, des Bekanntwerdens von Tatsachen, die auf eine mögliche radioaktive oder sonstige Verunreinigung hinweisen, des Zustandes der Wasserversorgungsanlage, grobsinnlich wahrnehmbarer Veränderungen der Wasserbeschaffenheit, auffälliger Untersuchungsbefunde oder außergewöhnlicher Vorkommnisse im Einzugsgebiet des Wasservorkommens oder an der Wasserversorgungsanlage einschließlich des Leitungsnetzes oder wegen besonderer epidemischer Ereignisse erforderlich erscheint.

(3) Bei Wasserversorgungsanlagen, aus denen nicht mehr als 1000 m^3 Wasser im Jahr entnommen werden, kann die zuständige Behörde zulassen, daß

- mikrobiologische Untersuchungen nach § 9 Abs. 1 Nr. 1 und 2,
- physikalisch-chemische und chemische Untersuchungen nach § 9 Abs. 1 Nr. 3,
- Untersuchungen auf freies Chlor oder Chlordioxid

in längeren als den in Anlage 5 genannten Zeitabständen durchgeführt werden, wenn das nach den Umständen des Einzelfalles unbedenklich ist. Bei Wasser für Lebensmittelbetriebe darf die zuständige Behörde längere als jährliche Zeitabstände nicht zulassen.

(4) Wird aus einer Wasserversorgungsanlage Trinkwasser an andere Wasserversorgungsanlagen abgegeben, so kann die zuständige Behörde regeln, welcher Unternehmer oder sonstige Inhaber die Untersuchungen nach den §§ 8 bis 10 durchzuführen oder durchführen zu lassen hat.

§ 12:

(1) Bei den Untersuchungen nach § 9 und § 11 Abs. 1 Nr. 4 sind die in der Anlage 1 bezeichneten mikrobiologischen Untersuchungsverfahren anzuwenden.

(2) Die zuständige oberste Landesbehörde kann befristet zulassen, daß im Einzelfall andere als die in der Anlage bezeichneten Untersuchungsverfahren angewendet

werden, soweit diese dem jeweiligen Stand der Wissenschaft entsprechen und zu erwarten ist, daß ihre Bewährung in der praktischen Anwendung zu einer Änderung oder Ergänzung der Anlage 1 führen wird.

§ 13:

Der Unternehmer oder sonstige Inhaber einer Wasserversorgungsanlage hat dem Gesundheitsamt unverzüglich anzuzeigen,

1. wenn die in § 1 Abs. 1 festgesetzten Grenzwerte überschritten werden,
2. wenn sich die Koloniezahl gegenüber den bisher ermittelten Werten laufend erhöht.

Er hat ferner grobsinnlich wahrnehmbare Veränderungen des Wassers sowie außergewöhnliche Vorkommnisse in der engeren und weiteren Umgebung des Wasservorkommens oder an der Wasserversorgungsanlage, die Auswirkungen auf die Beschaffenheit des Wassers haben können, dem zuständigen Gesundheitsamt unverzüglich anzuzeigen.

Die EG-Richtlinie über die Qualität von Wasser für menschlichen Gebrauch (vom 15. Juli 1980) sieht folgende Mindesthäufigkeit der Standardanalysen vor:

Mindesthäufigkeit der Standardanalyse[3]

Gewonnene oder verteilte Wassermenge in m^3/Tag	Betroffene Bevölkerung (Berechnungsgrundlage 200 l/Tag je Einwohner	Mindestkontrolle Zahl der Probenahmen/Jahr	laufende Kontrolle Zahl der Probenahmen/Jahr	regelmäßige Kontrolle Zahl der Probenahmen/Jahr	gelegentliche Kontrolle aufgrund einer besonderen oder Notfallsituation
100	500	[1]	[1]	[1]	Die Häufigkeit
1000	5000	[1]	[1]	[1]	ist von den
2000	10000	12	3	[1]	zuständigen
10000	50000	60	6	1	staatlichen
20000	100000	120	12	2	Behörden nach
30000	150000	180	18	3	Maßgabe der
60000	300000	360[2]	36	6	jeweiligen Lage
100000	500000	360[2]	60	10	festzusetzen
200000	1000000	360[2]	120[2]	20[2]	
1000000	5000000	360[2]	120[2]	20[2]	

[1] Die Häufigkeit ist von den zuständigen staatlichen Behörden festzulegen. Bei Wasser, das zur Lebensmittelherstellung bestimmt ist, muß die Kontrolle jedoch mindestens einmal jährlich erfolgen.

[2] Die zuständigen staatlichen Behörden müssen sich bemühen, diese Häufigkeit soweit irgendmöglich zu erhöhen.

[3] a) Bei Wasser, das desinfiziert wird, muß die Häufigkeit der mikrobiologischen Analysen verdoppelt werden.

b) Bei hoher Häufigkeit empfiehlt es sich, möglichst gleichmäßige Zeitabstände zwischen zwei Probenahmen einzuhalten.

c) Sind die Werte der in den vorhergehenden Jahren erfolgten Probenahmen konstant und sind sie erheblich besser als die in Anhang I vorgesehenen Grenzwerte, so kann, falls kein Faktor festgestellt wird, der sich negativ auf die Wasserqualität auswirken könnte, die oben angegebene Mindesthäufigkeit der Analysen reduziert werden, und zwar

– bei Oberflächenwasser um den Faktor 2 mit Ausnahme der Häufigkeit der mikrobiologischen Analysen;
– bei Grundwasser, unbeschadet des Buchstabes a), um den Faktor 4.

Die bakteriologischen Untersuchungen sollen sich auf folgende mikrobiologische Parameter erstrecken:

Mindestkontolle:	Untersuchung auf coliforme Keime oder Koloniezahl bei 22 °C und 37 °C und auf E. coli.
Laufende und regelmäßige Kontrolle:	Untersuchung auf coliforme Keime, auf E. coli und Koloniezahl bei 22 °C und 37 °C.

Parameter für Kontrollen auf Grund einer besonderen oder Notfallsituation müssen von den zuständigen staatlichen Behörden bestimmt werden.

In den „European Standards for Drinking Water" (1970) werden für Wasser, das ohne Desinfektion in das Versorgungsnetz abgegeben wird, für die regelmäßige Routineuntersuchung folgende Zeiträume vorgeschlagen.

Zahl der versorgten Einwohner	größter Zeitraum zwischen zwei Probeentnahmen
unter 20000	1 Monat
20000 bis 50000	2 Wochen
50000 bis 100000	4 Tage
über 100000	1 Tag

Dabei sollten die Proben an allen jenen Stellen entnommen werden, an denen Wasser in das Verteilungsnetz abgegeben wird.

Bezüglich der Anzahl der zu entnehmenden Proben, unabhängig davon, ob eine Desinfektion erfolgt oder nicht – sollten unter Angabe des größten noch zulässigen Zeitraumes zwischen zwei Entnahmen folgende Mindestzahlen an Proben entnommen und untersucht werden:

Zahl der versorgten Einwohner	Mindestanzahl an Proben, die im Versorgungsnetz im Monat entnommen werden müssen
unter 20000 20000 bis 50000 50000 bis 100000	1 Probe auf 5000 Einwohner im Monat
über 100000	1 Probe auf 10000 Einwohner im Monat

Dabei scheint es gerechtfertigt, daß die Probenzahl auf eine für 10000 Einwohner im Monat reduziert wird, wenn die angeschlossene Einwohnerzahl größer als 100000 ist, da in derartig ausgelegten Versorgungssystemen sowieso täglich mehrere Proben untersucht werden.

Überwachung der Wasserversorgungsanlagen

Die Überwachung der Wasserversorgungsanlagen in hygienischer Hinsicht durch Prüfungen und Kontrollen obliegt nach § 16 der Trinkwasserverordnung dem Gesundheitsamt. Diese Prüfung umfaßt nach § 17 (1):

1. die Besichtigung der Wasserversorgungsanlage einschließlich der dazugehörigen Schutzzonen oder, wenn solche nicht festgesetzt sind, der engeren und weiteren

Umgebung der Wasserfassungsanlagen, soweit sie für die Wassergewinnung von Bedeutung sind,

2. eine Kontrolle im Sinne des § 18 Abs. 1 Satz 1,
3. die Entnahme und Untersuchung von Wasserproben.

In § 17 (5) wird angeordnet: Die Prüfungen sind unmittelbar nach der Inbetriebnahme der Wasserversorgungsanlage, erneut nach einem Jahr und sodann alle drei Jahre vorzunehmen. Bei Wasserversorgungsanlagen an Bord von Wasserfahrzeugen sollen die Prüfungen unbeschadet des Satzes 3 unmittelbar nach Inbetriebnahme der Wasserversorgungsanlage, sodann alle vier Jahre vorgenommen werden. Bei Wasserversorgungsanlagen in Luft- und Landfahrzeugen sowie an Bord von Wasserfahrzeugen, die ausschließlich Sportzwecken dienen, bestimmt das Gesundheitsamt, ob und in welchen Zeitabständen es die Prüfungen durchführt.

Von Bedeutung sind ferner die §§ 18, 19 und 20.

§ 18: (1) Die Kontrolle umfaßt die Überwachung der Erfüllung der Pflichten, die dem Unternehmer oder sonstigen Inhaber einer Wasserversorgungsanlage auf Grund dieser Verordnung obliegen. Soweit es erforderlich ist, sind im Rahmen der Kontrolle Besichtigungen der Wasserversorgungsanlage einschließlich der dazugehörigen Schutzzonen oder, wenn solche nicht festgesetzt sind, der engeren und weiteren Umgebung der Wasserfassungsanlage, soweit sie für die Wassergewinnung von Bedeutung sind, vorzunehmen und Wasserproben zu untersuchen oder untersuchen zu lassen. Bei Wasserversorgungsanlagen an Bord von Wasser-, Luft- und Landfahrzeugen sind stets Wasserproben zu untersuchen oder untersuchen zu lassen.

(2) Die Kontrollen sind mindestens zweimal im Jahr vorzunehmen. Bei Wasserversorgungsanlagen an Bord von Wasserfahrzeugen sollen sie unbeschadet des Satzes 3 mindestens einmal, bei Wasserversorgungsanlagen an Bord von Wassertransportbooten jedoch mindestens viermal im Jahr durchgeführt werden. Bei Eigen- und Einzelversorgungsanlagen, aus denen jährlich weniger als 1000 m^3 Trinkwasser oder Wasser für Lebensmittelbetriebe entnommen oder abgegeben werden, und bei Wasserversorgungsanlagen in Luft- und Landfahrzeugen sowie an Bord von Wasserfahrzeugen, die ausschließlich Sportzwecken dienen, bestimmt das Gesundheitsamt, ob und in welchen Zeitabständen es die Kontrolle durchführt. Die Kontrollen sollen vorher nicht angekündigt werden.

§ 19: Erlangt das Gesundheitsamt Kenntnis von Tatsachen, die geeignet sind, die Beschaffenheit des Trinkwassers oder des Wassers für Lebensmittelbetriebe zu beeinträchtigen, so hat es, soweit erforderlich, zusätzliche Prüfungen oder Kontrollen durchzuführen. Dabei hat es die Untersuchungen auf alle Umstände auszudehnen, die nachteiligen Einfluß auf die Beschaffenheit des Trinkwassers und des Wassers für Lebensmittelbetriebe haben können. Es hat die zuständige Behörde zu unterrichten und geeignete Maßnahmen vorzuschlagen.

§ 20: Wenn bei einer Wasserversorgungsanlage die Prüfungen und die Kontrollen während eines Zeitraumes von vier Jahren keinen Grund zu wesentlichen Beanstandungen ergeben haben, so kann das Gesundheitsamt die Prüfungen und die Kontrollen in größeren als den in § 17 Abs. 5 Satz 1 und § 18 Abs. 2 Satz 1 festgelegten Zeitabständen vornehmen.

Die Trinkwasserverordnung enthält keine Bestimmungen über die Häufigkeit der Untersuchung des Rohwassers. Es ist zu empfehlen, diese Untersuchung jeweils gleichzeitig mit der des aufbereiteten Wassers vorzunehmen. Häufen sich im aufbereiteten Wasser ungünstige bakteriologische Befunde, so ist das Rohwasser über einen längeren Zeitraum häufiger und zu verschiedenen Tageszeiten zu untersuchen, um eine etwaige stoßweise stärkere Verschmutzung festzustellen, die zu einem Durchschlagen der Aufbereitung führen kann.

Wird in einer Probe aus dem Rohrnetz ein ungünstiges bakteriologisches Ergebnis festgestellt, so sind unverzüglich in der Umgebung der Entnahmestelle weitere Wasserproben zu entnehmen, um eine etwaige Einbruchstelle lokalisieren zu können. Dabei sind Besonderheiten des Rohrnetzes (z. B. Abzweigungen, Schieber, Vereinigung von Leitungen verschiedener Werke) zu berücksichtigen, ebenso örtliche Tiefbauarbeiten (z. B. U-Bahnbau) und insbesondere solche an der Kanalisation.

Neu verlegte oder gerade reparierte Rohrnetzstücke solle mit dem übrigen Versorgungsnetz erst verbunden werden, wenn eine bakteriologische Untersuchung einen einwandfreien Befund ergibt. Auch neu in Betrieb zu nehmende Behälter oder Behälter nach Reinigung, Ausbesserung oder Umbau sind vor der Inbetriebnahme bakteriologisch zu untersuchen und erst nach Vorliegen eines einwandfreien Untersuchungsergebnisses in Betrieb zu nehmen.

Über die Qualitätsanforderungen an Oberflächenwasser für die Trinkwassergewinnung wurde eine Richtlinie [75/440/EWG vom 16. Juni 1975] vom Rat der Europäischen Gemeinschaften erlassen. In einer weiteren Richtlinie [79/869/EWG vom 9. Oktober 1979] sind Einzelheiten über die Meßmethoden sowie über die Häufigkeit der Probenentnahmen und der Analysen des Oberflächenwassers für die Trinkwassergewinnung veröffentlicht worden. Da zahlreiche Wasserwerke ihr Trinkwasser aus Oberflächenwasser gewinnen, sollen die bakteriologischen Parameter dieser Richtlinie wiedergegeben werden. Die mitangeführten Untersuchungsmethoden brauchen hier nicht erwähnt zu werden, weil es sich um die üblichen mikrobiologischen Verfahren handelt, die in Abschnitt B „Untersuchungsverfahren" behandelt werden.

Mikrobiologische Parameter	**Zahl**	
Gesamtcoliforme/100 ml	5	Leitwert für Wasser der Kategorie A 1
	500	Leitwert für Wasser der Kategorie A 2 und A 3
Fäkalcoliforme/100 ml	2	Leitwert für Wasser der Kategorie A 1
	200	Leitwert für Wasser der Kategorie A 2 und A 3
Fäkalstreptokokken/100 ml	2	Leitwert für Wasser der Kategorie A 1
	200	Leitwert für Wasser der Kategorie A 2 und A 3
Salmonellen	1/5000 ml	Nicht nachweisbar in 5000 ml, Wasser der Kategorie A 2 (Leitwert)
	1/1000 ml	Nicht nachweisbar in 1000 ml, Wasser der Kategorie A 2 (Leitwert)

Für Oberflächenwasser der Kategorie A 1 ist eine einfache physikalische Aufbereitung, Schnellfilterung und Entkeimung, für Oberflächenwasser der Kategorie A 2 ist eine normale physikalische und chemische Aufbereitung sowie Entkeimung und für Oberflächenwasser der Kategorie A 3 ist eine verfeinerte physikalische und chemische Aufbereitung, Oxidation, Adsorption und Entkeimung notwendig.

Durchführung der Probeentnahme

Die Probeentnahme ist entscheidend für das Ergebnis der bakteriologischen Untersuchung. Es ist dabei auf folgendes zu achten:

a) Zur Probeentnahme sollen sterile Glasstopfenflaschen mit 200 ml Inhalt verwendet werden, deren Glasstopfen zum Schutz gegen Verunreinigungen und Berührung mit einer dünnen neuen Aluminiumfolie zu überdecken sind. Grundsätzlich sollen in die Flaschen 0,20 ml einer 0,01 N Natriumthiosulfatlösung vor ihrer Sterilisierung eingebracht werden, um möglicherweise im Wasser befindliches Chlor und Chloramin zu inaktivieren.

b) Die entnommene Wasserprobe muß tatsächlich dem zu untersuchenden Wasser entsprechen.

c) Bei Entnahme aus Zapfhähnen muß das Wasser 5 Minuten lang im freien Strahl abfließen, ohne die Stellung des Zapfhahnes in dieser Zeit zu ändern. Vorher ist das Öffnung- und Verschlußventil durch häufiges Öffnen und Schließen des Hahnes sauber zu spülen. Anschließend wird die Auslauftülle des Hahnes abgeflammt, um dort vorhandene Bakterienansammlungen oder sog. Algenbärte zu beseitigen. Leckende oder schwenkbare Hähne bzw. Hähne mit Strahlreglern sind für die Entnahme nicht geeignet.

d) Handpumpen sind vor der Entnahme etwa 10 Minuten lang ruhig und gleichmäßig zu betätigen. Das abgepumpte Wasser darf nicht unmittelbar neben dem Brunnenrand versickern. Danach ist die Ablauftülle gut abzuflammen.

e) Bei Kesselbrunnen ohne Pumpe, offenen Wasserbehältern oder Wasserläufen ist die Entnahme schwieriger und kann den Einsatz besonderer Geräte verlangen. Hier dürfen nur Probeflaschen verwendet werden, die innen und außen steril und deren Stopfen mit Aluminiumfolie umkleidet sind. Diese werden nach Ablösen der Folie in einem versenkbaren sterilen Entnahme-Gerät an einem sterilen Drahtseil in den Wasserbehälter herabgelassen und die Stopfen in der gewünschten Tiefe gelüftet. Ein Abflammen entfällt hierbei.

Schnelle Verarbeitung der Wasserproben. Da in manchen Wässern mit viel organischen Substanzen eine sehr starke Vermehrung der Bakterien in kürzester Zeit stattfinden kann, sind die mikrobiologischen Untersuchungen möglichst bald nach der Probenahme durchzuführen. Wenn das Ansetzen im Laboratorium nicht innerhalb von 3 Stunden erfolgen kann, sind die Wasserproben in Kühlbehältern zu transportieren. Für den Versand von Wasserproben eignen sich wegen des geringen Eigengewichtes, Versandkästen aus Styropor. Durch Kühlelemente kann für eine ausreichend niedrige Temperatur während des Transportes gesorgt werden.

B. Untersuchungsverfahren

1. Bestimmung der Koloniezahl (bisher Keimzahl oder Gesamtkeimzahl)

Allgemeines: Die Bestimmung der Koloniezahl soll umgehend nach Eintreffen der Proben im bakteriologischen Laboratorium möglichst innerhalb von 3 Stunden nach ihrer Entnahme erfolgen.

Wird die Probe später als 6 Stunden nach der Entnahme angesetzt, muß dies im Befund vermerkt werden. In weiträumigen Gebieten werden heute oft fahrbare Laboratorien eingesetzt, um die Bearbeitung der Wasserproben an Ort und Stelle vornehmen zu können.

Bei der Entnahme von gechlortem Wasser muß das Chlor im Entnahmegefäß mit Natriumthiosulfat unwirksam gemacht werden. Zur Inaktivierung oligodynamisch wirkender Silberverbindungen werden 1 bis 2 Tropfen einer 1%igen Natriumsulfidlösung zugesetzt.

a) Nährböden

Nach der Trinkwasserverordnung, Anlage 1, sind verschiedene Nährböden für Plattengußkulturen zugelassen, die sich im Verfestigungsmittel unterscheiden. Gegen den von vielen Wasseruntersuchungslaboratorien verwendeten Gelatinenährboden bestehen Bedenken, weil seine Herstellung schwierig ist und deshalb zu abweichenden, nicht reproduzierbaren Untersuchungsergebnissen führen kann.

Die Richtlinie des Rates der Europäischen Gemeinschaften über die Qualität von Wasser für den menschlichen Gebrauch vom 15. Juli 1980 sieht als Nährboden für die Bestimmung der Koloniezahl lediglich Agar-Agar-Nährmedium vor.

In der Richtlinie des Rates über die Meßmethoden sowie über die Häufigkeit der Probenahmen und der Analysen des Oberflächenwassers für die Trinkwassergewinnung in den Mitgliedstaaten vom 9. Oktober 1979 sind keine Angaben über die Bestimmung der Keimzahl enthalten.

Gelatinenährböden

Gelatinenährböden sind für Bebrütungstemperaturen von 20 °C geeignet. Sie werden für eine Bebrütungsdauer von 44 ± 4 Stunden bei 20 ± 2 °C angelegt. Oberhalb 25 °C verflüssigt sich die Gelatine. Die Gelatineverflüssigung kann auch unterhalb 25 °C durch gelatineverflüssigende Keime auftreten. Dies ist für die Beurteilung der Wasserprobe gegebenenfalls wertvoll, weil es auf Keime aus oberen Bodenschichten oder aus Oberflächenwasser hinweist. In extremen Fällen kann die Gelatineverflüssigung schon nach 20 Stunden die gesamte Gelatineschicht betreffen.

Die Herstellung der Gelatinenährböden erfolgt durch Lösen von 10 g Fleischextrakt (Qualität für bakteriologische Zwecke) und 10 g Pepton („tryptisch verdaut") sowie 5 g Natriumchlorid in 1 Liter dest. Wasser. Nach halbstündigem Erhitzen im Dampftopf wird etwas abgekühlt und filtriert. Der Gelatinezusatz richtet sich nach der Jahreszeit: Im Sommer werden 200 g Gelatine (Qualität für Bakteriologie) zugesetzt, im Winter genügen 100 g. Das Gemisch wird zur Quellung 1 Stunde unter mehrmaligem Umschwenken stehengelassen und dann im Dampftopf 20 Minuten lang erhitzt. Die noch heiße Lösung wird mit 1 N Natronlauge auf pH 7,1 bis 7,5 gebracht (Zuhilfenahme von Indikatorpapier) und gegebenenfalls filtriert. Das Gelatinegemisch wird auf 45 °C abgekühlt und mit einer Emulsion von 6 g Albumin in 75 ml dest. Wasser vermischt. Das zunächst trübe Gemisch wird im Dampftopf erhitzt und durch angefeuchtetes Filtrierpapier im Heißwassertrichter filtriert. Die fertige Nährmasse wird etwas abgekühlt und in sterile Erlenmeyerkolben gefüllt. Nach pH-Kontrolle wird erneut im Dampftopf erhitzt. Man kann auch gebrauchsfertige 10 ml-Mengen in sterile Reagenzgläser abfüllen. Der Nährboden soll leicht gelblich und klar sein. Bei Temperaturen unterhalb 26 °C soll er nicht flüssig werden. Verschiedene Firmen liefern fertige Nährgelatine und fertige Gelatinekulturplatten. Für kleine Wasserlaboratorien ohne Nährbodenküche sind diese sehr vorteilhaft.

Zum Anlegen der Gelatinekulturplatten werden von der gut durchgeschüttelten Wasserprobe abgestufte Mengen von 1 ml bis 0,1 ml mit sterilen Pipetten entnommen und in sterile Petrischalen nach vorsichtigem Anheben des Deckels, etwa im Winkel von 30° gegeben. Anschließend werden nach derselben Methode 10 ml verflüssigte Nährgelatine (30 °C) in die Petrischale gegeben und durch längeres Hin- und Herbewegen in der verschlossenen Schale vermischt (in Form einer 8). Nach schnellem Abkühlen auf einer Kühlplatte oder im Kühlschrank bis zum Erstarren werden die Platten im Brutschrank bei 20 ± 2 °C für 44 ± 4 Stunden bebrütet.

Wenn bei der Ortsbesichtigung während der Probenahme der Verdacht auf eine stärkere Verunreinigung des Wassers vorliegt, werden Verdünnungen des Wassers im Verhältnis 1:10 oder 1:100 mit sterilem dest. Wasser oder steriler physiologischer Kochsalzlösung angesetzt, so daß nur 0,1 bzw. 0,01 ml der Wasserprobe zur Untersuchung gelangen. Mindestens zwei Platten sollen von jeder Wasserprobe angesetzt werden.

Agar-Nährböden und Agar-Gelatine-Nährböden. Agar-Nährböden werden mit den gleichen Nährstoffzusätzen zubereitet wie Gelatinenährböden, also je 10 g Fleischextrakt und Pepton sowie 5 g Natriumchlorid auf 1 Liter dest. Wasser. Dazu werden 15 g Agar-Agar gegeben, das Gemisch wird durch einstündiges Kochen im Dampftopf gelöst. Nach Wiederauffüllen auf 1 Liter wird das Nährmedium mit 1 N Natronlauge auf pH 7,2 bis 7,5 eingestellt und in sterile Reagenzgläser zu je 10 ml abgefüllt. Wenn der flüssige Nährboden trübe ist, wird er zuvor in einem Meßzylinder von 1 Liter gegossen und stehengelassen, damit sich die Trübstoffe absetzen. Abgefüllt wird nur das obere klare Nährmedium. Die Reagenzgläser mit Nährmedium werden in Autoklaven bei 120 °C sterilisiert (30 Minuten) und im Kühlschrank bereitgestellt.

Zum Anlegen der Nähragar-Kulturplatten werden von der gut durchgeschüttelten Wasserprobe 1 ml und 0,1 ml mit sterilen Pipetten in sterile Petrischalen gegeben, wobei man den Deckel nur wenig an einer Seite anhebt. Bei Verdacht auf Verunreinigung werden von vornherein Verdünnungen im Verhältnis 1:10 und 1:100 in die Untersuchung einbezogen. Zu diesen Wassermengen in den Petrischalen werden 10 ml der im kochenden Wasser verflüssigten und wieder auf 45 °C abgekühlten Agar-Nährböden aus den Reagenzgläsern gegeben. Die Durchmischung erfolgt sogleich wie bei Gelatinenährböden angegeben. Höhere Nährbodentemperaturen müssen vermieden werden, da sonst empfindliche Keime hitzegeschädigt werden. Im Brutschrank werden die Agar-Kulturplatten für 44 ± 4 Stunden bei 20 ± 2 °C oder 20 ± 2 Stunden bei 36 ± 1 °C bebrütet. Um die Anzahl der Gelatineverflüssiger (s. o.) festzustellen, kann man zusätzlich noch Kulturplatten mit je 10 ml Gelatine-Agar-Nährböden anlegen, die in gleicher Weise wie die Agar-Nährböden, nur mit zusätzlich 10 g Gelatine hergestellt werden.

Kieselsäurenährböden. Kieselsäurenährböden werden im allgemeinen nicht mehr verwendet.

Zur Herstellung der Kieselsäurenährböden werden gleiche Mengen einer 15%igen Wasserglaslösung und einer Phosphorsäure-Nährbouillon gemischt. 10 ml dieses Gemisches werden in sterilen Petrischalen zu Wassermengen von 1 ml und 0,1 ml gegeben (vorsichtiges Anheben des Deckels und Durchmischen wie bei Gelatine- oder Agar-Nährböden). Die erstarrten Kulturplatten werden im Brutschrank für 44 ± 4 Stunden bei 20 ± 2 °C oder 20 ± 2 Stunden bei 36 ± 1 °C bebrütet.

Die phosphorsaure Nährbouillon besteht aus 10 g Pepton und 10 g Fleischextrakt in 1 Liter dest. Wasser. Sie wird 30 Minuten im Dampftopf gekocht und anschließend filtriert. Um den Zusatz an Phosphorsäure zu ermitteln, werden 50 ml Wasserglaslösung mit 50 ml der Nährbouillon und 100 ml dest. Wasser unter Zusatz von 1 ml Bromthymolblauauflösung (40 mg auf 100 ml dest. Wasser) mit Phosphorsäure (d = 1,013, ca. 0,3 M) bis zum Farbumschlag nach Blaugrün (pH 7,2 bis 7,4) titriert. Das doppelte Volumen, wie an Phosphorsäure bei dieser Titration verbraucht wurde, wird aus der Nährbouillon entfernt und durch das gleiche Volumen Phosphorsäure (d = 1,153, ca. 3,0 M) ergänzt. Das saure Nährmedium kann unter sterilen Bedingungen längere Zeit vorrätig gehalten werden. Zur Herstellung der Gußplatten werden wie erwähnt gleiche Volumina der Wasserglaslösung und der sauren Nährbouillon in einem sterilen Glaskolben gemischt.

Die Verordnung über Tafelwässer in der Fassung vom 25. Juni 1980 erlaubt für die Bestimmung der Koloniezahl Gelatine-Nährboden, Agar-Nährboden und Kieselsäure-Phosphatbouillon-Nährboden.

In der Richtlinie des Rates zur Angleichung der Rechtsvorschriften der Mitgliedstaaten über die Gewinnung von und den Handel mit natürlichen Mineralwässern vom 15. Juli 1980 werden zur Bestimmung des Gesamtgehaltes der vermehrungsfähigen Mikroorganismen Agar-Agar- oder Agar-Gelatinemischung empfohlen.

b) Auszählen der Kolonien

Nach etwa zweitägiger Bebrütung der Kulturplatten werden die gewachsenen Kolonien ausgezählt, bei Agar-Nährböden kann eine erste Auszählung bereits nach 24 Stunden vorgenommen werden. Für die Auszählung sollen Platten gewählt werden, bei denen die Koloniezahl zwischen 30 und 150 liegt (sofern sie so hoch ist). Gezählt wird bei 6–8facher Lupenvergrößerung. Für die Auszählung hat sich der Zählapparat nach Wolffhügel bewährt. Bewährt haben sich auch die Zählplatte nach Dold und der halbautomatische Koloniezähler der Firma WTW, Weilheim (nur bei größeren Koloniezahlen). Es handelt sich bei diesen um eine in cm^2 eingeteilte Glasplatte. Von den 12 × 12 Feldern sind 2 × 12 kreuzförmig angeordnete Felder nochmals in kleinere Felder unterteilt. Auf diese Glasplatte werden die Kulturschalen aufgelegt und die Kolonien ausgezählt. Bei hohen Koloniezahlen werden nur die kleinen Felder ausgezählt. Nach Auszählen von 6 Quadratzentimeterfeldern wird auf die ganze Plattenfläche umgerechnet und zwar nach der Formel:

$$\frac{a \cdot b}{c} = G$$

G = Anzahl der Kolonien pro ml Wasserprobe
a = Anzahl der pro cm^2 ausgezählten Kolonien
b = Fläche der Kulturschale in cm^2
c = ml Wasserprobe.

Bei Koloniezahlen von über 100 wird auf Zehner abgerundet.

Nährböden, Bebrütungsdauer und Bebrütungstemperatur sollen im Untersuchungsbefund angegeben werden.

2. Nachweis von Escherichia coli und coliformen Keimen

Zum Nachweis einer fäkalen Verunreinigung durch menschliche und tierische Abgänge dient der Nachweis von E. coli. Colibakterien sind Darmbewohner, coliforme Bakterien können fäkalen Ursprungs sein oder aus Abwasser, Schmutzwasser oder Oberflächenwasser stammen.

Untersuchungsverfahren. Nach der Trinkwasserverordnung, Anlage 1, soll die Untersuchung auf Escherichia coli in mindestens 100 ml Wasser erfolgen durch

a) Flüssigkeitsanreicherung mit maximal dreifach konzentrierter Laktose-Bouillon (in einer Endkonzentration von 1% Laktose) oder
b) Membranfiltration mit Einbringen des Filters in 50 ml 1%ige Laktose-Bouillon

Die Bebrütungstemperatur beträgt jeweils 36 ± 1 °C, die Bebrütungsdauer minimal 24 ± 4 Stunden, wenn negativ bis 44 ± 4 Stunden.

Zeigt die Laktose-Bouillon „Gas- und Säurebildung“, so soll zur Abschätzung des Ausmaßes der Verunreinigung mit E. coli der Nachweis quantifiziert werden. Eine endgültige Diagnose ist durch das Stoffwechselmerkmal „Gas- und Säurebildung“ aus Laktose bei 36 ± 1 °C allein nicht möglich, so daß zusätzlich nach Sub- bzw. Reinkultur auf Endo-Agar (Laktose-Fuchsin-Sulfit-Agar) oder einem gleichwertigen Nährboden für 24 ± 4 Stunden bei 36 ± 1 °C mindestens folgende Stoffwechselmerkmale erfüllt sein müssen:

Cytochromoxidasereaktion (Nadi): negativ
Laktosevergärung: Gas- und Säurebildung bei 36 °C ± 1 °C nach 24 ± 4 Stunden
Indolbildung aus tryptophanhaltiger Bouillon (1%ig): positiv
Spaltung von Glukose oder Mannit bei 44 °C ± 1 °C innerhalb von 24 ± 4 Stunden zu Gas und Säure: positiv
Ausnützung von Citrat als einzige Kohlenstoffquelle: negativ

Die Untersuchung auf coliforme Keime in mindestens 100 ml Wasser erfolgt durch

a) Flüssikeitsanreicherung mit entsprechend konzentrierter, maximal aber dreifach konzentrierter Laktose-Bouillon (in einer Endkonzentration von 1% Laktose) oder
b) Membranfiltration mit Einbringen des Filters in 50 ml 1%-ige Laktose-Bouillon

Die Bebrütungstemperatur beträgt jeweils 36 ± 1 °C, die Bebrütungsdauer minimal 24 ± 4 Stunden, wenn negativ bis 44 ± 4 Stunden.

Zeigt die Laktose-Bouillon „Gas- und Säurebildung", so soll zur Abschätzung des Ausmaßes der Verunreinigung mit coliformen Keimen der Nachweis quantifiziert werden. Eine endgültige Diagnose ist allein durch das Stoffwechselmerkmal „Gas- und Säurebildung" aus Laktose bei 36 ± 1 °C nicht möglich, so daß zusätzlich nach Sub- bzw. Reinkultur auf Endo-Agar oder einem gleichwertigen Nährboden für 24 ± 4 Stunden bei 36 ± 1 °C mindestens folgende Stoffwechselmerkmale erfüllt sein müssen:

Cytochromoxidasereaktion (Nadi): negativ

Spaltung von Laktose unter Gas- und Säurebildung in 1%iger Bouillon bei 36 ± 1 °C innerhalb von 44 ± 4 Stunden.

Indolbildung aus tryptophanhaltiger Bouillon: negativ (positive Reaktion möglich).

Ausnützung von Citrat als einzige Kohlenstoffquelle: positiv (negative Reaktion möglich).

Coli-Titer. Der Coli-Titer ist die in ml ausgedrückte kleinste Wassermenge, in der E. coli noch nachweisbar ist. Ein Coli-Titer von 100 zeigt an, daß in 100 ml Wasser E. coli nachgewiesen wurde, in geringeren Wassermengen aber nicht nachweisbar ist.

Der Coli-Nachweis gliedert sich in 3 Abschnitte:

1. Anzüchtung der Primärkultur
2. Anzüchtung der Subkultur, um Reinkulturen zu gewinnen
3. Identifizierung der gewonnenen Reinkulturen durch bestimmen ihrer biochemischen Leistungen.

Primärkultur in Lactose-Pepton-Nährlösung

Doppelt konzentrierte Lactose-Pepton-Nährlösung (Nährlösung 1a)

Für die Vorkultur „Primärkultur" werden 20 g Pepton und 10 g Natriumchlorid in 1 Liter dest. Wasser innerhalb einer Stunde durch Erhitzen im Dampftopf gelöst und nach Zusatz von 20 g Lactose noch weitere 20 Minuten erhitzt. Falls die Lösung trübe ist, wird sie filtriert und anschließend mit 1 N Natronlauge auf pH 7,0 unter Verwendung von Bromkresolpurpur als Indikator oder von pH-Meßgeräten eingestellt.

Die Lösung wird in sterile Reagenzgläser zu je 10 ml oder in sterile Kulturflaschen mit geradem Rand zu je 100 ml abgefüllt und sterilisiert. Fertige Lactose-Pepton-Bouillon (nach Eijkman) erleichtert das Arbeiten.

Einfach konzentrierte Lactose-Pepton-Nährlösung (Nährlösung 1b)

Gleichzeitig wird eine im Verhältnis 1:1 mit dest. Wasser verdünnte und sterilisierte Lactose-Pepton-Nährlösung zu je 5 ml in sterile Reagenzgläser abgefüllt und sterilisiert.

Flüssiganreicherung. 100 ml des zu untersuchenden Wassers werden unter sterilen Bedingungen in sterilen Kulturflaschen (Säuglingsflaschen und Durham-Gärröhrchen), die 100 ml doppelt konzentrierte Lactose-Pepton-Nährlösung (Nährlösung 1a) enthalten, gefüllt. Soll eine Titerbestimmung durchgeführt werden, gibt man in ein Reagenzglas, das 10 ml Nährlösung 1a enthält, 10 ml und in ein zweites Reagenzglas, das 5 ml einfach konzentrierte Lactose-Pepton-Nährlösung (Nährlösung 1b) enthält, 1,0 ml der Wasserprobe.

Sollen geringere Wassermengen untersucht werden, so wird das zu untersuchende Wasser mit sterilem Wasser und sterilen Gerätschaften im Volumenverhältnis 1:10, 1:100 usw. verdünnt. Von diesen Verdünnungen wird je 1,0 ml in Reagenzgläser, die je 5 ml Nährlösung 1b enthalten, gegeben.

Der Inhalt der Flaschen und Röhrchen wird anschließend für 24 ± 4 Stunden bzw. 44 ± 4 Stunden bei 36 ± 1,0 °C im Brutschrank bebrütet. Nach 24 Stunden kann auftretende Gasbildung und Trübung sowie Farbumschlag des zugesetzten Bromkresolpurpur-Indikators von Purpur nach Gelb beobachtet werden. Hat keine dieser drei Veränderungen stattgefunden, ist E. coli in der untersuchten Wassermenge nicht vorhanden. Treten alle drei Veränderungen auf, so kann ein Vorhandensein von E. coli und coliformen Keimen angenommen werden. E. coli entwickeln sich schneller als coliforme Keime. Zur Sicherung des Ergebnisses kann eine 2. Flüssigkeitsanreicherung mit Lactose-Pepton-Lösung bei 42 ± 0,5 °C angesetzt werden.

Um zu prüfen, ob störende grampositive Kokken anwesend sind, setzt man parallel weitere Reihen mit Lactose-Glutaminat-Caseinhydrolysat-Nährlösung 2a und 2b an und prüft nach 24 und 48 Stunden, ob Trübung, Gasbildung oder ein Indikator-Umschlag eingetreten ist. Ist das nicht der Fall, so können Kokken ausgeschlossen werden.

Die Lactose-Glutaminat-Caseinhydrolysat-Nährlösung 2a wird hergestellt durch Lösen von 127 g Natriumglutaminat, 5,0 g Natriumformiat, 18,0 g Dikaliumhydrogenphosphat, 50,0 g Ammoniumchlorid und 2,0 g Magnesiumsulfat in 9 Liter dest. Wasser. Dazu werden 50 ml einer Lösung mit 0,4 g Argininiummonochlorid und 0,48 g Asparaginsäure, 90 ml einer Lösung mit 0,4 g Cystin und 10 ml 1 N Natronlauge sowie 5 ml einer Lösung mit je 0,02 g Nicotinsäure und Pantothensäure, ferner 10 ml 2%ige Eisen(III)-citrat-Lösung und 4 ml einer 5%igen Calciumchloridlösung mit 0,1 ml Salzsäure (d 1,19) gegeben. Das ganze Gemisch wird mit 1 N-Natronlauge auf pH 7,4 eingestellt und 20 Minuten im Autoklaven sterilisiert. Nach Zugabe von 200 g Lactose, 2 ml 0,1%iger Thiaminiumdichlorid-Lösung sowie 20 g Caseinhydrolysat und 20 ml Bromkresolpurpur wird die klare Lösung auf pH 6,7 eingestellt und auf 10 Liter aufgefüllt. Diese Nährlösung 2a wird für obigen Gebrauch zu je 10 ml in Reagenzgläser und zu je 100 ml in Kulturflaschen (Säuglingsflaschen) abgefüllt und dreimal fraktioniert im Dampftopf sterilisiert.

Die Nährlösung 2b wird durch Verdünnen der Nährlösung 2a im Verhältnis 1:1 mit dest. Wasser hergestellt und ebenso sterilisiert (Siehe Flüssigkeitsanreicherung Nährlösung 1a und 1b).

Wenn Trübung, Gasbildung und Farbumschlag in der Lactose-Peptonlösung auftreten, wird mit einer ausgeglühten Platinöse eine kleine Menge der bebrüteten Probe auf Endo-Agarplatten ausgestrichen. Die Platten werden 24 Stunden bei

36 ± 1,0 °C bebrütet; anschließend wird geprüft, ob sich rote Kolonien mit Fuchsinglanz entwickelt haben, die auf E. coli hinweisen.

Zur weiteren Identifizierung wird jede mit einer ausgeglühten Platinöse entnommene verdächtige Kolonie in Tryptophan-Trypton-Bouillon überimpft, die für 4 bis 6 Stunden im Brutschrank bei 36 ± 1,0 °C bebrütet wird. Dies ist die Ausgangskultur für die weitere Differenzierung des Keimes.

Wenn E. coli verdächtige Kolonien mit Rasen von Proteus-Bakterien überwachsen sind, werden diese auf Pril-Nähragar-Platten überimpft, die das Schwärmen von B. proteus verhindern.

Gut isolierte Einzelkolonien werden dann nochmals auf Endo-Agar übertragen, bebrütet und auf ihr Verhalten geprüft.

Der Pril-Nähragar wird hergestellt durch Vermischen von je 0,1 ml einer 10%igen Pril-Lösung mit 10 ml eines im Reagenzglas verflüssigten Tryptophan-Trypton-Agars. Der Nährboden wird 20 Minuten im Dampftopf nachsterilisiert.

Die Tryptophan-Trypton-Nährbouillon wird durch Lösen von 10 g Trypton (Pepton, aus Fleisch tryptisch verdaut), 1 g dl-Tryptophan und 5 g Natriumchlorid in 1 Liter dest. Wasser durch Erhitzen im Dampftopf bereitet. Nach Einstellung auf pH 7,1 bis 7,3 mit 1 N Natronlauge wird filtriert und zu je 10 ml in Reagenzgläser zum Sterilisieren abgefüllt.

Membranfilter-Verfahren. Das für die Aufnahme der Wasserprobe bestimmte trichterförmige Oberteil des Membranfiltergerätes mit einem Fassungsvermögen von wahlweise 40 ml für kleine und bis 500 ml für große Probemengen wird durch Autoklavieren sterilisiert oder durch Abflammen mit einem Bunsenbrenner oder einer Lötrohrflamme desinfiziert.

Ein keimfreies Membranfilter wird mit einer sterilen Pinzette auf eine sterile oder abgeflammte Metallfritte des Membranfilterunterteiles gelegt und das Filteroberteil mit dem Unterteil verbunden. Das Filtergerät wird danach auf einer Saugflasche mittels eines durchbohrten Gummistopfens aufgesetzt.

In den Trichteraufsatz werden i. allg. 100 ml der Wasserprobe gegeben und mit Hilfe einer Wasserstrahlpumpe in die Saugflasche abgesaugt. Der Trichter wird mit sterilem dest. Wasser nachgespült. Wenn kein Wasser mehr auf dem Filter steht, wird nach weiterem kurzen Durchsaugen der Trichteraufsatz abgenommen und das Membranfilter mit steriler Pinzette von der Fritte abgenommen und in 50 ml 1%ige Laktose-Bouillon gegeben. Die Bebrütungstemperatur beträgt jeweils 36 ± 1 °C, die Bebrütungsdauer minimal 24 ± 4 Stunden, wenn das Ergebnis bis dahin negativ ist, 44 ± 4 Stunden. Zeigt die Laktose-Bouillon „Gas- und Säurebildung“, ist eine Differenzierung der Keime notwendig.

Differenzierung der Keime. Zur Differenzierung der E. coli von coliformen Keimen werden von den bewachsenen Bouillonkulturen mit einer Platinöse weitere Kulturen beimpft.

1. Ammoniumcitrat-Agar wird hergestellt durch Lösen von 0,2 g Magnesiumsulfat, 0,8 g Natriumammoniumhydrogenphosphat, 0,2 g Ammoniumdihydrogenphosphat, 2,0 g Trinatriumcitrat, 5 g Natriumchlorid, 15 g Agar-Agar und 40 ml In-

dikator (1 g Bromthymolblau in 25 ml 1 N Natronlauge gelöst und mit dest. Wasser auf 500 ml aufgefüllt) und Auffüllen auf 1 Liter dest. Wasser, evtl. unter Erhitzen. Mit 1 N Salzsäure oder 1 N Natronlauge wird auf pH 6,8 bis 7,0 eingestellt.

2. Glucose-Lactose-Bouillon wird hergestellt durch Lösen von 10 g Pepton, 5 g Natriumchlorid und 3 g Fleischextrakt in 1 Liter dest. Wasser unter Erhitzen im Dampftopf, Einstellen auf pH 7,2 und Zusatz von 2 ml Bromkresolpurpur-Indikator (1 g Bromkresolpurpur für Bakteriologie in 100 ml dest. Wasser gelöst). Auf 500 ml werden 5 g Glucose zugegeben (Glucose-Bouillon 6 a). Die restlichen 500 ml werden mit 5 g Lactose versetzt (Lactose-Bouillon).

   Beide Nährböden werden getrennt zu 5 ml in Reagenzgläser (mit Gärröhrchen) abgefüllt und sterilisiert.

3. Nähragar-Platte wird hergestellt durch Lösen von 3 g Fleischextrakt, 10 g Pepton und 5 g Natriumchlorid sowie 15 g Agar-Agar in 1 Liter dest. Wasser unter Quellen und Kochen im Dampftopf. Nach Wiederauffüllung auf 1 Liter wird mit 1 N Natronlauge auf pH 7,2 bis 7,5 eingestellt und in Anteilen von je 10 ml in Reagenzgläser abgefüllt (evtl. Trübungen durch Absetzenlassen vorher beseitigen).

4. Endo-Agar wird hergestellt durch Lösen von je 10 g Fleischextrakt und Pepton sowie 5 g Natriumchlorid in 1 Liter dest. Wasser und Erhitzen im Wassertopf. Nach dem Erkalten erfolgt der Zusatz von 30 g Agar-Agar und nach Quellen des Agars in etwa 90 Minuten wird bis zur völligen Lösung gekocht. Die heiße Lösung wird mit 1 N Natronlauge neutralisiert und nochmals 15 Minuten gekocht. Mit Natriumcarbonatlösung wird auf pH 7,3 bis 7,5 eingestellt. Zu 100 ml dieser Nährlösung werden 1,0 g Lactose, 0,5 ml Fuchsin (10%ig, alkoholisch) und ca. 2,5 ml 10%ige Natriumsulfitlösung zugegeben, so daß die heiße Nährlösung noch rosa gefärbt ist, nach dem Erkalten aber fast farblos wird. Dieser Nährboden ist nicht lange haltbar und muß vor Lichteinwirkung geschützt werden.

Diese 5 Nährmedien, einschließlich der Tryptophan-Trypton-Bouillon, werden für 24 ± 4 Stunden bei 36 ± 1,0 °C im Brutschrank, die Glucose-Bouillon wird bei 44 ± 0,5 °C im Wasserbad bebrütet.

Nach der Bebrütung wird geprüft, ob auf der Endo-Agarplatte und der Nähragar-Platte die typischen Kolonien gewachsen sind und ob alle Kolonien die gleiche Erscheinungsform zeigen.

Ist das nicht der Fall, so müssen von unterschiedlichen Einzelkolonien neue Endo-Agarplatten beimpft und bebrütet werden.

Liegt dagegen eine Reinkultur vor, so wird auf der Nähragar-Platte die Cytochromoxydase-Reaktion durchgeführt. Dazu gibt man mit der Pipette oder aus der Tropfflasche 2 bis 3 Tropfen Nadi-Reagenz auf die Kolonien.

Das Cytochromoxidase-Reagenz (Nadi-Reagenz) besteht aus einer Naphthol-Lösung (1 g α-Naphthol, p. a., in 100 ml Äthanol, etwa 95%ig, p. a., gelöst) und einer Dimethyl-p-phenylendiammoniumdichlorid-Lösung (1 g N,N-Dimethyl-p-phenylendiammoniumdichlorid, p. a., in 100 ml dest. Wasser gelöst; anstelle des Dichlorids kann auch das Dioxalat verwendet werden).

Beide Lösungen sind licht- und wärmeempfindlich und sollten in nicht zu großen Volumina in dunklen Flaschen (150 ml) im Kühlschrank aufbewahrt werden. Unbrauchbar sind sie, wenn die Naphthol-Lösung rot bzw. die Dimethyl-p-phenylendiammoniumdichlorid-Lösung violettbraun geworden sind. Vor Gebrauch werden die Lösungen zu gleichen Volumina in einer Tropfflasche (20 ml) gemischt. Die Haltbarkeit des so hergestellten Reagenzes beträgt im Kühlschrank aufbewahrt nur einige Tage. Die Reaktion wird als positiv bezeichnet, wenn sich die Kolonien in 1 bis 2 Minuten blauviolett verfärben. Die Reaktion wird als negativ bezeichnet, wenn die Kolonien ihre Farbe nicht ändern.

Ist die Nadi-Reaktion positiv, so handelt es sich bei den Kolonien nicht um E. coli oder coliforme Bakterien. Weitere Untersuchungen brauchen nicht durchgeführt zu werden.

Ist die Nadi-Reaktion negativ, so wird das Ergebnis der Lactose-Bouillon-Kultur festgestellt:

Hier gilt das Reaktionsergebnis als positiv, wenn Gas- und Säurebildung (Farbumschlag des Indikators von Purpur nach Gelb) nachgewiesen wird. Das Reaktionsergebnis gilt als negativ, wenn sich kein Gas gebildet hat; Säurebildung ist dennoch möglich.

Ist letzteres der Fall, so wird diese Lactose-Bouillon weitere 24 Stunden bebrütet. Bildet sich während dieser Zeit Gas, so wird das Ergebnis als positiv gewertet.

Ist das Ergebnis der Lactose-Bouillon-Kultur negativ, so handelt es sich nicht um E. coli oder coliforme Bakterien. Weitere Untersuchungen brauchen nicht durchgeführt zu werden.

Ist das Ergebnis der Lactose-Bouillon-Kultur positiv, so ist damit der Nachweis von coliformen Bakterien in dem untersuchten Wasser erbracht. Zur Abgrenzung coliformer Bakterien von E. coli werden folgende biochemische Reaktionen durchgeführt:

1. Glucose-Bouillon. Ist hier Gas- und Säurebildung (Farbumschlag des Indikators von Purpur nach Gelb) nachweisbar, so gilt das Reaktionsergebnis als positiv.

   Hat sich kein Gas gebildet, ist das Reaktionsergebnis als negativ zu betrachten. Säure kann sich evtl. gebildet haben.

2. Tryptophan-Trypton-Bouillon. Der bebrüteten Bouillon werden einige Tropfen Indol-Reagenz zugesetzt, das Reagenzglas wird mehrmals leicht angestoßen. Die Reaktion gilt als positiv, wenn der Farbton innerhalb 1 bis 2 Minuten von Gelb nach Rot umschlägt. Tritt keine Farbänderung ein, so ist die Reaktion negativ.

Reaktionsausfall bei E. coli positiv, bei coliformen Keimen in der Regel negativ.

Das Indol-Reagenz wird wie folgt hergestellt: 5 g 4-Dimethylaminobenzaldehyd werden auf dem Wasserbad bei 60 °C in etwa 5 Minuten in 75 ml Amylalkohol gelöst. Nach Zugabe von 25 ml Salzsäure (d 1,19) wird die anfangs rote Lösung in die Tropfflasche (20 ml) gefüllt; sie ist nach 6 bis 7 Stunden, wenn ihre Farbe nach Gelb umgeschlagen ist, gebrauchsfertig.

Angabe der Ergebnisse. Qualitative Angaben beziehen sich auf 100 ml des untersuchten Wassers. Wurden E. coli nachgewiesen, so erübrigt sich eine Angabe über die Anwesenheit von coliformen Bakterien.

Beispiele:

a) In 100 ml Wasser wurden E. coli und coliforme Bakterien nicht nachgewiesen.

b) In 100 ml Wasser wurden E. coli nachgewiesen (Membranfilter-Verfahren, 36 °C).

c) In 100 ml Wasser wurden coliforme Bakterien nachgewiesen (Flüssigkeitsanreicherung, 36 °C).

Quantitative Angaben

bei Flüssigkeitsanreicherung:

Beispiel: In 100 ml Wasser wurden E. coli, außerdem in 0,1 ml Wasser coliforme Bakterien nachgewiesen (Flüssigkeitsanreicherung, 36 °C).

Bestimmung der „wahrscheinlichsten Colizahl" (MPN). Das Ergebnis des einfachen Gärröhrchenverfahrens unterliegt erheblichen statistischen Schwankungen, die durch Zufälligkeiten bei der Probenahme, durch Unterschiede in der Zusammensetzung der Nährflüssigkeit, durch das oft unterschiedliche Verhalten einzelner Keime in der Nährflüssigkeit und nicht zuletzt durch Unachtsamkeit bei der Durchführung des Verfahrens hervorgerufen werden können. Für die zuverlässige Beurteilung der Verunreinigung des Wassers, insbesondere des Trinkwassers durch E. coli, benötigt man im allgemeinen mehr zuverlässige Ergebnisse. Diese erhält man unter Anwendung statistischer Methoden. Man ermittelt dabei die mit größter Wahrscheinlichkeit im Wasser vorhandene Colizahl (MPN: Most Probable Number).

Nach dieser Methode können bei Verwendung entsprechender Nährmedien auch andere Keime, die bei der Wasseruntersuchung von Interesse sind, ermittelt werden.

Die Ansätze für die Bestimmung von E. coli werden in folgender Weise durchgeführt:

Jeweils 3 Gärröhrchen mit 10, 1,0 und 0,1 ml Wasser werden angesetzt. Nach einer 24- und 48stündigen Bebrütung wird festgestellt, in welchen Röhrchen eine positive Reaktion, d. h. Gasbildung, eingetreten ist. Je nach der Zahl der positiven Reaktionen in den 3 verschiedenen Verdünnungsstufen läßt sich auf Grund statistischer Berechnungen ermitteln, welche Colizahl am wahrscheinlichsten in der Wasserprobe zu erwarten ist. Diese Zahlen liegen in Form einer Tabelle vor, aus der die entsprechenden Werte zu entnehmen sind. Sie können auch mit Hilfe einer Formel berechnet werden.

Näherungsformel zur Berechnung der wahrscheinlichsten Colizahl (nach Thomas aus Fair und Geyer [1961]):

$$\text{Colizahl/100 ml} = \frac{100 \cdot \text{Zahl der positiven Proben}}{\sqrt{(\text{ml aller negativen Proben}) \cdot (\text{ml aller Proben})}}$$

Wahrscheinlichste Colizahl in 100 ml (MPN – Most Probable Number) bei Verwendung von jeweils 3 Röhrchen zu 10 ml, 1 ml und 0,1 ml. (Nach: Standard Methods for the examination of water and waste water.)

Anzahl der positiven Röhrchen			Colizahl (MPN)	Vertrauensgrenzen (95%)	
10 ml	1 ml	0,1 ml	100 ml	Untere Grenze	Obere Grenze
0	0	1	3	0,5	9
0	1	0	3	0,5	13
1	0	0	4	0,5	20
1	0	1	7	1	21
1	1	0	7	1	23
1	1	1	11	3	36
1	2	0	11	3	36
2	0	0	9	1	36
2	0	1	14	3	37
2	1	0	15	3	44
2	1	1	20	7	89
2	2	1	28	10	150
3	0	0	23	4	120
3	0	1	39	7	130
3	0	2	64	15	380
3	1	0	43	7	210
3	1	1	75	14	230
3	1	2	120	30	380
3	2	0	93	15	380
3	2	1	150	30	440
3	2	2	210	35	470
3	3	0	240	36	1300
3	3	1	560	71	2400
3	3	2	1100	150	4800

Die weitere Verarbeitung der positiven orientierenden Untersuchungsröhrchen muß für die Bestimmung der gewachsenen Keime bzw. für den Nachweis von E. coli nach den üblichen Untersuchungsverfahren erfolgen.

Untersuchungsverfahren nach EG-Richtlinie

In der Richtlinie des Rates der Europäischen Gemeinschaften über die Qualität von Wasser für den menschlichen Gebrauch vom 15. Juli 1980 und in der Richtlinie des Rates über die Meßmethoden sowie über die Häufigkeit der Probenahmen und der Analysen des Oberflächenwassers für die Trinkwassergewinnung in den Mitgliedstaaten vom 9. Oktober 1979 wird für den Nachweis von Gesamtcoliformen und Fäkalcoliformen eine direkte Beimpfung von geeigneten festen Nährböden z. B. Milchzucker-Tergitol-Agar, Endo-Agar, Bebrütungsscheibe mit 0,4%iger Teepol-Lösung empfohlen. Als weiteres Nachweisverfahren ist die Filtration des Wassers durch Membranfilter und Auflegen des Filters auf den genannten Nährböden angegeben. Die Bakterienkolonien auf dem Membranfilter müssen nach der Bebrütung (Gesamtcoliforme 37 °C ± 1,0 °C, Fäkalcoliforme 44 °C ± 0,5 °C) typisiert werden. Geprüft wird die Fermentationsleistung der Bakterien (z. B. Zuckerspaltung und Gasbildung).

Bei der Untersuchung von Oberflächenwasser muß die Wasserprobe vorher verdünnt oder gegebenenfalls so konzentriert werden, daß die Koloniezahl auf dem

Membranfilter etwa 10–100 beträgt, um Fehlergebnisse zu vermeiden. Die Verwendung einer Nährbodenkartonscheibe statt Agarnährböden verschlechtert das Resultat. Sie sollte nicht eingesetzt werden.

Erwähnt wird ferner als Verfahren zur Erfassung der Fäkalcoliformen (Bebrütungstemperatur 44 °C ± 0,5 °C) und Gesamtcoliformen (Bebrütungstemperatur 37 °C ± 1,0 °C) die Verdünnungsmethode mit Fermentation in flüssigen Substraten in mindestens drei Ansätzen und drei Verdünnungen (Bestimmung der wahrscheinlichsten Colizahl „MPM"). Bei Wachstum müssen die Keime durch Prüfung ihrer Fermentationsleistung, wie sie z. B. die Trinkwasserverordnung vorschreibt, typisiert werden.

Tergitol-Nähragar. Besteht aus 5 g Fleischpepton, 3 g Hefeextrakt, 10,0 g Lactose, 0,1 mg Natriumheptadecylsulfat, 0,025 g Bromthymolblau, 12,0 g Agar-Agar auf 100 ml dest. Wasser E. coli wachsen auf diesem Nährboden gelb mit einem gelben Hof.

Durch Einmischen von 4 ml sterilfiltrierter 1%iger wäßriger Lösung von 2,3,5-Triphenyltetrazoliumchlorid bei der Nährbodenherstellung kann eine Unterscheidung zwischen E. coli und Coliformen vorgenommen werden. Coliforme Keime bilden rötliche Kolonien mit bläulichem Hof. Es empfiehlt sich trotzdem eine weitere Typisierung durchzuführen.

Teepollösung. Teepollösung setzt sich aus 40 g Fleischpepton, 6 g Hefeextrakt, 30 g Lactose und 0,2 g Phenolrot und 1000 ml dest. Wasser zusammen. Nach der Sterilisation soll dieses Nährmedium bei 4 °C gelagert werden.

Verwendet wird die Teepol-Lösung zur Durchfeuchtung von sterilen Bebrütungsscheiben. Hierzu werden ca. 2,5 ml benötigt. Auf diese Bebrütungsscheibe wird das Membranfilter gelegt. Die Bebrütung erfolgt in Aluminiumbehältern, um eine Verschmutzung der Nährlösung zu vermeiden. Die Trinkwasserverordnung sieht den Gebrauch von solchen Scheiben nicht vor, weil sie ein ausreichendes Nährstoffangebot nicht garantieren.

Untersuchungsverfahren nach der Tafelwasserverordnung

Die Tafelwasserverordnung in der Fassung der Bekanntmachung vom 25. Juni 1980 schreibt für den Nachweis von E. coli und Coliformen die gleichen Untersuchungsverfahren und Nährmedien vor wie die Trinkwasserverordnung.

Die Richtlinie des Rates zur Angleichung der Rechtsvorschriften der Mitgliedstaaten über die Gewinnung von und den Handel mit natürlichen Mineralwässern vom 15. Juli 1980 gibt in Anhang I Abschnitt II nur die Kriterien für die mikrobiologische Untersuchung am Quellaustritt an. Nährmedien werden nicht empfohlen.

3. Mikrobiologische Fäkalindikatoren und durch Wasser übertragbare Krankheitserreger

Als Fäkalindikator wird in erster Linie Escherichia coli (E. coli) angesehen. Dieser Keim gehört zur Familie der Enterobacteriaceae.

Der Darm des Menschen ist von zahlreichen Bakterienarten besiedelt, aber nur einige von ihnen gehören entsprechend der systematischen Einteilung der Bakterien zur

Familie der Enterobacteriaceae. Andererseits haben nicht alle Arten, die ihren morphologischen und biochemischen Eigenschaften und ihrer Antigenstruktur nach zu dieser Familie gerechnet werden, ihren alleinigen Standort im Darm von Mensch oder Tier. Vielmehr sind sie auch auf Pflanzen, im Boden, in Gewässern, in Lebensmitteln und an anderen Plätzen unserer Umwelt zu finden.

Nach der gültigen Definition handelt es sich bei der Enterobacteriaceae um gramnegative, sporenlose Stäbchen mit folgenden gemeinsamen Merkmalen:

1. Entweder mittels peritricher Begeißelung beweglich oder unbeweglich;
2. Wachstum auf einfachen Nährböden, wie Endo-Agar;
3. Fermentativer Abbau von Dextrose;
4. Keine Bildung von (Cytochrom-)Oxydase;
5. Reduktion von Nitraten zu Nitriten.

Die in der Wasserbakteriologie wichtigen Gattungen und Arten sind in der folgenden Tabelle wiedergegeben.

Gattungen und Arten der Enterobacteriaceae, die im Wasser vorkommen können

Gattung	Art	Vorkommen
Escherichia	Escherichia coli	Darmflora, gegebenenfalls Enteritiserreger
Klebsiella	Klebsiella pneumoniae	Entzündungserreger in Harn- und Gallenwegen sowie im Respirationstrakt
Enterobacter	Enterobacter aerogenes Enterobacter cloacae	Darmflora
Serratia	Serratia narcescens	Darmflora
Proteus	Proteus vulgaris Proteus mirabilis Proteus morganii Proteus rettgeri	Darmflora, Fäulniserreger
Citrobacter	Citrobacter freundii	Darmflora, gelegentlich Lebensmittelinfektion und Durchfallserkrankungen
Salmonella	Salmonalle typhi Salmonella paratyphi A, B und C Salmonella typhi murium Samonella enteritidis u. a.	Erreger des Typhus abdominalis Erreger des Paratyphus Erreger von akuten Gastroenteritiden
Shigella	Sh. dysenteriae Sh. flexneri Sh. sonnei Sh. boydii	Erreger der bakteriellen Ruhr
Yersinia	Yersinia enterocolitica	Erreger von Enteritiden (Übertragung auf dem Wasserweg wird bezweifelt)

Die Unterscheidung der Enterobacteriaceae erfolgt durch Koloniemorphologie in Verbindung mit Prüfung der biochemischen Leistungen. Die meisten Gattungen gliedern sich in verschiedene Spezies. Die Differenzierung der Enterobacteriaceae kann deshalb nur in Laboratorien erfolgen, die über die notwendigen Prüfmedien und Reagenzien verfügen. Die mikrobiologische Wasseruntersuchung beschränkt sich infolgedessen auf den Nachweis der Gattung Escherichia mit der Spezies coli und auf Keime der sogenannten Coliformengruppe. Der Begriff Coliformengruppe oder coliforme Bakterien umfaßt neben der Gattung Escherichia die Genera Citrobacter, Klebsiella und Enterobacter.

E. coli

Die Spezies E. coli gehört zur Gattung Escherichia. Es handelt sich um einen normalen Bewohner des menschlichen und tierischen Dickdarms. Der Anteil der Colibakterien an der Gesamtdarmflora beträgt im Mittel etwa 5%. Die Coli-Zahlen pro Gramm Stuhl schwanken zwischen 10^5 und 10^9. Soweit sich E. coli in der Außenwelt befindet, stammt sie gleichfalls aus dem menschlichen oder tierischen Darm. Diesem Keim kommt daher eine maßgebliche Funktion als Indikator für fäkale Verunreinigungen zu.

Außer als Kommensale können E. coli auch als Krankheitserreger Bedeutung erlangen. Einige Stämme von E. coli (sog. ETEC = **E**ștero**t**oxogene **E**. **c**oli) vermögen ein dem Choleratoxin verwandtes hitzeempfindliches Enterotoxin zu bilden. Die Wirkungsweise ist identisch mit der des Choleratoxins. Ursache von ETEC-Diarrhoen ist häufig kontaminiertes Trinkwasser. Ruhrähnliche Durchfälle können durch sog. EIEC = **E**ntero**i**nvasive **E**. **c**oli ausgelöst werden. Ihr Toxin ist hitzeresistent und ihr Wirkungsmechanismus noch wenig erforscht. Sie haben meist eine Verwandtschaft mit Shigella-O-Antigenen. Praktisch ungeklärt ist die Pathogenese einer weiteren Gruppe von Coli-Bakterien, die als sogenannte säuglingspathogene Coli-Stämme (EPEC = **E**ntero**p**athogene **E**. **c**oli) bereits seit den 20er Jahren bekannt sind. Ein wesentlicher Pathogenitätsfaktor dürfte das Adhärenzvermögen dieser Erreger sein. Es ist denkbar, daß bei Säuglingen die Kolonisierung eines normalerweise fast keimfreien Darmabschnittes mit diesen Bakterien bereits zu einer Erkrankung führt. Sie bilden außerdem ein Toxin, das schwer nachweisbar ist. Eine durch kontaminiertes Wasser ausgelöste Epidemie mit EPEC löste bei Jugendlichen schwere Durchfälle aus.

Die Feststellung von E. coli ist als sicherer Hinweis auf eine Wasserverunreinigung durch fäkale Stoffe zu werten.

Dieser Keim soll bei Untersuchung von 100 ml eines für Trinkzwecke, für den Gebrauch in der Küche und in Lebensmittelbetrieben verwendeten Wassers nicht nachweisbar sein. Coliforme Bakterien deuten auf eine mögliche Verunreinigung durch menschliche oder tierische Ausscheidungen hin. Die Beweiskraft ist jedoch eingeschränkt, weil diese Keime auch außerhalb des Darmes im Boden, an Pflanzen usw. leben oder dort längere Zeit überleben können. Der Nachweis von coliformen Bakterien verlangt deshalb wiederholte Kontrollen und eine Klärung ihrer Herkunft.

Fäkalstreptokokken

Der Begriff der Fäkal-Streptokokken umfaßt alle mit dem Stuhl (Faeces) von Mensch und Tier ausgeschiedenen Streptokokken. Fäkal-Streptokokken in dieser breiten und taxonomisch nicht eingeschränkten Definition sind deshalb gute Indikatororganismen.

Die Trinkwasser- und Tafelwasserverordnung in der Fassung vom 25. Juni 1980 sowie die Richtlinien der Europäischen Gemeinschaft „über die Qualität von Wasser für den menschlichen Gebrauch" und „über die Gewinnung und den Handel mit natürlichen Mineralwässern" von 15. 7. 1980 empfehlen deshalb die Untersuchung auf Fäkal-Streptokokken. Die Definition der Fäkal-Streptokokken verbietet ihre Einengung auf Enterokokken oder D-Streptokokken und macht eine taxonomische

Bestimmung innerhalb der Streptokokken unmöglich. Die wichtigsten als Fäkal-Streptokokken ansprechbaren Arten sind in der folgenden Tabelle zusammengestellt.

Oberbegriffe				Species	Serogruppe
Fäkalstreptokokken	„Fäkale D-Streptokokken“	D-Streptokokken	Enterokokken	S. feacalis	D
				Subspecies faecalis	D
				Subspecies liquefaciens	D
				Subspecies zymogenes	D
				S. faecium	D
				S. durans	D
				S. bovis	D
				S. equinus	D
				S. suis	D
				S. avium	Q (D?)
	Viridans-Gruppe			S. mitis	–
				S. salivarius	–
				u. v. a.	

Wie aus der Tabelle hervorgeht, können sehr unterschiedliche Streptokokken-Arten als Fäkal-Streptokokken angesehen werden. Eine Einschränkung erfolgt lediglich durch die in den EG-Richtlinien festgeschriebene Bestimmungsmethodik. Danach sollen die Fäkal-Streptokokken mit der „Natriumazid-Methode (Litsky)“ selektiert werden. Das Spektrum der aus Faeces stammenden, isolierbaren Streptokokken-Arten engt sich damit auf die D-Streptokokken ein; doch im Einzelfall ist nicht auszuschließen, daß andere Streptokokken als Fäkal-Streptokokken angesehen und auch isoliert werden können. Oft wird versucht diese Fäkal-Streptokokken mit den Streptokokken der Serogruppen D gleichzusetzen, um den unscharfen Begriff zu präzisieren. Aber mit dieser einengenden Definition, die keineswegs dem Spektrum der im Darm potentiell vorkommenden Streptokokken-Arten entspricht, geht gleichzeitig ein Teil der Indikatorfunktion verloren, die die Fäkal-Streptokokken gerade auf Grund des bewußt unscharf gehaltenen Begriffes wahrnehmen sollen. Das Problem hat deshalb erhebliche Bedeutung erlangt, weil sich daraus juristische Konsequenzen ergeben können. Fäkal-Streptokokken im Sinne der Richtlinien sind alle Streptokokken, die sich mit Hilfe der Azid-Methode in der Außenwelt nachweisen lassen. Deshalb kann es auch keinen falsch-positiven Nachweis von Fäkal-Streptokokken geben, sofern es sich nur überhaupt um Streptokokken handelt, sondern höchstens um Streptokokken, die nicht zu den Enterokokken oder den D-Streptokokken gehören.

Die Trinkwasser-Verordnung engt den Begriff der Fäkal-Streptokokken in unzulässiger Weise ein, weil sie damit der Funktion der Fäkal-Streptokokken als Fäkalindikatoren nur teilweise gerecht wird. Eine Differenzierung von Fäkal-Streptokokken mit Hilfe von Kriterien zur Charakterisierung von Enterokokken oder D-Streptokokken muß daher abgelehnt werden. Aus menschlichen Ausscheidungen wird vorwiegend S. faecalis isoliert, während in Abwasser S. faecium und S. durans dominieren.

Als selektive Nährmedien werden Flüssiganreicherung in Natriumazid-Glukose-Bouillon oder als festes Nährmedium Tetrazolium-Natriumazid-Agar empfohlen. Die einfache Natriumazid-Glukose-Bouillon setzt sich zusammen aus 15,0 g Caseinpepton, 4,8 g Fleischextrakt, 7,5 g D(+)-Glucose, 7,5 g Natriumchlorid, 0,2 g Natriumazid und 1000 ml dest. Wasser.

Vergleichsversuche mit selektivem Anreicherungsmedium verschiedener Herkunft ergaben keinen signifikanten Wachstumsunterschied für Glukose im Konzentrationsbereich 0,5–1,0% und von Natriumazid von 0,02–0,05%. Als Bebrütungstemperatur erwiesen sich 37 °C günstiger als 44 °C, und die Bebrütungszeit brachte nach 24 Stunden bessere Ergebnisse als nach 48 Std.

Die EG-Richtlinie empfiehlt für den Nachweis von Fäkal-Streptokokken in Natriumazid-Bouillon mindestens 3 Ansätze mit 3 Verdünnungen mit Bestimmung der wahrscheinlichsten Zahl. Angegeben wird ferner als Methode Membranfiltration des zu untersuchenden Wassers und Auflegen des Membranfilters auf Natriumazid-Agar.

Nach der Trinkwasserverordnung erfolgt die Untersuchung auf Fäkalstreptokokken in mindestens 100 ml Wasser durch:

a) Flüssigkeitsanreicherung mit entsprechend konzentrierter, maximal aber dreifach konzentrierter Azid-D-Glukose-Bouillon (mit einer Natriumazid-Endkonzentration von 0,02 bis 0,05% und einer D-Glukose-Endkonzentration von 0,5 bis 1%); oder

b) Membranfiltration mit Einbringen des Filters in 50 ml einfach konzentrierte Azid-D-Glukose-Bouillon (mit einer Natriumazid-Konzentration von 0,02 bis 0,05% und einer D-Glukose-Konzentration von 0,5 bis 1%).

Die Bebrütungstemperatur beträgt jeweils 36 ± 1 °C, die Bebrütungsdauer minimal 24 ± 4 Stunden, wenn negativ bis 44 ± 4 Stunden.

Die endgültige Diagnose ist durch Wachstum in Azid-D-Glukose-Bouillon (Trübung oder pH-Änderung) nicht möglich, so daß zusätzlich mindestens folgende Merkmale erfüllt sein müssen:

Kultur auf Kanamycin-Äsculin-Azid oder Tetrazolium-Azid-Agar (z. B. Slanetz-Bartley-Agar) oder Triphenyltetrazolium-Citrat-Azid-Tween-Carbonat-Agar.

Die Bebrütungstemperatur beträgt 36 ± 1 °C, die Bebrütungsdauer 24 ± 4 Stunden, bei Tetrazolium-Azid-Agar bis zu 44 ± 4 Stunden.

Die Zusammensetzung dieser Nährmedien ist folgende:

Triphenyltetrazolium-Citrat-Azid-Tween-Carbonat-Agar

Caseinpepton 15,0 g, Hefeextrakt 5,0 g, Kaliumdihydrogenphosphat 5,0 g, Natriumcitrat 15,0 g, Polyoxyäthylensorbitanmonooleat (Tween 80) 1,0 g, Agar-Agar 15,0 g auf 1000 ml dest. Wasser.

Zusätzlich: Natriumcarbonat 2,0 g, 2,3,5-Triphenyltetrazoliumchlorid 0,1 g, Natriumazid 0,4 g auf 1000 ml dest. Wasser.

Slanetz-Bartley-Agar

Caseinpepton 15,0 g, Pepton aus Sojamehl 5,0 g, Hefeextrakt 5,0 g, D(+)-Glukose 2,0 g, Kaliumdihydrogenphosphat 4,0 g, Natriumazid 0,4 g, 2,3,5-Triphenyltetrazoliumchlorid 0,1 g, Agar-Agar 10,0 g auf 1000 ml dest. Wasser.

Kanamycin-Äskulin-Azid-Agar

Caseinpepton 20,0 g, Hefeextrakt 5,0 g, Natriumchlorid 5,0 g, Natriumcitrat 1,0 g, Natriumazid 0,15 g, Kanamycinsulfat 0,02 g, Äsculin 1,0 g, Ammoniumeisen(III)-citrat 0,5 g, Agar-Agar 15,0 g auf 1000 ml dest. Wasser.

Von sämtlichen auf diesen Nährböden gewachsenen Kolonien ist in rund 1% mit falsch positiven Ergebnissen durch Sporenbildner zu rechnen. Zur endgültigen Diagnose der Fäkal-Streptokokken sollten deshalb von den Bakterienkolonien Objektträgerausstriche angefertigt und nach Gram gefärbt werden. Mikroskopisch grampositive Diplokokken gelten als Fäkal-Streptokokken.

Pseudomonadaceae

Zur Familie der Pseudomonadaceae zählt die Gattung Pseudomonas. Ihr Hauptvertreter Pseudomonas aeruginosa ist als Saprophyt in der Umwelt verbreitet; in Gewässern gehört er jedoch nicht zu den normal vorherrschenden Mikroorganismen dieses Biotops. In geringer Zahl kann diese Keimart in der normalen Darmflora vorkommen. Mit Pseudomonas infizierte Lebensmittel führen zu einer Diarrhoe[1]. Da Ps. aeruginosa bei niederen Temperaturen noch gut wächst und Gruppeninfektionen auf dem Weg über das Trinkwasser bekanntgeworden sind, wurde der Pseudomonas-Nachweis in die mikrobiologische Kontrolle von Behälter-, Mineral- und Tafelwasser einbezogen (Trink- und Tafelwasserverordnung in der Fassung vom 25. Juni 1980 sowie Richtlinien der Europäischen Gemeinschaft „über die Gewinnung und den Handel mit natürlichen Mineralwässern" vom 15. 7. 1980). Untersuchungen ergaben, daß Ps. aeruginosa relativ selten in Brunnenwasser, dagegen häufiger in Leitungs-, Container-, Mineral-, Tafel- und Schwimmbadwasser enthalten ist. Eine stärkere Vermehrung von Pseudomonas findet ferner in Filtern von Wasseraufbereitungsanlagen und in Ionenaustauschern statt. Mit Ausdehnung des Wasserleitungsnetzes und Zunahme der Wasserversorgung durch Verbundsysteme und Fernwasserleitungen ist der Pseudomonas-Nachweis im Trinkwasser ebenfalls von Bedeutung. Eine Korrelation zur Koloniezahl von E. coli und coliformen Keimen besteht nicht. Es ist deshalb eine getrennte Bestimmung von Ps. aeruginosa für die hygienische Beurteilung wichtig.

Erwähnenswert ist aus der Gattung Pseudomonas noch Ps. fluorescens. Dieser Keim läßt sich sehr häufig aus verunreinigten Wasserproben isolieren. Er vermag wasserlösliches Fluorescein aber nicht Pyocyanin zu bilden. Eine sichere Abgrenzung ge-

[1] Durch Pseudomonas aeruginosa sind bei Neugeborenen tödlich verlaufene Nabelinfektionen beschrieben worden, weil sie nach der Abnabelung mit Pseudomonas-haltigem Trinkwasser gereinigt worden sind.

genüber Ps. aeruginosa ist durch fehlendes Wachstum in Nährbouillon bei 41 °C im Wasserbad möglich.

Die Gattung Aeromonas besitzt eine gewisse Verwandtschaft zur Gattung Pseudomonas, obwohl sie zur Familie der Vibrionaceae gehört. Aeromonas hydrophila ist häufig in Oberflächenwasser- und Brunnenwasserproben enthalten. Sein Nachweis kann nicht als Hinweis auf eine fäkale Verunreinigung gewertet werden.

Die Trink- und Tafelwasserverordnung in der Fassung vom 25. Juni 1980 verlangt für die Untersuchung auf Ps. aeruginosa folgende Nährmedien:

a) Flüssiganreicherung in Malachitgrünbouillon (doppelt- bis maximal 3fach konzentriert). Bebrütungstemperatur 37 °C ± 1 °C, Bebrütungszeit bis zu 44 ± 4 Stunden oder
b) Membranfiltration und Bebrütung des Membranfilters in einfach konzentrierter Malachitgrünbouillon. Bebrütungstemperatur und -zeit wie bei a).

Die Malachitgrünbouillon besteht aus:
Fleischpepton 15,0 g, Fleischextrakt 9,0 g auf 1000 ml dest. Wasser mit NaOH auf pH 7,3 eingestellt. Nach dem Autoklavieren der Nährlösung werden 4,0 ml einer 0,75%igen Malachitgrünlösung hinzugegeben. (Als Endkonzentration an Malachitgrün in der Nährbouillon werden oft 10 mg/l angegeben.) Nach einer Bebrütungszeit bis zu 44 ± 4 Stunden bei 37 °C wird die für den Pseudomonas-Nachweis verwendete Malachitgrünbouillon auf geeigneten Selektivagar, z. B. Laktose-Fuchsin-Agar (Endo-Agar) oder McConkey-Agar überimpft. Nach einer Bebrütungszeit von 20 ± 4 Stunden bei 37 °C ± 1,0 °C werden typische Kolonien identifiziert. Die Identifizierung erfolgt durch Prüfung der Oxidase-Reaktion (Nadi), die positiv ausfallen muß, der Pyocyaninbildung auf King (A) P-Agar bei 37 °C ± 1,0 °C und einer Bebrütungsdauer bis zu 44 ± 4 Stunden, sowie der Fluorescein-Bildung auf King (B) F-Agar bei 37 °C ± 1,0 °C und einer Bebrütungsdauer bis zu 44 ± 4 Stunden.

Der Nachweis von Pseudomonas kann ferner durch Bildung von Ammoniak aus Acetamid nach Verimpfen verdächtiger Kolonien in (Ammoniumfreie) Acetamid-Standard-Mineralsalzlösung geführt werden. Die Bebrütungstemperatur beträgt 37 °C ± 1,0 °C und die Bebrütungszeit 20 ± 4 Stunden. Die Entwicklung von Ammoniak wird durch Nesslers Reagens geprüft. Zusammensetzung der Nährmedien:

King (A) P-Agar:
Pepton aus Gelatine 20,0 g; Magnesiumchlorid 1,4 g; Kaliumsulfat 10,0 g, Agar-Agar 12,0 g auf 1000 ml dest. Wasser.

King (B) F-Agar:
Pepton aus Casein 10,0 g, Pepton aus Fleisch 10,0 g, Magnesiumsulfat 1,5 g, Dikaliumhydrogensulfat 1,5 g, Agar-Agar 12,0 g auf 1000 ml dest. Wasser.

Auf King-Agar P bildet nur Pseudomonas aeruginosa Kolonien mit einer Zone blauer bis grüner Pigmentierung durch Bildung von Pyocyanin oder roter bis dunkelbrauner Farbe durch Bildung von Pyorubin. Die Farbstoffe sind mit Chloroform extrahierbar. Auf King-Agar F erscheinen Kolonien von Pseudomonas aeruginosa mit gelber bis grüngelber Zone durch Bildung von Fluorescein. Bei gleichzeitiger Bildung von Pyocyanin tritt ein leuchtendes Grün in Erscheinung, das bei ultravioletten Strahlen Fluoreszenz zeigt.

Acetamid-Standard-Mineralsalzlösung:

Lösung A: Dikaliumhydrogenphosphat 1,0 g, Magnesiumsulfat 0,2 g, Natriumchlorid 0,2 g, Acetamid 2,0 g ad 1000 ml bidest. Wasser. Einstellen des pH-Wertes mit NaOH bzw. HCl auf 6,8–7,0.

Lösung B: Natriummolybdat 0,5 g, Eisen(II)-sulfat 0,05 g ad 100 ml bidest. Wasser.

Auf 999 ml der Lösung A werden 1 ml der Lösung B gegeben.

Von der fertigen Lösung werden je 3 ml in sterile Reagensgläser gefüllt und bei 1,8 bar für 30 min im Autoklav sterilisiert. Die Bebrütung des Mediums erfolgt nach der Beimpfung 24 Stunden bei 30 °C.

Sporenbildende, sulfitreduzierende Anaerobier (Clostridien)

Anaerobe Sporenbildner sind grampositive (bzw. gramlabile) große Stäbchen, die zu ihrer Entwicklung und Vermehrung anaerobe Verhältnisse benötigen. Unter ungünstigen Lebensbedingungen entwickeln sie Sporen als Dauerform, die sehr widerstandsfähig sind gegen Hitze, Austrocknung und andere Umwelteinflüsse. In geeigneten flüssigen Substraten werden aus den Sporen vegetative Formen, die sich vermehren.

In Sedimenten von Seen und Flüssen finden sich stets größere Mengen anaerober Sporenbildner, die die Eigenschaft haben aus organischen Schwefelverbindungen oder Sulfit Sulfid zu bilden.

Humanpathogene Bedeutung besitzt von den sporenbildenden sulfitreduzierenden Anaerobiern die Clostridium perfringens – Gruppe aus der Gattung Clostridium. Diese Keime können sich in Wunden ansiedeln und unter sauerstoffarmen Verhältnissen (z. B. in schlecht durchblutetem Gewebe) zu einer Gasbrandinfektion führen. Sie können aber auch Nahrungsmittelvergiftungen verursachen.

Im Darminhalt von Mensch und Tier lassen sich fast regelmäßig Clostridien nachweisen. Ihre Zahl ist jedoch geringer als die der E. coli. Das unmittelbare Trinken von Wasser mit Keimen oder Sporen der Clostridien-Gruppe führt im allgemeinen nicht zu Krankheitserscheinungen. Das aus der zentralen Trinkwasserversorgung in den häuslichen Bereich oder an Nahrungsmittelbetriebe gelieferte Wasser wird nicht nur getrunken, sondern dient auch der Nahrungsmittelzubereitung, zum Geschirrspülen usw. Die Clostridiensporen überstehen Kochtemperatur. In Speisen und Getränken (u. a. Säuglingsnahrung), die mit sporenhaltigem Trinkwasser zubereitet oder deren Gefäße mit sporenhaltigem Geschirrspülwasser gereinigt worden sind, können sich die Clostridiensporen zu vegetativen Formen entwickeln, die sich durch Teilung vermehren. Das gleiche gilt auch für sporenhaltiges Brauchwasser in Lebensmittelbetrieben bzw. für Flaschenspülwasser in der Getränkeindustrie.

Mit Clostridium perfringens hauptsächlich Typ A 2 infizierte Lebensmittel führen rund 8–12 Stunden nach der Nahrungsaufnahme zu krampfartigen Leibschmerzen und Durchfällen. Krankheitsursache ist ein thermolabiles Enterotoxin, das nur bei der Sporulation der Clostridien entsteht. Es wird bei der Zerstörung der vegetativen Zellen im Darm in Freiheit gesetzt und beeinflußt den Transport von Flüssigkeit, Elektrolyten und Glukose. In der Literatur sind zahlreiche Krankheitsausbrüche durch Clostridium perfringens – Lebensmittelvergiftungen beschrieben worden. Es ist die zweit- bzw. dritthäufigste Ursache von Nahrungsmittelvergiftungen. Ein Wachstum der Keime findet zwischen 25 °C und 50 °C statt. Ihre Generationszeit beträgt unter günstigen Bedingungen 10 bis 12 min.

Anaerobe sulfitreduzierende Sporenbildner kommen in Grundwasser nicht vor und gelten als Verunreinigung. Die Untersuchung auf diese Keimgruppe ist deshalb in der Trink- sowie Tafelwasserverordnung aufgenommen worden. Die Richtlinien des Rates über die Qualität von Wasser für den menschlichen Gebrauch und über die Gewinnung von und den Handel mit natürlichem Mineralwasser vom 15. Juli 1980 verlangen ebenfalls Untersuchungen auf anaerobe sulfitreduzierende Sporenbildner (Clostridien).

Es empfiehlt sich, die zu untersuchende Wasserprobe vor Einbringen in Nährmedien 10 min auf 80 °C ± 1,0 °C zu erhitzen, um sämtliche vegetative Keime mit Ausnahme der Sporen abzutöten. Die Wassermenge muß mindestens 20 ml betragen.

Empfohlen wird:

a) Flüssigkeitsanreicherung in doppelt konzentrierter D-Glucose-Eisencitrat-Natriumsulfit-Bouillon (DRCM-Bouillon), Bebrütungstemperatur 36 ± 1 °C, Bebrütungsdauer 24 ± 4 Stunden, Beobachtung für weitere 24 ± 4 Stunden oder

b) Membranfiltration mit Einbringen des Membranfilters in D-Glukose-Eisencitrat-Natriumsulfit-Bouillon (DRCM-Bouillon), Bebrütungstemperatur 36 ± 1 °C, Bebrütungsdauer 24 ± 4 Stunden, Beobachtung für weitere 24 ± 4 Stunden.

Zusammensetzung der einfachen Clostridien-Differential-Bouillon (DRCM): Pepton aus Casein 5,0 g, Pepton aus Fleisch 5,0 g, Fleischextrakt 8,0 g, Hefeextrakt 1,0 g, Stärke 1,0 g, D(+)-Glucose 1,0 g, L-Cysteinchlorid 0,5 g, Natriumacetat 5,0 g, Natriumsulfit 0,4 g, Eisen(III)-citrat 0,7 g, Resazurin-Natrium 0,002 g auf 1000 ml dest. Wasser pH 7,1−0,1.

Nach Beimpfen wird die Nährbouillon 3−5 mm hoch mit sterilisiertem Paraffinöl überschichtet. Ist die Wasserprobe vor ihrer Verarbeitung nicht auf 80 °C erhitzt worden, muß die beimpfte Bouillon nach Überschichten mit Paraffinöl 30 min in einem Wasserbad auf 75−80 °C erhitzt werden.

Eine endgültige Diagnose ist durch Wachstum in der Bouillon (Schwarzfärbung) nicht möglich, so daß zusätzlich mindestens folgende Merkmale erfüllt sein müssen:

Überimpfen auf Blut-Glukose-Agar, Bebrütungstemperatur 36 ± 1 °C, Bebrütungsdauer 24 ± 4 Stunden anaerob.
Bei Wachstum Überprüfung durch aerobe Subkultur unter gleichen Bedingungen.

Untersuchungen auf Seuchen- und andere Krankheitserreger

In den vorangegangenen Abschnitten sind die Mikroorganismen nicht zusammenhängend nach ihrer mikrobiologischen Taxonomie, sondern nach mikrobiologischen Parametern behandelt worden, wie sie in den Trink- und Tafelwasserverordnungen sowie in den Richtlinien der EG aufgeführt sind. Erforderlich werden u. U. auch Untersuchungen auf Krankheitserreger, weil die Richtlinie des Rates über die Qualität von Wasser für den menschlichen Gebrauch vom 15. Juli 1980 verlangt, daß

Wasser für den menschlichen Gebrauch keine Krankheitserreger enthalten darf. Sie betreffen im Verlauf einer Epidemie z. B. den Nachweis von Salmonellen, Shigellen, pathogenen Staphylokokken, Fäkalbakteriophagen (siehe Bakteriophagen) und Enteroviren (siehe Enteroviren). Derartige Untersuchungen können nur in Laboratorien durchgeführt werden, deren Leiter die Erlaubnis zum Arbeiten mit Krankheitserregern nach § 19 des Bundesseuchengesetzes vom 18. 7. 1961 besitzen oder die zu Instituten gehören, die nach § 20 dieses Gesetzes einer solchen Erlaubnis nicht bedürfen. In den weiteren Abschnitten werden die wichtigsten wasserübertragbaren Krankheiten und ihre Epidemiologie behandelt, ohne auf die speziellen Kulturverfahren der Krankheitserreger näher einzugehen, weil es die Grenzen der Wassermikrobiologie überschreiten würde.

Salmonella

Die Salmonellosen werden bekanntlich durch rund 2000 verschiedene Salmonella-Serotypen (Familie Enterobacteriaceae) hervorgerufen, die sich durch unterschiedliche somatische (O)- und Geißel (H)-Antigene unterscheiden.

5 klinische Syndrome können beim Menschen beobachtet werden:

1. Typhöse bzw. paratyphöse Verlaufsformen (Typhus abdominalis, Paratyphus A, B und C = Typhoid or paratyphoid fever),
2. Enteritis infectiosa
3. Bakteriämie
4. Lokalisierte Infektion
5. Symtomloses Ausscheidertum

Typhus abdominalis[1] ist eine schwere systemische Infektionskrankheit, die durch S. typhi, die einzige nur menschenpathogene Salmonelle, verursacht wird. Die Erkrankung kann u. a. mit Verstopfung als auch mit Diarrhoen einhergehen. Ähnliche Krankheitsbilder können bekanntlich durch andere Salmonellen wie Paratyphus A, B und C hervorgerufen werden, wobei insbesondere beim Paratyphus B Diarrhoen relativ häufig sind.

Die Erreger dringen in das intestinale Lymph- sowie in das retikuloendotheliale System ein, hier kommt es zur Vermehrung der Bakterien; 10–21 Tage später erscheinen sie mit Eintreten klinischer Krankheitssymptome im Blutstrom.

S. typhi wird im allgemeinen für einen Zeitraum zwischen 6–8–12 Wochen im Stuhl ausgeschieden. Ungefähr 3% der Erkrankten, insbesondere Personen weiblichen Geschlechts im Alter von mehr als 20 Jahren, werden zu chronischen Ausscheidern. Ähnlich, jedoch oft abortiv, zeigt sich eine Infektion mit Paratyphus A, B und C.

Während in den westeuropäischen Ländern, den USA und Canada die Zahl der typhösen Erkrankungen seit Jahren sehr klein ist (BRD: Typhus abdominalis, 1978: 242, 1979: 276, 1980: 389; Paratyphus A, B und C, 1978: 194, 1979: 174, 1980: 207), kommt es bei der Enteritis infectiosa zu einem Ansteigen der Erkankungszahlen (1978: 33215, 1979: 40717, 1980: 48607). Die Enteritis-Salmonellen haben

---

[1] Im anglo-amerikanischen Sprachgebrauch bedeutet „typhus“ stets Typhus exanthematicus (Flecktyphus, Fleckfieber), während unserem Typhus abdominalis in Englisch typhoid fever entspricht.

ihr Hauptreservoir im Tierreich und zeichnen sich durch eine hohe Resistenz gegen Umwelteinflüsse aus. Häufigster Übertragungsweg auf den Menschen ist der Verzehr salmonellenhaltiger tierischer, aber auch pflanzlicher Lebensmittel. Bei der Herstellung, Verarbeitung, Verpackung und bei der häuslichen Zubereitung ergeben sich vielfältige Möglichkeiten der Verunreinigung. Nicht zuletzt die moderne Massentierhaltung, die fortschreitende Technisierung, Auswirkungen des internationalen Handels und die moderne Massenverpflegung haben den Salmonellen zahlreiche neue Verbreitungsmöglichkeiten eröffnet.

Die Mehrzahl der rund 2000 bekannten Serotypen wurden bereits beim Menschen isoliert. In der Bundesrepublik sowie in den meisten europäischen Ländern gibt es jedoch in der Spitzengruppe der häufigsten Typen seit Jahren nur geringe Verschiebungen.

Die sechs häufigsten Salmonellaarten 1980 in der Bundesrepublik Deutschland

Salmonella	Anzahl 1980
typhi-murium	31317
davon var. cop.	1427
panama	4305
enteritidis	3609
infantis	1983
bovis-morbificans	1661
hadar	1202

Wesentlich anders ist dagegen die Typenverteilung in Afrika, Asien und einigen anderen Gebieten. Bei Personengruppen, die sich beruflich oder aus anderen Gründen für einen kürzeren oder längeren Zeitraum in diesen Regionen aufhalten, tritt S. typhi murium eindeutig zurück; andere z. T. normalerweise in der Bundesrepublik selten nachgewiesene Typen wie z. B. S. thompson können dominieren. Die Enteritis infectiosa äußert sich meist nach einer Inkubationszeit von 12–48 Stunden mit Durchfall, abdominalen Krämpfen, Übelkeit, Erbrechen und auch mit erhöhten Temperaturen. Die Heftigkeit der Erkrankung schwankt zwischen einigen weichen Stühlen bis zu schweren choleraähnlichen Krämpfen oder dysenterieähnlichen Bildern. In der überwiegenden Zahl der Fälle verläuft die Erkrankung jedoch leicht, die Symptome klingen nach 1–4 Tagen ab.

Neben Erkrankungen gibt es eine symptomlose Ausscheidung, d. h. es liegt keine Krankheit vor. Die zeitweise Haftung und Vermehrung der Keime in Darm macht aber deutlich, daß eine Auseinandersetzung zwischen Makro- und Mikroorganismus stattfindet, die über eine rein mechanische Beherbergung hinausgeht. Insofern stellt die symptomlose Keimausscheidung eine weitere Reaktionsform des Körpers auf die Salmonellen-Infektion dar und muß ebenfalls genannt werden.

Die Auseinandersetzung des menschlichen Organismus mit den eingedrungenen Erregern ist ein sowohl quantitatives als auch qualitatives Problem. Neben der Zahl der aufgenommenen Keime spielt deren Virulenz, d. h. Vermehrungs- und Invasionsfähigkeit, Toxinbildungsvermögen usw. eine Rolle. Auf der anderen Seite stehen die spezifischen und unspezifischen Abwehrmechanismen (Resistenz) des

Wirtsorganismus, welche ihrerseits wechselnden Einflüssen unterliegen, also „stark“ oder „schwach“ sein können.

Wichtigste Voraussetzung für das Wirksamwerden einer Infektion ist die Übertragung einer ausreichenden Menge von Mikroorganismen. Welche Keimzahl dabei als „ausreichend“ anzusehen ist, hängt von verschiedenen Einflüssen ab. Die unterschiedliche Infektionsabhängigkeit drückt sich darin aus, daß prinzipiell zwei verschiedene Übertragungswege möglich sind:

1. Genuß infizierter Lebensmittel: Hier werden größere Erregermengen aufgenommen. Jeder kann erkranken.
2. Schmierinfektion: Übertragung geringerer Keimmengen, setzt daher eine besondere Disposition des Betroffenen voraus.

Die Anzahl der aufgenommenen Keime, welche zu einer Infektion geführt haben, wird sich retrospektiv nur selten exakt bestimmen lassen. Anläßlich eines Massenausbruches durch S. typhi murium wurden die Kontaminationsmöglichkeiten der betroffenen Süßspeise, Dauer und Temperatur der Lagerung usw. genauestens nachgeprüft. Die Untersuchung ergab, daß zum Zeitpunkt des Verzehrs rund 11 300 Keime in jeder Portion vorhanden gewesen sein müßten. Freiwillige Versuche bestätigten, daß zur Auslösung einer Enteritis infektiosa 10^5-10^{10} notwendig sind.

Für die Isolierung von Salmonellen verwendet man Selektivnährmedien. Als flüssige Anreicherungssubstrate haben sich Tetrathionat-Kristallviolett-Anreicherungsbouillon nach Preuss oder Selenit-Anreicherungsmedium nach Leifson bewährt. Als feste Nährmedien eignen sich Endo-Agar, Eosin-Methylenblauagar nach Levine, McConkey-Agar, Brillantgrünphenolrotagar mod. nach Kauffmann, Desoxycholat-Zitrat-Agar nach Leifson, Salmonella-Shigella(-SS-)Agar und Bismut-Sulfit-Agar nach Wilson Blair.

Für die Untersuchung größerer Wasservolumina empfiehlt sich die Membranfiltration mit Überführung des Membranfilters in ein Anreicherungsmedium.

Shigella

Bei den Shigellosen handelt es sich um weltweit verbreitete Infektionen, die durch die Gattung Shigella aus der Familie der Enterobacteriaceae hervorgerufen werden. Für die übertragbare, als Seuche der Unkultur geltende Infektion wird im Schrifttum häufig der mißverständliche Begriff „Ruhr“ oder „Dysenterie“ verwendet. Die „Ruhr“ ist jedoch lediglich ein Sammelbegriff für eine Reihe von Symptomen unterschiedlichster Ätiologie.

Klinische und epidemiologische Gesichtspunkte machen folgende Einteilung sinnvoll:

Einteilung der Shigellosen
1. symptomloser Ausscheider
2. Shigellendiarrhoe
3. Shigellendysenterie
4. toxische Shigelleninfektion

Die Shigellen sind gramnegative, sporenlose, unbewegliche Stäbchen. Morphologische, biochemische und serologische Eigenschaften ermöglichen die Abgrenzung von den übrigen Enterobacteriaceae, sowie die Einteilung des Genus shigella in 4 Untergruppen A, B, C, D sowie 33 Serotypen und 9 Subserotypen.

Gruppe A (Sh. dysenteriae) mit 10 serologisch differenten Typen; von besonderer Bedeutung sind die Typen Sh. dysenteriae, Typ 1 (= Sh. shigae, Shiga-Kruse-Bakt.) und Typ 2 (= Sh. schmitzii, Sh. ambigua),

Gruppe B (Sh. flexneri) mit 6 bzw. 8 Serotypen,

Gruppe C (Sh. boydii) mit 15 serologisch differenten Typen und

Gruppe D (Sh. sonnei, E-Ruhrbakterien).

In vielen Ländern und auch in einer Reihe europäischer Staaten ist die Durchseuchung der Bevölkerung mit Shigellen weitaus höher als in der Bundesrepublik. Hier handelt es sich im allgemeinen um Einzelerkrankungen, die zu rund 50% im Ausland erworben wurden.

Der klinische Verlauf der Shigellosen ist vielgestaltig. Die Schwere der Erkrankung ist abhängig vom Ernährungszustand, Allgemeinzustand, Begleiterkrankungen, Alter des Patienten sowie der Virulenz des Keimes. Die Krankheitsbilder reichen von symptomlosen Ausscheidern über den choleraähnlichen und dysenteriformen Verlauf bis zur seltenen, aber lebensgefährlichen toxischen Shigellose. Extrem selten wird ein chronisch-rezidivierender Verlauf beschrieben.

Im allgemeinen beginnt die Erkrankung nach einer Inkubationszeit von 1–7 Tagen mit Prodromalerscheinungen wie Müdigkeit, Inappetenz, Kopf- und Gliederschmerzen und subfebrilen Temperaturen, die zunächst an einen grippalen Infekt denken lassen. Nach 12–34 Stunden folgen dann intestinale Symptome. In der Regel ist das Aussehen des Stuhles ein Maß für die Schwere der Erkrankung.

Die Prognose der Krankheit ist insgesamt gut. Die Heilung erfolgt meist innerhalb von 1–2 Wochen, wobei häufig bakteriologische, selten klinische Rezidive möglich sind.

Die praktische Diagnostik der Shigellen erfolgt im wesentlichen nach den für Salmonellen beschriebenen Kriterien. Wichtig ist jedoch, möglichst frisch gewonnenes Untersuchungsmaterial sofort zu verarbeiten, weil die Ruhrbakterien empfindlich sind, durch Phagen zerstört oder durch andere Keime überwuchert werden. Bewährt haben sich zur Anzüchtung Selenit-F-Brühe nach Leifson (Anreicherungsmedium). McConkey-Agar, Endo-Agar, Desoxycholat-Zitrat-Agar nach Leifson und Xylose-Lysin-Agar nach Taylor. Um die Keime aus größeren Wasservolumina zu gewinnen, empfiehlt es sich, Membranfilter zu verwenden.

Citrobacter, Klebsiella, Enterobacter, Proteus und Serratien

Aus der Familie der Enterobacteriaceae kommt ferner den Gatttungen Citrobacter, Klebsiella und Enterobacter in der Wasserbakteriologie eine Bedeutung zu. Wie bereits erwähnt, werden sie bei der mikrobiologischen Wasseruntersuchung unter dem Begriff „Coliforme Bakterien“ bzw. „Coliforme“ zusammengefaßt.

Der bekannteste Vertreter des Genus Citrobacter ist Citrobacter feundii. Diese Keime kommen in menschlichen und tierischen Ausscheidungen und damit in der Umwelt des Menschen im Boden sowie im Oberflächenwasser vor. Wiederholt sind Lebensmittelinfektionen durch verschiedene Citrobacter-Typen beschrieben worden. Es handelt sich vorwiegend um harmlose Magen- und Darmstörungen.

Der Hauptvertreter der Gattung Klebsiella ist Klebsiella aerogenes. Er kommt im Darm von gesunden Personen und damit ebenfalls in der Außenwelt z. B. im Boden, im Wasser, in der Milch und an Pflanzen vor. Die gleiche ubiquitäre Verbreitung haben Keime der Gattung Enterobacter mit ihren drei Untergruppen entsprechend Enterobacter (bzw. Aerobacter) cloacae, aerogenes und liquefaciens sowie die Gattung Serratia. Serratia marcescens galt lange Zeit als apathogen. Diese Auffassung kann heute nicht mehr aufrecht erhalten werden.

Darmkrankheiten sind auch durch Proteus-Spezies nach Genuß von Lebensmitteln bekannt geworden, in denen sich Proteus-Bakterien als Fäulniserreger stärker vermehrt haben. Da diese Keimart regelmäßig im menschlichen und tierischen Dickdarm vorhanden ist, muß mit ihrem Vorkommen in jedem fäkal verunreinigten Wasser gerechnet werden.

Keime der Gattungen Citrobacter, Klebsiella, Proteus, Serratien und Enterobacter wachsen auf einfachen Nährböden. Zu ihrer Differenzierung ist es notwendig, ihre biochemischen Charakteristika zu bestimmen.

Vibrionaceae

Der wichtigste Vertreter der Gattung Vibrio ist der Erreger der Cholera Vibrio cholerae. Er wurde erstmals 1883 isoliert. Der heutige Pandemie-Erreger V. cholerae Biotyp El-Tor wurde 1906 in der Quarantänestation El-Tor auf der Sinai-Halbinsel aus dem Stuhl von nicht cholerakranken Mekkapilgern angezüchtet. Während diese Bakterien früher noch als getrennte Arten angesehen wurden, werden sie heute als Biotypen einer einzigen Spezies bezeichnet. Sie besitzen ein gemeinsames Gruppenantigen. Zusätzlich können beide Biotypen mit Hilfe spezifischer O-Antigene in die 3 Serotypen Ogawa, Inaba und Hikojima unterteilt werden. Diese Serotypen sind nicht unveränderlich stabil. Auch eine Konversion des Biotyps scheint möglich zu sein.

Der heute pandemische Stamm von V. cholerae Biotyp El-Tor stammt wahrscheinlich von klassischen Choleravibrionen ab.

Die Cholera ist eine lokale Infektion des Darmes. Im Tierversuch wurde nachgewiesen, daß es nach Aufnahme der Vibrionen zu einer relativ kurz dauernden Lag-Phase (etwa 1 Stunde) kommt. Danach tritt eine rapide Zunahme der ans Dünndarmepithel fixierten Vibrionen ein, mit einem Maximum nach 4–7 Stunden. Anschließend kommt es zu einer schnellen Abnahme der angehefteten Vibrionen und nach 12 bis 16 Stunden sieht man sie praktisch nicht mehr. Wie sich die Vibrionen anheften ist nicht bekannt, die Vibrionen-Geißel ist dabei sicherlich nicht beteiligt. Während der Cholera-Erkrankung des Menschen sind die Vibrionen im gesamten Gastrointestinaltrakt zu finden. Die Enterotoxin-Wirkung beginnt bald nach Aufnahme der Vibrionen mit einem Maximum nach 3–4 Stunden. Die Wirkung bleibt danach 4–5 Stunden gleich, anschließend kommt es zu einem langsamen Abfall über die nächsten 12 Stunden.

Die Cholera ist der Prototyp einer toxinbedingten Enteritis. Das Toxin besteht aus einer biologisch aktiven Untereinheit A und B-Untereinheiten. Die immunogenen B-Untereinheiten werden am Bürstensaum der Epithelzellen gebunden und die Untereinheit A in die Zelle eingeschleust. Dort kommt es über verschiedene Reaktionen zur Anreicherung der Adenylzyklase an der Zellmembran mit nachfolgender Anreicherung von zyklischem Adenosin-Monophosphat. Dies führt zur aktiven Sekretion von Chlorid- und Bikarbonat-Ionen sowie Wasser bei gleichzeitiger Hemmung der Absorption von Natrium- und Chloridionen aus dem Darmlumen.

Die typischen klinischen Erscheinungen der Cholera sind häufige Entleerungen von „Reiswasserstühlen“, profunder Schock und Anurie. Das Krankheitsgeschehen spielt sich hauptsächlich im Dünndarm ab, obwohl eine Beteiligung des Dickdarms vermutet wird. Im Prinzip gibt es keinen Unterschied zwischen der klassischen Cholera und der El-Tor-Cholera, letztere verläuft meist milder. Die Letalität der unbehandelten klassischen Cholera wird mit 50 bis 85% angegeben, die der El-Tor-Cholera mit 10 bis 30%.

Es ist bekannt, daß nicht jeder Mensch, der Cholera-Vibrionen aufnimmt, an Cholera erkrankt. Offenbar spielen hier lokale Resistenzfaktoren eine gewisse Rolle. Die Infektions-Fall-Rate wird bei der klassischen Cholera mit 4:1, bei der El-Tor-Cholera mit 36:1 angegeben.

Asymptomatische Vibrionenträger kommen vor und sind sicherlich für die Verbreitung der Cholera sehr wichtig. Dies ist bei den El-Tor-Vibrionen weitaus häufiger zu beobachten als bei den klassischen Cholera-Vibrionen. Der Trägerstatus dauert zwischen 5 und 19 Tagen. Echte Dauerausscheider sind bei der klassischen Cholera nicht bekannt geworden, sie sollen aber bei der El-Tor-Cholera vorkommen.

Die Cholera kommt in Indien und Südostasien seit Jahrhunderten endemisch vor. Aus diesem Gebiet gingen im vergangenen Jahrhundert sechs Pandemien aus, seit 1926 ist die Cholera jedoch aus Europa verschwunden. 1947/48 trat noch eine größere Epidemie in Ägypten auf. 1937 kam es augenscheinlich erstmals zu einem endemischen Ausbruch der El-Tor-Cholera in Süd-Celebes, dem noch drei weitere kleinere Ausbrüche 1939/40, 1944 und 1957/58 folgten. 1960 traten El-Tor-Epidemien in Nord-Celebes und Djakarta auf und ab 1961 erfolgte der Vormarsch auf Indien, Ostasien und in den vorderen Orient, Afrika und Südeuropa.

Die El-Tor-Cholera hat erstmals auch in Afrika festen Fuß gefaßt und darüber hinaus in einigen Teilen von Portugal, Spanien und vielleicht Italien. Die größere Umweltresistenz der El-Tor-Vibrionen bringt es mit sich, daß noch einige Zeit mit diesen Endemiegebieten und entsprechenden Einschleppungen von dort gerechnet werden muß.

Vibrio parahaemolyticus, der ebenfalls zur Gattung Vibrio zählt, kann durch infizierte Lebensmittel zu Durchfällen führen. Es handelt sich um einen Freiland-Saprophyten, der überall in der Welt in salzhaltigem Wasser nachzuweisen ist. Als Kommensale kann er häufig aus Meerfischen, Muscheln, Austern, Hummern oder Krebsen isoliert werden. Eine Variante, Vibrio alginolyticus, soll bei Seefischen krankheitserregend wirken.

NAG's

Von Bedeutung für die Trinkwasserbakteriologie sind die sogenannten NAG's, die auch zur Gattung Vibrio zählen. Schon ein Jahr nach Entdeckung des klassischen Choleraerregers sind Vibrionen beschrieben worden, die aus Nichtcholera-Material stammten. Man hat sie später auch im Oberflächenwasser, im Stuhl gesunder Menschen, bei Choleragenesenen und auch bei Cholerapatienten selbst gefunden. Diese Vibrionen wurden als „Cholera-ähnliche Vibrionen" bezeichnet. Neben den Begriffen choleriforme Vibrionen und Wasservibrionen werden heute besonders die beiden folgenden Namen verwendet: NAG's (non agglutinable germs) oder NCV (non cholera vibrios).

Als NAG's faßt man alle Bakterienstämme zusammen, die ein ähnliches biochemisches Reaktionsmuster aufweisen wie V. cholerae, aber nicht durch das O I-Subgruppenantigen agglutiniert werden.

Die NAG's sind offenbar weltweit verbreitet, und zwar ist das Süßwasser als ihr natürlicher Freilandstandort anzusehen. Nicht nur in den Tropen und Subtropen, auch in Europa sind NAG's in Oberflächenwasser und Abwässern nachgewiesen worden.

Die NAG's sind sehr lange als völlig harmlose Freilandsaprophyten angesehen worden. Heute besteht dagegen kein Zweifel daran, daß auch NAG's Ursache echter Darminfektion sein können. Die klinischen Erscheinungen bestehen aus Brechdurchfällen, sie sind meist milde, es können aber auch schwere choleraähnliche Fälle auftreten. Mit Erkrankungen ist sicherlich nur in den warmen Sommermonaten zu rechnen.

Für den Nachweis der Choleravibrionen werden von der zu untersuchenden Wasserprobe zu ihrer Anreicherung 1 Liter in 100 ml eines 10fach konzentrierten vorgewärmten Pepton-Wassers oder Taurocholat-Peptonwassers gebracht und 6 Stunden bei 36 °C bebrütet (weitere Bebrütung vermindert die Nachweisquote). Nach dieser Zeit wird von der Oberfläche dieser flüssigen Kultur etwas Material entnommen, eine weitere Anreicherungskultur beimpft und 6 Stunden bebrütet. Parallel erfolgt ein Überimpfen aus der Anreicherungskultur auf feste Nährböden. Zu empfehlen ist die Verwendung z. B. von TCBS-Cholera-Selektivagar, Choleramedium nach Felsenfeld und Watanabe, Leifson-Agar modifiziert von Hynes. Zur Differenzierung zwischen V. cholerae und Vibrio El-Tor bzw. NAG's sind weitere Untersuchungen notwendig.

Staphylococcus aureus

Staphylococcus aureus, aus der Gattung Staphylococcus und der Familie Micrococcaceae, kann zu Lebensmittelvergiftungen führen. In der Richtlinie des Rates der Europäischen Gemeinschaften über die Qualität von Wasser für den menschlichen Gebrauch vom 15. Juli 1980 wird deshalb – soweit erforderlich – eine Untersuchung des Wassers auf pathogene Staphylokokken zur Vervollständigung der mikrobiologischen Untersuchungen empfohlen. Staphylokokken-Enterotoxine (A–F) sind sicherlich die häufigste Ursache von Lebensmittelvergiftungen. Es handelt sich hier um eine typische Intoxikation, bedingt durch die Aufnahme von Lebensmitteln, welche die schon vorgebildeten Enterotoxine enthalten.

Als auslösendes Gift ist vorwiegend das Enterotoxin A und zum Teil auch D nachgewiesen worden, während das Enterotoxin B selten gefunden wurde. Bei der Infektion des Lebensmittels handelt es sich fast immer um eine sekundäre Kontamination durch den Menschen. Solche Möglichkeiten sind sicher häufig gegeben, weil 15–20% aller Menschen Träger von Enterotoxin-bildenden Staphylokokken sind. Im Vordergrund des Krankheitsbildes stehen Erbrechen und Durchfall. Die ersten Symptome treten rund 2–4 Stunden nach dem Nahrungsmittelverzehr auf, zunächst in Form von Speichelfluß, Übelsein, Würgen und Erbrechen. Häufig folgen auch Durchfälle. Die Krankheit verläuft fast immer gutartig und ist meistens schon nach 24 Stunden abgeklungen.

Nur selten kann es vor allem bei Kleinkindern und älteren Menschen zu schweren Erkrankungen kommen. Die aufgenommene Toxinmenge spielt dabei eine Rolle. Kontaminiertes Wasser führt zu einer Verbreitung der Staphylokokken. Zu einer Intoxikation ist jedoch ein Vermehrung der Keime mit Enterotoxinbildung in einem Lebensmittel notwendig. Zur Isolierung und Differenzierung von Staphylokokken aus Nahrungsmitteln bewährt sich der Staphylokokken-Selektivagar nach Chapman.

Campylobacter fetus, Subspecies jejuni

Campylobacter fetus, Subspecies jejuni aus der Gattung Campylobacter und der Familie Spirillaceae kommen häufig als Erreger von Gastroenteritiden vor und verursachen blutig schleimige Stühle. Als invasive Keime können sie in die Darmwand von Dünn- und Dickdarm eindringen. Einige Stämme bilden ein Enterotoxin. Die Erreger sind weltweit verbreitet bei Tieren (z. B. Rindern, Schafen, Hunden). Vermutlich gibt es unter den Menschen Ausscheider. Auslösende Ursache sind oft Lebensmittelinfektionen durch kontaminiertes Trinkwasser oder rohe Milch. Zur Anzüchtung sind Spezialnährböden mit Antibiotikazusätzen und bei der Bebrütung z. T. Gasgemische statt Luft notwendig.

Legionellaceae

Legionellen verursachen die sog. Leginellose (Legionärskrankheit). Es handelt sich um eine atypische Lungenentzündung. 1976 trat diese Krankheit gehäuft anläßlich einer Tagung der amerikanischen Kriegsteilnehmer-Organisation (American Legion) auf. Bei der Untersuchung wurde ein Bakterium nachgewiesen, das sich in keiner der bekannten Bakterien-Gattungen einordnen ließ. Es wurde „Legionella pneumophilia" bezeichnet.

Der Grund für die späte Entdeckung dieser Bakterienart ist ihre Unfähigkeit auf herkömmlichen Nährböden zu wachsen. Heute unterscheidet man in der Familie der Legionellaceae 8 Legionella-Spezies, von denen die Legionella pneumophilia die wichtigste ist. Sie unterteilt sich weiter in 7 Serogruppen.

Im Vordergrund steht bei der Legionellose die Lungensymptomatik, begleitet von Muskel- sowie Kopfschmerzen, Schweißausbrüchen, trockenem Husten und eventuell Diarrhoen. Eine andere mildere Form der Erkrankung mit Fieber, Kopf- und Muskelschmerzen ist das sog. Pontiac Fieber. In der Bundesrepublik Deutschland erkranken jährlich rund 6000–7000 Menschen an einer Legionella-Infektion, von denen rund 1000–2000 daran sterben, obwohl der Erreger keine hohe Virulenz besitzt.

Die Legionellen sind ubiquitäre Außenweltkeime, die über Monate im Wasser und in der Erde lebensfähig bleiben. Zu einer manifesten Krankheit kommt es nur bei vorgeschädigten und geschwächten Personen nach Aufnahme großer Keimmengen. Sie lassen sich häufig in Seen, Flüssen, Kühltürmen, Kalt- und Warmwasserleitungen (Brauseköpfe, Wasserhähne) sowie in Klimaanlagen nachweisen. Durch Zerstäuben von infiziertem Wasser kann es durch Einatmen zur Infektion kommen. Eine direkte Übertragung von Mensch zu Mensch ist bisher nicht beobachtet worden.

Zerstört werden können die Legionellen in Wasserleitungen durch intermittierende Temperaturerhöhung des Wasser auf 70 °C.

Zur Abtötung durch Chlorung sind Konzentrationen von 1,5 bis 4,5 mg/l freies Chlor notwendig. Keime in Inkrustierungen werden durch Chlor nicht beeinträchtigt. Der kulturelle Nachweis der Erreger erfolgt durch mehrtägige Bebrütung auf Kohle-Hefeextrakt-Agar-Platten mit speziellen Zusätzen. Dies ist nur in entsprechend ausgerüsteten Laboratorien mit erfahrenen Mikrobiologen möglich.

Mycobacteriaceae

Mykobacterien können im Wasser vorkommen. Es handelt sich um unterschiedlich lange Stäbchen, die sich wegen spezifischer biochemischer Struktureigenschaften der Zellwand nur schwer anfärben und sich – wenn die Farben erst einmal angenommen sind – selbst bei Einwirkung von Alkohol oder Säure nicht mehr oder nur sehr schwer entfärben lassen und deshalb auch als „säurefeste Bakterien“ bezeichnet werden. Neben zahlreichen harmlosen, in der Umwelt vorkommenden Keimen enthält die Gattung menschen- und tierpathogene Arten.

Der humanmedizinisch bedeutsamste Vertreter ist der Erreger der Tuberkulose, wenn man von der Lepra hier absieht. Darüber hinaus konnten in den vergangenen Jahren zahlreiche weitere Arten isoliert werden, die unter dem Begriff „atypische Mykobakterien“ zusammengefaßt werden. Oberflächenwasser gehört zu den Substraten, in denen potentiell pathogene Mykobakterien überleben und gegebenenfalls sich vermehren können. Voraussetzung sind ein reicher Nährstoffgehalt des Wassers und Temperaturen über 25 °C. Diese Feststellung besitzt mehr ein theoretisches Interesse.

Zu den atypischen Mykobakterien Gruppe II (Skotochromogene Mykobakterien) zählt Mycobacterium aquae mit seinen Subtypen. Wie es bereits der Name ausdrückt, kommt diese Mycobacteriumart im Wasser und ebenfalls im Boden vor. Erwähnt werden können aus der Gruppe IV der atypischen Mykobakterien, Mycobacterium balnei (bzw. Mb. marinum). Dieser Keim kann gelegentlich bei Kindern Hautkrankheiten verursachen. Infektionen sind nach Schwimmbadbesuch beschrieben worden. Zur gleichen Gruppe gehört Mycobacterium phlei, das sich an Wasserhähnen entwickeln kann.

Leptospira

Diese Gattung ist nach Empfehlungen der WHO in zwei Species eingeteilt:

1. Leptospira biflexa, apathogene sog. Wasserleptospiren und
2. Leptospira interrogans, pathogene Leptospiren.

Beide Arten sind morphologisch nicht zu unterscheiden. Es handelt sich um zarte, gebogene oder gewellte Fädchen mit oft hakenförmig gebogenen oder knopfartig verdeckten Enden. Der fadenförmige Organismus setzt sich aus zahlreichen, sehr dicht aneinanderliegenden Spiralen zusammen. Pathogene und apathogene Arten können entsprechend ihrem Antigenaufbau in verschiedene Serotypen, diese wiederum in Subtypen unterteilt werden. Heute kennt man insgesamt über 100 Typen und Subtypen.

Leptospiren sind an tierische Träger gebunden. Beim Tier sind sie gewöhnlich in den Nieren lokalisiert, meist ohne eine äußerlich feststellbare Wirkung zu erzeugen. Mit dem Urin ausgeschieden können sie auf andere Tiere oder den Menschen übertragen werden. Die Infektion des Menschen erfolgt in erster Linie über kleine Hautverletzungen, durch Kontakt mit infizierten Tieren, durch den Urin der Tiere oder durch verunreinigtes Wasser.

Humanmedizinisch von Bedeutung ist besonders Leptospira icterohaemorrhagiae, eine akut fieberhafte Krankheit mit Gelbsucht, Nierenentzündung und Milzschwellung.

Besonders gefährdet sind Kanalarbeiter und Personen, die in stagnierendem Wasser baden, in deren Umgebung Ratten vorkommen. Badewasserinfektionen sind auch durch Leptospira grippotyphosa bekannt geworden.

Yersinia enterocolitica

Yersinia enterocolitica gehört zur Familie der Enterobacteriaceae, Gattung Yersinia. Dieser Erreger führt beim Menschen zu Infektionen mit verschiedenen klinischen Verlaufsformen, die vor allem bei Säuglingen, Kleinkindern und Erwachsenen eine akute Gastroenteritis hervorrufen können. Die Krankheitserscheinungen sind Durchfälle, Übelkeit, Erbrechen, kolikartige Bauchbeschwerden mit und ohne Temperaturerhöhung. Die Einteilung der Yersinia enterocolitica-Stämme erfolgt nach serologisch bestimmbaren O-Gruppen. Klinische Bedeutung haben wahrscheinlich nur die Stämme 3, 8 und 9 (Windblad) oder I, V und VI (Knapp). Auf Grund des weitverbreiteten Vorkommens dieser Keimart sind Yersinia enterocolitica-Stämme aus Oberflächenwasser, Uferfiltrat und Trinkwasser isoliert worden. Mit den gebräuchlichen bakteriologischen Wasseruntersuchungsmethoden lassen sich Yersinien nicht erfassen. Die Isolierung erfolgt teils durch Kälteanreicherung (gepufferte 0,9%ige Kochsalzlösung bis zu 3 Wochen bei 2 bis 4 °C) und teils durch Anzüchtung in Bouillon mit Rindergalle, Lactose- sowie Dextrosezusatz und Bromthymolblau als Indikator. Ob die aus Trinkwasser isolierten Yersinia enterocolitica-Stämme für den Menschen pathogen sind, ist bisher nicht bewiesen.

Parasiten

Parasiten kommen als Erreger chronischer Durchfallserkrankungen und in geringem Maße auch als Ursache akuter Diarrhoen in Betracht. Die Richtlinie des Rates der Europäischen Gemeinschaften über die Qualität von Wasser für den menschlichen Gebrauch vom 15. Juli 1980 verlangt deshalb, daß das Wasser keine Parasiten enthalten darf.

Bisher liegen nur wenige epidemiologische Untersuchungen vor über die Häufigkeit parasitär bedingter Durchfälle im Vergleich zu anderen Erregern. Nach diesen Untersuchungen kommen Parasiten in rund 3–6% als Ursache von Diarrhoen in Betracht. Die Identifizierung ergab fast ausschließlich Entamoeba histolytica und Lamblia (Giardia) intestinalis, wobei deren jeweiliger Anteil nach geographischen Regionen variiert. Neben den Protozoen Entamoeba histolytica und Lamblia intestinalis können noch andere Protozoen wie z. B. Balantidium coli und einige Trematoden sowie Nematoden Durchfälle auslösen. Unter den Verhältnissen des westlichen Europas kommt E. histolytica und Lamblia intestinalis die größere Bedeutung zu.

Entamoeba histolytica

Von den 7 beim Menschen vorkommenden Amöbenarten spielt Entamoeba histolytica die größte Rolle. Sie tritt in drei Formen auf:

1. als vegetative Minuta-Form oder Trophozoit,
2. als Zyste und
3. als gewebezerstörende Magna-Form oder Gewebeform.

Die vegetative Form lebt im allgemeinen kommensal im Dickdarm ohne Symptome hervorzurufen. Für die Übertragung ist ein Übergang der vegetativen Form ins Zystenstadium notwendig. Zysten sind in der Außenwelt sehr widerstandsfähig. Ihre Verbreitung erfolgt durch kontaminiertes Wasser oder verunreinigte Lebensmittel. Für das Zustandekommen einer Krankheit ist es notwendig, daß sich die aufgenommenen Zysten nach ihrer Entwicklung zu Minuta-Formen in Gewebeformen umwandeln. Die Voraussetzungen, die zu dieser Umwandlung führen, sind nicht geklärt. Einen Einfluß haben die individuelle Resistenzlage des Menschen, der Ernährungs- und Immunzustand sowie die Virulenz des Amöben-Stammes.

Die Gewebeformen dringen in die Darmschleimhaut ein, zerstören das Gewebe und ernähren sich von roten Blutkörperchen. Durch diese Läsionen entstehen Geschwüre und blutige Diarrhoen. Auf dem Blutwege können Amöben auch in Gewebe von Organen, z. B. Leber, gelangen und Komplikationen hervorrufen. Die Inkubationszeit beträgt rund 3 Wochen. Die Mehrzahl der Amöbeninfektionen bleibt jedoch symptomlos.

Lamblia (Giardia) intestinalis

Lamblia intestinalis kommt wie die Mehrzahl der Darmbewohnenden Protozoen in zwei Formen vor und zwar als zweikernige vegetative Form (Trophozoit) und als Zyste. Die Zyste dient der Übertragung auf einen neuen Wirt (z. B. Mensch oder Haustier) und die vegetative Form lebt im Zwölffingerdarm bzw. im oberen Abschnitt des Dünndarms. Mit ihrer Saugscheibe kann sich die vegetative Form an Darmzellen anheften und in sie eindringen. Die Folgen sind Entzündung des Gewebes, Geschwüre und Durchfälle.

Lamblia intestinalis wird als Zyste mit dem Wasser oder mit Nahrungsmitteln aufgenommen. Ob Krankheitserscheinungen auftreten, hängt von der individuellen Resistenz des betroffenen Menschen und von der Virulenz des Lamblienstammes ab. Die Krankheit kann sowohl akut als auch chronisch verlaufen. Die Inkubationszeit beträgt rund 13 Tage (9–22 Tage) und die Dauer der Infektion Tage bis 3 Monate.

Durch Chlorung des Wassers werden Lamblienzysten und Entamoeba histolytica-Zysten nicht abgetötet.

Die Laboratoriumsdiagnose beider Krankheiten beruht im wesentlichen auf dem direkten Nachweis der vegetativen Formen bzw. Zysten im Stuhl. Der Stuhl muß sofort nach der Darmentleerung in warmem Zustand untersucht werden. Gegen Entamoeba histolytica können, wenn das Gewebe befallen ist, Antikörper im Blutserum nachgewiesen werden. Bewährt haben sich z. B. indirekte Hämagglutination, indirekter Fluoreszenzantikörpertest, Enzyme Linked Immunosorbent Assay. Für den Nachweis von Lamblia intestinalis werden serologische Untersuchungsmethoden nicht eingesetzt, weil die Ergebnisse unzuverlässig sind. Bewährt hat sich der direkte Nachweis im Duodenalsaft.

Acanthamöba und Naegleria

Neben den allgemein bekannten Amöben gibt es die Gruppe der freilebenden Amöben. Es handelt sich hierbei um Protozoen, die im Wasser, Boden, Staub und in der Luft vorkommen. Lange Zeit galten sie für den Menschen als apathogen. Ende der 50er Jahre wurde erstmals nachgewiesen, daß sich unter diesen freilebenden Amöben auch pathogene befinden. Es handelt sich um die Gattungen Acanthamöba und Naegleria.

Acanthamöba verursachen im Menschen neben anderen Erscheinungen eine chronisch-granulomatöse Entzündung des Gehirns mit Beteiligung der Hirnhäute. Die Besiedlung des Gehirns geht im allgemeinen von einem Primärherd außerhalb des Zentralnervensystems aus.

Amöben der Gattung Naegleria dringen auf dem Weg über die Nasenschleimhaut und den Riechnerven direkt in das Gehirn ein. Die ersten Krankheitssymptome sind Kopfschmerzen, Fieber, Übelkeit und Erbrechen. Die Folgen der Infektion sind eine tödlich verlaufende Entzündung der Gehirnhäute und des Gehirns. Sämtlichen bisher bekannt gewordene Naegleria-Infektionen ist gemeinsam, daß sie mit Schwimmen und Tauchen in warmem Wasser in Zusammenhang stehen. Infektionsquellen sind hierbei gewesen: Kleine, warme Seen (USA), kleine Flüsse (Belgien, USA), offene Schwimmbäder (Australien), Hallenbäder (Belgien, CSSR), Quellenbäder (USA, Neuseeland), Seewasserbäder (Australien) und Leitungswasser (Australien). Pathogene Naeglerien benötigen zu ihrer Vermehrung 20–35 °C. Als Trophozoite sollen sie in ungechlortem Leitungswasser bei 4 °C in 24 Stunden absterben. Bei Temperaturen zwischen 20–35 °C können sie unter Umständen mehrere Monate am Leben bleiben. Leitungswasser weist in Mitteleuropa normalerweise keine Temperaturen über 20 °C auf. Lediglich im Sommer kann das Wasser in freiliegenden Leitungen oder im Winter in Leitungen, die durch warme Kellerräume führen, Temperaturen erreichen, die ein längeres Überleben der pathogenen Amöben ermöglichen.

Über die Chlorresistenz der freilebenden Amöben gibt es keine gesicherten Angaben. 0,5 mg/l aktives Chlor sollen Naegleria-Zysten in 1 Stunde inaktivieren. Wie groß das gesundheitliche Risiko durch Naeglerien in Leitungswasser ist, kann vorläufig nicht beurteilt werden, weil Leitungswasser als Trink- und Brauchwasser dient. Durch Trinken eines infizierten Wassers werden mit aller Wahrscheinlichkeit keine Infektionen ausgelöst. Voreilige Schlüsse sollen jedoch nicht gezogen werden.

Mikroorganismen des Wassers nicht fäkaler Herkunft

Wassermyxobakterien

Diese Keime gehören zur Ordnung „Myxobacteriales“ und Gattung Sphaerocytophaga. Für die Wasserbakteriologie ist die wichtigste Art Sporocytophaga cauliformis. Die Myxobakterien nehmen in der Bakteriologie eine Sonderstellung ein. In der Umwelt sind sie weit verbreitet (z. B. Oberflächenwasser, Abwasser), trotzdem ist über diese Keimart wenig bekannt. Ihre Bedeutung für die bakteriologische Trinkwasseruntersuchung besteht in einer Indikatorfunktion.

Ein wesentliches Merkmal sämtlicher Myxobakterien ist ihre kriechend-gleitende Bewegungsform, die durch besondere Organellen bewirkt wird.

Die Einzelzellen sind nicht starr, sondern durch kontraktile Fibrillenschläuche in ihrer Zellwand zur aktiven Flexibilität (Zuckungs- und Bewegungsabknickungen) befähigt.

Ferner haben sie die Eigenart, sich an jede sich bietende Oberfläche zu heften. Dadurch werden sie leicht bei der vertikalen und horizontalen Bodenpassage aus dem Wasser entfernt.

Bei ungenügender Filterwirkung des Bodens gelangen jedoch Myxobakterien mit Oberflächenwasser oder an kleinen Partikeln haftend in tiefere Bodenschichten und damit in das Grundwasser.

Der Nachweis von Myxobakterien in einem Grundwasser weist deshalb stets darauf hin, daß die wasserfilternden Deckschichten einer Wassergewinnungsanlage keinen ausreichenden Schutz gegen oberflächige Verunreinigungen bieten. Myxobakterien sind als Indikatorkeime eine wertvolle Hilfe bei der bakteriologischen Wasseruntersuchung. Wenn Fäkalcoli fehlen und Myxobakterien in einer Wasserprobe vorhanden sind, kann davon ausgegangen werden, daß das Wasser aus einer bedenklichen Versorgungsanlage stammt.

Als Nährmedien eignen sich Kaninchen-Kotagar (Gräf) aber auch Endo- oder Moutonagar. Die Identifizierung der Keime erfolgt durch Agglutination mit Hilfe spezifischer Immunseren.

Mikroorganismen in Speicherbehältern

Bei der Speicherung von Wasser in Reservoiren, wie sie bei der kommunalen Wasserversorgung üblich ist, muß man zwischen stark und schwach durchflossenen Behältern unterscheiden. Während in den ersten die Verweildauer kurz ist, kann z. B. in Gegenbehältern ein nicht ausgetauschtes Restvolumen vorliegen, in welchem eine Vermehrung der Mikroorganismen stattfindet. Für das Verhalten der Mikroorganismen können die Behälter in drei Zonen unterteilt werden:

1. die Luftzone, deren Oberfläche durch Kondenswasser feuchtgehalten wird,
2. die Pendelzone, jener Wandbereich, der bei Sinken des Wasserspiegels trockenfällt und beim Füllen des Behälters benetzt wird,
3. die Zone der Dauerbenetzung, der Wandbereich, welcher meist als sogenannte Feuerreserve ständig mit Wasser gefüllt ist.

Untersucht man die Wand eines Behälters in der Pendelzone, so findet man unabhängig vom Wandmaterial eine mikrobielle Besiedlung. Die Dichte der Mikroorganismen bleibt aber so gering, daß eine optische Veränderung der Wand nicht wahrnehmbar ist. Die Oberfläche fühlt sich rauh an, wie ein sonst unbenetzter Beton.

In der Zone der Dauerbenetzung kann man eine ähnliche Besiedlungsdichte finden. Die Mikroorganismen, welche sich auf der Wand angesiedelt haben, können aus dem Kolonieverband in das Wasser übertreten, doch ist die Gesamtzahl zu gering, um das Wasser nachteilig zu verändern, d. h. die Koloniezahl überschreitet 100/ml nicht.

Etwas anders gestalten sich die Verhältnisse im Bereich der Luftzone und dem dort sich bildenden Kondenswasser. Untersuchungen ergaben, daß die Kondenswässer hoch verkeimt sein können und durch das abtropfende Wasser ein Bakterieneintrag in das Behälterwasser stattfindet. Bei geringem Wasserwechsel kann durch das herabtropfende Kondenswasser eine Verkeimung hervorgerufen werden, die die Koloniezahl bis an die Grenze der Zulässigkeit ansteigen läßt.

Ein anderer Ort einer erheblichen Bakterienvermehrung kann die Oberfläche des Wassers sein, die hier als Grenzfläche Wasser/Luft zu sehen ist. Sofern der Wasserspiegel weitgehend ungestört bleibt, stellt sich die mikrobielle Besiedlung als Oberflächenhaut, die sogenannte Kahmhaut (Neuston) dar. Sie kann sich auch bei Einspeisungen oberhalb des Wasserspiegels ausbilden, wenn z. B. die Wasserführung im Behälter durch Trennwände mäanderförmig gestaltet ist und daher eine schnelle Beruhigung der Wasseroberfläche eintritt. Von der Decke abtropfendes Kondenswasser durchschlägt beim Aufprall die Kahmhaut und reißt dabei Luft mit. Die zur Wasseroberfläche zurückkehrende Luft wird nun von der Kahmhaut eingefangen, läßt diese aufschwimmen und stellt sich dann als Schaum dar. Wird der Wasserspiegel eines kahmhauttragenden Behälters so weit abgesenkt, daß über dem Seiherkopf ein Ansaugstrudel entsteht, so gelangt die Kahmhaut in das Rohrnetz und führt nunmehr zu einer erheblichen Verkeimung des Trinkwassers, obwohl nur ein Bruchteil dieser Bakterien mit den herkömmlichen Methoden der Trinkwasseranalyse erfaßt wird. Plötzlich auftretende, aber auch vorübergehende Koloniezahlerhöhungen, die auf diese Gegebenheiten zurückzuführen sind, lösen häufig die Suche nach vermeintlichen Rohrbrüchen aus.

Eine weitere Verkeimung des Trinkwassers kann in zu groß dimensionierten Behältern sowie in zu schwach durchströmten Leitungen auftreten. Diese Gegebenheiten finden sich bei Großwasserversorgungen in ländlichen Gebieten, wenn die Bauwerke und Verteilerleitungen auf spätere Verbrauchsmengen ausgelegt werden mußten.

Aber auch in Fernversorgungssystemen mit einem hohen Wasserdurchsatz können Verkeimungen beobachtet werden, nachdem das Wasser aus den Endbehältern in die schwächer durchflossenen Verteilungsleitungen dünner besiedelter Gebiete übergetreten ist. Enthält das Wasser nämlich chlorzehrende organische Verbindungen, die bei Talsperren aus einer Algenmassenvermehrung stammen können, so ist die Wahrscheinlichkeit groß, daß es nach dem Abbinden des Chlors bei geringem Wasserdurchsatz zu einer schnellen Bakterienvermehrung kommt. Die Koloniezahlen/ml entsprechen dann nicht mehr den hygienischen Anforderungen.

Einfluß von Baustoffen und Auskleidungsmaterialien auf die Mikrobiologie

In den letzten Jahrzehnten sind nicht metallische, nicht hydraulisch bindende Werkstoffe in großem Umfang zur Anwendung im Trinkwasserbereich gekommen. Hierbei wurden gelegentich mikrobielle Massenvermehrungen beobachtet. Dem standen Erfahrungen aus der Praxis gegenüber, die den Materialien eine gute Eignung bescheinigten. Durch diese widersprüchlichen Angaben schien eine Beurteilung schwierig, und sowohl Hersteller als auch Anwender waren meist nicht in der Lage, eindeutige Aussagen über das Verhalten der Materialien zu geben. Durch Langzeitbeobachtungen von Zwischenfällen in der Praxis sowie durch Vergleichsuntersuchungen von Testflächen gelang es, das mikrobiologische Verhalten einiger Stoffe aufzuhellen.

Bitumen- und Chlorkautschukanstriche, die schon lange im Trinkwasserbereich verwandt werden, haben in Form ihrer Lösungsmittel ein Nährstoffangebot für die verschiedensten im Wasser vorkommenden Mikroorganismen. Mit zunehmendem Alter verarmen die Anstriche an Lösungsmitteln und der Bewuchs geht entsprechend zurück.

Epoxidharzanstriche können als Zweikomponentenkunststoff erst unmittelbar vor dem Auftragen durch Mischen der beiden Komponenten hergestellt werden. Die beiden Komponenten – Grundsubstanz und Härter – müssen in vorgegebenen Mengen miteinander gemischt werden, da der Härter Reaktionspartner und nicht Katalysator ist, wie bei anderen Kunststoffen. Die chemische Reaktion wird darüber hinaus durch Temperatur und Feuchtigkeit beeinflußt. Auswandernde, nicht polymerisierte Anteile der beiden Komponenten sowie organische Zusätze können von den Mikroorganismen verwertet werden. Andere Beobachtungen, bei denen Epoxidanstriche nicht mikrobiell besiedelt wurden, zeigen aber, daß es auch hygienisch unbedenkliche Rezepturen gibt.

Bei PVC-Folien ist aus dem Praxisbereich ebenfalls über flächenhafte mikrobielle Besiedlungen berichtet worden, die im Verlauf von mehr als einem Jahr abklangen. Hier haben Beobachtungen an Versuchsflächen ergeben, daß auf dem Markt befindliche PVC-Folien sich unterschiedlich verhalten. Da das PVC nach dem heutigen Stand der Kenntnisse mikrobiell nicht abgebaut wird, müssen die Zuschläge, insbesondere die Weichmacher, ausschlaggebend sein.

Weiterhin findet Gummi als korrosionsschützender Überzug von Formstücken und Armaturen im Unterwasserbereich Anwendung. Auch bei diesen Materialien zeigen die Oberflächen oft eine dichte Besiedlung.

Moderne Behälterkonstruktionen besitzen technisch bedingte Dehnungsfugen, die vor Inbetriebnahme abgedichtet werden müssen. Hierzu stehen dauerelastische Dichtungsmaterialien auf der Grundlage von Polysulfid, Expoxid, Polyurethan und Silikon zur Verfügung. Beobachtungen in der Praxis haben erkennen lassen, daß Polysulfid-Dichtungsmaterialien sehr intensiv bewachsen und sich dieser Bewuchs über mehr als ein Jahr wiederholt ausbildete. Die abgeschwemmte Bakterienmenge kann so groß sein, daß es zu einer Beeinträchtigung des Wassers kommt.

Vorherrschende Mikroorganismen an Fliesenfugen (Thofern)

Gruppe	Gattung/Art
Pilze	*Fusarium spec.* *Chaetomium spec.*
gram-negative Bakterien	*Pseudomonas fluorescens-Gruppe* *Pseudomonas spec.* Flavobakterien *Achromobacter (Alkaligenes)* *Caulobacter spec.* *Hyphomicrobium spec.* *Cytophaga spec.* *Lampropedia spec.* Scheidenbakterien
gram-positive Bakterien	*Bacillus spec.* *Cellulomaonas spec.* *Nocardia spec.* coryneforme Bakterien

Vom Silikon kann man annehmen, daß das Polymer Mikroorganismen keinen Nährboden bietet. Die Untersuchung verschiedener im Handel befindlicher Dichtungsstoffe auf Silikon-Basis hat aber gezeigt, daß auch hier ein dichter Bewuchs aufkommen kann, der durch organische Stoffe bedingt ist.

Um die Bindungsfähigkeit von Zementmörtel zu erhöhen, die vor allem für Ausgleichsmörtel und Dünnbettmörtel eine große Rolle spielt, setzt man organische Polymere zu. Die Konzentration liegt zwischen 1 und 3%. Auch auf solchem Mörtel muß daher – im Gegensatz zu früher, als nur hydraulisch bindende Materialien verwandt wurden – mit der Ausbildung eines mikrobiellen Bewuchses gerechnet werden.

Am häufigsten isolierte und identifizierte Bakterien von zwei Dichtungsmaterialien (Silikon und Polysulfid) (Thofern)

Scheidenbakterien[1]
Flavobacterium spec.
Caulobacter spec.
Hyphomicrobium/Hyphomonas spec.
Pseudomonas cepacia
Pseudomonas maltophilia
Pseudomonas fluorescens
Xanthomonas spec.
Moraxella spec.
Chromobacterium lividum
Chromobacterium violaceum

Die Vielzahl der zur Verfügung stehenden und für die Technik bedeutungsvollen Stoffe erfordert, um mikrobielle Massenvermehrungen und damit verbundene Minderung der mikrobiologischen Wasserqualität zu vermeiden, eine Langzeitprüfung

[1] = nicht näher charakterisiert.

von mindestens 3 Monaten aller nicht metallischen Werkstoffe. Durch Chlorung des Wassers kann die Flächenbesiedelung im allgemeinen nicht verhindert werden.

Methanoxidierende Mikroorganismen

Der Bedarf an Trinkwasser kann in zunehmendem Maße nicht mehr durch unbeeinflußtes Grundwasser gedeckt werden. Dementsprechend muß zwangsläufig auf andere Wasservorkommen zurückgegriffen werden, z. B. auf Seen, Talsperren oder auf uferfiltriertes Grundwasser. Außerdem kann Wasser aus Flüssen nach verschiedenen künstlichen Reinigungsmaßnahmen auch zur Grundwasseranreicherung verwendet werden.

Die Gewinnung von Trinkwasser über Uferfiltration ist – von der Mikrobiologie her gesehen – solange problemlos, wie zwischen der Belastung des Fließgewässers mit organischen Substanzen und dem Sauerstoffgehalt in der Weise ein Gleichgewicht herrscht, als letzterer ausreicht, um die leicht abbaubaren Stoffe im Bereich zwischen dem Sediment des Flusses und den Bodenschichten bis zum Erreichen der Brunnen zu mineralisieren. Der verbleibende Rest an organischem Kohlenstoff ist dann schwer abbaubar, hat dementsprechend innerhalb der Fließzeit bis zum Erreichen des Brunnens einen geringen O_2-Bedarf und führt nicht zu Störungen.

Bei einem Überangebot an organischem Kohlenstoff in Relation zur Möglichkeit der Aufnahme von O_2 in das Wasser wird die organische Substanz von den jeweiligen Bakterien mit NO_3^- und SO_4^{2-} als H-Akzeptoren und durch fermentative Anaerobier abgebaut. Hierdurch kommt es nicht nur zu einer Verlangsamung der Abbaugeschwindigkeit, sondern es entstehen in Abhängigkeit vom jeweils erreichten Redoxpotential organische und anorganische Zwischenprodukte.

Während ein Teil der anorganischen Zwischenprodukte (NO_2^-, NH_4^+, Mn(II), Fe(II), H_2S) aufgrund ihres Indikatorwertes bei der hygienisch-chemischen Wasseruntersuchung erfaßt werden, liegen über Art und Effekte der organischen Zwischenprodukte nur Angaben aus der Bodenchemie und -mikrobiologie bzw. der Limnologie vor.

Wenn in einem uferfiltrierten Grundwasser unter anaeroben Bedingungen Methan gebildet wird und eine Mischung mit O_2- und NO_3-haltigem Wasser stattfindet, dann reichern sich in einem solchen Wasser Methan-methanoloxidierende Bakterien an, die einen Bakterienrasen auf Brunnenteilen oder in den inneren Rohrwandungen bilden. Diese mit der üblichen Koloniezahlbestimmung nicht erfaßten Bakterien führen in der Praxis der Trinkwasserversorgung zu einer erhöhten Chlorzehrung und zu unerwünschten Erscheinungen, wie z. B. nicht mehr beherrschbaren Endstrangverkeimungen.

Literaturverzeichnis

[1] Althaus, H., W. Dott, G. Havemeister, H. E. Müller u. C. Sacre: Fäkal-Streptokokken als Indikatorkeime des Trinkwassers, Zbl. Bakt. I. Orig. A **252,** 154–165 (1982).

[2] Behling, A., u. K. H. Maier: Die Wasserversorgung und ihre Überwachung mit Hilfe der Membranfilter, Jb. Wasser **21,** 118 (1958).
[3] Berger, H.: Leitfaden der bakteriologischen Trinkwasseruntersuchungen, Urban u. Schwarzenberg, München und Wien, 1946.
[4] Berger, H.: Leitfaden der Trink- und Brauchwasserbiologie, Piscator, Stuttgart, 1952.
[5] Bigl, S.: Beiträge zur Standardisierung der Diagnostik pathogener Enterobacteriaceae. 1. Mitt. Anzüchtungsmedium für Shigella sonnei, Z. Ges. Hyg. **16,** 879–882 (1970).
[6] Bonde, G. J.: Bacterial Indicators of Water Pollution. A Study of Quantitative Estimation, Teknisk Forlag, Copenhagen, 1963.
[7] Borneff, J.: Methoden und Ziele der Colitestung, Arch. Hyg. **141,** 505–531 (1957).
[8] Botzenhart, K., R. Wolf u. E. Thofern: Das Verhalten von Pseudomonas aeruginosa in Oberflächenwasser, Kühlwasser und Abwasser. Zbl. Bakt. I. Orig. B. **161,** 72–83 (1975).
[9] Braune, J. F.: Zur Technik der Differenzierung zwischen Escherichia coli und Aerobacter aerogenes, Zbl. Bakt. I. Orig. **164,** 338–343 (1955).
[10] Bühlmann, X.: Psychrophile Keime im Wasser: Verhalten und praktische Bedeutung. Alimenta 9, 22–29 (1970).
[11] Burkhardt, F.: Die bakteriologische Diagnose der Vibrio El Tor-Infektion, Zbl. Bakt. I. Orig. **212,** 177–189 (1969).
[12] Burkhardt, F. u. F. Legler: Streptokokken im Wasser als Versagerursache beim Colinachweis mittels des Titrationsverfahrens, Arch. Hyg. **142,** 389 (1958).
[13] Daubner, I.: Mikrobiologie des Wassers, Akademie Verlag Leipzig 1973.
[14] Daubner, I. u. J. Mayer: Die Anwendung des Oxydase-Testes bei der hygienisch-bakteriologischen Wasseranalyse, Arch. Hyg. **152,** 302–305 (1968).
[15] Deutsche Einheitsverfahren zur Wasser-, Abwasser- und Schlammuntersuchung, Verlag Chemie GmbH, Weinheim/Bergstraße, 1971.
[16] Exner, M. u. G.-J. Tuschewitzki: Extrazelluläre polymere Substanzen von Mikroorganismen – Vorkommen und krankenhaushygienische Bedeutung –, Hygiene und Medizin **8,** 37–42 (1983).
[17] Fresenius, R.: Bemerkungen zu vorgeschriebenen und praktisch angewandten mikrobiologischen Wasseruntersuchungsverfahren, Schweizer Gesellschaft für Lebensmittelhygiene, Schriftenreihe H. 9, 26–33 (1979).
[18] Gräf, W. u. G. Pelka: Die Indikatorfunktion der Wassermyxobakterien bei der bakteriologischen Trinkwasseruntersuchung, Zbl. Bakt. I. Orig. B **169,** 225–239 (1979).
[19] Gräf, W. u. J. Schmitt: Wassermyxobakterien (Sporocytophaga cauliformis) und die Ordnung „Myxobacterales“, Zbl. Bakt. I. Orig. B **169,** 240–252 (1979).
[20] Guthof, O.: Enterokokken als Indikator faecaler Verunreinigungen von Wasser, Kongreßbericht, Zbl. Bakt. I. Ref. **169,** 329 (1958).
[21] Habs, H. u. H. Langeloh: Die Bedeutung der sogenannten atypischen Colibakterien für die Trinkwasserbeurteilung, Arch. Hyg. **142,** 476 (1958).
[22] Habs, H. u. H. Müller: Zur Differenzierung der coliformen Bakterien bei der Trinkwasseruntersuchung, Arch. Hyg. **144,** 1 (1960).

[23] Habs, H., G. Müller, V. Schädlich, R. Schubert u. F. Selenka: Die neuen Einheitsverfahren für die bakteriologische Wasseruntersuchung, Städtehygiene **23,** 131–134 (1972).

[24] Hässelbarth, U. u. D. Lüdemann: Die biologische Verockerung von Brunnen durch Massenentwicklung von Eisen- und Manganbakterien, Bohrtechnik, Brunnenbau, Rohrleitungsbau **18,** H. 10 und 11 (1967).

[25] Hallmann, C. u. F. Burkhardt: Klinische Mikrobiologie, G. Thieme, Stuttgart 1974.

[26] Halvorson, H. O. u. N. R. Ziegler: Application of Statistics to Problems in Bacteriology:

I. A Means of Determining Bacterial Population by the Dilution Method, J. Bact. **25,** 101–121 (1933).

II. A Consideration of the Accuracy of Dilution Data Obtained by using a Single Dilution, J. Bact. **26,** 331–339 (1933).

III. A Consideration of the Accuracy of Dilution Data Obtained by using Several Dilutions, J. Bact. **26,** 559–567 (1933).

IV. Experimental Comparison of the Dilution Method, the Plate Count, and the Direct Count for the Determination of Bacterial Populations, J. Bact. **29,** 609–633 (1935).

[27] Heinrich, H., J. Knaack, K. Kunerth, Ch. Müller, H.-D. Münch, R. Saalbreiter u. H. Wemmer: Vorschlag zu einheitlichen Verfahren für die bakteriologische Wasseruntersuchung, Z. Ges. Hyg. **12,** 393–408 (1966).

[28] Holden, W. S.: Water, Treatment and Examination, J. und A. Churchill, London 1970.

[29] Janitschke, K.: Wasser als Infektionsquelle bei Amöben-Meningoencephalitis, Bundesgesundheitsblatt **20,** 201–205 (1977.

[30] Janitschke, K., H. Werner, M. Leroy u. J. Schmitt: Untersuchungen über die Lebensfähigkeit pathogener Amöben der Gattung Naegleria in Wasser unterschiedlicher Herkunft, Zbl. Bakt. I. Orig. B **166,** 244–249 (1978).

[31] Janitschke, K., S. Lichy u. C. Westphal: Untersuchungen von künstlich erwärmten Gewässern auf freilebende Amöben und deren Prüfung auf mögliche pathogene Eigenschaften, Zbl. Bakt. I. Orig. B. **176,** 160–166 (1982).

[32] Kazda, J.: Die Bedeutung von Wasser für die Verbreitung von potentiell pathogenen Mycobakterien. I. Möglichkeiten für eine Vermehrung von Mycobakterien. Zbl. Bakt. I. Orig. B. **158,** 161–169 (1973).

[33] Kenner, B. A., H. F. Clark, and P. W. Kabler: Fecal Streptococci. I. Cultivation and Enumeration of Streptococci in Surface Waters, Appl. Microbiol. **9,** 15–20 (1961).

[34] Knothe, H., H. Seeliger, W. Döll u. B. Wiedemann: Enterobacteriaceae. Zbl. Bakt. I. Orig. **211,** 110–125 (1969).

[35] Ko, Hong Lioe: Zur mikrobiologischen Diagnose der Cholera, Zbl. Bakt. I. Orig. **211,** 126–131 (1969).

[36] Litsky, W., W. L. Mallman, C. W. Fifield: A new Medium for the Detection of Enterococci in Water, Amer. J. Publ. Health **43,** 873–879 (1953).

[37] Mentzing, L. O.: Waterborne outbreaks of campylobacter enteritis in Central Sweden, Lancet II 352 (1981).

[38] Metz, H.: Wasser als Vektor von Infektionserregern: Bakterien im Wasser, Zbl. Bakt. I. Orig. B. **172,** 255–274 (1980).

[39] Mochmann, H. P.: Leptospiren als Wasser- und Abwasserinfektion, Desinfektion u. Gesundh.wesen **49,** 30 (1957).

[40] Mossel, D. A. A. and H. Pouw: Studies on the Suitability of Sulphite Cycloserine Agar for the Enumeration fo Clostridium perfringens in Food and Water, Zbl. Bakt. I. Orig. **223,** 559–561 (1973).

[41] Mossel, D. A. A., G. A. Harrewijn, and C. F. M. van Zadelhoff: Standardization of the Selective Inhibitory Effect of Surface Active Compounds used in Media for the Detection of Enterobacteriaceae in Foods and Water, Paper presented at the Fifth Meeting of the North West European Microbiological Group, Bergen 1973.

[42] Müller, A.: Escherichia coli im Kaltblüterdarm, Zbl. Bakt. I. Orig. **162,** 32–37 (1955).

[43] Müller, G.: Der Enterokokkennachweis bei bakteriologischen Wasseruntersuchungen, Zbl. Bakt. I. Orig. **182,** 318–323 (1961).

[44] Müller, G.: Welche Konsequenzen ergeben sich aus den Erfahrungen der Hamburger Flutkatastrophe für die hygienische Trinkwasseruntersuchung? Arch. Hyg. **148,** 321–327 (1964).

[45] Müller G.: Koloniezahlbestimmungen im Trinkwasser, GWF **113,** 53–57 (1972).

[46] Müller, G.: Beurteilung erhöhter Koloniezahlen im Trinkwasserverteilungssystem, Das öffentl. Ges.-Wesen **34,** 380–384 (1972).

[47] Müller, G.: Der Vergleich der Gelatine- und der Kibogußplatte für die Koloniezahlbestimnmung im Trinkwasser, Zbl. Bakt. I. Orig. B. **157,** 376–386 (1973).

[48] Müller, H. E.: Über das Vorkommen von Salmonellen im Trinkwasser, Zbl. Bakt. I. Orig. B. **169,** 551–559 (1979).

[49] Müller, H. E.: Campylobacter fetus Infektion – eine Übersicht, Hygiene und Medizin **5,** 26–30 (1980).

[50] Müller, H. E.: Häufigkeit der Legionärskrankheit und Infektion durch Leitungswasser, Hygiene und Medizin **8,** 45–47 (1983).

[51] N. N.: Verordnung zur Änderung der Trinkwasser-Verordnung und der Verordnung über Tafelwässer (25. Juni 1980), Bundesgesetzblatt 1980 I, 764–769.

[52] N. N.: Richtlinie des Rates der Europäischen Gemeinschaften über die Meßmethoden sowie über die Häufigkeit der Probenahmen und der Analysen des Oberflächenwassers für die Trinkwassergewinnung der Mitgliedstaaten, Amtsblatt der Europäischen Gemeinschaften L 271/44 vom 29. 10. 1979.

[53] N. N.: Richtlinie des Rates der Europäischen Gemeinschaften vom 15. Juli 1980 zur Angleichung der Rechtsvorschriften der Mitgliedstaaten über die Gewinnung von und den Handel mit natürlichen Mineralwässern, Amtsblatt der Europäischen Gemeinschaften L 229/1 vom 30. 8. 1980.

[54] N. N.: Richtlinie des Rates der Europäischen Gemeinschaften über die Qualität von Wasser für den menschlichen Gebrauch, Amtsblatt der Europäischen Gemeinschaften L 229/11 vom 30. 8. 1980.

[55] N. N.: – Centers for Disease control – Water-related Disease outbreaks, Annual Summary 1979 and 1980, U.S.Dep. of Health and Human Service, Public Health Service.

[56] N. N.: Mikrobiologisches Handbuch, Becton Dickinson GmbH, Heidelberg 1980.
[57] N. N.: Difco Laboratories Inc., Detroit, Michigan: Difco Manual of Dehydrated Culture Media and Reagents for Microbiological and Clinical Laboratory Procedures, 9th Ed., reprinted 1977.
[58] N. N.: Die mikrobiologische Untersuchung von Wasser, E. Merck, Darmstadt.
[59] N. N.: Handbuch Nährböden, E. Merck, Darmstadt 1983.
[60] N. N.: Handbuch der Oxoid-Erzeugnisse für mikrobiologische Zwecke, Oxoid Deutschland GmbH, Wesel 1983.
[61] N. N.: A waterborne epidemie of salmonellosis in Riverside, California 1965. Epidemiologic aspects. A collaborative report/Amer. J. Epidem. **93,** 23–48 (1971).
[62] N. N.: A minerals-modified glutamate medium für die enumeration of coliform organisms in water. By the Public Health Laboratory Service Standing Committee on the Bacteriological Examination of Water Supplies. J. Hyg., Camb. **67,** 367–374 (1969).
[63] Otte, H.-J. u. H. Brandis: Lehrbuch der med. Mikrobiologie, G. Fischer, Stuttgart 1978.
[64] Papavassilliou, J. u. K. H. Wegener: Membranfiltermethode zum Nachweis sulfitreduzierender Clostridien in Wasser und anderen Flüssigkeiten, Zbl. Bakt. I. Orig. **167,** 383–385 (1957).
[65] Primavesi, C. A.: Der Nachweis von Yersinia enterocolitica im Oberflächenwasser, Forum Städtehygiene **31,** 13–15 (1980).
[66] Reploh, H.: Mikrobiologische Untersuchung und Beurteilung des Trinkwassers, HB. Lebensmittelchemie Bd. VIII, J. F. Bergmann, München, 1969, S. 1079–1146.
[67] Schäfer, W.: Über die Rolle des Colinachweises im Wasser, Zbl. Bakt. I. Orig. **160,** 54–62 (1954).
[68] Schäfer, W.: Zur Bewertung des Keimgehaltes bei Trinkwasseruntersuchungen, Städthyg. **16,** 14 (1965).
[69] Schalekampf, M.: Rohwasserqualität und Wasseraufbereitung, Zbl. Bakt. I. Orig. B. **172,** 156–180 (1980).
[70] Schmidt, K.-K.: Grundwassererneuerung und Wassergewinnung, Zbl. Bakt. I. Orig. B. **172,** 134–155 (1980).
[71] Schoenen, D. u. W. Dott: Mikrobieller Bewuchs auf Bitumen und Chlorkautschuk unter Laborbedingungen, Zbl. Bakt. I. Orig. B. **167,** 323–325 (1979).
[72] Schoenen, D. u. H.-F. Schöler: Trinkwasser und Werkstoffe, G. Fischer, Stuttgart, 1983.
[73] Schoenen, D., W. Dott u. E. Thofern: Mikrobielle Besiedlung von Auskleidungsmaterialien und Baustoffen im Trinkwasserbereich: 2. Mttlg. Experimentelle Untersuchungen von Bitumenanstrichen unter Praxisbedingungen, Zbl. Bakt. I. Orig. B. **167,** 314–322 (1979).
[74] Schubert, R.: Die coliformen Bakterien in der Wasserdiagnostik und ihre Differenzierung, Z. Hyg. **142,** 476 (1955).
[75] Schubert, R. u. U. Blum: Zur Frage der Erweiterung der hygienischen Wasserkontrolle auf dem Nachweis von Pseudonomas aeruginosa. GWF **115,** 224–226 (1974).

[76] Schubert, R. H. W. u. E. Deutsch: Der Einfluß der Bebrütungstemperatur auf die Angehrate von E. coli in Flüssigkeitskultur, Arch. Hyg. **153,** 205–210 (1969).

[77] Schubert, R. H. W. u. P. Scheiber: Untersuchungen über das Vorkommen von Salmonellen im Trinkwasser togoischer Wasserversorgungsanlagen, Zbl. Bakt. I. Orig. B. **168,** 356–360 (1979).

[78] Schubert, R. H. W., J. G. Esanu u. F. Esanu: Ein vereinfachtes Schema zur Identifizierung der in Oberflächen- und Grundwasser vorkommenden Pseudomonas-Arten, Zbl. Bakt. I. Orig. B. **158,** 183–193 (1973).

[79] Schubert, R. H. W., J. G. Esanu u. F. Esanu: Der Methylenblau-Reduktions-Test (MR-Test) und der Mikro-TTC-Test zum Nachweis der Verwertung von Substanzen für die Taxonomie der Pseudomonas-Arten im Oberflächen- und Grundwasser, Zbl. Bakt. I. Orig. B. **160,** 50–59 (1975).

[80] Schweisfurth, R.: Zum Problem der Keimzahlbestimmung der hygienisch-bakteriologischen Wasseruntersuchung, Ges.-wesen u. Desinfektion **60,** 65–70 (1968).

[81] Schweisfurth, R. u. A. Ruf: Untersuchungen über Vorkommen von methanoxidierenden Bakterien in Trinkwasserversorgungsanlagen, GWF **117,** 313–318 (1976).

[82] Selenka, F.: Hygienisch-bakteriologische Grundlagen des in der Lebensmittelgesetzgebung angewandten Fäkalindikatorgedankens, Arch. Hyg. **150,** 636–660 (1967).

[83] Selenka, F.: Weitere Untersuchungen zur Bestimmung des Alters von fäkalen Verunreinigungen im Wasser, Arch. Hyg. **150,** 660–681 (1967).

[84] Selenka, F. u. E. Kissling: Experimentelle Grundlagen für eine Bestimmung des Alters von E. coli im Wasser, Arch. Hyg. **148,** 516–526 (1964).

[85] Selenka, F. u. R. Meissner: Unterschiedliche Erfassung von Keimgruppen auf Nährböden bei der Bestimmung der Keimzahl im Wasser, Arch. Hyg. **154,** 488–499 (1971).

[86] Slanetz, L. W. a. C. H. Bartley: Number of Enterococci in Water, Sewage and Feces Determined by the Membrane Filter Technique with an Improved Medium, J. Bact. **74,** 591–595 (1957).

[87] Taylor, E. W.: The Examination of Water and Water Supplies, Ed. Churchill, 6. Ed., 1949.

[88] Taylor, E. W.: Metrop. Water Board, 36. Rept. 1953–54, London, 1954.

[89] Taylor, E. W.: Metrop. Water Board, 43. Rept. 1967–68, London, 1969.

[90] Terplan, G.: Technologisch-mikrobiologische Anforderungen an Trink- und Brauchwasser in Lebensmittelbetrieben, Schweizer Gesellschaft für Lebensmittelhygiene, Schriftenreihe H. 9, 48–52 (1979).

[91] Thofern, E.: Mikrobiologie des Trink- und Brauchwassers in Reservoiren, Tanks und Vorratsbehältern, Schweizer Gesellschaft für Lebensmittelhygiene, Schriftenreihe H. 9, 34–47 (1979).

[92] Thofern, E. u. K. Botzenhart: Untersuchungen zur Verkeimung von Trinkwasser, 1. Mitt.: Die Bedeutung der Wasseroberfläche, GWF **115,** 459–460 (1974).

[93] Weber, G.: Hygienische Anforderungen an Wasser im Hinblick auf die Verhütung von Infektionskrankheiten, Schweizer Gesellschaft für Lebensmittelhygiene, Schriftenreihe H. 9, 18–25 (1979).

[94] Weber-Schutt, G.: Der routinemäßige Nachweis von E. coli bzw. coliformen Bakterien im Wasser, Zbl. Bakt. I. Orig. **194,** 245–254 (1964).

[95] Weber, G., H. P. Werner u. H. Matschnigg: Pseudomonas aeruginosa im Trinkwasser als Todesursache bei Neugeborenen, Zbl. Bakt. I. Orig. **216,** 210–214 (1971).

[96] Weber, G., G. Stanek, N. Massiczek u. M.-F. Klenner: Erstmalige Isolierung von Yersinia enterocolitica aus Trinkwasser in Österreich, Zbl. Bakt. I. Orig. B. **173,** 207–208 (1981).

[97] Weber, G., G. Stanek, N. Massiczek u. M.-F. Klenner: Yersinia enterocolitica im Trinkwasser, Zbl. Bakt. I. Orig. B. **173,** 209–216 (1981).

[98] Wehle, V.: Hygienische Aspekte der Trinkwassernachbehandlung, Zbl. Bakt. I. Orig. B. **172,** 181–191 (1980).

[99] WHO Europe: Einheitliche Anforderungen an die Beschaffenheit, Untersuchung und Beurteilung von Trinkwasser in Europa. WHO-Genf, 2. Aufl., Übers. G. Müller, G. Fischer, Stuttgart, 1971.

[100] WHO: International Standards for Drinking Water World Health Organization, Geneva, 1971.

[101] WHO-Meeting: Meeting of the Working Group on Analytical Methods in Water Pollution Control, Copenhagen, 7–10 November 1972.

[102] Willis, A. T.: Anaerobes in a City Water Supply, J. appl. Bact. **19,** 155–158 (1956).

[103] Wilson, W. J., E. Blair and M. V. Maud: The Application of a Sulphite-Glucose-Iron-Agar Medium to the Quantitative Estimation of B. welchi and other Reducing Bacteria in Water Supplies, J. Pathol. u. Bact. **27,** 119–121 (1924).

[104] Wilson, W. J., E. Blair and M. V. Maud: Correlation of the Sulphite Reduction Test with other Tests in the Bacteriological Examination of Water, J. Hyg. **24,** 111–119 (1925).

[105] Wüstenberg, J. u. V. Schädlich: Untersuchungen über Bakterien der Coligruppe, Arch. Hyg. **150,** 578–611 (1967).

[106] Wuhrmann, K.: Mikrobiologische Aspekte der Gewinnung, Aufbereitung und Verteilung von Trink- und Brauchwasser, Schweizer Gesellschaft für Lebensmittelhygiene, Schriftenreihe H. 9, 9–17 (1979).

[107] Wuthe H. H.: Über eine Methode der stufenweisen Anreicherung zum Nachweis von Salmonellen im Süß- und Salzwasser, Zbl. Bakt. I. Orig. B. **157,** 328–332 (1973).

II. Virologie des Wassers

A. Vorkommen, Bedeutung und Nachweis von Viren

In den letzten 60 Jahren ist durch epidemiologische Studien und umfangreiche mikrobiologische Untersuchungen der Infektionsgang wasserbedingter bakterieller Infektionskrankheiten weitgehend geklärt. Die so gewonnenen Erkenntnisse führten zur Erschließung bakteriologisch einwandfreier Grundwasservorkommen. Wo dies nicht möglich war und auf Oberflächenwasser zurückgegriffen werden mußte, versuchte man die Infektionsgefahr durch Aufbereitungs-, Filterungs- und Entkeimungs-Maßnahmen zu beheben.

Anders liegen die Verhältnisse auf dem Gebiet der virusbedingten Infektionskrankheiten. Über ihren Umfang und ihre Ursachen wurden erst in den letzten 30 Jahren durch die Entwicklung der Virus-Züchtung in Gewebekulturen – also in Zellmaterial von Menschen oder Tieren in geeigneten Nährlösungen – und in vorbebrüteten Hühnereiern aufschlußreiche Ergebnisse erhalten. Trotz der Fortschritte auf dem Gesamtgebiet der Virologie sind unsere Kenntnisse über die Beziehung zwischen Virus-Infektion und Trink- bzw. Abwasser immer noch sehr unvollkommen. Nur wenige Laboratorien haben sich experimentell dieser Frage zugewandt, deren Bearbeitung mit großen methodischen Schwierigkeiten verbunden ist. Diese Schwierigkeiten betreffen nicht nur die Virus-Züchtung, Artbestimmung und Typisierung, sondern auch die Virusgewinnung und -anreicherung aus Trink-, Brauch- und Schwimmbadwässern.

Gefährdung der Trinkwasserversorgung. Die von Kranken und latent Infizierten über die Darmschleimhaut ausgeschiedenen Viren lassen sich besonders zu Epidemiezeiten in den Sommermonaten im Abwasser und je nach Abwasserbehandlung in den als Vorfluter dienenden Oberflächengewässern – insbesondere Flußwasser – nachweisen. Hieraus erwachsen Gefahren, weil einerseits trotz anerkennenswerter Leistungen der Abwasserreinigung eine Verschmutzung der Gewässer besteht und andererseits auf Grund des ständig steigenden Wasserbedarfs vermehrt Oberflächenwasser in die Trinkwasserversorgung einbezogen werden muß. Zu berücksichtigen ist, daß die Reinigung der Abwässer teilweise sehr mangelhaft durchgeführt wird. Deshalb kann dem Abwasser eine große epidemiologische Bedeutung in der Verbreitung von Viruskrankheiten zukommen. Die Gefahr einer Virusinfektion und -krankheit besteht damit nicht nur für den im Flußwasser Badenden, sondern auch für weite Bevölkerungskreise, deren Trinkwasserversorgung durch ungenügend aufbereitetes und desinfiziertes Oberflächenwasser erfolgt. Die Möglichkeit einer Infektion ist auch dann gegeben, wenn es durch technische Unzulänglichkeit oder Undichtigkeit im Rohrnetz zu einem Kurzschluß zwischen Abwasser und Trinkwasser kommt.

Viruskrankheiten. Auf die epidemiologische Bedeutung des Virusnachweises im Wasser ist von zahlreichen Autoren hingeweisen worden. Ein Virus besteht aus Nukleinsäure, die von einer Hülle umgeben ist (Abb. 1). Bei der Nukleinsäure handelt es sich entweder um DNS oder RNS.

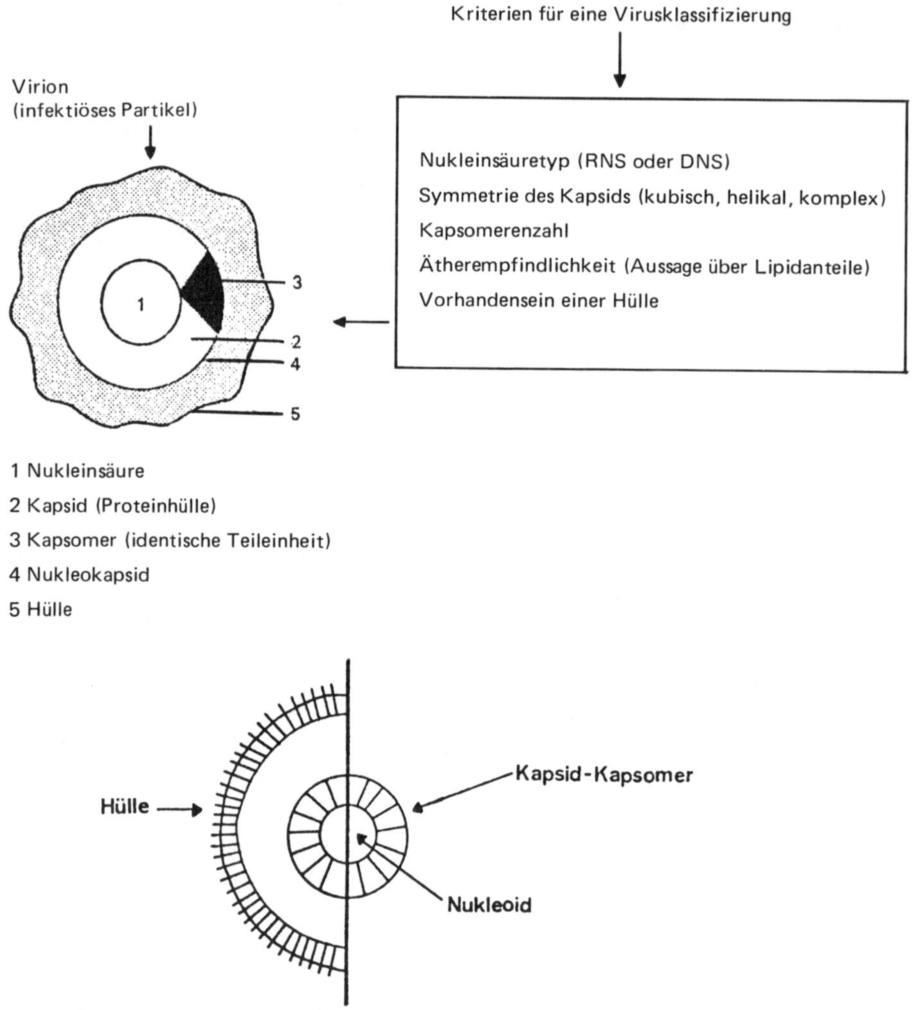

Abb. 1. Aufbau eines Virus.

Die Krankheitserscheinungen, die durch eine Virusart oder einen Virustyp hervorgerufen werden, können sehr unterschiedlich sein. Berücksichtigt werden muß, daß gleiche Krankheitssymptome durch ganz verschiedene Virusarten bzw. -typen verursacht werden. Eine Viruseinteilung ist deshalb nach dem Krankheitsbild nicht durchführbar. Die Erkrankungen, die durch im Wasser nachweisbare Viren ausgelöst werden können, sind in Tab. 1 zusammengestellt.

Der Infektionsverlauf durch enterotrope Viren ist zu einem hohen Prozentsatz inapparent. Die Rate der Pathogenität – d. h. die Häufigkeit, mit der eine Virusinfektion zur Krankheit wird – kann nach sorgfältigen Untersuchungen für Adeno- und Enteroviren mit rund 40% angenommen werden.

Wie unter den Bakterien gibt es auch unter den Viren solche, die für den Menschen obligatorisch pathogen, fakultativ pathogen oder apathogen sind. Die intrazelluläre

Vermehrung allein ist nicht mit Pathogenität gleichzusetzen. Ob ein krankhafter Zustand eintritt, entscheidet die Qualität der virusinfizierten Zellen, d. h. ihre Wichtigkeit für die Physiologie der Lebensabläufe, die Lokalisation der Zellen und ihre Menge. Im Stuhl gesunder Kinder unter 5 Jahren lassen sich in etwa 5% Entero- und Adenoviren nachweisen.

Die weite Verbreitung der Enteroviren berechtigt zur Annahme, daß diese Erregergruppe besonders für die Entstehung sporadischer Erkrankungsfälle prädestiniert ist. Zur Auslösung epidemischer Geschehen scheint sie nur unter besonderen Umständen befähigt. Diese liegen vor, wenn neue Virustypen in eine empfängliche Population einbrechen, wie z. B. die Coxsackie B 3-Pleurodynie 1958 in Ungarn. Ein weiteres Beispiel ist die Gelsenkirchen-Essener Polio-Typ I-Epidemie 1968, bei der 22 Kinder im Alter von 1 bis 14 Jahren erkrankten. Für die Beurteilung des Poliomyelitisrisikos in einer Bevölkerung sollte bekannt sein:

1. wieviel Prozent der Einwohner sind gegenüber den 3 Typen des Virus empfänglich (= Erfassung der Ansteckungsgefährdeten) und
2. ob der Erreger zum aktuellen Zeitpunkt in einem bestimmten Gebiet vorhanden ist (= Erfassung der Ansteckungsgefahr).

Neuere Untersuchungen haben ergeben, daß Picorna-Viren, insbesondere Viren der Coxsackie-Gruppe Läsionen in der Muskelzelle des Herzens hervorrufen. Dies reicht von leichten Gefügestörungen bis zur völligen Zerstörung der Muskelfasern. Bei ungünstiger Lokalisation verursachen diese Läsionen Herzrhythmus-Störungen durch Beeinflussung des Reizleitungs-System.

Diskutiert werden ferner Krankheiten der Bauchspeicheldrüse durch Coxsackie-B-Viren und Reo-Viren. Als mögliche Folge einer intrauterinen Infektion mit Echo-Viren werden Mißbildungen des zentralen Nervensystems in Betracht gezogen.

Von besonderem Interesse für die Wasserhygiene ist das Hepatitis-Virus. Es handelt sich hierbei um den Erreger der infektiösen Leberentzündung (Hepatitis epidemica). In der Mehrzahl verläuft diese Infektionskrankheit ohne Gelbfärbung der Haut. Die Bezeichnung „infektiöse Gelbsucht", die häufig gebraucht wird, ist nicht zutreffend. Es werden heute drei Arten der Virushepatitis unterschieden.

Für die Wasserhygiene ist nur die Hepatitis A von Bedeutung. Sie wird hauptsächlich durch Schmierinfektion oder infizierte Nahrungsmittel oder Trinkwasser übertragen.

Die geringste infektiöse Einheit. In ihrer Empfehlung regt die WHO an, eine Trinkwasserprobe erst dann als unbedenklich anzusehen, wenn bei der Untersuchung nicht eine („not even one") plaquebildende Viruseinheit (PBE) pro Liter gefunden wird. Man fordert die Untersuchung von etwa zehn Liter Wasser, um das Fehlen von Viruspartikeln eindeutig sicherzustellen. Auf Grund der Schwierigkeit dieser Untersuchungen, wird die Errichtung von Schwerpunktlaboratorien in den einzelnen Ländern empfohlen, deren Ausstattung eine Differenzierung der isolierten Viren erlaubt. Als selbstverständlich wird unterstellt, daß Virusuntersuchungen nicht so häufig wie bakteriologische Kontrollen durchgeführt werden können, sondern daß sie in festgelegten Intervallen, deren Zeitspanne nicht genannt ist, vorzunehmen sind.

In der Richtlinie des Rates der Europäischen Gemeinschaften vom 15. Juli 1980 über die Qualität von Wasser für den menschlichen Gebrauch (80/778/EWG) wird

Tabelle 1: Viren, die vorwiegend über den Verdauungstrakt ausgeschieden und deren Nachweis im Wasser erwartet werden kann.

Virusgruppe und -typ	Krankheitszeichen	Größe und chem. Aufbau	Züchtung
1. Picornaviren (Enteroviren)			
Poliomyelitisviren Typ 1–3	Aparalytische und paralytische Poliomyelitis und Encephalitis		In Menschen- und Affenzellkulturen
Coxsackie-Viren Gruppe A 24 Typen	Abakt. Meningitis, Poliomyelitis-ähnliche Krankheit, Krankheit des Respirationstraktes, Allgemeinerkrankung, Herpangina	Etwa 25 nm ∅, einzelnes RNA-Molekül in Proteinhülle	In neugeborenen Mäusen (mit Ausnahme von Typ 9 A, der sich in Zellkulturen entwickelt)
Gruppe B 6 Typen	Abakt. Meningitis, epidemische Myalgie (Bornholmer Krankheit), Neugeborenen-Myocarditis, Krankheit des Respirationstraktes, uncharakteristische Allgemeinerkrankung		In neugeborenen Mäusen sowie Menschen- und Affenzellkulturen
Echo-Viren 33 Typen[1],	Abakt. Meningitis, Encephalomyelitis und poliomyelitisähnliche Krankheiten, Exanthematische Krankheiten, Diarrhoe (insbesond. Sommerdiarrhoe der Kinder), Infekte des Respirationstraktes		Menschen- und Affenzellkulturen
Hepatitis A-Virus	Hepatitis epidemica, akute, meist harmlos verlaufende Krankheit, kein Übergang in eine chron. Krankheitsform	27–28 nm ∅, RNA-Molekül	Schimpansen, Krallenaffen, Affenleber- u. Affennierenzellen
Calici-Viren	Gastroenteritis	27 nm ∅, RNA-Molekül	?
2. Rota-Viren 4 Typen	Gastroenteritis	60–70 nm ∅, doppeltes RNA-Molekül	Züchtung in menschl. fetalen Intestinumzellen oder Nierenzellen möglich

Virusgruppe und -typ	Krankheitszeichen	Größe und chem. Aufbau	Züchtung
3. Adeno-Viren 39 Typen 40 u. 41?	Fieberhafte Pharyngokonjunktivitis, akute Krankheit des Respirationstraktes, Gastroenteritis, Exanthematische Krankheit mit ZNS-Beteiligung	Etwa 70–120 nm ∅, doppeltes DNA-Molekül in Proteinhülle	In Menschenzellen, z. T. Affennierenzellen
4. Reo-Viren Typ 1–3	Infekte des Respirationstraktes, Gastroenteritis	Etwa 60–140 nm ∅, doppeltes RNA-Molekül in Proteinhülle	Vorwiegend Menschenzellen
5. Corona-Viren	Gastroenteritiden, vorwiegend Erkrankungen des Respirationstraktes	80–200 nm ∅, RNA-Molekül	Schimpansen, Embryonale Trachealringkulturen (humane Zellen)
6. Norwalk-Viren 5 Typen	Gastroenteritis	20–27 nm ∅, (DNA-Molekül)	In Zellkulturen nur schwer züchtbares Virus, Schimpasen
7. Astro-Viren (?)	Gastroenteritis	28 nm ∅	Zellkultur und Tierpassage nicht gelungen
8. Bakteriophagen (?)			Bakterien
9. Viroide/Proviren (?)		einsträngige RNA	?

[1] Die Anzahl der Echo-Typen nimmt laufend zu, jedoch sind auch Korrekturen bezüglich der Einordnung notwendig. Identisch sind z. B. Echo 1 und 8, Echo 9 und Coxsackie A 23. Echo 10 ist ein Reovirus, Echo 28 ist ein Rhinovirus.

– soweit erforderlich – verlangt, die mikrobiologische Untersuchung durch Untersuchungen auf Salmonellen, pathogene Staphylokokken, Fäkalbakteriophagen und Enteroviren zu vervollständigen. Angaben über die zu untersuchende Wassermenge werden nicht gegeben.

Die Bedeutung von Viren in Trink- und Brauchwasser ist davon abhängig, für wie wesentlich das Vorkommen kleiner Virusmengen im Wasser für die Gesundheit des Menschen erachtet wird. Es gilt als sicher, daß ein Virion eine Gewebekultur infizieren kann, obwohl es keinen Beweis dafür gibt, ob dies gleichermaßen für Mensch und Tier zutrifft. Wenn auch erworbene Resistenz und andere Faktoren eine Rolle spielen, sind Anhaltspunkte dafür vorhanden, daß der Mensch auf oralem, respiratorischem und konjunktivalem Wege durch sehr geringe Mengen einiger Virusarten infiziert werden kann.

Aus experimentell ermittelten Infektionsdosen menschenpathogener Viren ist bekannt, daß durch eine PBE (plaquebildende Einheit in der Gewebekultur) mit Poliovirus Typ 1 (SM) Infektionen ausgelöst werden können. Für Polio-Wildvirusstämme wird noch eine höhere Infektiosität angenommen. Mit dem Poliovirus Typ 3 (Fox-Stamm) gelang es, eine Infektion bei Kindern mit 1 JD_{50} (= Infektionsdosis 50%, das ist diejenige Virusmenge, bei der nach vorausgegangener Verdünnung die Gewebekultur in der Hälfte der beimpften Röhrchen abstirbt bzw. nicht abstirbt) hervorzurufen. Die für Poliomyelitisviren beschriebene hohe Infektiosität darf jedoch nicht ohne weiteres verallgemeinert werden. Zahlreiche Untersuchungsergebnisse sprechen dafür, daß unter Berücksichtigung der jeweiligen Empfänglichkeit des Wirts doch erheblich höhere Virusmengen für das Angehen einer Infektion notwendig sind.

Virusepidemien und Viruskrankheiten

Die ersten Beobachtungen, die die Übertragung von *Poliomyelitisviren* auf dem Wasserwege betreffen, gehen auf das Jahr 1937 zurück. 1943 wird über 8 wahrscheinlich durch Trinkwasser hervorgerufene Epidemien berichtet, von denen 6 in Schweden stattgefunden haben. Die Bedeutung der Trinkwasserverunreinigung durch Poliomyelitisviren wurde von zahlreichen Autoren erörtert, weil die Wahrscheinlichkeit der Verbreitung auf dem Wasserwege verhältnismäßig groß ist. Quantitative Studien ergaben, daß Poliomyelitisviren vorwiegend in den Sommer- und Spätsommermonaten in einer Konzentration von 10^5 JD_{50} je Gramm Stuhl ausgeschieden werden können und mit Abwasser in Oberflächengewässer gelangen.

Der Nachweis von *Coxsackie- und Echoviren* im Abwasser erfolgte kurz nach ihrer Entdeckung. Seitdem gibt es zahlreiche Veröffentlichungen, die das Vorkommen von Coxsackie- und Echoviren bestätigen.

Die Coxsackieviren der Gruppe B verursachen unterschiedlichste Krankheitsbilder wie Pleurodynie, Myokarditis, Meningitis und respiratorische Infektionen. Infolge des oft schleichenden und atypischen Krankheitsgeschehens werden gezielte Untersuchungen nicht oder nicht rechtzeitig veranlaßt. Die Durchseuchung wird bei Erwachsenen im Alter von 20 Jahren und älter mit 40% angegeben. Sehr wahrscheinlich wird die Häufigkeit der Myokardbeteiligung bei Coxsackie-Infektionen unterschätzt. Sie dürfte bei 0,2–5% liegen. Die Säuglingssterblichkeit bei Coxsackiemyokarditis liegt bei 50%. Bei Erwachsenen muß man mit 5–50% Dauerschäden rechnen. Die Auffassung über die Persistenz der Erreger im Organismus ist geteilt. Möglicherweise gibt es eine zeitweilige Aktivierung wie beim Herpesvirusmodell im Zusammenhang mit konditionierenden Faktoren, also eine immer wieder auftretende Virusantigenwirkung in der Herzmuskulatur oder die Wirksamkeit von Antigenen aus der denaturierten Herzmuskulatur mit Auslösung autoimmunologischer Krankheitsprozesse.

Neben der den Coxsackie-B-Typen entgegengebrachten Aufmerksamkeit treten die durch Echoviren verursachten Erkrankungen in den Hintergrund. Es sind dies neben der aseptischen Meningitis Erkrankungen des Respirationstraktes und Darmes sowie Exantheme. Aber auch Echovirus-Myokarditiden sind von den Serotypen 9 und 22 beschrieben. Todesfälle sieht man jedoch seltener als bei den Coxsackievirus-Infektionen. Als möglich Folge einer intrauterinen Infektion mit Echoviren werden Mißbildungen des zentralen Nervensystems in Betracht gezogen.

Trotz der für die Coxsackie-A-Typen erschwerten Nachweismethoden darf nicht vernachlässigt werden, daß die durch die Typen A 5, A 10 oder A 16 hervorgerufene „Hand-Fuß-Munderkrankung", die sowohl bei Kinder als auch bei Erwachsenen als sporadisch auftretende Kleinepidemie in den westlichen Ländern beschrieben wird, durch Gewässer übertragen werden kann. Vorherrschend ist ein aphtoides Exanthem, das im Spätsommer und Herbst, also zu Zeiten einer erheblichen Wasserbelastung, durch Coxsackieviren bei der Inspektion der Mundhöhle von Kindern beobachtet wird.

Etwa 20% aller Enteritiden im Kindesalter werden durch pathogene Darmbakterien hervorgerufen. In der weitaus größeren Anzahl der Fälle handelt es sich aber um Virusinfektionen. Von den Echo-Viren sind es vor allem die Typen 11, 14, 18 und 22 und von den Adeno-Viren die Typen 3, 4 und 7, die bei Kindern Diarrhoen hervorrufen können.

Bei Tieren fand man 1969 und beim Menschen 1973 eine weitere Virusart, die wahrscheinlich die Hauptursache von epidemischen und sporadischen Enteritiden bei Kindern unter zwei Jahren sind. Es handelt sich um die sogenannten *Rota-Viren.* Die Rota-Viren sind kreisrunde Partikel mit einem Durchmesser von 60 bis 70 nm. Sie besitzen ein doppelschichtiges Kapsid, dessen äußere Schicht im elektronenoptischen Bild der Felge eines Rades ähnelt, das dem inneren, radial angeordneten Kapsid aufliegt. Wegen der morphologischen Merkmale rechnete man die Rota-Viren zur Gruppe der Reoviren (Rheoviren). Sie sind aber von den bisher bekannten Reo-Viren der Typen 1, 2 und 3 serologisch und morphologisch verschieden und weisen keine Gemeinsamkeit der Antigene auf. Die klinischen Symptome der Rota-Virus-Infektion beim Menschen sind im allgemeinen die einer leichten, meist fieberhaften Gastroenteritis. Diese beginnt nach einer Inkubationszeit von zwei bis drei, maximal vier Tagen plötzlich mit Erbrechen, meist schon vor Einsetzen der Durchfälle, die bei fast allen klinisch manifesten Infektionen auftreten. Die Stühle sind wäßrig, von grüner bis gelber Farbe, sie enthalten in der Regel kein sichtbares Blut und nur selten Schleim. Der Verlauf ist meist unkompliziert. Es wird aber auch über schwere Verlaufsformen mit schwerer Dehydratation berichtet. Die Rota-Virus-Gastroenteritis hinterläßt keine dauernde Immunität und kann daher wiederholt auftreten.

Die Züchtung des Rota-Virus von Menschen in der Gewebekultur ist bisher nicht möglich. Lediglich in Organkulturen aus menschlichem fetalen Intestinum ließ sich

Rota-Virus vermehren und durch indirekte Immunfluoreszenz sichtbar machen. Neuerdings gelang die Züchtung des Virus auch nach Adaptation an embryonalen Nierenzellkuren.

Die Infektionen mit dem Rota-Virus gelten als die häufigste Ursache von Diarrhoe bei Säuglingen und Kleinkindern. Sie lassen sich in 40 bis 60% aller akuten Gastroenteritiden bei Kindern unter sechs Jahren nachweisen. Bei gesunden Kindern werden diese Viren im allgemeinen nicht gefunden.

Neben der mit Sicherheit häufigsten Infektion mit Rota-Virus wird neuerdings über die Rolle einiger weiterer Viren in der Aetiologie der Gastroenteritis diskutiert. Es handelt sich um die Norwalk-Viren. Diese Gruppe von Viren ist nach einer Epidemie in Norwalk, Ohio, benannt, bei der ein filtrierbares infektiöses Agens bei nichtbakteriellen Durchfällen entdeckt und als 27 nm großes Virus charakterisiert wurde. Wahrscheinlich gibt es mehrere, nicht unbedingt serologisch identische Norwalkähnliche Viren. Das Norwalk-Virus besitzt keine Membran und ist sehr hitze- und säurebeständig. Es ist für etwa ⅓ der nicht bakteriellen Durchfallsepidemien verantwortlich. Epidemiologische Erhebungen lassen vermuten, daß Norwalk-Viren im Wasser lange Zeit aktiv bleiben. Von 1977 bis 1980 wurden von den Centers for Disease 10 durch Wasser übertragene Norwalk-Virusepidemien mit insgesamt 31437 erkrankten Personen registriert. Diese Zahl ist fünfmal größer als die in der gleichen Zeit durch Wasser übertragenen Salmonellen- und Shigelleninfektionen. Wie mit Rota-Viren ist die Durchseuchung weltweit. Die Symptome, die nach einer Inkubationszeit von 1–2 Tagen auftreten, bestehen in Erbrechen oder Diarrhöen und leichtem Fieber. Die Krankheit dauert rund zwei Tage und ist mild. Ähnlich wie bei Rota-Viren ist nur die Dünndarmschleimhaut betroffen.

Die *Corona-Viren* wurden bei verschiedenen Nutztieren als Ursache von Gastroenteritis-Erkrankungen identifiziert. Diese pleomorphen Viren besitzen einen Durchmesser von 80 bis 200 nm. Auf der Oberfläche der Partikel sind etwa 20 nm lange plumpe Fortsätze („Spikes“) zu erkennen. Der Innenkörper erscheint strukturlos. Es wird vermutet, daß diese Viren auch für den Menschen pathogen sind. In Stuhlproben von Säuglingen, Kleinkindern und Jugendlichen mit Gastroenteritis, jedoch auch bei „gesunden Kontrollen“, wurden Corona-Viren nachgewiesen.

Die Elektronenmikroskopie, die zur Entdeckung der Rota-, Norwalk- und Corona-Viren geführt hat, brachte auch eine Reihe anderer Virusstrukturen zum Vorschein. Es handelt sich um die Astroviren mit einem Durchmesser von 28 nm mit auffallender sternförmiger Oberflächenstruktur. Gastroenteritiden sind ferner durch Caliciviren und nicht klassifizierbare Adenoviren verursacht worden.

Der Verdacht, daß die *infektiöse Hepatitis* durch Wasser übertragen wird, wurde bereits 1896 geäußert. Eine gewisse Bestätigung liefert eine 1916 in Norwegen beschriebene Erkrankungswelle, die mit ziemlicher Sicherheit auf verunreinigtes Trinkwasser zurückzuführen ist. Inzwischen liegen viele Veröffentlichungen vor, die Trinkwasser als Ursache von Hepatitisepidemien in Betracht ziehen. Erwähnenswert sind auch die 28745 ikterischen Erkrankungen in Delhi.

Diese von 1955 bis 1956 auf dem Wasserwege verursachte Hepatitisepidemie erregte deshalb so großes Aufsehen, weil sie zu einer erstaunlich hohen Erkrankungsziffer führte. Diese Tatsache weist darauf hin, daß die Bewohner von Delhi lange Zeit mit hygienisch einwandfreiem Wasser versorgt worden sein müssen und deshalb unzureichend immunisiert waren.

Auch eine 1944 in der Nähe von Philadelphia beobachtete Hepatitisepidemie, bei der mit 344 Erkrankungen nahezu 2/3 der jugendlichen Lagerinsassen durch einen fäkal verunreinigten Brunnen infiziert wurden, hat einen interessanten Aspekt: epidemiologisch blieb ungeklärt, warum neben der hohen Infektiosität im Lager die Infektketten nach außerhalb und weiter in den Familien schnell abrissen.

Durch Schalentiere verursachte Hepatitis-Erkrankungen sind mehrfach beschrieben worden. Nach experimentellen Untersuchungen können Schalentiere infektiöse Viruspartikel, die im umgebenden Wasser in einer Menge von etwa 10 PFU je ml enthalten sind, bis zu 1000fach konzentrieren.

Von Bedeutung können auch Bakteriophagen für die Trink- und Brauchwasserversorgung sein. Es sind 10–100 nm große virusartige Mikroorganismen. Sie entfalten keine pathogenen Eigenschaften gegen höher entwickelte Lebewesen sondern nur gegen Bakterien. Sie bestehen aus 2 Hauptkomponenten: Protein und Nukleinsäure, wobei das Protein als Hülle die Nukleinsäure umgibt. Nach dem Typ der Nukleinsäure kann wie bei Viren zwischen DNA- und RNA-Phagen unterschieden werden. Die Phagen vermehren sich in lebenden Bakterienzellen. Hierbei werden folgende Phasen unterschieden:

1. Adsorption an Zellwandrezeptoren.
2. Eindringen der Phagennukleinsäure in die Bakterienzelle.
3. Transkription des Phagengenoms, Translation der Phagen m-RNS sowie Replikation der Phagennukleinsäure, entstehen von Phagenbausteinen.
4. Zusammenbau reifer Phagenpartikel.
5. Freisetzung der reifen Phagen durch Auflösung der Bakterienzellen.

Durch Phagenbefall können Bakterien auch neue Eigenschaften erwerben. Die Bildung bakterieller Toxine korreliert oftmals mit einer Phageninfektion. Der Phage bzw. Prophage bei lysogenen Bakterien trägt in diesem Falle die Information für die Produktion des Toxins und gibt diese Information an Bakterien weiter, die vorher nicht Toxin zu produzieren vermochten. So wurde aus einem toxigenen Clostridium botulinum C-Stamm ein Phage CE isoliert, der die Eigenschaft der Toxinbildung auf nichttoxogene Clostridien übertrug. Genetische Untersuchungen bewiesen, daß der Phage CE als Prophage die genetische Information für die Bildung des Botulinus-Toxins in seinem Genom enthält und in der lysogenen Bakterienzelle manifestiert. Ähnliche Befunde liegen auch von anderen Bakterien vor, z. B. von Corynebacterium diphtheriae. Vermutet wird, daß auch der Cholera-Erreger *Vibrio El Tor* durch Prophagen pathogen wurde.

Phagen können sich in Lebensmitteln und Wasser nicht nur durch Vermehrung der sie tragenden Bakterien anreichern, sondern auch sui generis in Lebensmitteln oder Wasser vorhanden sein.

Eine besondere Herausforderung für die Infektionsmedizin stellen neue infektiöse Viroide oder Proviren dar. Sie lassen sich in der Regl nur mit besonderen Kunstkniffen isolieren und persistieren über lange Zeit im Körper, ohne Krankheitserscheinungen auszulösen. Erst wenn sekundäre Faktoren, wie z. B. Helferviren, Immunsuppression oder spontane bzw. induzierte immunologische Wirtsreaktionen hinzukommen, werden sie aktiviert. Die Existenz von Viroiden wird allgemein anerkannt. Es handelt sich dabei um freie infektiöse, einsträngige Ribonukleinsäuren, die im nativen Zustand als basengepaarte, stäbchen- bzw. hantelförmige Strukturen vorliegen. Ihre Größe beträgt etwa nur ein Zehntel der RNS der kleinsten Viren. Viroide stellen damit einen prinzipiell neuen Typ von Erregern dar, der z. B. bei Pflanzen Krankheiten auslösen kann. Menschliche oder tierische Krankheiten konnten ihnen bisher nicht eindeutig zugeordnet werden. Sie werden gelegentlich mit chronischen Krankheiten wie z. B. Kuru in Verbindung gebracht.

Proviren repräsentieren freie Virusnukleinsäuren, die in der Regel mit dem Zellgenom assoziiert sind. Sie kommen bei Tieren, möglicherweise auch beim Menschen vor und haben vor allem bei der malignen Transformation von Zellen Bedeutung erlangt.

Die Wasser-Virologie muß auch diese neuen Entwicklungen einer Suche nach immer kleineren, infektiösen Pathogenen berücksichtigen.

Nachweis von Viren im Wasser

Quantitative Angaben über in Wasserproben nachgewiesenen Virusmengen sind mit Vorbehalt zu bewerten, weil die Verbreitung der Viruspartikel von einer Vielzahl Faktoren beeinflußt wird. Eine Rolle spielen z. B. der pH-Wert, der Gehalt an anorganischen Substanzen, an Schwebstoffen und die Konzentration der mehrwertigen Kationen wie Ca^{2+} und Mg^{2+}. Besonders die Aggregatbildung der suspendierten Virusteilchen kann die Ergebnisse erheblich beeinflussen oder verfälschen.

Der quantitative Nachweis infektiöser Partikel in Wasserproben wird überwiegend in Gewebekulturen geführt. Man ermittelt entweder die JD_{50} oder man zählt die Anzahl der als PBE erkennbaren Zellschädigungen in einem Gewebekulturzellrasen in Schälchen oder Flaschen. Soweit Schwierigkeiten für die Durchführung von Plaquetesten bestehen, müssen Tritrationsmethoden angewendet werden. Optimal geeignet wäre das Plaque-Verfahren, wenn jede abgegrenzte erkennbar Zellschädigung im festen Nährmedium einer infektiösen Einheit entsprechen würde.

Einschränkungen in der Genauigkeit ergeben sich jedoch bereits dadurch, daß die nach einer gewissen Inkubationszeit nicht an Zellen adsorbierten Viren durch Agarüberschichtung wieder entfernt werden und einzelne Viren die Fähigkeit verlieren, sich in der Zelle zu vervielfältigen. Es kann aber auch sein, daß die Infektion einer einzelnen Zelle sich anfangs ausbreitet, aber dann vor Erreichen der Sichtbarkeitsgrenze stecken bleibt. Ähnlich verhält es sich auch beim sog. „Overcrowding". Hierbei entgehen Plaques der Erkennung, weil Herde unterschiedlicher Plaquegröße zu verschiedenen Zeiten gebildet werden und früh entstandene große Herde die nachkommenden kleineren verdecken. Obwohl der Plaquetest aus diesen Gründen keine exakten Rückschlüsse auf die tatsächliche Dichte der Viren in einer Suspension erlaubt, wird heute als Arbeitsgrundlage im allgemeinen davon ausgegangen, daß eine PBE einem einzelnen Virus entspricht. Die Viruskonzentration kann nach vorliegenden Verteilungskurven durch verschiedene Schätzverfahren bestimmt werden. Genauere Ergebnisse lassen sich durch Anwendung statistischer Methoden erzielen, wie sie in einigen Ländern in der Wasserbakteriologie üblich sind. Man ermittelt dabei die mit größter Wahrscheinlichkeit im Wasser vorhandene Zahl der Viren

(MPN = most probable number). Um die Auflösung der mathematischen Gleichung zu vereinfachen, wurden für oft gebrauchte Kombinationen Tabellen geschaffen.

Hepatitis-A-Viren lassen sich seit 1979 auf fetalen Affennierenzellen züchten, ohne das Zellveränderungen eintreten. Ihr Nachweis und ihre Titerbestimmung muß durch Radioimmunassays erfolgen.

Größenordnung des Virusvorkommens. In zahlreichen Untersuchungen wurde versucht, die Virusmenge quantitativ zu erfassen. Die Ergebnisse erlauben jedoch keine Vergleiche, weil sie mit unterschiedlichen Methoden gewonnen wurden. Nach den vorliegenden Werten wird das durchschnittliche Virusvorkommen im Abwasser während des Sommers auf 600 JD_{50}/100 ml und im Winter auf 5 JD_{50}/100 ml geschätzt. Verunreinigte Oberflächengewässer enthalten wahrscheinlich rund 4 JD_{50}/100 ml.

Viele Oberflächengewässer müssen bekanntlich trotz Abwasserbelastung zur Trinkwasserversorgung herangezogen werden. Von Bedeutung ist deshalb die Viruseliminierung durch Abwasserreinigungsverfahren. Auch hierüber geben eine Reihe von Veröffentlichungen Auskunft.

Eine sehr große Viruseliminierung läßt sich durch niederbelastete Belebtschlamm-Anlagen erzielen. In hochbelasteten Belebtschlamm-Anlagen ist die Virusreduzierung unzureichend. Dies trifft gleichfalls für Emscherbrunnen und Tropfkörper zu; aber auch für diese Abwasser-Reinigungsanlagen wird sich niemals die Virusabnahme verbindlich ermitteln lassen, weil sie von zu vielen Faktoren abhängt. Insgesamt darf nach den bisherigen Ermittlungen die Virus-Eliminierung durch biologische Abwasserreinigungs-Prozesse nicht sehr hoch bewertet werden.

Größere Virusanreicherungen finden durch Adsorption an Schlamm nicht statt. Ob durch den Detergentiengehalt des Abwassers die Virusadsorption herabgesetzt wird, muß noch geklärt werden. Bekannt ist, daß adsorbierte Viren nach Änderung der Ionenkonzentration des Abwassers wieder freigesetzt werden können. Mit solchen Vorgängen muß u. U. bei einer Durchmischung von häuslichen Abwässern mit Industrieabwässern und durch Einleitung von Abwässern in den Vorfluter gerechnet werden.

Epidemiologisch von Bedeutung ist ferner, wie lange Viren in Abwasser und im Vorfluter infektiös bleiben. Leider läßt sich diese Frage nicht exakt beantworten, weil die Virusinaktivierung durch biologische, chemische und physikalische Vorgänge verursacht wird, deren Wirkung sehr verschieden sein kann und weil noch andere variable Faktoren dabei eine Rolle spielen. Einen wesentlichen Einfluß auf die Inaktivierung übt z. B. auch die Temperatur aus; sie bestimmt die Reaktionsgeschwindigkeit der biologischen Abbauprozesse, denen auch Viren aufgrund ihres organischen Aufbaues unterliegen. In artifiziell infizierten Abwasser konnten Poliomyelitis- und Coxsackie-Viren bei 22 °C fünf Wochen und bei 4 °C fünf Monate nachgewiesen werden. Tierexperimentelle Versuche mit Theiler- und Encephalomyocarditis-Viren in Rheinwasser bei Raumtemperatur ergaben, daß nach 264 Stunden Verweilzeit der Viren im Wasser keine Theiler- und nach 168 Stunden keine Encephalomyocarditis-Infektion mehr ausgelöst werden konnten. Das Maul- und Klauenseuchevirus soll 14 bis 21 Tage im Abwasser infektiös bleiben. Aufgrund der bisher vorliegenden Ergebnisse muß mit einer verhältnismäßig langen Verweilzeit der Viren im Abwasser und Vorfluter gerechnet werden. Dies erklärt, daß z. B. nach 150 km unterhalb einer Abwassereinleitung noch Poliomyelitisviren im Flußwasser ermittelt werden konnten. Hervorgehoben werden muß, daß sich die Virusabnahme verlangsamt, je sauberer ein Wasser ist.

Virusnachweis im Grundwasser

Über Virusnachweis in natürlichen Grundwässern ist bisher wenig bekannt. Die allgemein sehr gute hygienische Qualität von Grundwässern wird durch die vorliegenden Untersuchungsergebnisse bestätigt. Dennoch ist anzunehmen, daß humanpathogene Viren in Grundwässern vorkommen können.

In 700 Proben von uferfiltriertem Ruhrwasser konnten lediglich in vier Enteroviren nachgewiesen werden. In anderen Untersuchungen waren in uferfiltratbeeinflußtem Grundwasser 8 von 62 Proben enteroviruspositiv.

In der Nähe von Versickerungen unbehandelter sowie biologisch gereinigter und teilweise gechlorter Abwässer konnten Enteroviren im Grundwasser mehrmals ermittelt werden.

In Israel wurden 99 Grundwasserproben von 20 l–400 l untersucht, die zu 20,2% Enteroviren enthielten. In zwölf viruspositiven Proben war keine bakterielle Fäkalkontamination nachweisbar und die Gesamtbakterienzahl war häufig $<10^2$ pro ml. Die Feststellung eines potentiellen gesundheitlichen Risikos durch Viruskontamination von Grundwasser ist daher nach den derzeitigen bakteriologischen Kriterien nicht möglich.

Die niedrigen Temperaturen unserer Böden begünstigen das Überleben der Viren im Grundwasser. In natürlichem Grundwasser erhöhte sich die Inaktivierungszeit von Enteroviren von 13–66 Tagen bei 20 °C auf 48–113 Tage bei 10 °C.

Aus den nur wenigen viruspositiven Befunden in natürlichen Proben und deren niedriger Viruskonzentration läßt sich ableiten, daß humanpathogene Viren im Boden weitgehend zurückgehalten werden. Für die virologische Qualität des Grundwassers sind offenbar weniger die Mächtigkeit der durchsickerten Bodenschichten über dem Grundwasserleiter als vielmehr deren Homogenität und Zusammensetzung sowie die Wasserqualität von Bedeutung.

Reiner Sand ist verglichen mit Tonmineralen ein schlechtes Virusadsorbens. Die Adsorption an Tonminerale ist abhängig von der Konzentration und der Wertigkeit der im Wasser vorhandenen Kationen. Organische Substanzen stören die Virusadsorption, die von der Kationenaustauschkapazität der Tonteilchen sowie der Partikelgröße und -form beeinflußt wird. Organisches Material im Wasser kann die Adsorption von Viren nicht nur verhindern, sondern auch bereits adsorbierte Viren wieder von Partikeln entfernen.

Im allgemeinen kann davon ausgegangen werden, daß Regenwasser bei seinem Durchtritt durch einen natürlich gewachsenen Boden – sofern nicht ungeeignete hydrogeologische Verhältnisse vorliegen – weitgehend von allen Verunreinigungen, so auch von viralen Kontaminationen befreit ist. Unter bestimmten Voraussetzungen, wie sie z. B. in Bevölkerungsballungsgebieten mit intensivierter Bodennutzung gegeben sind, besteht jedoch die Gefahr, daß Viren in das Grundwasser eindringen.

Die zunehmende Verwendung von Vorfluterwasser zur Grundwasseranreicherung wirft die Frage auf, mit welcher Eindringtiefe der Viren in den Boden gerechnet werden muß. In 32 Lysimeteranlagen mit verschiedenen Bodenarten konnte festgestellt werden, daß die Eindringtiefe in Grobsand etwa 65–90 cm und in sandigen Lehm mehr als 135 cm beträgt. Dieser Unterschied ist darauf zurückzuführen, daß die in sandigem Lehm an feinsten kolloidalen Tonpartikeln haftenden Viren mit jeder Bewässerung in tiefere Bodenschichten vordringen, weil die Haftwirkung von Tonpartikeln an Sand durch weitgehend gleiche elektrische Ladungsverhältnisse gering ist. Eine 25 cm hohe Humusschicht eliminiert Viren bei der Bodenpassage durch ihre starke biologische Aktivität fast vollständig. Die in Humus stattfindenden biochemischen Vorgänge zerstören adsorbierte Viren in wenigen Tagen. Ihre Haltbarkeit in bakterienarmen Sandböden beträgt dagegen bis zu 150 Tage und mehr.

Virusnachweis im aufbereiteten Trinkwasser

Es liegen nur sehr wenige Berichte über Virusisolationen aus aufbereitetem Trinkwasser vor. In allen wird hervorgehoben, daß die bakteriologische Qualität des Trinkwassers den jeweils geltenden Anforderungen entsprach. Es handelte sich dabei nicht um aus Abwasser wieder aufbereitetes Trinkwasser. In Paris wurden 1960–1962 in 9% von 553 Proben Polioviren nachgewiesen. Die Viruskonzentration wird mit etwa einer infektiösen Einheit pro 300 l angegeben. Im Raum Nancy waren 1961/1962 9 von 79 und 1962/1963 4 von 83 Trinkwasserproben viruspositiv, wobei mehrere Virusstämme ermittelt wurden.

Aus vier von zwölf Trinkwasserproben einer zentralen Wasserversorgung nahe Washington konnte von Juni bis September 1975 Poliovirus 1 in Konzentrationen von 1–4 PFU pro 100 US-Gallons isoliert werden. Die Proben wiesen einen Restchlorgehalt von bis zu 1 mg/l auf und waren direkt nach der Aufbereitung aus dem Rohrnetz entnommen.

Nachweis von Bakteriophagen. Bakteriophagen kommen in E. coli, in Salmonellen (bei einzelnen Arten praktisch in sämtlichen Stämmen), in anderen Enterobacteriaceae, in Pseudomonas aeruginosa usw. vor. In einem fäkal verunreinigten Wasser können deshalb Bakteriophagen mit Hilfe von empfindlichen E. coli, Shigellen oder anderen Indikatorkeimen nachgewiesen werden. Das zu untersuchende Wasser muß zunächst durch ein bakteriendichtes Filter filtriert werden. Der Phagengehalt des Filtrates läßt sich auf indirekte Weise leicht feststellen.

Prüfung auf festen Nährböden: Hierzu wird das Filtrat auf eine zuvor dicht mit Indikatorbakterien beimpfte Nähragarplatte verteilt. Bewährt haben sich Farbindikatorplatten (z. B. Wasserblau-Dextrose-Agarplatten). Bei Bebrütung der Platte entsteht an allen Stellen, an denen ein Phagenteilchen zu liegen kam und in eine Bakterienzelle eingedrungen ist, in dem sich entwickelnden Bakterienrasen durch den lytischen Vermehrungszyklus des Phagenteilchens und anschließend der großen Zahl der Phagen-Nachkommen, die die benachbarten Bakterienzellen befallen, ein bakterienwachstumsfreies Loch („Plaque"). Der Lochrand ist auf Wasserblau-Nähragar durch die intensivere Blaufärbung besser zu erkennen als auf gewöhnlichem Nähragar. Durch die Bestimmung der Plaquezahl kann man unter der Annahme, daß jeder Plaque von einem Einzelphagen ausgegangen ist, den Gehalt (Titer) eines Filtrates an Phagenteilchen (plaquebildende Einheiten/ml) bestimmen. Die sich ergebende Lochzahl hängt jedoch von dem benutzten Indikatorstamm und anderen Einflüssen ab und entspricht nicht der absoluten Zahl der Phagenpartikel des untersuchten Filtrates. Die durch die Phagenwirkung entstandenen Löcher im Bakterienrasen sind in Aussehen und Größe (Durchmesser beträgt Bruchteil eines Millimeters bis mehrere Millimeter) je nach Phagenart sehr verschieden, und stellen, da ihr Erscheinungsbild unter gleichbleibenden Versuchsbedingsungen ein konstantes erbliches Merkmal ist, eine wichtige Eigenschaft zur Differenzierung von Phagen dar.

Prüfung in Bouillonkulturen: Zu Kulturen von Testbakterien, die einige Stunden bebrütet wurden und leichte Trübung zeigen, werden abgestufte Mengen des keimfrei filtrierten Filtrates gegeben. Bei größerem Phagengehalt tritt bereits nach wenigen Stunden Aufhellung oder Klärung der Kultur ein. Oft sind jedoch zur ausreichenden Konzentrierung der Phagen mehrere derartige Passagen oder Vorbehandlung des Filtrates durch Virusanreicherungsmethoden notwendig. Ein Bakteriophagennachweis in Wasserproben ist nur in mikrobiologischen Laboratorien durchführbar, die über eine ausreichende Erfahrung und entsprechende Einrichtungen verfügen.

B. Virus-Eliminierung und Virus-Inaktivierung

Viruseliminierung durch Sandfilter. Bei Aufbereitung von Wasser zu Trinkwasser dominieren Schnell- und Langsamsandfilter. Die Adsorptionswirkung von Schnellsandfiltern mit einer mittleren Korngröße von 0,28 mm ist gegenüber Poliomyelitisviren eingehend untersucht worden. Bei einer Filtergeschwindigkeit von etwa 5 m/h beträgt die Virusabnahme 20%. Jede weitere Herabsetzung der Filtergeschwindigkeit um die Hälfte verbesserte die Adsorptionswirkung um etwa 10%. Eine größere Literaturstudie über die Eliminierung von Viren bei der Wasseraufbereitung unter besonderer Berücksichtigung von Langsamsandfiltration und Untergrundpassage wurde 1977 vom Institut für Wasserforschung Dortmund und der Hydrologischen Abteilung der Dortmunder Stadtwerke AG veröffentlicht. In dieser Studie wird darauf hingewiesen, daß in Langsamsandfiltern mit gereinigtem und dann mit Chlor desinfiziertem Sand keine Virusverminderung eintritt, weil ein Langsamsandfilter längere Zeit „reifen“ muß, bevor der Reinigungseffekt voll wirksam wird.

In einem eingearbeiteten Filter mit einer Sandschicht von 0,6 m beträgt bei einer Filtergeschwindigkeit von 0,2 m/h die Poliovirusabnahme (Ausgangsmenge 300 PFU/ml) bei 11 bis 12 °C 99,99% und bei 6 °C 99,8%. Eine Erhöhung der Filtergeschwindigkeit auf 0,4 m/h setzte diesen Wert auf 91% herab.

Nach einem versehentlichen Leerlaufen eines Filters fiel die Eliminierungsrate von 99,5 auf 91%. Bei Reinigung von überstaut gefahrenen Filtern muß diesem Effekt Rechnung getragen werden. Nach einer Reparatur dauerte die Einarbeitungszeit eines Versuchsfilters 2 Monate, bis eine gute Virusabnahme wieder eintrat.

Viruseliminierung durch Flockung und Filterung. Bei der Trinkwasseraufbereitung kommt der Flockung und Filterung eine große Bedeutung zu. Durch Aluminium- und Eisensalze lassen sich experimentell in artifiziell infiziertem Wasser über 90% der zugesetzten Viren entfernen. Unter weniger optimalen Bedingungen sind die Resultate schlechter, weil der Wirkungsgrad der Flockung entscheidend von der Temperatur und vom pH-Wert abhängt. Diese beiden Faktoren werden in der Praxis vielfach zu wenig berücksichtigt. Jede Flockung muß deshalb mit einer nachfolgenden Filtration verbunden sein, um die gebildeten Aggregate zu entfernen. Eingesetzt werden im allgemeinen Schnellsandfilter. Ihre Virus eliminierende Wirkung ist ohne die vorausgehende Flockung völlig unzureichend. Nur durch Kombination von Flockung und Filterung läßt sich unter günstigen physikochemischen Verhältnissen eine 99%ige Virusabnahme erzielen.

Virusinaktivierung durch Chlor. Epidemiologische Erhebungen erlauben wie bereits erwähnt sichere Rückschlüsse, daß Viruskrankheiten durch Wasser übertragen werden. Die Virusinaktivierung durch Chlor gewann deshalb in der Wasserhygiene frühzeitig an Bedeutung.

Die Literatur gibt interessante Einblicke in die Problematik der Virus-Chlorung, deren Prüfung zunächst experimentell große Schwierigkeiten aufwarf. Erst durch die im Laufe der Zeit verbesserte Versuchstechnik können heute reproduzierbare Ergebnisse erzielt werden, die bindende Rückschlüsse auf die Praxis zulassen.

Zahlreiche der früher durchgeführten Untersuchungen besitzen nur noch ein historisches Interesse. Die verwendeten Virussuspensionen enthielten oft sehr große Mengen organische Substanzen als Verunreinigung, die eine starke Chlorzehrung verursachten, so daß keine Rückschlüsse auf die tatsächlich vorhandene Chlorkonzentration möglich sind.

Nach Empfehlungen der WHO genügen zur Virusinaktivierung 0,5 mg freies Chlor/l bei einer Einwirkzeit von einer Stunde. Als ausreichendes Redoxpotential werden 650 mV genannt.

Die Schwierigkeit der Virusdesinfektion in der Wasserhygiene besteht in der Begrenzung der Chlormenge, weil der Chlorzusatz eine bestimmte Höhe nicht überschreiten soll. Aus der Literatur kann man entnehmen, daß die zur Virusinaktivierung verwendeten Chlormengen kein Desinfektionskriterium darstellen und die zur Keimtötung erforderlichen und verwendeten Chlormengen zur Virusabtötung nicht ausreichen. In früheren Untersuchungen konnte festgestellt werden, daß zwischen der Abtötungsrate von E. coli und dem Gehalt an freiem Chlor kein Zusammenhang besteht, wohl aber zwischen der Abtötungsrate und dem Redoxpotential. Es interessierte deshalb, ob und inwieweit die für Bakterien ermittelten Beziehungen zwischen Redoxpotential und Abtötungsrate auch für Poliomyelitisviren zutreffen. Dies konnte experimentell bestätigt werden. Um Poliomyelitisviren in einem gering organisch verunreinigtem Wasser mit Sicherheit zu inaktivieren, muß ein Redoxpotential von +750 mV (0,3 bis 0,6 mg freies Chlor/l) für 15 bis 30 Minuten aufrechterhalten werden (s. Abbildung 2).

In der Abbildung 3 sind die Minima und Maxima der bei bestimmten Redoxpotentialen gemessenen Konzentrationen an gebundenen und freiem Chlor sowie die Mittelwerte letzterer dargestellt.

Daraus läßt sich erkennen, daß die Höhe des Redoxpotentials in proportionalem Verhältnis zur Menge an freiem, jedoch nicht zur Menge an gebundenem Chlor steht. Hieraus läßt sich die Beziehung zwischen Redoxpotential und Virusdesinfektion ableiten.

Aus der Beobachtung, daß zur Virusinaktivierung höhere Redoxpotentialwerte bzw. längere Kontaktzeiten benötigt werden als es bei der Abtötung von Bakterien der Fall ist, stellt sich die Frage nach dem Wirkungsmechanismus viruzider Wasserdesinfektionsmittel. Eine Inaktivierung durch gezielte Enzymausschaltung wie bei Bakterien kommt für Viren nicht in Betracht, da sie nicht über einen eigenen Stoffwechsel verfügen.

Die Beurteilung des Inaktivierungsmodus bei Viren ist uneinheitlich; so wird einerseits die Auffassung vertreten, daß Chlor den Eiweißmantel und die Nukleinsäure anzugreifen vermag, wohingegen andere meinen, die Virusinaktivierung werde lediglich durch Denaturierung der Proteinhülle erreicht, während die Nukleinsäure unberührt bleibt. Eine Veränderung an der Proteinhülle führt zum Verlust der Fähigkeit des Virus, in die Wirtszelle zu penetrieren. Eine Veränderung der Nukleinsäure bedeutet, daß das Virus seine Reproduzierfähigkeit in der Wirtszelle verliert.

Verglichen mit den Ergebnissen von Bakterienversuchen sind zur Virusinaktivierung längere Kontaktzeiten resp. höhere Redoxpotentiale bzw. Chlormengen erforderlich. Diese höhere Resistenz der Viren gegenüber Chlor scheint mit dem Fehlen von Enzymen und anderer empfindlicher Systeme eng verknüpft zu sein.

Dies bestätigen auch Versuche mit Hepatitis-A-Viren. Die Ausgangskonzentration betrug 10^4-10^5 infektiöse Einheiten/ml. Bei einem Gehalt an freiem Chlor von 10 und 7 mg/l konnten nach 1 Minute keine Viren mehr angezüchtet werden. Durch 2 und 1 mg/l freies Chlor wurde die Virusmenge in 8 Minuten bei pH 6 um 99,99% reduziert. Bei pH 7 erniedrigte sich die Viruskonzentration durch 2 und 1 mg/l freies Chlor in 8 Minuten um 99,97 bzw. 94%. 1 mg/l freies Chlor bei pH 8 war mehr oder weniger wirkungslos, obwohl E. coli noch abgetötet wurde. In der Praxis wird man mit einem besseren Ergebnis rechnen können, weil 10^4-10^5 Hepatitis-A-Viren nicht in 1 ml Wasser vorkommen. Diese Zahl wird nur in 1 g Stuhl Erkrankter erreicht. Berücksichtigt werden muß ferner, daß eine solche Virussuspension eine verhältnismäßig hohe Chlorzehrung aufweist. Das Hepatitis-A-Virus kann zu den Enterovirren gezählt werden. Seine Chlorempfindlichkeit wird sich deshalb nicht wesentlich von der der Polimyelitisviren unterscheiden, wenn durch die Chlorung ein entsprechend hohes Redoxpotential erreicht wird.

Über die Virusinaktivierung durch das Chlor/Chloridoxid-Verfahren bei der Wasserdesinfektion liegen keine verbindlichen Angaben vor.

Virusinaktivierung durch Ozon. Zur Trinkwasserdesinfektion werden überwiegend Chlor und Chlorverbindungen verwendet. Brauchbar ist ferner Ozon. Die Wirkung von oxidierend wirkenden Mitteln wird durch den Gehalt von reduzierenden Substanzen im Wasser bestimmt.

Der Einsatz von Ozon als Wasserdesinfektionsmittel erfolgte früher als der des Chlors. Es hat die Eigenschaft in wässeriger Lösung zu zerfallen. Dieser Vorgang beruht auf einer komplizierten Kettenreaktion, an der Ionen bzw. Molekel des Wassers beteiligt sein müssen. Beschleunigt wird der Ozonzerfall durch steigende Temperaturen, Hydroxylionen, Salzgehalt und Härte des Wassers. Ferner konnte festgestellt werden, daß auch andere im Wasser vorhandene Substanzen den Ozonghalt beeinflussen. In bidest. Wasser beträgt die Ozonabnahme von 10 μmol/l auf 5 μmol/l mehrere Stunden, in einem Grundwasser etwa 20 Minuten und im Oberflächenwasser rund 10 Minuten.

Sein Reaktionsvermögen mit Wasserinhaltsstoffen und sein Selbstzerfall haben die Verwendung von Ozon sehr eingeschränkt. Durch diese Eigenschaften läßt sich die

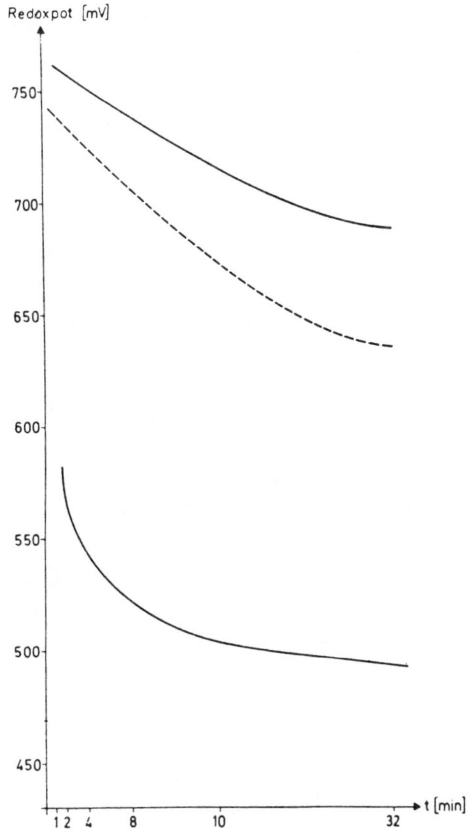

Abb. 2. Inaktivierung von Poliovirus II in gechlortem Wasser. Untersuchte Wasservolumina: —— 100 ml, - - - - - - 1 ml.
Unterste Kurve: Inaktivierung von E. coli in Abhängigkeit vom Redoxpotential in gechlortem Wasser (S. Carlson, U. Hässelbarth, F. W. Sohn).

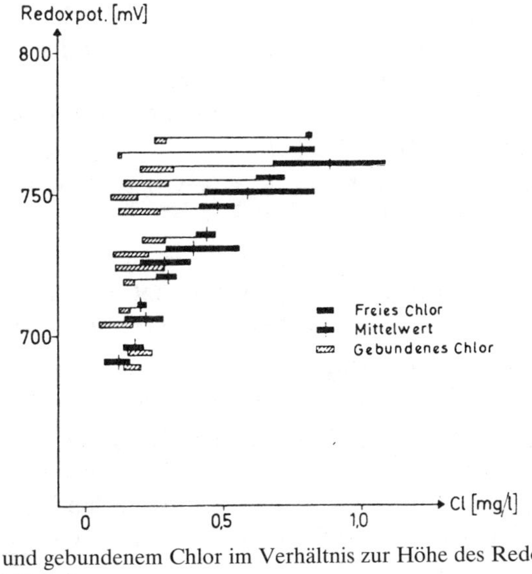

Abb. 3. Werte an freiem und gebundenem Chlor im Verhältnis zur Höhe des Redoxpotentials (S. Carlson, U. Hässelbarth, F. W. Sohn).

desinfizierende Wirkung des Ozons im Rohrnetz nicht bis zum Verbraucher aufrecht erhalten. Ferner hat sich gezeigt, daß ein Wasser nach Ozonung sehr stark zur Wiederverkeimung neigt.

Über die Inaktivierung von Viren durch Ozon liegen verschiedene Angaben vor. Die Wirksamkeit der Ozonbehandlung hängt vom Virusgehalt, der Wasserart, dem Restozongehalt und der Kontaktzeit ab.

Die experimentell ermittelten Werte weisen deshalb eine große Streubreite auf. Sie bewegen sich zwischen 0,15 und mehreren mg Ozon/l. Rückschlüsse auf die zur Desinfektion tatsächlich notwendigen Ozonmengen erlauben diese Untersuchung nicht. Neuere Versuche ergaben, daß zur Abtötung von Escherichia coli um 3 log-Einheiten durch Ozon ein Redoxpotential von + 800 mV bei pH 7 notwendig ist. Eine weitere Erhöhung des Redoxpotentials ist nur in geringem Umfang möglich und verlangt je nach Wasserbeschaffenheit sehr hohe Ozonkonzentrationen. Bei Ozonmengen über 0,003 mval/l läuft die Keimtötung als Reaktion erster Ordnung ab. Die Geschwindigkeitskonstante übersteigt die des Chlors um mehr als das Zehnfache. Für eine sichere Abtötung von E. coli werden Ozonmengen benötigt, die + 800 mV bei pH 7 erzeugen.

Sämtliche bisher vorliegenden Ergebnisse weisen darauf hin, daß zur Inaktivierung von Viren wenigstens die gleichen Ozonkonzentrationen vorhanden sein müssen, die im Augenblick der Ozonzugabe ein Redoxpotential von + 800 mV gewährleisten. Bei der sehr unterschiedlichen Beschaffenheit des aufbereiteten Wassers in den Wasserwerken kann deshalb für die Beurteilung des Desinfektionseffektes nicht die Ozonkonzentration als Kriterium herangezogen werden.

Der Einsatz von Ozon als Oxidationsmittel kann in der Aufbereitungsstufe durch eine Ozondosierung bis zu einem Redoxpotential von + 800 mV wesentlich zur Viruseliminierung beitragen. Die WHO empfiehlt zur Virusinaktivierung eine Ozonmenge von 0,4 mg/l für eine Einwirkzeit von 4 Minuten.

Virusinaktivierung durch Iod. Die virusinaktivierende Eigenschaft des Iods ist ebenfalls eingehend untersucht worden; sie ist jedoch für die Wasserdesinfektion nicht von Bedeutung, weil Iod und Iodverbindungen aus medizinischen Erwägungen nicht eingesetzt werden können. In verschiedenen Veröffentlichungen werden die zur Wasserdesinfektion notwendigne Iod-Konzentrationen als nicht bedenklich angesehen. Für Coxsackie-A_2-Viren sollen Mengen von 0,1 mval elementarem Iod/l für 5 Minuten zur Inaktivierung ausreichen.

Virusinaktivierung durch Brom. Im Rahmen der Trinkwasserversorgung spielt Brom als Desinfektionsmittel keine Rolle.

Virusinaktivierung durch UV-Strahlen. Die Verwendung UV-Strahlen zur Wasserdesinfektion ist mit zahlreichen Problemen behaftet. Sie wird deshalb nur vereinzelt in der Praxis eingesetzt, wo die entsprechenden Voraussetzungen gegeben sind.

Spuren von Eisenionen, natürliche Färbung durch organische Stoffe und Schwebstoffe verschiedenster Art stellen die Desinfektion in Frage.

Trotz der Schwierigkeit auf dem Anwendungssektor sind Versuche zur Inaktivierung von Viren durchgeführt worden. Entero-, Reo- sowie Polio-Viren konnten in Seewasser zu 99% in 15 bis 25 Sekunden zerstört werden (durch $1{,}16 \times 10^{-5}$ J UV-Strahlen mm^2/s). Dieses Resultat bestätigt frühere Untersuchungsergebnisse. Beschrieben wird eine geringe Differenz der Empfindlichkeit der verschiedenen Virusarten, die z.T. auf dem Aufbau der Viren beruht.

Virusinaktivierung durch Gammastrahlen und oligodynamisch wirkende Substanzen. Gammastrahlen können Viren zerstören. Poliomyelitis- und Echovirus 7 sind mehr resistent als E. coli. Eine 90%ig Virusabnahme tritt durch 0,39 bis 0,53 Mrad. ein.

Oligodynamisch wirkende Metalle können ebenfalls Viren inaktivieren. Der Effekt bleibt jedoch von einem großen Unsicherheitsfaktor behaftet. Die Grundvoraussetzung für den Einsatz von geeigneten Silber- oder Kupfersalzen ist ein Wasser, das weitgehend frei ist von organischen Substanzen. Diese Voraussetzungen erfüllen aber nur die wenigsten Wässer. Aus Sicherheitsgründen müssen außerdem Reaktionszeiten von mehreren Stunden gewährleistet sein.

Für die Virusinaktivierung eignen sich deshalb oligodynamisch wirkende Metallverbindungen nicht.

C. Virusgewinnung und Viruszüchtung

Virusgewinnung mit Hilfe von Alginatfilter. Die Alginatfiltermethode beruht auf dem Prinzip der Virusretention in einem engporigen Maschensystem einer Alginatschicht, die sich auf einer Membranfilterstützschicht befindet. Nach Durchlauf der Wasserprobe durch Überdruck- oder Unterdruckfiltration läßt sich die Alginatschicht von der Unterlage wieder ablösen und in 1 bis 2 ml einer 3,8%igen Natriumcitratlösung auflösen. Über die Herstellung und Anwendung dieses Filters liegen zahlreiche Veröffentlichungen vor. Um eine Belastung des Alginatfilters mit Feststoffen, wie sie insbesondere in Oberflächenwasser vorhanden sind, zu vermeiden, empfiehlt es sich, eine Vorfiltration mit einem geeigneten Membranfilter (z. B. Sartorius-Membranfitler oder Milipore-Filter) vorzunehmen. Bei Abwasserproben muß gegebenenfalls eine Vorklärung durch Zentrifugieren (etwa 3000 upm) erfolgen. Die Virusgewinnung durch Alginatfilter ist vor allem durch die Vorfiltration mit Virusverlusten verbunden. In quantitativen Versuchen gelang es, im Mittel 56% der Viren im Filtrat wiederzufinden. Die Ausbeute der Alginatfilter allein nach Abzug der Verluste betrug im Mittel 76%. Verbessern läßt sich die Ausbeute, wenn die Vorfilter mit einer 1%igen Albuminlösung oder mit verdünntem Serum behandelt werden. Dieser Effekt beruht auf einer Herabsetzung der Adsorptionskräfte im Filtermaterial durch Anlagerung von Eiweißmolekülen. Die Virusrückgewinnung liegt nach Vorbehandlung der Vorfilter bei rund 60–70%.

Virusgewinnung mit Hilfe von Membranfiltern. Ein anderes Virusnachweisverfahren wird mit Hilfe von Membranfiltern durchgeführt. Zu 900 ml der zu untersuchenden Trinkwasserprobe werden 100 ml eines 10fach konzentrierten Phosphatpuffers (pH 7,4) gegeben (16 g KH_2PO_4, 98 g $HPO_4 2 H_2O$, bidest. Wasser ad 1000 ml). Die so entstandene Pufferlösung wird durch Unterdruck durch ein Membranfilter mit einem mittleren Porendurchmesser von 200 nm filtriert. Im Wasser enthaltene Enteroviren werden dabei an der Filtermatrix adsorbiert. Das Membranfilter wird anschließend 3mal mit 3 ml eines Elutionsmediums (Elutionsmedium = ein gebräuchliches Erhaltungsmedium für Zellkulturen mit einem Gehalt von 2% Kälberserum und einem Zusatz von 10% einer 10%igen Lösung von Gelatine) unter Saugfiltration ausgewaschen und das Eluat in geeigneten Zellkultur-Röhrchen auf Enteroviren untersucht.

Eine Modifikation dieser Methode kann auch für den Virusnachweis in Oberflächenwasser oder Abwasser verwendet werden. 300 ml Wasser werden 60 Minuten bei 8000 bis 10000 g zentrifugiert und durch ein Faltenfilter (z. B. Schleicher und Schüll 595 1/2) filtriert. Das Wasser wird dann in kleineren Mengen durch Membranfilter mit abfallenden mittleren Porendurchmessern von 3000, 1200, 800 und 450 nm unter Vorschaltung eines Glasfaservorfilters filtriert, wobei nur ein Filtrationsgerät erforderlich ist. Das Wasser durchläuft dann eine vorbereitete Dowex-Säule (20 g Dowex Type 1 × 8, 50 bis 100 mesh) und erhält 10 Vol.% einer $MgCl_2$-Lösung. Es folgt dann die für Trinkwasser angegebene Filtration durch ein 200 nm-Membranfilter zur Virusadsorption mit nachfolgender Elution der Viren aus dem Filtermaterial. Mit diesem Verfahren ließen sich rund 10% der Viren aus verschmutztem Rheinwasser isolieren. Durch Behandlung des Vorfilters mit 1%iger Albuminlösung und geringer Variation der beschriebenen Methode konnte die Ausbeute auf etwa 27% erhöht werden. Aus Trinkwasser lassen sich etwa 80% der Viren zurückgewinnen.

Eine weitere Methode des Virusnachweises besteht darin, daß 50 ml der zu untersuchenden Flüssigkeit mit 5 ml zehnfach-konzentrierter Zellkulturnährlösung versetzt werden. Danach erfolgt eine Grobfiltration und eine anschließende Feinfiltration durch ein Membranfilter von 200 nm. Das Filtrat wird auf Zellkulturröhrchen verteilt. Die Ausbeute läßt sich durch Eluieren des Filters mit einer proteinhaltigen Lösung im alkalischen Milieu verbessern. Aus größeren Wasservolumina z. B. 100 ml können Viren durch Zugabe von 1 ml einer 0,05 M $AlCl_3$ bei pH-Einstellung auf 3,5 mit 1 N HCl und anschließender Membranfiltration (200 nm) gewonnen werden. Auch hier empfiehlt es sich, das Filter anschließend z. B. mit 20 ml Fleischextrakt (pH 9) zu eluieren. Die Virusausbeuten bei diesem Verfahren liegen bei rund 30%. Neuere Versuche mit elektropositiven Filtern (z. B. Zeta plus, Micro Klean Filter) sind hinsichtlich der Virusabscheidung ermutigend, zumal eine pH-Einstellung oder Salzzugabe nicht notwendig ist. Durch die starke Bindung der Viren an die Filtermatrix bereitet ihre Wiedergewinnung durch Elution noch Schwierigkeiten.

Virusgewinnung durch das Zweiphasensystem. Das Prinzip des Zweiphasensystems beruht auf der Verwendung löslicher unterschiedlicher Polymere im Wasser, die selbst in niedrigen Konzentrationen nicht kompatibel sind und sich daher bei längerem Stehen in Phasen anordnen. Fügt man zu einer virushaltigen Probe ein solches nichtionisches Polymer, wie Polyäthylenglykol, so erlangen Polyelektrolyte, wie Natriumdextransulfat, den Charakter eines löslichen Ionenaustauschers, der Viren adsorbiert. Nach Abscheiden der Bodenphase läßt sich unter Zugabe von Salzen das Dextransulfat ausfällen, wobei im Überstand die Viren angereichert werden. Verfahrenstechnisch werden Gazekissen zu Virusadsorption für 48 bis 72 Stunden in Abwasser oder Oberflächenwasser aufgehangen. Anschließend kommen die Gazekissen in einen Cellophanbeutel, werden mit 2 ml 0,1 N NaOH versetzt und kräftig ausgepreßt. Das Exprimat kann in einen Meßzylinder nach Abschneiden einer Ecke des Cellophanbeutels aufgefangen und auf 200 ml aufgefüllt werden. Diese 200 ml werden anschließend in einen Scheidetrichter überführt und mit 58 g 30%igem Polyäthylenglykol, 2,7 g 20%igem Natriumdextransulfat und 20 g 5 M Natriumchloridlösung versetzt. Nach 18 Stunden bei 4 °C wird die Bodenphase und Zwischenschicht abgetrennt, dieses Sediment mit KCl versetzt (1 g Sediment + 0,7 ml 3 M KCl) und 5 Minuten bei 2000 upm zentrifugiert. Das Zentrifugat wird in 30 ml Gewebekulturmedium aufgenommen, filtriert (z. B. durch ein GSWP-Filter der Fa. Milipore) und auf Gewebekulturen verimpft. Um die Virusverluste beim Filtern zu verringern, werden die Filter mit 10%igem Serum vornehandelt.

Durch dieses Verfahren lassen sich etwa 60% der im Wasser enthaltenen Viren gewinnen. Es ist möglich, diese Methode auch für die weitere Konzentrierung von Viren in Eluaten zu verwenden, die bei der Aufbereitung von Eisenhydroxid als Flokkungsmittel gewonnen werden.

Virusgewinnung durch Adsorption an Eisen(III)-hydroxid. Flockungsmittel spielen in der Praxis der Wasseraufbereitung eine wesentliche Rolle. Es handelt sich um Eisen- und Aluminiumsalze. Sie bilden mit ihren dreiwertigen Ionen schwerlösliche Hydroxide, die als voluminöse Flocken ausfallen, sich absetzen und dabei Viren binden. Unter den für die Wasseraufbereitung üblichen Flockungsmitteln kommt den Eisensalzen eine besondere Bedeutung zu, weil sie in den üblichen pH-Bereichen bei der Wasseraufbereitung eine optimale Flockung auslösen.

Oberflächenwasser werden in Mengen von 1 bis 5 Liter durch Fiberglasfilter vorgereinigt. Pro Liter Wasser werden dann 200 mg Eisen(III)-Chlorid unter Rühren zugetropft. Um eine gute Flockenbildung zu erreichen, wird durch 3%ige Ammoniaklösung oder 1 N Natronlauge der pH-Wert auf 6 bis 6,5 gebracht. Zur Verbesserung der Virusadsorption empfiehlt es sich, das Gemisch etwa 1 Stunde mit einem Magnetrührer langsam zu rühren. Danach werden die Flocken durch ein geeignetes Filter (z. B. DAWP-Filter der Fa. Milipore) abgefiltert. Zur Elution der Viren können 10 bis 20 ml einer 3%igen sterilen Beefextraktlösung der Fa. Difco in 1/15 M Phosphatpuffer (pH 8) genommen werden. Mit je 5 ml der gleichen Lösung wird die Eisenhydroxidschicht auf dem Filter 2mal nachbehandelt und das Eluat abgesaugt. Die Virusgewinnung z. B. aus Rheinwasser lag bei etwa 63%. Eine Nachbehandlung der Eluate nach der Zweiphasenmethode ermöglicht eine weitere Einengung auf 2 bis 3 ml. Dieses Verfahren ist jedoch mit Virusverlusten verbunden. Eine Kombination der beiden Verfahren ermöglicht eine maximale Viruskonzentration aus großen Wasservolumina.

Methoden der Viruskultivierung. Für die einzelnen Virusgruppen sind verschiedene Methoden der Viruszüchtung notwendig. Zur besseren Übersicht sind einige in der Tabelle 1 wiedergegeben.

Da oftmals innerhalb der möglichen Beobachtungszeit einer Zellkultur keine Veränderungen der Zellen durch zu geringe Viruszahl erkennbar sind, müssen nach Ablauf der Beobachtungszeit die Zellen durch Einfrieren und Auftauen zerstört, zentrifugiert und der Überstand auf neue Gewebekulturen überimpft werden (Passagen, oftmals auch als Blindpassagen bezeichnet).

Bestimmte Virusarten wie z. B. das Hepatitis A-Virus, das 1979 an Affenleber- und Affennierenzellen adaptiert werden konnte, vermehrt sich in Zellkulturen, ohne daß morphologische Veränderungen erkennbar werden. Nur durch Immunelektronenmikroskopie oder Radioimmunassays lassen sich die Viren darstellen.

Mäuseversuche für den Virusnachweis. Durch Mäuseversuche lassen sich nur wenige Viren nachweisen. Für Coxsackie-Viren können nur Mäuse verwendet werden, deren Geburt nicht länger als 24 Stunden zurückliegt (auf keinen Fall dürfen die Mäuse älter als vier Tage sein). Die Applikation des Untersuchungsmaterials kann intracerebral (0,01 ml), intraperitoneal (0,03 ml) oder subcutan (0,03 ml) erfolgen. Bei Eintreten einer Coxsackie-Virus A- oder B-Infektion treten charakteristische paralytische Erscheinungen als Krankheitszeichen auf. Von den Enteroviren sind nur die Coxsackie-Viren für neugeborene Mäuse pathogen. Für den Nachweis von Viren der Coxsackie-B-Gruppe ist es vorteilhafter, Zellkulturen zu verwenden.

Gewebekulturen für die Viruszüchtung. Viren können sich nicht außerhalb von lebenden Zellen replizieren. Diese Tatsache hat dazu beigetragen, daß die Entwicklung der Virologie für lange Zeit begrenzt blieb, weil die Erregervermehrung ausschließlich an Versuchstiere gebunden war. Versuche, in vitro gezüchtete Zellen an ihre Stelle treten zu lassen, wurden deshalb bereits frühzeitig unternommen.

Das Prinzip der Zellkultur beruht darauf, daß Zellen aus tierischen oder menschlichen Organen durch Proteolyse so frei gesetzt werden, daß sie innerhalb von bzw. auf Filmen aus Serumplasma oder auch direkt auf Glas oder speziellen Kunststoffgefäßen anhaften und sich vermehren können. Den für den Nähr- und Baustoffwechsel nötigen Bedarf an Aminosäuren, Vitaminen und Makromolekülen entnehmen die Zellen aus den sie umgebenden, speziell zusammengesetzten Lösungen, die durch eine sinnvolle Kombination von Na^+, K^+, Mg^{2+}, Ca^{2+}, HCO_3^-, CO_3^{2-}, SO_4^{2-}, PO_4^{3-} so abgepuffert werden, daß eine pH-Verschiebung durch Stoffwechselprodukte für kurze Zeiträume vermieden werden kann. Von nicht zu unterschätzender Bedeutung hat sich die Möglichkeit erwiesen, Antibiotika und Antimykotika zum Schutze der Kulturen wie zur Vorbereitung potentiell kontaminierter Untersuchungsproben einsetzen zu können.

Je nach Gestalt und Wachstum der explantierten Zellen unterscheidet man zwischen Fibroblasten mit langgestrecktem Zelleib und einer Tendenz, in Faszikeln (fischzugartig) zu wachsen, und polygonal geformten epitheloiden Zellen mit plaqueförmigem Wachstum. Kulturen, die durch unmittelbare Explantation der nach Organaufschluß freigesetzten Zellen und Gewebefragmente gewonnen werden, sind sogenannte Primärkulturen. Als primäre Zellkulturen dienen im allgemeinen Zellkulturen aus menschlichen Gewebearten oder Zellkulturen aus den Nieren von Schimpansen, Rhesus-, Cynomolgus- oder afrikanischen Grünaffen. Primäre Zellkulturen werden für den Virusnachweis im Zusammenhang mit Wasseruntersuchungen praktisch nicht mehr benötigt, weil geeignete permanente Zellinien zur Verfügung stehen.

Durch kontinuierliche Züchtung von Tumor- und auch von Normalzellen sind Zellinien entwickelt worden, die unbegrenzt kultivierbar bleiben. Sie haben die Eigenschaft der Kontaktgewinnung verloren. Von menschlichen Neoplasmen leiten sich ab z. B. die Hela-, HEP-2-, KB- oder die aus gutartigem Gewebe stammenden FL- und BSC-Zellen. Bewährt haben sich auch in der „Wasservirologie" BGMK-Zellen (Buffalo Green Monkey Kidney-Zellen). Die permanenten Zellinien sind zu einem wichtigen Instrument der diagnostischen Virologie geworden. Ihr Spektrum ist in den letzten Jahren wesentlich erweitert worden.

Die Entwicklung der Entero-Viren führt in der Regel zu charakteristischen Veränderungen mit Absterben oder Auflösung der kranken Zellen. Das Fortschreiten dieses „cytopathischen Effektes" (CPE) innerhalb der Kulturflaschen kann mit einem

Durchlichtmikroskop verfolgt werden. Durch Polio- oder andere Enteroviren infizierte Zellen runden sich in Gruppen ab und werden stark lichtbrechend, bevor sie sich schließlich von ihrer Haftfläche ablösen. Adenoviren verursachen eine retikuläre Degeneration der Zellen. Virusarten, z. B. Hepatitis A-Viren, rufen keine sichtbaren Zellveränderungen hervor.

Im Vergleich zur Virusisolierung ist die Identifizierung und Typisierung zeit- und materialaufwendig. Sie kann nur in gut ausgerüsteten Laboratorien durchgeführt werden. Das Prinzip der Identifizierung und Typisierung beruht auf einer Neutralisationsreaktion. Hierbei werden die zu typisierenden cytociden Viren mit gegenüber den einzelnen Virustypen bekannten Antiseren gemischt und jede dieser Suspensionen auf neue Zellkulturen verimpft. Wenn zwischen beiden Reaktionspartnern Homologie besteht und der Immunglobulingehalt des Antiserums ausreichend hoch war, dürfen keine Degenerationserscheinungen an den Zellen auftreten. Durch die ausbleibenden Zellveränderungen kann ermittelt werden, um welche Virusarten und welchen Virustyp es sich handelt, die bzw. der in der ersten Zellkultur die cytopathischen Veränderungen verursachte. Dieses Prüfverfahren ist anderen Methoden überlegen, weil es eine unmittelbare Prüfung des Virus über die Infektiositätsbestimmung ohne zusätzliches Indikatorsystem ermöglicht.

Zellkulturgefäße. Zellen können in vitro auf Unterlagen von Glas oder Kunststoffen gezüchtet werden. Als Kunststoffe fanden bisher Zellophan, Perspex, Polystyrol, Hostaphan usw. Verwendung. Seit einigen Jahren werden speziell für die Zellkulturtechnik Zuchtgefäße aus Kunststoffen (Polystyrol) angeboten, die nach einmaligem Gebrauch verworfen werden.

Das Mittel der Wahl bei der Zellzüchtung ist nach wie vor Glas, da es leicht zu reinigen ist. Laborglaswaren werden entweder aus sogenanntem „weichen" Glas (Normalglas, soda-lime glass, Sp = 600 °C) oder aus „hartem" Glas (Alumo-Boro-Silikatglas, Sp = 600–700 °C) hergestellt.

Auf weichem Glas können Zellen meist gut gezüchtet werden, es eignet sich auch für die Aufbewahrung von Salzlösungen und Medien. Zu beachten ist jedoch, daß bei Erhitzung von weichem Glas auf Temperaturen, bei denen man die Glaswaren normalerweise sterilisiert, erhebliche Mengen Alkali freigesetzt werden, das sich in Wasser löst. Dadurch kommt es zu unerwünschten pH-Veränderungen im Zuchtmedium.

Hartes Glas ist in jedem Falle besser als weiches Glas für die Zellzüchtung und wird auch hauptsächlich verwendet. Hartgläser sind unter verschiedenen Handelsnamen wie Pyrex, Monax, Kimax, Jenaer Glas usw. im Handel.

Vor Benutzung von Glaswaren unbekannter Zusammensetzung sollten Proben geprüft werden.

Zur Prüfung der Glaswaren werden einige Gefäße mit dest. Wasser gefüllt und für 15 Minuten bei + 120 °C autoklaviert. Nach Abkühlung wird der pH-Wert des Wassers gemessen und mit dem Wert vor dem Erhitzen verglichen. Wenn Alkali abgegeben wird, steigt der pH-Wert. Dieser Test kann einige Male wiederholt werden; wenn dann immer wieder Alkali abgegeben wird, ist die Glassorte für Zellkulturen nicht geignet.

Einige Glasarten enthalten toxische Materialien, die in alkalischer Umgebung langsam in das Kulturmedium abgegeben werden. Toxizität von Glaswaren kann durch intensive Reinigung vermindert oder sogar vollständig beseitigt werden. Toxische Produkte von Glas werden außerdem von Proteinen neutralisiert, die fast allen Zellkulturmedien zugesetzt werden.

Gummistopfen. Zum Verschließen der Kultur- und der Vorratsgefäße werden Gummistopfen verwendet, die einen luftdichten Abschluß gewährleisten. Sie können aus synthetischem oder natürlichem Gummi sein. Empfohlen wird die Verwendung von weißen Gummiarten oder Silicongummi, da viele Gummiarten toxische Substanzen für Zellen enthalten. In Viruslaboratorien kann aber auch roter, schwarzer oder grauer Gummi verwendet werden, wenn die Toxizität von untergeordneter Bedeutung ist. Diese Gummiarten sind billiger und die Zuchtgefäße sind so konstruiert, daß ein Kontakt zwischen Nährmedien und Stopfen vermieden wird.

Reinigung von Glaswaren und Instrumenten. Sauberkeit in der Zellkulturtechnik ist höchstes Gebot. Sie müssen peinlichst sauber und darüber hinaus von allen Waschmittelresten frei sein. Unter „Reinigung" ist gründliche mechanische Reinigung nach Einweichen in Waschmittellösungen und anschließendes sorgfältiges Spülen mit Leitungswasser und destilliertem Wasser zu verstehen.

Neue Glaswaren werden einige Male unter fließendem Leitungswasser gespült und dann in einer 1%igen Salzsäure- oder Chromschwefelsäurelösung eingelegt (15 ml konz. HCl auf 1 l dest. Wasser), um Alkali vom Glas zu entfernen. Die Gefäße bleiben 10 bis 16 Stunden in der Säure und werden danach mehrere Male unter fließendem Wasser gespült. Dann werden sie in eine Detergentienlösung gebracht.

Bei heißem Einlegen (+ 50 °C) in eine Detergentienlösung kann die Weiterbehandlung bereits nach 1 bis 2 Stunden erfolgen, sonst empfiehlt es sich, über Nacht einzuweichen. Die Gefäße müssen dabei vollständig eingetaucht und bedeckt sein, Luftblasen müssen vermieden werden.

Detergentien dürfen niemals an das Glas antrocknen, da sie sich als feiner Film festsetzen. Sie müssen sofort nach Behandlung abgespült werden. Wenn sie doch einmal antrocknen, nützt Spülen nichts, nur eine Behandlung mit Chromschwefelsäure oder 10%iger Salzsäure hilft dann, diesen Film zu entfernen. Anschließend werden die Glaswaren mit einer Bürste mechanisch gereinigt. Das Detergens wird durch mehrere Spülvorgänge in Leitungswasser (mindestens 10mal) und anschließendes, mindestens 5maliges Spülen in entionisiertem oder destilliertem Wasser entfernt.

Zur Vermeidung des Wachstums von Pilzen werden alle Glaswaren sofort nach Beendigung des Spülvorganges in einem Heißluftschrank getrocknet. Schnelle Trocknung wird bei Temperaturen von + 160 °C in zwei Stunden erreicht.

Infektiöse benützte Glaswaren sollten vor Verlassen des Laboratoriums desinfiziert werden. Es genügt, die Glaswaren etwa 20 Minuten lang in destilliertem Wasser zu kochen. Möglich ist auch eine zentrale Desinfektion im Dampftopf oder Autoklaven.

Aus den Kulturgefäßen wird das infektiöse Medium in einen erhitzbaren Behälter abgegossen. Gummistopfen und Glaswaren werden getrennt in einen mit destilliertem Wasser gefüllten Metallbehälter (nichtrostender Stahl oder Aluminium) gegeben. Die Glasgefäße müssen vollständig mit Wasser bedeckt sein.

Die Behälter werden dann 1 Stunde lang ohne Druck gekocht oder 30 Minuten lang bei + 121 °C autoklaviert.

Nach der Desinfektion, die gleichzeitig ein erster Reinigungsschritt ist, werden alle Gefäße mit einer Bürste grob vorgereinigt, einige Male mit heißem Leitungswasser gespült und dann weiterbehandelt wie neue Glaswaren.

Gummistopfen werden an der Luft getrocknet.

Nichtinfektiöse benützte Glaswaren werden, wenn keine Zellen mehr auf der Glasfläche sind, mit einer Bürste grob vorgereinigt, in Leitungswasser (+ 52 °C) gespült und dann behandelt wie neue Glaswaren.

Kolben und Flaschen, die zur Aufbewahrung von Zellkulturmedien und Salzlösungen dienten, werden nach dem Entleeren so bald wie möglich in heißem Leitungswasser gespült und dann in einer Detergentienlösung eingeweicht. Sie verbleiben bei Einweichen in heißer Lösung etwa 1 bis 2 Stunden in der Lauge und werden anschließend mit einer Bürste mechanisch gereinigt. Darauf folgt 10maliges Spülen in Leitungswasser, anschließend Spülen in destilliertem Wasser (5mal) und Trocknen.

Stark verschmutzte Glaswaren können in Chromschwefelsäure 24 Stunden eingelegt werden (66,6 g Kaliumdichromat in 0,66 Liter warmem Wasser lösen, abkühlen lassen und dann 0,33 l konzentrierte technische Schwefelsäure zugeben; Kolben dazu in kaltes Wasser stellen). Danach erfolgt Spülen in Leitungswasser über zwei Stunden, mechanische Reinigung und dann wieder Spülen in Leitungswasser (10mal) und destilliertem Wasser (5mal). Die Säurebehandlung sollte alle vier Wochen routinemäßig bei allen verwendeten Zellzuchtgefäßen durchgeführt werden.

Bewährt hat sich auch die etwas aufwendigere Methode der Reinigung ohne Detergentien. Sie kommt vor allem für größere Zellzuchtgefäße wie Rouxschalen, Vierkantflaschen usw., in Betracht. Nach dem Kochen bzw. Autoklavieren werden die Zuchtgefäße mit Leitungswasser vorgespült, dann mit Chromschwefelsäure gefüllt und über Nacht (16 bis 18 Stunden) stehengelassen.

Nach Abgießen der Säure in das Vorratsgefäß werden die Gefäße zwei Stunden unter fließendem Leitungswasser gespült, mit Natriumcarbonatlösung mechanisch gereinigt, nachher von Hand einige Male mit Leitungswasser und anschließend 5mal mit destilliertem Wasser gespült. Dann erfolgt Trocknung wie beschrieben. Bei Säurebehandlung ist das Spülen besonders wichtig, da zurückbleibende Chromionenreste als Zellgift wirken.

Fettige Glaswaren werden vorher mit Aceton gespült. Mit Paraffin verschmutzte Glaswaren müssen getrennt gereinigt werden, da sonst das schmelzende Paraffin einen feinen Film auf allen Gläsern bildet. Das gröbste Paraffin wird mechanisch mit einem Messer entfernt, der Rest wird durch Kochen der Gefäße in Wasser oder einer Metasilicatlösung entfernt (360 g Natriumsilicat und 40 g Calgon werden in 4,5 Liter destilliertem Wasser gelöst = Stammlösung: ein Teil dieser Stammlösung wird mit 100 Teilen destilliertem Wasser verdünnt).

Mit Silicon behandelte Glaswaren müssen ebenfalls gesondert behandelt werden. Damit wird die Verschmutzung anderer Gefäße mit Silicon verhindert. Man kann Siliconrückstände durch Erhitzen in 0,5 N NaOH oder durch Behandlung mit alkoholischer Kalilauge entfernen.

Es gibt kombinierte Wasch- und Spülmaschinen, in denen nach Zugabe nichtschäumender Detergentien ein Wasch- und Spülprogramm abläuft, das eine gute Reinigung garantiert. Der Arbeitsvorgang verläuft so, daß Wasser durch Düsen in die Gefäße gespritzt wird, das zusammen mit dem Detergens eine gute Reinigung durch den Druck erzielt. Danach folgt Spülen mit heißem Leitungswasser und anschließend mit destilliertem Wasser.

Die Reinigung erfolgt heute im allgemeinen maschinell. Optimal ist folgender Waschvorgang:

1. Autoklavieren der gebrauchten Glaswaren in dest. Wasser 30 Minuten bei +121 °C.
2. Abgießen des Wassers und Spülen der Gefäße für eine Minute mit kaltem Leitungswasser in der Maschine.
3. Zugabe von Waschmittel, Starten des Programms in der Maschine.
   Es umfaßt:
   a) Waschen 8 Minuten lang (0,2 g Detergens/1 Liter Wasser) mit heißem Wasser,
   b) Spülen mit heißem Wasser 12 Minuten,
   c) Spülen mit dest. Wasser 3 Minuten.
4. Trocknen, Verschließen und Sterilisieren.

Reinigung von Pipetten. Neue Pipetten werden behandelt wie neue Glaswaren. Gebrauchte Pipetten werden im Laboratorium in Standgefäße abgelegt, die destilliertes Wasser mit einem Zusatz eines Desinfektionsmittels oder Detergens enthalten. Formalin ist sehr ungünstig, da Rückstände (Zellreste usw.) an das Glas fixiert werden. Kunststoffstandgefäße sind für die Ablage der Pipetten am besten geeignet.

In einigen Laboratorien ist es üblich, Pipetten nach Beendigung der Arbeiten in länglichen Schalen in einer Detergenslösung zu kochen. Diese Vorreinigung weist viele Vorteile auf.

Nach Desinfektion bzw. Kochen werden alle Pipetten für einige Stunden in eine Detergenslösung gelegt.

Danach folgt Spülen in automatischen Pipettenspülern. Mit Leitungswasser wird etwa 30 bis 45 Minuten gespült, dann folgt eine 5malige Spülung mit dest. Wasser.

Stark verschmutzte Pipetten werden über Nacht mit Chromschwefelsäure behandelt und anschließend gespült.

Nach der Spülung werden sie mit der Spitze nach oben (um Bruch zu vermeiden und Ablauf des Restwassers zu ermöglichen) in Drahtkörbe gestellt und bei +100 °C bis +140 °C getrocknet.

Reinigung von Gummistopfen. Neue Stopfen werden 20 Minuten lang in einer Detergenslösung oder in einer 5%igen Natriumcarbonatlösung gekocht. Danach wird mehrmals mit Leitungswasser und destilliertem Wasser gespült. Die Sterilisation der Gummistopfen wird durch Autoklavieren (20 Minuten bei +121 °C) vorgenommen.

Gebrauchte Stopfen werden zunächst getrennt von den Glaswaren autoklaviert (30 Minuten bei +121 °C), dann unter fließendem Wasser gewaschen. Spülen in Leitungswasser und in destilliertem Wasser schließt sich an.

Reinigung von Instrumenten. Neue Instrumente werden mit Leitungswasser und destilliertem Wasser gut gespült und dann durch Autoklavieren sterilisiert. Heißluftsterilisation ist ebenfalls möglich.

Schlußfolgerungen

Im allgemeinen wurde bisher die Meinung vertreten, daß die verwendeten Maßnahmen zur Gewinnung von Brauch- und Trinkwasser ausreichen, um eine Verbreitung von Virusinfektionen auf dem Wasserwege auszuschließen. Neuere Untersuchungen über Virusvorkommen im Wasser haben ergeben, daß Trinkwasser aus aufbereitetem Oberflächenwasser oder Grundwasser aus Gebieten mit unzureichender Bodenfilterwirkung Viren enthalten kann. Welche Bedeutung vereinzelt im Wasser vorhandene Viren besitzen, ist unbekannt. Tierexperimentelle Versuche weisen darauf hin, daß u. U. die Aufnahme eines Virus zu einer Infektion führen kann. Unsere Kenntnisse über Infektionswege und -gefahren sind besonders auf dem Gebiet der Virologie noch sehr unvollkommen. In den „European Standards for Drinking Water" der Weltgesundheitsorganisation (WHO) von 1970 wird darauf hingewiesen, daß ein Wasser mit viel organischer Substanz nicht frei sein muß von Viren, wenn es keine Coliformen enthält. In den Richtlinien der WHO wird deshalb gefordert, daß in einem Liter Wasser keine Viren enthalten sein dürfen. Um diese Aussage treffen zu können, müssen mindestens 10 Liter Wasser auf Virusvorkommen untersucht werden. In US-Trinkwasserstandards wird gefordert, daß in 100 Gallons (380 Liter) Trinkwasser nicht mehr als eine infektiöse Viruseinheit enthalten sein darf. In den USA wird vorwiegend Oberflächenwasser als Trinkwasser verwendet.

In der Richtlinie des Rates der Europäischen Gemeinschaften über die Qualität von Wasser für den menschlichen Gebrauch wird verlangt, daß das Wasser keine Krankheitserreger enthalten darf. Soweit erforderlich müssen neben bakteriologischen auch Untersuchungen auf Fäkalbakteriophagen und Enteroviren durchgeführt werden. Die Bedeutung des Virusvorkommens in Wasser wird Gegenstand weiterer Untersuchungen und Forschungen bleiben müssen.

Literaturverzeichnis

[1] Akin, E. W., W. H. Benton and W. F. Hill jr.: Enteric viruses in ground and surface waters: A review of their occurence and survival, Proc. of the Water Quality Conference, Univ. of Illinois Bull. **69,** 59–74 (1971).
[2] Albertson, P. A.: Particle Fractionation in Liquid Two-Phase system, Biochem. biophys. Acta **27,** 378–395 (1956).
[3] Anderson, N. G., G. B. Cline, W. W. Harris and I. G. Green: Isolation of Viral Particles form Large Fluid Volumes, Zit. **5,** S. 75.
[4] Baumeister, H. G.: Virusnachweis bei akuter Gastroenteritis, Bundesgesundheitsblatt **22,** 425–432 (1979).
[5] Berg, G.: Transmission of Viruses by the Water Route. Congr. Cat. Card No. 66-30070. Interscience Publ., New York–London–Sidney 1966.

[6] Berg, G.: Removal of Viruses from Sewage Effluents and Water, Bull. Wld. Hlth. Org. **49,** 451–460 (1973).
[7] Berg, G. and T. G. Metcalf: Indicators for Viruses in Waters, in: Indicators of Viruses in Water and Food. Ed. by G. Berg, Ann Arbor Science Publication. 267–296, Ann Arbor (1978).
[8] Buras, N.: Recovery of Viruses form Wastewater and Effluent by the Direct Inoculation Method, Water Res. **8,** 19–22 (1974).
[9] Carlson, J. A. K., P. J. Middleton, M. T. Szymanski, J. Huber and M. Petric: Fatal rotavirus gastroenteritis; an analysis of 21 cases. Amer. J. Dis. Child. **132,** 477–479 (1978).
[10] Carlson, S.: Bedeutung, Aufgaben und Ziel der Virusforschung in der Wasserhygiene, Gas- u. Wasserfach **106,** 325–329 (1965).
[11] Carlson, S.: Vorkommen von Viren im Abwasser und ihre Verminderung bei verschiedenen Abwasserreinigungsprozessen, Bundesgesundheitsblatt **10,** 233–238 (1967).
[12] Carlson, S.: Virusvorkommen im Rohabwasser, Abwasserschlamm und Ablauf biologischer Kläranlagen, Zbl. Bakt. I. Orig. **212,** 50–60 (1969).
[13] Carlson, S., Th. Kempf u. K. Kortum: Eindringtiefe von Phagen u. Viren in verschiedene Bodenarten unter dem Einfluß anionischer Tenside bei der Grundwasseranreicherung, Zbl. Bakt. I, Ref. **230,** 384–385 (1972).
[14] Carlson, S.: Früherkennung von Virusepidemien durch Abwasseruntersuchungen, Bundesgesundheitsblatt **17,** 403–405 (1974).
[15] Carlson, S., H. J. Frenzel u. F. Sarfert: Eliminierung von Viren aus dem Abwasser beim Schlammbelebungsverfahren, Wasser- und Abwasserforschung **8,** 17–19 (1975).
[16] Carlson, S., U. Hässelbarth u. L. Pfeifer: Abtötung von E. coli durch Ozon unter besonderer Berücksichtigung des Redoxpotentials (im Druck).
[17] Carlson, S.: Viren und Wasser, Swiss Food **2,** 17–32 (1980).
[18] Center for Disease Control: Water-Related Disease Outbreaks, Annual Summary 1979, Issued February 1981.
[19] Center for Disease Control: Water-Related Disease Outbreaks, Annual Summary 1980, Issued February 1982.
[20] Chang, S. L., G. Berg, K. A. Busch, R. E. Stevenson and N. A. Clarke: Application of the „Most Probable Number" – Method for Destimating Concentrations of Animal Viruses by the Tissue Culture Technic, Virology **6,** 27–42 (1958).
[21] Clark, R. M., D. S. Knowles, F. T. Shimeda, A. J. Rhodes, R. C. Ritchie, W. L. Donahue: Coxsackie Virus in Urban Sewage, Canad. J. publ. Hlth. **42,** 103 (1951).
[22] Clark, R. M. and J. F. Niehaus: A Mathematical Model for Viral Devitalization, Zit. [5], p. 241.
[23] Coin, L., C. Hannoun u. C. Gomella: Ozon für die Inaktivierung von Polioviren im Wasser, La Presse Med. **72,** 2153–2155 (1964).
[24] Dennin, R. H.: Rotaviren als Erreger einer infantilen Gastroenteritis – Diagnose und Epidemiologie, Immun. Infekt **6,** 118–122 (1978).
[25] Evison, L. M.: Inactivation of Enteroviruses and Coliphages with Ozone in Waters and Waste Waters. Prog. Wat. Techn. Vol. 10, Nos. 1/2, pp. 365–374, Pergamon Press Ltd., Oxford (1978).

[26] Farrah, S. R. and G. Bitton: Elution of Polioviruses Adsorbed to Membrane Filters, Appl. Environ Microbiol. **36,** 982–984 (1978).

[27] Fisher, R. A. and F. Yates: Statistical Tables, 5th Ed., London 1957.

[28] Gerba, C. Pl., S. R. Farrah, S. M. Goyal, C. Wallis and J. L. Melnick: Concentration of Enteroviruses from large Volumes of Tap Water, Treates Sewage and Seawater. Appl. Microbiol. **35,** 540–548 (1978).

[29] Gomella, C.: Le traitment des eaux par Ozone, La Cebedeau **20,** 397–421 (1967).

[30] Grabow, W. O. K. and O. W. Prozesky: Studies on the Isolation and Identification of Hepatitis Viruses in Water, Prog. Water Technol. **10,** 389–393 (1978).

[31] Häufele, A. u. H. v. Sprockhoff: Ozon als Desinfektionsmittel gegen vegetative Bakterien, Bazillensporen, Pilze und Viren im Wasser, Zbl. Bakt. Hyg. I. Orig. B **175,** 53–70 (1973).

[32] Hill, W. F. jr., E. W. Akin and W. H. Beuton: Detection of Viruses in Water. A Review of Methods and Application, Wat. Res. Pergamon Press. **5,** 967–995 (1971).

[33] Hill, W. F. jr., W. Jakubowski, E. W. Akin and N. A. Clarke: Detection of Virus in Water: Sensitivity of the Tentative Standard Method for Drinking Water, Appl. Environ. Microbiol. **31,** 254–261 (1976).

[34] Johnson, J. D. and Overby: Proc. of the Nation. Speciality Conference of Desinfection, July 1970, ASCE, 1971 p. 37.

[35] Kelly, S. M. and W. W. Sanderson: Density of Enteroviruses in Sewage. J. Wat. Poll. Contr. Fed. **32,** 1269–1273 (1960).

[36] Knocke, K.-W., H. Pittler u. W. Höpken: Nachweis von Reo-Viren in Abwässern, Zbl. Bakt. I. Orig. **203,** 417–421 (1967).

[37] Kruse, C. W. et al.: Proc. of the Nation. Speciality Conference of Desinfektion July 1970, ASCE, 1971.

[38] Mahnel, H., K. Ottis u. M. Herlyn: Stabilität von neun Virusarten unterschiedlicher Genera in Trink- und Oberflächenwasser, Zbl. Bakt. Hyg., I., Orig. B **164,** 64–84 (1977).

[39] Maxcy, K. F.: Hypothetical Relationship of Water Supplies to Poliomyelitis, Amer. J. publ. Hlth. **33,** 41 (1943).

[40] Mayr, A., P. A. Bachmann, B. Bibrak u. G. Wittmann: Virologische Arbeitsmethoden, G. Fischer, Stuttgart, Bd. I, 1974.

[42] Mellert, U., A. Billing, B. Flehmig u. K. Botzenhart: Inaktivierung von Hepatitis-A-Virus durch Chlor, GWF-Wasser-Abwasser **124,** 590–592 (1983).

[43] Melnick, J. I.: Detection of Virus Spread by the Water Route In V. Snoeyink (ed.) Proceedings of the 13th Water Quality Conference. Virus and Water Quality-Occurrence and Control, 15 to 16 Feb. 1971 University of Illinois College of Engineering, Urbana, Ill.

[44] Melnick, K. L. and C. P. Gerba: Is the Water Safe to Drink? J. Infect. Dis. **139,** 736–737 (1979).

[45] Mirand, E. A.: Transmission of Some Tumor Viruses. Zit. [5] p. 269.

[46] Neefe, J. R. and J. Stokes, jr.: An Epidemic of Infectious Hepatitis apparently due to a Waterborne Agent, J. Amer. med. Ass. **128,** 1063 (1945).

[47] Palfi, A.: Virus Content of Sewage in Different Seasons in Hungary, Acta Microbiol. Acad. Sci. Hung. **18,** 231–237 (1971).

[48] Paul, J. R., J. D. Trask and S. Gard: Polyomyelitis in Urban Sewage, J. exp. Med. **71,** 765 (1940).

[49] Paul, J. R. and J. D. Trask: Occurrence and Recovery of the Virus of Infantile Paralysis from Sewage, Amer. J. publ. Hlth. **32,** 235 (1942).

[50] Philipson, L., P. A. Albertson and G. Frick: The Purification and Concentration of Viruses by Aqueous Polymer Phase System, Virology **11,** 553–571 (1960).

[51] Pittler, H., W. Höpken u. K. W. Knocke: Enteroviren und Adenoviren im Abwasser. Methode des Nachweises und epidemiologische Studie, Zbl. Bakt. I. Orig. **204,** 33–48 (1967).

[52] Plowright, C. B.: On an Epidemic of Jaundice in King's Lynn, 1895. Brit. med. J. **1,** 1321 (1896).

[53] Primavesi, C. A.: Virusinfektion und ihre Bedeutung für die Wasserhygiene, Öff. Gesundh.-Dienst **25,** 120 (1963).

[54] Primavesi, C. A.: Virologische Untersuchungen von Oberflächenwässern und ihre Ergebnisse, Arch. Hyg. **150,** 196–207 (1966).

[55] Primavesi, C. A.: Bedeutung und Verbreitung der Enteroviren. Med. Welt (Stuttg.) **19,** 2644 (1968).

[56] Primavesi, C. A.: Neue Forschungsergebnisse über das Auftreten von Viren im Oberflächenwasser und Abwasser, Wassernachrichten **5,** H. 3 (1970).

[57] Primavesi, C. A.: Die Virologie in ihrer Bedeutung für die Wasserhygiene, Öff. Gesundheitswesen **33,** 330–336 (1971).

[58] Sabin, A. B.: Behaviour of Chimpanzee-avirulent Poliomyelitis Viruses in Experimentally Infected Human Volunteers, Amer. J. med. Sci. **230,** 1 (1955).

[59] Schäfer, E.: Virusnachweis im Bereich der Wasserhygiene, Arch. Hyg. **154,** 299–313 (1970).

[60] Schlaak, M., E. Tischer u. J. M. Lopez: Untersuchungen zur Effizienz aktueller Nachweisverfahren von Viren im Wasser, Zbl. Bakt. Hyg. I, Orig. B **177,** 127–140 (1983).

[61] Schneweis, K. E. u. G. Stifter: Virusnachweis im Wasser mit Hilfe von Membranfiltern, Zbl. Bakt. I Orig. **216,** 128–139 (1971).

[62] Shuval, H. J.: Detection and Control of Enteroviruses in the Water Environment. Developments in Water Quality Research. Proceed. of the Jerusalem Conf. on Water Quality and Pollution Research, Ann Arbor-Humphrey Science Publ., Ann Arbor, London 1969.

[63] Schubert, R. H. W. u. E. Deutsch: Der Einfluß der Bebrütungstemperatur auf die Angehrate von E. coli in Flüssigkeitskultur, Arch. Hyg. **153,** 205–210 (1969).

[64] Seidel, K. u. Z. Filip: Verhalten von Viren im Wasserkreislauf unter besonderer Berücksichtigung der Trinkwasserversorgung, WaBoLu Ber. 6/1980, D. Reimer-Verlag, Berlin (1980).

[65] Sobsey, M. D. and J. St. Glass: Poliovirus Concentration from Tap Water Using Positively Charged Filters. Appl. Environm. Microbiol. **37,** 588–595 (1979).

[66] Viswanathan, R.: Indian J. med. Res. Supp. 45, 1957, Zit. nach Chang: Infectious Hepatitis and Poliomyelitis in South East Asia (US.PHS-Cincinnati, Ohio).

[67] Wallis, C. u. L. J. Melnick: Concentration of Enterovirus on Membranfilters, J. Virol. **1,** 472–477 (1967).
[68] Wallis, C. u. D. J. Melnick: Concentration of Virus from Sewage by Adsorption on Milipore Membranes, Bull. Wld. Hlth. Org. **36,** 219–225 (1967).
[69] Walter, R. u. St. Rüdiger: Untersuchungen zum Virusvorkommen im Grundwasser, Ges. Hyg. **23,** 461–463 (1977).
[70] Walter, R. u. St. Rüdiger: Untersuchungen zur Viruseliminierung durch Trinkwasseraufbereitungsverfahren, Ges. Hyg. **23,** 90–92 (1977).
[71] Walter, R. u. St. Rüdiger: Enterotrope Viren im Trinkwasser – Qualitativer Nachweis, Ausgewählte Methoden der Wasseruntersuchung, Fischer Verlag. Jena (1978).
[72] Wasielewski, E. v., S. Carlson, K. H. Husmann u. G. Christoforidis: Modellversuche zur Überlebensdauer pathogener Viren im Rheinwasser, Arch. Hyg. **145,** 184–189 (1961).
[73] Weber-Schutt, G.: Experimentelle Studien mit Bakteriophagen in Abwasserkläranlagen unter besonderer Berücksichtigung hygienischer Belange, Zbl. Bakt. I. Orig. **200,** 212–234 (1966).

Schwimmbadwasser

Gesetze, Richtlinien

Nach § 11 Bundesseuchengesetz in der ab 1. Jan. 1980 geltenden Fassung (BGBl. I S. 2248) muß Schwimm- oder Badebeckenwasser in öffentlichen Bädern oder Gewerbebetrieben so beschaffen sein, daß durch seinen Gebrauch eine Schädigung der menschlichen Gesundheit durch Krankheitserreger nicht zu besorgen ist. Wassergewinnungs- und Wasserversorgungsanlagen und Schwimm- oder Badebecken einschließlich ihrer Wasseraufbereitungsanlagen unterliegen insoweit der Überwachung durch das Gesundheitsamt. Eine Rechtsverordnung, welchen Anforderungen das Wasser entsprechen muß und welche Mittel und Verfahren für die Aufbereitung von Schwimmbecken- oder Badebeckenwasser verwendet werden dürfen, ist bis jetzt nicht erlassen worden. Aufbauend auf der KOK-Richtlinie (Richtlinie des Koordinierungskreises der Deutschen Gesellschaft für das Badewesen, des Deutschen Schwimmverbandes und des Deutschen Sportbundes) wird vom Normenausschuß Wasserwesen in DIN (Deutsches Institut für Normung e. V.) eine Norm DIN 19643 „Aufbereitung und Desinfektion von Schwimm- und Badebeckenwasser“ erarbeitet. Nach dieser Norm muß das Rein- und Beckenwasser bakteriologisch folgende Anforderungen erfüllen.

Anwendungsbereich	Parameter	Einheit	Reinwasser min	Reinwasser max	Beckenwasser min	Beckenwasser max
Allgemein bei allen Verfahrenskombinationen	Mikrobiologische Anforderungen					
	Koloniezahl (bei 20 ± 2 °C)	1/ml	–	20	–	100
	Koloniezahl (bei 36 ± 1 °C)	1/ml	–	20	–	100
	Coliforme Keime (bei 36 ± 1 °C)	1/(100 ml)	–	n. n.[1]	–	n. n.
	E. coli (bei 36 ± 1 °C)	1/(100 ml)	–	n. n.	–	n. n.
	Pseudomonas aeruginosa	1/(100 ml)	–	n. n.	–	n. n.

[1] n. n.: nicht nachweisbar

In der Republik Österreich wurde am 6. Mai 1976 ein Bäderhygienegesetz (Bundesgesetzblatt für die Republik Österreich Nr. 254/1976 S. 1011) erlassen. In § 12 dieses Gesetzes wird verlangt:

(1) Das dem Badebecken oder Tauchbecken zugeführte Wasser muß in bakteriologischer Hinsicht Trinkwassereigenschaften und in chemischer Hinsicht eine solche Beschaffenheit aufweisen, daß sich daraus keine Gefährdung der Gesundheit der Bade- oder Saunagäste ergeben kann.

(2) Es muß gewährleistet sein, daß das Beckenwasser bei maximal zulässiger Belastung in bakteriologischer, parasitologischer, physikalischer und chemischer Hinsicht eine solche Beschaffenheit aufweist, daß keine Gefährdung der Gesundheit der Bade- oder Saunagäste, insbesondere in hygienischer Hinsicht, zu erwarten ist.

(3) Wasch- und Brausewasser muß Trinkwassereigenschaften aufweisen.

Auf Grund dieses Gesetzes werden in der Verordnung vom 26. Juli 1978 über Hygiene in Bädern (Bundesgesetzblatt für die Republik Österreich 495/1978 S. 3053) folgende bakteriologische Anforderungen an die Wasserbeschaffenheit gestellt:

§ 2. (1) Das Wasser, mit dem die Becken gefüllt werden und mit dem die Wassererneuerung durchgeführt wird (Füllwasser) muß
1. in seuchenhygienischer Hinsicht einwandfrei sein,
2. folgende bakteriologische Eigenschaften ausweisen:
   a) Die Zahl aerober Kolonien darf bei einer Bebrütungsdauer von 48 Stunden bei + 22 °C höchstens 100 in 1 ml betragen,
   b) Escherichia coli darf in 100 ml nicht nachweisbar sein.

§ 3. Wasser, das über die Aufbereitungsanlage gefördert (aufbereitetes Wasser) wird, muß vor Eintritt in das Becken folgenden Anforderungen entsprechen:
1. In bakteriologischer Hinsicht:
   a) Die Zahl aerober Kolonien darf bei einer Bebrütungsdauer von 48 Stunden bei + 22 °C höchstens 100 in 1 ml betragen,
   b) Escherichia coli darf in 100 ml nicht nachweisbar sein.

§ 4. Das Wasser, das sich im Becken befindet (Beckenwasser), muß an den in dieser Verordnung angeführten Entnahmestellen folgenden Anforderungen entsprechen:
1. In bakteriologischer Hinsicht:
   a) Die Zahl aerober Kolonien darf bei einer Bebrütungsdauer von 48 Stunden bei + 22 °C höchstens 300 in 1 ml betragen; in künstlichen Freibek-

kenbädern dürfen diese Werte bei Spitzenbelastung überschritten werden, jedoch höchstens bis 500 in 1 ml,

b) Escherichia coli darf in 100 ml nicht nachweisbar sein.

In der Schweiz gibt es keine gesetzlichen Regelungen. Vom Schweizerischen Ingenieur- und Architekten-Verein ist jedoch eine Norm (SiA 385/1 Ausgabe 1980) herausgegeben worden, in der die Anforderungen an das Wasser und an die Wasseraufbereitungsanlagen in Gemeinschaftsbädern festgelegt sind. Für das Beckenwasser werden folgenden bakteriologischen Werte verlangt:

Koloniezahl	pro ml	$\leqq$ 1000
„Coliforme" (Lactose-vergärende Keime)	in 100 ml	$\leqq$ 10
Escherichia coli	in 100 ml	0

Bei mehrmaligem Auftreten erhöhter Keimzahlen und/oder Escherichia coli ist eine Untersuchung auf pathogene Keime angezeigt:

z. B. Pseudomonas aeruginosa
Staphylococcus aureus
Shigellen und Salmonellen.

Die Koloniezahl wird im Gegensatz zur Bundesrepublik Deutschland und Österreich erst nach 3 Tagen ermittelt. Dadurch ergeben sich vielfach höhere Werte.

Mikrobielle Verunreinigung des Schwimmbadwassers

Das Wasser künstlicher Frei-, Hallen- und Lehrschwimmbecken wird von vielen Personen in unterschiedlichem Gesundheitszustand gleichzeitig benutzt. Zwangsläufig wird deshalb das Wasser je nach Besucherfrequenz mehr oder weniger bakteriell verunreinigt. Die Hautoberfläche jedes Menschen ist mit verschiedenen Bakterienarten und häufig auch mit Hautpilzen besiedelt. Die Menge der Keime hängt im wesentlichen von der persönlichen und Umwelt-Hygiene jedes einzelnen ab. Beim Aufenthalt im Wasser tritt stets ein Teil dieser Mikroorganismen – häufig zusammen mit abgeschilferten Epithelien – in das Wasser über. In quantitativen Untersuchungen mit verschiedenen Versuchspersonen durchgeführt konnte man feststellen, daß während eines Bades von 5 Minuten in einer 150 l fassenden Wanne von der Körperoberfläche ohne Verwendung von Seife bis zu $6{,}5 \times 10^8$ Keime abgespült werden. Die Zahl der durch Schwimmbadwasser abgeschwemmten Keime ist sicherlich während der üblichen Verweildauer im Wasser von 20 bis 30 Minuten nicht kleiner. Hieraus ergibt sich, wenn etwa 1 m^3 Wasser für jeden Besucher zur Verfügung steht und man von gleichmäßiger Keimverteilung ausgeht, ein Keimgehalt von 100 in 1 ml Schwimmbadwasser. – Aus Mundhöhle und Nasen-Rachenraum werden ebenfalls Keime herausgespült. So können z. B. in 1 ml Speichel bis zu $4{,}0 \times 10^8$ Keime enthalten sein. Stärkere bakterielle Verunreinigungen der Haut liegen fast stets im Bereich des Anus und der Vulva vor. Auch diese Keime treten zwangsläufig in das Wasser über. Neben den zur normalen Standortflora der Körperoberfläche und -höhlen gehörenden harmlosen Bakterien werden regelmäßig auch pathogene Mikroorganismen in das Schwimmbadwasser eingebracht. Oft beherbergen Menschen vorübergehend oder auch für längere Zeit, ohne es zu wissen oder krank zu sein, pathogene Bakterien, Viren oder Protozoen. So findet man z. B. auf der Haut, in der Mundhöhle sowie im Nasen-Rachenraum nicht selten pathogene Streptokokken und in 20–50 v. H. pathogene Staphylokokken. Neben diesen Keimen muß mit dem Vorkommen von Typhus-, Paratyphus- und Enteritis- oder Ruhrbakterien im Stuhl gerechnet werden, zumal nach den bisherigen Kenntnissen etwa 1% der Menschen Keimträger oder Ausscheider sind.

In den letzten Jahren ist durch gezielte und eingehende Untersuchungen festgestellt worden, daß Keime in gechlorten Beckenbädern nicht in gleichmäßiger Verteilung vorliegen, sondern daß ihre Zahl in den Oberflächenschichten bis zum Tausendfachen höher sein kann als in den tiefen Wasserschichten. Dies ist darauf zurückzuführen, daß an der Grenzschicht Wasser-Luft der Chlorgehalt stärker abnimmt und die an der Wasseroberfläche befindlichen insbesondere aus dem Nasen-Rachenraum stammenden Keime wegen ihrer Schleimumhüllung widerstandsfähiger gegen Chlor sind. Aus epidemiologischen Überlegungen sollte deshalb in jedem Beckenschwimmbad eine möglichst schnelle Abführung der oberflächigen Wasserschichten erfolgen. Mittels der bisherigen meistens horizontalen Beckendurchströmung läßt sich dies kaum erreichen. Durch Färbeversuche mit Eriochromschwarz konnte nachgewiesen werden, daß die herkömmliche Art der Wasserführung zu Wirbelbildungen führt, in denen das Wasser, um eine vertikale Achse rotierend stagniert und infolgedessen nicht ausreichend von der Wasserumwälzung erfaßt wird. Die Folge hiervon sind örtlicher Chlorschwund, Verkeimungen und Verschmutzungen. Um sowohl die oberflächigen Wasserschichten auf kürzestem Wege über die Überlaufrinne zu entfernen als auch die Walzenbildung innerhalb des Beckens zu verhindern, wurde eine neue Wasserführung entwickelt, bei der das Wasser am Beckenboden durch zahlreiche Öffnungen eingeleitet und durch die Überlaufrinne der Aufbereitungsanlage wieder zugeführt wird.

Übertragung bakterieller Krankheiten

Die ersten Versuche, Schwimmbadwasser zu desinfizieren wurden in den Jahren zwischen 1910 und 1920 durchgeführt. Zwischen diesen Anfängen und dem heutigen Stand liegen Jahrzehnte intensivster Forschung, die zahlreiche Verbesserungen gebracht hat. Die Fortschritte auf diesem Gebiet lassen sich am besten daran erkennen, daß nur wenige sicher durch Schwimmbeckenwasser übertragene bakterielle Infektionen bekannt geworden sind.

Die Centers for Disease Control (CDC) registrierten 1979 und 1980 Krankheitsausbrüche durch Schwimmbadwasser:

Erkrankung	Zahl der Erkrankten 1979	Wasser
Gastroenteritis[1]	30	Seewasser
Norwalk-Virus-Gastroenteritis	239	Seewasser
Gastroenteritis[1]	72	Schwimmbad
Pseudomonas-Dermatitis	27	Warmsprudelbecken
Dermatitis[1]	17	Warmsprudelbecken
Pseudomonas-Dermatitis	12	Schwimmbad

Fortsetzung: siehe S. 518

Erkrankung	Zahl der Erkrankten 1980	Wasser
Pseudomonas-Dermatitis	78	Schwimmbecken, Warmsprudelbecken
Adenovirus-Konjunktivitis	15	Schwimmbecken
Shigellose	335	Seewasser
Gastroenteritis[1]	83	Seewasser

[1] unbekannter Ätiologie

Der Beweis, daß ein Badewasser als Infektionsquelle in Frage kommt, ist im allgemeinen schwierig. Es muß dabei in Betracht gezogen werden, daß durch kommensale Keime, d. h. durch Keime, die bereits auf der Haut und den Schleimhäuten vorhanden sind und keine Krankheitserscheinung hervorrufen, als Folge des Badens nunmehr Krankheiten auslösen können. Die plötzliche Invasion dieser „harmlosen Keime" kann durch eine Herabsetzung der körpereigenen Abwehrkräfte während des Badens ausgelöst oder begünstigt werden. Eine Rolle spielt hierbei der Wärmeentzug, die Reizung der Schleimhäute, die Änderung der physikalisch-chemischen Beschaffenheit der oberen Hautschichten sowie das Eindringen von Badewasser in Gehörgänge und in den Nasen- und Rachenraum.

Infektionen über Nase und Rachen (Angina, Otitis, Sinusitis), sowie der Augenbindehaut kommen als Badeinfektion in Betracht; Gruppenerkrankungen sind mehrfach beschrieben worden. Sie kommen bevorzugt im gechlorten Badebecken mit der erwähnten „Film"-Bildung vor. Außerdem steht die mögliche Badeinfektion in Relation zur Größe der zur Verfügung stehenden Wasserfläche und Besucherzahl. Fließendes Wasser vermindert das Vorkommen solcher Infektionen.

Die Sinusitis wird häufiger bei Sporttauchern und Turmspringern beobachtet. Wahrscheinlich begünstigt die Zu- und Abnahme des hydrostatischen Druckes die Entstehung dieser Krankheit. Bekannt ist ferner das vermehrte Auftreten einer Otitis externa bei Schwimmern. Die Pathogenese der diffusen Gehörgangsentzündung ist vielgestaltig. Im Vordergrund stehen als auslösende Ursache bakterielle Infektionen, insbesondere durch Staphylococcus aureus. Sekundärinfektionen durch Pseudomonas aeruginosa oder Proteus-Spezies erschweren den Krankheitsverlauf und die Therapie.

Staphylokokken, Streptokokken, Pseudomonas- und Proteus-Arten werden von infizierter Haut und von Schleimhäuten an das Wasser abgegeben. Ein Reservoir für Pseudomonas aeruginosa können außerdem Schwimmbadfilter bilden.

Die Bakterien der Pseudomonas-Gruppen haben in den letzten Jahren vermehrt Beachtung gefunden, weil sie großflächige Hautentzündungen (Dermatitis) hervorrufen können. Die DIN 19643 fordert deshalb, daß Rein- und Beckenwasser in 100 ml Pseudomonas aeruginosa nicht enthalten darf.

Trotz sämtlicher Bemühungen einwandfreie bakteriologische Werte zu erreichen, lassen sich vereinzelte Keimbefunde nicht vermeiden. Die von der Haut und von den Schleimhäuten stammenden Keime sind oft als Bakterienaggregate von Epithelien, Fetten und anderen als Schmutzkolloid wirkenden Substanzen umgeben. Auf die schwierige Abtötung dieser Keime ist verschiedentlich hingewiesen worden. Dies ist verständlich, weil die im inneren solcher Aggregate befindlichen Keime gegenüber äußeren Einwirkungen wie z. B. Chlor geschützt sind. Durch experimentelle Untersuchungen konnte dies belegt werden. Bei der Schwimmbadwasseraufbereitung muß ferner beim Filterspülen vereinzelt mit einem Durchtreten von Bakterienaggregaten, wie sie durch Flockungsmittel (z. B. Aluminium- oder Eisensalze) entstehen, gerechnet werden. In mehreren Veröffentlichungen, die sich mit Fragen der Schwimmbadwasserhygiene befassen, wird auf die höhere Resistenz von Staphylokokken gegenüber Chlor hingewiesen. In diesem Zusammenhang erhebt sich die Frage, ob es sich tatsächlich um eine höhere Resistenz handelt oder ob sie durch die dreidimensionale Anordnung der Staphylokokken im Sinne eines Bakterienaggregates vorgetäuscht wird. Bei bakteriellen Infektionen nach Schwimmbadbesuch darf nicht immer das Wasser als Infektionsquelle in Betracht gezogen werden. Schmutz- und Schmierinfektionen über Umkleideräume sowie über ungenügend desinfizierte und gereinigte Sitze sind sicher als Ursache nicht seltener.

1953 ist erstmals über eine epidemisch auftretende Hautkrankheit berichtet worden, die nur nach Hautläsionen vorkam und über Bäder verbreitet wurde. Die Symptome bestanden in langsam heilenden mit Krusten bedeckten chronischen Ulzerationen. Als Erreger wurde ein Mykobakterium (Mycobacterium balnei bzw. M. marinum) angegeben, also ein säurefestes Stäbchen, dessen optimale Wachstumstemperatur bei 31–32 °C liegt. 3–4 Wochen nach Besuch eines großen Freibades in den USA trat 1961 bei 262 Personen ein kleines gerötetes Knötchen durch Mycobacterium balnei auf, das sich vergrößerte, verfärbte und Krusten bildete. Die darunter befindliche Ulceration heilte nach Monaten bis zu 2 Jahren. Aus England sind Einzelfälle solcher Infektionen bekannt geworden. Über eine Tuberkuloseinfektion liegt nur eine Angabe vor.

Vermutlich sind ebenfalls nur wenige Salmonellosen durch infiziertes Schwimmbadwasser ausgelöst worden. Bekannt sind Infektionen nach Baden in Abwasser belasteten Freibadegewässern. Aber auch diese sind nach einer englischen Studie von 1946–1956 äußerst selten. Es konnte in 10 Jahren lediglich bei 2 Typhus- und 4 Paratyphus-Fällen anamnestisch eine Badeinfektion angenommen werden. Ob dies wirklich der Fall ist läßt sich nur schwer beweisen, weil die Ursachen von bakteriellen Darmkrankheiten – wenn sie einzeln auftreten – nur selten geklärt werden kann. Dies trifft ebenfalls für Leptospirosen zu.

Die Infektion mit L. icterohaemorrhagiae, der Morbus Weil, die klinisch ernsteste Form der Leptospirosen, ist in der Regel an das Vorhandensein von Wanderratten gebunden, die vor allem durch Müllablagerung in das Gewässer bzw. am Rande des Gewässers angezogen werden. Man sollte aber auch daran denken, daß weggeworfene Nahrungsreste auf Liegewiesen den Wanderratten Nahrung bieten.

Beckenbäder im Freien und in der Halle kommen nicht als Infektionsquelle für Leptospirosen in Betracht. Erwähnt werden müssen noch Infektionen durch Chlamydien. Chlamydien (Bedsonien) früher auch große Viren genannt, sind Mikroorganismen, die eine Zwischenstellung zwischen Viren und Bakterien einnehmen. Chlamydia paratrachomatis (para trachoma adultorum) verursacht die Einschlußkonjunktivitis der Erwachsenen oder Schwimmbadkonjunktivitis. Diese Krankheit manifestiert sich klinisch etwa 7 bis 14 Tage nach der Infektion. Die Keimübertragung erfolgt durch den Kontakt mit kontaminiertem Wasser. Beim Erwachsenen ist die

Einschlußkonjunktivitis durch Bindehautödem mit Follikelbildung, starker Rötung, Lidödem und Fremdkörpergefühl sowie schleimige Sekretion gekennzeichnet. Die präaurikulären Lymphknoten sind geschwollen. Die Erkrankung ist häufig unilaterial und die Prognose günstig.

Übertragung viraler Krankheiten

Während bakterielle Infektionen durch Schwimmbadwasser nach bisher vorliegenden Erfahrungen nicht sehr häufig verursacht werden, ist die Frage welche Rolle das Schwimmbadwasser bei der Übertragung von Viruskrankheiten spielt, nicht eindeutig geklärt. Diese Angaben stützen sich auf experimentell gewonnene Ergebnisse. Die Virusinaktivierung erfordert höhere Redoxpotentialwerte des gechlorten Wassers respektive längere Kontaktzeiten als die Abtötung von Bakterien. Diese Resultate lassen vermuten, daß Viruskrankheiten nach Schwimmbadbesuch kein seltenes Ereignis darstellen können, wenn nicht stets eine optimale Schwimmbadaufbereitung und -desinfektion erfolgt.

Bei den bisher beschriebenen Erkrankungen nach Schwimmbadbesuch handelt es sich vorwiegend um Infektionen durch Adenoviren. Eine Zusammenstellung über „Schwimmbad-Konkunktivitis" zeigt, daß eine behelfsmäßige Chlorung durch Chlorkalk auf die Ausbreitung der Krankheit keinen Einfluß hat. In Schwimmbädern, in denen Umwälzung, Filterung und Chlorung des Wassers stattgefunden hatte, waren die Erkrankungen so gut wie verschwunden. In den Jahren nach 1945 berichten verschiedene Autoren über Ausbrüche Pharyngo-konjunktivalen Fiebers (PKF).

1953 wurden Erkrankungen mit den Symptomen Keratokonjunktivitis, Pharyngitis, Muskelschmerzen und Fieber beobachtet. Die Übertragung erfolgte teils direkt, teils durch das örtliche Freibad, dessen Wasser umgewälzt wurde und einen Chlorgehalt von mindestens 0,4 mg/l aufwies. Spätere serologische Untersuchungen von elf Erkrankten ergaben, daß die Krankheit durch Adenovirus Typ 3 verursacht worden war.

1955 traten als ursächliche Erreger einer PKF-Epidemie in einem Kinder-Sommerlager Adenoviren auf, deren Übertragung durch persönliche Kontakte und trotz gechlortem Schwimmbadwasser (0,2 bis 0,6 mg/l) erfolgte. 70% der Lagerkinder erkrankten in einem Zeitraum von wenigen Wochen; von ihnen konnte innerhalb der ersten 10 Tage nach Auftreten der Symptome Adenoviren isoliert werden.

Andere Autoren beschreiben eine Endemie, in deren Verlauf als Komplikation in 37% der Fälle eine Otitis media katarrhalis auftrat. Als Erreger wurde Adenovirus Typ 3 festgestellt. Die Übertragung erfolgte zu 71% durch Schwimmbäder; 28% erkrankten sekundär zu Hause. Eine Angabe über die Schwimmbadchlorung fehlt.

Einen epidemischen Ausbruch in Finnland an fiebriger Pharyngitis und Konjunktivitis im Spätsommer 1955 durch Adenovirus Typ 4 wird primär auf die Benutzung öffentlicher Freibäder zurückgeführt. Nach Schließung der Schwimmbäder traten neue Erkrankungen nicht mehr auf.

In New Hampshire kam es zu einer Adenovirusepidemie (Typ 3) in einem Kinderlager. Die bakteriologischen Untersuchungen des von zwei Lagergruppen zum Baden gemeinsam benutzten Sees ergaben keine Beanstandungen. Das Seewasser wurde außerdem gechlort als Trinkwasser verwendet. Die Autoren führen die Übertragung der Erkrankung auf direkten Kontakt zurück, weil das Lager über ein Schwimmbad nicht verfügte.

PKF-Ausbrüche in sieben englischen Schulen wurden während des Sommers 1955, durch Adenovirus Typ 3, 7 und 14 verursacht. Es wird vermutet, daß Schwimmen eine Rolle bei der Ausbreitung der Infektion gespielt haben könnte.

1955 brach in Schweden eine Epidemie aus, bei der Adenovirus Typ 3 als Erreger nachgewiesen wurde. 74% der erkrankten Personen hatten in einem See geschwommen, der als Vorfluter (Auslauf 150 m vom Badeplatz) der örtlichen Kläranlage diente, aus der Adenovirus Typ 3 isoliert werden konnten.

In Japan traten fieberhafte Erkrankungen bei Grundschülern ein, die durch Schwimmbäder übertragen wurden.

Bei einer anderen Adenovirusepidemie (Typ 3) unter Grundschulkindern wird ebenfalls angenommen, daß Schwimmbäder für die Übertragung in Betracht kamen.

Andere Autoren berichten über eine PKF-Epidemie im Sommer 1957, deren typische Symptome in Schwindel, Erbrechen und Durchfälle bestand. Der Erreger war Adenovirus Typ 3 und 4. Als Infektionsquelle wird ungechlortes Schwimmbadwasser angenommen.

1961 brach eine Adenovirus Typ 7-Epidemie aus. Alle Erkrankten hatten in hygienisch fraglichem Wasser gebadet. Der Gehalt an E. coli betrug an der Badestelle 500/100 ml; 100 m davon entfernt im Bereich eines kleinen Abwasserzuflusses 2000/100 ml und 700 m weiter an der Einleitung eines Kläranlagenablaufes (2000 Haushalte) mehr als 20000/100 ml Wasser; dort wurden auch Adenoviren ermittelt.

Durch ausführliche virologische Untersuchungen gelang der Nachweis, daß 1963 zum ersten Male Gruppenerkrankungen und kleinere Epidemien, die auf Adneovirusinfektionen beruhten, aufgetreten sind. Von zehn Gruppenerkrankungen wurden je vier durch Adenovirus Typ 3 und 7 verursacht, und bei zwei fand man gemeinsam die Typen 3 und 7. Bei zwei Gruppen handelte es sich um gesicherte und bei einer um eine mögliche Schwimmbadinfektion. Eine PKF-Erkrankung durch Adenovirus Typ 3 betraf 1964 61 Jugendliche, die in einem Hallenbad (0,2 mg freies Chlor/l) geschwommen hatten (22 °C).

Adenovirus Typ 3 verursachte 1964 eine Epidemie bei japanischen Schülern. Zur Verhütung weiterer Infektionen wurden die Schwimmbäder in der Nähe der Schule geschlossen.

1966 beobachtete man bei jugendlichen Schwimmern in Rumänien Fieber, Pharyngitis, Konjunktivitis, Verdauungsstörungen, katarrhalische Symptome, Muskelschmerzen, Otitis, Sinusitis und Adenopathie. Erreger war ein Adenovirus.

Ferner wird berichtet über Adenovirus Typ 3 – Infektionen bei Schwimmern, kurz nachdem sie in ungechlortem Wasser gebadet hatten. Kinder, die in gechlortem Wasser (0,35 mg freies Chlor/l) schwammen, erkrankten nicht. Versuche, das Virus aus dem Wasser zu isolieren, gelangen nicht.

In der Tschechoslowakei trat eine PKF-Epidemie durch Adenovirus Typ 3 in einem Jugendlager auf, die vom örtlichen Schwimmbad ausging. Bei einer anderen Epidemie in der Tschechoslowakei konnte Adenovirus (Typ 3 und 5 sowie 1, 6, 4 und 14) nachgewiesen werden. Fast alle Jugendlichen gaben an, daß sie einige Tage, bevor sie erkrankten, in Schwimmbädern und Flüssen gebadet hatten.

1973 wurden Bindehautentzündungen bei Schwimmern in Kansas beobachtet, die auf Adenovirus 7 zurückgeführt werden konnten.

Mitteilungen über Virusinfektionen durch Schwimmbadwasser, die nicht durch Adenoviren verursacht wurden, sind zahlenmäßig gering. Hier kommen vor allem Erkrankungen durch Coxsackie- und Echo-Viren in Frage sowie Erkrankungen an Molluscum contagiosum.

Eine Coxsackie A 16-Virusendemie verursachte bei 60 Kindern Fieber, Hals- und Rachenentzündung, Ausschlag sowie vereinzelt Bauchschmerzen, Diarrhoe, Schnupfen, Kopfschmerzen, Husten und Konjunktivitis. Die Virusisolierung gelang in 71%. Als wichtigster Faktor in der Übertragung der Krankheit wurden kleine tragbare Swimming-Pools in den Vorgärten der Wohnhäuser angesehen.

Für einen Ausbruch an aseptischer Meningitis im Sommer 1969 war der Echo-Virus Typ 30 ätiologisch verantwortlich. Die Krankheitsanamnesen wiesen wiederholt auf Baden in Freibädern oder Kinderplanschbecken hin. Bei drei Badestellen war eine räumliche Zuordnung vermehrt aufgetretener Erkrankungen erkennbar.

Für Paramyxovirus-Infektion gibt es keine exakten Hinweise. Zu dieser Virusgruppe gehören Parainfluenza-, Mumps- und Masernviren. Die Bedeutung dieser Viren in Zusammenhang mit Schwimmbädern ist nicht ausreichend geklärt. Parainfluenzaviren verursachen vor allem bei Jugendlichen katarrhalische Krankheiten der Respirationsorgane. Gegenüber Umwelteinflüssen ist diese Virusart wenig resistent. Ihr Fehlen im Badewasser schließt die Möglichkeit einer Schwimmbadinfektion nicht aus. Bekannt ist ein weiteres Virus, das in Schwimmbädern übertragen wird. Es kann besonders bei Kindern und Jugendlichen Sohlen- bzw. Plantarwarzen verursachen. Im letzten Jahrzehnt sind solche Infektionen in zunehmenden Maße bei Schülern nach Schwimmunterricht in Lehrschwimmbecken aufgetreten. Zwei Infektionswege müssen in Betracht gezogen werden. Die Infektion erfolgt entweder durch direkte Berührung mit einer infektiösen Warze oder indirekt durch abgeschilferte Hautreste am Boden der Gänge und Umkleiden. Wie lange das Virus dort infektiös bleibt, ist nicht bekannt, weil das zu den Papovaviren gehörende Virus sich nicht in Zellkulturen züchten läßt.

Die Außenschicht der normalen Haut besteht aus einer leblosen, sich ständig abnutzenden Hornschicht, die den Schutz gegen Infektionen bildet. Diese Hornschicht geht in eine mehrschichtige Lage lebender Zellen über. Das Warzenvirus infiziert diese lebenden Hautzellen. Voraussetzung ist jedoch, daß die Hornschicht defekt ist. Das Virus bewirkt eine beschleunigte Zellteilung und die infizierten Zellen wuchern in unregelmäßigen Zapfen nach außen in das darüberliegende Gewebe, dabei wird reichlich Hornsubstanz gebildet. Auf den Fußsohlen wird durch den Druck und die dicke Hornschicht zum Teil das Wachstum nach innen gelenkt. Oberflächlich sieht man nur eine etwas runde, glänzende, manchmal gelb-braune Verhärtung der Haut, die Druckschmerzen verursacht.

Erwähnt werden muß noch eine andere harmlose warzenähnliche Erkrankung, das Molluscum contagiosum, das ebenfalls in Schwimmbädern übertragen wird. Hervorgerufen wird es durch ein anderes Virus, das wesentlich größer als das Warzenvirus ist. Bei den voll ausgebildeten Mollusca handelt es sich um vorgewölbte, meist halbkugelige Hautwucherungen von Stecknadelkopf- bis Erbsengröße. Sie haben eine gelbbräunliche Farbe und können in der Mitte eingedellt sein. Manchmal läßt sich ein krümeliger Brei ausdrücken, der viel infektiöses Virusmaterial enthält. Mollusca treten meist in Gruppen an den verschiedensten Körperpartien besonders bei Kindern auf.

Das Vorkommen an den Fußsohlen in abgewandelter Form, kaum von Sohlenwarzen zu unterscheiden, ist verhältnismäßig selten. Die Übertragung geschieht durch direkten Kontakt, aber auch häufig indirekt, inbesonderen über gemeinsam benutzte Handtücher. Schwimmbäder spielen hier wohl vor allem deshalb eine Rolle, weil vermehrt Kontaktmöglichkeiten gegeben sind. Zur Verhütung von Warzen und Mollusca sind drei Maßnahmen wichtig.

1. Die Virusausscheider, also die Warzen- oder Mollusca-Träger müssen vom Badebetrieb ferngehalten und ärztlich behandelt werden.
2. Jede gemeinsame Benutzung von Badetüchern muß unterbunden werden.
3. Eine gründliche Reinigung der Gänge, Dusch- und Umkleideräumen mit geeigneten Desinfektionsmitteln sollte möglichst mehrmals in der Woche erfolgen.

Virusnachweis in Schwimmbadwasser. Untersuchungen auf ihren Gehalt an Viren von Durchschreitebecken sowie Frei- und Hallenbädern, die an die öffentliche Wasserversorgung angeschlossen waren, ergaben: Von 49 Durchschreitebecken-Proben waren 6 positiv; es handelte sich dabei um Echo-Virus 3 und 11.

In häufig entnommenen Proben aus Freibädern (0,2 bis 1,2 mg freies Chlor/l) und Durchschreitebecken (0,1 bis 1,2 mg freies Chlor/l) gelang es mit Ausnahme eines Coxsackievirus B2 und B1 nicht, Viren zu ermitteln. Auch Untersuchungen von Hallenbadwasser mit niedrigerem Chlorgehalt (0,1 bis 0,4 mg freies Chlor/l) hatte negative Resultate. Während einer Influenza-Epidemie konnte Parainfluenzavirus 1 aus dem Wasser (1 mg BrO^{-}/l) angezüchtet werden. Wasserproben von öffentlichen Badeplätzen ergaben nach einer durchgeführten Poliomyelitis-Schluckimpfung keine Virusbefunde.

Aus Badewässern von einem Haupt- und Lehrbecken eines Hallen- und Freibades während einer Poliovirusschluckimpfaktion (Sabin Typ 1) konnten in 5 von 58 entnommenen Proben Viren nachgewiesen werden. Angaben über den Chlorgehalt der untersuchten Wässer fehlen.

In Untersuchungen von Wasserproben, die im Sommer 1967 in einem Freibad entnommen wurden, lag die durchschnittliche Keimzahl bei etwa 400 Keime/ml; in der Hälfte der Proben waren in 0,01 ml Wasser noch coliforme Bakterien nachweisbar. In 20% der Proben konnte Coxsackievirus B3 isoliert werden. Dieser Virustyp herrschte im gleichen Zeitraum auch in klinischem Untersuchungsmaterial von Kranken vor.

Aus 250 Liter Schwimmbadwasser (0,35 mg freies Chlor/l) gelang es nicht HB_S Antigen (Hepatitis B-Surface Antigen) zu ermitteln.

Virusinaktivierung durch Chlor. Aus der Literatur geht hervor, daß die zur Virusinaktivierung benötigten Chlormengen große Abweichungen aufweisen. Es konnte festgestellt werden, daß der Desinfektionserfolg nicht nur von der Chlormenge, sondern auch von der Höhe des Redoxpotentials abhängt. Die Virusinaktivierung erfordert höhere Redoxpotentialwerte resp. längere Kontaktzeiten als die Abtötung von E. coli. Um z. B. Poliomyelitisviren in einem mit organischen Verunreinigungen belasteten Wasser mit Sicherheit zu inaktivieren, muß ein Redoxpotential von + 750 mV (0,3 bis 0,6 mg/l freies Chlor) für 15 bis 30 min. aufrechterhalten werden. + 750 mV lassen sich in einem verunreinigten Wasser ohne Hochchlorung nicht erreichen. Untersuchungen in gechlortem Schwimmbadwasser (0,8 – 1,0 mg/l freies Chlor) ergaben, daß Poliovirus 2 (Sabin) in ca. 15 cm Entfernung von der Einleitungsstelle nach 20 bis 40 Sekunden nicht mehr feststellbar war.

Virusaktivierung durch Brom. Zur Schwimmbadwasser-Desinfektion wird Brom in verschiedenen europäischen Ländern und vereinzelt auch in der Bundesrepublik Deutschland eingesetzt. Bromaminverbindungen und unterbromige Säure wirken viruzid. Um Adeno-Virus Typ 7 und Poliomyelitisviren Typ I – III durch Brom in 5 Minuten zu inaktivieren, sind in Abhängigkeit vom pH-Wert bis zu 1 mg/l Brom notwendig. Die desinfizierende Wirkung des Broms nimmt jedoch nach einiger Zeit im Schwimmbadwasser trotz gleichbleibender Konzentration ab, weil die desinfizierende Wirkung des Broms ebenso wie die des Chlors nicht von der Konzentration sondern vom Redoxpotential abhängt. Mit zunehmender Verschmutzung des Wassers sinkt das Redoxpotential und damit der Desinfektionseffekt durch Bildung von Bromiden.

Die Inaktivierung von Viren wird mit Abnahme des Redoxpotentials zwangsläufig infrage gestellt.

Bei Verwendung von Brom als Desinfektionsmittel in Schwimmbädern muß deshalb zur Aufbereitung des Wassers neben Flockung und Filterung zusätzlich Ozon oder Chlor als Oxidationsmittel eingesetzt werden.

Übertragung parasitärer Krankheiten

Im Gegensatz zu Naturbadegewässern, in denen der Badende mit dem Vorkommen pflanzlicher und tierischer Organismen rechnet, erwartet er in einem Hallenbad ein in jeder Hinsicht einwandfreies also auch ein organismenfreies Wasser. Eingehende Untersuchungen haben ergeben, daß im Bereich des Beckenablaufs eine deutliche stärkere Organismenbesiedlung anzutreffen ist als im Bereich des Beckenzulaufs. Der Lebensraum der Badewasserorganismen befindet sich an den Boden- und Wandbelägen des Beckens. Nach der Häufigkeit des Auftretens wurden folgende Tierformen festgestellt: Nematoden, Copepoden, Acari, Nauplien, Rotatorien, Rhizopoden, Cladoceren, Anneliden und Diptheren-Larven. Eine Bekämpfung dieser Organismen durch Chlorung in üblichen Konzentrationen ist wirkungslos, da je nach Tierart Chlorkonzentrationen von 1,6 bis 4,0 mg/l vertragen werden. Eine Verminderung der Organismen kann nur durch Ablassen des Wassers mit anschließender gründlicher mechanischer Reinigung des Beckens und Rückspülung der Filteranlage erreicht werden und sollte immer dann gefordert werden, wenn bei der mikroskopischen Durchsicht des Sestons – auf einen Kubikmeter Badewasser bezogen – sich mehr als 100 tierische Organismen nachweisen lassen.

Aus ästhetischen Gründen sind tierische Organismen im Badewasser unerwünscht. Eine gesundheitliche Gefährdung der Badenden durch die genannten Organismen kann im allgemeinen jedoch ausgeschlossen werden, da sie im wesentlichen harmlose Detritusfresser sind. Zu bedenken ist allerdings, daß neben diesen relativ großen Formen im Wasser auch kleinere pathogene Arten vertreten sein können, z.B. Amoeben.

Amöben

Die pathogene Bedeutung von freilebenden Wasseramöben ist in Zusammenhang mit dem Baden in Schwimmbädern erst in den letzten Jahren aufgeklärt worden. Die freilebenden Amöben der Gattungen Acanthamoeba (Hartmanella) und Naegleria galten lange Zeit im Gegensatz zu parasitären Amoeben wie Entamoeba histolytica als harmlos.

Der erste Bericht über tödlich verlaufene, durch Amöben verursachte Amöbenmeningoencephalitiden beim Menschen wurden 1965 in Australien veröffentlicht.

Bei den nachfolgend aufgetretenen Erkrankungen konnte der Erreger als Amöbe vom Typ Naegleria fowleri diagnostiziert werden, nachdem auch Amöben vom Typ Hartmanella als Erreger diskutiert worden waren. Hartmanella sind jedoch im Gegensatz zu Naegleria weit weniger virulent und rufen subakut und chronisch verlaufende respiratorische Krankheiten hervor. Beide Amöbenarten kommen in feuchten Böden, in stehenden und fließenden Gewässern und im Staub vor, wo sie sich von Bakterien, Pilzen und organischem Material ernähren.

Auf Nasenschleimhäuten konnte bei tschechischen Soldaten in etwa 5% Hartmanella nachgewiesen werden. Naegleria wurden dagegen nur vereinzelt isoliert.

Bis 1974 sind etwa 100 tödlich verlaufene Amöbenmeningoencephalitiden in verschiedenen Staaten der USA, Australien, Neuseeland, Großbritannien, Belgien und Tschechoslowakei aufgetreten, davon allein 27 in Mitteleuropa. Gegenüber den üblichen Wasserdesinfektionsmitteln sind diese Protozoen wenig empfindlich. Die Amöbenform selbst unterliegt sehr schnell einer Lysis, aber ihre Zysten sind sehr widerstandsfähig. Eine Konzentration von 0,5 mg/l an freiem Chlor ist nur nach einer bis vierundzwanzig Stunden effizient. Eine Desinfektion auch mit dem besten Desinfektionsmittel ist wenig sinnvoll, wenn nicht die Wände des Bades regelmäßig gereinigt werden, weil die Amöben fest an Flächen haften und ein dünner Film aus organischem Material sie vor der Einwirkung des Desinfektionsmittels abschirmt.

Die Wassertemperatur in Schwimmbädern sollte möglichst unter 25 °C gehalten werden, weil Naegleria fowleri sich unterhalb dieser Temperatur nicht vermehrt und durch andere Amöben überwachsen wird.

Wie groß die Gefahr einer Amöbeninfektion durch Schwimmen oder Baden ist, kann nicht beantwortet werden. Bagatellisiert werden dürfen die tödlichen Infektionen nicht, wenn auch ihre Zahl im Vergleich zur Zahl der Badenden sehr klein ist.

Trichomonas vaginalis

Trichomonas vaginalis ist der Erreger der Trichomoniasis, die in der Hauptsache durch Geschlechtsverkehr übertragen wird, ohne jedoch offiziell zu den Geschlechtskrankheiten gezählt zu werden.

Diese Parasiten kommen vor allem in der Vagina vor, wo sie symptomlos vegetieren können. Als Befallsraten werden 3–70% genannt. Bei Männern lassen sich diese Erreger ebenfalls nachweisen.

Aufgrund der zunehmenden Verbreitung der Trichomoniasis in den letzten 20 Jahren wird eine indirekte, extragenitale Übertragung in steigendem Maße diskutiert. Dabei wird besonders die Vermutung geäußert, daß in öffentlichen Schwimmbädern vermehrt die Möglichkeit für eine Trichomonadeninfektion gegeben ist. Die Möglichkeit einer extragenitalen Trichomonadenübertragung durch das Badewasser ist aufgrund der hohen Empfindlichkeit der Erreger gegenüber Luftsauerstoff und gegenüber einem veränderten Milieu praktisch sehr gering. Versuche bezüglich des Überlebens der Erreger im Wasser zeigen jedoch, daß unter bestimmten Voraussetzungen relativ lange Überlebenszeiten möglich sind. Die Überlebenszeit von Trichomonas vaginalis hängt im Wasser von der Parasitendichte und vom Chlorgehalt ab. Ins Badewasser gelangen die Trichomonaden mit dem Vaginalsekret, das sich mit Wasser sehr gut mischt. Bei hoher Parasitendichte soll die Überlebenszeit in gechlortem Wasser jedoch für einzelne Parasiten mehrere Stunden betragen können. In Heil- und Thermalschwimmbadwässern ist die Absterberate verzögert.

Bisher existieren keine gesicherten Berichte über durch Schwimmbadwasser übertragene Trichomonadeninfektionen. Es besteht lediglich die Vermutung eines ursächlichen Zusammenhangs aufgrund glaubwürdiger Aussagen von Patienten mit Trichomonadenfluor. Zusammenfassend kann festgestellt werden, daß Infektionen nur möglich sind, wenn die Infektion durch Trichomonaden erfolgte, die sich sehr kurze Zeit im gechlorten Wasser befanden. Im Vaginalsekret dagegen können Trichomonaden auf Toilettensitzen, Wärmebänken, Hockern, in Badeschwämmen, Badekleidung usw. bis zu 24 Stunden infektionsfähig bleiben.

Helminthen

Die Bedeutung von Helminthen im Wasser von Schwimmbädern ist bisher nur sporadisch behandelt worden. Im einzelnen wird über das Vorkommen von Oxyuren (Enterobius vermicularis), Ascaris lumbricoides berichtet sowie von Trichuris trichura und Taenia spiralis. Die größte Bedeutung kommt hierbei den Oxyuren zu. Die Oxyureneier werden sowohl mit dem Fäces ausgeschieden als auch – im Badewasser bedeutungsvoller – von der Analgegend abgeschwemmt. Die Infektion kann sowohl durch Verschlucken wurmhaltigen Wassers als auch über den Anus erfolgen. Untersuchungen von Schulkindern ergaben nach einem 6wöchigen Schwimmkurs einen Anstieg der Befallsrate mit Enterobius um rund 17%. Auf Grund dieser Erhebung und einiger anderer Hinweise können Schwimmbäder als Infektionsquelle für Kontaktinfektionen mit Oxyuren angesehen werden. Da die Zahl der Oxyurenträger im letzten Jahrzehnt sehr stark abgenommen hat, ist die Infektionsgefahr nicht hoch zu bewerten. Die Eliminierung der Würmer und Wurmeier erfolgt fast quantitativ in den Filtern der Aufbereitungsanlage. Eine Verminderung bei den Badenden läßt sich durch gründliches Duschen und Waschen des Analbereiches nach Ablegen der Badekleidung erreichen.

Übertragung von Pilzen

Schwimmbädern kommt für die Übertragung von Fußpilzinfektionen eine besondere Bedeutung zu.

Das Wasser selbst spielt hierbei praktisch keine Rolle, obwohl Erreger von Fußmykosen stets in das Wasser gelangen. Pilze, die Fußmykosen verursachen, sind äußerst variable Mikroorganismen, die den verschiedensten physikalischen, chemischen und biologischen Einflüssen widerstehen. Sie sind sehr anpassungsfähig. Man findet sie beim Menschen, bei Tieren und im Erdboden. Die Entstehung einer Fußmykose wird durch eine ganze Reihe von Faktoren begünstigt, die für den Pilz die Bedingungen schaffen, die er zur Entwicklung braucht.

Die Fußmykosen (Tinea pedis, Athletenfuß, Hongkong-Fuß, Erosio interdigitalis, interdigitale und plantare Epidermophytie usw.) werden durch Dermatophyten, Hefen und bestimmte Schimmelpilze hervorgerufen. Sie entwickeln sich in den Zehenzwischenräumen, in den Falten auf der Unterseite der Zehen und auf der Fußsohle sowie an den Fußrändern und bisweilen sogar auf dem Fußrücken. Fußmykosen finden sich insbesondere bei Erwachsenen, bei Männern häufiger als bei Frauen. Untersuchungen an Sportlern ergaben, daß die Fußmykose vor allem bei Schwimmern (40%), weniger häufig bei den anderen Sportlern (24,5%) anzutreffen ist. Zahlreiche andere epidemiologische Erhebungen bestätigen die weite Verbreitung der Fußmykosen. Man schätzt, daß etwa 20–50% der Bevölkerung der westlichen Welt besonders in den Industriestaaten davon befallen sind.

Eine Besiedelung der Haut mit pathogenen Pilzen führt nicht notwendigerweise zu einer Erkrankung, sondern ist an bestimmte Voraussetzungen gebunden. Eine normale, vor allem trockene Hautoberfläche bildet eine ausreichende Abwehr gegen den Erreger. Auf einer trockenen Haut können Hautpilze oft wochen- oder monatelang symptomlos vegetieren. Erst Verletzungen, Aufheben des natürlichen Säureschutzmantels, Aufweichung, Quellung und Mazeration der Haut führen zu einer Erkrankung. Gefördert wird die Entwicklung der Fußmykosen zunächst durch den Fußschweiß. Er führt zur Erweichung der Hornschicht und erleichtert den Pilzen das Eindringen in tiefere Hautschichten.

Sommerliche feuchte Wärme sowie luftundurchlässige Schuhe und nicht saugfähige Strümpfe tragen ebenfalls zur Ausbreitung bei. Die Verwendung alkalischer Seifen schädigt die Hornschicht und macht sie durchlässiger für aggressive Pilze.

Die Ausübung bestimmter Sportarten, insbesondere Schwimmen, schafft besonders günstige Bedingungen. Der langandauernde und wiederholte Kontakt mit dem Wasser verringert den natürlichen Widerstand infolge Aufweichung der Haut in den Zehenzwischenräumen.

Die direkte Pilzübertragung von Mensch zu Mensch ist zwar im Prinip möglich, sie scheint aber relativ selten zu sein. Die Alltagserfahrung lehrt, daß die indirekte Übertragung in Form einer „Verschmutzung" – deshalb Kontamination genannt – viel häufiger vorkommt. Sie erfolgt beim Barfußlaufen, am Strand, im Schwimmbad, in der Sporthalle und in der Sauna.

Die wichtigsten Erreger der Fußmykosen sind:

1. Trichophyton rubrum, ein Dermatophyt, der fast ausschließlich den Menschen befällt.
2. Trichophyton mentagrophytes var. asteroides (gypseum), ein Pilz, der sapropyhtisch oder parasitisch auf Tieren leben kann. Man hat ihn auch aus dem Erdboden isoliert. In beiden Fällen infiziert er auch den Menschen und verursacht schwere, entzündliche Dermatomykosen.
3. Trichophyton mentagrophytes var. interdigitale ruft Krankheitserscheinungen hervor, die niemals stark entzündlicher Natur sind.

In einem Schwimmbad konnten in 13,7% der Proben von Barfußgang, Duschraum und Fußboden des Schwimmbades vorwiegend Trichophyton rubrum und -mentagrophytes isoliert werden. Die Herkunft ist mit großer Wahrscheinlichkeit auf abgeschilferte pilzhaltige Epithelstücke von Badegästen zurückzuführen, dafür spricht das nur vereinzelte Koloniewachstum auf den verwendeten Nährböden.

Auffallend häufig gelang es ferner in Bädern Trichosporon cutaneum zu isolieren. Diese Sproßpilzart (Hefe) wird in unseren Breiten nur selten als Erreger von Hautmykosen beobachtet. Vielleicht besitzt sie eine größere Widerstandsfähigkeit und kann sich auf Hallenböden vermehren.

Obwohl Candida albicans, die beim Menschen am häufigsten vorkommende Sproßpilzart, in Umgebungsuntersuchungen nur sehr selten gefunden wurde, konnten diese Erreger in letzter Zeit öfter im Schwimmbadwasser, Kleinwarmwasserbecken und Warmsprudelbecken (Whirlpools) selbst bei Chlorkonzentration von 1,0 mg/Cl_2 noch ermittelt werden.

Sieht man von der Möglichkeit der eventuellen Übertragung von Candida-Infektionen ab, so bleibt zusammenfassend festzustellen, daß Schwimmer besonders gefährdet sind, sich Fußpilzinfektionen zuzuziehen. Dies läßt sich durch mehrere Faktoren begründen:

1. Es kommt bei Schwimmern, wie auch ansonsten bei der gemeinsamen Benutzung von Umkleide-, Wasch- und Duschräumen, zu einem Direktkontakt, da die Füsse unbekleidet sind.
2. Schwimmer sind für Fußpilzinfektionen prädestiniert aufgrund der durch das Badewasser bewirkten Aufquellung und Mazeration der Hornschicht der Füsse, an denen sich häufig kleine Verletzungen zeigen. Hierdurch können die Erreger leichter zu Infektionen führen.
3. Durch das bei Schwimmern häufig versäumte Abtrocknen der Zwischenräume der Fußzehen wird eine für das Angehen von Fußpilzinfektionen förderliche feuchte Kammer geschaffen.

Prophylaktische Maßnahmen: Hierbei ist zu unterscheiden zwischen Maßnahmen, die in den Aufgabenbereich des Schwimmbadpersonals gehören und solchen, die vom Badegast selber durchzuführen sind.

Prophylaktisch sollten in Schwimmbädern keine Holzbretter verwendet werden, da sich hierauf bevorzugt Pilze ansiedeln. Weiterhin sollten gut zu reinigende und zu desinfizierende Böden eingeführt werden. Eine einmal täglich erfolgte Reinigung reicht bei weitem jedoch nicht aus, da ständig neues infektiöses Material eingeschleppt wird.

Ein Ausschluß von Fußpilzinfizierten vom Badebetrieb stellt zwar eine gute prophylaktische Maßnahme dar, ist jedoch praktisch bei den hohen Infektionsraten undurchführbar.

Die Hauptaufgabe für eine sinnvolle Prophylaxe liegt beim Badegast selber. Hierzu ist es jedoch notwendig, daß der Badegast die möglichen Gefahren einer Fußpilzinfektion im Schwimmbad und wirksame Gegenmaßnahmen kennt.

Aus diesem Grund sollten in Badekabinen, Warteräumen und an anderen gut sichtbaren Stellen Anschläge angebracht werden, die auf das häufige Auftreten der Erkrankung und auf geeignete Maßnahmen zu deren Verhinderung aufmerksam machen. Vor einer gemeinsamen Benutzung von Badetüchern muß gewarnt und auf die Notwendigkeit gründlichen Abtrocknens der Füsse, besonders der Zwischenzehenräume, aufmerksam gemacht werden. Durch desinfizierte Puder konnte ein Rückgang von rund 17% erzielt werden.

Eine weitere Möglichkeit der Prophylaxe ist die Desinfektion der Füsse vor und nach Verlassen der Schwimmbadhalle mit Fußspray.

Schlußfolgerungen

Zusammenfassend kann festgestellt werden, daß in den letzten Jahren wesentliche Fortschritte in der Schwimmbadwasserhygiene erzielt worden sind. Sie betreffen vorwiegend die Durchströmung der Becken, die Wasseraufbereitung und -desinfektion. Soweit die Erkenntnisse berücksichtigt werden, ist eine hygienisch einwandfreie Wasserbeschaffenheit gewährleistet. Erwähnt werden muß jedoch, daß die Leistungsfähigkeit jeder Aufbereitungsanlage begrenzt ist. Die in ein Schwimmbadwasser eingetragenen Verunreinigungen liegen teils kolloidal und teils echt gelöst vor. Da durch Flockungsfiltration nur kolloidal gelöste Stoffe und solche, die mit dem Flockungsmittel unlösliche Verbindungen eingehen, entfernt werden können, muß der größte Teil der echt gelösten Stoffe oxydativ behandelt werden. Dieser Prozeß läuft leider stets unvollkommen ab. Nur durch Chlor läßt sich eine Oxydation und gleichzeitig Desinfektion erzielen. Eine wertvolle Hilfe in technischen Fragen stellen die von der Deutschen Gesellschaft für das Badewesen, vom Deutschen Schwimmverband und Deutschen Sportbund herausgegebenen Richtlinien für Bäderbau und Bäderbetrieb, Abschnitt: Technik „Wasseraufbereitung für Schwimmbeckenwasser“, dar. Diese Richtlinie ist vom Deutschen Normenausschuß überarbeitet und als DIN-Norm 19643 herausgegeben worden. Das Infektionsrisiko bei Schwimmern ist auch heute größer als bei Nichtschwimmern. Genaue vergleichende Zahlenangaben hierüber können jedoch nicht gegeben werden.

Literaturverzeichnis

[1] Adamczyk, B., W. Kiel, G. Adamczyk u. I. Wandel: Epidemiologie und virologische Klärung eines Meningitisausbruches in der Hauptstadt Berlin, hervorgerufen durch Echo-Virus Typ 30, Dtsch. Gesundh.-Wes. **25,** 2144–2148 (1970).

[2] Adams, K.: The aetiology of swimmers exostose of the external auriculary canals and of associated changes in hearing. J. Laryng. **65,** 133–153 (1951).

[3] Amies, C. R.: Surface film on swimming pool. Canad. J. Publ. Hlth. **47,** 93 (1956).

[4] Apley, J. et al.: Primary amoebic meningoencephalities in Britain. Brit. Med. J. **1,** 596–599 (1970).

[5] Bader, R.-E.: Gehäuftes Vorkommen von Molluscum contagiosum im Bereich eines Schwimmbades, Arch. Hyg. **151,** 388–402 (1967).

[6] Belian, W. u. B. Böthig: Übersicht über das Adenovirusspektrum in der DDR nach dem Stand des Jahres 1963, Dtsch. Gesundh.-Wes. **19,** 2207–2211 (1964).

[7] Bell, J. A., W. P. Rowe, J. I. Engler, R. H. Parrott u. R. J. Huebner: Pharyngoconjunctival Fever. Epidemiological Studies of a Recently Recognized Disease Entity, J. Amer. med. Ass. **157,** 1083–1092 (1955).
[8] Botzenhardt, K., E. Thofern u. U. Hünefeld: Krankheitserreger im Wasser von Schwimmbädern – mit besonderer Berücksichtigung von Pseudomonas aeruginosa. Med. Mschr. **26,** 364–367 (1972).
[9] Botzenhardt, K., E. Thofern u. W. R. Külpmann: Schwimmbadfilter und bakteriologische Qualität des Badewassers. Öff. Gesund. Wes. **36,** 325–331 (1974).
[10] Bothenhardt, K. u. E. Thofern: Untersuchungsergebnisse an Schwimmbadfiltern, Schwimmbadhygiene. Stuttgart S. 121, 1975.
[11] Brass, K.: Primäre Amoeben-Meningo-Encephalitis. Dtsch. Med. Wschr. **97** 1983–1985 (1972).
[12] Brown, J. R., D. M. McLean and M. C. Nixon: Swimming Pools and Bathing Places in Southern Ontario: Chemical and Microbiological Studies During 1962, Canad. J. publ. Hlth. **54,** 121–128 (1963).
[13] Caldwell, G. G., N. J. Lindsey, H. Wulf, D. D. Donelly and F. N. Bohl: Epidemic of Adenovirus Type 7. Acute Conjunctivitis in Swimmers, Amer. J. Epidemiol. **99** (3), 230–234 (1974).
[14] Carlson, S.: Zur Hygiene der Freibadegewässer und öffentlichen Schwimmbäder, Infektionsrisiko. Bundesgesundheitsblatt **9,** 169–173 (1966).
[15] Carlson, S., U. Hässelbarth u. P. Mecke: Die Erfassung der desinfizierenden Wirkung gechlorter Schwimmbadwässer durch Bestimmung des Redoxpotentials. Arch. Hyg. u. Bakt. **152,** 306–320 (1968).
[16] Carlson, S. u. U. Hässelbarth: Das Verhalten von Chlor und oxidierend wirkenden Chlorsubstitutionsverbindungen bei der Desinfektion von Wasser. Vom Wasser **35,** 266–283 (1968).
[17] Carlson, S. u. U. Hässelbarth: Hygienische Überwachung von Schwimmbädern, Arch. Badewes. **22,** H. 2 (1969).
[18] Carlson, S. u. U. Hässelbarth: Poliomyelitisvirusinaktivierung in gechlortem Schwimmbadwasser unter Berücksichtigung des Redoxpotentials. Vortrag 3. Arbeitstagung Dtsch. Ges. Hyg. u. Mikrobiol. Okt. 1970 Mainz, Zbl. Bakt., I. Abt. Ref. **224,** 3 (1971).
[19] Carlson, S. u. U. Hässelbarth: Reinigungs- und Desinfektionsprozesse bei der Schwimmbadwasseraufbereitung. Arch. Badewes. **25,** 105–106 (1972).
[20] Carlson, S.: Erkenntnisse und Fortschritte in der Schwimmbadwasserhygiene. Zbl. Bakt. Hyg., I. Abt. Ref. **229,** 290–292 (1972).
[21] Carlson, S. u. U. Hässelbarth: Richtlinien für Bäderbau und Bäderbetrieb. Schwimmbadhygiene Stuttgart S. 83, 1975.
[22] Carlson, S., U. Hässelbarth u. F. W. Sohn: Virusinaktivierung durch Chlor (Literaturübersicht) Zbl. Bakt. Hyg. I. Abt. Ref. **248,** 193–220 (1976).
[23] Carlson, S., U.Hässelbarth u. F. W. Sohn: Untersuchungen über Virusaktivierung durch Chlor bei der Wasserdesinfektion Zbl. Bakt. Hyg. I. Orig. B. **162,** 320–329 (1976).
[24] Carlson, S., U. Hässelbarth u. R. Langer: Abtötung aggregierter Keime bei der Wasserdesinfektion Zbl. Bakt. Hyg. I. Orig. B. **161,** 233–247 (1975).
[25] Carter, R. F.: Primary amoebic meningoencephalitis-clinical, pathological and epidemiological features of six fatal cases. J. Path. Bact. **96,** 1–25 (1968).

[26] Cazacu, E., C. Busuoic, A. Stoicescu, M. Ionescu, M. Pompilian u. N. Mihailescu: Investigatii epidemiologice si serologice într-un focar de adenoviroze de bazin de înot, Pediatria (buc.) **16,** 319–323 (1967).
[27] Cerva, L. et al.: An outbreak of acute, fatal amoebic meningoencephalitis. Amer. J. Epidem. **88,** 436–444 (1968).
[28] Cerva, L. et al.: Meningoencephalitis durch Amoebidae Naegleridae. Münch. Med. Wschr. **41,** 2090–2094 (1969).
[29] Cerva, L.: Quantitative follow up study of the frequency of Limax group amoebas in the Podoli swimming pool. Parazit. odd. hyg. Stan. Cs. Epid. **21,** 203–210 (1972).
[30] Cockburn, T. A.: An Epidemic of Conjunctivitis in Colorado Associated With Pharyngitis, Muscle Pain, and Pyrexia, Amer. J. Ophthal. **36,** 1534–1539 (1953).
[31] Cockburn, T. A., W. P. Rowe and R. J. Huebner: Relationship of the 1951 Gresley, Colorado, Outbreak of Conjunctivitis and Pharyngitis to Type 3 APC Virus Infection, Amer. J. Hyg. **63,** 250–253 (1956).
[32] Cramer, H. J. u. G-. Hottenrott: Tuberkulsoeartige Hauterkrankung durch Mykobacterium marinum. Dtsch. Ges. Wes. **22,** 702–706 (1967).
[33] De Jonckheere, J. u. H. van de Voorde: Schnelle Erkennung von Naegleria Arten, Schwimmbadhygiene Stuttgart S.161–168, 1975.
[34] Exner, M.: Beiträge zum Stand der Kenntnisse der Risiken in öffentlichen Badeanstalten aus hygienischer Sicht Arch. Badewes. **31,** 183–219 (1978).
[35] Exner, M. u. E. Thofern: Die Entwicklung der bakteriologischen Badewasserbeurteilung. Bundesgesundhbl. **24,** 225–233 (1981).
[36] Eyer, H.: Extragenitale Trichomonaden-Infektion. Dtsch. med. Wschr. **94,** 2524 (1969).
[37] Favero, M. et al.: Use of staphylococci as indicators of swimming pool pollution. Publ. Hlth. Rep. **79,** 61–70 (1964).
[38] Figura, V.: Epidemia di congiuntivite febrile (febbre faringo-congiuntivale da adenovirus) pressos giovani nuotatori di una stessa piscina. Nota I. Aspetti epidemiologici e clinici, Nuovi Ann. Ig. **15,** 101–121 (1964).
[39] Forssell, P., K. Lapinleimu, H. Strandström and N. Oker-Blom: Febrile Pharyngitis and Conjunctivitis. An Epidemic Associated With APC Virus Infection, Ann. med. exp. biol. Fenn. **34,** 287–292 (1956).
[40] Fowler, M. G. and R. F. Carter: Acute pyogene meningitis probably due to Acanthamoebae – a preliminary report. Brit. Med. J. **2,** 740–742 (1965).
[41] Foy, H. M., M. K. Cooney and J. B. Hatlen: Adenovirus Typ 3. Epidemic Associated With Intermittent Chlorination of a Swimming Pool, Arch. environm. Hlth. **17,** 795–802 (1968).
[42] Fritsche, I.: Zur Gefahr einer Trichomonaden-Infektion. Arch. Badewes. **27/28,** 657–658 (1974).
[43] Fukumi, H., F. Nishikawa, H. Mizutani, Y. Yamaguchi and J. Naba: An Epidemic of Adenovirus Type 3 Infections Among School Children in an Elementary School in Tokyo, Jap. J. med. Sci. Biol. **11,** 129–140 (1958).
[44] Gentles, J. C., E. G. V. Evans and G. R. Jones: Control of Tinea pedis in a Swimming Bath, Br. med. J. **2,** 577–580 (1974).

[45] Gerth, H.-J., S. Bassler u. H. Steinitz: Die Bedeutung der Lehrschwimmhallen für das epidemische Auftreten von Plantarwarzen, Med. Welt **21,** 298–303 (1970).
[46] Gräf, W., W. Hilmer u. U. v. Eichhorn: Die Keimbesiedlung von Nasen-Rachenraum, äußerem Gehörgang, Kopfhaar und Achselhöhle bei Leistungsschwimmern. Zbl. Bakt. Hyg. I Orig. B **177,** 156–169 (1983).
[47] Grün, L. u. K. Kleybrink: Staphylokokken-Mikrokokken im Badewasser, Zbl. Bakt. Hyg. I. Orig. B **155,** 384–390 (1972).
[48] Grün, L. u. H. Möller: Staphylokokken-Mikrokokken im Wasser von öffentlichen Hallenbädern. Zbl. Bakt. Hyg. I. Abt. Orig. B **158,** 561–567 (1974).
[49] Gundermann, K. O.: Untersuchungen zum Vorkommen hämolysierender Streptokokken im Nasen-Rachenraum. Öff. Ges. Wes. **28,** 518–525 (1966).
[50] Hässelbarth, U. u. S. Carlson: Die Beschaffenheit des Badewassers in einem vertikaldurchströmten Becken in Abhängigkeit von Belastung und Aufbereitung. Arch. Badewes. **18,** 6–10 (1965).
[51] Hässelbarth, U.: Wasserhygiene in Schwimmbecken. Aufbereitung, Desinfektion und Überwachung. Bundesgesundheitsblatt **8,** 353–357 (1965).
[52] Hässelbarth, U.: Technische Bedingungen zur Einhaltung der hygienischen Anforderungen an die Schwimmbadwasserbeschaffenheit. Zbl. Bakt. Hyg. I. Abt. Ref. **229,** 292–293 (1972).
[53] Heinrich S. u. D. Gröschel: Zur Frage der Bildung des Oberflächenfilms auf dem Wasser von Schwimmbädern. Zbl. Bakt. Hyg. I. Abt. Ref. **191,** 362 (1963–1964).
[54] Hellerström, S. et al.: Various types of contamination of indoor swimming pools caused by mycobacterium. Exc. Med. IV. **10,** 2616 (1957).
[55] Hemphill, R.: E. Coli-Otitis media J. Amer. M. A. **218,** 884 (1971).
[56] Hermanne, J. et al.: Meningo-encephalite amibienne primitive en Belgique. Ann. Pediat. **19,** 425–436 (1972).
[57] Iwanczuk, I.: Swimming pools as source of infection of man with intestinal parasites. Acta Parasit. Pol. **17,** 139–145 (1969).
[58] Jadin, J. B. et al.: Drei Fälle von primärer durch Amoeben verursachter Meningoencephalitis in Antwerpen, Arch. Badewes. **27,** 659–661 (1974).
[59] Janitschke, K., H. Werner, M. Leroy u. I. Schmitt: Untersuchungen über die Lebensfähigkeit pathogener Amöben der Gattung Naegleria in Wasser unterschiedlicher Herkunft. Zbl. Bakt. Hyg. I, Orig. B **166,** 244–249 (1978).
[60] Jirovec, O. u. J. Kneiflowa-Jirocova: La resistance des amibes du type limax a qualques facteurs externe. J. Parasit. **56,** 172–173 (1970).
[61] Kammel, H. G.: Über das Vorkommen tierischer Organismen in Hallenbädern, Arch. Badewes. **26,** 226–229 (1973).
[62] Kawaciukowa, L.: Helminthological investigation of swimming pools situated in Prague. Cs. Epidem. **20,** 156–158. (1971).
[63] Kawana, R., M. Kaneko, T. Matsumoto, S. Yoshida, K. Kawashima and K. Obara: An Outbreak of Pharyngoconjunctival Fever due to Adenovirus Type 3, Jap. J. Microbiol. **10,** 149–157 (1966).
[64] Kelly, S. M. and W. W. Sanderson: Enteric Viruses Wading Pools, Publ. Hlth. Rep. (Wash.) **76,** 199–200 (1961).
[65] Kendall, E. J. C., R. W. Riddle, H. A. Tuck, K. S. Rodan, B. E. Andrew u. J. C. McDonald: Pharyngo-conjunctival Fever. School Outbreaks in England

During the Summer of 1955 Associated With Adenovirus Types 3, 7 and 14, Brit. med. J. **2,** 131–136 (1957).

[66] Kjellen, L., B. Zetterberg u. A. Svedmyr: An Epidemic Among Swedish Children Caused by Adenovirus Type 3, Acta Paediat. **46,** 561–568 (1957).

[67] Korte, W.: Epidemiologie, Pathologie und Klinik in der Infektion mit Trichomonas vaginalis. Med. Klin. **68,** 99–106 (1973).

[68] Kraus, H. u. F. Tiefenbrunner: Stichprobenartige Überprüfung einzelner Schwimmbäder auf das Vorkommen von Trichomonas vaginalis und von pathogenen Pilzen Zbl. Bakt. Hyg. I Orig. B **160,** 286–291 (1975).

[69] Kroke, R.: Warzeninfektionen in Schwimmbädern. Arch. Badewes. **23,** 352–354 (1970).

[70] Kroke, R.: Warzeninfektionen in Schwimmbädern. Arch. Badewes. **24,** 380–383 (1971).

[71] Langer, W.: Hygienische Gesichtspunkte bei der Wasserführung in Beckenbädern unter besonderer Berücksichtigung der Vertikaldurchströmung, Arch. Badewes. **17,** 367–374 (1964).

[72] Legler, F.: Hygienische Probleme des Badewesens und des Campings. Öff. Ges. Wes. **34,** 317–337 (1972).

[73] Liebscher, S.: Enteroviren im Schwimmbadwasser, Z. ges. Hyg. **16,** 198–200 (1970).

[74] Lindner, H. J.: Untersuchungen zur Lebensfähigkeit von Trichomonas vaginalis in Heil- und Thermalbadewässern, Inaugural-Dissertation. Institut für Parasitologie der Universität Bonn 1973.

[75] Linell, A. u. A. Norden.: Hudinfektioner i swimmhall genom ny art av Mycobacterium. Nordisk Med. **47,** 888–891 (1952).

[76] Mallman, W. L.: Cocci test for detecting mouth and nose pollution of swimming pool water. Amer. J. Publ. Hlth. **52,** 2001–2008 (1962).

[77] Mahn, E., H. W. Althoff u. U. Wiener: Vorkommen von Amoeben im Schwimmbadwasser. Stuttgart S. 169ff., 1975.

[78] McLean, D. M.: Transmission of Viral Infections by Recreational Water, Transmission of Viruses by the Water Route, ed. by G. Berg, p. 25–35, Interscience Publ., New York 1966.

[79] McLean, D. M., J. R. Brown u. M. C. Nixon: Microbiological and Chemical Investigations of Outdoor Public Swimming Pools, Canad. J. publ. Hlth. **52,** 61–67 (1961).

[80] McLean, D. M., J. R. Brown u. M. C. Nixon: Recirculating and „Overflow-Refill" Public Swimming Pools: A Chemical and Microbiological Appraisal, Canad. J. publ. Hlth. **53,** 9–16 (1962).

[81] McLean, D. M., H. E. Edwards, E. J. McQueen and H. E. Petite: Myxovirus Infections in Acute Laryngotracheobronchitis, Toronto, 1961–1962, Canad. med. Ass. J. **87,** 998–1001 (1962).

[82] McLean, D. M., J. R. Brown u. R. Laak: Virus Dispersal by Water J. Amer. Wat. Wks. Ass. **58,** 920–928 (1966).

[83] Mollohan, C. S. and M. S. Romer: Swimming pool Granuloma. Amer. J. Publ. Hlth. **51,** 883 (1961).

[84] Morgan, J. K., R. Blowers: Swimming-pool Granuloma in Britain. Lancet **1,** 1034 (1964).

[85] Norden, A.: Bacteriology and epidemiology of Mycobacterium balnei. VI. Int. Kongr. Mikrobiol. Rom IV, 357 (1953).

[86] Ormsby, H. L. and W. S. Aitchison.: The Role of the Swimming Pool in the Transmission of Pharyngealconjunctival Fever, Canad. med. Ass. J. **73,** 864–866 (1955).

[87] Pan, N. R. and T. N. Gosh: Primary amoebic meningoencephalities in two Indian children. J. Indian Med. Ass. **56,** 134–137 (1971).

[88] Patras, D. and J. J. Andujar: Meningoencephalities due to Hartmanella. Amer. J. Clin. Path. **46,** 226–233 (1966).

[89] Piekarski, G. und M. Saathoff: Trichomonas vaginalis-Infektionen durch Benutzung öffentlicher Badeanstalten und Schwimmbäder. Immun. Infekt **1,** 22–25 (1973).

[90] Piekarski, G., M. Saathoff und D. Stuer: Untersuchungen zur Lebensfähigkeit von Trichomonas vaginalis in Leitungswasser und öffentlichen Schwimmbädern. Zbl. Bakt. Hyg. I. Orig. B **157** 202–214 (1973).

[91] Rieth, H.: Pilzvorkommen in Bädern und die Bedeutung ihrer Bekämpfung für die menschliche Gesundheit. Städtehyg. **11,** 282–285 (1969).

[92] Ritter, C. und E. L. Treece: Sanitary significance of cocci in swimming pools. Amer. J. Publ. Hlth. **38,** 1532–1538 (1948).

[93] Robinson, C. R., F. W. Doane and A. J. Rhodes: Report of an Outbreak of Febrile Illness with Pharyngeal Lessions and Exanthem, Toronto, Summer 1957. Isolation of a Group A Coxsackie Virus, Canad. med. Ass. J. **79,** 615–621 (1958).

[94] Roger, A., F. Roger et J. C. Bierman: Étude de L'activité virulicide de brome dans les conditions d'utilisation en eau de piscine, La Tribune du Cebedeau **27,** 309–317 (1974).

[95] Santier, R. und J. Thurner: Untersuchungen über die Ansteckungsmöglichkeiten durch Trichomonas vaginalis. Wien, Klin. Wschr. **2,** 46–49 (1974).

[96] Symmers, W.: Primary amoebic meningoencephalities in Britain. Brid. Med. J. **4,** 449–454 (1969).

[97] Van der Veen, J. and C. Van der Ploeg: An Outbreak of Pharyngoconjunctival Fever Caused by Types 3 and 4 Adenovirus at Waalwijk, The Netherlands, Amer. J. Hyg. **68,** 95–105 (1958).

[98] Weidenkopf, S. J.: Inactivation of Type 1 Poliomyelitis Virus with Chlorine, Virology **5,** 56–67 (1958).

[99] Werner, H.: Amöben-Meningo-Encephalitis, Schwimmbadhygiene. Stuttgart S. 177–180, 1975.

Teil 4

Biologie des Wassers

von

Dr. rer. nat. Dietrich Lüdemann

Direktor und Professor am Bundesgesundheitsamt
Institut für Wasser-, Boden- und Lufthygiene, Berlin

I. Biologische Wasseruntersuchungen

Dem Aufbau des Buches entsprechend werden sich die folgenden Kapitel vor allem mit der biologischen Wasseranalyse in Vorflutern, von Trink- und Brauchwasser befassen sowie mit biologisch bedingten innerbetrieblichen Störungen in Wasserversorgungsanlagen einschließlich deren Erkennung und den zur Zeit bekannten Möglichkeiten ihrer Beseitigung.

Für die Gesamtbeurteilung eines Wassers, ganz gleich, ob es sich um einen Vorfluter oder aber um Trink- und Brauchwasser handelt, sind biologische Untersuchungen ebenso unerläßlich wie bakteriologische und chemische Analysen.

Man hat oft die Meinung vertreten, daß biologische Untersuchungen in Wasserwerken, besonders von Reinwasserbehältern usw., völlig überflüssig seien, da ja ein sachgemäß aufbereitetes Trinkwasser keine pflanzlichen oder tierischen Organismen enthalten dürfte. Die Praxis bestätigt aber immer wieder, daß selbst in Wasserwerken modernster technischer Bauart trotz aller neuartigen Aufbereitungsverfahren gelegentlich Mikroorganismen hindurchschlüpfen und in die sogenannte „Reinwasserseite“ eines Werkes gelangen.

Von vielen Lebewesen ist seit langem bekannt, daß sie im Rohrnetz, also in den Wasserleitungsrohren, ausreichende Lebensbedingungen vorfinden. Das gilt für bestimmte Bakterienzoogloeen, Eisen- und Manganbakterien, Pilzarten genauso wie für widerstandsfähige Algen, Kleinkrebse, Asseln, Würmer (Nematoden), Rädertierchen usw.

Thienemann [1926] und Liebmann [1951] haben die Möglichkeiten und die Grenzen der biologischen Wasseranalyse kurz zusammengefaßt. Danach ist die biologische Wasseranalyse stets anwendbar, ganz gleich, ob schädliche Abwässer gerade abgelassen werden oder nicht. Die Lebensgemeinschaft an Pflanzen und Tieren gibt einen Durchschnittswert an über die Beschaffenheit des während längerer Zeit über sie hinweggeflossenen Wassers. Man kann, so paradox es auch klingen mag, ein Wasser hinsichtlich seiner Qualität beurteilen, auch wenn man es bei der Untersuchung gar nicht mehr antrifft. Der Chemiker dagegen muß z. B. die Abwasserstelle direkt erfassen.

Dies ist auch der Grund, warum der Biologe schon in den meisten Fällen mit einer Untersuchung einen Durchschnittswert erhält und eine Aussage machen kann, während der Chemiker und der Bakteriologe auf mehrere Probenahmen angewiesen sind. Die biologische Beurteilung eines Gewässers erfolgt daher schneller als die chemische und die bakteriologische und ist – dies sei nur nebenbei erwähnt – auch billiger.

Man kann mit Hilfe der biologischen Wasseranalyse wohl für Organismen schädliche Stoffe nachweisen, aber kaum etwas über die Art und Zusammensetzung dieser Stoffe aussagen. Denn es existieren bisher nur für wenige Stoffe biologische Leitorganismen oder Indikatoren, so z. B. für Schwefelwasserstoff, Eisen, Kochsalz u. a. Hier muß also die chemische Analyse die Zusammensetzung der betreffenden Schadstoffe nachweisen.

Die biologische Analyse kann auch nie genaue Zahlenwerte über die Menge der fraglichen Stoffe liefern; hier muß wieder der Chemiker einsetzen.

Für unsere Belange mögen diese wenigen Punkte genügen.

II. Methodik

In den letzten Jahren waren Bestrebungen im Gange, aus der Vielzahl der Methoden die besten und gebräuchlichsten als sogenannte „biologische Einheitsverfahren“ auszuwählen. Diese Arbeit wurde von einem Fachausschuß, dem Vertreter der angewandten Forschung angehörten, durchgeführt.

Die ausgewählten Methoden sollten später ähnlich wie die bereits seit Jahren bestehenden chemischen und bakteriologischen Einheitsverfahren als verbindlich erklärt und allgemein angewendet werden.

Inzwischen sind neben physiologischen Verfahren auch Methoden der biologisch-ökologischen Gewässeruntersuchung erschienen. Diese sind als Gruppe M: „Fließende Gewässer“ in den „Deutschen Einheitsverfahren zur Wasseruntersuchung“ (Verlag Chemie) enthalten. Es fehlen demnach immer noch verbindliche Arbeitsanweisungen für stehende Gewässer.

A. Probenahme

Da die Durchführung einer biologischen Wasseruntersuchung im Vergleich zur chemischen Analyse an keinen festen Arbeitsplan gebunden ist, muß sich die Entnahme der Proben usw. weitgehend nach der Fragestellung des Auftrages richten. Die Untersuchung biologisch bedingter Störungen in einem Wasserwerk verläuft naturgemäß anders als etwa eine Abwasserkontrolle.

Die Festlegung der notwendigen Probennahmestellen und die Entscheidung, welches biologische Material sich am besten für die betreffende Untersuchung eignet, sollte män dem untersuchenden Biologen überlassen. Denn letzten Endes ist eine sachgemäße Probenahme entscheidend für den Wert der biologischen Analyse.

1. Biologische Gewässeruntersuchung

Ein eingehendes Studium der Akten oder sonstiger Unterlagen vor der Probenentnahme vermittelt dem Biologen meist zahlreiche Anhaltspunkte über die örtlichen Verhältnisse am Untersuchungsort. Auch topographische und geologische Karten z. B. können viel bei der Aufstellung eines Untersuchungsplanes beitragen. Trotzdem wird auch der erfahrene Biologe immer die zu untersuchende Strecke des Gewässers in aller Ruhe abgehen, um möglichst sämtliche örtlichen Faktoren zu erkennen, die die Probeentnahme beeinflussen können und die weder auf Karten verzeichnet sind noch in den Akten erwähnt werden (Abwasser- und Regenwassereinläufe, Müllkippen in Gewässernähe, Aufschüttungen am Uferrand, um nur einige Beispiele zu nennen).

Es sind ferner die Witterungseinflüsse zu beachten, d. h., die Entnahme der Proben soll bei normalem Wasserstand erfolgen, also nicht bei Hoch- bzw. Niedrigwasser.

Auch die Jahreszeit spielt eine wesentliche Rolle, ist doch die Menge und die Zusammenfassung des Planktons im Sommer eine andere als im Winter, um beim einfachen Beispiel zu bleiben.

Für die Beurteilung der Selbstreinigungskraft von Vorflutern ist es oft äußerst wichtig, die Lebensgemeinschaft in der ungünstigsten Jahreszeit zu untersuchen, nämlich im Spätsommer bis Herbst bei Niedrigwasser bzw. im Winter.

Bei einer Vorfluteruntersuchung werden je nach den örtlichen Verhältnissen die ersten Proben etwa 50–100 m oberhalb der Einleitungsstelle der betreffenden Abwässer entnommen, um die dort nicht beeinflußte Lebensgemeinschaft als Vergleichsmaterial zu erfassen.

Der Einleitungsstelle selbst und ihrer unmittelbaren Umgebung ist besondere Beachtung zu widmen, da sich hier z. B. oft starker Pilzansatz, vermehrtes Algenwachstum, faulende Schlammbänke, Färbung und Trübung des Vorfluterwassers usw. finden. Hier erfolgt die zweite Probenentnahme, um die gegebenenfalls von den Abwässern mitgeführten belebten oder unbelebten Schwebestoffe mit Hilfe eines Planktonnetzes abzusieben und anschließend zu untersuchen.

Die folgenden Proben werden ungefähr 100 m unterhalb der Einleitungsstelle entnommen, um die durch die Abwässer bzw. deren evtl. giftigen Inhaltsstoffe geschädigte Organismenwelt des Vorfluters zu analysieren. Je nach der Größe des Vorfluters können weitere Probenahmen flußabwärts nötig sein, um feststellen zu können, nach welcher Strecke sich die Verunreinigung nicht mehr bemerkbar macht und das Wasser wieder seine normale Beschaffenheit besitzt.

Gewöhnlich wird der Biologe im vorstehend geschilderten Fall mit folgenden Proben an jeder Entnahmestelle auskommen:

1. Absiebbare Schwebestoffe, am besten aus der Gewässermitte. Diese Proben enthalten das Plankton (frei im Wasser schwebende pflanzliche und tierische Organismen) und die unbelebten Stoffe (z. B. Detritus, Pflanzengewebsreste, Tierreste, Trübungsstoffe mineralischer Herkunft usw.). (Abb. 1.)
2. Bewuchs aus der Uferzone, entnommen von höheren Wasserpflanzen der Ufervegetation, oder von Steinen, Pfählen, Anlegestellen, Kaimauern usw. Gleichzeitig ist die Uferflora und die makroskopisch nachweisbare Tierwelt zu registrieren, um die Ergebnisse später im Bericht mit zu verarbeiten.
3. Bodenproben vom Gewässergrund zur Untersuchung des Sedimentes (Sand, Kies, Schlamm usw.) und der in ihm lebenden Organismen.

Bei der zunehmenden Belastung unserer Gewässer z. B. durch kommunale und industrielle Abwässer wird oftmals die vorstehend geschilderte Probenahme nicht ausreichen. Es werden z. B. Tierversuche nötig sein, um toxische Wasserinhaltsstoffe frühzeitig zu erkennen und um die erforderlichen Gegenmaßnahmen durchzuführen. Es würde den Rahmen dieses Buches überschreiten, eine Darstellung aller z. Z. gebräuchlichen Testverfahren zu geben. Der Biologe wird vielfach – eingedenk der These „Der Fisch, der beste Indikator im Wasser“ – zu Fischversuchen neigen (Hamm, 1965). Aus der Fülle unterschiedlicher Versuchsanordnungen haben sich in neuester Zeit zwei Testmethoden herausentwickelt, die sich beide nach längerer Zeit der Erprobung außerordentlich bewährt haben.

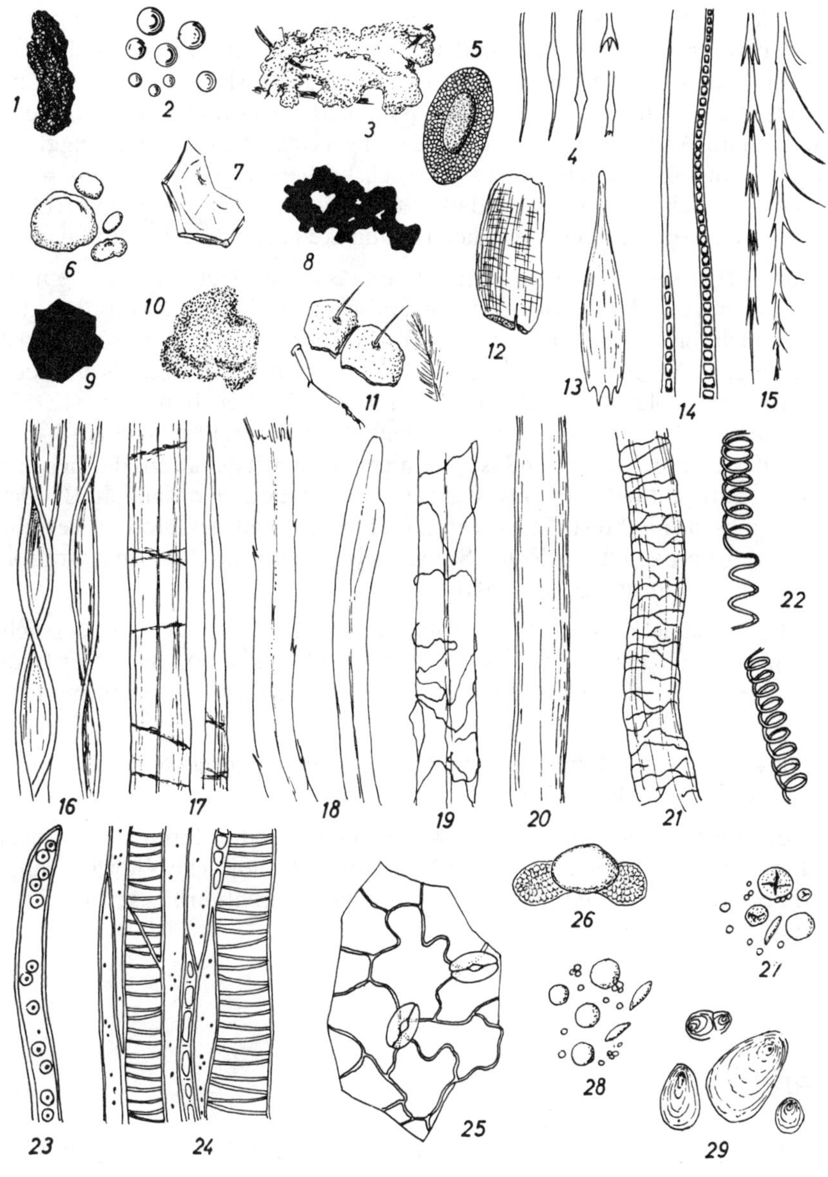

Abb. 1. Unbelebte Bestandteile im Wasser 1. Mangankrümel. 2. Öltröpfchen. 3. Organischer Detritus. 4. Borsten von wasserbewohnenden Würmern. 5. Dauerei (Statoblaste) von Moostierchen (Plumatella). 6. Sandkörnchen. 7. Gesteinsplitter. 8. Ruß. 9. Steinkohleteilchen. 10. Eisenoxidhydratflöckchen. 11. Insektenreste. 12. Fleischmuskelfaser. 13. Schmetterlingsschuppe. 14. Rattenhaare. 15. Vogelfederstrahlen. 16. Baumwollfasern. 17. Leinenfasern. 18. Hanffasern. 19. Rohseidefasern. 20. Kunstseidefasern. 21. Schafwolle. 22. Spiralgefäße. 23. Nadelholzfaser. 24. Laubholzfaser. 25. Oberhautgewebe eines Blattes. 26. Kiefernpollen. 27. Roggenstärke. 28. Weizenstärke. 29. Kartoffelstärke.

Zeichnungen: Kowalsky, nach Eichler, Gassner, Kolkwitz, z. T. Originale.

1. Der von Mitarbeitern der Landesanstalt für Gewässerkunde und wasserwirtschaftliche Planung, Baden-Württemberg, erarbeitete „monitoring test“ zur Früherkennung akut toxischer Inhaltstoffe im Wasser. Dieser Test basiert auf der positiven Rheotaxis der Fische, d. h. ihrer Fähigkeit, sich gegen die Stromrichtung des Wassers zu stellen. Geht diese Fähigkeit bei Vorhandensein akuter Intoxikationen im Wasser verloren, so werden die Testfische bei Änderung der Strömungsrichtung im arenaförmigen Versuchsbecken abgetrieben und passieren z. B. eine optische Schranke, so daß mit Hilfe dieser Methode eine frühzeitige Registrierung von Störungen möglich ist (Juhnke u. Besch, 1971, Juhnke, 1973).
2. Ein vom Arbeitskreis „Fischtest“ im Hauptausschuß „Detergentien“ entwickelter statischer Test, der möglichst den chemischen Verhältnissen unserer Fließgewässer gleichkommen soll, die akute Toxizität chemischer Stoffe erfaßt und einen nur geringen Arbeits- und Geräteaufwand besitzt. Als Testfisch dient die Goldorfe, eine goldfarbene Zuchtform des Alands (Leuciscus idus (L. 1758)). Sie entspricht in ihrer ökologischen Valenz der Wassergüteklasse II (β-mesosaprob) eines Fließgewässers und ist in einigen Teichwirtschaften, die sich speziell mit ihrer Aufzucht befassen, fast das ganze Jahr hindurch erhältlich. Beobachtet wird bei diesem Fischtest die prozentuale Sterblichkeit der Tiere in verschiedenen Konzentrationen des gelösten Stoffes, wobei der kritische Konzentrationsbereich die LC_0 und die LC_{100} umfaßt.

Bei der LC_0 (= letale Konzentration 0) überleben alle Testfische den Versuch, bei der LC_{100} werden alle Fische im Versuchszeitraum (48^h) getötet. Die in der Literatur weit verbreitete LC_{50} läßt sich leicht graphisch darstellen, um Vergleichswerte zu erhalten.

Es handelt sich hier bei dem Goldorfentest um einen statischen Test unter genau definierten Versuchsbedingungen (Mann, 1975).

Diese beiden Fischmethoden mögen als Anregung für weiterführende Untersuchungen und zugleich als Ergänzung des Abschnittes „Biologische Gewässeruntersuchung“ dienen. Für spezielle Fragen der technischen Durchführung sei auf die Originalliteratur hingewiesen.

B. Geräte

Da besonders in letzter Zeit die Untersuchungsmethoden durch die Entwicklung neuer Instrumente vervollkommnet und verfeinert worden sind, stehen dem Hydrobiologen zahlreiche technisch einwandfrei funktionierende Geräte für die Gewinnung dieser Proben zur Verfügung. Im allgemeinen wird der Praktiker jedoch mit einfachen Geräten auskommen.

Zur Entnahme der im Wasser treibenden Schwebestoffe (Plankton und Unbelebtes) sind folgende Methoden zu empfehlen:

Das einfachste Verfahren zur Gewinnung von Schwebestoffen ist die Entnahme mit Hilfe von Schöpfern, die in verschiedenen Konstruktionen im einschlägigen Handel angeboten werden sowie die Entnahme mit einer Wasserpumpe.

Der Vorteil dieser beiden Methoden liegt u. a. darin, daß sich direkte Beziehungen zwischen dem entnommenen Wasservolumen und der darin enthaltenen Planktonmenge ergeben.

Aus der Vielzahl dieser Wasserschöpfer seien nur wenige, für unsere Zwecke völlig ausreichende Modelle angeführt:

1. Die Schöpfflasche nach Gad.
   Dieses einfach gebaute Gerät ist für Wasserproben aus geringen Tiefen gedacht. Da es nur einen gerigen Durchmesser besitzt, lassen sich auch leicht Proben aus Wasserwerksbrunnen, Rohrleitungen usw. entnehmen. (Abb. 2.3)

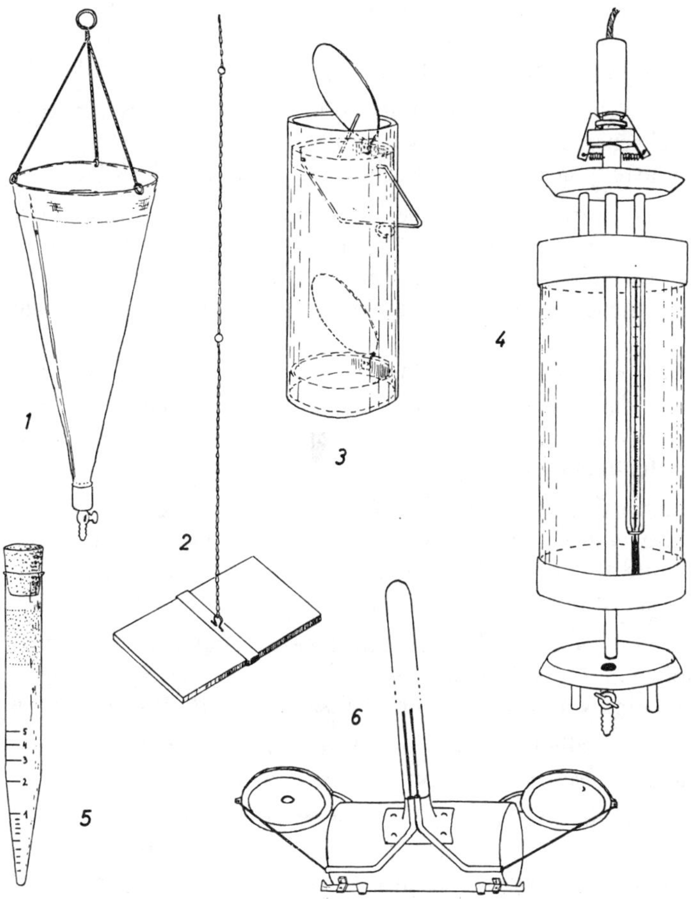

Abb. 2. Geräte zur Wasseruntersuchung 1. Planktonnetz. 2. Sichtscheibe. 3. Schöpfflasche nach Gad. Der Deckel wird beim Einströmen des Wassers geöffnet. Zur Veranschaulichung des Vorganges ist hier der Haltebügel nach unten geklappt. 4. Wasserschöpfer nach Ruttner. 5. Planktonröhrchen mit Graduierung. 6. Horizontalschöpfflasche nach Jaag. Ambühl und Zimmermann.

Zeichnungen: Kowalsky, aus Liebmann umgezeichnet. z.T. Originale.

2. Der Wasserschöpfer nach Ruttner.
   Mit diesem wohl bekanntesten Wasserschöpfer lassen sich auch Wasserproben aus größeren Tiefen von Seen gewinnen. Ein im Innern des aus Glas oder Kunststoff gefertigten Behälters angebrachtes Thermometer gibt gleichzeitig die Wassertemperatur an. Auch von den Chemikern wird dieses Gerät vielfach benutzt, so z.B. für Proben zur Sauerstoffbestimmung aus verschiedenen Tiefen. (Abb. 2.4)
3. Die Horizontalschöpfflasche nach Jaag, Ambühl und Zimmermann. Sie ist speziell für die Probenahme in Fließgewässern entwickelt worden. Mit ihr erhält man auch Planktonproben aus seichten Bächen. (Abb. 2.6)

Nach der Entnahme werden die Wasserproben in geeignete Glasgefäße (weithalsige Pulverflaschen usw.) gefüllt und stehengelassen, so daß sich die festen Stoffe einschließlich der beweglichen Organismen, die durch Zusatz von Fixierungsmitteln (z.B. 3%iges Formalin) abgetötet werden, absetzen können. Sie werden anschließend mit einer Pipette auf einen Objektträger überführt und mikroskopiert.

Als Nachteil der Schöpfproben wird angeführt, daß die Wassermengen zu gering sind und daß bei schwebstoffarmen Wässern bzw. bei geringer Planktondichte meist eine falsche Beurteilung des „biologischen Gesamtbildes“ erfolgt.

Diese Mängel lassen sich z. B. durch den Gebrauch einer Wasserpumpe ausschalten, die beliebige Wassermengen aus jeder gewünschten Tiefe fördert. Empfohlen werden hierfür elektrisch betriebene Flügelpumpen, die eine gleichmäßige Saugwirkung aufweisen, und an deren Durchflußzähler die gepumpte Wassermenge abgelesen werden kann.
Das Wasser wird anschließend mit Hilfe eines Planktonnetzes oder entsprechend feiner Gaze gefiltert; das auf diese Weise gewonnene Plankton wird – wie bereits geschildert – fixiert und kann dann mikroskopisch untersucht bzw. für eine spätere Bearbeitung aufgehoben werden.

Allgemein üblich ist in Deutschland aber die Verwendung von „Planktonnetzen“ zur Schwebstoffgewinnung, wobei Netze einfacher Form am gebräuchlichsten sind. Für spezielle Untersuchungen in Seen und Talsperren werden vielfach sogenannte „quantitative Planktonnetze“ und „Schließnetze“ verwendet. (Abb. 2.1)

Der bei einem einfachen Netz kegelförmig zugeschnittene Beutel von 35 cm Länge besteht aus sogenannter Müllergaze bzw. aus Perlon oder Nylon. Sie sind im einschlägigen Handel in verschiedenen Feinheitsgraden und Maschenweiten erhältlich.

So besitzen z.B. die früher fast ausschließlich verwendeten Müllergazen Nr. 25 und Nr. 27 eine lichte Maschenweite von 75 bzw. von etwa 40 μm.

Die heutigen Netze aus Nylon- oder Perlon-Gaze weisen eine durchschnittliche Maschenweite von 50 μm auf. Zur Untersuchung schwebstoffarmer Wässer und speziell für die biologische Trinkwasser-Kontrolle ist das von Höll entwickelte Nanno-Planktonnetz gut geeignet. Es besteht aus einer neuartigen Chemiefaser mit einer Maschenweite von 28 μm und von 10 μm.

Für die Probenahme selbst wird das Netz durch das Wasser gezogen; für genauere Untersuchungen aber werden bestimmte Wassermengen mit einem Gefäß bekannten Inhalts eingefüllt. Hierfür dienen genormte Entnahmebecher von 0,5 oder besser 1 Liter Inhalt bzw. 5 oder 10 Liter fassende Eimer.

Man wird im allgemeinen bei Rohwässern mit Mengen von 25 oder 50 Liter Wasser auskommen, bei Reinwasser dagegen ist eine Absiebung von 1 m^3 zu empfehlen.

Nach Herausnahme des Netzes aus dem Wasser sammeln sich die abgesiebten Schwebestoffe im Ansatzbecher und werden nach Öffnen des Verschlusses (Quetschhahn, Metallhahn) in ein graduiertes Planktonglas übergeführt, an dem sich die nach einer gewissen Zeit abgesetzte Menge ablesen läßt. Soll das Plankton nicht sofort lebend untersucht werden, so erfolgt die Fixierung in der bereits geschilderten Weise. (Abb. 2.5)

Auf die in der Literatur oft diskutierten Möglichkeiten und Grenzen der Planktonnetz-Methode näher einzugehen, würde den Rahmen des Buches überschreiten. Wir wissen aus vergleichenden Untersuchungen, daß vom Netz nur ein sehr geringer Prozentsatz der vorhandenen Phytoplankter zurückgehalten wird und daß die Netzmethode keine absoluten Werte liefert (Bursche [1953], Schwoerbel [1966]). Trotzdem ist sie nach den bisherigen Erfahrungen für die Praxis (Feststellung der Wasserqualität, Trinkwasserkontrolle usw.) meist ausreichend.

Für die Arbeit im Freien lassen sich zur besseren Handhabung Planktonnetze, Entnahmebecher sowie die nachstehend noch zu erwähnenden Pfahlkratzer, Schilfmesser und ähnliche Geräte leicht mit Hilfe eines Ansatzstückes an einem „Ausziehstock“ befestigen, der je nach Konstruktion und Herstellerfirma aus mehreren teleskopartig ausziehbaren Metallgliedern besteht und eine Gesamtlänge bis zu 3 m besitzen kann.

1. Membranfilter-Verfahren

Die heute in bakteriologischen Laboratorien überall vorhandenen und für Routineuntersuchungen laufend verwendeten Membranfiltergeräte dienten ursprünglich zur Entkeimung von Flüssigkeiten. Der wirksame Bestandteil dieser Geräte ist eine aus Nitrozellulose bestehende Filtermembran. Die Hydrobiologen dagegen (Kolkwitz [1924] u. a. Beger [1966]) benutzten sie zur Gewinnung der absiebbaren Schwebestoffe im Wasser.

Für Trinkwasserkontrollen und Planktonuntersuchungen eignet sich besonders ein von der Membranfiltergesellschaft mbH., Göttingen, hergestelltes einfaches Gerät aus rostfreiem Stahl. Es besteht aus einem Filtertisch mit Hahn, Metallfritte und einem trichterförmigen Aufsatz, der 500 ml faßt. Die Filterleistung des an eine Wasserstrahlpumpe angeschlossenen Gerätes beträgt 0,5 Liter Wasser in etwa 3 Minuten.

Die in den Prospekten der Membranfiltergesellschaft mbH., Göttingen, angebotenen zahlreichen Filtersorten werden in mehreren Durchlässigkeitsstufen hergestellt. Für spezielle Untersuchungen stehen heute bereits Ultrafein- und Ultracellafilter mit Porenweiten von 35–5 μm zur Verfügung. Für Planktonuntersuchungen dagegen genügen gröbere Membranfilter mit Porendurchmessern von maximal 1000 μm bis 500 μm.

Kolkwitz empfiehlt, den auf dem Membranfilter verbliebenen Rückstand in ein Becherglas abzuspritzen oder mit einer Gummifahne abzustreifen. Die anschließende mikroskopische Untersuchung kann bei gemessenen Wassermengen auch quantitativ erfolgen. Man kann auch das feuchte Membranfilter nach Auflegen eines Deckglases im auf- oder durchfallenden Licht unmittelbar mikroskopieren.

Vergleichende Untersuchungen über die Filtrationsleistungen von Membran-, Sandfiltern und der Planktonnetz-Methode veranlaßten Heynig und Ockert [1962] u. Heynig [1970], die Membranfilter-Methode speziell für die routinemäßige biologische Trinkwasserkontrolle vorzuschlagen, zumal auch durch das Membranfilter infolge der geringen Porenweite sehr kleine Organismen erfaßt werden. Für derartige Untersuchungen genügt meist das Filtrat von jeweils einem Liter Wasser.

Selbst quantitative Phytoplankton-Untersuchungen ergeben mit Hilfe der Membranfiltermethode genaue Zahlenwerte (Marvan [1960]). Voraussetzung ist hierbei natürlich eine einwandfreie Arbeitsweise, denn falsch gewählte Membranfilter mit zu großer Porenweite oder aber zu starke Saugwirkung beim Filtrieren usw. führen selbstverständlich zu falschen Ergebnissen.

Die Entnahme von Bewuchsproben und deren Untersuchung weist keine wesentlichen Schwierigkeiten auf, da quantitative Auswertungen für die Praxis wohl kaum in Frage kommen.

Zum Ablösen des Bewuchses, d. h. also der an Steinen, Uferbauten, Schilfstengeln, Brunnenwandungen, Filter- und Rieselerwänden angesiedelten pflanzlichen und tierischen Organismen genügen notfalls Messer, Schaber und Löffel. Allgemein wird

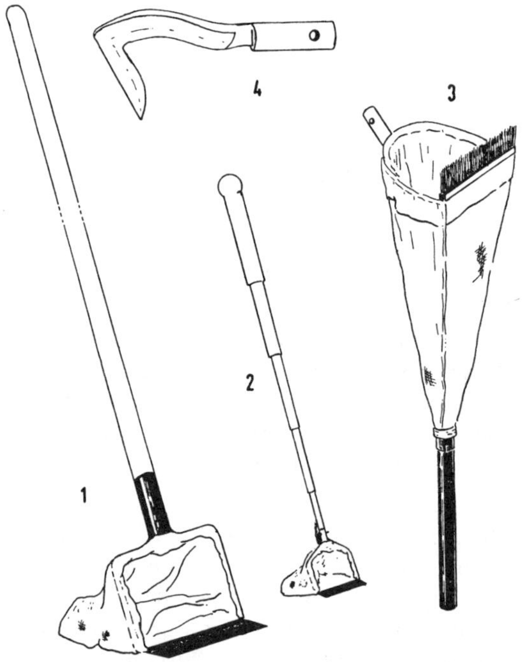

Abb. 3. Geräte zur Bewuchsentnahme. 1. Großer Pfahlkratzer mit festem Stock. 2. Kleiner Pfahlkratzer mit Eisenkante, Anschlußstück für einen Ausziehstock. 3. Pfahlkratzer mit Bürste und Sammelbehälter. 4. Schilfmesser (3 u. 4 gleichfalls mit Anschlußstück für Ausziehstock).

Zeichnungen: Kowalsky, Originale.

aber der sogenannte Pfahlkratzer benutzt, der aus einem Metallrahmen mit aufgesetzter Metallkante und einem Beutel aus grobmaschigem Kongreßstoff besteht und der in mehreren Modellen im Handel erhältlich ist. (Abb. 3.1.2.3)

Das Abschneiden von Wasserpflanzen gelingt leicht mit dem „Schilfmesser". Es besitzt eine scharfe hakenförmig gekrümmte Stahlklinge und wird mit Hilfe des Ansatzstückes am Ausziehstock befestigt. (Abb. 3.4)

Das gesammelte Material mustert man möglichst an Ort und Stelle in einer flachen Schale, um zarte Organismen, die bei einer Fixierung schrumpfen können, sofort festzustellen. Für eine spätere ausführlichere Bearbeitung bringt man das Material in Probeflaschen unter und konserviert mit einigen Tropfen Formalin (3%).

Wird auf Lebenduntersuchung Wert gelegt, so lassen sich derartige Bewuchsproben auch für einige Zeit im Kühlschrank bei 4 bis 6 °C halten, ohne daß wesentliche Veränderungen in der artlichen Zusammensetzung auftreten.

2. Boden- und Schlammuntersuchungen

Zur Untersuchung des Bodens und zur Entnahme von Grundproben aus Gewässern stehen für die Belange der Praxis einige einfache und bewährte Geräte zur Verfügung. Mit methodischen Schwierigkeiten ist kaum zu rechnen, zumal in der Trinkwasserbiologie qualitative Untersuchungen im Vordergrund stehen.

Der Schlammbecher (Kolkwitz [1907]) ist wohl das einfachste dieser Geräte. Er ist fast überall anwendbar, besteht aus einem rund 250 cm^3 fassenden Metallbecher, dessen beschwerter Boden eine kleine Durchbohrung zum Luftaustritt aufweist und einer Eisenkugel, die durch zwei kurze Ketten mit dem Becherrand verbunden ist. Der an der Eisenkugel befestigte Ring dient zum Anbringen einer Wurfleine. Ein für die Benutzung des Ausziehstockes abgeändertes Modell eines Schlammbechers zeigt die Abb. 4.6.

Werden größere Mengen vom Bodengrund gebraucht, so ist der in Nordamerika übliche „Schlammsammler" (Mud sampler) nach Purdy das geeignete Entnahmegerät. Seine Schale faßt etwa 3 Liter.

Der Bodengreifer nach Ekman-Birge wird für hydrobiologische Untersuchungen viel verwendet. Das ungefähr 3 kg schwere Gerät mit einer Bodenfläche von 225 bis 250 cm^2 läßt quantitative Auswertungen der Sedimentproben zu. Der Ekman-Greifer wird in geöffnetem Zustand auf den Gewässergrund gesenkt; seine Schaufeln lassen sich mit Hilfe eines Fallgewichtes schließen. (Abb. 4.2)

Dieser Greifertyp arbeitet aber nur im weichen Sediment zufriedenstellend. Bei hartem oder steinigem Untergrund benutzt man besser die sogenannte „Schlammschere" von Liebmann oder den Greifer von Van Veen, zumal diese schweren Geräte mit ausladenden Scherenarmen an den Baggerschaufeln beim Schließen eine erhebliche Kraft erreichen. (Abb. 4.1)

Zur Entnahme ungestörter Bodenprofile verwendet man Schlammstecher und Röhrenlote, die ebenfalls in mehreren Modellen vom Fachhandel erhältlich sind. Bekannt sind u. a. die Lote von Naumann, von Liebmann sowie die Schlammstecher nach Züllig und Ohle. (Abb. 4.3)

Die aus Metall, Hartglas oder Plexiglas gefertigten Rohre besitzen bei den moderneren Geräten in regelmäßigen Abständen Bohrungen, die vor Gebrauch mit Tesafilm verschlossen werden, um nach der Probenentnahme an beliebigen Stellen des Sedimentprofils kleinere Probenmengen entnehmen zu können. Der von der Firma Hydrobios, Kiel, angebotene Schlammstecher nach Ohle besitzt sogar eine längsgeteilte Plexiglasröhre, deren beide Teile durch Klammern mit Flügelschrauben zusammengehalten werden. Nach der Probenentnahme werden diese gelöst, die eine Hälfte der Röhre abgenommen, und die Bodenprobe liegt zur weiteren Bearbeitung frei.

Für qualitative Auswertungen werden seit langem Dredgen benutzt, so z. B. die Steinmannsche Netzdredge, die aus einem schweren dreieckigen Eisenrahmen besteht, an dem ein Beutel aus grober Gaze mit einem darüber befindlichen Schutzbeutel aus Leinen befestigt ist. Mehrere Löcher im Metallrahmen oder angesetzte Ringe dienen zum Befestigen der Zugleine. Die von Kolkwitz, Lundbeck, Fittkau u. a. konstruierten zusammenlegbaren Geräte mit viereckigem Rahmen arbeiten wie alle Dredgen nach dem gleichen Prinzip. Sie werden an einer langen Leine über den Boden gezogen, wobei sie durch ihr Gewicht in den Schlamm einsinken und die oberste Sedimentschicht im Netzbeutel aufnehmen. (Abb. 4.5)

Nach Heraufholen der Dredge kann ihr Inhalt unmittelbar untersucht werden oder aber er wird wie bei allen anderen biologischen Proben fixiert und in weithalsigen Flaschen für spätere Auswertungen aufgehoben.

Vielfach wird das von Kolkwitz konstruierte Schlammsieb mit doppeltem Siebboden (Abb. 4.4) zum gründlichen Auswaschen der Sedimentprobe (Schlamm, Sand usw.) benutzt, um auf diese Weise alle größeren bodenbewohnenden Organismen (Tubificiden, Chironomiden-Larven, Mollusken u. a.) auszulesen. Nach Schwoerbel [1966] ist die Verwendung derartiger Metallsiebe für weichhäutige Arten (Turbellarien und gewisse andere Wurmarten) ungünstig, da sie beim Schlämmen selbst leicht beschädigt werden. Er empfiehlt daher, die Bodenprobe in kleineren Portionen in einem Netzbeutel aus Grießgaze durch vorsichtiges Schlenkern im Wasser vom Detritus zu befreien. Die zurückbleibenden Organismen werden entweder an Ort und Stelle beobachtet, sie können auch für spätere Untersuchungen in weiten Sammelgefäßen lebend transportiert werden oder aber sie werden in der üblichen Weise fixiert.

Die Darstellung der bei Bodenuntersuchungen ermittelten Organismen geschieht entweder durch Angabe der Anzahl jeder Art (bzw. Gruppe) oder aber mit Hilfe der Angabe des Frischgewichtes aller Individuen einer Art (bzw. Gruppe) bezogen auf eine Flächeneinheit. Für die in der Praxis üblichen Untersuchungen zur Feststellung der Wasserqualität kommen allerdings derartige Auswertungen nur selten in Betracht.

Abschließend sei noch einmal ausdrücklich darauf hingewiesen, daß die Forderung nach einer Untersuchung der Proben unmittelbar nach der Entnahme den Aussagewert einer biologischen Wasseranalyse erheblich fördert. Leider läßt sich die mikroskopische Untersuchung an Ort und Stelle – ein gutes Reisemikroskop ist Voraussetzung hierfür – bei oft unter Zeitdruck stehenden größeren Gewässeruntersuchungen nicht immer durchführen. Man muß aber daran denken, daß viele charakteristische Mikroorganismen, die als Indikatoren für die Festlegung der jeweiligen Wassergüteklassen von Bedeutung sind, sich im fixierten Zustand kaum noch bestimmen lassen.

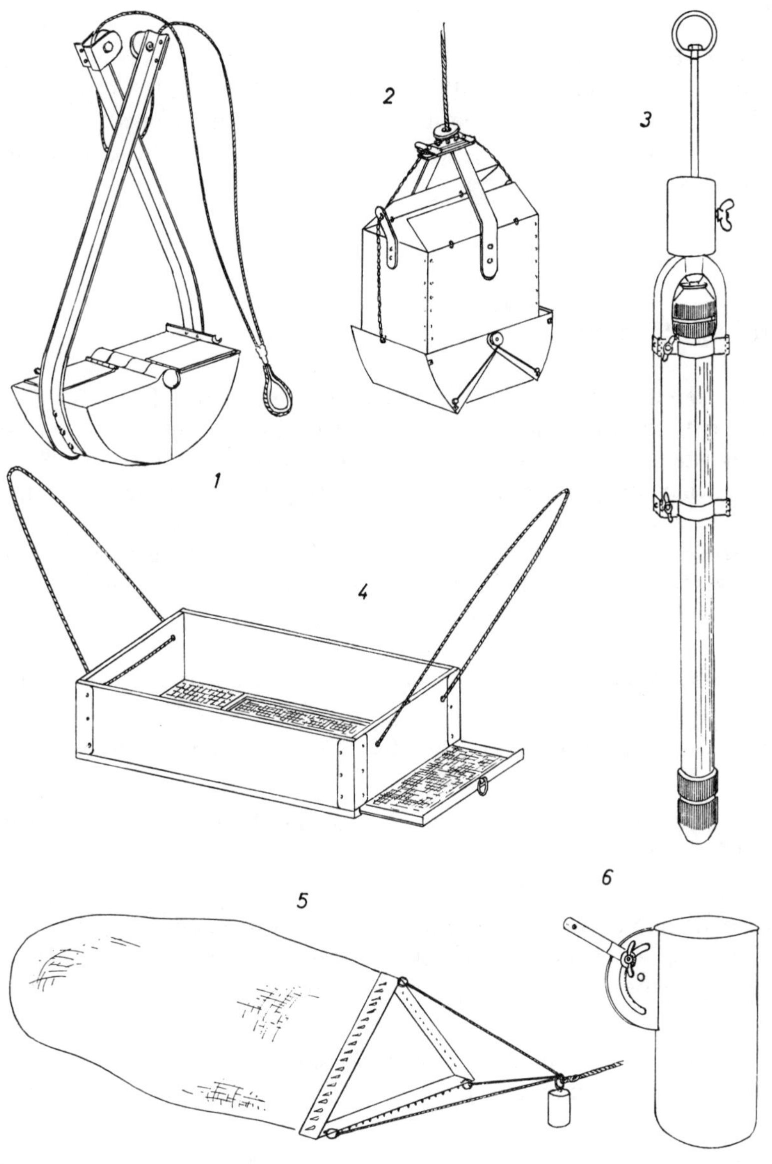

Abb. 4. Geräte für die Bodenuntersuchung. 1. Bodengreifer nach van Veen, geschlossen. 2. Bodengreifer nach Ekman-Birge, offen. 3. Schlammstecher nach Ohle. 4. Schlammsieb nach Kolkwitz. 5. Dredge nach Steinmann. 6. Schlammbecher nach Kolkwitz.

Zeichnungen: Kowalsky, Originale.

C. Ökologische Verfahren der biologischen Wasseranalyse

Wer sich für die historische Entwicklung der biologischen Wasseranalyse interessiert, findet ausführliche Darstellungen bei Helfer [1916/1931] und Liebmann [1951).

Wichtig für die Entwicklung des nachstehend geschilderten Saprobiensystems sind vor allem die Vorarbeiten des Breslauer Botanikers F. Cohn [1853], der als erster ein System der biologischen Wasseranalyse aufstellte und seines Schülers C. Mez [1898], der besonders auf die Bedeutung der Protozoen für die Beurteilung eines Wassers hinwies.

1. Saprobien-System

Bei Verunreinigungen des Wassers mit organischen, fäulnisfähigen Stoffen bilden sich charakteristische Lebensgemeinschaften (Biozönosen) mit typischen Leitorganismen. Kolkwitz und Marsson veröffentlichten in den Jahren 1902, 1908 und 1909 Listen pflanzlicher und tierischer Arten, die als sogenannte „Leitorganismen" oder Indikatoren für die Beurteilung der Wasserqualität geeignet erschienen. Zwar werden die Lebensbedingungen dieser Organismen durch den Belastungsgrad in vielerlei Hinsicht verändert, doch sind für das Vorkommen und die zonale Verbreitung bestimmter Arten folgende Faktoren ausschlaggebend:

1. Änderung der Sauerstoffverhältnisse, hervorgerufen durch den Abbau organischer Substanzen.
2. Änderung der chemischen Wasserbeschaffenheit durch das Entstehen von Fäulnisstoffen.
3. Änderungen in der Zusammensetzung der Arten, hervorgerufen durch die veränderten Lebensbedingungen.

Die vorstehend angeführten Veröffentlichungen von Kolkwitz und Marsson bilden die Grundlage des sogenannten „Saprobiensystems" (sapros = Zersetzung, bios = Leben). Es ist bei jeder Begutachtung nicht die einzelne Leitform entscheidend, sondern immer die Gesamtbiozönose.

Ausschlaggebend für die Einteilung der Organismen in Reinwasser- und Schmutzwasserarten sind die Hauptabbaustufen im Selbstreinigungsprozeß des Wassers.

Entsprechend der chemischen Gliederung: Reduktion, beginnende Oxidation und Mineralisation (beendete Oxidation) können biologisch folgende Zonen unterschieden werden: Poly-, Meso- und Oligosaprobie. Die mesoaprobe Stufe gliedert sich in einen α- und in einen β-Abschnitt.

Dieser Einteilung entsprechend können die Leitorganismen einer oder zwei benachbarten dieser vier Stufen zugeordnet werden.

1. oligosaprobe Stufe (kaum verunreinigt)
2. β-mesosaprobe Stufe (schwach verunreinigt)
3. α-mesosaprobe Stufe (stark verunreinigt)
4. polysaprobe Stufe (sehr stark verunreinigt)

Daß dieses Saprobiensystem von richtigen Voraussetzungen ausging, beweist die Tatsache, daß es auch heute noch – in verbesserter Form – trotz aller Kritik mit Erfolg verwendet wird.

Man benutzt also zur Zeit immer noch das von Kolkwitz und Marsson seinerzeit aufgestellte, aber von Liebmann [1947, 1951] revidierte Saprobiensystem. Diese Revision war dringend notwendig, denn im Laufe der Zeit, besonders in den letzten Jahren, sind in zahlreichen Veröffentlichungen neue Erkenntnisse über die Lebensansprüche pflanzlicher und tierischer Organismen vorgelegt worden. Alle diese neuen Ergebnisse sind von Liebmann in seinem „revidierten Saprobiensystem" weitgehend berücksichtigt. Die Auswahl der Leitorganismen geschah unter dem Gesichtspunkt, ein System zu schaffen, das „an allen Orten und in allen Gewässern" benutzt werden kann, wobei von Liebmann die Protozoen besonders berücksichtigt wurden, da sie sich als Kosmopoliten für die Beurteilung von Gewässern gut eignen.

Auch im revidierten Saprobiensystem werden die vier „klassischen" Stufen (oligosaprob–polysaprob) beibehalten, doch bezeichnet sie Liebmann als Wassergüteklassen I–IV.

2. Leitorganismen

Da die Arbeiten von Kolkwitz [1950] und Liebmann [1951] bereits ausführliche Listen der pflanzlichen und tierischen Leitorganismen enthalten, sollen nachstehend die einzelnen Stufen des Saprobiensystems hinsichtlich ihrer biologischen Verhältnisse kurz beschrieben werden.

1. oligosaprobe Stufe (Wassergüteklasse I).
   Für die Reinwasserzone ist u. a. das Absinken der Keimzahl unter 100 Keime je ml charakteristisch. Aus diesem Grunde treten bakterienfressende Organismen weitgehend zurück. Typisch ist aber das Auftreten gewisser Strudelwürmer (Turbellarien), Rädertierchen, Schnecken, Kleinkrebse und einer Vielzahl von Insektenlarven (Ephemeriden, Perliden, Trichopteren u. a.). Die pflanzlichen Organismen sind vor allem durch Kieselalgen (*Synedra, Surirella, Tabellaria, Cyclotella* usw.), Zieralgen (*Euastrum, Staurastrum, Micrasterias* u. a.), verschiedene Grünalgen und Rotalgen vertreten. (Abb. 5)

2. β-mesosaprobe Stufe (Wassergüteklasse II).
   Die Keimzahlen liegen unter 10000 je ml Wasser. Kieselalgen, Jochalgen und Grünalgen sind artenreich vertreten und haben in dieser Stufe ihre Hauptverbreitung. Auch höhere Wasserpflanzen kommen in vielen Arten vor. Bei den Protozoen dominieren die Dinoflagellaten; ferner treten häufig Schnecken, Muscheln, Rädertiere, Kleinkrebse und Insektenlarven auf. (Abb. 6)

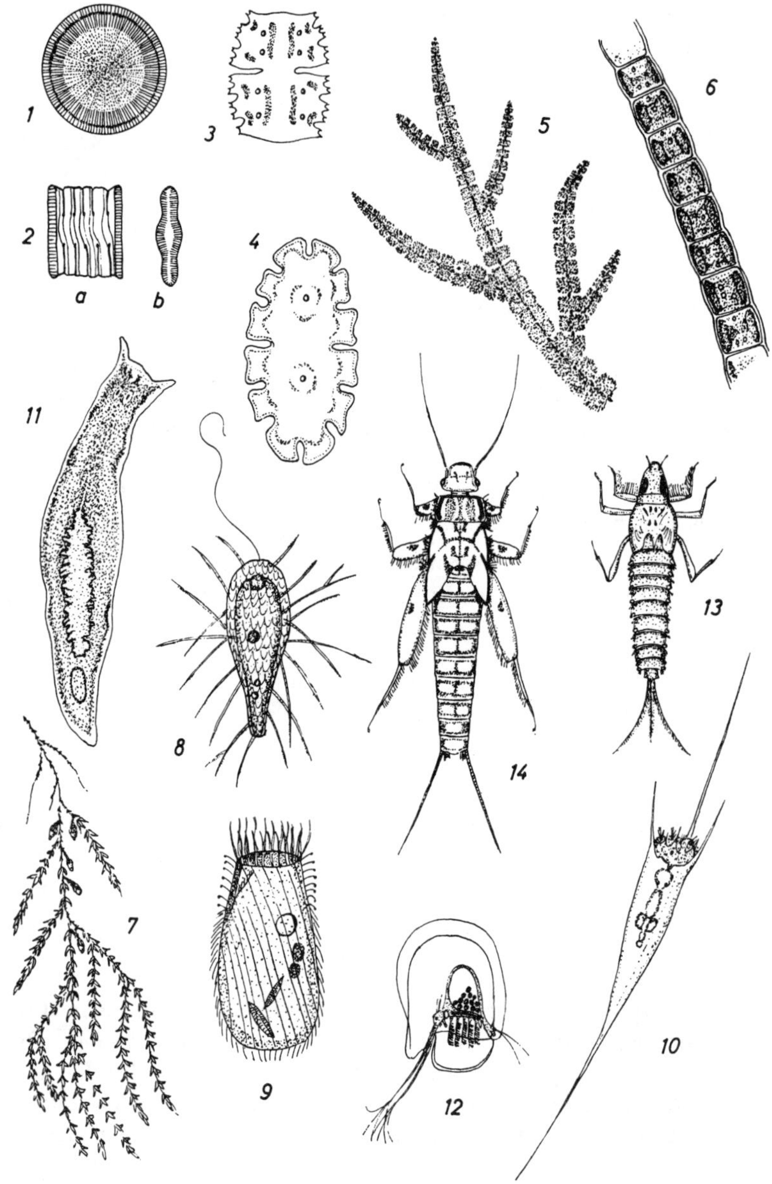

Abb. 5. Typische Organismen der oligosaproben Stufe. 1. *Cyclotella bodanica* (500/1). 2. *Tabellaria flocculosa*, a. Gürtelansicht, b. Schalenaufsicht (500/1). 3. *Micrasterias truncata* (300/1). 4. *Euastrum oblongum* (250/1). 5. *Batrachospermum vagum* var. *ceratophyllum* (8/1). 6. *Ulothrix zonata* (1000/1). 7. *Fontinalis antipyretica* (1/2). 8. *Mallomonas caudata* (500/1). 9. *Strombidinopsis gyrans* (500/1). 10. *Notholca longispina* (100/1). 11. *Planaria alpina* (5/1). 12. *Holopedium gibberum* (12/1). 13. *Oligoneura rhenana*, Larve (3/1). 14. *Perla bipunctata*, Larve (2,5/1).

Zeichnungen: Kowalsky, nach Hustedt,
Lindau–Melchior, Liebmann, z. T. Originale.

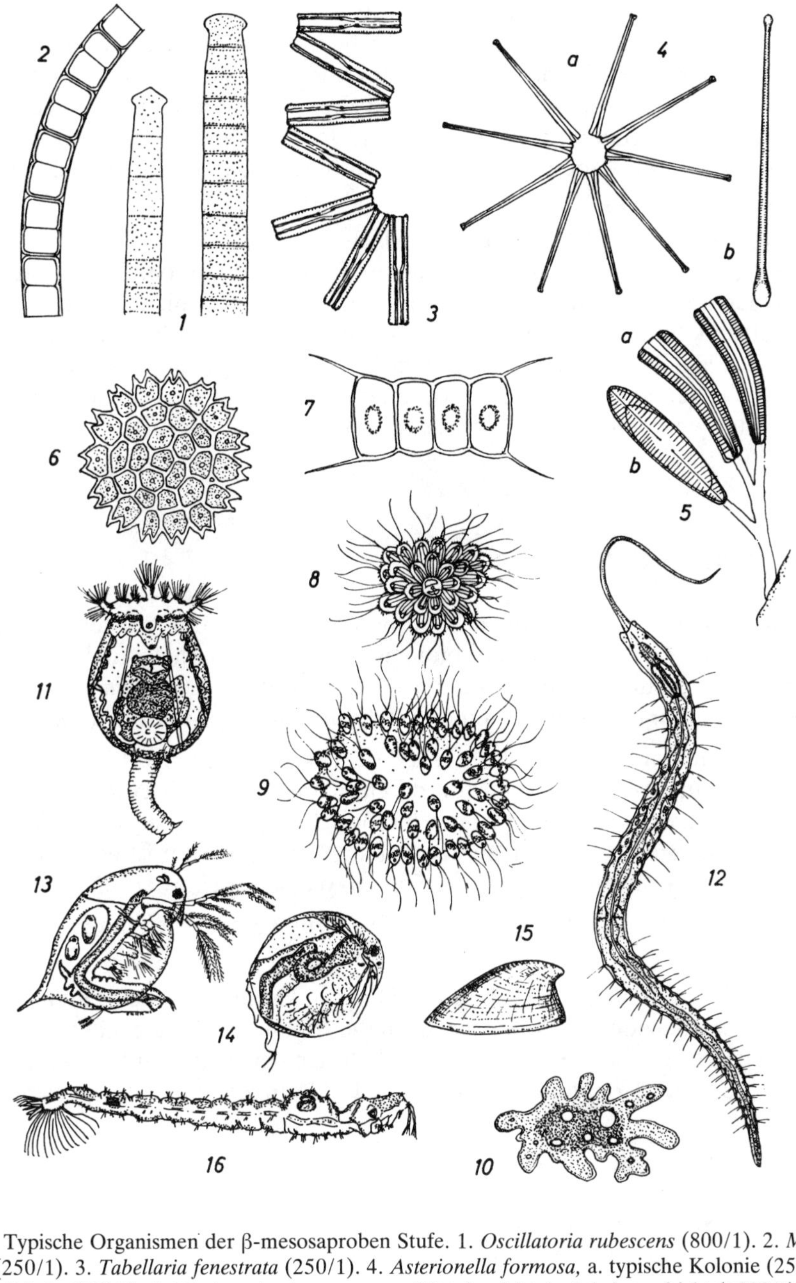

Abb. 6. Typische Organismen der β-mesosaproben Stufe. 1. *Oscillatoria rubescens* (800/1). 2. *Melosira varians* (250/1). 3. *Tabellaria fenestrata* (250/1). 4. *Asterionella formosa,* a. typische Kolonie (250/1), b. einzelne Schale (800/1). 5. *Rhoicosphenia curvata,* a. Gürtelansicht, b. Schalenaufsicht (1000/1). 6. *Pediastrum boryanum* (250/1). 7. *Scenedesmus quadricauda* (750/1). 8. *Synura uvella* (300/1). 9. *Uroglena volvox* (330/1). 10. *Amoeba proteus* (60/1). 11. *Brachionus urceus* (30/1). 12. *Stylaria lacustris* (60/1). 13. *Daphnia pulex* (12/1). 14. *Chydorus sphaericus* (25/1). 15. *Ancylus fluviatilis* (6/1). 16. *Corethra plumicornis,* Larve (10/1).

Zeichnungen: Kowalsky, nach Hustedt, Huber–Pestalozzi, Engelhardt, z. T. Originale.

3. α-mesosaprobe Stufe (Wassergüteklasse III).
Die Stufe weist Keimzahlen unter 100000 Keime je ml Wasser auf. Bei den pflanzlichen Organismen herrschen Blaualgen, Kieselalgen und Grünalgen sowie einige höhere Wasserpflanzen vor. Charakteristisch sind hier die durch Massenentwicklungen bestimmter Mikroorganismen hervorgerufenen, allgemein bekannten „Wasserblüten". Artenreich sind ferner Flagellaten, Ciliaten und Rotatorien vertreten. Mollusken, Krebse und Insektenlarven finden sich nur in wenigen Arten. (Abb. 7)
4. polysaprobe Stufe (Wassergüteklasse IV).
Massenentwicklungen von Bakterien sind für diese Stufe typisch. Die Keimzahlen liegen über 1 Million je ml Wasser. In diesem Biotop mit extremen Lebensbedingungen kommen nur noch wenige Arten meist mir sehr hohen Individuenzahlen vor (Flagellaten, Ciliaten, Tubificiden u. a.). Es fehlen Kieselalgen, Grünalgen, Jochalgen sowie höhere Wasserpflanzen; unter den tierischen Organismen sucht man vergeblich nach Mollusken und Krebsen. (Abb. 8)

3. Beurteilung der Ergebnisse

Die Feststellung der betreffenden Saprobitätsstufe bzw. der Wassergüteklasse erfolgte bisher auf Grund der bei der biologisch-mikroskopischen Analyse festgestellten Anzahl der Leitorganismen und der Häufigkeit ihres Auftretens. Diese Art der Beurteilung bedingt aber immer einen erfahrenen Biologen mit jahrelanger Praxis.

Da die oft seitenlangen Organismenlisten dem Nichtbiologen völlig unverständlich sind, hat man in letzter Zeit versucht, durch mathematische Methoden und graphische Darstellungen die Ergebnisse der biologischen Wasseranalyse den an Wasserfragen interessierten Kreisen näherzubringen. Weit verbreitet ist auch die bildliche Darstellung in Form einer farbig angelegten Wassergütekartierung.

Auf einige der bekanntesten derartigen Verfahren sei nachstehend kurz hingewiesen.

Beger [1952] schuf auf Grund seiner langjährigen Erfahrung eine Art von Indikatorensystem, das speziell den Anforderungen der Wasserwerke angepaßt war. Wie die nachstehene Gruppeneinteilung erkennen läßt, ging auch er vom Kolkwitzschen Saprobiensystem aus. Er unterschied hierbei zehn Gruppen von Leitorganismen, nämlich:

1. Gesundheitsschädliche Organismen und ihre Überträger
2. Rein- und Schmutzwasseranzeiger
3. Schwefelwasserstoffanzeiger
4. Eisen- und Mangananzeiger
5. Kalkanzeiger
6. Salzanzeiger
7. Grundwasser- und Oberflächenwasseranzeiger
8. Kalt- und Warmwasseranzeiger
9. Farbanzeiger und
10. Geruchs- und Geschmacksanzeiger.

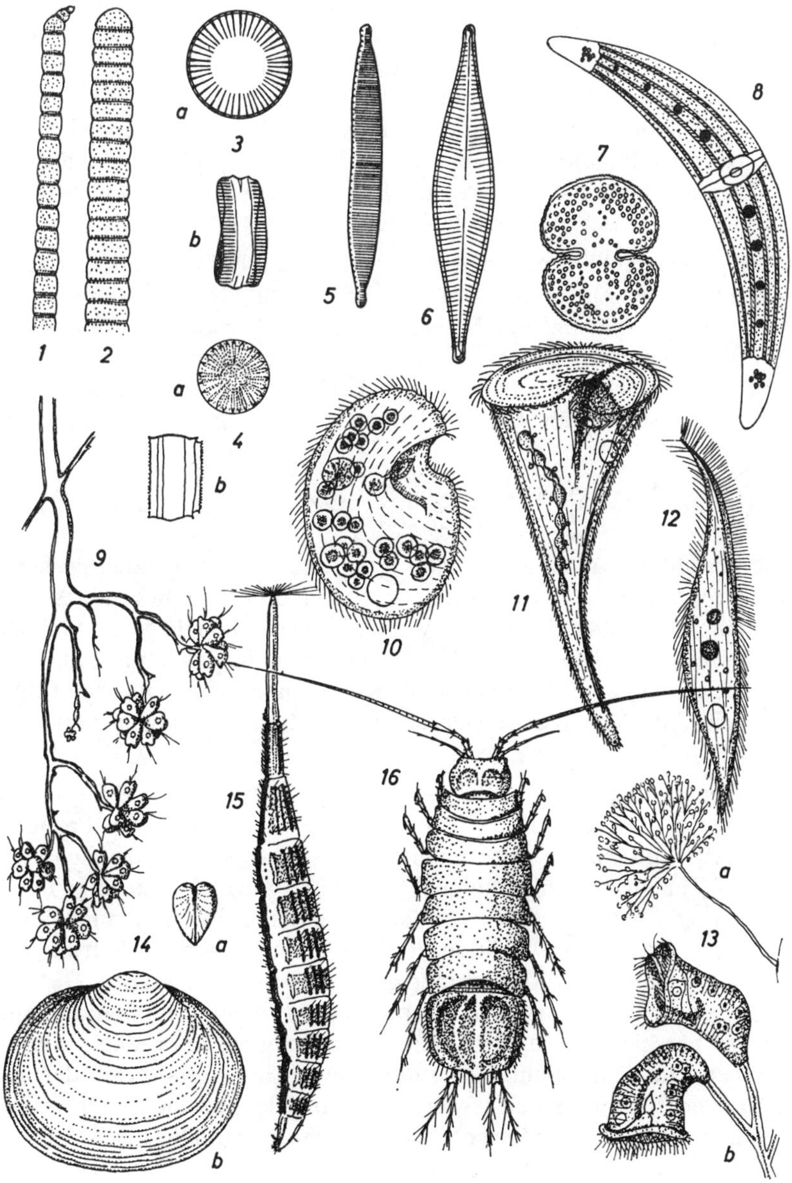

Abb. 7. Typische Organismen der α-mesosaproben Stufe. 1. *Oscillatoria formosa* (1000/1). 2. *Oscillatoria tenuis* (600/1). 3. *Cyclotella meneghiniana,* a. Aufsicht, b. Seitenansicht (1000/1). 4. *Stephanodiscus hantzschii,* a. Aufsicht, b. Seitenansicht (1000/1) 5. *Nitzschia palea* (1000/1) 6. *Navicula cryptocephala* (1000/1). 7. *Cosmarium botrytis* (500/1). 8. *Closterium leibleinii* (500/1). 9. *Anthophysa vegetans,* Teil einer Kolonie (500/1). 10. *Colpoda cucullus* (300/1). 11. *Stentor coeruleus* (100/1). 12. *Lionotus fasciola* (300/1). 13. *Charchesium polypinum,* a. Aufbau einer Kolonie (20/1), b. Einzelindividuen (200/1). 14. *Sphaerium corneum,* a. Seitenansicht (1/1), b. Aufsicht auf eine Schalenhälfte (4/1). 15. *Stratiomys spec.,* Larve (15/1). 16. *Asellus aquaticus* (5/1).

Zeichnungen: Kowalsky, nach Hustedt, Liebmann, Pringsheim, z. T. Originale.

Auch das von Knöpp [1955] entwickelte Verfahren basiert auf dem Saprobiensystem. Allerdings werden für die Auswertung der Ergebnisse nur Makroorganismen verwendet, deren Vorkommen mit Hilfe von sieben Häufigkeitsstufen rechnerisch ermittelt wird. Die anschließende graphische Darstellung mit Hilfe eines Koordinatensystems ergibt einen „biologischen Gütelängsschnitt" der untersuchten Gewässerstrecke. Bei ihm sind die oligosaproben und β-mesosaproben Organismen oberhalb der Abszisse eingetragen, während sich die α-mesosaproben und polysaproben Leitorganismen unter der Abszisse befinden.

Kothé [1962] entwickelte eine einfache Methode, die besonders den sogenannten „Artenfehlbetrag" als ein wichtiges Kriterium für die Gewässeruntersuchung berücksichtigt, wobei allerdings nur Makroorganismen Verwendung finden. Voraussetzung für die Auswertung der Proben ist hier der „Artenstandard", d. h. der biologische Zustand des unbelasteten Gewässers als Vergleichswert. Die Berechnung des Artenfehlbetrages selbst läßt sich mit Hilfe der nachstehenden einfachen Formel leicht durchführen:

$$x\% = \frac{(A_1 - A) \cdot 100}{A_1}$$

A_1 gibt die Anzahl der Arten an einer als Vergleichsbasis dienenden Probestelle an (Artenstandard), während A die Anzahl der Arten unterhalb liegender Entnahmestellen enthält. Die Skala der in %-Werten angegebenen Ergebnisse reicht von 0–100%, wobei die höchsten Werte der Verödungsstufe gleichkommen. Graphisch lassen sich die errechneten Werte auch als Kurven in ein einfaches Koordinatensystem eintragen. Auf der Abszisse werden zusätzlich die jeweiligen Fluß-Kilometer eingezeichnet.

Weit verbreitet ist auch das von Pantle und Buck [1955, 1956, 1959] entwickelte Verfahren. Bei dieser Methode werden die bei der Auswertung der Proben aufgefundenen Arten hinsichtlich ihrer qualitativen (Saprobiensystem nach Kolkwitz, aber auch zum Teil eigene Einstufungen) und quantitativen Bewertung (1 = vereinzelt, 3 = häufig, 5 = zahlreich) in Tabellen zusammengefaßt. Anschließend erfolgt für jede Saprobitätsstufe die Addition der Häufigkeitszahlen der betreffenden Arten, wobei Mikro- und Makroorganismen getrennt berechnet werden. Der für jeden Untersuchungsquerschnitt zugehörige Saprobienindex läßt sich dann mit einer einfachen Formel berechnen. Die graphische Darstellung der ermittelten Werte ergibt ebenfalls einen Gütelängsschnitt der untersuchten Gewässerstrecke, der auch zur besseren Übersicht farbig angelegt werden kann. Die einzelnen Saprobitätsstufen werden dann durch bestimmte Farben gekennzeichnet. Auffällige Befunde, wie z. B. Verödungsstrecken, Abwasserfahnen usw. lassen sich durch eindeutige Signaturen besonders hervorheben.

Die von Liebmann [1959] vorgeschlagene Auswertung der Ergebnisse ist als sogenannte „Münchner Methode" in der Praxis bekannt und verbreitet. In dieser farbig angelegten Wassergütekartierung werden die vier Wassergüteklassen mit folgenden vier Farben gekennzeichnet:

Güteklasse I (= oligosaprobe Stufe): blau
Güteklasse II (= β-mesosaprobe Stufe): grün
Güteklasse III (= α-mesosaprobe Stufe): gelb
Güteklasse IV (= polysaprobe Stufe): rot

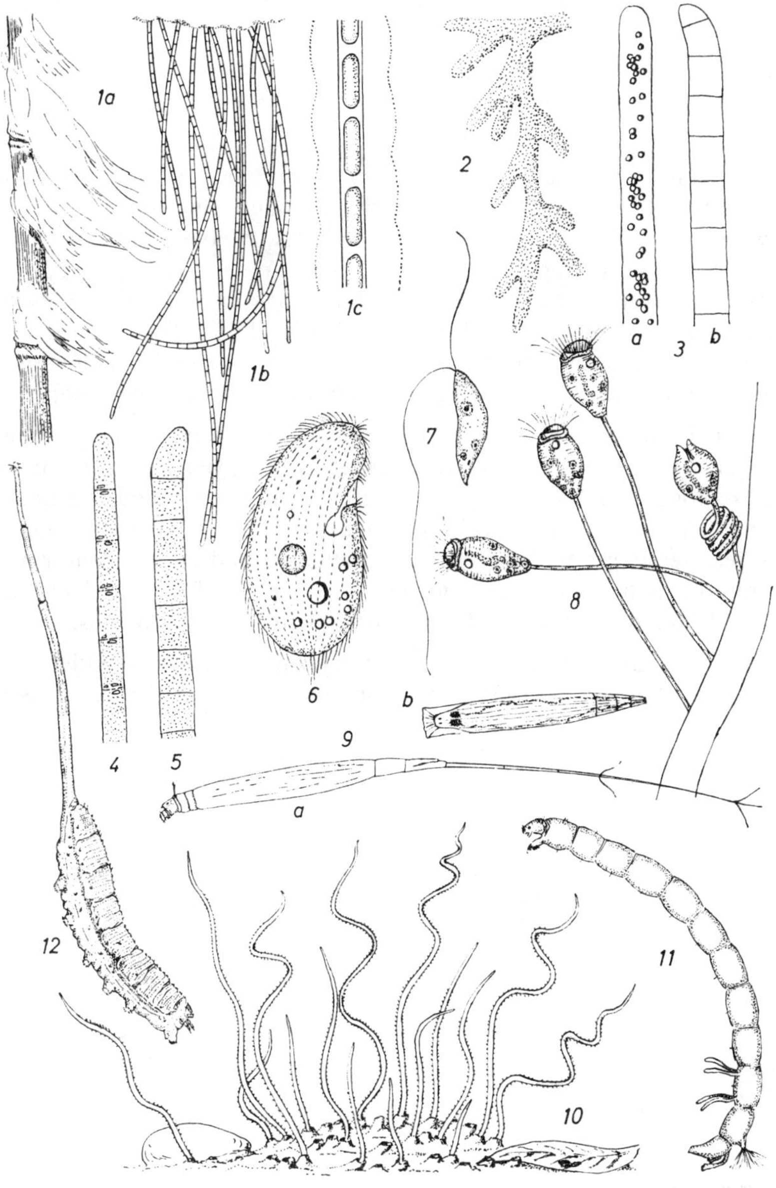

Abb. 8. Typische Organismen der polysaproben Stufe. 1. *Sphaerotilus natans,* a. Bewuchs an Schilfhalm (1/2), b. Fadenbündel des Bakteriums (300/1), c. von Gallerte eingehüllter Einzelfaden (2000/1). 2. *Zoogloea ramigera* (500/1). 3. *Beggiatoa alba,* a. in H_2S-reicher, b. in H_2S-armer Flüssigkeit, hier Querwände sichtbar (1000/1). 4. *Oscillatoria putrida* (1000/1). 5. *Oscillatoria chlorina* (1000/1). 6. *Colpidium colpoda* (250/1). 7. *Bodo putrinus* (2500/1). 8. *Vorticella microstoma* (190/1). 9. *Rotaria neptunia,* a. Tier in voller Länge, b. eingezogen (25/1). 10. *Tubifex tubifex,* Kolonie im Schlamm (2/1). 11. *Chironomus thummi,* Larve (7/1). 12. *Eristalis tenax,* Larve (2/1).

Zeichnungen: Kowalsky, nach Kolkwitz,
Wesenberg–Lund, Liebmann, z. T. Originale.

Für die häufig auftretenden Zwischenstufen sind Schraffuren mit den entsprechenden Farben vorgesehen. Daraus ergibt sich für die

Güteklasse I/II: blau–grün
Güteklasse II/III: grün–gelb
Güteklasse III/IV: gelb–rot.

Wie bei dem vorstehend geschilderten Verfahren von Pantle und Buck besteht auch hier die Möglichkeit, in die farbige Kartierung besondere Befunde durch bestimmte Zeichen einzutragen. Schwarze Punkte z. B. weisen auf Zonen mit starker Wasserblütenbildung hin. Verödungszonen werden durch Wellenlinien angegeben, Vernichtungszonen dagegen durch Schwarzfärbung des betreffenden Gewässerabschnitts (nach einem Vorschlag von Pantle und Buck [1955]). Eine schwarze Schrägschraffur deutet auf Abwasserpilzbildung hin. Für Regionen mit regelmäßig auftretenden Fischsterben ist eine Markierung durch kleine Kreuze vorgesehen.

Diese wenigen Verfahren mögen genügen. Es kam in diesem Zusammenhang auch nur darauf an, einige Wege für die Auswertung biologischer Befunde aufzuzeigen. Sehr viele Methoden mußten unberücksichtigt bleiben. Die Gründe hierfür sind u. a. folgende: Viele Verfahren haben sich trotz mancher Vorteile nicht eingebürgert, andere hingegen benötigen umfangreichen Arbeitsaufwand im Laboratorium (z. B. fast alle physiologischen Verfahren der Gewässeruntersuchung) und scheiden aus diesem Grunde für die einfache Methoden bevorzugende Praxis aus.

Ausführliche Zusammenstellungen von Untersuchungsverfahren finden sich z. B. bei Beger [1966], Liebmann [1959], Liebmann und Reimann [1964] und Schwoerbel [1966].

III. Biologische Trinkwasseruntersuchung

In neuester Zeit hat die Trinkwasserbiologie – bedingt durch die steigende Tendenz, Oberflächenwasser zu Trinkwasser aufzubereiten – immer mehr an Bedeutung gewonnen. Aber auch in Grundwasserwerken gibt es zahlreiche, auch heute noch nicht restlos gelöste Probleme, die zu innerbetrieblichen Störungen führen können (z. B. Verockerungen von Brunnen durch Eisen- und Manganbakterien).

Wie die Erfahrungen aus der Praxis eindeutig zeigen, wird der Biologe aber meist erst dann zu Rate gezogen, wenn Rohrverschlammungen oder Filterverstopfungen auftreten, wenn die Güte des bereits aufbereiteten Wassers durch Verfärbung, Geruchs- und Geschmacksstoffe beeinträchtigt wird (Grim, [1969]) oder aber Beschwerden der Verbraucher bei der Werkleitung eintreffen über beobachtete Kleinkrebse, Wasserasseln und Würmer, die aus den Zapfhähnen ausgespült worden sind (Uhlmann, [1968]).

Beger [1954] unterscheidet daher die für die Trinkwasserbiologie wichtigsten Organismen

1. hinsichtlich ihrer Beziehungen zur Hygiene und
2. hinsichtlich ihrer Beziehungen zur Betriebstechnik.

Daraus ergeben sich nachstehende Folgerungen:

Zu 1: Die Untersuchungen erstrecken sich u. a. auf den Nachweis pathogener Organismen, auf die Feststellung unbelebter und belebter Verunreinigungs-Anzeiger einschließlich der als unästhetisch anzusehenden Lebewesen sowie von Tieren, die entweder pathogene Keime übertragen können oder durch ihre Ausscheidungen zu einer Erhöhung der Keimzahlen beitragen.

Zu 2: Für die Betriebstechnik ist es wichtig zu wissen, welche Bedeutung gewissen Organismen für die Wasserwerkstechnik bzw. für die einzelnen Aufbereitungsstufen zukommmt. Sind sie notwendig oder aber sind sie Schädlinge, die innerbetriebliche Störungen hervorrufen können und deshalb bekämpft werden müssen? Trifft letzteres zu, so ist zu klären, auf welchem Wege diese Organismen in die Wasserwerke einwandern und welche Maßnahmen zu treffen sind, um diese Einwanderung zu verhindern bzw. auf ein Minimum zu beschränken.

Bei derartigen Untersuchungen kann sich der Biologe niemals mit der Feststellung der betreffenden Art begnügen, sondern er hat die vielen Wechselbeziehungen zwischen Mikroben, pflanzlichen und tierischen Lebewesen und der Wasserversorgungsanlage, die einen extremen Lebensbezirk darstellt, zu berücksichtigen. Rößner [1966] weist in diesem Zusammenhang darauf hin, daß das Auftreten von lästigen Organismen im Trinkwasser kaum etwas mit einer echten „Verschmutzung" des Wassers zu tun hat.

In vielen Fachbüchern werden für die Untersuchungsmethodik Verfahren angegeben, die aus der Gewässerkunde bzw. der Abwasserbiologie stammen. Sie sind für die biologische Trinkwasserkontrolle kaum geeignet. Auch die bekannte Sedgwick-Rafter-Methode (Standard methods [1955]) sowie das Leitungsfilter nach Beger [1952] und das Schleuderfilter nach Whipple [1927], um nur einige zu nennen, haben sich in Deutschland nicht durchgesetzt.

Selbst die so häufig angewandte Sedimentuntersuchung von Proben aus dem Leitungsnetz ist kaum brauchbar. Nach Rößner [1966] ist Leitungswasser, das bereits nach mehrstündigem Stehen Sedimente bildet, qualitativ als nur wenig geeignet zu betrachten.

Auftreten, Verbreitung und evtl. Massenentwicklung bestimmter Organismenarten sind weitgehend von den ökologischen Bedingungen der verschiedenen Wasservorkommen (Grundwasser, Uferfiltrat, Oberflächenwasser usw.) abhängig.

Der Biologe wird daher Vergleichsproben vom Rohwasser und von den einzelnen Aufbereitungsstufen entnehmen, um die Herkunft und die Verbreitung der Arten im Wasserwerk selbst nachzuweisen. Die absiebbaren Schwebstoffe werden mit Hilfe eines feinmaschigen Planktonnetzes (z. B. mit dem Nannoplanktonnetz nach Höll) aus den jeweiligen Rohrleitungen gewonnen, für Bewuchs an Filterwänden usw. genügt ein Pfahlkratzer.

Wie bereits erwähnt, begnügt man sich bei einer Trinkwasserkontrolle nicht mit wenigen Liter Wasser, sondern läßt bei den im Normalfall nur geringen Organismenzahlen durchschnittlich 1 m^3 Wasser durch das Planktonnetz laufen.

Zur Anreicherung der in Brunnen und Rohrleitungen häufig auftretenden Eisen- und Manganbakterien kann man Objektträger in die Brunnen einhängen. Nach einer gewissen Expositionszeit haben sich die Bakterien in ausreichender Menge auf den Glasplättchen angesiedelt und können anschließend mikroskopiert werden. Mit Hilfe mehrerer in bestimmten Abständen an einer dünnen Leine befestigter Objektträger erhält man ein Profil über die qualitative und quantitative Verbreitung der Eisenbakterien im Brunnen. Nach eigenen Untersuchungen ließen sich die Verockerungszonen eines Brunnes auf 10 cm genau mit Hilfe dieser einfachen Methode feststellen.

A. Organismen in Wassergewinnungs- und Aufbereitungsanlagen

Die „Kleinwasserversorgung“ soll im Rahmen dieses Buches nur gestreift werden. Als einfachste Wassergewinnungsanlagen gelten Wasserlöcher und „wandlose“ Moorbrunnen, die als 1 bis 1,5 m tiefe Gruben bis in das Grundwasser reichen und in dieser Form in abgelegenen Moorgegenden (z. B. Emsland) auch heute noch zu finden sind. Die in ihnen lebenden pflanzlichen und tierischen Organismen sind meist Bewohner von Oberflächenwässern. In Moorgegenden treten Torfmoose (*Sphagnum*-Arten) sowie bestimmte Rädertiere, Bärtierchen (*Macrobiotus* spec.), Kleinkrebse u. a. auf.

Kesselbrunnen stellen im Gegensatz zu den vorstehend geschilderten Wasserlöchern eine verbesserte Wassergewinnungsanlage dar, doch sind sowohl aus den offenen als auch aus den Kesselbrunnen mit festem Verschluß eine Vielzahl von Arten beschrieben worden, die teils echte Grundwasserbewohner sind, teils aus Oberflächengewässern stammen. Ausführliche Zusammenstellungen finden sich u. a. bei Beger [1966] und bei Liebmann [1951]. Es sind genügend Beispiele bekanntgeworden, nach denen sich z. B. gewisse Protozoen-Arten jahrelang in gut verschlossenen Kesselbrunnen halten können und mengenmäßig durchaus nicht abnehmen. Hierher gehören vor allem Flagellaten, Ciliaten, schlammbewohnende Rhizopoden der Gattungen *Difflugia* und *Euglypha*. Vereinzelt treten aber auch Pilzfäden und Sporen der Gattung *Fusarium* auf. Bei flacheren Brunnen finden sich mit großer Regelmäßigkeit Kieselalgen der Gattungen *Navicula, Microneis, Hantzschia* usw.

Führt der Brunnen eisenhaltiges Wasser, so gehören ausgeflocktes Eisen und Eisenbakterien der verschiedensten Arten zu den üblichen Erscheinungen. Steht der Brunnen außerdem im klüftigen Gestein oder in Talauen, so muß mit dem Auftreten echter Grundwassertiere gerechnet werden.

Im Gegensatz zu den Kesselbrunnen stellen Rohrbrunnen, in ihrer einfachsten Form als sogenannte „Abessinier" bekannt, eine hygienisch vollkommenere Art einer Grundwassergewinnungsanlage dar.

Die Vorzüge eines derartigen Brunnens bestehen u. a. in der Undurchlässigkeit seiner Rohrwandungen und der Möglichkeit, in Tiefen zu gelangen, die dem Kesselbrunnen nicht mehr zugänglich sind. Nach den bisher vorliegenden Erfahrungen sind bei dieser Brunnenart Einwanderungen von Organismen des Oberflächenwassers ausgeschlossen. Lediglich echte Grundwassertiere, wie z. B. gewisse Cyclopiden, der Brunnenkrebs *Niphargus* und die kleine Höhlenschnecke *Lartetia* u. a. wurden beim Abpumpen gefördert. Das trifft auch im allgemeinen für Bohrbrunnen mit den verschiedenartigsten Gewebefiltern zu. Eine Ausnahme bilden gewisse hygienisch harmlose Wasserbakterien, zu denen u. a. auch die Eisen- und Manganbakterien zu rechnen sind. Sie zählen bei der mikroskopischen Analyse fast zum normalen Bestand des geförderten Wassers ebenso wie Sandkörnchen, Gesteinssplitter, Eisenoxidhydrat, Manganteilchen u. a.

Die Benutzung von Quellwasser im Gebirge, aber auch im Flachland, ist weit verbreitet. Der Reinheitsgrad des Wassers ist von seiner Herkunft (echtes Grundwasser, Oberflächenwasser usw.) und vor allem von dem natürlichen Quellaustritt und der Quellfassung abhängig. Am wenigsten verschmutzt sind Sturzquellen, die sofort mit mehr oder weniger starkem Gefälle zu Tal fließen und daher keine Quelltümpel bilden. In diesem Falle werden alle Schwemmstoffe mitgerissen, und es tritt keine Verschlammung des Quellaustrittes ein. Weit ungünstiger liegen die Verhältnisse dagegen bei den Tümpelquellen. Hier tritt das Wasser von unten her in eine kleinere oder größere Senke, die zuweilen versumpfen kann und von der aus dann ein kleinerer Quellbach abläuft.

Bei der Lebewelt des Quellwassers müssen wir unterscheiden:

1. zwischen den Organismen, die von der Quelle selbst aus dem Untergrund ausgeschwemmt werden und
2. denjenigen pflanzlichen und tierischen Arten, die das Quellwasser nach seinem Austritt aus dem Boden besiedeln.

Zur ersten Gruppe gehören echte Grundwasserbewohner; es können aber auch oberirdisch lebende Arten auftreten, die durch Verbindung der Quelle mit Oberflächenwässern eingewandert sind. Zur zweiten Gruppe gehören die biologisch eigenartigen Lebensgemeinschaften von Thermen, von Solquellen, Schwefel- und Eisenquellen, von sogenannten Säuerlingen usw. Ihre Erforschung ist bereits zu einem biologischen Spezialgebiet geworden und kann leider im Rahmen dieses Buches keine Berücksichtigung finden.

Der äußere Charakter ungestörter Tümpel- und Sumpfquellen ist durch üppig wachsende Moospolster, Algenwatten und höhere Wasserpflanzen (Brunnenkresse, Sumpfmiere, Wasserstern, Ehrenpreis, Berle u. a.) gekennzeichnet. An tierischen Organismen treten nicht selten Bachflohkrebse (Gammariden), Kleinkrebse (Cyclopiden, Ostracoden u. a.), Wassermilben, Strudelwürmer, wie die kaltes Wasser liebende *Planaria alpina,* auf. Bisweilen gelangen auch Regenwürmer aus dem feuchten Erdreich in den Quellbezirk sowie der in der Praxis bekannte Brunnendrahtwurm (*Haplotaxis gordioides*). Sein eigentlicher Lebensbezirk sind die feuchten Erdschichten unmittelbar über dem Grundwasserspiegel.

Wenn auch bei weitem nicht alle natürlichen Quelltümpel eine üppige Vegetation und Besiedlung aufweisen – im Schatten des Waldes liegende Quellen sind meist artenarm –, so genügen sie doch keineswegs den Anforderungen der Trinkwasserhygiene. Es ist bekannt, daß eingewanderte Regenwürmer z. B. eine beträchtliche Erhöhung der Keimzahlen hervorrufen können. So fanden sich z. B. in 1 cm^3 Regenwurmkot bis zu 64 Millionen Keime!

B. Mängel an Quellfassungen

Nicht selten stellen sich in Quellfassungen und Quellstuben Tiere ein, die nichts mehr mit der eigentlichen Tierwelt des Grund- und Quellwassers zu tun haben. Es sind dies z. B. Mücken, Schnecken, Spinnen, Frösche, Kröten, Salamander und Mäuse, ja sogar kleinere Vogelarten sind beobachtet worden. Ein derartiger Nachweis deutet immer auf bauliche Mängel der Anlage hin (ungenügend gesicherte Entlüftungsschächte, Undichtigkeiten im Brunnenstubenzugang usw.). Vielfach fehlen auch den Quellfassungen Feinsiebe, die ein Eindringen der mit dem Quellwasser geförderten Grundwassertiere in die Rohrleitungen verhindern sollen.

C. Wasserwerksanlagen

Die bisher erwähnten Beispiele aus der Praxis betrafen kleinere Wassergewinnungsanlagen. Bei der Großwasserversorgung, die zum Teil mit denselben Kalamitäten rechnen muß, liegen die Verhältnisse günstiger, da hier die moderne Wasseraufbereitung mit Hilfe von Accelatoren, Enteisenungs- und Entmanganungsanlagen, den jeweiligen Schnell- bzw. Langsamfiltern im allgemeinen die vorhandenen Lebewesen zurückhält. Trotzdem treten auch hier häufig empfindliche Störungen im Wasserwerksbetrieb auf, die durch Massenentwicklung bestimmter Organismen (Eisen- und Manganbakterien, einzellige Algen usw.) hervorgerufen werden.

In der Groß-Wasserversorgung werden Flach- und Tiefbrunnen zur Wassergewinnung verwendet. Das aus ihnen geförderte Grundwasser besitzt nur geringe Nährstoffe, so daß nur wenige hoch spezialisierte Bakterienarten in ihm zu leben vermögen. So wird z. B. das sogenannte „Verockern" der Brunnen weitgehend durch Eisenbakterien verursacht (s. auch DVGW-Arbeitsblatt W 131).

Von den zur Zeit etwa 60 bekannten Eisenbakterienarten lebt ein Teil autotroph, d. h. ohne Inanspruchnahme organischer Kohlenstoffverbindungen, andere benutzen entweder organischen Kohlenstoff oder mineralische Kohlensäure (CO_2) als C-Quelle (mixotrophe Arten), der Rest hingegen ist auf die Zufuhr organischer Kohlenstoffverbindungen angewiesen (heterotrophe Arten). Die hierfür notwendige Energie wird bei autotrophen Arten auf dem Wege der Oxidation von Fe^{2+} zu Fe^{3+} gewonnen. Ein wenn auch nur geringer Sauerstoffgehalt des Wassers ist für diesen Fällungsvorgang Voraussetzung.

Aus der Literatur (Beger [1966] u. a.) sind mehrere klassische Eisenbakterien-Kalamitäten bekannt, die überwiegend durch die Gattung *Crenothrix* hervorgerufen wurden und die zu weitgehenden Verschlammungen der Rohrleitungen und der Wasserbehälter führten. Heute wissen wir, daß nach den Abbildungen der damaligen Veröffentlichungen neben *Crenothrix* vor allem die Arten *Leptothrix ochracea* und *Gallionella ferruginea* sowie der Flagellat *Anthophysa vegetans* beteiligt waren (Abb. 9).

Zahlreiche Beobachtungen und Untersuchungen aus der Praxis sowie Arbeiten an Reinkulturen haben in letzter Zeit neue Erkenntnisse über die Lebensbedingungen der Eisenbakterien erbracht. Danach sind folgende Faktoren für die Entwicklung ausschlaggebend:

1. der Sauerstoffgehalt des Wassers,
2. der Kohlensäuregehalt des Wassers,
3. der Gehalt an gelöstem Fe^{2+},
4. der pH-Wert.

Die Eisenbakterien gedeihen bei einem pH-Wert von etwa 5,4 bis 7,2; eine Fe^{2+}-Konzentration von 1,6 mg/l ist für ihr Fortkommen völlig ausreichend. Nach Laborerfahrungen liegt die obere Grenze des Wachstums bei 10 bis 12 mg/l, bei 14 mg/l Fe^{2+} hört das Wachstum in den Kulturen auf.

Man hat ferner festgestellt, daß in der Umgebung von *Leptothrix*-Flocken ein höheres Redoxpotential herrscht. Auch die erhöhte Fließgeschwindigkeit des Wassers im Brunnenbereich wirkt sich auf die Entwicklung der Eisenbakterien günstig aus.

Alle diese Erkenntnisse sind für die Praxis von größter Bedeutung. In diesem Zusammenhang sei darauf hingewiesen, daß die Sammelbezeichnung „Eisenbakterien" alle Eisen- und Manganbakterien umfaßt, denn fast alle Eisen ausscheidenden Bakterien sind auch in der Lage, Mangan zu fällen.

Mehrjährige eigene Untersuchungen an Tiefbrunnen von Wasserwerken Westdeutschlands bestätigen die von Beger bereits 1952 vertretene Meinung, nach der es zahlreiche für die mikroskopische Bestimmung nicht faßbare Stäbchen- und Kokkenformen gibt, denen bei der Enteisenung und Entmanganung des Wassers eine wesentliche Bedeutung zukommt. Das gilt besonders auch für die Verockerungsvorgänge in den Brunnen.

Höll konnte in Wasserwerken mehrmals mit Hilfe seines Nanno-Planktonnetzes farblose, nicht näher bestimmbare Eisenbakterien isolieren, die nach Einbringen in eine geeignete eisenhaltige Nährlösung vererzten (schriftl. Mitt. [1966]).

Für die Überwachung von Brunnen und Rohrleitungen auf sich entwickelnde oder bereits bestehende Verockerungen und Korrosionen hat man in neuester Zeit besonders konstruierte Unterwasserkameras bzw. Geräte für Unterwasser-Fernsehen mit Erfolg eingesetzt (Schneider [1962], Schultz [1963] u. a.).

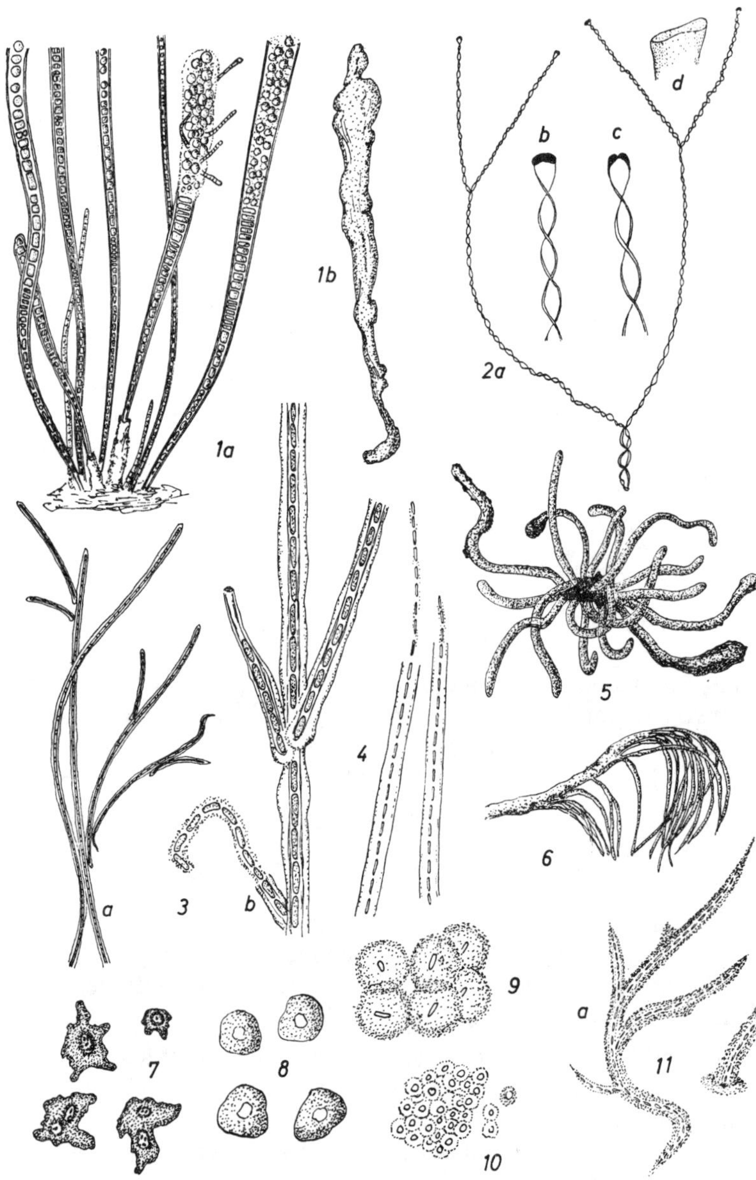

Abb. 9. Typen der Eisenbakterien. 1. *Crenothrix polyspora,* a. Habitus, b. Vererzungstypus (1500/1). 2. *Gallionella ferruginea,* a. Habitus, Teil eines dichotom verzweigten Fadens (1200/1), b. typisch ausgewachsene Zelle, c. Teilungsstadium (b u. c 2500/1), d. Fadenquerschnitt (5000/1). 3. *Clonothrix fusca,* a. Habitus (1100/1), b. Fadenabschnitt (5000/1). 4. *Leptothrix ochracea* (1000/1). 5. *Leptothrix lopholea* (ca. 700/1). 6. *Leptothrix trichogenes* (650/1). 7. *Siderocapsa treubii* (500/1). 8. *Siderocapsa monoeca* (4000/1). 9. *Siderocystis vulgaris* (2000/1). 10. *Siderocapsa botryoides* (2000/1). 11. *Leptothrix discophora,* a. freischwimmender Faden, b. festsitzender Faden, Haftscheibe am dicken Ende (900/1).

Zeichnungen: Kowalsky, nach Beger, Dorff, Molisch.

Der im Grundwasser oft vorhandene Schwefelwasserstoff verliert sich entweder schon bei der Enteisenung bzw. Entmanganung oder aber er muß durch besondere Entgasungseinrichtungen entfernt werden. Dies kann durch Belüften des Wassers in offenen Anlagen oder aber durch Verdüsen, Rieseln oder Verregnen erreicht werden.

Charakteristisch für derartige Anlagen sind z. B. Massenentwicklungen von Schwefelbakterien, aber auch von Eisenbakterien. Die Schwefelbakterien, wie z. B. die bekannte *Beggiatoa alba* bilden kreideweiße ausgedehnte Belänge an den Wänden. Die darunterliegenden Schichten bestehen aus einem schwarzen, schmierigen Faulschlamm, der reich an Schwefeleisen ist.

Selbstverständlich finden sich in offenen Anlagen auch zahlreiche pflanzliche und tierische Lebewesen, deren Dauerformen durch den Belüftungs- oder Verdüsungsvorgang in das Wasser gelangten. Man hat Kieselalgen, Grünalgen, Moose und Farne sowie Flagellaten, Ciliaten, Rädertiere, verschiedene Wurmarten und Insektenlarven, vor allem Chironomiden, nachgewiesen.

1. Langsamfilter

Die Aufbereitung größerer Wassermengen durch Sandfilterung ist bei Verwendung von Oberflächenwässern auch heute noch unersetzlich.

Im Langsamsandfilter, das ein möglichst schwebstofffreies und bakterienarmes Filtrat liefern soll, wirken mehrere Faktorengruppen zusammen:

1. die mechanische Siebwirkung des Sandes,
2. chemische Umsetzungen,
3. adsorptive Vorgänge in den Grenzschichten und
4. biologische Vorgänge, an denen Bakterien, Algen, Protozoen, aber auch höher organisierte Arten beteiligt sind.

In unseren Klimaten dominieren im Winter bestimmte Kieselalgen, im Sommer aber meist Grünalgen und zuweilen auch Blaualgen. Bei den tierischen Arten handelt es sich vor allem um Vertreter der sogenannten „Sandlückenfauna“, d. h. also um Tiere, die hinsichtlich ihrer Körperform, Ernährung usw. an ein Leben im wasserführenden Sand oder Kies angepaßt sind („Fauna des Mesopsammals“ [Husmann, 1968]).

Nach früheren Anschauungen reichte die Besiedlung bis in eine Tiefe von etwa 20 cm. Neuere Untersuchungen von Husmann [1958, 1960] über die Sandlückenfauna der Langsamsandfilter im Flußwasserwerk Bremen ergaben bei Proben aus 20 bis 42 cm unter der Sandoberfläche optimale Lebensbedingungen und hohe Individuenzahlen. Er konnte 20 Tierarten nachweisen, die sich folgendermaßen aufteilten: 11 Borsten- und Fadenwürmer, 3 Ringelwürmer, 5 verschiedene Ruderfußkrebse und 1 Wassermilbe. In einem Liter Filtersand fand Husmann 6000 Individuen der vorstehend aufgeführten Arten.

Die Ausmaße einer tierischen Besiedlung durch bestimmte Arten wurden durch Untersuchungen an den Sandfiltern von Osaka (Japan) besonders deutlich. Wie Rößner [1966] mitteilte, fanden sich pro m^2 Sandfläche 300 000 Ringelwürmer der Art

Nais communis und 500000 der Art *Pristina rosea*. Da auch diese Wurmarten zu der bereits erwähnten Sandlückenfauna gehören, ist ein Abwandern dieser Tiere in das Reinwasser im allgemeinen nicht zu befürchten.

Die zahlreichen Protozoen-Arten sind z. T. für eine Einschränkung des Bakterienwachstums von Bedeutung. An der Bildung der Filterdecke sind farblose Flagellaten, unbeschalte und beschalte Rhizopoden der Gattungen *Amoeba, Nebela, Hyalodiscus,* sowie Ciliaten (*Stylonychia, Glaucoma, Aspidisca* und *Vorticellen*) in gleichem Maße beteiligt. In dem dicht über dieser Decke befindlichen Schlammschleier finden sich vorzugsweise Flagellaten, Ciliaten und Rotatorien (*Rotaria, Keratella, Callidina* u. a.).

Der freie Wasserraum ist der eigentliche Lebensbezirk zahlreicher Kleinkrebsarten, die hier bei entsprechenden ökologischen Bedingungen zu Massenentwicklungen gelangen. Ein Absterben dieser Tiere, bedingt durch plötzlich einsetzende Temperaturschwankungen bzw. betriebliche Maßnahmen (Chlorung oder Kupferung) führt ebenso wie bei absterbenden Algen-Wasserblüten zu Geruchs- und Geschmacksbeeinträchtigungen des Filtrats sowie zum Ansteigen der Keimzahlen.

Ähnliche Erscheinungen treten auch beim Absterben größerer Algenwatten und beim Abheben der Filterdecke durch übermäßige Sauerstoffentwicklung auf.

2. Schnellfilter

Auch die modernen Schnellfilter, die als offene oder geschlossene (sogenannte Druckfilter) Anlagen gebaut werden, sind nicht frei von Störungen durch pflanzliche und tierische Lebewesen. Hierfür sind genügend Fälle aus der Praxis bekanntgeworden. Die Burgunderblutalge *Oscillatoria rubescens* wurde z. B. nur zu 50% von der obersten Kiesschicht zurückgehalten, die übrigen gelangten in die tieferen Schichten und wurden mit dem Filtrat ausgespült. In einem anderen Fall kam eine kleine Zieralge der Gattung *Cosmarium* zur Massenentwicklung und passierte ohne Schwierigkeiten die Schnellfilter. Das Filtrat war deutlich grün gefärbt. Diese wenigen Beispiele mögen nur als Hinweis dafür gelten, daß viele Organismen-Arten trotz der Verwendung von Flockungsmitteln durchaus in der Lage sind, die Filter passiv, aber auch aktiv (Würmer, Kleinkrebse u. a.) zu durchwandern.

3. Aktivkohlefilter

Die in Aktivkohlefiltern häufig beobachteten Ciliaten, Nematoden (Fadenwürmer), Kleinkrebse (Copepoden usw.) finden hier einen ähnlichen Lebensraum vor, wie die Sandlückenfauna der Langsamfilter. Lästig wird oft die Massenentwicklung von Bakterien, die Keimschüttungen ins Reinwasser nach sich zieht.

Das Auftreten von Organismen im Reinwasser ist mit Hilfe der modernen Wasseraufbereitungstechnik erheblich vermindert worden. Doch schon eine mangelhafte Aufbereitung kann z. B. in Reinwasserkammern zu Schlammansammlungen führen, Eisen- und Schwefelbakterien finden günstige Entwicklungsbedingungen vor, desgleichen Wimpertierchen (Ciliaten), Würmer, Wasserasseln, Kleinkrebse und andere Organismen. Durch ungenügend gesicherte Entlüftungsschächte dringen Mücken ein, und evtl. vorhandene Risse der Wandungen erleichtern das Einwandern von Grundwassertieren.

4. Leitungsnetz

Trotz der extremen Lebensbedingungen, die im Leitungsnetz herrschen (Dunkelheit, niedriger Sauerstoffgehalt, geringe Nahrungszufuhr) treten hier Urtierchen, einige Wurmarten, Rädertierchen, Wasserasseln, Kleinkrebse und sogar rote Zuckmückenlarven als ständige Bewohner auf, gelangen u. U. zu stärkerer Vermehrung und lassen sich nur schwer bekämpfen. Rößner [1966] hat mit Nachdruck darauf hingewiesen, daß alle Gründe gegen eine Anwesenheit von Organismen im Trinkwasser nur für das Rohrnetz gelten können. In den einzelnen Aufbereitungsstufen sind sie wegen ihrer nicht zu unterschätzenden Abbauleistungen unersetzlich. Eine etwaige Bekämpfung dieser Lebewesen in den jeweiligen Aufbereitungsanlagen würde gegebenenfalls eine Verschiebung der Besiedlung in das Rohrnetz auslösen.

IV. Möglichkeiten zur Bekämpfung von Organismen in Trinkwasser-Versorgungsanlagen

Für eine biologisch bedingte Störung lassen sich keine allgemeinen oder genormten Behandlungsvorschriften aufstellen. Wie die Praxis zeigt, ist fast jeder Fall etwas anders gelagert und geht von unterschiedlichen chemischen und biologischen Verhältnissen aus.

Als vorbeugende Maßnahmen seien häufige Kontrollen, Sauberkeit im Betrieb und eine sorgfältige Bauweise angeführt. Denn nur durch regelmäßige Inspektionen lassen sich die Einwanderungswege vieler Organismen rechtzeitig erkennen. Es gehören ferner hierher häufige Entschlammungen bei Kesselbrunnnen, Zisternen und Quellfassungen, intakte Siebe in Quellstuben gegen einwandernde Grundwassertiere, mückensichere Fenster und Entlüftungsschächte bei allen Betriebsgebäuden, die Verwendung von Zement ohne Glattstrich und von Eternit, die beide für pflanzliche und tierische Aufwuchsorganismen besiedlungshemmend sind. Es sei außerdem auf den Einbau von farbigem Fensterglas zur Einschränkung übermäßiger Algenproduktion hingewiesen sowie auf die Wirkung von Aluminiumsulfat und anderen Stoffen zum Ausflocken des Planktons.

Eine direkte Bekämpfung mit Hilfe chemischer Gifte ist vor allem von der spezifischen Empfindlichkeit der einzelnen Arten und von der chemischen Wasserbeschaffenheit abhängig. Auf die notwendigen Vorsichtsmaßnahmen ist streng zu achten, um Schädigungen bei Trinkwassernutzung auf jeden Fall auszuschließen.

Die am häufigsten verwendeten chemischen Giftstoffe im Wasserwerksbetrieb sind u. a.: Chlor und einige Chlorverbindungen, Kupfersulfat, Kaliumpermanganat, quaternäre Ammoniumverbindungen, organische Zinkverbindungen und Insektenpulver (Pyrethrum- und Derrispräparate). Eine ausführliche Zusammenstellung der Bekämpfungsmittel mit den erforderlichen Mengenangaben findet sich bei Beger [1966].

Die Verwendung von Chlor ist genügend bekannt, es wird in flüssigem oder gasförmigem Zustand bzw. in Form von Chlorverbindungen, wie z. B. als Caporit (unterchlorigsaurem Calcium mit 70% aktivem Chlor), oder als Hypochloritlauge angewendet. Für die Höhe der anzuwendenden Chlormengen ist der Chlorgehalt entscheidend, der vom Chlorbindungsvermögen des Wassers nicht verbraucht wird (sog. Überschuß- oder Restchlor). Schon mit 0,2 bis 0,5 mg Überschußchlor/l lassen sich im allgemeinen zahlreiche Protozoenarten und Bakterien nach kurzer Einwirkungszeit vernichten. Geringere Chlormengen sind meist unwirksam oder schädigen die betreffenden Organismen kaum. Es gibt eine Reihe von niederen Lebewesen, die in Schleim- oder Gallerthüllen eingebettet sind, wie z. B. der sogenannte „Brunnenfaden" (*Crenothrix*), gewisse schleimbildende Bakterien, einige Kieselalgen-Arten u. a. m. Sie sind gegen Chlor widerstandsfähiger, denn Chlor in kleineren Mengen besitzt keine ausgesprochene Tiefenwirkung. Auch die im Schlamm lebenden Tiere (Protozoen, Kleinkrebsarten, Höhlenasseln usw.) werden nur unwesentlich geschädigt. In all diesen Fällen hilft man sich durch die Anwendung der „stoßweisen Chlorung", bei der die zu bekämpfenden Lebewesen einem ständigen Wechsel von gechlortem und ungechlortem Wasser ausgesetzt sind. Die besten Erfolge lassen sich erzielen, wenn alle 10 Minuten ein Chlorstoß von 2 Minuten erfolgt. Eine andere Möglichkeit, die Chlorung wirksam zu gestalten, ist die sogenannte „Hoch- oder Überhochchlorung", d. h. man arbeitet mit größeren Chlormengen. Sollte nach längerer Einwirkungszeit eine Entchlorung erforderlich sein, so geschieht diese mit Hilfe von Natriumthiosulfat, Natriumsulfit oder über Aktivkohle. Rößner [1966] weist darauf hin, daß in älteren Rohrleitungen, die mit sulfatreduzierenden Bakterien besetzt waren, nach Anwendung von 7 bis 10 mg/l Chlor eine für die Verbraucher unzumutbare Schwefelwasserstoffbildung auftrat, die sehr lange anhielt.

Grim [1971] sowie Schalekamp [1971] berichten ausführlich über das in jüngster Zeit erfolgte Auftreten der Dreikantmuschel (*Dreissena polymorpha*) im Bodensee und deren Verbreitung. Beide Autoren empfehlen zur Bekämpfung der aktiv beweglichen Larven (sie durchwandern z. B. Schnellfilter in 8 bis 15 Tagen) eine Hochchlorung des Wassers mit anschließender Entchlorung über Aktivkohle, um eine Geschmacksbeeinträchtigung des Trinkwassers zu vermeiden.

Zur Vernichtung von *Synura uvella,* Rädertierchen, Kleinkrebsen und Eintagsfliegenlarven sind Chlormengen von 3 mg/l und mehr erforderlich. *Chang* [1961] empfiehlt zur Beseitigung von Fadenwürmern (*Nematoden*), die häufig in Filtern auftreten und hier zu stärkerer Entwicklung gelangen können, 0,4–0,5 mg/l Überschußchlor bei 6stündiger Einwirkungszeit.

Seth, George u. a. [1968] dagegen flocken die oft im Rohwasser enthaltenen Nematoden zunächst mit Aluminiumsulfat aus. Die hierbei aktiv in die Flocken eindringenden Nematoden werden vom nachgeschalteten Schnellfilter zurückgehalten.

Für oligochaete Würmer (Gattung *Nais* und verwandte Arten) genügen 2 mg/l Chlor, um 95% der Würmer in 15 min zu vernichten. Eine einfache, aber wirksame Methode zur Entfernung der *Nais*-Arten ist die Anwendung von Kochsalz (1%ige Lösung bei 24stündiger Einwirkungszeit [Learner u. Edwards, 1963]).

Für die chlorresistenten Algen der Gattungen *Chlorella, Scenedesmus, Pediastrum, Ankistrodesmus* u. a. sind 5 mg/l Überschußchlor oftmals nicht ausreichend. Die häufig lästig werdende Wasserassel (*Asellus aquaticus*) ist ebenfalls ziemlich widerstandsfähig, sie verträgt Chlormengen bis zu 15 mg/l. Zur Bekämpfung von Zuckmücken- und Köcherfliegenlarven sind mindestens 25 mg/l Chlor und lange Einwirkungszeiten von 20 Stunden und mehr erforderlich. Die bekannte Fadenalge *Cladophora* stirbt erst bei 150 mg/l aktivem Chlor bei einstündiger Einwirkungszeit ab, bzw. bei 30 mg/l nach 48 Stunden.

Ammoniak wird in neuerer Zeit vor allem zur Beseitigung geflügelter Insekten (Eintagsfliegen, Zuckmücken u. a.) in Filterhallen und Wassertürmen benutzt, wobei die befallenen Gebäudeteile nach Abdichtung vergast werden. Auf Kleinkrebse (Cyclopiden) wirken 8 mg/l und auf Wasserasseln 10 mg NH_3 innerhalb mehrerer Stunden stark giftig.

Chloramine gelten als die besten Mittel, um schleimige Bakterienbeläge (*Crenothrix*) oder tierischen Bewuchs (Süßwasserschwämme, Moostierchen, Dreikantmuscheln usw.) in Rohrleitungen zu vernichten. Die hierfür notwendigen Chloraminmengen sind gering, trotzdem aber sehr wirksam. Auch die bei gewöhnlicher Chlorbenutzung evtl. mögliche Bildung von Chlorphenolen, die dem Wasser einen unangenehmen Geschmack verleihen, ist hier nicht zu befürchten. Zwar tritt die Giftwirkung langsamer ein als beim reinen Chlor, sie hält aber dafür länger an. Nach Beger [1966] sind Konzentrationen von 1 mg/l an wirksamem gebundenem Chlor zuweilen ebenso wirksam wie 100 mg/l an freiem wirksamem Chlor. Die Anwendung geschieht folgendermaßen, daß kurz hintereinander zuerst das Ammoniak und danach das Chlor bzw. das Chlorwasser eingeleitet werden, und zwar im Verhältnis 1:2. Nach den bisherigen Erfahrungen genügen Einwirkungszeiten von 1/2 bis 2 Stunden. Bei stoßweiser Anwendung lassen sich selbst chlor- und auch kupferresistente Arten mit ziemlicher Sicherheit beseitigen. Die Benutzung von Kupfer, und zwar in der Form von Kupfersulfat, hat mancherlei Vorteile. Handelsüblich in fester Form geliefert, läßt es sich leicht verschicken und transportieren, ohne seine Eigenschaften wesentlich zu verändern. Da es sich verhältnismäßig schnell im Wasser löst, ist seine Anwendung in stehenden und auch in langsam fließenden Gewässern möglich. Für den Menschen ist es in den zur Verwendung kommenden Mengen völlig unschädlich. Kupfersulfat ist vor allem als ausgezeichnetes Mittel zur Bekämpfung von Planktonorganismen bekanntgeworden und wird mit gutem Erfolg zur Vernichtung von Wasserblüten in Talsperren, Stau- und Speicherbecken sowie Schwimmbecken eingesetzt. Aus der Praxis ist bekannt, daß gewisse Arten, wie z. B. Moostierchen (Bryozoen), Wasserasseln, Zuckmückenlarven und Egel sich in mehr oder weniger hohem Maße an Kupfer gewöhnen können. Die bereits erwähnten chlorresistenten Arten sind auch kupferresistent, so daß bei ihnen laufende Kupferzugaben von 5 mg/l wirkungslos sein sollen.

Für einige der im Wasserwerksbetrieb wichtigen Algen seien nachstehend die erforderlichen Kupfersulfatmengen (mg/l) angeführt:

Anabaena	0,12	*Ankistrodesmus*	1,0
Microcystis	0,12–0,25	*Scenedesmus*	1,0
Oscillatoria	0,2 –0,5	*Eudorina* u. *Pandorina*	10,0
Euglena	0,55	*Synura*	0,12–0,25
Staurastrum	1,5	*Melosira*	0,33
Peridinium	0,5 –2,0	*Fragilaria*	0,25
Enteromorpha	0,5	*Cladophora*	0,5
Ulothrix	0,2	*Tribonema*	0,35
Spirogyra	0,12–2,5	*Chara*	0,1 –0,5

Für Bakterien und Pilze werden folgende Mengen benötigt:

Sphaerotilus	0,2	*Beggiatoa*	5,0
Crenothrix	0,33	*Leptomitus*	0,4

Außer Kupfersulfat werden auch die von der Industrie angebotenen sogenannten „Grünkupfermittel“ mit Erfolg zur Bekämpfung übermäßigen Algenwachstums angewandt.

Von den Protozoen sind vor allem die Wimpertierchen (Ciliaten) kupferempfindlich. *Paramaecium, Stylonychia, Glaucoma* und verwandte Arten sterben bereits bei einer Konzentration von 0,2 bis 0,6 mg/l Kupfersulfat ab. Rädertierchen und Kleinkrebse sind widerstandsfähiger, für sie werden über 1 mg/l benötigt. Zur erfolgreichen Bekämpfung von Bachflohkrebsen sind bis 10 mg/l, von Schlammschnecken (*Limnaea*) bis 50 mg/l erforderlich. 1 mg/l Kupfersulfat reicht aus, um Würmer (*Na-*

is-Arten) in weniger als 6 Stunden in harten Wässern abzutöten. In weichen Wässern wirkten Kupfersulfatmengen von ebenfalls 1 mg/l bei neutralem pH-Wert stärker giftig (Learner u. Edwards [1963]).

Wird nach einer derartigen Bekämpfungsaktion abgepumpt, so ist daran zu denken, daß diese vergifteten Wässer nicht ohne ausreichende Verdünnung in den nächsten Vorfluter gelangen dürfen. Sie würden bei den weit empfindlicheren Fischen ein umfangreiches Sterben hervorrufen. So gehen Salmoniden bereits bei 0,1 mg/l, Karpfen bei 0,35 mg/l und Weißfische bei 5 mg/l Kupfersulfat zugrunde.

Für Insektenlarven und Wasserasseln steht uns in dem bekannten Insektenpulver ein zuverlässiges Kontaktnervengift zur Verfügung. Dieses Pulver wird durch Zermahlen von Blütenköpfen dalmatinischer, spanischer, kaukasischer und vor allem afrikanischer *Chrysanthemum*-Arten gewonnen. Die wirksamen Bestandteile sind zwei Pyrethrine, die in den Ölharzen des Pulvers enthalten sind. Diese Stoffe sind zwar nicht echt wasserlöslich, wohl aber innerhalb von 24 Stunden zu 90 bis 95% kolloidal ausziehbar (Schwarz [1966] u. Klapper [1966]).

Zur Bekämpfung von Protozoen ist Insektenpulver allerdings völlig ungeeignet, da diese Tiergruppe keine Nerven besitzt. Rädertierchen und Würmer lassen sich erst mit Mengen von 100 bis 250 mg/l mit Sicherheit abtöten. Am erfolgreichsten ist die Anwendung von Pyrethrum-Pulver bei der Bekämpfung von Zuckmückenlarven (Chironomiden), für die bereits 2 mg/l genügen; sie sterben nach 1 bis $1^1/_2$ Tagen ab. Wasserasseln gehen schon bei 1 mg/l nach 12 bis 18 Stunden ein, Kleinkrebse (Daphnien) bei 5 mg/l nach 20 bis 48 Stunden. Beim Gebrauch von Insektenpulver muß besonders streng darauf geachtet werden, daß diese behandelten Wässer auf keinen Fall sich über das gesamte Versorgungsnetz ausbreiten können, um Schädigungen empfindlicher Personen auszuschließen. Auch an die Möglichkeit von Fischsterben in Schauaquarien, zoologischen Handlungen, Fischgeschäften usw. muß in diesem Zusammenhang gedacht werden. Soll die Einleitung der mit Insektenpulver behandelten Wässer in den nächsten Vorfluter erfolgen, so kann dies nur geschehen, wenn der Gehalt des ablaufenden Wassers an Insektenpulver 5 mg/l nicht überschreitet. Unter diesen Umständen sind Schadwirkungen an Fischen und Fischnährtieren nicht zu erwarten.

Die von der chemischen Industrie entwickelten Kontaktinsektizide scheiden wegen ihrer hohen Toxizität auf den Menschen für den Wasserwerksbetrieb völlig aus. Zwar hatten sich z. B. DDT-Präparate bei Beachtung der erforderlichen Vorsichtsmaßnahmen als brauchbar erwiesen, jedoch wußte man damals nichts von den umweltfeindlichen Nebenwirkungen des DDT. Jetzt ist es von der Liste der Pflanzenschutzmittel gestrichen und damit ist seine Verwendung verboten.

In zunehmendem Maße werden Herbizide, Algizide und verwandte Stoffe zur Bekämpfung von Wasserblüten und unerwünschtem Pflanzenwuchs an den Uferstreifen verwendet. Ohne auf die chemischen Eigenschaften und die toxischen Wirkungen dieser zahlreichen Präparate näher eingehen zu wollen, sei hier nur kurz auf folgende Probleme hingewiesen. Es ist bis jetzt nur wenig über das Verhalten von Herbiziden, Algiziden usw. bei der Bodenpassage (uferfiltriertes Oberflächenwasser), in Trinkwasserspeichern und bei der Wasseraufbereitung selbst bekanntgeworden. Man sollte sich meines Erachtens daher überlegen, ob Wasserblüten von Algen in Trinkwassertalsperren nicht mit anderen harmloseren Mitteln bekämpft werden können als ausschließlich durch den Einsatz hochgiftiger Stoffe, von denen wir oft noch nicht einmal wissen, wie sie evtl. auf den Menschen wirken. Es ist bekannt, daß gewisse Anteile dieser Pflanzenschutzmittel bei der Förderung in das Rohwasser gelangen können und bei der üblichen Aufbereitung nur unzureichend oder überhaupt nicht zurückgehalten werden.

Aus denselben Gründen verbietet sich auch die Benutzung von giftigen Farben für Schutzanstriche zur Verhinderung des Algenbewuchses in Trinkwasserversorgungsanlagen (Reimann [1961]).

Literaturverzeichnis

Beger, H.: Die Zielsetzungen der Wasserwerksbiologie. GWF **93,** 88 (1952).

Beger, H.: Tierische Schädlinge in der Wasserwerkspraxis. Ztschr. f. angew. Zool. **41,** H. 1, 1–18 (1954).

Beger, H.: Leitfaden der Trink- und Brauchwasserbiologie. 2. Aufl. (1966).

Bursche, E. M.: Beitrag zum Phytoplanktonhaushalt des Müggelsees mit einer Betrachtung über die Verschiedenartigkeit von Netz-, Sieb- und Schöpfplankton. Ztschr. f. Fischerei und deren Hilfswissenschaften II, N. F., H. 3/4, 209–226 (1953).

Chang, Sh. L.: Viruses, Amebas and Nematodes and Public Water Supplies. JAWWA 53, Nr. 3, 288–296 (1961).

Cohn, F.: Über lebende Organismen im Trinkwasser. Günsberg's Ztschr. f. klin. Mediz. **4,** 229 (1853). ibid. Jahresber. Schles. Ges. f. Vaterl. Kultur **31,** 91.

Grim, J.: Mikroverunreinigung und Wasseraufbereitung unter spezieller Berücksichtigung der Geruchs- und Geschmacksbekämpfung im Trinkwasser. GWF. **110,** H. 40, 1109–1112 (1969).

Grim, J.: Tiefenverteilung der Dreikantmuschel Dreissena polymorpha (Pallas) im Bodensee. GWF-Wasser/Abwasser **112,** H. 9, 437–441 (1971).

Hamm, A.: Bedeutung und Methodik des toxikologischen Fischtestes. Der Fisch in Wissenschaft und Praxis. Festschrift zum 50jährigen Bestehen der Teichwirtschftl. Abt. Wielenbach der Bayer. Biol. Versuchsanstalt 1965, S. 49–52.

Helfer, H.: Geschichte der biologischen Wasseranalyse. Arch. f. Hydrobiol. **11,** 565 (1916).

Helfer, H.: Das Saprobiensystem. Die makroskopisch-biologische Wasseranalyse nach ihrem heutigen Stande. Kl. Mitt. Mitgl. Ver. f. Wasser-, Boden- und Lufthygiene, Berlin-Dahlem **7,** 138 (1931).

Heynig, H. u. G. Ockert: Beitrag zur Methodik biologisch-hygienischer Trinkwasseruntersuchungen. Ztschr. f. d. ges. Hygiene u. ihre Grenzgebiete **8,** H. 7, 486–507 (1962).

Heynig, H.: Die biologische Überwachung der Trinkwasserversorgung mit Hilfe des Membranfilterverfahrens. Wasser- u. Abwasser-Forschung Nr. 1, 13–18 (1970).

Husmann, S.: Untersuchungen über die Sandlückenfauna der bremischen Langsamfilter. Abh. d. Braunschweigischen Wissenschaftl. Ges. X, 93–116 (1958).

Husmann, S.: Über eine blinde Arthropodenart aus dem Mesopsammal bremischer Langsamfilter. Abh. naturw. Ver., Bremen **35,** Nr. 3, 421–437 (1960).

Husmann, S.: Langsamfilter als Biotopmodelle der experimentalökologischen Grundwasserforschung. Gewässer und Abwässer H. 46, 20–49 (1968).

Juhnke, J. u. W. K. Besch: Eine neue Testmethode zur Früherkennung akut toxischer Inhaltsstoffe im Wasser. Gewässer und Abwässer H. 50/51, 107–114 (1971).

Juhnke, J.: Neukonstruktion des Strömungsbeckens für die automatische Nachweisvorrichtung von akuten Intoxikationen. Gewässer und Abwässer H. 52, 24–27 (1973).

Klapper, H.: Die Wasserassel (Asellus aquaticus *Rakovitza*) im Trinkwasserversorgungsnetz einer Großstadt und Möglichkeiten zu ihrer Bekämpfung. Verh. Internat. Verein. Limnol. **16,** Tl. 2, 996–1002 (1966).

Knöpp, H.: Abwasserlastplan und biologischer Gütelängsschnitt – ein kritischer Vergleich. Die Wasserwirtschaft **46,** H. 3, 57–59 (1955).

Knöpp, H.: Grundsätzliches zur Frage biologischer Vorfluteruntersuchungen, erläutert an einem Gütelängsschnitt des Maines. Arch. f. Hydrobiol., Suppl. XXII, H. 3/4, 363–368 (1955).

Kolkwitz, R.: Entnahme- und Beobachtungsinstrumente für die biologische Wasseruntersuchung. Mitt. K. Prüfanst. f. Wasservers. u. Abwasserbes., Berlin-Dahlem **9,** 111 (1907).

Kolkwitz, R.: Plankton-Membranfilter. Ber. Deutsch. Botan. Ges. **42,** 205 (1924).

Kolkwitz, R.: Ökologie der Saprobien. Über die Beziehungen der Wasserorganismen zur Umwelt. Schriftenreihe Ver. f. Wasser-, Boden- und Lufthygiene. Berlin-Dahlem **4** (1950).

Kolkwitz, R. u. M. Marsson: Grundsätze für die biologische Beurteilung des Wassers nach seiner Flora und Fauna. Mitt. K. Prüfanst. f. Wasservers. u. Abwasserbes., Berlin-Dahlem **1,** 33 (1902).

Kolkwitz, R. u. M. Marsson: Ökologie der pflanzlichen Saprobien. Ber. Deutsch. Botan. Ges. **26a,** 55 (1908).

Kolkwitz, R. u. M. Marsson: Ökologie der tierischen Saprobien. Int. Revue f. d. ges. Hydrobiol. **2** (1909).

Kothé, P.: Der „Artenfehlbetrag", ein einfaches Gütekriterium und seine Anwendung bei biologischen Vorfluteruntersuchungen. Dtsch. Gewässerkundl. Mitteil. **6,** H. 3, 60–65 (1962).

Learner, M. A. u. R. W. Edwards: The toxicity of some substances to *Nais* (*Oligochaeta*). Proc. of the Society for Water Treatment and Examination **12,** Nr. 3, 161–168 (1963).

Liebmann, H.: Die Notwendigkeit einer Revision des Saprobiensystems und deren Bedeutung für die Wasserbeurteilung. Ges.-Ing. **68,** 33 (1947).

Liebmann, H.: Handbuch der Frischwasser- und Abwasserbiologie. Band I. Verlag R. Oldenburg, München, 1951.

Liebmann, H.: Methodik und Auswertung der biologischen Wassergütekartierung. Münchn. Beiträge zur Abwasser-, Fischerei- und Flußwasserbiologie **6,** 134–156 (1959).

Liebmann, H. u. K. Reimann: Hydrobiologische Prüfungsmethoden. Föderation Europäischer Gewässerschutz, Zürich (Schweiz), Informationsblatt, Nr. 11, 43–53 (1964).

Mann, H.: Der Goldorfentest. Deutscher Vorschlag zur Prüfung der Wirkung von chemischen Stoffen auf Fische. Vom Wasser **44** (1975).

Marvan, P.: Notes on the application of membrane filtration for quantitative phytoplancton research. Sbornik, Scientific papers from the Inst. of chem. Technology, Prague **4,** Teil 1, 399–418 (1960).

Mez, C.: Mikroskopische Wasseranalyse. Berlin, 1898.

Pantle, R.: Biologische Flußüberwachung. Die Wasserwirtschaft **46,** H. 8, 206–209 (1956).

Pantle, R. u. H. Buck: Die biologische Überwachung der Gewässer und die Darstellung der Ergebnisse. Gas- und Wasserfach **96,** H. 18, 604 (1955).

Pantle, R. u. H. Buck: Biologische Flußüberwachung. Sonderschrift d. Reg. Präs. Nordwürttemberg (1959).

Reimann, K.: Verhinderung der Algenansiedlung durch Schutzanstriche. Münchn. Beiträge zur Abwasser-, Fischerei- und Flußbiologie **8,** 135–143 (1961).

Rößner, F. X.: Organismen in den technischen Anlagen der Wasserversorgung. Neue Deliwa-Ztschr. H. 3, 93–102 (1966).

Schalekamp, M.: Warnung vor der Wandermuschel Dreissena polymorpha Pallas und Bekämpfung derselben. Gas/Wasser/Abwasser 1971/3 des Schweiz. Vereins von Gas- u. Wasserfachmännern.

Schalekamp, M.: Neueste Erkenntnisse über die Wandermuschel Dreissena polymorpha Pallas (DPP) und ihre Bekämpfung. Gas/Wasser/Abwasser 1971/11 des Schweiz. Vereins von Gas- u. Wasserfachmännern.

Schneider, H.: Brunnenbauüberwachung mittels Unterwasserkameras. Bohrtechnik – Brunnenbau **13,** H. 1, 17–26 (1962).

Schultz, K.: Eine neue Subminiatur-Fernsehkamera für Unterwasserbeobachtungen und zum Einsatz in explosionsgefährdeten Räumen. VDI-Ztschr. **105,** Nr. 12, 489–492 (1963).

Schwarz, H., R. Kucera, H. Klapper, W. Kramer u. W. Schuster: Erfahrungen bei der Bekämpfung von Asellus aquaticus in den Wasserversorgungsanlagen der Stadt Magdeburg. Fortschritte der Wasserchemie und ihrer Grenzgebiete, H. 4, 96–127 (1966).

Schwoerbel, H.: Methoden der Hydrobiologie (Süßwasserbiologie). Franckhsche Verlagshandlung, Stuttgart, 1966.

Seth, A. K., M. G. George, J. K. Bewtra, and V. P. Sharma: Nematode removal by rapid sand filtration. Journ. Americ. Water Works Assoc. **60,** Nr. 8, 962–968 (1968).

Thienemann, A.: Die Binnengewässer Mitteleuropas. In Thienemann: Die Binnengewässer **1** (1926).

Uhlmann, D.: Ursachen biologischer Störungen in Wasserwerksanlagen und Gegenmaßnahmen. Wasserwirtschaft – Wassertechnik **18,** H. 6, 195–200 (1968).

Whipple, G. C.: The microscopy of drinking-water. 4. Aufl., New York, 1927.

Verzeichnis der im Teil 1 (Chemie des Wassers) genannten Firmen

AC-Chemie	D-5350 Euskirchen
AGMOR, Dr. Thiedig & Co.	D-1000 Berlin
Akdolithwerk	D-4000 Erkrath-Wülfrath
Albert Benkiser	D-6200 Wiesbaden
Angelmi-Werke	D-7750 Konstanz
Argentox	D-2000 Hamburg 39
Aquaplus	D-8641 Fischbach-Kronach
Atlas-Werke (Krupp AG)	D-2800 Bremen
Balke	D-4630 Bochum
Bamag-Meguin	D-6300 Gießen
Bayer AG	D-5090 Leverkusen
Beckmann-Instruments	D-8000 München
Berkefeld-Sihi	D-3100 Celle
Bollmann-Filter-Gesellschaft	D-2000 Hamburg 1
Bosse	D-4960 Stadthagen
	u. D-2210 Itzehoe
Benkiser	D-6700 Ludwigshafen
Braun u. Lübbe	D-2000 Hamburg
Bovensiepen	D-8950 Kaufbeuren
BWK	D-6140 Bensheim
Brechtel	D-6700 Ludwigshafen
Carl Zeiss	D-7082 Oberkochen
Cama-KG	D-6204 Taunusstein 1
Chemische Fabrik Budenheim	D-6501 Budenheim
Chemische Fabrik Petunia	D-7501 Grötzingen
Chemische Werke Albert	D-6200 Wiesbaden-Bieberich
Chlorator GmbH	D-7501 Grötzingen
Cillichemie	D-7100 Heilbronn
Colora	D-7073 Lorch
Contec	D-5340 Bad Honnef
DEGUSSA	D-6000 Frankfurt
DEFAC	D-4000 Düsseldorf
Deutsche Fibercast	D-5180 Eschweiler
Deutsche Katadyn-Gesellschaft	D-8000 München 19
	u. CH-8304 Wallisellen
Deutsche Metrohm AG	D-7024 Filderstadt
Elektrochlor GmbH	D-2000 Hamburg
E. Graf	D-7700 Hilsingen/Singen
Eppendorf	D-2000 Hamburg 63
Erno	D-2800 Bremen 1

Elektro-Spezial	D-2000 Hamburg 1
Eternit AG	D-1000 Berlin
Filtroag	CH-Genf
Franz Bergmann KG	D-1000 Berlin 37
Friedrich Petzold	D-8000 München
Fuchs	D-5900 Siegen
Frieseke & Hoepfner	D-8520 Erlangen-Bruch
Gebr. Becker	D-4720 Beckum
Gebr. Giulini	D-6700 Ludwigshafen
GEC Elliot	D-5650 Solingen
G. Klinger	D-1000 Berlin 45
Grubbs GmbH	D-4000 Düsseldorf
Grubela	D-5000 Köln
Gebr. Sulzer	D-6308 Butzbach u. CH-8401 Winterthur
Haake	D-1000 Berlin
Hager u. Elsässer	D-7000 Stuttgart 80
Hans Börner	D-4000 Düsseldorf
Hagusta GmbH	D-7592 Renchen
H. Chr. Spohr	D-6000 Frankfurt/M.
Hellige & Co.	D-7800 Freiburg i. Br.
Heraeus	D-6450 Hanau
Herco-Gesellschaft	D-7080 Aalen 1
Heyl u. Co.	D-3200 Hildesheim
Hoelzle u. Chelius	D-6078 Neu Isenburg
Henkel AG	D-4000 Düsseldorf
Horiba	D-6000 Frankfurt/M.
Hydrobios Apparatebau GmbH	D-2300 Kiel-Holtenau
Hydrogel-Chemie-Korrosionsschutz-Gesellschaft mbH	D-4300 Essen 1
Hydrometr. Werkstätten Dr. Bovensiepen	D-8950 Kaufbeuren im Allgäu
Ingold KG	D-6000 Frankfurt/M.
Invertit	D-4000 Düsseldorf
Joh. A. Beuckiser	D-6700 Ludwigshafen
Jul. Dopslaff	D-7000 Stuttgart
Kalle AG	D-6200 Wiesbaden
Kary	D-2800 Bremen
Karl Klein	D-6800 Mannheim
Kontron	D-8057 Eching

Koppers	D-4300 Essen
Kunze	D-4000 Düsseldorf 11
Kirem GmbH	D-6000 Frankfurt/M.
Keller	D-7592 Renchen
Laudis & Gyr	CH-Zug
Lange GmbH	D-4040 Neuss
	u. D-1000 Berlin
Lösch-Filter GmbH	D-5446 Kempenich
Lechler-Chemie	D-7000 Stuttgart
Lurgi	D-6000 Frankfurt/M.
Lautenschläger, F. u. M.	D-8000 München 5
MAN	D-8000 München 50
	u. D-1000 Berlin 33
Maschinenbau AG	D-4630 Bochum
Mannesmann	D-4000 Düsseldorf
Martha-Hütte	D-8590 Marktrewitz
Martinswerk	D-5150 Bergheim/Erft
Meyer KG	D-6200 Wiesbaden
Messer Griesheim	D-4000 Düsseldorf 1
Merck AG	D-6100 Darmstadt
Michels	D-4300 Essen
Neue Continentale Bau Ges.	D-3000 Hannover
Netheler u. Hinz	D-2000 Hamburg
Oriel GmbH	D-6100 Darmstadt
Olin-Chemical	D-4000 Düsseldorf
Öl-Nolte	D-5870 Herner
Otto Bosse	D-4960 Stadthagen
Pabisch KG	D-4800 Bielefeld
Pancontrol	D-6000 Frankfurt/M.
Perkin-Elmer	D-7770 Überlingen
Permutit AG	D-4100 Duisburg
	u. D-1000 Berlin 33
Pfaudler-Werke	D-6830 Schwetzingen
Philips	D-3500 Kassel
Philipp-Müller	D-7129 Stuttgart/Gügglingen
Preußag	D-3000 Hannover
Pumpen-Wart	D-4006 Erkrath
Rheinmetall GmbH	D-4000 Düsseldorf
Reisert & Co	D-3100 Celle
Rheinisch-Westfälische Wasseraufbereitung R. Krummbiegel	D-4000 Düsseldorf
Riedel-de Haën	D-3000 Hannover-Seelze

Robert Reichling & Co.	D-4150 Krefeld
Richter & Wiese	D-1000 Berlin
Schott u. Genossen	D-6500 Mainz
Seitz	D-6550 Bad Kreuznach
Seibold	A-1013 Wien
Seltner, Dr.	D-8031 Hechendorf
Seral	D-8000 München 70
Serva-Labor	D-6900 Heidelberg
Sewerin	D-4830 Gütersloh
Schubert	D-2000 Hamburg 33
Sihi Berkefeld	D-3100 Celle
Spohr	D-6000 Frankfurt
Steinmüller	D-5270 Gummersbach
Schönebecker Filter Ges.	D-3000 Hannover
Subterra	D-3000 Hannover 1
Sulzer AG	CH-Winterthur u. Butzbach
Seppelfricke, Metallwerke	D-4650 Gelsenkirchen
Technikon	D-6000 Frankfurt/M.
Thiedig & Co. KG	D-1000 Berlin
Tintometer GmbH	D-4600 Dortmund 1
U. Knick	D-1000 Berlin 37
Voith	D-7920 Heidenheim
Wabag-Plufog	D-8650 Kulmbach
Wallace	D-8870 Günzburg
Wösthoff	D-4630 Bochum
Wissensch. Techn. Werkstätten (WTW)	D-8120 Weilheim/Bayern
Werner GmbH	D-5000 Köln 1
Weidemeyer & Co.	D-3500 Kassel
Wewa GmbH	D-6270 Idstein
Zeiss	D-7082 Oberkochen

Sachregister